रामधारी सिंह 'दिनकर' रचनावली-7

[साहित्यालोचन : दो]

रामधारी सिंह 'दिनकर' रचनावली

7

संपादक

नंदकिशोर नवल

तरुण कुमार

लोकभारती प्रकाशन

लोकभारती प्रकाशन
पहली मंजिल, दरबारी बिल्डिंग, महात्मा गांधी मार्ग
प्रयागराज-211 001
वेबसाइट : www.lokbhartiprakashan.com
ईमेल : info@lokbhartiprakashan.com

शाखाएँ : 1-बी, नेताजी सुभाष मार्ग, दरियागंज
नई दिल्ली-110 002
अशोक राजपथ, साइंस कॉलेज के सामने
पटना-800 006
36 ए, शेक्सपियर सरणी, कोलकाता-700 017

पहला संस्करण : 2011
दूसरा संस्करण : 2021

बी.के. ऑफसेट
नवीन शाहदरा, दिल्ली-110 032 द्वारा मुद्रित

RAMDHARI SINGH DINKAR
RACHNAWALI-7
Edited by Nandkishor Nawal, Tarun Kumar

ISBN : 978-81-8031-590-9

मूल्य : ₹5000
(14 खंडों का पूरा सेट)

रूसी शोध छात्रा को साक्षात्कार देते हुए

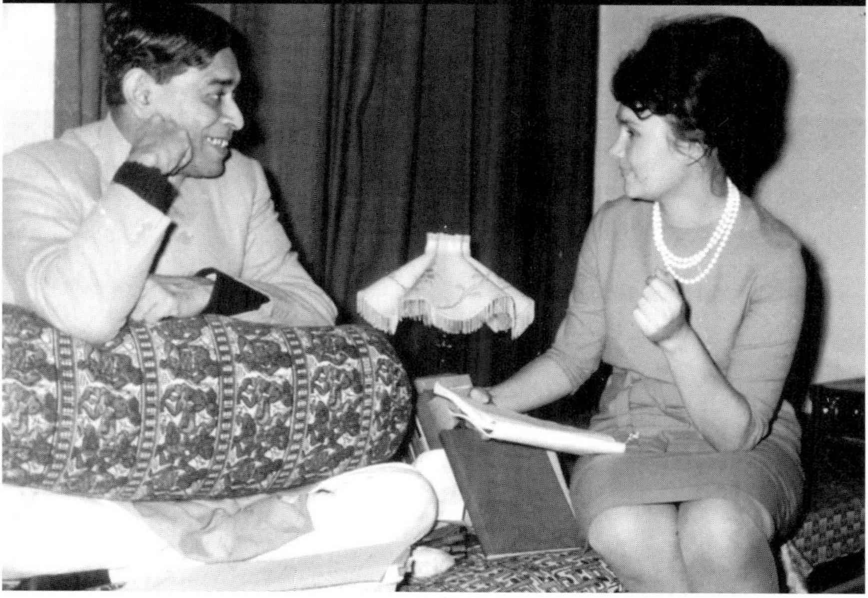

मुजफ्फरपुर के दिनों का एक पारिवारिक चित्र : बाएँ से दिनकर जी, गोद में बड़ी पौत्री कल्याणी, नीचे बैठी हुई भतीजी मनोरमा, माता मनरूप देवी, पीछे खड़े हुए प्रिय सेवक दशरथ साव, कनिष्ठ पुत्र केदारनाथ सिंह, बड़ी पुत्रवधू हेमन्त देवी व छोटी पुत्री विभा

पौत्र और पौत्रियों के साथ। पहली पंक्ति में बाएँ पौत्री रीता व दाएँ पूर्णिमा तिवारी, दूसरी पंक्ति में छोटी पौत्री पद्मा, तूलिका, ऋत्विक उदयन व अरविन्द

भूमिका

छठे खंड की तरह प्रस्तुत खंड में भी दिनकर के आलोचनात्मक साहित्य को संकलित किया गया है। विषयवार आलोचनात्मक सामग्री को संकलित किए जाने की पूर्वोक्त पद्धति को ही यहाँ आगे बढ़ाया गया है। दिनकर के समग्र आलोचनात्मक साहित्य को देखने पर यह बात उभरकर सामने आने लगी कि यद्यपि योजनाबद्ध तरीके से काव्येतिहास-लेखन के प्रयास तो उन्होंने नहीं किए हैं लेकिन एक सजग कवि-कलाकार के नाते वे अपने आगे-पीछे के काव्य के निर्माण की प्रक्रिया से लेकर उसके जीवन्त सम्बन्ध-सूत्रों की बारीक पड़ताल में खासी दिलचस्पी रखते थे। इस क्रम में अपने विचारों के प्रकाशन के लिए जो लेख उन्होंने समय-समय पर लिखे, उनसे काव्येतिहास तो नहीं उसकी एक रूपरेखा साफ उभरती नजर आती है। ऐसे लेखों को यहाँ 'काव्येतिहास की रूपरेखा' उपखंड के भीतर शामिल किया गया है। शामिल सभी लेख दिनकर की काव्येतिहास सम्बन्धी दृष्टि को समझने में मददगार हैं, भले ही इनके लिखे जाने में तारतम्य का अभाव हो। इसी प्रकार, समय-समय पर अनेक हिन्दी एवं हिन्दीतर कवियों सम्बन्धी अपने विचार भी उन्होंने अपने लेखों के माध्यम से व्यक्त किए। ऐसे कवियों में विद्यापति, कबीर, तुलसी, मैथिलीशरण गुप्त, माखनलाल चतुर्वेदी, सियारामशरण गुप्त, प्रसाद, पंत एवं महादेवी के नाम लिए जा सकते हैं। इन लेखों में किसी कवि के सम्पूर्ण काव्य-व्यक्तित्व अथवा उनकी कृति-विशेष को अध्ययन-विश्लेषण का विषय बनाया गया है। हिन्दीतर कवियों में अन्य भारतीय भाषाओं के कुछ कवियों के अलावा विदेशी भाषाओं के कवियों से जुड़े लेख यहाँ शामिल हैं। छठे खंड की आलोचनात्मक सामग्री से जहाँ दिनकर के साहित्य एवं काव्य सम्बन्धी मान्यताओं को समझने में मदद मिलती है, वहीं इस खंड में काव्येतिहास एवं कवि विशेष से सम्बन्धित उनके विचारों को हृदयंगम करने में सुविधा होगी।

यहाँ हम हिन्दी काव्येतिहास सम्बन्धी उनकी दो-तीन महत्त्वपूर्ण मान्यताओं की ओर जरूर संकेत करना चाहेंगे। जैसा कि निवेदन किया

जा चुका है, यहाँ विधिवत काव्येतिहास-लेखन की जगह भक्तिकाल से लेकर नई कविता तक पर पुनर्विचार की प्रस्तावना दिखायी पड़ती है। इस सन्दर्भ में 'काव्य की भूमिका' (1958) नामक पुस्तक में शामिल उनके सबसे पहले लेख 'रीतिकाल का नया मूल्यांकन' पर ध्यान जाना स्वाभाविक है। आचार्य रामचन्द्र शुक्ल के 'इतिहास' के पहले से ही रीतिकाल और उसका काव्य एक निहायत नकारात्मक रवैए का शिकार रहा है। आज डॉ. नामवर सिंह जैसे विख्यात मार्क्सवादी आलोचक भी रीतिकाव्य पर पुनर्विचार की जरूरत महसूस कर रहे हैं। लेकिन दिनकर जी ने तब, जब हिन्दी में प्रयोगवाद और नई कविता का जोर था, रीतिकाल पर पुनर्विचार करते हुए जोर देकर कहा था, 'चित्रकारी की कसौटी अगर कविता की बड़ी कसौटी है तो यह कसौटी रीतिकाल पर भी लागू की जानी चाहिए,...चित्रकला की कसौटी रीतिकाल के साथ न्याय करने की सबसे अनुकूल कसौटी होगी।' चित्रकला की कसौटी यानी बिम्बविधायिनी काव्य-कला की कसौटी। और, इससे भला कौन इनकार करेगा कि जिस कसौटी पर तलवार की श्रेष्ठता की जाँच होगी, उसी कसौटी पर स्वर्णाभूषण की जाँच करना न्यायसंगत नहीं होगा। गौरतलब यह भी है कि रीतिकालीन कवि घनानन्द के काव्य में ही दिनकर को छायावाद की पहली झाँकी दिखाई पड़ती है। उनके शब्द हैं, 'द्विवेदी-युग की नीरसता के विरुद्ध कल्पनाओं और स्वप्नों की रंगीन कुहेलिका लिए हुए जो नई काव्य-शैली हिन्दी में आई, उसके अग्रदूत घनानन्द ही थे। उनका एक पाँव रीतिलोक में है, किन्तु दूसरा बिलकुल छायावाद के पास पहुँचता है।' इसीलिए दिनकर की मान्यता है कि 'रीतिकाल का कोई एक कवि अगर छायावादी कवियों का आत्मीय बन्धु कहा जा सकता है तो वे घनानन्द हैं।' तीसरी महत्त्वपूर्ण बात जो उन्होंने सेनापति-जैसे कवियों के हवाले से रीतिकाव्य के बारे में कही, वह यह कि हिंदी काव्य में प्रकृति के स्वतन्त्र चित्र दुलर्भ थे। वाल्मीकि और कालिदास के यहाँ जैसी निर्मल-विमल प्रकृति के दर्शन होते हैं, 'वह हिन्दी के रीतिकाल में स्वयंमेव जग रही थी।' इन तथ्यों को ध्यान में रखते हुए दिनकर का निष्कर्ष है कि 'रीतिकाल चाहे जितने भी निर्जीव सौन्दर्य का काल रहा हो, किन्तु, वह हिन्दी के आधुनिककाल की पार्श्वभूमि में पड़ता है और उसमें नवीनता के बीज जहाँ-तहाँ अवश्य मिलते हैं।' इसी तथ्य को किंचित और सफाई के साथ वे 'छायावाद की भूमिका' निबन्ध में इस रूप में रखते हैं, 'ऐसा लगता है कि हिन्दी कविता की भाषा ब्रजभाषा से बदलकर खड़ी बोली न हो गई होती तो

छायावाद के समान कोई रोमांटिक आन्दोलन ब्रजभाषा में ही आया होता।'

छायावाद के बाद की हिन्दी कविता को प्रगतिवाद, प्रयोगवाद, नई कविता-आन्दोलन के सहारे समझने-समझाने की कोशिश की जाती रही है। यह क्रम हिन्दी काव्येतिहास का लगभग 'कॉमन सेंस' बन चुका है। दिनकर हों या बच्चन—छायावाद, प्रगतिवाद, प्रयोगवाद, नई कविता के बहु-प्रचलित ऐतिहासिक क्रम से इन्हें समझना थोड़ा मुश्किल है। दिनकर इसमें निहित अन्तराल की व्याख्या अपने 'छायावादोत्तर काल' नामक निबन्ध में करते हैं। यों, छायावादोत्तर काल से ज्यादा उपयुक्त नाम उत्तर छायावाद-काल हो सकता है जिसे विजय देवनारायण साही और नामवर सिंह जैसे आलोचकों ने क्रमशः अपने-अपने ढंग से व्याख्यायित करने की कोशिश की है। 'भाषा की सजीवता, अनुभूति की सचाई और अभिव्यक्ति की प्रसन्नता' को उत्तर छायावादी काव्य की प्रमुख विशेषता बताते हुए दिनकर ने यह महत्वपूर्ण आत्मकथन किया है कि 'पन्त के सपने को मैं मैथिलीशरण की सफाई से लिखना चाहता था।' आचार्य हजारीप्रसाद द्विवेदी ने अपनी पुस्तक 'हिन्दी साहित्य उसका उद्भव और विकास' में इस दौर के कवियों की विशेष रूप से चर्चा की और उनमें निहित 'मस्ती' के तत्त्व को रेखांकित किया। इस प्रकार, जिस उत्तर-छायावाद काल को दिनकर 'छायावादोत्तर काल' कहते हैं, वह हिन्दी काव्येतिहास की एक विस्मृत प्राय पर अनिवार्य कड़ी है।

जहाँ तक हिन्दी के कवियों का प्रश्न है दिनकर ने 'मैथिल कोकिल विद्यापति' नामक अपने लेख में हिन्दी के 'बृहत्रयी कवि' कौन का प्रश्न उठाया है और 'तुलसी, सूर और विद्यापति' की बृहत्रयी को मान्यता दी है। प्रवृत्तियों की दृष्टि से विद्यापति कायदे से न तो वीरगाथाकाल, न भक्तिकाल और न ही रीतिकाल के कवि ठहरते हैं। इसलिए दिनकर का कहना है कि 'विद्यापति किसी भी वर्ग में समा नहीं सकते। उनके सत्कार के लिए ऐसा सिंहासन चाहिए जिस पर केवल वही बैठ सकते हैं।' विद्यापति को 'सौन्दर्य, जवानी, दाम्पत्य-प्रेम और मस्ती के कवि' के रूप में व्याख्यायित करते हुए दिनकर उन्हें मूलतः जनकवि मानने पर जोर देते हैं। वे कहते हैं, 'विद्यापति का कवि-हृदय मिथिला के जन-हृदय से एकाकार था।...विद्यापति के भाव मन से नहीं; जीवन से आते थे। उन्होंने ताल और भुर्जपत्रों पर लिखी पोथियाँ ही नहीं पढ़ी थीं, प्रत्युत सबसे अधिक वे उन पोथियों के प्रेमी थे जो खेत-खलिहान,

कुंज-वीथी, पनघट और जनता के घर-आँगन में खुली हुई हैं। विद्यापति के पदों में प्रसारित देश ग्राम-देश है, उनके गीतों में चित्रित सुन्दरियाँ ग्रामीण सुन्दरियाँ हैं।' इस स्थापना के द्वारा दिनकर ने विद्यापति के सम्बन्ध में अनेक प्रकार के विवादों को प्रकारान्तर से अनावश्यक सिद्ध कर दिया।

विवाद विद्यापति को लेकर ही नहीं कबीर को लेकर भी रहे हैं। 'कबीर साहब से भेंट' में उन्होंने कबीर से काल्पनिक भेंट के बहाने सबसे पहले कबीरदास भक्त या समाज-सुधारक वाले विवाद को ही उठाया है। दिनकर कहते हैं, 'भक्ति-साधना और समाज-सुधार, ये परस्पर विरोधी काम नहीं हैं। मुख्य बात यह नहीं है कि तुम समाज-सेवी हो या भक्त। देखने की बात तो यही हो सकती है कि तुम समाज-सेवा या भक्ति किस भाव से करते हो। यदि तुम्हारी सेवा-भावना निष्काम है तो तुम समाज-सेवी होते हुए भी भक्त हो।' विवाद ज्ञान बनाम कर्म तथा निवृत्ति बनाम प्रवृत्ति को लेकर भी है। इस आलेख में इन सभी विवादों को परस्पर पूरकता के सम्बन्ध से व्याख्यायित करने की सिफारिश की गई है। 'कबीर के स्वप्न' लेख के जरिए दिनकर ने स्वाधीन भारत में जाति-प्रथा, साम्प्रदायिक वैमनस्य जैसी समस्याओं से लड़ने और शान्ति की स्थापना में कबीर-काव्य की प्रेरणा और स्वप्न को प्रासंगिक बताया है।

दिनकर अपने पूर्ववर्ती छायावादी कवियों के काव्य-व्यक्तित्व और कविता पर भी विचार करते हैं। इस क्रम में वे कामायनी की विस्तृत समीक्षा करते हुए पंत के विचार-लोक और महादेवी की वेदना के स्वरूप पर भी काफी गहनता से विचार करते हैं। छायावादी कवियों के ठीक पहले के कवि मैथिलीशरण गुप्त माखनलाल चतुर्वेदी तथा सियारामशरण गुप्त उन्हें अपने विशिष्ट काव्य-गुणों के कारण आकृष्ट करते रहे हैं। हिन्दी के इन कवियों के अतिरिक्त मराठी कवि केशव सुत, डोगरी की कवयित्री पद्मा सचदेव, महर्षि अरविन्द, इकबाल, रवीन्द्र, शेक्सपीयर, इलियट, पोलैंड के कवि मित्सकेविच के काव्य को भी चर्चा का विषय बनाया गया है। इस खंड में ऐसी सभी सामग्री शामिल है।

इसके अलावा दिनकर ने समय-समय पर अनेक पुस्तकों की भूमिकाएँ एवं समीक्षाएँ लिखी हैं। समीक्षाएँ पूरी गम्भीरता से लिखी गई हैं। पुस्तक की भूमिकाओं में भले ही कहीं औपचारिकता का निर्वाह हुआ हो, अधिकांश में यहाँ भी उनकी आलोचनात्मक दृष्टि सक्रिय दिखायी पड़ती है। 'नौ पुस्तकें' शीर्षक से लिखी पुस्तक-समीक्षाएँ,

'शिंजिनी' की भूमिका एवं एक अन्य काव्य-पुस्तक की भूमिका रचनावली में यहाँ पहली बार संकलित की जा रही हैं।

उम्मीद की जाती है कि दिनकर रचनावली के इस खंड के जरिए दिनकर के आलोचनात्मक लेखन को जिस रूप में संयोजित किया गया है, वह दिनकर-साहित्य और दिनकर के काव्य-व्यक्तित्व को समझने में और अधिक मददगार साबित होगा।

—तरुण कुमार

न्यू प्रोफेसर्स क्वार्टर, रानीघाट
महेन्द्रू, पटना-800006
2-10-2008

अनुक्रम

कवि : हिन्दी एवं हिन्दीतर

भूमिका-समीक्षा : काव्य-संग्रह एवं अन्य

साहित्य के क्षेत्र में हम न तो किसी गोयबेल्स की सत्ता मानने को तैयार हैं, जो हमसे नाजीवाद का समर्थन लिखवाए और न किसी स्टालिन की ही, जो हमें साम्यवाद से तटस्थ रहकर फूलने-फलने नहीं दे सकता। हमारे लिए फरमान न तो क्रेमलिन से आ सकता है और न आनन्द-भवन से ही। अपने क्षेत्र में तो हम सिर्फ उन्हीं नियन्त्रणों को स्वीकार करेंगे जिन्हें साहित्य की कला अनन्त काल से मानती चली आ रही है।

काव्येतिहास की रूपरेखा

परम्परा और भारतीय साहित्य

यूरोप के एक लेखक ने लिखा है, "यूरोप नियम है, एशिया मन की तरंग है। यूरोप कर्तव्य है, एशिया मनोदशा है। यूरोप तथ्यात्मक और वस्तुपरक है, एशिया वैयक्तिक और आत्मनिष्ठ है। यूरोप आदमी है, एशिया बच्चा और बूढ़ा आदमी है।"

लेखक ने अपनी बात को जरा बढ़ा-चढ़ाकर कहा है, मगर सारतः उसकी उक्ति गलत नहीं है। मगर यह बात उस समय नहीं कही जा सकती थी, जब भारत संसार का ज्ञानगुरु और अग्रणी देश था तथा यूरोप बर्बरता की स्थिति से बहुत आगे नहीं बढ़ा था।

जातियाँ जिस प्रकार के विचारों में विश्वास करती हैं, उनके कर्म भी वैसे ही हो जाते हैं, उनकी कलाएँ भी वैसी ही हो जाती हैं। वैदिक युग के आर्य निवृत्तिवादी नहीं थे। दुनिया को वे केवल त्याग नहीं, भोग की भी वस्तु मानते थे। नरक की कल्पना उसके भीतर नहीं जगी थी। वे मानते थे कि पराक्रमी मनुष्य जैसे जीते जी सुख भोगता है, वैसे ही वह स्वर्ग पहुँचकर भी सुख ही भोगता है। "हे पितर, स्वर्ग में इन्द्र के साथ विहार कीजिए।", "हे इन्द्र, हमारे घोड़ों को मजबूत करो, हमारे पुत्रों को बलवान बनाओ।" ऐसी प्रार्थनाएँ वही कर सकता है, जो जीवन को सत्य तथा धरती को सुख और कर्म-कीर्ति का स्थान समझता है।

यद्यपि उपनिषद वेदों के बाद ही प्रकट होने लगे थे, किन्तु संस्कृत साहित्य पर प्रभाव वैदिक विचारधारा का ही चलता रहा, उपनिषद धीरे-धीरे ही काम करते रहे। जिस साहित्य के कारण संस्कृत भाषा का संसार में इतना नाम है, वह सारा-का-सारा साहित्य वैदिक विचारधारा के अधीन लिखा गया था। उपनिषदों का प्रभाव संस्कृत के सर्वश्रेष्ठ काव्यों पर नहीं के समान है। उपनिषदों की निवृत्तिमार्गी शिक्षा उस समय बढ़ी, जब देश में जैन और बौद्ध दर्शनों का जोर हुआ। वैदिक दर्शन आशावाद, सुख-भोग और उत्साह का दर्शन था। किन्तु हिन्दुओं का आज का दर्शन निवृत्ति, अहिंसा, वैराग्य और पस्ती का दर्शन है। यह मेरे विचार से उपनिषदों एवं बौद्ध और जैन दर्शनों के दीर्घ सेवन का परिणाम है और इसका प्रभाव हम संस्कृत के श्रेष्ठ काव्यों में कम, प्राकृत, अपभ्रंश और भारत की आधुनिक भाषाओं में अधिक देखते हैं। फिर भी यह सच है कि भारत का जो मन आज आधुनिक बनने का प्रयत्न कर रहा है, वह इसी निवृत्तिमार्गी संस्कार में रँगा हुआ है।

एक विचित्रता और है कि संस्कृत साहित्य में हमें विद्रोह का स्वर कहीं भी सुनाई नहीं देता। गरीबी संस्कृत काल में भी रही होगी, अन्याय उस समय भी होते होंगे। जाति-प्रथा जितनी विषैली आज है, संस्कृत काल में उससे कहीं अधिक भयानक रही होगी। जो शूद्र वेद सुन ले, उसके कानों में पिघला हुआ रांगा पिला दो, यह धर्म उसी युग का आविष्कार था। किन्तु संस्कृत में कोई भी कवि ऐसा नहीं जनमा, जो यह कहने की हिम्मत करे कि यह अन्याय है और मैं इसका विरोध करूँगा। जन्मांतरवाद और कर्मफलवाद के सिद्धान्त इस जोर से स्वीकृत किए जा चुके थे कि हर चिन्तक यह सोचकर सन्तुष्ट था कि जहाँ भी जो कुछ हो रहा है, वह सब-का-सब ठीक है और विश्वविधान की आलोचना वही करेगा, जिसमें आस्तिकता की कोई गंध नहीं हो।

यहाँ यह भी ध्यान देने की बात है कि वैदिक युग के आर्य इतने अमर्षहीन नहीं थे, न उनकी स्वाधीन चिन्ता इतनी दबी हुई थी। ऋग्वेद के नासदीय सूक्त में ऋषि ने प्रश्न उठाया है कि जब कुछ नहीं था, तब क्या था और सृष्टि उस शून्य में से कैसे प्रकट हुई और सृष्टि जब शून्य में से निकल रही थी, तब उसे किसने देखा था। और ऋषि ने स्वयं ही उत्तर दिया है कि इस सृष्टि का जो अध्यक्ष परम व्योम में रहता है, शायद उसने सृष्टि को जन्म लेते देखा हो अथवा क्या पता कि उसने भी नहीं देखा हो। एक आस्तिक ऋषि की यह शंका बतलाती है कि आर्य सत्य की शोध में बड़े ही निर्मोही और कठोर थे तथा श्रद्धा उनके चिन्तन को कमजोर नहीं कर सकती थी।

संस्कृत साहित्य में विद्रोह की परम्परा नहीं थी। भारत में विद्रोह के पहले बीज गौतम बुद्ध ने गिराए और वे अंकुरित चाहे जब भी हुए हों, पल्लवित और पुष्पित वे तब हुए, जब सिद्ध-साधुओं का समय आया। हिन्दी में इस विद्रोह की आग कबीर की वाणी में फूटी थी और वह आग अभी तक बुझी नहीं है। असल में भारतीय संस्कृति की दो धाराएँ हैं, जो प्रत्यक्ष देखी जा सकती हैं। एक के ऋषि मनु और वशिष्ठ, दार्शनिक शंकराचार्य और कवि तुलसीदास, सूरदास, विद्यापति, कंबन और पोतन्ना हैं। दूसरी धारा के ऋषि स्वयं गौतम बुद्ध, दार्शनिक नागार्जुन और वसुबंधु तथा कवि सिद्ध-साधु, कबीर, दादूदयाल, नानकदेव और वेमना हैं। आधुनिक युग में पहली धारा के प्रतीक महामना पंडित मदनमोहनजी मालवीय हुए हैं और दूसरी धारा के स्वयं गांधी जी। ज्यों-ज्यों समय बीतता जाता है, इन दो धाराओं के बीच की दूरी घटती जाती है। लेकिन दिखाई यह भी पड़ता है कि धर्म के क्षेत्र में हिन्दू समाज तुलसीदास से हटकर कबीरदास के समीप होता जा रहा है। तुलसीदास का जितना जोर भक्ति पर था, उतना ही जोर व्रतों, अनुष्ठानों और धर्म के बाह्य आचारों पर भी था। किन्तु कबीरदास ने अनुष्ठानों को ढकोसला कहा। नये जमाने के धर्मानुरागियों की दृष्टि में भी अनुष्ठानों का कोई खास महत्त्व नहीं है।

साहित्य का स्वभाव है कि वह पुरानी बातों में कवित्व जरा अधिक देखता है। अतएव पुरानी परम्पराएँ आज भी साहित्य का विषय बन जाती हैं, किन्तु नवयुग का

कवि उन्हें नई दृष्टि से देखता है और शिक्षा भी वह उनसे नई ही निकालता है। सत्यकाम-जाबाला की कथा पुराणों में यह दिखाने को गढ़ी गई होगी कि सत्य बोलने वाले को गोत्र के बारे में जिज्ञासा बेकार है। किन्तु अब हम उससे यह शिक्षा लेते हैं कि अनव्याही नारी की सन्तान भी सम्मान का आसन पा सकती है।

पहले धर्म और कविता के बीच प्रगाढ़ सम्बन्ध था। अब वह सम्बन्ध विरल भी नहीं रहा, बिलकुल टूट गया है। पहले के कवि कहते थे कि, "रसिक रीझेंगे तो समझूँगा कि मैंने कविता लिखी है। यदि रसिक नहीं रीझे, तो यह काव्य राधा और श्याम के नाम स्मरण का बहाना है।" आज धार्मिक कथा और चरित्र को भी कवि इसलिए नहीं उठाता कि उसे भगवान का स्मरण करता है, बल्कि इसलिए कि वह अपने सौन्दर्यबोध को अभिव्यक्त करना चाहता है। साहित्य में बहुत दिनों तक यह परिपाटी रही कि कविगण अपने काव्य का आरम्भ देवता की स्तुति से करते थे। लेकिन अब वह परिपाटी समाप्त हो गई। हिन्दी में राष्ट्रकवि मैथिलीशरण गुप्त इस परिपाटी के अन्तिम उदाहरण थे। अब कोई भी कवि अपने ग्रंथ का आरम्भ देव-स्तुति से नहीं करता।

एक और विचित्रता घटित हुई है, जिसका उल्लेख प्रासंगिक लगता है। जब हम लोग काव्य के क्षेत्र में आए थे, कवियों में पिंगल पढ़ने का रिवाज था। एक कहावत चलती थी कि :

बिना कोक जो रति करे, बिन गीता भख ज्ञान,
बिन पिंगल कविता रचै, तीनों पशु समान।

लेकिन मेरा ख्याल है, अब पिंगल कोई नहीं पढ़ता, न कोई प्रस्तार साधता है। जब छंद ही रुखसत हो गए, तब फिर पिंगल की जरूरत क्या है?

पिंगल सीखते समय हमने यह भी शिक्षा ली थी कि ग्रंथ के आदि छंद का प्रथम गण शुभ ही रखना चाहिए, अशुभ नहीं। तुलसीदास जी ने रामचरितमानस का आरम्भ 'वर्णांनां' से किया है, जो मगण पड़ता है। हम लोग भी आदि गण, मगण, भगण नगण रखते थे। किन्तु, अब गणों का विचार भी खत्म है, न कोई कवि दग्धाक्षरों से डरता है।

पहले जब राम या कृष्ण के चरित्र लिखे जाते थे, तब उन्हें धर्मसंस्थापक और दुष्कृत-विनाशक ईश्वरावतार के रूप में चित्रित किया जाता था। यह बुद्धिवाद का प्रभाव है कि अब वे समाज-सुधारक, लोक-आराधक अथवा संशयग्रस्त मनुष्य के रूप में दिखाए जाते हैं। साधुओं और संन्यासियों के चरित्र भी पहले उच्चकोटि के दिखाए जाते थे। केवल प्रबोध-चन्द्रोदय में उन्हें व्यभिचारी के रूप में चित्रित किया गया था। लेकिन यह अपवाद था। किन्तु थाय और चित्रलेखा के काम के समक्ष संन्यास की पराजय का जो दृश्य अंकित हुआ है, उसे नए जमाने ने खूब पसन्द किया है।

पुरानी कविता में शयन-कक्ष में मणियों के दीप बलते थे और नायिकाओं को जब

संकोच होता था, तब वे मुट्ठी भर पुष्परेणु फेंककर दीपक की ज्योति को छिपा देती थीं। अब नायिकाओं को संकोच कम होता है और संकोच हो भी, तो बिजली का बटन दबा देना लज्जा से बचने का सुगम उपाय है। जैसे विज्ञान ने जीवन में खोज-खोजकर उन सभी रहस्यों को रहस्यविहीन कर दिया, जिन्हें लेकर पहले लोग आश्चर्य करते थे, वैसे ही साहित्य के बहुत-से रहस्य-कुंज विज्ञान के प्रभाव से उजाड़ हो गए। अब उनका आश्रय लेकर कविताएँ नहीं लिखी जा सकतीं।

सबसे बड़ा परिवर्तन यह है कि ईश्वर के प्रति हमारी आस्था का रूप बदल गया है। पहले आदमी यह सोचकर विश्वास करता था कि विश्वास के सहारे ही वह सत्य को जान सकेगा। अब वह पहले जानना चाहता है और विश्वास वह तभी करेगा, जब सत्य का उसे ज्ञान हो जायेगा। पहले श्रद्धा की चट्टान को तोड़ने के पहले ही बुद्धि टूट जाती थी। किन्तु श्रद्धा अब बर्फ की चट्टान है और बुद्धि ज्यादा पैनी हो गई है। बुद्धि के आगे अब श्रद्धा का ठहरना दुश्वार है। तब भी यह सच है कि हिन्दुत्व के सभी सर्वश्रेष्ठ विश्वास बुद्धि के परे हैं, वे बुद्धि के विरुद्ध नहीं हैं।

पुरानी परम्पराओं के टूटने के बाद जो नई परम्पराएँ कायम हुई हैं, उनमें से सबसे प्रमुख परम्परा यह है कि स्वतन्त्रता किसी नियम को नहीं जानती और इसीलिए उसे किसी भी पाप का ज्ञान नहीं है। सृष्टि एक आशयविहीन रचना है, जिसका नियंता कोई नहीं है। आदमी ही ईश्वर है और हर भले आदमी का रक्त उतना ही पवित्र है, जितना पवित्र रक्त राम, कृष्ण या ईसा का था। और सबसे बड़ी बात यह है कि नैतिकता वह है, जिसका आचरण मनुष्य करने को राजी हो सके।

(आधुनिक बोध)

हिन्दी-साहित्य में निगम-धारा

हम एक विशाल देश के निवासी हैं। हमारा इतिहास इतना पुराना है जितना पुराना इतिहास केवल चीन और मिस्र का समझा जाता है, किन्तु भारत शायद चीन और मिस्र से भी प्राचीन है। कम-से-कम यह तो सभी स्वीकार करते हैं कि भारत का प्राचीनतम ग्रंथ वेद ही सारी मानवता का प्राचीनतम ग्रंथ है।

हमारे देश की एक प्रमुख विशेषता यह भी है कि यहाँ बसनेवाले लोग नाना धर्मों को मानते हैं, नाना प्रकार की भाषाएँ बोलते हैं; तथा खान-पान, रहन-सहन और रीति-रिवाज में भी उनकी रुचियाँ विभिन्न हैं। भारत में इस्लाम शायद उस समय पहुँचा था, जब हज़रत मोहम्मद धराधाम पर मौजूद थे; और इंग्लैंड के लोग जब क्रिस्तान हुए, उससे कोई दो सौ वर्ष पूर्व ईसाईयत का प्रवेश भारत में हो चुका था। जरथुस्त्र-धर्म के माननेवाले पारसी लोग ईरान से भागकर यहाँ 936 ई. में आए थे और तब से वे आनन्दपूर्वक इस देश को ही अपना देश मानकर रहते आए हैं। यही नहीं, बल्कि हिन्दू-धर्म की डालों के समान, कुछ और भी धर्म हैं, जो हिन्दुत्व से स्वतंत्र अस्तित्व रखते हैं, किन्तु जिनके अनुयायियों का देश यही भारत देश है।

यही कारण है कि भारत छोटे पैमाने पर सारे संसार का नमूना पेश करता है; और चूँकि नाना धर्मों और नाना भाषाओं का देश होकर भी भारत एक देश रहा है, अतएव जो लोग समग्र विश्व की एकता के लिए प्रयास कर रहे हैं, उन्हें भारत को देखकर यह आशा बँधती है कि किसी-न-किसी दिन सारा संसार एक होकर रहेगा तथा दुनिया में जो अनेक भाषाएँ, अनेक धर्म और अनेक मतवाद प्रचलित हैं, वे संसार को एक होने से नहीं रोक सकेंगे। सारी विभिन्नताओं को कायम रखकर भारत ने जिस एकता की उपलब्धि की है, वही एकता संसार का ध्येय है। विभिन्नताओं को जबर्दस्ती दबाकर यांत्रिक एकता पैदा करने का लोभ तानाशाही राजनीति को होता है और तानाशाही राजनीति केवल यांत्रिक ऐक्य ही हासिल कर सकती है, किन्तु भारत की एकता यांत्रिक नहीं, प्राणिक है; वह ऊपर से लादी नहीं गई है, भारत की संस्कृति चेतना के भीतर से उत्पन्न हुई है। इसीलिए समय-समय पर राजनीतिक दृष्टि से खंडित हो जाने पर भी, सांस्कृतिक दृष्टि से यह सारा देश एक रहा है।

यही एकता भारत की शोभा है। इसी एकता के कारण गुलामी के दिनों में भी

वह, किसी-न-किसी अर्थ में, पूजनीय माना जाता था और उसी एकता के कारण स्वतंत्रता के बाद से भारत सारी दुनिया की रहस्यात्मक आशा का केन्द्र बना हुआ है। जब राष्ट्रीयता की लहर यूरोप में उठी, यूरोप खंड-खंड होकर अनेक चकलों में बिखर गया, क्योंकि ये चकले धर्म से एक होने पर भी भाषाओं की भिन्नता के कारण बँटे हुए थे, किन्तु भारत में जब राष्ट्रीयता की लहर उठी, भारत के विभिन्न भाग परस्पर और भी समीप आ गए। जिस राष्ट्रीयता ने यूरोप को टुकड़ों-टुकड़ों में बाँट दिया, उसी राष्ट्रीयता ने हमारी एकता को और भी मजबूत बना दिया। यह कोई आकस्मिक घटना नहीं है। यह भारत की सांस्कृतिक प्रवृत्ति का परिणाम है। यह हमारे भूगोल की महिमा है; यह हमारे इतिहास की देन है। हमारा जातीय दर्शन एकता का दर्शन है। हमारा जातीय दर्शन घृणा नहीं, प्रेम सिखाता है; ईर्ष्या को नहीं, उत्सर्ग को उत्तेजना देता है। यूकेरिस्टिक कांग्रेस और सार्वभौम बौद्ध-सम्मेलनों ने यहाँ एक ही समय में अपने-अपने धार्मिक समारोह किए; और इस देश के निवासी उन सम्मेलनों में इस भाव से सम्मिलित हुए, मानो ये उनके अपने ही समारोह हों। यही भारत-धर्म है। यही भारतवासियों की महिमा है। स्वामी विवेकानन्द ने कहा था कि यह काफी नहीं है कि अन्य धर्मों को हम बर्दाश्त करें। उचित बात यह है कि सभी धर्मों को हम अपना ही धर्म समझें।

रूढ़ियों का समर्थक और मानवीय एकता का बाधक होने के कारण पिछले सौ वर्षों से धर्म, प्रायः निन्दित अवस्था में पड़ा रहा है, किन्तु अब आसार ऐसे दिखते हैं, मानो धर्म की निन्दा का युग समाप्ति के पास हो। धर्म की अवहेलना इस कारण भी हुई है कि विज्ञान की बढ़ती के साथ-साथ मनुष्य का यह भाव भी ज़ोर पकड़ने लगा कि सृष्टि एक यंत्र है और ईश्वर उसका इंजीनियर है। और जैसे हम यंत्र के पुर्जे-पुर्जे का हाल गणित के फार्मूलों से समझ सकते हैं, उसी प्रकार सृष्टि की हर एक घटना गणित के फार्मूलों से समझी जा सकती है। न्यूटन स्वयं धार्मिक मनुष्य थे; किन्तु जिस विज्ञान की उन्होंने नींव डाली, उसने धर्म के मूल को हिला दिया। विज्ञान उन्नीसवीं सदी के अन्त तक जितना उद्धत था, उतना उद्धत वह आज नहीं है। उन्नीसवीं सदी तक विज्ञान अहंकार में थे, क्योंकि उस समय तक उसकी जानकारी थोड़ी थी। बीसवीं सदी का विज्ञान कुछ विनम्र हो गया है, क्योंकि अब वह उस गहराई में पहुँच गया है, जहाँ इस बात की निश्चित घोषणा कठिन हो रही है कि संसार मैटर से बना है या स्पिरिट से, तरंगों से निर्मित है या कणों से अथवा उसकी प्रक्रिया शारीरिक है या मानसिक। आज की भौतिकी का प्रवाह, निश्चित रूप से, मानसिकता की ओर है। भौतिकी अब उस ऊँचाई पर पहुँच गई, जहाँ से दर्शन का समुद्र स्पष्ट दिखाई पड़ता है। न्यूटन ने जिस दुनिया की कल्पना की थी, वह कवियों, संतों और रहस्यवादियों को बहुत अनुकूल नहीं पड़ती थी। न्यूटन का विज्ञान ऐटम के धरातल पर अब भी उपयोगी, ठोस और सत्य है, किन्तु ऐटम के परे इलेक्ट्रॉन और प्रोट्रॉन के धरातल पर

न्यूटन के सिद्धान्त यथेष्ट साबित हो रहे हैं; और धीरे-धीरे संसार की जो कल्पना प्रकट हो रही है, वह ऐसी है, जिसमें गणितज्ञ और रहस्यवादी दोनों साथ रह सकते हैं। विज्ञान के धक्के से धर्म के आनुष्ठानिक भाग (रिचुअल) दीवार की प्लास्टर के समान झरकर नीचे गिर गए, किन्तु धर्म का सारतत्व अनुष्ठान नहीं, अध्यात्म है और यह अध्यात्म आज भी कायम है और आगे भी कायम रहेगा। विनोबा जी ने बहुत ठीक कहा है कि जो सभ्यता आगे आनेवाली है, उसमें विज्ञान और अध्यात्म, दोनों कायम रहेंगे। उस सभ्यता में कला का भी स्थान ऊँचा रहेगा, क्योंकि विज्ञान का परिचय अध्यात्म से और अध्यात्म का परिचय विज्ञान से केवल कलाएँ ही करा सकती हैं।

धर्म, अर्थ और काम के त्रिवर्ग की कल्पना प्राचीनों की भ्रान्ति नहीं थी। यह त्रिवर्ग त्रिकाल-सत्य तत्व है। वह पहले भी था, आज भी है और आगे भी कायम रहेगा। 'आदि भी सच, जुगादि भी सच, है भी सच और होसी भी सच' गुरु ने अकाल के बारे में यह जो अलौकिक उक्ति कही थी, वह इस त्रिवर्ग पर भी लागू होती है। वस्तु नहीं बदलती, केवल नाम बदलता है। गुलाब को चाहे जिस किसी नाम से पुकारिए, वह हमेशा गुलाब ही रहेगा। नए युग की शब्दावली में काम रस-साहित्य और कलाओं का पर्याय है, अर्थ से बोध समस्त ज्ञान-साहित्य और विज्ञानों का होता है तथा धर्म अध्यात्म का पर्याय है।

सभी धर्मों के निगम और आगम, ये दो पक्ष होते हैं। निगम वह गम्भीर बिन्दु है, जहाँ से सभी धर्मों की उत्पत्ति होती है। आगम अनुष्ठानों के जाल हैं, जो पूजन की विधियों और पद्धतियों का विधान करते हैं। निगम मानवीय मन की वह अवस्था है, जब मनुष्य यह जानने को उत्कंठित होता है कि जन्म के पहले मैं कहाँ था और मरने के बाद मैं कहाँ जाऊँगा? यह सृष्टि आप-से-आप उछलकर हमारे समझ आ गई है अथवा इसकी रचना के पीछे किसी अदृश्य शक्ति का भी हाथ है? जो कुछ हम देखते हैं, सृष्टि वहीं तक समाप्त है अथवा उसका प्रसार इन्द्रियों की गति से आगे भी पड़ता है? निगम धर्म के जन्मस्थान को कहते हैं। निगम वह जगह है, जहाँ सभी धर्म एक ही धर्म हैं, जैसे अनेक नामों से अभिहित होने पर भी परमेश्वर एक ही है। निगम मूल है, आगम शाखाएँ हैं। धर्म एक है, केवल उसके साधन की पद्धतियाँ अलग-अलग हो गई हैं। असली धर्म निगम है, आगम उसका ऊपरी ठाट है। निगम सभी मनुष्यों को एक बिन्दु पर एकत्र करता है; आगम धर्म के बाह्याचारों पर ज़ोर देकर मनुष्य-मनुष्य को परस्पर भिन्न कर देते हैं। यदि मनुष्य अपने को निगम से बाँधे रहे, तो आगम उसके बस में रहते हैं। आगम केवल साधन मात्र हैं। मनुष्य का मुख्य ध्येय निगम की उपासना है, किन्तु जब भी आदमी निगम से छिटककर आगमों को अपना आराध्य बना लेता है, धर्म के टंटे शुरू हो जाते हैं। विद्रोही लोग प्रहार निगम पर नहीं, आगमों पर करते हैं। क्रान्तियाँ निगम के खिलाफ नहीं आगमों के विरुद्ध हुआ करती हैं।

अपने देश में धर्म के क्षेत्र में सबसे बड़ी क्रान्ति गौतम बुद्ध ने की थी, किन्तु

उनका भी आक्रोश निगम नहीं, आगम के विरुद्ध था। यह बात और है कि इस विद्रोही धर्म ने भी आगे चलकर अगणित आगमों की सृष्टि कर डाली; और जैसे बुद्ध से पूर्व के हिन्दुत्व में निगम गौण और आगम प्रधान हो गए थे, उसी प्रकार बौद्ध मत के भी ह्रास-काल में निगम के बदले आगमों की प्रधानता हो गई।

किन्तु भगवान बुद्ध का एक अवदान ऐसा है, जिसकी धारा में हम आज भी बह रहे हैं। बुद्ध के आविर्भाव के पूर्व भारत की संस्कृति प्रायः एक थी, जिसे हम वैदिक विशेषण के साथ जानते हैं। 'प्रायः' मैं इसलिए कहता हूँ, क्योंकि मेरा अनुमान है कि महावीर और बुद्ध का आविर्भाव बिलकुल आकस्मिक घटना नहीं थी। वैदिक धर्म के विरुद्ध महावीर और बुद्ध ने जो क्रान्ति की, उसके बीज श्रमण-संस्कृति में मौजूद थे और यह संस्कृति आर्यों के आगमन के पूर्व से ही इस देश में वर्तमान रही थी। फिर भी यह सत्य है कि वैदिक धर्म को जो चुनौती बुद्ध के हाथों प्राप्त हुई, वैसी चुनौती और किसी के हाथों प्राप्त नहीं हुई थी।

बौद्ध क्रान्ति का एक बड़ा भारी परिणाम यह हुआ कि उसके बाद से भारत की संस्कृति दो धाराओं में विभक्त हो गई। एक धारा वह है, जिसका मूल वेदों में माना जाता है, जिसके शास्त्र-प्रणेता मनु और याज्ञवल्क्य तथा दार्शनिक शंकर हैं। अश्वघोष को छोड़कर संस्कृत के सभी कवि तथा हिन्दी के महाकवि विद्यापति, सूरदास और तुलसीदास इसी धारा के कवि हैं। आधुनिक युग में इस धारा के प्रतीक लोकमान्य तिलक और महामना मदनमोहन मालवीय हुए हैं। और दूसरी धारा वह है, जो बुद्ध के कमंडल से निकलकर नागार्जुन और वसुबन्धु आदि दार्शनिकों, सरहपा, गोरख आदि साधकों तथा कबीरदास, गुरु नानक, दादू दयाल, रज्जब, मलूकदास, पलटूदास आदि संतों की वाणियों में बहती हुई आधुनिक युग में महात्मा गांधी तक पहुँची है।

इन दो धाराओं में से पहली धारा वर्णाश्रम-धर्म की धारा है, जो आगमों में ढिलाई को पसन्द नहीं करती। आगम गरचे दूसरी धारा में भी उत्पन्न हुए, किन्तु यह धारा निगम-प्रधान है और उसका उद्‌देश्य आगमों को विलुप्त या काफी कमज़ोर करके मनुष्य-मनुष्य को एक बनाना है। ज्यों-ज्यों समय बीतता जाता है, ये दोनों धाराएँ परस्पर करीब आती जा रही हैं। पहले भी उन्होंने एक-दूसरे को प्रभावित किया था और आज भी वे एक-दूसरे को प्रभावित कर रही हैं। दक्षिण के आलवार कवियों के पद, अधिकांश में निगम-धारा के ही पद हैं। इसके विपरीत, आगम-मार्ग के अनुमोदन का दृष्टांत कहेंगे। आधुनिक युग में परमहंस रामकृष्ण ऐसे संत हुए हैं, जिनके भीतर इन दोनों ही धाराओं का विलय हो गया था। उन्होंने वेदान्त की भी साधना की थी और वे सगुणोपासक भी थे। यही नहीं, प्रत्युत उन्होंने छह महीनों तक मुसलमान के समान जीवन बिताकर इस्लाम की साधना की थी और कुछ काल तक वे ईसाई-धर्म की भी साधना में रहे थे।

जिस युग में हम जी रहे हैं, वह आगम से अधिक निगम की महिमा से व्याप्त

है। इसीलिए नवयुग की धार्मिक प्रवृत्ति तुलसीदास के पक्ष में कम, महात्मा कबीर की ओर कुछ अधिक पड़ती है। धर्म के बाहरी आचार निरादृत हो गए हैं, किन्तु अध्यात्म की निष्ठा आज भी अपना काम कर रही है। स्पष्ट है कि विज्ञान-सम्मत धर्म केवल वेदान्त ही हो सकता है, जो आगमों की बात नहीं करता, जिसका सारा ज़ोर धर्म के निगम-पक्ष पर है। जब रवीन्द्रनाथ ने यह कहा था कि 'धर्म को पकड़े रहो, धर्मों को छोड़ दो,' तब उनका ध्येय यही बताना था कि धर्म का निगम-पक्ष यही यथेष्ट है, आगमों में फँसने से मनुष्य-मनुष्य के बीच विभेद उत्पन्न होता है। और डॉक्टर राधाकृष्णन जिस धर्म को 'आत्मा का धर्म' (रिलीजन ऑफ स्पिरिट) कहते हैं, वह भी धर्म के निगम-पक्ष का ही एक नया नाम है। 'वेदान्त' शब्द संस्कृत भाषा का है; अतएव यह आशंका उचित ही है कि अन्य धर्मों के लोग इस शब्द को स्वीकार नहीं करें, क्योंकि आगमों की एक शिक्षा यह भी है कि पूजा-पद्धति में केवल अपनी ही धर्म-भाषा का व्यवहार करना चाहिए, किन्तु 'वेदान्त' जिन अर्थों का वाचक है, उन अर्थों को अंगीकार किए बिना संसार के धर्म एक नहीं होंगे। वेदान्त मनुष्य-मनुष्य के बीच एकत्व स्थापित करता है। वेदान्त मनुष्यों को नाना शाखाओं से उतारकर मूल में एक करता है। वेदान्त किसी नए धर्म का विधान नहीं करता। वह सभी धर्मों के निगम-पक्ष में एक समान व्याप्त है। वेदान्ती होने पर हिन्दू पहले की अपेक्षा श्रेष्ठ हिन्दू, मुसलमान पहले की अपेक्षा अधिक श्रेष्ठ मुसलमान और ईसाई पहले की अपेक्षा अधिक श्रेष्ठ ईसाई बन सकता है। यही वेदान्त की महिमा है। वैज्ञानिक युग में धर्म-साधना का एकमात्र मार्ग वेदान्त का मार्ग है।

जैसे धर्म का ज्ञान जानवरों को नहीं, केवल मनुष्य को होता है, उसी प्रकार भाषा भी केवल मनुष्य-योनि का गुण है। जानवर रूस में रहें या हिन्दुस्तान में, बोली उनकी एक ही होती है, किन्तु रूस में बसनेवाले मनुष्य वही भाषा नहीं बोलते, जो भाषा हिन्दुस्तान में रहनेवाले लोग बोलते हैं। मनुष्य भी जब पशु था, उसके पास भाषा नहतीं थी। उसकी भाषा का आरम्भ तब हुआ, जब वह पशु-योनि से अलग होने लगा। भाषा सभ्यता का मूल है। भाषा संस्कृति की असली शक्ति है। भाषा चिन्तन का लिबास है। जिस जनसमूह में चिन्तन उच्च कोटि का होता है, उसकी भाषा भी उतनी ही प्रखर और महीन हो जाती है। और जो जनसमूह अभी संस्कृति की दिशा में पिछड़ा हुआ है, उसकी भाषा भी उसी परिणाम में स्थूल और भोंडी होती है। अतएव हमारी भाषाओं में चिन्तन की स्वस्थ परम्परा का विकास होना चाहिए, जिससे भारत अपने उस स्वरूप को सँवार सके, जिसके कारण वह जगत्-भर में इतना विख्यात रहा है।

भाषा कोई भी बुरी नहीं होती; बुरे अगर होते हैं, तो उसके बोलनेवाले लोग होते हैं, किन्तु खेद का विषय है कि स्वराज्य के बाद से हिन्दी पर जो अनेक आरोप लगाए जा रहे हैं, उनमें से एक कुत्सित आरोप यह भी हैं कि हिन्दी फकत हिन्दुओं की भाषा है, हिन्दुत्व के अतिरिक्त इस देश में जो नाना धर्म हैं, उनके प्रति वह उदार नहीं है

तथा इस भाषा का स्वर साम्प्रदायिक और उसकी दृष्टि संकीर्ण है। शब्द चाहे ये नहीं रहे हों, किन्तु ये अथवा इनसे मिलते-जुलते आक्षेप हिन्दी पर दो-एक बार ऊँची-ऊँची जगहों पर भी लगाए गए हैं। अवश्य ही इस प्रकार के आक्षेप करनेवाले लोग भाषा और साहित्य के अध्येता नहीं, राजनीति के निरंकुश खिलाड़ी होते हैं, अन्यथा वे ऐसी बात नहीं बोलते, जो सत्य के बिलकुल विपरीत और निराधार है। ऊपर मैंने भारतीय संस्कृति की जिन दो धाराओं का उल्लेख किया है उनका जितना पुष्ट प्रमाण हिन्दी में मिलता है, उससे अधिक पुष्ट प्रमाण किसी और भाषा में उपलब्ध नहीं है। हिन्दी केवल हिन्दुत्व की ही नहीं, इस्लाम और सिख-धर्म की भी भाषा है। हिन्दी केवल वैदिक या वर्णाश्रम-धर्म की रूढ़ियों का पिष्ट-पेषण नहीं करती, वह उनके विरुद्ध क्रान्ति की भी शिक्षा देती है। वह केवल आगम-धर्म तक ही सीमित नहीं है, बल्कि निगम-धर्म का भी आख्यान उसने बड़ी ही निर्भयता से किया है।

हिन्दी के प्रमुख कवियों मे गिनती केवल उन्हीं की नहीं होती, जो जन्म या धर्म से हिन्दू थे, बल्कि उसके शीर्षस्थ कवियों में कितने ही कवि ऐसे भी हुए हैं, जो धर्म से सिख या मुसलमान थे। अगर अप्रमुख कवियों की गिनती की जाए, तो उस सारणी में दो-चार नाम ईसाइयों के भी आ जाएँगे। अमीर खुसरो और कबीरदास, जायसी और उस्मान, रहीम और रसखान, अनीस, अहमद और कमाल, ताज और तानसेन, नेवाज और फकरुद्दीन, आलम और शेख तथा मुबारक और रसलीन—ये सब-के-सब अत्यन्त उच्च कोटि के कवि हुए हैं। खासकर कबीर, जायसी, रहीम, रसखान और रसलीन ने हिन्दी की जो अपरिमित सेवा की वह हिन्दी-साहित्य के इतिहास में अत्यन्त गौरवपूर्ण स्थान रखती है और इन कवियों का सम्यक अध्ययन किए बिना कोई भी व्यक्ति हिन्दी-साहित्य का मर्मज्ञ नहीं माना जा सकता। इसी प्रकार सिख गुरुओं, विशेषतः गुरु नानक और गुरु गोविन्दसिंह की रचनाएँ हिन्दी-साहित्य का अभिन्न अंग हैं और हिन्दी के प्राचीन साहित्य का संकलन उनके समावेश के बिना अधूरा समझा जाता है।

आन्दोलन के रूप में साम्प्रदायिक एकता की माँग इधर हाल में आकर बीसवीं शताब्दी में उठी है; किन्तु इस एकता की आवश्यकता भारतवासी आरम्भ से ही महसूस करते आ रहे थे और हिन्दू-मुस्लिम-मिलन का एक मुख्य क्षेत्र होने के कारण साम्प्रदायिक एकता पर जितना अधिक ज़ोर हिन्दी-भाषी क्षेत्र में दिया गया उतना ज़ोर और कहीं दिया गया या नहीं, इसका यथेष्ट प्रमाण उपलब्ध नहीं है। कबीर साहब ने पन्द्रहवीं सदी में हिन्दू-मुस्लिम-एकता का जो नारा दिया, वह नारा आज तक हिन्दी में निःशब्द नहीं हुआ है और इन चार-पाँच सौ वर्षों के बीच कई सौ कवि हिन्दी में ऐसे हुए, जिन्होंने आँख मूँदकर इस नारे को दुहराया है।

हिन्दी का संत-साहित्य, जो आकार में महोदधि के समान विशाल है, इसी एकता का साहित्य है। असल में यह साहित्य उस क्रान्ति का साहित्य है, जिसका प्रवर्तन बुद्ध

ने किया था। यह साहित्य आदमी की ऊँचाई की जाँच उसके जन्म से नहीं, कर्म से करता है। यह साहित्य धर्म के बाह्याचारों को ढकोसला समझता है और मनुष्य के धर्म को उसके चरित्र में प्रतिबिम्बित देखना चाहता है। यह साहित्य अस्पृश्यता का विरोधी और जाति-अहंकार का कट्टर शत्रु है। यह साहित्य बैठकर खानेवालों का मजाक उड़ाता है और इज़्ज़त उसकी करता है, जिसके हाथों में मेहनत के घट्ठे का निशान है। यह साहित्य उस मानव-समाज की भूमिका तैयार करता है, जिसकी कल्पना गांधी जी ने कही थी—एक ऐसा समाज जिसमें शोषण नहीं है, धन की पूजा नहीं है, धर्म का आडम्बर नहीं है, अस्पृश्यता नहीं है और जिस समाज में स्त्री और शूद्र दबाकर नहीं रखे जाते हैं, न कोई व्यक्ति इसलिए अहंकार करता है कि उसका जन्म ऊँचे या धनी खानदान में हुआ है। हिन्दी के संत-साहित्य की सामाजिक विशेषता यह है कि अगर गांधी जी की कल्पना का समाज अस्तित्व में आ जाए तो यह साहित्य उस समाज की रामायण बन सकता है अथवा अगर समाजवादी लोग धर्म को स्वीकार करके अपनी कल्पना के समाज की स्थापना कर सकें, तो यह साहित्य उनका असली 'मेनिफेस्टो' बन सकता है, बशर्ते कि वे सन्तोष की महिमा को भी स्वीकार कर सकें।

भारत के अन्तिम हिन्दू-सम्राट महाराज पृथ्वीराज मोहम्मद गोरी के हाथों मारे गए थे। अनुमान यह होना चाहिए कि उनका प्रिय कवि चन्दबरदाई इस्लाम के प्रति दुर्भावनाओं से पूर्ण रहा होगा, किन्तु आश्चर्य की बात है कि चन्दबरदाई इस्लाम की निन्दा नहीं करता। उलटे वह यह घोषणा करता है कि अपने काव्य में मैंने पुराण और कुरान दोनों के तत्वों का समावेश किया है :

उक्ति धर्म विशालस्य राजनीति नवं रसं।
षट् भाषा पुराणं च कुरानं कथितं मया।।

चन्दबरदाई से भी पूर्व लगभग 11वीं सदी में हिन्दी के एक कवि मुनि रामसिंह हुए हैं। उन्होंने छुआछूत की निन्दा करते हुए लिखा है :

कासु समाहि करउँ? को अंचउँ?
छोप-अछोप मणिवि को वंचउँ?

अर्थात समाधि किसकी लगाऊँ? अर्चना किसकी करूँ? और छूत-अछूत कहकर किसको छोड़ूँ?

कहते हैं, गुरु नानक किसी भी ऐसे आदमी का छुआ हुआ पानी नहीं पीते थे, जिसके हाथ में मेहनत के निशान नहीं हों। मेहनत की प्रशंसा करते हुए उन्होंने कहा भी है कि :

धालि खाइ कछु हत्थहु देइ।
नानक राह पिछाणहि सेइ।

अर्थात जो मेहनत करके खाता है और कुछ दूसरों के भी हाथ पर रखता है, नानक कहते हैं, रास्ता वही पहचानता है।

अचरज है कि जिस युग में कवियों और शास्त्रकारों द्वारा नारी का अनादर किया जाना एक आम बात थी, उस युग में बिहार-निवासी संत दरिया साहब ने नारी की प्रशंसा लिखी और जो लोग नारी की निन्दा करते थे, उन्हें धर्महीन बताया।

नारी जननी जगत् की, पाल-पोस दे तोष।
मूरख राम बिसारि कै, ताहि लगावै दोष।

भारत में हिन्दू-मुस्लिम-एकता के तीन बड़े नेता कबीरदास, सम्राट अकबर और महात्मा गांधी हुए हैं। अकबर और गांधी जी का सम्बन्ध राजनीति से था। अतएव इन नेताओं ने हिन्दुत्व और इस्लाम दोनों की बड़ाई की और बड़ाई के साथ फुसलाकर उन्हें परस्पर करीब लाना चाहा, किन्तु कबीर और अन्य सैकड़ों संतों को राजनीति की थोड़ी भी परवाह नहीं थी। इन लोगों ने खुल्लमखुल्ला कहा कि दोनों धर्म आगमों के जाल में फँसकर रह गए हैं। कबीर साहब कहते हैं कि असली धर्म (यानी निगम-धर्म) वह है, जिस पर मैं आरूढ़ हूँ :

सुर, नर, मुनि और औलिया, ये सब बेलैं तीर।
अलह-राम की गति नहीं, तहँ घर किया कबीर।
हद्द छाड़ि बेहद गया, किया सुन्नि असनान।
मुनि जन महल न पावई, तहाँ किया विश्राम।
हद्द छाड़ि बेहद गया, रहा निरन्तर होय।
बेहद के मैदान में रहा कबीरा सोय।
राम भजत हैं नाम को, नाम भजत कछु थीर।
वा ते कुछ और है, बाको भजै कबीर।

शाखाओं को छोड़कर मूल पर आओ (अर्थात् आगमों को छोड़कर निगम का ध्यान करो), यह उपदेश भी संतों ने बार-बार दिया है :

हिन्दू ध्यावै देहरा, मूसलमान मसीत,
जोगी ध्यावै परम पद जहँ देहरान मसीत।

—गोरखनाथ

हिन्दू पूजै देहरा, मूसलमान मसीत।
नामा सोई सेविया, जहँ देहरा न मसीत।

—नामदेव

मूल गहे ते सब सुख पावै,
डाल-पात में मूल गँवावै।

—कबीर

दादू ना हम हिन्दू होहिंगे; ना हम मूसलमान।
षट् दर्शन में हम नहीं, हम राते रहिमान।

—स्वामी दादू दयाल

अलह कहौ, चहै राम कहौ,
डाल तजौ, सब मूल गहौ।

—स्वामी दादू दयाल

हेत न कर हिन्दू धरम, तजि तुरकी रसरीति।
रज्जब जिन पैदा किया, ताही सूँ करि प्रीति।

—रज्जब जी

जन्म के अंहकार को संतों ने जिस तरह ठोकर मारी है, वह साहस भी कोई संत ही दिखा सकता है, ज़िसे राजनीति की परवाह नहीं हो।

साकित बाम्हन नहिं भला,
भगता भला चमार।

—धरणीदास

और हिन्दू-मुस्लिम-एकता के लिए जो बेचैनी और टीस इन संतों के हृदय में है, वह ठीक वही दर्द और टीस है, जो अकबर और गांधी जी के हृदय में उठी थी।

हिन्दु कहते हैं राम हमारा, मुसलमान रहिमाना।
आपस में दोउ लड़े मरत हैं, भेद न कोऊ जाना।
जो खोदाय मसजीद बसतु है, और मुलुक केहि केरा।
तीरथ-मूरत राम निवासी, बाहिर केहि का डेरा?

—कबीर

दोनों भाई हाथ-पग, दोनों भाई कान।
दोनों भाई नैन हैं, हिन्दू-मूसलमान।

—स्वामी दादू दयाल

सब कोउ साहब बन्दते, हिन्दू-मुसलमान।
साहेब तिसको बन्दता, जिसका ठौर इमान।।

—मलूकदास

हिन्दू-मुस्लिम-एकता की असली राह आगमों से हटकर निगम पर आने की राह है। इसीलिए हिन्दी के संत कवियों ने बार-बार यह उपदेश दिया है कि धर्म के बाहरी आचारों पर ज़ोर न देकर उस मूल तत्व का चिन्तन करो, जहाँ से एक नहीं, सभी धर्म उत्पन्न होते हैं।

मूल की खबरि नाहिं जासों यह भयो मुल्क,
वाको बिसारि भोंदू डारन अरुझायो है।

—यारी साहब

आगमों से ऊपर उठकर निगम की उपासना करने के दो शुभ परिणाम और निकलते हैं। एक तो यह कि समाज में ऊँच-नीच का भेद न्यून हो जाता है।

जाति भी ओछी, करम भी ओछा, ओछा कसब हमारा।
नीचे से प्रभु ऊँच कियो हैं कह रैदास चमारा।।

—रैदास जी

और दूसरा यह कि निगम की उपासना से गार्हस्थ और संन्यास के बीच की दूरी समाप्त हो जाती है।

एक जोग में भोग है, एक भोग में जोग,
एक बुड़हिं वैराग्य में, एक तरहिं सो गिरही लोग।

—रज्जब जी

जिस भाषा ने पाँच सौ वर्षों तक एकता का अनवरत प्रचार किया हो, जिस भाषा के सैकड़ों कवि ऊँच-नीच का भेद मिटाने को शताब्दियों तक बेचैन रहे हों तथा जिस भाषा की सेवा उन कवियों ने भी की हो, जिनका जन्म ऊँचे खानदानों में नहीं हुआ था, उस भाषा पर साम्प्रदायिकता और संकीर्णता का आक्षेप अब लोग ही लगा सकते हैं।

यदि संतों को छोड़कर उन कवियों पर विचार करें, जो वर्णाश्रम-धारा के साथ हैं, तो भी सूरदास और तुलसीदास में साम्प्रदायिकता की कोई गंध नहीं है। तुलसीदास जी ने

साखी, सबदी, दोहरा कहि कहिनी उपखान।
भगत निरूपहिं भगति कलि, निन्दहिं वेद-पुरान।

कहकर जायसी और कबीर पर कुछ थोड़ी चोट जरूर की है, किन्तु यह चोट उनके मुसलमान होने के कारण नहीं, निराकारवादी होने के कारण की गई है। तुलसीदास जी मुसलमानों के विरोधी नहीं थे। मतभेद उनका उन लोगों से था, जो अनुष्ठानों के बहिष्कार का प्रचार करते थे और इस क्रम में उन्होंने जहाँ जायसी और कबीर का विरोध किया है, वहाँ गोरखनाथ और अलखवादियों को भी मुआफ़ नहीं किया है।

गोरख जगायो जोग,
भगति भगायो लोग

तथा

हम लख हमहिं, हमार लख, हम हमार के बीच।
तुलसी अलखहिं का लखे, रामनाम जपु नीच।

इन पदों के लक्ष्य मुस्लिम कवि नहीं, बल्कि निराकारवादी हिन्दू योगी और साधु हैं।

तुलसीदास की असाम्प्रदायिकता इस बात से भी सिद्ध है कि अरबी और फारसी के जो शब्द हिन्दी में चले गए थे, उनका उन्होंने बहिष्कार नहीं किया। यह भाषा के चरम विकास का समय था और जो कवि विभिन्न भाषाओं के प्रचलित शब्दों को अपनी भाषा में जितना ही अधिक पचा लेता था, वह उतना ही महान समझा जाता

था। आचार्य भिखारीदास ने तुलसीदास की प्रशंसा उनके कवित्व के कारण नहीं, उनकी भाषा की छटा के लिए की है।

तुलसी गंग दोऊ भये सुकविन को सरदार।
जिनके काव्यन में मिली भाषा विविध प्रकार।

यह स्मरण रखने की बात है कि एकता की यह धारा केवल हिन्दुओं की ही ओर से नहीं बल्कि मुस्लिम कवियों और संतों ने भी इस धारा में निश्छल योगदान दिया। अमीर खुसरो खड़ी बोली हिन्दी और उर्दू, दोनों ही भाषाओं के जनक समझे जाते हैं। वास्तव में एकता के महाआन्दोलन के भी वे ही आदि प्रवर्तक थे। अपनी फ़ारसी की मसनवी 'नूहेसिफ्र' में उन्होंने भारत को अपनी जन्म-भूमि माना है और उसकी भूरि-भूरि प्रशंसा लिखी है। खास बात यह है कि खुसरो ने यह भी लिखा है कि 'संभव है मुझसे कोई पूछे कि भारत के प्रति इतनी श्रद्धा मैं क्यों रखता हूँ, तो मेरा जवाब यह होगा कि सिर्फ इसलिए कि भारत मेरी जन्म-भूमि है, भारत मेरा अपना देश है। खुद नबी ने कहा कि आदमी का देश-प्रेम उसके धर्म-प्रेम में शामिल होता है।' पृथ्वीराज की पराजय सन् 1192 ई. में हुई और अमीर खुसरो का जन्म-वर्ष सन् 1253 ई. माना जाता है। इसके मानी ये होते हैं कि भारत पर इस्लामी शासन के आरम्भ होने के केवल इकसठ साल बाद, भारत ने उस मुसलमान को जन्म दे दिया था, जो हिन्दुस्तान के राष्ट्रवादी मुसलमानों का अग्रणी महापुरुष था।

इसी प्रकार जायसी ने 'पद्मावत' काव्य में हिन्दुओं के आचारों, विचारों और विश्वासों के प्रति जो श्रद्धा दिखलाई है, उसे देखकर आश्चर्य होता है। वेदों और पुराणों की निन्दा हिन्दू नहीं सुन सकते थे; किन्तु 'पद्मावत' का एक चरित्र राघव-चेतन वेद-निन्दक है। अतएव जायसी ने उसे खल बताया है और उसकी निन्दा लिखी है। अल्लाउद्दीन हिन्दुओं की दृष्टि में हेय समझा जाता था। जायसी ने ग्रंथ के अन्त में सूचना दी है कि अल्लाउद्दीन माया का प्रतीक है–'माया अलादीन सुलतानूँ।'

और रहीम तो मानो हिन्दी के हृदयाहार हैं। पं. रामचन्द्र शुक्ल ने लिखा है कि 'तुलसी के वचनों के समान रहीम के वचन भी हिन्दी-भाषी भूभाग में सर्वसाधारण के मुँह पर रहते हैं। भाषा पर तुलसी का-सा ही अधिकार हम रहीम का भी पाते हैं।' उनकी कविताओं में आए हुए प्रसंगों को देखते ही यह प्रत्यक्ष हो जाता है कि हिन्दू-दर्शन और साहित्य का रहीम को उतना ही अच्छा ज्ञान था, जितने अच्छे ज्ञान का दावा बड़े-से-बड़ा हिन्दू विद्वान कर सकता है। अपने धार्मिक विश्वासों पर अटल रहते हुए भी मुसलमान कितना अधिक भारतीय हो सकता है, खानखाना रहीम इसके उज्ज्वलतम प्रमाण हैं।

लगभग हजार वर्षों से हिन्दी-साहित्य के भीतर जिन भावों की प्रबलता रही है, वे भाव भारतीय एकता की ताकत बढ़ानेवाले भाव हैं। एक समय शासकीय अत्याचारों

के प्रमुख क्रीड़ा-क्षेत्र हिन्दी-भाषी क्षेत्र ही थे, किन्तु उस घोर उत्तेजनापूर्ण युग में भी भूषण को छोड़कर और कोई बलशाली कवि नहीं जनमा, जो इस उत्तेजना को अपनी कविता में स्थान दे। हमारे अधिकांश कवियों ने तात्कालिक ज़हर को नहीं देखकर, दो संस्कृतियों के सम्पर्क से उत्पन्न होनेवाले अमृत को महत्त्व दिया और चार-पाँच सौ वर्षों तक उन्होंने जो कुछ भी लिखा, उसमें इसी अमृत की वाणी प्रधान रही।

हिन्दी तोड़नेवाली भाषा नहीं, जोड़नेवाली भाषा है। आज वह अग्नि-परीक्षा के भीतर से गुजर रही है, किन्तु मेरा विश्वास है कि इस अग्नि-परीक्षा से वह सही-सलामत बाहर आएगी और देश ने जिस आशा से उसे अपनी राष्ट्रभाषा का पद दिया है, उस आशा को वह पूर्ण करेगी।

हिन्दी का स्वभाव विलक्षण और एकाध दृष्टि से अद्वितीय है। हिन्दी की पूर्वी सीमा बिहार है, जहाँ मैथिल कोकिल विद्यापति का आविर्भाव हुआ, किन्तु विद्यापति केवल हिन्दी के ही कवि नहीं रहे; उन्हें बंगाल भी अपना कवि मानता है। इसी प्रकार हिन्दी की पश्चिमी सीमा राजस्थान है, जहाँ मीराबाई का जन्म हुआ, किन्तु मीरा केवल हिन्दी की ही कवयित्री नहीं मानी जातीं, उन्हें गुजरात के लोग भी अपनी कवयित्री समझते हैं। जिस प्रकार हिन्दी ने गुजरात से लेकर बंगाल और असम तक एक प्रकार की भाषागत एकता कायम कर दी है, उसी प्रकार वह एक समय सारे भारत-देश की एकता का सूत्र बनेगी।

देवियो और सज्जनो! आज के अपने भाषण को जान-बूझकर मैंने एकता पर केन्द्रित किया है, क्योंकि जिस मंच से मैं बोल रहा हूँ, वह एकता का महामंच है। एकता और आजादी एक ही सिक्के के दो पहलू हैं। हमारी आजादी इसलिए नहीं गई थी कि हम लड़ने में कमज़ोर हो गए थे, बल्कि इसलिए कि एकता हमारी कमज़ोर हो गई थी और जैसे ही गांधी जी ने हमें एकता का पाठ पढ़ाया, हम बिना तलवार उठाए स्वाधीन हो गए। जो बात पहले हुई थी, वह आगे भी हो सकती है। यदि एकता को हमने खिड़की की राह से जाने दिया, तो हमारी स्वाधीनता सदर दरवाज़ा खोलकर निकल जाएगी।

हिन्दुस्तान की एकता को मजबूत बनाने के लिए गांधी जी ने अनेक आन्दोलनों का सूत्रपात किया था और इन आन्दोलनों में हिन्दी-प्रचार का आन्दोलन आज सबसे अधिक प्रमुखता रखता है। दक्षिण भारत हिन्दी प्रचार सभा एकता की फौज तैयार करनेवाला पीठ है; और जो लोग यहाँ से हिन्दी का ज्ञान प्राप्त करके बाहर निकलते हैं, वे भारतीय एकता के सिपाही हैं। देश की जो व्यवस्था है, उसमें ऐसे सिपाहियों की भरमार हिन्दी-भाषी क्षेत्रों में भी होनी चाहिए, क्योंकि जैसे यह जरूरी है कि अहिंदी-भाषी क्षेत्रों में हिन्दी के जानकार लोगों की तादाद बढ़े, वैसे ही यह भी आवश्यक है कि हिन्दी-भाषी क्षेत्रों में हिन्दीतर भाषाओं के ज्ञाता काफी संख्या में तैयार हों। कारण यह है कि भारत की प्रायः सभी क्षेत्रीय भाषाएँ अंग्रेजी की जगह लेने

को काफी तेज़ी से आगे बढ़ रही हैं और देश लगभग उस अवस्था में पहुँच चला है, जहाँ उसे दुभाषियों और अनुवादकों की एक पूरी फौज की जरूरत पड़ेगी। तो दुभाषिए और अनुवादक हिन्दी-भाषी क्षेत्रों में भी तैयार किए जाने चाहिए। भारत-सरकार के शिक्षा-मंत्रालय के लिए यह उचित है कि वह भारतीय भाषाओं में द्विभाषी ग्रेजुएट तैयार करने की एक सुचिन्तित योजना तैयार करे और यूनिवर्सिटी ग्रांट्स कमीशन के जरिए उस योजना को विश्वविद्यालयों में चालू कर दे। उत्तर के कई विश्वविद्यालयों ने अपने यहाँ दक्षिण की भाषाओं का प्रवेश आरम्भ कर दिया है; किन्तु इस कार्य में त्वरा अभी नाम को भी नहीं है। उचित यह होगा कि सरकार इस बात की घोषणा कर दे कि सभी बातें समान होने पर नौकरियों में प्राथमिकता उन्हें दी जाएगी, जो अपनी मातृभाषा के सिवा किसी अन्य भारतीय भाषा में भी दक्ष होंगे। ऐसी घोषणा हो जाने पर हमारे नौजवान तेज़ी के साथ भारतीय भाषाओं की ओर बढ़ सकते हैं और तभी भारत के सभी क्षेत्रों में भारत की सभी भाषाओं के जानकार अच्छी संख्या में उपलब्ध हो सकेंगे।

हिन्दी अथवा अन्य भारतीय भाषाओं के जागरण से हिन्दुस्तान की एकता कमज़ोर हुई है, ऐसी भ्रान्ति किसी भी भारतवासी को नहीं होनी चाहिए। एकता की दृष्टि से अंग्रेजी का आज जो महत्त्व है, उससे हम इनकार नहीं करते हैं, किन्तु अंग्रेजी का सेतु केवल अंग्रेजी के जानकारों के लिए है। हमें उन लोगों के लिए भी सेतु तैयार करना है, जो अंग्रेजी न जानकर भारत की ही भाषाएँ जानते हैं। इस दृष्टि से हिन्दी का जो महत्त्व है, उसे सारा देश स्वीकार करता है। मेरा निवेदन केवल यह है कि जैसे एकता के सेतु के रूप में हिन्दी अहिन्दी-भाषी क्षेत्रों में पहुँच रही है, वैसे ही अन्य भाषाओं को भी हिन्दी-भाषी भूभाग में पहुँचना चाहिए। भाषा के क्षेत्र में हमें देश को इतनी जगहों से बाँध देना चाहिए कि कोई भी क्षेत्र किसी अन्य क्षेत्र से असम्बद्ध नहीं रह जाए। यह कार्य समय-साध्य भले ही हो, उसे मैं अव्यावहारिक नहीं समझता हूँ। बहुत अच्छा हो यदि योजना-आयोग का शिक्षा-विभाग इस विचार की जाँच करके कोई योजना तैयार कर दे।

देवियो और सज्जनो! महर्षि अगस्त्य जब दक्षिण आ रहे थे, तब रास्ते में विंध्य-पर्वत ने भूमिष्ठ होकर उन्हें प्रणाम किया। अगस्त्य जी ने उसे यह आशीर्वाद दिया कि जब तक मैं दक्षिण से न लौटूँ, तब तक तुम इसी प्रकार भूमिष्ठ होकर पड़े रहो। अगस्त्य जी से मेरी प्रार्थना है कि वे दक्षिण से उत्तर की ओर कभी न जाएँ और विंध्य-पर्वत भूमिष्ठ होकर पड़ा रहे।[1]

(साहित्यमुखी)

---

1. दक्षिण भारत हिन्दी प्रचार सभा, मद्रास के उनतीसवें दीक्षांत-समारोह में सन् 1964 ई. में दिया गया भाषण।

निर्गुण पन्थ की सामाजिक पृष्ठभूमि

हिन्दुओं का जो दल वर्णाश्रम-धर्म का रक्षक और प्रहरी है वह सदा से यह मानता आया है कि मानवता के उद्धारक और धर्म के त्राता बराबर उच्च कुलों में जन्म लेते हैं। वह यह भी मानता है कि ये महात्मा वैदिक धर्म की निन्दा नहीं करते, न शास्त्रों की आज्ञा के वे विपरीत जाते हैं। किन्तु वास्तविक जीवन में ये सीमाएँ बहुधा टूटती रही हैं। हमने शूद्रों और अन्त्यजों को अपने जूतों के पास बिठाए रखने के अनेक प्रयत्न किए, किन्तु फिर भी शूद्रों और अन्त्यजों के बीच ऐसे-ऐसे महापुरुष उत्पन्न हुए जिनके सामने ब्राह्मण निस्तेज हो गए। किन्तु ब्राह्मण जब-जब इस प्रकार निस्तेज होने लगे, तब-तब उन्होंने पुराणों में नई-नई कथाएँ डालकर अपनी पदरक्षा की कोशिश की। बुद्धदेव जनमे तो उच्च कुल में थे, किन्तु शास्त्रों की सीमाएँ उन्होंने नहीं मानीं और उनकी तेजस्विता इतनी बढ़ी कि ब्राह्मणों ने कालचक्र में, उन्हें ईश्वर का अवतार मान लिया :

निन्दसि वेदविधेरहह श्रुतिजातम्
सदयहृदय दर्शितपशुघातम्
केशव धृतबुद्धशरीर जय जगदीश हरे!

परन्तु आगे चलकर ब्राह्मणों को लगा, जैसे यह गलत काम हो गया हो। अतएव विष्णुपुराण में एक नई कथा गढ़ी गई कि एक बार राक्षसों ने इतना यज्ञ किया कि उनकी शक्ति अपरम्पार हो गई और देवता उनसे घबराने लगे। फिर देवताओं ने विष्णु के दरबार में अपना रोना रोया और विष्णु देवताओं की रक्षा के लिए पृथ्वी पर गौतम-रूप में अवतरित हुए और राक्षसों को उन्होंने उपदेश दिया कि यज्ञ करना छोड़ दो। राक्षसों ने भी गौतम की बात मानकर यज्ञ करना छोड़ दिया। परिणाम यह हुआ कि वे कमजोर हो गए और देवताओं ने फिर उन्हें जीत लिया। यह एक ही कहानी बुद्धमत पर कई दिशाओं से प्रहार करती है।

यही बात हिन्दी के अनेक निर्गुनियाँ कवियों के बारे में भी हुई। कबीर को पहले तो वर्णाश्रम-धर्मवालों ने हँसकर उड़ा देना चाहा, किन्तु जब वे पर्वत के समान अचल दीख पड़े और मरते-मरते उन्होंने सारे समाज में प्रतिष्ठा प्राप्त कर ली, तब उनके देहावसान के बाद, सम्भवतः ऊँची जातिवालों ने यही किंवदन्ती चला दी कि कबीर

जुलाहे के बेटे नहीं थे, उनका जन्म ब्राह्मणी विधवा की कुक्षि से हुआ था अथवा यह कि नीमा और नीरू जुलाहे ने उन्हें लहरतारा के तालाब में कमलकोष में बन्द पाया था। विचित्र बात है कि समाज के जिन दलित लोगों के उद्धार के लिए कबीर ने जीवन भर कष्ट झेला, वे भी कबीर साहब को नीच-वंश जन्मा नहीं मानना चाहते। उनके भीतर भी यही संस्कार घर किए हुए हैं कि महात्मा केवल द्विजवंशों में ही जन्म ले सकते हैं।[1]

और महात्मा दादू दयाल के विषय में भी ठीक यही हुआ। वे पेशे से धुनिया मुसलमान थे। किन्तु यह बात उनके अनुयायियों को पसन्द नहीं आती। वे मानते हैं कि लोदीराम नामक नागर ब्राह्मण को साबरमती नदी के तट पर एक नवजात बालक बहता हुआ मिला और उसे उठाकर लोदीराम अपने घर ले आए। यही बालक पीछे दादू के नाम से प्रसिद्ध हुआ।

ऐसी ही किंवदन्ती महात्मा रविदास के पीछे भी उठी। वे जाति के चमार थे, यह उन्हीं की बानी से सिद्ध है किन्तु चमार कहीं पूजित भी होता है और उसकी शिष्या कहीं रानियाँ भी हो सकती हैं? निदान, उनके बारे में भी यह कहानी गढ़कर जनसमुद्र में तैरा दी गई कि "स्वामी रामानन्द जी का एक शिष्य एक ऐसे बनिये के घर से भिक्षा ले आया जिसका कारोबार एक चमार के साथ था। स्वामी जी के ठाकुर जी ने उस दिन थाल स्वीकार नहीं किया। पूछने पर जब पता चला कि उनका ब्रह्मचारी शिष्य उस बनिये के यहाँ से सीधा लाया था तब स्वामी जी ने शाप दिया कि "जा, चमार के यहाँ जन्म ले।" बेचारे ब्रह्मचारी ने चमारिन के गर्भ से जन्म तो लिया, पर उस अछूत के स्तनों का दूध नहीं पिया। जब स्वामी रामानन्द ने पूर्वजन्म के ब्राह्मण ब्रह्मचारी को राममन्त्र का उपदेश किया तब कहीं उसने माता के स्तनों का दूध पिया।" यह कहानी कितनी कुटिल और विषाक्त है! फिर भी, रविदास जी के अनुयायी इस कहानी को कलेजे से लिपटाए हुए हैं।

भक्ति और उज्ज्वल चरित्र पर केवल द्विजातियों का अधिकार नहीं है[2] और न यही मानना ठीक है कि सच्चा धर्म वही है जो हजार, दो हजार या पाँच हजार वर्ष पहले आख्यात हुआ था। मूलतः, यह मानना तो ठीक है कि धर्म का आरम्भ तब तक

---

1. स्वयं कबीर साहब की भी इच्छा थी कि लोग उन्हें जुलाहा न मानें। यथा :
   कासी का मैं वासी बाम्हन नाम मेरा परबीना,
   एक बार हरि नाम बिसारा पकरि जुलाहा कीना।
   तथा
   कासी में हम प्रगट भये हैं रामानन्द चेताए,
   निर्गुण का सन्देसा लाए हंस उबारन आए।
2. एकै बूँद, एक मल-मूतर, एक चाम, इक गूदा,
   एक जोनि में सब उत्पन्ना को ब्राह्मण को शूदा?

नहीं होता जब तक मनुष्य अदृश्य शक्ति की ओर प्रेम और जिज्ञासा से उन्मुख नहीं होता है। किन्तु, इसके बाद जो अनुष्ठान और विधान हैं, वे कालानुसार बदलते रहते हैं। यही नहीं, मनुष्य के धार्मिक विश्वासों में भी परिवर्तन होता रहता है। इन परिवर्तनों को विवेकपूर्वक स्वीकार करने से धर्म की प्रगति होती है। जहाँ परिवर्तन स्वीकृत नहीं किए जाते और लोग इस कुंठा से फँस जाते हैं कि सुधरा हुआ धर्म धर्म नहीं है, वहाँ धर्म पंगु हो जाता है।

निर्गुणधारा के सन्तों ने हिन्दूधर्म में ऐसा ही परिवर्तन उपस्थित किया। उपनिषदों के बाद से इस देश में धर्म की दो धाराएँ बहती आई हैं। एक धारा तो वह है जिसके ग्रन्थ वेद और उपनिषद्, शास्त्र तथा पुराण हैं तथा जो यह आग्रह करती आई हैं कि वर्णाश्रम-धर्मानुसार ऊँच-नीच, जाति-कुजाति का जो भेद किया गया है, वह ठीक है। और दूसरी धारा वह है जो बुद्ध के कमंडलु से निकली है, जो शास्त्रों की इस आज्ञा को नहीं मानती कि ब्राह्मण जन्मना पूज्य और शूद्र जन्म से ही त्याज्य है[1], संक्षेप में, जो वैदिक और पौराणिक हिन्दुत्व को खुले खेत ललकारती आई है। एक समय इन दो धाराओं को लेकर हिन्दुत्व के भीतर इतना भयानक संघर्ष मचा था कि सारा हिन्दू-समाज प्रायः दो शिविरों में विभक्त हो गया था और बहुत-से हिन्दू ब्राह्मणों से रुष्ट होकर एक ऐसी जगह खड़े हो गए थे जहाँ वेदों का सम्मान नहीं था, जहाँ शास्त्रों की तनिक भी प्रतिष्ठा नहीं थी तथा जो हिन्दुत्व के मूल रूप से बहुत दूर थी। यदि इन लोगों को सवर्ण जातिवालों ने प्रेम से अपना लिया होता तो मुसलमानों के आगमन के बाद झुंड-के-झुंड मुसलमान नहीं हो गए होते। किन्तु कट्टर हिन्दुत्व से त्रस्त ये तथाकथित नीचजन्मा लोग इस्लाम को अपना त्राता मानका खुशी-खुशी उसके झंडे के नीचे चले गए।

इसके बाद भारत में जो स्थिति उत्पन्न हुई, वह अत्यन्त विषम थी। ऐसे भी विद्वान हैं जो आँख मूँदकर कबीर आदि को हिन्दुत्व का शत्रु कह देते हैं। किन्तु इसका एक दूसरा भी पक्ष है। कबीर, दादू, रैदास आदि सन्तों ने कभी यह नहीं कहा कि हिन्दुओं को अपना धर्म छोड़कर मुसलमान हो जाना चाहिए अथवा यह कि इस्लाम हिन्दुत्व से श्रेष्ठ है। इन महात्माओं की दृष्टि धर्म के बाहरी नहीं, भीतरी उपकरणों पर

---

1. तुम कत बाम्हन, हम कत शूद?
   हम कत लोहू, तुम कत दूध?

   जो तू करता बरन विचारा
   जनमत तीन डंड अनुसारा।
   जनमत शूद्र, मुए पुनि शूद्रा,
   कृतिम जनेउ घालि जग धुद्रा।
   जो तुम बाम्हन बाम्हनी जाये
   अवर राह ते काहे न आये? —कबीर

थीं।[1] जैसे सभी सुसज्जित व्यक्ति यह दावा नहीं कर सकते कि वे भीतर से भी सुसंस्कृत और साफ हैं, वैसे ही सभी चन्दन-कंठी धारी अथवा नमाजी लोगों के बारे में यह नहीं कहा जा सकता कि वे धार्मिक भी हैं। धर्म चरित्र में बसता है, धर्म मनुष्य के हृदय की शुद्धता को कहते हैं; धर्म बोलने नहीं, करने की वस्तु है, इस सत्य की घोषणा बुद्धदेव ने की थी, यद्यपि वे निरीश्वरवादी थे। निर्गुणधारा के सन्तों ने बुद्ध के आचारपक्ष को जोर से ग्रहण किया तथा ईश्वर की सत्ता में विश्वास करने के कारण वे सहज ही जनता की पूजा के पात्र हो गए।

यदि हम गौतम बुद्ध को अपने समय का सर्वश्रेष्ठ हिन्दू मानते हों तो हमें यह भी मानना चाहिए कि बुद्ध से लेकर कबीर तक भारत में जो धार्मिक कोलाहल रहा वह हिन्दुत्व के ही आत्म-मन्थन का नाद था और इस आत्म-मन्थन के फलस्वरूप धर्म का जो रूप प्रकट हुआ वही अभिनव हिन्दुत्व है। अचरज की बात है कि आधुनिक काल में राममोहन से लेकर महात्मा गांधी तक हिन्दुत्व की जो व्याख्या हुई है वह भी शास्त्रानुमोदित हिन्दुत्व की अपेक्षा मध्यकालीन सन्तों की कल्पना के हिन्दुत्व के ही अधिक समीप है। इस दृष्टि से देखने पर तो सन्त कवि हमारे सच्चे भविष्य-द्रष्टा थे।

(वेणुवन)

---

1. अल्ला एक नूर उपजाया ताकी कैसी निन्दा?
वही नूर ते सब जग कीया कौन भला को मन्दा?

—कबीर

दया-धरम हिरदै बसै बोलैं अमरत बैन,
तेई ऊँचे जानिये जिनके नीचे नैन।

—मलूकदास

नीच-नीच सब तरि गए, सन्त-चरन-लौलीन,
जातिहि के अभिमान ते डूबे बहुत कुलीन।

—तुलसी साहेब

दोनों भाई हाथ-पग दोनों भाई कान,
दोनों भाई नैन हैं हिन्दू-मुसलमान।

—दादू दयाल

हम सब देखा सोधि कैं दूजा नाहीं आन
सबकी एकहि आतमा क्या हिन्दू-मुसलमान।

—दादू दयाल

कहै कबीर चेत रे भोंदू!
बोलनहारा तुरुक न हिन्दू!

—कबीर

सगुणोपासना

धर्म की आदि कल्पना निराकार से उठी थी या साकार से, इस विषय में कोई ऐसा अनुमान नहीं लगाया जा सकता जो सही या विश्वसनीय हो। हम केवल यही कह सकते हैं कि बहुत प्राचीनकाल से निराकार और साकार, दोनों की उपासना चली आ रही है। वेद संसार के प्राचीनतम ग्रन्थ हैं और उनका साक्ष्य भी प्राचीनतम ही समझा जाएगा। वेदों पर से स्वामी दयानन्द ने यह अनुमान निकाला था कि ईश्वर निर्गुण है, निराकार है और उसकी उपासना इसी रूप में की जानी चाहिए। किन्तु रामानुज, वल्लभाचार्य, निंबार्क और मध्व ने साकार की सिद्धि वेदों के प्रमाण से की थी और आज भी ऐसे पंडित मौजूद हैं, जो वेदों के प्रमाण से साकार की सिद्धि करते हैं।

यदि सम्पूर्ण मानवता की दृष्टि से देखें तो बौद्ध, जैन, ईसाइयत और इस्लाम—ये ऐसे धर्म हैं, जो साकार से दूर और निराकार के निकट पड़ते हैं, यद्यपि महायान बौद्ध धर्म में बुद्ध की मूर्ति की पूजा चलती है, जैन धर्म में महावीर की और ईसाइयत में ईसा और मरियम की। इस्लाम मूर्तिपूजा में विश्वास नहीं करता, किन्तु ताजियों और कब्रों की पूजा इस्लाम में भी चलती है और सिक्ख धर्म में ग्रंथ साहब का वही स्थान है, जो हिन्दुओं के यहाँ देव-मूर्तियों का समझा जाता है।

निराकार तार्किक पंडितों का आविष्कार है। जनता अपने भावों का कोई स्थूल आधार चाहती है और वह प्रत्येक निराकारी मत को किसी-न-किसी दूरी तक साकारवादी बना देती है। निराकार मात्र शुद्ध विचार है, किन्तु जनता उस विचार को ऐसा रूप देना चाहती है, जो छुआ जा सके, सूँघा जा सके, देखा और सुना जा सके।

सत्य तो वही एक है, जो अजर, अमर है, अस्पृश्य और अदृश्य है। किन्तु ऐसे तटस्थ ब्रह्म से मनुष्य का काम नहीं चलता। वह ऐसा परमात्मा चाहता है जो प्रार्थनाएँ सुनकर द्रवित होता हो, जो गुहार और पुकार से पिघल सकता हो।

और इसीलिए परमात्मा दोनों रूपों में विराजता है, क्योंकि वह सर्वशक्तिमान है और स्थिति के अनुसार अनेक रूप धर सकता है। जो योगियों और ज्ञानियों के लिए अज, अरूप, निर्गुण और निराकार है, वही भक्तों के लिए आकार ग्रहण करता है। योगियों और ज्ञानियों की आध्यात्मिक अनुभूतियाँ जितनी सत्य हैं, उतनी ही सत्य

भक्तों की भी अनुभूतियाँ हैं, जिनके बारे में यह कहा जाता है कि भगवान को उन्होंने राम या कृष्ण के रूप में देखा था अथवा यह कि भगवान किसी और रूप में उनके समीप आए थे।

प्रत्येक धर्म के भीतर यह दावा किया जाता है कि उसके अमुक भक्त ने उस धर्म के आचार्य के दर्शन किए थे। हिन्दू धर्म किसी आचार्य या पैगम्बर का चलाया हुआ धर्म नहीं है, मगर उसमें भी अवतार हुए हैं, ऋषि और आचार्य हुए हैं। जिन हिन्दुओं के बारे में यह कहा जाता है कि उन्होंने विष्णु, शंकर या शक्ति के दर्शन किए थे, उनकी संख्या अपार है।

सबसे ताजा उदाहरण परमहंस रामकृष्ण का है। काली की पत्थर की प्रतिमा परमहंस रामकृष्ण से बातचीत करती थी और उनके प्रश्नों के उत्तर देती थी। रामकृष्ण के जीवन का एक ऐसा भी प्रसंग है, जिससे ज्ञात होता है कि सगुण और निर्गुण, दोनों ठीक हैं। रामकृष्ण तो सगुणोपासक थे, क्योंकि वे काली की प्रतिमा की पूजा करते थे। किन्तु बाबा तोतापुरी निर्गुणवादी और अद्वैत के साधक थे। जब वे रामकृष्ण के पास आए, उन्होंने रामकृष्ण से पूछा, "क्यों रे, अद्वैत की साधना सीखेगा?" रामकृष्ण ने कहा, "पहले मैं अपनी माँ से जरा पूछ आऊँ।" तोतापुरी जी ने समझा, इसकी सचमुच की कोई माँ होगी, जिससे पूछने गया है। किन्तु रामकृष्ण तो काली मन्दिर में जाकर लौट आए और बोले, "हाँ, अद्वैत साधना सीखूँगा। माँ ने मुझे ही सिखाने के लिए तो आपको यहाँ बुलाया है।"

तोतापुरी तो अद्वैतवादी योगी थे। रामकृष्ण का यह बालसारल्य देखकर वे हँसे कि यह भी कितना सीधा लड़का है। किन्तु साधना के क्रम में जब तोतापुरी जी ने रामकृष्ण को समाधि लगवाई, तब वह इतनी ऊँचाई पर पहुँच गई कि दो दिनों तक वह टूटी ही नहीं। तोतापुरी मन-ही-मन अचरज करने लगे कि यह कितने आश्चर्य की बात है कि जिस स्थिति तक पहुँचने में मुझे चालीस वर्ष लग गए, वह स्थिति इसे केवल तीन दिनों में प्राप्त हो गई।

सगुण की चोटी पर पहुँचा हुआ साधक निर्गुण की चोटी पर भी आसानी से पहुँच जाता है और निर्गुण की चोटी पर चढ़ा हुआ व्यक्ति भी सगुण तक आसानी से जा सकता है।

निर्गुण पर्वत है, सगुण समुद्र है। समुद्र के किनारे से पर्वत की चोटी हर एक को दिखाई देती है। किन्तु समुद्र तो उसी को दिखाई देगा जो पर्वत की चोटी पर पहुँच गया है।

रामकृष्ण ने कुछ समय के लिए इस्लाम की विधि से साधना की थी और हजरत मुहम्मद के उन्होंने दर्शन किए थे। फिर उन्होंने ईसाइयत की विधि से साधना की थी और हजरत ईसा के दर्शन किए थे। इस्लाम और ईसाइयत की नदियाँ भी उन्हें उसी समुद्र में ले गईं, जो एक और अनन्त है।

जैसे साहित्य का पेंडुलम क्लासिक और रोमान्टिक के बीच डोलता रहता है, उसी प्रकार धर्म का पेंडुलम भी कभी निराकार की ओर जाता है और कभी साकार की ओर। वेद और वेदान्त से साकार की सिद्धि अनेक बार की गई है, किन्तु वेदों का प्रमुख प्रभाव निराकार के पक्ष में था। तब साकार का उत्थान हुआ और पुराणों की रचना हुई। शंकराचार्य ने अद्वैत की प्रथा चलाई थी, जिससे सगुण खंडित होता था। तब उस नीरसता के विरुद्ध प्रतिक्रिया हुई और रामानुज तथा वल्लभाचार्य ने सगुण धर्म का प्रतिपादन किया। यही बात इस्लाम के आगमन के बाद दुहराई गई। कबीर मूर्तिपूजा के विरोधी थे और शिक्षा वे निर्गुण की देते थे। किन्तु उनकी निर्गुण धारा के बाद सूर और तुलसी का आविर्भाव हुआ, जिन्होंने सगुणोपासना की हिलती जड़ों को सुदृढ़ बना दिया। राम का अस्तित्व कबीर साहब भी मानते थे, किन्तु वे दाशरथी राम के भक्त नहीं थे :

संतो, आवै जाय सो माया।
क्या मकसूद मच्छ-कछ होना
शंखासुर न संधारा।
है वह अजय सभी का साईं
कहहु कौन को मारा?
दसरथ के गृह ब्रह्म न जनमे,
ई छल माया कीन्हां।
कहै कबीर सुनो भाई साधो,
कोई कोई निज की चीन्हां।

तथा

दसरथ सुत तिहुं लोक बखाना।
राम नाम को भरम है आना।

लगता है, कबीर आदि के इस निर्गुण मत को भ्राँत मानकर ही तुलसीदास ने ललकारकर कहा था :

मंगल भवन अमंगल हारी।
द्रवहु सो दशरथ अजिर बिहारी।।

मानो कबीर साहब को ही सम्बोधित करके तुलसीदास जी ने कहा था कि आप दाशरथी राम को राम नहीं मानते। लेकिन मेरे लिए दशरथ के आँगन में खेलनेवाला राम ही असली राम है, परब्रह्म है।

इस्लाम के प्रभाव के कारण देश में जो निराकारवादिता फैल रही थी, तुलसीदास जी उसके विरुद्ध थे। वे इस्लाम का विरोध नहीं करते थे; किन्तु कबीर और जायसी ने निराकार उपासना का जो प्रचार किया था, वह तुलसीदास जी को पसन्द नहीं था। उन्होंने कहा है :

साखी सबदी दोहरा, कहि कहिनी उपखान।
भगत निरूपहिं भगति कलि, निन्दहिं वेद पुरान।।

यहाँ 'साखी, सबदी, दोहरा' का अभिप्राय कबीर से है और कहिनी तथा उपाखान से संकेत जायसी की ओर है। संयोग से ये दोनों कवि मुसलमान है। किन्तु तुलसीदास जी ने हिन्दुओं को भी नहीं बख्शा। गुरु गोरखनाथ पर चोट करते हुए उन्होंने कहा है :

गोरख जगायो जोग,
भगति भगायो लोग।

गोरख ने ऐसा योग जगाया कि लोगों की भक्ति भाग गई। अध्यात्म का उद्देश्य मनुष्य के चित्त का शुद्धिकरण है, उसकी चेतना की एकाग्रता और मन की निःशब्दता है। तुलसीदास चाहते थे कि कोई ऐसा मार्ग चलाया जाए, जिससे जो चाहे, उसी को अध्यात्म की सिद्धि हो जाए। उनकी दृष्टि में भक्ति-मार्ग ही उत्तम मार्ग है। और इसीलिए वे सगुण और निर्गुण पर जोर न देकर सारा बल नाम-जाप पर देते थे :

सगुन ध्यान रुचि सरस नहिं, निर्गुन मन से दूरि।
तुलसी सुमिरहु राम को नाम सजीवन मूरि।।

तुलसीदास जी वैसे तो सगुण के पक्षपाती समझे जाते हैं, किन्तु निर्गुण का वे निषेध नहीं करते। उनकी दृष्टि में सगुण और निर्गुण के बीच कोई भेद नहीं है :

निर्गुन सर्गुन नहीं कुछ भेदा।
उभय हरहिं भव-संभव खेदा।।
एक दारुगत देखिए एकू।
पावक युग सम ब्रह्म विवेकू।।

न निर्गुण की साधना आसान है, न सगुण की सिद्धि आसान है। लेकिन तुलसीदास जी का मत है कि दोनों की सिद्धि नाम-जाप से सहज हो जाती है :

उभय अगम, जुग सुगम नाम ते।
कहेहूँ नाम बड़ ब्रह्म राम ते।।

निर्गुण और सगुण के बीच समन्वय बिठाने की तुलसीदास ने बहुत बड़ी चेष्टा की है : किन्तु आदर्श स्थिति उन्होंने दोहावली के एक छोटे-से दोहे में बताई है :

हिय निर्गुन, नयनन्हिं सगुन, रसना राम सुनाम।
मनहुँ पुरट संपुट लसत तुलसी ललित ललाम।।

हृदय में निर्गुण ब्रह्म का ध्यान, आँखों के सामने सगुण स्वरूप की झाँकी और जिह्वा से राम-नाम का जाप, तुलसीदास कहते हैं कि यह ऐसा है, मानो सोने की डिबिया में ललित रत्न सुशोभित हो।

देश में जब ईसाइयत आई और विज्ञान आया, साकारोपासना के पाँव एक बार फिर लड़खड़ा उठे। उस समय ईसाइयत और विज्ञान की कसौटी पर हिन्दूधर्म को सही बताने को देश में निराकारवादी आन्दोलन उठा। ब्रह्म समाज निराकारवादी धर्म था

आर्यसमाज निराकार में विश्वास करता था, प्रार्थना-समाज निराकारी सम्प्रदाय था। और राधास्वामी सम्प्रदाय भी निराकार का ही विश्वासी हुआ। राममोहन राय, स्वामी दयानन्द और रानाडे का लगभग वही स्थान है, जो कभी कबीर का था। राम का नाम जपेंगे, लेकिन उन्हें ब्रह्म नहीं मानेंगे। चन्दन और कंठी धारण करेंगे, किन्तु मूर्तियों में विश्वास नहीं करेंगे। किन्तु इन निराकारवादियों को अनुयायी ज्यादा नहीं मिले। जनता तो परमहंस रामकृष्ण को घेरकर खड़ी हो गई। रामकृष्ण व्याख्यान नहीं देते थे, अखबा नहीं निकलाते थे, शास्त्रार्थ भी नहीं करते थे; किन्तु उन्हें देखकर जनता को विश्वास हो गया कि केवल निराकार ही सत्य नहीं है, साकार भी उतना ही सत्य है। यही नहीं, पुराण भी सत्य हैं, विभिन्न देवी-देवता भी सत्य हैं और साधना के सभी मार्ग भी सत्य हैं।

सगुण धर्म भारत का अपना धर्म है। उसके खिलाफ बार-बार आन्दोलन उठते हैं और वह बार-बार उभरकर ऊपर आता है। वेदान्त सगुण के विरुद्ध समझा जाता था, किन्तु स्वामी विवेकानन्द ने उसे सगुणोपासना के साथ मिला दिया। विज्ञान के वर्तमान युग में वेदान्त उन्हें भी लुभा रहा है, जो हिन्दू नहीं हैं। वेदान्त के साथ संसार में नाम-जप की भी प्रथा फैल रही है। सम्भव है, ऐसा भी हो जाए कि हिन्दू देवी-देवताओं की प्रतिमाएँ और चित्र भारत से बाहर भी आदर पाने लगें।

सगुण उपासना और निर्गुण उपासना में से कौन अधिक सुगम और श्रेष्ठ है, यह प्रश्न पूछने के योग्य नहीं है। योगाभ्यासपूर्वक मन को निःशब्द करना उतना ही कठिन है, जितना किसी देवता या गुरु के प्रति अपने आपका सम्पूर्ण समर्पण। फिर भी आधुनिक युग में ऐसे कई सगुणोपासक महात्मा हो गए हैं, जिनके सामने पहुँचकर बड़े-बड़े निर्गुणवादी और तार्किक लोग चकित रह जाते थे। ब्रह्म समाज के नेता श्री केशवचन्द्र सेन परमहंस रामकृष्ण के अनुगत थे। जब केशव बाबू प्राण छोड़ने लगे उनके मुख से 'माँ, माँ—ये दो शब्द निकले थे।

और प्रसिद्ध ब्रह्म-समाजी साधक एवं विद्वान् आचार्य प्रतापचन्द्र मजुमदार ने लिखा है : "श्री रामकृष्ण के दर्शन होने के पूर्व, धर्म किसे कहते हैं, यह कोई समझता भी नहीं था। सब आडम्बर ही था। धार्मिक जीवन कैसा होता है, यह बात रामकृष्ण की संगति का लाभ होने पर जान पड़ी।" आचार्य प्रतापचन्द्र मजुमदार की एक और उक्ति है, जिसके उद्धरण से यह स्पष्ट होता है कि निर्गुणवादी बुद्धिवादी विद्वानों पर रामकृष्ण के व्यक्तित्व का कैसा प्रभाव था। प्रतापचन्द्र लिखते हैं : "उनके और मेरे बीच समानता क्या है? मैं यूरोपीयकृत सुसभ्य, अर्ध-नास्तिक और तथाकथित तार्किक व्यक्ति हूँ, जिसकी सारी चिन्ता अपने ही निमित्त हैं। और वे निर्धन, अशिक्षित, व्यवहार में भद्दे, मूर्तिपूजक एवं निस्सहाय हिन्दू भक्त हैं। भला मैं उनकी सेवा में घंटों क्यों बैठा करूँ—मैं, जिसने डिजरेली और फाकेट के विचार सुने हैं, जिसने स्टानले और मैक्समूलर की विद्याएँ प्राप्त की हैं, जिसने यूरोप के बीसियों विद्वानों और धर्म-पुरुषों

के विचारों का पान किया है? किन्तु केवल मैं ही नहीं, यहाँ तो मेरे जैसे दर्जनों लोग हैं, जो यही करते हैं।...वे (रामकृष्ण) राम की पूजा करते हैं, शिव की पूजा करते हैं, काली को पूजते हैं और साथ ही वेदान्त में भी उनका अडिग विश्वास है। वे प्रतिमापूजक हैं, किन्तु निरंजन और निराकार की पूर्णता का ज्ञान कराने में भी उनसे बढ़कर कोई और माध्यम नहीं हो सकता। उनका धर्म आनन्द है, उनकी पूजा समाधि है। अहर्निश उनका समस्त अस्तित्व एक विचित्र विश्वास और भावना की ज्वाला से प्रदीप्त रहता है।"

जो हिन्दू आधुनिक हैं, वे मूर्तिपूजा से इसलिए बिदकते हैं कि वह स्थूल मध्यकालीन प्रथा है। जो हिन्दू नहीं है, उनके यहाँ यह विश्वास है कि मूर्ति की पूजा करनेवाला अधार्मिक होता है और वह नरक जाएगा। मुझे इस विश्वास पर आश्चर्य होता है। ईसाई परम्परा की मान्यता है कि भगवान ने मनुष्य को खुद अपनी प्रतिमा के अनुसार गढ़ा है। गॉड हैज क्रियेटेड मैन इन हिज ओन इमेज। तो मनुष्य अगर ईश्वर की वैसी ही प्रतिमा बनाकर उसकी पूजा करता है, तो यह अनाचार कैसे हो सकता है? वह तो पुण्य-ही-पुण्य है। पत्थर में पूजो या पत्थर को पूजो, बात एक ही है, क्योंकि दोनों हालातों में जिसे हम पूजते हैं, वह परमात्मा का प्रतीक है। यह प्रतीक हृदय में ऊँची भावना जगाता है, उसे क्षण भर को एकाग्र एवं निःशब्द करता है और विचारवानों के मन में यह विश्वास उत्पन्न करता है कि सत्य वहीं तक नहीं है, जहाँ तक विज्ञान पहुँचकर रुक गया है।

बहुत-से लोग हैं, जो मूर्तिपूजा का पूरा समर्थन नहीं करते, केवल आंशिक समर्थन करते हैं। उनकी दलील यह है कि छोटी बालिका जैसे गुड़ियों से खेलती है, मगर सयानी होने पर उन्हें छोड़ देती है, उसी प्रकार मूर्तिपूजा साधक का आदि सोपान है। आगे बढ़ने पर मूर्तियों की उसे जरूरत नहीं रहती। कबीरदास इसी विचार के थे :

करो जतन सखि, साईं मिलन की।
गुड़वा-गुड़िया सूप-सुपलिया
तजि दे बुद्धि लड़िकैयाँ खेलन की।

किन्तु रामकृष्ण परमहंस को क्या कहें, जिनकी सारी शक्ति काली की प्रतिमा से आती थी? महर्षि रमण को कहाँ रखें, जो सिद्ध हो जाने पर भी मूर्तियाँ स्थापित करते थे? योगिराज गम्भीरनाथ के विषय में क्या कहा जाए, जो सिद्ध हो जाने पर भी तीर्थाटन करते थे? और परमहंस नित्यानन्द जी के बारे में क्या सोचा जाए, जो ब्रह्मस्वरूप हो जाने पर भी साकारोपासना में विश्वास करते थे?

अध्यात्म के बारे में मार्ग-दर्शन उनसे लेना तो तार्किक और कोरे मेधावान हैं, खतरों से खाली नहीं है। मेधावी और ज्ञानवान होने से कोई अध्यात्म के अयोग्य हो जाता है, यह बात नहीं है। किन्तु मेधा और ज्ञान ठीक उसी प्रकार अध्यात्म के मार्ग नहीं हैं, जैसे वे कीर्ति के मार्ग हो सकते हैं। सभी रहस्यवादियों के ज्ञान के आधिक्य

को शंका से देखा है। न मेधया न बहुना श्रुतेन। कबीर रहस्यवादी थे। उन्होंने ज्ञान को शंका से देखा है :

पढ़ि-पढि के पत्थर भया, लिखि-लिखि भया जुईट।
कहे कबीरा प्रेम की लगी न एको छींट।।
ज्ञानी मूल गँवाइया ज्ञापन मचे करता।
ताते अज्ञानी भला मन में रहे डरता।।

और ज्ञान की सीमा दिखलाते हुए सर मोहम्मद इकबाल ने कहा था :

गुजर जा झलक से आगे कि यह नूर
चिरागे-राह है, मंजिल नहीं है।

आधुनिक भाषा में यहाँ प्रेम का तात्पर्य सम्बुद्धि से है, इनटुइशन से है। और जैसे रहस्यवादी सन्त तर्क को सन्देह से देखते हैं, उसी प्रकार तार्किक लोग संबुद्धि का अस्तित्व ही नहीं मानते। वर्तमान युग में दार्शनिक बर्सों ने सम्बुद्धि की भूरि-भूरि प्रशंसा की है। किन्तु नास्तिक दार्शनिक बरट्रेंड रसल ने व्यंग्य किया है कि "सम्बुद्धि वह शक्ति है जो पशु, पक्षी और बर्सों में पाई जाती है।"

किन्तु अरविन्द आदि सभी महात्मा सम्बुद्धि के अस्तित्व में विश्वास करते हैं और मानते हैं कि वह मन या बुद्धि से आगे की चीज है। श्रद्धा सम्बुद्धि से उत्पन्न होती है, भक्ति सम्बुद्धि से बढ़ती है।

सगुणोपासना को धर्म के प्राचीन रूप का पर्याय मानना भी गलती से खाली नहीं है। धर्म के दो पक्ष हैं, एक का नाम श्रुति और दूसरे का नाम स्मृति है। एक निगम है, दूसरा आगम है। जैसे-जैसे लोगों के आर्थिक और सामाजिक सम्बन्धों में परिवर्तन होता है, आगामों और स्मृतियों का भी रूप बदलता जाता है। पहले लोग अस्पृश्यता में विश्वास करते थे, अब अस्पृश्यता में आस्था कोई नहीं रखता। भगवान राम ने शंबूक का वध कर दिया था, क्योंकि वह शुद्र होकर भी तपस्या कर रहा था। मगर आज शुद्र तपस्या करे, तो उसे सब अच्छा ही मानेंगे। ये सारे परिवर्तन स्मृतियों के परिवर्तन हैं। श्रुति या निगम आज भी अपनी जगह पर अटल है। उसका सम्बन्ध धर्म के बाहरी आचारों से नहीं, उसके आन्तरिक तत्त्व से है। हम कौन हैं, कहाँ से आए हैं, मरने के बाद हम कहाँ जाएँगे, सृष्टि किसी की बनाई हुई है अथवा वह आप-से-आप प्रकट हो गई है, ये प्रश्न आगम नहीं, निगम के प्रश्न हैं और जैसे वे आदि काल में उठे थे, वैसे ही आज भी उठ रहे हैं। धर्म उन्हीं प्रश्नों के उत्तरों का सन्धान है। और इस सन्धान का मार्ग निर्गुण और सगुण—दोनों ही पद्धतियाँ हैं। और दोनों पद्धतियों का आधार श्रद्धा और विश्वास है। फेथ कैन मूव माउंटेन। श्रद्धा पर्वत को भी हिला सकती है, यह कहावत झूठ नहीं, सच है। तुलसीदास जी ने लिखा है :

अपनो ऐपन निज हथा, तिय पूजहिं निज भीति,
फरई सकल मन-कामना, तुलसी प्रीति-प्रतीति।

स्त्रियाँ अपने घरों की दीवारों पर अपने ही हाथों से ऐपन की छाप डालकर उसे पूजती हैं और उसी से उनकी मनोकामनाएँ पूर्ण हो जाती हैं। यह प्रीति (श्रद्धा) और विश्वास का ही फल है।

और नाम-जाप यद्यपि निर्गुणवादी भी करते हैं, किन्तु सगुणवादियों का तो वह सबसे बड़ा आधार है। चैतन्य महाप्रभु नाम-कीर्तन के शायद आदि आचार्य थे। परमहंस रामकृष्ण कीर्तन करते-करते भावदशा में खो जाते थे। और श्री माँ आनन्दमयी कीर्तन के समय किसी महाभाव में डूब जाती हैं। ऐसा क्यों होता है, यह तर्क की भाषा में समझना आसान नहीं है। बस, ऐसा होता है, यही तथ्य है। कीर्तन शायद हृदय की वाणी है, वह शायद आर्त की भाषा और असहाय की पुकार है। वह शायद इस भाव की अभिव्यक्ति है कि "ओ अदृश्य, ओ अनन्त, हमारे वश में कोई बात नहीं है, हम केवल तुम्हारा नाम ले सकते हैं, वह ले रहे हैं।" नाम-कीर्तन भक्त की पहली नहीं, अन्तिम निधि है। इसीलिए मुझे बाबा मुक्तानन्द जी की यह उचित बात बहुत पसन्द है कि और साधना उधार का सौदा है, नामस्मरण नकद व्यापार है।

(विवाह की मुसीबतें)

रीतिकाल का नया मूल्यांकन

जार्ज रसल ने लिखा है कि जब मैं यह जानना चाहता हूँ कि कोई कविता अच्छी है या नहीं, तब मैं अपने-आप से यह प्रश्न करता हूँ कि यह कविता पारदर्शी है या अंधी; अर्थात् जो कुछ है, वह कविता के ऊपर ही है अथवा उसके भीतर भी कुछ दिखलाई पड़ता है। और जब मुझे यह मालूम होता है कि कविता पारदर्शी है, तब मैं अपने-आप से दूसरा प्रश्न यह करता हूँ कि कविता के भीतर मुझे कितनी दूर की चीज दिखाई देती है।

कविता अंधी होने पर भी खूबसूरत हो सकती है, जैसे शीशे पर अगर रंगों से सघन चित्रकारी कर दें तो शीशे के भीतर तो कुछ भी दिखाई नहीं पड़ेगा, लेकिन, चित्रकारी खूबसूरत जरूर होगी। परन्तु, यह कारीगरी उस कारीगरी की बराबरी नहीं कर सकती, जिसके द्वारा शीशे पर रंगीन चित्र भी बनाए जाते हैं और उसकी पारदर्शिता भी मारी नहीं जाती है।

यह सत्य सिर्फ रसल को सूझा हो, सो बात नहीं है। रसल से पहले और संसार के अन्य देशों से भी बहुत पूर्व, भारत में यह प्रश्न उठा था कि कविता की आत्मा क्या है और इस प्रश्न के उत्तर में जिस आचार्य ने अलंकार को काव्य की आत्मा माना, उसकी आँख कविता की अंधी चित्रकारी से टकराकर रह गई थी। तब वामन आए, जिन्होंने कहा, कविता की आत्मा रीति है। रीति काव्य क़ी पारदर्शिता का पूरा प्रतिमान नहीं थी, फिर भी, वामन छिलके से बीज की ओर जाने का संकेत कर रहे थे, स्थूल को छोड़कर सूक्ष्म और निराकार की खोज कर रहे थे। किन्तु, जब आचार्यों के कदम ध्वनि की भूमि पर आए, कविता की असली आत्मा का पता उन्हें चल गया। इस प्रकार, कविता के सम्बन्ध में आनन्दवर्धन को जो सूक्ष्म ज्ञान नवीं सदी में प्राप्त हुआ, उससे अधिक बारीकी पर दुनिया आज भी नहीं पहुँची है। शायद, ध्वनि से आगे बारीक तत्त्व कविता में और कोई है ही नहीं।

इसी बात को हम एक दूसरी भाषा में भी रख सकते हैं कि अच्छी कविता की पहचान यह है कि उसे पढ़कर मनुष्य के हृदय में एक प्रकार की बेचैनी या जागृति स्फुरित होती है और उसका मन भीतर-ही-भीतर किसी यात्रा या पर्यटन पर निकल पड़ता है। यह आवश्यक नहीं है कि यह यात्रा या पर्यटन उन्हीं अर्थों तक सीमित रहे,

जो कविता के शब्दों में सन्निहित हैं। असली वस्तु शब्दों के अर्थ नहीं, संकेत हैं और संकेत तो शब्द दूर तक का दिया करते हैं।

ऊँची कविताओं का एक अन्य लक्षण यह भी है कि जिस युग में उनकी रचना की जाती है, उस युग की शीतलता अथवा दाह का प्रमाण उनके भीतर मौजूद रहता है। कविताएँ बराबर वर्तमान की कुक्षि से पैदा होती हैं और वर्तमान से उठकर ही उनकी झंकार अतीत और भविष्य का स्पर्श करती है। ऐसा नहीं है कि कवि को अपने युग के वातावरण का ख्याल जानबूझ कर करना पड़ता हो; बल्कि, जानबूझ कर ख्याल करने की जरूरत तो उसे तभी होगी जब वह अपने समय से बचना चाहेगा। समय का वातावरण काव्य के पौधे की खाद है और सत्कवि उससे भागने की कोशिश नहीं करता। जिसे हम शाश्वत और चिरंतन कहते हैं, वह किसी एक युग की सम्पत्ति नहीं है। वह प्रत्येक युग में वर्तमान रहता है और प्रत्येक युग उसकी व्याख्या अपनी भाषा और अपने मुहाविरों में किया करता है। कवि के हृदय में आलोड़न समकालीन परिस्थितियों के कारण होता है और कवि-कर्म में प्रवृत्त भी उसे अपना समय ही करता है, क्योंकि जो कुछ वह कहनेवाला है, असल में, वह काल की ही शंकाएँ या समाधान हैं और काल के हृदय में जिस हर्ष, शोक या उल्लास की लहर चल रही है, उसी को अभिव्यक्ति देने के लिए वह अपने कवि के आगमन की प्रतीक्षा करता है।

इस दृष्टि से विचार करने पर हम वैदिक काव्य तथा रामायण और महाभारत को बहुत ऊँचा पाते हैं, क्योंकि इन कविताओं में पारदर्शिता बहुत अधिक है और उनके भीतर से जीवन की बहुत बड़ी गहराई साफ दिखाई पड़ती है। इसके सिवा, उनसे यह भी ज्ञात होता है कि जिस युग में काव्य रचे गए, उस युग में यह देश समाज-संगठन के आदर्शों को लेकर और अगोचर सत्यों का पता लगाने के लिए भयानक संघर्ष कर रहा था। उपनिषदों का समय शंका, जिज्ञासा, चिन्तन और बौद्धिक कोलाहल का समय था। अन्तिम सत्य क्या है, इसे जानने के लिए उस युग के ऋषियों ने इतना अधिक चिन्तन किया कि उपनिषदों में कहीं-कहीं हमें उनके दिमाग के फटने की-सी आवाज सुनाई पड़ती है और चूँकि, यह साहित्य बौद्धिक एवं भौतिक, दोनों ही प्रकार के अप्रतिम, संघर्षों के सान्निध्य में लिखा गया, इसलिए, उस साहित्य से हमें आज भी प्रेरणा मिलती है, बल्कि, तीन-चार हजार वर्षों से यही साहित्य सारे भारतीय साहित्य का उपजीव्य रहा है।

किन्तु, यह संघर्ष जब समाप्त हो गया, भारतीय जीवन अपेक्षाकृत कुछ अधिक शान्त वातावरण में जा पहुँचा और तब हमारे कवि कालिदास हुए। कालिदास के विषय पुराने, कहने की शैली नवीन है। मगर, वे क्लान्त जाति के कवि नहीं हैं। वे उस जाति के कवि हैं, जिसने सांसारिक समृद्धि और आध्यात्मिक शंकाओं का समाधान प्राप्त कर लिया है और जो अब जरा पाँव फैलाकर आराम कर रही है।

प्रत्येक साहित्यकार चाहता है कि वह काल का अनुगमन नहीं, नयन करे; उसकी

सीमा में आबद्ध नहीं रहकर उसका अतिक्रमण कर जाए। मगर, काल का नयन और अतिक्रमण वह तभी कर सकता है जब एक बार काल उसे जगाने की सामग्री तैयार कर दे, जब समाज के भीतर संघर्ष अथवा असंतोष की आग थोड़ी जमा हो जाए। कालिदास के बाद (अगर चौथी शती में उनका होना सही है) भारतीय समाज की आग बुझने लगी, संघर्ष का तनाव ढीला होने लगा और रूढ़ियों ने इस देश को जकड़ना शुरू कर दिया। समृद्धि और निश्चिन्तता की स्थिति तथा भय एवं बेचैनी के अभाव का यह स्वाभाविक परिणाम है कि वह जातियों को शिथिल बना देता है। कालिदास के बाद का साहित्य शिथिल जाति का साहित्य है, जिसमें काव्य रीतियों में बँधता जाता है और दो-दो पृष्ठ के लम्बे-लम्बे वाक्य साहित्यकार की श्रेष्ठता का प्रमाण बन जाते हैं। जिसके सामने संघर्ष नहीं, वह साज-सज्जा और रंगीनियों के चक्कर में पड़ जाता है। जब समाज कवि को अनुभूतियाँ नहीं देता, तब कवि दूर की कौड़ियाँ जमा करके अपना चमत्कार दिखाने लगता है। उचित तो यह है कि ऐसे समय में वे कवि आएँ, जिनकी जबान कोड़ा और शब्द तीर हों; किन्तु, यह प्राचीन भारत का दुर्भाग्य रहा कि उसने कोई भी ऐसा कवि उत्पन्न न किया, जो यह कहने का साहस करे कि मैं अन्याय का विरोध करने आया हूँ। माघ और श्रीहर्ष की कविता संस्कृत की श्रेष्ठ कविताओं में गिनी जाती है, किन्तु, उसके भीतर मनुष्य को प्रेरित या आन्दोलित करने का गुण नहीं है। जिस कविता में ध्वनि मौजूद हो, उसके सम्बन्ध में यह कैसे कहा जाए कि वह पारदर्शी नहीं है? किन्तु, इन कविताओं में उस आध्यात्मिक संघर्ष का अभाव है, जो मनुष्य की मानसिक जड़ता का नाश करता है। व्यास और वाल्मीकी कवि थे, जो पहाड़ों को तोड़कर जिन्दगी के लिए रास्ते बनाते थे; बाण, श्रीहर्ष और माघ कलाकार हैं, जो छोटे-छोटे पत्थरों को घिसकर उन्हें चिकना करते हैं। कवि तब उत्पन्न होते हैं जब समाज प्रगति पर होता है; कलाकार उस समय भी आते हैं जब समाज के पाँव बँध जाते हैं।

और छठी सदी के बाद भारत के पाँव बँध गए और नई-नई भूमियों की ओर बढ़ने की उसमें प्रेरणा नहीं रही। तब से लेकर 16वीं सदीं तक विद्या के सभी अंगों को छोड़कर इस देश के पंडित, मुख्यतः, या तो काव्यशास्त्र की रचना करते रहे अथवा मनुष्यों को बाँधने के लिए ऐसे धर्मशास्त्र बनाते रहे, जिनके कारण आगे चलकर भारतीय समाज बिलकुल भीरु हो गया।

मनुष्यों को प्रेरित करनेवाला साहित्य भारत में फिर तब उदित होने लगा जब भाषा में भक्ति आन्दोलन के कवि उत्पन्न हुए। वेद, उपनिषद्, रामायण, महाभारत, कालिदास, कबीर, जायसी, तुलसी, सूर, भारतेन्दु, पन्त, निराला, प्रसाद और महादेवी इनके पास वह साहित्य है, जिसमें ताजगी है, जो मनुष्य को प्रसन्न ही नहीं, जाग्रत भी करता है तथा जो अपने समय के आलोड़न से निकला हुआ नवनीत है। किन्तु, रीतिकालीन साहित्य में ऐसा अंश बहुत कम है, जिसमें अपने समय का ताप हो अथवा जिसके भीतर तत्कालीन समाज की भावनाओं का प्रतिबिम्ब मिलता हो या जिसमें यह

ताकत हो कि वह पढ़नेवालों के मन को किसी यात्रा में भेज सके। ध्वनि के उदाहरण तो रीतिकाल में बहुत हैं, मगर, उनका असर इतना ही है कि काग इस डाल से उड़कर उस डाल पर बैठ जाता है, मन को किसी दूर दिशा में ले जाने की शक्ति रीतिकाल की कम रचनाओं में मिलती है। रीतिकाल की सबसे बड़ी विचित्रता यह है कि उससे यह मालूम ही नहीं होता कि उस युग के साहित्यकार समाज की समस्याओं से परिचित थे अथवा उन्हें इस बात का ज्ञान भी था कि समाज की भी समस्याएँ हुआ करती हैं। ऐसा लगता है कि रीतिकालीन कवियों के मन के किसी भी स्तर पर कोई सवाल नहीं था, जिसका उत्तर खोजने को वे संघर्ष में पड़ते अथवा किसी प्रकार की द्विधा और द्वन्द्व का सामना करते। उनका ध्यान जीवन पर नहीं, कला पर है, काव्यशास्त्र की गुत्थियों पर है और उन्हीं को समझाने के लिए उक्तियों और चित्रों का निर्माण करके वे निश्चिन्त हो जाते हैं। तत्कालीन समाज के हृदय में जो शंकाएँ रही होंगी, लोग जिन समाधानों की कामना कर रहे होंगे, रीतिकाल के कवियों को वे सुनाई नहीं पड़े। इनमें से अधिकांश कवियों के कान संस्कृत के काव्याचार्यों की पोथियों की ओर थे, अतएव, जो कुछ उन्होंने सुना, वह इन्हीं पोथियों की आवाज थी, जिन्दगी की शंकाए नहीं। अथवा उसे हम शुद्ध कला का स्वर भी कह सकते हैं।

काव्यशास्त्र की साधना संस्कृत में, प्रायः, एक हजार वर्ष तक होती रही और इस दीर्घ साधना के कारण यह विषय भारत में आनन्दमय हो उठा। किन्तु, इस साधना से एक दुष्परिणाम भी निकला कि समाज में पंडितों और आलोचकों का आदर देखकर देश के कवियों का भी मन डोल उठा और वे रचना के सुयश को गौण मानकर आलोचना की कीर्ति के लिए लालायित हो उठे। इलियट ने कहा है कि जब-जब आलोचना की वृद्धि होती है तब-तब रचना का ह्रास होने लगता है। भारत में साहित्य का जैसा इतिहास रहा है, उसे देखते हुए इलियट की यह उक्ति बहुत ही सटीक मालूम होती है। पहले यह रोग संस्कृत में फैला और वहाँ से वह हिन्दी में आन पहुँचा और यह भी हुआ कि अनुकरण में असली के गुण तो कम आए, मगर, उसके दोष बहुत अधिक मात्रा में आ गए।

रीतिकाल की निन्दा कोई नई चीज नहीं है। इसका आरम्भ उन्नीसवीं सदी के आरम्भ में स्वयं ठाकुर[1] ने किया था; और जिस कवि ने 'एती झूठी जुगती बनावै

1. सीखि लीनो मीन, मृग, खंजन, कमल, नैन,
सीखि लीनो जस औ प्रताप को कहानो है।
सीखी लीनो कल्पवृक्ष, कामधेनु, चिंतामनि,
सीखि लीनो मेरु और कुबेर गिरि आनो है।
'ठाकुर' कहत याकी बड़ी है कठिन बात,
याको नहीं भूलि कहूँ बाँधियत बानो है।
डेल-सो बनाय आय मेलत सभा के बीच,
लोगन कबित्त कीबो खेल करि जानो है।

औ कहावै कवि'[1] कहकर कवि की हँसी उड़ाई थी, उसके सामने भी रीति का ही कोई उदाहरण रहा होगा। रीतिकाल की सबसे बड़ी निन्दा की बात तो यह है कि उसके उत्तराधिकारी भारतेन्दु ने उस काल को लाँघकर अपना स्वर भक्तिकाल से मिलाने की कोशिश की और तब से आज तक प्रत्येक साहित्यिक आन्दोलन रीतिकाल को लात मार कर लोगों की वाहवाही पाता आया है। प्रताप नारायण मिश्र[2], पं. महावीर प्रसाद द्विवेदी और मदनमोहन मालवीय[3], उन्नीसवीं सदी के अन्त तक, प्रायः अनेक अच्छे लोग रीतिकालीन काव्य के विरोधी हो गए थे और छायावाद की स्थापना के समय तो नए कवि रीतिकाल को कोसने में, शायद ही, कभी चूकें हों।

किन्तु, रीतिकाल की निन्दा चाहे जितनी भी की जाए, हिन्दी कविता का इतिहास में उसका एक महत्त्व है और यह महत्त्व तब भी न्यून नहीं होता जब हम यह कहते हैं कि रीतिकालीन कवि इस अनुभूति तक पहुँच ही नहीं सके कि कवि का कर्म केवल मनोरंजन ही नहीं, समाज की चेतना को आलोड़ित करना भी होता है। यह अनुभूति कबीर और दूसरे निर्गुनियाँ सन्तों में थी, क्योंकि वे अपना लक्ष्य जानते थे; क्योंकि उन्हें ज्ञात था कि उन्हें केवल अपना ही मोक्ष खोजना नहीं, बल्कि, वर्णाश्रम-धर्म और मूर्तिपूजा के खिलाफ जनमत को जाग्रत् करना है। यह अनुभूति तुलसीदास में भी थी, क्योंकि उनका यह उद्देश्य छिपाये नहीं छिपता कि भगवान की उपासना करने के साथ उन्हें उस आन्दोलन को भी कमजोर करना है, जो वर्णाश्रम-धर्म के विरुद्ध चला आ रहा था। किन्तु, रीतिकाल के कवि ही नहीं, उसकी जनता भी यह नहीं जानती थी कि समाज के सामने कोई समस्या मौजूद है, जिसका हल खोजना जरूरी है। भूषण रीतिकाल के प्रमुख कवि थे और समाज की

---

1. मांस की गरेथी कुच कंचन-कलस कहै,
    मुख चन्द्रमा जो असलेषमा को घर है।
दोनों कर जुगल मृनाल, नाभी कूप कहै,
    हाड़ ही को जंघा ताहि कहै रंभा तर है।
हाड़ को बसन ताहि हीरा, मूँगा, मोती कहै,
    चाम को अधर ताहि कहै बिम्बाफर है।
एती झूटी जुगती बनावै औ कहावै कवि,
    ताहू पै कहै कि हमें सारदा को वर है।

2. तुमहिं कहा प्यावै जब हमरो कटत रहत गोवंश तमाम?
केवल सुमुखि अलक उपमा लहि नाग देवता तृप्यंताम्।

3. भारत चारहुँ ओर दुखी दुख भोगत बीति गे वर्ष हजारन।
ध्यान रतीक दियो चाहिए दुख कोन उपाय सों होय निवारन।
सो सब दूरि रहै 'मकरंद' समैं इन बातन में किहि कारन।
होय सो होय इहाँ नहि भूलनो राधिका रानी कदम्ब को डारन।

एक समस्या के पास वे पहुँच भी गए थे, किन्तु समाज को आलोड़ित करने की राह उन्हें नहीं मिली और वे भी वृहत् हिदू राष्ट्रीयता की कल्पना नहीं कर सके, केवल शिवाजी का गुण गाकर रह गए। निर्गुनियाँ संतों की परम्परा इस समय भी कायम थी, मगर, उनका मंच समाज के निम्नतम स्तर पर था; ऊपर के स्तरों पर केवल वे लोग थे, जो वर्णाश्रम-धर्म के समर्थक थे, जो धार्मिक रूढ़ियों के प्रतिपालक थे और जो खाने-पीने से सुखी होने के कारण अथवा भाग्यवाद में अटल विश्वास रखने के कारण किसी तरह का विक्षोभ उठाने की बात सोच भी नहीं सकते थे। रीतिकालीन कवि इसी वर्ग के कवि थे, अतएव, वे द्रष्टा अथवा उद्बोधक नहीं बन सकते थे। तड़प, बेचैनी और वेधकता वाला साहित्य उस साहित्यकार की कलम से नहीं निकल सकता, जिसके सामने संघर्ष का कोई मैदान नहीं है, जिसके सामने कोई ऐसा सवाल नहीं है, जो उसके अपने हृदय को जाग्रत और बेचैन रखता हो। रीतिकालीन कवियों को मानसिक आन्दोलन से पूरा अवकाश था। एक यह भी कारण है कि वे निर्द्वन्द्व होकर केवल शैली की साधना में लग सके और इसमें कोई संदेह नहीं कि कला-पक्ष में उन्होंने जो चमत्कार उत्पन्न किए, वे हिन्दी में बिलकुल बेजोड़ हैं। सौन्दर्य और कला के वे ऐसे एकान्त उपासक निकले कि किसी को उपदेश देने की बात उन्हें कभी सूझी ही नहीं।

एक तरह से देखिए तो रीतिकालीन कवियों की निन्दा उस समाज की निन्दा है, जिसने उन्हें उत्पन्न किया था। कविता आकाश से नहीं टपकती। वह समकालीन समाज के भीतर से उत्पन्न होती है और उस पर उस समाज के रसिकों की रुचि की भी पूरी छाप होती है। कवियों लिखनेवालों की भावदशा और प्रवृत्ति बहुत-कुछ वैसी ही होती है, जैसी उन लोगों की, जो प्रत्येक युग में कविताएँ पढ़ा या सुना करते हैं। रीतिकाल के कविता ने कविता के जिन गुणों पर जोर दिया है, उस काल के पाठकों की दृष्टि में वे ही गुण कविता के सबसे बड़े मूल्य रहे होंगे। शब्दों की सजावट, यमक और श्लेष का चमत्कार, दूर की कौड़ी लानेवाली निगूढ़ कल्पनाएँ, अतिशयोक्ति और हास्यास्पद प्रशस्तियाँ, नारी के एक-एक अंग को अनेक उपमाओं के दर्पणों में अलग-अलग दिखाने का आग्रह और प्रत्येक कबित्त एवं सवैये में पहली तीन पंक्तियों में जैसी-तैसी तैयारी और उक्ति की सारी वेधकता को समेटकर चौथी पंक्ति में केन्द्रित कर देने का प्रयत्न, ये बातें रीतिकाल के पाठकों को बहुत पसन्द रही होंगी, अन्यथा हम उस काल के कवियों में कविता को इन गुणों से सजाने का इतना सचेष्ट प्रयास नहीं देखते।

किन्तु, आज के पाठकों की पसन्द बदली हुई है। रीतिकाल के कवियों ने उन सभी सामग्रियों पर अधिकार रखा, जिनसे कविता सजाई जाती है अथवा जिनसे उसकी शक्ति में वृद्धि होती है; केवल उसी तत्त्व को उन्होंने छोड़ दिया, जिससे कविता का जन्म होता है। लकड़ियाँ उन्होंने अच्छी-से-अच्छी जमा कीं, केवल हृदय की आग

की कमी रह गई, जिससे ज्वाला उठी नहीं। रीतिकाल की कविताएँ बुरी नहीं, निस्तेज हैं। इस काल में रूप की सृष्टि तो हुई, किन्तु, कवियों ने अपने हृदय की बेचैनी नहीं लिखी और घनानन्द तथा बोधा को छोड़ दें तो ऐसा लगता ही नहीं कि रीतिकाल के कवियों का अपना भी कोई प्रेम था। वे रचनाएँ काव्यशास्त्र के उदाहरणों के लिए लिखते हैं, अपने-आपको अभिव्यक्त करने अथवा अपनी वेदना से मुक्ति पाने के लिए नहीं।

रीतिकाल का दोष उसकी श्रृंगारिकता नहीं, यही निर्जीवता और नकलीपन है। विद्यापति और चंडीदास कम श्रृंगारिक नहीं हैं, किन्तु, उनकी श्रृंगारिकता के पीछे उनका प्रेम उपस्थित है, वह वासना उपस्थित है, जो पुरुष में नारी के लिए और नारी में पुरुष के लिए विद्यमान रहती है। इस वासना की अभिव्यक्ति की सचाई और सीधापन विद्यापति के श्रृंगार को स्वाभाविक बनाए हुए हैं।

ततहि धाओल दुहुँ लोचन रे,
जतए गेलि वर नारि।
आसा लुबुध तेजइ रे,
कृपनक पाछु भिखारी।

यह श्रृंगार की कविता है और इसकी महिमा का कारण ही यह है कि यहाँ कवि ने अपनी वासना को छिपाने की चेष्टा नहीं की है। किन्तु, रीतिकाल में ऐसी स्वाभाविकता नहीं मिलती। वहाँ बराबर राधाकृष्ण अथवा आश्रयदाता राजा की आड़ ली जाती है।

और आज का पाठक अनुभूति की सचाई पहले माँगता है, अभिव्यक्ति की सजावट का ख्याल पीछे करता है। यानी लकड़ियाँ चाहे जैसी भी हों, आग में गर्मी खूब होनी चाहिए। कविता की नवीनतम धारा में सजावट के लिए जगह बहुत थोड़ी रह गई है। रीतिकाल के कवियों ने इस बात का पता लगाया कि कौन वे उपकरण हैं, जिन्हें सजाने से कविता समृद्ध दीखने लगती हैं। आज के कवि यह जानना चाह रहे हैं कि कौन वे उपकरण हैं, जिन्हें छोड़कर भी कविता कविता रह सकती है। रीतिकाल का सौन्दर्य आकलन, संचय और परिग्रह का सौन्दर्य था; आज की कविता का सौन्दर्य त्याग और अपरिग्रह का सौन्दर्य है। जो नायिका पहले प्रसाधन और अलंकार से अंगों को सजे बिना घर से बाहर पाँव नहीं धरती थी, वह अब सिर्फ इस भरोसे से बाहर घूम रही है कि लोहू की स्वस्थ लाली से बढ़कर दूसरा सौन्दर्य नहीं है। शैली की दृष्टि से कविता छन्द को छोड़ना तो क्या, निखालिस गद्य से पास पहुँच जाए, नए आलोचक इसमें भी कोई हर्ज नहीं देखते, बशर्ते कि गद्य-कल्प पंक्तियाँ मनुष्य के मन में उस स्थिति को उत्पन्न करने में समर्थ हों, जो स्थिति अब तक कविता से उत्पन्न की जाती रही है। श्लेष, यमक और अनुप्रास के लिए अब कवि की प्रंशसा नहीं की जाती। अब तो पाठक की श्रुति-चेतना इतनी परिष्कृत हो गई है कि वह गरजती हुई तुकों को

बर्दाश्त ही नहीं कर सकती। अतः, उसकी रुचि के अनुकूल अंत्यानुप्रास लघ्वंत होने लगे हैं।[1]

किन्तु, क्या इतना वैषम्य हो जाने से रीतिकाल की कविताएँ आज के पाठकों के पढ़ने की चीज नहीं रह गई हैं? और स्मरण रहे कि पढ़ने से मेरा अभिप्राय परीक्षोपयोगी अध्ययन से नहीं, प्रत्युत, अंतःसुख के निमित्त किए जानेवाले पारायण और आवृत्ति से है। रीतिकाल और आज की रुचियों में बहुत बड़ा फर्क आ गया है, किन्तु, एक बात को लेकर दोनों में अब भी समानता है और वह यह है कि रीतिकाल के कवि भी इतिहास, दर्शन या कोकशास्त्र नहीं लिखकर कविता ही लिख रहे थे और आज का पाठक कविता के अनावश्यक उपकरणों को भले ही छोड़ दे, किन्तु, जो कविता का मुख्य तत्त्व है, उसे छोड़ने को वह भी तैयार नहीं है। कविताओं में परिवर्तन तो प्रत्येक युग में होता है। फिर भी, सभी युगों की कविताएँ आपस में एक हैं, क्योंकि वे सब-की-सब उस एक ही दृष्टिकोण को लेकर चलती हैं, जो वैज्ञानिकों से भिन्न, कवियों का दृष्टिकोण है। और कविताओं का आदर सदैव एक ही मूल्य के कारण नहीं होता। जो कविता आज सामाजिकता के कारण पढ़ी जाती है, संभव है, कल वह छन्द के लिए पढ़ी जाए अथवा सिर्फ यह देखने के लिए कि जिस युग का इतिहास ऐसा है, उस युग की कविता कैसी रही होगी।

कविता के प्रेमियों के लिए रीतिकाल मृत नहीं, सजीव है तथा उसकी भी कितनी ही कविताओं में वही रस और आनन्द विद्यमान है, जिसके लिए हम नवयुग के काव्यरसिक इतने लालायित रहते हैं। हाँ, रीतिकाल का हमारे लिए वही महत्त्व न रहा, जो तत्कालीन रसिकों के लिए रहा होगा; न हम उससे ठीक वही आनन्द ले सकते हैं, जो आनन्द उन रसिकों को मिलता होगा। सच तो यह है कि हम जब भी पीछे की ओर मुड़ते हैं, हमारी आज की रुचि हमारे साथ रहती है और रीतिकाल की भी वे ही पंक्तियाँ हमें आकृष्ट करती हैं, जिनमें उन कविताओं के थोड़े-बहुत गुण हैं, जो हमारे अपने समय में लिखी जा रही हैं। यह गुण है कविता में कवि की आत्मविभोरता का प्रमाण, जिसके पास आते ही पाठक भी आत्मविभोर हो जाए; यह गुण है कविता में संकेत भरने की वह अदा, जिससे पाठक के भीतर चिन्तन का द्वार उन्मुक्त हो जाए और वह उन सपनों को देखने लगे जो शब्द के अर्थ से नहीं, संकेत से उत्पन्न होते हैं। यह गुण है कवि में चित्रकारी की योग्यता जिससे पाठक उस चित्र को आसानी से देख ले जो कवि को दिखलाई पड़ा है। और यह गुण है छन्द को उस तरह से सजाने की शक्ति जिससे पाठक का ध्यान श्लेष, यमक, अनुप्रास और कल्पना की रूहता में नहीं फँसकर उस मुख्य अनुभूति पर बना रहे, जो छन्द का कथ्य विषय है। अनुभूति की सचाई, अभिव्यक्ति की सरलता तथा चुटीलापन और चित्रों की सुस्पष्टता, ये कुछ मुख्य गुण हैं, जो आज के पाठकों को प्रभावित करते हैं और जिनकी कसौटी पर कसे

1. उदाहरण के लिए देखिए पंतजी की कविताएँ।

जाने पर रीतिकाल सर्वथा शून्य नहीं हो जाता, अनेक कविताओं के खंडित हो जाने पर भी, ऐसी काफी कविताएँ बच जाती हैं, जिन्हें हम प्रथम कोटि से नीचे नहीं डाल सकते। हाँ, यह बात दूसरी है कि बहुत-सी ऐसी कविताएँ हमें महाकवियों में कम, कुछ दूसरे कवियों में अधिक मिलेंगी। सच तो यह है कि आज के पाठकों की रुचि का ख्याल रखा जाए तो नए मूल्यांकन में अनुभूति की तीव्रता के कारण घनानन्द, बोधा और ठाकुर तथा रसखान अपने वर्तमान पद से कहीं ऊँचे हो जाएँगे और केशव जैसे कवियों का स्थान कुछ नीचे चला जाएगा।

कहानी में जो स्थान मनोविज्ञान का है, कविता में वही स्थान चित्र को दिया जाता है और यह ठीक भी है, क्योंकि चित्रमयता ही कविता को विज्ञान से अलग करती है। दार्शनिक और इतिहासकार जिस ज्ञान को सूचना के भंडार में जमा करते हैं, कवि उसी ज्ञान को चित्र बनाकर लोगों की आँखों के आगे तैरा देता है। जो ज्ञान चित्र में परिवर्तित नहीं किया जा सकता, वह कविता के लिए बोझ बन जाता है। इसलिए, जिस कविता में जितने अधिक चित्र उठते हैं, उसकी सुन्दरता भी उतनी ही अधिक बढ़ जाती है। रीतिकाल की और चाहे जो निन्दा की जाए, किन्तु, इतना माने बिना नहीं चल सकता कि यह वह काल है जबकि हिन्दी के कवियों ने पहले-पहल यह अनुभव किया कि वे कलाकार हैं और कला के पीछे अभ्यासयुक्त साधना का होना आवश्यक है। रीतिकाल के कवियों ने जीवन को छोड़ दिया था, किन्तु, सजावट और मजावट में वे इतने पटु निकले कि समस्त साहित्य में सबसे अधिक साफ तस्वीरें उन्होंने तैयार कीं। आज आलोचना में चित्रकारी की महिमा सबसे ऊपर मानी जा रही है। अगर यही कसौटी हम रीतिकाल पर लगाएँ तो रीतिकाल हिन्दी का बहुत ही सफल काल समझा जाएगा। कविता के कला-पक्ष का मार्जन इस युग में इतना अधिक हुआ कि साधारण कवि के मुख से निकलनेवाले छन्द भी देखने और सुनने लायक हो गए और कभी-कभी तो चित्रकारी ऐसी सजीव हो उठी कि ऊँची-ऊँची कविताएँ उसके सामने फीकी लगने लगीं। बिहारी के दोहों में न तो कोई बड़ी अनुभूति है, न कोई ऊँची बात; सिर्फ लड़कियों की कुछ अदाएँ हैं; मगर, कवि ने उन्हें कुछ इस ढब से चित्रित कर दिया है कि आज तक रसिकों का मन कचोट खाकर रह जाता है। जो लोग कविता में सिर्फ ऊँची अनुभूति और ज्ञान की बड़ी-बड़ी बातों की तलाश में रहते हैं, बिहारी की कविताओं में उन्हें अपने लिए चुनौती मौजूद मिलेगी। बिहारी की कविताओं में से आलोचना का यह सिद्धान्त आसानी से निकाला जा सकता है कि कविता की सफलता भाव या विचार की ऊँचाई से नहीं, प्रत्युत, कला और कारीगरी की पूर्णता से है। कविता रामचरितमानस में भी सफल हो सकती है और 'बिहारी-सतसई' में भी और दोनों सफलताएँ अपने-अपने स्तर पर अद्भुत और महान् हैं।

बतरस लालच लाल की मुरली धरी लुकाई,
सौंह करै, भौंहनि हँसै, दैन कहै, नटि जाई।

नासा मोरि, नचाइ दृग, करी कका की सौंह,
काँटे-सी कसकति हिये, अजौं कटीली भौंह।
कंजनयनि मंजन किए, बैठे ब्यौरति बार,
कच अँगुरिन बिच दीठि दै, चितवति नंदकुमार।
भौंहनि त्रासति, मुख नटति, आँखिन सों लपटाति,
ऐंचि छुड़ावति कर इंची, आगे आवत जाति।

और चित्रकारी में कमाल केवल बिहारी को ही हासिल नहीं है, रीतिकाल के छोटे और बड़े, प्रत्येक प्रकार के कवि में यह कला विलक्षण रूप से सफल दीखती है।

अलक मुबारक तिय बदन, लटकि परी यों साफ,
खुसनवीस मुन्सी मदन, लिख्यौ काँच पर काफ।

× × ×

चूनरी विचित्र स्याम सजिकै मुबारक जू
ढाकि नखसिख तें निपट सकुचाति है।
चंद में लपेटि कै समेटि कै नखत मानों
दिन को प्रनाम किये राति चली जाति है।

—मुबारक

भादौं की कारी अँध्यारी निसा लखि
बादर मंद फुही बरसावै।
स्यामाजी आपनी ऊँची अटा पै
छकी रसरीति मलारहि गावै।
ता समै नागर के दृग दूरि ते
चातक स्वाति की मौजहि पावै।
पौन मया करि घूँघट टारै,
दया करि दामिनि दीप दिखावै।

—नागर

कैसी खिली है अलौकिक चाँदनी
नागर ताको विचार विचार्यौ,
राधेजी ऊँची अटा चढ़िकै कहूँ
आज निलांबर घूँघट टार्यौ।

—नागर

पोंछि कपोल अँगोछत ओंठ
अमेठति आँखिन ऐंठति भौंहे।

—सुन्दर

पावत न हेरे तेरे जस में हिराने निज
गिरि को गिरौस हेरैं, गिरिजा गिरीस को।

—भूषण

घूँघट को पट ओट किए
पट ओट दिए पिय को मुख देखै।

—मतिराम

नैन नवाइ लजाइ रही
मुसुकाइ लला उर लाइ पियारी।

—मतिराम

पाछे-पाछे आवत अँध्यारी-सी भँवर-भीर
आगे फैल रही उजियारी मुखचंद की।

—मतिराम

व्है रही ठौर ही दाढ़ी ठगी-सी,
हँसै कर ठोढ़ी दिए ठकुराइन।

× × ×

लोहू पियो जू वियोगिनी को
सु कियो मुख लाल पिसाचिनि प्राची।

× × ×

नैननि हँसाइ नैकु नीबी उकसाइ, हँसि
ससिमुखी सकुचि सरोवर ते निकसी।

—देव

मों हिय माँह गई जड़ि वाकी
बड़ी-बड़ी आँखि जुटी-जुटी भौहैं।

—श्रीपति

लाल माँग पटिया नहीं, मदन जगत को मार,
असित फरी पर लै धरी, रकत भरी तरवार।
दाग सीतला को नहीं, मृदुल कपोलन चारु,
चिह्न देखिए ईठ की, परी दीठ के भारु।

—रसलीन

ये कुछ नूमने हैं, जहाँ-तहाँ से जमा कर दिए गए हैं। ऐसे चित्र रीतिकालीन कविता में सौ नहीं, हजार में होंगे। फिर भी, केवल चित्र को देखा जाए तो बिहारी ओर पद्माकर, इन दो कवियों का स्थान रीतिकाल के अन्य सभी कवियों से ऊपर चला जाएगा। पद्माकर भाटों की कृपा के कारण कुछ बदनाम-से हो गए हैं, जैसे सारंगी कुसंगति में जाकर अपना आदर खो बैठी है। किन्तु, जिस दिन भी कोई चतुर आलोचक चित्रकारी की

कसौटी पर हिन्दी कवियों को कसेगा, उस दिन पद्माकर की महिमा प्रकाशमती हो उठेगी, इसमें सन्देह नहीं। बिहारी की चित्रकारी दोहों की छोटी जमीन पर है, इसलिए, कसावट और चुस्ती उनके चित्रों में ज्यादा मिलती है। मगर, पद्माकर ने भी सवैयों और कवित्तों की चौड़ाई को व्यर्थ नहीं जाने दिया, उनके एक-एक बन्द का पूरा उपयोग किया है।

पद्माकर ने होली खेलकर लौटनेवाली एक नायिका का वर्णन किया है, जो एक पूरे कबित्त में है। कबित्त का चित्र-पट कुछ बड़ा होता है और बड़े पट को भरने के लिए चित्रकार कभी-कभी ऐसी रेखाएँ भी खींच देते हैं, जिनकी कोई खास जरूरत नहीं होती। किन्तु, पद्माकर ने पूरी जमीन का ऐसा उपयोगी किया है, मानों, यह सबकी सब आवश्यक रही हो।

आई खेलि होरी घरैं नवलकिसोरी कहूँ
बोरी गई रंग में सुगंधनि झकोरै है।
कहै पदमाकर इकंत चलि चौकी चढ़ि
हारन के बारन के फंद-बंद छोरै है।
घाँघरे को घूमुनि सु ऊरुनि दुबीचै दाबि,
आँगी हूँ उतारि सुकुमारि मुख मोरै है।
दंतन अधर दाबि दूनरि भई सी चाँपि
चौहर पचौहर कै चूनर निचौरै है।

सुगन्ध की झकोर तूलिका के लिए भी सूक्ष्म वस्तु होती, मगर, कवि के शब्दों ने उसे ठीक-ठीक आँक दिया है।

इसी प्रकार, माँ का दूध पीने के लिए हठ करते हुए बालकृष्ण की जो झाँकी पद्माकर ने उतारी है, वह अपनी सजीवता के कारण कवि की चित्रकला का अद्भुत उदाहरण बन गई है।

देखु पदमाकर गोविन्द को अमित छबि
संकर-समेत विधि आनन्द सों बाढ़ो है।
झिझिकत झूमत मुदित मुसुकात गहि
अंचल को छोर दोऊ हाथन सों आढ़ो है।
पटकत पाँय होत पैंजनी झुनुक रंच
नेकु-नेकु नैनन तें नीरकन काढ़ो है।
आगे नंदरानी के तनक पय पीवे काज
तीन लोक ठाकुर सो ठुनुकत ठाढ़ो है।

पद्माकर के हाथ में जो कलम थी, वह विचार कम, चित्र अधिक उठाती थी। दोनों में श्रेष्ठ कौन है? विचार उठानेवाला या चित्र बनानेवाला? कहना कठिन है। किन्तु, जहाँ काव्य कला का पर्याय माना जाता है, वहाँ चित्रकारी कविता का बहुत बड़ा गुण बन जाती है। और चित्र तो पद्माकर हर घुमाव पर खड़ा कर देते हैं।

हेरि हरे मुसकाय रही,
अँचरा मुख दै वृषभानुकिसोरी।

× × ×

नैन नचाइ कह्यौ मुसुक्याइ।
लला फिर आइयो खेलन होरी।

× × ×

एक पग भीतर रु एक देहरी पै धरै
एक कर कंज एक कर है किवार पर।

× × ×

हारन तैं हीरा सेत सारी किनारन तैं
बारत तैं मुकुता हजारन झरत जात।

× × ×

कैधों अरबिंद में मलिंद-सुत सोयौ आनि
ऐसो तिल सोहत कपोल की लुनाई में,
कैधों परयो इंदु में कलिंद-जल-विंदु आइ
गरक गुविंद किधौं गोरी की गुराई में।

× × ×

ज्योति को जाल बिसाल महा
तिय लाल पै लाल गुलाल को टीको।

× × ×

आँखें अधखुली अधखुली खिरकी है खुली
अधखुले आनन पै अधखुली अलकैं।

चित्रकारी की कसौटी अगर कविता की बड़ी कसौटी है तो यह कसौटी रीतिकाल पर भी लागू की जानी चाहिए; क्योंकि यह एक ऐसी कसौटी है, जिस पर रीतिकाल के अधिक-से-अधिक कवि खरे उतरते हैं। और सच पूछिए तो इसी कसौटी की आशा में उन्होंने अपनी सारी-की-सारी कविताएँ लिखी होंगी। चित्रकला की कसौटी रीतिकाल के साथ न्याय करने की सबसे अनुकूल कसौटी होगी।

हिन्दी के अत्याधुनिक कवियों का ध्यान चित्र के महत्त्व पर जा रहा है, यह प्रसन्नता की बात है। किन्तु, चित्रकारी केवल अंग्रेजी के इमैजिस्ट कवियों की ही थाती नहीं, उसका एक अतुल भांडार बिहारी और पद्माकर के भी पास है, प्रत्युत, यह कहना चाहिए कि रीतिकाल के हरएक कवि के पास यह दौलत किसी-न-किसी मात्रा में मौजूद है।

नए पाठकों की दूसरी दिलचस्पी ध्वनि और संकेत से है। वे कविता पढ़कर अर्थ

तक सीमित रह जाने में निराशा का अनुभव करते हैं और चाहते हैं कि कवि उन्हें यहीं तक न छोड़े, बल्कि, वह उनके मन के भीतर कुछ ऐसी स्फुरणा जगाए कि कविता आसानी से खत्म न की जा सके; पुस्तक हाथ में हो और मन कहीं दूर की यात्रा कर रहा हो। यह कविता का उच्चतम प्रभाव है, किन्तु, यह प्रभाव प्रत्येक युग की कविता में अल्प मात्रा में ही उतरा है। यह मानना होगा कि रीतियुग की कविता की दरिद्रता सबसे अधिक इसी गुण के अभाव के कारण है और आज के पाठकों की यह संकेतवाली तृषा रीतिकालीन काव्य में तुष्टि नहीं पा सकेगी। फिर भी, कहीं-कहीं ऐसी पंक्तियाँ मिलती हैं, जिनमें यह संकेत काम करता है और कभी-कभी ऐसी पंक्तियाँ भी मिल जाती हैं, जिनमें हम आगामी शैलियों और भंगिमाओं का पूर्वाभास पा लेते हैं। उदाहरणार्थ मतिराम की—

ज्यौं-ज्यौं निहारिये नेरे ह्वै नैननि
त्यौं-त्यौं खरी निखरै-सी निकाई।

इस पंक्ति में केवल उतना ही नहीं है, जितना शब्दों के अर्थ में सन्निहित है, बल्कि, यह एक संकेत है जो हमें सौन्दर्य की 'क्षणं क्षणं यन्नवतामुपैति तदेव रूपं रमणीयतायाः' वाली परिभाषा को स्वयं समझने को प्रेरित करता है। यहाँ मतिराम लगभग उसी मुद्रा में आए हुए दीखते हैं जिस मुद्रा में आकर विद्यापति ने कहा था—

जनम अवधि हम रूप निहारल नैन न तिरपित भेल।

यह अनुभूति एक जगह घनानन्द में भी मिलती है। जैसे—

रावरे रूप की रीति अनूप
नयो-नयो लागत ज्यौं-ज्यौं निहारिये।

किन्तु, घनानन्द के लिए यह तनिक भी विस्मय की बात नहीं है, क्योंकि, अनेक अर्थों में वे रीतिकाल के नहीं, प्रत्युत, छायावादी युग के कवि हैं।

मतिराम की विशेषता यह भी है कि जब-तब उनकी पंक्तियों में उस शैली का आभास मिलता है जो शैली रीतिकाल के लिए नई, किन्तु, छायावाद-युग के लिए स्वाभाविक दीखती है।

सुनि सुनि गुन सब गोपिकनि समझो सरस सवाद,
कढ़ी अधर की माधुरी व्है मुरली को नाद।

अधर की मधुरता ही मुरली का स्वर बन गई है यानी आँखों से देखी जानेवाली चीज ही कानों को सुनाई दे रही है, यह योजना रीतिकाल के लिए नई कही जाएगी।

इसी प्रकार—

फूलति कली गुलाब की, सखि यह रूप लखै न।
मनो बुलावति मधुप कौ दै चुटकी की सैन।

इस दोहे में, गुलाब के चुटकी देकर भ्रमर को बुलाने की योजना भी रीतिकाल के लिए नवीन रही होगी। इसका योग देव के भी एक कबित्त में बड़े ही चमत्कार के साथ हुआ है—

मदन महीप जू को बालक बसंत ताहि
प्रात ही जगावत गुलाब चटकारी दै।

कहना व्यर्थ है गुलाब चटकारी देने में प्रयोग की जो नवीनता है उसी के कारण देव का यह कबित्त आज भी प्रेम से पढ़ा जा रहा है।

रीतिकाल को हम सिर्फ शरीर का काल कहते हैं, किन्तु मतिराम ने कहीं-कहीं मन के सौन्दर्य की ओर बड़ा ही बेजोड़ संकेत किया है और जहाँ-जहाँ यह संकेत मिलता है वहाँ-वहाँ कविता खिसककर वर्तमान युग के हृदय के पास पहुँच जाती है। वट-सावित्री-पूजन का एक दृश्य है नायिका वट के चारों ओर परिक्रमा कर रही है। किन्तु वट की यह परिक्रमा सिर्फ देह करती है, मन तो प्रियतम के चारों ओर घूम रहा है। मतिराम कहते हैं—

जमुना के तट बंसीवट के निकट
नंदलाल पै सकोचन तें चाह्यौ ना परत है।
तन तो पिया को बर भाँवरे भरत
मन साँवरे बदन पर भाँवरे भरत है।

छायावाद पर लिखते हुए पंडित रामचन्द्र शुक्ल ने एक जगह कहा है कि हिन्दी-कविता का स्वच्छन्द विकास स्वतः होता आ रहा था जिसकी रेखाएँ मैथिलीशरण गुप्त, रामनरेश त्रिपाठी, जगमोहन सिंह (श्यामा-स्वप्नवाले) आदि की रचनाओं में मिलेंगी। किन्तु, जब तक यह विकास पूर्ण हो, उसके पहले ही देश में रवीन्द्रनाथ की कविताओं की धूम मच गई और लोग अपनी परम्परा को छोड़कर रवीन्द्रनाथ की ओर दौड़ पड़े और इस प्रकार हिन्दी में एक नई धारा चल पड़ी, जो अपनी बनाई हुई कम, अन्यत्र निर्मित अधिक थी।

रवीन्द्रनाथ का प्रभाव छायावाद पर पड़ा अवश्य है, किन्तु, छायावाद के साथ हिन्दी-कविता में जो एक नई भंगिमा उत्पन्न हुई उसकी परम्परा हिन्दी में बहुत दिनों से आ रही थी। वह विद्यापति की 'जनम अवधि हम रूप निहारल' वाली पंक्ति में थी, वह कबीर और मीरा की भी पंक्तियों में मिलेगी और सूर की विरहवाली पंक्तियों में भी हम उसकी झाँई देखते हैं। यही नहीं, आगामी शैली का पूर्वाभास तुलसीदास में भी मिलता है।

सुन्दरता कहँ सुन्दर करई
छबिगृह दीपसिखा जनु बरई।
जहँ बिलोकु मृगसावकनैनी,
जनु तहँ बरसु कमल सितसैनी।

इन पंक्तियों में उस शैली की बारीक झाँई है जो छायावाद के साथ प्रकट होनेवाली थी।

रीतिकाल में मतिराम और देव की कुछ पंक्तियों एवं घनानन्द, बोधा, आलम

और ठाकुर की अनेक पंक्तियों में यह परम्परा मौजूद है और जब भारतेन्दु ने चन्द्र-कला में 'स्रवनन पूरो होय मधुर सुर अंजन ह्वै दोउ नैन' जैसी पंक्तियाँ लिखीं, तब इन पंक्तियों के द्वारा वे छायावादी शैली की ही ओर संकेत कर रहे थे।

अनुभूति की मार्मिकता और दर्द की बेचैनी की माँग हिन्दी में छायावाद-काल में खूब बढ़ी, किन्तु यह चीज छायावाद में कहीं बाहर से नहीं आई थी। यह मार्मिकता और यह बेचैनी रीतियुग में ही हिन्दी-कविता के भीतर पचने लगी थी और, रीति-कविता के महाज्ञाता पं. विश्वनाथ प्रसाद मिश्र के अनुसार, यह प्रभाव हिन्दी में फारसी से आया था। प्रभाव चाहे जहाँ से भी आया हो, परन्तु, इस तड़प और बेचैनी ने हिन्दी-कविता में एक नई अदा पैदा कर दी और इसके कारण वह अधिक जीवन्त भी हो उठी। भारत में साहित्य और संस्कृति के सबसे सुन्दर फूल तब खिले हैं जब बाहर की कोई धारा आकर हमारी धारा से टकरा गई है। जब आर्य और आर्येतर-संस्कृतियाँ आपस में मिलीं, हमने वैदिक साहित्य और दो बड़े महाकाव्यों की रचना की; जब शक और आभीर आए, हमारी कविता में इहलौकिकता की वृद्धि हुई और श्रृंगार ने एक नया रंग पकड़ा, जिसका प्रमाण हाल की गाथासप्तशती है। जब मुसलमान आए, यहाँ भाषा-काव्य का विकास हुआ और श्रृंगार तथा रहस्यवाद की कविताओं में एक नई तड़प पैदा हुई और जब ईसायियत यहाँ पहुँची, हमने छायावाद की सृष्टि की।

छायावाद के साथ प्रकट होनेवाली तन्मयता की माधुरी और वेदना की बेचैनी कबीर और मीरा में जन्मी थी, तुलसी और सूर में वह शान्तभाव से कायम रही तथा रीतिकाल में भी वह मरी नहीं थी। कहीं तो पूर्वराग की मादकता के साथ, कहीं रूप-दर्शन की तन्मयता के साथ और कहीं विरहिणियों के उद्गारों में वह बराबर प्रकट होती रही। उदाहरणार्थ—

वेगि ही बूड़ि गई पंखियाँ
अँखियाँ मधु की मखियाँ भई मेरी

× × ×

साँवरे लाल को साँवरो रूप मैं
नैननि को कजरा करि राख्यो।

× × ×

फूल ज्यों सूल सिला सम सेज
बिछावनि बीच बिछी जनु बीछी।

× × ×

दीजिए दरस 'देव' लीजिए सँजोगिनी कै
जोगिनी ह्वै बैठी हैं वियोगिन की अँखियाँ।

—देव

अथवा बिहारी का यह दोहा कि–

इन दुखिया अँखियान को सुख सिरजोई नाहि,
देखे बने न देखिवो, बिन देखे अकुलाहिं।

किन्तु, ये तो परम्परा के निशान हैं जो कहीं बहुत साफ और कहीं धुँधले लगते हैं; किन्तु, रीतिकाल का कोई एक कवि अगर छायावादी कवियों का आत्मीय बन्धु कहा जा सकता है तो वे घनानन्द हैं। हिन्दी-साहित्य के इतिहास में घनानन्द जिस स्थान के अधिकारी हैं, वह स्थान अभी उन्हें नहीं मिला है। कितने आश्चर्य की बात है कि जब रीतिकाल के पचासों कवि भविष्य की ओर से आँखें मूँदकर अपनी प्रयोगशाला में काम करते-करते पीछे छूट गए, तब भविष्य की राह केवल घनानन्द को दिखाई पड़ी और केशव, मतिराम, देव और बिहारी तथा पद्माकर जैसे लोग जब अपनी ही सीमा में खत्म हो गए तब अतीत के जुलूस को भविष्य तक पहुँचाने की राह घनानन्द ने बनाई और वे ही वह सेतु हुए जिस पर चढ़कर पुरानी हिन्दी-कविता ने नवयुग में प्रवेश किया। क्या यह विचारणीय प्रश्न नहीं है कि नवीन हिन्दी-कविता का प्रथम कवि कौन माना जाए? भारतेन्दु या घनानन्द? भारतेन्दु की पंक्तियों में भी छायावादी शैली का आभास उतरा है, किन्तु, छायावाद से अधिक वे प्रगतिवाद के उन्नायक ठहरते हैं; क्योंकि नवीनता की दिशा में उनका खास जोर कविता के सामाजिक पक्ष पर था। किन्तु, द्विवेदी-युग की नीरसता के विरुद्ध कल्पनाओं और स्वप्नों की रंगीन कुहेलिका लिए हुए जो नई काव्य-शैली हिन्दी में आई, उसके अग्रदूत घनानन्द ही थे। घनानन्द की कविता में हमें प्रगतिमती हिन्दी-कविता की पदचाप सुनाई पड़ती है। उसका एक पाँव रीतिलोक में है (जैसे भारतेन्दु का भी), किन्तु, दूसरा बिलकुल छायावाद के पास पहुँचता है। रीतिकाल में कवि का पांडित्य ऊपर, उसकी भावाकुलता नीचे पड़ गई थी। घनानन्द में हम भावाकुलता का स्थान पांडित्य से बहुत ऊपर पाते हैं। घनानन्द खुद भी उस भेद को देख रहे थे जो उनके तथा उनके समकालीन बन्धुओं के बीच विद्यमान था। और यही देखकर उन्होंने कहा भी था–

लोग हैं लागि कबित्त बनावत
मोहि तो मेरे कबित्त बनावत।

घनानन्द के पास शब्दाडंबर नहीं, क्लिष्ट कल्पना नहीं, पंडित्य और आचार्यत्व नहीं, जो है वह केवल प्रेम की अनुभूति है। उन्होंने सौन्दर्य देखा था और प्रेम किया था और, अन्त में, विरह की दुस्सह वेदना भी भोगी थी। और इन तीनों की अनुभूति उनकी कविता में विद्यमान है। उन्होंने जिस रूप का वर्णन किया है वह नखशिखवाला बँधा हुआ निर्जीव रूप नहीं है, प्रत्युत, यह वह लावण्य है जो अंगनाओं में अवयवों के सौन्दर्य से अलग विभासित होता है।

अंग-अंग तरंग उठै द्युति की
परिहै मनो रूप अबै धर च्वै
× × ×
रावरे रूप की रीति अनूप
नयो नयो लागत ज्यों-ज्यों निहारियै।

और विरह तो घनानन्द की पूँजी ठहरा। विरह के जो स्वर उनके हृदय से निकले हैं वे रीतिकाल में दुर्लभता से मिलते हैं।

प्रान-पखेरू परे तरफैं लखि
रूप चुगो जु फँदे गुनगाथन।
क्यों हरिते हित पालि सुजान
दया बिन व्याध वियोग के हाथन।
सालत बान समान हियै
सु लहे घन-आनन्द जे सुख साथन।
देहु दिखाय दई मुखचन्द
लग्यौ अब औधि दिवाकर आथन

अन्तिम पंक्ति पढ़ते-पढ़ते, अनायास ही, भारतेन्दु की यह भावाकुल पंक्ति याद आ जाती है–

बैनहू अथान लागै, नैन कुम्हिलान लागै,
प्राननाथ, आओ, अब प्रान लागे मुरझान।

रीतिकाल की बौद्धिक विरहानुभूति की निष्प्राणता और कुंठा के वातावरण में घनानन्द की पीड़ा की टीस सहसा ही हृदय को चीर देती है और मन, सहज ही, यह मान लेता है कि दूसरों के लिए किराये पर आँसू बहानेवालों के बीच यह एक ऐसा कवि है जो, सचमुच, अपनी ही पीड़ा से रो रहा है।

पहिले अपनाय सुजान सनेह सों
क्यों फिर तेहि को तोरियै जू।
निरधार अधार दै धार-मँझार
दई! गहि बाँहि न मोरियै जू।
घन-आनन्द आपने चातिक को
गुन-बाँधिलैं मोह न छोरियै जू।
रस प्याय के ज्याय बढ़ाय कै आस
बिसास में यों विष घोरियै जू।

केवल अपनी प्रेमिका सुजान के लिए ही नहीं, भगवान के लिए भी घनानन्द के हृदय से पुकार निकली है, वह रीतिकाल के कवियों की भीड़ में नहीं, प्रत्युत्, कबीर, मीरा, रवीन्द्र और ब्लेक की कविताओं में ही खप सकती है।

अन्तर हौ किधौं अन्त रहौ,
दृग फारि फिरौं कि अभागनि भीरौं?
आगि जरौं अकि पानि परौं,
अब कैसी करौं हिय का बिधि धीरौं?
जौ घन-आनन्द ऐसी रुची,
तौ कहा बस है, अहो, प्रानान पीरौं।
पाऊँ कहाँ हरि हाय तुम्हें?
धरनी में धँसौं कि अकासहिं चीरौं?

'धरनी में धसौं कि अकासहिं चीरौं' की पूरी प्रशंसा नहीं की जा सकती। दो-ढाई सौ वर्ष पूर्व हिन्दी में इतनी व्याकुलता व्यंजित करने वाली पंक्ति लिखी जा चुकी है, यह सोचकर अपनी भाषा पर गर्व होता है।

रीतिकाल में अगर घनानन्द को लेकर एक अलग परिवार की कल्पना की जाए तो उसके सबसे विश्वासी सदस्य बोधा होंगे तथा इस परिवार में आलम, ठाकुर, रसखान और मुबारक को भी नजदीक की जगह मिल जाएगी। बोधा घनानन्द के ही गुटका-संस्करण-से लगते हैं, प्रेम का वही नशा, विरह की वही बेचैनी, भावुकता की वही लहर और निराशा में तड़पकर जान देने की वही चाह। बल्कि, जान दे देनेवाला मजमून घनानन्द में बहुत थोड़ा-सा है, लेकिन, बोधा इस मजमून के बहुत कायल हैं। बोधा का व्यक्तित्व भावुक प्रेमी का व्यक्तित्व है, जिसे प्रेम से निराशा हुई है, जिसके मन की आग मन में ही जल रही है और जिसे कहीं भी वह आदमी नहीं मिलता जिसके सामने अपनी वेदना कहकर वह अपने जी को हलका करे।

कबहूँ मिलिबो, कबहूँ मिलिबो
यह धीरज ही मैं धरैबो करै।
उर तैं कढ़ि आवै, गरे तैं फिरै,
मन की मन ही में सिरैबो करै।
कवि बोधा न चाव सरी कबहूँ
नित ही हरबा सों हिरैबो करै।
कहते ही बनै, सहते न बनै,
मन ही मन पीर पिरैबो करै।

पं. विश्वनाथप्रसाद मिश्र ने जो यह बात कही है कि इन कवियों ने फारसी कविता का प्रभाव ग्रहण किया था, वह प्रभाव बोधा में बहुत स्पष्ट है। उर्दू और फारसी में यह भाव बार-बार आया है कि प्रेमी अपनी पीड़ा किससे कहे, यहाँ सुनने वाला ही कौन है। भावुक प्रेमी की यह निराशा छायावादी कवियों में भी खूब निखरी थी। और छायावाद में भी यह चीज कुछ तो सीधे उर्दू और कुछ घनानन्द और बोधा के मार्फत ही पहुँची होगी।

जबते बिछुरे कवि बोधा हितू
तबते उर दाह घिरातो नहीं।
हम कौन सों पीर कहैं अपनी?
दिलदार तो कोऊ दिखातो नहीं।

आलम और शेख के नाम पर जितने छन्द प्रचलित हैं, उनमें भी काफी ताजगी और नयापन मिलता है। किन्तु, आलम का एक सवैया तो ऐसा है, जिसमें हरएक विरही का दर्द समाया हुआ है।

जा थल कीन्हें विहार अनेकन
ता थल काँकरी बैठि चुन्यौ करैं।
जा रसना सों करी बहु बातन
ता रसना सों चरित्र गुन्यौ करैं।
आलम जौन से कुँजन में करी
केलि तहाँ अब सीस धुन्यौ करैं।
नैनन में जे सदा बसते
तिनको अब कान कहानी सुन्यौ करैं।।

रीति के प्रचार ने जैसे अनेक सहज भावों को कृत्रिमता की ओर मोड़ दिया, वैसे ही, प्रकृति को देखनेवाली दृष्टि को भी उसने दूषित कर डाला। जब से रीति का चलन हुआ, कविगण प्रकृति को सिर्फ उद्दीपन के लिए लाते रहे, मानों, काम को उत्तेजना देने के सिवा प्रकृति का और कोई उपाय ही नहीं हो। सूर और तुलसी तक में प्रकृति का स्वतंत्र अस्तित्व हमें नहीं मिलता। तुलसीदास की प्रकृति नीतियों की निर्झरी है और सूरदास की विरहिणियाँ प्रकृति को अपना शत्रु समझती हैं।

बिनु गोपाल बैरिनि भई कुंजैं।
जो वै लता लगत तनु सीतल
अब भई विषम अनल की पुंजैं।

यह ठीक है कि इन महाकवियों ने नीति-प्रचार अथवा विरहोद्दीपन के लिए प्रकृति का जो उपयोग किया है, उससे उनकी उक्ति सबल हुई है; किन्तु, इस पद्धति से चित्रण वास्तव में मनुष्य का होता है, प्रकृति का अपना रूप उससे खुलकर प्रकट नहीं होता। और रीति के चलन के पूर्व, संस्कृत-कवियों की भी यह दृष्टि नहीं थी। वाल्मीकि और कालिदास प्रकृति के सौन्दर्य को अपने आप में पूर्ण मानते थे और इसीलिए उनके प्रकृति-वर्णन में केवल प्रकृति ही है, जो सामने आती है, उनके साथ नायिका का ताप या काम-ज्वर अथवा सन्तों के उपदेश नहीं आते हैं। और चूँकि यह प्रकृति केवल प्रकृति है, इसलिए, उसका प्रभाव भी सहज ही मनोरम हो उठता है। 'वासन्तिकी निशा प्राप्ता न शीता न च घर्मदा'—वाल्मीकि के इस वर्णन में वासन्ती रात्रि के समशीतोष्णता हमें सहज ही अनुभूत इसलिए हो

जाती है कि उसमें से न तो उपदेश निकाला गया है और न कोई नायक या नायिका ही वहाँ खड़ी है।

वाल्मीकि और कालिदास में प्रकृति जिस प्रकार निर्मल है, अंग्रेजी की भी तमाम कविताओं में उसका वैसा ही विमल रूप है। लैंडशेप चित्रित करनेवाला चित्रकार केवल प्रकृति का ही चित्र उतारता है। उसमें कहीं कोई मानवीय आकृति नहीं दिखाई जाती। एक हिन्दी में ही प्रकृति दब गई और आदमी के विरह और मिलन की लीलाओं में वह सेविकामात्र रह गई। किन्तु, केवल रीतिकाल को इस विषय में अधिक दोष देना ठीक नहीं होगा, क्योंकि और कालों में भी कवियों ने प्रकृति-वर्णन के सिवा किन्हीं अन्य उद्देश्यों के लिए किया है। फिर भी सेनापति के कितने ही छन्द हैं जिनमें प्रकृति-वर्णन के क्रम में संस्कृत और अंग्रेजीवाली यह पद्धति अक्षुण्ण मिलती है। वैसे, दोषी तो सेनापति भी हैं, क्योंकि पलास के लाल फूल उन्हें भी अँगार-जैसे लगते हैं—

आधे अनसुलगि सुलगि रहे आधे, मनौ
विरही दहन काम कोयला परचाये हैं।

किन्तु, तब भी उन्हीं के कुछ छन्द हैं जिनसे प्रकृति-वर्णन के क्षेत्र में रीतिकाल की थोड़ी प्रतिष्ठा बचती है और जिसमें प्रकृति बहुत दूर तक स्वतंत्र रहकर अपना रूप दिखलाती है। जैसे—

वृष कौं तरनि तेज सहसौ किरन करि
ज्वालन के जाल विकराल बरसत है।
तचति धरनि, जग जरत झरनि, सीरी
छाँह को पकरि पंथी पंछी बिरमत है।
सेनापति नेक दुपहरी के ढरत, होत
धमका विषम, ज्यौं न पात खरकत है।
मेरे जान पौनों सीरी ठौर कौं पकरि कौनों
घरी एक बैठि कहूँ घामै बितवत है।

सेनापति के ऐसे कबित्तों को देखकर क्या मन में यह अनुमान नहीं होता कि प्रकृति-वर्णन की जो पद्धति कालिदास के बाद देश में सो गई थी वह हिन्दी के रीतिकाल में स्वयमेव जग रही थी, उसे जगाने के लिए यूरोपीय शंखनाद की आवश्यकता नहीं थी? रीतिकाल चाहे जितने भी निर्जीव सौन्दर्य का काल रहा हो, किन्तु, वह हिन्दी के आधुनिक काल की पार्श्वभूमि में पड़ता है और उनमें नवीनता के बीज जहाँ-तहाँ अवश्य मिलते हैं।

(काव्य की भूमिका)

छायावाद की भूमिका

कला का प्रत्येक नया आन्दोलन कला-सम्बन्धी धारणाओं में परिवर्तन उपस्थित करता है और साहित्य में जब भी नए कवियों का उत्थान होता है तब उनके पीछे आनेवाली आलोचना भी नवीन हो उठती है। छायावाद के आविर्भाव के पूर्व हिन्दी में आलोचना की जो परिपाटी थी, छायावाद के आगमन के बाद वह बदलने लगी और कविताओं का अध्ययन उस पद्धति से किया जाने लगा जो पाश्चात्य आलोचना की पद्धति थी। वैसे तो, पाश्चात्य समीक्षा-पद्धतियों की चर्चा हिन्दी में द्विवेदी-युग में अथवा उससे कुछ पूर्व ही आरम्भ हो गई थी, किन्तु, जिसे, सचमुच साथ होना कहते हैं, उस अर्थ में पाश्चात्य आलोचना द्विवेदी-युग के बाद ही हिन्दी-कविता के साथ हुई।

इसी प्रकार, जो कविता द्विवेदी-युग के बाद प्रचलित हुई, वह हिन्दी के लिए नवीन तो थी, किन्तु, उस दिशा में भी संकेत छायावाद-युग के पूर्व से ही मिलने लगे थे। ये संकेत मैथिलीशरण गुप्त, रामनरेश त्रिपाठी, मुकुटधर, पांडेय, जगमोहन सिंह और श्रीधर पाठक में ही नहीं, प्रत्युत्, कहीं-कहीं भारतेन्दु और उनसे भी पूर्व घनानन्द में मिलते हैं। किन्तु, इतना होने पर भी, छायावाद यदि पूर्वयुगों से छिन्न मालूम होता है तो इसका एक बड़ा कारण यह भी है कि भारतेन्दु के बाद हिन्दी कविता की भाषा बदल गई। यदि घनानन्द ने खड़ी बोली में लिखा होता तो, सरलता से, वे छायावाद के पूर्व-पुरुष मान लिए गए होते। किन्तु, यह नहीं हुआ। कुछ तो कविता की भाषा बदल जाने के कारण और कुछ पाश्चात्य प्रभावों के, प्रायः सहसा ही पुँजीभूत हो उठने के कारण छायावाद काल की कविता ने ऐसा रूप ले लिया जो उसे पूर्वयुगों से भिन्न कर देता है। फिर भी, जो नियम अन्य भाषाओं में घटित होनेवाली साहित्यिक क्रान्तियों पर लागू होते हैं, हिन्दी भाषा की साहित्यिक क्रान्तियाँ उनका सर्वथा अपवाद नहीं हैं।

साहित्य में प्रत्येक युग अपने पूर्ववर्त्ती युग के अनुभवों से शिक्षा लेकर आगे बढ़ता है और समाप्त होते-होते आगामी युग के लिए अपने अनुभवों का निचोड़ छोड़ जाता है। एक युग से दूसरे युग का यह जो क्रिया या प्रतिक्रिया का सम्बन्ध है उसके उदाहरण अपने साहित्य में कम-से-कम, रीतिकाल से स्पष्ट मिलने लगते हैं।

हिन्दी में रीतिकाल की जितनी निन्दा हुई है, उतनी किसी और काल की नहीं।

फिर भी, यह ध्यान देने की बात है कि पाश्चात्य जगत में कविता की जो कसौटी आज मान पा रही है, उस पर हिन्दी के सभी कालों को कसें, तो, कदाचित्, रीतिकाल अन्य सभी कालों से श्रेष्ठ सिद्ध हो जाएगा। क्योंकि हिन्दी का आदिकाल कला के लँगड़ाने का काल था और भक्तिकाल में, यद्यपि, विद्यापति, सूरदास, मीरा और तुलसीदास, सभी नियमों के अपवाद होने के कारण, आलोचना की नोंक से परे हो जाते हैं, किन्तु, शेष, कवियों के विषय में यह कहा जा सकता है कि उन्होंने कला नहीं, धर्म और सदाचार की सेवा की है। किन्तु, इस कसौटी पर रीतिकाल का विरला ही कवि होगा जो खंडित किया जा सके। आज की आलोचना की भाषा में यदि रीतिकालीन कवियों की काव्य-सम्बन्धी धारणाओं को समेटा जाए तो सूत्र यह बनेगा कि कविता में वस्तु चाहिए, विचार नहीं तथा काव्य की शोभा के मुख्य कारण उसमें उठने वाले चित्र होते हैं और ये चित्र शारीरिक होते हैं जिन्हें मन की आँखें स्पष्टता से देख सकें। यदि चित्रकारी कविता का अन्यतम गुण है तो यह मानने में तनिक भी कठिनाई नहीं रह जाती कि रीतिकाल हिन्दी कविता का अन्यतम काल था।

आलोचकों का जो सम्प्रदाय चित्रकारी को कविता का सबसे बड़ा गुण मानता है, उसे रीतिकाल की निन्दा करने में कठिनाई होगी। इसी प्रकार, जो आलोचक यह मानते हैं कि कविता विचार नहीं, केवल भाव है, वे भी, अपने सिद्धान्तों में परिवर्तन लाए बिना, रीतिकालीन कविता की निन्दा करने में कठिनाई अनुभव करेंगे। किन्तु, हिन्दी में रीतिकाल की निन्दा हुई और इतनी हुई जितनी किसी और काल की नहीं हुई है। और यह निन्दा स्वामी दयानन्द के समय में आकर ही नहीं, प्रत्युत्, उससे पूर्व ही आरम्भ हो गई थी। कदाचित्, कवियों की संख्या वृद्धि से अथवा कविता के स्फीत (इंफ्लेटेड) हो जाने से 'ठाकुर' अपने युग से अप्रसन्न हो गए और उन्होंने काव्य-रचना को सस्ता प्रयास मानकर कवियों की पंक्ति में दौड़कर सम्मिलित होनेवाले लोगों को लक्ष्य करके कहा कि—

डेल-सों बनाय आय डालत सभा के बीच,
लोगन कबित्त कीबो खेल करि जानो है।

उसी काल के एक अन्य कवि अपने समकालीन कवियों से इसलिए अप्रसन्न हो उठे कि कविगण अपनी प्रतिभा का सारा चमत्कार नारी-मूर्ति की रचना में दिखा रहे थे। इस कवि ने कवियों को असत्यवादी कहा है और उनके इस दावे का मजाक उड़ाया है कि हम सरस्वती के प्यारे बेटे हैं,

एती झूठी जुगुती बनावै औ कहावै कवि,
ताहू पै कहै कि हमें सारदा को वर है।

इन दो आलोचनाओं से इस बात का कुछ थोड़ा-सा आभास मिलता है कि रीतिकाल के अन्तिम चरण में आकर कविगण स्वयं यह सोचने लगे थे कि कविता की स्थिति ठीक नहीं है, उसमें कुछ-न-कुछ सुधार या परिवर्तन होना चाहिए। और इन दो

कवियों के असन्तोष का कारण यह नहीं दीखता कि कविता में चित्रों की भरमार हो गई थी, प्रत्युत्, यह कि कविता के विषय सिमटकर नारी-अंगों पर आ टिके थे और दीर्घकाल तक एक ही प्रकार के रूपकों और उपमाओं के प्रयुक्त होने से काव्य में नवीनता बहुत कम रह गई थी।

मात्र नारी-मूर्ति के चारों ओर चक्कर काटने में जो ग्लानि या कलंक है, उसका ज्ञान तो हिन्दी-कवियों को स्वामी दयानन्द के पवित्रा वादी आन्दोलन के बाद ही हुआ, किन्तु, उससे पूर्व भी वे कविता की प्रचलित धारा से असन्तुष्ट होने लगे थे। रीतिकाल की सबसे बड़ी आलोचना, कदाचित्, यह है कि उसके ठीक बाद आनेवाले महाकवि भारतेन्दु ने अपना स्वर रीतिकाल से न मिलाकर भक्तिकाल से मिलाया जो रीतिकाल के ठीक उस पार पड़ता है। रीतिकाल शुद्ध कला का काल था, उसमें विचारों की नहीं, केवल भावों की प्रधानता थी, वह अमिश्रित अथवा खाँटी कविता का काल था एवं उसके कवियों ने कारीगरी का इतना अच्छा उपयोग किया जितना और किसी काल के कवि न कर पाए थे। आज की आलोचना के अनुसार, ये सारे गुण शुद्ध कविता के गुण हैं। फिर भी, ये गुण रीतिकाल को निन्दित होने से न बचा सके। इस स्थिति से दो शिक्षाएँ निकलती हैं। पहली तो यह कि साहित्य की धारा बराबर परिवर्तित होना चाहती है और दूसरी यह कि चित्र और भाव चाहे जितने भी बड़े गुण हों, किन्तु, विचारों का आधार लिए बिना, बहुधा, सुन्दर साहित्य भी निष्प्राण हो जाता है।

रीतिकाल के ठीक बाद वाले काल में हिन्दी-भाषी क्षेत्रों में जो सबसे बड़ी सांस्कृतिक घटना घटी वह स्वामी दयानन्द का पवित्रतावादी प्रचार था। जब स्वामीजी का आविर्भाव हुआ, उसके पूर्व ही, यह देश दासता की जंजीरों में भली-भाँति कस चुका था और अब इस विवश देश को यूरोपीय सभ्यता अपने रस की सूई पर सूई दिए जा रही थी। स्वामीजी इस अन्याय का विरोध करने को आए थे, अतएव, उन्होंने भारतीय मानवता को वीरता और ब्रह्मचर्य का सन्देश दिया, संयम और सदाचार की शिक्षा दी, बुद्धिवाद और विवेक का उपदेश दिया। वे देश को पौराणिक संस्कार, रहस्यवाद, शृंगारिकता और रसिकता की छाया से निकाल कर बल और बुद्धिवाद की धूप में खड़ा करना चाहते थे। परिणाम यह हुआ कि ज्यों-ज्यों उनके उपदेश हिन्दी-भाषी जनता के हृदय में बसते गए, त्यों-त्यों साहित्य का वह आदर्श निन्दित होता गया जिसे रीतिकाल के कवियों ने अपने सामने रखा था। भारतेन्दु ने रीतिकाल की निन्दा में कहीं कुछ कहा है या नहीं, इसका उदाहरण मुझे याद नहीं आता, किन्तु, पं. प्रतापनारायण मिश्र की निन्दा केवल सुमुखि-अलक-उपमा लहि नाग-देवता तृप्यंताम्' में रीतिकाल की प्रवृत्ति पर स्पष्ट व्यंग्य है। एक समय पंडित मदनमोहन मालवीय जी भी कविताएँ लिखते थे। एवं उनके भी एक सवैये में रीतिकालीन काव्य की प्रवृत्ति पर चोट है–

भारत चारहुँ ओर दुखी दुख भोगत बीति गे वर्ष हजारन।
ध्यान रतीके दियो चहिये दुख कौन उपाय सों होय निवारन।
सो सब दूरि रहै 'मकरन्द' समै इन बातन में किहि कारन।
होय सो हो इहाँ नहिं भूलनौ राधिका रानी कदम्ब की डारन।

कभी-कभी यह सोचने पर कि यदि भारत में यूरोप का आगमन न हुआ होता अथवा स्वामी दयानन्द उस समय न आए होते जब उनका आगमन हुआ तो रीतिकाल के बाद हिन्दी-कविता किस ओर को जाती, मुझे ऐसा लगता है कि वह या तो उधर को जाती जिस ओर जाने का संकेत उसे घनानन्द ने दिया था, अथवा उस ओर को जिधर उसे भक्त भारतेन्दु ले जा रहे थे। और सच पूछिए तो भक्त भारतेन्दु और प्रेमी घनानन्द, ये एक ही दिशा की ओर इंगित करते हैं जो दिशा विचारों नहीं, भावों की दिशा है; जो दिशा प्रचार नहीं, मात्र आनन्द की दिशा है। देशभक्त भारतेन्दु की कविता में जो विचार उतरे हैं, वे भारत-यूरोप संघर्ष के परिणाम हैं, वे इस नवीन प्रेरणा से उद्भूत विचार हैं कि जब देश अथवा मनुष्यता पर संकट आया हो तब कवि को भी मात्र आनन्द-सृजन को छोड़कर समाजोपयोगी ध्येयों की प्राप्ति में लग जाना चाहिए। शुद्ध कलावादियों की भाषा में कहना चाहें तो कह सकते हैं कि रीतिकाल के बाद की हिन्दी-कविता कला की पराजय और जीवन की जय की कविता थी।

कला की पराजय और जीवन की जय के सबसे बड़े दृष्टान्त भारतेन्दु-युग के बाद द्विवेदी-युग में दिखाई पड़े। यह वह समय था जब स्वामी दयानन्द के उपदेश हिन्दी-प्रान्तों में भली-भाँति घुल चुके थे और चिन्तक तथा साहित्यकार जीवन को उस स्वच्छ दर्पण में देखने के अभ्यासी हो चले थे जो दर्पण स्वामी जी के उपदेशों से तैयार किया जा सकता था। द्विवेदी-युगीन काव्य के लिए हिन्दी में 'इतिवृत्तात्मक' विशेषण चलता है। एक आलोचक ने इस युग की कविता को शुभ्रवसना संन्यासिनी भी कहा है। किन्तु, सच पूछिए तो द्विवेदी-युग के कवि संन्यासी नहीं, गृहस्थ थे। स्वामी विवेकानन्द के मुख से कर्मठ वेदान्त और लोकमान्य तिलक के मुख से कर्मयोग-शास्त्र सुन लेने के बाद वे गृहस्थ के सिवा और कुछ हो भी कैसे सकते थे? द्विवेदी-युगीन कविता में वैराग्य की भावना नहीं है, न उसमें जीवन से भाग खड़ा होने का संकेत है। यही नहीं, प्रत्युत, उसमें नारियों की भी निन्दा नहीं मिलती जो पहले के सभी वैरागी कवियों की विशेषता रही थी। इतिहास में देखा गया है कि जब भी समाज में वैरागियों और संन्यासियों का आदर बढ़ता है तब गृहस्थ और नारी-जाति के आदर में उसी अनुपात में कमी आ जाती है। इसके विपरीत, जब भी प्रवृत्ति का उत्थान होता है तब गार्हस्थ्य और नारी-जाति, दोनों का सम्मान पहले से अधिक हो जाता है। द्विवेदी-युग की कविता संन्यास नहीं, प्रवृत्ति और कर्मयोग की कविता है तथा वह नारियों के प्रति भी सम्मानशील है। उन्नीसवीं सदी में देश में सांस्कृतिक नवोत्थान की जो लहर उठी थी, उससे प्रेरित कविगण निवृत्ति और मायावाद से भाग रहे थे और वे गृहस्थ (यानी

कर्मठ मनुष्य) और नारी, दोनों के मूल्य को समाज में ऊँचा उठाना चाहते थे। रीतिकालीन कविता की उस समय जो निन्दा हुई उसका भी मुख्य कारण यह नहीं था कि उस काल के कवियों ने कविता के सामाजिक उद्देश्य की उपेक्षा की थी, प्रत्युत्, यह कि उन्होंने नारियों को केवल नायिका बना-बना कर छोड़ दिया था और, प्रत्यक्ष या अप्रत्यक्ष रूप से इस सिद्धान्त की उन्होंने पुष्टि कर दी थी कि नारी प्रेम-क्रीड़ा की सामग्री-मात्र है।

द्विवेदी-युग की कविता अपेक्षाकृत नीरस और रुक्ष है। इसका एक कारण तो यह है कि इस युग में भाषा तैयार नहीं थी, अतएव, कविगण उसकी सम्भावनाओं का यथेष्ट लाभ नहीं उठा सके। दूसरे, द्विवेदी-काल को हम रीतिकाल के विरुद्ध उठी हुई प्रतिक्रिया का भी काल कह सकते हैं। चूँकि रीतिकाल के कवियों ने नारी के कामिनी-रूप पर अत्यधिक दृष्टि गड़ाई थी, इसलिए, वे द्विवेदी-युग के कवि नारी के कामिनी-रूप से भाग चले। द्विवेदी-युग के कवियों में हम काम-भावना को दमित देखते हैं। नर और नारी के भीतर जो पारस्परिक आकर्षण का तार है, कैसे कहा जाए कि वह तार द्विवेदी-युग में टूट गया था। किन्तु, इस विषय में द्विवेदी-युगीन कवि अत्यन्त सावधान, बल्कि, चौकन्ने मालूम होते हैं, मानो हर समय वे सोच रहे हों कि स्वामी दयानन्द पास ही खड़े सब कुछ देख रहे हैं। इस संयम का परिणाम यह हुआ कि इस काल की रचनाओं में जो नारियाँ चित्रित की गईं, वे या तो सती-साध्वी देवियाँ हैं अथवा वीर क्षत्राणियाँ जो अपनी निर्भीकता और तेज से नारी-जाति में नूतन प्रेरणा भरती हैं। नारी का जो कामिनी-रूप है, वह इस काल में जानबूझ कर उपेक्षित छोड़ दिया गया। किन्तु, इसे भी मैं संन्यास नहीं, गार्हस्थ्य का लक्षण मानता हूँ। गृहस्थ के घर में केवल पत्नी ही नहीं होती, माँ, चाची, बहन और बेटियाँ भी होती हैं। और इन सब के सामने बोलते हुए हम कभी भी ऐसी बातें नहीं बोलते जो एकान्त कक्ष में बोली जाने के योग्य हैं। द्विवेदी-युगीन कवियों ने एकान्त कक्ष की वार्ता को साहित्य में लाने से इनकार कर दिया। इसे कवि की दुर्बलता कहें तो कह सकते हैं, किन्तु, यह ध्यान रखना चाहिए कि अनेक बातों में पुरुष का इस प्रकार लज्जित होना उसके पौरुष का शृंगार है।

शील की दृष्टि से द्विवेदी-युगीन कवियों का चरित्र अत्यन्त प्रशंसनीय है। किन्तु, इस शील की अतिशयता के कारण कविता के साथ एक अन्याय हो गया। सारी कलाएँ नारी के कामिनी-रूप के इर्द-गिर्द चक्कर काटती आई हैं और नारी की भाँवरी भरने का मोह वे आज भी नहीं छोड़ सकी हैं। कलाओं में जो इस प्रकार की स्त्रैण कोमलता होती है, वह, कदाचित्, इसी नारी-आराधना की देन है। द्विवेदी-युगीन कविता इस कोमल आकर्षण से वंचित हो गई। किन्तु, इससे भी एक और बड़ी बात है जिसके कारण इस युग की कविता में कवित्व की मात्रा क्षीण दीखती है। नारी के कामिनी-रूप को छोड़कर कवि जब उसके सती-साध्वी अथवा वीर-रूप की पूजा में

लगे, तभी अप्रत्यक्ष रूप से उन्होंने यह मान लिया कि रीतिकालीन कविता के समान निरुपयोगी काव्य कोई नहीं है; श्रेष्ठ काव्य वह है जिसका कोई-न-कोई सामाजिक उपयोग हो, जो जीवन में पुण्य को बल और पाप को ह्रास देता हो। अर्थात् द्विवेदी-युगीन कवि कला को प्रचार का पर्याय माननेवाले निकले।

किन्तु, रसिक तो कविता को प्रचार नहीं मानते। वे कविता के समीप जाते ही इसलिए हैं कि कविता उन्हें आनन्द देती है, उनकी शिराओं को झंकृत करती है, उन्हें परिचित विश्व से निकाल कर अपरिचित लोक में ले जाती है तथा क्षण भर को पृथ्वी से मुक्त करके उन्हें परियों और देवताओं के देश में पहुँचा देती है। और यही वह कार्य था जिसे करने में द्विवेदी-युगीन कविता अक्षम और असमर्थ रही। अतएव, जनरुचि ने माँग की कि कविता स्थूल को छोड़कर सूक्ष्म रूप धारण करे तथा उड़ने में वह इतनी समर्थ हो कि उसके साथ पाठक भी कल्पना-लोक में विचरण कर सकें।

द्विवेदी-युग के बाद, हिन्दी में छायावाद नाम से जो आन्दोलन उठा, वह मुख्यतः द्विवेदी-युगीन काव्य की कल्पनाहीनता के विरुद्ध विद्रोह था। किन्तु, उसके और भी पहलू थे। मेरा अनुमान है कि छायावाद के समान कोई आन्दोलन रीतिकाल के अन्तिम चरणों में ही समय के गर्भ में आ चुका था। साहित्य में कोई भी धारा बहुत दिनों तक नहीं ठहरती। कारण, एक शैली के बहुत काल तक प्रचलित रहने से अभिव्यक्ति में एकरसता आ जाती है, एक ही प्रकार के शब्द बार-बार प्रयुक्त होने से अपना जादू खो बैठते हैं और लीक इतनी पिटी-पिटाई और परिचित हो जाती हैं कि उस पर चलनेवाला कोई भी कवि इस विश्वास से नहीं बोल पाता कि वह कोई नई बात बोल रहा है। रीतिकाल की दुहराहट से उसी काल के अन्तिम चरण के कवि अधीर हो उठे थे और तभी बोधा और घनानन्द ने सवैयों के ही भीतर से कुछ ऐसे स्वर निकाले जो रीतिकाल के लिए बिलकुल नवीन लगते हैं। यह लक्षण कहीं-कहीं भारतेन्दु में भी मिलता है। जब वे कहते है, "स्रवनन पूरो होय मधुर सुर अंजन ह्वै दोउ नैन" तब वे अपनी रीति की पृष्ठभूमि को भूलकर एक नई शैली का संकेत देते हैं। ऐसा लगता है कि यदि हिन्दी-कविता की भाषा ब्रजभाषा से बदल कर खड़ी बोली न हो गई होती तो छायावाद के समान कोई रोमांटिक आन्दोलन ब्रजभाषा में ही आया होता और हिन्दी-कविता उस भंगिमा को प्रचुर मात्रा में उपस्थित करती जो बोधा, घनानन्द और भारतेन्दु में संकेतित हुई थी।

किन्तु, रीतियुग के अन्तिम कवियों का यह संकेत, ब्रजभाषा के साथ बिलकुल अवरुद्ध भी नहीं हुआ। जब खड़ी बोली कविता की भाषा बन गई तब भी वह संकेत कविता के भीतर चलता रहा जिसके प्रमाण, पं. रामचन्द्र शुक्ल के अनुसार, श्रीधर पाठक, जगमोहन सिंह (श्याम-स्वप्न के लेखक), मैथिलीशरण गुप्त और रामनरेश त्रिपाठी की कुछ पंक्तियाँ हैं। किन्तु, अनेक कारणों से, ठीक इसी समय, हिन्दी कविता में महाक्रान्ति घटित हो गई जिसके परिणामस्वरूप कविता की शैली और भाव,

दोनों परिवर्तित हो गए और इस सत्वरता के साथ परिवर्तित हो गए कि इस आन्दोलन को लोगों ने आकस्मिक मान लिया।

किन्तु, क्या छायावादी आन्दोलन आकस्मिक था? छायावाद के अग्रणी कवियों ने अपने निबन्धों तथा भूमिकाओं में बार-बार यह बात कही है कि छायावाद के मूल भावों का सम्बन्ध उपनिषदों के भावों से है। जब यह आन्दोलन जीवित था तब अनेक बार छायावादियों ने कबीर, मीरा, रसखान, घनानन्द और बोधा का नाम लेकर यह दिखाने का प्रयास किया था कि यह आन्दोलन हिन्दी-कविता की श्रृंगार के साथ है। किन्तु, सब कुछ होने पर भी जनता का यह भ्रम बना ही रहा कि यदि बंगला में रवीन्द्रनाथ की प्रसिद्धि न हुई होती तो हिन्दी में यह नया आन्दोलन नहीं आता।

हिन्दी का छायावादी आन्दोलन रवीन्द्रनाथ की प्रसिद्धि से प्रेरित था या हिन्दी-कविता का स्वाभाविक विकास, इस गुत्थी को सुलझाना आसान नहीं है। परिवर्तन जब मन्द-मन्द चलता है तब वह केवल परिवर्तन कहलाता है, किन्तु, जब उसकी गति तीव्र हो जाती है तब उसे क्रान्ति कहते हैं। घनानन्द, बोधा, भारतेन्दु, श्रीधर पाठक, जगमोहन सिंह, मैथिलीशरण और रामनरेश त्रिपाठी में परिवर्तन की प्रक्रिया तीव्र नहीं थी। तीव्र वह तब हो गई जब प्रसादजी ने 'प्रेमपथिक' की रचना की और माखनलालजी की आरम्भिक कविताएँ प्रकाश में आने लगीं। किन्तु, इन दो कवियों पर रवीन्द्रनाथ का कोई भी प्रभाव नहीं है। अतएव, यह स्थापना ठीक नहीं दीखती कि हिन्दी का छायावादी आन्दोलन रवीन्द्र की प्रेरणा से आया था। किन्तु, छायावाद के अन्य दो अग्रणी, कवियों, निराला और पन्त, पर रवीन्द्रनाथ के प्रभाव स्पष्ट मिलते हैं, यद्यपि, महादेवी वर्मा फिर इस प्रभाव के क्षेत्र से बाहर चली जाती हैं। मिला-जुलाकर यह कहना अधिक युक्तियुक्त लगता है कि नए आन्दोलन की तैयारी हिन्दी-कविता के भीतर आप-ही-आप होती आ रही थी तथा प्रसाद जी और माखनलालजी की रचनाओं तक वह हिन्दी की पूर्वागत धारा के समीप थी। हाँ, जब निराला और पन्त आए, उनके साथ कुछ रावीन्द्रिक प्रभाव भी हिन्दी-कविता में सम्मिलित हो गया।

यह भी विचारणीय है कि यद्यपि, सांस्कृतिक नवोत्थान की गूँज हिन्दी-प्रान्तों में स्वामी दयानन्द के समय से ही फैल रही थी, किन्तु, अंग्रेजी शिक्षा का परिपाक हिन्दी-प्रान्तों में बीसवीं सदी में ही सम्भव हुआ। शिक्षा की दृष्टि से हिन्दी प्रान्त बंगाल, मद्रास और बम्बई से पीछे रहे थे। इसके सिवा, हिन्दी प्रान्तों में नवोत्थान के नेता के रूप में सबसे पहले स्वामी दयानन्द आए, जिनका उद्देश्य यूरोप का अवरोध और पौराणिक हिन्दुत्व एवं ईसाइयत और इस्लाम, सबका विरोध था। स्मरण रहे कि पौराणिक हिन्दुत्व धर्म की कवित्वपूर्ण व्याख्या है एवं ईसाइयत और इस्लाम में भी जो भक्ति और रहस्यवाद के तत्त्व हैं वे कवित्व को प्रेरित करने वाले हैं। किन्तु, जब हिन्दी-प्रान्त स्वामीजी के उपदेशों के प्रभाव में आए तब साहित्य के अतीन्द्रिय संस्कार, जो कल्पना को विचरण का अवकाश देते हैं, दबने लगे। स्वामीजी के उपदेशों का

काव्यमय रूप पं. नाथूराम शर्मा शंकर की रचनाओं में प्रकट हुआ। किन्तु, हिन्दी के सबसे बड़े कवि, श्री मैथिलीशरण गुप्त, यद्यपि, सनातन धर्मावलम्बी हैं, किन्तु, स्वामीजी के उपदेशों के संस्कारगत प्रभावों से वे भी न बच सके। 'साकेत' के राम स्वामी दयानन्द के 'कृण्वन्तो विश्वमार्यम्' का नारा लगाते हैं और गुप्तजी का अधिकांश साहित्य उस संयम को ध्यान में रखकर विरचित लगता है जिसका उपदेश स्वामी दयानन्द ने दिया था। इसके विपरीत, बंगाल में नवोत्थान का रूप ब्रह्म-समाज था जिसके भीतर ईसाई भक्ति और हिन्दू वेदान्त, दोनों का मिश्रण हुआ था। साथ ही, ब्रह्म-समाज यूरोपीय संस्कारों का अवरोध न करके उन्हें हिन्दुत्व में पचाना चाहता था। उसके भीतर भक्ति का गहरा पुट था और रहस्यवाद की प्रेरणा भी। कोई आश्चर्य नहीं कि उसके कवि रवीन्द्रनाथ हुए।

स्वामीजी द्वारा प्रवर्तित पवित्रतावादी आन्दोलन यदि समय पाकर शिथिल न हो गया होता तो हिन्दी में छायावादी आन्दोलन उस जोर से आता या नहीं, इसे संदिग्ध मानना चाहिए। किन्तु, शिथिल होने पर भी, छायावाद-काल में यह आन्दोलन कभी भी इतना शिथिल न हुआ कि कविगण उसके आतंक को बिलकुल भूल जाएँ। यह बात छायावादी कवियों की नारी-भावना में खुलती है। रवीन्द्रनाथ में, फिर भी, कलाकारों का यह नैसर्गिक साहस विद्यमान था कि वे 'विजयिनी' जैसी 'उल्लंग शृंगार की कविता लिखें अथवा 'स्तन' शीर्षक देकर पद्यों की रचना कर दें। किन्तु, छायावादी कवि अपनी वासना की अभिव्यक्ति खुलकर नहीं कर सके। जिस भय से द्विवेदी युग के कवि कामिनी नारी का ध्यान करने से घबराते थे, उसी भय के मारे छायावादी कवि भी प्रत्यक्ष नारी के बदले 'जुही की कली' अथवा 'विहंगिनियों' का आश्रय लेकर अपने भावों का रेचन करते रहे। छायावाद-काल की नारी-भावना कुंठित-सी लगती है। यौन-वासना द्विवेदी-युग से दमित चली आ रही थी। छायावाद-काल में आकर वह फूटी तो अवश्य, किन्तु, इस प्रकार नहीं, जिसे हम स्वाभाविक कह सकें। छायावादियों की वासना उन्हें कुरेदती भी है और अपनी अधीनता में भी ले जाती है, किन्तु, ये कवि बराबर यह कहते-कहते रहते हैं कि हमारी वासना वासना भले ही हो, किन्तु, हमने उसे गंगा में नहला दिया है।

द्विवेदी-युग के बाद हिन्दी-कविता में जो नया आन्दोलन आया उसका परिचय देने के लिए छायावाद और रहस्यवाद, इन दो नामों का उल्लेख किया जाता है; किन्तु, दो नामों की आवश्यकता, कदाचित्, नहीं होनी चाहिए। यह आन्दोलन, रूप और स्वभाव में, अंग्रेजी के रोमांटिक आन्दोलन के समान था और रोमांटिक कविता में रहस्यवादी तत्त्व रहते ही आए हैं। कठिनाई यह है कि भारतीय भाषाओं में अब तक भी कोई ऐसा शब्द प्रचलित न हो सका जो रोमांटिक के पूरे अर्थ का द्योतन कर सके। छायावाद का लक्षण बताते हुए प्रसादजी ने एक स्थान पर लिखा है कि ''मोती के भीतर छाया की जैसी तरलता होती है वैसी ही कान्ति की तरलता अंग में लावण्य कही

जाती है;" तथा "कवि की वाणी में यह प्रतीयमान छाया युवती के लज्जा-भूषण की तरह होती है।" किन्तु, ये उपमाएँ तो संस्कृत काव्यशास्त्र में ध्वनि का मर्म समझाने को प्रयुक्त हुई हैं। अतएव, इस व्याख्या से इतना ही स्पष्ट होता है कि छायावाद में ध्वनि की प्रधानता थी। इस सीमा को स्वयं प्रसादजी भी जानते थे, इसलिए, इतने से ही सन्तुष्ट न रहकर उन्होंने यह भी कहा है कि "बाह्य वर्णन से भिन्न जब वेदना के आधार पर स्वानुभूतिमयी अभिव्यक्ति होने लगी, तब हिन्दी में उसे छायावाद के नाम से अभिहित किया गया" तथा "ये नवीन भाव आन्तरिक स्पर्श से पुलकित थे...बाह्य उपाधि से हटकर आन्तर-हेतु की ओर कवि-कर्म प्रेरित हुआ।" इस पिछली सूक्ति से यह प्रत्यक्ष होता है कि छायावाद काव्य में वस्तुओं का बाह्य वर्णन न होकर उनका आन्तरिक रूप ही वर्णित या चित्रित किया जाता था। इसके सिवा, छायावाद का एक लक्षण प्रसादजी ने उसकी वेदना-प्रियता को भी माना है।

किन्तु, सही होते हुए भी, इन लक्षणों को मैं छायावाद के परिचय के लिए यथेष्ट नहीं मानता। वास्तव में, छायावाद की विशेषता ध्वनि और वेदना-प्रियता नहीं, प्रत्युत्, भावुकता और कल्पना की अतिशयता तथा परिचित से दूर जाकर अपरिचित में विचरण करने की प्रवृत्ति थी। ध्वनि तो सभी श्रेष्ठ कविताओं का गुण है और वेदना विरह-वर्णनों में भी प्रमुख रही है। इसी प्रकार, वस्तुओं की आन्तरिकता का स्पर्श किए बिना कोई भी श्रेष्ठ कविता नहीं लिखी जाती। ये लक्षण छायावाद पर घटित अवश्य होते हैं, किन्तु, इन्हें हम उसकी प्रमुख विशेषता नहीं मान सकते। अथवा यह कहना चाहिए कि वस्तुओं की आन्तरिकता में प्रविष्ट होने की छायावाद में जो उत्कट चाह थी उसी के फलस्वरूप उसका कल्पना पक्ष अत्यन्त विकसित हो गया।

छायावादी या रोमांटिक मनोदशा अत्यन्त तीव्र चेतना से उत्पन्न होती है और कल्पना की तीक्ष्णता के साथ इस मनोदशा का ऐसा मेल होता है कि अधिकांश रोमांटिक कवियों पर यह आक्षेप है कि वे सत्य से दूर भागते थे। रोमांटिक भावधारा का चरम विकास अंग्रेज कवि शेली में हुआ, किन्तु, शेली की ही कविताओं के उद्धरण देकर आलोचकों ने रोमांटिसिज्म के अवगुण भी दिखाए हैं। जो अव्यावहारिक है, जो अपने आप पर नियन्त्रण नहीं रख सकता, जिसका बुद्धि-पक्ष उसके भावुकता-पक्ष से दुर्बल और क्षीण है तथा जो सामान्य तर्क-बुद्धि का अनादर करके भावनाओं के प्रवाह में बह जाता है, उसे हिन्दी में लोग, एक समय, छायावादी कहा करते थे और अंग्रेजी में भी यदि ऐसे व्यक्तियों को रोमांटिक कहा जाए तो इस शब्द का बहुत गलत प्रयोग नहीं होगा। रोमांस का एक अर्थ प्रेम-लीला भी होता है, किन्तु, यहाँ भी, अधिक स्थलों पर, रोमांस त्याज्य गुण है। जो राजनीतिज्ञ परिणाम पर ध्यान दिए बिना जनता को अन्धी क्रान्ति की ओर झोंकते हैं, साहित्य में उन्हें भी रोमांटिक कहने का रिवाज है। अर्थात् रोमांटिक विशेषण हम उस व्यक्ति के लिए रखते हैं, जो बुद्धि से अधिक भावना के अधीन होता है।

जीवन का रोमांटिक दृष्टिकोण यह है कि मनुष्य अनिवार्य रूप से उन शक्तियों का आगार है जिनसे नूतन सृष्टियाँ रची जाती हैं, अतएव, उसकी प्रत्येक इच्छा को अभिव्यक्ति की स्वतन्त्रता मिलनी ही चाहिए। क्रान्तियों का जन्म मनुष्य के इसी आत्मविश्वास से होता है, अतएव, सभी क्रान्तियाँ स्वभाव से रोमांटिक होती हैं। और इसीलिए, साहित्य का प्रत्येक रोमांटिक आन्दोलन, स्वयं वायवीयता में मग्न रहने पर भी, क्रान्तिकारी आन्दोलनों के प्रति सहानुभूतिशील रहता आया है। अंग्रेजी के रोमांटिक कवि फ्रांसीसी राज्य-क्रान्ति के प्रति सहानुभूतिशील थे एवं हिन्दी के छायावादी कवि भी भारतवर्ष में क्रान्ति की तैयारी को बड़े ही उसाह से देखते थे। बुद्धिवाद और रोमांटिसिज्म में भेद यह है कि बुद्धिवादी व्यक्ति की दृष्टि में वे बातें आती हैं जो आवश्यक हैं और सम्भव भी; किन्तु, रोमांटिक व्यक्ति आदर्शवादी होता है। वह सम्भावनाओं को देखकर नहीं चलता। जो बातें उसे अच्छी लगती हैं अथवा जिन्हें वह वांछनीय समझता है उनकी सम्भावना-असम्भावना पर विचार किए बिना ही वह उनका प्रचार करने लगता है। जीवन का जो सुप्रतिष्ठ क्लासिक रूप है उसकी बौद्धिक एवं नैतिक सुरक्षा का भार बुद्धिवाद पर होता है। इसके विपरीत, रोमांटिक भावना विद्रोहिणी होती है और वह स्थापित समाज की आत्मरक्षा-परक दकियानूस प्रवृत्तियों को तोड़कर नया समाज लाना चाहती है। 'जहाँ हो, वहाँ अड़े रहो,' यह समाज के क्लासिक पक्ष का स्वभाव है। समाज को खींचकर आगे ले जाना, यह काम रोमांटिक नवयुवक करते हैं। इस संघर्ष में कुछ तो क्लासिक पक्ष की जकड़बन्दी टूटती है और कुछ भावनावादियों पर बुद्धिवान का प्रभाव पड़ता है। इसी तरह, समाज प्रगति करता है और इसी न्याय से साहित्य में भी प्रगति आती है। समाज को आगे बढ़ने की उत्तेजना रोमांटिक भावों से मिलती है, किन्तु, आगे बढ़ने में दुर्घटना का जो भय है, उसे बुद्धिवाद रोकता है।

मनुष्य के भीतर दो प्रकार की शक्तियाँ हैं। एक शक्ति वह है जो हमें घृणा और क्रोध करने को उत्तेजित करती है, प्रेम और दया करने की प्रेरणा देती है। इसी शक्ति से सम्बन्धित वे भाव (संचारी और स्थाई भाव) हैं जिन्हें साहित्य और कलाएँ अपना आधार मानती हैं। किन्तु, इसी के साथ मनुष्य के भीतर एक दूसरी शक्ति भी है, जिससे हम सोचने और विचारने की योग्यता पाते हैं, जिससे हम यह निश्चय करते हैं कि कौन काम करने के योग्य है और कौन नहीं, कौन बात बोलने के योग्य है और कौन नहीं। बहुत-से भाव मनुष्य में भी होते हैं और पशुओं में भी। किन्तु, मनुष्य पशुओं से इसलिए भिन्न है कि वह भावों का बुद्धि से नियंत्रण कर सकता है। जिसे हम बुद्धिवाद या रेशनलिज्म कहते हैं, वह और कुछ नहीं, भावों को बुद्धिपूर्वक सम अवस्था में रखने का ही नाम है। और जिसे हम संस्कृति कहते हैं, वह भी भावों के नियंत्रण अथवा परिष्कार से उत्पन्न होती है। क्रोध करना प्रकृति है, किन्तु, उसे वश में रखना संस्कृति का द्योतक है। काम की प्रेरणा प्रकृति है, किन्तु, बुद्धिपूर्वक उसे मर्यादा में रखना संस्कृति का लक्षण है।

इस बड़ी पृष्ठभूमि पर रखकर देखने से रोमांटिक भावदशा की दुर्बलताएँ कुछ अधिक स्पष्ट हो जाती हैं और तब यह भी समझ में आने लगता है कि सभ्यता की प्रगति के साथ ऐसी भावुक मुद्रा का अनादर क्यों बढ़ता जा रहा है और क्यों आज के चिन्तक तथा समीक्षाकार रोमांटिक मूल्यों को प्रोत्साहित करने के पक्ष में नहीं हैं। सभ्यता का कल्याण इसमें है कि मनुष्य प्रत्येक क्षेत्र में सन्तुलित रहने का प्रयत्न करे। किन्तु, छायावाद या रोमांटिसिज्म सन्तुलन की स्थिति में कम रह पाता है। उत्साह की बात आने पर रोमांटिक कवि अन्धी वीरता अथवा अन्धी क्रान्ति पर पहुँच जाता है तथा पस्ती की मनोदशा में वह निराशा को सौन्दर्यपूर्ण, आँसू को श्रेष्ठ सर्वस्व और मृत्यु को अपना उद्धारक मान लेता है।

साहित्य में भावुकता के इस आतिशय्य से और भी दुष्परिणाम निकलते हैं। उदाहरणार्थ, अत्यन्त भावुक कवि अपने वर्ण्य विषय पर पूरा अधिकार नहीं रख सकता, न उसे यही ध्यान रहता है कि जो कुछ वह लिख रहा है वह कितने लोगों की अनुभूति से मेल खाएगा। साधारणीकरण की प्रक्रिया कवि की साधना का बड़ा क्षेत्र है, किन्तु, कितने ही भावुक कवि इस साधना में केवल इसलिए असफल रह जाते हैं कि वे दूसरों की पहुँच के भीतर आने को झुक नहीं सकते। भावुक व्यक्ति का एक दूसरा दोष यह होता है कि वह अपना देवता आप बनना चाहता है और वैयक्तिकता के इस मोह में उसकी प्रतिभा केवल धुआँ उठाकर रह जाती है, उससे प्रकाश नहीं फूट पाता।

यूरोप की रोमांटिक कविताओं का, मनोविज्ञान की दृष्टि से, जो अध्ययन किया गया, उसके परिणाम अधिकांश रोमांटिक कवियों के विपरीत निकला है। मनोवैज्ञानिकों का कहना है कि अधिकांश रोमांटिक कवि स्नायविक दुर्बलता से पीड़ित (न्यूरोटिक) थे। उनमें प्रतिभा अवश्य थी, किन्तु, प्रतिभा के उन्मेष में वे जिन विचारों अथवा भावों की अनुभूति प्राप्त करते थे, उसे ठीक से लिखने की धीरता या शक्ति उनमें नहीं थी। वे सृष्टि के रहस्यों के भीतर प्रवेश करके उनकी सम्यक् व्याख्या करने अथवा उन्हें ठीक से समझने में भी असमर्थ थे। यही कारण है कि दर्शन के धरातल का स्पर्श करते ही वे रहस्यवादी बन जाते थे, क्योंकि इसी धूमिल पद्धति से वे अपनी दुर्बलताओं को छिपा सकते थे या अपने आपको यह सन्तोष दे सकते थे कि सृष्टि के रहस्यों का साक्षात्कार उन्होंने कर लिया है। यौन भावनाओं के सम्बन्ध में भी मनोवैज्ञानिकों का कहना है कि इनमें से अधिकांश कवि अतृप्त वासना से पीड़ित थे। किन्तु, अपनी इस पराजय को छिपाने के लिए उन्होंने प्लेटोनिक प्रेम का यह आदर्श ग्रहण कर लिया कि नारी की शोभा छूने नहीं, देखने की वस्तु है, भोग नहीं, पूजा की सामग्री है।

कविता की रोमांटिक पद्धति अनिवार्य रूप से खोखली होती है, ऐसा मनोवैज्ञानिक भी नहीं मानते, क्योंकि, शेक्सपियर आदि की पद्धति भी बहुत दूर तक रोमांटिक थी, किन्तु, रोमांटिक होते हुए भी उन्होंने जो कहना चाहा उसे ठीक से कह

दिया है और सृष्टि के रहस्य जहाँ तक उनकी दृष्टि में आए, वहाँ तक उनकी काव्यात्मक अभिव्यक्ति भी उन्होंने प्रभावोत्पादक ढंग से की है। और ये कार्य उन्होंने ठीक उसी सुस्पष्टता और निश्चितता से किए हैं जैसे कोई भी वस्तुवादी कलाकार कर सकता था। रोमांटिक पद्धति दूषित वहाँ हो जाती है, जहाँ कवि में रहस्यों के भीतर धँसने की शक्ति का अभाव होता है अथवा जहाँ कवि कथ्य विषय को अपनी पहुँच से परे देखकर (अधिकांश कवि तो यह भी नहीं जान पाते कि कथ्य उनकी पहुँच से परे है या नहीं) बाहर-बाहर ही भावनाओं की घटा बाँध कर कविता समाप्त कर देता है।

रोमांटिसिज्म कविता का सर्वाधिक काव्यात्मक तत्त्व है और कविता यदि विज्ञान का प्रतिलोम है तो रोमांटिक कविता विज्ञान का सबसे बड़ा प्रतिलोम समझी जानी चाहिए। रोमांटिसिज्म के स्पर्श से क्लासिक कवि भी पहले से कुछ बड़ा कवि हो जाता है और संयमशील महाकवियों में तो रोमांटिक प्रवृत्तियाँ ऐसा चमत्कार उत्पन्न करती हैं जैसा कभी-कभी ही देखने में आता है। रवीन्द्रनाथ और गेटे रोमांटिक थे, किन्तु, संयमशील होने के कारण, इन कवियों ने रोमांटिसिज्म के दोषों को अपने पास फटकने न दिया। किन्तु, शेक्सपियर, रवीन्द्रनाथ, गेटे और वर्डस्वर्थ, ये अपवाद ही अपवाद हैं। अपेक्षाकृत छोटे कवि तो रोमांटिक प्रवृत्तियों की अधीनता में जाते ही अतिरंजन के शिकार हो जाते हैं और उन्हें जो कहना है, उसे छोड़कर वे ऐसी बातें बोलने लगते हैं, जिनका मूल कथ्य से कोई सीधा सम्बन्ध नहीं होता। इसीलिए, ऐसा दीखता है कि अधिकांश रोमांटिक कविताओं का सौन्दर्य प्रतिभा के रंगीन धुएँ का सौन्दर्य है, उनके भीतर अंगारे नहीं हैं।

किन्तु, इतना होने पर भी भावुकता साहित्यकार का बहुत बड़ा गुण है, बल्कि, कहना चाहिए कि उचित मात्रा में इस गुण के हुए बिना कोई भी व्यक्ति कवि नहीं हो सकता। जिस व्यक्ति में उत्साह नहीं जगता, दया, प्रेम और घृणा उत्पन्न नहीं होती, वह और चाहे जो कुछ हो, कवि नहीं है। कवि मानवता का वह चेतन यन्त्र है, जिस पर प्रत्येक भावना अपनी तरंग उत्पन्न करती है, जैसे भूकम्प-मापक-यन्त्र में पृथ्वी के अंग में कहीं भी उठनेवाली सिहरन आप से आप अंकित हो जाती है। सच पूछिए तो हम कवि उसी मात्रा में होते हैं, जिस मात्रा में हम भावुक होते हैं और कवि हम तभी तक रहते हैं जब तक भावुकता हम में शेष रहती है। और केवल कवि ही नहीं, पाठक भी सहृदय, भावुक या रसज्ञ होते हैं। साहित्य की सारी पूँजी भावों को लेकर है। यदि भावुकता का सरोवर सूख गया तो कवि और पाठक, दोनों साहित्य के लिए बेकार हैं। परन्तु, भावुकता भावुकता में भेद है। एक भावुकता वह है, जो अमर्यादित होने के कारण सस्ती और अर्थहीन हो जाती है, जैसे उस व्यक्ति का रोना जिसे चींटी ने काटा है, मगर, जो इस प्रकार रो रहा है, मानों, उसे साँप ने डस लिया हो; अथवा मुस्लिम बन्धुओं का यह क्रोध कि 'रिलीजस लीडर्स' किताब को लेकर दो देशों अथवा दो

सम्प्रदायों के बीच युद्ध छिड़ जाना चाहिए। और वह भी भावुकता ही है जिसकी प्रेरणा से तुलसीदास ने रामायण लिखी अथवा गांधी जी ने अपना जीवन अपने देश के लिए अर्पित कर दिया। भावुक केवल रोमांटिक कवि ही नहीं होते, भावुकता क्लासिक कवियों का भी गुण है। और क्लासिक कवि चूँकि, साधारणतः, संयमशील होता है, इसलिए, जब भी उसकी भावुकता संयम का बाँध तोड़कर जरा उभर आती है, तब भावुकता का यह उभार उस कवि को और भी आकर्षक बना देता है। इसी प्रकार, रोमांटिक कवि जब, आशा के विपरीत, भावुकता पर लगाम कसता है, तब वह भी पहले की अपेक्षा कुछ और गौरवपूर्ण हो उठता है। इलियट ने ठीक ही रोमांटिसिज्म और क्लासिसिज्म को साहित्य की राजनीति कहा है, क्योंकि प्रत्येक सफल रोमांटिक कवि (जैसे वर्डस्वर्थ) किसी-न-किसी मात्रा में क्लासिक भी होता है और प्रत्येक क्लासिक कवि, (जैसे सूरदास, तुलसीदास आदि) अनेक बार रोमांटिक हो उठता है। सम अवस्था अथवा मध्यम मार्ग की, जैसे सर्वत्र महिमा देखी जाती है, वैसे ही, उसका साहित्य में भी महत्त्व है। निरी बुद्धि से कविता नहीं बनती, किन्तु, कोरी भावुकता भी कविता के लिए अपर्याप्त है। अनुभूति के समय भावुकता, किन्तु, रचना के समय बुद्धि का सहयोग, यही वह मार्ग है जिससे ऊँचे साहित्य का सृजन हो सकता है।

सुश्रृंखलता, सुसंबद्धता, पूर्वापर सम्बन्धों का निर्वाह, अभिव्यक्ति की स्वच्छता और सुस्पष्टता एवं कथन में अधीरता तथा अशान्ति का अभाव, ये क्लासिक शैली के लक्षण होते हैं। किन्तु, इनमें से कोई भी गुण ऐसा नहीं है, जिसके आने से रोमांटिक कविता दूषित हो जाए। यह और बात है कि रोमांटिक कवि इनमें से अनेक गुणों का निर्वाह करने में असमर्थ रह जाता है।

बहुत-सी अन्य भाषाओं के रोमांटिक आन्दोलनों के समान, हिन्दी के छायावादी आन्दोलन में भी दो प्रवृत्तियाँ विशेष रूप से उल्लेखनीय थीं। एक तो सृष्टि के रहस्यों को समझने की उत्सुकता या जिज्ञासा, जो इस आन्दोलन का बौद्धिक पक्ष थी; दूसरी, ऊँची-से-ऊँची सुन्दरता को देखने की कामना या चाह, जिससे छायावादी आन्दोलन का रागात्मक पक्ष विकसित हुआ। द्विवेदी-युगीन और रीतिकालीन कवि वस्तुओं के सतही रूप तक ही गए थे। छायावादियों की विशेषता यह रही कि उन्होंने प्रत्येक रचना में सतह से नीचे उतरने का प्रयास किया। और, चूँकि उन्होंने वस्तुओं के भीतर जाने की कोशिश की इसलिए, उन्हें ऐसी अनन्त सुन्दरताओं के दर्शन भी हुए, जो हिन्दी के लिए अछूती थीं। छायावादियों में वस्तुओं को नए क्षितिजों से देखने की जो जिज्ञासा थी, चीजों के भीतर डूबकर उनके सूक्ष्म रहस्यों को समझने का जो कुतूहल और औत्सुक्य था, उससे कल्पना को प्रसरित होने की प्रेरणा मिली और हिन्दी-कविता में, प्रायः, विद्यापति, तुलसी और सूरदास के बाद, पहले-पहल, यह सिद्धान्त वेग से उभरा कि कल्पना की प्रचुरता के बिना कोई भी कविता नहीं लिखी जा सकती। और छायावादियों ने सौन्दर्य की उपलब्धि के लिए जो अद्‌भुत प्रयास किया, उससे भी

हिन्दी में पहले-पहल इस सिद्धान्त का संकेत मिला कि कविता का उद्देश्य ज्ञान-दान अथवा समाज-सुधार नहीं, केवल सौन्दर्य की सृष्टि है।

समाने के आवरण को हटाकर उसके पीछे छिपे हुए सत्यों को जानने की उत्सुकता और कल्पना के सहारे भाँति-भाँति की सुन्दरताओं को देखने की चाह, ये दो बातें हिन्दी के छायावादी आन्दोलन की दो प्रमुख विशिष्टताएँ थीं। किन्तु, यह आन्दोलन केवल यहीं तक सीमित नहीं था। इसके और भी अनेक पहलू थे जिनका सम्यक् विवेचन एक छोटे-से निबन्ध में अशक्य है।

यह आन्दोलन किसी एक कारण का परिणाम नहीं था। द्विवेदी-युग को समीप देखकर हम आसानी से कह देते हैं कि छायावाद द्विवेदी-युगीन इतिवृत्तात्मक काव्य के विरुद्ध प्रतिक्रिया-स्वरूप आया था। किन्तु, गहराई से देखने पर यह स्पष्ट दिखाई पड़ेगा कि छायावादी आन्दोलन का मूल इतना समीप नहीं था। मूलतः, यह, भारत के उस सांस्कृतिक नवोत्थान का परिणाम था, जिसका प्रवर्तन राजा राममोहन राय ने किया था और जिसके व्याख्याता केशवचन्द्र सेन, स्दामी विवेकानन्द, स्वामी दयानन्द, श्रीमती एनीबेसेंट, लोकमान्य तिलक और महात्मा गांधी हुए हैं। कविता का यह प्रयास उस नई मानवता की अभिव्यक्ति का प्रयास था, जिसका जन्म भारत-यूरोप-सम्पर्क से हुआ था और जो अंग्रेजी शिक्षा के कारण स्वाधीनता, उदारता, वैज्ञानिकता और बुद्धिवाद विषयक यूरोपीय विचारधाराओं की सहज उत्तराधिकारिणी हो गई थी। द्विवेदी-युग तक की हिन्दी-कविता उस भारतीय मानवता की कविता है जो यूरोप से परिचित नहीं थी अथवा यदि थी तो स्वामी दयानन्द के नेतृत्व में वह यूरोप से बचने के प्रयास में थी। किन्तु, छायावाद की कविता उस भारतीय मनुष्य की कविता है, जिसकी आत्मरक्षा की चिन्ता दूर हो गई है और जो स्वेच्छया यूरोप के गुणों का, प्रसन्नता से, वरण कर रहा है। जब सांस्कृतिक नवोत्थान का समय आता है, जातियों के कुछ पुराने सत्य दुबारे जन्म लेते हैं। उन्नीसवीं सदी के हिन्दू-नवोत्थान के क्रम में भी वेदों और उपनिषदों के सत्यों ने दुबारा जन्म ग्रहण किया और नवोत्थान के नेताओं ने यह घोषणा की कि हम इन प्राचीन सत्यों को साथ रखते हुए यूरोप के उपयोगी ज्ञान का सत्कार करेंगे। हिन्दू-नवोत्थान का ध्येय प्राचीन भारत से नवीन यूरोप की एकता की साधना था और यह ध्येय छायावादी काव्य पर भी पूर्ण रूप से चरितार्थ होता है। प्रसाद, निराला, पन्त और महादेवी की कविताओं की रीढ़, भारत के प्राचीन सत्यों की अनुभूति है। केवल अभिव्यक्ति की शैली उन्होंने यूरोप की अपनाई है। और यूरोपीय शैली को अपनाने में भी वे इतने भारतीय रहे हैं कि हम आसानी से उनकी शैली को भारतीय शैली का विकास कह सकते हैं।

वास्तव में, यूरोप से नए ज्ञान के आगमन के साथ भारत की चेतना में एक प्रकार का भूकम्प-सा आ गया और भारतीय मनुष्य के भीतर अनेक प्रकार की जिज्ञासाएँ एक साथ जग पड़ीं, अनेक प्रकार की सुन्दरताओं को देखने की कामना स्फुरित हो

उठी, परिचित से निकल कर अपरिचित भूमि में विचरण करने का उत्साह उमड़ पड़ा और रूढ़ियों एवं शास्त्राज्ञाओं को तोड़कर भारतीय मानव पहले-पहल उन लोकों की ओर पाँव बढ़ाने लगा जिनकी ओर जाने की उसे पहले इजाजत नहीं थी। ये सारी जिज्ञासाएँ, ये सारी उमंगें और ये सारे उत्साह जिनकी जड़ें, उन्नीसवीं सदी के मध्य तक पहुँचती हैं, छायावाद को सम्भव बनाने के लिए, शनैः-शनैः, काम करती आ रही थीं और जब छायावाद का आविर्भाव हुआ, उसने अपने ढंग पर इन सारी प्रवृत्तियों को अभिव्यक्ति दी।

छायावाद में रहस्यवादी तत्त्व कितना था, इस बात को लेकर कभी-कभी विचिकित्सा की जाती है। एक बात सत्य है कि छायावादियों में कोई भी कवि वैसा नहीं था जैसा पहले के रहस्यवादी कवि कबीर, दादू, रैदास, मीरा या जायसी हुए थे अर्थात्, छायावादियों में से किसी भी कवि का जीवन धर्म अथवा परोक्ष सत्ता से एकात्म होने के ध्येय पर अर्पित नहीं था। फिर भी, छायावाद के भीतर रहस्यवादी तत्त्व जब-तब काफी उभरा जिसका कारण यह है कि रोमांटिक भावधारा जब भी दर्शन के पास पहुँचती है, उसे दर्शन का रहस्यवादी पक्ष ही रुचिकर प्रतीत होता है। फिर भी, महादेवी को छोड़कर बाकी कवियों में रहस्यवाद का रूप परम्परा से बहुत भिन्न होकर आया है और, मुख्यतः, उसके दो रूप हैं। एक तो यह कि प्रकृति का जो रूप खुलकर बाहर आ गया है और हमारे चर्म-चक्षु के सम्मुख विद्यमान है, कवि अचरज की भाषा में उसकी व्याख्या करता है। दूसरा यह कि प्रकृति का जो रूप दृश्य के परे अगोचर और अदृष्ट है, उसके समक्ष कवि अगाध विस्मय से अभिभूत हो जाता है। विस्मय की इन दोनों प्रकार की अनुभूतियों के लिए हिन्दी में सर्वात्मवादी अनुभूति, यह नाम चलता है। किन्तु, यह सर्वात्मवादी अनुभूति है क्या चीज? स्पष्ट ही, छायावाद में जो बौद्धिक जिज्ञासा का भाव था, यह रहस्यवादी अनुभूति भी उसी जिज्ञासा का पहलू है। कवि जानना चाहता है कि यह दृश्य जगत् कहाँ से उछल कर हमारी आँखों के सामने आ गया है, अथवा जो अदृश्य और अगोचर है, उसका क्या रहस्य है। किन्तु, इस भेद को वह जान नहीं पाता। उसकी बुद्धि प्रकृति के रूपों से टकरा कर लौट आती है और परम्परा से उसने जो सुन रखा है, उसी बात को दुहराकर वह सन्तोष कर लेता है कि माया ब्रह्म का प्रसार है, कि हम जो कुछ देख रहे हैं, उसके भीतर और उसके परे कोई अज्ञात चेतन शक्ति व्याप्त है। किन्तु, ऐसी अनुभूतियों में नवीनता कहाँ है? यदि विश्व की समस्त रहस्यात्मक अनुभूति को सामने रखकर सोचें, तो कहना पड़ेगा कि छायावादी कवियों ने रहस्यवादी अनुभूतियों की लड़ी में एक भी नई कड़ी नहीं जोड़ी। प्रशंसनीय वे, इसलिए हैं कि अदृष्ट और अगोचर को समझने की उन्होंने चेष्टा की। और निन्दनीय वे इसलिए नहीं हैं कि इस चेष्टा में सफलता केवल साधकों को मिलती है, उन्हें नहीं जो परम ज्ञान का मूल्य चुकाने को तैयार नहीं हैं।

नकली रहस्यवादियों से मुझे भय लगता है, फिर भी, एक बात है, जो नकली रहस्यवाद के भी पक्ष में पड़ती है। कवि योगी या रहस्यवादी हो या नहीं, किन्तु, आदर्शवादी होने के कारण वह विश्व की आधिभौतिकी व्याख्याओं को स्वीकार नहीं कर सकता। यही असन्तोष उसे रहस्यवाद की ओर प्रेरित करता है और जब भी वह विश्व की आध्यात्मिक व्याख्या के लिए प्रयास करता है, तब मनुष्य की वह प्रवृत्ति कुछ ऊपर आ जाती है, जो युगों से विश्व-प्रपंच के आध्यात्मिक समाधान की खोज में है। ब्लैक, ए. ई. और वर्डस्वर्थ भी योगी नहीं थे, न इलियट योगी हैं। किन्तु, इनकी कविताओं के भीतर जहाँ भी अदृश्य वास्तविकता को छूने का प्रयास है, वहाँ मानवात्मा के उस आध्यात्मिक स्वरूप पर श्रद्धा होती है जो आधिभौतिकता के घमासान में भी जीवित और चेतन है।

सृष्टि के जो गहन रहस्य हैं उनके भीतर दार्शनिक और कलाकार, दोनों, प्रवेश करते हैं और दार्शनिक का भी साधन यहाँ बुद्धि से अधिक सम्बुद्धि (इनटुइशन) होती है जो, मुख्यतः कला का साधन है। वस्तुओं के आन्तरिक रूपों को उभार कर ऊपर लाने में ही कला दृश्य और अदृश्य के बीच के प्राचीरों को भंग करती है और इसी क्रम से वह सान्त में अनन्त की झाँकी दिखलाती है एवं बन्धन और मुक्ति के भेदों का नाश करती है। कला चेतन और अचेतन, दोनों के मिश्रण से उत्पन्न स्थिति का नाम है एवं वह प्रकृति और मानवात्मा के बीच सेतु का निर्माण करती है।

द्विवेदी-युगीन कविता अधिकतर दैनिक जीवन में आनेवाले विषयों को लेकर लिखी गई थी। दैनिक जीवन के विषय उपयोगी तो होते हैं, किन्तु, अतिपरिचय के कारण उनमें आकर्षण का अभाव होता है और जीवन की रुक्षता को भुलाने के बदले कवि और पाठक को वे उसकी और भी याद दिलाते हैं। छायावादी कवि अछूते सौन्दर्य और मादक नवीनता की खोज में थे, अतएव, वे दैनिक जीवन से भागकर परियों के देश में पहुँच गए। परियों के देश का निर्माण कवियों का प्रिय कार्य रहा है; प्रत्युत्, यह कहना चाहिए कि परी-लोक की सफल रचना करने वाले कवि अत्यल्प विरोधों के साथ श्रेष्ठ कवि माने जाते रहे हैं। छायावाद चूँकि कविता का अत्यन्त काव्यात्मक आन्दोलन था, इसलिए, इस काल्पनिक जगत् की रचना करने में उसने भी यथेष्ट सफलता प्राप्त की। पन्तजी का 'लायी हूँ फूलों का हास' नामक गीत इस विषय की श्रेष्ठतम रचना है और मेरा अनुमान है कि पन्तजी के और चाहे जो भी गीत मुरझा जाएँ, उनके वे गीत और कविताएँ मुरझानेवाली नहीं हैं जिनमें स्वप्न, नक्षत्र, चन्द्रमा, प्रेम, अनंग, लहर, नदी, विहंग आदि मनुष्य के सबसे प्यारे देवी-देवता बनकर आए हैं। छायावाद ने काव्य-सम्बन्धी जिस धारणा को सबसे अधिक पुष्ट किया, वह यह मानी जाएगी कि कविता स्वप्न है, कविता परियों की कहानी है, कविता रहस्य की वाणी है, कविता परिचित विश्व से बहुत दूर निकल जानेवाले कवि की आवाज है तथा जो व्यक्ति कविता के स्पर्श मात्र से, स्वतः, यह

नहीं समझ सकता कि कविता क्या है, उसे किसी भी प्रकार यह समझना कठिन है कि कविता अमुक वस्तु होती है।

छायावाद की रहस्य-भावना छायावादियों की बौद्धिक जिज्ञासा का परिणाम थी। किन्तु, उनकी इस बौद्धिक शक्ति का जितना परिचय छन्दों के नए विधान, शब्दों के नवीन चयन और भाषा के नूतन संस्कार में मिला, उतना और कहीं नहीं। छायावाद-युग की सबसे बड़ी देन यह रही कि उसके यन्त्र-गृह में, एक समय कर्कश समझी जानेवाली, खड़ी बोली गलकर मोम हो गई। कितने आश्चर्य की बात है कि पं. सुमित्रानन्दन पन्त को उत्तराधिकार तो श्री मैथिलीशरणजी गुप्त की भाषा का मिला था, किन्तु, अपने लिए उन्होंने 'पल्लव' की भाषा तैयार कर ली। छायावाद-काल में भाषा ने जो रूप धारण किया, उसी का यह परिणाम हुआ कि खड़ी बोली में भी कविता कविता-सी लगने लगी। यह ठीक है कि पन्त और निराला ने कविता की जो भाषा प्रस्तुत की, वह ठीक उसी रूप में, आगे के कवियों को स्वीकृत नहीं हुई, किन्तु, मेरी या बच्चन की कविताओं की भाषा भी छायावादी युग के प्रयोगों से शिक्षा लेकर तैयार हुई है। और इस युग ने छन्दों में तो इतनी विविधता उत्पन्न की कि, सचमुच ही, हिन्दी-कविता की वीणा सहस्र तारोंवाली हो गई।

छायावाद के दो अन्य लक्षण भी उल्लेखनीय हैं। एक तो अतीत की ओर आसक्ति से देखने की प्रवृत्ति और दूसरा जीवन के सरल रूप पर लौट चलने का भाव। भारत में अतीत की ओर देखने का एक प्रबल कारण तो यह भी था कि यह जाति दासता के पाश में आबद्ध थी और वह अतीत-स्मरण के द्वारा अपने गौरव को जगा रही थी। किन्तु, इसके सिवा, छायावाद को अतीत की ओर देखने में एक प्रकार का सुख भी मिलता था, जिसका राजनीति से कोई सम्बन्ध न था। रोमांटिक आन्दोलन का मूलाधार भावुकता है और भावुकता जब वर्तमान से असन्तुष्ट हो जाती है तब, स्वभावतः, वह अतीत की ओर लालसा से दौड़ती है क्योंकि दूर के ढोल सुहावने होते हैं। और सरल जीवन पर लौट चलने का मोह भी यह बतलाता है कि कवियों को सभ्यता की कर्कशता से चोट लगी होगी। यों, सरल जीवन की महिमा भारत में सदैव प्रसिद्ध रही थी। कुछ यह कारण भी हो सकता है कि थुरो, एमर्सन, व्हिवमैन, वर्डस्वर्थ और कालरिज ने सरल जीवन के आदर्श को जो उत्थान दिया था, कालक्रम में, उसका प्रभाव यहाँ भारतवर्ष में भी पड़ा।

कविता में प्रगीतों का जो महत्त्व है, वह किसी और काव्य का नहीं। काव्य के अन्य रूपों में कुछ भूसे और छिलके भी होते हैं। किन्तु, प्रगीत का काम केवल बीज से चलता है और बीज का भी उसमें वही अंश प्रधान होता है, जिसमें उत्पन्न करने की शक्ति है। प्रगीत काव्य का निचुड़ा हुआ रस होता है और छायावाद, मुख्यतः प्रगीतों का आन्दोलन था। छायावाद-काल में हिन्दी के कुछ अद्भुत गीत लिखे गए जो हिन्दी के सभी गीतों में मिश्रित कर दिए जाएँ, तब भी अपनी ज्योतिर्मयता के

कारण वे अलग पहचान लिए जाएँगे। इससे भी बड़ी बात यह हुई कि छायावादी प्रयोगों ने गीतों की विशाल भूमि का द्वार उन्मुक्त कर दिया। छायावाद के बाद, हिन्दी में जितने भी प्रकार की कविताएँ लिखी गई हैं, उनमें गीतों की संख्या सबसे विशाल है और इनमें से कितने ही गीत ऐसे हैं, जो अपनी झंकार से हमारे पूरे जीवन को झंकृत कर देते हैं।

यह आन्दोलन विचित्र जादूगर बनकर आया था। जिधर को भी इसने एक मुट्ठी गुलाल फेंक दी, उधर का क्षितिज लाल हो गया। हिन्दी की राष्ट्रीय कविताएँ, जो अब तक उपदेशों और प्रवचनों का नीरस भार ढोती आई थीं, इसी काल में आकर अनुभूतियों के सच्चे आलोक से जगमगा उठीं और सीधे उपदेशों का आश्रय बनना छोड़कर उन्होंने अनुभूति के जोर से जनता का हृदय हिलाना शुरू कर दिया। राष्ट्रीय कविताएँ भी प्रचार न होकर अनुभूतियों का जीवित कोष होती हैं, यह बात माखनलाल, नवीन और सुभद्राकुमारी चौहान की रचनाओं को देखकर अनायास स्पष्ट हो जाती है। छायावाद अपना काम बड़ी उमंगों के साथ कर रहा था, किन्तु, सुशिक्षित जनता के बीच भी उसकी कविताओं का कोई विशेष प्रचार न था, हाँ, भावुक किशोर छात्र उन्हें अवश्य पढ़ते थे। ऐसे समय में छायावाद-कालीन राष्ट्रीय कविताओं ने बड़ा काम किया, क्योंकि, मुख्यतः उन्हीं को लेकर जनता और समकालीन काव्य के बीच सम्बद्ध का तार अनुस्यूत रहा।

छायावाद के आगमन से पूर्व ही प्रसिद्ध होनेवाले कवियों में एक मैथिलीशरणजी गुप्त ही ऐसे निकले, जिन पर नए आन्दोलन का यत्किंचित् प्रभाव पड़ा और इस प्रभाव से उनकी कविताओं में भी नया रंग दमकने लगा। द्वापर, यशोधरा, साकेत का नवम सर्ग और झंकार के कुछ गीत उन्होंने छायावाद-युग में लिखे थे। उनके अनुज श्री सियारामशरणजी गुप्त ने भी छायावाद से प्रेरणा ग्रहण की तथा अपनी प्रवृत्ति के अनुसार उन्होंने इस प्रेरणा की अभिव्यक्ति क्लासिक पद्धति से की। छायावाद-युगीन हिन्दी-कविताओं में श्री सियारामशरण की कविताओं का, किसी-न-किसी दिन, अद्भुत मूल्य आँका जाएगा, क्योंकि इस काल में वे एक ऐसे कवि हुए हैं जिसने प्रवाह में अपने को बहने नहीं दिया, जिसने भावुकता को दबाकर उससे अपनी क्लासिक शक्ति की वृद्धि की। क्लासिक उन्हें मैं इसलिए मानता हूँ कि उनकी शैली और भंगिमा में उद्वेग नहीं है।

छायावादी आन्दोलन ने हिन्दी में बड़ा काम किया, किन्तु, उसकी अपनी उपलब्धियों का भविष्य में क्या महत्त्व होनेवाला है? जब यह आन्दोलन जीवित था, उसकी रचनाओं को पढ़ने की थोड़ी-बहुत उत्सुकता, सब में नहीं, तो छात्रों में अवश्य थी। किन्तु, पाठ्य-क्रमों को बाद दे दें तो अब उन कविताओं को पढ़ने की इच्छा बहुत कम दिखाई देती है। और ये बहुत कम लोग भी वे हैं, जो कारण-विशेष से हिन्दी-कविताओं से परिचित होना चाहते हैं, इसलिए नहीं कि छायावादी कविताएँ उन्हें

अपने आकर्षण से खींचती हैं। खड़ी बोली के कवियों में अब तक केवल श्री मैथिलीशरणजी गुप्त ही हैं, जिनके बारे में यह कहा जा सकता है कि जनता उन्हें पढ़ना चाहती है और यदि पाठ्यक्रमों से निकाल भी दी जाएँ तो उनकी कितनी ही पुस्तकें जनता में, फिर भी, चलती रहेंगी। किन्तु, यही बात 'कामायनी' के बारे में नहीं कहीं जा सकती। और तो और, जो छात्र कामायनी पढ़कर कॉलेजों से निकल जाते हैं, उन्हें भी अवकाश के समय कामायनी उलटने की इच्छा नहीं होती। फिर भी, देश में जहाँ-तहाँ ऐसे मनीषी हैं, जो कामायनी को आनन्द के लिए पढ़ते हैं। किन्तु, उनकी संख्या अत्यन्त अल्प है।

परिमल तो, खैर, कभी पाठ्य पुस्तक रहा ही नहीं, न सौ-पचास उदीयमान कवियों को छोड़कर और कोई उसे पढ़ने जाता है। हाँ, जब हम छायावादी युग की कृतियों पर विचार करते हैं तब प्रत्येक बार 'राम की शक्ति-पूजा' हमारे सामने आती है और इसमें कोई सन्देह नहीं कि सम्पूर्ण छायावाद-युग की श्रेष्ठतम कृति के रूप में इस रचना का उल्लेख अत्यन्त समीचीन है। किन्तु, छायावाद-युग में छायावाद के एक अग्रणी कवि द्वारा विरचित होने पर भी, यह कविता छायावाद की कृति नहीं है। वह तो शुद्ध क्लासिक पद्धति की रचना है। इसी प्रकार, छायावाद-युगीन जो भी कविताएँ, उस काल की सफल कृतियों के रूप में समादृत चली आ रही हैं (जैसे पन्तजी की नौका-बिहार, एक तारा, अप्सरा, मौन निमन्त्रण लाई हूँ फूलों का हास आदि कविताएँ तथा महादेवीजी के नीरजा के पद और निराला जी की सरोज-स्मृति, मैं अकेला, शिवाजी का पत्र आदि) वे ठीक वे ही रचनाएँ हैं जिसमें अभिव्यक्ति की स्वच्छता और सुस्पष्टता तथा पूर्वापर सम्बन्धों का अच्छा निर्वाह है अर्थात् जिन कविताओं को लिखते समय कवि ने क्लासिक शक्ति का सहारा लिया था। उस समय भावुकता के अन्धे तूफान में जो असंख्य कविताएँ लिखी गईं, उनमें बहुत ही थोड़ी रचनाएँ आज जीवित कही जा सकती हैं और आशा यह है कि इन्हीं थोड़ी रचनाओं में से कुछ को काल सौ दो-सौ वर्ष आगे ले जाएगा। बौद्धिक दृष्टि से भारत अभी भी विश्व का पिछड़ा हुआ भाग है, किन्तु इस देश में भी दिनों-दिन बौद्धिक शक्तियाँ विकास पर हैं तथा ज्यों-ज्यों हमारी बौद्धिकता में वृद्धि होती है, निरी भावुकता हँसी की वस्तु बनती जा रही है। यह ठीक है कि सम्बुद्धिवादियों की कल्पना के अनुसार, मानवता बुद्धि के धरातल से ऊपर उठकर किसी अन्य धरातल पर पाँव रखनेवाली है। किन्तु, यह धरातल भावुकता या चेतना का सनसनाहट का धरातल नहीं होगा। बुद्धि से ऊपर उठने पर मनुष्य, कदाचित्, सम्बुद्धि के स्तर पर जानेवाला है और सम्बुद्धि का अर्थ बुद्धि की दुर्बलता नहीं, अपितु, उसकी अत्यन्त समाधिस्थ एवं केन्द्रित प्रक्रिया है।

जब प्रगतिवादी आन्दोलन का आरम्भ हुआ, आलोचकों ने छायावाद को पलायनवाद कहना आरम्भ किया और छायावाद को यह गाली उन्होंने इस सन्तोष के साथ दी, मानों, पलायनवादी कहने से बढ़कर साहित्यकार की और कोई निन्दा नहीं हो सकती।

और हम लोग भी जिनकी आँखें अभी-अभी खुली थीं, और जो पूरे मन से प्रगतिवादी धारा के साथ थे, मन-ही-मन, इस आलोचना से प्रसन्न होते थे। किन्तु, आज मुझे स्पष्ट दिखाई देता है कि प्रगतिवादियों ने उस समय छायावाद की असली कमजोरी को नहीं समझा। पलायनवाद से केवल इतना ही सूचित होता है कि समाज के सामने जो समस्याएँ थीं, छायावादियों ने उन पर कोई ध्यान नहीं दिया और, एकान्त में, वे अपनी कल्पना के साथ सुहाग मानते रहे। किन्तु, यह तो कविता का भाव-पक्ष है और कवि के लिए भावों की सूची निर्धारित करने का अधिकार दूसरों को तो क्या, स्वयं कवि को भी प्राप्त नहीं होता। कवि जिन संस्कारों में पलकर युवा होता है, जिस वातावरण में साँस लेकर बढ़ता है, वह वातावरण और वे संस्कार उसके भावों और सन्देशों का, आप-से-आप, निश्चयन कर देते हैं। प्रत्येक कवि अपनी भाव-दिशा और सन्देश को पूर्व-निर्धारित पाता है और वह प्रयास करने पर भी उनसे भाग नहीं सकता। कौन कवि किन भावों से प्रेरित होकर लिख रहा है, कला में इस प्रश्न का स्थान हमेशा गौण रहता आया है। मुख्य प्रश्न तो यही हो सकता है कि कवि के भीतर जो भाव उठते हैं उन्हें वह पूरी सामर्थ्य के साथ लिख पाता है या नहीं। कवि में केवल प्रेरणा की गुदगुदी ही नहीं, उसे सम्यक् रूपेण चित्रित करने की शक्ति भी चाहिए। इनमें से पहला गुण भावुकता से उत्पन्न होता है, किन्तु, दूसरे गुण के आधार बौद्धिक विदग्धा और साधनाओं द्वारा अर्जित कठोर शक्ति है। छायावाद की असली दुर्बलता इसी दूसरे पक्ष की दुर्बलता थी। छायावादी कवि अपनी प्रेरणा को ठीक से पहचानने में असमर्थ थे और इससे भी बड़ी असमर्थता उनकी यह थी कि अनुभूति और प्रेरणा का जो स्वरूप उनकी समझ में आया भी, उसे वे प्रभुत्व में लाकर पूरी विदग्धता से नहीं लिख सके।

हिन्दी के आलोचक अभी भी इस खोज में तल्लीन हैं कि किस कवि के भाव मानवतावादी, क्रान्तिवादी, प्रगतिवादी, प्रतिक्रियावादी अथवा विनाशवादी हैं। मेरे देखने में अब तक ऐसी आलोचनाएँ बहुत कम आई हैं, जिनमें विषयों को छोड़कर काव्य की शैली पर विचार किया गया हो। भावों का, काव्य की गरिमा बढ़ाने में बड़ा हाथ होता है जिसके प्रमाण तुलसीदासजी की रामायण और इकबाल तथा इलियट की कविताएँ हैं। किन्तु, काव्य ऊँचे भावों के बिना भी अत्यन्त महान् हो सकता है, जिसके उदाहरणों में विहारी-सतसई, मियाँ नजीर अकबरवादी की कविता और कीट्स के सेंट एगनेस ईव जैसी रचनाओं की गणना की जा सकती है। कविता का महत्त्व ज्ञान-दान में नहीं, सौन्दर्य की सृष्टि में है। ज्ञान देनेवाली विद्याएँ साहित्य से बाहर भी मौजूद हैं जो इतना ज्ञान देती हैं, जितना किसी भी कविता के लिए अदेय है। और जब कविता के ऊँचे विचारों का प्राधान्य हो, तब भी कवि की गरिमा के कारण वे विचार नहीं, अपितु, वह काव्यात्मक प्रणाली होगी जिससे विचारों का भाव-पक्ष उभार पाता है। यह दुर्भाग्य की बात है कि हमारे आलोचक आज भी अपनी जेब के नब्बे

प्रतिशत अंक भावों की ऊँचाई के लिए ही देते हैं। किन्तु, यह स्थिति अब समाप्त होने ही वाली है। हमारी भाषा में भी वे सत्समालोचक उत्पन्न होकर रहेंगे, जो कवि को दंडित या पुरस्कृत करने के लिए भावों की उपयोगिता और अनुपयोगिता पर न जाकर, परिश्रमपूर्वक यह देखने की चेष्टा करेंगे कि कवि को जो कुछ कहना था, उसे उसका सम्यक् ज्ञान था या नहीं तथा यदि ज्ञान था तो उस भाव को उसने पूरी समर्थता के साथ लिखा है या नहीं। आश्चर्य की बात है कि, प्रायः सभी आलोचक कविता को कला का पर्याय मानते हैं, किन्तु, आलोचना के समय वे काव्य शैली को छोड़कर उसमें वर्णित भावों से उलझकर अपना कर्त्तव्य समाप्त कर देते हैं। कोई विस्मय नहीं, यदि हिन्दी का आलोचना-पक्ष आज भी उसके अन्य कितने ही पक्षों से अधिक कमजोर है।

(काव्य की भूमिका)

इतिहास के दृष्टिकोण से

कोलाहल

जब मैंने साहित्य की दुनिया में आँख खोलीं, तब तक हिन्दी की नई कविता लता परवान चढ़ चुकी थी। निरालाजी के शब्दों में "वह कलियाँ लेने लग गई" थी; और दो-चार "सुमन पंखड़ियाँ भी खोलने लगे" थे। 'पल्लव', 'एकतारा' और 'निर्माल्य' तथा 'परिमल' की कितनी ही कविताएँ प्रकाशित हो चुकी थीं। श्री लक्ष्मीनारायण मिश्र का 'अन्तर्जगत', श्री रामनाथ 'सुमन' की 'विपंची' और पंडित जनार्दन प्रसाद झा 'द्विज' की, बाद को 'अनुभूति' में संगृहीत होनेवाली कितनी ही कविताएँ प्रमुखता प्राप्त कर चुकी थीं। 'भारतीय आत्मा' की पुष्ट वाणी रहस्य के लोक में पहुँचकर धुँधली होती जा रही थी तथा 'भारत-भारती' और 'जयद्रथवध' के रचयिता 'झंकार' के रहस्यमय गीतों की रचना कर रहे थे। भगवती बाबू की वे कविताएँ प्रसिद्ध हो रही थीं जो बाद को 'मधुकण' में निकलीं और श्रीमती महादेवी जी वर्मा अध्यात्म के अनन्त आकाश में उड़ जाने को अपना पंख तोल रही थीं। नई धारा के कवियों में से प्रसादजी एक आदरणीय विद्वान् कलाकार के रूप में स्वीकृत हो चुके थे तथा सुभद्राकुमारी चौहान एवं पं. बालकृष्ण शर्मा 'नवीन' नवयुवकों में बहुत ही लोकप्रियता प्राप्त कर रहे थे। इनके अतिरिक्त, नई धारा के होनहार कवियों में पं. गुलाबरत्नजी वाजपेयी 'गुलाब', पं. मुकुटधर पांडेय, श्री वंशीधर विद्यालंकार, श्री मंगलप्रसाद विश्वकर्मा, श्री आनन्दिप्रसाद श्रीवास्तव, श्री जगमोहन 'विकसित' और श्री गिरिजादत्त शुक्ल 'गिरीश' प्रमुख माने जाते थे। श्री सियारामशरणजी गुप्त 'मौर्य-विजय' की दुनिया को पीछे छोड़कर प्राचीनता और नवीनता के बीचोबीच, मध्य मार्ग पर, आ गए थे। यह नामावली उन कवियों की है जो शैली और भाव, दोनों ही दृष्टियों से नई कविता को भूमि में आ चुके थे अथवा प्राचीनता से निकलकर उसकी ओर निश्चित रूप से अग्रसर हो रहे थे। जो लोग पिछड़कर या जानबूझकर इस युग से पीछे रह गए थे, खड़ी बोली के उन समर्थ कवियों में पं. नाथूराम शर्मा 'शंकर', श्री हरिऔधजी, पं. रामनरेश त्रिपाठी, पं. माधव शुक्ल, पं. रामचरित उपाध्याय, श्री अनूप शर्मा 'अनूप', श्री गयाप्रसादजी शुक्ल 'सनेही', पं. जगदम्बा प्रसाद मिश्र 'हितैषी' और ठाकुर गोपालशरण

सिंहजी प्रधान थे। इस धारा के कुछ अन्य प्रमुख कवियों में सैयद अमीर अली 'मीर', कर्णसिंह 'कर्ण', रसिकेन्द्र, गुरुभक्त सिंह 'भक्त' और कौशलजी के नाम स्मरणीय हैं। पंडित मातादीन शुक्लजी 'विदग्ध' की रचनाएँ प्राचीनता के अधिक समीप पड़ती थीं, किन्तु, विश्वास से वह कविता के नए आन्दोलन के साथ थे। बलिया के श्री रामसिंहासन सहायजी मुख़्तार 'मधुर' भारतीय आत्मा की राह पर चलकर अद्‌भुत चमत्कार दिखला रहे थे; किन्तु, उनकी रचनाओं की सख्या बहुत अधिक नहीं थी।

उस समय, आलोचकों में शीर्षस्थान पंडित पद्मसिंहजी शर्मा को प्राप्त था। किन्तु, वे और पंडित कृष्णविहारी मिश्रजी अपना अधिक समय देव तथा बिहारी के लिए व्यय करते थे। नई कविता की खबर लेनेवाले कठिन आलोचक, पं. रामचन्द्रजी शुक्ल थे (जो पीछे चलकर पन्तजी और प्रसादजी के प्रशंसक हो गए) जिन्होंने पाषंड-परिच्छेद नामक कविता में छायावादकालीन रहस्यवादी कवियों की खिल्ली उड़ाई थी और उन्हें ढोर मानकर पाठकों को संकेत दिया था कि इन्हें "हाँक दो, न घूम-घूम खेती काव्य को चरें।" इस प्रहार का बहुत ही गम्भीर एवं समीचीन उत्तर पं. मातादीन शुक्ल ने अपनी ओजस्विनी कविता 'पाषंड-प्रतिषेध' में दिया था जिसमें उन्होंने विद्वद्वर शुक्लजी तथा उनके अनुयायियों को रूप से अरूप की ओर जाने की सलाह दी थी।

छायावादी कवियों की ओर से पक्ष-सिद्धि का बीड़ा श्री रामनाथलाल 'सुमन', श्री कृष्णदेवप्रसादजी गौड़, पंडित शुकदेवविहारी मिश्र और स्वर्गीय पं. अवध उपाध्याय ने उठाया था। पं. शान्तिप्रिय जी द्विवेदी और पं. नन्ददुलारेजी वाजपेयी कुछ बाद को आये, किन्तु, नई कविता की पक्ष-सिद्धि के सम्बन्ध में वाजपेयीजी ने भी बहुत ही महत्त्वपूर्ण कार्य किया।

सुकवि-किंकर नाम से आचार्य द्विवेदीजी ने छायावाद पर जो आक्रमण किया था उससे नई धारा के कवि और उनके प्रशंसक बहुत ही क्षुब्ध हो उठे थे तथा कई वर्षों तक वे इसका बदला पुराने कवियों की अनुचित निन्दा और छायावाद की अतिरंजित प्रशंसा करके लेते रहे। संघर्ष का जहर इस प्रकार फैला कि छायावाद-आन्दोलन के अग्रणी तथा शील और सौकुमार्य्य की मूर्ति, पं. सुमित्रानन्दनजी पन्त की भी धीरता छूट गई तथा उन्होंने अपनी पुस्तक 'वीणा' की भूमिका (जो पीछे निकाल दी गई) में आक्रमण का उत्तर काफी कटुता और अहंकार से दिया। अष्टादश हिन्दी-साहित्य सम्मेलन के अवसर पर जब साहित्य-विषयक मंगलाप्रसाद-पुरस्कार 'पल्लव' पर नहीं दिया जाकर श्री वियोगोहरि जी की 'वीर-सतसई' पर दिया गया, तब जो युवकों की धीरता ही जाती रही और उन्होंने अशिष्टतापूर्वक वयोवृद्ध विद्वानों को साहित्य का ठूँठ कहना आरम्भ कर दिया। उस साल के निर्णायकों में से एक, पं. शुकदेवविहारी मिश्र ही ऐसे थे जिन्होंने 'पल्लव' के पक्ष में अपना मत दिया था तथा उदारतापूर्वक पन्तजी के सम्बन्ध में यह लिखा था कि "मैं हिन्दी में केवल नवरत्नों को ही महाकवि मानता आया हूँ, किन्तु 'पल्लव' को पढ़कर मुझे ऐसा ज्ञात होता है कि यह बालक भी महा कवि है।

जहाँ तक मुझे याद है, प्रामाणिक विद्वानों में से केवल मिश्रजी ने ही 'पल्लव' की मुक्त-कंठ से, प्रशंसा की थी और उसके बाल कवि को हिन्दी के सर्वश्रेष्ठ दस कवियों की पंक्ति में बैठने योग्य बताकर नए आन्दोलन को बहुत बड़ा नैतिक उत्थान दिया था। बाकी, प्रायः सब-के-सब, नई कविता और विशेषतः 'पल्लव' की भूमिका से चिढ़े हुए थे तथा नए कवियों के अविनीत स्वभाव एवं अहंकारी व्यक्तित्व से घबड़ाते थे। कारण कुछ अंशों में मनोवैज्ञानिक भी था। छायावाद के आन्दोलन ने एक नए प्रकार की कविता को ही जन्म नहीं दिया था, प्रत्युत्, उसने कवि भी नए व्यक्तित्ववाले ही पैदा किए थे। छायावाद से पहलेवाली कविता जिस प्रकार समूह के सामने बोध-गम्य और आदर में झुकी हुई थी, उसी प्रकार, उसके कवि भी विनीत और सुशील थे। किन्तु, अब जो विद्रोह आरम्भ हुआ था उसकी उद्दंडता कविता तक ही सीमित नहीं थी, अपितु, उसका आभास कवियों के व्यक्तित्व में भी मिलता था।

छायावादी कवि भाषा, भाव, शैली और रहन-सहन की परम्परा, सब कुछ के खिलाफ बगावत करते हुए आए थे और यह स्वाभाविक ही था कि उनकी बातचीत भाषण और काव्य-चर्चा, पुस्तक की भूमिका, यहाँ तक कि मित्रों के साथ पत्र-व्यवहार में भी वैयक्तिक अहंकार की दुर्विनीत चिनगारियाँ अनायास ही चमक उठें। कुछ मूर्धन्य कवियों को छोड़कर, उनमें प्रायः सबके सब अत्यन्त भावुक, कोमलताप्रिय, समादरेच्छुक और सबसे पहले अपने आपको प्यार करनेवाले जीव थे। उनके आगमन के साथ हिन्दी में, शायद, पहले-पहल, कवियों की एक अलग जाति बनने लगी और लक्षण ये प्रकट होने लगे कि हिन्दी के कवि कदाचित् दूर से ही पहचाने जाने के योग्य हो जाएँगे। लम्बे केश, निर्लोम आकृति, औसत से अधिक लम्बे कपड़े, स्त्रैण प्रसाधनों की ओर आसक्ति, कृत्रिम मुखमुद्रा, बातचीत में बनावट, साधारण बातों में भी साहित्यिक भाषा का प्रयोग, जनसाधारण की औसत रुचि एवं विश्वासों की उपेक्षा, दूसरों की मान्यताओं का अनावश्यक विरोध, आदि कितने ही अनुभावों में उनकी वैयक्तिकता प्रत्यक्ष होने लगी और समाज में एक धारणा होने लगी कि औसत लोगों के झुंड में ये कवि नहीं खप सकते। बात भी कुछ ऐसी ही थी, क्योंकि, इनमें से अधिकांश कवि अपने प्रशंसकों के ही बीच रहना पसन्द करते थे, तटस्थ तथा अधिक प्रशंसा नहीं करनेवाले लोगों की संगति इन्हें अप्रिय और असह्य थी।

आज छायावाद-युग की कविता अपने कवियों के व्यक्तित्व से भिन्न हो गई है। अब उसके कवि भी वयशाली और विनीत हो गए हैं। इसके सिवा, उनकी विद्या-बुद्धि एवं अध्यवसाय की भी काफी जाँच हो चुकी है और समाज उनका आदर करने लगा है। किन्तु, उस समय अविनीत वैयक्तिकता से पूर्ण उनके व्यक्तित्व और तदनुरूप उनके काव्य को देखकर जनता बहुत ही रुष्ट हो गई थी तथा अपने कवियों के अहंकार का जवाब उन्हें अनेक प्रकार से चिढ़ाकर देने लगी थी। पंडित महावीर प्रसाद द्विवेदी ने नए कवियों की भाषा-सम्बन्धी हास्यास्पद भूलों का जिक्र बड़ी ही कठोरता से किया

था और यह उपदेश दिया था कि कविगण कविता आरम्भ करने के पूर्व, कम-से-कम, सिद्धान्त-कौमुदी को तो भली-भाँति पढ़ लिया करें।

कुछ प्रौढ़ साहित्यिकों एवं जनता के विशाल समुदाय ने छायावादी कवियों का प्रतीकात्मक नाम 'अनन्त की ओरजी', 'लम्बे बालजी' तथा 'छायावादीजी' रख दिया था। नए साहित्यिकों का क्रोध जनता की ओर कम मुड़ता था। इसके मूल में यह भाव था कि जनता तो, अन्ततः, साहित्य के नेताओं का ही अनुसरण करती है। हमारी उपेक्षा और अनादर के प्रधान कारण ये सिंहासनस्थ वृद्ध साहित्यिक ही हैं। अतएव, अपने निबन्धों में वे हृदय का सारा विष इन वयवान् साहित्यकारों पर ही उँड़ेलते थे। कलकत्ते के 'नारायण' में श्री गुलाबरत्नजी वाजपेयी 'गुलाब' ने लिखा था–

सो जाओ हे वृद्ध विकल!
इस प्रचंड अन्धड़ के सम्मुख
ग्रीष्मकाल की वायु विफल।

बूढ़े भी चुप नहीं थे। उनके सबसे मुखर प्रतिनिधि काशी के लाला भगवानदीनजी तथा मुँगेर के पंडित जगन्नाथ प्रसादजी चतुर्वेदी थे। चतुर्वेदीजी तो, स्वभावतः ही, हास्यप्रिय जीव थे, छायावाद ने उन्हें हास्य-सृष्टि के कितने ही नवीन विषय बता दिए थे। वे सभा-सम्मेलनों में निरालाजी के छन्दों की पैरोडी बनाकर लोगों को हँसाया करते थे और बात-बात में छायावाद पर कोई-न-कोई ताना कसते ही रहते थे।

छायावाद पर दो व्यंग्य 'सुधा' में भी छपे थे। एक का आरम्भ था–

किसने छायावाद चलाया, किसकी है यह माया?
हिन्दी-भाषा में यह न्यारा शब्द कहाँ से आया?

दूसरे में ये पंक्तियाँ थीं–

मत पीछे पड़ो बंगाली कवियों के तुम,
कवि-सम्राट हों या बाप हों सम्राटों के।

बूढ़ों को कुछ अधिक लिखना नहीं पड़ा। एक तो इस मजाक में वे कलम लेकर उतरने में शरमाते थे; दूसरे, सारा श्रोता-समुदाय ही उनके साथ था। जो काम लेखक को लिखकर नहीं कर सकते थे, वही काम, बड़ी ही सुगमता के साथ, जनता कवियों को चिढ़ाकर कर रही थी। समाज में अव्यावहारिक एवं कृत्रिम बातें बोलनेवाले मनुष्य का नाम ही 'छायावादी' पड़ गया था और काफी गम्भीर लोग भी कभी-कभी ऐसा मजाक कर बैठते थे। कितने ही छायावादी कवियों के सम्बन्ध में तरह-तरह की गप्पे उड़ाई जाती थीं और लोग उनके सम्बन्ध में मनगढ़न्त कथाएँ कहने में रस पाते थे।

एक बार 'सुधा' में ही पाँच प्रकार के कवियों के कार्टून छपे थे जिनमें से क्षीण-काय, दीर्घकेश, पल्लवधारी एक उद्ग्रीव 'अनन्त की ओरजी' की भी तस्वीर थी। एक-दूसरे कार्टून में 'भग्नतरी' पर चढ़े हुए एक बोतलधारी कविजी थे जो 'उस पार' पहुँचने के लिए 'शून्य' से कुछ निवेदन करने की मुद्रा में विराजमान थे।

द्विवेदी-युग से आती हुई विनयशील इतिवृत्तात्मकता के मुकाबिले में अपने अहंकारी व्यक्तित्व एवं धुँधली वाणी के साथ अचानक उठ खड़ा होनेवाला छायावाद हिन्दी-भाषी जनता को अजनबी-सी लगा। चारों ओर से आवाज आई, 'अज्ञात-कुल-शीलस्थ वासो देयो न कस्यचित्।'' किसी ने कहा, यह रवीन्द्रनाथ का अनुकरण है; किसी ने कहा, यह अंग्रेजी के रोमांटिक कवियों का प्रभाव है; किसी-किसी के कहने का यह भी अभिप्राय था कि साहित्य रहस्यवादी साधु बनकर जनता को ठगना चाहता है।

जब से हिन्दी में प्रगतिवाद के नाम पर एक नए आन्दोलन का आविर्भाव हुआ है, तब से कुछ लोग यह भी कहने लगे हैं कि छायावाद जीवन से पलायनवाद का रूपक था; आकाश को क्रान्ति के बादलों से आच्छन्न देखकर छायावादी कवि डरकर जीवन से कल्पना के देश में भाग गए थे। छायावाद की स्थापना के समय, उसके समर्थन में जो दलीलें दी जाती थीं उनमें भी कभी-कभी राजनीतिक दुरवस्थाओं की चर्चा रहती थी; आलोचक, प्रायः ही, कहा करते थे कि वर्तमान जीवन दुख और निराशा से परिव्याप्त है; यह उसी का प्रतिबिम्ब कविता में निराशा, असन्तोष और दुःखानुभूति बनकर बोल रहा है।

इसके सिवा कुछ ऐसी बातें भी कही जाती थीं जिनसे छायावाद और भी दुर्बोध हो जाता था। उदाहरणार्थ, कुछ लोग कहते थे कि ''यह 'सान्त' का 'अनन्त' से मिलने का प्रयास है; कवि प्रकृति के कण-कण में एक अज्ञात सत्ता का बिम्ब देख रहा है; विन्दु सिन्धु से मिलने को व्यग्र है; यह दुःखानुभूति आध्यात्मिक विरह की है और व्यष्टि समष्टि में समा जाने को बेचैन हो रही है।'' स्पष्ट ही, ये लक्षण रहस्यवादी कवि के होने चाहिए थे; और छायावाद के रहस्यवादी दृष्टिकोण को कुछ लोगों ने प्रमुखता दी भी। किन्तु, प्रत्येक आलोचक कलम उठाकर गम्भीर होते ही कह देता था कि रहस्यवाद इस कविता की कोई बड़ी विशेषता नहीं है। छायावाद के रहस्यवाद सम्बन्धी अंश की सिद्धि में पन्तजी की 'मौन निमन्त्रण' कविता, द्विजजी की 'अयि अमर शान्ति की जननि जलन', सुमनजी की एकाध कविता और लक्ष्मीनारायण मिश्र के 'अन्तर्जगत' के कुछ पद्य उद्धृत किए जाते थे। आलोचकों को इनसे आगे रहस्यवाद का कोई समीचीन उदाहरण उसमें नहीं मिलता था।

और तो भी, यह सच है कि छायावाद के सम्बन्ध में भिन्न-भिन्न सम्मतियाँ देनेवालों में से कोई भी विद्वान् आलोचक झूठ नहीं बोल रहा था। साथ ही, यह भी सच है कि अत्यन्त समीपता के कारण उसके समग्र रूप का ज्ञान उस समय किसी के भी निबन्ध में प्रति-फलित नहीं हो पाता था। छायावाद के भीतर रवीन्द्र का भी अनुकरण था और अंग्रेजी के रोमांटिक कवियों का प्रभाव भी; वह जीवन की सबसे बड़ी क्रान्ति का भी प्रतीक था और उसकी स्थूलता से दूर भागने का प्रयासी भी; आकाश में आच्छन्न होनेवाले

बादल जिस क्रान्ति से उमड़े थे, छायावाद भी ठीक उसी क्रान्ति का पुत्र था; जिस क्रान्तिकारी भावना के कारण बाह्य जीवन में राजनीतिक दुरवस्थाओं की अनुभूतियाँ तीव्र होती जा रही थीं, वही भावना साहित्य में छायावाद का रूप धारण कर खड़ी हुई थी और मनुष्य की मनोदशा, विचार एवं सोचने की प्रणाली में विप्लव की सृष्टि कर रही थी। वह जीवन को निराशा का भी प्रतीक था और उससे मानसिक मुक्ति पाने का साधन भी। वह 'सान्त' का 'अनन्त' से मिलने का प्रयास भी था और 'सिन्धु' में मिल जाने के लिए 'विन्दु' की बेचैनी भी। उसमें धर्म, राजनीति, समाज और संस्कृति, सभी के नव जागरण का एक मिश्रित आलोक था जो साहित्यिक अनुभूति के भीतर से प्रकट होने के कारण सभी से भिन्न और सभी के समान मालूम होता था। दुख है कि इस विशाल सांस्कृतिक जागरण को उचित समय पर उचित आलोचक नहीं मिल सका, जिसके कारण उसकी वह प्रतिष्ठा नहीं हो सकी जिसका वह अधिकारी था। यह मनुष्य के उस मानस-जगत् में जनमी हुई क्रान्ति थी जिस जगत के इंगित पर बाह्य-विश्व अपना रूप बदलता है तथा जिस जगत् में पहुँचकर बाह्य-जगत् की क्रान्तियाँ मनुष्य के स्वभाव एवं संस्कार का अंग बन जाती हैं। आज जब छायावाद इतिहास का एक पृष्ठ बन चुका है, हम उसके तात्त्विक रूप को अधिक सुगमता से परख सकते हैं, किन्तु जब वह हमारे बहुत समीप था, तब लोगों ने उसे तात्कालिक जीवन की पृष्ठ-भूमि पर पहचानने की कोशिश की और इस प्रक्रिया में, यद्यपि, उन्होंने उसके आंशिक रूप को पहचानने में कुछ सफलता जरूर पाई, पर उसका असली, पूर्ण रूप बराबर व्याख्या के बन्धन से परे ही रह गया। उदाहरणार्थ, जिन्होंने उसे रहस्यवाद कहा वे पाठकों की इस जिज्ञासा का समाधान नहीं कर सके कि तब इसके कर्त्ता कवि धार्मिक क्यों नहीं हैं; जिन्होंने उसे राजनीतिक दुरावस्थाओं की प्रतिक्रिया कहा वे जनता के इस प्रश्न् का उत्तर नहीं दे सके कि राजनीतिक दुरवस्थाओं को स्वस्थ प्रतिक्रिया विद्रोह को प्रेरित करना है, न कि उनसे भागकर काल्पनिक आनन्द के लोक में छिप जाना। इसके विपरीत, जो लोग उसे रवीन्द्रनाथ तथा अंग्रेजी के रोमांटिक कवियों का अनुकरण कह रहे थे, जनमत उनके भी खिलाफ था; क्योंकि मन ही मन वह सोचता था कि शुद्ध अनुकरण में सजीवता नहीं हो सकती है; इतना ही नहीं, प्रत्युत, जो लोग उसे पलायनवाद बता रहे थे, जनता की शंकाएँ उनके भी खिलाफ थीं, क्योंकि छायावादी आन्दोलन निर्भीक, तेजस्वी और रूढ़ियों का भयानक शत्रु था।

वैयक्तिकता का उत्थान

छायावाद हिन्दी में उद्दाम वैयक्तिकता का पहला विस्फोट था। यह केवल साहित्यिक शैलियों के ही नहीं, अपितु, समग्र जीवन की परम्पराओं, रूढ़ियों, शास्त्र-निर्धारित मर्यादाओं एवं मनुष्य की चिन्ता को सीमित करनेवाली तमाम परिपाटियों के विरुद्ध जनमे हुए

एक व्यापक विद्रोह का परिणाम तथा मनुष्य की दबी हुई स्वतन्त्रता की भावना को प्रत्येक दिशा में उभारनेवाला था। छायावाद का इतिहास उस युग का इतिहास है जब हिन्दी के मनीषियों ने पहले-पहल अपने आपको पहचाना और रूढ़ियों के संकेत पर चलने से इनकार कर दिया; तथा जब वे परम्परा से निर्धारित सीमा का अतिक्रमण करके अपनी आत्मा को अज्ञात दिशाओं की ओर दूर-दूर तक भेजने लगे। इसके उत्थान में न केवल अंग्रेजी के रोमांटिक कवियों का हाथ था जो वैयक्तिक स्वाधीनता के घोर प्रेमी थे और न इसमें सिर्फ रवीन्द्रनाथ की ज्वलन्त वैयक्तिकता का ही योग था जो स्वयं ही अंग्रेजी के इन कवियों से प्रभाव ग्रहण कर चुके थे; अपितु, इसके जन्म और विकास के मूल में दर्शन, समाज और राजनीति की अभिनव व्याख्या करनेवाली उन तमाम विद्याओं का भी प्रभाव था जो अज्ञात रूप से मनुष्य के स्वभाव को स्वाधीनता की ओर प्रेरित कर रही थीं और पूर्ववर्ती मनुष्य जहाँ तक सोच चुका था, नए मनुष्य को उससे आगे बढ़कर अथवा उससे भिन्न दिशा में सोचने के लिए उत्तेजना दे रही थीं। उसके जन्म और विकास के मूल कारणों में उन वैज्ञानिक अनुसंधानों का भी हाथ था जिनके परिणामस्वरूप मनुष्य के संस्कार परिवर्तित हो गए थे तथा उसकी प्राचीन चेतना के दाने बिखरे जा रहे थे। उसकी पृष्ठभूमि में जीव तत्त्व (Biology) और मानव-जीव-शास्त्र (Anthropology) के भी सिद्धान्त थे जो मनुष्य की अतृप्तियों एवं उसकी कामनाओं की नई-नई व्याख्याएँ कर रहे थे; जो धर्म, श्रद्धा और नैतिकता के विधान को मनुष्य की आदतों में शुमार करते थे तथा पाप और परिताप के दोषों से मुक्ति पाने के लिए प्रार्थना की अपेक्षा पश्चात्ताप को कहीं अधिक अचूक बता रहे थे।

पश्चिम में जन्म लेनेवाले विज्ञान ने बहुत-सी ऐसी बातों का रहस्य खोल दिया था जो हमारे देश में अद्भुत और अज्ञेय मानी जाती थीं। ज्यों-ज्यों विज्ञान का आलोक फैलता गया, विस्मय और कुतुहल के कितने ही भंडार छूँछे हो गए, कितने ही ऐसे विश्वास गलत दीखने लगे जो पहले अटल सत्य के रूप में पूजे जाते थे। पाप और पुण्य के पुराने बन्धन ढीले हो गए; स्वर्ग और नरक की कल्पना निस्सार मालूम होने लगी; मनुष्य के सामने कर्म की महत्ता फिर से जग पड़ी जैसे वह बुद्धदेव के समय में जगी थी; उसे फिर से भासित होने लगा कि अच्छे कर्मों का फल इसी जन्म में आत्मसन्तोष के रूप में मिलता है और बुरे कर्मों का दंड प्रकृति यहीं देती है। मनुष्य के भावलोक में इन परिवर्तनों के कारण आस्तिकता का तेज कम हो गया था तथा धर्म का स्वरूप दार्शनिक भावों एवं आवेगों की अनुभूति तक ही सीमित होता जा रहा था। इन सारे प्रभावों से प्रेरित होकर मनुष्य की उद्दाम वैयक्तिकता प्राचीन संस्कार के बन्धनों को झाड़कर उठ खड़ी हुई तथा प्रत्येक रहस्य को चीरकर उसके भीतर देखने लगी। अब उसमें न तो पूर्वनिर्मित मर्यादा के लिए आदर था और न पूर्ववर्ती पुरुषों की भाव भूमि तक ही विचरण करके रह जाने की धीरता। वैयक्तिक स्वाधीनता को आदर्श मानकर चलनेवाला मनुष्य बाह्य और आन्तरिक, दोनों ही, लोकों में ऐसे-ऐसे दृश्य देखने लगा जिन्हें देखने

की आज्ञा पहले का समाज, पहले का शास्त्र और पहले की सभ्यता नहीं देती थी। कवियों की समाधि में सभी वस्तुएँ एक भिन्न रूप से प्रकट होने लगीं और जाग्रत पुरुष को यह विश्वास होने लगा कि जिन प्रच्छन्न रहस्यों के देश में स्वतन्त्र होकर विचरण करने की अब तक मनाही रही है, उसमें घूमने से नए-नए फल प्राप्त होते हैं।

छायावाद के उदय के साथ हिन्दी के मनीषियों में जिस वैयक्तिक स्वाधीनता का उत्थान हुआ वह किसी प्रकार भी भारतीय चिन्ताधारा के लिए अज्ञात-कुल-शील नहीं थी। अपने उग्र रूप में वह समय-समय पर संस्कृत एवं हिन्दी के समर्थ कवियों के मुख से गर्वोक्ति बनकर फूटती तथा प्रेमी एवं रहस्यवादी कवियों की वैयक्तिक अनुभूतियों में दबे-दबे जीती आ रही थी। गर्वोक्तियाँ कवि की स्वप्रतिभागत शक्ति के प्रति अदम्य विश्वास को व्यंजित करती हैं तथा वे कवि के आत्मज्ञान की सूचक होती हैं। सफल गर्वोक्ति कवि तब लिख पाता है जब वह अपने आपसे अत्यधिक प्रसन्न होता है, जब उसे यह भासित होने लगता है कि उसकी प्रतिभा के सामने संसार की कोई भी वस्तु अजेय नहीं है। किन्तु, संस्कृत एवं हिन्दी साहित्य में गर्वोक्ति के रूप में वैयक्तिकता के विस्फोट इतने कम हुए हैं कि उन्हें प्रायः, आकस्मिक ही कहना चाहिए। कम-से-कम, वे इन कवियों के साहित्य के कोई प्रमुख अंग नहीं हैं। प्रेमी और रहस्यवादी कवियों की अनुभूतियाँ, अक्सर वैयक्तिक तो होती थीं, किन्तु, उनमें भी स्वाधीन चिन्ता का तेज अपनी पूरी प्रखरता के साथ प्रकट नहीं हो पाता था। वैयक्तिकता का उग्रतम उदाहरण ऋग्वेद की निम्नलिखित ऋचा में मिलता है जिसे तिलक जी ने मनुष्य जाति की सबसे बड़ी स्वाधीन चिन्ता कहा है–

इयं विसृष्टिर्यत आवभूव यदि वा दधे यदि वा न,
यो अस्याध्यक्षः परमे व्यमन्त्सो अग वेद यदि वा न वेद।

(अनु. 11। सू. 129)

"ये नाना सृष्टियाँ कहाँ से हुईं? किसने सृष्टियाँ कीं और किसने नहीं कीं?–यह सब वे ही जानें जो इनके स्वामी परमधाम में रहते हैं। हो सकता है कि वे भी यह सब नहीं जानते हों।"

ब्रह्म के सम्बन्ध में यह कहना कि हो सकता है कि सृष्टि की उत्पत्ति के साक्षी वे भी नहीं हों, एक आस्तिक मनुष्य की स्वाधीन चिन्ता इससे आगे नहीं जा सकती। यह सृष्टि के मूल रहस्यों की खोज करनेवाले उस स्वाधीन चेता ऋषि की वाणी है जिसके सामने रूढ़ियों का जाल नहीं था, जो किसी भी वचन को प्रमाण नहीं मानकर वहाँ तक सोचने का साहस रखता था, जहाँ तक कल्पना गमन कर सकती है। वैयक्तिकता के इस प्रखर रूप का जोड़ा संसार के किसी भी आस्तिक-साहित्य में मिलना दुर्लभ है। किन्तु ज्यों-ज्यों आध्यात्मिक अनुसंधान के कार्य समाप्ति पर आते गए, दर्शन और चिन्तन के क्षेत्र में एक प्रकार की सीमा बँधती गई; और जब जन्मान्तरवाद एवं कर्मफलवाद के सिद्धान्त स्वीकार कर लिए गए, तब तो चिन्तकों की वैयक्तिकता की एक प्रकार

से मृत्यु ही हो गई और भारतीय साहित्य में उसका खुलकर उभार फिर कभी सम्भव नहीं हुआ। कभी-कभी एकाध चार्वाक ने इस बन्धन को छिन्न-भिन्न करके मुक्त चिन्ता के पथ पर चलने की कोशिश की भी तो जनमत ने उसे कुचलकर साहित्य से बाहर फेंक दिया।

यही कारण है कि अपने साहित्य के प्रत्येक कवि में हम वैयक्तिकता के विरुद्ध एक प्रकार की सतर्कता का भाव पाते हैं। वह वहीं तक जाता है, जहाँ तक शास्त्रों का हुक्म चलता है; उसकी आनन्द खोजने की वृत्ति को दर्शननिर्मित सीमा से बाहर जाने का अधिकार नहीं है। रहस्य-लोक में प्रवेश करने के पूर्व, वह अपनी शंकाओं, हिलती हुई आस्थाओं एवं अस्थिर जिज्ञासा के भावों को या तो पीछे छोड़ देता है या उन्हें दर्शन की भीति दिखलाकर चुप कर देता है। मन के भीतर और बाहर, दोनों ही दुनियाओं में वह सिर्फ उसी आनन्द का उपभोग करता है जिसमें शंकाएँ नहीं हैं और जो श्रद्धा के स्पर्श से तृप्ति-रसपूर्ण हो चुका है। यह आनन्द परमात्मा की सुश्रृंखलित सृष्टि की उस प्रजा का आनन्द है जिसे संसार में कहीं भी दुख, त्रास, आशंका और भय का अस्तित्व सच्चा नहीं प्रतीत होता। पंडित हजारी प्रसाद द्विवेदी के अनुसार "पिछले दो हजार वर्षों का भारतीय साहित्य कवि के व्यक्तित्व को खोता आया है। कवि जनसाधारण के दुखों से हटकर अपने ही द्वारा निर्मित बन्धनों में बँधता आया है। वैयक्तिकता की स्वाधीनता को छोड़कर वह 'टाइप' रचना की पराधीनता को स्वीकार करता आया है।"

"ईसवी सन् के आरम्भ में कर्मवाद का विचार भारतीय समाज में निश्चित रूप से स्वीकार कर लिया गया था। जो कुछ इस जगत् में हो रहा है, उसका एक अदृष्ट कारण है, यह बात निस्सन्दिग्ध मान ली गई थी। जन्मान्तर-'व्यवस्था और कर्मफलवाद के सिद्धान्त ने ऐसी जबर्दस्त जड़ जमा ली थी कि परवर्ती युग के कवियों और मनीषियों के चित्त में इस जागतिक व्यवस्था के प्रति भूल से भी असन्तोष का आभास नहीं मिलता। जन्मान्तरवाद के निश्चित रूप से स्वीकृत हो जाने के कारण प्रचलित रूढ़ियों के विरुद्ध तीव्र सन्देह एकदम असम्भव था। कवि कठिन-से-कठिन दुखों का वर्णन पूरी तटस्थता के साथ करते थे और ऐसा शायद ही कभी होता था जब कोई कवि विद्रोह के साथ कह उठे कि यह अन्याय है, हम इसका विरोध करते हैं।"

मनुष्य की कल्पना की उन्मुक्त उड़ान को रोकनेवाले इन रूढ़ संस्कारों के प्राचीर को छिन्न-भिन्न करने का पुण्य उस विज्ञान को मिलनेवाला था जो यूरोप में जन्म लेकर समस्त संसार के प्राचीन विश्वासों की नींव हिलाने आया था। ज्यों-ज्यों मानवविज्ञान, जीवविज्ञान और पुरातत्त्व के अनुसंधानों से देश और कालगत अनन्तताएँ प्रत्यक्ष होती गईं; त्यों-त्यों भारतवर्ष में भी जन्मान्तरवाद की तगड़ी चेतना महत्त्व में छोटी पड़ती गई। यह ठीक है, कि जन्मान्तरवाद आत्मा की आयु की विशालता का द्योतक था और जब जीव-विज्ञान एवं पुरातत्त्व की खोजों से मनुष्य को यह पता लगा कि सृष्टि और समय

दोनों ही के गह्वरों में, इससे कहीं बड़ी विशालताओं का वास है तब जन्मान्तरवाद की अनन्तता के साथ ही मनुष्य को अपनी जाति (Species) को अन्य जीवों से भिन्न एवं अद्भुत समझने की वृत्ति भी छोटी हो गई। किन्तु, वैज्ञानिक अनुसन्धानों का इससे कहीं अधिक महत्त्वपूर्ण प्रभाव यह था जो जन्मान्तरवाद के गर्व विनाश के रूप में प्रकट हुआ था, जिससे इस चेतना की उत्पत्ति हुई थी कि मनुष्य विधि-विधान की कठपुतली नहीं है तथा उसके जागतिक सुख और दुखों के रूप पहले से ही निर्धारित नहीं हैं। उसे शारीरिक और मानसिक सभी तापों से त्राण पाने के निमित्त उन्मुक्त होकर सोचने एवं निर्बन्ध होकर काम करने का पूरा अधिकार है तथा इस सोचने की क्रिया में शास्त्र-सम्मत अथवा परम्परागत कोई भी विश्वास, कोई भी निर्णय एवं कोई भी विचार उसके बाधक नहीं हो सकते। उसकी मनःस्थिति में विज्ञान और नई विद्याओं ने जो परिवर्तन उपस्थित कर दिए थे, उनका बहुत ही स्वाभाविक परिणाम वैयक्तिक स्वाधीनता का उदय था। कोई आश्चर्य नहीं कि नया आदमी अपने पूर्वजों की राह को छोड़कर एक भिन्न पथ पर चलने लगा, एक भिन्न दिशा की ओर देखने लगा तथा जीवन की प्रायः तमाम बातों पर एक भिन्न दृष्टिकोण से सोचने को तैयार हुआ।

इस प्रकार, हम देखते हैं कि छायावाद की वैयक्तिकता भारतवर्ष के लिए सर्वांशतः नवीन नहीं थी। रूढ़ियों के निर्माण से पूर्व, स्वाधीन चिन्तन के काल में यह वैयक्तिकता वेदों में भी प्रकट हुई थी और यद्यपि जन्मान्तरवाद एवं कर्मफलवाद के सिद्धान्तों ने पीछे चलकर इसे बुरी तरह से आक्रान्त कर रखा था, फिर भी यह उन सभी लोगों में विद्यमान मिलती है जो चिन्ता की परम्परागत धारा से कुछ हटकर सोचने की चेष्टा करते थे।

साहित्य में 'टाइप' की अधीनता को अस्वीकृत करके अपने लिए नवीन राह बनाने की चेष्टा वैयक्तिक स्वाधीनता की भावना का परिणाम है। भारतीय वाङ्मय के कर्त्ता, कवि और गद्यकार, कुछ इस सिद्धान्त के अपवाद नहीं थे। कर्मवाद और जन्मान्तर-व्यवस्था ने सिद्धान्त कवि को वैयक्तिकता को सिर्फ इतना ही दबाए हुए थे कि वह उग्रता के साथ नहीं उभरती थी; किन्तु, जहाँ तक कला में वैयक्तिक अनुभूतियों को संयमपूर्ण उद्भावना का प्रश्न है, वह सदैव कवियों के साथ थी। भारतीय साहित्य को जब हम 'टाइप' की अधीनता के नीचे बनी हुई चीज कहते हैं तब हमारा अभिप्राय इतना ही होता है कि शैली और भावदशा की दृष्टि से हम अपने अनेक युगों के साहित्यकारों में एक विचित्र प्रकार की एकता पाते हैं जो दूसरे देशों के साहित्य में नहीं मिलती। सम्भव है, यह इस बात का प्रमाण हो कि जन्मान्तरवाद के मनुष्य की बुद्धि के आगे जो एक शृंखला डाल दी थी, उसके विरोध को हिम्मत किसी भी साहित्यकार में नहीं थी। किन्तु, शृंखला की इस सामूहिक स्वीकृति के दायरे में रहकर भी भारतीय कवि की वैयक्तिकता एकदम समाप्त नहीं हो गई थी। जिस दिन वैयक्तिकता समाप्त हो जाएगी उस दिन साहित्य से नवीनता का लोप हो जाएगा। साहित्य के मूल भावों

में आदि काल से लेकर अब तक भी बहुत अधिक परिवर्तन नहीं हुए हैं। मूलभावों की विविधता को तालिका में महत्त्व के नए योग शतियों के बाद लिखे जाते हैं। किन्तु, साहित्य तब भी नित्य उज्ज्वल और नवीन रहता है; क्योंकि विचारों की नवीनता नहीं आने पर भी उसमें अनुभूतियों की नवीनताएँ आती ही रहती हैं। अनुभूति को ये नवीनताएँ ही कवि की वैयक्तिक सम्पत्ति तथा साहित्य के लिए उसकी वैयक्ति भावनाओं का नवीन अवदान होती हैं। भारत का कवि संयम के बीच भी इस वैयक्तिक उन्माद को जिलाए हुए था; क्योंकि किसी हद तक वैयक्तिकता सभी सच्चे कवियों एवं चिन्तकों का नित्य गुण है। यह वैयक्तिकता ही है जो कवियों को मलिन लोगों के सामने झुकने से बचाती है, अपमान के साथ समझौता करने से रोकती है तथा अन्य कवियों के द्वारा निर्धारित पन्थ का तिरस्कार करके अपने लिए नवीन मार्ग का निर्माण करने की प्रेरणा देती है। "लीक-लीक गाड़ी चलै" वाली कहावत में कवि को इसी नैर्सिगक वैयक्तिकता को और संकेत है तथा "निरंकुशाः कव्यः" में भी कवि की इसी वैयक्तिक स्वातन्त्र्य की व्यंजना है।

विद्रोह की असंगतियाँ और अशक्तताएँ

छायावाद की उत्पत्ति के कारणों की सैद्धान्तिक विवेचना जितनी सुन्दर और महान् है, हिन्दी में प्रकट हुए उसके असली रूप का विश्लेषण उतना ही असंगतिपूर्ण और निराशाजनक। यह भी ध्यान देने की बात है कि छायावाद के समर्थन में आरम्भ से लेकर आज तक जितने भी निबन्ध लिखे गए, उन सबमें हम इसकी दुर्बलताओं को बड़े-बड़े सिद्धान्तों के घटाटोप से ढँक देने का एक सचेष्ट प्रयास पाते हैं। 'सान्त को अनन्त से मिलने की आकुलता', 'प्रकृति के कण-कण में एक अज्ञात सत्ता का प्रतिबिम्ब', 'मनुष्य की वैयक्तिक अनुभूतियों की श्रेष्ठता' और, 'सौन्दर्य तथा रहस्य की सूक्ष्मतम अनुभूतियों की अभिव्यक्ति', ये ही कुछ सत्य तथा कल्पित सिद्धान्त थे जिनके बल पर आलोचक छायावाद को जनता के द्वारा ग्राह्य सिद्ध करना चाहता था। जिन लोगों से यह आशा की जाती थी कि वे बुद्धि के औसत धरातल पर आकर जनता के साथ इसका सम्यक् परिचय करा सकेंगे, उन्होंने भी जब लेखनी उठाई तब सिद्धान्तों की ही विवेचना करने लगे या उससे आगे बढ़े तो प्राचीन इतिहास से मिलती-जुलती रचनाओं के उदाहरण लेकर जनता से कहने लगे कि यह धारा बिलकुल नई नहीं है; हमारे साहित्य के इतिहास में ऐसा पहले भी हुआ था। श्रीमती महादेवी वर्मा और स्वर्गीय प्रसादजी के छायावाद और रहस्यवाद-सम्बन्धी लेख इसी उद्‌देश्य से लिखे गए मिलते हैं। उनके लेखों में हम ऐसी सतर्कता पाते हैं जो अपने पक्ष की दुर्बलताओं को जानते रहने के कारण, स्पष्टता के छिपाने के प्रयास से जन्म लेती है। इन सभी लोगों में एक पन्तजी ही ऐसे थे जिन्होंने अपने पक्ष में प्रबलता को भली-भाँति जाननेवाले कर्मठ पुरुष की स्पष्टता के साथ आरम्भ में ही 'पल्लव' की भूमिका में उन सभी उद्‌देश्यों की घोषणा

कर दी थी, जिनकी स्थापना के लिए वे साहित्य में आए थे। 'पल्लव' की भूमिका छायावाद का मेनिफेस्टो थी और नए आन्दोलन का रुख उस लेख में जितनी स्पष्टता के साथ प्रकट हुआ उतना साफ और किसी निबन्ध में नहीं। यह भी ध्यान देने की बात है कि नए कवियों में जनता ने पन्तजी को ही अपना सर्वाधिक प्रेम अर्पित किया और आज वे ही छायावाद का सुधार भी कर रहे हैं।

सबसे बड़ी गलती छायावाद को रहस्यवाद सिद्ध करने में हुई। रहस्यवाद, साहित्य से बाहर, धर्म का गुण है और साहित्य में आकर भी भक्त कवि की अधूरी ईश्वरानुभूति का ही धुँधला उद्गार हुआ करता है। वह धर्म का आनन्द-पथ और काम का धार्मिक स्वरूप है। सौन्दर्य और आनन्द के उन्मद भावों की साधना जब धर्म के माध्यम से होने लगती है तब साहित्य में एक प्रकार की वाणी प्रकट होती है जिसमें अध्यात्म की माधुरी के साथ काव्य का चमत्कार सन्निहित रहता है। इस मिश्रण में अध्यात्म का मूलाधार ज्ञान और आनन्द का उद्गमस्थल भक्ति होती है। साहित्य में एक परम्परा है जो शुद्ध भक्ति के उद्गारों को प्रार्थना कहती है; इस परम्परा के अनुसार रहस्यवाद की रचनाएँ वे ही होती हैं जो ज्ञान और भक्ति के समन्वय से जन्म लेती है और जिनमें अध्यात्मक की ओर बढ़ते हुए भावुक सन्त का धुँधला उन्माद होता है। किन्तु, यह परम्परा ही है। सत्य यह है कि ऐसी कोई स्पष्ट रेखा अभी तक खींची नहीं गई जो रहस्यवाद की रचनाओं को ईश्वरानुभूति-विषयक अन्य रचनाओं से विभाजित कर दे। प्रार्थना और प्रेमानुभूति की बहुत-सी ऐसी कविताएँ हैं जो रहस्य-लोक की कृति कही जा सकती हैं तथा रहस्यवाद की बहुत-सी कविताएँ हैं जो केवल प्रार्थना और प्रेमानुभूति के उद्गार हैं। किन्तु, रूढ़ियों ने रहस्यवाद के जो लक्षण मान लिए हैं उन्हीं के बल पर, अक्सर, काव्य-विशेष को रहस्यवाद का उदाहरण मानने की प्रथा चली आ रही है।

वेदों को देखने से कहीं-कहीं ऐसा मालूम होता है कि आरम्भ में ब्रह्म को बुद्धि से प्राप्त करने का प्रयास किया गया था; किन्तु, उपनिषदों के काल में आते-आते यह भासित होने लगा कि केवल ज्ञान इसके लिए बहुत ही अपर्याप्त है। मुंडकोपनिषद में कहा है—"नायमात्मा प्रवचनेन लभ्यो, न मेधया, न बहुना श्रुतेन।" तैत्तिरीय ने आनन्द कहकर आत्मा को ही पुकार दिया (आनन्द आत्मा [तैत्ति. 2—5])। आनन्दस्वरूप ब्रह्म को उपलब्धि के विषय में घोषणा करते हुए कठोपनिषद ने कहा—"नैषा तर्केण मतिरापनेया।" और वेदों की ऋचाओं में जो हम काव्य का चमत्कार देखते हैं वह भी आनन्द के मार्ग से आत्मा को ही ग्रहण करने का प्रयास है। इस आनन्द का जन्म नीरस दार्शनिक विचारों से नहीं, प्रत्युत, ज्ञान की विह्वलता से होता है।

रहस्यवाद अपने मूल रूप में किसी कवि या कलाकार का नित्य-गुण नहीं, प्रत्युत, ज्ञानाकुल भक्त का गुण होता है। मैथिलीशरण जी को भक्त मानकर अभी हाल ही में एक आलोचक ने लिखा था कि उनका रहस्यवाद कमजोर है; क्योंकि, वह ज्ञानी नहीं भक्त हैं। मानो रहस्यवाद ज्ञान की कसरत का नाम हो; मानो रहस्यवाद मीमांसा तर्क

और न्याय से जन्म लेता हो; मानो भक्ति के बिना ज्ञान ईश्वरानुभूति का आनन्द उठाने में अकेला ही समर्थ हो। केवल ज्ञान के आधार पर आध्यात्मिक रहस्यों के विश्लेषण से वेदान्त के सूत्रों का जन्म होता है; वह मस्तिष्क का एक रूखा खेल है। माधुरी तो उसमें हृदय के योग से पैदा होती है। और हृदय का योग ज्ञानी नहीं, भक्त दे सकता है।

छायावाद को रहस्यवाद से सम्बद्ध सिद्ध करने से जनता की जिज्ञासा की शान्ति नहीं हो सकती थी। उसे भारत की प्राचीन सम्पत्ति बताने से भी छायावाद के प्रति जनता का आदर नहीं बढ़ सकता था। जनता का विरोध साहित्य के धार्मिक भावों से नहीं था। वह सिर्फ यह जानना चाहती थी कि छायावाद में सच्ची धार्मिकता है या नहीं। एक अधार्मिक युग में, धर्म के उदय का संवाद सुनकर लोगों में संशय का उत्पन्न होना बहुत ही स्वाभाविक था। इस संशय की वृद्धि इस बात से भी होती थी कि कालिज और स्कूल से निकलनेवाला प्रत्येक नवयुवक अचानक अध्यात्म की उच्च भूमि में पहुँच जाता था तथा नई धारा के अग्रणी कवियों में से किसी को भी अपने व्यक्तिगत जीवन में धार्मिक होने को प्रसिद्धि प्राप्त नहीं थी। फिर इन कविताओं में कहीं भी प्राचीन सन्त कवियों की प्रार्थना की शीतलता, आध्यात्मिक विरह को बेचैनी तथा आनन्द के लोक में आत्मा के महाजागरण का उल्लास नहीं मिलता था। जो कुछ मिलती थी, वह थी गहरी अस्पष्टता, गहरा धुँधलापन और प्रत्येक वस्तु को एक नई दृष्टि से देखने का गहरा मोह।

अगर दृष्टिकोण की नवीनता पर जोर दिया जाता तो, सम्भव है कि जनता उतना नहीं चिढ़ती; यह भी सम्भव है कि दृष्टिकोण की नवीनता पर जोर देने का प्रभाव उन नए कवियों पर कुछ दूसरे रूप में पड़ता जो नई कविता के क्षेत्र में अपनी किस्मत आजमाने के लिए झुंड बाँधकर आ रहे थे। किन्तु, उन्होंने बाहर रहते हुए जो कुछ सुना था उसमें प्रमुख संवाद यह नहीं था कि हिन्दी-कविता में एक प्रचंड क्रान्ति हुई है तथा उसकी शैली और भाव दोनों ही बड़ी तेजी से बदल रहे हैं, प्रत्युत्त, यह कि हिन्दी में कविता करना सहल हो गया है तथा उसमें प्रेम और वेदना के गीत बड़ी ही आसानी से गाये जा सकते हैं। और सत्य ही, काव्य-क्षेत्र में ऐसी कुहेलिका छाई हुई थी कि उसके भीतर छिपकर कुछ भी कहा जा सकता था और पीछे उसकी कुछ भी टीका की जा सकती थी। उसमें शारीरिक आसक्ति के गीतों की व्याख्या प्रभु को प्रीति में हो रही थी और वासना का नाम आध्यात्मिक प्रेम दिया जा रहा था। रोजो के अभाव, रुपयों की कमी और बेकारी से जन्मी हुई निराशा, संसार से विराग का रूप ले रही थी और दैनिक जीवन की कठिनाइयों से घबड़ाया हुआ कवि 'उस पार' चल देने के लिए और नहीं तो एक 'भग्न तरी' ही खोज रहा था। निराशा, वेदना और अस्वस्थ वैराग्य के प्रति ऐसी आसक्ति बढ़ी कि जिन्हें आर्थिक साधन सुलभ थे वे भी इसकी ओर झुके और अपनी दैनिक प्रेम-लीलाओं की क्षणिक निराशा और वियोग में परमात्मा से आत्मा के अनन्त विरह का रूपक देखने लगे। यह सच है कि निराशा की इन लहरों में बहनेवाले अधिकांश

कवि वे ही थे जो अब क्षेत्र में नहीं हैं, किन्तु इस शमितवेगा नदी के दोनों किनारों पर अब भी ऐसी कृतियाँ खड़ी हैं जो जीवित और चैतन्य हैं तथा जो इतिहास में अपने लिए स्थान सुरक्षित करती जा रही हैं। इस नदी के उस पार प्रसादजी का 'आँसू', महादेवी का 'नीहार' और 'रश्मि' तथा द्विजजी की 'अनुभूति' है एवं उसके इस पार श्रीयुत हरिवंशराय जी 'बच्चन' हैं जो निराशा और वेदना को अधिक बोधगम्य एवं कहीं अधिक सुन्दर बनाते जा रहे हैं।

कोई बहुत आगे का साहित्यकार जब छायावादी युग के पन्ने उलटने लगेगा तब, सम्भव है कि वह इस युग को कविता का वैराग्ययुग कह डाले; क्योंकि, कुछ समर्थ कवियों को छोड़कर, बाकी जितने लोग उस समय मैदान में थे, वे सबके सब जीवन से विरक्त, अपने आस-पास के लोगों से नाराज और इस दुनिया को छोड़कर कहीं अन्यत्र चल देने को तैयार बैठे थे। निराशा के अति संस्कार के कारण कवि उस मनोदशा को प्राप्त हो रहे थे जिसमें दूसरों के सहानुभूतिपूर्ण शब्द भी अच्छे नहीं लगते हैं। तत्कालीन हिन्दी-कवियों में से अनेक ऐसे थे जिनकी मनःस्थिति ठीक उसी प्रकार की हो गई थी जैसी गालिब की निम्नलिखित पंक्तियों में से ध्वनित होती है—

रहिए अब ऐसी जगह चलकर जहाँ कोई न हो,
हमसखुन कोई न हो और हमजबाँ कोई न हो।
पड़िए गर बीमार तो कोई न हो तीमारदार,
और अगर मर जाइए तो नौहख्वाँ कोई न हो।

'हमसखुन' और 'हमजबाँ' भाइयों के बीच से ये कवि भागकर बाहर तो नहीं जा सके, हाँ, उन्हीं के बीच रहते हुए स्वयं ऐसा सखुन और ऐसी जबाँ बोलने लगे जिन्हें उनके आस-पास के लोग समझने में असमर्थ थे। अतएव, समझना चाहिए कि गालिब ने जो स्वप्न देखा था, छायावाद-काल के कितने ही हिन्दी-कवियों ने उसे चरितार्थ कर दिया—लोगों के बीच से भागकर नहीं, बल्कि अपने मन में एक नया संसार बसाकर तथा अपने लिए एक नई भाषा की ईजाद करके। इसी प्रकार आदरणीया महादेवीजी का भी वह 'अनोखा संसार' अच्छी तरह बस गया जिसे उनका 'पागल प्यार' आरम्भ से ही चाह रहा था तथा हमें विश्वास है कि जीवन का 'मत्त समीर' अब उनकी आज्ञा मानता है और उनकी शान्ति को भंग करने के लिए उस तरफ नहीं जाता जिधर उनका 'एकान्त' सो रहा है।

विद्रोह की भावना पर जन्म लेनेवाला साहित्य निराशा और वेदना के कुहासे में उलझकर रह जाए, यह एक ऐसी असंगति है, जिसकी सम्यक् व्याख्या सभी विचारों के परे हो जाती है। इसे आजकल लोग पलायनवाद कहकर समझाते हैं जो बहुत अंशों में सही भी मालूम होता है; क्योंकि, छायावाद के आते-न-आते भारतवर्ष में स्वतन्त्रता का संग्राम छिड़ गया था और आशा की जाती थी कि साहित्य इसमें पूरे बल से योग देगा। किन्तु, इसके विपरीत वह धरती से ऊपर उठकर स्वप्न में मँडराने लगा। इधर,

हाल से, यह कोशिश भी शुरू हुई है कि छायावाद-कालीन हिन्दी-कवियों की मनोदशा को प्रथम विश्व-युद्ध के उपरान्त यूरोप में जन्म लेनेवाली उस मनःस्थिति से मिलाकर देखना चाहिए, जिसके कारण, इंग्लैंड में ईलियट जैसे गम्भीर नैराश्य की व्यंजना करनेवाले कवियों का जन्म सम्भव हुआ था। परन्तु, यहाँ यह विचारणीय है कि प्रथम विश्व-युद्ध में लड़नेवाला भारत यह नहीं जानता था कि वह क्यों लड़ रहा है—इतना भी नहीं कि वह इसलिए लड़ रहा है चूँकि वह इंग्लैंड का गुलाम है। ऐसी स्थिति में उस युद्ध को इतनी प्रमुखता देना एक कृत्रिम प्रयास होगा। प्रथम विश्व-युद्ध से उत्पन्न होनेवाली निराशा का प्रवेश हमारे साहित्य में भी हुआ, किन्तु बहुत बाद को, तथा सीधे नहीं, प्रत्युत, ईलियट और उनके अनुयायियों की कृतियों के माध्यम से ही।

परिणाम में छायावाद चाहे पलायनवाद का ही रूपक रहा हो, किन्तु, उसके जन्म और विकास की प्रक्रिया बड़ी ही क्रान्तिपूर्ण थी। वैयक्तिकता के उदय से यह प्रवृत्ति चल पड़ी कि मनुष्य निश्चित रूप से समाज और सभ्यता के सामने जिम्मेदार नहीं है। उसे अपनी बातों को अपने ढंग पर सोचने का नैसर्गिक अधिकार है और समाज के प्रति दायित्व के भाव उसके बन्धन नहीं बन सकते। मनुष्य के लिए समाज ही सब कुछ नहीं है; पृथ्वी, पहाड़, फूल, पत्ते और अपने मन की दुनिया भी उसके लिए सच है और जहाँ समाज के कुत्सित रूप से मनुष्य को विरक्ति हो जाती है, वहाँ उसके लिए ये पिछली वस्तुएँ ही अधिक सत्य हो जाती हैं। इसके फलस्वरूप प्रकृति के प्रति एक नए दृष्टिकोण का आरम्भ हुआ तथा उसकी सुन्दरताओं में एक नए ढंग की दिलचस्पी ली जाने लगी। केवल प्रकृति ही नहीं, वरन् जीवन के विभिन्न अंगों का व्याख्या में यह नया दृष्टिकोण प्रमुख होने लगा और इसके स्वाभाविक फलस्वरूप साहित्यिक कृतियों में कल्पना की अतिवृद्धि होने लगी। मनुष्य क्या करता है, क्या सोचता है और क्या कहता है, साहित्य से इसका वर्णन उठने लगा और कविगण यह बताने में अधिक आनन्द लेने लगे कि कुछ सोचते, कहते अथवा करते समय मनुष्य में क्या-क्या भाव उठा करते हैं। इसी प्रकार साहित्य से प्रकृति के तद्गत रूप का वर्णन भी विदा होने लगा और उसकी जगह पर यह व्यंजना उपस्थित होने लगी कि कवि के हृदय में आकर प्रकृति कैसी हो जाती है। फूल स्वयं कैसा है, इसके स्थान पर यह लिखा जाने लगा कि फूल कवि को कैसा लगता है। यहाँ यह बात विचारणीय है कि कवि भी आखिर मनुष्य ही है और साधारणतः उसका अच्छा या बुरा लगना बहुत कुछ अन्य लोगों के अच्छा या बुरा लगने के ही समान होना चाहिए। और इसमें सन्देह नहीं कि जिस कवि की चेतना भटककर सर्वसाधारण की चेतना से बहुत दूर नहीं चली गई थी उसकी वैयक्तिक अनुभूति यथेष्ट रूप से बोधगम्य और सुन्दर रही। किन्तु, छायावाद के आरम्भ-काल में अधिक कवि ऐसे ही थे जिन्होंने वैयक्तिकता को, शायद, विचित्रता समझ लिया था तथा जिनकी दृष्टि में जनसाधारण की चेतना से बहुत दूर जाकर कष्ट-कल्पना की अनुभूति को छन्दोबद्ध करना ही नवीनता का पर्याय था। पन्तजी का वह अद्भुत गान "लाई हूँ फूलों का हास,

लोगी मोल, लोगी मोल'' पहली श्रेणी का उत्कृष्टतम अवदान था तथा पिछली श्रेणी की रचनाओं के अनेक उदाहरण श्री लक्ष्मीनारायणजी मिश्र के 'अन्तर्जगत' में आज भी विद्यमान मिलेंगे।

साहित्य के स्वभाव में इस नवजागरण के प्रभाव से जो सरल और दुर्बोध अनेक विलक्षणताएँ उत्पन्न हो गई थीं, कवि के चिन्तन एवं अभिव्यक्ति की प्रक्रिया में जो विचित्र प्रकार की उलझनें आ गई थीं, इस निबन्ध में उनकी स्थूल एवं असमर्थ व्याख्या ही सम्भव है। इतना ही यथेष्ट समझना चाहिए कि नवजागरण की सम्भावनाएँ ज्यों-ज्यों प्रत्यक्ष होती जाती थीं, त्यों-त्यों कल्पना की उद्दामता की ओर कवियों की आसक्ति बढ़ती जाती थी। ऐसा भासित होता है कि द्विवेदी-युग ने, अत्यन्त स्थूल अर्थों में, दैनिक जीवन की वास्तविकता को ही अपना सर्वस्व समझनेवाली जिस इतिवृत्तात्मकता के शिलाखंड के नीचे कल्पना को दबाकर रख छोड़ा था, उसे खंड-खंड करके कल्पना अत्यन्त वेग से ऊपर आ गई थी और प्रायः प्रतिशोध की कटुता के साथ जीवन का तिरस्कार कर रही थी। समकालीन जीवन बिलकुल हीन और हेय था। साहित्य पूर्ण रूप से सतर्क था कि दैनिक विश्व की कोई भी प्रतिध्वनि काव्य में नहीं आने पाए। उसकी विहार-भूमि शून्य आकाश, नन्दन-कानन अथवा इतिहास के उस गह्वर में थी जो समकालीन जीवन से बहुत दूर था तथा जहाँ कवियों की कल्पना अपनी पसन्द की दुनिया बसा सकती थी। यह भावना इतनी प्रधान थी कि भूल से भी समकालीन जीवन की ओर दृष्टिनिक्षेप करनेवाले लोग अनायास ही अकवि समझे जाने लगते थे।

छायावाद-कालीन रचनाओं में यह संकेत भी नहीं मिलता है कि कवियों ने समकालीन जीवन को भली-भाँति देखकर उसे रुक्ष एवं अकाव्यात्मक समझकर छोड़ दिया हो। अधिकांश कवियों ने आस-पास की दुनिया को समझने का थोड़ा भी प्रयास नहीं किया। ऐसा दीखता है कि काव्य की चेतना सीधे ऊपर से आती थी और, प्रायः, सदैव दार्शनिक सिद्धान्तों के स्तर तक ही आकर रुक जाती थी; उससे नीचे जो सुख-दुख से मिश्रित एक दैनिक लोक था, जिसकी अनुभूतियों से दर्शन के सिद्धान्त बनते हैं, वहाँ तक आने की प्रवृत्ति किसी में भी नहीं थी। छायावाद ने कल्पनात्मकता की जो रूढ़ि बना दी थी उससे अलग भागने को प्रवृत्ति कभी-कभी श्री भगवतीचरण वर्मा में लक्षित होती थी, किन्तु उस समय वे भी जीवन की नश्वरता एवं समृद्धि की समाधि तक ही आकर रुक जाते थे। यह भी ध्यान देने की बात है कि इन लोगों के ठीक पीछे जो लोग आ रहे थे, उनमें भी आरम्भ में जीवन की रुक्षताओं का सामना करने की उमंग नहीं थी। छायावाद ने जिस निराशा की सृष्टि कर दी थी, उससे बिलकुल ऊपर उठ जाना, प्रायः, उनके लिए भी कठिन मालूम होता था। निराशा भी एक प्रकार की रूढ़ि हो गई थी और कवि की मनोदशा पर उसका कोई-न-कोई प्रभाव अनायास ही पड़ जाता था। यह सच है कि पीछे आनेवाले कवि कल्पित अनुभूतियों की तेजोहीनता एवं निस्सारता को एक हद तक पहचान चुके थे, किन्तु नैराश्य की परम्परा अज्ञात रूप से उन्हें भी घेरे हुए थी।

यही परम्परा उनके सामने समृद्धि की नश्वरता, जीवन की क्षणभंगुरता और बुझे हुए चिराग पर विलाप करने की प्रवृत्ति बनकर प्रकट हो रही थी। श्री रामकुमार वर्मा की 'चित्तौड़ की चिता' और 'कंकाल', बच्चनजी की 'मधुशाला' से ठीक बादवाली रचनाएँ तथा भगवती बाबू की कितनी ही कविताएँ इसी नैराश्य-पीड़ित मनोदशा के परिणाम हैं। अन्य समर्थ कवि भी जब कोरी कल्पना से ऊब जाते थे और जीवन के कुछ अधिक समीप आना चाहते थे, तब उनके सामने भी गुजरी हुई समृद्धि तथा विनष्ट हो जानेवाला जीवन ही प्रमुख हो उठता था। पल्लव में ही 'परिवर्तन' कविता है, जिसमें यह मनोदशा बड़े ही अद्भुत आवेग के साथ-साथ व्यंजित हुई है।

छायावाद एक क्रान्ति का सन्देश लेकर आया था, किन्तु, अपने क्रान्तिकारी होने के प्रचार में वह ऐसा फँसा कि वास्तविक उद्देश्य का कहना ही भूल गया। वह उस नेता के समान था जो हर चीज को पुरानी और सड़ी हुई बतलाता है, किन्तु, उसकी जगह पर कौन-सी चीज आनी चाहिए, यही नहीं कह पाता। महादेवी ने छायावाद पर लिखते हुए एक जगह कहा है कि "कलाकार निर्माण देकर ध्वंस का प्रश्न सुलझाता है, ध्वंस देकर निर्माण का नहीं।" किन्तु आश्चर्य की बात है कि छायावादी कवि वास्तविक क्षेत्र में न तो ध्वंस ही कर सके और न निर्माण ही। उनसे इतना भी नहीं बन पड़ा कि और कुछ नहीं तो जीवन का विवशता के विरुद्ध एक सैद्धान्तिक विरोध ही ध्वनित करें। उस समय बार-बार कहा जाता था कि कविगण एक ऊँचे एवं अधिक व्यापक जीवन की खोज में है; किन्तु, छायावाद-काल की अधिकांश रचनाओं में इस बात का कोई प्रमाण नहीं मिलता कि कवियों ने जीवन की दैनिक वास्तविकता का त्याग किसी बड़ी वास्तविकता के ग्रहण करने के लिए किया हो अथवा अपने आस-पास के लोगों को छोड़कर वे प्रवास में इसलिए गए हों कि वहाँ से वापस आने पर जीवन की व्याख्या अधिक गम्भीरता से कर सकें।

उनका प्रवास कर्तव्यनिष्ठ गृहस्थ का प्रवास नहीं, प्रत्युत, उस बालक का पलायन था जो अपने आस-पास मन के अनुकूल वातावरण न पाकर घर से भाग निकलता है। कल्पना के नन्दन-कानन में, नई-नई सूझों के अनुसंधान में, काल्पनिक प्रेम और विरह की अनुभूति में वे एकमात्र अपनी ही तृप्ति खोज रहे थे। उन्हें इस बात का ध्यान ही नहीं था कि आखिर वह भी इसी समाज के प्राणी हैं और उनके आनन्द में दूसरों का भी कुछ न्यायसिद्ध भाग है। इसके विपरीत, अपने को वे कुछ-कुछ अवतारी-सा मान रहे थे और समझते थे कि उनका प्रत्येक वाणी शाश्वत और पवित्र है तथा वह समाज को समझ में आए या नहीं, परन्तु समाज को उनका आदर करना ही चाहिए।

छायावाद की दुर्दशा अपनी पराकाष्ठा को पहुँच गई होती, यदि उसमें पन्तजी, निरालाजी, प्रसादजी, माखनलालजी, भगवतीचरणजी वर्मा और पं. बालकृष्ण शर्मा नवीन नहीं हुए होते। इस कुहासे में निरालाजी सदैव दृढ़ और पन्तजी हमेशा प्रसन्न रहे। जैसे छायावाद के विद्रोही स्वभाव का प्रतिनिधित्व निरालाजी कर रहे थे, उसी प्रकार नवजागरण

के आनन्द और उल्लास का प्रतिमान पन्तजी थे; प्रसादजी अपनी समस्त दार्शनिकता, ज्ञान-गरिमा और विद्या-वैभव को लेकर इस कुहासे में समृद्ध साधक के समान बैठे हुए थे तथा उन्हें वे लोग भी सिर नवाते थे जो इस नई दुनिया के खिलाफ थे। भगवती बाबू विशिष्टता के अधिकारी इसलिए हैं कि आरम्भ में ही छायावाद की कमजोरियों का ज्ञान उन्हें हो गया था तथा उस युग में वे ही एक ऐसे कवि थे जो छायावाद के तत्कालीन रूप को असमर्थ जानकर कुछ अधिक शक्तिशाली स्वर फूँकने के लिए जब-तब नए-नए प्रयोगों की ओर उन्मुख हो रहे थे। आरम्भ में उनकी 'विदा' नामक कविता का जोरों से प्रचार हुआ, किन्तु, ऐसा दीखता है कि यह प्रशंसा उनकी दृष्टि पर आवरण नहीं डाल सकी और जब उनके ऊपर चारों ओर से फूल बरस रहे थे, तभी वे 'विदा' की टेकनिक छोड़कर आगे बढ़ गए। 'नूरजहाँ की कब्र', 'कानपुर का मेमोरियल बेल' और 'क्रय-विक्रय' नामक कविताओं में उन्होंने जिस टेकनिक और भावदशा को अपनाया था वह स्पष्ट ही 'विदा' की टेकनिक और भावदशा से कहीं उन्नत और प्रभविष्णु थी। उनके प्रयोगों के भीतर से छायावाद आगे बढ़ रहा था और उस शैली की ओर अग्रसर हो रहा था जो कविता को लोक-जीवन के अधिक समीप लानेवाली थी।

माखनलालजी इन कवियों के बहुत पहले से मैदान में थे और छायावाद की छाया शायद सबसे पहले उन्हीं पर पड़ी थी। वह और प्रसादजी प्रायः समकालीन थे; किन्तु 1912-13 की लिखी हुई कविताओं को देखने से ज्ञात होता है कि आगे चलकर उदय होनेवाली किरण की झाँई जैसी माखनलाल जी की रचनाओं में स्पष्ट होकर पड़ रही थी वैसी प्रसादजी की रचनाओं में नहीं। कारण शायद यह भी था कि प्रसाद जी का प्रगाढ़ पांडित्य नई शैली और मनोदशा को कुछ दूर तक अपने में रखने में समर्थ था। किन्तु, उद्दाम भावुकता के कारण माखनलालजी पर नवीनता का प्रभाव आसानी से पड़ सकता था।

1920 से 30 के बीच में छायावाद ने हिन्दी-कविता का सबसे बड़ा उपकार राष्ट्रीय कविताओं के क्षेत्र में किया। शुद्ध कला की भूमि में जहाँ छायावाद ने सिर्फ कुहासा ही कुहासा फैलाया, वहाँ राष्ट्रीय कविता को उसने इतिवृत्तात्मक तथा प्रचारात्मक होने से बचा लिया। भारतेन्दु-युग से राष्ट्रीय कविता की जो परम्परा चली आ रही थी, उसमें देशमाता की वन्दना और दुख-दारिद्रय का वर्णन ही प्रधान था। द्विवेदी-युग में तो कविताएँ शुद्ध इतिवृत्तात्मकता का प्रमाण ही बन गई थीं। उस समय अन्य कविताओं की भाँति देशभक्ति की कविताओं में भी कवि की वैयक्तिक अनुभूति का चमत्कार नहीं होता था। ये कविताएँ सब कुछ कहती थीं, किन्तु पाठकों के हृदय को छूने में सर्वथा असमर्थ थीं। छायावाद ने राष्ट्रीय कविता के इस अभाव को पूरा किया तथा कवि की देशभक्तिमयी मनोदशा को अनुभूति बनाकर उसे शुद्ध काव्य के देश में प्रतिष्ठित कर दिया। नवीनजी तथा माखनलाल चतुर्वेदी की कविताएँ स्वदेश भक्ति का प्रचार नहीं करती हैं, वरन् देशवासियों को उन अनुभूतियों का दान देती हैं जिनका जन्म देश प्रेम की भावना से

होता है। छायावादी युग में पाठकों के बीच हिन्दी-कविता की बहुत कुछ प्रतिष्ठा राष्ट्रीय कविताओं ने रखी तथा इन कविताओं ने ही इस बात का प्रमाण दिया कि नए आन्दोलन में बड़ी-बड़ी सम्भावनाएँ छिपी हुई हैं।

मिट्टी की ओर

1930 के आस-पास ऐसा मालूम होने लगा कि जनमत का प्रभाव यत्किंचित् सुचारू रूप से कवियों पर पड़ रहा है। यह सम्भव है कि यहाँ तक आते-आते दीर्घकालीन प्रयोगों के बाद छायावादी कवि परिपक्वता के पास पहुँच गए थे। अब उनकी रचनाओं में आकाश और अनिल का अंश घटकर सन्तुलन की ओर आ रहा था तथा शेष तत्त्व—जल, अग्नि और मृत्ति—अपने समुचित भाग की प्राप्ति के लिए आगे बढ़ रहे थे। इनका स्पष्ट संकेत पन्तजी के 'गुंजन' में मिला। 'गुंजन' की कविताएँ कवि की उस चेतना का परिणाम है जो समाज के अधिक निकट आकर गाने की आवश्यकता की अनुभूति से उत्पन्न होती है। ऐसा लगता है कि कई वर्षों से समाज जो अपनी समस्याओं के प्रति कवियों का ध्यान आकृष्ट करने की कोशिश कर रहा था, उसमें उसे अब थोड़ी बहुत सफलता मिलने लगी थी। यद्यपि समाज की इस सफलता अथवा जीवन के प्रश्नों के प्रति साहित्य की चैतन्य वृत्ति के संकेत दो-एक वर्षबाद 'ज्योत्स्ना' नाटिका में अधिक स्पष्टता के साथ प्रकट होनेवाले थे, किन्तु, 'गुंजन' में भी यह मनोवृत्ति प्रत्यक्ष हो गई थी। गुंजन पन्तजी के निसर्ग-प्रिय आनन्द, गीतों का संग्रह है, परन्तु यह आनन्द निरे भावुक कवि की कल्पना का आनन्द नहीं है। उसमें आशावादी चिन्तक की प्रसन्न मुद्रा एवं जीवन के प्रति अधिक जागरूक भावों का तेज है। गुंजन की कविताओं में उस कवि के मनोभाव हैं जो जीवन के समीप आकर, उसी के आस-पास, अपने आनन्द के उपकरणों की खोज करता है। परियों का देश उसे अब भी प्रिय है, किन्तु, अब उस देश का सम्बन्ध धरती से भी हो गया है, मानो, मनुष्य चन्द्रमंडल में आने-जाने लगा हो। गुंजन की कविताओं में प्रकृति के रूपों का जो चित्रण हुआ है, उसमें अज्ञात रूप से, जीवन के प्रति कवि की जिज्ञासा परिव्याप्त मिलती है। इस जिज्ञासा का लय बहुत बाद को चलकर युगान्त, युगवाणी और ग्राम्या में होनेवाला था जब कवि को अपने द्वारा उठाई हुई शंकाओं के उत्तर समाजवाद की साहित्यिक अनुभूति में प्राप्त होनेवाले थे। किन्तु, गुंजन में ही यह जिज्ञासा तथा उनके निदान की खोज आरम्भ हो गई थी। इस प्रयास का उदाहरण गुंजन की सुख-दुख सम्बन्धिनी कविताएँ ही नहीं, वरन् प्रकृति के बिम्ब लेनेवाले कुछ शुद्ध कलामय गीत भी हैं जिनमें जीवन अवस्थाएँ रूप, उत्प्रेक्षा और उपमाएँ बनकर बोलती हैं अथवा शब्दों के लाक्षणिक विन्यास से अनायास ही ध्वनित होती है।

जग के दुख-दैन्य-शयन पर
यह रुग्णा जीवनवाला।

'चाँदनी' के इस रूप में समाज की विषण्ण मुद्रा का रूपक है तथा—

एकाकीपन का अन्धकार,
दुस्सह है इसका मूक-भार,
इसके विषाद का रे, न पार।

आदि पंक्तियों में से उस निर्बन्ध वैयक्तिकता के प्रति कवि की विरक्ति ध्वनित होती है जो उसे अब तक लोक-जीवन से दूर रखकर अपने अन्धकार की कारा में बाँधे हुए थी।

मिट्टी की ओर आने की प्रवृत्ति केवल उन्हीं कवियों में लक्षित नहीं हुई जो शुद्ध कल्पना को छोड़कर भिन्न भावभूमि में गमन कर रहे थे, प्रत्युत, इसका स्पष्ट संकेत उन कवियों में भी मिला जो किसी भी कारण से अपने पूर्वनिर्मित माया-लोक को छोड़ना नहीं चाहते थे। परिणामतः महादेवीजी की 'नीरजा' और 'सान्ध्य गीत' निकले जिनमें पूर्वापेक्षा अधिक प्रसाद, अधिक बोधगम्यता तथा अध्यात्म के अधिक पुष्ट स्वर विद्यमान थे।

इतना ही नहीं, वरन्, इस समय जो भी नए कवि काव्य-भूमि में उतर रहे थे सबमें समाज के प्रति एक विशिष्ट प्रकार के दायित्व का भाव था। उनकी प्रायः कोई भी अनुभूति ऐसी नहीं थी, जिसे समाज के प्राणी समझ न सकें। पन्तजी वाली पीढ़ी के ठीक बाद आनेवाले कवियों में से बच्चनजी, छायावाद की विरासत—वैयक्तिक निराशा एवं वेदना को लेकर आए थे; लेकिन छायावाद-कालीन काल्पनिक निराशा उनकी कविताओं में सत्य और सजीव हो उठी; मानो, हिन्दी-कविता को निराशा के आनन्द से परिचित करने के लिए ही भगवान् ने कवि को अग्नि-पुंज में डाल दिया हो। बच्चनजी ने भाषा की सम्भावनाओं का भी अनुसन्धान किया तथा अपने भावानुरूप उसका एक ऐसा स्वरूप ढूँढ़ निकाला जो हर तरह से कविता की शोभा और शक्ति को बढ़ानेवाला था।

मिलिन्दजी बच्चनजी से भी कुछ पहले आए थे, अतएव आरम्भ में उनमें निराशा की रूढ़ि का आवेग स्वाभाविक ही था (लिखो कुसुमकुल, थिरको जलकण, मंगलमय हो तुम्हें वसन्त; पर क्यों छेड़ जगाते हो विरही के भाव अनन्त?); पर आगे चलकर वह इस विषण्ण लोक से निश्चित रूप से निकल गए और उस दुनिया में खड़े हो गए जहाँ पौरुष और आशावाद का आलोक फैल रहा था।

नेपाली, नरेन्द्र, आरसी, केसरी और रामदयाल, इन कवियों की मनोदशाओं में पूरी एकता नहीं थी। नरेन्द्रजी में रूपासक्ति प्रधान थी; नेपालीजी प्रकृति को देखते हुए आ रहे थे; आरसी बाबू में संस्कृत-काव्य एवं छायावाद के मिश्रित प्रभाव से एक ऐसी विलक्षणता उत्पन्न हो गई थी जो नए ढंग की वैयक्तिक अनुभूति को 'क्लासिक' शैली में अभिव्यक्त करना चाहती थी; केसरीजी में आरसी बाबू से मिलती-जुलती मनोदशा का विकास हो रहा था, किन्तु उनमें दो और नए गुण आ मिले थे—शैली के पक्ष में अंग्रेजी कवियों का प्रभाव और भाव-पक्ष में ग्राम्य जीवन की सरलता के प्रति अनुरक्ति।

पंडित रामदयाल पांडेय कला के माध्यम से जीवन की विरूपताओं को देखते हुए आ रहे थे तथा उनकी वाणी स्वभावतः ही ओजस्विनी और दीप्तिपूर्ण थी।

इस दूसरी पीढ़ी के कवियों की मनोदशाएँ परस्पर एक-दूसरे से बहुत कुछ भिन्न थीं, परन्तु एक बात में उन सभी में आश्चर्यजनक एकता थी। यह थी, सुन्दर होने के पहले सुस्पष्ट होने को प्रवृत्ति। हिन्दी-कविता छायावाद के कुहासे से निश्चित रूप से बाहर आ चुकी थी और अब वह किसी भी ऐसी अनुभूति पर हाथ डालना नहीं चाहती थी जो समूह की अनुभूति से इतनी दूर हो कि उसकी समझ में ही नहीं आ सके। इन कवियों में से कोई भी रुक्ष अथवा नीरस नहीं था; सौन्दर्य से प्रति भी सभी में उद्दाम आसक्ति थी; रूपसृष्टि के लिए ये लोग भी उतने ही प्रयत्नशील थे जितने छायावादकाल के समर्थ कलाकार; किन्तु सौन्दर्य ढूँढ़ने के प्रयास में वे कविता के प्रसाद गुण को खोना नहीं चाहते थे। छायावाद की माया-किरण इनकी दुनिया में भी चमकती थी, किन्तु वह किरण ही थी, कुहेलिका नहीं। इनकी एक विशेषता यह भी थी कि ये कभी भी ऐसी चीज को नहीं उठाते थे जो इनकी समझ में अच्छी तरह से न आती हो। बोधगम्य एवं सुस्पष्ट विषयों की खोज में वे मनुष्य के दैनिक जीवन के अधिक समीप आने लगे। अधिक समीप का अर्थ यह नहीं है कि वे जीवन की स्थूलता में डूबने लगे। यह काम तो उसके लिए छोड़ दिया गया था जो तथाकथित प्रगतिवाद के नाम पर स्थूल एवं नीरस विवरणों को काव्य कहकर पुकारते हुए आगे चलकर आनेवाले थे। मेरा अभिप्राय इतना ही है कि नरेन्द्र, नेपाली, बच्चन, आरसी और रामदयाल जीवन के इतने समीप आ गए थे जहाँ से वे उसका कोलाहल भली-भाँति सुन सकें।

इस पीढ़ी में दो ऐसे कवि और आए जिन्हें छायावाद की कुहेलिका ने समाज के सामने पूर्ण रूप से प्रकट होने नहीं दिया। एक हैं समर्थ नवयुवक कवि श्री रामेश्वर शुक्ल 'अंचल', जो अनेक क्रान्ति-स्फुलिंगों को लेकर उस कुहेलिका में आज भी तड़प रहे हैं और दूसरे हैं श्री केदारनाथ मिश्र 'प्रभात', जो हृदय के अगणित समर्थ भावों की सुष्ठु एवं ओजस्विनी अभिव्यक्ति इसलिए नहीं कर पाते हैं, क्योंकि छायावाद की आदि कुहेलिका का मोह उनमें घनीभूत हो गया है।

अंचलजी और प्रभातजी के समान ही पंडित जानकी वल्लभजी शास्त्री भी विकास की इस स्वाभाविक प्रक्रिया के अपवाद हैं। वह प्रधानतः गीतों से कोमल कलाकार हैं तथा उनके अनुसंधान का झुकाव नए सुर एवं तदनुरूप स्फुट भावनाओं की ओर है। तत्त्व-चिन्तन और रूप-सृष्टि की उन्मद मनःस्थिति, खंड-खंड होकर, उनके गीतों में प्रकट होती है तथा मन से वह छायावाद-कालीन निराकार विश्व के अधिक समीप हैं।

सुधरते हुए छायावाद की रेखा पंडित नरेन्द्र शर्मा की कविताओं में स्पष्ट मिलती है। उनके 'मिट्टी और फूल' इस नाम में हों, मानो, छायावाद का यह रूप साकार हो गया हो। 'फूल' शब्द से जो सुन्दरता, मधुरिमा और सुरभि व्यंजित होती है, छायावाद उन सभी गुणों को अपने साथ ला रहा था, किन्तु इन सारी विभूतियों के साथ उसका

गमन मिट्टी की ओर था—वह मिट्टी, जिसकी गोद में सुन्दर और सुरभित फूल खिला करते हैं। छायावाद के पूर्व और नवीन रूपों का यह भेद सिर्फ कविताओं से ही नहीं, प्रत्युत कुछ काव्य-पुस्तकों के नामों से भी व्यंजित होता है। जो पहले 'विपंचीं' थी वह अब 'रागिनी' हो गई थी, जो पहले 'नीहार' और 'पल्लव' था उसका नाम अब 'मिट्टी और फूल' हो गया था; इतना ही नहीं, वरन्, युगान्तर, युगवाणी, मानव, गणदेवता, प्रभात-फेरी और किरणबेला, इन सभी नामों में उस नए क्षितिज का संकेत था जो छायावाद को कुहेलिका से धीरे-धीरे प्रकट हो रहा था। सत्याग्रह आन्दोलन के बाद का दशक छायावाद के इसी रूप-परिवर्तन और परिपाक का काल था। इसके बीच जिन प्रभावों के कारण अग्रज कवियों की वाणी अधिक गम्भीर और पुष्ट हो रही थी, उन्हीं प्रभावों के कारण नवोदित कवियों में अधिक सारवान् स्वप्न एवं एक सुस्पष्ट शैली का उदय हो रहा था। सृष्टि के आरम्भ में जिस प्रकार केवल नेबुला (जिसे राहुलजी ने हलवे-सा अस्थि-विहीन कोई ढुलमुल पदार्थ कहा है) था तथा काठिन्य उसके भीतर बहुत बाद को आया, उसी प्रकार छायावाद के आरम्भिक काल में कल्पना हलकी और तरल थी। उस समय उसके भीतर बीज का कड़ापन नहीं मिलता था। यह कड़ापन 1930 के बाद प्रकट हुआ। इस काल को हम कल्पना के राज्य में विचारों की स्थापना का काल कह सकते हैं। इस काल की प्रमुख रचनाएँ 'कामायनी' और 'तुलसीदास' हैं, जिनमें हम एक विशिष्ट प्रकार की प्रौढ़ि तथा छायावादी काल्पनिकता के भीतर विचारों को बहुत ही पुष्ट रीढ़ पाते हैं। बच्चन, नरेन्द्र, आरसी, नेपाली और रामदयाल तथा सुमन, इस काल में जो भी नवीन कवि मैदान में आए, सभी में भावुकता से अधिक विचारों का प्राधान्य था; अथवा इसे यों समझना चाहिए कि छायावाद-कालीन भावुकता के आतिशय्य की पृष्ठभूमि पर जब ये कवि अपनी विचारपूर्ण मनःस्थिति को लेकर उतरे तब ऐसा ज्ञात हुआ मानो इनके विचार इनकी भावुकता से अधिक प्रबल हों। यह एक साधारण नियम की बात है। सम्भव है, लोगों को इसके अपवाद के भी उदाहरण मिलें। किन्तु एक बात सत्य थी कि इनमें से कोई भी कवि केवल यही नहीं सोचता था कि वह कैसे कह रहा है, वरन् यह भी कि वह क्या कह रहा है। यह प्रवृत्ति उन कवियों में भी प्रधान थी जिनके पास कहने को कुछ बहुत अधिक बातें नहीं थीं, पर जो कुछ उन्हें कहना था उसके प्रति वे काफी जागरूक थे। कुछ लोग ऐसे भी थे जो आरम्भ में इस 'क्या' और 'कैसे' के बीच समुचित सामंजस्य स्थापित करने का सच्चा मार्ग नहीं पा सके, किन्तु, जैसे-जैसे समय बीतता गया, उनमें अपेक्षित विकास के क्रम प्रकट होते गए।

यह कहना कठिन है कि 1930 के बाद हम काव्य के क्षेत्र में जो सुस्पष्टता, दृढ़ता तथा ओज की वृद्धि देखते हैं उसका श्रेय नवोदित कवियों को मिलना चाहिए अथवा पहले के आचार्यों को। दूसरे शब्दों में यह छायावाद के संस्कार का परिणाम था अथवा नई पीढ़ी का कोई नूतन अवदान। कुछ लोग इसे छायावाद का शून्यता के विरुद्ध जनमी हुई प्रतिक्रिया (प्रगतिवाद) का आरम्भिक चिह्न मानते हैं। किन्तु, इस बात को स्वीकार

करने के पूर्व हमें यह सोच लेना चाहिए कि प्रगतिवाद हमारे साहित्य का कोई जागरण-विशेष है या नहीं। कम-से-कम कविता में तो वह किसी नव-जागरण का सूचक नहीं ही है। जिन कविताओं को हम प्रगतिशील कहते हैं उनके प्रति जनता की रुझान का कारण उसकी काव्यात्मक विलक्षणताएँ नहीं, प्रत्युत उनके भीतर से सुनाई पड़नेवाला राजनीति का नाद है। जनमत का अनुरक्ति के आधार पर प्रगतिवाद को कविता का जागरण मानने के पूर्व हमें जनता को यह बतला देना चाहिए कि जो बातें केवल कविता में कही जाती हैं, वे ही बातें चमत्कार के विनाश के बिना गद्य में नहीं कही जा सकतीं। खड़ी बोली में कविता का जागरण एक ही बार हुआ और वह था छायावाद का अभ्युत्थान। उसके बाद से जो कुछ भी हुआ है वह छायावाद के परिपाक की प्रक्रिया मात्र है।

यह प्रक्रिया पन्तजी के गुंजन से पूर्व भगवती बाबू की रचनाओं में ही आरम्भ हो चुकी थी। छायावाद की आरम्भिक अवस्था में उसकी सम्भावनाएँ प्रायः प्रच्छन्न और प्रसुप्त थीं। ऊपर-ऊपर हम जो कुछ देखते थे, वह धुआँ और उच्छ्‌वास था। शक्ति के अंगारे अभी आगे चलकर प्रकट होनेवाले थे। 1920 से लेकर 1930 तक कई प्रकार की प्रतिभाओं के संसर्ग में रहकर छायावाद कई प्रकार की परीक्षाएँ दे चुका था और उसकी शक्ति के परस्पर-ईषत्-भिन्न कितने ही स्वरूप प्रत्यक्ष हो चुके थे। पन्तजी ने उससे ओस, नीलिमा और ऊषा को चित्रित करने का काम लिया था तथा निराला जी ने उसके कंठ से उद्‌दाम पोरुष के महाजागरण का गान गाया था। वह कल्पना और आनन्द के मेघों से लबालब प्रसादजी की प्रगाढ़ दार्शनिकता का भार सफलतापूर्वक वहन कर चुका था तथा उसमें महादेवजी की आध्यात्मिक वेदना की रागिनी सहज-मधुर सुरों में बज चुकी थी। इतना ही नहीं, प्रत्युत मृत्तिवासिनी राष्ट्रीय कविता को उसने स्पर्शमात्र से सुवर्ण में परिणत कर दिया था तथा काव्य-द्रव्य के महान् सम्राट श्री मैथिलीशरणजी को अपने जादू के देश में बुलाकर उसने उनकी वाणी को उद्‌भुत चमत्कारों से युक्त कर दिया था।

ज्यों-ज्यों समय बीतता जाता था, छायावाद के कितने ही छिपे जौहर प्रकट होते जाते थे। उसने हिन्दी-कविता में अभिव्यंजना के अनेक द्वार खोल दिए थे और प्रत्येक समर्थ कवि अपनी हर तरह की अनुभूति को उसके माध्यम से पूरे चमत्कार के साथ कह सकता था। छायावाद रीति अथवा द्विवेदी-कालीन शैली की तरह दुर्नम्य या कठोर नहीं था, प्रत्युत उसमें एक अद्‌भुत नमनीयता (Flexibility) का वास था। यह ठीक है कि कल्पना के आतिशय्य का रूढ़ि उसमें भी बनती जा रही थी, किन्तु यह बन्धन उस कवि के लिए नहीं था, जिसकी मनोदशा इसके विपरीत हो। जो लोग इस रूढ़ि को तोड़कर चलना चाहते थे, छायावाद उन्हें किसी प्रकार भी बाधा नहीं दे सकता था। महादेवीजी की तरह जिन लोगों को उसकी गहनतम कुहेलिका के भीतर छिपकर चलना पसन्द था, वह उसकी भी इच्छा पूरी करता था तथा सुभद्राकुमारी की तरह जो लोग उसके प्रकाश में खुलकर पृथ्वी पर चलना चाहते थे, उनकी सहायता करने में भी उसे

संकोच नहीं था। यही नहीं, प्रत्युत वंशीधर विद्यालंकार तथा हरिकृष्ण प्रेमी की तरह जो लोग उसकी दो-एक किरणों की ही जगमगाहट के अभिलाषी थे, छायावाद उनकी भी मनोकामना पूरी कर सकता था।

छायावाद की सम्भावनाएँ अनेक और महान् थीं। जब तक कवियों की दृष्टि समाज की ओर नहीं गई, यानी जब तक वे आकाश के भ्रमण-पथ में आनन्द खोजते रहे, तब तक छायावाद उनको लेकर ताराओं और बादलों की राह चलता रहा, परन्तु ज्यों ही वे धरती की ओर उन्मुख हुए, छायावाद उनके साथ ही पृथ्वी पर उतर आया। शैली की सामर्थ्य भाव-दशा के अनुरूप ही घटती-बढ़ती रहती है। पहले, अगर छायावाद अशक्त था, तो यह अभिव्यंजना की नई शैली का दोष नहीं, प्रत्युत उन कवियों का दोष था जो अशक्त भावों के आलम्बन से शक्तिशाली काव्य की रचना करना चाहते थे। किन्तु ज्यों ही उनके भाव शक्तिशाली होने लगे, छायावाद ने पूरे बल से उनका साथ दिया।

इसीलिए मेरा विचार है कि जिसे हम प्रगतिवाद कहते हैं वह छायावाद के परिपाक के सिवा और कुछ नहीं है। प्रगतिवाद को, कविता-गत किसी नए जागरण का पर्याय मानना अनेक दृष्टियों से अयुक्तियुक्त और खंडनीय है, सबसे पहले तो प्रगति वाद के नाम पर हिन्दी में जो कुछ भी सुन्दर रचनाएँ की गई हैं, उनकी शैली, लक्षण, व्यंजना, विशेषण-विपर्यय, नाद-चित्रण, मानवीकरण, अन्योक्ति और समासोक्ति से युक्त वही शैली है, जिसकी विशिष्टता छायावाद ने स्थापित की थी। फिर उसके कवि भी अधिकांश में वे ही लोग हैं जो छायावाद का उन्नयन अथवा अनुगमन करते हुए यहाँ तक आए हैं। यह सच है कि इधर कई वर्षों से हिन्दी कविता में कुछ ऐसे भाव भी प्रवेश पाने लगे हैं जिनका काव्य-जगत् में आना छायावाद-काल में निषिद्ध माना जाता था, किन्तु इस प्रक्रिया का आरम्भ छायावाद ने ही किया था और उसके अभ्युदय के समय से ही हिन्दी कविता के क्षेत्र में कितने ही अपरिचित एवं विलक्षण भावों का प्रवेश आरम्भ हो गया था। प्रगतिवाद की सबसे बड़ी विशेषता शायद यह है कि उसने काव्य में राजनीति की स्थापना की है; किन्तु यहाँ स्मरणीय है कि छायावाद का पर्याय रोमांसवाद, प्रायः सभी देशों में उग्र राजनीतिक आन्दोलनों के प्रति सदैव सहानुभूति पूर्ण था तथा आरम्भ से ही हिन्दी में भी वह उग्रता का समर्थक रहा है।

अभी बातें राजनीति तक ही हैं। ऐसा होगा कि जीवन का कोई भी अंग कार्य के लिए अस्पृश्य नहीं रह जाएगा। विचारों और मनोदशाओं की क्रान्ति निराशा की धुँधली वाणी होकर ही खत्म नहीं हो सकती। अगर ऐसा हो तो समझना चाहिए कि इतने दिनों का वैज्ञानिक अनुसंधान और स्वतन्त्र चिन्तन का प्रयास व्यर्थ हो गया।

छायावाद की पूर्ण परिणति उस दिन होगी जब वह अपनी समस्य चेतनाओं को लेकर मनुष्य के बीच बस जाएगा; जब उसकी दृष्टि में नीच और उच्च का भेद नहीं रहेगा; जब वह आकाश को श्रेष्ठ और धरती को हेय नहीं समझेगा; जब वह अपनी कोमलता की रक्षा के लिए ताराओं और बादलों की रंगानियों में छिपता नहीं फिरेगी

तथा जब उसमें इतनी सामर्थ्य आ जाएगी कि जीवन की धूप में भी खड़ा रहकर अपने हृदय के रस को सूखने नहीं दे। छायावाद अपने विकास के पथ पर गतिशील है। उसकी शक्तियाँ, एक के बाद एक, बड़ी ही विलक्षणता से प्रकट हो रही हैं। 'परिमल', 'सन्त तुलसीदास' तक, 'पल्लव' से 'ग्राम्या' तक, 'मधुकण' से 'मानव' तक तथा दूसरे पक्ष में 'नीहार' से 'दीपशिखा' और 'मधु-कलश' से 'सतरंगिनी' तक इसी विकास के सोपान बनते चले आए हैं। विकास के इस विस्तीर्ण पथ पर नेपाली और रामदयाल, अंचल और सुमन, नरेन्द्र और आरसी, ज्योति के कितने ही नए स्तम्भ पृथ्वी को फोड़कर प्रकट होते जा रहे हैं। इनमें से कोई भी ऐसा नहीं है जिसका कुछ-न-कुछ सम्बन्ध छायावाद से न हो। सच तो यह है कि छायावाद के जागरण के बिना इन कवियों की उत्पत्ति ही असम्भव होती।

अब हिन्दी-कविता की वह भूमि बच जाती है जहाँ एक अत्यन्त नवीन प्रवृत्ति को लेकर डॉ. रामविलास शर्मा और अज्ञेयजी के नेतृत्व में 'तार-सप्तक' के कवि एक नया प्रयोग कर रहे हैं। अज्ञेयजी की चर्चा इस लेख में बहुत पहले होनी चाहिए थी, किन्तु ऊपर के कवियों में से किसी के भी साथ उनकी मनोदशा एवं चिन्तन को गहराइयों की पूरी समता न होने के कारण और कुछ 'तार-सप्तक' के कवियों के साथ उनकी पूरी अनुरक्ति के कारण, उचित यही जान पड़ा कि उनकी चर्चा उनके अनुयायियों के साथ ही की जाए।

सर्वसाधारण के बीच 'तार-सप्तक' का स्वागत विस्मय, कौतूहल और विरक्ति के साथ होगा। लोग कहेंगे कि हिन्दी कविता में एक नया उत्पात फिर आरम्भ हुआ। लेकिन इस उत्पात के बीज जो छायावाद से उत्पन्न कवियों की वैयक्तिकतापूर्ण मनःस्थिति में विद्यमान थे और विकास के क्रम में, आज से पूर्व ही, उनकी झलक भी मिल रही थी। अतएव विरक्त हो जाने मात्र से निस्तार नहीं है। 'तार-सप्तक' की कविताएँ एक विशिष्ट मनोदशा की अभिव्यक्ति हैं और सम्भव है कि शीघ्र ही हम कई सात कवियों को इस मनोदशा से ग्रस्त पाएँ।

पहली दृष्टि में 'तार-सप्तक' की कविताएँ कविताओं के समान नहीं दीखती हैं। ये उन सभी कविताओं से भिन्न हैं जिन्हें देखने और सुनने के हम अब तक आदी रहे हैं। इनका कवि काव्य के साधारण नियमों को जान-बूझकर भूल गया है। अपने ही प्रमाण पर उसने यह मान लिया है कि प्रत्येक प्रकार के विषय और द्रव्य का कविता में उपयोग करने का उसे निसर्ग-सिद्ध अधिकार है। वह कविता के प्रचलित रूप एवं उसके प्रति जनता की सहज धारणाओं की उपेक्षा करता है। लोकमत की इस घोर उपेक्षा से एक प्रकार की वैयक्तिकता व्यंजित होती है जो पाठकों को चिढ़ानेवाली है। किन्तु डूबकर सोचने से यह स्पष्ट हो जाता है कि यह वैयक्तिकता समाज के प्रति दायित्वहीन नहीं, प्रत्युत उसका आदर करनेवाली है। 'तार-सप्तक' के किसी भी कवि ने कोई भी ऐसा विषय नहीं उठाया है, जिसका सीधा सम्बन्ध समाज से न हो; किन्तु फिर भी कोई

चीज है जो इन कविताओं में नहीं मिलती; कविता का कोई खास गुण है जो इनमें से गायब है। अधिक-से-अधिक हम यही कह सकते हैं कि इन कविताओं में समाज की समस्याओं पर सोचते रहनेवाले किसी कवि या मनुष्य की मनोदशा विशेष खंडित होकर अभिव्यक्त हुई है। इनमें उस चेतना का प्रतिबिम्ब है जो जीवन की विरूपताओं पर विचार करनेवाले असन्तोषी मनुष्य में उत्पन्न होती है।

'तार-सप्तक' की अधिकांश कविताओं में शब्द-चित्रण का क्रम मनोविज्ञान के साथ चलता है और कवि को हम समकालीन जीवन के प्रायः उतना ही समीप पाते हैं जितना उपन्यास-लेखक को। बल्कि, उसकी चिन्ताधारा पर चित्रव्यंजना से अधिक मनोवैज्ञानिक विश्लेषण-पद्धति का प्रभाव है तथा पद्य के माध्यम से काम करने के कारण उसे यह सुविधा भी प्राप्त है कि उपन्यास-लेखक की अपेक्षा अधिक सुगमता से अपने लक्ष्य पर वार कर सके।

ये कविताएँ शायद अच्छी न भी कही जा सकें, किन्तु ऐसा लगता है कि इनके भीतर से हिन्दी कविता कोई नया कदम उठा रही है। ये छिछली भी हैं तथा इनका कोई निश्चित आकार भावना की पकड़ में नहीं आता। किन्तु, शायद, यह आकारहीनता को ही आकार देने का प्रयास है; शायद आनेवाले युग की कविता इनमें अपनी ट्रेनिंग पा रही हो।

इन कविताओं में प्रयुक्त शैली एकदम वैयक्तिक है तथा उनके भीतर जिस कौशल के दर्शन होते हैं वह वैयक्तिक अभिव्यंजना के बहुत ही उपयुक्त है।

सब मिलाकर मैं इन कविताओं की प्रशंसा नहीं कर सकता, क्योंकि इनकी पृष्ठभूमि में जो कुछ दीखता है वह निर्जन और विषण्ण है तथा यह समझ में नहीं आता कि विप्लव और संघर्ष के पथ पर आरूढ़ देश में ऐसी कविताओं का जन्म क्यों हो जो रक्तहीनता के दोष से पीड़ित और पांडु हों।

(मिट्टी की ओर)

छायावादोत्तर काल

1

हिन्दी में एक प्रथा-सी चल पड़ी है कि आलोचक और इतिहासकार द्विवेदी-युग के बाद छायावाद-युग और छायावाद-युग के बाद प्रगतिवाद-युग की चर्चा करने लगते हैं। इससे कई कठिनाइयाँ उत्पन्न होती हैं। पहली कठिनाई तो यह है कि जैसे द्विवेदी-युग और छायावाद-युग के व्यक्तित्व एक-दूसरे के बाद अलग-अलग स्पष्ट दिखाई देते हैं, उस प्रकार प्रगतिवाद-काल का कँगूरा अलग दिखाई नहीं देता, न इस युग का व्यक्तित्व ही स्पष्ट है। यदि कोई कहे कि छायावाद-युग के बाद, सचमुच ही, एक युग आया था जिसका नाम प्रगतिवादी युग है तो सहज ही यह प्रश्न उठेगा कि यह प्रगतिवादी युग, मोटे तौर पर, कब-से-कब तक रहा और उसके कवि कौन लोग थे?

जहाँ तक मैं समझ सकता हूँ, हिन्दी में उल्लेख प्रगतिवाद-युग का नहीं, प्रगतिशील प्रवृत्ति का होना चाहिए। और यह प्रवृत्ति छायावाद-युग के बाद ही दिखाई नहीं पड़ी। वह भारतेन्दु हरिश्चन्द्र में भी थी और बालमुकुन्द गुप्त में भी तथा द्विवेदी-युग में भी इस प्रवृत्ति का प्रभूत प्रमाण उपलब्ध है। स्वयं छायावादी युग में जो राष्ट्रीय कविताएँ लिखी गईं, वे प्रगतिशील काव्य का ही दृष्टान्त थीं। हाँ, साहित्य में मार्क्सवादी दर्शन का प्रभाव छायावाद के बाद अवश्य परिलक्षित हुआ। फिर भी, यह मानना क्या ठीक होगा कि प्रेमचन्द्र छायावादोत्तर साहित्यकार थे अथवा अपने उपन्यास, उन्होंने मार्क्सवादी विचारधारा से प्रभावित होकर ही लिखे थे? यह भी विचारणीय है कि जो कवि छायावाद के बाद प्रकट हुए उनके सामान्य लक्षण क्या थे? क्या उनका यश मार्क्सवादी कवि होने के कारण फैला अथवा किन्हीं अन्य कारणों से?

छायावादी कवियों की ठीक पीठ पर आनेवाले कवियों में से बच्चन, नरेन्द्र, नेपाली, आरसी, केसरी, अंचल, प्रभात, सोहनलाल द्विवेदी, स्वर्गीय सुधीन्द्र, हरिकृष्ण प्रेमी, जगन्नाथ प्रसाद मिलिन्द, हंसकुमार तिवारी, जानकीवल्लभ, श्यामनारायण पांडेय, रामदयाल पांडेय, रामगोपाल शर्मा रुद्र आदि के प्रमुख नाम हैं और इसी काल में, एक छोटा नाम मेरा भी जोड़ा जाएगा। तो इनमें से कौन कवि प्रगतिवादी धारा का प्रतिनिधित्व करता है? कालक्रम की दृष्टि से देखें तो सुमन और नागार्जुन इस समूह के बाद आनेवालों में से हैं। इन कवियों की विशिष्टताओं पर विचार किया जाए तो

छायावाद की धूमिल रंगीनी और रोमांटिक हिलोर केवल अंचल और प्रभात की कविताओं में मिलेगी और इन दो कवियों में भी भाषा की छायावादी परम्परा केवल प्रभातजी में शेष है। बाकी सभी कवियों में कई ऐसे लक्षण समान रूप से मिलते हैं, जिन्हें देखते हुए इन कवियों का युग न तो छायावादी युग कहा जा सकता है, न उसे हम प्रगतिवाद शीर्षक के अन्दर लपेट सकते हैं। असल में, इनका काल छायावादोत्तर काल है जिसकी विशेषताएँ हैं :–

1. काव्य की भाषा को बोलचाल की भाषा के निकट लाने का प्रयास। यह प्रयास नेपाली और बच्चन में अत्यन्त प्रखर है, किन्तु, अन्य कवियों में भी हम पल्लव और परिमल की भाषा से दूर हटने की चेष्टा स्पष्ट देखते हैं।
2. ऐसी अनुभूतियों पर सबसे अधिक जोर जो सच्ची हैं, जो केवल कवि तक ही सीमित न रहकर पाठकों के मन को भी आन्दोलित कर सकती हैं। इसीलिए, छायावादोत्तर काल के कवियों में रहस्यवादी बनकर बोलने की प्रवृत्ति अत्यन्त अल्प है तथा कविता के मुख्य विषय प्रेम, विरह, प्रकृति तथा समाज और राष्ट्र हो गए हैं।
3. इस युग की तीसरी विशेषता काव्य में प्रसाद गुण की वृद्धि है जिसे बोलचाल की भाषा में सीधी-सच्ची अनुभूतियाँ चित्रित करने का प्रयास का ही परिणाम कहना चाहिए।

भाषा की सजीवता, अनुभूति की सचाई, और अभिव्यक्ति की प्रसन्नता, ये ऐसे गुण हैं जिनके समन्वय से कोई भी कविता सप्राण हो सकती है। किन्तु, हिन्दी में आधुनिक काव्य की जो चर्चाएँ हुई हैं उनमें छायावादोत्तर काल की रचनाएँ छायावादी युग की कृतियों के समक्ष अपेक्षाकृत निम्न स्थान पर रखी गई हैं। तो भी, मेरा अनुमान है कि काव्यरसिकों में छायावादोत्तर युग की रचनाएँ जिस रोचकता से पढ़ी गईं उस रोचकता से छायावाद-युग की रचनाएँ नहीं पढ़ी गई थीं। द्विवेदी-युग का भी कुछ-कुछ यही हाल था। उस युग की कविता कही तो इतिवृत्तात्मक जाती है, किन्तु, मैथिलीशरण गुप्त, रामनरेश त्रिपाठी तथा रामचरित्र उपाध्याय और नाथूराम शंकर को जितने पाठक मिले, उतने पाठक छायावादी काव्य को न मिल सके। 'साकेत', 'यशोधरा', 'जयद्रथ-वध' और 'पथिक' तथा 'स्पप्न' तो आज भी पढ़े जाते हैं। हाँ, पाठ्य-पुस्तकों की कहानी और है। किन्तु, वे तो पढ़ाई जानेवाली पुस्तकें हैं, केवल पढ़ी जानेवाली पुस्तकों से उनका क्या मिलान? बच्चनजी ने एक दिन बातों-बातों में एक सूक्ति कही। 'जो कविता आनन्द के लिए पढ़ी जाती है, उसकी आलोचनाएँ बहुत कम लिखी जाती हैं।' छायावादोत्तर काल के कवि अपेक्षाकृत सरल, रोचक और आनन्ददायी निकले। इसीलिए, आलोचकों ने उन पर श्रम नहीं किया। श्रम छायावाद पर किया गया और प्रगतिवाद पर भी। और सबसे अधिक श्रम प्रयोगवाद पर किया जा रहा है, क्योंकि इस कविता में आनन्द की मात्रा अत्यन्त न्यून है।

कभी-कभी ऐसा भी भासित होता है, मानों, छायावादोत्तर काल के रूप में कुछ-कुछ द्विवेदी-काल का प्रत्यावर्तन हुआ हो। छायावादोत्तर-कालीन भाषा द्विवेदी-युगीन भाषा की याद दिलाती है। दोनों युगों की भाषाएँ सफाई और हिन्दी के बोलचाल वाले रूप के अधिक समीप हैं। भेद केवल यह है कि छायावाद-काल में भाषा के क्षेत्र में कोमलता के जो प्रयोग हुए उनकी शिक्षाएँ छायावादोत्तर-काल के कवियों को याद रहीं। किन्तु, द्विवेदी-युगवालों को इस प्रयोग का लाभ नहीं मिला। और जिन्हें यह लाभ सुलभ हो सका, उनकी भाषा कुछ-न-कुछ परिवर्तित अवश्य हो गई।

शरण एक तेरी मैं आई, धरे रहे सब धर्म हरे!
बजा तनिक तू अपनी मुरली, नाचें मेरे मर्म हरे!

(द्वापर)

भाषा के भीतर सारी शक्तियाँ सब दिन मौजूद रहती हैं। हाँ, जब प्रयोग-विशेष का समय आता है तब भाषा के अपेक्षित गुण स्पष्ट होने लगते हैं। लक्ष्मण-सिंह मयंक द्विवेदी-युग में हुए हैं, किन्तु, उन्होंने जिस भाषा का अनुसन्धान किया उसे प्रत्येक युग अपनाने को लालायित रहेगा।

हा! श्रान्त अन्त! उद्भ्रान्त अन्त!
हा! हा! कल, कोमल, कान्त अन्त!
गंगा माँ के वक्षस्थल पर,
उस दिन शीतल निर्मल जल पर
देखी थी तब स्वर्गीय छटा,
फिर सघन घनों की घोर घटा।
गूँजा था स्वर-संसार नया।
दीखा था सब संसार नया,
मानस को उथल-पुथल करके
गंगा-जल को उज्ज्वल करके
तू किधर गई, उड्डीन हुई?
हा! किस दिगन्त में लीन हुई?

कोमल बनने की प्रेरणा छायावादी-युग को इसलिए मिली कि द्विवेदी-युगीन भाषा बहुत कुछ नीरस और परुष समझी जाती थी। और यह अकारण भी नहीं था, क्योंकि द्विवेदी जी ने भाषा में सौन्दर्य की अपेक्षा सुस्पष्टता लाने पर अधिक जोर दिया था। कल्पना से अधिक व्याकरण-सम्मत भाषा को उन्होंने श्रेष्ठ बताया था। छायावादी युग के एक नवयुवक कवि जब द्विवेदीजी से मिलने गए, तब उन्होंने कवि को सब से बड़ा उपदेश यह दिया कि कविता लिखने से पूर्व कम-से-कम, सिद्धान्त-कौमुदी तो पढ़ लो। किन्तु, आज यह उपदेश बिलकुल निस्सार-सा लगता है, इसलिए नहीं कि सिद्धान्त-कौमुदी के अध्ययन से कवि-प्रतिभा का हनन होता है, प्रत्युत्, इसलिए कि सिद्धान्त-कौमुदी

हिन्दी का व्याकरण नहीं है। उसे पढ़े बिना अनेक लेखक और कवि बहुत अच्छी हिन्दी लिख रहे हैं। और सिद्धान्त-कौमुदी को आगे रखकर चलने से ज्योतित शब्द कैसे बनता, उन्मन शब्द से प्रसन्नता की ध्वनि कैसे निकलती एवं प्रभात का प्रयोग स्त्रीलिंग में कैसे किया जाता? कल्पना के ताप के नीचे जब भाषा पिघलने लगती है, तब व्याकरण के किनारे टूट जाते हैं। छायावाद ने व्याकरण के बाँध में से नहरें फोड़कर अपनी कल्पना के अनुरूप कोमल भाषा तैयार कर ली, यह कवि और भाषा, दोनों की विजय का प्रमाण है।

किन्तु, भाषा जब कोमलता के अतिरेक पर जा पहुँची तब केवल कविता ही नहीं, उसकी भाषा भी छायावादी कहलाने लगी, तब भावों के साथ-साथ काव्य-भाषा के विरुद्ध भी प्रतिक्रिया उत्पन्न हो गई। किन्तु, कोमलता के वायसीय शिखर से उतरने का कौन मार्ग था? इस नए मार्ग की खोज महादेवीजी में दिखाई देती है क्योंकि वे तब आईं जब पंत और निराला भाषा के नए रूप का निर्माण कर चुके थे। महादेवीजी की भाषा छायावादोत्तर कवियों की भाषा से कोमल दिखाई देती है। किन्तु, वह ठीक-ठीक 'पल्लव' या 'परिमल' की भाषा नहीं है। किन्तु, छायावादी भाषा से बचकर निकलने की कोशिश करने पर भी छायावादी इसलिए मालूम होती है चूँकि महादेवीजी के सारे भाव रहस्यवाद के भाव हैं। इसलिए, कहा जा सकता है कि महादेवीजी की भाषा छायावाद के ही आसपास की भाषा है। किन्तु, हम लोग तो शिखर के उस ओर को उतर पड़े जिधर द्विवेदी-युगीन घाटी पड़ती थी। किन्तु, द्विवेदी-युगीन घाटी की ओर उतरने पर भी हमारी भाषा द्विवेदी-युगीन भाषा से कुछ अधिक कोमल और व्यंजक रह गई। यह शुभ परिणाम इसलिए निकला कि जो कविता छायावाद-युग के बाद आई, वह गर्भ में तो छायावाद युग में ही आ चुकी थी। अतएव, छायावाद का उतना संस्कार इस कविता के साथ रह गया जो अभिव्यक्ति को धूमिल बनाए बिना साथ रखा जा सकता था।

कोमलता की साधना में छायावाद ने, कदाचित्, अति कर दी थी। छायावादोत्तर काल के कवियों ने आतिशय्य का त्याग कर दिया और उन्होंने छायावादी प्रयोग में से भाषा के निमित्त उतनी ही कोमलता स्वीकार की जितनी से भाषा का सौन्दर्य, उसकी शक्ति को घटाये बिना, सँवारा जा सकता था। भाषा का छायावादोत्तर प्रयोग छायावाद और द्विवेदी-युगीन भाषाओं के बीच समन्वय उपस्थित करता है, यद्यपि इस समन्वय में प्रधानता छायावाद-युगीन कोमलता की अधिक है।

छायावादी युग की तुलना उस मनुष्य से की जा सकती है जो साज-सिंगार, स्वच्छता, सुरम्यता और कोमलता की रक्षा के लिए अपने ड्रांइग कक्ष से बाहर कम निकलता है और छायावादोत्तर काल की उस व्यक्ति से जो स्वच्छता, सुरम्यता और कोमलता के उतने ही अंश से सन्तुष्ट रहता है जो सड़कों पर घूमने के बाद भी शेष रह सकता है। छायावाद-युग के कवि यदि कक्ष से बाहर निकलते भी थे तो सुबह और

शाम को, जब हवा में गर्मी कम हो जाती है। किन्तु, छायावादोत्तर काल के कवि धूप में भी घूमते थे। यह भी हुआ कि जब छायावाद-युग अपने परिपाक अथवा समाप्ति पर आया, छायावाद के वे ही कवि जो धूप में निकलने से परहेज करते थे, खेतों, खलिहानों और कारखानों के आस-पास घूमने लगे। इसलिए, यह भी कहा जा सकता है कि छायावादोत्तर काल कोई सर्वथा नवीन क्षितिज लेकर नहीं आया था। वह छायावादी प्रयोगों के ही परिपाक से उत्पन्न हुआ।

2

आरम्भ में छायावादी ढंग की कुछ कविताएँ मैंने भी लिखी थीं, जिनमें से अधिकांश तो विनष्ट हो गईं, किन्तु, कुछेक रेणुका से लेकर रसवन्ती तक मौजूद भी हैं। जो नष्ट हो गईं, विशेषतः, उन कविताओं के सम्बन्ध में ऐसा याद आता है कि उन्हें लिख लेने के बाद मुझे लगा, मानों, मेरी सारी बातें कसमसा कर मेरे भीतर ही छूट गई हों और जो कुछ मैं कह पाया हूँ, वह अकथित या कथ्य का आभास मात्र हो। छायावाद में जो कोमलता थी, उसमें नई-नई सुषमाओं के जो अनेक वातायन खुलते थे, उन सब के लिए मुझ में आकर्षण और लोभ था और इस लोभ से प्रेरित होकर जब मैं कोई कविता करने बैठता, मैं अपने आप से बहुत प्रसन्न हो उठता था। किन्तु, कविता समाप्त करते-करते मेरी मुद्रा शिथिल हो जाती और अपने श्रम को विनष्ट हुआ मानकर मैं निराश हो जाता था।

मेरी वेदना अभिव्यक्ति की वेदना थी और मेरे सम्मुख जो चुनाव था, वह क्लासिक और रोमांटिक द्विवेदी-युग और छायावादी काल या मैथिलीशरण और सुमित्रानन्दन पंत के बीच था। अनुभूतियाँ और भाव तो मुझे छायावादियों के ही अच्छे लगते थे, किन्तु, अभिव्यक्ति की सफाई मैं वह चाहता था जो मैथिलीशरण गुप्त और रामनरेश त्रिपाठी में निखरी थी। दूसरे शब्दों में, द्विवेदी-युग की कल्पना मुझे भी स्थूल और किंचित भोंडी लगती थी, किन्तु, पन्तजी की अभिव्यक्ति के भी चारों ओर मुझे कुहासा दिखाई देता था। मैं दोनों से हटकर अपने लिए कोई ऐसी राह निकालना चाहता था जो दोनों से समीप और दोनों से कुछ दूर हो।

कदाचित्, पन्त के सपने को मैं मैथिलीशरण की सफाई से लिखना चाहता था, किन्तु जोखिम इसमें यह थी कि दोनों को मिलाने से या तो पन्त के सपने घायल होते थे या मैथिलीशरण के मार्ग पर मिहिका छा जाती थी। छायावाद बड़ा ही प्रतापी आन्दोलन था और उसके रोब की उपेक्षा करके मनमानी राह पकड़ लेना छायावादोत्तर कवियों के लिए कोई सरल कार्य न था। उस पर भी, यह मनचाही राह यदि द्विवेदी-युग की ओर जाती हो, तो कौन था जो इस विचार से ही ग्लानि में गड़ नहीं जाता? फिर भी, मैं यह नहीं कह सकता कि जिन दिनों मैं अपनी शैली की खोज में

था, उन दिनों मैंने इतना कुछ विचार किया होगा। सच पूछिए तो छायावादी धूमिलता के मैं जितना विरुद्ध था, उतना मैथिलीशरण और रामनरेश त्रिपाठी वाली शैली के पक्ष में नहीं था। अतएव, मैंने अपने लिए जो राह निकाली, उसकी प्रेरणा केवल छायावादी धूमिलता से बचने के प्रयास में थी। यह और बात है कि वह राह द्विवेदी-युग और छायावाद-काल के बीचों-बीच पड़ गई।

साहित्य में कभी-कभी कई युग एक साथ जीते हैं और जब छायावाद-युग जीवित था तब उसके साथ-साथ द्विवेदी-युग की आत्मा भी अपना काम कर रही थी। इसलिए, यह भी कहा जा सकता है कि मेरी राह इन दो युगों के मिश्रण से तैयार हुई। किन्तु, मुझे यही मानना अच्छा लगता है कि यह शैली द्विवेदी और छायावादी युगों के बीच की शैली है जिसका प्रमाण यह है कि पन्त के सपने हमारे हाथ में आकर उतने वायवीय नहीं रहे जितने कि वे छायावाद-काल में थे; किन्तु, द्विवेदी-युगीन अभिव्यक्ति की शुभ्रता हम लोगों के पास आते-आते कुछ रंगीन अवश्य हो गई। यह मेरा अपना विश्लेषण है, किन्तु, इसी बात को कोई इस प्रकार भी रख सकता है कि साहित्य का प्रत्येक आन्दोलन, आरम्भ में धूमिल रहता है, किन्तु, आगे चलकर वह स्वच्छ हो जाता है। छायावादी कवियों में जो धूमिलता थी वह छायावादोत्तर काल में आकर उस आन्दोलन के नायकों में भी कम होने लगी थी। हम लोगों का आरम्भ इसी काल में हुआ, अतएव, अभिव्यक्ति की स्वच्छता की नई विरासत हमें आपसे आप प्राप्त हो गई।

और यह विश्लेषण मेरी वैयक्तिक शैली का ही विश्लेषण नहीं है, प्रत्युत्, वह समान रूप से छायावादोत्तर उन सभी कवियों की शैली पर लागू है जिन्होंने हिन्दी-कविता को कुहासे से निकाल कर उसे धूप में खड़ा किया तथा अभिव्यक्ति की धूमिलता और कच्चेपन से बचने के लिए छायावाद की उन रंगीनियों को छोड़ दिया जो प्रायः कवियों की असमर्थता पर झीना-परदा डाला करती थीं।

छायावाद-युग के कवि अपने गिने-चुने विषयों के वृत्त से बाहर नहीं जाते थे, क्योंकि उन्हें भय था कि वृत्त की परिधि के बाहर जो कुछ है, गद्यकल्प है, जो कुछ है, नीरस और रुक्ष है तथा उसके स्पर्श मात्र से कविता की कोमलता विनष्ट हो जाएगी। छायावाद में जो कोमलता थी, वह जीवन की रुक्षताओं से अलग रहकर उपलब्ध की गई थी, जिसका प्रमाण यह है कि इस काल का सारा छायावादी काव्य स्वप्न, हिमकण, आँसू, ओस, विहंग, बुदबुद, टलमल और चन्द्र, नक्षत्र, क्षितिज एवं नीलिमा इन कोमल, वायवीय शब्दों से भरा हुआ है, कर्म की कठोरता और जीवन की रुक्षता का स्मरण दिलानेवाले शब्द कविता में छायावादोत्तर काल में भरने लगे और छायावादी कवियों की कविताओं में भी ये शब्द छायावाद के बाद प्रविष्ट हुए, स्वप्न की भाषा में वास्तविकता का आख्यान छायावाद-युग में अशक्य कार्य था। शक्य उसे उन लोगों ने बनाया जो छायावादी युग की ठीक पीठ पर आए। छायावाद-काल में

बहुत-सी ऐसी अनुभूतियाँ भी चल रही थीं जिनकी सचाई के बारे में जनता को काफी सन्देह था, फिर भी, जो भी नया कवि आता, वह इन्हीं संदिग्ध अनुभूतियों का अनुकरण करने लगता। छायावादोत्तर युग के कवियों ने इन सारी कृत्रिम वेदनाओं एवं रहस्य को छूने का स्वांग भरनेवाली अनुभूतियों के जाल को फाड़ फेंका और वे निर्भीकता के साथ उन भावों का आख्यान करने लगे, जिनकी सम्यक् अनुभूति के विषय में किसी को भी कोई सन्देह नहीं हो सकता था। इसे मैं छायावादोत्तर काल की पराजय नहीं, विजय का प्रमाण मानता हूँ, क्योंकि वे भाव कोई भाव नहीं हैं जो भाषा का लिबास लेने से इन्कार करते हैं, न वह अनुभूति ही कोई अनुभूति है जिसे स्वयं कवि भी शब्दों का जामा पहनाने में असमर्थ हो जाए।

मैं यह नहीं मानता कि हम लोग जिस युग में आए, वह हिन्दी-कविता के उतार का युग था। उसे कविता के प्रसार का युग कहना कहीं अधिक न्यायसंगत बात होगी। क्योंकि छायावादी युग में सूक्ष्म और धूमिल सृष्टियाँ चाहे जितनी हुई हों, जन-समुदाय के बीच समकालीन काव्य का जैसा प्रसार हमारे समय में हुआ, वैसा छायावादी युग में न हो पाया था। जनरुचि की अवज्ञा कोई भी कला बहुत अधिक काल तक नहीं कर सकती। छायावाद के आगमन के साथ काव्य-रसिकों ने उससे बहुत बड़ी आशा लगा रखी थी, किन्तु, जब यह आशा पूरी न हुई, छायावाद की आलोचना आरम्भ हो गई और उस पर यदाकदा व्यंग्य भी होने लगे। उन दिनों कवियों की ओर से, कभी-कभी यह भी कहा जाता था कि कवि नीचे क्यों उतरे, जनता को ही उसके पास पहुँचने को ऊपर उठना चाहिए। किन्तु, जनता ऊपर नहीं उठी। जनता का ऊपर उठना कभी किसी को दिखाई भी नहीं देता है। लाचार होकर कवियों को ही नीचे आना पड़ा। और छायावाद-कालीन उन सारी कृतियों को काल ने झाड़-बुहार कर एक ओर को रख दिया जो अपनी दुरूहता या अभिव्यक्ति के कच्चेपन के कारण काव्य-प्रेमियों को आनन्द देने में असमर्थ थीं।

यहाँ यह नहीं समझना चाहिए कि मैं आँख मूँदकर केवल प्रसाद-गुण की साधना के पक्ष में था। प्रसाद भी कविता का सापेक्ष गुण है। वह कविता के लिए अत्यन्त आवश्यक है, किन्तु, इतना आवश्यक नहीं कि हम उसकी प्राप्ति के प्रयास में उन भावों को लिखना ही छोड़ दें जो अखबारी विज्ञापन की सुस्पष्टता में लिखे नहीं जा सकते। मेरी अपनी ही रचनाओं में कुरुक्षेत्र का षष्ठ सर्ग उतना प्रसन्न नहीं है जितने अन्य सर्ग हैं। किन्तु, इसका कारण केवल यह है कि यह सर्ग जिन भावों को लेकर बढ़ता है, वह अन्य संर्गों की भाँति अधिक सुस्पष्टता से लिखे ही नहीं जा सकते थे। विशेषतः रहस्यवादी रचनाओं में जो अस्पष्टता होती है, उसे प्रसाद-हीनता का पर्याय मानना अनुचित है, क्योंकि रहस्यवादी कवि की चेतना जब फैलकर अदृश्य वास्तविकता को छूने लगती है, तब उसमें उठनेवाले चित्र हमारी सामान्य चेतना से इतनी दूर पर झिलमिलाते हैं कि हमें यह भ्रम होने लगता है कि, हो न हो, ये अभिव्यक्ति की

दुर्बलता से उत्पन्न हुए हैं। किन्तु, ऐसे स्थलों पर अभिव्यक्ति की दुर्बलता हो भी सकती है और नहीं भी हो सकती है, जिसका निर्णय यह देख कर करना चाहिए कि कवि में अभिव्यक्ति की सच्ची खोज है या नहीं। कबीरादि के धुन्धले उद्‌गारों के सामने हम जो बिना सोचे-समझे मस्तक झुका देते हैं, उसका कारण हमारी अन्ध श्रद्धा नहीं, बल्कि, हृदय का यह विश्वास है कि कवि, सचमुच, हमें कुछ दिखलाना चाह रहा है, किन्तु भाषा की स्वाभावजन्य असमर्थता के कारण हम उसकी उक्ति का पूरा मर्म समझ नहीं पाते। 'हृदय का विश्वास', यह टुकड़ा यहाँ अत्यन्त महत्त्वपूर्ण है, क्योंकि जिस रहस्यवादी कवि में अभिव्यक्ति की सच्ची आकुलता नहीं है, उसके प्रति पाठक का विश्वास भी सुदृढ़ नहीं होगा।

केवल प्रसाद-गुण को लक्ष्य बनाकर चलने में खतरा यह है कि हम उन अनेक अनुभूतियों को लिखना छोड़ देंगे जो पूरी स्वच्छता से लिखी जाने पर भी इतनी सुस्पष्ट नहीं हो सकती जितनी कि पोस्टरों और विज्ञप्तियों की भाषा होती है। गहन-गम्भीर अनुभूतियों को अत्यधिक सरल बनाने की इच्छा सदैव साधु नहीं होती। अनेक बार हम ऐसी अनुभूतियों के सामने आ जाते हैं जिन्हें यदि बहुत सुस्पष्टता से लिखने की कोशिश की जाए तो उनका मिथ्या रूप ही चित्रित हो जाता है। प्रसाद-गुण की भी एक सीमा है और सुस्पष्टता कोई ऐसी चीज नहीं है जो प्रत्येक धरातल पर एक समान बरती जा सके। आइंस्टीन का सापेक्षबाद जिस भाषा में समझाया जा रहा है। वह सुस्पष्टता से काफी दूर है, फिर भी, यही अस्पष्ट भाषा वह माध्यम है जिसमें आइंस्टीन के सिद्धान्त समझाये जा सकते हैं। और जब भी कोई पंडित उन्हें समझाने के लिए अत्यधिक सरल शैली अथवा अत्यधिक सुस्पष्ट भाषा का प्रयोग करता है, तब वह सापेक्षवाद की व्याख्या नहीं करके कोई ऐसी बात बोलने लगता है, जिससे मूल सिद्धान्त के सम्बन्ध में गलत धारणाएँ उत्पन्न होती हैं।

किन्तु, इतनी सतर्कता बरत लेने के बाद, अब मैं यह कह सकता हूँ कि साहित्य में भी साधु वे हैं जो दूसरों को कष्ट नहीं देते, जो अपनी प्रत्येक पंक्ति को लिखते समय अपने से यह पूछते चलते हैं कि अनुभूति की सत्यता को विकृत किए बिना उक्ति इससे और सुस्पष्ट हो सकती है या नहीं। पाठक की कठिनाई का पहले से ही अनुमान लगाकर उसे निराकृत कर देना, यह एक ऐसा शील है जिसकी आशा प्रत्येक पाठक अपने लेखक से करता है और जब लेखक इस शील का पालन सफलता के साथ करते हैं, वे सहज ही पाठकों के प्रेम के अधिकारी बन जाते हैं। इसके विपरीत, जब लेखक पाठकों का सम्मान नहीं करते, साहित्य और जनता के बीच का तार टूट जाता है।

छायावाद-युग में छायावादी कविता और जन-समुदाय के बीच कोई सम्बन्ध न था और यदि सम्बन्ध का कोई पतला धागा दोनों को बाँधे हुए था तो यह धागा भावुक, किशोरवय युवकों के उत्साह का धागा था। उनसे आगे समाज में जो विभिन्न

विषयों के विद्वान् और कविता के पाठक थे, वे छायावादी आन्दोलन को थोड़ा भी महत्त्व नहीं देते थे। सच पूछिए तो छायावाद निर्धन नहीं, कमजोर था; बुरा नहीं, मृत था और, इसीलिए, उसकी जो प्रशंसा होनी चाहिए थी, वह न हो सकी।

वैयक्तिकता उतनी इतनी प्रचंड थी कि किसी भी स्थिति से वह समझौता करने को तैयार नहीं था। आज प्रयोगवादियों के बारे में लोग यह कहते हैं कि उन्हें परम्परा का ध्यान नहीं है। किन्तु, यही आक्षेप उस समय छायावाद पर भी लगाया गया था। और यह आक्षेप कुछ बहुत गलत भी नहीं था। छायावादी कवियों ने नई दुनिया बसाने के उत्साह में द्विवेदी-युग से तो, स्पष्ट ही, अपना सम्बन्ध-विच्छेद कर लिया था। यह ठीक है कि गद्य-कल्प द्विवेदी-युगीन काव्य में ऐसा कोई विशेष गुण नहीं था जिसे छायावादी कवि अपने साथ ले चलते, किन्तु, अभिव्यक्ति की स्वच्छता तो गद्य से भी ली जा सकती थी। किन्तु, दैनिक जीवन की रुक्षता से दूर भागने की कोशिश में छायावादी कवि जन-साधारण की भाषा से भी दूर हो गए और अपने लिए उन्होंने जिस भाषा की रचना की वह देखने में सुन्दर और छूने में मुलायम होने पर भी ऐसी भाषा न थी जिसमें कवि अकवि से बातें करता है। 'पल्लव' और 'परिमल' की भाषा छायावादी-युग के बाद कविता में नहीं टिक सकी, यह घटना भाषा के छायावादी प्रयोग पर स्वयं एक व्यंग्य है।

इस मामले में छायावादोत्तर काल के कवि अपने पूर्वजों से अधिक उदार निकले। परम्परा का आदर तो उन्होंने इस प्रकार किया कि पन्त और मैथिलीशरण को मिलाकर वे द्विवेदी-युग के उस अंश को वापस ले आए जो उसका सर्वोत्तम अंश था अर्थात् जिसका सम्बन्ध सुस्पष्टता और अभिव्यक्ति की सफाई से पड़ता था। तथा जन-साधारण की समीपता में आने को उन्होंने पूर्वजों से उत्तराधिकार में मिली हुई भाषा का परित्याग कर दिया और अपने व्यवहार के लिए वे भाषा का वह रूप उठा लाए जो जनता के, प्रायः, दैनिक व्यवहार की भाषा के करीब था।

जब छायावादोत्तर-काल का आरम्भ हुआ, साहित्य की भूमि पर तब भी छायावादियों का ही राज्य था और, घट-बढ़कर साहित्य में आज भी उन्हीं की प्रधानता है जिसे मैं अनुचित नहीं, उचित ही मानता हूँ। यह बात वैसी ही हुई जैसे केले के जब नए पत्ते निकलते हैं, तब भी उसके पुराने पत्ते बने रहते हैं और वृक्ष-सम्पदा की रक्षा का मुख्य भार भी नए नहीं, इन पुराने पत्तों पर ही रहता है। किन्तु, छायावादोत्तर काल की प्रवृत्तियों का प्रभाव छायावादी कवियों पर भी पड़ा अर्थात् इस काल में आकर वे भी अपनी भाषा को जन-जीवन के पास लाने लगे और छायावादी अभिव्यक्तियों में जो कच्चेपन का दोष था वह दोष भी इसी काल में आकर छूटने लगा। 'पल्लव' से 'गुंजन' और 'गुंजन' और 'गुंजन' से 'ग्राम्या' तथा 'युगान्त', ये सीढ़ियाँ हैं जिन पर पन्तजी की अभिव्यक्ति पहले से अधिक स्वच्छ होती गई है तथा जिन से यह भी झलकता है कि कवि किस प्रकार वायवीयता से उतरकर दिनों-दिन वास्तविकता के

अधिक पास आता जा रहा था। इसी प्रकार, निरालाजी का 'अनामिका' और 'परिमल' में जो रूप था, वह दिनों-दिन परिमार्जित होता गया और उनकी भी अभिव्यक्ति दिनों-दिन अधिक साफ होती गई, यहाँ तक कि उनकी श्रेष्ठतम कृति 'राम की शक्ति-पूजा' की रचना छायावादोत्तर काल में ही हुई। इसके बाद, उन्होंने जो व्यंग्यात्मक कविताएँ लिखीं, उनमें तो उस भाषा की छाया भी नहीं मिलती जो उनकी पहले की रचनाओं, उदाहरणार्थ, 'रेखा' और प्रेयसी' में मौजूद है।

(काव्य की भूमिका)

प्रयोगवाद

द्विवेदी-युगीन इतिवृत्तात्मकता से असन्तुष्ट जन-रुचि ने कविता में कल्पना, भावुकता और रंगीनी की माँग की। यदि आवश्यकता और पूर्ति के नियम से देखें तो छायावाद जन-रुचि की इसी माँग की पूर्ति का प्रयास था। किन्तु, शीघ्र ही, छायावाद की कविता इतनी काल्पनिक और सूक्ष्म हो गई कि लोग उसकी धूमिलता से अप्रसन्न होने लगे। अतः छायावाद ने अपने इस दोष से बचने के प्रयास में छायावादोत्तर-काल को जन्म दिया, जिसके कवि कुछ तो वे लोग हुए जो साहित्य में अभी नए-नए आए थे और कुछ वे लोग जो छायावाद के उन्नायक और पोषक रहे थे। ठीक इसी समय, साहित्य में प्रगतिशील आन्दोलन का आरम्भ हुआ जिसका लक्ष्य साहित्य की सामाजिक प्रवृत्ति को प्रोत्साहन देना था। इस आन्दोलन के सिलसिले में पहले तो वे सभी लोग एक वृत्त में गिने गए जो साम्राज्यवाद, शोषण और औपनिवेशिकता के विरुद्ध थे, किन्तु, आगे चलकर यह वृत्त और छोटा बना दिया गया तथा अब उसमें केवल वे ही साहित्यकार गिने जाते हैं जिनका लक्ष्य मार्क्सवादी दर्शन की आराधना है।

प्रगतिवादी आन्दोलन अभी चल ही रहा था कि 'तार-सप्तक' का पहला भाग प्रकाशित हुआ, जो इस बात की सूचना थी कि हिन्दी के नए कवि कविता को प्रचलित शैली से सन्तुष्ट नहीं थे। इन कविताओं पर विचार करते हुए आज से दस वर्ष पूर्व, मैंने अपनी पुस्तक 'मिट्टी की ओर' में लिखा था कि "ये उन सभी कविताओं से भिन्न हैं जिन्हें देखने-सुनने के हम अब तक आदी रहे हैं। इनका कवि जान-बूझकर काव्य के साधारण नियमों को भी भूल गया है।...इनकी पृष्ठभूमि में जो कुछ दीखता है, वह निर्जन और विषण्ण है।" तथा "शायद, आनेवाले युग की कविता इनमें अपनी ट्रेनिंग पा रही है।" और तब से आज तक हिन्दी के तरुण कवि विभिन्न दिशाओं में जिस आकुलता से प्रयोग कर रहे हैं, उससे आज भी यही भासित होता है कि नई कविता की ट्रेनिंग अभी खत्म नहीं हुई है और उसके निश्चित भूमि में पहुँचने में अभी और कुछ देर है।

पहले 'तार-सप्तक' के कई वर्ष बाद, एक-दूसरा 'तार-सप्तक' भी निकला जो पहले की अपेक्षा अधिक सफल था। इन दो संग्रहों के अलावे, इधर और कुछ संग्रह और काव्य-ग्रन्थ (जैसे अज्ञेय का 'हरी घास पर क्षण भर' और 'बावरा अहेरी',

गिरिजाकुमार का 'धूप के धान', धर्मवीर भारती का 'ठंडा लोहा' और 'अन्धा युग' तथा नई कविता के दो-एक अंक आदि) निकले हैं, जिन्हें साधारणतः लोग नई कविता के प्रतिनिधि-ग्रन्थ मानते हैं। इनके सिवा, पत्र-पत्रिकाओं में नीरज, भवानीप्रसाद मिश्र, बालकृष्ण राव, सर्वेश्वरदयाल सक्सेना, प्रयागनारायण त्रिपाठी, मदन वात्स्यायन, जगदीश गुप्त, राजेन्द्रप्रसाद सिंह, राजेन्द्र किशोर, रवीन्द्र भ्रमर आदि तरुण कवियों की जो स्फुट रचनाएँ प्रकाशित हुई हैं, उनसे भी ईषत् संकेत मिलता है कि हिन्दी-कविता किस दिशा की ओर जा रही है।

यह आन्दोलन अपनी किशोरावस्था को पार कर चुका है, किन्तु, तब भी इसका सही तो क्या, आनुपातिक मूल्यांकन भी अभी नहीं हो पाया है। जहाँ तक मेरा ख्याल है, आज तक भी प्रयोगवाद का कोई ऐसा घोषणापत्र कहीं नहीं निकला (यद्यपि कई सूत्रों का एक कार्यक्रम पत्रों में छपा है) जैसी घोषणा 'पल्लव' की भूमिका में छायावाद ने की थी। और इसके उद्देश्य और लक्ष्य के बारे में जो थोड़ा-कुछ कहा भी गया है, वह उतना विशद और पुष्ट नहीं है जिससे काव्यरसिक जनता यह समझ सके कि प्रयोगवाद कविता के किन गुणों पर जोर देना चाहता है और वह कैसी उपलब्धि के प्रयास में है। इस आन्दोलन की मुख्य प्रवृत्तियों को पहचानने में सबसे बड़ी बाधा यह है कि प्रयोगवाद का गढ़ आगे-पीछे, ऊपर-नीचे सर्वत्र नक्कालों से भर गया है और जो असली कवि हैं वे इस भीड़ को दबाकर आगे आने में कठिनाइयों का अनुभव कर रहे हैं।

जब छायावादी आन्दोलन उठा था, तब भी हिन्दी में कवियों की बाढ़ आ गई थी, आज के प्लावन की तुलना में वह फिर भी बहुत छोटी बाढ़ थी कारण, कदाचित् यह था कि उस समय शिक्षा का प्रसार आज की अपेक्षा कहीं सीमित था और, तत्परिणामस्वरूप, कविता की ओर आनेवाले युवकों की संख्या भी कम थी। किन्तु, छायावादोत्तर काल में आकर हिन्दी-भाषी क्षेत्रों में कविता का जो व्यापक प्रचार हुआ, उससे अब अनेक युवकों में कविता का प्रेम जग पड़ा है और अपने ही समान कुछ अन्य लोगों को काव्य-क्षेत्र में यशस्वी होते देखकर वे भी इस सुयश के भागी होने को ललचा उठे हैं। इसे मैं भारतीय जाति के लिए शुभ लक्षण मानता हूँ। कम-से-कम यह इस बात का प्रमाण तो है ही कि हमारे नवयुवक अपने आपको अभिव्यक्त करने की इच्छा से आन्दोलित होने लगे हैं।

किन्तु, कवियों की संख्यावृद्धि के कारणों की खोज यहीं समाप्त नहीं होती। इस संख्यावृद्धि का मुख्य कारण, शायद, यह है कि छायावादी युग में निरी बकवास करने के लिए कवियों को छन्द में लिखना पड़ता था और, यद्यपि, छन्द कभी-कभी अनावश्यक भी हो जाते हैं, किन्तु, उनकी रचना सबके लिए सुगम नहीं होती। प्रयोगवादी कवि छन्द में भी लिखते हैं और छन्दों को तोड़कर भी और दोनों ही शैलियों की कितनी ही नई कविताएँ काफी सुन्दर हुई हैं। किन्तु, इससे युवकों ने यह शिक्षा

निकाली कि छन्द अब कविता के लिए किंचित् भी अनिवार्य न रहे। परिणाम यह हुआ कि कविता के बाह्य प्रांगण का दरवाजा चूर-चूर हो गया और आज वे सभी लोग हिन्दी में कविता कर रहे हैं जिनके पास करने योग्य और कोई काम नहीं है। इस सामान्य सिद्धान्त के अपवाद कुछ थोड़े-से ऐसे बुद्धिजीवी ही हैं, जिनके पास करने योग्य काम तो बहुत हैं, किन्तु, जो, फिर भी, अवकाश के समय ताश या बैडमिटन नहीं खेलकर कविताओं की रचना में लगे हुए हैं और ये सारी की सारी कविताएँ प्रयोगवाद के नाम पर चल रही हैं। आज प्रयोगवादी कविता की सफलता के दो नहीं, मात्र एक प्रमाण खोजने की अपेक्षा यह कहीं आसान है कि उसकी विफलता के एक हजार प्रमाण तुरन्त एकत्र कर दिए जाएँ।

कविता के क्षेत्र में अभी गुण नहीं, संख्या का बोलबाला है और संख्या की विशालता के कारण ही इस कविता की सच्ची पहचान गम्भीर समस्या का रूप ले लेती है। यदि छायावादी आन्दोलन अंग्रेजी में शेली और बायरन के समय उठनेवाले रोमांटिक आन्दोलन से मेल खाता था, तो यह नई कविता का आन्दोलन बहुत कुछ उस (इमेजिष्ट) आन्दोलन के समान है जो अंग्रेजी कविता में प्रथम विश्वयुद्ध के आरम्भ होने के आसपास उठा था। उस आन्दोलन में भी इतने अधिक कवियों ने भाग लिया था कि सन् 1920 ई. में जब पोयट्री बुकशॉप ने 'बिबलियोग्राफी आव् मॉर्डन पोयट्री' के नाम से केवल सन् 1912 ई. से लेकर सन् 1920 ई. के बीच उगनेवाले नक्षत्रों की सूची प्रकाशित की तब उसमें कवियों की संख्या एक हजार से ऊपर चली गई। और इन सहस्राधिक कवियों में से एक सौ चार ऐसे थे, जिन पर समीक्षात्मक टिप्पणियाँ भी दी गई थीं, किन्तु समीक्षा, शोर-गुल और पक्षपातपूर्ण आन्दोलनों से साहित्य में खोटे सिक्के नहीं चलाए जा सकते, न खरे सिक्कों के प्रचलन को ईर्ष्या, द्वेष और निन्दा रोक ही सकती है। इमेजिष्ट सम्प्रदाय के इन हजार कवियों में से केवल दस-बारह ही ऐसे निकले, जिनकी कविताएँ तो नहीं, हाँ, यदा-कदा साहित्य में उनका नामोल्लेख चलता है। अंग्रेजी में जब यह आन्दोलन चल रहा था तब उनके समर्थक और उन्नायक भी उक्त आन्दोलन के आलोचकों पर उसी प्रकार टूटते थे जैसे आज हिन्दी में टूट रहे हैं, और, अंग्रेजी में भी, कविगण कविताओं के द्वारा जनता के हृदय को न जीत कर उसे बुद्धि द्वारा गद्य में ही पराजित करना चाहते थे। किन्तु, जनता के हाथ में तो ब्रह्मास्त्र होता है। उसने इन कविताओं को खरीदा ही नहीं। परिणाम यह हुआ कि इस युग के कवियों की कविताएँ या तो पतली-छोटी कापियों में छपीं या कई-कई कवियों ने मिल-मिलकर अपने एकत्र संग्रह छपवाये। कहते हैं, जब युद्ध छिड़ा, तब इन कविताओं की थोड़ी बिक्री अवश्य हुई, किन्तु, इतनी नहीं कि कवि का नाम सर्वत्र पहुँच जाए अथवा उसे अच्छी राशि की प्राप्ति हो।

इमेजिष्ट सम्प्रदाय से अपने यहाँ के वर्तमान आन्दोलन की इतनी ही समता नहीं है। विचित्र संयोग है कि इमेजिष्ट कवियों में जो नकली कवि थे, ठीक उन्हीं के लक्षण

प्रयोगवाद के नकली कवियों पर चरितार्थ होते हैं, और जो सीमाएँ या कमजोरियाँ असली इमेजिष्ट कवियों की थीं, अपने यहाँ के भी कितने ही नए सत्कवि ठीक उन्हीं दुबर्लताओं से पीड़ित दीखते हैं।

सुर्रियलिष्ट चित्रकारी पर व्यंग्य कसने को किसी ने एक कहानी गढ़ी है कि एक सुर्रियलिष्ट चित्रकार के घर में चोरी हो गई। दूसरे दिन जब पुलिस आई, तब उसने पूछा कि चोर को किसी ने देखा या नहीं। चित्रकार बोला, "क्यों, चोर को तो मैंने स्वयं देखा है और देखा ही नहीं, मैंने छिपकर उसका यह स्केच भी खींच लिया है।" पुलिसवाले इस आशा से वह चित्र ले गए कि उसके सहारे चोर पहचाना जा सकेगा। किन्तु, खुफिया-विभाग के अधिकारियों ने जब उस चित्र को देखा, उन्हें हँसी आ गई और वे बोले, "अरे, यह तो आलूकोबी की तस्वीर मालूम होती है इसे देखकर आदमी कैसे पकड़ा जा सकता है?"

सुर्रियलिज्म पर चाहे यह कहानी फिट न बैठती हो, किन्तु, प्रयोगवाद के नाम पर प्रतिदिन जो मनों कविताएँ छप रही हैं, वे उसी प्रकार की कविताएँ हैं जिस प्रकार का उस सुर्रियलिष्ट का बना हुआ चित्र था। इन कविताओं की तुलना उन गीतों से की जा रही है जिनमें और सब कुछ तो होता है, केवल सुर नहीं होता, अथवा उस शबीह से की जा सकती है जिसकी गरदन ही गायब हो।

और स्मरण रहे कि ये बातें मैं इसलिए नहीं कह रहा हूँ कि प्रयोगवाद के अन्दर अपार कविताएँ बिना छन्द के लिखी जाती हैं। मुक्त छन्द की परम्परा प्रयोगवादियों की सृष्टि नहीं है। उसका आरम्भ निरालाजी ने और प्रसादजी ने किया था तथा प्रयोगवाद के आगमन से पूर्व भी ऐसी कविताएँ यथेष्ट संख्या में लिखी जा चुकी थीं। कविता में से छन्द महिमा अभी विलुप्त नहीं हुई है। किन्तु, अच्छी कविताएँ बिना छन्द के भी लिखी जाती हैं। मैं यह भी मानता हूँ कि मुक्त छन्द की ओर युवक इसलिए भी दौड़ते हैं कि उसमें स्वतंत्रता की थोड़ी झाँकी रहती है। कुछ यह बात भी है कि कविता की परम्परागत शैली में जो नियंत्रण है, बल्कि उसमें जो जकड़बन्दी आ गई है, ये युवकों की चेतना बर्दाश्त नहीं कर सकती। अतएव, इन कवियों ने अपने आपको यह विश्वास दिला रखा है कि कविता की पुरानी शैली इतनी पुरानी हो गई कि अब उसका कोई उपयोग नहीं है। छन्दों का त्याग नई कविता का उतना बड़ा दोष नहीं है जितना नए कवियों का यह आग्रह कि छन्द छोड़ने पर चाहे जो भी लिखो, वह काव्य हो जाता है। परम्परा से किंचित् भिन्न चलने की स्वतंत्रता और प्रचलित शैली में परिवर्तन करने का अधिकार, ये दावे तो, प्रायः प्रत्येक युग के कवि किया करते हैं। किन्तु, प्रयोगवाद के नाम पर असंख्य कवियों ने इस स्वतंत्रता का दुरुप्रयोग किया है। परिणाम यह है कि उनकी जो कविताएँ छपती हैं वे कविताएँ नहीं, असमर्थ गद्य हैं, जिन्हें कविताओं की तरह सजा दिया जाता है। किन्तु, इससे केवल आँखें ही धोखा खा सकती हैं, मन नहीं, क्योंकि वह कविता को पहचानता है।

कला की दृष्टि से देखा जाए तो काव्य-सृष्टि के दो सोपान होते हैं। पहला सोपान प्रेरणा का और दूसरा सोपान रचना का होता है। प्रेरणा का उद्‌गम शिक्षा-दीक्षा, संस्कार और भावुकता होती है। और जिस व्यक्ति में भावुकता और कविता का संस्कार है, उसके भीतर काव्य-प्रेरणाओं का उठना अत्यन्त स्वाभाविक बात है। किन्तु केवल प्रेरणाओं के उठने से कोई व्यक्ति कवि नहीं हो जाता। उसे उन प्रेरणाओं को इस प्रकार अभिव्यक्ति देनी होती है कि कविता पढ़ने या सुननेवालों के हृदय में वैसी ही प्रेरणाएँ उत्पन्न हो सके। इसीलिए, प्रेरणा का धरातल संस्कार का और रचना का धरातल परिश्रम और अभ्यास का धरातल होता है। जिसे हम कवि की साधना कहते हैं, वह इस अभ्यास के सिवा और कुछ नहीं है कि हम जो अनुभव करते हैं उसे अनुरूप ढंग से अभिव्यक्त कर सकें किन्तु, जब कवि यह समझ लेता है कि जवानी की ताजगी स्वयं सबसे बड़ी कविता है तथा हमें परिश्रम से बचे रहकर इस ताजगी को बचाए रखना चाहिए, तब साहित्य में अर्थ से अधिक अनर्थों के ही उदाहरण भरने लगते हैं। शेरिडान ने कहीं कहा है कि जो साहित्य पढ़ने में आसान होता है, उसकी रचना करने में घोर परिश्रम करना पड़ता है। इसी प्रकार, जिस साहित्य का पढ़ना कठिन है, सामान्य नियम यही है कि उसकी रचना बड़ी आसानी से की जाती है। अधिकांश प्रयोगवादियों पर हमारा यह आक्षेप है कि वे अपनी मेहनत बचाकर पाठकों की कठिनाई बढ़ा रहे हैं।

उदाहरण के लिए, प्रयोगवाद के जो अच्छे कवि हैं, उनमें भी यह दोष है कि वे पूर्वापर सम्बन्धों के निर्वाह पर ध्यान नहीं देते अथवा कविता कहते-कहते अचानक वे ऐसी बात बोल उठते हैं जिससे पहले के भाव का कोई सम्बन्ध नहीं दीखता। पाठक यह स्पष्ट अनुभव करता है कि दो भावों के बीच कोई और कड़ी होगी जिसे कवि को बतला देना चाहिए था। किन्तु, कवि, न जानें क्यों, पुल की दो-एक पटरियाँ बीच से अचानक खींच लेता है और चाहता है कि इस दूरी को पाठक अपने आप तय करे। कभी-कभी तो ऐसा भी लगता है, मानों, कवि ने आधी कविता लिखकर ही पूरी कविता समाप्त कर दी हो। कवि की दृष्टि में यह आधा काव्य पूरे काव्य से अधिक पूर्ण भले ही दीखे, किन्तु वह पाठक की दृष्टि में आधा ही रहता है।

पाठकों को किंचित् अतृप्त रखते हुए कविता या उपन्यास को समाप्त कर देना, यह कुछ दिनों से कला का कौशल बन गया है। किन्तु, पाठकों की कल्पना के भरोसे कितना छोड़ा जाए और कितना नहीं यह विचारणीय विषय है और इसका सम्यक् ज्ञान रचना की प्रक्रिया में संलग्न कवि को होना ही चाहिए, अन्यथा जिस कौशल से वह पाठक की कल्पना को उत्तेजित करना चाहता है, उसका यह परिणाम भी हो सकता है कि पाठक खिन्न, उदास या अप्रसन्न होकर कविता को फेंक दे। और सबसे बुरी बात तो यह है कि ऐसी कविताएँ पाठकों की कल्पना के भरोसे रची तो जाती हैं, किन्तु, वे कल्पना को जगाने तो क्या, उसे छेड़ने में भी असमर्थ होती हैं। यह ठीक

है कि इन असम्बद्ध पंक्तियों में अथवा एक शब्द के विचित्रतापूर्ण वाक्यों में भी कभी-कभी कवित्व की किरणें झलक मारती हैं, किन्तु, उन्हें हम कविता नहीं कह सकते। उनसे तो केवल इतना ही सूचित होता है कि कवि कोई कविता लिखने को तैयार हो रहा है। जब यदि वह कविता लिखे ही नहीं तो उसकी तैयारी मात्र से क्या होता है?

कवियों और पाठकों के बीच का सेतु हर युग में नए ढंग से बनाया जाता है अथवा उस पर नए रंग छिड़के जाते हैं और जब यह पुल जीर्ण हो जाता है, अथवा उसके रंग पुराने पड़ जाते हैं, तब फिर नया सेतु रचने अथवा पुराने सेतु पर नया रंग छिड़कने की आवश्यकता अनुभूत होने लगती है। होना यह चाहिए था कि प्रयोगवादी कवियों के हृदय में जो नए स्वप्न मँडराने लगे हैं, वे बाहर आते और पाठकों का उनसे परिचय कराया जाता। अथवा नए कवि जिस नवीन भंगिमा के कारण यह विशेषण पसन्द करते हैं, वह पाठकों में भी उतारी जाती। किन्तु, यह काम प्रयोगवाद में बहुत कम हो रहा है। प्रयोगवादियों के बीच ज्यादा शोर तो इसी बात का सुनाई देता है कि पुरानी कविता पुरानी हो गई, नई कविताएँ लेकर अब हम आ रहे हैं और हमारे साथ साहित्य में एक नया युग प्रवेश कर रहा है।

अच्छा हो या बुरा, साहित्य में नया युग तो आता ही रहता है। सपूत हो या कपूत, पिता का दायित्व किसी-न-किसी पुत्र को ढोना ही पड़ता है। इलियट परम्परा को तोड़कर चले, यह बात नवयुवकों को बहुत पसन्द आई। किन्तु, वे यह देखना भूल गए कि परम्परा की जितनी टूटी कड़ियाँ इलियट में आकर जुड़ीं, उतनी पहले और कभी नहीं जुड़ी थीं। प्राचीनता और नवीनता के सतही भेद गलत हैं। इलियट के अनुसार भी, नवीनता आकाश से नहीं टपकती, न कभी प्राचीनता का सर्वथा नाश होता है। इतिहास सर्वथा ध्वस्त युगों की गाथा नहीं, प्रत्युत् ऐसा मानचित्र है जिसमें भूत, भविष्यत् और वर्तमान, तीनों एक साथ जी रहे हैं, जैसे भूगोल के मानचित्र में हमें विश्व के विभिन्न देश एक-साथ जीवित दिखाई देते हैं। इलियट ने यह भी कहा है कि हड्डी के भीतर अपने युग का अस्तित्व और पीठिका में परम्परा का ध्यान, यह साहित्य लिखने की सही मुद्रा है। परन्तु, इलियट में परम्परा-भंजन का जो नाद है, उसे तो हमारे नवयुवकों ने सुना, उनके भीतर परम्परा को जोड़नेवाले जो विचार हैं, उन्हें ही ये कवि पकड़ नहीं पाते। यही कारण है कि प्रयोगवादी धारा का जो कथ्य विषय है, उसका कथन तो नाममात्र को ही हो रहा है, किन्तु, जिन बातों का कोई स्थाई महत्त्व नहीं है, वे ही बातें बार-बार दुहराई जा रही हैं। जो उन्हें करना है, उसका मर्म वे समझ नहीं पाते। किन्तु, जो महज आनुषंगिक बातें हैं, सबसे ज्यादा जोर वे उन्हीं पर दे रहे हैं। नया युग लाने के उत्साह ने उन्हें इस जोर से पकड़ लिया है कि नवीन युग के रहस्योद्घाटन का काम अभी वे प्रारम्भ भी नहीं कर पाए हैं। वे तो बार-बार हमें यही बताए जा रहे हैं कि प्राचीनता उन्हें तनिक भी स्वीकार्य नहीं है।

किन्तु, प्राचीनता किस युग को स्वीकार्य होती है? मैं फिर इलियट का ही उद्धरण दूँगा। वर्तमान की चेतना, वस्तुतः, अतीत का ज्ञान है। हम मृत लेखकों की अपेक्षा कुछ अधिक जानते हैं, किन्तु, मृत लेखकों के सिवा ओर हम जानते भी क्या हैं? सारा साहित्य सातत्य का अविच्छिन्न प्रवाह है, जिसका वर्तमान बराबर अतीत को अपने साथ लिए रहता है। अतीत बराबर अपूर्ण होता है और जब नए मुहाविरों में नई अनुभूतियाँ लिखी जाने लगती हैं तब वह केवल वर्तमान के जीवित होने का ही प्रमाण नहीं होता, उससे यह भी प्रत्यक्ष होता है कि अतीत की प्रक्रिया पूर्ण हो रही है। छायावाद का जन्म द्विवेदी-युग की अपूर्णताओं में हुआ था और छायावाद भी अपूर्ण निकला जिसकी पूर्ति का प्रयास छायावादोत्तर काल ने किया। और अब छायावादोत्तर काल की अपूर्णता और अतृप्ति भी युवकों को अनुभूत होने लगी है। हम जानते हैं कि वे इस अपूर्णता को भी पूर्ण करेंगे, और फिर पोतों का युग आएगा जो अपने पिता की अपूर्णताओं को दूर करने की कोशिश करेगा। अपूर्णता और पूर्णता की यह प्रक्रिया, अनिवार्य रूप से, कविता की निचाई या ऊँचाई की प्रक्रिया नहीं है। ऐतिहासिक सत्य केवल इतना है कि हर युग नया जल लेकर आता है और हर युग जब जाने लगता है, तब उसके लाए हुए जल से आगामी युग की प्यास नहीं बुझ पाती। इसलिए, प्रत्येक युग को अपना कुआँ आप खोदना पड़ता है, चाहे वह छिछला ही क्यों न हो। किन्तु, मेरा अनुमान है, हमारे नए कवि साधनापूर्वक अपने युग का कुआँ खोदने में निरत नहीं रहकर, बार-बार, यह घोषणा करने में अपना समय बर्बाद कर रहे हैं कि हमारा कुआँ पहले के कुओं के समान नहीं होगा। पहले के कूप अच्छे नहीं थे, अब हम अच्छा कूप तैयार कर रहे हैं।

और यह बात वे केवल लेक्चरों में ही नहीं कहते, उनकी बहुसंख्यक रचनाएँ भी केवल इतना ही प्रचार करके मौन हो जाती हैं कि वे पहले की रचनाओं से भिन्न हैं। हिन्दी में अब तक जो श्रेष्ठ कवि हुए, प्रयोगवादी कवि उनके लक्षणों को त्याज्य समझते हैं। चूँकि पहले के कवियों ने छन्द में लिखा, इसलिए नए कवि बिना छन्द के लिखते हैं। चूँकि पहले के कवियों की रचनाओं में लय होती थी, इसलिए, नए कवि लय को छोड़ रहे हैं। और चूँकि पहले के कवि एक शब्द का वाक्य नहीं लिखते थे, इसलिए नए कवि ऐसे वाक्य धड़ल्ले से लिख रहे हैं। अंग्रेजी के मेटाफिजिकल कवियों की रचनाओं में शिक्षा यह निकली है कि कविता का सर्वश्रेष्ठ गुण उसका मिरेकुलिज्म यानी चमत्कार है; कविता को और कुछ करने के पूर्व पाठकों का ध्यान आकृष्ट करना चाहिए, उनकी चेतना को चौंका देना चाहिए। और एक शब्द के वाक्यों में और कोई गुण चाहे न हो, यह गुण तो है ही कि उन्हें देखकर पाठक चौंक उठें, भले ही, चौंक उठने के बाद उनके भीतर हास्य के अनुभाव उत्पन्न हों, कविता चाहे किसी भी रस की हो।

किन्तु, प्रयोगवादी कविता के ये लक्षण अधिकतर उन्हीं कवियों में मिलते हैं जो

बाढ़ के साथ बहकर आए हैं और जो बाढ़ के उतरने के बाद इस कविता की खाद बनेंगे। प्रत्येक आन्दोलन को खाद की आवश्यकता होती है और हर नया आन्दोलन अपनी खाद अपने साथ लाता है। कविता की खाद, यानी वे लोग जो नई दिशा में चलने की कोशिश करते हैं, किन्तु, चल नहीं पाते। फिर भी उनके कूदने-फाँदने से पाँव के नीचे की जमीन चिकनी और मुलायम हो जाती है। इस दृष्टि से असफल कवियों का भी महत्त्व है, क्योंकि नए आन्दोलन की मारकता को वे अपने ऊपर खींचकर, दूसरों को उससे बचने का संकेत देते हैं।

किन्तु, इस बाढ़ के उतरने के बाद कौन लोग बचनेवाले हैं? वे जिनके कलश अभी से कुछ ऊपर दिखाई देने लगे हैं, या वे जिन्हें इस आन्दोलन का परिपाक आगे चलकर उत्पन्न करेगा? सम्भव है, भविष्य के कोट पर दोनों ही प्रकार के कवियों का अधिकार हो। किन्तु, यह विचिकित्सा भी व्यर्थ है। मैंने जो नए आन्दोलन से आशा लगाई है, वह व्यक्तियों को देखकर नहीं, प्रत्युत्, इस भाव से कि यह आन्दोलन शुद्ध साहित्यिक आन्दोलन है और चूँकि यह प्रगतिवादी आन्दोलन की पीठ पर आया है, इसलिए, इसकी साहित्यिकता मुझे स्वाभाविक भी दिखती है।

प्रयोगवाद के एकाध समर्थक ने यह कहा है कि "छायावाद की शब्दावली भावनाओं को प्रेषित करने में असफल सिद्ध होने लगी थी", इसलिए, नई कविता को आना पड़ा। किन्तु, यह अनुमान अशुद्ध है। छायावाद और रहस्यवाद की असमर्थता के समय प्रयोगवाद जन्मा भी नहीं था। और जब वह जन्मा, उसके पहले ही छायावादी कवि सँभलने लगे थे। यह ठीक है कि प्रयोगवादियों की साधना यदि सफल हुई, तो उससे अनुभूति और अभिव्यक्ति, दोनों की स्वच्छता में वृद्धि होगी। किन्तु, यह शिक्षा प्रयोगवाद ने छायावाद से नहीं ली। यह ज्ञान तो उसने यूरोप की अत्याधुनिक आलोचनाओं और कविताओं से प्राप्त किया है। फिर यह तो ऐतिहासिक सत्य है कि प्रयोगवाद छायावाद के अनन्तर नहीं, छायावादोत्तर काल के पश्चात् उत्पन्न हुआ और छायावादोत्तर काल को ही लोग, भ्रमवश, प्रगतिवाद का काल कहने लगे हैं। अतएव, यदि प्रतिक्रिया की दृष्टि से सोचें तो कहना पड़ेगा कि जैसे छायावाद-काल द्विवेदी-युग के विरुद्ध आया था और छायावादोत्तर काल छायावादी युग की परिष्कृति से उत्पन्न हुआ, वैसे ही, प्रयोगवाद, छायावादोत्तर काल अथवा, स्पष्टतः, प्रगतिवादी आन्दोलन के विरुद्ध प्रतिक्रिया स्वरूप उत्पन्न हुआ है। प्रगतिवाद और प्रयोगवाद के बीच यह जो प्रतिक्रिया का सम्बन्ध है उसे लोग, साधारणतः, इस कारण नहीं समझ पाते कि पहले 'तार-सप्तक' में भी साम्यवादी कवि घुसे हुए थे और आज भी इस धारा में ऐसे अनेक नवयुवक चल रहे हैं जो विचारों से मार्क्सवादी हैं। ये लोग इस आन्दोलन के साथ रहेंगे या उससे अलग हो जाएँगे, इस सम्बन्ध में कुछ भी कहना कठिन है। किन्तु, इस प्रश्न का कोई खास महत्त्व भी नहीं है, क्योंकि, यह तो पूर्णरूप से समझ में आने की बात है कि मार्क्सवादी होने पर भी व्यक्ति, चाहे तो, शुद्ध साहित्यिक भाव

से साहित्य की सेवा कर सकता है। जब कवि के गांधीवादी अथवा आस्तिक या नास्तिक होने से कवि-प्रतिभा मारी नहीं जाती, तब उसे मार्क्सवाद से ही क्यों भय होगा?

जिस बात का मेरी समझ में विशेष महत्त्व है, वह यह है कि प्रगतिवाद और प्रयोगवाद, दो भिन्न आन्दोलन हैं। प्रगतिवाद का खास जोर कवियों के सामाजिक विचार पर था। उसे इस बात की प्रायः, कोई चिन्ता नहीं थी कि ये विचार शुद्ध कविता की शैली में व्यक्त हो रहे हैं, या गद्य-कल्प रीति से। किन्तु, इस बात की उसे चिन्ता थी और बहुत अधिक थी कि कविगण साहित्य में राजनीति के दल-विशेष की पताका उठाए चल रहे हैं या नहीं। इसीलिए, मेरा मत है कि प्रगतिवादी साहित्यिक आन्दोलन नहीं था।

किन्तु, प्रयोगवाद पर ऐसा कोई भी आपेक्ष नहीं लगाया जा सकता। वह, आदि से अन्त तक, शुद्ध साहित्यिक आन्दोलन है, कला का आन्दोलन है और उसका मुख्य ध्येय काव्य एवं कला-सम्बन्धी हमारी धारणाओं को परिवर्तित करना है। यह आन्दोलन छायावाद की पीठ पर भी आ सकता था, क्योंकि इसका मुख्य ध्येय अनुभूति और अभिव्यक्ति, दोनों को स्वच्छ बनाना है और छायावाद-काल में ये दोनों ही चीजें, अधिकांश रचनाओं में, अस्वच्छ थीं। किन्तु, यह आन्दोलन छायावाद-काल की समाप्ति के साथ नहीं आया, जिसका एक कारण तो यह था कि उस समय हिन्दी में ऐसे युवक बहुत थोड़े थे, कविता के सम्बन्ध में जिनकी रुचि अन्तर्राष्ट्रीय रुचि से प्रभावित रही हो। दूसरे, अपनी तमाम दुर्बलताओं के साथ छायावाद पूर्णरूप से कलापूर्ण और साहित्यिकता से ओतप्रोत था। अतएव, उस समय यह अत्यन्त अप्रासंगिक बात होती यदि कोई नया आन्दोलन यह घोषणा करने को आ जाता कि साहित्य में कला और साहित्यिकता की प्रतिष्ठा होनी चाहिए। यह तो कमल को रँगने और गुलाब को सुवासित करने के समान हास्यास्पद बात होती। छायावाद में सबसे बड़ी कमी सुस्पष्टता की थी जो सबको अनुभूत होती थी और सुस्पष्टता की दिशा में हिन्दी कविता ने छायावादोत्तर काल में प्रगति भी की। किन्तु, जब प्रगतिवाद के नाम पर साहित्य में कनस्तर बजाए जाने लगे और साहित्यिक मूल्यों का ह्रास होने लगा, तब यह आवश्यक हो गया कि हिन्दी में कला और शैली के हिलते हुए महत्त्व को फिर से सुस्थिर करने के लिए कोई बड़ा प्रयास किया जाए। वही प्रयास, धीरे-धीरे, बढ़कर प्रयोगवाद बन गया। यह और बात है कि अब इस आन्दोलन के दर्शन की पीठिका पर छायावादी और छायावादोत्तर युगों की प्रवृत्तियाँ भी खराद पर चढ़ी हुई मालूम होती हैं।

स्वयं प्रयोगवादियों ने अपना आन्दोलन आरम्भ करते समय इन बातों पर विचार किया था या नहीं, इस विचिकित्सा से मेरी स्थापना में कोई फर्क नहीं आता। कोई भी नया कवि, आरम्भ में, यह नहीं जानता कि वह प्रचलित शैली को छोड़कर किसी

नई शैली में क्यों लिख रहा है; न कविगण, आरम्भ में, यही जानते हैं कि वे किसी नए आन्दोलन के साथ है। नए शैली भी उसी स्वाभाविकता से जन्म लेती है, जिस स्वाभाविकता से फूल चटकते या टहनी में पत्ते निकलते हैं। सचेष्ट आन्दोलन केवल राजनीति में चलते हैं। साहित्य में तो आन्दोलन भी सहज भाव से ही प्रकट होते हैं। बाद में चलकर जब छायावादियों का विरोध होने लगा, तभी स्वयं छायावादी कवि भी यह जान सके थे कि वे एक नए आन्दोलन के प्रवर्तक हो पड़े हैं। अन्यथा वे यह क्यों सोचने जाते कि कविताएँ नहीं लिखकर वे कोई आन्दोलन चला रहे हैं? प्रयोगवाद के जन्म की प्रक्रिया भी ऐसी ही सहज थी। जब अनेक कवियों और आलोचकों ने साहित्य में विचारों को अत्यधिक प्रमुखता देकर उसके शैली-पक्ष को गौण कर दिया, तब कुछ नवयुवक साहित्य के शैली या कला-पक्ष को ऊपर उठाने को आगे बढ़े। किन्तु, आरम्भ में, इन युवकों को यह ज्ञात नहीं था कि वे प्रगतिवाद से उत्पन्न होनेवाले दोषों का परिहार करने को आगे आ रहे हैं। यही कारण था कि उनके इस सदुद्योग में बहुत-से ऐसे लोग भी साथ हो गए जो अपने को प्रगतिवादी कहते थे अथवा जो मार्क्सवादी राजनीति के साथ थे। किन्तु, आन्दोलन जैसे-जैसे आगे बढ़ा, बातें सुस्पष्ट होती गईं। यहाँ तक कि आज यह स्थिति है कि, यद्यपि, नई शैली में लिखनेवाले कितने ही कवि विचारों से मार्क्सवादी हैं, किन्तु प्रयोगवाद और प्रगतिवाद के बीच का भेद, फिर भी काफी प्रत्यक्ष हो गया है।

मुझे इस विषय में तनिक भी सन्देह नहीं है कि प्रगतिवादी आन्दोलन ने साहित्य में साहित्येतर मूल्यों को प्रोत्साहन देकर जो स्थिति उत्पन्न की, उसी से युवकों को, फिर से, शैली की महिमा पर विचार करने की प्रेरणा मिली और इसी चिन्तन से प्रयोगवाद का आविर्भाव हुआ, जिसका वास्तविक उद्देश्य काव्य में अधिक कवित्व और साहित्य में अधिक साहित्यिकता को उत्तेजित करना है। प्रगतिवाद के साहित्येतर लक्षणों का विरोधी होने के कारण ही, प्रयोगवाद अपने ऊपर साहित्यिकता के सम्पूर्ण निर्वाह का अत्यन्त गुरु दायित्व लेकर आया है; किन्तु, दायित्व की इस भयानकता को वे क्या समझें, जो केवल साहित्यिक क्रान्ति के जोश में इस आन्दोलन के साथ हो गए हैं? इसका मर्म तो कुछ वे ही कवि जानते होंगे जो सच्चे और ईमानदार हैं तथा इस दायित्व को सफल करने के प्रयास में जिनका दिमाग फटता होगा। इसी प्रकार, इस पीड़ा का रहस्य वे कवि भी न जान सकेंगे जो बनी-बनाई राह पर चलने के अभ्यासी हैं। छायावाद की शैली रोमांटिक प्रेरणा से निर्मित हुई थी और रोमांटिसिज्म की उन्मत्त प्रेरणा आनन्द की चीज है। इस प्रेरणा के मदोन्माद में शैली का निर्धारण, प्रेरणा के प्रवाह में, बहुत कुछ आपसे आप हो जाता है। किन्तु, प्रयोगवाद के भीतर आनन्दमय मदोन्माद के लिए अधिक गुंजाइश नहीं है। इसकी सफलता प्रेरणा के साथ बहने में नहीं, उसे विचारों के अधीन रखकर काम करने में है। रोमांटिक मनोदशा उड़ने की मनोदशा होती है और कल्पना की यह उड़ान अब तक कविता की सबसे बड़ी शक्ति

मानी जाती रही है। इसके विपरीत, क्लासिक कवियों की वह मनोदशा होती है जिसमें कवि धीर, स्थिर और अपने वर्ण्य विषयों पर हावी बना रहता है। किन्तु, क्लासिक चिन्तन की ही दिशा में अब एक नई मुद्रा उत्पन्न हो रही है जो उड़ने नहीं, जम कर मिट्टी तोड़ने की मुद्रा है, जो पर्वतों पर मूर्त्ति- खचन नहीं करके संदेह उनके भीतर प्रवेश करना चाहती है। इस मुद्रा के नए कवि, मुख्यतः, चिन्तक-कवि होंगे, किन्तु, कल्पना को वे छोड़ नहीं सकते, क्योंकि उनका सारा चिन्तन कल्पनामय होगा। कल्पना के सिवा और कौन साधन है, जिससे कवि वस्तुओं के भीतर प्रवेश कर सके तथा कल्पना को छोड़कर और कौन शक्ति है, जो वस्तुओं की आन्तरिकता के ज्ञान को चित्रों में परिवर्तित कर सके?

इसीलिए, मेरा विचार है कि प्रयोगवाद हिन्दी-कविता को जिस ओर जाने का संकेत दे रहा है, वह काव्यमात्र की सबसे श्रेष्ठ दिशा है और इसीलिए, प्रयोग की साधना भी ऐसी साधना है जिससे अधिक कठोर साधना की कल्पना नहीं की जा सकती। न जानें, यह साधना कितने कवियों का बलिदान लेगी! न जानें, इसमें कितने कवियों के खाद बन जाने पर एक सफल कवि उत्पन्न होगा! इस कविता की आलोचना भी कोई सरल कार्य नहीं है। और हमारे आलोचकों के पास जो पुरानी कसौटी है उस पर तो नए कवि परखे ही नहीं जा सकते। नए कवि अपना रहस्य, शायद, आप खोलेंगे। अभी भी, प्रयोगवादियों में अनेक कवि ऐसे हैं जिनके भीतर कारयित्री और भावयित्री प्रतिभाओं का अच्छा संयोग है। मेरा अनुमान है कि जो लोग इन कवियों की कविताओं को हँसकर टाल देते हैं, वे भी उनके चिन्तनयुक्त समीक्षात्मक निबन्धों से थोड़ा बहुत अवश्य प्रभावित होते होंगे। ज्यों-ज्यों यह कविता विकसित होगी, त्यों-त्यों आलोचकों की कठिनाई बढ़ती जाएगी। नई कविता की समीक्षा यूरोप में भी दुष्कर सिद्ध हुई है। होल्डरलीन, रिम्बाड (या रेम्बू?), रिल्के, इलियट, स्पेंडर, डिलेन टामस, आदि अभिनव कवियों की कृतियों का विश्लेषण करने में यूरोप के बड़े-बड़े दार्शनिक समीक्षकों की बुद्धि को पसीना आ गया है।

नवयुवकों ने कविता में जो अन्तर्राष्ट्रीय रुचि को अपनाना शुरू किया है, उससे भी उन्हें कलंक नहीं, सुयश की ही प्राप्ति होनी चाहिए। और अब क्या यह सम्भव है कि भारत की रुचि अन्य देशों से सर्वथा भिन्न रखी जा सके? और अन्तर्राष्ट्रीय रुचि है क्या चीज? वह अनेक राष्ट्रों की रुचियों के पारस्परिक मिलन से ही उत्पन्न होती है। गेटे के फास्ट का प्रिलूड भारतीय नाटकों के नान्दी-प्रसंग से बना था, शीलर और हाइने पर कालिदास का प्रभाव था और इलियट के विकास का एक मुख्य कारण उन पर उपनिषदों और बौद्ध चिन्तन का प्रभाव भी है। और इलियट को अपना आदर्श मानकर चलने में भारत के नवयुवकों का कोई अपमान भी नहीं है। इलियट आसानी से आज विश्व के सर्वश्रेष्ठ कवि माने जा सकते हैं। और उनका उद्‌भव साहित्य-जगत्

के लिए कोई आकस्मिक घटना भी नहीं है। बहुत दिनों से कविता छिलकों को तोड़ कर बीज के भीतर प्रवेश करने का प्रयास करती आ रही है और इस, क्रम में, छिलके बहुत बार टूटे भी हैं और कभी-कभी कवियों ने बीज के भीतर प्रवेश भी किया है। किन्तु, कविता का अधिक सौन्दर्य अब तक छिलकों के रंग से लिपटा रहा है। मगर, नए प्रयोगों से यह बात स्पष्ट हो रही है कि वस्तुओं के ऊपर-ऊपर अब काव्य नहीं है। कविता तो वस्तुओं के अन्तराल में बसती है। यह नया प्रयास प्रत्येक वस्तु की उसी आन्तरिकता में धँसने का प्रयास है। यह उन महलों में दीपक जलाने की तैयारी है जहाँ पहले किसी ने दिए नहीं जलाए थे। महर्षि अरविन्द की कल्पना थी कि अगले युग की कविता मन्त्र के समान होगी अर्थात् आकार उसका छोटा होगा, किन्तु, उसका प्रत्येक शब्द पाठक के भीतर अपार अनुभूतियों का द्वार खोलनेवाला होगा। कविता का यह मन्त्रत्व क्या होगा, इस बात की कुछ थोड़ी झाँकी इलियट की कविताओं में मिलने लगी है। हिन्दी-कविता का चरम लक्ष्य इसी मन्त्रत्व की प्राप्ति है और राह भी उसकी वही हो सकती है जिस पर आज इतना कोलाहल मचा हुआ है।

और इस महायज्ञ के पुरोधा भी इसी भीड़ में छिपे हुए हैं। एक दिन यह भीड़ नष्ट हो जाएगी। सम्भव है, कोयलों के साथ कुछ हीरे भी नष्ट हो जाएँ। किन्तु, ये कोयले और ये हीरे, नष्ट होने पर भी, नए हीरे उत्पन्न करेंगे। इसीलिए, मैं इस आन्दोलन को अत्यन्त श्रद्धा से देखता हूँ और चाहता हूँ कि यह अपने ध्येय को न भूले, हू-हल्लड़ में पड़कर यह पथभ्रष्ट न हो जाए और इसके समर्थ कवि विवाद से बचकर, अज्ञात और अपरिचित को छूने के प्रयास में, अगाधता के भीतर अधिकाधिक डूबते चलें।

यह प्रयोग सफल हुआ तो कविता उस ऊँचाई या गहराई में पहुँचनेवाली है जहाँ वह पहले कभी नहीं पहुँची थी। यह ठीक है कि यह कविता जब सफल होगी, कवि-सम्मेलन बन्द हो जाएँगे और कविता के पाठकों की संख्या भी अपेक्षाकृत कम हो जाएगी। किन्तु, तभी, शायद, वे लोग कविता की पुस्तकों को हाथ में लेंगे जो आज कविता तो छूते भी नहीं और यदि, कृपापूर्वक, कभी उसे सुन लेते हैं तो केवल मनबहलाव के लिए, कुछ इस भाव से नहीं कि कविता भी अनिवार्य है अथवा वह भी उस मस्तिष्क की खुराक बन सकती है, जिसे तब तक संतोष नहीं होता जब तक कि वह किसी गहन-गम्भीर विचार से टक्कर नहीं ले। सम्भव है, मैं जो सोच रहा हूँ उसके घटित होने में अभी काफी देर हो और प्रयोग, अभी कई दशकों तक, प्रयोग ही रह जाए। किन्तु, कविता को अपनी खोयी प्रतिष्ठा को यदि फिर से प्राप्त करना है, तो उसकी राह वही है जिस पर प्रयोगवादी चल रहे हैं। और उनमें से प्रत्येक को यदि खाद बनाना पड़ता है, तो भी यह प्रयोग छोड़ने लायक नहीं है। आखिर, अंग्रेजी के इमेजिष्ट कवियों का भी इतना महत्त्व तो मानना ही पड़ेगा कि जिस मार्ग पर आगे चलकर इलियट उत्पन्न हुए उसके आरम्भिक प्रयोक्ता इमेजिष्ट कवि ही थे।

(काव्य की भूमिका)

कोमलता से कठोरता की ओर

कविता, व्यक्ति और युग, दोनों की ही चेतना का प्रस्वेद होती है। जैसी लकड़ी वैसी गंध, जैसा भोजन वैसा विचार—यह उक्ति बहुत दूर तक कविता पर भी चरितार्थ हो सकती है। प्रत्येक युग अपनी चेतना और भावुकता के अनुरूप कुछ खास किस्म के कवियों को उत्पन्न करता है और प्रत्येक कवि अन्ततोगत्वा, किसी-न-किसी मात्रा में, उन बन्धनों को स्वीकार करता है जो उसके युग के स्वभाव से उत्पन्न होते हैं। जब द्विवेदी-युग आरम्भ हुआ, उसके पहले से ही इस देश में स्वामी दयानन्द के कन्या-शिक्षा, ब्रह्मचर्य और व्यायाम-सम्बन्धी विचार तथा भाषा, भेष, भोजन और भाव में संयमशीलता बरतने के उपदेश भली-भाँति प्रचार पा चुके थे। कारण कई और भी थे। किन्तु, सभी कारणों से एक परिणाम समान रूप से निकला, जिसके चलते जीवन में पवित्रतावाद की बड़ी ही सुदृढ़ प्रतिष्ठा हो गई; और जिस युग का वातावरण पवित्रता की भावना से ओत-प्रोत हो, उसमें कवि रसिक नहीं हो सकते, न कविता में कल्पना की रंगीन उड़ान ही आ सकती है। पवित्रता का भी एक पहलू है जो जड़ है, प्राणहीन है और जो आत्महनन की भावना को प्रेरित करता है। इसी प्रकार, रसिकता का भी एक पक्ष है जिसमें दैहिकता कम, मानसिकता अधिक होती है, जो रूप को भोग्य नहीं, पूज्य मानता है, जो प्रेरणा बनकर शंकर का धनुष तुड़वाता है और उत्साह बनकर मत्स्य का वेध कराता है।

पं. रामचन्द्र शुक्ल ने अपने हिन्दी-साहित्य के इतिहास में यह दिखाने का प्रयास किया है कि हिन्दी में एक प्रकार के स्वच्छन्दतावाद की स्वाभाविक धारा का विकास ठाकुर जगमोहन सिंह, श्रीधर पाठक, बदरीनाथ भट्ट और रामनरेश त्रिपाठी की रचनाओं में, शनैः-शनैः और आप ही आप होता आ रहा था; किन्तु, यह विकास अपने परिपाक पर पहुँचा भी नहीं था कि रवीन्द्रनाथ की विजय-दुन्दुभि बज उठी और हिन्दी के कवियों ने अपनी भाषा के क्रमागत एवं अर्धविकसित, किन्तु, स्वाभाविक विकास के सूत्र को छोड़ दिया और आँख मूँद कर वे उस बनी बनाई चीज को उठा कर हिन्दी में ले आए, जिसका प्रयोग और विकास हिन्दी के बाहर हुआ था। आगे छायावाद पर विचार करते हुए उन्होंने उसका सम्बन्ध अंग्रेजी के रोमांटिक कवियों एवं यूरोप के चित्रभाषावादियों (शुक्लजी ने सिम्बालिज्म का हिन्दी नाम 'चित्रभाषावाद' लिखा है)

से भी दिखाया है। यहाँ सोचने की बात यह है कि रवीन्द्रनाथ को नोबेल-पुरस्कार, शायद, 1913 ई. में मिला और उनकी विजय-दुन्दुभि भी, प्रायः, तभी बजी। किन्तु, उसके पूर्व भी हिन्दी के कंठ से छायावादी स्वर निकलने लगे थे जिसके कई प्रमाण माखनलाल जी की 'हिमतरंगिनी' में संगृहीत मिलेंगे। 1913 ई. में ही प्रसाद जी का 'प्रेम-पथिक' भी निकला, किन्तु, 'प्रेम-पथिक' पहले-पहल 1905 ई. में ब्रजभाषा में लिखा गया था एवं बड़ी बोली का रूप उसे बाद में दिया गया (देखिए, 'प्रेम-पथिक' के भारती-भंडारवाले संस्करण की भूमिका)। और यह भी संयोग की बात है कि माखनलालजी एवं प्रसादजी की रचनाओं में रवीन्द्रनाथ का कोई प्रभाव अब तक भी ढूँढ़ा नहीं जा सका है। अतएव, शुक्लजी के इस मत को स्वीकार करने में अभी कुछ-न-कुछ कठिनाई है कि छायावाद हिन्दी कविता का स्वाभाविक विकास नहीं था तथा हिन्दी के स्वभावानुकूल उत्पन्न होनेवाले स्वच्छन्दतावाद को अलग ढकेल कर वह विजातीय प्रभावों के बल पर हिन्दी में आसन जमाकर बैठ गया।

अधिक विश्वसनीय अनुमान तो यही होना चाहिए कि 19वीं शताब्दी में होने वाले पुनरुत्थान के कारण ही भारतीय भाषाओं में नए क्षितिजों का निर्माण एवं नवीन भावभंगी का उदय हुआ। बंगाल में इस आन्दोलन ने ब्रह्म-समाज का रूप लिया, जिस समाज का स्तर बौद्धिक तथा वृत्ति रहस्यमयी एवं माधुर्यपूर्ण थी। अतएव, वहाँ रवीन्द्रनाथ का जन्म हुआ। हिन्दी प्रान्तों में इस आन्दोलन का व्यापक प्रतिनिधित्व दयानन्द एवं उनके अनुयायियों ने किया, जो पवित्रतावाद को सबसे ऊपर मानते थे, जिनकी प्रमुख विशेषता खंडन-मंडन की योग्यता थी, प्रेम-मार्गी उपासना का भाव नहीं। इसलिए, साहित्य में उसका सोद्देश्य, उपदेशात्मक एवं इतिवृत्तात्मक रूप ही प्रकट हुआ। श्रीधर पाठक और रामनरेश त्रिपाठी, यद्यपि, आगामी शैली का पूर्वाभास दे रहे थे, तथापि वे इतिवृत्तात्मकता के स्तर को तोड़ने में असमर्थ रहे। इधर, उपदेशात्मक वातावरण में कविता का दम घुट रहा था और उधर, जनता तत्कालीन साहित्य की नीरसता से ऊब कर कुछ ऐसी चीज पाने को तरस रही थी, जिसमें रस और रंगीनी हो, जिसमें उस लोक की झाँकी हो जो दैनिक जीवन में नहीं मिलता है, संक्षेप में, जो पाठकों को जिन्दगी की धूल और धुएँ से उड़ा कर बहुत ऊपर ले जा सके।

द्विवेदी-युग में हम अंग्रेजी, बंगला तथा संस्कृत की कविताओं के भी अनेक अनुवाद देखते हैं। अनुवाद की यह प्रक्रिया अतृप्त पाठकों को तृप्ति देने के लिए ही आरम्भ हुई थी। कारण तथा कार्य के सम्बन्ध की कड़ियों को अगर मिला कर देखा जाए, तो इस अनुमान के लिए काफी पुष्ट आधार मिलता है कि छायावाद के साथ हिन्दी में जिस पलायनवादी काव्य का आगमन हुआ, उसका एक कारण यह भी था कि द्विवेदी-कालीन इतिवृत्तात्मक काव्य से ऊबी हुई जनता ही पलायनवाद जैसी किसी वायवीय वस्तु की कामना को लेकर आगामी कविता की प्रतीक्षा कर रही थी। प्रतिक्रिया की धारा बड़ी तेज होती है। जिस चीज से हम ऊबने लगते हैं, उसके थोड़ा

भी समीप रहना हमें अच्छा नहीं लगता। इसीलिए, शांकर शून्यवाद के विरुद्ध जन्मी हुई प्रतिक्रिया निम्बार्क, मध्य, वल्लभ और चैतन्य की अत्यन्त तीव्र साकारोपासना में पर्यवसित हुई तथा साकारोपासना के विरुद्ध 19वीं सदी में जो आँधी आई उसका चरम विकास स्वामी दयानन्द में हुआ।

किन्तु, शुक्लजी ने छायावाद का सम्बन्ध केवल रोमांटिसिज्म से ही नहीं, चित्रभाषावाद से भी जोड़ा है। वह एक दृष्टि से सत्य है, क्योंकि हिन्दी में जब छायावाद प्रकट हुआ, उसके पहले ही यूरोप और इंग्लैंड में कविता कई कुलाँचें खा चुकी थी। जिस प्रकार हिन्दी का छायावादी आन्दोलन द्विवेदी-युगीन इतिवृत्तात्मकता के विरुद्ध आया था, बहुत कुछ उसी प्रकार, यूरोप में रोमांटिसिज्म भी 17वीं-18वीं सदियों के आधिभौतिक सिद्धान्तों की प्रबलता के विरुद्ध उत्पन्न हुआ था। डेकार्टे और न्यूटन के सिद्धान्तों का साहित्य पर भी प्रभाव पड़ा और गणितज्ञों की तरह साहित्यिक भी सृष्टि को यंत्रपरिचालित समझने लगे। साहित्य का स्वभाव है कि वह राग और भावोत्तेजना को लेकर अपनी वस्तु की परीक्षा करता है, किन्तु, 17वीं-18वीं सदियों के यूरोपीय लेखक और कवि, तकनीक अपनी रखते हुए भी, साधन बहुत-कुछ विज्ञान का ही अपना रहे थे। मगर, इस चीज से लोगों को असन्तोष होने लगा, क्योंकि सारा जीवन उतना ही नहीं है, जितने का सम्बन्ध विज्ञान से पड़ता है और न मनुष्य की अनुभूति ही वहीं तक सीमित अथवा ठीक वैसी ही है जैसी वह विज्ञान से समझ में आती है। सृष्टि यंत्र के समान सीमित और सुस्पष्ट नहीं मानी जा सकती। वह यन्त्रों की अपेक्षा कुछ अधिक रहस्यपूर्ण है तथा यन्त्रों के मुकाबिले वह हमारी समझ में भी कुछ कम आती है। जन-रुचि का संकेत कवियों ने लिया और सोचने पर उन्हें यह पता लगाते देर न लगी कि सृष्टि के लिए यंत्र की उपमा ठीक नहीं है। सृष्टि यंत्र की तरह सरल और सुबोध नहीं है। उसके संघर्ष और उसकी अव्यवस्थाएँ नियमों की अधीनता नहीं मानतीं और उसमें बहुत-सी ऐसी बातें भी होती हैं जिन्हें हम विज्ञान की विधि से नहीं समझ सकते।

इस भावना में वैयक्तिकता के विकास के लिए काफी गुंजाइश थी और, सचमुच ही, इसके बाद यूरोपीय साहित्य में जो रोमांटिक आन्दोलन आया उसमें वैयक्तिक स्फूर्तियों का अप्रतिम तेज रहा। चूँकि यह आन्दोलन आधिभौतिक विज्ञान के इस दावे के विरुद्ध आया था कि मनुष्य की बाहरी ऊँचाई की तरह उसकी भीतरी गहराई भी माप-जोख की चीज है, इसलिए, उसने व्यक्ति को अनन्त सम्भावनाओं का आगार मान लिया और चुन-चुन कर वह उन विशिष्टताओं को सामने लाने लगा जो सामान्य बुद्धि से भली-भाँति समझी नहीं जा सकती थीं तथा जो स्थूल जीवन से भी कुछ दूर थीं।

यूरोप का रोमांटिक आन्दोलन जब मनुष्य और प्रकृति को रहस्यमयी दृष्टि से देख रहा था लगभग उन्हीं दिनों डार्विन के विकासवाद के सिद्धान्त के आधार पर

प्राणिविज्ञान (बायलाजी) का जन्म हुआ, जिसने यह संकेत दिया कि मनुष्य अन्य जन्तुओं से कुछ विलक्षण या भिन्न नहीं है; बल्कि, परिस्थितियों के अधीन होकर अन्य जीवधारी जैसा व्यवहार करते हैं, जीवन के अनेक प्रमुख क्षेत्रों में मनुष्य का भी वही हाल है। प्राणिविज्ञान का यह सिद्धान्त साहित्य में भी गृहीत हुआ, जिसे हम प्रकृतिवाद अथवा नेचुरलिज्म के नाम से जानते हैं। इस धारा के प्रमुख लेखक एमिली जोला हुए, जिनका मत है कि मनुष्य किस अवस्था में कैसा व्यवहार करेगा, यह प्राणिविज्ञान के नियमों से जाना जा सकता है।

प्रकृतिवाद का सिद्धान्त रोमांसवाद के विरुद्ध पड़ा। इसका एक कारण तो प्राणिविज्ञान का ही जन्म था। किन्तु, इसके अतिरिक्त भी, लोग रोमांसवादी भावुकता से आर्जित आ गए थे तथा रोमांटिक कवियों की पोली रंगीनी एवं खूबसूरत खोखलेपन से ऊब कर वे एक बार फिर कुछ अधिक ठोस साहित्य की कामना करने लगे थे। यह ठोस साहित्य की कामना सीधे क्लासिक शैली की ओर इंगित करती थी। अतएव, अंग्रेजी भाषा में इस समय जो कवि हुए, उनमें हम क्लासिक और रोमांटिक का विलक्षण मिश्रण पाते हैं। टेनिसन एक तरह से क्लासिक साहित्य के इसी प्रत्यावर्तन के कवि हैं, यद्यपि, भावना उनकी भी रोमांटिक ही है। ब्राउनिंग की कविताओं में भी हम एक प्रकार की तटस्थता एवं कठोरता की झलक देखते हैं जो अधिकतर क्लासिक कवियों की तटस्थता की याद दिलाती है।

प्रकृतिवाद का प्रभाव काव्य पर कम, गद्य पर अधिक पड़ा। परिणामतः, इसके प्रतिनिधि लेखक भी गद्य में ही उत्पन्न हुए, जिनमें इब्सन और फ्लाउबर्ट के नाम विशेष रूप से उल्लेखनीय हैं। किन्तु, इब्सन में ही एक बार फिर रोमांटिक भावना अपना सिर उठाने लगी, क्योंकि प्रकृतिवादियों में भी वैयक्तिकता का सर्वथा ह्रास नहीं हो पाया था। कमजोरी यह थी कि जहाँ 17वीं सदी के क्लासिक लेखक मानव-स्वभाव का चित्रण सार्वभौम सिद्धान्तों की कसौटी पर करते थे, वहाँ इब्सन और उनके सम्प्रदाय के अन्य लेखक मनुष्य का अध्ययन उसे किसी काल या परिस्थिति-विशेष में रख करने लगे। अपने-आपके प्रति हमारा क्या कर्तव्य है और समाज के प्रति हमारा क्या व्यवहार होना चाहिए, इस संघर्ष में इब्सन बराबर निमग्न रहे और, अन्त में जाकर, वे व्यक्तित्व के प्रति अपने कर्तव्य की रोमांटिक भावना की ओर मुड़ने लगे। यहीं से रोमांटिसिज्म का दूसरा जागरण आरम्भ होता है, जो फ्रांस में सिम्बालिज्म के नाम से अभिहित किया गया तथा जिसके लक्षणों को देखकर शुक्लजी ने उसे चित्रभाषावाद कहा है, जो नाम मेरी विनम्र मति में, प्रतीकवाद से कुछ अधिक सार्थक बैठता है, क्योंकि सिम्बालिस्ट काव्य में प्रतीकों से अधिक भाषा के लाक्षणिक प्रयोगों का ही प्राधान्य है अथवा यह भी कह सकते हैं कि उसके प्रतीक भाषा की लाक्षणिकता में समाहित से हैं।

दलीलें तो हर चीज के खिलाफ दी जा सकती हैं, किन्तु, सारी निन्दा को देखते

हुए भी यह अवश्य कहा जाएगा कि रोमांटिसिज्म और सिम्बालिज्म विश्व-काव्य की दो बहुत बड़ी उड़ानें रही हैं और इनके चलते काव्य अपनी आत्मा को उन अनेक धरातलों से देख सकने में समर्थ हुआ है, जो धरातल उसे पहले कभी नहीं मिले थे।

हिन्दी का छायावाद चूँकि इन दो आन्दोलनों के बाद आया, अतएव, उसमें दोनों की विलक्षणताएँ एक साथ प्रकट हुईं। अंग्रेजी साहित्य के माध्यम से हम भारतवासी यूरोप की सभी चिंताधाराओं का उत्तराधिकार आपसे आप प्राप्त करते आए हैं। यहाँ यह भी स्मरण रखना चाहिए कि हिन्दी कविता, प्रधानतः, उन्हीं कारणों से आन्दोलित हो रही थी, जो हिन्दी काव्य की परम्परा और हिन्दी-भाषी जनता की रुचि से उत्पन्न हुए थे। किन्तु, जब हिन्दी काव्य में नए क्षितिज के निर्माण की समस्या सुलझाई जा रही थी, तभी देश और विदेश के कवियों की वाणी ने हमारा पथ-निर्देश किया और हमें अपने अनुकूल एक नवीन स्वर स्थिर करने में सहायता पहुँचाई। देश और विदेश के इन कवियों के स्वरों में ही हमें अपनी आत्मा की झंकार की समता क्यों मिली, इसका समाधान यह नहीं है कि हमारे कवि अनुकरण की मुद्रा में तैयार बैठे थे और रवीन्द्रनाथ तथा इंग्लैंड के कवियों ने उन्हें बना-बनाया पैटर्न दे दिया, बल्कि, यह कि हिन्दी के इन कवियों की आत्मा में 19वीं सदीवाले हिन्दू-पुनरुत्थान का तेज भरा हुआ था तथा उस तेज की अभिव्यक्ति उसी लय में की जा सकती थी, जो लय समुद्र के पार से सुनाई दे रही थी अथवा जिसका भारतीय रूप रवीन्द्रनाथ में दमक रहा था।

असल में 19वीं सदी का हिन्दू-पुनरुत्थान भारतीय और यूरोपीय संस्कृतियों के परस्पर गाढ़ालिंगन का प्रतीक था। जब यूरोप का भारत से सम्पर्क हुआ, उस समय यूरोपीय सभ्यता अपनी जवानी पर थी और भारतीय संस्कृति अपनी जीर्णता के नीचे सब-कुछ भूल कर पड़ी हुई थी। सम्पर्क की टकराहट से उसकी कुंभकर्णी निद्रा भंग हुई तथा आँख खोलने पर उसने अपने अतीत को भी उसी जिज्ञासा से देखा, जिस जिज्ञासा से वह यूरोप से आनेवाले वैज्ञानिक तेज और प्रकाश को देख रही थी। पुनरुत्थान के समय अतीत के सनातन सत्य दुबारा जन्म लेते हैं। हिन्दू-पुनरुत्थान के समय भी भारत के कुछ सनातन सत्यों ने दुबारा जन्म ग्रहण किया और वे यूरोपीय ज्ञान से मिलकर आगे की ओर बढ़ने लगे। राममोहन राय, विवेकानन्द, तिलक और गांधी के समान हम छायावादकालीन हिन्दी कवियों में भी वेद और उपनिषद् के कुछ सनातन सत्यों को पूर्ण रूप से जीवित पाते हैं, यद्यपि उनकी अभिव्यक्ति के लिए ये कवि पाश्चात्य शैलियों की ओर बड़े ही ममत्व से देख रहे थे, मानों, उनकी अपनी शैलियाँ वे ही रही हों, जिनका उपयोग यूरोप में किया गया था। यह कोई अस्वाभाविक बात नहीं थी, क्योंकि यूरोपीय साहित्य और संस्कृति के सम्यक् सेवन से इन कवियों की विचार-शिराएँ वे ही न रह गई थीं, जो उनके पूर्वजों की थीं, बल्कि, द्रव्य में जहाँ वे भारतीय थे, वहाँ अभिव्यक्ति का यूरोपीय माध्यम अपनाए बिना उन्हें तनिक भी

तृप्ति नहीं हो सकती थी। मेकाले को इच्छा थी कि भारतवासी विचार में यूरोपीय और लिबास में भारतीय रहें, किन्तु, साहित्य में हमने लिबास तो यूरोपीय लिया, लेकिन, विचारों में हम स्वदेशी ही बने रहे।

छायावाद ने हिन्दी कविता की अमूल्य सेवा की। समग्र हिन्दी साहित्य के इतिहास में कोई और काल ऐसा नहीं गुजरा है, जब 15-20 वर्षों की अत्यल्प अवधि में साहित्य के भाव और भंगी, दोनों क्षेत्रों में ऐसे आमूल परिवर्तन हुए हों जैसे छायावाद-काल में हुए। सम्भव है, सम्पूर्ण विश्व के किसी भी साहित्य के लिए यह दृष्टान्त अप्रतिम और नवीन रहा हो। द्विवेदी-कालीन पाठक अपने युग की कविता से इसलिए ऊब उठे थे कि उसमें संकेतों का सर्वथा अभाव था, कि उसमें भावोत्तेजना नहीं थी, कि उसमें वे सामग्रियाँ होती ही नहीं थीं, जो पाठकों के भीतर जिज्ञासा जाग्रत करती हैं। उस समय जो कुछ लिखा जा रहा था, वह सीधे-सादे सुस्पष्ट विश्व की व्याख्या के रूप में था। किन्तु गद्य की यह पद्धति लोगों को पसन्द नहीं आई और वे किसी ऐसी कविता के लिए उत्कंठित हो उठे, जो जीवन और प्रकृति के सम्बन्ध में उनके भीतर किसी जिज्ञासा को जगाती हो, जो मनुष्य के व्यक्तित्व के भीतर किसी निस्सीमता का अनुसंधान करती हो, जो किसी अदृश्य एवं रहस्य लोक की याद दिला कर हमें इस जीवन से उठा कर कहीं और ले जाती हो तथा जो मनुष्य पर यह प्रभाव डालती हो कि जो कुछ विश्लिष्ट, सुबोध और सुस्पष्ट है, जीवन वहीं तक समाप्त नहीं हुआ है। छायावाद ने पाठकों की इन सारी तृषाओं को काफी दूर तक शान्त किया और इसके लिए आरम्भ से ही उसे वाहवाही भी मिलती रही। किन्तु, जो बात अन्त में जाकर (और आरम्भ से भी) उसके विरुद्ध पड़ी, वह थी सुबोधता और सुस्पष्टता से अत्यधिक दूर भाग जाने की उसकी अनुचित चिन्ता और उसका यह सिद्ध करने का अनुचित उत्साह कि प्रत्येक पाठक कविता की ओर, अनिवार्यतया, जीवन से भागकर ही आता है, कि कविता का काम पाठकों की त्वचा का स्पर्श सुरखाब के परों से करना है, कि कविता का धर्म सत्य-असत्य, सभी प्रकार की कल्पनाओं से मनुष्य के मन का रंजन करना है।

और तब भी यह सत्य है कि छायावाद अपनी इन कमजोरियों को रोक नहीं सकता था, क्योंकि साहित्य में जब भी कल्पना के प्रबल आन्दोलन आते हैं, तब उनके साथ प्रायः, वैसी ही दुर्बलताएँ लगी होती हैं, जैसी दुर्बलताओं की लीला हमें छायावाद-काल में देखने को मिली थी। ये कमजोरियाँ कल्पना के अतिसंस्कार की कमजोरियाँ होती हैं, ये कमजोरियाँ शब्दों की खूबसूरती में फँसकर रह जाने की कमजोरियाँ होती हैं, ये कमजोरियाँ कवि के इस भ्रम से उत्पन्न होती हैं कि चित्रों का उद्देश्य कुछ कहना नहीं, सिर्फ अपनी रंगिनी दिखाना है तथा लय और संगीत भी अभिव्यक्ति के वाहन नहीं, खुद ही उसके सवार हैं।

विचारपूर्वक देखा जाए तो पता चलेगा कि छायावाद की निम्नलिखित दुर्बलताओं

ने ही उसके विरुद्ध प्रतिक्रिया को जन्म दिया तथा लोगों को उस सौन्दर्य से मुँह फेर लेने को विवश किया जिसकी कामना वे द्विवेदी-युग से करते आ रहे थे।

छायावाद के कवियों का सबसे बड़ा दोष यह रहा कि वैयक्तिकता की धुन में आकार वे अपनी प्रत्येक अनुभूति तथा चेतना की हर एक सुगबुगाहट को अपना परम सर्वस्व मान बैठे। यह अनुभूति और सुगबुगाहट उनकी दृष्टि में इतनी महार्घ हो उठी कि उसके सामने उन्होंने समाज और विश्व की अनुभूतियों को कोई स्थान न दिया। इतना ही नहीं, प्रत्युत्, इन वैयक्तिक अनुभूतियों का वर्णन छायावादी कवियों ने जिस नर्मी और गर्मी तथा रंगीनी के साथ किया है, वह भी स्वाभाविक नहीं होकर अव्यवस्थित एवं अतिरंजित मालूम होता है। विश्लेषण करने पर उसके भीतर हम इस नियम का निर्वाह नहीं पाते हैं कि जिस भाव में जितना ताप हो, उसकी अभिव्यक्ति की शैली में उससे अधिक ताप न होना चाहिए। रीतिकालीन कवियों ने रूढ़ियों के अधीन विरह का जैसा अवास्तविक वर्णन किया था, कुछ अत्यन्त वैयक्तिक अनुभूतियों का वैसा ही अवास्तविक वर्णन छायावादियों ने भी किया, जिससे छायावाद जीवन के धरातल से विच्छिन्न हो गया और लोग उसकी ओर वैसी गम्भीर दृष्टि से न देख सके जैसी दृष्टि से क्रान्तिकारी साहित्य को उन्हें देखना चाहिए था।

बौद्धिकता में भी एक दुर्गुण है, जिसके कारण वह कविता की विरोधी समझी जाती है, ठीक वैसे ही, जैसे विज्ञान कविता का प्रतिलोम है। किन्तु, सामान्यतः, कवि भी बुद्धि से काम लेते हैं और जो कवि जितने ही अधिक बुद्धिमान होते हैं, उनके काव्य के भीतर बौद्धिकता की भी उतनी ही प्रबल रीढ़ वर्तमान रहती है। कला और सौन्दर्य का पुष्प वृन्तहीन नहीं होता। उसे भी पुष्ट भावों का आधार चाहिए। उसके नीचे भी बौद्धिकता की कड़ी जमीन होनी चाहिए, जो उसे अच्छा भोजन पहुँचा सके। किन्तु बुद्धि छायावादी काव्य में एक प्रकार से वर्जित रखी गई। बुद्धि की कठोर प्रक्रिया से जो सुगन्धित एवं दीप्तिमय प्रस्वेद क्षरित होती है। अधिकांश छायावादी काव्य में हम उसका अभाव पाते हैं। अतएव, मनोरंजन, रंगीनी एवं मादकता के धरातल पर जो छायावाद उतना सफल हुआ था, वह बौद्धिक धरातल पर पाँव न जमा सका, जो एक प्रकार से वर्तमान युग का मुख्य धरातल है। बौद्धिकता के अभाव के कारण ही छायावाद उन लोगों को अपनी ओर न खींच सका, जो मनीषी और विचारों के नेता थे तथा जो भावुकता के स्तर पर उतर कर तितलियों और फूलों से मन-बहलाव नहीं कर सकते थे।

भावुकता औ रुदनशीलता ने भी छायावाद की प्रतिष्ठा में कम बाधा नहीं पहुँचाई। भावुकता कच्ची उम्र वाले किशोरों का गुण है और रुदनशीलता को तो हम बच्चों में भी अवगुण मानते हैं। विचित्र बात तो यह रही कि छायावादी कवि के रोने का कारण समाज को मालूम ही न हो सका। महादेवी जी ने यह कहकर छायावाद की रुदनशीलता को जरा ऊँचे धरातल पर पहुँचाने की चेष्टा की है कि करुणा भारत की

साहित्यिक परम्परा में विशिष्ट स्थान की अधिकारिणी रही है तथा रामायण, महाभारत और अभिज्ञानशाकुन्तल में जो चमत्कार है वह, अन्ततः, करुणा का ही चमत्कार है। परन्तु, यह तर्क अखंडनीय नहीं है; क्योंकि रामायण, महाभारत और शकुन्तला में जो करुणा है, उसके रहस्य का विश्लेषण पूर्ण रूप से कर दिया गया है। और इसी से उसका प्रभाव की अधिक पड़ता है। किन्तु, कोई आदमी करुणा का प्रदर्शन तो करे, किन्तु उसका कारण समाज को न बताए, तो समाज पर उसके आँसुओं का क्या प्रभाव होगा? और लोग क्या उसे औसत आदमी समझेंगे? फिर क्या आश्चर्य है कि समाज ने यह मान लिया कि या तो इन कवियों की वेदना ही मिथ्या है या अति भावुकता के कारण वे किसी नगण्य व्यथा से इस तरह रो रहे हैं, जिस तरह किसी भी स्वाभिमानी मनुष्य को नहीं रोना चाहिए।

आरम्भ में तो छायावादियों ने वास्तविकता की इस प्रकार उपेक्षा की, मानों समग्र विश्व में सबसे कम महत्त्व की यही एक वस्तु हो। किन्तु, आगे चल कर उनकी दृष्टि वास्तविकता की ओर भी गई और तब यह और भी स्पष्ट हो गया कि छायावाद में कोई मौलिक दुर्गुण है जिसके कारण वह वास्तविकता पर अधिकार नहीं कर सकता। कवि की जो शक्ति उसे वास्तविकता पर अधिकार दिलाती है, वही शक्ति उसे इस योग्य भी बनाती है कि वह भावों की अभिव्यक्ति ठीक उसी रूप में कर सके जिस रूप में वे उसे अनुभूत हुए हैं। असल में, कविता रचते समय कवि को दो धरातलों पर एक साथ जगना पड़ता है। एक तो वह धरातल है, जिस पर से हमारे भाव उतरते हैं और दूसरा यह है कि कवि ऊपर के धरातल पर कान लगाकर अपनी प्रेरणा के गुंजन को ठीक-ठीक सुने और नीचे के धरातल पर जब वह रचना करने लगे, तब यह सोचता जाए कि उसने जो कुछ सुना है, वह ठीक-ठीक अंकित हो रहा है या नहीं। वास्तव में, ये दोनों एक ही कार्य के दो पक्ष हैं, क्योंकि ऊपर के धरातल पर की आवाज को हम जिस रूप में सुनते हैं, नीचे के धरातल पर वही हमारी शैली बन जाता है। अधिकांश छायावादी कविताओं में शब्दों की कोमल योजना और रंगीनी को देखकर, अक्सर, लोग कह उठते हैं कि छायावाद का शैली-पक्ष बहुत ही सुन्दर और समर्थ था। किन्तु, इतना कहना यथेष्ट नहीं है, क्योंकि शैली भाव से भिन्न नहीं होती। जिस रूप में हम किसी भाव को हृदयंगम करते हैं, वह हमारी अभिव्यक्ति के माध्यम को भी निर्धारित करता है। बहुत-सी छायावादी कविताओं में छूँछी रंगीनी और एक प्रकार की अस्पष्ट कोमलता का आभास मिलता है, जो कदाचित् इस बात का प्रमाण है कि इन कवियों ने जो कुछ लिखा उसकी या तो उन्हें स्पष्ट अनुभूति न हुई थी अथवा वे अपनी अनुभूतियों के सम्यक् चित्रण में असमर्थ रह गए।

इसी दुर्बलता से सम्बद्ध एक और दोष है, जिसे मैं सजावट का मोह कहूँगा। सभी जानते हैं कि कहानियों में मनोविज्ञान का जो स्थान है, कविताओं में चित्रों का भी वही महत्त्व है। विशेषतः, साहित्य अन्य विद्याओं से इसीलिए भिन्न समझा जाता

है कि अन्य विद्याओं में विचार जहाँ तर्क बन कर सामने आते हैं वहाँ साहित्यकार के विचार चित्रों में परिणत होकर प्रकट होते हैं। काव्य में विज्ञान के समान सुनिश्चित भाषा का प्रयोग नहीं किया जाता और यही काव्य की अपनी विशेषता है। हम जब कोई कविता पढ़ते या सुनते हैं; तब एक प्रकार का आनन्द हमें अर्थ-बोध के पूर्व से ही प्राप्त होने लगता है; शब्दों की झंकार और उनके बैठने की अदा से ही हमारी इन्द्रियाँ जाग्रत होने लगती हैं और इसी प्रकार हम काव्य का जो अर्थ ग्रहण करते हैं, उसे अपनी सभी इन्द्रियों की गवाही में ग्रहण करते हैं। इसीलिए, काव्य के अनिश्चित अर्थों वाले शब्द-समूह से हम जो अर्थ लेते हैं, वह उससे भी अधिक पूर्ण एवं विश्वासदायक होता है, जो विज्ञान की सुनिश्चित भाषा के द्वारा प्रेषित किया जाता है। हमारी इन्द्रियाँ काव्यगत विचारों को जो इतनी प्रसन्नता और उत्साह से अपना लेती हैं, उसका प्रधान कारण यह है कि मनुष्य कानों पर कम, आँखों पर अधिक विश्वास करता है। विचार जब चित्र बन कर सामने आते हैं, तब मन की आँखें उन्हें देखते ही पहचान लेतीं हैं। और शेष इन्द्रियों को भी यह सन्तोष हो जाता है कि बात ठीक है।

किन्तु, चित्रों का प्रयोग कवि केवल तमाशा दिखाने को नहीं करता। असल में, चित्रों के सहारे वह हमारी सभी इन्द्रियों को जगाकर अपने तात्पर्य तक ले जाता है, जिसके मानी ये हुए कि शब्दों, अलंकारों, लय और संगीत की तरह, चित्र भी कविता में अभिव्यक्ति का वाहन बन कर आते हैं। छायावाद की यह कमजोरी रही कि उसने चित्रों का प्रयोग अभिव्यक्ति की पूर्णता नहीं, बल्कि, कविता में रंगीनी लाने के लिए, उसे केवल सजाने के लिए किया। छायावादी कवि कल्पना के धनी थे। विशेषतः उप-कल्पना अथवा 'फैन्सी' पर उनका असाधारण अधिकार था। पन्त जी की कविताओं में उप-कल्पना के करतब देखते ही बनते हैं। किन्तु, उप-कल्पना द्वारा निर्मित उनके अद्भुत चित्र हमारे भीतर सौन्दर्य की जितनी तृषाएँ जाग्रत करते हैं, उन्हें वे तृप्त नहीं कर पाते।

छायावाद-कालीन काव्य-चित्रों में इतनी पारदर्शिता नहीं है कि उनके भीतर से हम जीवन की गहराई को देख सकें। इसे भी मैं एक प्रकार से अनुभूति की ही दुर्बलता मानता हूँ, क्योंकि अनुभूतियाँ जब गहराई से उठती हैं, तब वे अपनी अभिव्यक्ति के योग्य सफल संकेतों का भी सन्धान कर लेती हैं। बहुत-से ऐसे रहस्यवादी हुए हैं, जिनमें कारीगरी नहीं थी, किन्तु, तब भी वे केवल अनुभूति की तीव्रता के कारण उपयुक्त संकेतों का प्रयोग कर गुजरे। ऐसे व्यापक संकेत, जिनकी झंकार दूर तक पहुँचती हो, छायावाद-काल के रहस्यवादी काव्य में नहीं मिलते। इसका भी कारण, सम्भवतः, यही है कि छायावादियों के भीतर रहस्य की मुद्रा, सहज रूप में, प्रकट नहीं हुई थी। प्रत्युत्, रहस्य के धुँधले लोक में भी ये कवि रुक्षता और स्थूलता से रूठ कर ही पहुँचे थे, कुछ उस लोक के आकर्षण से खिंच कर नहीं।

विलाप का एक कारण यह भी है कि अगर हम यूरोप से कुछ लेना ही चाहें, तो

उसके साहित्य से भावुकता, पलायनवाद और रहस्यवाद को क्यों लें? ये तत्त्व तो हमारे अपने साहित्य में ही विद्यमान हैं और आज की कसौटी पर जाँचने से वे ही हमारे साहित्य के अभिशाप भी सिद्ध होते हैं। बौद्धिकता और वैज्ञानिक वस्तुवाद, ये ही दो तत्त्व है, जिन्हें पश्चिम से अपने साहित्य में लाकर हम युगानुरूप नए क्षितिज का निर्माण कर सकते हैं।

छायावाद पर हिन्दी में बहुत कुछ लिखा जा चुका है, किन्तु, छायावाद के कुहासे से हिन्दी कविता किस प्रकार आगे बढ़ी, इसकी कहानी अभी शुरू भी नहीं हुई है। धन्यवादार्ह हैं पं. नन्ददुलारे बाजपेयी, जिन्होंने एक जगह इसकी थोड़ी बहुत चर्चा कर दी है और इस बात का एक हल्का-सा संकेत दे दिया है कि बच्चन की बोलचाल वाली भाषा छायावाद-कालीन अव्यावहारिक भाषा से अपेक्षाकृत श्रेष्ठ है।

पन्त, निराला और महादेवी के ठीक बाद वाली पीढ़ी के कवियों में हम दो-तीन उल्लेखनीय बातें देखते हैं। पहली तो यह कि इन कवियों की भाषा का झुकाव बोलचाल की भाषा की ओर है और वे उस भाषा का अनुकरण करने के मोह से प्रायः, मुक्त हैं, जिसकी रचना और संधान छायावाद-कालीन वायवीयता को अभिव्यक्ति देने के लिए किया गया था। दूसरी यह कि ये कवि विषयों के चुनाव में भी कोमलता की रूढ़ि से बँधे हुए नहीं थे और न इनका यही विश्वास था कि कविता, अनिवार्यतः, मनुष्य को जीवन से दूर ले जानेवाली चीज है। किन्तु, इससे भी अधिक महत्त्व की बात, शायद, यह है कि ये जिस धरातल के कवि थे, उस पर इनकी अनुभूतियाँ बड़ी ही तीव्र और सच्ची थीं। परिणामतः, इनकी अभिव्यक्तियों में जनता के लिए एक विशिष्ट कोटि का आकर्षण प्रकट हुआ, जो, असल में, सचाई और ईमानदारी का आकर्षण था। छायावाद की रंगीनी का मोह तो ये भी नहीं छोड़ सके, किन्तु, अपनी कृतियों से इन कवियों ने यह अवश्य प्रमाणित कर दिया कि कविता कोमल शब्दों, रंगीन कल्पनाओं (अथवा उप-कल्पनाओं) और उपयुक्त-अनुपयुक्त, सभी प्रकार की अनुभूतियों के चित्रण में ही नहीं बसती है। वह चाहे तो इनमें से कितनी ही सामग्रियों को छोड़कर केवल अपने अस्तित्व की सचाई पर भी जी सकती है।

प्रयोग यहीं तक नहीं रुका। वह बढ़ कर बहुत दूर जा पहुँचा है, यद्यपि आँखें अभी उस कवि को तलाश रही हैं, जिसमें यह प्रयोग सिद्धि के स्तर से बोलेगा। रोमांटिक सनसनाहट और छायावादी रंगीनियों से तो आज भी असंख्य कविगण लिपटे पड़े हैं, किन्तु, ये वे कवि हैं जिनकी बसें छूट चुकी हैं। जिस पृष्ठभूमि पर छायावाद की घटा उठी थी, वह पृष्ठभूमि भी बड़ी तेजी के साथ इतिहास में सिमटती चली जा रही है। दुनिया में एक नई जिन्दगी करवट ले रही है और जिनमें जिन्दगी का एहसास है, वे इसे भली-भाँति समझ भी रहे हैं। रोमांटिक युग उन कवियों का था, जो इतिवृत्तात्मकता की सूखी जमीन को अपनी कल्पना के रस से सरसाने आए थे। आज का जमाना उन कवियों का है, जो रंगीनी में नहीं उलझ कर, तीर के समान सीधे अपने

लक्ष्य पर टूटना चाहते हैं। छायावाद का काल हमारे साहित्य का उषाकाल था, आज, प्रायः दोपहरी का सूर्य हमारे माथे पर चमक रहा है। ऊषा में ओस होती है, फूल की पहली मुस्कान होती है, आसमान में लाली और सामने कभी-कभी तुषार का जाल भी होता है, मगर, उसके बाद शुद्ध प्रकाश का समय आता है, जो समय आज व्यतीत हो रहा है। प्रकाश की कविता मिहिकाओं से आँखमिचौनी नहीं खेलती, न वह रुक कर फूल और शबनम से किलोल करती है। उसका सबसे बड़ा काम तो जीवों की धमनियों में 'अल्ट्रा वायलेट' किरणों के द्वारा स्वास्थ्य का संचार करना तथा कोनों और दरारों में दुबके हुए अन्धकार को दूर भगाना होता है।

छायावाद की दी हुई कुछ विलक्षण शक्तियाँ अभी भी कविता के साथ रहेंगी, किन्तु, वे साधक होंगी, साध्य नहीं। चित्र, गीत, छन्द, अलंकार और लय भी कविता के साधन हैं, साध्य नहीं। अपने ही देश में काव्याचार्यों ने जब यह अनुसन्धान आरम्भ किया था कि कविता की आत्मा क्या है, तब वे पहले अलंकार पर रुके, फिर उसे उन्होंने छोड़ दिया। तब रीति पर आए, फिर उसे भी छोड़कर आगे बढ़े और सीधे ध्वनि पर आकर उन्होंने साँस ली। और ध्वनि-सिद्धान्त का पता लग जाने पर समस्या यह खड़ी हुई कि तब उन कविताओं का क्या हो, जिनमें ध्वनि तो नहीं है, किन्तु, जो कविता छोड़कर किसी और श्रेणी में खपाई ही नहीं जा सकतीं। तब बाद के आचार्यों ने कृपापूर्वक ऐसी कविताओं के लिए गुणीभूत व्यंग्य एवं चित्र-काव्य की कोटियाँ बना दीं। जिन अलंकारों से ध्वनि की उत्पत्ति में सहायता नहीं मिलती, उन्हें हेय कहकर हमारे आचार्यों ने इसी सत्य की तो घोषणा की है कि कविता में केवल ध्वनि की प्रधानता होती है। और जितनी भी चीजें हैं, साज-शृंगार तथा सजावट की चीजें हैं। उन्हें छोड़ देने से कविता मर नहीं जाएगी। मरती वह तब है, जब उसमें ध्वनि का वास नहीं रहता, जो उसकी आत्मा है।

मनुष्य की उलझनें बहुत बढ़ी हुई हैं। उनके भीतर धँसने का उसे कोई सीधा मार्ग चाहिए। वाह्य जीवन में तो सरलता का महत्त्व यह भली-भाँति समझ चुकी है। हवादार, सीधे-सादे घर, मर्दों और औरतों की सीधी-सादी पोशाकें, गहनों-आभूषणों और मोर-मुकुटों का सर्वथा परिहार, ये सभी इस बात के सबूत हैं कि सभ्यता सरलता की ओर बढ़ रही है। जो अनावश्यक है, उसे छोड़ दिया जाए, साथ हम उतना ही रखेंगे, जिसके बिना हमारा काम नहीं चल सकता। सभ्यता के दिन-दिन बढ़ते हुए अनावश्यक उपकरणों के बीच भी, मनुष्य की आत्मा जिस सरलता, जिस आडम्बर-हीनता की माँग कर रही है, वह सोचने और समझने की चीज है।

तो कविता को क्या करना होगा? उसके साथ कौन-सी अनावश्यक सामग्रियाँ हैं, जिन्हें छोड़ कर वह फुर्ती से चल सकती है? और यह आवश्यक ही क्यों समझा जाता है कि कविता उन सामग्रियों को छोड़ दे, जो उसके लिए अहितकर नहीं, तो कम-से-कम उसकी समृद्धि के कारण नहीं हैं?

शायद, समृद्धि के उपादानों का सर्वथा त्याग आवश्यक न भी हो। किन्तु, काव्य में हम जिन नए मूल्यों की स्थापना करना चाहते हैं, उनको प्रमुख रखने के लिए यह उपयोगी है कि हम काव्य को उन सभी तत्त्वों की पराधीनता से मुक्त कर दें, जो उसे सुन्दर तो बनाते हैं, किन्तु, समुचित प्रतिष्ठा नहीं दिला सकते। पिकाक के अनुसार कविता आज सभ्यता के बीच अर्धसभ्यों की वाणी हो रही है। इससे मानवता की एक हानि यह हो रही है कि जो लोग अच्छे चिन्तक होते तथा ज्ञान की गहराई में गोता लगा कर मनुष्यता के लिए कोई अमूल्य रत्न निकालते, वे भी कविता के फेरे में पड़ कर यों ही बर्बाद हो रहे हैं।

पिकाक—जैसे लोगों की बातें सुनकर मुझे भी दुःख होता है, और तब अनायास ही मुझे पुराने जमाने के वे कवि याद आ जाते हैं, जो अपने समाज का मनोरंजन करने वाले नहीं, बल्कि, उसके नबी और द्रष्टा होते थे तथा जिनकी वाणी कर विचार किए बिना मनुष्य किसी भी बड़े काम में हाथ नहीं डालता था। किन्तु, तब वह युग बीत रहा था, जब हृदय और मस्तिष्क दो नहीं हुए थे। बर्बादी की प्रक्रिया हृदय और मस्तिष्क की दो शक्तियों के विभाजन के बाद शुरू हुई। बौद्धिकता के उत्थान के साथ मस्तिष्क ने यह षड्यन्त्र किया कि जीवन के स्थूल उपयोग में आने वाली सभी विद्याओं का सम्बन्ध उसने अपने साथ जोड़ लिया तथा उनकी वर्णना और विवेचना के लिए गद्य का माध्यम खोज निकाला। जीवन के उपयोग में आने वाली गम्भीर विद्याओं के मस्तिष्क की अधीनता में चले जाने के बाद, हृदय किंकर्तव्य-विमूढ़ हो गया; क्योंकि अब कोई ऐसी चीज बची ही नहीं जिसका अवलम्ब लेकर वह समाज में पहली प्रतिष्ठा के पद पर आसीन रह सके। अतृप्त कामनाएँ, अतृप्त वासनाएँ, कल्पित रंगीनी और खुशनुमा चेहरों की तस्वीरें अथवा नकली रहस्यवाद के धुँधले देश, ये ही कुछ पूँजी थे, जिन्हें मस्तिष्क ने छोड़ दिया था। ये ही चीजें कविता का विषय बन गईं और आदमी ने भी कहा—'चलो, थकावट में दिल्लगी ही सही।'

तब से जीवन के कूलों में बौद्धिक प्रवाह कल-कल करता हुआ बड़े वेग से बह रहा है, और कविता उस प्रवाह पर इन्द्रधनुष बन कर निर्जीव सुषमा के समान खड़ी हैं।

रोमांटिसिज्म को लाइए अथवा सिम्बालिज्म को, छायावाद को लाइए अथवा रहस्यवाद को, इनमें से कोई भी जीवन की धारा को प्रभावित नहीं कर सकेगा। ये सबके सब उस धारा पर इन्द्र-धनुष का मेहराब बनकर खड़े हैं। इनकी जो प्रतिच्छवि धारा के जल पर पड़ती है, वह जल का असली रंग नहीं है, और इस रंगीनी से धारा का वेग, उसकी अकुलाहट और बेचैनी का रूप भी नहीं बदलता।

मनुष्य का जीवन कट कर दो टुकड़ों में बँट गया। बड़ा टुकड़ा है मस्तिष्क की तरफ और छोटा टुकड़ा है हृदय की ओर। हृदय और मस्तिष्क के बीच इस चौड़ी दरार को पटाने का काम कविता को करना है, विज्ञान को नहीं। और कविता इस काम को

खुशनुमा रंगीनियों के बल पर अंजाम नहीं दे सकेगी। खुशनुमाई का गुलाल तो वह सदियों से छींटती रही है। और इसी कारण होली-दीवाली के दिन उसकी थोड़ी-बहुत पूछ भी हो जाती है। किन्तु, इतने से ही उसे वह प्रतिष्ठा नहीं मिल सकती, जिस पर आज मस्तिष्क का एकाधिपत्य है।

ऐसी दलीलें सुनकर कविगण अक्सर नाराज हो जाते हैं। उन्हें यह सुनना अच्छा नहीं लगता कि वे जो काम कर रहे हैं, वह मस्तिष्क के काम की अपेक्षा छोटा काम है। यही वह गलत ढंग की भावुकता है, जिससे नए कवियों को बचना चाहिए, बशर्ते कि काव्य की प्रतिष्ठा में वृद्धि लाना उनका वास्तविक ध्येय हो।

कविता मस्तिष्क के अलग नहीं जा सकती। कविता का ऐसा कौन-सा तत्त्व है, जिसके पीछे मानसिकता का बहुत बड़ा हाथ नहीं है? और तो और, जिस प्रेरणा का हम कविगण इतना अभिमान करते हैं, और बहकी हुई मुद्रा में उसे दैवी वरदान समझ लेते हैं, वह भी मानसिकता का ही एक अंग है। फिर कविता के क्षेत्र में वे लोग क्यों आते हैं, जिन्हें ज्ञान से घृणा और परिश्रम से वैर है अथवा जो चिन्तन की कठोर प्रक्रिया की रुक्षता को बर्दाश्त नहीं कर सकते?

दार्शनिक होना फिर भी आसान है; क्योंकि दर्शन में तर्कों के सीधे सोपान होते हैं, जिन पर चढ़ कर हम अपनी स्थापना तक परिश्रम के बल पर पहुँच सकते हैं। किन्तु, कविता में ऐसी सीढ़ियाँ नहीं होतीं। कवि को उतना ज्ञान तो चाहिए ही, जितना दार्शनिक को होता है; किन्तु, इस समग्र ज्ञान-राशि को उसे चित्रों में परिवर्तित करना होता है। और चित्र-विधान की कला सीखी नहीं जाती, वह भीतर की किसी अनिर्वचनीय शक्ति से आप-से-आप प्रकट होती है। मगर, कवि-सम्मेलनों को धन्यवाद कि हिन्दी में कविता से बढ़ कर सुगम चीज और दूसरी नहीं रह गई है। और कवि-सम्मेलनों की जितनी ही संख्या-वृद्धि होती है, कविता का मान भी उतना ही घटता जाता है।

यह प्रसन्नता की बात है कि हिन्दी के कुछ नवीन कवियों ने ज्ञात का अज्ञात रूप से, छायावादी रंगसाजी और अंतःशून्य कोमलता की व्यर्थता का भेद पा लिया है और वे उस दिशा में प्रयोग कर रहे हैं, जिस दिशा में काफी दूर चलने के बाद कविता एक बार फिर मनीषियों के अध्ययन और मनन की वस्तु बन सकती है।

किन्तु, जिनकी कविता विचारों के नेताओं के अध्ययन की चीज होगी, वे क्या स्वयं ज्ञान से डरने वाले और चिन्तन से जी चुराने वाले होंगे? अथवा कविता क्या वे इसलिए करेंगे कि और कोई उपयोगी काम करने की योग्यता उनमें नहीं है?

बहुत काल से कविता हल्की रंगीनियों की जाली में उलझी रही है। उसी का परिणाम है कि अब वह ज्ञानियों की नहीं, किशोर भावुकों की सम्पत्ति समझी जाती है तथा 'शास्त्रेषु भ्रष्टाः कवयो भवन्ति' वाली उक्ति में आज जितनी सचाई झलकने लगी है, उतनी सचाई क्लासिकों के युग में नहीं देखी गई थी।

हिन्दी के काव्य-क्षेत्र में जो लोग नया प्रयोग कर रहे हैं, उन्हें ईमानदारी के साथ अपने-आपसे यह प्रश्न करना चाहिए कि वे कविता के क्षेत्र में क्यों आए हैं? यह भी कि वे कविता के रूपों में, उसके छन्दोबंध, पदयोजना और अर्थाभिव्यक्ति के अन्य साधनों में इतने अधिक परिवर्तन क्यों कर रहे हैं? इतना तो स्पष्ट है कि रोमांटिक परम्परा उन्हें पसन्द नहीं है और कविता को वे किसी नई भूमि की ओर से ले जाना चाहते हैं। किन्तु, हिन्दी-जगत् एवं विश्व भर के काव्य-रसिकों को संतोष तब होगा जब अपनी कृतियों से वे यह दिखला सकें कि उनका उद्देश्य हल्की भावनाओं के साथ खिलवाड़ नहीं, प्रत्युत्, ज्ञान के सौरभ को काव्य के भीतर से प्रदान करना तथा जो ज्ञान मनुष्य के मस्तिष्क पर बोझ बन कर पड़ा हुआ है, उसे चित्र बना कर आँखों के आगे तैरा देना है। दूसरे प्रश्न का भी समीचीन उत्तर यही होगा कि कविता के नियमों को हम इसलिए तोड़ रहे हैं कि उनसे भी कहीं कठोर नियमों का हमें पालन करना है।

ज्ञान के पक्ष पर इतना अधिक जोर देने का अभिप्राय यह नहीं है कि रोचकता कविता का दूषण है, बल्कि, यह कि रोचकता-रोचकता में भेद होता है। रीति-कालीन शृंगार की रोचकता छायावाद-का जीन शृंगार की रोचकता से भिन्न रही। इसी प्रकार, रोचकता वहाँ भी हो सकती है जहाँ सत्य का वर्णन उसकी नग्न कठोरता में किया जाता हो, जहाँ सरसता और कोमलता की घूस नहीं देकर हम अपनी अनुभूति को ठीक उसी तीव्रता के साथ पाठकों के सामने उपस्थित कर दें, जिस तीव्रता के साथ हमने उसका अनुभव किया है। मनुष्य की सारी अनुभूतियों का आवेष्टन केवल कोमलता और रंगीनी ही नहीं है, बहुत बार वे जहर के घेरों में भी प्रकट होती हैं।

और रोचकता तो वहीं आ जाती है, जहाँ काव्य अन्य विद्याओं से अलग होता है। कविता में रोचकता की कमी नहीं होगी। अभाव उसके पास गाम्भीर्य का है और गम्भीरता उसे मिलेगी बौद्धिकता को अपना कर, उस प्रकार से नहीं, जैसे विज्ञान उसे अपनाता है, बल्कि, उस प्रकार से, जैसे क्लासिक युग और उसके पूर्व के कवियों ने उसे अपनाया था अथवा जैसे आज के युग में अरविन्द और इलियट ने उसे अपनाया है। असल में, आज भी हमें कविता ही लिखनी है, किन्तु, यह कविता उस जीवन की कविता होगी, जो ज्ञान के मार्ग पर बहुत दूर जा चुका है।

रोचकता के सभी उपादानों का उपयोग करते हुए भी दृष्टि हमारी अभिव्यक्ति की पूर्णता पर ही रहनी चाहिए। अपने सीमित अनुभवों से हम जानते हैं कि चित्रों की मोहकता कवि को कभी-कभी भटकाने का भी काम करती है। और शब्द भी अपनी अदाओं से कभी-कभी हमें कथ्य वस्तु से पीछे रोक लेते हैं। इसके सिवा, रोचकता की रंगीनी वाली परम्परा भी कविता को अपने सच्चे उद्देश्य तक जाने देने में बाधक हो रही है। रस तो चिन्तन की कठोरता में भी है। और संगीत के तार विचारों से भी अनुस्यूत रहते हैं। किन्तु, इस आनन्द के भोक्ता विशेष प्रकार के पाठक होंगे और

कहना व्यर्थ है कि ये विशिष्ट कोटि के पाठक ही समाज के मस्तिष्क के सच्चे नेता होते हैं।

सस्ती रोचकता का समय लद चुका। भावी कविता केवल फूलों का मकरन्द ही नहीं, शिलाओं का दूध भी पियेगी। रंगीनियाँ और मकरन्द अगर सामग्री के रूप में आते हैं, तो आएँ, किन्तु, भावी काव्य में उनका वह महत्त्व नहीं रहना चाहिए, जो छायावादी काव्य अथवा उससे पूर्व वाले काव्यों में था। हम कविता में ऐसी प्राणवत्ता और गुणों की कठोरता चाहते हैं कि वह फिर से मनीषियों के अध्ययन और मनन की वस्तु बन जाए। हम उसमें कोमलता भी चाहते हैं, वह चमकीली और नर्म चीज, जिसका सच्चा उपमान मुलायम सोना ही हो सकता है।

(काव्य की भूमिका

दृश्य और अदृश्य का सेतु

पूर्व इसके कि मैं हिन्दी के काव्य-साहित्य पर कुछ कहूँ, मुझे कविता की एक रूपक-कहानी सूझती है। एक रात खिली हुई चाँदनी में किरणों के कन्धों पर चढ़ी हुई एक परी उतरी। उसके एक हाथ में अक्षत, चन्दन और दीप से सजा हुआ एक थाल था और दूसरे हाथ में पारिजात के फूलों की एक माला। शायद, वह अपने आराध्य की खोज में स्वर्ग छोड़कर चली थी। लेकिन यहाँ मनुज-लोक का कुछ और ही हाल था। यहाँ के निवासियों ने अपनी सम्भोग-लोलुपता के कारण उसे पुजारिनी की जगह विलासिनी समझ लिया और युगों तक वह बेचारी विलास का घुँघरू पहनकर कवियों के घर से लेकर कवि-प्रभुओं के दरबार तक नाचती रही। और जब आराध्य के दर्शन की उत्कंठा उसे विकल करने लगी तब कवियों ने उसके आँसू पोंछने के लिए भगवान श्रीकृष्ण का एक वीभत्स शृंगारिक रूप खड़ा किया और कहा—"देवि! यही तुम्हारे आराध्य हैं।" लेकिन उस सरला को क्या मालूम था कि यह उसके देवता का चित्र नहीं, प्रत्युत कविगण की निजी विलास-प्रियता की एक सजीव मूर्ति थी, जो उसकी आँखों में धूल झोंकने के लिए रची गई थी। कालान्तर में कोई अज्ञात शक्ति उस तमिस्र युग के आवरण को चीरकर कबीर की खँजरी, राजस्थान की विरल मन्दाकिनी के कलकल और चित्रकूट की झाँकी में साकार होकर उस विवश रूपसी को उसके आराध्य की याद दिलाती रही; किन्तु विलास की कड़ियाँ सर्वत्र टूटी नहीं, केवल ढीली होकर रह गईं। इसके बाद शतियों तक वह वन्दिनी अमृत के नाम पर छोया चाटनेवाले कवियों के बीच बैठकर ज्योति की प्रतीक्षा करती रही। बहुत दिनों के बाद भारत में एक 'इन्दु' उगा और उस सुन्दरी ने उसे अपने थाल में सजाकर गगनोन्मुख हो एक बार फिर अपने आराध्य के दर्शन किए; किन्तु आरती पूरी भी न हो पाई थी कि वह 'इन्दु' थाल से उड़कर गगन की श्यामता में विलीन हो गया और पुजारिनी शून्य आकाश की ओर देखती रह गई।

इसके बाद नवयुग की शहनाई बजी। पश्चिम में उठी हुई रोमांस की लहर, घूमते-फैलते, आखिर को भारतवर्ष पहुँची। उस महान् युग का समारम्भ हुआ, जिसकी अज्ञात प्रतीक्षा शतियों से की जा रही थी। यह ध्यान देने की बात है कि प्रजा-सत्ता की भावना और रोमैंटिसिज्म का जन्म, प्रायः साथ-साथ ही हुआ है। पूर्व में रवीन्द्र का

आलोक फैला, मानो भारत की जाग्रत अभिनव चेतनाएँ ही केन्द्रीभूत होकर रवीन्द्र बन गई हों। इससे पहले ही हिन्दी में 'एक साहित्यिक विप्लव का प्रवेश व्रज-भाषा के तिरस्कार के रूप में हो चुका था। खड़ी बोली मुक्तकेशिनी देवी की तरह जागर्ति की पताका लेकर साहित्य-क्षेत्रों में खड़ी हो चुकी थी। यह हमारे साहित्य में नवयुग के प्रवेश का पूर्व-चिह्न था। व्रज-भाषा को किसी ने गद्दी से उतारा नहीं। वह तो स्वयं ही नवयुग की ज्वाला न सह सकने के कारण अवकाश ग्रहण कर गई।

भारत-गीतों और भारत-भारती की रचना ने भावलोक में परिवर्तित दृष्टिकोण की सूचना दी। प्रिय-प्रवास के छन्द की उन्मुक्त धारा ने उन प्रवृत्तियों का संकेत दिया जो परम्परा की शृंखला को तोड़कर स्वतन्त्र अभिव्यक्ति की ओर दौड़ना चाह रही थीं। और आगे चलकर प्रसादजी ने तो–

इस पथ का उद्देश्य नहीं है श्रान्त भवन में टिक रहना;
किन्तु, पहुँचना उस सीमा पर जिसके आगे राह नहीं।

(प्रसाद)

गाकर मानों परम्परा की जंजीरों को छिन्न-भिन्न करके कविता को अपने नए क्षेत्र की निस्सीमता का साक्षात्कार ही करा दिया। भावुकता का अभिनव प्रपात पृथ्वी के अब तक के उपेक्षित अंगों को भी अभिसिक्त करने लगा। अन्धकार में जैसे एक बार ही आलोक प्रसरित हो गया हो। तीन हाथ की तरुणी के शरीर से लिपटी रहनेवाली कविता, जिसके पैरों में मखमल के बिछौने गड़ जाते थे, अब आकाश की नीलिमा, पर्वत के उन्मुक्त वृक्ष, समुद्र की तरंग, दूब की शैय्या और वन्य कुसुमों के दलों पर थिरकने लगी। कटि की क्षीणता और पयोधर की पीनता के वर्णन में हैरान रहनेवाली कल्पना मनुष्यों के निमित्त अभिनव सन्देश लाने के लिए दूर-दूर तक जाने लगी। इस थोड़ी अवधि में ही, खड़ी बोली में ऐसे-ऐसे विषयों पर कविताएँ लिखी गई हैं, जो हमारे काव्याचार्य्यों की दृष्टि से बहुत दूर थे। एक ओर से आवाज आई–

दीनबन्धु की कृपा, बन्धु! जीवित हैं–हाँ हरियाले हैं;
भूले-भटके कभी गुजरना हम वे ही फलवाले हैं!

(भारतीय आत्मा)

दूसरे गायक ने टेक पकड़ी–

चलो चलें अब धूप-छाँहवाली उस दुनिया में सजनी,
ओ अजान मुग्धे! मिलता है पीड़ा में वरदान वहाँ।

(केसरी)

प्रश्न उठता है, कविता के इस नवीन युग की विशेषता क्या है? एक शब्द में यह सीमित बुद्धि और संकुचित सिद्धान्तों के अत्याचारों के विरुद्ध एक विद्रोह है जो कला के विश्व में परम्परा और रूढ़ि का बन्धन देखना नहीं चाहता। प्राचीन अनुभवों ने बतला दिया है कि रीति और आलंकारिक सिद्धान्तों के अनुशासन में कला सौन्दर्य का

विश्लेषण कर सकती है, सृष्टि नहीं। सौन्दर्य-सृष्टि के लिए कला को ऐसी कल्पना की आवश्यकता है जो उन्मुक्त हो, जिस पर विधि या निषेध के कठिन बन्धन न हों। कल्पना की यह रोमांटिक धारा अपने ही नियमों का अनुगमन करना चाहती है, उसे बाहर के दमन या अनुशासन सह्य नहीं हैं। उपमा की नपी-तुली रस्सी उसे बाँध नहीं सकती, कोरे यमक की मुधरता उसे रिझा नहीं सकती। नवीन युग भावों के उन्मेष का युग है। नई धारा से चुल्लू भरकर उसने एक बार भी अपनी प्यास बुझाई है, वह आलंकारिक चमत्कार को सर्वश्रेष्ठ शक्ति मानकर चलनेवाले काव्य से तृप्त नहीं हो सकता। कविता का यह युग हृदय-मन्थन का है, श्रुतियों के माधुर्य्य का नहीं। हमारा अतीत भी प्रियदर्शन रहा है, इसे मैं अस्वीकार नहीं कर सकता। तुलसी, कबीर और मीरा का जोड़ विश्व-साहित्य में खोजने से ही मिलेगा। लेकिन, केवल इसी त्रिधारा से सब कुछ होता नहीं दीखता। पश्चिम ने हमारे समाज के भौतिक रूप को जिस प्रकार अनुप्राणित किया है, साहित्य में भी हम उसी प्रगति के अभिलाषी हैं। हमारा वर्तमान साहित्य स्पष्ट शब्दों में हमारी जागर्ति का प्रतिबिम्ब है; हमारे वर्तमान जीवन के महान् विप्लव का चित्र है; हमारे स्पन्दनशील हृदय की प्रतिध्वनि है।

इन पन्द्रह-सोलह वर्षों के घमासान के बाद नवीन शैली ने प्रायः अपनी जड़ जमा ली है। परन्तु यह मानना ही पड़ेगा कि जनसाधारण के बीच अब तक भी इस साहित्य को सहज स्वीकृति प्राप्त नहीं हो पाई है। यह दुखद प्रसंग है कि 'आँसू' और 'प्रेम-पथिक' के लेखक की आधी उम्र बीत गई, परन्तु जनता ने उसकी अनुपम कृतियों का मोल उस प्रकार नहीं चुकाया, जिस प्रकार चुकाना चाहिए था। यही बात प्रायः हर किसी पर लागू है। प्राचीनता का आदर सभी समाजों में होता आया है; पर हमारे समाज की हालत ही कुछ और है। चूँकि यह कलयुग है, इसलिए हम यह मानने को तैयार नहीं हैं कि इस युग में भी कोई अलौकिक पुरुष पैदा हो सकता है। इसी प्रकार चूँकि किसी ने 'अब के कवियों' को 'खद्योत' कह डाला, इसलिए हम इस यकीन और जिद को दिल की गहराई में जगह दिए हुए बैठे हैं कि अब कोई महाकवि पैदा ही नहीं हो सकता और इसलिए हम किसी भी नवीन कवि में उच्चता की खोज विश्वास के साथ नहीं करते। जनता की यह मनोवृत्ति साहित्यकारों में आत्मविश्वास के विकास को रोकनेवाली है। लेकिन अगर हम आँख खोलकर देखें तो पता चलेगा कि रवीन्द्र और इकबाल इसी युग के 'खद्योत' हैं जिनके जोड़ अतीत ने भी कम ही पैदा किए।

अब मैं समकालीन कवियों की सेवा में भी कुछ निवेदन करना चाहता हूँ और यह शायद, मेरे इस छोटे-से भाषण का प्रमुख अंश है। वर्तमान कविता और जनसाधारण के बीच तो खाई आज हम देख रहे हैं; उसकी खुदाई दोनों ओर से हुई है। एक ओर जहाँ जनता में यह मिथ्या धारणा फैल रही है कि कविगण समूह को भूलकर चल रहे हैं, वहाँ कवि भी, सचमुच ही, समूह का विशेष ध्यान न रखकर

जनता के भ्रम को पुष्ट कर रहे हैं। रूढ़ियों की शृंखला तभी टूटती है जब व्यक्ति अपने निर्बन्ध विकास के लिए आतुर हो उठता है। क्रान्ति के जन्म के कारण समूह में निहित रहते हैं; किन्तु उन्हें प्रकट करनेवाली आग व्यक्तियों के हृदय से फूटती है। समूह की पीड़ा की अनुभूति व्यक्ति के हृदय में गम्भीरता से होती है और क्रान्ति की योजना भी व्यक्ति ही बनाता है। अतएव यह बहुत आवश्यक था कि हमारे वर्तमान जागरण का उद्भव व्यक्तिवाद की प्रवृत्तियों से हो। यह भी स्वाभाविक ही था कि आरम्भ में इस जागरण में उन लोगों की वैयक्तिक रुचि की प्रधानता हो जो इस आन्दोलन के कर्त्ता और विधाता हैं। लेकिन, एक बार जब यह जागरण सफल हो गया तब तो इसका परिपाक जनसाधारण के आनन्द और सुविधा की सृष्टि में ही होना चाहिए। आत्मकथा साहित्य का सुन्दर शृंगार है; लेकिन युग तथा जन-कथा उसकी आधार-शिला हैं जिनके बिना साहित्य टिक नहीं सकता। निरी कल्पना तथा कोरी वैयक्तिक अनुभूतियों के बल पर साहित्य को अजेय शक्ति के रूप में विकसित करने का प्रयास असफल होगा। व्यक्तिवाद के उत्थान से हिन्दी-कविता की भाषा, शैली, भाव और दृष्टिकोण में बहुत काफी परिवर्तन हो चुके, अब इनके पीछे जाने का भय नहीं है। अब यह आवश्यक दीखता है कि कविता आकाश से उतरकर लोकानुभूति के वहाँ तक समीप आए जहाँ तक आने से उसकी दिव्यता तथा शैली-सम्बन्धी क्रान्तिकारी संस्कार अक्षुण्ण रह सकते हैं। उसे कवि के मन का सम्बन्ध समाज के जीवन के साथ स्थापित करना है तथा उस महासेतु का निर्माण करना है जो साहित्य को समाज से समन्वित रखता है।

अपवादों की बात जाने दीजिए; साधारणतः मेरी धारणा है कि वर्तमान कविता का सम्बन्ध वास्तविकता से एकदम टूटता जा रहा है। शनैः-शनैः, हिन्दी-कविता उस विहंग की तरह होती जा रही है, जो लक्ष्यभ्रष्ट होकर आकाश की शून्यता में व्यर्थ ही मँडरा रहा हो। अनुमानतः, इसका प्रधान कारण कल्पना का आतिशय्य है। कल्पना कविता की बहुत बड़ी शक्ति है, पर वह उसका सब कुछ नहीं हो सकती। लेकिन, दुर्भाग्यवश आज कल्पना की वेदी पर कविता के अन्यान्य गुण (जिनके अभाव से कविता अशक्त होती है) बिना किसी विचार के चढ़ते चले जा रहे हैं। अगर किसी ने कवि की प्रत्येक कल्पना में सत्य का आरोप माना है, तो केवल इस विश्वास पर कि आखिर कवि भी वस्तु-जगत् का ही जीव है और उसकी उड़ान का अन्तिम आधार संसार ही रहेगा। आप कहेंगे—कवि आदर्शवादी होता है। उसे इसकी चिन्ता नहीं कि वह संसार को अपना आधार माने। मैं कहूँगा, संसार का सबसे बड़ा आदर्शवादी भी बिलकुल नवीन विश्व की कल्पना करने का साहस नहीं कर सकता। सुख-दुख के सम्मिश्रणवाला यह विश्व बिलकुल बदला नहीं जा सकता, इसका संस्कार हो सकता है। इसे विनष्ट कर नई सृष्टि रच दे, यह शक्ति परमेश्वर में ही है। अतएव, बड़ी-से-बड़ी कल्पना भी इसके संस्कार के लिए ही होनी चाहिए। विशेषतः, स्वप्न की

प्रधानता भी इसीलिए मानी जाती है, चूँकि संसार ने विकास के मार्ग में जो भी कदम उठाया, स्वप्न और कल्पना के निर्देश पर उठाया। संसार के इतिहास की गति को बदलनेवाले प्रत्येक महापुरुष कल्पना के प्रेमी होते आए हैं। किन्तु, उस कल्पना का महत्त्व ही क्या, जो हमारे वस्तुविश्व से दूर ही जन्म लेती और दूर ही फैलती भी है? साहित्यिक क्रान्ति लोकमत को तभी अपने साथ ले चल सकती है जब वह निकट अतीत की भी कुछ धारणाओं को साथ ले चले। कला सुन्दर के साथ सत्य भी होती है और सत्य के साथ उपयोगी भी; अन्यथा इसका अस्तित्व ही विलीन हो जाए। आनेवाले सभी युगों के सामने मेरी यह धृष्ट घोषणा है कि कोई भी कला तब तक पूजनीय नहीं हो सकती जब तक वह मनुष्य की आत्मा पर कोई स्थायी प्रभाव न डालती हो। कला की प्रत्येक कृति मनुष्य को एक डग आगे ले जानेवाली होनी चाहिए और अगर संसार के कलाकार कविता को इस स्वाभाविक उद्देश्य से भी मुक्त रखना चाहते हैं तो कविता संसार से उठ जाए, ऐसी कविता के बिना संसार की कोई हानि हो जाएगी। अगर उसके चलते जीवन में स्वर्गीयता और संस्कृति में सुकुमारता का समावेश न हो सके तो वह संसार के लिए व्यर्थ है। नभ नीला है, सरिता बहती है, फेनिल लहरों पर चन्द्र-किरणें खेलती हैं और किरण के तारों पर चढ़कर प्रेमी-प्रेमिका प्रेम के गीत गाते हैं—आदि सुकुमार शब्द-योजनाएँ मात्र कविता का स्थान नहीं ले सकतीं। कविता इन साधारण वर्णनों से कहीं दूर की वस्तु है और अगर उसके अर्थ-गौरव से मनुष्य का हृदय आन्दोलित नहीं होता है, तो सुन्दर शब्द-योजनाएँ निस्सार एवं हेय हैं तथा उन्हें अकबर के इस शेर का उदाहरण मानकर ठुकरा देना चाहिए—

मानी को छोड़कर जो हों नाजुक-बयानियाँ,
वह शेर नहीं, रंग है लफ्जों के खून का।

पूछा जा सकता है कि तब किन नियमों से परिचालित होकर कविता कविता रह सकेगी? मैं पूर्व ही कह चुका हूँ कि सच्ची कविता किसी नियम को मानकर लिखी नहीं जा सकती। यह किसी के वश की चीज नहीं है। संसार का सबसे बड़ा कवि भी इस बात का दावा नहीं कर सकता कि वह अमुक दिन अमुक विषय पर कविता लिख ही लेगा; और न यही कह सकता है कि वह कविता को उसी मौलिक रूप में छन्दों में बाँध देगा जिस रूप में वह प्रथम-प्रथम उसके हृदय में जाग्रत हुई हो। संसार सुन्दर-से-सुन्दर कविता को भी उसके मौलिक रूप में नहीं देख सकता। कवि के हृदय में कविता की जो कसक और वेदना प्रथम-प्रथम उठती है, उसकी हूबहू तसवीर खींची नहीं जा सकती। परिस्थिति का बन्धन, अभिव्यक्ति की अपूर्णता, भाषा की निर्बलता, स्वप्न की विशालता आदि बाधाएँ कुछ कम नहीं हैं। इस पर भी उसे भय है कि कहीं कोई उसकी रचना को अकाव्यात्मक अथवा अति-काव्यात्मक या 'साहित्यिक सन्निपात' न कह बैठे। इसलिए कविता में सफलता पाना विशाल प्रतिभा का काम है। कवि के

लिए जो सबसे अन्तिम बात कही जा सकती है वह यह है कि वह उस तरह से लिखे जिस तरह न लिखने से वह कवि के पद से गिर जाएगा।

कविता ने संसार की बड़ी सेवा की है। यह दुख में आँसू, सुख में हँसी और समर में तलवार बनकर मनुष्यों के साथ रही है। मनुष्य की चेतना को ऊर्ध्वमुखी रखने में कविता का बहुत प्रबल हाथ रहा है। स्वयं कवि ही पारिजात का वह पुष्प है जो स्वर्ग का सन्देश लेकर पृथ्वी पर उतरा है। कवि जड़ विश्व को अपने स्वप्न के रंग से रंगनेवाला चित्रकार है; संसार उसका कल्पना में अलौकिकता प्राप्त करता है। सफल कवि दृश्य और अदृश्य के बीच का वह सेतु है जो मानवता को देवत्व की ओर ले जाता है। कवि! तुम अतीत की स्मृति, भविष्य की आशा और युग-धर्म की पुकार हो। एक ओर आज रक्तशोषिणी सभ्यता के दामन में पड़ा हुआ असहाय विश्व तड़प रहा है; वैषम्य और दुर्विचारों की आँधी में अपना-पराया देखना कठिन हो रहा है; दूसरी ओर, पृथ्वी शस्त्र के भारों से कराह रही है। सभी थक चले। देवता स्वर्ग के द्वार पर खड़े उत्सुकतापूर्ण नेत्रों से तुम्हारी ओर देख रहे हैं–

उठा एकतारा हे कवि! गा दे ऐसा मनमोहक गान,
विश्व-देव के युग-युग का हो भग्न अचानक दुस्तर ध्यान।[1]

(वियोगी)

(मिट्टी की ओर)

---

1. त्रयोदश बिहार प्रादेशिक हिन्दी-साहित्य-सम्मेलन (1935 ई.) के साथ होनेवाले बिहार प्रान्तीय कवि-सम्मेलन के अध्यक्ष-पद से दिया गया अभिभाषण।

कला में सोद्देश्यता का प्रश्न

वास्तविकता के संघर्ष से असन्तोष की जो चिनगारी उड़ती है, वही मेरा स्वप्न है। युगों के दर्पण में कविता-कामिनी का अपार्थिव रूप देखकर शून्य में पंख खोलकर उड़ने की इच्छा जरूर हुई; परन्तु, इसे देश की अपमानित मिट्टी का प्रभाव कहिए या मेरा अपना भाग्य-दोष कि कल्पना के नन्दन-कानन में भी मिट्टी की गन्ध मेरा पीछा नहीं छोड़ सकी। जब तक सत्य का आधार नहीं मिला, स्वप्न के पैर डगमगाते रहे। यह कह दूँ तो मन्तव्य अधिक स्पष्ट हो जाए कि देशमाता का शस्यश्यामल अंचल सिर्फ इसलिए सुन्दर नहीं लगा चूँकि उसमें प्राकृतिक सुषमा निखर रही है, वरन् इसलिए भी कि उसके साथ भारतीय किसानों का श्रम, उनकी आशा और अभिलाषाएँ लिपटी हुई हैं।

हिमालय को देखकर हृदय में गौरव तो जगा, किन्तु, उसके सामने मस्तक तब झुका जब कानों ने अपनी ही भावना की यह गुनगुनाहट सुनी कि नगराज हमारे भाल का रजत-किरीट है, हमारे राज्य का द्वार-प्रहरी है। हिन्दमहासागर का मनोरम ध्यान उस समय मार्मिक वेदना में भींगकर महत्तर हो उठा जब उसके वक्षस्थल पर खेलनेवाले यानों पर तिरंगे की ज्योति नहीं मिली। थार के कणों में छिपकर गूँजनेवाली तलवारों की झनकार ने बालू की तप्त साँसों से नाद को अपने भीतर गुम कर दिया। राजगिरि के वनों की हरियाली पर रविरश्मि की शोभा उस समय और भी निखर उठी जब धर्म की ज्योति ने उस पर अपनी चमक फेंकी।

मुझ पर कल्पना के पंख में पत्थर बाँधने का दोष अगर न लगाया जाए तो कहूँगा कि काव्य जीवन का हलका और महत्त्वहीन अंश नहीं है। मन की साध को वायु में विसर्जित कर देना, पागलों के समान माला गूँथकर फिर उसे छिन्न कर देना, अकारण रोना, अकारण गाना और अकारण चुप हो जाना, ये क्रियाएँ किसी हलके गायक की हो सकती हैं; किन्तु अगर कवि, जो संसार के मस्तक पर आसन जमाना चाहता है, ऐसे निरुद्देश्य काम करे तो उसकी महत्ता नष्ट हो जाएगी। जिसने ऊँचा चढ़कर जीवन की छायातटी का एक दृष्टि में पर्यवेक्षण किया है, जिसने जन्म के पूर्व और मरण के पश्चात् की रहस्य-लीलाओं पर कल्पना दौड़ाई है, जिसने उदय और अस्त में जन्म और यवनिका-पतन का रूपक देखा है, जिसके सामने नए अध्याय खुले और

पुराने बन्द हुए हैं, उसकी वृत्तियाँ इतनी हल्की नहीं हो सकतीं कि वह मेघों-सा निरुद्देश्य मँडराता फिरे, फूलों और पक्षियों के साथ अलस-क्रीड़ा में मग्न रहे। जिसने अधिक-से-अधिक आघात सहे हैं, जीवन के घमासान में अधिक-से-अधिक अनुभूतियाँ प्राप्त की हैं, अपने को अधिक-से-अधिक समीप से पहचाना है, वह अधिक-से-अधिक बलवान् कवि है और सच पूछिए तो उस मात्रा तक कवि है जिस मात्रा तक जीवन ने उसे अपना रूप दिखाया है। उसके लिए कविता केवल जीवन की समीक्षा ही नहीं रह जाती; प्रत्युत् गम्भीर अनुभूतियों के प्रभाव से वह संसार के अर्थों की टीका, जिन्दगी की उलझनों की तस्वीर और उसकी समस्याओं का हल भी बन जाती है। सच्चा काव्य जाग्रत पौरुष का निनाद है। कला के लिए कला की आराधना या शून्य में गानेवाले गीत-विहग की स्थिति से ऊपर उठने के पहले कवि को संघर्ष और दुख की अग्नि में शुद्ध होना पड़ता है। बिना इस शुद्धि के कवि अपनी प्रतिभा को केन्द्रित और ठोस नहीं बना सकता और न सत्य तथा मानवता की उच्च सेवा का बीड़ा ही उठा सकता है। मृत्यु की छाया-तटी से होकर गुजरते हुए मानवात्मा की अक्षय आशा तथा उमंग एवं प्रेम की अमरता और अमरता के प्रेम का महागान गानेवाले कवि निरुद्देश्य यात्री नहीं हो सकता। दिल से उमड़कर जबान तक आनेवाली प्रत्येक कड़ी को वह बिना सोचे-समझे कागज पर नहीं रख सकता। उसकी कल्पना के अगल-बगल भावुकता और दार्शनिकता के पंख लगे रहते हैं। सच पूछिए तो प्रेरणा और भावुकता के आलोक में जगमगानेवाली दार्शनिक अनुभूतियाँ महान् काव्य का मेरुदंड हैं।

प्रश्न कला में यथार्थवाद और सौद्देश्यता के समावेश का है, जिसके खिलाफ कल्पकों का एक बड़ा दल सदियों से यह कहकर हँगामा मचाता आ रहा है कि काव्य में लौकिक उन्नति का मार्ग ढूँढ़नेवाला समालोचक गलती पर है। कवि हमें वस्तु-जगत् की राह कम दिखाता है, मानस-जगत् में आदर्श जीवन निर्मित करने की ओर अधिक प्रेरित करता है। कला संसार से हमारा सम्बन्ध बढ़ाती नहीं, बल्कि इसकी स्थूलता से मुक्ति का मार्ग बतलाती है। इनके मतानुसार कला का उद्देश्य सांसारिकता नहीं, अलौकिकता है। यह जीवन की शान्ति है; आगे ले चलने का साधन नहीं। संक्षेप में, कविता का साम्राज्य संसार में नहीं, बल्कि उस देश में है जो हमारे दुखों से बहुत दूर है।

अगर बात सचमुच यही हो तो मुझे भय है कि जिस सभ्यता ने 'अफीम' कहकर धर्म का बहिष्कार कर दिया उसके सामने एक दिन धरती से दूर-दूर उड़नेवाली कला को भी माथा टेक देना पड़ेगा। पृथ्वी पर जो नई सभ्यता बसने जा रही है उसका आधार भौतिक प्रेरणाएँ हैं। स्वर्ग और नरक की कल्पना बड़ी शीघ्रता से ढहती जा रही है। अप्राप्य, धूमिल और शून्य आदर्श की खोज में मनुष्य की शक्ति को बर्बाद करनेवाली सारी संस्थाएँ एक के बाद एक गिरती जा रही हैं। प्रेम और रोमांस को मिलानेवाली गाँठ विज्ञान के द्वारा खोली जा रही है। मनुष्य वह चाहता है जो उसे

पृथ्वी पर सहायता दे। वह नहीं जो भुलावा देकर उसे अकर्मण्य बना दे। मानवता का प्राचीन मूल हिल गया है। ईश्वर और धर्म के स्थान पर विज्ञान और उपयोगितावाद डटते जा रहे हैं। यह सौभाग्य है या दुर्भाग्य, यह नहीं कहा जा सकता, क्योंकि मनुष्य की सभ्यता मनुष्य ही गढ़ता है। ईश्वर ने उसे सभ्यता नहीं दी थी। जीवन का प्यार, जीवन का संगठन, जीवन में सौन्दर्य-सृष्टि, घूम-फिरकर सभी धर्मों का यही उपदेश है। हमने उन्हें भी अवतार माना जो ईश्वर को नहीं पूजते थे, किन्तु जिन्हें जीवन से प्यार था। और यह नई सभ्यता जीवन के प्यार को लक्ष्य बनाकर बसने जा रही है। नास्तिकता के आधार पर आप इस नए धर्म का निरादर नहीं कर सकते, क्योंकि सभी पुराने धर्मों में भी जीवन ही प्रधान था। यह सभ्यता अनिवार्य रूप से आ रही है; यह विश्व का आगामी धर्म है; हमारे कलाकारों को इसे नोट कर लेना चाहिए।

मुझे भय है कि ऐसा कहकर मैं सोद्देश्यता के बन्धन में कला को एकदम बाँधकर निर्जीव कर देने का अपराधी हो रहा हूँ। मगर, मेरी सफाई यह है कि आपकी तरह मैं भी प्राणहीन कला की पूजा के खिलाफ हूँ। मैं यह मानता हूँ कि वसन्त का गुलाब और कवि के स्वप्न अपने में पूर्ण हैं, वे किसी को कुछ सिखाने के लिए नहीं होते। किन्तु, उस अटल भेद की सत्ता को कैसे अस्वीकार किया जाए जो एक गुलाब को किंशुक से भिन्न करता है, जिसकी विद्यमानता के कारण हम गुलाब के पास जाने से सुगन्ध पाते हैं और किंशुक के समीप जाने से छूँछा रंग।

साम्यवाद की रुक्षता से समझौता करने के लिए कला को मैं लाचार कर रहा होऊँ, सो बात नहीं है। जिस प्रकार साम्यवाद के उदय के पूर्व भी वही राज्य सुखी समझा जाता था जिसकी अधिक-से-अधिक प्रजा सुखी थी, उसी प्रकार साहित्य के समग्र इतिहास में भी वही कवि विजयी हुआ जिसकी कृतियों में मनुष्य की संस्कृति के लिए अधिक-से-अधिक स्पष्ट सन्देश था। युगयुगान्त से मनुष्य अपनी चरम उन्नति के लिए चिन्तित-सा आ रहा है, ज्ञान की प्रत्येक शाखा पर, भावना की प्रत्येक डाल पर वह इसी उन्नति या विकास के फल की खोज करता रहा है। जो वस्तु उसके विकास में सहायक नहीं हुई उसकी सत्ता में स्थायित्व लाने के लिए मानव भी सचेष्ट नहीं हो सका। यही कारण है कि जिन कलाकारों की कृतियाँ बौद्धिक शक्ति से रहित नहीं थीं, जिनकी वाणी रहस्यमयी माधुरी के संचार के साथ-साथ बुद्धि के धरातल को भी ऊपर उठाने में समर्थ थी, उनके सामने संसार ने उन कवियों और कलाकारों को अपेक्षाकृत निम्न स्थान दिया जो केवल फूलों की हँसी और पक्षियों के कलरव का अनुकरण कर रहे थे। कवि-कल्पना और सामाजिक जीवन के बीच सामंजस्य स्थापित किए बिना साहित्य आयुष्मान् नहीं हो सकता। छोटी-छोटी, क्षणिक और हलकी भावनाओं का गीत-प्रणयन भी अपनी जगह मूल्य रखता है, किन्तु कलाकारों में श्रेष्ठ तो वही गिना जाएगा जो जीवन के किसी महान् प्रश्न पर महान् रूप के कला का रंग छिड़क सके। सच तो यह है कि ऊँची कला कोशिश करने पर भी अपने को नीति और

उद्देश्य के संसर्ग से बचा नहीं सकती, क्योंकि नीति और लक्ष्य जीवन के प्रहरी हैं और कला जीवन का अनुकरण किए बिना जो नहीं सकती। चूँकि जीवन-मन्थन कलाकार का स्वभाव है और उसका जीवन कल्पना से उद्वेलित होकर उसकी ओर उन्मुख रहता है जो सुन्दर और महान् है, इसलिए उच्च कला की सभी कृतियों में प्रवेश पाने के लिए नीति अपना मार्ग आप ढूँढ़ लेती है, उसे कलाकार के सम्मान की प्रतीक्षा नहीं रहती। इतना ही नहीं, वरन् कभी-कभी उद्देश्य को ध्यानगत रखते हुए भी कवि उसे इस प्रकार प्रदान करता है मानो यह उसका लक्ष्य न रहा हो; मानो सौन्दर्य-सृष्टि की क्रिया से ही नीति और पुण्य का आलोक फूट पड़ा हो। सच्ची कला में सुन्दरता नीति-प्रचार का शिकार नहीं होती; उद्देश्य के सामने माथा नहीं टेकती। ऊँची कविता का अगर रूप सुन्दर होता है तो उसकी आत्मा तथा उसके अन्तर्गत भाव भी पुण्य को प्रेरित करनेवाले तथा मंगलकारी होते हैं।

सोद्देश्य कला के खिलाफ सारे तर्कों से अवगत रहते हुए भी मुझे ऐसा लगता है कि कवि भी सामाजिक जीव है और निरुद्देश्य उसकी जीभ नहीं खुलनी चाहिए। सौन्दर्य-सृजन की कला में असफल हो जाने पर कवि को पश्चात्ताप होना स्वाभाविक है; किन्तु चमत्कारपूर्ण सौन्दर्य के स्रष्टा को इस सूचना से सिर नीचा करने का कोई कारण नहीं दीखता की अमुक समालोचक ने उसकी कृति में सोद्देश्यता का दोष निकाला है, विशेषतः उस समय, जब वह उद्देश्य सुन्दरता की झीनी चादर में आवृत हो। कला मौलिक वस्तु नहीं होती वह तो कृत्रिम है, प्रकृति या जीवन का अनुकरण मात्र है। किन्तु, प्रकृति की जो तस्वीर हम साहित्य में देखते हैं उसमें कवि के ही हृदय के रस का रंग होता है। फिर यह समझ में नहीं आता कि कवि प्रकृति के रूप को पीकर उसे उगलते समय तटस्थ क्यों कर रहेगा। काव्य ज्योति की सूर्य की सीधी किरण नहीं, बल्कि दर्पण या ताल में पड़ा हुआ उसका प्रतिफलित प्रकाश है। इसीलिए जब हम साहित्य में किसी वर्ण्य वस्तु का चित्र देखते हैं तब उसके चारों ओर हमें एक प्रकार का आलोक मिलता है, जो कवि की निजी भावनाओं तथा उस वस्तु विषयक उसकी निजी धारणाओं से निस्सृत होता है। वर्ण्य वस्तु के साथ कवि की निजी भावनाओं के सम्मिश्रण में ही सत्य और कल्पना का परस्पर आलिंगन होता है। चूँकि चित्र रचने के समय रचयिता के वर्ण्य वस्तु-विषयक निजी भावों की अभिव्यक्ति आवश्यक हो जाती है, इसलिए उसकी क्रिया तटस्थ नहीं रह सकती। लाख कोशिश करने पर भी कलाकार के जीवन-सम्बन्धी दृष्टिकोण से आप कला को भिन्न नहीं कर सकते; क्योंकि जीवन ही इसका जन्मस्थान है, जीवन ही इसका पोषक है और जीवन पर ही इसकी प्रतिक्रिया भी होती है। किसी की यह उक्ति बड़ी मौजूँ मालूम होती है कि "काव्यगत कल्पना सत्य होती है, क्योंकि वह कभी भी आदर्श नहीं होती तथा वह आदर्श भी होती है, क्योंकि वह कभी भी सत्य नहीं होती।" जीवन से अन्योन्य सम्बन्ध होने के कारण साहित्य को जाने या जनजाने अपने सौन्दर्य के कोष में जीवन

के उद्देश्य को छिपाकर चलना पड़ता है। मिट्टी से कल्पना का सम्बन्ध टूट नहीं सकता। काव्य की सबसे बड़ी मर्यादा इसमें है कि वह राष्ट्र की आधिभौतिक उन्नति और विकास तथा उसके स्थूल इतिहास के ऊपर कोमल और पवित्र आकाश बनकर फैलता रहे—किसी दूरस्थ शंख की भाँति ध्वनित होकर हमारी वृत्तियों को गगनोन्मुख किए रहे, हमारी बौद्धिक आनन्ददायिनी शक्ति को सोने न दे तथा उन भावों को जागरूक तथा चैतन्य रखे जो समकालीन सामाजिक आदर्श के अंग हैं।[1]

(मिट्टी की ओर)

1. षष्ठ चम्पारण जिला हिन्दी-साहित्य-सम्मेलन (1938 ई.) के साथ होनेवाले कवि-सम्मेलन के अध्यक्ष-पद से दिया गया अभिभाषण।

हिन्दी-कविता पर अशक्तता का दोष

हिन्दी-कविता पर यह इलजाम है कि वह सोई हुई सुन्दरता का जीवन व्यतीत कर रही है और हमारे यहाँ जो ढेर-की-ढेर कविताएँ लिखी जा रही हैं उन पर लांछन लगाया गया है कि जनता के साथ उनका कोई सम्बन्ध नहीं है। दूसरी ओर, नई कविताओं के प्रेमी वे समालोचक हैं जो इन कवियों की प्रशस्तियाँ गाते हैं और कहते हैं कि जनता ही इन कविताओं के पास नहीं आ पाती और कला तथा जन-समूह के बन्धन का सूत्र, अज्ञान रहकर, खुद उसी ने काट डाला है। हिन्दी में समालोचन और जनता के मत प्रायः भिन्न-से हैं और किसी हद तक उनके बीच एक खाई-सी खुदती चली जा रही है। जब कभी जनता किसी ऐसी चीज को पसन्द करती है जो उसके हृदय और जीवन के अनुकूल हो, तब समालोचक अपने बुद्धि-प्रासाद पर बैठा हुआ, घृणासूचक आकृति बनाकर चुप रह जाता है और यह देखने की कोशिश नहीं करता कि क्या कारण है कि जनता उन चीजों को तो अपना रही है जिनकी प्रशंसा में उसने एक शब्द भी नहीं कहा है और ठीक वे ही चीजें अनर्गल, अशक्त और निरर्थक कही जा रही हैं जिन्हें कला की सर्वोत्तम कृति कहकर प्रशंसा का पुल बाँधा गया है। समालोचकों की संख्या कम और जनता की अधिक होती है, फिर भी अगर ज्ञान-गम्भीर समालोचकों की राय और जनरुचि की सुदृढ़ चट्टान पर कविता की जाँच के बीच चुनाव करना पड़े तो यह काम बड़ी ही जोखिम का होगा, क्योंकि साहित्य की परख में जमहूरियत का खयाल नहीं रखा जाता। जनता और समालोचक में से एक या दोनों ही गलती कर सकते हैं। बहुत सम्भव है कि जनता ही गलती में हो। लेकिन, अगर आप 15 करोड़ लोगों के विशाल श्रोता-समुदाय के सामने, बीस वर्षों की सुदीर्घ अवधि में भी अपनी शैली, विषय और भाव की उपयोगिता सिद्ध नहीं कर सकते तो शंका का स्वाभाविक झुकाव आपकी ही ओर होगा। विरोध में आप चाहे जो भी कहें, लेकिन, जनमत आपकी योग्यताओं का आखिरी निर्णायक है। श्रोताओं और पाठकों की काफी बड़ी संख्या के बिना कविता या कोई अन्य कला शायद ही जी सके। जनमत का अनादर तो किया जा सकता है, किन्तु जनसमूह का अनादर नहीं किया जा सकता। जन-समूह को भूलनेवाला कोई भी कलाकार स्वयं भी वही दंड पाए बिना नहीं रह सकता। अगर जनमत आज आपके साथ नहीं है तो कोई बात नहीं। यह

प्रश्न उन लोगों के लिए छोड़ दीजिए जो आगामी पीढ़ियों के साथ आनेवाले हैं। लेकिन आप क्या कहते हैं यह तो निश्चित रूप से जनता की समझ में आना ही चाहिए। स्वभाव से ही दकियानूस होने के कारण किसी नए वाद से सहमत होने में जनता को देर लगती है, लेकिन, समझना तो वह तुरन्त चाहती है और यह आपके हित के लिए भी आवश्यक है, क्योंकि बिना समझे वह आपके आदर्शों तक पहुँच नहीं सकती। काव्य को सामाजिक दृष्टि से प्रसादपूर्ण और रागात्मक दृष्टि से ओजस्वी होना ही चाहिए।

हमारे सामने जो सबसे बड़ा प्रश्न है, वह यह कि आखिर ढेर-की-ढेर कविताओं के प्रकाशन के बावजूद भी हमारे जमाने का औसत पाठक इन कविताओं में सच्ची दिलचस्पी क्यों नहीं लेता। क्या कारण है कि हमारी कविताएँ हिन्दी के लिए भक्ति-भाव से प्रेरित और नई उमंगों से भरे कॉलेज के छात्रों तक ही सीमित रह जाती हैं, गाँवों की ओर फैलती नहीं, शहरों के पढ़े-लिखे बाबुओं के दिलों में उतर नहीं पाती हैं? क्या कारण है कि हमारी जनता की जबान पर हिन्दी की अपेक्षा उर्दू की ही पंक्तियाँ अधिक आसानी से चढ़ जाती हैं? क्या कारण है कि हमारे संस्कृतज्ञ पाठक गुप्तजी को छोड़कर किसी अन्य कवि के पास ठहर नहीं पाते? अगर इन कविताओं में कोई अद्‌भुत चमत्कार प्रच्छन्न हैं, तो वे समालोचक, जो इसकी प्रशंसा करते हुए नहीं थकते, पाठकों को उस आनन्द की ओर निर्देश क्यों नहीं करते जिसे वे अपनी विद्या-बुद्धि से प्राप्त करने में असमर्थ हैं? क्या बात है कि हमारे युग के प्रतिनिधि कवियों के ग्रन्थ जनता में वह लहर और उत्साह पैदा नहीं कर सकते जिसके साथ इकबाल और जोश की प्रत्येक कविता उर्दू-जगत् में सत्कार पाती रही है?

बात चाहे अप्रिय लगे, लेकिन सच तो यह है कि वर्तमान हिन्दी-कविता के सुन्दर और सुकुमार कूलों में गहरी दिलचस्पी लेनेवाले थोड़े ही लोग हैं। अधिकांश में ये कविताएँ उतनी बुरी नहीं होतीं जितनी कि मृत और निष्प्राण; जिन्दा ये कभी थीं भी नहीं, जन्म से ही ये जीवन की ऊष्मा और उसके प्रदाह से वंचित रही हैं। उद्‌भिजों की भाँति नीचे से जन्म लेकर ऊपर की ओर बढ़ने का सुयोग इन्हें मिला ही नहीं। ये अचानक आकाश से चलीं और धरती पर आने के पहले ही निस्तेज हो गईं। सर्जन के समय इनके रचयिताओं ने उन असंख्य हृदयों की अवहेलना की और उन्हें भुला-सा दिया जहाँ उनके गीतों को अपनी प्रतिध्वनि उत्पन्न करनी थी। समय ने जिन पर नई धारा के नेतृत्व का दायित्व रक्खा, वे कवि एक बहुत बड़े आचार्य की प्रांजलता, माधुर्य और कल्पनाशीलता के प्रखर आलोक से चकाचौंध में पड़कर अपनी शैली निर्धारित करने में, शायद, गलती कर गए। रवि बाबू सर्वांगीण प्रतिभा के एक ऐसे सर्वोच्च श्रृंग हैं जो सभी समयों और सभी देशों से प्रायः एक समान देखा जा सकता है। वे अपने जोड़ के कवि के सिवा अन्य सभी लोगों के अनुकरण के परे हैं। उनका सम्बन्ध हमारे

समय से नहीं के बराबर था और युग ने हठपूर्वक यह बतलाया कि वह केवल उसी की सत्ता स्वीकार करेगा, जो उसके सांस्कृतिक घात-प्रतिघातों में भाग ले, उससे आँखें मिलाकर सीधी तौर पर बातें करे। दुर्भाग्यवश, जिस समय हमें आक्रमणकारी काव्यों का निर्माण करना था, उस समय हम कल्पना की कुहेलिका में अपने को छिपाते रहे, धरती के दुखों से जी बचाने के लिए आकाश में शरण खोजते रहे। यही कारण था कि यद्यपि हमने लिखा, और खूब लिखा; मगर हम अपने और अपनी जनता के उपयुक्त साहित्य तैयार नहीं कर सके।

जाग्रत युग के स्वप्न फूलों से नहीं, चिनगारियों से सजे जाते हैं। केवल कारीगरी इस युग के तूफान को बाँधने में असमर्थ है। अभिनव सरस्वती अपने को धूल और धुएँ की रुक्षता से बचा नहीं सकती। वर्तमान युग का सच्चा प्रतिनिधित्व करने के लिए हमें इसकी अधिक-से-अधिक गर्मी को आत्मसात् करना होगा और इसे इतने निकट से जानना होगा कि हम इसकी अनुभूतियों के शिखर-प्रदेश पर खड़े हो सकें। कारीगर के लिए यह शायद आवश्यक न भी हो, लेकिन जिसने अपने समय का प्रतिनिधित्व करने के मनसूबे बाँधे हैं, उसे तो इसके प्रदाहों का, निर्भीक होकर, आलिंगन करना ही पड़ेगा।

यह अच्छा ही हुआ कि पुंसत्वहीन और अभिशप्त छायावाद की मृत्यु हो गई (हिन्दी-संसार को यह सूचना देने का पुण्य अभी-अभी पं. इलाचन्द्र जोशी ने लूटा है) और आज उसका जनाजा निकाला जा रहा है। प्रसाद, निराला और पन्त की निशानी पर चलती हुई जो पीढ़ी आई है उसके सन्देश पूर्वजों की अपेक्षा अधिक निश्चित और स्पष्ट हैं तथा वह युग के अधिक समीप है, यद्यपि उसमें पहले के उस्तादों की कारीगरी अभी निखर नहीं पाई है। मेरी दलील का समर्थन इस बात से भी होता है कि इस पीढ़ी की रचनाएँ समालोचकों की प्रशंसा के बिना ही, अनायास, जनता में पहुँचने लगी हैं तथा इसके कुछ कवियों ने हिन्दी-प्रान्तों में जो लहर पैदा कर दी है, उससे पहले के भी कुछ आचार्य सजग हो गए हैं और उनमें से कुछ लोग अपने काव्यात्मक दृष्टिकोण में परिवर्तन लाने की आवश्यकता का अनुभव कर रहे हैं।

यद्यपि मैंने बात को सनसनीखेज बनाने के लिए छायावाद की मृत्यु पर प्रसन्नता प्रकट की है, किन्तु अगर पं. इलाचन्द्र जोशी द्वारा उद्घोषित समाचार सचमुच ही सत्य हो तो मैं इसे अपने साहित्य के लिए दुर्भाग्य समझूँगा। खड़ी बोली की कविता को इतिवृत्तात्मकता से खींचकर चित्रव्यंजना के मोहक देश में प्रतिष्ठित करने का श्रेय छायावाद को ही प्राप्त है और यद्यपि पाठकों का एक बहुत बड़ा समुदाय कविता के द्रव्य और दृष्टिकोण में ऐसा परिवर्तन चाहता है जो काव्य को अधिक बोधगम्य, प्रेरक तथा शक्तिशाली बना दे, किन्तु कोई पाठक यह नहीं चाहता कि कविता की वह विलक्षणता भी विदा हो जाए जो उसे छायावाद से मिली है। न हम यही चाहते हैं कि यूरोप में प्रचलित नई-से-नई टेकनिक का अन्धानुकरण करके हमारे कवि सरल पाठकों

की बुद्धि को हैरान किया करें। टेकनिक विषय से बहुत दूर की चीज नहीं होती। उसका जन्म भावनाओं की करवटों के अनुरूप ही होता है। टेकनिक का विकास अनुकरण पर नहीं, प्रत्युत् हमारे अपने सामाजिक जीवन के भीतर चलनेवाले द्वन्द्वों के अनुरूप होना चाहिए।

यूरोप का वर्तमान वातावरण अच्छे कवियों के विकास के उपयुक्त नहीं है। परस्पर विरोधी सिद्धान्तों ने वहाँवालों की दृष्टि बिगाड़ दी है; भौतिकता की अत्यधिक उपासना से उनके जीवन का आध्यात्मिक रस सूख-सा गया है और मानव की सूक्ष्मातिसूक्ष्म वृत्तियों की वैज्ञानिक टीका ने उनके जीवन को नीरस और कुतूहलविहीन बना दिया है। वहाँ नाजी हैं जो यह मानते हैं कि साहित्य संघर्ष से अलग रहकर जी नहीं सकता—वह संघर्ष जो सारी दुनिया को छिन्न-भिन्न और वर्तमान सभ्यता को बर्बाद कर देना चाहता है—वह संघर्ष जो मनुष्यों की एक जाति (यहूदी) को बन्दर कहकर पुकारता है। डॉ. गोयबेल्स अपने देश के कलाकारों को विनाशी संघर्ष से तटस्थ रहने नहीं दे सकते। वे कहते हैं कि हमारे कलाकार या तो हमारे साथ रहें या फिर हमारे खिलाफ। तटस्थ रहना उनके लिए असम्भव है। लिखना हो तो वे हमारे दृष्टिकोण से लिखें, अन्यथा नजरबन्दी के कैम्पों में उनके लिए स्थान सुरक्षित है। और सचमुच ही, जिन कलाकारों की चेतना बिलकुल ही मर नहीं गई थी, जिनमें, कुछ भी एहसास बाकी था तथा जो सत्य बोलने की सारी शक्तियों से खाली नहीं थे वे जर्मनी छोड़कर भाग गए या आज नजरबन्दी के कैम्पों में सड़ रहे हैं। वहाँ सामयिक प्रश्नों पर लिखी गई पुस्तकों की सूक्ष्मता से छान-बीन की जाती है। नाजी महाप्रभुओं के निर्धारित नियमों से कोई एक इंच भी हट नहीं सकता। कोई लेखक उन भाग्यहीनों के लिए अपने पाठकों में हमदर्दी भी पैदा नहीं कर सकता, जिन्हें पूँजीवाद अपनी चक्की में पीस रहा है।

तब मार्क्सवादी हैं जो हठपूर्वक साहित्य से श्रेणी-संघर्ष की अभिव्यक्ति करना चाहते हैं। वे चाहते हैं कि दुनिया के लेखक और कवि जो कुछ भी लिखें, साम्यवाद के दृष्टिकोण से लिखें और सर्वहारा की विशाल सेना में शरीक होकर लिखें। समय की सहानुभूति का प्रवाह ही सर्वहारा की ओर है और इस धारा के विपरीत तैरना कुछ-कुछ अप्राकृतिक-सा लगता है। फिर वे शक्तियाँ भी निरन्तर अपना काम कर रही हैं जिन्होंने बर्नार्डशा और रोम्याँ-रोलाँ जैसे बुजुर्गों को बुढ़ापे में शोषितों का पक्ष लेने को मजबूर किया। रूसवाले, बुर्जुआ उपसर्ग के साथ कला के जिस रूप की खिल्ली उड़ाते हैं, सभी देशों में उसके पुजारी सचमुच ही क्लान्त और प्रायः अशक्त भी होते जा रहे हैं। पुरातन और नूतन सभ्यताओं के संघर्ष से संसार में जो विकराल वज्रनिनाद उत्पन्न हुआ है, उसमें विशुद्ध कला के पुजारी हतबुद्धि-से हो रहे हैं और अपने हृदय की बात को धीरज, ओज और निर्भीकता से कहना उनके लिए कठिन हो रहा है। पुरानी सभ्यता कला के माध्यम से अपने दुश्मनों अथवा तटस्थ लोगों को

यह समझाने में असमर्थ होती जा रही है कि दुनिया के मौजूद मर्ज का इलाज उसके पास भी है।

सामाजिक आवर्त्तों का प्रभाव कवि पर भी पड़ता ही है, लेकिन, अगर जान-बूझकर वह आन्दोलन, कानून और संघों के द्वारा किसी वाद-विशेष की उपासना के लिए लाचार किया जाए तो यह उसके साथ और समग्र साहित्य के साथ सरासर अन्याय है। जो चीज हमारी आत्मा की गहराइयों में उतरी नहीं, जिस तत्त्व में हम उत्साह के साथ विश्वास नहीं करते, जिसका ध्यान हमारे अन्दर प्रसन्नता और सच्ची प्रेरणा उत्पन्न नहीं करता, उसको बुद्धिपूर्वक चित्रित करके हम कला का निर्माण कर सकेंगे या नहीं, यह बात विचारणीय है।

प्रगतिवाद जो हमारे लिए इतना सम्मोहन शब्द हो गया है, किसी भी प्रकार साम्यवाद का पर्याय नहीं हो सकता। किसी भी वाद में अपने को फिट करने की गरज से जो लेखक अपनी कल्पना के पंख कतर रहा है, अपने स्वप्नों की सीमा संकीर्ण कर रहा है अथवा अपनी सहानुभूतियों के स्वच्छन्द प्रवाह को रोक रहा है, वह गलती पर है और उसके कार्य प्राकृतिक नहीं हैं। मनुष्य की हैसियत से कवि का भी यह न्याय-सिद्ध अधिकार है कि वह उन सभी मानसिक दशाओं का अनुभव प्राप्त करे जो मनुष्य के लिए स्वाभाविक हैं। मनुष्य जिन-जिन चीजों में दिलचस्पी लेता है, उसमें से कोई भी चीज कवि के लिए विवर्जित नहीं समझी जा सकती। कला के द्रव्य का आविर्भाव तो उन्हीं भावों से होगा जो जीवन के लिए सामान्य और सर्वव्यापी हैं।

मैं कला के गौरव की रक्षा के विचार से बोल रहा हूँ, राजनीति का अनादर मेरा उद्देश्य नहीं। कला अथवा कविता का सम्बन्ध भौतिकता, कर्तव्य और व्यावहारिक जीवन से कुछ भी नहीं है, इस दलील को मैं पाखंडपूर्ण और हास्यास्पद मानता हूँ। कला राजनीति से ऊँची है अथवा कला के कार्य राजनीति के कार्य से महान् हैं, इस विवाद में भी मुझे कोई सार दिखाई नहीं पड़ता। मैं यह भी नहीं मानता कि कला के उपासक अनिवार्य रूप से राजनीति के वृत्त से बाहर ही हैं। वह युग, जो राजनीति को उठाकर मनुष्य के धर्म के पद पर आसीन करना चाहता है, कवियों को भी अछूता शायद ही छोड़े। कला राजनीति से ऊँची न भी हो, लेकिन निश्चय ही वह राजनीति से भिन्न है। और यह देखा भी गया है कि देश के गीतों की रचना करनेवाले लोग इस चिन्ता में नहीं रहे हैं कि उसका कानून बनानेवाला कौन है। कला अन्तर्राष्ट्रीय है और ऐसे लेखकों की कमी नहीं जिनकी कल्पना राष्ट्र-विशेष की सीमा को लाँघकर सार्वभौमिकता के सन्देश के साथ दूसरे लोगों के बीच जा पहुँचती है। ऐसी अवस्था में अगर आप किसी वाद के बन्धन को स्वीकार करते हैं, तो नाजीवाद के पुजारी चट से कह बैठेंगे—"मानव-संस्कृति की कृत्रिम कल्पना से दूर रहो। विश्व-बन्धुत्व नाम की कोई चीज दुनिया में है ही नहीं—ठीक उसी प्रकार जैसे विश्व इतिहास की सत्ता काल्पनिक है—इतिहास तो केवल भिन्न-भिन्न जातियों का ही होता है।" कलाकारों

के सामने केवल एक ही उपाय है कि वे समय के साथ-साथ, और जब कभी सम्भव हो तो उससे आगे बढ़कर चलें और रास्ते में इस बात की चिन्ता न करें कि राजनीति का कौन-सा रूप अधिक आकर्षक और सुविधाजनक है। राजनीति हो या साहित्य, सार्वजनीन कल्याण को लक्ष्य बनाकर चलने पर वे कहीं-न-कहीं आपस में मिल ही जाएँगे।

जब तब मैंने इस प्रकार की शिकायत भी सुनी है कि साहित्य में राजनीति को आमन्त्रित करने का प्रभाव समसामयिक कवियों पर अस्वास्थ्यकर सिद्ध हो रहा है। शायद अभिप्राय उस बड़ी तायदाद में प्रकाशित होनेवाले साहित्यिक कूड़ों से है, जो गिने-चुने प्रोलेतेरियन विषयों पर तैयार किए जा रहे हैं। अपने उगते नक्षत्रों की इस स्थूल गति पर मुझे सचमुच ही दुख है और बहुत अंशों में मैं इलाचन्द्रजी के क्षोभ को जायज समझता हूँ। लेकिन, दरअसल यह उस वायवीय शून्यता के प्रति घोर रूप से उठी हुई प्रतिक्रिया का परिणाम है जो आज से 3-4 वर्ष पूर्व तक हमारे तथाकथित रहस्यवादी कवियों की रचना में व्याप्त थी। कुछ अंशों में यह साम्यवादी वस्तुवाद के नवीनतम आदर्शों के अन्धानुकरण का भी परिणाम है, जो कभी-कभी कला के क्षेत्र में नूतन सिद्धान्तों के रूप में प्रविष्ट हुआ है। हमारे वर्तमान प्रगतिवादियों की मनोवृत्ति ठीक वही है जो क्रान्ति के प्रारम्भिक दिनों में रूस के साहित्यिकों की थी। लेकिन, हमें यह नोट कर लेना चाहिए कि खुद रूसवाले ही साहित्य को राजनैतिक अस्त्र बना देने की निरर्थकता से घबरा उठे हैं और इस बात को मानने लग गए हैं कि साहित्य के कर्त्तव्य उससे ऊँचे और कहीं महान् हैं जिनकी वे हठपूर्वक कल्पना कर रहे थे।

हमारे जो सहकर्मी विदेशों में काम कर रहे हैं, उनके अनुभवों के प्रकार में हमें अपनी साहित्यिक मनोवृत्ति को गम्भीर बनाना चाहिए। सर्वहारा के साथ कवियों के पक्षपात से मैं न तो दुखी हूँ और न लज्जित—जो दुखी या लज्जित हों, मैं कहूँगा कि उनके अन्दर का मनुष्य मर गया है; मैं उनके निर्धारित विषयों से भी खिन्न या विषण्ण नहीं हूँ, चाहे वे विषय 'ट्राम' हों या 'भैंसागाड़ी' अथवा धोबियों और चमारों के नृत्य। उलटे, मेरी यही कामना है कि वास्तविकता के प्रति हमारा रुख सच्चे अनिषेध का होना चाहिए, क्योंकि उसके बिना हम सत्य को चित्रित करने में पूरी सफलता प्राप्त नहीं कर सकते।

यह नया वस्तुवाद अनिवार्य रूप से सोद्‌देश्य होगा और सोद्‌देश्यता एक ऐसा बुरा शब्द है जिसकी निन्दा सभी कलाकारों ने की है। लेकिन, तो भी दुनिया में ऐसा कलाकार शायद ही गुजरा हो, जो किसी महान विषय पर लिखता हुआ सोद्‌देश्यता से बेदाग बच गया हो। सोद्‌देश्यता कोई गुनाह नहीं, अगर आप उद्‌देश्य-प्राप्ति के प्रयत्न में सुन्दरता का विनाश न कर दें। संसार में ऐसा महाग्रन्थ लिखा ही नहीं गया, जो एक साथ ही शिक्षा और कला-सौन्दर्य दोनों ही दृष्टियों से महान नहीं था। कला की

ऊँची कृतियाँ केवल जीवन की समीक्षा नहीं करतीं, वरन् उसकी समस्याओं का निदान, उसके अर्थों की टीका और कभी-कभी उसका हल भी निकालती हैं। कविता का उद्देश्य जीवन के उपयोगी तत्त्वों का संयोग उन तत्त्वों से स्थापित करना है जो हमें आनन्द देते हैं। रवि बाबू को मैंने समय और स्थान से परे माना है, लेकिन, खुद उनके मत से भी ''सत्य की पुकार पर सर्जन-समर्थ मानवात्मा के उत्तर'' से ही कला का जन्म होता है।

हमारे समय में कविता का जो रूप निखर रहा है, वास्तविकता उसकी जान होगी, और सच पूछिए तो मैं उन रचनाकारों का आदर नहीं करता जो मिट्टी की पुकार का किसी न किसी रूप में उत्तर न देती हों। धरती पर एक नए प्रकार के मनुष्य का जन्म हो रहा है और हम लोग उसके युग के जीव हैं। चाहे हम आकाश में उड़ते हों या धरती पर घूम रहे हों, लेकिन हमारी आँखें उसी मनुष्य पर केन्द्रित रहनी चाहिए। यह कहना गलत है कि यह वस्तुवाद हमारी कल्पना की उड़ान या हमारे रँगीले स्वप्नों के लिए बाधक होगा अथवा हमारी भाषा की रागात्मक क्रीड़ा में किसी प्रकार भी हस्तक्षेप करेगा। कल्पना के बिना किसी भी कला में रमणीयता नहीं आ सकती और न कलाकार ही अपने अनुकूल वातावरण तैयार कर सकता है। लेकिन, वस्तुवाद की नई कल्पना विकास की सच्चाई के आधार से उठेगी—छायावाद की निस्सार उड़ान की तरह नहीं, जो आध्यात्मिक लोक में डुबकियाँ लगाने का स्वाँग रचकर वर्षों तक साधारण पाठकों की बुद्धि को हैरान करता रहा। हमारी कल्पना हमारी दुनिया पर फैलनेवाले इथर या वायुमंडल के समान होगी, जिसमें हमारी धरती के पौधों की गन्ध भरी रहेगी, हमारे स्वप्नों में जागृति के ही वे बिम्ब होंगे, जो आँख लगने पर पलकों में मँडराया करते हैं। हमारी दृष्टि ऐसी होगी कि हम सामने के अन्धकार को भेदकर उस सूक्ष्म पथ को देख सकें जो भविष्य के गह्वर में गया है। वस्तुवाद का जो रूप अपनी नाक से आगे नहीं देख सकता वह अन्धा है और उसे निस्सार कल्पना से भी कहीं हेय समझना चाहिए।

चूँकि वस्तुवाद का उद्देश्य जन-समूह तक पहुँचना है, इसलिए इसकी रचनाएँ सुन्दर के साथ प्रसादमयी भी होनी ही चाहिए। हम दूसरों के लिए नहीं लिखते—ऐसा कहनेवाले कवि अपने को हास्यास्पद बनाते हैं। सच पूछिए तो स्वान्तः सुखाय के साथ-साथ हम उनके लिए भी लिखते हैं जो हमारी कृतियों को पढ़ने के इच्छुक हैं। अगर कवि यह चाहता हो कि वह जनता से अलग—बिलकुल अलग होकर रहे, तो फिर उसके लिए छापेखानों की जरूरत नहीं रहनी चाहिए। परन्तु, पाठकों को भी एक भ्रम का त्याग कर देना होगा। साहित्य युग का प्रतिबिम्ब है, इस कहावत को उन्हें भूल जाना चाहिए। अगर साहित्य युग का प्रतिबिम्ब मात्र होता, तो वह युग को ठीक उसी प्रकार चित्रित करता जैसा कि सचमुच वह है। लेकिन, सो बात है नहीं। युग को

चित्रित करते समय कवि तटस्थ नहीं रह पाता तथा वर्ण्य वस्तु के साथ उसके सम्बन्ध की प्रतिक्रियाओं को भी लिख जाता है। इससे सिद्ध होता है कि साहित्य युग का बिम्बमात्र नहीं, बल्कि उसकी व्याख्या और निर्माण का प्रयास है। हमलोग फोटोग्राफर न होकर उस दल के छोटे-बड़े सदस्य हैं, जो युग की भावदशा की रचना करता और उसे सही रास्ते पर सही कदम रखने में मदद देता है। साहित्य इतिहास की बाँदी नहीं, बल्कि उसका सहायक है।[1]

(मिट्टी की ओर)

---

* बेतिया कवि-सम्मेलन (1938) के अध्यक्ष-पद से दिया गया अभिभाषण।

वर्तमान कविता की प्रेरक शक्तियाँ

जिस प्रकार व्यक्ति-विशेष के हृदय में चलनेवाले द्वन्द्व अपनी अभिव्यक्ति के लिए शैली-विशेष को जन्म देते है, उसी प्रकार युग-विशेष की बेचैनी भी विशेष प्रकार की शैली में प्रकट हुआ करती है। समय के हृदय में घटित होनेवाले आध्यात्मिक संकट जब अपनी अभिव्यक्ति का मार्ग ढूँढ़ने लगते हैं तब साहित्य में क्रान्ति का आह्वान होता है और नई शैलियाँ अपना रूप ग्रहण करती हैं। समय अपना काम चुपके-चुपके करता है और आनेवाले परिवर्तन के लिए उसके पूर्वायोजन की सूचना बड़ी ही सूक्ष्म होती है। जब ब्रजभाषा के स्थान पर खड़ी बोली काव्य की भाषा के रूप में प्रकट हुई तब कौन जानता था कि यह आयोजन आगामी युगों के तूफान को हिन्दी-कविता में बाँधने की तैयारी थी? ब्रजभाषा को छोड़कर खड़ी बोली के चोले में खड़ी होकर हिन्दी-कविता ने अपने को गद्य के अत्यन्त समीप पाया। 'बात अनूठी चाहिए भाषा कोऊ होय' की सत्यता पीछे चलकर प्रमाणित हुई। उस समय तो यही समझा जाता था कि खड़ी बोली गद्य की बोली है। और सचमुच ही खड़ी बोली में कविताएँ रचनेवाला कवि उन सारी सुविधाओं से वंचित था, जो तत्कालीन जनमत से काव्य की मानी हुई भाषा में रचना करनेवाले कवियों को सहज ही प्राप्त थीं। कविता का प्रतिलोभ विज्ञान है, न कि गद्य। जब हम काव्य-भाषा जैसे शब्द का प्रयोग करते हैं तब हमारा अभिप्राय उस भाषा से भिन्न होता है, जो विज्ञान की भाषा है—जो वारदातों का ठीक-ठीक ब्योरा देती है, जिसका प्रयोग उन चीजों के लिखने के लिए होता है जिनका चिन्तन, विकास और लेखन, सभी कुछ गद्य में ही होता है और जो स्पष्टता की हत्या किए बिना पद्य में लिखी ही नहीं जा सकतीं। इसके विपरीत, कविता या कवि की भाषा-कल्पना, भावोद्रेक, चित्र और काव्यात्मक अनुभूति की भाषा होती है और खड़ी बोली का कवि अगर कवि की तरह प्रसिद्ध होना चाहिए था, तो उसके सामने केवल यही उपाय था कि वह विरोधी जनमत के सामने अपनी रचनाओं के द्वारा यह सिद्ध कर दे कि उसकी भाषा सच्चे अर्थों में कल्पना, अनुभूति और चित्र की भाषा है। लेकिन, तब तक खड़ी बोली की काव्यगत क्षमताओं और उसकी प्रच्छन्न सम्भावनाओं का अनुसन्धान नहीं हो पाया था। अतएव खड़ी बोली के आरम्भिक कवियों की रचनाएँ प्रायः गद्य और कविता के बीच की चीज रहीं। लेकिन, सर्वत्र ही इन रचनाओं में एक बदला हुआ दृष्टिकोण था, जो

प्राचीन कवियों की तरुणी-उपासना और ईश-विनय से भिन्न था। समय चुपके-चुपके ऊबड़-खाबड़ जमीन को तोड़कर उस धारा के लिए समतल का निर्माण कर रहा था, जो शीघ्र ही बड़े वेग के साथ हिन्दी में प्रवाहित होनेवाली थी।

खड़ी बोली की सम्भावनाओं का अनुसन्धान जारी था कि अचानक हिन्दी में रोमांसवाद का उदय हुआ। रोमांसवाद जीवन के असन्तोष का दूसरा नाम है और प्रायः सभी देशों के साहित्य में इसका प्रवेश वहाँ के राजनैतिक जागरण के साथ होता आया है। जीवन की वर्तमान दुरवस्थाओं से ऊबकर, अपने आस-पास की दुनिया से असन्तुष्ट होकर जब समाज नूतनता की कामना करता है तब उसके साहित्य में रोमांसवादी कवि और लेखक पैदा होने लगते हैं। रोमांसवाद का प्रेम या रतिपरक भावों से जो प्रख्यात गठबन्धन है वह इसका कोई मौलिक अथवा स्वाभाविक गुण नहीं, बल्कि कुसंगजनित संस्कारों का एक रूढ़ नाम है। कुत्सित, विरूप तथा अप्रिय वर्तमान के ध्वंस पर नूतन समाज की रचना करना इसका प्रधान लक्ष्य रहा है। नवीनता, नवीनता और केवल नवीनता, रोमांसवाद के हृदय का अन्तर्नाद है। अपने इसी ध्वंस और नव-निर्माण की प्रेरणाओं के कारण इसका रुख, सर्वत्र ही विद्रोही रहा है और हिन्दी में साम्यवादी आन्दोलन के प्रति रोमांटिक कविता का जो सहानुभूतिपूर्ण बर्ताव है उसका प्रधान कारण भी दोनों की विद्रोह-प्रियता ही है।

हिन्दी में रोमांटिक जागरण के प्रभावों ने अपने को कम-से-कम चार रूपों में व्यक्त किया, यद्यपि यह नहीं कहा जा सकता कि इनमें से किसी एक वर्ग के साहित्यकार में शेष तीन लक्षणों का सर्वथा अभाव था। सबसे पहले वे थे जिन्होंने रोमांसवाद से कर्म की प्रेरणा ग्रहण की और देश की राजनीतिक अवस्थाओं को बदलने के लिए रणक्षेत्र की ओर बढ़े। उनके जीवन का कर्मपक्ष अत्यन्त बलवान् था, और यद्यपि साहित्य को उन्होंने सेवा के सामने गौण माना, तो भी उनकी वाणी में जाग्रत राष्ट्र का हृदय धड़कने लगा और उनके देश-भक्तिविह्वल स्वर एक अनिर्वचनीय विदग्धता के साथ समग्र हिन्दी आकाश में गूँजने लगे। भारतीय आत्मा, नवीन और सुभद्राकुमारी कुछ ऐसे कवि हैं, जिनकी वाणी ने आरम्भ में हिन्दी-जनता के हृदय में सबसे बड़ी आकुलता उत्पन्न की और जिनकी आवाजों को सुनकर वह और भी नई आवाजें सुनने को उत्कंठित हुई। लेकिन, स्मरण रहे कि इनकी कविताएँ सार्वजनिक आन्दोलन का माध्यम या किसी प्रकार के राजनैतिक प्रचार का साधन नहीं थीं। जीवन के अनुरूप ही कवियों के हृदय में भावों का उद्रेक होता है और ये कविताएँ देशभक्ति की मनोदशा में उन कवियों के अपने ही मनोभावों की अनुभूति थीं। जिन प्रेरणाओं ने उन्हें देश-सेवा के लिए अग्रसर किया, वे ही प्रेरणाएँ उनका काव्य-द्रव्य और काव्यात्मक अनुभूति भी बन गईं। माखनलालजी की कुछ कविताओं को मैं विस्मय की दृष्टि से देखता हूँ और यह मानता हूँ कि भारत की यह आत्मा यज्ञ की वह शिखा है जो जलते-जलते गाती और गाते-गाते जला करती है।

दूसरी श्रेणी में वे लोग थे जिन्होंने सामने की दुनिया से असन्तुष्ट होकर अतीत की ओर दृष्टि फेरी और 'वर्तमान की चित्रपटी' पर भूतकाल को सम्भाव्य बनाने की चेष्टा करने लगे। पीठ पर की आँख भी रोमांटिक आन्दोलन की देन है। वर्तमान के दुख को हम अतीत के ध्यान में भुलाना चाहते हैं। यह भी एक प्रकार का पलायनवाद है, जो कवि को सामने की दुनिया को भुलाने में सहायता देता है। ऐसा भी होता है कि नवनिर्माण के लिए जाग्रत और उत्कंठित समाज आदर्श की खोज करता हुआ जीवन की आदिम अवस्था तक जा पहुँचता है और सोचने लगता है कि आदि मानव अधिक सुखी और सन्तुष्ट था। हम इसे रोमांसवाद की प्राचीनता-प्रियता कह सकते हैं।

तीसरी श्रेणी के लोगों में भी रोमांटिक भावों का आवेग अत्यन्त बलवान था। वे भी वर्तमान समाज से असन्तुष्ट थे और उन प्रचंड शक्तियों से भी पूर्ण रूप से परिचित थे, जो समग्र भारतवर्ष को हिला रही थीं और जिनके कारण ही हिन्दी में रोमांसवाद का प्रवेश हुआ था। इनकी कविताओं से स्पष्ट है कि इन्होंने भी वस्तु-जगत को अजनबी समझा, उसे प्रतिक्रियागामी और अकाव्यात्मक पाया तथा उसके प्रति अपना विरोध प्रकट करना चाहा। लेकिन, उनके सामने इस विरोध का सबसे सुगम मार्ग पलायनवाद था। अप्रिय मानव-जगत् से उड़कर वे चाँदनी के लोक में पहुँचे जहाँ जीवन की लौह-शृंखलाएँ पिघलकर कोमल मीठे गीत बन जाती हैं। पलायनवाद से लोग चिढ़ते हैं, क्योंकि यह कर्मक्षेत्र से भाग खड़े होने का नाम है। खुद पलायनवादी कवि भी इस विशेषण से झेंपता है। लेकिन, मैं नहीं समझता कि जिस कवि ने मानवीय चेतना की सीमा विस्तृत की है, कल्पना के पर फैलाकर मानव-मन का विस्तार नापा है, जीवन के ईथर (Ether) में विहार करते हुए मधु और अमृत के गीत गाए हैं, मनुष्य को ऊर्ध्वगामी होने का संकेत दिया है और अपनी अनुभूति के सुन्दर-से-सुन्दर क्षणों का इतिहास साहित्य-देवता को अर्पित किया है उसे लज्जित क्यों होना चाहिए। कहते हैं, एक दिन सूर और तुलसीदास साथ-साथ किसी सड़क पर घूमने निकले कि एक तरफ से मतवाला हाथी निकला। सूरदास ने जो वस्तुस्थिति समझी तो एक तरफ को भाग चले। तुलसीदास बोले—"महाराज! डरने की कोई बात नहीं। धनुष-वाणवाला मेरा आराध्य मेरे साथ है।" लेकिन सूरदासजी यह कहते हुए भागते ही गए कि "महाराज! सो तो ठीक है, लेकिन मेरा आराध्य नन्हा-मुन्ना बालक है। उसे मैं संकटों में नहीं डाल सकता।" लेकिन, इतिहास साक्षी है कि धनुष-वाणवाले राम और नन्हे-मुन्ने कृष्ण, हिन्दू-हृदय पर दोनों ही का शासन रहा है। और सच पूछिए तो साहित्य तो बहुत कुछ श्रीकृष्ण के समान है जो खुद तो शस्त्र नहीं उठाता, लेकिन जिसकी दीप्ति प्रत्येक शूरमा के हाथ की तलवार को तेज कर देती है।

अब वह धारा बच जाती है जो छायावाद की कुछ प्रत्यक्ष विशेषताओं का प्रतिनिधित्व करती थी। इसके अन्दर वे सभी महान् कवि आते हैं जिनमें छायावादयुगेन चेतना ने अपना चरम विकास प्राप्त किया था। इन कवियों की कल्पना-शक्ति अत्यन्त

प्रबल और विचार बड़े ही बलवान् थे; लेकिन इनकी भावुकता इतनी सजीव थी कि उसने सामने इनके दूसरे गुणों का अस्तित्व ही नहीं रह गया। इनमें अपने अन्तर्वासी कवि के लिए गहरी ममता और अपने विशिष्ट गुणों के लिए एक तरह का नाज था। ये सबसे पहले अपने आपको प्यार करनेवाले कवि थे और चाहते थे कि संसार भी उन्हें उसी दृष्टि से देखे जिस दृष्टि से अपने आपको वे स्वयं देखते थे। लेकिन, जब संसार ने अपेक्षित सहानुभूति नहीं दिखलाई तब इसे इन्होंने उपेक्षा समझा और संसार की ओर से मुँह मोड़कर अन्तर्मुखी हो गए। अपने आस-पास की दुनिया के प्रति जैसा तीव्र विराग और गहरा असन्तोष इनकी कविताओं में ध्वनित हुआ वैसा अन्यत्र दृष्टिगोचर नहीं हुआ। मेरे जानते यह भी रोमांटिक विद्रोह का ही एक रूप था जो अप्रिय, कुरूप और सहृदयताविहीन समाज के विरुद्ध वैयक्तिक दृष्टिकोण लेकर खड़ा हुआ था। जब विश्व की उपेक्षा से भावुक व्यक्ति के दिल पर चोट लगी, जब उसे यह मालूम हुआ कि सहृदयताहीन बाह्य विश्व के साथ उसके हृदय का सामंजस्य किसी प्रकार भी स्थापित नहीं हो सकता, तब उसने अपने भीतर की दुनिया में प्रवेश किया और ऐसी अनुभूतियाँ लिखने लगा जो उसकी अपनी चीज थीं। कर्मपक्ष में व्यक्तिवाद कोई अच्छी चीज नहीं है; क्योंकि इससे समाज को एक बनाए रखनेवाली शृंखलाएँ ढीली होती हैं और इसकी स्वीकृति से समाज का अस्तित्व ही समाप्त हो जाता है। लेकिन, ज्ञान-पक्ष में यह मनुष्य के मस्तिष्क की स्वाधीन चिन्ता की ओर प्रेरित करता है। हिन्दी-साहित्य को इसके शुभ गुणों के प्रसाद कई रूपों में मिले। छायावाद-युग के सभी हिन्दी-कवि किसी-न-किसी अंश तक वैयक्तिक थे—यहाँ तक कि देशभक्त कवियों की भी अधिकांश कविताएँ उनकी अपनी मनोदशाओं की अनुभूति थीं। व्यक्तिवाद ने रूढ़ियों की अवहेलना करके स्वाधीन चिन्तन और स्वच्छन्द शैली को जन्म दिया और उस क्रान्ति को पूर्ण किया जो रोमांटिक जागरण के साथ हिन्दी-साहित्य में शुरू हुई थी। व्यक्तिवादी कवियों ने हिन्दी की बड़ी सेवा की। उन्होंने बाहर विचरनेवाली कल्पना को अन्तर्मुखी किया, अपने ही भीतर की दुनिया में अनुसन्धान करते हुए सुन्दर और कभी-कभी अत्यन्त तीखे स्वप्नों के चित्र उतारे तथा आत्मकथा के रूप में अच्छी-से-अच्छी कविताएँ दीं। प्रेम और विरह के नए आदर्शों की सृष्टि की। मन्तव्य को स्पष्ट करने के लिए अनेक में मैं केवल दो पुस्तकों के नाम लेता हूँ द्विजजी की 'अनुभूति' और श्री लक्ष्मीनारायण मिश्र 'श्याम' की 'अन्तर्जगत्' छायावादी युग की बहुत बड़ी देर है। जिस समय छायावाद को लेकर हिन्दी में घनघोर आन्दोलन छिड़ा हुआ था, उस समय नए स्कूल को स्थापित करने के लिए जितने भी लेख प्रकाशित किए जाते थे उनमें 'अनुभूति' की कविताओं का उद्धरण अनिवार्य रूप से रहता था। वैयक्तिकता छायावाद की सबसे बड़ी स्वभावगत विशेषता थी और उसका रसमय परिपाक द्विजजी की कविताओं में बहुत आरम्भ में ही हो चुका था। नई चेतनाओं को सबसे पहले हृदयंगम कर लेनेवालों में 'अनुभूति' के कवि का प्रमुख

स्थान था। पन्तजी की 'मौन निमन्त्रण' और द्विवजी की 'अयि अमर शान्ति की जननि जलन' कविताएँ हिन्दी में कितनी बार और कितने विभिन्न प्रसंगों पर उद्धृत हुईं, यह गिनती के बाहर है। 'अन्तर्जगत्' और 'अनुभूति' की कविताओं के पढ़ने से यह साफ जाहिर होता है कि प्रेम का घाव संसार में सबसे सुन्दर और सबसे भयानक चीज है। इस घाव से मनुष्य का हृदय ही नहीं, उसकी आत्मा भी फट जाती है और ज्यों-ज्यों इसका विस्तार बढ़ता है त्यों-त्यों मनुष्य भी गहरा और विस्तीर्ण होता जाता है।

लेकिन, जिस व्यक्तिवादी दृष्टिकोण ने रोमांसवाद को साहित्यिक क्रान्ति को पूर्ण करने में सहायता पहुँचाई, ठीक उसी के दुरुपयोग ने उसके विरुद्ध प्रतिक्रिया का जन्म दिया। अधिकांश में व्यक्तिवादी कवियों की अनुभूतियाँ उनके अपने ही जीवन की आध्यात्मिक घटनाएँ थीं और स्वभावतः ही जनता उन अनुभूतियों को अपनी नहीं कह सकती थी। खुद वे कवि भी, अधिकांश में, उन्हें वैयक्तिक ही मानते थे। कई बार ऐसा हुआ कि अपने को जनता तथा श्रोताओं का प्रतिनिधि माननेवाले आलोचकों ने कई कवियों से उनकी कविताओं के बारे में प्रश्न किए। लेकिन 'मधवा मूल विडौजा टीका' सुनकर निर्वाक् रह गए। जनता उन चीजों का आदर नहीं करती, जिनमें उसकी रूढ़ धारणाओं (Prejudices) के लिए कुछ भी स्थान न हो। वह चाहती है कि जब कवि किसी वस्तु या विचार का वर्णन करे तो वह जनता के अच्छे या बुरे लगने का ध्यान रखे। यहाँ एक बात विचारणीय है कि व्यक्ति का अच्छा या बुरा लगना, बहुत अंशों में, समूह के अच्छा या बुरा लगने के ही समान होता है। लेकिन, यह तभी सम्भव है जब व्यक्ति में इस बात की जागरूकता हो कि वह समूह का सदस्य है। परन्तु, जहाँ व्यक्ति की दृष्टि में अपना ही व्यक्तित्व सर्वप्रधान हो उठता है, उसे अपने ही विचारों, स्वप्नों और अनुभूतियों का मोह घेर लेता है, वहाँ वह समाज के लिए अपरिचित हो जाता है और कोई आश्चर्य नहीं कि तब व्यक्ति की वाणी समूह का मनोरंजन न कर सके और समूह को इस शिकायत का मौका मिल जाए कि व्यक्ति अपने ही सुख के लिए लिखता है। उसे समूह के मुख का ध्यान नहीं है। इसी शिकायत को लेकर हिन्दी में प्रगतिवाद का जन्म हुआ, यद्यपि जन्म के बाद दूसरी-दूसरी दलीलों से भी उसकी अनिवार्यता सिद्ध की जा रही है। यथा—"कर्म के साथ ज्ञान का असहकार साहित्य को निष्प्राण बना देता है", अथवा "निष्पेषित और उपेक्षित मानवता का पक्ष साहित्य को लेना पड़ेगा" इत्यादि। यह भी ध्यान देने की बात है कि हिन्दी में पहले-पहल "कवि कुछ ऐसी तान सुना दे" का शंख फूँकनेवाला कवि जनता के सुख-दुख में हाथ बँटानेवाला कर्मठ मनुष्य था। प्रगतिवाद ने थोड़े ही दिनों में काफी उन्नति कर ली है—यहाँ तक कि बालकों की रंगीनियों से उतरकर कोमल-प्राण कवि भी हथौड़ों की मूठ पर हाथ का जोर आजमा रहे हैं—लेकिन शिकायत बदस्तूर जारी है। आए दिन आपको अखबारों में ऐसी कविताएँ मिलती ही रहती हैं जिनमें छोटे और बड़े सभी प्रकार के कवि अपने भाइयों को प्रगतिवादी बनने का उपदेश दिया करते हैं।

प्रगतिवाद साहित्य है या राजनीति, इस विषय को लेकर काफी विवाद चल रहा है। राजनीति तो वह क्या होगा, अधिक-से-अधिक उसे हम सोद्‌देश्य साहित्य कह सकते हैं। ऐसा दीखता है कि जहाँ यह छायावाद के व्यक्तिवादी दृष्टिकोण की प्रतिक्रिया या साम्यवादी प्रचार के कारण दलितवर्ग के प्रति चिन्तकों के हृदय में जगी हुई सहानुभूति का परिणाम है, वहाँ यह वैज्ञानिक युग की भी देन है जो हर चीज में सबसे पहले उपादेयता की खोज करता है। लेकिन, अगर हम मनुष्य को केवल रोटी-दाल का यन्त्र न मानते हों, तो यह भी मानना पड़ेगा कि मनुष्य के मानसिक विकास, सांस्कृतिक विस्तार और उसके चौकोर व्यक्तित्व के निर्माण में प्रगतिवाद से पहले का साहित्य भी बहुत ही उपयोगी रहा है। इसलिए मैं यह समझता हूँ कि वर्तमान प्रगतिवाद जीवन और इतिहास के नवनिर्माण में साहित्यिकों के सीधी तरह से भाग लेने की चेष्टा का परिणाम है। लेकिन, इस चेष्टा के परिणामस्वरूप साहित्य का कर्मपक्ष ही प्रबल हो रहा है। उसका ज्ञानपक्ष न्यून पड़ता जा रहा है। एक बार ज्ञान ने कर्म को छोड़ दिया था, अब ऐसा लगता है कि कर्म ही ज्ञान को छोड़ने जा रहा है। नन्दन-कानन में घूमनेवाली परी को आदम की बेटी के साथ बैठकर सुर्खी कूटते देखकर हर्ष चाहे जितना भी हो, लेकिन, यह ग्लानि भी होना स्वाभाविक है कि बाँसुरी को लाठी का काम करना पड़ रहा है और रंगीनियों में उड़नेवाली कल्पना चिमनियों की मैली साँसों में अकुला रही है। लेकिन मैं मन को यह कहकर समझाता हूँ कि यह आपद्धर्म है। वास्तविक जीवन में भी हम कोमलांगी, सुशोभना देवियों को कारखानों में खटते देख रहे हैं। कोई आश्चर्य नहीं कि कला जीवन का अनुकरण करे; क्योंकि यह तो उसका नैसर्गिक धर्म ठहरा।

जीवन के संघर्षों ने साहित्य को ग्रसित कर लिया है और ऐसा दीखता है, मानो साहित्य को भी समकालीन समस्याओं से गुत्था-गुत्थी करने में आनन्द मिल रहा हो। दूसरी ओर, मिट्टी से जरा ऊपर उठकर ईथर-ईथर चलनेवाली वाग्देवी साहित्य को अपनी ऊर्ध्वगति की याद दिला रही है। साहित्य की अवस्था सचमुच ही चिन्तनीय है।

मनुष्य शरीर के लिए सुख और आत्मा के लिए उन्नति तथा विकास चाहता है। लेकिन, इतिहास बतलाता है कि शारीरिक सुख के लिए आत्म-हनन करनेवाले और आत्मोन्नति के लिए शरीर को सुखा डालनेवाले लोगों की वृत्तियाँ परस्पर विरोधी रही हैं। साहित्य का पालन-पोषण प्रायः अपरिग्रह के वातावरण के बीच हुआ है। माइकेल एंजेलो ने मरने के समय जो दुनिया को सबसे बड़ी वसीयत लिखी थी वह यह थी—I bequeath all that I have—my body to Earth and my soul to God. लेकिन, प्रगतिवाद का आग्रह है कि इन दोनों के बीच, विरोध को मिटाकर, समन्वय की स्थापना सम्भव है। वह इस उद्‌देश्य को प्राप्त करने के लिए अग्रसर हो रहा है कि उन्नत मन के निवास के लिए शरीर का सुखमय होना अनिवार्य है। उन्नत मन और सुखमय शरीर के संयोग के आदर्श को वह सबके लिए सुलभ कर देना चाहता है।

वर्गवाद से घृणा, समाज की वर्तमान रचना से विद्रोह, पाप और पापी दोनों के प्र क्षोभ और ईश्वरीय न्याय में अविश्वास, ये कुछ ऐसे लक्षण हैं जो प्रगतिवाद को ए साथ ही आदरणीय और भयंकर बना देते हैं। किन्तु प्रगतिवाद मनुष्य की स्वाभावि न्यायप्रियता और त्यागमयता में विश्वास करता है और यह मानता है कि सामाजि क्रान्ति की भित्ति पर जिस नूतन समाज की रचना होने जा रही है वह मानव-स्वभा के अत्यन्त अनुकूल होगा। प्रगतिवाद की प्रेरणाएँ उसके आदर्श से आ रही हैं। व ऐसा पथिक नहीं है जिसे अपने निर्दिष्ट लक्ष्य का ज्ञान न हो। वह इस विश्वास क साथ आगे बढ़ता जा रहा है कि वर्तमान दुरवस्थाओं से निकलकर मनुष्य सार्वजनीन आनन्द के देश में प्रवेश कर सकता है। जीवन की दुरवस्थाओं से निराश होकर विरक्त हो जाने और उन्हें बदल डालने के मनसूबे से उत्साहित होकर कार्य में लग जाने में स्पष्ट भेद है। बाधाओं और विफलताओं को देखकर विरागी तपोवन की राह लेता है, लेकिन कर्मशील गृहस्थ संघर्ष में जूझकर उन्हें पराजित करता है। प्रगतिवाद को उस विरक्त और निराश मनुष्य की उपाधि देना भूल है जो वर्तमान सामाजिक संगठन के अपवित्र रूप पर सिर्फ चिढ़कर रह जाता है अथवा यह सोचकर संसार से विमुख हो जाता है कि मनुष्य के स्वभाव की शुचिता नष्ट हो गई है, उसका पुनः संस्कार असम्भव है; अतएव किसी प्रकार की चेष्टा करना व्यर्थ है, क्योंकि "सूर्य की थकी रश्मियाँ चित्रों के श्मशान में खेल रही हैं जहाँ ऐसे प्राणहीन वृक्ष खड़े हैं जो छाया नहीं दे सकते या ऐसे उपलपुंज हैं जिनके भीतर जल का कोई नाद अवशेष नहीं है।"

आदर्शहीन साहित्य अल्पायु होता है। विफलताओं को कबूल कर लेने से मनुष्य की शक्तियाँ क्षीण हो जाती हैं और संघर्ष की उपादेयता में से उसका विश्वास लुप्त हो जाता है। लेकिन, जिसके पास आदर्श है वह किसी प्रकार की विफलता को स्वीकार नहीं कर सकता। प्रगतिवाद के जिस रूप की कल्पना मैं ग्रहण कर सका हूँ उसका मंगलमय आदर्श मानवात्मा की एकता का द्योतक तथा मनुष्य की प्रीति का व्यंजक है। मैं मानता हूँ कि यह आदर्श प्रगतिवाद की नई देन नहीं है। लेकिन जिस युग में प्रेम के आदर्श का मोहकता फ्रायडीय विश्लेषणों की भेंट चढ़ गई हो, आध्यात्मिक तृषाओं की प्रेरणाएँ मानव जीवशास्त्र ने लूट ली हों, श्रद्धा, विश्वास, धर्म और नैतिकता का शुमार मनुष्य की आदतों में हो रहा हो, मानव-समाज की परम्परागत चेतनाओं को वैज्ञानिक दृष्टि के शर बेध रहे हों और अनवरत दुख-शोक के बीच मनुष्य को दृढ़ रखनेवाली सारी सुकुमार भावनाएँ विज्ञान के द्वारा विश्लिष्ट हो ज़ाने पर सारहीन और खोखली लगती हों, उस युग में मनुष्य के प्रेम का आदर्श, मेरी समझ से, साहित्य के लिए कुछ छोटा लक्ष्य नहीं है।[1]

(मिट्टी की ओर)

---

1. श्री राजेन्द्र पुस्तकालय छपरा के वार्षिक अधिवेशन (1940) के सभापति-पद से दिया गया अभिभाषण।

समकालीन सत्य से कविता का वियोग

अक्सर मैंने साहित्यिकों के बीच यह कानाफूसी सुनी है कि सामयिक जीवन की व्याख्या करनेवाला साहित्य चिरायु नहीं होता तथा अमरत्व प्राप्त करने के लिए उसे केवल उन्हीं तत्त्वों पर अपने को केन्द्रित करना पड़ता है जिन्होंने मनुष्य के साथ जन्म लिया और मनुष्य के साथ ही मिटनेवाले हैं। इस धारणा का आधार यह माना जाता है कि संसार के सभी प्रमुख काव्यों में उन कथानकों का उपयोग हुआ है जो काव्य-रचना के समय में नहीं, बल्कि उससे सैकड़ों-हजारों वर्ष पहले ही घटित हो चुके थे। इस उदाहरण से यह भी समझा जाता है कि प्राचीन विषयों का चुनाव पसन्द के चलते नहीं, बल्कि अनिवार्यता के कारण होता है, क्योंकि अतीत की घटनाओं के आयुर्बल की जाँच हो चुकी है और वर्तमान की अमरता अभी संदिग्ध है।

सामयिकता के विरोध में मानव के शाश्वत भावों की भी दुहाई दी जाती है, लेकिन यह बतलाया नहीं जाता कि वे भाव कौन-से हैं जो मनुष्य के जन्म के बाद उत्पन्न और उसकी मृत्यु के पहले ही विलीन हो जाते हैं और न इसका ही दृष्टान्त दिया जाता है जब कोई सच्ची काव्य-प्रतिभा सामयिक भावों को अपनाकर विनष्ट हो गई हो। मनुष्य का कोई भाव एक बार उदित होकर सदा के लिए अस्त नहीं हो जाता और न कोई दूसरा सदैव प्रधान ही रहता है। जीवन की परिस्थिति और समय के वातावरण के अनुसार मनुष्य के अन्दर सामयिक भावों का जागरण होता रहता है जो समकालीन जीवन में प्रधान रहते हैं। युग के आलोक में इन्हीं भावों का ताप रहता है और तत्कालीन दृष्टि का निर्माण भी इन्हीं के आधार पर होता है। सामयिक दृष्टि का सम्बन्ध समकालीन घटनाओं तक ही सीमित हो, सो बात नहीं है; क्योंकि अतीत जीवन को देखने का भी प्रत्येक युग का अपना दृष्टिकोण होता है जो समकालीन साहित्य में प्रधान रहता है। प्रत्येक युग अपनी-अपनी आग से परम्परागत इतिहास को खौलाता है और भविष्य की ओर लपटें फेंकता है। उसकी आँच में पड़कर प्राचीन संस्कृतियाँ नया रंग पकड़ती हैं और परम्परागत साहित्यिक प्रकरण भी बहुधा नए अर्थ ग्रहण करते हैं। जीवन का सबसे बड़ा सत्य वर्तमान है और मनुष्य का कोई भी विचार इसके प्रभावों से अक्षुण्ण नहीं रह सकता। वर्तमान की आँख से हम अतीत को देखते हैं और आज की कल्पना आनेवाले कल का स्वप्न लाती है। अतएव, प्रथम तो सच्चा

साहित्य सामयिकता को भुलाकर लिखा ही नहीं जा सकता, और अगर कोई ऐसा अप्राकृतिक साहित्य लिखे भी तो भविष्य में उसके जीवित अथवा लोकप्रिय रहने की आशा नहीं की जा सकती, क्योंकि आनेवाला मनुष्य उन सिद्धान्तों से समझा नहीं जा सकता जो गुजरे हुए मनुष्य के मापदंड थे।

अतीत की घटनाएँ अमर और वर्तमान की नश्वर होती हैं, साहित्य में यह हास्यास्पद प्रश्न उठना ही नहीं चाहिए, क्योंकि किसी भी साहित्य का आदर इसलिए नहीं हुआ करता चूँकि उसमें काव्य-द्रव्य-परिपूर्ण किसी अमर घटना का वर्णन होता है, बल्कि इसलिए कि घटनाओं के वर्णन के बहाने उसमें किसी गम्भीर सत्य की सृष्टि की जाती है जो सबसे पहले अपने ही युग के अधिक-से-अधिक लोगों को अपील करता है। काव्य की वासभूमि इतिहास की घटनाएँ नहीं, बल्कि कवि का हृदय होता है। कहने को तो गुप्त जी ने भी रामचरित पर हर कलम उठानेवाले के लिए कवि के पद को 'सहज' और 'सम्भाव्य' कह दिया है, लेकिन सच्चाई तो तब जाहिर हो जब कोई पारखी वाल्मीकि से लेकर पं. राधेश्याम तक की तुलना करे। प्राचीन विषय अगर उच्च काव्य की गारंटी होते तो व्यास और होमर के विषयों पर बाद को लिखनेवाले लोग व्यास और होमर नहीं तो उनसे थोड़े ही हीन हुए होते। लेकिन, सो बात नहीं है। रामकथा पर राधेश्यामी रामायण और समकालीन कल्पना पर 'पथिक' और 'स्वप्न' जैसे ऊँचे काव्य लिखे गए हैं। साहित्य में इतिहास की घटनाएँ अपने बल पर नहीं जीतीं। अमरता का वरदान उन्हें कला के साहचर्य्य से मिलता है। ऐतिहासिक राम की सत्यता में सन्देह हो सकता है, किन्तु वाल्मीकि और तुलसी के हृदय से निकलनेवाले राम अमर और चिर-पूज्य हैं।

बहस के लिए अगर यह मान भी लें कि बहुत-से सत्काव्यों की रचना प्राचीन विषयों को ही लेकर हुई है तब भी उन रचनाओं में विषय के कंकाल को छोड़कर प्राचीनता का और कोई चिह्न नहीं मिलेगा। इसके सिवा, सामयिकता का अधिक-से-अधिक रस पीनेवाली कृतियों के सामने वे कृतियाँ अशक्त और निर्जीव-सी लगेंगी जिनकी रचना धरती और समय के दाह से दूर रहकर की गई है। साहित्य की आवाज अपने समय की आवाज होती है, किसी दूसरे युग की प्रतिध्वनि नहीं। साहित्य तो सदैव उसी युग की पूर्ण और व्यापक अभिव्यक्ति होता है जो उसे जन्म देता है। अपने ही युग के विचार और भावनाओं के माध्यम से वह उन भावों को प्रकट करता है जिन्हें हम सार्वभौमिक अथवा सनातन कहते हैं। प्राचीनता का ऋण उस पर इतना ही होता है कि उससे वह कुछ ईंट और पत्थर उधार लेता है। बाकी सारी चीजें—शब्द और संगीत, आशा और उमंग, प्रकृति और मानव-स्वभाव की पृष्ठभूमि, स्वप्न और विश्वास—ऐसी हैं जिन पर सभी युगों का समान अधिकार है। इतना ही नहीं, बल्कि जिन प्रकरणों और प्रसंगों को हम अतीत की देन समझते हैं, सूक्ष्म दृष्टि से देखने पर वे भी सामयकिता के ही प्रतिरूप-से जान पड़ेंगे। सूरदास ने अपने काव्य में द्वापर को

सदेह उतार दिया है, लेकिन वह तो द्वापर का कंकाल मात्र है। उसके रक्त और मांस, प्राण और वाणी कलियुग की देन हैं जिनके बिना सूरसागर का द्वापर चिता-भस्म से उठकर खड़ा नहीं हो सकता था। सूर के उद्धव कृष्ण के उद्धव नहीं, बल्कि कबीर की बुझती हुई निर्गुण-परम्परा के प्रतीक हैं। उनकी गोपियाँ व्रज की गोपियाँ नहीं, प्रत्युत् सगुणोपासना की उस भावना की प्रतिमाएँ हैं जो सूर के समय में अपने पूरे उभार पर आ रही थीं। सूर के आस-पास जो भाव फैले हुए थे उन्होंने कल्पनात्मक रूप ग्रहण करके उनके काव्य में प्रवेश किया और उन प्रकरणों में जान डाल दी जो कवि को अतीत से मिले थे।

युग-चित्रण कवि-कला का स्वभाव है और इस क्रिया में इतिहास उसका बाधक नहीं होता। जहाँ बाधा की सम्भावना होती है वहाँ कवि के सामने इतिहास को मुड़ जाना पड़ता है। कथानक और शैली दोनों ही इस प्रकार मुड़ते हैं जिससे युग अपने को सुविधा के साथ अभिव्यक्त कर सके। यही कारण है कि वाल्मीकि के राम तुलसी के राम से भिन्न हैं। आदिकवि से लेकर तुलसी तक की दूरी बहुत बड़ी है और इसके बीच मनुष्य को तार्किकता बहुत आगे बढ़ चुकी थी। शम्बूक के वधिक और यशस्विनी सीता को निर्वासित करनेवाले कठोर प्राणी के रूप में राम को चित्रित करने का साहस तुलसी को नहीं हुआ। अगर बालि-वध में भी वे किसी प्रकार कुछ हेर-फेर कर सकते तो उनका मन्तव्य चारों ओर से पूरा हो गया होता। वही राम जब बीसवीं सदी के 'साकेत' में उतरने लगे तब युग ने उन्हें आर्य-सभ्यता के विस्तारक के रूप में प्रकट किया। अर्थात् एक ही नायक को लेकर भिन्न-भिन्न युगों ने भिन्न-भिन्न इच्छाओं की अभिव्यक्ति की।

सच तो यह है कि कवि का काव्य-विषय कभी भी अपने समय से दूर नहीं होता। वह जिन चरित्रों का निर्माण किया करता है, वे प्रायः उसके पड़ोसी हुआ करते हैं। सत्कवियों ने कभी ऐसे विषय पर लिखा ही नहीं जिसमें उनके समय की अवस्थाओं का प्रतिबिम्ब नहीं था। प्रत्येक युग अपने कवि की प्रतीक्षा किया करता है, क्योंकि उसके आगमन के बाद युग के रहस्य खुलने लगते हैं। समय का रहस्योद्घाटन कवि-कर्म की एक प्रमुख विशेषता है। विषय नए हों अथवा प्राचीन, लेकिन कवि जो कुछ भी लिखता है उसमें क्रिया या प्रतिक्रिया के रूप में उसी के युग की व्याख्या होती जाती है। सच्चा कवि अपने समय की रुक्षता से नहीं डरता। युग के हृदय में जो कुछ भी प्रिय भाव हैं उन्हें वह उल्लास के साथ ग्रहण करता है और इसके विपरीत जो कुछ भी हीन ओर अप्रिय बातें हैं उनकी कठोर समीक्षा करता है। जीवन भर छुट्टी मनानेवाला कवि कोई आलसी और अकर्मण्य जीव होता है जो अपने समय को अकाव्यात्मक कहकर प्राचीनता के रोमांस में डूबने जाता है और दिन-प्रतिदिन ऊँघते हुए समय से इतनी दूर जा पड़ता है कि उसकी कला अशक्त और क्षीण हो जाती है तथा उसकी वाणी ऐसी नहीं रहती जिसे उसके समकालीन बन्धु समझ सकें। कला

के क्षेत्र में जो कुछ सामयिक सत्य से दूर है वह दर-असल सारे सत्य से दूर होता है; क्योंकि दूसरों की अनुभूतियों का अर्जित ज्ञान कवि को चाहे जितना भी हो, लेकिन अन्ततः जीवन-सम्बन्धी स्वीकृत ज्ञान (datum) उसे अपनी ही अनुभूति से प्राप्त होंगे।

सामयिक जीवन के तिरस्कार और समकालीन सत्य की अवहेलना से कविता को विशिष्टता भले ही मिली हो, लेकिन वह विशिष्टता काव्य और कवि-वर्ग, दोनों ही को महँगी पड़ रही है और आज दोनों में से कोई भी जन-जीवन का अंग नहीं रह गया है। रूस को छोड़कर आज समस्त संसार में कविता पर अकर्मण्यता का आरोप है और विद्वान् समालोचक इस बात से चिन्तित हैं कि कविता के पाठकों की संख्या दिनोदिन कम क्यों होती जा रही है तथा क्या कारण है कि काव्य अपने सामाजिक लक्ष्य की पूर्ति में असमर्थ हो रहा है। अनादि काल से कवि संसार की सभ्यता और संस्कृति का विधाता रहता आया था। उसका पद मनुष्य के अन्दर देवत्व के रक्षक का था। उसकी रचनाएँ तपोवन का वह पावन निकुंज थीं जिनमें साधना का बल संचय करके मनुष्य उच्चता की ओर यात्रा करता था। लेकिन, वर्तमान सभ्यता के निर्माण में उसका कोई हाथ नहीं है। चिन्तकों और वैज्ञानिकों की प्रेरणा से जो नई दुनिया अस्तित्व में आ रही है उसकी पूर्णता या समूचित निर्माण के लिए किसी को कवि के साहाय्य की तनिक भी अपेक्षा मालूम नहीं होती। मनुष्य के जिस वर्ग ने अपने लिए जीवन-समीक्षक और विश्व-निरीक्षक का गौरवपूर्ण पद प्राप्त किया था, आज जीवन की नूतन रचना में उसके महत्त्व को स्वीकार करने के लिए कोई भी तैयार नहीं है। समाज से कवि के लिए उत्साह और सम्मान की भावना का लोप हो रहा है और उसकी कृतियाँ लोगों के लिए हलके मनोरंजन का साधन भर रह गई हैं। आधुनिक काव्य को जनता-जर्नान के सामूहिक प्रेम का प्रसाद-पान में बड़ी कठिनाई हो रही है और जिन पंडितों के सहारे उसे यह प्रसाद मिल सकता था वे भी उसे थोड़े-से विशेषज्ञों की ही सम्पत्ति बतला रहे हैं। कवि चिन्तित है कि उसकी वाणी का पहला प्रभाव क्या हुआ। जनता को आश्चर्य है कि कवि की वाणी मनुष्य की वाणी है या किसी अन्य जीव की।

काव्य-कला से राजनीति को क्षोभ है, क्योंकि काव्य ने संघर्ष के बीच घुसकर रण-दुन्दुभि नहीं बजाई। कविता से समाज की शिकायत है कि उसने जनता को नहीं देखा। युग कहता है कि काव्य ने संघर्ष के मार्ग पर मुझे अकेला छोड़ दिया और उन प्रश्नों को देखा तक नहीं जिनके वेग से मैं आपादमस्तक हिल रहा था। गहन से गहन सामाजिक अनुभूतियों का अवसर आया और चला गया, लेकिन कवि सोता रहा। उसकी आँखें खुलीं भी तो उस समय जब प्रचंड शक्तियाँ अपना काम कर चुकी थीं और कवि के लिए साहित्य में विस्मय का चिह्न बनाने के सिवा किसी अन्य महत्त्वपूर्ण कार्य के लिए अवसर नहीं रह गया था।

लक्षण कहते हैं कि प्रत्येक देश का कवि अपनी दुर्बलताओं से अवगत हो रहा है

ौर अपनी दीर्घ-कालीन युग-विमुखता के लिए सच्चे मन से दुखी है। युग के साथ ामंजस्य स्थापित करने की उसकी चेष्टा आरम्भ हो चुकी है, लेकिन बीच की दूरी ाहुत लम्बी है। अपने ही युग में रहते हुए वह अपने समय से दूर पड़ गया है। एक छलाँग में इस दूरी को पार कर जाने से उसे सफलता नहीं मिल सकती, क्योंकि अनुभूतियों का बहुत बड़ा भंडार पीछे छूट चुका है और वर्तमान युग में अपने अस्तित्व को सार्थक करने के लिए यह आवश्यक है कि वह पीछे के समस्त कंटकाकीर्ण मार्गों को देख ले जिनसे होकर समय यहाँ तक पहुँच सका है। वर्तमान युग की पूर्वधारणाओं के स्पष्ट ज्ञान और विज्ञान की आध्यात्मिक पृष्ठभूमि की अनुभूति के बिना उसकी वाणी में वह बल नहीं आ सकता जिससे वह युग की आत्मा के जागरण को सफलतापूर्वक आँक सके। कवि की आज की अवस्था उस बालक की-सी है जो दुख, त्रास और कोलाहल से भरे हुए घर को देखकर कुछ सहायता करना चाहता है, लेकिन दुख की कारणभूत अज्ञेय शक्तियों को देखकर चुप रह जाता है। वह कुछ बोलना तो चाहता है, लेकिन इस भय से नहीं बोल पाता कि लोग उसे डाँटकर चुप कर देंगे। कभी-कभी वह सोचता है कि उसकी स्वप्न-दृष्टि दूसरों की तर्कमयी दृष्टि की अपेक्षा, सचमुच ही, अधिक दूर तक देख सकती है, लेकिन फिर भी वह हठपूर्वक अपने विचार प्रकट नहीं कर सकता, क्योंकि समय से अपरिचित होने के कारण उसका आत्मविश्वास खो-सा गया है और वह इस शंका से ग्रसित है कि संसार को उलटनेवाली शक्तियों पर उसका कोई वश नहीं चल सकता।

आज के कवि ने जानबूझकर इस दयनीय अवस्था को अपनाया हो, सो बात नहीं है। निसर्ग से ही कवियों में धारा के विरुद्ध चलने और कठोरताओं से जूझने की प्रवृत्ति का वास होता है। तलवार उठाए बिना जनता ने उसे वीर होने का श्रेय दिया है और जमीन जीते बिना संसार ने उसे सम्राट् माना है। बहुत बार समय की कठोरताओं से जूझकर उसने मनुष्य के सत्पथ का निर्माण किया है और बहुत बार आपदाएँ झेलकर उसने जीवन के आदर्श की रक्षा की है। आज की युग-विमुखता कवि का कोई स्वाभाविक गुण नहीं, बल्कि एक आकस्मिक अभिशाप है जो रोमांटिक आन्दोलन से उसे विरासत के रूप में प्राप्त हुआ है और जो स्वयं रोमांसवाद के नाम को कलंकित करनेवाला है। रोमांटिक आन्दोलन संसार के सभी प्रगतिशील आन्दोलनों का पिता है और इसकी मूलभूत भावनाओं को सबसे पहले अपनाकर कवि ने अपने को क्रान्तिकारी सिद्ध किया था और यह दिखलाया था कि समय के प्रवाह को उलट देने में साहित्य कहाँ तक योग दे सकता है। रोमांटिक आन्दोलन का जन्म विद्रोह की भावना को लेकर हुआ था, लेकिन समय पाकर इसके साथ अकर्मण्यता का सम्बन्ध कैसे हो गया, इसे समझने के लिए हमें रोमांटिसिज्म की प्रधान भावशिराओं को देख लेना चाहिए।

डैचेज के मतानुसार इस आन्दोलन की मूलभूत भावनाएँ अधिकांश में रूसो की देन हैं। जिस मनुष्य पर व्यावहारिक-ज्ञान की अपेक्षा भावुकता का अधिक प्राबल्य

होता है वह समाज से समझौता करने के योग्य नहीं रहता। रूसो का मस्तिष्क बहुत ही प्रौढ़ तथा महान् था, लेकिन उसके जीवन में उन भावनाओं का प्राधान्य था जिन्हें हम रूढ़ि-प्रयोग के कारण हृदय से सम्बद्ध समझते हैं। जीवन के सम्बन्ध में उसकी दृष्टि उस कुशाग्र-बुद्धि बालक के समान थी जो छुई-मुई के स्वभाव का होने के कारण संसार को समझकर भी नहीं समझ पाता। वह अत्यन्त मिलनसार था और अपने को समाज के अधिक-से-अधिक प्रेम का अधिकारी समझता था, लेकिन उसे भ्रम था कि लोग उसकी बातों को सहानुभूति के साथ नहीं सुनते, बल्कि उससे घृणा करते हैं। धीरे-धीरे उसके मन में यह भावना घर कर गई कि संसार में उसका कोई मित्र नहीं है और इसके अनिवार्य परिणामस्वरूप उसने समाज के प्रति सारे दायित्व को छोड़कर स्वप्न के संसार में आश्रय लिया। वर्तमान से असन्तुष्ट होकर उसने प्राचीनता को ग्रहण किया और भावात्मक तर्कों के सहारे इस निर्णय पर जा पहुँचा कि संसार की प्राथमिक (Primitive) अवस्था अत्यन्त स्वाभाविक और सुन्दर थी तथा आरम्भ का असभ्य मनुष्य ही प्रकृति का सच्चा पुत्र था। इस भावना के साथ साहित्य में प्राथमिकता (Primitivism) का प्रचार हुआ और तभी से सभ्यता के बिपरीत एक प्रकार की प्रतिक्रिया शुरू हुई जो बहुत अंशों में आज भी जारी है। समाज के प्रति असन्तोष की जिस भावना ने प्राथमिकता के सिद्धान्त को जन्म दिया उसी ने रूसो को व्यक्तिवादी भी बना डाला। वह नहीं चाहता कि तीव्रबुद्धि मनुष्य समाज के नियन्त्रणों को स्वीकार करे। उसने मनुष्य की उन विशेषताओं पर जोर दिया है जो व्यक्ति को समष्टि से भिन्न करती हैं—उन गुणों पर नहीं जो सभी मनुष्यों में समरूप से व्याप्त हैं और जिनके आधार पर व्यक्तियों के योग से समाज की रचना की जाती है।

रूसो के प्राथमिकता और व्यक्तिवाद के सिद्धान्त अपनी जगह बहुत ही सही और दुरुस्त थे। रूसो का जन्म एक ऐतिहासिक आवश्यकता के कारण हुआ था और उसके विचारों से दुनिया में बड़ी-बड़ी बातें पैदा होनेवाली थीं। उसका सारा दृष्टिकोण ही समकालीन समाज की कृत्रिमता से विद्रोह का दृष्टिकोण था और उसके प्राथमिकता तथा व्यक्तिवाद के सिद्धान्त इस विद्रोह के सहायक थे। प्राथमिकता के सिद्धान्त ने मनुष्य को तत्कालीन समाज के खोखलेपन को दिखलाया और व्यक्तिवाद ने मनुष्य की वैयक्तिक शक्तियों को अधिकाधिक विकास की प्रेरणा दी।

साहित्य में आकर प्राथमिकता ने आदिम अवस्था में जीवन की जिज्ञासा को प्रकट किया। कृषकों का अनवरत श्रम, उनकी परिमित आवश्यकता और परिमित आय आदि मानव की निर्मलता के चित्र साहित्य को स्वस्थ बनाने लगे। कवियों की दृष्टि को विस्तार मिला। अपने युग से रूठी हुई कल्पना आदम और हौवा के गीत गाने लगी। लेकिन क्रान्ति द्वारा निरूपित सिद्धान्त भी काल पाकर ऐसे हो जाते हैं जिनके विरुद्ध बगावत करना जरूरी हो जाता है। प्राचीनता का सिद्धान्त समाज की कृत्रिमता

को ललकारने के लिए स्वीकृत हुआ था, लेकिन धीरे-धीरे वही एक रोग हो गया। काल पाकर प्राकृतिक जीवन को नागरिक जीवन से भिन्न करनेवाले गुणों को अनुचित प्रधानता मिलने लगी और कविगण जान-बूझकर प्राचीनता का दम भरने लगे। वर्तमान जीवन से असन्तुष्ट होकर प्राचीनता को ग्रहण करने के बदले अब प्राचीनता के लिए ही प्राचीनता को ग्रहण किया जाने लगा। कृत्रिम प्राथमिकता के इस लोभ ने समकालीन जीवन को कवि के लिए अनुकूल समझने की प्रवृत्ति का जन्म दिया और जिस सिद्धान्त ने आरम्भ में कल्पना के लिए एक सरल क्रीड़ा भूमि की व्यवस्था की थी उसी ने समकालीन जीवन के प्रति साहित्य में विराग के बीज बो दिए।

व्यक्तिवाद का सिद्धान्त प्राथमिकता के सिद्धान्त से अधिक दूर नहीं था। इससे प्रेरित होकर नागरिक सभ्यता से हटकर वन तथा पर्वतों की पृष्ठभूमि पर एकान्त मानव का अध्ययन करने की पद्धति का जन्म हुआ। प्रकृति और प्राकृतिक सुषमाओं को देखने का पहला दृष्टिकोण बदल गया और स्वयं मनुष्य के व्यक्तित्व में भी एक नए किस्म की दिलचस्पी शुरू हुई। इससे पहले के कवि अपने भावों को तब तक व्यक्त नहीं करते थे जब तक कि वह विशाल मानव-समुदाय की व्यापक अनुभूति से सम्बद्ध न हो जाए। लेकिन, अब व्यक्तिगत अनुभूतियाँ ही प्रदान होने लगीं। वर्णन में जीवन और प्रकृति के स्थान पर उन भावों की प्रधानता शुरू हुई जो जीवन और प्रकृति पर विचार करनेवाले मनुष्य के हृदय में जाग्रत होते हैं और साहित्य स्वप्न की उन रंगीनियों से भरने लगा जो बहुधा इन भावों की सहचरियाँ बनकर प्रकट होती हैं। कविता का क्षेत्र भूमि से हटकर वायु में और सत्य से हटकर स्वप्न में चला गया। कल्पना अधिक उन्मुक्त होकर खेलने लगी और साहित्य का क्रीड़ा-क्षेत्र दिनोदिन जीवन से अधिक दूर पड़ने लगा।

व्यक्तिवाद के सिद्धान्त ने कल्पना को स्वतन्त्र करके साहित्य का बड़ा ही उपकार किया। व्यक्तिगत भावनाओं के अच्छे-से-अच्छे गीत, गीति-काव्य के ढाँचे में अच्छी-से-अच्छी आत्मकथाएँ और व्यक्तित्व की अभिव्यंजना में अच्छे-से-अच्छे साहित्य इस सिद्धान्त ने पैदा किए हैं। लेकिन व्यक्तिवाद को कला का सिद्धान्त मान लेना बड़ी ही जोखिम का काम है। साहित्य में तरह-तरह के दायित्वहीन प्रलाप और वैयक्तिक उन्माद के नमूने इसी सिद्धान्त कीं प्रेरणा से निकले हैं। अंग्रेजी-साहित्य की उन्नीसवीं सदी के अपरार्द्ध की रचनाएँ अथवा अंग्रेजी कवियों की कितनी ही वर्तमान कविताओं की बातें जाने दीजिए, एक हिन्दी के छायावाद ने ही इसके इतने उदाहरण उपस्थित किए हैं जो इस बात को सिद्ध करने के लिए पर्याप्त हैं कि कला के क्षेत्र में व्यक्तिवाद का भयंकर-से-भयंकर दुरुपयोग हो सकता है। कला में आत्माभिव्यक्ति का वहीं तक महत्त्व है जहाँ तक कलाकार अपने को व्यक्त करते हुए ऐसी बातें कहता है कि जिन्हें मानवीय अनुभूति सहज ही स्वीकार कर सके। हम किसी उक्ति की कीमत इसलिए नहीं करते चूँकि वह किसी कवि नामधारी जीव के हृदय से निकली

है, प्रत्युत्, इसलिए कि कवि के साथ सम्बन्ध के अलावा भी उसका कुछ अपना महत्त्व होता है। प्रत्येक पाठक मनोविज्ञान का असाधारण पंडित होता है, इस अनुमान पर साहित्य रचना का प्रयास हास्यास्पद और निरादरणीय है। व्यक्तिवाद का सबसे बड़ा महत्त्व यह है कि उसने समाज और साहित्य के कृत्रिम बन्धनों के विपरीत प्रतिक्रिया को जन्म देकर मनुष्य को धारा के विरुद्ध सोचने की प्रेरणा दी, रूढ़ि से ग्रसित मनुष्य को अपनी शक्ति का ध्यान दिलाया तथा व्यक्ति के जीवन-रस से समाज को अनुप्राणित किया। सच्चा व्यक्तिवाद वह है जो एक का अध्ययन अनेक के साथ तुलना करके करे और व्यक्ति की अनुभूति की परीक्षा समूह के अनुभवों से मिलाकर करे। व्यक्ति की भावना समय और समाज से भिन्न वस्तु नहीं होती, क्योंकि इसका निर्माण भी समकालीन वातावरण के प्रभाव में ही होता है। इस सिद्धान्त को भूलकर चलनेवाला व्यक्तिवादी किसी-न-किसी दिन मनुष्य जाति के प्रति अपने कर्तव्य को अवश्य भूल जाएगा। व्यक्तिवाद ने साहित्य को नई शक्तियाँ प्रदान की थीं, लेकिन इसका अन्तिम अर्थ कलाकार और जनता के सम्बन्ध-विच्छेद का द्योतक सिद्ध हुआ।

इसके बाद रोमांटिक कल्पना आती है जिसका व्यक्तिवाद के साथ गहरा सम्बन्ध है। इसका जन्म भी कृत्रिमता के प्रति चैतन्य-विरोध के रूप में हुआ था और यह सच है कि इसने अपने विद्रोही रुख को कभी गुम होने नहीं दिया। रोमांटिसिज्म मनुष्य की उस जाग्रत आत्मा का प्रतीक था जो किसी प्रकार का बन्धन स्वीकार करना नहीं चाहती थी। यह वह तूफान था जो संसार के प्रत्येक क्षेत्र से झाड़-झंखाड़ों को उखाड़ फेंकना चाहता था। रोमांटिक भावों के जागरण के साथ ही परवशता, दुख, दारिद्रय और प्रत्येक प्रकार के बन्धन को तोड़ फेंकने की प्रवृत्ति का जन्म हुआ। इसी आन्दोलन ने धीरे-धीरे बढ़कर समस्त शोषक समाज के सामूहिक विद्रोह की भावना को जन्म दिया और यह ध्यान देने की बात है कि प्रत्येक देश में जातीय भावनाओं के जागरण के साथ रोमांटिक जागरण का सीधा सम्बन्ध रहा है। समाजवाद के प्रति हिन्दी के रोमांटिक आन्दोलन का जो सहानुभूति पूर्ण रुख है उसका कारण भी दोनों की विद्रोह-प्रियता ही है। समाज की कृत्रिम अवस्थाओं के प्रति घोर असन्तोष, समकालीन दुरवस्थाओं की तीव्रालोचना तथा क्रान्ति के आदर्श का ज्वलन्त वर्णन, ये रोमांसवाद के सामाजिक पक्ष की देन हैं। यह आन्दोलन जीवन के अंग-प्रत्यंग में परिवर्तन लानेवाला था। इसका मौलिक आधार जीवन की वर्तमान अवस्था के प्रति असन्तोष की भावना पर था और प्रत्येक देश में इसने अपने को दो धाराओं में प्रकट किया। एक के साथ वे लोग थे जो सामाजिक और राजनैतिक अवस्थाओं में वास्तविक सुधार लाना चाहते थे और जिनकी कला रोमांसपूर्ण होते हुए भी सोद्देश्य और महान् थी। दूसरी धारा के साथ उनका सम्बन्ध था जिनका अस्तित्व भावों और काल्पनिक विचारों पर अवस्थित था और जो धरती के प्रति किसी प्रकार के दायित्व को स्वीकार नहीं करते थे।

असन्तोष का स्वाभाविक लक्ष्य परिवर्तन की चेष्टा होनी चाहिए, न कि दुखों से भागकर स्वप्न में आश्रय खोजने की प्रवृत्ति। लेकिन, यह एक आश्चर्य का विषय है कि प्रायः सभी भाषाओं में पहले वर्ग के कवि कम और दूसरे के अधिक हुए हैं और यहीं रोमांसवाद के सच्चे रूप को पहचानने में साहित्य ने गलती की। कारण शायद यह था कि रोमांटिक आन्दोलन से जिन लोगों ने कर्म की प्रेरणा ली वे क्रान्तिकारी हो गए और उनकी साहित्यिक प्रवृत्ति वक्तृता, बलिदान, त्याग और तपस्या तथा आदर्श समाज की रचना के प्रयास में धरती को उलट देने के मनसूबे में बदल गई। इसके विपरीत, जिन्हें केवल साहित्य में रहना था वे स्वप्नशील और कल्पना-प्रधान हो गए। एक ही भावना से प्रेरित दो दलों में एक ने धरती के लिए रक्त बहाया और दूसरे को वस्तु-जगत् के प्रति दायित्वहीन होने का विश्लेषण प्राप्त हुआ।

क्रान्तिकारियों की तरह रोमांटिक कवि को भी खुली आँखों के आगे की दुनिया नापसन्द थी; लेकिन क्रान्तिकारियों के विपरीत उसने स्वप्न की दुनिया रचकर सन्तोष कर लिया। नवीनता की खोज रोमांसवाद की प्रमुख विशेषता बन गई और कविगण पल-पल नवीन संसार की रचना में प्रवृत्त होने लगे। इस क्रिया में जिस कवि को बाधा हुई उसने अपनी कल्पना को ही इतना विकसित कर लिया कि उसके बल पर उसे संसार की छोटी-से-छोटी चीजों में, अतीत की दूर-से-दूर की घटनाओं में भी आत्मसुख और आनन्द मिल सके। जीवन की रुक्षता त्याज्य थी। समाज की कृत्रिमता को कवि स्वीकार नहीं कर सकता। प्रकृति पर विज्ञान के अभियान और समाज पर यन्त्रों की बढ़ती हुई सत्ता को कवि ईर्ष्या और अप्रियता की दृष्टि से देखता था; लेकिन इन सारी बुराइयों का उसे एक ही उपचार सूझा। वह अपने आपको प्रसन्न रखने के लिए संसार से भाग चला। आधिभौतिकता के त्याग से केवल कवि ही प्रसन्न नहीं हुआ, बल्कि वे पाठक भी प्रसन्न हुए जो समाज की जड़ता से ऊबे हुए थे। पाठकों की प्रसन्नता में उस विस्मय का भी हाथ था, जो जड़ता के विरुद्ध कवि के स्वप्न की रंगीनियों को देखकर उत्पन्न होता है। जीवन की रुक्षताओं से असन्तुष्ट रहनेवाले अकर्मण्य पाठक भी अनायास ही प्रतिक्रियात्मक साहित्य की रचना को प्रोत्साहित करते हैं। असन्तोष को भावना जिनमें क्रियात्मक शक्ति को प्रेरणा नहीं दे सकती वे उस कवि की प्रशंसा करते हैं जो जीवन से भिन्न कोई ऐसा काल्पनिक चित्र प्रस्तुत कर सके जो ऐसे पाठकों के मन को मोहता हो। नवीनता का चित्र समाज में लोकप्रियता पाने लगा, लेकिन कवि भूल गया कि काल्पनिक नवीनता की आराधना में आगे उठनेवाला उसका प्रत्येक पद उसे वास्तविकता से दूर करता जा रहा था। कल्पना की हलकी तसवीरें, हलके स्वप्नों की रंगीनियाँ और स्पर्श से सनसनाहट भर पैदा करनेवाली कविताएँ पूर्ववर्ती उस्तादों की उन रचनाओं से सर्वथा भिन्न थीं, जो हलकी-फुलकी न होकर गम्भीर होती थीं और जिनके स्पर्श से मनुष्य का सारा अस्तित्व ही हिलने लगता था। हलके स्वप्नों का व्यवसाय करनेवाला रोमांटिक कवि इस बात को भी नहीं

जानता था कि धीरे-धीरे समाज में खुद उसका व्यक्तित्व भी हलका समझा जा रहा था तथा उसकी कृतियाँ जीवन का आलोक नहीं, वरन् मनोरंजन का सामान समझी जा रही थीं। सत्य के निरादर का नाटक लोग खुशी-खुशी देख रहे थे; लेकिन इस नाटक के रचनेवाले कवि को इतना ज्ञान नहीं था कि दर्शकों का सारा समाज, अन्त में जाकर, सत्य का ही साथ देगा और सत्य को निरादृदत करने के लिए उसकी खिल्लियाँ भी उड़ाएगा।

रोमांटिक कल्पना का अति-सेवन सभी देशों में साहित्यिकों की रचनात्मक शक्ति के क्षय का कारण हुआ। 'कला के लिए कला' का निन्दित सिद्धान्त इस प्रवृत्ति की प्रत्यक्ष देन है। साहित्य का सम्बन्ध जीवन के उस रूप से है जैसा कि हम ठीक जीते हैं। उच्च साहित्य जीवन के कोलाहल के बीच से कला का ऐसा चित्र प्रस्तुत करता है जो अघटित होकर भी घटित-सा लगे। साहित्यिक सत्य को स्वीकृति इतिहास से मिले या नहीं, परन्तु पाठकों की सम्भावना-वृत्ति से अवश्य मिलनी चाहिए। जहाँ पाठकों की सम्भावना-वृत्ति को सन्तोष नहीं होता वहाँ यही कहा जाएगा कि साहित्य-रचना का प्रयास निष्फल हुआ है।

साधना या संघर्ष का मार्ग साहित्य का सबसे उन्नत, अतः सबसे कठोर मार्ग है। कवि के लिए कोमल कल्पना की आराधना ही पर्याप्त नहीं होती, उसे संघर्षशील जीवन के बीच प्रविष्ट होकर मनुष्य की अधिक-से-अधिक मनोदशाओं का भी ज्ञान प्राप्त करना चाहिए। मेरा आग्रह यह नहीं है कि कवि अपने हाथ की बाँसुरी को फेंककर तलवार या राजनीति की पताका उठा ले। अगर यह बात हुई, तो बाघ से छूटकर भालू के हाथ वाली कहावत चरितार्थ होगी। साहित्य न तो केवल मिट्टी है और न केवल आकाश। वह ऐसा इथर है, जो धरती के ऊपर छाया रहता है। कवि अगर अपने युग में आदर पाना चाहता है तो उसे अपने आस-पास की घटनाओं का ख्याल करना ही पड़ेगा। अतः प्रेरणा की उपज को निरुद्देश्य की भाँति हवा में उगलते जाने से उसकी महत्ता नहीं बढ़ सकती। उसकी कल्पना का कोई-न-कोई आधार और उसकी वाणी का कुछ-न-कुछ उद्देश्य होना ही चाहिए। जीवन के कर्म-पक्ष से असहकार करके वह कर्मरत संसार के आदर का पात्र नहीं हो सकता। अगर कोई कलाकार कला की अकर्मण्यता में ही गौरव समझता हो अथवा आत्माभिव्यक्ति में ही कला का चरम महत्त्व मानता हो, तो इसका स्पष्ट अर्थ है कि उसने समाज और वस्तु-जगत् के सामने अपनी पूरी पराजय स्वीकार कर ली है।

(मिट्टी की ओर)

प्रगतिवाद, समकालीनता की व्याख्या

साहित्य में प्रगतिवाद के प्रवेश से यह चिन्ता उठ खड़ी हुई है कि राजनीति का यह साहित्यिक अभियान किस प्रकार रोका जाए तथा साहित्य लिखनेवाले लोग किस प्रकार राजनीति के दूषित प्रभाव से बचाकर दूर रखे जाएँ, जिससे कला का आनन्दमय, सनातन रूप समकालीनता के संसर्ग से दूषित न हो। साधारणतः, ये आलोचक कला को एकमात्र सौन्दर्यानुभूति का माध्यम मानते हैं और पूरी सच्चाई के साथ विश्वास करते हैं कि ऐसी अनुभूति तभी सम्भव है जब कलाकार की शैली और द्रव्य समकालीनता से दूर हों तथा उसके विषय ऐसे हों, जिनका सामयिक अवस्थाओं से सीधा सम्बन्ध नहीं हो। उनकी दृष्टि में राजनीति के उच्छवासों से गर्म नई दुनिया और नए विचार, दोनों ही कल्पना एवं ज्ञानेन्द्रिय की सुखानुभूति के प्रतिकूल पड़ते हैं तथा अर्वाचीन साहित्य का भी केवल वही अंश उन्हें अच्छा लगता है जो जीवन के दाह से दूरवाले लोक से सम्बन्ध रखता है तथा जिसके पीछे उस कलाकार का व्यक्तित्व बोलता है, जो जीवन से कुछ थका हुआ, कुछ निराश अथच सुन्दर, मादक एवं तीखे स्वप्नों का प्रेमी और निर्माता है। इतना ही नहीं, प्रत्युत्, कभी-कभी वे साहित्य-कला को साहित्येतर शास्त्रों के सम्पर्क में पड़ते देखकर मन से दुखी हो जाते हैं और समझने लगते हैं कि ऐसी संगति से कला की नैसर्गिक शक्ति एवं शोभा का विनाश होता है तथा इस प्रकार उन उद्देश्यों को प्रधानता देने लगती है, जो उसके अपने उद्देश्य नहीं हैं। समकालीन प्रश्नों से उलझनेवाले लेखक और कवि को वे प्रचारक या उपदेष्टा कहते हैं और कला के साम्राज्य में कोई स्थान देना नहीं चाहते।

साहित्य-रचना मनुष्य के मस्तिष्क की एक स्वाभाविक प्रक्रिया है जिसके विषय और द्रव्य किसी युग या वस्तु-विशेष तक ही सीमित नहीं रखे जा सकते। कला के रूप में साहित्य के प्रतिष्ठित होने का कारण यह नहीं है कि साहित्य में उन विचारों का निषेध होता है जो राजनीति, अर्थनीति, दर्शन या दूसरे साहित्य शास्त्रों में पाए जाते हैं, बल्कि यह कि जहाँ साहित्य की रचना सौन्दर्य-बोध की भावनाओं से ओतप्रोत मनोवेगों को लेकर की जाती है, वहाँ साहित्येतर शास्त्रों के निर्माण के आधार मीमांसा और बुद्धि के सामान्य सिद्धान्त होते हैं। यह सच है कि साहित्यकार उपदेष्टा नहीं, आनन्द विधाता होता है, किन्तु इसका यह अर्थ नहीं कि उसकी दृष्टि फूलों, युवतियों

तथा नदी-पहाड़ तक ही सीमित रहती है अथवा सामयिक समस्याओं से उलझने का उसे कोई अधिकार नहीं होता। साहित्येतर शास्त्रों की रचना बुद्धि-प्रधान और साहित्य की रचना आनन्द-प्रधान होती है, किन्तु, जिस प्रकार, फूलों के पास कवि केवल आनन्द की भावना से खिंचकर जाता है, उसी प्रकार, सामयिक समस्याओं से भी वह रसानुभूति ही प्राप्त करता है। फूल हों या राजनैतिक समस्याएँ, कवि का लक्ष्य आनन्दानुभूति होता है; प्रचार उसके लक्ष्य का कोई अंश नहीं हो सकता। उसका काम संसार को कुछ सिखाना नहीं, प्रत्युत, उसे प्रसन्न करना है। स्वयं भी वह एकमात्र उसी आनन्द की खोज में रहता है, जो फूलों को देखने, शहीदों की समाधि पर आँसू बहाने, हृदयविदारक दृश्यों को सफलतापूर्वक चित्रित करने अथवा अपने हृदय के क्रोध, विश्वास, भय एवं ग्लानि के भावों को सुन्दरतापूर्वक व्यक्त करने से मिलता है। कलाकार का आनन्द सर्जन की प्रक्रिया का आनन्द है और फूलों का चित्र बनाकर उसे जो आनन्द मिलता है; वही आनन्द उसे काँटों की तस्वीर बनाने से भी मिलता है। कला की जननी कलाकार के हृदय की प्रसन्नता है। वर्ण्य विषय के प्रति सहानुभूति, आशा, विश्वास तथा तादात्म्य के भाव के बिना कला का जन्म नहीं हो सकता। साहित्य जीवन से ऊँचा नहीं किन्तु, प्रचार से बहुत ऊँचा है। किसी भी देश अथवा काल में प्रचार की हथेली पर साहित्य के असली पौधे न तो उगे हैं और न आगे उगेंगे। हाँ, उन रचनाओं की बात अलग है, जो एकमात्र प्रचार के ही उद्देश्य से लिखी जाती हैं और जिनका महत्त्व भी साहित्यिक न होकर केवल प्रचारात्मक ही होता है।

आज रूपर्ट ब्रुक और जूलियन ग्रे के देश में ही इस बात को लेकर चिन्ता की जा रही है कि जिस राष्ट्र के लाखों-लाख नौजवान युद्ध-क्षेत्रों में हँसते-हँसते अपने प्राण दे रहे हैं, उस देश में युद्ध-भावना को प्रेरित करनेवाली ओजस्विनी कविताएँ क्यों नहीं लिखी जा रही हैं। क्या कारण है कि जहाँ पहले विश्वयुद्ध के अवसर पर अंग्रेजी साहित्य में वीरता, बलिदान और युद्धान्माद की प्रेरणा पर जन्म लेनेवाली कविताओं की संख्या अनेक थी, वहाँ वर्तमान युद्ध के लिए वैसी एक भी कविता नहीं लिखी गई? यह प्रश्न काउन्सिल चेम्बर में बैठनेवाले कूटनीति के उन युद्धविशारद सूत्रधारों से करना चाहिए, जिन्होंने पहली लड़ाई में उच्चादर्शों के नाम पर कटनेवाले बहादुर सैनिकों के मनसूबों को युद्ध खत्म होने पर झूठा साबित कर दिया तथा इस प्रकार, साहित्य के पैरों के नीचे से उस विश्वास को खींच लिया, जिस पर चढ़कर वह युद्धोन्माद को प्रेरणा देता था। आज साहित्य को अपना भ्रम स्पष्ट दिखाई पड़ रहा है। वह स्पष्ट देख रहा है कि इस लंकाकांड के पीछे जिन कूटनीतिज्ञों का हाथ है, वे कहने को चाहे जो कुछ भी कहें, लेकिन कार्य उनके वे ही होंगे जो पिछली लड़ाई के बाद देखने को मिले थे। थोड़े लोगों का इसलिए बलिदान नहीं होना चाहिए कि अधिक लोग एक ऐसी समाज-शृंखला को कायम रखने में सहायता पाएँ जो आदि से अन्त तक अन्यायपूर्ण और दुःशील है। अगर युद्धोन्मादी देश युद्ध के भीतर से उसी पाप

के साथ निकलने की कोशिश में हैं, जिसके साथ उन्होंने उसमें प्रवेश किया था तो स्पष्ट ही युवकों का लहू व्यर्थ बहाया जा रहा है। ऐसी परिस्थिति में तो शहीद होनेवाले वीरों की मृत्यु उन लोगों पर प्रश्न का चिह्न बनकर रह जाती है जो किसी प्रकार मृत्यु से बचे हुए हैं। लेकिन, परिस्थिति ऐसी है कि कवि अपने-आप को देश के वातावरण से तोड़कर अलग नहीं कर सकता। शरीर पर उसका अधिकार है, इसलिए वह अपना लहू युद्ध-देवता को अर्पित कर रहा है; किन्तु प्राणप्रेरक गीतों की रचना के लिए हृदय में प्रसन्नता और विश्वास चाहिए, जिसका उसमें सर्वथा अभाव है। कला की निरंकुश श्रेष्ठता का यह एक ज्वलन्त उदाहरण है कि इंग्लैंड का कवि जब शरीर से रणारूढ़ होकर हँसते-हँसते मरने जा रहा है, तब भी उसकी सरस्वती मूक और मौन है, क्योंकि न तो वह कवि को कलम छोड़कर तलवार उठाने से रोक सकती है और न तलवार के समर्थन में उसे गाने ही दे सकती है।

काव्य या साहित्य किसी भी रूप में प्रचार को उद्‌देश्य बनाकर नहीं चल सकता। कविता का जन्म विस्मय और कुतूहल से हुआ था, धर्म और श्रद्धा की गोद में पलकर वह बड़ी हुई; बुद्धि के युग ने उसे प्रौढ़ता दी। अब अगर प्रचार-प्रसार उसका एकमात्र उद्‌देश्य बना दिया जाता है तो कविता की मृत्यु में किसी प्रकार सन्देह नहीं होना चाहिए।

लेकिन, आश्वासन का विषय है कि साहित्य के स्वभाविक प्रवाह को कोई भी बाह्य शक्ति स्वेच्छानुसार मोड़ या झुका नहीं सकती और प्रचार से साहित्य को मुक्त रखने के लिए इसकी आवश्यकता नहीं है कि हम लेखकों और कवियों को समकालीन भावों तथा विद्याओं के सम्पर्क में आने से रोकें, प्रत्युत् इस बात की कि वे जो कुछ लिखें, उसमें उनका अपना विश्वास, अपनी प्रेरणा और अपनी अनुभूति बोलती हो। साहित्य स्वयं जागरूक और चैतन्य है तथा उसे जगाने की चेष्टा करना उसे चिढ़ाने के समान है। राजनीति की आँखें इतनी पैनी नहीं कि वह उससे आगे तक देख सके जहाँ तक साहित्य की सहज दृष्टि जाती है और साहित्य का हाथ भी इतना खाली नहीं कि वह राजनीति से काम माँगे। दरअसल, साहित्य, राजनीति, दर्शन और विज्ञान सबके सब, एक ही जीवन के भिन्न-भिन्न पूरक अंश हैं और मूलतः उनमें से कोई भी किसी का विरोधी नहीं है। शरत बाबू की राजलक्ष्मी, फ्रायड के उपचेतन-लोक की परी तथा डॉक्टर इकबाल की इस्लामपरस्ती ही मिस्टर जिन्ना का पाकिस्तान है। विद्याएँ और शास्त्र जितने भी हों, जीवन ही सभी का एक मात्र ध्येय है। जीवन की एक ही अवस्था की भिन्न-भिन्न लोगों की भिन्न-भिन्न अनुभूतियाँ पद्धतियों की भिन्नता के क्रम से कविता, राजनीति और विज्ञान बन जाती हैं।

बहुत दिनों से हम साहित्य को जीवन का सीधा अथवा वक्र प्रतिबिम्ब कहते आए हैं, क्योंकि समकालीन जीवन का रूप साहित्य में प्रतिफलित हुआ करता है। तब भी ऐसे लोग हैं जो साहित्य में समकालीनता के विरोधी हैं। उन्हें गम्भीरता से विचार

करना चाहिए कि क्या कोई ऐसा भी साहित्यकार है जो अपने विषय अथवा अपनी शैली को समकालीन वास्तविकता से अत्यन्त दूर रखता हुआ भी यह दावा पेश कर सके कि समकालीन आर्थिक या राजनैतिक अवस्थाओं अथवा आन्दोलनों का, समकालीन ज्ञान और विद्याओं का, अपने वर्ग की प्रवृत्तियों का अथवा जिन लोगों से वह बचकर रहना चाहता है, उनके विरुद्ध घृणा या विरोध के आवेगों का उसकी रचना पर कोई प्रभाव नहीं पड़ा है? जीवन की कठोरताओं से भागकर स्वप्न में छिप जाना जितना सरल दीखता है, दरअसल, वह उतना सरल नहीं है। कल्पित अनुभूतियों के जाल में छिपकर अपने को सुरक्षित समझनेवाला साङित्यकार इस बात से इनकार नहीं कर सकता कि उसकी बारीक-से-बारीक अनुभूतियों में, उसके सूक्ष्म-से-सूक्ष्म स्वप्नों में उस मिट्टी की गन्ध भरी हुई है, जिसमें वह उत्पन्न और विकसित हुआ है। अपने आपको पहचानने में असमर्थ साहित्यकार शुद्धकला की उपासना का स्वाँग भरता हुआ यह भले ही समझ ले कि वह जीवन के सभी प्रभावों से ऊपर उठकर लिख रहा है, किन्तु, यह सच है कि वह अपने विगत और वर्तमान संस्कारों के बिना, अपनी शिक्षा-दीक्षा, अध्ययन और सामाजिक अनुभूतियों के बिना साहित्य का एक टुकड़ा भी नहीं गढ़ सकता है। साहित्य की जननी कल्पना नहीं, बल्कि, स्मृति है और समृति की रचना और विकास कल्पित वेदनाओं तथा नकली अनुभूतियों से नहीं, प्रत्युत्, पद्धतिबद्ध शिक्षाओं, मनुष्य तथा प्रकृति के संसर्ग एवं ऐतिहासिक तथा समकालीन ज्ञान के अर्जन से होता है। कला के सामाजिक उद्‌देश्य ही उसे चिरायु तथा लोकप्रिय बनाते हैं। इन उद्‌देश्यों को चरितार्थ करने के लिए यह आवश्यक है कि कलाकार अपने समय की धूप और गर्मी को समझे तथा उन सभी आन्दोलनों और विद्याओं का परिचय प्राप्त करे जिनका प्रभाव मनुष्य-जाति पर व्यापक रूप से पड़ता है।

समय और समाज के साथ अगर कला का प्रकृति-सिद्ध सम्बन्ध नहीं होता, तो कवि सदैव या तो आदिम जीवन की सरलता के गीत गाते अथवा श्रोताओं का कोई भी विचार रखे बिना अपने आनन्द और शोक के भावों को लिखने के बदले घर में उछल-कूदकर या सूने में बैठकर आँसू बहाकर व्यक्त करते—अखबारों, सभाओं, पुस्तकों और प्रचारों की उन्हें आवश्यकता ही नहीं होती। लेकिन, व्यवहार में ऐसा नहीं है। सभी युगों के कवि एक ही विषय पर कविताएँ नहीं लिखते और न कोई कवि अपनी रचना को जनता से छिपाता ही है।

सच पूछिए तो समाज में साहित्य का आदर ही विशेष प्रकार के साहित्यकारों के कारण होता है, जो अपने ही युग में अन्य लोगों की अपेक्षा अधिक जीवित और चैतन्य होते हैं। प्रत्येक युग अपने कवि तथा कलाकार की प्रतीक्षा करता है, क्योंकि उसके आगमन के साथ यह भेद खुलने लगता है कि उस युग की चेतना किस दिशा में तथा किस स्तर तक विकसित हुई है। प्रत्येक युग में समय के अन्तराल में गूँजने वाले अस्पष्ट नाद कुछ ही चैतन्य लोगों को सुनाई देते हैं और साहित्यकार का स्थान

इन्हीं कुछ लोगों में हुआ करता है। युग-निर्माण में साहित्यकार का हाथ नहीं रहता हो, यह बात नहीं है। साहित्यकला का सबसे बड़ा सामाजिक महत्त्व यह है कि इससे समाज बदलती हुई समकालीन प्रवृत्तियों से रागात्मक सामंजस्य स्थापित करने की योग्यता प्राप्त करता है। कवि अपनी कल्पना-धारा से वास्तविकता के रूप पर प्रभाव डालता है, उसमें समयानरूप परिवर्तन लाने की चेष्टा करता है और कविता के द्वारा मनुष्य को सत्य के इस बदलते हुए रूप की ओर उन्मुख करता है। कला भी एक माध्यम है जिसके द्वारा मनुष्य वास्तविकता से उलझने का सुयोग पाता है और उसे पचाकर आत्मसात् करने की कोशिश करता है। कवि अपनी चेतना की आग में वास्तविकता को तपाकर उसे मनोनुकूल रूप देता है। सर्जन के समस्त समारोह तथा कवि की सारी वेदनाओं का आधार वास्तविकता के इसी संघर्ष पर अवलम्बित है। सभी श्रेष्ठ कलाकारों को वास्तविकता के साथ इस प्रकार का क्रान्तिकारी संघर्ष सदैव करना पड़ता है—क्रान्तिकारी इसलिए, क्योंकि इस संघर्ष का लक्ष्य ही वास्तविकता के रूप को परिवर्तित करना तथा उसे कवि की इच्छित दिशाओं की ओर मोड़ देना है। कलाकार का अन्तर्जीवन एक ऐसा समर-क्षेत्र है, जिसमें हमेशा स्वर्ग तथा नरक एवं डूबते तथा उगते सूर्य के बीच संघर्ष चला करता है। इस प्रकार, बदलती हुई सामाजिक चेतनाओं के प्रति मनुष्यों की प्रवृत्तियों को बदलने के प्रयास से नई कला का जन्म होता है। नए प्रश्न और नई समस्याएँ कला को नया रूप देने में समर्थ होती हैं।

यह सच है कि मनुष्य की जन्मजात प्रवृत्तियों में से कोई भी उसे किसी काल में एकदम नहीं छोड़ देती, किन्तु, सामयिक चेतनाओं के अनुसार उनमें नए विकार उत्पन्न होते ही रहते हैं। यही कारण है कि उच्च-से-उच्च प्राचीन साहित्य के उपभोक्ता होते हुए भी हम केवल उसी तक सन्तोष नहीं कर लेते, अपने समय के लिए नया साहित्य चाहते हैं जो प्राचीन साहित्य की अपेक्षा हमारा अधिक अपना होता है। ज्यों-ज्यों मनुष्य की चेतना, उसके ज्ञान तथा दृष्टिकोण में नए परिवर्तन आते-जाते हैं, उसे अपना आदरणीय प्राचीन साहित्य उसके समकालीन जीवन से कुछ-कुछ बेमेल-सा लगने लगता है और वह नए-पुराने, सभी भावों की ऐसी अभिव्यक्ति सुनना चाहता है, जिससे उन भावों के सम्बन्ध की सामयिक अनुभूतियाँ व्यंजित हों। वाल्मीकीय रामायण के रहते हुए रामचरितमानस की तथा रामचरितमानस के रहते हुए साकेत की प्रतीक्षा और आवश्यकता बहुत ही स्वाभाविक और उचित है। अकबर के समय में रामचरितमानस के पात्रों के सम्बन्ध में पाठकों की जो अनुभूति थी आज के पाठकों की ठीक वही अनुभूति नहीं है। ऐसा भी होता है कि एक ही भाव की दो भिन्न युगों के कवि दो भिन्न रूपों में व्यक्त करते हैं। सतरहवीं सदी का कवि जिस भाव को—

कहा कहौं छवि आज की, भले बने हो नाथ,
तुलसी मस्तक तब नवै, धनुष बान लो हाथ।

कहकर व्यक्त करता है, बीसवीं सदी का कवि उसी भाव को–

उठा दो वे चारों करकंज, देश को लो छिगुनी पर तान,
और मैं करने को चल पड़ूँ, तुम्हारी युगल मूर्ति का ध्यान।

कहकर व्यक्त करता है।

कहा जा सकता है कि यह वैयक्तिक अनुभूति की भिन्नता है जो एक ही भाव को दो भिन्न कवियों के मुख से, दो भिन्न रूपों में व्यक्त कराती है। यह एक प्रकार से सच है क्योंकि एक ही युग के दो भिन्न व्यक्ति अथवा कई युगों के कई भिन्न व्यक्ति आपस में भिन्न होते हैं; उनकी अनुभूतियाँ भिन्न-भिन्न और उनके कहने के ढंग भी अलग-अलग होते हैं। लेकिन, यहाँ संस्कार एवं चेतना के सामाजिक तथा कालिक आधार भी विचारणीय हैं, जिनके कारण एक युग का समाज दूसरे युग के समाज से पृथक पहचाना जाता है। प्रत्येक युग का अपना व्यक्तित्व होता है जो उसे अन्य युगों से बिलकुल विभक्त कर देता है। यही कारण है कि एक युग के कवि दूसरे युग के किसी समानधर्मा की अपेक्षा अपने ही युग के किसी विरोधी कवि के अधिक समीप होते हैं। बीसवीं सदी की मीरा राणा की मीरा की अपेक्षा आज की सुभद्रा के अधिक समीप है तथा रीतिकालीन शृंगारिक कवि अपने समस्त वैयक्तिक प्रभेदों के रहते हुए आज के शृंगारिक कवियों की अपेक्षा अपने ही युग के सन्त कवियों के अधिक समीप पड़ेंगे। प्रत्येक युग की अपनी विशेषताएँ, अपनी चेतनाएँ, अपनी समस्याएँ तथा अपना झुकाव होता है। इसलिए, एक युग का साहित्य किसी दूसरे युग का हृदय ठीक उसी तरह से नहीं छू सकता, जिस तरह उसका अपना साहित्य छू सकता है। गम्भीर हो या छिछला, सुन्दर हो या असुन्दर, प्रत्येक युग में उसका समकालीन साहित्य ही प्रधान होता है, क्योंकि इसी साहित्य में उसका अपना ताप, उसकी अपनी व्यथा तथा उसके अपने आवेग ध्वनित होते हैं।

गलत या सही तौर पर प्रगतिकामी कहकर हम अर्वाचीन साहित्य के जिस अंश को कलाविहीन तथा स्थूल कहते हैं, वह समकालीन जीवन की ही व्याख्या का प्रयास है। प्रगतिवाद की दृष्टि केवल सौन्दर्य-बोध पर नहीं है, वह जीवन को उन तमाम विद्याओं के माध्यम से देखने की कोशिश कर रहा है जो जीवन की समकालीन समस्याओं की व्याख्या के रूप में उत्पन्न हुई हैं और जो अपने व्यापक प्रसार के कारण उन सभी लोगों के लिए आवश्यक हो रही हैं, जो समाज की वर्तमान दुस्वस्थाओं को ईमानदारी से समझना चाहते हैं। प्रगतिवादी साहित्य की अभी जो अवस्था है उसमें हम सौन्दर्यबोध की प्रेरणा से अधिक इस भावना का प्राधान्य पाते हैं कि कवि और लेखक जीवन को, समीप से समीपतर होकर, समझने की चेष्टा करें। लेकिन, ठीक या गलत दिशा में जीवन बहुत दूर निकल चुका है, किन्तु, साहित्य अपनी परम्परागत रुचि-शिष्टता तथा स्वाभाविक आभिजात्य के कारण जीवन के बहुत से समकालीन उपादानों को गोद में लेते हुए शरमाता है। वह नहीं चाहता कि ईथर (Ether) से

उतरकर वह कारखानों के धुओं से सेवित मिट्टी पर पैर रखे। उसे बराबर इस बात का ध्यान है कि कहीं उसके उज्ज्वल परिधान में धुओं के धब्बे न लग जाएँ। जीवन में अब तक जिन लोगों की प्रधानता थी, यह उन्हीं का संस्कार साहित्य में बोल रहा है। लेकिन, अब 'नूरेवशीरत आम' हो रहा है और वे लोग भी जीवन के मुख्य स्तर पर आ रहे हैं जो दलित, उपेक्षित तथा समाज के मान्य वर्ग की दृष्टि में असभ्य थे। इन ऊपर आनेवाले लोगों के साथ एक नई संस्कृति भी ऊपर आ रही है जो साहित्य में अपनी अभिव्यक्ति चाहती है। इन दो संस्कारों के संघर्ष के बीच साहित्य को यह चुनाव करना है कि वह किसका साथ देगा। अब तक जो कुछ लिखा गया है, उससे स्पष्ट सिद्ध होता है कि साहित्य का ईमान दलितों और उपेक्षितों के साथ है, किन्तु परम्परागत मोह के कारण वह उन संस्कारों से अब भी लिपटा हुआ है, जिनके विरुद्ध खड़ी होनेवाली क्रान्ति के प्रति उसका रुख सहानुभूतिपूर्ण है। जब-तब वह इस आलोचना को सुनकर भी सिर झुका लेता है कि प्रगतिवादी साहित्य में कला के निखार, रस और माधुरी के उद्रेक तथा साहित्य के स्वाभाविक वातावरण का स्पष्ट अभाव है। साहित्य में प्रगतिवाद का आविर्भाव किसी कलात्मक अथवा सौन्दर्य-बोध-विषयक जागरण का सूचक नहीं है, क्योंकि अभी तक उसके प्रति जनता के आकर्षण का कारण उसकी कलात्मक शोभा नहीं, प्रत्युत्, समकालीन जीवन के प्रति अत्यन्त श्रद्धा और आस्था के भाव हैं। इस दृष्टि से प्रगतिवाद ने अब तक साहित्य की शैली नहीं, वरन्, उसके द्रव्य में उत्क्रान्ति की है। किन्तु, साहित्य के रसास्वादन के क्रम में उसकी शैली का रस उसके द्रव्य के रस से अलग करके नहीं चखा जा सकता। किसी भी साहित्य के चमत्कार की उत्पत्ति में उसके प्रतिपाद्य द्रव्य (विषय) का बहुत बड़ा हाथ रहता है। द्रव्य ही स्वानुरूप शैली को भी जन्म देता है, किन्तु, जन्म लेने के बाद शैली द्रव्य के साथ मिलकर एकाकार हो जाती है तथा उससे अलग तोड़कर देखी नहीं जा सकती। फिर, द्रव्य पर अनुरूप शैली का भी प्रभाव पड़ता है और दोनों मिलकर रचना में चमत्कार उत्पन्न करते हैं। लेकिन, साहित्यिक क्रान्तियों में वास्तविकता की जाँच करनेवाली नई कसौटी, मूल्यांकन के नए ढंग, जीवन-सम्बन्धी नवीन दृष्टिकोण तथा रचना के नए द्रव्य सदैव पहले आते हैं। और आने के बाद वे अपने अनुरूप नई शैली को जन्म देकर अपने को पूर्ण रूप से अभिव्यक्त करते हैं। प्रगतिवाद ने द्रव्य मात्र से जनता का प्रेम प्राप्त कर लिया है। द्रव्यानुरूप शैली के मिलते ही वह उन लोगों की भी श्रद्धा का अधिकारी हो जाएगा जो आज उसे सन्देह की दृष्टि से देख रहे हैं।

साहित्य की स्वाभाविक प्रक्रिया अनुभूतियों का ग्रहण और उनकी कलात्मक अभिव्यक्ति है। लेकिन, ऐसा दीखता है कि सारा विवाद इस अनुभूति को लेकर ही उपस्थित होता है। कुछ आलोचकों की राय में अनुभूति का अर्थ चिकने-घने केशों, प्रेमी की आँखों, नदियों के प्रवाह और पर्वतों की शोभा तक ही सीमित मालूम होता

है। वे शायद, हठपूर्वक यह मानते हैं कि अनुभूति सिर्फ प्राकृतिक शोभा, प्रेम, विरह तथा ईश्वर-परक भावों की होती है, क्योंकि ये भाव सार्वभौम तथा सर्वकालीन हैं। पेट की पीड़ा अथवा शीत से ठिठुरनेवाले की वेदना की अनुभूति, अनुभूति नहीं, प्रचार है। प्रगतिवाद की राजनीति-प्रियता के कारण वे उसे सन्दिग्ध दृष्टि से देखते हैं और भ्रमपूर्वक यह समझते हैं कि समकालीन विषयों को साहित्य में उतारनेवाले लोग साहित्य नहीं, बल्कि, राजनीति का काम बना रहे हैं। ऊपर कहा जा चुका है कि साहित्य राजनीति का सेवक नहीं और न उसका विरोधी ही है। दोनों का एकमात्र लक्ष्य जीवन है और दोनों की प्रेरणाएँ भी जीवन से ही आती हैं। राजनीति, साहित्य, दर्शन और विज्ञान भिन्न-भिन्न किसानों के समान हैं, जो एक ही खेत में भिन्न-भिन्न बीज बोकर भिन्न-भिन्न फसलें काटते हैं। लेकिन, यदि ये बीज एक ही मौसम में बोये जाएँ, तो यह स्वाभाविक ही है कि उपजे हुए दानों में जल-वायु तथा सर्दी-गर्मी के विचार से एक प्रकार की समानता होगी, किन्तु, इस समानता के रहते हुए भी गेहूँ गेहूँ और चना चना ही रहता है।

राजनीति से इस प्रकार घबराना साहित्य में आत्मविश्वास के अभाव का सूचक है; और यह साहित्य पर राजनीति के आक्रमण का दृष्टान्त भी नहीं है। यह तो प्रबुद्ध जीवन के आवेगमय अभियान का दृश्य है जिसके जुए में साहित्य और राजनीति दोनों को अपनी गरदनें लगानी पड़ती हैं। यह तो साहित्य और राजनीति की होड़ का दृष्टान्त है कि जीवन के समर में दोनों में से किसकी तलवार अधिक कारगर साबित होती है। मनुष्य जन्मना कवि होता है तथा जो बातें कवि को राजनीतिज्ञों से विभक्त करती हैं उन्हें किसी मनुष्य में भर देने की सामर्थ्य न तो किसी व्यक्ति-विशेष में है और न किसी दल-विशेष में। पार्टी के प्रस्ताव अथवा हुकूमत के फरमानों से कला का जन्म नहीं हो सकता। तब यह क्यों समझा जाता है कि सुन्दर स्त्री, सुन्दर फूल तथा सुन्दर पक्षी के सम्बन्ध की ही अनुभूतियाँ सच तथा बाकी सब की सब केवल प्रचार हैं? अगर मुलायम केशों के स्पर्श-सुख की याद में तड़पने के लिए किसी निर्देश की आवश्यकता प्रतीत नहीं होती, तो विशाल दलित-समुदाय की दुरवस्थाओं की अनुभूति के पीछे किसी राजनैतिक दल के संकेत की अनिवार्यता की कल्पना क्यों की जाती है? अपने आस-पास के लोगों के दुख-दर्द को समझने के लिए, पराधीनता के पाश में छटपटाते हुए देश की आकुलता का अनुभव करने के लिए, संसार को हिलानेवाले शक्तियों की वन्दना करने के लिए अथवा अन्याय के विरुद्ध उत्तेजना देने के लिए न तो आनन्द-भवन में रहना आवश्यक है, न क्रेमलिन में। जिस कलाकार की आँखें खुली हुई हैं, जिसमें मनुष्यता का कोई भी अंश शेष है, जिसके कान संसार के आर्त्तनाद को सुन रहे हैं, जो अपने युग में अच्छी तरह जी रहा है तथा जो सदैव जागरूक और चैतन्य है, वह चाहे जहाँ भी रहे, उसका हृदय उभरेगा ही, उसकी भुजाएँ फड़केंगी ही और मार्क्स का साहित्य वह न पढ़े, किन्तु, अपनी अनुभूतियाँ वह उसी

वेग से लिखेगा जिस वेग से जीवन अपने अभियान की तैयारी करता है। कवि को किसी राजनैतिक दल के सिद्धान्तों की विवेचना नहीं पत्युत्, उन अवस्थाओं की काव्यात्मक अनुभूति व्यक्त करना है जिनके भीतर से राजनैतिक सिद्धान्त भी पैदा होते हैं। पन्तजी की 'युगवाणी' मार्क्स के 'कैपिटल' का अनुवाद नहीं प्रत्युत्, उन्हीं सामाजिक अवस्थाओं की कविकृत अनुभूति है जिनकी राजनैतिक अनुभूति 'कैपिटल' या 'कम्युनिस्ट मेनिफेस्टो' कहलाती है। और अगर कला को हम पल-पल विकसित होनेवाले ज्ञान-कोष से भिन्न कर दें, वैज्ञानिक-विश्लेषण-पद्धति के संसर्ग से अलग रख दें, संसार को हिलानेवाली सामाजिक तथा राजनैतिक शक्तियों के संक्रमण से दूर कर दें, संक्षेप में, समकालीन जीवन के संघर्षों से एकदम अलग हटा लें, तो इसका सम्बन्ध किन तत्त्वों से रह जाएगा? स्पष्ट ही, तब कला वासना और प्रेम की वन्दिनी, वैयक्तिक चेतना और सनसनाहट की दासी तथा अस्पष्ट एवं अनुपयोगी स्तरों पर भटकनेवाली उन्मादिनी होकर रह जाएगी और उसके उपासक, शायद, उसके इस शून्य रूप को देखकर स्वयं भी प्रसन्न हुआ करें, किन्तु, समाज उन्हें अधपगला ही कहेगा।

क्रान्ति जन-समूह को जगाकर उसे नई संस्कृति पर तरंगित होनेवाले जीवन की ओर प्रेरित करती है। क्रान्ति-प्रेरित जाति साहित्य में सबसे पहले अपनी ही जाग्रत भावनाओं को प्रतिष्ठित देखना चाहती है। राजनीति अपना काम अच्छी तरह कर रही है। जीवन का आदेश है कि साहित्य भी नई आग में अपने सोने को अच्छी तरह तपाए, नए इतिहास के निर्माण में अपना योग दे और राजनीति ने जिस सत्य की सृष्टि कर दी है उसके मुँह में जीभ धर दे। यह काम केवल कला को पूजनेवाले साहित्य से नहीं हो सकता। अकेली कला इस तूफान को अपनी साँसों से बाँधने में असमर्थ है। साहित्यकार की दिलचस्पी आज जीवन के एक अंग से नहीं, बल्कि, पूरी सामाजिक वास्तविकता से होनी होगी। उसे आज संसार को केवल कवि ही नहीं, राजनीतिज्ञ, वैज्ञानिक और दर्शनवेत्ता की दृष्टि से भी देखना पड़ेगा। आज की दुनिया में कला की सुन्दर कृतियों के निर्माणमात्र से कलाकार के कर्तव्य की इति-श्री नहीं हो सकती, प्रत्युत्, उसे सामाजिक सिद्धान्तों को भी स्थापित करना पड़ेगा। और इसके लिए उसे विचारों का कवि, विचारों का उपन्यासकार तथा, संक्षेप में, अभिनव संस्कृति का सन्देशवाहक बनना पड़ेगा। कला में शुद्ध आत्माभिव्यंजन का स्थान कभी नहीं था और आज तो उसकी बात भी चलाई नहीं जा सकती। संक्रान्ति-काल का यह निश्चित और व्यापक परिणाम है कि कोई कलाकार जीवन से भागकर शुद्ध-कला के देश में नहीं छिप सकता। शुद्ध कला नाम की कोई चीज अभी नहीं है; उसका समय, शायद खत्म हो चुका या आगे आनेवाला है।

जब दुनिया में चारों ओर आग लग गई हो, मनुष्य हिस्टीरिया में मुब्तिला हो और कौमें पगले कुत्तों की तरह आपस में लड़ रही हों, जब पराधीन जातियाँ अपनी तौकें

उतार फेंकने के लिए बड़े-बड़े आन्दोलन चला रही हों और साम्राज्यवाद उन्हें कसकर बाँधने के लिए नई-नई कड़ियाँ गढ़ रहा हो, जब युद्ध के अन्त नए युद्ध के बीज बो रहे हों और मिनट-मिनट पर हृदय को हिला देनेवाले संवाद कान में पड़ रहे हों, तब कौन ऐसा कलाकार है जो अपनी वैयक्तिक भावनाओं को उचित से अधिक महत्त्व देने की धृष्टता करेगा? क्रान्ति, विप्लव और संघर्ष के समय में नैतिकता के साधारण नियम अप्रमुख हो जाते हैं। आज साहित्य को वैयक्तिक अनुभूतियों की अपेक्षा स्वभावतः ही, उन सार्वजननी अनुभूतियों को अधिक महत्त्व देना है जिनके कारण पृथ्वी अशान्त एवं मनुष्य के लहू से लाल है तथा पहाड़ उखड़कर समुद्र में डूब जाना चाहते हैं। यह काम तो वही लेखक या कवि कर सकता है जो साधना-चटुष्टय के वृत्त से निकल चुका है; जिसने केवल पुस्तकों का अमृत ही नहीं, जीवन का दूध भी पिया है; धूप में जिसके रंग सूखते नहीं, आँधी में जिसकी घटाएँ फटती नहीं तथा जिसकी आँखें राजनीति के महानद तक ही नहीं, उसके पार भी देख सकती हैं। जीवन अपनी गौरव-पताका को उठाए आगे जा रहा है। अब साहित्य सोच ले कि उसे क्या करना है। क्या वह मानव-मन के अप्रमुख स्तरों पर अनुसन्धान करने में अपनी शक्तियों का अपव्यय करेगा, 'क्लासिक' और 'अकेडमिक' होकर रह जाएगा या उन लोगों के साथ चलेगा जो भविष्यत् के कोट पर कब्जा करने जा रहे हैं?*

(मिट्टी की ओर)

* बिहार-प्रान्तीय प्रगतिशील लेखक-संघ के प्रथम अधिवेशन (जनवरी, 1944) में स्वागताध्यक्ष के पद से पढ़े गए अभिभाषण से।

साहित्य और राजनीति

वर्तमान हिन्दी कविता की भूमि में आज एक कोलाहल-सा छा रहा है। लोग कहते हैं कि प्रगतिवाद के माध्यम से राजनीति साहित्य पर चढ़ी आ रही है और जिस कला-कक्ष में फूल और पत्तों की सजावट होनी चाहिए थी उसमें मजदूरों के गन्दे चिथड़े, चिमनियों का धुआँ और खेतों की धूल भरती जा रही है। शुद्ध कला के उपासकों को यह जानकर चिन्ता हो रही है कि साहित्य राजनीति के हाथ का रण-वाद्य बनता जा रहा है और उसके प्राणों की कलामयी दीप्ति दिनोंदिन क्षीण होती जा रही है।

दूसरी ओर प्रगतिवाद के उन्नायकों का वह दल है जो शुद्ध कला की कृतियों को आनन्द एवं पलायन का प्रयास कहकर उसकी हँसी उड़ाता है तथा सच्चे मन से विश्वास करता है कि जब जीवन में संघर्ष की आँधी चल रही हो, दुनिया की कौमें हिस्टीरिया में मुब्तिला होकर आपस में पगले कुत्तों की तरह झगड़ रही हों तथा पराधीन राष्ट्र अपने गले की तौकें उतार फेंकने के लिए बड़े-बड़े आन्दोलन चला रहे हों, ऐसे समय में कवि का अपनी वैयक्तिक अनुभूति के माया-बन्ध में बँधा रह जाना जीवन के प्रति साहित्य की दायित्वहीनता का प्रमाण है। प्रगतिवादियों का यह दल चाहता है कि समाज की इस संकटपूर्ण घड़ी में साहित्य अपने कल्पना के माया-लोक से उतरकर पृथ्वी पर आए और मनुष्य को उन समस्याओं पर विजय प्राप्त करने में सहयोग दे जो आज समग्र विश्व को आपादमस्तक हिला रही हैं। प्रगतिवाद का आग्रह है कि लेखक और कवि अपनी अनुभूति के वृत्त को अधिक विस्तृत बनाएँ तथा उस विशाल जनसमुदाय की ओर भी देखें जो बहुत दिनों से उपेक्षित और विषण्ण रहा है। संसार की संस्कृति पर कब्जा करने के लिए सर्वहारा का जो विशाल समुदाय निम्न स्तर से उठता हुआ ऊपर की ओर आ रहा है, प्रगतिवाद उसे आगे बढ़कर गले लगाना चाहता है तथा साहित्य को निष्क्रियता से खींचकर उस मार्ग पर आरूढ़ करना चाहता है जिसका सीधा प्रसार भविष्य की ओर है।

प्रगतिवाद को मैं हिन्दी-कविता का कोई नया जागरण नहीं मानता। खड़ी बोली की कविता में जागरण की एक ही लहर आई थी जिसे हम छायावाद के नाम से जानते हैं; और 1920 ई. से लेकर आज तक कविता के क्षेत्र में जो भी रूपान्तर देखने को

मिले हैं वे इसी जागर्ति के परिपाक की प्रक्रिया के परिणाम हैं। काव्य का जागरण-काल वह होता है जब जनता कविता की विलक्षणताओं के प्रति आकृष्ट होती है। प्रगतिवाद के प्रति जनता की वर्तमान अनुरक्ति का कारण प्रगतिशील रचनाओं की कलात्मक विलक्षणताएँ नहीं, प्रत्युत् उनके भीतर से दमकनेवाले सामयिक जीवन का तेज है। जनता की अनुरक्ति अथवा कौतूहल के आधार पर किसी आन्दोलन को काव्य की जागर्ति का प्रमाण मानने के पूर्व हमें जनता को यह भी समझा देना चाहिए कि जो बातें कविता में कही जाती हैं वे ही बातें, कला के चमत्कार के विनाश के बिना, वाद्य में नहीं कही जा सकतीं।

प्रगतिवाद साहित्य का नूतन जागरण नहीं, प्रत्युत् उसी क्रान्ति के परिपाक का फल है जिसका आरम्भ छायावाद के साथ हुआ था। यह सच है कि छायावाद की कुछ आरम्भिक रचनाएँ अशक्त और निस्सार थीं तथा जीवन के वास्तविक रूपों से उनका सम्बन्ध नहीं के बराबर था, किन्तु यह दोष छायावाद से निकली हुई शैली का नहीं, प्रत्युत उन कलाकारों का था जो स्वयं ही जीवन के वास्तविक रूपों से पूर्ण रूप से परिचित नहीं थे। प्रत्येक देश के साहित्य में छायावाद अथवा रोमांसवाद का आगमन प्रायः उस समय हुआ है जिस समय उस देश में जीवन की रूढ़ियों एवं जड़ताओं के प्रति असन्तोष के भाव उमड़ रहे थे। हिन्दी-साहित्य में भी अपनी समस्त असमर्थता एवं अशक्तताओं के रहते हुए भी छायावाद ने अपनी विद्रोहात्मक प्रवृत्ति को कभी भी गुम होने नहीं दिया तथा जो राजनीतिक आन्दोलन आज प्रगतिवाद का बीज बो रहे हैं उनके प्रति छायावाद का रुख आरम्भ से ही सहानुभूतिपूर्ण था।

छायावाद में अनेक प्रकार की सम्भावनाएँ छिपी हुई थीं तथा ज्यों-ज्यों समय बीतता जाता था, त्यों-त्यों उसके कितने ही जौहर प्रकट होते जाते थे। 1920 से लेकर 1930-35 तक छायावाद ने कई प्रकार की प्रतिभाओं की संगति में रहकर अपनी अनेक प्रकार की क्षमताओं की परीक्षा दी थी। पन्तजी ने उससे ओस और ऊषा को चित्रित करने का काम लिया था तथा निरालाजी ने उसके माध्यम से पौरुष और जागरण के महागान गाए थे। प्रसादजी की गम्भीर एवं रस-स्निग्ध दार्शनिकता का भार उसने सफलतापूर्वक वहन किया था तथा 'अन्तर्जगत्' और 'अनुभूति' के कवियों की वैयक्तिक भावनाओं की अभिव्यक्ति में उसने पूरी सहायता पहुँचायी थी। इतना ही नहीं, वरन् महादेवीजी के समान जो कवि कुहेलिका के भीतर छिपकर चलना चाहते थे, छायावाद उन पर भी अपना झिलमिल आवरण डाल सकता था तथा सुभद्राकुमारी की तरह जो लोग प्रकाश में कुछ खुलकर चलना चाहते थे उन्हें भी वह आलोक दे सकता था। पुष्ट एवं प्रगाढ़ भावनाओं के समर्थ कवि श्री मैथिलीशरणजी की कल्पना में अपनी मयाविनी किरणें डालकर छायावाद नें उनसे 'झंकार' के गीतों की रचना करवाई थी तथा हिन्दी की इतिवृत्तात्मक कही जानेवाली राष्ट्रीय कविताओं को उसने स्पर्शमात्र से कलापूर्ण एवं दिव्य बना दिया था।

ज्यों-ज्यों बाढ़ का पानी निकलता गया, छायावाद की धारा स्वच्छ एवं स्वास्थ्यपूर्ण होती गई। आज छायावाद की आदि कुहेलिका का कहीं पता नहीं है। अब हमारे साहित्य में प्रायः सर्वत्र ही प्रतिभा की पुष्टि एवं सुस्पष्ट किरणें विकीर्ण हो रही हैं। जो कल्पना पहले भ्रूण की तरह अस्थि-विहीन दीखती थी, उसके भीतर आज विचारों की रीढ़ पैदा हो गई है तथा वह यथेष्ट रूप से मांसल और बलिष्ठ है। 'अन्तर्जगत्', 'अनुभूति' और 'नीहार' के सोपान बहुत पीछे छूट चुके हैं। आज हिन्दी-कविता जहाँ आकर खड़ी है वह 'कामायनी', 'तुलसीदास' और 'ग्राम्या' का देश है। स्वयं महादेवी जी की आध्यात्मिक अनुभूतियाँ अब अधिक सुबोध एवं सुस्पष्ट हो गई हैं तथा निराशा के जो अश्रु छायावाद को अशक्त बनाए हुए थे, उनकी जगह अब 'सतरंगिनी' के रंग उगते जा रहे हैं।

यह छायावाद के सुधार की प्रक्रिया का परिणाम है और इसे ही मैं काव्य की सच्ची प्रगति मानता हूँ। हमारा साहित्य आकाश से उतरकर मिट्टी की ओर आ रहा है तथा वस्तु एवं आदर्श के इस सन्तुलित योग से वह महान् क्रान्ति चरितार्थ होने जा रही है, साहित्य में जिसकी घोषणा आज से 25 वर्ष पूर्व की जा चुकी थी। आज हिन्दी के अधिकांश कवि जीवन के उतने समीप आ गए हैं जहाँ से वे उसके कोलाहल को स्पष्टतापूर्वक सुन सकें। 'मिट्टी और फूल' से लेकर 'तारसप्तक' तक यही सत्य ध्वनित होता है। साहित्य में जीवन के इस प्रतिनाद को जो लोग प्रगतिवाद कहकर एक भिन्न नाम से पुकारना चाहते हैं उनसे मेरा कोई बड़ा मतभेद नहीं हो सकता। सिर्फ निजी दृष्टिकोण से मैं इसे छायावाद का जीवनोन्मुख विकास मानता हूँ। यह कथन इसलिए भी युक्तियुक्त माना जाना चाहिए क्योंकि प्रगतिवाद के अन्दर गिने जानेवाले अधिकांश कवि वे ही हैं जो छायावाद का नयन अथवा अनुगमन करते हुए यहाँ तक आए हैं। यही नहीं, प्रत्यत् प्रगतिवाद का अग्रणी होने का श्रेय आज जिस कवि को दिया जा रहा है उसी के सिर पर छायावाद का उन्नायक होने का मुकुट भी रखा गया था। इसके सिवा, समासोक्ति, अन्योक्ति, विशेषण-विपर्यय अथवा मानवीकरण, शैलीपक्ष की कितनी ही विशेषताएँ आज भी वे ही हैं जिनका नूतन उत्थान और विकास छायावाद-युग में ही हुआ था। हमें हर्षित होना चाहिए कि छायावाद की विलक्षणताओं से युक्त हिन्दी-कविता आज जीवन के विकराल प्रश्नों से उलझना सीख रही है। कवि केवल कोमल भावनाओं का ही उपासक नहीं होता, प्रत्युत् उसे कठोरताओं से भी जूझने का पूरा अधिकार है। अगर कोई कलाकार यह समझता है कि वह काँटों की तस्वीर सुन्दरता के साथ खींच सकता है तो कला का कोई ऐसा कानून नहीं जो उसकी इस क्रिया का वर्जन करे। अगर किसी कवि को ऐसा ज्ञात होता है कि वह अपने गीतों के बल से संसार में भूडोल ला सकता है तो उचित है कि सबसे पहले वह यही काम करे। सार्वजनिक विपत्ति के दिनों में ऐसा कौन अभागा मनुष्य होगा जो अपनी वैयक्तिक भावनाओं को उचित से अधिक महत्त्व दे सके?

इतना ही नहीं, बल्कि साहित्य की बल-वृद्धि के लिए यह भी आवश्यक है कि कवि कला के भीतर से जीवन के उन तमाम क्षेत्रों को देखे जिनकी आँधियों और उलझनों का प्रभाव मनुष्य की संस्कृति पर व्यापक रूप से पड़ता है। अगर वह प्रचारक न होकर शुद्ध कलाकार है तो जीवन को वह दर्शन, राजनीति अथवा विज्ञान, चाहे जिस किसी भी दृष्टि से देखे, उसकी अनुभूति कवि की अनुभूति तथा उसके उद्‌गार कलाकार के उद्‌गार होंगे एवं साहित्य का उसके हाथों कोई अपमान नहीं हो सकता।

कवि का प्रधान कर्म अनुभूतियों का ग्रहण एवं उसकी सम्यक् अभिव्यक्ति है तथा जिस प्रकार उसकी आध्यात्मिक भावना एवं प्रेम-परक अनुभूतियाँ सुन्दर और सत्य होती हैं, उसी प्रकार राजनीतिक अवस्थाओं की भी उसकी स्वानुभूति राजनीति से भिन्न एवं शुद्ध साहित्य की वस्तु होती है। जो लोग यह समझते हैं कि केवल प्रेम, विरह, नदी और फूलों की ही अनुभूतियाँ सच्ची और बाकी सबकी सब प्रचार होती हैं, वे कोमलता की रुचि से ग्रस्त होने के कारण सत्य के पूरे रूप को देख सकने में असमर्थ हैं। रेशमी बालों, पत्थरों और फूलों की सुन्दरता की अनुभूति तो सच्ची, किन्तु पेट की पीड़ा की अनुभूति प्रचार समझी जाए, यह ईश्वर के देखने योग्य दृश्य है।

कला के क्षेत्र में हमारा दृष्टिकोण सच्चे अनिषेध का होना चाहिए। कवि के लिए जो प्रथम तथा अन्तिम बन्धन हो सकता है वह केवल इतना ही है कि कवि अपने आप के प्रति पूर्ण रूप से ईमानदार रहे। समन्वय कला की सुन्दरता का मूल है। जिस प्रकार आकाश में विचरण करनेवाले कलाकार को पैरों की नीचेवाली मिट्टी का ध्यान बना रहना आवश्यक है, उसी प्रकार मिट्टी को सर्वस्थ समझ लेनेवाले कलाकार को यह याद रखना जरूरी है कि उसका विहार-स्थल आकाश भी है। कवि जिस प्रकार फूलों और नदियों के पास केवल रसानुभूति के उद्‌देश्य से जाता है, उसी प्रकार जीवन के अन्य अंगों से भी वह रस ही प्राप्त करता है। हम पूरे दायित्व के साथ कहना चाहते हैं कि पेट की पीड़ा की अनुभूति लिखनेवाला कवि किसी प्रकार भी प्रेम की पीड़ा की अनुभूति लिखनेवाले से हीन नहीं है।

साहित्य राजनीति का अनुचर नहीं, वरन् उसने भिन्न एक स्वतन्त्र देवता है और उसे पूरा अधिकार है कि जीवन के विशाल क्षेत्र में से वह अपने काम के योग्य वे सभी द्रव्य उठा ले जिन्हें राजनीति अपने काम में लाता है। अगर कार्ल मार्क्स और गांधीजी को यह अधिकार प्राप्त है कि जीवन के अवस्था-विशेष की अनुभूति से वे राजनीति के सिद्धान्त निकाल लें तो एक कवि को भी यह अधिकार सुलभ होना चाहिए कि वह ठीक उसी अवस्था की कलात्मक अनुभूति से ज्वलन्त काव्य की सृष्टि करे। अगर राजनीति अपनी शक्ति से सत्य की प्रतिभा गढ़कर तैयार कर सकती है, तो साहित्य में भी इतनी सामर्थ्य है कि वह उसके मुख में जीभ धर दे।

साहित्य के क्षेत्र में हम न तो गोयबेल्स की सत्ता मानने को तैयार हैं, जो हमसे नाजीवाद का समर्थन लिखवाता हैं और न किसी स्टालिन की ही, जो हमारे शरीर और

मन के किसी भी विकास की दिशा का निर्धारण हमें करने नहीं दे सकता। हमारे लिए फरमान न तो क्रेमलिन से आ सकता है और न आनन्दभवन से ही। अपने क्षेत्र में तो हम सिर्फ उन्हीं नियन्त्रणों को स्वीकार करेंगे जिन्हें साहित्य की कला अनन्त काल से मानती चली आ रही है। साहित्य की विलक्षणता की जाँच आर्थिक सिद्धान्तों से करनेवाले लोग ठीक उसी प्रकार भ्रान्त हैं जैसे वे लोग जो समग्र साहित्य की परीक्षा केवल कोमलता के रूढ़ संस्कारों की पृष्ठभूमि पर करना चाहते हैं।

साहित्य राजनीति से महान् न भी हो, पर वह उससे सर्वथा भिन्न और स्वतन्त्र है। अगर वह कभी राजनीति के क्षेत्र में अपनी किरणें फेंकता है तो इसका कारण यह नहीं है कि साहित्य राजनीति के अधीन है, प्रत्युत् यह कि राजनीति उस जीवन का एक प्रमुख अंग है, जो अपनी पूरी विविधता के साथ साहित्य की व्याख्या का विषय होता है। जिस प्रकार साहित्य जीवन के अन्य अंगों से रसानुभूति प्राप्त करता है उसी प्रकार राजनीति से भी वह रस ही ग्रहण करता है। साहित्य जहाँ तक अपनी मर्यादा के भीतर रहकर जीवन के विशाल क्षेत्र में अपना स्वर ऊँचा करता है, वहाँ तक वह पूज्य और चिरायु है, किन्तु जभी वह राजनीति का अनुचरता स्वीकार करके उसका प्रचार करने लगेगा तभी उसकी अपनी दीप्ति छिन जाएगी और वह कला के उच्च पद से पतित हो जाएगा। साहित्य स्वयं जागरूक और चैतन्य है। विशेषतः, कविता की प्रतिष्ठा ही विशिष्ट प्रकार के कवियों के कारण होती है जो अपने ही युग में अन्य लोगों की अपेक्षा अधिक जीवित और चैतन्य होते हैं। प्रत्येक युग अपने कवि की प्रतीक्षा करता है; क्योंकि उसके आगमन के साथ यह रहस्य खुलने लगता है कि उस युग की चेतना किस दिशा में अथवा किस स्तर तक विकसित हुई है। संघ रचकर साहित्य को किसी दिशा-विशेष की ओर प्रेरित करने का प्रयास यह बतलाता है कि आन्दोलनकारियों का साहित्य की निसर्ग-सिद्ध जागरूकता में विश्वास नहीं है। किन्तु, ऐसे लोगों को यह भी याद रखना चाहिए कि जिस अनुभूति को साहित्य स्वतः ग्रहण करने को तैयार नहीं है, उसकी ओर उसे जबरन ले जाने का प्रयास अप्राकृतिक और तिरस्कार्य है, क्योंकि किसी दल या संघ में यह शक्ति नहीं है कि वह विश्वास के विपरीत अथवा उसके बिना किसी भी कवि या लेखक से सत्साहित्य का एक टुकड़ा भी लिखवा ले।

किसी भी कृति को मार्क्सवादी सिद्धान्तों की कसौटी पर कसकर उसे क्रान्तिकारी अथवा श्रेष्ठ सिद्ध करने की चेष्टा अयुक्तियुक्त एवं अन्यायपूर्ण है, क्योंकि अर्थशास्त्र के सिद्धान्त वे ही नहीं है जिनसे कला की जाँच की जाती है। मनुष्य को भूख इसलिए नहीं लगती कि उसके पास रोटी खरीदने के लिए पैसे मौजूद हैं और न पैसों के अभाव में उसकी क्षुधा रुकी ही रहती है। उसी प्रकार कला भी आत्मा की प्रेरणा से तथा उसकी आवश्यकताओं के अनुसार जन्म ग्रहण करती है। मार्क्सवाद यह भले ही बतला दे कि किसी कला के रूप-विशेष का विकास किसी युग-विशेष में ही क्यों हुआ,

किन्तु उसका यह धर्म नहीं है कि वह आन्दोलनों के द्वारा अपनी राजनीतिक आवश्यकताओं के अनुसार साहित्य की रूप-रेखा को पलटने का प्रयास करे।

हिन्दी-कविता स्वयं सँभलकर, अपनी ही चेतना से प्रेरित होकर, जीवन के समीप आ गई है। अब उसे प्रचार के हल में जोतना उसके साथ अन्याय करना है। फिर मार्क्सवाद जिस समाज की कल्पना का लोभ दिखाकर साहित्य को अनुकरण की ओर प्रेरित कर रहा है, वह भी कला के स्वाभाविक विकास के लिए घातक हो सकता है। यह आवश्यक नहीं कि सभी देशों में समाज के नवनिर्माण की रूप-रेखा ठीक वही हो, जिसकी प्रेरणा रूस से आ रही है। प्रत्येक देश की अपनी समस्याएँ, अपनी परिस्थितियाँ और अपने प्रश्न हैं। उन्हीं के अनुरूप वहाँ समाज और कला का स्वाभाविक विकास होना चाहिए। जहाँ अन्तर्राष्ट्रीयता के एक ढाँचे को आदर्श कहकर उसे सभी देशों पर लादने की कोशिश की जाती है, वहाँ समाज और साहित्य, दोनों ही के रूप अप्राकृतिक एवं अनुकरणशील हो जा सकते हैं। हमारे यहाँ की कला की कृतियों की जाँच हमारी ही आवश्यकताओं की पृष्ठ-भूमि पर की जानी चाहिए। अन्तर्राष्ट्रीयता के नारों के बीच राष्ट्रीयता को दबा देने का प्रयास हमारे लिए मंगलकारी नहीं हो सकता।

हम पराधीन जाति के सदस्य हैं। अन्तर्राष्ट्रीयता की अनुचित उपासना से हमारी राष्ट्रीय शक्ति का ह्रास होगा। राष्ट्रीयता हमारा सबसे महान् धर्म और पराधीनता हमारी सबसे बड़ी समस्या है। जो लोग हमें अन्तर्राष्ट्रीयता के भुलावे में डालकर हमारी आँखों को दिल्ली से हटाकर अन्यत्र ले जाना चाहते हैं, वे अवश्य ही हमें धोखा दे रहे हैं।

मास्को का हम आदर करते हैं, किन्तु हमारे रक्त का एक-एक बिन्दु दिल्ली के लिए अर्पित है। जब तक दिल्ली दूर है, मास्को के निकट या दूर होने से हमारा कुछ बनता बिगड़ता नहीं। पराधीन देश का मनुष्य, सबसे पहले, अपने ही देश का मनुष्य होता है। विश्व-मानव वह किस बल पर बने? और विश्व-मानव की पंक्ति में गुलामों को बैठने ही कौन देता है? हमारे समस्य अभियानों का एकमात्र स्पष्ट लक्ष्य दिल्ली है। जब तक दिल्ली की जंजीरें नहीं टूटतीं, हमारे अन्तर्राष्ट्रीयता के नारे निष्फल और निस्सार हैं। मास्को के उत्थान या पतन से भारत के गौरव या ग्लानि की वृद्धि नहीं होती। हमारे अपमान की आग तो दिल्ली में जल रही है—

मरे हुओं की ग्लानि, जीवितों को रण की ललकार;
दिल्ली वीर-विहीन देश की गिरी हुई तलवार!
प्रश्न-चिह्न भारत का, भारत के बल की पहचान!
दिल्ली, राजपुरी भारत की, भारत का अपमान।[1]

(मिट्टी की ओर)

---

1. अखिल भारतीय हिन्दी-साहित्य सम्मेलन के 33वें अधिवेशन, उदयपुर (मेवाड़) के कवि-सम्मेलन में अध्यक्ष-पद से दिया गया अभिभाषण। 19 अक्तूबर, 1945।

नई कविता के उत्थान की रेखाएँ

एक मित्र ने पूछा, हिन्दी कविता इतनी पतली क्यों हो गई है। मैंने उत्तर दिया, विशिष्ट होते-होते। स्थूल और मोटी चीजों को जब हम विशिष्टीकरण की खराद पर चढ़ाते हैं, तब वे कुछ-न-कुछ पतली हो ही जाती हैं; क्योंकि पतलापन चुस्ती का ढाँचा है।

विशिष्टीकरण वर्तमान सभ्यता का सार है। आज तो हर मोटी चीज अपने को पतली बनाने के क्रम में है। केवल कविता ही नहीं, गृहनिर्माण, पोशाक और साज-सज्जा में एक प्रकार की सूक्ष्मता, एक तरह के पतलेपन या चुस्ती की माँग है। यह ठीक है कि इस सभ्यता के साथ बहुत-सी अनावश्यक आवश्यकताएँ भी लिपटी हुई हैं; किन्तु वे मुख्यतः औद्योगिकता की देन हैं। जहाँ तक मूल प्रवृत्ति का प्रश्न है, हम उन सामग्रियों को छोड़ देने के पक्ष में होते जा रहे हैं, जिनके बिना हमारा काम चल सकता है। औरतों ने भारी-भारी गहने छोड़ दिए, मर्दों ने पगड़ी चोगा और फेटा छोड़ दिया और शस्त्रीकरण की प्रक्रिया में अब तोपों और टैंकों को छोटे-छोटे बम नीचा दिखा रहे हैं। प्राचीन काल के जड़ाऊ वस्त्रों को देखकर मन में श्रद्धा तो आज भी होती है। किन्तु उन्हें पहनकर निकलने की हिम्मत अब बिरले ही लोगों में रह गई है। यहाँ तक कि अब राजे-महाराजे भी भारी-भरकम पोशाकों की अपेक्षा सीधी-सादी, हल्की पोशाक पहनने में ही सुविधा और सम्मान देखते हैं। एक बुश्शर्ट को ही देखिए। जिस तेजी से इसका प्रचार सभी श्रेणियों के लोगों में बढ़ रहा है, उससे यह साफ जाहिर होता है कि वर्तमान सभ्यता हल्केपन और चुस्ती को सबसे अधिक अंक देने के पक्ष में है।

जो अनावश्यक है, उसकी उपेक्षा और त्याग तथा जो कुछ अनिवार्य है उसका अधिकाधिक विकास, विशिष्टीकरण के ये दो सामान्य लक्षण हैं। सड़कों की विशेषता उनकी समतलता और चिकनाई है। अतएव इन दोनों का हम अधिकाधिक विकास कर रहे हैं। मकानों की विशेषता उनका हवादार होना और आराम की सुविधा है। अतएव सबसे अधिक खयाल हम उन्हीं का करते हैं। और भोजन की विशेषता उसकी पौष्टिकता है। इसलिए विटामिनों पर आज सबसे ज्यादा जोर है। 'छिलके नहीं, बीज' यह विशिष्टीकरण का मुख्य नारा माना जा सकता है।

काव्य के क्षेत्र में भी वही हुआ, जो जीवन के अन्य क्षेत्रों में हो रहा है। एक तरह

से देखिए, तो नई कविता का जन्म ही इस कारण हुआ कि लोग स्थूलता को छोड़कर बारीकी की ओर जाना चाहते थे। अलंकार, भाषा और छन्द—सभी काव्य के उपकरण माने जाते हैं। मगर उनके संयोग से कविता की केवल मूर्ति ही तैयार होती है, जान तो उसमें कवि की आत्मा, उसकी अनुभूति की सच्चाई और मनोदशा की उस विह्वलता से आती है, जो कवि को अकवि से भिन्न करनेवाला प्रधान गुण है। कविता के भीतर जो एक अनिर्वचनीय विलक्षणता है, वही कविता की असली जान होती है और उसी के संसर्ग में आने से भाषा, छन्द और अलंकार सजीव हो उठते हैं। यह विलक्षणता प्राचीन कविता में भी थी। किन्तु, तब उसके चारों ओर और भी अनेक सामग्रियाँ अपने को प्रधान मानकर जुड़ी रहती थीं। कालक्रम में कविता ने सोचा, वह उसी तत्व को लेकर जिएगी, जो उसकी जान है। बाकी सामान न भी रहें या कुछ कम भी हो जाएँ, तो कोई मुजायका नहीं। शरीर में आत्मा ही प्रधान है। और आज तो शरीर की मोटाई अवगुण ही मानी जा रही है। तभी तो लोग भोजन में नियन्त्रण करके अथवा व्यायाम के द्वारा अपने बदन को हल्का, पतला, चुस्त और फुर्तीला बनाना चाहते हैं। जिसे हम आधुनिक कविता कहते हैं, वह भी ठीक, इसी तरह पतली, चुस्त और फुर्तीली होने की कोशिश में है। और जिस प्रकार, वर्तमान युग, जीवन में विषमता की सत्ता को नहीं मानना चाहता, खान-पान और कपड़े-लत्ते में एक प्रकार की समानता लाना चाहता है; उसी प्रकार, नई कविता भी सामान्य उपयोग में आनेवाली भाषा को अपनी भाषा बनाना चाहती है। जमाना नहीं चाहता कि श्रोता एक भाषा बोले और कवि एक दूसरी भाषा में बात करे। अगर कविता की रूह अलंकार और काव्यात्मक भाषा से भिन्न वस्तु है, तो कवि को उनके ऊपर अपना दारोमदार नहीं रख के, रोज की बोली में अपनी मनोदशा का चित्र उपस्थित करना होगा। ऐसा नहीं चल सकता कि काव्यात्मक भाषा के प्रयोग के द्वारा कवि का अपना परिश्रम तो घट जाए और पाठक को चित्र तक पहुँचने के लिए आवरण तोड़ने को परिश्रम करना पड़े। कविता की भाषा भी बोलचाल की सामान्य भाषा हो, इस आन्दोलन का आरम्भ अंग्रेजी में वर्डस्वर्थ ने किया था और हिन्दी में कदाचित स्वयं भारतेन्दु ने। किन्तु अब तक के प्रयोगों से काम पूरा नहीं हुआ। कविता बार-बार अपने लिए विशिष्ट भाषा उत्पन्न कर लेती है। फिर भी प्रयास जारी है कि कवि की भाषा सामान्य मनुष्य की भाषा से भिन्न नहीं हो।

तुलना और विश्लेषण करने से यह भी पता चलता है कि नई कविता प्राचीन काव्य से इसलिए भी भिन्न है कि उसमें आनेवाली तसवीरें कारण-कार्य के नियमों की अधीनता को नहीं मानकर, अकसर, भावों की संगतियों और संसर्गों तथा विचारों की समता से ही उत्पन्न हो जाती हैं, कि जो कुछ परम्परा से काव्यात्मक माना जाता है, उसकी उपेक्षा करके नई कविता उसे भी काव्यात्मक मानती है, जो उपेक्षित रहा है अथवा जो सामान्य और साधारण है। वह उदात्त नायक और महापुरुषों को छोड़कर

बहुधा जनसाधारण को भी अपना नायक चुन लेती है। छन्दोबन्ध और अनुप्रासों की झड़ी को वह अपना अनिवार्य गुण नहीं मानती। वह वस्तुओं के तद्गत रूप का वर्णन नहीं करके, उनके आत्मगत रूप का वर्णन करती है, यानी वह इसे नहीं देखती कि फूल स्वयं कैसा है, बल्कि वह यह दिखलाना चाहती है कि फूल देखनेवाले को कैसा लग रहा है तथा उसे देखने से उसमें किन-किन भावों की स्फुरणा होती है। वह अरूप का रूप और रूप का अरूप विधान करती है तथा अपने समय की शीतलता और उष्णता का चित्रण करने के लिए अपने अनुरूप नवीन भाषा, नए छन्द और दूसरी अनेक नई शैलियों को जन्म देती है।

मगर, इनमें से अधिकांश गुण तो सभी अच्छी कविताओं में पाए जाते हैं। इसीलिए मनोदशा की सच्चाई को लेकर सभी उत्तम कविताओं में एक प्रकार की समानता देखी जाती है; क्योंकि सभी कवि एक ऐसी चेतना के वाहक होते हैं, जो काव्य की भूमि से अलग काम करनेवालों में नहीं होती। यह वही चेतना है, जिसे देखकर लोग अकसर ही कह उठते हैं कि यह तो कविता हो गई अथवा यह तो कवि के समान हो गया। कविता का जो मौलिक गुण है, उसे लेकर कितने ही प्राचीन कवि भी नवीन कवियों के समीप पड़ जाते हैं। तुलसी, सूर, विद्यापति, घनानन्द, मीरा और कबीर जैसे कवियों में हमें ऐसी पंक्तियाँ मिलती ही रहती हैं, जिन्हें देखकर हम सोचने लगते हैं कि ये तो बहुत-कुछ नवीन कविताओं के ही समान हैं। और, सच ही, ये पंक्तियाँ आनेवाली कविता की पूर्व कल्पना-सी लगती हैं।

जहँ बिलोकु मृगशावक नैनी, जनु तहँ बरसु कमलसित सैनी।
सुन्दरता कहँ सुन्दर करई, छबिगृह दीप-शिखा जनु बरई।

अथवा

सब जग जलता देखिये, अपनी-अपनी आगि।
ऐसा कोई ना मिला जासों रहिये लागि।।

तुलसीदास जी की पहली अर्द्धाली में सीता जी की आँखों का वर्णन नहीं, बल्कि इस बात का वर्णन है कि उन आँखों से निकलनेवाली ज्योति कितनी कोमल लगती है। और दूसरी अर्द्धाली में भी अवयवों का चित्रण नहीं, बल्कि, अनिर्वचनीय प्रभाव का वर्णन है, जो सभी अवयवों के सम्मिलित योग से फूटनेवाले सौन्दर्य से उत्पन्न होता है।

और कबीर का यह दोहा भी उस समय के साहित्य के लिए एक नया स्वर मालूम होता है; क्योंकि, इसमें संसार की वेदना प्रधान नहीं है, बल्कि, असर यहाँ कवि की उस आत्मगत विह्वलता का है, जो विश्ववेदना को देखकर उसके अपने हृदय में उत्पन्न हुई है।

किन्तु नई कविता का जन्म कब हुआ? क्या पन्त और निराला की रचनाओं में? अथवा प्रसाद जी की उन कविताओं में, जो 'प्रेम पथिक', चित्राधार और 'झरना' में

संगृहीत हैं? या उससे भी पहले माखनलाल जी की इन पंक्तियों में, जिनकी रचना वर्तमान शताब्दी के पहले दशक के अन्त और दूसरे के प्रारम्भ में हुई थी?

मुझसे कह छल छन्द बने जो शान दिखानेवाले,
मैं तो समझूँगा बाहर क्या? भीतर भी हो काले।

(1908)

मार पाँच बटमार साँवले, रह तू पंचवटी में,
छिने प्राण-प्रतिमा तेरी भी काली पर्णकुटी में।

(1911)

कुटिल कटाक्ष कुसुम-सम होंगे, यह प्रहार गौरव होगा,
पद-पद्यों से दूर स्वर्ग भी जीवन का रौरव होगा।

(1914)

मगर इतना ही नहीं, हमें और भी पीछे जाना होगा। सन् 1877 के लगभग भारतेन्दु बाबू हरिश्चन्द्र ने कितनी ही ऐसी कविताएँ लिखी थीं, जिनमें आनेवाली कविता की नन्हीं किरणें जहाँ-तहाँ प्रक्षिप्त मिलती हैं। भारतेन्दु हिन्दी के गद्य ही नहीं, उसकी नई कविता के भी जनक सिद्ध किए जा सकते हैं। यह सिर्फ इसलिए ही नहीं कि खड़ी बोली में काव्य रचने का सचेष्ट प्रयोग उन्होंने आरम्भ किया और कविता के हृदय में समकालीनता के प्रति जो एक झिझक थी, उसे दूर करने की कोशिश की; बल्कि इसलिए भी कि उनकी सम्पूर्ण दृष्टि नवीन थी तथा उसकी चेतना और मनोदशा में नवयुग की रश्मियाँ स्पष्ट रूप से जगमगा रही थीं। जब समाज में नई चेतना आती है, जब उसकी अनुभूति की दिशा में परिवर्तन होता है, जब मनुष्य में नए विकार उत्पन्न होते हैं और वह जीवन को पहले की अपेक्षा किसी भिन्न दृष्टिकोण से देखना चाहता है, तब साहित्य में क्रान्ति होती है और उसकी शैलियाँ परिवर्तित होने लगती हैं। कभी तो मूल्यों में परिवर्तन होने पर साहित्य की निन्द्रा टूटती है और वह नए मूल्यों की स्थापना की ओर अग्रसर होता है और कभी साहित्य ही जीवन में मूल्य-परिवर्तन का कारण बन जाता है। हिन्दी में मूल्य-परिवर्तन की प्रक्रिया पहले आरम्भ हुई और साहित्य उसके पीछे सँभला।

हमारे यहाँ छायावाद के नाम से जो आन्दोलन आया था, उसकी बीसों प्रकार की व्याख्याएँ की गई हैं और, प्रायः, अधिकांश कविताएँ 'सान्त' और 'अनन्त' के इर्द-गिर्द चक्कर काटती रही हैं। किन्तु ऐसी व्याख्याओं से समस्या का निदान नहीं होता। असल सवाल यह नहीं है कि छायावाद-कालीन रचनाओं में वह धुँधला-जैसा कौन-सा तत्व था, जो लोगों को रहस्यवाद-सा दीख पड़ा, प्रत्युत समीचीन प्रश्न तो यही हो सकता है कि क्या कारण था कि हिन्दी के कवि परम्परा से दूर हटकर नए स्वर में बोलने लगे।

तो भी माखनलाल, प्रसाद, पन्त, निराला और महादेवी का स्वर आकस्मिक नहीं

था; क्योंकि उसका यत्किंचित् आभास भारतेन्दु बाबू की रचनाओं में पहले ही मिल चुका था। सच पूछिए तो, अंग्रेजी भाषा और साहित्य तथा यूरोपीय सभ्यता और विज्ञान के संसर्ग से भारतीय जीवन में जो एक नई चेतना उत्पन्न हुई थी, हिन्दी में उसकी अनुभूति सबसे पहले भारतेन्दु जी को हुई। और इसका कारण भी था। भारतेन्दु बाबू केवल संस्कृत और फारसी के ही नहीं, बल्कि अंग्रेजी, बंगला और मराठी के भी विद्वान थे, जिन भाषाओं का साहित्य यूरोपीय साहित्य से प्रभाव ग्रहण करके नया रूप धारण कर रहा था। इसके सिवा, देश के तत्कालीन कितने ही सुधारक और विद्वान उनके अपने मित्रों में से थे। यह भी ध्यान देने की बात है कि वे केवल विद्यारसिक ही नहीं थे, प्रत्युत अपनी समस्त विद्या-बुद्धि और आन्तरिक जागरण के द्वारा व समाज के रूप को प्रभावित करना चाहते थे। संस्कार में रस पहुँचानेवाली उनकी शिराएँ केवल प्राचीनता के गह्वर से ही लगी हुई नहीं थीं, बल्कि उनमें से अनेक का लगाव नवीनता के अनन्त उत्सों से भी था और वे नए फूलों का भरपूर रस ले चुके थे। यही कारण है कि परम्परा से आनेवाली सामग्रियों के ढेर में बैठे रहने पर भी वे भविष्य की ओर इंगित करते हैं। उनके एक ओर पद्माकर, द्विजदेव और पजनेस हैं तथा उनकी दूसरी ओर द्विवेदी, मैथिलीशरण, शंकर और पूर्ण की गोष्ठी पड़ती है। इन दो गोष्ठियों के बीच बैठे रहने पर भी उनका कंगूरा सबसे ऊपर दिखाई देता है और ऐसा लगता है कि इस कंगूरे की पगड़ी सिर्फ उसी चोटी में बाँधी जा सकती है, जिसे माखनलाल, प्रसाद, पन्त, निराला और महादेवी ने खड़ा किया है। प्राचीनता के भार से लदी हुई ब्रजभाषा में लिखते हुए भी उनका स्वर अपने पूर्वजों के स्वर से भिन्न था। इतना ही नहीं, बल्कि कहीं-कहीं तो ऐसा मालूम होता है, मानो आनेवाले युग की कविता के अंकुर उनकी रचनाओं के भीतर से झाँक रहे हों :

स्रवनन पूरो होइ मधुर सुर अंजन ह्वै दोउ नैन।

× × ×

बैन हूँ अथान लागै, नैन कुम्हिलान लागे,
प्राननाथ आओ अब प्रान लागे मुरझान।

× × ×

देख्यो एक बारहूँ न नैन भरि तोहि यातें,
जौन जौन लोक जैहैं तहीं पछिताएँगी।
बिना प्रानप्यारे भये दरस तिहारे हाय,
देखि लीजो आँखें ये खुली ही रहि आएँगी।

ये पंक्तियाँ किसी भी प्रकार पद्माकर या द्विजदेव अथवा उनसे पूर्व के रीति-कवियों की रचनाओं में नहीं खप सकतीं। तीनों उद्धरणों में कवि की जो वैयक्तिक विह्वलता व्यंजित होती है, वह और किसी की भी अपेक्षा छायावादकालीन कवियों से समीपता

रखती है और, निश्चय ही, इनमें हम उस कविता की पूर्व कल्पना पाते हैं, जो बहुत आगे चलकर निखरनेवाली थी।

यह भी ध्यान देने की बात है कि इन पंक्तियों की भाषा में न तो बहुत तोड़-मरोड़ है और न वह जटिलता, जिसे भारतेन्दु के पूर्वज कवियों ने पैदा किया था और जो उनकी कविताओं का एक खास अवगुण बन गई थी। भाषा तो उनकी भी ब्रजभाषा ही है, किन्तु कविता पर उसका तनिक भी रोब नहीं है। ऐसा लगता है कि भाषा की परम्परा-पूजित काव्यात्मकता का तिरस्कार करके कवि सीधी-सादी बोली में अपनी व्यथा दूसरों तक पहुँचाने को बेचैन है। अनुभूति की विह्वलता काव्य की असली प्रेरणा होती है। यहाँ हम सिर्फ उसी का चमत्कार देखते हैं। यह गुण तो हम भारतेन्दु की, प्रायः, सभी कविताओं में देखते हैं और यह देखकर हमें आश्चर्य भी होता है कि पजनेस तक आते-आते जब ब्रजभाषा इतनी जटिल और दुर्बोध हो गई थी, तब भारतेन्दु के हाथ में आते ही वह फिर से सरल कैसे हो गई! इसका एक प्रबल कारण उनकी समर्थता रही होगी। किन्तु वैसा ही दूसरा प्रबल कारण यह भी था कि भारतेन्दु सच्चे मानी में नए मूल्यों के निर्माता थे और एक सच्चे आधुनिक कवि की भाँति वे अपनी अनुभूति वेदना और विश्वास को ही अपनी सबसे बड़ी पूँजी मानते थे, उसे सहारा देनेवाले टेढ़े-मेढ़े उपकरणों को नहीं। कविता हृदय की चीज है और उसे वे अपने हृदय से निकालकर दूसरों के हृदय में ही उंड़ेलना चाहते थे, उनकी आँखों या कानों में नहीं। मेरा विचार है कि हिन्दी-कविता के विशिष्टीकरण की प्रक्रिया की नींव, इस प्रकार, भारतेन्दु ने ही डाली। भारतेन्दु ने कहा था :

भाव अनूठो चाहिए, भाषा कोऊ होय।

अगर वर्तमान व्याख्या के प्रसंग में हम इस टुकड़े के अर्थ की व्याप्तियों पर विचार करें, तो सम्भव है कि इसका एक अभिप्राय यह भी निकले कि कविता जिस गुण के कारण कविता कहलाती है, वह भाषा अथवा शैली की सजावट के अधीन नहीं है। महाकवि अकबर का भी एक शेर है, जो इसी से मिलता-जुलता अर्थ देता है :

मानी को छोड़कर जो हों नाजुक बयानियाँ,
वह शेर नहीं, रंग है लफ्जों के खून का।

मगर भारतेन्दु बाबू ने जो प्रयोग किया, उसे उठाकर आगे ले चलनेवाले लोग ठीक उनके बाद नहीं आए। ऐसा लगता है, मानो उनके गोलोकवास के बाद उनके उत्तराधिकारियों ने यह समझ लिया हो कि भारतेन्दु उनसे खड़ी बोली में देशभक्ति का राग अलापने को कह गए हों। इस उत्तराधिकार का निर्वाह बड़ी ही भयंकरता से किया गया। सन् 1885 (भारतेन्दु के निधन का वर्ष) से लेकर सन् 1915 या 20 तक हिन्दी-कविता में खड़ी बोली का प्रयोग तो बड़े ही उत्साह और अध्यवसाय से किया जाता रहा। किन्तु भावपक्ष में इस काल की कविता, प्रायः रसहीन हो गई। कहते हैं, स्वामी दयानन्द के पवित्रतावादी आन्दोलन के चलते इस काल की कविता में सौन्दर्य

का आलोक नहीं रहा। तब भी नवीन कविता के हम सभी प्रेमी इस काल के कवियों के ऋणी हैं; क्योंकि 30 वर्षों तक उन्हीं के जोतते रहने से खड़ी बोली की भूमि इतनी चिकनी और नम हो सकी, जिसमें से छायावादकालीन कविता के द्रुम लहलहा उठे। खड़ी बोली को काव्यभाषा के रूप में विकसित करने का कार्य भी नवीनता के ही सन्देशों की स्वीकृति थी और समसामयिक जीवन को काव्य में अधिष्ठित करके भी ये कवि कविता की भाव-भूमि को ही विस्तृत बना रहे थे। इस दृष्टि से वे सब-के-सब क्रान्तिकारी माने जा सकते हैं। क्योंकि उन्होंने इस परम्परा को तो तोड़ ही डाला कि कविता सिर्फ ब्रजभाषा में हो सकती है। उन्होंने जिस दूसरी रूढ़ि का खंडन किया, वह यह भावना थी कि धर्म, स्त्री, प्रेम, विरह, पावस, वसन्त, राजा और युद्ध के सिवा और कोई भी वस्तु या व्यक्ति कविता का विषय नहीं हो सकता है।

इन दो कारणों से, भारतेन्दु और छायावाद, इन दो युगों के बीच पड़नेवाले कवि भी क्रान्तिकारी थे और उन्होंने जो कुछ भी लिखा, उससे आगे आनेवाली कविता के लिए भूमि तैयार हुई। केवल माखनलाल और प्रसाद की ही पंक्तियाँ नहीं, बल्कि, 1912 या 13 में स्वर्गीय लक्ष्मणसिंह 'मयंक' द्वारा पत्नी-वियोग पर लिखा गया यह पद भी बतलाता है कि नई कविता के जो बीज भारतेन्दु ने मिट्टी में गिराये थे, वे भली-भाँति सिक्त होकर अब अंकुरित हो रहे थे :

गंगा माँ के वक्षस्थल पर, उस दिन शीतल निर्मल जल पर,
देखी थी तब स्वर्गीय छटा, फिर सघन घनों की घोर घटा।
गूँजा था स्वर झंकार नया, दीखा था सब संसार नया,
मानस को उथल-पुथल करके, गंगाज़ल को उज्ज्वल करके,
*तू किधर गई? उड्डीन हुई? हा, किस दिगन्त में लीन हुई?**

फिर भी आश्चर्य होता है कि नई चेतना के जो रूप माखनलाल, प्रसाद और मयंक की इन पंक्तियों में मिलते हैं, वे तत्कालीन अन्य कवियों में क्यों नहीं मिलते। इन तीन कवियों को हम छायावाद की आरम्भिक कड़ी कह सकते हैं, क्योंकि नवयुग की चेतना पहले इन्हीं की प्रतिभा पर चढ़कर हिन्दी-काव्य में पहुँची।

वैसे छायावाद का आविर्भाव हिन्दी में सन् 1920 ई. से माना जाता है; जिस वर्ष को हम, शायद, असहयोग-आन्दोलन के कारण अधिक प्रमुखता देते हैं।

---

* इस लेख के प्रकाशित होने के बाद लेखक को अत्यन्त प्रामाणिक रूप से ज्ञात हुआ है कि इस कविता के संस्कार में राष्ट्रकवि श्री मैथिलीशरण जी का भी हाथ था। असल में, छायावाद के आविर्भाव के पूर्व हिन्दी-कविता में नवीनता की जो आभा झलकने लगी थी उसके बहुत से उदाहरण मैथिलीशरण जी की 'झंकार', प्रसाद जी की 'चित्राधार' और 'प्रेमपथिक' और माखनलाल जी की 'हिमतरंगिनी' नामक पुस्तकों में तथा पं. रामनरेश त्रिपाठी और मुकुटधर पांडेय एवं बदरीनाथ भट्ट की स्फुट कविताओं में ढूँढ़े जा सकते हैं।—लेखक

छायावाद-आन्दोलन पर हिन्दी में काफी लिखा गया है और मैं भी अपनी 'मिट्टी की ओर' नामक पुस्तक में उस पर अपना विचार प्रकट कर चुका हूँ। अब हम यह, प्रायः, मानने लगे हैं कि हमारे साहित्य में यह उसी प्रकार का आन्दोलन था, जिस प्रकार का आन्दोलन अट्ठारहवीं सदी के अन्त में अंग्रेजी साहित्य में आया था तथा इसके पीछे केवल रवीन्द्र ही नहीं बल्कि अंग्रेजी के रोमांटिक कवियों के स्वर भी विद्यमान थे। यह भी ध्यान देने की बात है कि हिन्दी में जब छायावादी आन्दोलन जारी था, तब उसके कवि अपने समर्थन में घनानन्द, मीरा और कबीर की वैयक्तिक अनुभूतियों का भी उद्धरण देते थे। किन्तु उस समय किसी भी दिशा से यह आवाज नहीं आई कि जिसे तुम छायावाद कह रहे हो वह और कुछ नहीं होकर राष्ट्र की एक नई मुद्रा की अभिव्यक्ति का प्रयास है—वह मुद्रा जो अंग्रेजी साहित्य और यूरोपीय सभ्यता तथा विज्ञान के सेवन से उत्पन्न हुई है और जो भी अपनी पूर्ण अभिव्यंजना के अनुरूप विशिष्ट शैलियों का माध्यम खोज रही है।

छायावाद के विपक्ष में भी मतों का अभाव नहीं है और न मैं ही उसकी सभी बातों का समर्थक हूँ। सबसे बुरी बात तो मुझे यह लगती है कि छायावाद अत्यन्त सुकुमार था और अजब नहीं कि तितलियों के दंश से भी उसे पीड़ा होने लगती रही हो। किन्तु छायावादी कवियों का साहित्य के इतिहास में चाहे जो भी स्थान बननेवाला हो, एक बात है कि वे हर बात को बड़ी ही नजाकत से कहना चाहते थे और समकालीन अवस्थाओं की गर्मी को भूलकर वे काल्पनिक शीतलता के देश में बड़ी ही निश्चिन्तता से विचरण कर सकते थे।

इस आन्दोलन के अन्दर जो कुछ भी सुन्दर और सारवान था, वह मुख्यतः हिन्दी के चार कवियों में विभक्त हुआ। उसकी दार्शनिकता प्रसाद जी के हाथ लगी तथा उसका पौरुष निराला जी को मिला। इसके विपरीत, पन्त जी ने उसकी प्रभाती अरुणिमा, गन्ध और ओस को ग्रहण किया एवं आदरणीय महादेवी जी के बाँटे उसकी धूमिलता आई, जिससे उनकी आध्यात्मिक विरह की कल्पना और भी गम्भीर हो गई है। हिन्दी में गीत की परम्परा भी छायावादकाल में ही सुदृढ़ हुई, यद्यपि ये गीत उन पक्षियों के कंठ से फूटे थे, जिनके चारों ओर तूफान चल रहे थे अथवा जिनके आस-पास गुजरे हुए तूफानों की छाया मौजूद थी। लेकिन तूफान में गाए जाएँ या तूफानों की छाया में, गीत फिर भी गीत ही होते हैं।

जब दो सभ्यताएँ परस्पर मिलती या टकराती हैं, तब उनसे प्रायः कोई नई चीज पैदा होती है। इस्लाम और हिन्दुत्व के मिलन से पठानों के समय में हिन्दी-साहित्य में एक नवीनता उत्पन्न हुई थी, जिसे हम कबीर और दूसरे सन्त अथवा सूफी कवियों की रचनाओं में देखते हैं। इसी प्रकार, यूरोपीय साहित्य और भारतीय संस्कार के सम्पर्क से एक नई चेतना उत्पन्न हुई, जो अपनी सम्यक् अभिव्यक्ति प्राचीन कवियों के द्वारा निर्मित शैली में नहीं कर सकती थी। वैज्ञानिक चिन्तन की प्रक्रिया को ग्रहण

कर लेने के बाद हम अपनी परम्परागत अनुभूतियों और विश्वासों में से अनेक को शंका की दृष्टि से देखने लगे और इस प्रकार, जन्मान्तरवाद और कर्मफलवाद की वह लक्ष्मण-रेखा विलीन होने लगी, जो हमारे चिन्ता-जगत को चारों ओर से घेरे हुए थी और जिसका अतिक्रमण हमारे यहाँ नास्तिकता का पाप समझा जाता था। किन्तु इस रेखा के विलीन होते ही भारतीय मनीषियों की युगों की वन्दिनी और सूखी जिज्ञासा मनचाही दिशाओं में उड़-उड़कर नई सनसनाहट और नवीन चेतना का सुख अनुभव करने लगी। छायावादकालीन कविता में जितने भी नए प्रयोग नजर आते हैं, वे सब इसी सनसनाहट और सुगबुगाहट को व्यक्त करने के प्रयास थे।

बारह-पन्द्रह वर्ष बीतते-बीतते लोगों ने सुना कि हिन्दी-कविता में एक और आन्दोलन आया है। इस दूसरे आन्दोलन को हम प्रगतिवाद के नाम से अभिहित करते हैं, जो आज भी समग्र विश्व-साहित्य में अपना झंडा उड़ाए चल रहा है। कुछ दिनों तक तो ऐसा लगा, मानो प्रगतिवाद के भीतर से राजनीति साहित्य पर चढ़ी आ रही हो। किन्तु यह उफान अब दब गया है और लोग मानने लग गए हैं कि प्रगतिवाद राजनीति नहीं, वरन् साहित्य में ही एक विशिष्ट प्रकार की नवीनता का द्योतक है, जिसका समाज की प्रगतिशील प्रवृत्तियों से पूरा सामंजस्य है।

किन्तु, भारतेन्दु ने जिस आन्दोलन का सूत्रपात किया था, वह अभी भी पूरा नहीं हुआ है। नई कविता इसलिए चली थी कि वह जनता की भाषा में बोले और अनावश्यक सामग्रियों को छोड़कर वह कवि की चेतना को आसानी से पाठकों तक पहुँचा दे। सभी तरह की अनुभूतियों को सरल भाषा में आसानी से जनता तक पहुँचा देना यह नई कविता का लक्ष्य था और इसी दलील का सहारा उन लोगों ने भी लिया, जो कवियों को यह उपदेश देते थे कि तुम्हें जनता के लिए साहित्य लिखना चाहिए। इस आन्दोलन से एक लाभ यह हुआ कि कविता के भीतर अद्यतनता की स्थापना दोष नहीं रह गई। किन्तु समाज के प्रति उठा हुआ विद्रोह इतनी प्रबलता से आया कि कविता के रूप में की जानेवाली क्रान्ति पीछे पड़ गई और आज तो भीड़ से अलग रहने की भावना और एक प्रकार की घरेलू भाषा के मोह से वे भी ग्रसित हैं, जिनके बारे में यह अनुमान किया जाता है कि वे जनता के लिए लिखते हैं।

एवोल्यूशन या विकास की दृष्टि से देखने पर हिन्दी की आधुनिक कविता चार सीढ़ियाँ पार कर चुकी है। आदि सोपान तो भारतेन्दु ने ही निर्मित किया, जबकि खड़ी बोली पहले-पहल प्रयोग में आई, ब्रजभाषा को अपनी जटिलता का त्याग करना पड़ा, समकालीनता काव्य के भीतर झाँकने लगी और कवि की वैयक्तिकता ने अपने अधिकारों की माँग की। दूसरा सोपान उन लोगों की रचना है, जिन्होंने खड़ी बोली को निश्चित रूप से काव्य की भाषा बना दिया और कविता के प्राचीन विषयों की उपेक्षा करके उसे नवीन विषयों की ओर प्रेरित किया, भले ही ये नवीन विषय शुष्क और नीरस रहे हों। तीसरा सोपान उन महाकवियों की देन है, जो कविता को लेकर उस

स्वप्न-महल में चले गए, जिसे अंग्रेजी में 'आइवरी टावर' कहते हैं। इतिवृत्तात्मकता के दिनों में हिन्दी-कविता जितनी ही सादी और स्थूल थी, आइवरी टावर में पहुँचकर वह उतनी ही सूक्ष्म और रंगीत हो गई और लोगों ने कहना शुरू किया कि कविता इतनी ऊँचाई पर जा पहुँची है कि हमें वह दिखाई भी नहीं पड़ती।

अतएव प्रगतिवाद ने जो सोपान बनाया, वह एक तरह से उतार का सोपान था। कामायनी, यामा और तुलसीदास की रचना करके हिन्दी-कविता निश्चित रूप से आइवरी टावर से नीचे उतर आयी है। यह उन लोगों के लिए दुख का विषय है जो आइवरी टावर में विश्वास करनेवाले हैं। किन्तु जो लोग कविता की अपार्थिवता में विश्वास नहीं करते, वे इस उतार को भी आधुनिक कविता की प्रगति का ही सोपान मानते हैं।

कविता को हम मिट्टी पर नहीं घसीटना चाहते और न यही चाहते हैं कि वह नीचे रहे। किन्तु उसे बराबर हमारे जीवन के बीच से उठकर ऊपर जाना चाहिए। यह फूलों, पादपों और पर्वतों का धर्म है। इससे विपरीत धर्म किरणों और नदियों का होता है जो ऊपर से जन्म लेकर नीचे आती हैं। और जीवन किरणों तथा नदियों के बिना भी नहीं चल सकता। इन दोनों वर्गों की चीजें जीवन से मिली होती हैं। पर्वत का मूल जीवन के कन्धे पर होता है और किरणों की उँगलियाँ आकाश से उतरकर मनुष्य के शरीर पर भ्रमण करती हैं। मगर साहित्य में इस मिलन का क्षेत्र कहाँ हो सकता है? क्या भावों और विचारों में अथवा भाषा और छन्द में? उत्तर किसी एक के पक्ष में नहीं दिया जा सकता। नई कविता विशिष्टीकरण को लक्ष्य मानकर चली थी। विशिष्टीकरण यानी चुस्ती। विशिष्टीकरण यानी अच्छा लगनेवाला हलकापन। विशिष्टीकरण यानी गहन-से-गहन मुद्राओं को भी सरल-से-सरल ढंग से लोगों तक पहुँचा देना। सादगी और प्रभावपूर्णता, इन्हीं के सन्तुलित योग से नई कविता अपने लक्ष्य को प्राप्त कर सकती है।

(अर्धनारीश्वर)

तुम घर कब आओगे कवि?

कई वर्षों से भारत का कवि प्रवास में है। जब तक यातायात के साधन सुलभ नहीं थे, बाहर की दुनिया दूर लगती थी, कवि अपने घर में रहना पसन्द करता था। लेकिन, यातायात के साधनों के सुलभ होते ही वह बड़ी दुनिया देखने को बाहर चला गया। बाहर चला गया और अब तक नहीं लौटा है।

गुलाम जाति अपने को हीन समझने लगती है और इसीलिए वह अपने को समृद्ध जातियों का समकक्ष सिद्ध करना चाहती है। दूर देशों की वाणी को अपने आस-पास मँडराते देखकर हमारा कवि भी अपनी वाणी को दूर भेजने की चेष्टा करने लगा। बाहर के कवियों का अपने घर में स्वागत करके वह भी दूसरों के घर मेहमान होने चला। विश्वेतिहास, विश्व-साहित्य और विश्व-मानव की खोज में वह अपना घर छोड़कर बाहर घूम रहा है। पश्चिम से आती हुई वाणी से जब उसकी अपनी वाणी आकाश में टकरा जाती है, तब उसे एक प्रकार की प्रसन्नता, एक विशेष प्रकार के विजयोल्लास का बोध होता है और वह सोचने लगता है कि उसने अपनी जन्म-भूमि का सिर ऊँचा कर दिया। वह उस देश का कवि है जिसकी संस्कृति का लोहा सारा संसार मानता है। इस गए-बीते जमाने में भी बाहर की वायु उसके कानों में आकर कहती है—"भारत के पास एक सन्देश है, जिसे उसे समग्र विश्व को देना है।" लुटे हुए गृहस्थ अथवा नि स्व संन्यासी के पास केवल सन्देश ही तो बच रहा है। इसे रोककर वह कृपण कहलाना नहीं चाहता। पराजित शरीरवाला मनुष्य संसार को अपनी आत्मा से जीतना चाहता है।

भारत की आत्मा प्रवास में है। वह अपने आलोक से पश्चिम को चमत्कृत करना चाहती है। हमारा कवि सिर्फ वही स्वर फूँकना सीख रहा है जो किसी देश अथवा जाति-विशेष में सीमित न रहकर निखिल ब्रह्मांड का नाद बन सके। जो सर्वनिष्ठ है, जो सबका है, हमारा कवि भी वही होकर रहेगा। प्रशंसा के दो शब्दों के लिए अब वह अपने आस-पास कान नहीं लगाता। उसे वह सुयश चाहिए जो उसके देश की सीमाओं के पार से आता है।

भारत का ग्रामवासी हृदय अपने कवि के इस अभियान को श्रद्धा से देखता है। बाहर से आया हुआ मुकुट उसके मस्तक पर देखकर उसे एक प्रकार का हर्ष होता है;

लेकिन, इस हर्ष के पीछे एक टीस है जिसे किसी ने लिखा नहीं। हर्ष आगे है, उसे सब देखते हैं। दर्द पीछे है, उसे कोई देख नहीं पाता। गाँव में रहनेवाले बाप और उसके सिविलियन बेटे की मुलाकात में एक मूक पीड़ा का व्यवधान है। इस हर्ष के चारों ओर चमत्कार है, उल्लास नहीं। बाप बेटे की उन्नति से प्रसन्न तो जरूर है, लेकिन अपने प्यारे पुत्र को गले लगाने की हिम्मत वह नहीं कर सकता।

प्रवासी कवि! तुम बहुत बड़ा काम कर रहे हो, लेकिन प्यारा काम नहीं। तुम दूसरों का घर सजा रहे हो, अपना घर नहीं। तुम्हें अमरता के लोभ ने आ घेरा है; लेकिन मरनेवालों के आशीर्वाद और प्यार से तुम वंचित हो रहे हो। आकाश और पाताल को बाँधनेवाले वीर, तुमने अपनी माँ की झोपड़ी नहीं बाँधी।

"शरत् का मेघ आकाश से विदा हो रहा है। सारी प्रकृति रो रही है, सारा आसमान उदास है, धरती निर्वाक् और दिशाएँ मौन हैं।" तुम सचमुच बहुत ऊँचा लिखते हो कवि! आकाश बहुत बड़ा और बहुत ऊँचा है। उसे सारी दुनिया एक साथ देखती है। तुम्हारे संवाद-गीत से चौंककर दुनिया ने आकाश की ओर देखा। विश्व के यन्त्राकुल प्राणों को यह सुनना बहुत अच्छा लगा कि "शरत् का मेघ आकाश से विदा हो रहा है।" यन्त्राकुल विश्व ने यह समझा कि कारखानों के धुओं से पार एक चीज है, जो कवियों का विषय बन सकती है। शरत् का मेघ आकाश से विदा हो रहा है और प्रकृति रो रही है। इस चित्र में घबराए हुए संसार के हृदय को एक तरलता मिलती है। लेकिन, भारत का ग्रामवासी हृदय प्रकृति के साथ रोता नहीं। शरत् के आने पर मेघों को जाना ही चाहिए। जाएँ नहीं तो रब्बी की फसल बोई कैसे जाएगी?

भारत की मिट्टी कहती है—"कवि, तुम्हारा जन्म मेरी कोख से हुआ है। चाहिए तो यह था कि तुम पहले मेरा पात्र भरते। मेरे पात्र से उफनकर जो रस बाहर को बह जाता वह दुनिया का होता। लेकिन, हाल ठीक उलटा है। तुम पहले विश्व का पात्र भर रहे हो और उससे छिटककर गिरा हुआ रस मुझे दे रहे हो।"

कालर और टाई बाँधकर चलनेवाले कवि, तुम अपने ही घर में पहचाने नहीं जा रहे हो। संसार के साथ भारत का ग्रामवासी हृदय भी तुम्हारा आदर करता है, लेकिन वह सहज रूप से तुम्हें प्यार करने में डरता है। बाजारों में तुम्हारी कविता की पुस्तकें बिकती हैं, बेल-बूटों के बीच सजाई हुई तुम्हारी कविताएँ नगर का सम्मान पा रही हैं। दूर देशों के आलोचक तुम्हारे पास स्तुति और आशीर्वाद भेजते हैं। संसार तुम्हें पुरस्कृत करके तुम्हारा सम्मान करता है, लेकिन भरतीय जनता की हृदय-शिराओं में प्रवेश करने का द्वार तुम्हारी कविता को नहीं मिल रहा है। वह जिनके हृदय से निकली है, उन्हीं तक पहुँचकर रह जाती है। भारतीय मिट्टी से तुम्हारा जन्म तक का सरोकार है। धूल झाड़कर तुम ज्यों ही उठ खड़े हुए, तुम्हें सभ्य जीवन, विश्व-विजय और आकाश-भ्रमण की कामना ने अपनी गोद में उठा लिया। विश्व-वाटिका के अपरिचित फूलों का रस चूसनेवाले मधुकर! तुम्हें अपनी बाड़ी के फूलों का स्वाद नहीं मिला।

तुम विश्व के साहित्यिक आन्दोलनों में भाग लेकर यह दिखाना चाहते हो कि भावी संस्कृति के निर्माण में भारत का योग भी प्रमुख होगा। तुम सामाजिक और राजनीतिक आन्दोलनों की वाणी बनकर आगामी इतिहास में अपने लिए एक पृष्ठ सुरक्षित कर लेना चाहते हो। लेकिन, क्या तुम्हें याद है कि तुम्हारे अपने इतिहास के पृष्ठ खाली जा रहे हैं?

विश्व के मंच पर तुम जिनका प्रतिनिधित्व करने जा रहे हो, उन्हें साथ ले लेने को लौटो मेरे कवि! गाँवों के बीच की अन्तराल भूमि कुछ कहना चाहती है। बहुत दिनों से एक गाँव दूसरे गाँव की ओर टुकुर-टुकुर देख रहा है। इनके हृदय की व्यवस्थाओं को देखो। बैलों को लेकर खेत से लौटनेवाला किसान धीरे-धीरे क्यों चल रहा है? बागों में सावन के झूले क्यों नहीं पड़ते? बेटियाँ होली के दिन भी पुराने कपड़े क्यों पहने हुई हैं? दीवाली के दिन सुबरन के घर के चिराग शाम ही को क्यों बुझ गए? लगती हुई भैंस को मनोहर दीवाली के मौके पर भी कौड़ियों की माला क्यों नहीं पिन्हा सका? कुछ सोचते हो कवि?

"अस्सी बरस का इलाही, जिसके अब एक बारह बरस के नाती के सिवा और कोई जीवित नहीं है, आज नाती के साथ कब्रिस्तान में घूम रहा है।" उसके मन की बात जानते हो द्रष्टा?

तीज के दिन जब सभी सुहागिनें अपने सुहाग का उत्सव मनाती हैं तब गाँव के उस टीले की चार विधवा युवतियाँ क्या सोचती हैं? और उसी दिन गाँव के मन्दिर में छिपकर यह सीधी-सादी क्वाँरी नागमती क्या भीख माँग रही थी? और कल नदी-किनारे बबूल के वन में रामधनी को रुपिया के साथ घुल-मिलकर बातें करते कुछ लोगों ने देख लिया। आज गाँव में जगह-जगह उसी कलंकिनी की चर्चा है। कुछ मालूम है कि आज रुपिया और रामधनी अपने-अपने घरों में मुँह छिपाए क्या सोच रहे हैं?

तुलसी-चौरे पर शाम को जो दीप जला करता है, उसमें गृहिणी की कौन-सी कामना बलती है? वह सुनो, मन्दिर के घंटे का नाद और आरती की मंगलध्वनि भारत का शाश्वत अमरता का सन्देश अन्धकार में बिखेर रही है। आरती और अजान, क्या इनसे भी विलक्षण काव्य-द्रव्य कहीं और हैं?

हाय! तुम केवल किताब की बातें समझते हो। पुस्तकीय वेदना तुम्हारे लिए गेय हैं। वृन्दावन के राधाश्याम तुम्हारे लिए प्रेम के देवता हैं। सिंप्सन के लिए राज्य छोड़नेवाले सम्राट् तुम्हारे आराध्य हैं। तुम नहीं जानते कि मिट्टी की मूरतों में भी प्रेम और विरह के दोल चलते हैं। पिछली रात को भैंस चराता हुआ रामदीन अपनी मामूली बाँस की बाँसुरी में न जानें कौन-सी आकुल तान छेड़ता है। उसकी तान की हिलोर में न जानें किस सुन्दरी की तस्वीर डोलती है। न जानें किसने उसके हृदय को तोड़ दिया है। न जाने कौन उससे कहती है—"प्यारे, घर जाकर सो रहो, मेरे लिए अब अधिक वेदना मत सहो।"

आषाढ़ का आकाश नव नीरद के भार से झुक जाता है। गाँव में नई फसल बोने की खुशियाँ मनाई जाती हैं। लेकिन, आषाढ़ के मेघ और किसान के दिल के बीच जो आनन्द की एक बाढ़ आती है, उसे तुम नहीं देखते। होली, दशहरा, तीज, दीवाली और छठ, इनके चित्र तुम्हारे भव्य चित्रालय में नहीं हैं। रूढ़ियों का बन्धन तोड़कर जो आवेग फूटने को व्याकुल है वह तुम्हारे लिए हीन, अतः अस्पृश्य है। मिट्टी मुखर तो नहीं, मगर दर्दीली जरूर होती है।

प्रवासी कवि! तुम्हारे गीत कालर, टाई और धुले कपड़ों के गीत हैं। उनमें इत्र और फुलेल की खुशबू है--सोंधी मिट्टी की महक नहीं। उनमें लिपिस्टिक और रासायनिक योगों का रंग है--धान के नए कोमल पत्तों की हरीतिमा नहीं। सभ्य समाज का हँसना और रोना, दोनों ही अर्थपूर्ण होते हैं। उसने तुम्हें रिझा लिया है। जरा उन्हें भी देखो जिनका हँसना और रोना केवल हँसना और रोना ही होता है।

गाँव की मिट्टी तुम्हें बुलाती है कवि! टाई और कालर खोलकर फेंक दो। धुले कपड़ों और रंगीनियों का मोह तुम्हारे बन्धन और व्यवधान हैं। तुम जैसा जन्मे थे वैसा ही बनकर अपने घर आओ। माँ ने जो बोली तुम्हें सिखलाई थी उसी में बोलते हुए तुम घर लौटो। उस बोली को केवल मनुष्य ही नहीं, गाँव के पशु-पक्षी और फूल-पत्ते भी समझेंगे। पहले अपना पात्र भरो। उफनाया हुआ रस बाहर आएगा और संसार तुम्हें खोजता हुआ तुम्हारे घर तक आकर रहेगा।

(मिट्टी की ओर)

हिन्दी कविता में एकता का प्रवाह

अक्सर देखा गया है कि किसी देश के लोगों में राष्ट्रीयता का भाव उस समय पैदा होता है, जब वह देश किसी और देश का गुलाम हो जाता है। जब मुसलमान हिन्दुस्तान के शासक हुए, तब इस देश में राष्ट्रीयता को जन्म देनेवाली हालत पैदा हो गई थी, लेकिन राष्ट्रीयता उस समय जन्मी नहीं। हम्मीर और खुमार जैसे हिन्दू वीरों के चरित्र पर जो काव्य लिखे गए, उनमें एक प्रकार की राष्ट्रीयता की झलक जरूर थी, मगर वह राष्ट्रीयता बहुत दूर सीमित भी रही। असल में इन काव्यों में हिन्दू-राष्ट्रीयता नहीं, वैयक्तिक वीरों की प्रशस्ति है। हाँ, औरंगजेब के जमाने में हिन्दू-राष्ट्रीयता में एक जबर्दस्त उभार जरूर आया जिसके कवि भूषण हुए। मगर हिन्दी के आलोचक भूषण को भी राष्ट्रीय कवि नहीं मानते, क्योंकि पश्चिम से आनेवाली राष्ट्रीयता की सभी शर्तें उनसे पूरी नहीं होती हैं।

हमारे देश में राष्ट्रीयता का असली जन्म उन्नीसवीं सदी में हुआ, जब अंग्रेजी सल्तनत यहाँ अपना पाँव जमाकर बैठ गई और उसके जहर का अनुभव हिन्दू और मुसलमान दोनों ही करने लगे। अंग्रेजी राज के साथ यूरोप से जो ज्ञान, विज्ञान, धर्म और नैतिकता के नए भाव इस देश में आए, उनके सामने हिन्दू और मुसलमान—दोनों ही जातियाँ काँपने लगीं। हिन्दू धर्म और इस्लाम—दोनों में से किसी के भी पास वह चीज नहीं थी जिसे लेकर यह देश यूरोप ये आए हुए विज्ञान और बुद्धिवाद का मुकाबला करता। निदान, जिन हिन्दुस्तानियों को अंग्रेजी की शिक्षा मिली, उनमें से अधिकांश लोग अपने धर्म, अपनी संस्कृति और अपनी तहजीब की निन्दा करने लगे। हिन्दुस्तानियों के द्वारा हिन्दुस्तान के मजहब और तहजीब की ऐसी आलोचना शुरू हुई कि एक घमासान-सा मच गया और ऐसा लगने लगा कि यह देश अब पोशाक, रहन-सहन, खान-पान और विचार—सभी दृष्टियों से यूरोप बन जाएगा। भारत की पुरानी और जकड़ी हुई सभ्यता यूरोप की जवान और उच्छल सभ्यता से टकरा गई थी और इस धक्के से उसके अंग-अंग काँप रहे थे। मगर इस बूढ़ी सभ्यता ने तुरन्त ही अपने को सँभाला और इस चुनौती का जवाब देने के लिए वह अपने भीतर नई स्फूर्ति, नई ताकत और ताजगी लाने की कोशिश करने लगी। हिन्दू जाति के भीतर से राजा राममोहन राय, केशवचन्द्र सेन, बंकिमचन्द्र, परमहंस रामकृष्ण और स्वामी विवेकानन्द

उत्पन्न हुए, जिन्होंने हिन्दू धर्म की पुरातनता को धो-मांजकर उसका एक ऐसा रूप खड़ा कर दिया जिस पर अंग्रेजी पढ़े-लिखे हुए हिन्दुओं की भी श्रद्धा हो सकती थी। इसी प्रकार, इस्लाम के भीतर से सर सैयद अहमद खाँ, मौलाना हाली और वहाबी आन्दोलन के कई नेता प्रकट हुए जिन्होंने कुरीतियों को हटाकर इस्लाम का एक निर्मल रूप दुनिया के सामने रखा। इस्लाम को शुद्ध करनेवाले इस आन्दोलन के पहले कवि हाली और दूसरे कवि सर मोहम्मद इकबाल हुए।

यहाँ यह याद रखना चाहिए कि यूरोपीय सभ्यता की टकराहट से हिन्दुत्व और इस्लाम—दोनों की नींद टूटी और दोनों ही अपने भीतर उस ताकत की खोज करने लगे जिसे बढ़ाकर वे विज्ञान, ईसाइयत और नवीन बुद्धिवाद या रैशनेलिटी के हमलों का जवाब दे सकते थे। और दोनों को यह दिखाई पड़ा कि इस चुनौती का जवाब देने का रास्ता सिर्फ एक है और वह यह कि हम अपने धर्म और संस्कृति के उन प्राचीन सत्यों को जोर से पकड़ें जो अमर हैं और उनका मेल उन नए सत्यों से बिठाएँ जो पच्छिम से आ रहे हैं। राजा राममोहन राय अंग्रेजी के साथ संस्कृत, अरबी और फारसी के भी पंडित थे तथा रामकृष्ण परमहंस कुछ दिनों तक इस्लाम और ईसाइयत की भी साधना कर चुके थे। अतएव, साधना और भीतर से हिन्दुत्व का जो रूप निखरा, वह भारत में फैले हुए सभी धर्मों के सामंजस्य का प्रतीक बन गया।

इस आन्दोलन को हम रिनासां या भारत का नवजागरण कहते हैं और इस नवजागरण ने हमारे देश में राष्ट्रीयता का विकास किया। जब रिनासां या नवजागरण का काल आता है, तब जातियों के कुछ प्राचीन सत्य दुबारा जन्म लेते हैं और जातियां अपने इतिहास के उस हिस्से से जा चिपकती हैं जो गुजर चुका है, मगर जिसकी याद से लोगों में स्वाभिमान की रोशनी उमड़ती है। हिन्दुस्तान में भी यही हुआ और बदकिस्मती की बात यह हुई कि अपने पिछले इतिहास को देखते हुए मुसलमान अरब और कुरान की ओर बढ़ते गए और हिन्दू प्राचीन धर्मशास्त्र, वेद तथा उपनिषद की ओर। नतीजा यह हुआ कि दोनों ही जातियों ने अपनी उन विशिष्टताओं पर ज्यादा जोर देना शुरू किया जो उन्हें अलग करनेवाली थीं, उन पर नहीं जो उन्हें मिलानेवाली थीं और जिन्हें हिन्दुओं और मुसलमानों ने आपस में मिलकर तैयार किया था। हिन्दुओं और मुसलमानों की मिली-जुली संस्कृति के नेता शहंशाह अकबर हुए थे, मगर नवजागरण के बाद श्रद्धा के पात्र अकबर नहीं रहे, कुछ लोगों ने धीरे-धीरे यह पद सम्राट औरंगजेब को दे दिया। भारत में जो रिनासां आया, उसका सबसे बड़ा दोष यह रहा कि उसने हिन्दुओं और मुसलमानों की आँखों को घुमाकर उनके सिर के पीछे कर दिया। आँखें सामने रहें तो हम भविष्य को देख सकते हैं। वे अगर पीठ पर चली जाएँ तो हमें सिर्फ भूत या गुजरा हुआ जमाना ही दिखलाई पड़ेगा।

रिनासां से प्रेरित यह राष्ट्रीयता जब साहित्य में उतरी, तब यह बात स्पष्ट हो गई

कि नए हिन्दू और नए मुसलमान किस तरफ को जा रहे हैं। उस समय, मुस्लिम राष्ट्रीयता के कवि मौलाना अल्ताफ हुसैन हाली हुए जिनके 'मुसद्दस' नामक काव्य ने भारतीय जनता के जागरण की दिशा में बड़ा काम किया लेकिन यह भी ठीक है कि 'मुसद्दस' लिखने की प्रेरणा कवि को विशेषतः मुस्लिम-समाज की दुर्दशा से मिली थी। बल्कि हाली में हम जहाँ-तहाँ इस बात का भी रोना पाते हैं कि भारत में आकर इस्लाम का रूप विकृत हो गया है और हिन्दुत्व से मेल-जोल बढ़ाकर उसने अपनी काफी नुकसानी कर ली है।

वो दीने-हे जाजी का बेबाक बेड़ा,
निशां जिसका अक्साये—आलम में पहुँचा,
किए पै सिपर जिसने सातों समुन्दर,
वो डूबा दहाने में गंगा के आकर।

इसी तरह हिन्दी के सबसे बड़े कवि श्री मैथिलीशरण गुप्त की 'भारत-भारती' भी मुख्यतः हिन्दू राष्ट्रीयता को उत्थान देने को प्रकट हुई और उसने हिन्दुओं का ध्यान उस गुलामी की ओर आकृष्ट किया, जो खत्म हो चुकी थी और जिसकी जगह पर अब नई गुलामी आ गई थी जिसके नीचे हिन्दू और मुसलमान, दोनों ही तड़प रहे थे।

अंग्रेजों के आने से जो स्थिति पैदा हो गई थी, उसका सही चित्रण आगे चलकर इकबाल ने किया :

बुतखाने के दरवाजे पर सोता है बरहमन,
तकदीर को रोता है मुसल्मां तहे मेहराब।

लेकिन 'भारत-भारती' के जमाने तक हिन्दी में यह अनुभूति साफ नहीं हुई थी। इसलिए 'भारत-ारती' के कवि ने लिखा :

अन्यायियों का राज्य भी क्या अचल रह सकता कभी?
आखिर हुए अंग्रेज शासक राज्य है जिनका अभी।

मगर हिन्दुओं में मुसलमानों के बीच इस बढ़ती हुई दरार को पाटने की कोशिश में कांग्रेस अपने जन्मकाल से ही पिल पड़ी और जिस राष्ट्रीयता का प्रतिनिधित्व कांग्रेस करती थी, उसके नारे हिन्दी भाषा के हृदय पर अमिट अक्षरों में अंकित हो गए। हिन्दी के हृदय की लिखावट इतनी मजबूत है कि उस पर साम्प्रदायिक दंगों का कोई असर नहीं हुआ और न नोआखाली, बिहार और पंजाब की खूंरेजियाँ ही उस पर कोई धब्बा छोड़ सकी हैं। सबसे बड़ी बात तो यह है कि जिस कवि ने भारत-भारती लिखकर एक प्रकार से मौलाना हाली के मुसद्दस का जवाब दिया था, उसने भी एक बार राष्ट्रीय एकता के स्वर को अपना लेने के बाद फिर कभी अपनी राह नहीं बदली और उसकी कविता ने कांग्रेस, गांधी, आजाद और जवाहरलाल के आदर्श को बराबर ऊँचा रखा है। उन्नीसवीं सदी में 'हिन्दी, हिन्दू, हिन्दुस्तान' की आवाज पं. प्रतापनारायण

मिश्र ने लगाई थी, मगर यह आवाज उन्हीं के साथ खत्म भी हो गई। उनके बाद के कवियों ने भारत की सभी जातियों को मिलाकर राष्ट्रीय एकता को मजबूत करने के आदर्श को बराबर सामने रखा है।

पं. श्रीधर पाठक ने अपने 'भारत-गीत' में

जय हिन्दू जन, जय मुस्लिम गन,
जैन, पारसी, बौद्ध, क्रिश्चियन,

सभी की जय-कामना एक ही भाव से की और पं. गिरिधर शर्मा ने भारत का जो चित्र खींचा, उसमें सभी प्रान्त भारत के अविच्छिन्न अंग माने गए :

पंजाबी, गुजरात-निवासी,
बंगाली हो या ब्रजवासी,
राजस्थानी या मद्रासी,
सबके सब हैं भारतवासी।

स्नेही जी ने भारत के तीस कोटि लोगों की तुलना तीस कोटि देवताओं से की और 'हर-हर-महादेव' तथा 'अल्ला हो अकबर' के बीच उन्होंने कोई भेद नहीं माना :

करते हो किस इष्ट-देव का आँख मूँदकर ध्यान?
तीस कोटि लोगों में देखो तीस कोटि भगवान।

तथा

कह दो 'हर-हर' यार! या 'अल्ला-अल्ला' बोल दो।

मन्दिर, मस्जिद और गाय को लेकर हिन्दुस्तान में जो साम्प्रदायिक दंगे चलते रहे, उनका आघात हिन्दी कविता ने बराबर अनुभव किया और बराबर वह भारतवासियों को क्षुद्र धर्म से ऊपर उठकर सच्चे मानव-धर्म की याद दिलाती रही :

खूँ बहाया जा रहा इंसान का
सींगवाले जानवर के प्यार में;
कौम की तकदीर फोड़ी जा रही
मस्जिदों की ईंट की दीवार में।

तथा

नूर एक वह रहे तूर पर, या काशी के द्वारों में।
ज्योति एक वह खिले चिता में, या छिप रहे मजारों में,
बहती नहीं उमड़ कूलों से, नदियों को कमजोर कहो,
ऐसे हम, दिल भी कैदी है ईंटों की दीवारों में।

और जब सन् 1946 ई. में नोआखाली और बिहार में दंगे शुरू हुए, तब भी हिन्दी कविता मौन नहीं थी। वह विनाश के नज्जारों को देखकर चीख रही थी, ढार मारकर रो रही थी, करुण स्वरों में पुकार रही थी। मगर देश की बदकिस्मती ने लोगों के कान बहरे कर दिए :

ओ बदनसीब, इस ज्वाला में
आदर्श तुम्हारा जलता है।
समझाएँ कैसे तुम्हें कि
भारतवर्ष तुम्हारा जलता है।
जलते हैं हिन्दू-मुसलमान,
भारत की आँखें जलती हैं।
आनेवाली आजादी की,
लो, दोनों पाँखें जलती हैं।

हिन्दी में एकता के आदर्श के लिए काम करनेवाले कवियों में माधवप्रसाद शुक्ल, माखनलाल चतुर्वेदी, मैथिलीशरण गुप्त और सुभद्रा कुमारी चौहान के नाम आदर से लिए जाते हैं। लेकिन ऐसा नहीं है कि राष्ट्रीयता की आवाज केवल हिन्दी कविता के ही कंठ से निकली, उर्दू के कवियों ने भी उस आदर्श को पकड़ा जिसके लिए कांग्रेस संघर्ष कर रही थी। इन उर्दू कवियों में सबसे ऊपर इलाहाबाद के विख्यात राष्ट्रीय कवि अकबर रहे, जिनकी पंक्तियाँ क्या हिन्दू और क्या मुसलमान—सबकी जिह्वा पर आज तक चढ़ी हुई हैं। सर सैयद और मौलाना हाली तथा बाद के इकबाल राष्ट्रीयता की जिस धारा के समर्थक थे, अकबर उस धारा के बिलकुल खिलाफ थे और वे सच्चे मन से हिन्दू-मुस्लिम एकता के लिए प्रयास कर रहे थे :

हिन्दू-मुस्लिम एक हैं दोनों,
यानी दोनों ही एशियाई हैं।
हमवतन, हमजुबाँ व हमकिस्मत,
क्यों न कह दूँ कि भाई-भाई हैं?

उन्होंने एक सपना देखा था कि :

मुहर्रम और दशहरा साथ होगा,
निबाह इसका हमारे हाथ होगा,
खुदा की ओर से ही है ये संयोग,
रहें तब क्यों नहीं मिल करके हम लोग?

जिस आदर्श को अकबर साहब ने सरलता से देश के सामने रखा, उसी आदर्श को ओज, वीरता और निर्भीकता के साथ लिखने का श्रेय चकबस्त और जोश को है। बल्कि जोश साहब के विषय में इतना ही कहना यथेष्ट नहीं है। असल में हिन्दी के बाहर एकता और क्रान्ति की जो दो सबसे बड़ी आवाजें उठ रहीं थीं, उनमें एक तो बंगला के तेजस्वी कवि काजी नजरुल इस्लाम की थी और दूसरी उर्दू के प्रतापी कवि जोश की। हिन्दुस्तान के नौजवानों के हृदय को जोश ने कुछ इस ढब से पकड़ा कि वे अनायास ही हिन्दू और मुसलमान दोनों के प्यारे हो गए।

मगर अकबर, चकबस्त और जोश तथा श्रीधर पाठक, मैथिलीशरण और माखनलाल हार गए। जीत उनकी हो गई जो इकबाल की धारा के साथ थे। लेकिन हमारा खयाल है कि यह जीत क्षणस्थायी है। जमीन के कटने और बँटने से आदमी का दिल नहीं बँटना चाहिए। हम जिस आदर्श के लिए लड़ रहे हैं, वह आनेवाली मनुष्यता का आदर्श है। हम जिस दुनिया को अस्तित्व में लाने की कोशिश कर रहे हैं, वह एक ऐसी दुनिया है जहाँ धर्म मनुष्य को आपस में एक करता है, जहाँ राजनीति जनता में बदगुमानी नहीं फैलाती और जहाँ मनुष्य यह महसूस करके एक-दूसरे से सट जाता है कि हम सब-के-सब किसी एक ही बिन्दु से आए हुए हैं।

आज की हालत निराशा और अंधकार जरूर पैदा करती है। एक ही जमीन के दो टुकड़ों के बीच एक नकली रेखा है जो पेड़ों, पहाड़ों और नदियों को ही नहीं, आदमियों को भी बाँटे हुए है। मगर पेड़, पहाड़ और नदी नहीं, भले-बुरे को पहचाननेवाला मनुष्य है। यह रेखा बना रहना चाहती है तो अपनी जगह पर बनी रहे, मगर आदमी आदमी से अलग नहीं रहेगा। हमारी राह प्रेम और मुहब्बत की राह है। घृणा, कलह और बदगुमानी की राह से जो बाजी हम हार बैठे हैं, उसे हम प्रेम और मुहब्बत से वापस लाएँगे। हिन्दी कविता आज भी निराश नहीं है। वह हिन्दुओं और मुसलमानों को बाँधकर अलग रखनेवाली जंजीरों और भारत तथा पाकिस्तान को बाँटनेवाली दीवारों से ललकारकर कह रही है :

विश्वास बँधे, जंजीरों में यह जोर कहाँ?
रुक सके प्रेम, यह ताव कहाँ दीवारों में?
उस पार प्रेम की नदी लहर कर जागेगी,
हो टीस अगर सच्ची इस पार पुकारों में।

(रेती के फूल)

हिन्दू-मुस्लिम एकता

ऊपर जो कुछ कहा गया है, उससे यह बात स्पष्ट हो जाती है कि हिन्दू चाहे उत्तर में हों या दक्षिण में, पूर्व में हों या पश्चिम में—वे एक ही जाति के सदस्य हैं, क्योंकि उनका धर्म एक है, उनके शास्त्र एक हैं, उनके पुराण एक हैं और उनका साहित्य एक है। गर्चे भारत के सभी हिन्दू एक ही भाषा नहीं बोलते, लेकिन उनकी सभी भाषाओं में धर्म के एक भाव हैं, चिन्तन का एक ही रूप है और अनुभूति की एक ही दिशा है। कौन हिन्दू आर्य हैं और कौन हिन्दू आर्य नहीं हैं, इस विलगाव का अब कोई उपाय नहीं है। वे अनेक जातियों से, अनेक वंशों से आकर एक धर्म और एक संस्कृति की छाँव में खड़े हुए थे। यह इतिहास से भी पहले की बात है। लेकिन पिछले 4-5 हजार वर्षों में उनके बीच इतना मिश्रण हुआ कि अब वे एक ही जाति के सदस्य हैं।

जहाँ तक भारतीय मुसलमानों का सम्बन्ध है, उनमें से बहुत थोड़े ऐसे हैं, जिनके पुरखे अरब और ईरान से आए थे। अति विशाल संख्या तो उन्हीं लोगों की है, जिनके पुरखे हिन्दू थे और हिन्दू से ही वे मुसलमान हो गए। लेकिन धर्म बदलने से स्वभाव नहीं बदलता, आदतें नहीं बदलतीं, जीवन का दृष्टिकोण नहीं बदलता और न राष्ट्रीयता बदलती है। जो भी मुसलमान भारत से बाहर जाता है, वह पहले हिन्दुस्तानी और बाद को मुसलमान समझा जाता है। हिन्दुस्तानी समाज के ढब और ढाँचे तथा तौर-तरीके केवल हिन्दुओं तक ही सीमित नहीं हैं, वे मुसलमानों में भी पाए जाते हैं।

सामान्यतः लोग यह समझते हैं कि इस्लाम भारतवर्ष में मोहम्मद गजनी और मोहम्मद गोरी के साथ पहुँचा; किन्तु यह बात सत्य नहीं है। जब हजरत मोहम्मद धराधाम पर मौजूद थे, तभी मालाबार में कुछ लोगों ने इस्लाम-धर्म स्वीकार कर लिया था। कहते हैं कि हजरत मोहम्मद ने एक बार चमत्कार दिखाया और चाँद के दो टुकड़े कर दिए। टूटा हुआ चाँद मालाबार में भी दिखाई पड़ा और अरब के कुछ सौदागरों ने, जो मालाबार के समुद्र-तट पर ठहरे हुए थे, लोगों से कहा कि यह हजरत मोहम्मद का चमत्कार है। इसी चमत्कार से प्रभावित होकर मालाबार के कुछ हिन्दू मुसलमान हो गए।

मोहम्मद गजनी और मोहम्मद गोरी के साथ जो इस्लाम भारत पहुँचा, उसके प्रति

उस समय लोगों के भीतर कटुता के भाव थे; किन्तु मालाबार में जब लोग मुसलमान हुए थे, तब इस्लाम को उन्होंने भक्ति से स्वीकार किया था।

जैसे इस्लाम भारतवर्ष में हजरत मोहम्मद के जीवनकाल में ही पहुँचा था, उसी प्रकार ईसाइयत भी दक्षिण भारत में उसी समय आ गई थी, जब इंग्लैंड के लोग ईसाई नहीं हुए थे। जब यहूदियों पर अत्याचार होने लगे, तब बहुत-से यहूदी भी अपने धर्म की रक्षा करने के लिए बाहर से भागकर हिन्दुस्तान आ गए। इसी प्रकार जब फारस में पारसी लोगों पर मुसलमानों का अत्याचार शुरू हुआ, सन् 936 ई. में वे भी भागकर हिन्दुस्तान आ गये। इसीलिए यह समझना अधिक सत्य है कि भारतवर्ष केवल हिन्दू धर्म का देश नहीं है। उसके भीतर ईसाई, यहूदी, पारसी और मुसलमान भी बहुत दिनों से बसते आए हैं। खुशी की बात यह है कि जो भी धर्म शरण खोजते हुए भारतवर्ष आ गए, उन्हें हिन्दू-धर्म ने कोई कष्ट नहीं दिया। हिन्दू-धर्म के साथ ये सभी धर्म पूरी शांति के साथ ये सभी धर्म पूरी शांति के साथ फलते-फलते रहे हैं।

चन्दबरदाई

इस्लाम से भारत का परिचय दो रूपों में हुआ। पहला रूप वह था, जब मालावार के हिन्दू इस्लाम के प्रति भक्ति होने से मुसलमान हो गए थे। दूसरा रूप वह हुआ, जब गजनी और गोरी की तलवार के भय से हिन्दुओं को इस्लाम कबूल करना पड़ा। गजनी और गोरी का समय इतिहास का अप्रिय काल है। उस समय विजेता धर्म के रूप में भारतवर्ष पहुँचा था, उसने मन्दिरों का ध्वंस किया, मूर्तियों को तोड़ डाला और जबरदस्ती लोगों को धर्म-परिवर्तन के लिए लाचार किया। यह दो सभ्यताओं के बीच टकराहट का काल था और उसकी आवाज कर्कश थी। पठानों के समय राज्य इस्लामी कानून के हिसाब से चलता था और हिन्दू द्वितीय श्रेणी के नागरिक बन गए थे। यह स्थिति काफी दिनों तक चली, लेकिन जब लोगों ने देख लिया कि मुसलमान इसी देश को अपना देश मानकर रहने लगे हैं, तब इस्लाम के प्रति उनका भाव उदार होने लगा।

पठानों के काल में हिन्दू और मुस्लिम—दोनों ही धर्मों के बीच से सूफी और सन्त पैदा हुए, जिन्होंने हिन्दू-मुस्लिम-एकता पर बहुत अधिक जोर दिया। उससे भी पहले चन्दबरदाई हुए। चन्दबरदाई राजा पृथ्वीराज के कवि और मित्र थे। उन्होंने पृथ्वीराज-रासो की रचना की है, जो हिन्दी का आदि महाकाव्य समझा जाता है। चूँकि मोहम्मद गोरी ने राजा पृथ्वीराज को हराया और उनका वध किया था, इसलिए अनुमान यही निकलता है कि चन्दबरदाई इस्लाम को शत्रु-भाव से देखते होंगे; किन्तु चन्दबरदाई ने इस्लाम को शत्रु-भाव से नहीं देखा, उसे भी हिन्दू धर्म के समान ही पवित्र और महान धर्म माना। रासो के आरम्भ में उन्होंने लिखा है कि मैं केवल पुराणों का ही सत्य नहीं लिख रहा हूँ, मेरा विषय कुरान का भी सत्य है :

उक्ति धर्म विशालस्य राजनीति नवं रसं,
षट् भाषा पुराणं च कुरानं कथितं मया।

यही हिन्दू-धर्म की विशेषता है। हिन्दू-धर्म की शिक्षा है कि सभी धर्म समान हैं, सभी धर्म अच्छे हैं और सभी धर्मों की अनुभूति अन्त में जाकर एक ही होती है। इसीलिए सच्चा हिन्दू किसी भी धर्म से घृणा नहीं करता। हिन्दू-धर्म की इसी विशेषता ने चन्दबरदाई को कुरान और पुराण—दोनों को समान दृष्टि से देखने की शक्ति दी थी।

पठान सुलतान उलमाओं के मार्ग-दर्शन में चलते थे और उलमाओं का उपदेश यह था कि जो सुलतान अधिक-से-अधिक काफिरों को मुसलमान बनाएगा, अधिक-से-अधिक मन्दिरों और मूर्तियों को तोड़ेगा, वही सबसे बड़ा सुलतान है। अतएव सुलतानों के लिए यह जरूरी हो गया कि उलमाओं की इच्छा-पूर्ति के लिए वे हिन्दू-धर्म पर अत्याचार करें। लेकिन मुसलमानों के सूफी सन्त उलमाओं के साथ नहीं थे। वे धर्मों के बाहरी रूप को महत्त्व नहीं देते थे। उनका सारा जोर धर्मों की एकता पर था और यही भाव इस्लाम के प्रति हिन्दू-साधकों और सन्तों का भी था।

अमीर खुसरो

इस्लाम के भीतर से एकता की आवाज बहुत जल्दी उठने लगी। राजा पृथ्वीराज का निधन 1192 ई. में हुआ और उसके 61 वर्ष के बाद अमीर खुसरो का जन्म हुआ। अमीर खुसरो भारत के सबसे पहले राष्ट्रीय मुसलमान थे। वे हजरत चिश्ती के शिष्य और खुद बहुत ऊँचे तबके के सूफी साधक थे। वे खड़ी बोली हिन्दी और उर्दू—दोनों भाषाओं के पिता थे। जिस भाषा में हम लोग अब अपना साहित्य लिखते हैं, उस भाषा में पहले-पहल रचना अमीर खुसरो ने आरम्भ की थी। अमीर खुसरो का लिखा हुआ एक महाकाव्य है, जिसका नाम 'नूहे सिफर' है। उन्होंने इस महाकाव्य में भारतवर्ष का वर्णन किया है। उनके वर्णन से पता चलता है कि 14वीं सदी में भी भारत संसार का सबसे अग्रणी देश था।

खुसरो की दृष्टि में भारत इसलिए वन्दनीय है कि इस देश के लोगों में ज्ञान और विविध विद्याओं का व्यापक प्रचार है। विश्व की सभी भाषाएँ भारतवासी शुद्धता से बोल सकते हैं। ज्ञान सीखने को बाहर के लोगों को भारत आना पड़ता है, किन्तु भारतवासियों को भारत से बाहर जाना नहीं पड़ता। अंकों का विकास भारत में हुआ है। विशेषतः शून्य का प्रतीक भारत का आविष्कार है। हिंदसा शब्द हिंद और असा—इन दो शब्दों के योग से बनता है। (खुसरो का खयाल था कि असा भारत के प्रसिद्ध गणितज्ञ थे।) कलीला व दमना (करटक और दमनक) की कहानी भारत में रची गई और फारसी, तुर्की, ताजी (अरबी) एवं दरी भाषाओं में उस कहानी का

अनुवाद हुआ है। शतरंज के खेल का आविष्कर्ता भारतवर्ष है। भारतीय संगीत अन्य सभी देशों के संगीत से कहीं उच्चकोटि का है। संगीत पर यहाँ केवल मनुष्य ही नहीं झूमते, उसे सुनकर यहाँ के हिरनों को भी स्तम्भ हो जाता है। अन्य किसी भी देश में खुसरो के समान भाषा का जादूगार नहीं है, गर्चे सुलतान का वह एक अदना-सा चारण है।

भारत को खुसरो ने पृथ्वी का स्वर्ग माना है और लिखा है कि आदम और हौवा जब स्वर्ग में निकले थे, तब वे इसी देश में उतरे थे। भारत के सामने खुसरो ने बसरा, तुर्की, रूस, चीन, खुरासान, समरकंद, मिस्र और कन्धार—सबको तुच्छ बताया है। फिर खुसरो ने यह भी लिखा है कि कोई मुझसे पूछ सकता है कि तू मुसलमान होकर हिन्दुस्तान की बड़ाई क्यों करता है। मेरा जवाब यह होगा कि इसलिए कि हिन्दुस्तान मेरी जन्म-भूमि है और पैगंबर साहब का हुक्म है कि तुम्हारी जन्म-भूमि का प्रेम तुम्हारे धर्म-प्रेम में शामिल होगा।

चन्दबरदाई में जो उदारता थी, वही उदारता हम राणा कुम्भा में भी देखते हैं। राणा कुंभा ने जब विजय पाई, तब उन्होंने उसकी याद में एक स्तम्भ खड़ा किया। उस स्तम्भ पर हिन्दू देवी-देवताओं के चित्र थे और मूर्तियाँ थीं। लेकिन राणा कुंभा को यह सूझा कि इस स्तम्भ पर इस्लाम को भी प्रतिनिधित्व मिलना चाहिए। अतएव अरबी अक्षरों में उन्होंने इस स्तम्भ पर निराकार ईश्वर का नाम लिखवाया। हमारे पुरखे इतने उदार थे और इस्लाम को वे हिन्दू-धर्म के निराकार पक्ष का ही प्रतिनिधि समझते थे।

जिन देशों में मुसलमानों का बहुमत नहीं है, उन देशों के मुसलमान मन से एक कठिनाई का अनुभव करते हैं। आरम्भ से ही उन्हें सिखाया गया है कि जिस देश पर मुसलमानों का राज्य नहीं है, वह देश दारूल-हरब यानी शत्रुओं का देश समझा जाना चाहिए। अतएव देश-भक्ति और धर्म-भक्ति को एक साथ ले चलने में मुसलमानों को कठिनाई होती है। आम लोगों का खयाल है कि जिस देश का शासन इस्लामीय कानून से नहीं चलता, उस देश में बसने वाले मुसलमान प्रच्छन्न विद्रोही बनकर जीते हैं। अमीर खुसरो ने यह कहकर कि आदमी का जन्म-भूमि का प्रेम उसके धर्म-प्रेम में शामिल होता है, मुसलमानों के इस अन्ध-विश्वास को फाड़ दिया था। यदि खुसरो को हिन्दुस्तान ने अपने आदर्श मुसलमान के रूप में उछाला होता, तो हिन्दुस्तान की कठिनाई कुछ-न-कुछ कम हो गई होती। आज भी मौका है कि हम खुसरो को आदर्श भारतीय मुसलमान के रूप में जनता के सामने पेश करें।

सन्तो का आन्दोलन

पठान-काल का सबसे प्रमुख आन्दोलन सूफी आन्दोलन था। यह आन्दोलन ईरानी तसव्वुफ और भारतीय वेदांत के मेल से बढ़ा था। और सूफी सन्त हिन्दू और

मुस्लिम—दोनों ही समाजों में पैदा हुए थे। सूफी फकीर आजाद तबीयते के होते थे। वे सुलतानों की परवाह नहीं करते थे, न उलमाओं के उपदेशों का वे आदर करते थे। चूँकि उलमा इन सन्तों के खिलाफ थे, इसलिए जनता सन्तों की और भी पूजा करती थी। सुलतान और उलमे जो कुछ कर रहे थे, उससे हिन्दुओं और मुसलमानों के बीच खाई बढ़ती जाती थी; लेकिन सूफी सन्तों ने इस खाई को पाटने की कोशिश की। वे इस खाई पर सेतु बन गए। मुस्लिम सूफियों के अनेक शिष्य हिन्दू होते थे। इसी प्रकार अनेक हिन्दू सन्तों के बहुत-से शिष्य मुसलमान थे। एक ऐसे समय में, जब सुलतानों और मुल्लों के धार्मिक विद्वेष के कारण हिन्दुओं का हृदय मुसलमानों से फटता चला जा रहा था, इन सूफी फकीरों और साधुओं ने बड़ा काम किया। धार्मिक एकता पर जोर देकर उन्होंने दोनों ही धर्मों के लोगों को परस्पर निकट लाने का प्रयास किया।

भारत में इस्लाम के दो रूप प्रकट हुए। मुसलमान शासक हिन्दुओं के द्रोही थे, मन्दिरों के भंजक और प्रतिमाओं के शत्रु थे। लेकिन मुस्लिम सूफी सन्तों में हिन्दुओं के प्रति शत्रुता का भाव नहीं था। वे हिन्दू और मुसलमान—दोनों को एक नए धर्म में दीक्षित करना चाहते थे, जो आत्मा का धर्म था, सच्ची मानवता का धर्म था। सभी सूफी सन्त धर्म के बाह्याचारों के खिलाफ थे। उनका सारा जोर प्रेम पर था, परमात्मा की भक्ति पर था। इसीलिए इस्लामी मुल्ले उनके खिलाफ थे और इसीलिए कबीर आदि का विरोध वैदिक धर्म के पंडितों ने भी किया। लेकिन हिन्दू जनता का एक वर्ग ऐसा भी था, जो वैदिक अनुष्ठानों और आचारों में विश्वास नहीं करता था, जिसके भीतर बहुत दूर पर बुद्ध की प्रेरणा काम कर रही थी, जिसने सरहपा-नहपा आदि बौद्ध सिद्धों के इस उपदेश को अपना लिया था कि यज्ञ झूठे हैं, ब्राह्मणों का आदर करने में कोई पुण्य नहीं है, न एकादशी और मंगल को व्रत रखने से आत्मा का कल्याण होता है। यह विचारधारा अहिंसा को मानती थी, आत्म-चिन्तन की प्रक्रिया में विश्वास करती थी और प्रतिमा-पूजन तथा तीर्थयात्रा के विरुद्ध थी। सूफियों के उपदेश सबसे अधिक इन्हीं लोगों को पसन्द और ये ही लोग इस्लाम और हिन्दुत्व के बीच प्रथम सेतु हुए। हिन्दू से मुसलमान होने वालों में सबसे अधिक संख्या इन्हीं लोगों की थी और इसी वर्ग के लोग हिन्दू रहकर भी इस्लाम से, विशेषतः, उसके सूफी आन्दोलन से प्यार करने लगे। राजनीति के धरातल पर बंटे हुए लोग धर्म के धरातल पर एक होने लगे।

महात्मा कबीरदास

अमीर खुसरो ने जो राह दिखाई थी, उसका असर कुछ अन्य चिन्तकों, साधकों और कवियों पर भी हुआ। इस मिली-जुली संस्कृति के पहले नेता अमीर खुसरो थे, मगर उसके सबसे बड़े नेता महात्मा कबीरदास हुए। सच पूछिए तो हिन्दू-मुस्लिम-एकता के

बड़े नेता इस देश में तीन हुए हैं—महात्मा कबीरदास, सम्राट् अकबर और महात्मा गांधी। अकबर और गांधीजी राजनीति के आदमी थे, अतएव उन्होंने यह कहा कि सभी धर्म ठीक हैं। अकबर ने सभी धर्मों से अच्छी बातें चुनकर दीने-इलाही की रचना की थी और गांधी जी भी अपनी प्रार्थनाओं मे सभी धर्मों की स्तुतियाँ रखते थे। किन्तु राजनीति की कोई फिक्र न होने के कारण महात्मा कबीरदास बिलकुल ही स्वतन्त्र थे। उन्होंने यह नहीं कहा कि सभी धर्म ठीक हैं, इसलिए सबको मिलकर रहना चाहिए। उनका कहना यह था कि हिन्दुत्व और इस्लाम—दोनों ही अधूरे धर्म हैं, क्योंकि वे धर्म के बाहरी रूपों में उलझे हुए हैं। अनुष्ठान और आचार—ये धर्म के मूल तत्त्व नहीं, उसके ढकोसले हैं। असली धर्म वह है, जो हिन्दुत्व और इस्लाम—दोनों का अतिक्रमण करता है, दोनों से आगे जाता है :

सुर, नर, मुनि औ औलिया, ये सब बेलें तीर,
अलह राम की गति नहीं, तहं घर किया कबीर।
हद्द छाड़ि बेहद गया, किया सुन्नि असनान,
मुनि जन महल न पावई, तहाँ किया विश्राम।

कबीर अत्यन्त क्रांतिकारी पुरूष थे। उन्होंने ही पहले-पहल हिन्दुओं और मुसलमानों की आँखों में उँगली डालकर उन्हें यह समझाया कि मन्दिर और मस्जिद के सवाल पर झगड़ने से बढ़कर बेवकूफी की कोई और बात नहीं हो सकती। आज से चार सौ साल पहले कबीर ने जो स्वप्न देखा था, वह अभी पूरा नहीं हुआ है। कबीर आनुष्ठानिक धर्म के विरुद्ध थे। वो उस धर्म का प्रचार करना चाहते थे, जिसे डॉक्टर राधाकृष्णन ने आत्मा का धर्म, यह नया नाम दिया है। सभी धर्म एक ही बिन्दु से उत्पन्न होते हैं। मूल में सभी धर्म एक हैं। भिन्नता शाखाओं को लेकर बढ़ती है। कबीर ने जो यह मन्त्र फूँका कि हिन्दुत्व और इस्लाम दोनों के दोनों अधूरे धर्म हैं तथा राम और रहीम को एक न मानना बिलकुल मूर्खता की बात है, वह काल के कानों में ऐसा बस गया कि उसकी गूँज हम सदियों से सुनते आए हैं :

हिन्दू की दया, मेहर तुरकन की, दोनों घर से भागी,
वह करै जिबह, वह झटका मारै, आगि दुओ घर लागी।
हिन्दू कहत है राम हमारा, मुसलमान रहिमाना,
आपस में दोउ लड़े मरत हैं, भेद न कोऊ जाना।

कबीर की परम्परा में अनेक सन्त और महात्मा जनमे और उन्होंने सदियों तक कबीर के एकता के नारे को बुलन्द रखा। गुरु नानक और रैदास, धन्ना और सुन्दरदास, दादूदयाल, रज्जब और मलूकदास तथा सहजो बाई और घरनीदास—ये सभी सन्त एकता के पक्षपाती थे और वे चाहते थे कि डालों पर बैठकर लड़ने के बजाए, हिन्दू और मुसलमान यदि मूल में आ जाएँ, तो उनके बीच मतभेद नहीं रहेगा :

अलह कहो, चाहे राम कहो,
डाल तजौ, सब भूल गहो।
दादू ना हम हिन्दू होहिंगे, ना हम मूसलमान,
षट्र दर्शन में हम नहीं, हम राते रहिमान।

सन्तों का एकता-आन्दोलन अत्यन्त सघन आन्दोलन था। स्वामी दादूदयाल का तो एक ऐसा दोहा भी मिलता है, जो गांधी-युग का सही नारा हो सकता था :

दोनों भाई हाथ पग, दोनों भाई कान,
दोनों भाई आँख हैं, हिन्दू मूसलमान।

लेकिन जो किस्मत सभी क्रांतिकारियों की होती है, वही किस्मत कबीरदास जी की भी हुई। कबीर के अनुयाई हिन्दू भी थे और मुसलमान भी; किन्तु उनके शत्रु भी हिन्दू और मुसलमान—दोनों ही जातियों में से निकल आए। यही हाल अकबर और गांधी का भी हुआ। चूँकि अकबर ने हिन्दुओं का हृदय जीता था, इसलिए मुल्लों के मार्गदर्शन में चलने वाले मुसलमान उसके खिलाफ हो गए। और गांधी जी ने चूँकि मुसलमानों का विश्वास प्राप्त किया था, इसलिए एक पगले हिन्दू ने उन्हें मार डाला। कबीर, अकबर और गांधी—ये असाधारण मनुष्य थे। क्या हम इतने अन्धे हैं कि ऐसे महापुरुषों की बात भी हम मान नहीं सकते? हमने गलतियाँ अनेक बार की हैं और बार-बार शिक्षा यही निकली हैं कि कबीर, अकबर और गांधी के मार्ग पर चले बिना हमारा उद्धार नहीं है।

जायसी

सूफियों की प्रेम-पीड़ा की भाषा फारसी थी। भारत में आकर उसने भारतीय रूप लेना शुरू किया। कबीरदास भी सूफी ही थे, लेकिन वे तसव्वुफ के उस रूप के कवि हुए, जिस पर हठयोग और वेदांत का प्रभाव था। तसव्वुफ की एक दूसरी भी धारा थी, जिसके भारत में अनेक कवि हुए। वे सब-के-सब मुसलमान थे। उन्होंने अपनी कविताएँ अवधी भाषा में लिखीं, क्योंकि फारसी के श्रोता तो दिल्ली में ही मिलते थे। बाकी सभी जगहों पर भारतीय भाषाओं के ही जानकार थे। इन कवियों के सिरमौर मलिक मुहम्मद जायसी हुए।

हिन्दी साहित्य के एकाध इतिहास में यह बात, संकेत के रूप में, कही गई है कि जायसी वगैरह का उद्देय भारतीय भाषा के द्वारा इस्लाम का प्रचार था। लेकिन ऐसा सोचना ठीक नहीं है। जायसी मुसलमान थे और अपने धर्म के पाबन्द थे। लेकिन कविता उन्होंने इसलिए नहीं लिखी कि उन्हें इस्लाम का प्रचार करना था, बल्कि इसलिए कि वे कवि थे और कविता लिखना उन्हें अच्छा लगता था। हाँ, वे धर्म का सूक्ष्म रहस्य जनता को जरूर समझना चाहते थे और इस जनता में हिन्दू और मुसलमान—दोनों ही जातियों के लोग थे।

इस अनुमान के लिए कोई आधार नहीं है कि हिन्दुत्व या हिन्दू समाज से उन्हें घृणा थी। हिन्दुओं के विचार, आचार और विश्वास के प्रति जायसी ने जो श्रद्धा दिखलाई है, उसे देखकर आश्चर्य होता है। वेद और पुराण की निन्दा हिन्दू नहीं सुन सकते थे, किन्तु पदमावत् का एक चरित्र राघव चेतन वेदनिन्दक है। अतएव जायसी ने उसे खल बताया है और उसकी निन्दा लिखी है। अलाउद्दीन हिन्दुओं की दृष्टि में हेय समझा जाता था। जायसी ने ग्रन्थ के अन्त में यह सूचना दी है कि अलाउद्दीन माया का प्रतीक है (माया अलादीन सुलतानु)। जायसी में यदि साप्रदायिकता रही होती, तो अलाउद्दीन को वे माया का प्रतीक नहीं कहते। मुस्लिम अत्याचार की निन्दा करने वाला मुसलमान हिन्दुओं का प्यारा होता है, यह शिक्षा हम जायसी के कृतित्व से निकाल सकते हैं। पद्मावत काव्य में विवाह का वर्णन बिलकुल हिन्दू-प्रथा के अनुसार है और अलाउद्दीन के स्वागत में जो भोज होता है, उसमें ऐसे किसी भी भोजन का उल्लेख नहीं है, जो हिन्दुओं के लिए अखाद्य हो। जायसी का मन इस देश की संस्कृति और परम्परा में पूरी तरह रंगा हुआ था।

हिन्दू-मुस्लिम-विवाह

पठानों के राज्यकाल में राजनीति तो हिन्दुओं के विरुद्ध थी, मगर धर्म, साहित्य और संस्कृति में हिन्दू और मुसलमान परस्पर समीप आने लगे थे। जब मुगलों का शासन आरम्भ हुआ, राजनीति भी कुछ मुलायम हो गई। मुगलों ने हिन्दुस्तान की सल्तनत पठानों के हाथ से छीनी थी, अतएव पठानों से उनकी पटती नहीं थी। निदान वे हिन्दुओं से मिलकर राज करना चाहते थे। बाबर ने वसीयत के जरिए हुमायूँ को सलाह दी थी कि हिन्दुस्तान पर हुकूमत करते हुए हिन्दुओं की धार्मिक भावना को ठेस मत पहुँचाना। और हुमायूँ ने भी अकबर के लिए वसीयत छोड़ी थी कि हो सके तो राजपूतों के साथ वैवाहिक सम्बन्ध स्थापित करके उनके साथ अपनी मित्रता पक्की कर लेना।

अकबर ने जब बिहारीमल कछवाहे की बेटी जोधाबाई से विवाह किया, उस समय अकबर का राज्य छोटा था और उसकी उम्र भी फकत 18 साल के करीब थी। इतिहास में इस विवाह की काफी निन्दा होती है, लेकिन राजपूतों ने इस विवाह को लेकर उस समय बलवा या विद्रोह नहीं किया था। आखिर क्या कारण था कि इस विवाह से उस समय के राजपूत उत्तेजित नहीं हुए?

कविवर श्यामलदास ने महाराणा उदयपुर के कहने से उन्नीसवीं सदी में एक इतिहास लिखा था, जिसका नाम 'वीर विनोद' है और जो पाँच जिल्दों में प्रकाशित हुआ था। उस इतिहास में लिखा है कि :

''आम राजपूत लोगों में इस बात का जिक्र इस तौर पर है कि हुमायूँ बादशाह

की वसीयत के मुवाफिक बादशाह अकबर ने राजपूतों से कहा कि हमारे रिश्तेदार तो तुर्किस्तान में दूर रहते हैं और हम बड़े खानदानों के सिवा रिश्तेदारी नहीं कर सकते। तुम लोग हिन्दुस्तान में इज्जतदार और पुराने खानदानी हो, इसलिए हमारी बेटियों के साथ शादी करना कबूल करो। जिस पर राजपूतों ने सोच-विचारकर कहा कि आपकी बेटियाँ तो हमारी सरदार हैं, जिनके साथ शादी करना बेअदबी में दाखिल होगा और अपनी बेटियाँ हम लोग आपको ब्याह देगें। इन लोगों का इस बात से यह मतलब था कि बादशाहों की बेटियाँ हमारे घरों में आईं, तो उनके बड़प्पन से परहेज में खलल आकर मुसलमान होना पड़ेगा। और हमारी बेटी बादशाह के घर में गईं, तो ज्यादा अंदेशे की बात नहीं है। इसलिए राजा भारमल्ल (बिहारीमल्ल) कछवाहे ने सबसे अव्वल अपनी बेटी बादशाह को दी।'' (वीर विनोद : द्वितीय भाग; खंड 1; पृष्ठ 170 की पाद-टिप्पणी से)।

'वीर विनोद' की यह कहानी सच है या झूठ, इस बात की अभी परीक्षा नहीं हुई है। लेकिन इस कहानी से इतना अनुमान निकाला जा सकता है कि विवाह से पूर्व अकबर ने राजपूतों को मुँह किसी-न-किसी प्रकार बन्द कर दिया होगा।

अकबर के बाद जहाँगीर ने भी राजपूत युवती से विवाह किया, जो राजा भगवानदास की बेटी थी। और दो में से किसी भी विवाह के विरुद्ध बलवा नहीं हुआ। शायद विवाह के पूर्व ही राजपूतों की भावना शान्त कर दी गई थी, वे निरुत्तर कर दिए गए थे। यह भी विचित्र बात है कि हुमायूँ की बहन गुलबदन, शाहजहाँ की बेटी जहाँआरा और औरंगजेब की बेटी जेबुन्निसा--ये शाहजादियाँ भी जीवन भर क्वाँरी रह गईं। कहीं यह, सच ही, मुगलों और अफगानों के बीच की खटपट और राजपूतों की धार्मिक कुंठा का परिणाम तो न था?

सम्राट अकबर

हिन्दू लड़की से विवाह करके अकबर ने यह मनसूबा बाँधा कि वह केवल मुसलमानों को लेकर ही नहीं, बल्कि हिन्दुओं को भी साथ लेकर राज चलाएगा।

अकबर सचमुच महान सम्राट निकला। उसने धार्मिक सहिष्णुता को अपनाकर सारे भारत का हृदय जीत लिया। ईरान के बादशाह अब्दुस सफरी को उसने एक पत्र में लिखा था, ''भाँति-भाँति के धार्मिक सम्प्रदाय दैवी थाती हैं और खुद परमेश्वर ने उन्हें हमारे हाथ में सौंपा है। इसलिए हमारा कर्तव्य है कि हम उन सबको प्यार करें। बादशाह ईश्वर के प्रतिबिंब होते हैं। उन्हें इस महान सिद्धान्त को कभी भी नहीं भूलना चाहिए।''

फैजी के द्वारा अकबर ने रामायण, महाभारत, योगवाशिष्ठ और कुछ वेदांत का फारसी में अनुवाद करवाया। यह इसलिए कि कट्टर मुल्ले हिन्दू-धर्म के स्वरूप को

पहचान सकें। इसी प्रकार उसने हिन्दुओं के बीच इस्लाम के प्रति श्रद्धा जगाने के लिए एक उपनिषत् की रचना करवाई, जिसका नाम 'अल्लोपनिषत्' है।

अकबर ने अनेक धार्मिक प्रयोग किए थे। वह दरबार में कभी-कभी चन्दन लगाकर भी आ जाता था। अपनी महारानी जोधाबाई के आहाते में उसने मन्दिर बनवाया था और तुलसी के पौधे लगवाए थे। उसने यह भी घोषणा कर दी थी कि उसके बेटे चाहे जो भी धर्म मान सकते हैं।

अकबर हिन्दू-धर्म और इस्लाम के बीच जिस समन्वय के लाने की कोशिश कर रहा था, उसमें उसका सबसे बड़ा सहयोगी अबुल फजल था। लेकिन उलमे अकबर और अबुल फजल—दोनों के खिलाफ थे। इतिहासकार बदायूनी ने लिखा है कि 'अबुल फजल संसार को नास्तिकता के जहर से जला रहा है।'

फिर भी धर्म और विचार की सारी स्वतन्त्रता के बीच अकबर इस्लाम के तौहीद (एकेश्वरवाद) को कसकर पकड़े हुए था। इसीलिए दीने-इलाही का नाम उसने तौहीदे-इलाही कर दिया था। सन् 1593 ई. में उसने धार्मिक स्वतन्त्रता के लिए कई घोषणाएँ कीं, जिनमें प्रमुख ये थीं :

1. कोई जबरदस्ती मुसलमान बनाया हुआ हिन्दू अगर फिर हिन्दू बनना चाहे, तो उसे कोई न रोकेगा।

2. किसी भी आदमी को जबरदस्ती एक धर्म से दूसरे धर्म में न लिया जाए।

3. हर व्यक्ति को अपना धर्म-मन्दिर बनाने की पूरी स्वतन्त्रता रहे।

4. जबरदस्ती किसी विधवा को सती न बनाया जाए।

जिजिया और तीर्थयात्रा-कर उसने 1533 ई. में ही छोड़ दिए थे। स्पष्ट ही, अकबर के ये धार्मिक-सुधार मुल्लाओं को अच्छे नहीं लगे और वे अकबर की धीरे-धीरे निन्दा करने लगे। उनके कट्टरपन से खीजकर पिछले जीवन में अकबर को इस्लाम का बहुत-कुछ दमन भी करना पड़ा। अकबर हिन्दू-धर्म और इस्लाम—दोनों का प्रेमी था, लेकिन दोनों की कट्टरता से उसे घृणा थी। धर्म-परिवर्तन करनेवालों को वह नीची नजर से देखता था, क्योंकि उसका विश्वास था कि जो लोग अपना धर्म, भय या लोभ से बदलते हैं, उनमें धार्मिकता नहीं होती।

हिन्दू-मुस्लिम-एकता का जितना बड़ा नेता अकबर था, उतना बड़ा नेता और कोई हुआ है या नहीं, यह बताना आसान नहीं है, किन्तु जिन गुणों के कारण अकबर पर हिन्दुओं की श्रद्धा बढ़ी, उन्हीं गुणों के कारण मुसलमान उसके खिलाफ हो गए। काजी और मुल्ले पठानों के राजकाज में हस्तक्षेप करते थे और पठान सुलतान उनकी दस्तदाजी को रोक नहीं पाते थे, किन्तु अकबर ने जब शासन को धर्म-निरपेक्ष बनाना चाहा और यह घोषणा करा दी कि जो भी व्यक्ति जबरदस्ती मुसलमान बनाया गया हो, वह चाहे तो अपने धर्म में वापस जा सकता है, तब मुल्लों की दृष्टि में वह इस्लाम का द्रोही समझा जाने लगा।

अकबर ने इस्लाम का कोई अहित नहीं किया था। वह शरीयत को मानता था और तौहिद के सिद्धान्त पर अटल विश्वास करता था। उसका अपराध केवल यह था कि धर्मों को वह एक दृष्टि से देखता था और चाहता था कि मुस्लिम राज्य में जैसे मुसलमान निश्चिन्त रहते है, वैसे ही शेष धर्मों के लोग भी बेफिक्र रहे, किन्तु बादशाह की यह उदार नीति मुल्लों को सह्य नहीं हुई। इसलिए मुल्लों ने बादशाह के खिलाफ आन्दोलन आरम्भ कर दिया। इस जहरीले आन्दोलन के सबसे बड़े नेता का नाम शेख अहमद सरहिन्दी था।

शेख सरहिन्दी केवल कट्टर मुसलमान ही नहीं, बल्कि इस्लामेतर धर्मों का प्रचण्ड विरोधी था। इस्लाम को वह सभी धर्मों, सभी संस्कृतियों के प्रभाव से मुक्त रखना चाहता था। वह इस्लाम के उस प्राचीन रूप का कायल था, जब मुस्लिम समाज में तसव्वुफ का प्रचार नहीं हुआ था, न मुस्लिम संस्कृति पर किसी अन्य संस्कृति का प्रभाव पड़ा था। लगभग 400 वर्षों के सम्मिलित जीवन में मुसलमानों ने हिन्दुओं से जो भी आदतें सीखी थीं, शेख सरहिन्दी उन सबको गुनाह समझता था। विवाह, श्राद्ध, पर्व, त्यौहार और दैनिक रहन-सहन में हिन्दुओं और मुसलमानों के बहुत-से रीति-रिवाज समान हो गए थे। गो-हत्या से घृणा उन दिनों मुसलमानों को भी होने लगी थी और विधवा-विवाह को मुसलमान भी गलत मानने लगे थे। शेख सरहिन्दी ने इन सारी बातों को दुष्कर्म बताया और मुसलमानों से उसने कहा कि हिन्दुओं की संगति में तुमने जो कुछ भी सीखा है, उसे छोड़ दो, क्योंकि ये बातें असली इस्लाम के खिलाफ है।

सामासिक संस्कृति तभी बढ़ती है, जब हिन्दू और मुसलमान एक-दूसरे का प्रभाव स्वीकार करते हैं। अगर हिन्दुओं से मुसलमान कुछ भी न सीखें और मुसलमानों से हिन्दू कोई भी बात सीखने से इनकार करें, तो सामासिक संस्कृति नहीं पनप सकती। हिन्दुओं और मुसलमानों के बीच जो आचार-विचार और व्यवहार समान रूप से चलते हैं, उन्हीं के आधार पर सामासिक संस्कृति का विकास होता है। दुख है कि शेख सरहिन्दी ने अकबर के सामने जिस बहिष्कार की नीति का प्रचार किया, उसी बहिष्कार नीति का प्रचार 20वीं सदी के कुछ सांस्कृतिक आन्दोलनों ने भी हिन्दुओं के बीच किया।

हिन्दू-मुस्लिम-एकता के खिलाफ अपना जहरीला प्रचार शेख सरहिन्दी ने अकबर के राज्यकाल में आरम्भ कर दिया था; किन्तु अकबर का रौबदाब सारे देश में था, अतएव शेख सरहिन्दी का प्रचार उस समय जोर नहीं पकड़ सका। लेकिन अकबर के मरने के बाद शेख अहमद ने निर्भय होकर मुसलमानों के भीतर आग भड़काना शुरू किया। नतीजा यह हुआ कि जहाँगीर ने उसे पकड़वाकर जेल में डाल दिया। मगर

जहाँगीर ढीला-ढाला बादशाह था। प्रभावशाली मुसलमानों के बीच-बचाव करने से उसे दया आ गई और शेख सरहिन्दी को उसने कैद से रिहा कर दिया।

शेख सरहिन्दी के मरने के बाद उसके मतों के प्रचार का बीड़ा अहमद के पुत्र मोहम्मद मासूम ने उठाया। और जब मासूम का अन्त हुआ, तब उसके बेटे शेख सैफुद्दीन ने वही प्रचार और भी भयानकता से आरम्भ कर दिया। हिन्दुस्तान की बद-किस्मती से इसी शेख-सैफुद्दीन को औरंगजेब ने अपना गुरु बनाया और इस प्रकार शेख अहमद सरहिन्दी की रूह को वह बलवान मनुष्य प्राप्त हो गया, जो उसके सपनों को कार्य का रूप दे सकता था। मैंने सुना है कि उर्दू के प्रसिद्ध कवि सर मोहम्मद इकबाल के गुरु भी उसी खानदान के थे, जिस खानदान के शेख सैफुद्दीन थे।

पाकिस्तान का निर्माण तो 20वीं सदी में आकर हुआ, लेकिन उसके बीज शेख सरहिन्दी ने अकबर के समय में ही डाल दिए थे। पाकिस्तानी-भावना यानी अलगाव की भावना से पाकिस्तान मजबूत होता है और हिन्दुस्तान की ताकत घटती है। शेख सरहिन्दी आज भी हिन्दुस्तान का पीछा कर रहा है और उसके बहुत-से अनुयाई हिन्दुओं के भीतर भी मौजूद हैं। यदि हम हिन्दुस्तान का भला चाहते हैं, तो हमें अकबर की राह पर आना चाहिए।

हिन्दी साहित्य और मुसलमान

मुस्लिमकालीन साहित्य से जो प्रमाण मिलता है, उससे मालूम होता है कि हिन्दुस्तान में बातें बनकर बिगड़ी हैं। मुगलों के समय में हमारी एकता पुष्ट हो गई थी, लेकिन बनी-बनाई चीज को औरगंजेब की साम्प्रदायिक नीति ने बिगाड़ दिया। जब पठान और मुगल इस देश में बस गए, वे धीरे-धीरे इस देश की परम्परा और इतिहास को अपनाने लगे। उनमें जो कवि होते थे, वे फारसी या भारतीय भाषा में लिखते थे और चूँकि फारसी के श्रोता देश में कम थे, इसलिए श्रोता चाहने वाले मुस्लिम कवि अवधी और ब्रजभाषा में ज्यादा रचना करते थे।

हिन्दू-मुस्लिम-एकता पर बोलने वाले अक्सर यह विलाप करने लगते हैं कि ईरान के मुसलमान तो कैकोबाद, फरहाद और मजनू को अपना पूर्व-पुरुष मानते हैं, मगर भारतीय मुसलमान बुद्ध और अशोक को अपना पूर्वज नहीं मानते, यह अस्वाभाविक बात है। यदि केवल उर्दू साहित्य के प्रसंग में यह बात कहीं जाए, तो वह काफी दूर तक ठीक होगी। लेकिन मुस्लिम कवियों ने हिन्दी में जो साहित्य लिखा है, उसके आधार पर यह बात नहीं कही जा सकती। हिन्दी में लिखने वाले मुस्लिम कवि भारतीय कवि थे और वे इसी देश की परम्परा, दर्शन और साहित्य से प्रेरणा लेते थे।

जायसी के पद्मावत काव्य में हठयोग, ब्रह्मरंध्र और सहस्त्रार का वर्णन मिलता

है। रसखान कृष्णाश्रयी वैष्णव परम्परा के साकार रूप थे। और खानखाना रहीम तो शुद्ध भारतीय संस्कृति में रंगे हुए कवि थे। अगर औरंगजेब बादशाह न हो गया होता, तो जायसी, रसखान और रहीम की परम्परा और भी बढ़ती तथा हिन्दू और मुसलमान उत्तर में दोनों एक ही साहित्य के अभिमानी हुए होते।

उर्दू का जन्म दिल्ली में नहीं हुआ, यह भी मानीखेज बात है। दिल्ली और आगरे में फारसी के श्रोता मिल जाते थे, इसलिए वहाँ के मुस्लिम कवि फारसी में ही रचना करते थे अथवा अवधी और ब्रजभाषा में। लेकिन जो मुसलमान दक्खिन पहुँच गए, उन्हें फारसी के श्रोता सुलभ नहीं थे। अतएव उन्होंने दिल्ली की बोली में रचना शुरू की। इस प्रकार उर्दू का जन्म हुआ। लेकिन उर्दू के जन्म के पूर्व मुस्लिम कवि फारसी में न लिखने पर ब्रजभाषा और अवधी में ही लिखा करते थे।

जिन मुस्लिम कवियों ने हिन्दी में कविताएँ लिखीं, उनकी संख्या थोड़ी नहीं है। अमीर खुसरो, कबीरदास, जायसी, कुतुबन, मंझन, रसखान, रहीम, नेवाज, मुबारक, आलम, शेख, रसलीन, मुमताज, आदि सभी कवि मुसलमान थे और उनकी कविताएँ हिन्दी का शृंगार हैं। इनमें से कबीर और रसखान धार्मिक दृष्टि से इस्लाम से जरा दूर पड़ते है, मगर बाकी जो भी कवि थे, पूरी तरह इस्लाम के कायल थे। उनके जीवन से यह शिक्षा निकलती है कि अलग-अलग धर्मों पर टिके रहकर भी लोग एक भाषा में साहित्य लिख सकते हैं तथा भारतीयता को स्वीकार करने से धर्म में कोई भी हस्तक्षेप नहीं होता।

उस समय भाषा के द्वेष का कहीं पता भी नहीं था। हिन्दू विद्वान फारसी में लिखते थे और मुस्लिम विद्वान संस्कृत और ब्रजभाषा में रचना करते थे। अमीर खुसरो और रहीम ने तो ऐसे पद भी लिखे हैं, जिनमें दो-तीन पंक्तियाँ फारसी या संस्कृत की हैं, तो दो-तीन पंक्तियाँ ब्रजभाषा की। तब भी संस्कृत और फारसी विशेषज्ञों की ही भाषाएँ थीं। सबकी भाषा तो ब्रजभाषा या अवधी ही थी।

कविता व्यथा-मोचन का माध्यम है। कविता सबके साथ सुख-दुख बँटाने का जरिया है। इसीलिए लोकभाषा का उपयोग हिन्दू भी करते थे और मुसलमान भी। और इसके अपवाद शहंशाह भी नहीं थे। जब राजा बीरबल युद्ध में मारे गए, सम्राट अकबर ने अपना शोकोद्‌गार ब्रजभाषा के एक सोरठे में प्रकट किया था :

दीन जानि सब दीन, एक न दीन्हों दुसह दुख।
सो मों कहें अब दीन, कछुक न राख्यो बीरबल।।

और शाहजहाँ जब आगरे में कैद थे, उन्होंने भी अपनी व्यथा ब्रजभाषा के एक सवैये में अभिव्यक्त की थी :

जन्मत ही लख दान दियौ,
अरू नाम रख्यौ नवरंग बिहारी।
वालहिं सौं प्रतिपाल कियौ,

अरू देस मुलुक्क दियो दल भारी।
सो सुत बैर बुझै मन में
धरि बाँह दियौ बँधसार में डारी।
शाहजहाँ बिनवै हरि सौं
बलु राजीवनैन रजाय तुम्हारी।

औरंगजेब का एक नाम नवरंग भी था। भूषण ने अपनी कविता में उसे नवरंग नाम से ही पुकारा है। शायद शाहजहाँ के समय तक आकर यह अच्छा समझा जाने लगा था कि किसी-किसी युवराज का नाम हिन्दू-जैसा भी रखा जाना चाहिए।

खुद औरंगजेब राजनीति और धर्म के मामले में चाहे जितना भी साम्प्रदायिक रहा हो, किन्तु भाषा के मामले में वह भी उदार था और संस्कृत से उसे तनिक भी चिढ़ नहीं थी। एक बार उसके किसी बेटे ने आम की नई कलमें तैयार कीं और जब उनमें फल लगें, तो उसने औरंगजेब से कहा कि इन आमों के नए नाम आप ही रख दें। औरंगजेब ने उन आमों के नाम 'सुधाफल' और 'रसनाविलास' रखे थे।

औरंगजेब की बेटी जेबुन्निसा भी हिन्दी में कविता करती थीं। उसके काव्य-संग्रह का नाम 'नैन-विलास' था, जिसमें से पं. अंबिकाप्रसाद जी वाजपेयी ने यह दोहा उद्धृत किया है :

जेबुन्निसा जहान में
दुख्तर आलमगीर,
नैन विलास विलास में
खास करी तहरीर।

तुलसीदास की असाम्प्रदयिकता

यह तो हुआ मुस्लिम सम्राटों और कवियों का प्रमाण। अब यह देखना चाहिए कि हिन्दी कवियों का क्या हाल था। हिन्दी कवियों में सबसे बड़ा और उजागर नाम गोस्वामी तुलसीदास जी का है; बल्कि तुलसीदास जी केवल कवि ही नहीं हैं, वे मूर्तिमान धर्म भी हैं, वे मूर्तिमान भारतवर्ष भी हैं। यह अत्यन्त शिक्षाप्रद बात है कि तुलसीदास जी में साम्प्रदायिकता का लेश भी नहीं है। देश पर शासन हिन्दुओं का नहीं, बल्कि मुसलमानों का चल रहा है, यह शिकायत उन्होंने कहीं भी नहीं लिखी है। मुसलमानों पर अपना आक्रोश उन्होंने कहीं भी व्यक्त नहीं किया है। निन्दा अगर उन्होंने लिखी है, तो उनकी जो जनता को प्रतिमा-पूजन के मार्ग से बरगलाने की कोशिश करते थे, जो लोगों से यह कहते थे कि तीर्थ, व्रत, प्रतिमा-पूजन और साकार उपासना में कुछ नहीं है; तुम अपने-आपके भीतर डूबो, वहीं परमात्मा का निवास है :

साखी, सबदी, दोहरा, कहि कहिनी उपखान
भगत निरूपहिं भगति कलि, निंदहिं वेद-पुरान।

इस दोहे में साखी और दोहरे से इशारा कबीरदास की ओर है 'कहिनी उपखान' से तात्पर्य जायसी आदि से है। लेकिन कबीर और जायसी की आलोचना तुलसीदास जी ने इसलिए नहीं की है कि वे कवि मुसलमान थे, बल्कि इसलिए कि उन्होंने साकार उपासना का समर्थन नहीं किया था। ऐसी आलोचना तुलसीदास जी ने गोरखनाथ की भी की है :

गोरख जगयो जोग,
भगति जागयो लोग।

अर्थात् गोरख ने ऐसा योग चलाया कि लोगों के मन से भक्ति भाग गई।

और ऐसी आलोचना तुलसीदास जी ने अलखिया साधुओं की भी की थी :

हम लख हमहिं हमार लख
हम हमार के बीच।
तुलसी अलखहिं का लखै,
राम नाम जपु नीच।

तुलसीदास जी सम्प्रदायवादी हुए होते तो हिन्दी में जो अरबी और फारसी शब्द घुस गए थे, उनका वे प्रयोग नहीं करते। लेकिन इस बहिष्कार-नीति से उन्होंने काम नहीं लिया। बल्कि अरबी-फारसी शब्दों का प्रयोग उन्होंने निःसंकोच भाव से किया है और उनकी इस नीति की हिन्दी वालों ने निन्दा नहीं की, बल्कि सराहना की :

तुलसी गंग दुओ भये
सुकविन कौ सरदार,
इनके काव्यन में मिली
भाषा विविध प्रकार।

भिखारीदास जी के इस दोहे में तुलसी और गंग कवियों के नेता इसलिए माने गए हैं कि भाषा के मामले में वे बहिष्कार-नीति के कायल नहीं थे।

कहते हैं, खानखाना रहीम और तुलसीदास जी के बीच काफी दोस्ती थी। जब तुलसीदास जी ने रामायण की रचना की, उसकी स्तुति में खानखाना ने तुलसीदास जी को एक दोहा लिख भेजा था, जो साहित्य में अब तक प्रसिद्ध है :

रामचरित मानस विमल
सन्तन जीवन प्रान,
हिन्दुआन को वेद सम,
तुरकहिं प्रगट कुरान।

अंग्रेजों की भेद-नीति

जब मुगलों का साम्राज्य टूटने लगा, राजनीति का साम्प्रदायिक जहर कमजोर हो गया और हिन्दुओं को यह शिकायत नहीं रही कि मुस्लिम सल्तनत की ओर से अत्याचार हो रहा है। सल्तनत के कमजोर होने से साम्प्रदायिकता भी कमजोर हो गई। अगर अंग्रेज न आए होते, तो उम्मीद थी कि हिन्दू और मुसलमान अपने सम्बन्ध ठीक कर लेते। लेकिन देश के दुर्भाग्य से अंग्रेज भारत के मालिक हो गए। यह बड़ी शुभ बात थी कि सन् 1857 ई. में हिन्दुओं और मुसलमानों की राजनीतिक एकता पक्की हो गई थी। लेकिन गदर असफल हो गया और राजनीतिक सूत्र अंग्रेजों के हाथ में चले गए।

अंग्रेजों ने राज्य मुसलमानों के हाथ से लिया था, अतएव, पहले उन्होंने मुसलमानों का दमन किया और हिन्दुओं की पलाइस की। लेकिन जब देश में राजनीतिक आन्दोलन शुरू हुआ, हिन्दू उसमें अधिक संख्या में भाग लेने लगे। इसलिए अंग्रेज चौकन्ने हो गए। यह भी हुआ कि इसी समय सर सैयद अहमद खाँ ने मुसलमानों के भीतर राजभक्ति का प्रचार शुरू किया और मुसलमानों से वे कहने लगे कि तुम्हारा कल्याण राष्ट्रीय आन्दोलन में पड़ने में नहीं, बल्कि अंग्रेजों के साथ मिलकर रहने में है। इसका परिणाम यह हुआ कि अंग्रेजों ने अपनी नीति बदल दी। वे मुसलमानों को मिलाकर हिन्दुओं का दलन यानी राष्ट्रीयता का दमन करने को उतारू हो गए। फूट डालकर राज्य करने की अंग्रेजी नीति सफल हो गई। भोगल साम्राज्य के टूटने से हिन्दू-मुस्लिम एकता फैलने वाली थी। अंग्रेज सावधान हो गए कि अगर हिन्दू और मुसलमान एक हो गए, तो ब्रिटिश हुकूमत के पाँव उखड़ जाएँगे।

जब ईसाई मिशनरी भारत में आकर हिन्दू धर्म और इस्लाम दोनों की निन्दा करने लगे, तब ईसाइयत का विरोध हिन्दू और मुसलमान दोनों ही जातियों के लोगों ने किया। लेकिन इस विरोध के क्रम में हिन्दुओं और मुसलमानों ने आपसी सलाह-मशविरे से काम नहीं लिया। दुश्मन एक था, लेकिन जवाब दो शिविरों से दिए जा रहे थे। ईसाइत के सामने अपने-अपने धर्मों की महिमा सिद्ध करने को हिन्दू वेद की ओर दौड़े और मुसलमान कुरान की और। इस प्रकार मानसिक दृष्टि से दोनों जातियों के लोग दो ओर को चले गए।

हाली और इकबाल

हिन्दू-धर्म और इस्लाम, सांस्कृतिक-जागरण दोनों ही धर्मों के बीच उठे, लेकिन इन दोनों आन्दोलनों में एकता नहीं थी। दिखाई यह पड़ा कि जिस विचारधारा का प्रचार अकबर के युग में शेख अहमद सरहिन्दी ने किया था, वह विचारधारा इस जागरण के समय एक बार फिर सिर उठाने लगी। मौलाना हाली के मुसद्दस में इस बात पर

विलाप मिलता है कि इस्लाम ने भारत में आकर हिन्दू-धर्म से प्रभावित होकर अपना रूप बदल दिया है :

वो दीने हेजाजी का बेबाक बेड़ा,
निशां जिसका अक्साये आलम में पहुँचा,
किए पै सिपर जिसने सातों समुन्दर,
वो डूबा दहाने में गंगा के आकर,

गंगा के दहाने में आकर इस्लाम डूब गया, इससे यही ध्वनि निकलती है कि इस्लाम का हिन्दू-धर्म से प्रभावित होना मुसलमानों के लिए अच्छा नहीं हुआ। इस भावना की प्रतिध्वनि हम इकबाल के जवाबे-शिकवा में भी देखते हैं :

यों तो सैयद भी हो, मिरजा भी हो, अफगान भी हो
तुम सभी कुछ हो, बताओ तो मुसलमान भी हो?
वजे में तुम हो निसारी, तो तमद्दन में हनूद,
ये मुसलमाँ हैं, जिन्हें देख के शरमायें यहूद?

इन दोनों प्रमाणों से प्रकट होता है कि धार्मिक जोश में मुसलमान अपनी अलग राष्ट्रीयता कायम कर रहे थे और इस मामले में हिन्दू भी कम कसूरवार नहीं निकले। पं. प्रतापनारायण मिश्र ने हिन्दी, हिन्दू, हिन्दुस्तान का नारा लगाया। यह और कुछ नहीं, बंगाल के लेखक बंकिमचन्द्र चटर्जी की हिन्दू-राष्ट्रीयता की आवाज थी।

गांधी जी का प्रभाव

एकता का प्रबल आन्दोलन सन 1920 ई. में महात्मा गांधी के नेतृत्व में उठा और बहुत दिनों के बाद ऐसा लगा कि हिन्दू और मुसलमान, सचमुच, मिलकर एक हो गए हैं। लेकिन यह एकता टिकाऊ साबित नहीं हुई, क्योंकि इस आन्दोलन के दबते ही देश में साम्प्रदायिक दंगे खुलकर होने लगे। फिर भी गांधी जी को यह श्रेय जरूर दिया जाना चाहिए कि उन्होंने हिन्दू-मुस्लिम-एकता को देश का स्थाई भाव अवश्य बना दिया। इसी से प्रेरित होकर कवियों ने एक नई दिशा पकड़ी, और हिन्दी, हिन्दू, हिन्दुस्तान के बदले वे बोलने लगे :

"हिन्दू, मुस्लिम, सिक्ख, ईसाई,
आपस में हैं भाई-भाई।"

खुद इकबाल ने पहले हिन्दू-मुस्लिम-एकता की बहुत अच्छी कविताएँ लिखी थीं :

"मिट्टी की मूरतों में समझा है तू खुदा है
खाके-वतन का मुझको हर जर्रा देवता है।"

इकबाल ने प्रण किया था कि वे हिन्दुओं और मुसलमानों को एक ही धागे में पिरो देंगे :

पिरोना एक ही तस्वीह में इन बिखरे दानों को,
जो मुश्किल है तो इस मुश्किल को आसां करके छोड़ गा।

इकबाल के पीछे बहुत-से मुसलमान कवि आए, जिन्होंने हिन्दू-मुस्लिम-एकता का समर्थन किया। उनकी कविताओं में जो भाव व्यक्त हुए, उनसे यह प्रमाणित हो गया कि मुस्लिम-समाज का एक बड़ा तबका भारतीय राष्ट्रीयता का विश्वासी है और वह चाहता है कि हिन्दू और मुसलमान एक होकर इसी देश में रहे।

लेकिन कालक्रम में इकबाल साम्प्रदायवादी हो गए। उन्होंने यह सोचा कि जिस देश में मुसलमानों की अकसरियत नहीं है, उस देश में मुसलमानों को राष्ट्रवादी भी नहीं बनना चाहिए। इकबाल ने यह कल्पना की कि भारतीय-एकता से ज्यादा जरूरी मुसलमानों की एकता है। मुसलमान सारे संसार में फैले हुए हैं, इसलिए उनकी आदर्श राष्ट्रीयता वह होगी, जो देश की सीमाओं को न मानकर सभी मुसलमानों को एक करेगी। संसार भर में फैले हुए मुसलमानों का ध्यान मक्के की ओर रहना चाहिए, क्योंकि मक्का इस्लाम की राजधानी है और इस्लाम का राज्य सारे संसार में फैला हुआ है।

एकता की बाधाएँ

देश का बँटवारा हो जाने से यह स्पष्ट हो गया कि एकता कमजोर थी और वैर-फूट के भाव प्रबल थे। लेकिन पाकिस्तान बन जाने के बाद भी भारत हिन्दुओं का देश नहीं बना, उसमें काफी संख्या में मुसलमान भी मौजूद हैं। अतएव बंटवारे के बाद स्पष्ट हो गया है कि हिन्दू-मुस्लिम-एकता के बिना भारत का आज भी कल्याण नहीं है।

हिन्दू-मुस्लिम-एकता की मूल बाधाएँ क्या हैं?

हिन्दू का मानसिक दृष्टिकोण उदार होता है यानी सभी धर्मों को एक समान पवित्र और महान मानने में उसे कोई दिक्कत नहीं होती। लेकिन मुसलमान के लिए इस विश्वास को हृदयंगम करना कठिन होता है कि सभी धर्म उतने ही सच्चे और पवित्र हैं, जितना सच्चा और पवित्र इस्लाम है। इसके विपरीत मुसलमान का सामाजिक आचार अत्यन्त उदार होता है। इस्लाम छुआछूत नहीं मानता, न आदमी और आदमी के बीच भेदभाव बरतता है; किन्तु हिन्दू के सामाजिक आचार संकीर्ण होते हैं। अपने प्यारे से प्यारे मुस्लिम दोस्त को भी हिन्दू अपने चौके में नहीं खिला सकता और एक समय जिन बरतनों में मुस्लिम दोस्त खाते थे, उन बरतनों को हिन्दू आग में शुद्ध करता था। जब हिन्दुओं ने मुसलमानों के साथ इतना गर्हित व्यवहार किया, तब क्या अचरच कि देश बँट गया?

एकता की दूसरी बाधा यह है कि जिस देश पर मुस्लिम हुकूमत नहीं है, उस देश के मुसलमान अपने को द्वितीय श्रेणी का नागरिक समझते हैं और मन उनका हमेशा

शंका से भरा रहता है। किन्तु यह भावना सद्व्यवहार से हटाई जा सकती है। जो राज्य धर्मनिरपेक्ष है, उस पर किसी भी एक धर्म का अधिकार नहीं होता। हमें सबूत इस बात का देना होगा कि भारत पर अगर मुसलमानों की हुकूमत नहीं है, तो उस पर हिन्दुओं की भी हुकूमत नहीं है। यह कार्य समय-साध्य जरूर है, किन्तु हिन्दू अगर सावधान रहकर धर्मनिरपेक्षता का पालन करते रहे, तो उसका अनुकूल प्रभाव मुसलमानों पर भी पड़ेगा।

लेकिन सबसे बड़ा काम यह है कि हम अपनी धार्मिक भावना को परिष्कृत करें, उसे नवयुग के अनुकुल बनाएँ। धर्म के आनुष्ठानिक पक्ष अब कमजोर हो गए हैं, लेकिन उसका आध्यात्मिक पक्ष आज भी बलवान है। जैसा कबीरदास जी ने कहा था, हम वैज्ञानिक युग में आकर शाखाओं से उतर रहे हैं, मूल पर पहुँच रहे हैं। आगमों से धर्मों की अनेकता बढ़ती है, निगम धर्मों को परस्पर करीब लाते हैं। निगम धर्म का जन्म स्थान है। निगम की दृष्टि से एक धर्म से दूसरा धर्म भिन्न नहीं होता। यह समझना भूल है कि एक धर्म मुक्तिदाता होता है और दूसरे से मुक्ति नहीं मिलती। सभी धर्म एक हैं। धर्म का बहुवचन नहीं होता। इसीलिए रवीन्द्रनाथ ने कहा था, "धर्म को पकड़े रहो। धर्मों को छोड़ दो।"

स्वामी विवेकानन्द कहते थे कि वेदांत के मन और इस्लाम के शरीर के मिलन से जो धर्म उत्पन्न होगा, वह भारत का आदर्श धर्म होगा यानी हिन्दुओं के सामाजिक आचार मुसलमानों के आचार के समान उदार होने चाहिए और मुसलमानों की मानसिक उदारता हिन्दुओं की उदारता के समान निस्सीम होनी चाहिए। वैज्ञानिक युग में भी झगड़े की बातें अनेक हैं, लेकिन इस युग में धर्म को लेकर झगड़ा करना बिलकुल बेहूदी बात है।

(भारतीय एकता)

स्वतन्त्रता के बाद

स्वतन्त्रता के युद्ध की समाप्ति के साथ भारतीय इतिहास का एक महत्त्वपूर्ण युग समाप्त हो गया है और आज हम जिस काल में खड़े हैं, वह सचमुच ही, एक नवीन युग का आरम्भिक काल है। संघर्ष और आक्रोश, नारे और चीत्कार तथा धूलि और धुएँ से ध्वनित एवं आच्छादित एक वायुमंडल छूटकर हमारे पीछे रह गया है। पीड़ाएँ और अतृप्त कामनाएँ तो आज भी हमारे साथ हैं। किन्तु अपने समस्त अभावों को लेकर हम काल के एक दूसरे क्षेत्र में पहुँचे हुए हैं, जहाँ दायित्व को छोड़कर कोई और बन्धन नहीं तथा जिम्मेदारियों को छोड़कर दूसरी जंजीर नहीं है। यहाँ के वातावरण में एक गूँज है, जिसे केवल वे ही सुन सकते हैं, जिनकी श्रुतियाँ चैतन्य तथा जिनका हृदय जागरूक है। जिन्होंने भी इस आवाज को सुना है, वे जानते हैं कि स्वाधीनता की रक्षा और पालन ही कठिन होता है, उसे प्राप्त करना नहीं।

आज जो अवस्था भारतीय जन-समूह की है, वही दशा उसके साहित्य को भी व्याप रही है। पिछले वर्षों में राजनीति से उपेक्षित और तिरस्कृत होकर भी साहित्य ने जनता का साथ दिया; मगर आज बदली हुई परिस्थिति में वह भी ठिठककर सोच रहा है कि आगे की दिशा कौन-सी है। जैसा कि लेविस ने यूरोप के साहित्यकारों के विषय में लिखा है, भारतीय साहित्यकार भी दो विश्वों के सन्धिस्थल पर खड़ा होकर अपने हृदय का मन्थन कर रहा है। एक तो वह विश्व है, जिसे ध्वस्त करके हम आगे बढ़ जाना चाहते हैं और दूसरा वह है, जो अभी कल्पना से उतरकर जमीन पर खड़ा ही नहीं हुआ है। हमारी कठिनाई का कारण यह भी है कि पुरानी दुनिया के भस्मावशेष में से अनेक मूल्यवान उपकरणों को चुनकर हम अपने साथ ले लेना चाहते हैं और हमारी अभिलाषा है कि हम अपने लिए जो नया महल तैयार करें, उसमें इन उपकरणों को भी यथास्थान खचित कर दें। मगर पुरानी दुनिया में जो आग लगी हुई है, उसके शमित होने पर क्या बचेगा और क्या नहीं, इसका हमें ठीक ज्ञान नहीं है, और न हम यही जानते हैं कि आनेवाले विश्व में प्राचीन विश्व के किन उपकरणों के उपयोग की हमें आजादी रहेगी।

हमारे देश में यह संघर्ष, प्राचीनता और नवीनता के संघर्ष से अधिक, नवीनता की ही दो कल्पनाओं के बीच के संघर्ष का रूप धारण करता जा रहा है। केवल

भारतवर्ष में ही नहीं, प्रत्युत समस्त संसार में मनुष्यमात्र का चरम लक्ष्य और विकास वैयक्तिक मुक्ति की प्राप्ति समझा जाता था। आज से पहले प्रत्येक धर्म और प्रत्येक देश के लोग समझते थे कि मनुष्य का अन्तिम ध्येय मोक्ष की प्राप्ति है और उसी के लिए किया जानेवाला प्रयास मानव का सबसे बड़ा प्रयास है। भारतवर्ष में तो इस भावना का इतना अधिक विकास हुआ कि ब्रह्मविद्या सभी विद्याओं से श्रेष्ठ तथा आत्मज्ञान सभी ज्ञानों से ऊपर माना जाने लगा। इसी प्रकार, मुसलमानों और क्रिस्तानों के बीच भी वे ही लोग सबसे अधिक पूज्य समझे जाते रहे, जो अपनी आत्मा की पवित्रता के माध्यम से ईश्वर को प्राप्त करने का प्रयास करते थे। यह बात बहुत दिनों तक चलती रही; और तब विज्ञान आया, जिसने मनुष्य की बुद्धि को सत्य के उस रूप की ओर उन्मुख किया, जो गणित तथा स्थूल प्रमाणों से सिद्ध किया जा सकता था। मनुष्य ने धीरे-धीरे यह अभ्यास प्राप्त किया कि सत्य वही है, जो मानवीय तर्कों से ज्ञान के नानाविध स्थूल साधनों और प्रमाणों से सिद्ध किया जा सके। इनके अतिरिक्त, अन्य अनुभूतियों के माध्यम से, जिस सत्य की उपलब्धि होती है, वह सत्य सिर्फ काल्पनिक हो सकता है, वास्तविक नहीं। विज्ञान ने अपनी काठ की उँगलियों से प्रत्येक तत्व को छू-छूकर उसकी सच्चाई की जाँच करनी शुरू की। परिणाम यह हुआ कि ताराओं पर बैठनेवाली कविता विज्ञान को देखते ही वहाँ से उड़ गई और सन्ध्या तथा उषा के आलोक से विस्मय का संचार कम होने लगा। विज्ञान स्वयं तो खगोल में आँखें गड़ाकर एक नक्षत्र से दूसरे नक्षत्र की दूरी का हिसाब निकालता रहा, किन्तु, उसका प्रभाव मनुष्य की दृष्टि को नीचे ले आनेवाला सिद्ध हुआ। और जब मनुष्य की दृष्टि नीचे पृथ्वी पर आई, तब उसने समाज में फैले हुए वैषम्य को देखकर सोचा कि क्या इतनी विषमताओं और अनाचारों के होते हुए भी कोई यह दावा कर सकता है कि वह ईश्वराराधना में इसलिए लगा चूँकि धरती पर उसके करने योग्य कार्यों का अभाव था। मनुष्य में इस नवीन जिज्ञासा के जन्म लेते ही, ईश्वर और धर्म की ओर से उसकी रुचि फिरने लगी तथा वह इस निष्कर्ष के समीप जाने लगा कि मनुष्य का सर्वोत्तम कर्तव्य यह नहीं है कि वह विश्व से विमुख होकर ईश्वराराधना में जा लगे; बल्कि यह कि संसार में फैली हुई अनीतियों का विरोध करके वह अधिक-से-अधिक मनुष्यों को सुखी बनाने का प्रयत्न करे। इस भावना की परिणति कार्ल मार्क्स के सिद्धान्तों में हुई जिनका अन्तिम निचोड़ यह है कि मोक्ष व्यक्ति का नहीं, बल्कि समाज का होना चाहिए।

मानवता की सभी समस्याओं पर गवेषणापूर्वक विचार करके कार्ल मार्क्स ने जो निदान और हल उपस्थित किया, उससे केवल यूरोप ही नहीं, बल्कि एशिया भी चमत्कृत हो उठा तथा मनुष्यमात्र ने समझा कि दुनिया का आखिरी पैगम्बर अब आया है। संसार में दलितों की संख्या अधिक तथा सुख भोगनेवालों की कम है और यह भी ठीक है कि जो लोग अधिक सुख भोगने के आदी हैं, वे अगर अपनी जेब में आनेवाले

हर पैसे की राह की खोज करें तो उन्हें मालूम हो जाएगा कि संसार में जो अनीति और शोषण कायम है, उसकी जिम्मेदारी किसी-न-किसी अंश में हर विलासी मनुष्य पर है। अतएव शोषितों ने कार्ल मार्क्स को अपना त्राता समझा तथा शोषण से लाभ उठानेवाले लोग उसका नाम सुनकर चौंकने लगे।

किन्तु बातें यहीं खत्म नहीं हुईं। मनुष्य ने एक बार आत्मा की उपासना में शरीर को भुला दिया था। मार्क्स को सामने रखकर जब वह शरीर की सेवा में जुटा, तब उसकी आत्मा बिलखने लगी और आलोचकों ने पूछना शुरू किया कि समाज की मुक्ति क्या शरीर की सेवा और आत्मा के हनन का ही दूसरा नाम है?

और इसी समय, विश्व के रंगमंच पर, महात्मा गांधी का आविर्भाव हुआ, मानो प्राच्य लोक की सारी परम्परा और संस्कार ने मानवता की समस्याओं को सुलझाने के लिए अपनी तमाम अच्छाइयों को एकत्र करके दुनिया के सामने एक नमूना पेश कर दिया हो। गांधीजी ने आते ही कहा, शरीर ठीक है और आत्मा भी ठीक है। शरीर को रोटी नहीं मिले तो आत्मा ही क्या कर सकेगी? और भूखों के सामने तो ईश्वर को भी रोटी तथा रोजी को छोड़कर किसी और रूप में प्रकट होने की हिम्मत नहीं हो सकती। मगर मुक्ति बराबर आत्मा की होती है, यद्यपि उसे प्राप्त करने के पहले शरीर की मुक्ति भी परमावश्यक है। यानी मुक्ति तो व्यक्ति की ही हो सकती है, किन्तु उसकी प्राप्ति का साधन समाज को मुक्त करने का प्रयास है। मनुष्य अपनी मुक्ति के लिए जो भी तपस्याएँ कर सकता है, वे तपस्याएँ समाज की मुक्ति के लिए ही की जानी चाहिए। क्योंकि आज समाज की ही मुक्ति से मनुष्य की वैयक्तिक मुक्ति सम्भव हो सकती है।

कार्ल मार्क्स के सिद्धान्त और गांधीवाद के बीच खड़ा भारतवर्ष यह सोच रहा है कि यह किधर जाए। कुछ लोगों का विचार है कि ये दोनों ही परस्पर विरोधी सिद्धान्त हैं तथा उनसे एक-दूसरे का खंडन होता है। सम्भव है कई अंशों में यह दलील ठीक हो। किन्तु जहाँ तक मानवता को शोषण से बचाने का सवाल है, मुझे दोनों ही सिद्धान्तों की दार्शनिकता बहुत कुछ समान दीखती है। क्योंकि कार्ल मार्क्स और गांधीजी में से दोनों ही व्यक्ति दोहन और पूँजीवाद के खिलाफ हैं, और दोनों ही उस समाज की कल्पना करते हैं जिसमें एक मनुष्य भी अभाव-पीड़ित या विपन्न नहीं रहेगा। फर्क यह है कि समत्व-विधान के लिए जहाँ मार्क्स का यह कहना है कि जो ऊँचे हैं उन्हें ठोंककर नीचे करो वहाँ गांधीजी कहते हैं कि जो लोग भी नीचे हैं, उन्हें उठाकर ऊपर ले जाओ।

अकसर गांधीजी आत्मा के प्रतीक और मार्क्स शरीर के प्रतिनिधि समझ लिए जाते हैं। किन्तु गांधीजी के पक्ष में यह उक्ति यथेष्ट नहीं है। वे सिर्फ आत्मा के ही प्रतीक नहीं, शरीर के भी पालक और त्राता हैं। बात यह है कि यूरोप तथा भारतवर्ष की आत्माओं के मौलिक भेदों पर जोर देते-देते हम इस भ्रम में पड़ गए हैं कि

भारतवर्ष में उत्पन्न होनेवाली प्रत्येक विलक्षणता यूरोप की विशिष्टताओं की विरोधिनी होती है। यह ठीक है कि भारतवर्ष अनादि काल से अदृश्य तथा अगोचर की आराधना करता रहा है तथा यूरोप ठीक उसी मात्रा में गोचर अथवा दृश्य को पूजता रहा है। हम शान्ति के कामी तथा यूरोप शक्ति का पुजारी रहा है। हमारी शक्ति अन्तर्मुखी और यूरोप का उत्साह बहिर्मुख है। हम जिस जोर से मोक्ष की कामना करते रहे हैं, यूरोप उसी आतुरता के साथ राजनीतिक मुक्ति के लिए प्रयास करता रहा है। हम पारलौकिक सुखों की आशा में सभी लौकिक सुखों पर लात मारते रहे हैं। किन्तु, पाश्चात्य देशों के लोग पारलौकिक सुखों को अनिश्चित मानकर बराबर इस प्रयत्न में रहे हैं कि वे लौकिक सुखों की तह में चले जाएँ। संक्षेप में, हम कल्पना के स्वर्ग की आशा में मिट्टी की उपेक्षा करते रहे हैं और यूरोपवाले मिट्टी को ही स्वर्ग बना डालने की चेष्टा में तल्लीन रहे हैं। किन्तु, साथ ही, यूरोप हमारी ओर तथा हम यूरोप की ओर आशा से भी देखते रहे हैं।

इस विरोधाभास को देखकर स्वामी विवेकानन्द ने कहा था कि यूरोप की सभ्यता सर्वथा तिरस्कार की वस्तु नहीं है; क्योंकि मैं भी उस ईश्वर में विश्वास करना नहीं चाहता जो मरने के बाद मुझे शान्ति तो दे सकता है, किन्तु जीवन में मुझे रोटी नहीं दे सकता। स्पष्ट ही, स्वामी विवेकानन्द भारतीय अध्यात्म का सम्बन्ध उस वस्तु के साथ जोड़ना चाहते थे, जो हमारे पास नहीं थी—जो, शायद, हमारे पूर्वजों के पास भी नहीं थी। उन्होंने धर्म की गोद में ऊँघते हुए भारतवर्ष को जगाने के लिए शंखनाद किया और कहा कि तुम्हें जीवन में स्पन्दन भरनेवाली प्रेरणा की जरूरत है; तुम्हें शक्ति का वह विद्युत्प्रवाह चाहिए जिससे धरती जवान रहती है और जिससे यूरोप के अंग-अंग में चेतना और स्वास्थ्य का सौन्दर्य छलक रहा है।

विवेकानन्द की वाणी में भारतीय अध्यात्मवाद ने एक नया घोष सुना, और जब गांधीजी आए, तब उन्होंने अपने कर्म-कलाप के द्वारा मिट्टी और आकाश के इस मिलन को साकार करना आरम्भ किया। गांधीजी सिर्फ आत्मा के प्रतीक बनकर संसार से विदा नहीं हुए हैं। उनका अपरिग्रह का सिद्धान्त मार्क्स के शोषण-विरोधी सिद्धान्तों का पर्याय है तथा उनकी शान्ति और प्रेम की कल्पना संसार को सभी मलों से मुक्त करके उसे शान्त एवं कोमल बनाने की योजना है। जो मनुष्यता को सभी प्रकार के दाहों से मुक्त करना चाहते हैं, जो मनुष्यों को सभी अभावों से स्वच्छन्द करके समाज को सुन्दर बनाना चाहते हैं, उन्हें गांधीजी से भी उतनी ही प्रेरणा मिल सकती है, जितनी मार्क्स तथा एंजिल से। और देश के जो भी चिन्तक इस निष्कर्ष पर पहुँचे हैं कि गांधीवाद की एक पूरी खुराक से समाजवाद के बल की वृद्धि हो सकती है, वे सत्य से जरा भी दूर नहीं हैं।

देश के सामने जो सपने मंडरा रहे हैं, जो कल्पनाएँ तैर रही हैं, उनकी प्राप्ति गांधी जी करवा सकते थे। मगर अफसोस कि हमने उन्हें खो दिया। किन्तु, साहित्य

के दर्पण में इन स्वप्नों की जो छाया पड़ रही है, वह हमें जागरूक और चैतन्य रख सकेगी, इसमें कोई सन्देह नहीं।

जब तक गांधीजी जीवित थे, वे हमारे सबसे बड़े नेता होने के साथ, हमारे सबसे बड़े कवि और चिन्तक भी थे। किन्तु उनके शरीरपात के साथ उनका कवित्व और नेतृत्व, दो श्रेणियों के लोगों में बँट गया है और यह कहना कठिन है कि दोनों में से किस श्रेणी के लोगों पर पड़नेवाला भार अधिक गुरुतर है। नेतृत्व की विरासत ढोनेवाले लोग, चाहे कितने ही विशाल और महान क्यों नहीं हों, किन्तु भविष्य के गह्वर में ऊँचा सिंहासन तो उन्हीं का रहेगा, जो गांधीजी के चिन्तन और कवित्व के उत्तराधिकार का भार वहन करने को तैयार हों। यह मैं इसलिए भी कहता हूँ, चूँकि हर मनुष्य का नाम और स्थूल व्यक्तित्व उसके विचारों की अपेक्षा छोटा होता है। और दुनिया की किस्मत का असली लेखा राजनीति के मैदान में नहीं, बल्कि, साहित्य के कुंज में लिखा जाता है। कवि की कल्पना और अवतार के चरित्र में से कौन अधिक सत्य है, यह विवाद बहुत प्राचीन है तथा अब तक भी इसका सम्यक् निपटारा नहीं हो सका है। हम तो सिर्फ इतना जानते हैं कि अयोध्या की राजपुरी में राम के लिए जो महल बना था, वह कब का ही भस्मसात् हो गया; किन्तु वाल्मीकि ने अपने हृदय में उनके लिए जो कुटी बनाई थी, वह आज भी कायम है तथा उसमें प्रवेश करते ही हम राम को पूर्णरूप से जीवित एवं चैतन्य पाते हैं। और इस जिज्ञासा का समाधान कौन करेगा कि गीता के श्लोकों को भगवान कृष्ण ने व्यास के मुख में रखा अथवा व्यास ने भगवान कृष्ण के मुख में?

साहित्य स्वप्नों को रूप तथा सन्देशों को अमरत्व प्रदान करता है। शून्य में मंडरानेवाले सपने सबसे पहले साहित्यकार को दिखाई पड़ते हैं। हवा में गूँजनेवाली अस्पष्ट ध्वनियाँ सबसे पूर्व चिन्तकों को सुनाई पड़ती हैं। वर्तमान की स्थूलता पर जो क्रीड़ाएँ हो रही हैं, उनमें सभी भाग ले सकते हैं; किन्तु स्थूलता के भीतर प्राणों का जो गुँज चलता है, उसे भी तो वे ही सुन सकते हैं जिनकी श्रुतियाँ सृष्टि के आन्तरिक तारों से लगी हुई हों।

भारतवर्ष के आकाश में जो अनेक छायाएँ घूम रही हैं, उन्हें जाँचने और परखने के लिए हमें पूर्णरूप से जाग्रत और चैतन्य साहित्यकारों की आवश्यकता है। आज की शंकाओं और हिलती हुई आस्थाओं को शमित एवं स्थिर बनाने का काम उस साहित्यकार के आगमन की प्रतीक्षा कर रहा है जो भविष्य के उपवन में खिलनेवाले फूलों का संवाद आज के मनुष्य को सुना सके। हृदय-हृदय में जो एक उत्साह है, प्राण-प्राण में जो एक अनिर्वचनीय उमंग है, तथा जन-जन में जो एक मूक आशा किलोल कर रही है; उसकी परिभाषा साहित्य में लिखी जाएगी, राजनीति और विज्ञान में नहीं। बुद्धि और तर्क मनुष्य के मस्तिष्क को सन्तुष्ट करते हैं; कर्म की प्रेरणा तो हमेशा हृदय से ही आती है। हमारे सामने जो सपने घूम रहे हैं,

उन्हें मूर्त्त रूप देने के लिए मनुष्य को प्रेरित करना लेखकों और कवियों का काम है।

वे दिन चले गए, जब साहित्य वैयक्तिक प्रेम और विरह के हलके गाने गाकर समाज में आदर का अधिकारी समझा जा सकता था। आज उसे वैयक्तिकता से ऊपर उठकर समूह के सपनों, समूह की आकांक्षाओं को चित्रित करना होगा। जिस प्रकार, वैयक्तिक मोक्ष की जगत सामाजिक मुक्ति ने ले ली है, उसी प्रकार साहित्य में भी वैयक्तिक भावनाओं के ऊपर सामूहिक आवेगों को प्रधानता मिलनी चाहिए। और जिस प्रकार, समूह की मुक्ति को गांधीजी ने वैयक्तिक मोक्ष का साधन माना था, उसी प्रकार हमें वैयक्तिक अनुभूतियों को भी सामूहिक अनुभूति के माध्यम से लिखना होगा। व्यक्ति और समूह के बीच जो यह द्वन्द्व छिड़ा है, उससे भारतवर्ष के ही नहीं, प्रत्युत अखिल विश्व के साहित्यकार कुछ विचलित-से हो रहे हैं। किन्तु, यह विचलित होने की बात नहीं है; साहित्यकारों के बीच सबसे बड़ी सफलता तो हमेशा उन्हीं को मिली, जो अपनी अनुभूतियों को उस समाज की अनुभूति से मिलाकर लिखते थे, जिसमें उनका जन्म और विकास हुआ था। संक्रमणशीलता साहित्य का सबसे बड़ा गुण है। और संक्रमणशीलता में वृद्धि भाषा की सफाई अथवा काव्य के उस गुण से भी नहीं होती, जिसे हम 'प्रसाद' कहा करते हैं। वह तो कवि की विशिष्ट प्रकार की मनोदशा से उत्पन्न होती है। वह तो इस बात पर अवलम्बित रहती है कि कवि अपनी बात को अधिक-से-अधिक लोगों तक पहुँचाना चाहता है या नहीं। जो अधिक-से-अधिक पाठकों के हृदय को छूना चाहता है, जो समय के अधिक-से-अधिक विस्तार में झंकार उत्पन्न करना चाहता है, वह अपनी वैयक्तिक अनुभूति को भी समूह की अनुभूतियों के साथ अवश्य विजड़ित करेगा। और यह कार्य उतना कठिन भी नहीं, जितना कि लोग समझ लेते हैं। क्योंकि प्रत्येक व्यक्ति समाज का ही एक खंड है और जो अनुभूति एक के हृदय में उत्पन्न होती है, उसे सभी रसज्ञों की समझ में आना ही चाहिए। महात्मा तुलसीदास ने रामचरित-मानस की रचना स्वान्तः सुखाय आरम्भ की थी, किन्तु उनकी प्रत्येक अनुभूति हममें से प्रत्येक के हृदय में अपनी झंकार उत्पन्न करने में पूर्णरूप से समर्थ है। इसका प्रधान कारण तुलसीदास की भाषा अथवा उनकी प्रसन्न शैली नहीं, प्रत्युत यह बात है कि वे अपनी अनुभूति को सार्वजनिक अनुभूति से मिलाकर लिखना चाहते थे। कविता की कितनी ही परिभाषाएँ युग-युगान्तर से लिखी जाती रही हैं :

कीरति भणिति भूति भलि सोई
सुरसरि सम सब कहँ हित होई।

किन्तु इस परिभाषा के द्वारा काव्य के आनन्द को सर्वजन-सुलभ बनाने का संकेत सिर्फ तुलसीदास ही दे सके; क्योंकि वे जानते थे कि वैयक्तिक विशिष्टताएँ समूह का हृदय छूने में कवि को बाधा नहीं दे सकतीं।

वैयक्तिक अनुभूति को सामूहिक रूप देना इसलिए भी आवश्यक है, चूँकि जनता पर कोई भी विचार हम जबरदस्ती लादना नहीं चाहते। आज वैयक्तिक अभिमान की कहीं कोई गुंजाइश नहीं रह गई है; जो कुछ हो रहा है, समूह के लिए हो रहा है; जो कुछ किया जा रहा है, समूह के द्वारा किया जा रहा है। यहाँ तक कि वैयक्तिक विशिष्टताओं की सेवा भी आज समूह को ही अर्पित है। हम इस अहंकार से पीड़ित नहीं होंगे कि जो कुछ मैं कह रहा हूँ वही ठीक है; और न हमारा यही आग्रह होगा कि आज गांधीजी अथवा आज से सौ वर्ष पहले मार्क्स और एंजिल जो कुछ कह गए, वह त्रिकाल के लिए सत्य है। ऐसा मान लेने से मनुष्य की स्वाधीन चिन्ता अवरुद्ध हो जाएगी। मानवता की प्रति के लिए यह आवश्यक है कि हम उपलब्ध ज्ञान और अनुभूति को अपनी पूँजी बनाकर उसका उपयोग करें, किन्तु नई चिन्ताओं एवं नए प्रयोगों के लिए द्वार तो हमेशा ही खुला रहना चाहिए। विशेषतः साहित्य में किसी प्रकार का भी रेजिमेंटेशन नहीं चल सकता। साहित्य की भूमि तभी तक उर्वर रह सकती है, जब तक उसमें फिरनेवाली वायु स्वाधीन हो, उसमें पड़नेवाली किरणें मुक्त हों तथा उस पर बरसनेवाले बादल पर किसी भी प्रकार की जंजीर नहीं हो।

(अर्धनारीश्वर)

कवि : हिन्दी एवं हिन्दीतर

मैथिल कोकिल विद्यापति

हिन्दी के बृहत्रयी कवि कौन हैं? तुलसी, सूर और विद्यापति अथवा तुलसी, सूर और कबीर? निर्णय आसानी से नहीं दिया जा सकता, यद्यपि मेरा निजी मत है कि बृहत्रयी की पंक्ति में तीसरे स्थान का अधिकारी विद्यापति को ही होना चाहिए।

विद्यापति का जन्मवर्ष अभी तक निश्चित नहीं किया जा सका है। जो सामग्रियाँ उपलब्ध हैं, उनके आधार पर इतना ही कहा जा सकता है कि उनका जन्म 1350 ई. के आसपास हुआ होगा। और, सम्भवतः कबीर के वे लगभग पचास वर्ष के पूर्ववर्ती रहे होंगे। हाँ, यह निश्चित है कि उनका जन्म बिहार प्रान्त के मिथिला नामक जनपद में हुआ था।

वे ऐसे समय में हुए जब चिन्तन की भाषा संस्कृत और साहित्य की भाषा अपभ्रंश थी। विद्यापति ने भी अपभ्रंश में अपनी कीर्तिलता नामक पुस्तक की रचना की जिसकी भाषा को उन्होंने अवहट्ट कहा है और जिस भाषा के अनुसार उन्होंने अपना नाम विद्यापति नहीं बताकर, विज्जाबइ बताया है।

बालचन्द बिज्जावइ भाषा दुहु नहि लग्गइ दुज्जन हासा।

अर्थात् बाल चन्द्रमा और विद्यापति की भाषा, ये दुर्जनों के हँसने से कलंकित नहीं हो सकते।

'कीर्तिलता' विद्यापति की आरम्भिक रचना है जिसे उन्होंने, कदाचित्, सोलह वर्ष की उम्र में लिखा था। प्रौढ़ होने पर उन्होंने अपभ्रंश को छोड़ दिया तथा कविताएँ वे मैथिली में तथा शास्त्रीय निबन्ध संस्कृत में लिखने लगे। इस प्रकार विद्यापति का लिखा हुआ साहित्य परिमाण में भी बहुत है।

हिन्दी साहित्य के इतिहास में विद्यापति वीरगाथा-काल के कवि माने जाते हैं, यद्यपि युद्ध का कुछ थोड़ा वर्णन उनकी कीर्तिलता में ही मिलता है और 'कीर्तिलता' विद्यापति की प्रतिनिधि रचना तो मानी ही नहीं जा सकती। उनकी असली प्रतिभा तो उनके पदों में निखरी है और विद्यापति के पद किसी प्रकार चन्दबरदाई एवं आल्हखंड के रयचिताओं की कविताओं में मिश्रित नहीं किए जा सकते। लोग विद्यापति को भक्ति-काल के कवियों में गिनने से भी हिचकते हैं, क्योंकि विद्यापति का प्रधान स्वर आनन्द का स्वर है, दैहिक आनन्द का स्वर है एवं राधा-कृष्ण के नाम उन्होंने

नायक-नायिका के रूप में ही लिए हैं। उनका नाम रीतिकाल के भीतर भी खपाया नहीं जा सकता, क्योंकि, यद्यपि, उनके पद स्पष्ट गवाही देते हैं कि उन्हें रीतियों का भरपूर ज्ञान था, फिर भी रीति, रस या अलंकारों के उदाहरण उपस्थित करने के लिए उन्होंने पदों की रचना नहीं की थी। इस प्रकार विद्यापति किसी भी वर्ग में समा नहीं सकते। उनके सत्कार के लिए ऐसा सिंहासन चाहिए जिस पर केवल वही बैठ सकते हैं। वे केवल कवि थे और कविता में सौन्दर्य और आनन्द को छोड़कर वे और किसी बात को स्थान नहीं देते थे। कविताएँ रचते समय उन्हें इस बात का ध्यान नहीं रहता था कि वे वैष्णव हैं या शैव अथवा शक्ति, न इस बात का कि वे साहित्य और धर्म-शास्त्रों के उद्‌भट विद्वान भी है। उन्होंने जो कुछ लिखा, सहज, सुन्दर और आनन्दमय भाव से लिखा, सौन्दर्य से छककर लिखा, मस्ती के तूफान में लिखा। कविताएँ उनका आत्म-निवेदन नहीं, आत्माभिव्यक्ति हैं। मानव-शरीर की सुन्दरता एवं नर-नारी के प्रणय-व्यापार पर उनकी इतनी श्रद्धा है कि इनका वर्णन करने में उन्हें कहीं भी हिचकिचाहट नहीं होती।

शृंगारिक कवि तो हमारे साहित्य में एक से बढ़कर एक हुए हैं, किन्तु, शृंगार की जो सहजता विद्यापति में है वह अन्यत्र नहीं दिखाई देती। प्राचीन कवियों से आधुनिक पाठकों की एक शिकायत यह रहती है कि शृंगार-वर्णन करते हुए ये कवि अपनी वासना अथवा अपनी उमंग को सीधे न कहकर किसी राजा अथवा लोकोत्तर नायक के मुख से व्यक्त करते हैं। ऐसा होने से प्रेमानुभूति की स्वाभाविकता कुछ मद्धिम पड़ जाती है। किन्तु विद्यापति इसके उपवाद हैं। नारी को देखकर नर और नर को देखकर नारी में जो सहज स्वाभाविक आकर्षण जगता है उसका रहस्य सबको ज्ञात है। किन्तु विद्यापति ने इस अनुभूति को जिस निश्छलता से व्यक्त किया है, वह सफाई, वह सच्चाई और वह निश्छलता और कहीं नहीं मिलती :

ततहि धाओल दुहुं लोचन रे
जतए गेलि वर नारि,
आशा लुबुध न तेजइ रे
कृपनक पाछु भिखारि।

अर्थात् जहाँ-जहाँ वह श्रेष्ठ सुन्दरी जाती है, मेरे दोनों लोचन वहीं-वहीं दौड़ रहे हैं, मानो आशा के लोभ में पड़ा हुआ भिखारी कृपण का पीछा न छोड़ रहा हो।

यह प्राकृतिक पुरुष का निश्छल उद्‌गार है और इसका प्रभाव इसीलिए पड़ता है कि यह निश्छलता से कहा गया है, बिना हिचक के कहा गया है, कृष्ण या आश्रयदाता राजा की ओर से नहीं, सीधे कवि की ओर से कहा गया है।

विद्यापति की कविता उनके जीवन-काल में इतनी प्रसिद्ध हो गई थी कि लोग उन्हें कविशेखर, अभिनव जयदेव और मैथिल कोकिल के नाम से पुकारने लगे थे। और आज भी तुलसीदास के बाद वे, शायद, एक मात्र कवि हैं, जिनके

अधिक-से-अधिक पद जन-जीवन में घुले हुए हैं, जिनकी कविताएँ पंडितों से अधिक अपढ़ जनता को याद हैं तथा जिनके पदों का गान मिथिला की गृहलक्ष्मियों का प्रधान आनन्द है।

किन्तु ये बातें कैसे हुईं? विद्यापति ने क्या किया कि उनकी कविताएँ जनता में इस जोर से फैल गईं? कारण अनेक होंगे, किन्तु सबसे बड़ा कारण यह है कि कवि विद्यापति पर पंडित विद्यापति का आतंक नहीं था। विद्यापति का कवि-हृदय मिथिला के जन-हृदय से एकाकार था। साहित्य की दृष्टि से तो विद्यापति के पद अतुलनीय हैं ही, उनकी सबसे बड़ी विशेषता यह है कि वे लोक-साहित्य की भी अतुल कृतियाँ हैं। विद्यापति के भाव मन से नहीं जीवन से आते थे। उन्होंने ताल और भुर्जपत्रों पर लिखी पोथियाँ ही नहीं पढ़ी थीं, प्रत्युत सबसे अधिक वे उन पोथियों के प्रेमी थे जो खेत-खलिहान, कुंज-वीथी, पनघट और जनता के घर-आँगन में खुली हुई हैं।

विद्यापति के पदों में प्रसारित देश ग्राम-देश है, उनके गीतों में चित्रित सुन्दरियाँ ग्रामीण सुन्दरियाँ हैं जिन्हें अलंकार और प्रसाधन की सुविधा नहीं, जिनके सारे अलंकार उनके हाव-भाव हैं, जिनके बोल सभ्यता के सधे हुए कृत्रिम बोल नहीं, हृदय की निष्कपटता से निकले हुए सहज उद्‌गार हैं और किसी भी बनावट के बिना दमकनेवाला यह सौन्दर्य कितना सीधा-सादा, मगर कितना आकर्षक और पवित्र है :

सहजहिं आनन सुन्दर रे
भौंह सुरेखलि आँखि,
पंकज मधु पिबि मधुकर रे
उरए पसारल पाँखि।

उसका मुखमंडल बिना किसी प्रसाधन के ही सुन्दर है। उसकी भौं सुरम्य काली रेखा-सी प्रतीत होती है, मानो कमल का मधु पीकर मधुकरों की पाँती उड़ी जा रही हो। और यह सरल ग्राम-युवती अपने पति के विदेश-गमन के समय जो कुछ कहती है वह भी ग्राम-युवती का ही सरल भाव है, उसमें नागरिक चातुरी या परदा नहीं है। नायिका जिस बात से डरती है, उसे ही वह सहज भाव से कह देती है :

माधव, तोहें जनु जाह विदेस।
हमरो रंग रभस लए जएवह लएवह कोन सन्देस।
वनहिं गमन करू होएत दोसर मति बिसरि जाएव पति मोरा।
हीरा-मानिक एको नहि माँगब फेरि माँगब पहु तोरा।

हे माधव! तुम विदेश मत जाओ। विदेश जाने से मेरा आमोद-प्रमोद तुम अपने साथ ले जाओगे, लेकिन बदले में ऐसी कौन-सी चीज लाओगे जो मेरे रंग-रभस के बराबर हो? घर से बाहर होते ही तुम्हारी मति बदल जाएगी और तुम मुझे भूल जाओगे। इसी से कहती हूँ कि मुझे हीरा-मोती नहीं चाहिए। मैं तो बार-बार तुम्हें ही माँगती हूँ।

विद्यापति सौन्दर्य, जवानी, दाम्पत्य-प्रेम और मस्ती के कवि हैं। उन्होंने एक पद भी कहा है जो उनकी समस्त काव्य-रचना की कुंजी के समान लगता है :

सरसिज बिनु सर, सर बिनु सरसिज
की सरसिज बिनु सूरे,
यौवन बिनु तनु, तनु बिनु यौवन
की यौवन पिय दूरे।

कमल के बिना सरोवर या सरोवर के बिना कमल अथवा वह कमल जिसे सूर्य नहीं मिला हो, ये बातें ऐसी ही हैं जैसे शरीर में जवानी न हो या जवानी को शरीर-सम्पदा न मिली हो अथवा वह जवानी जब प्रियतम पास नहीं, कहीं दूर हो।

विद्यापति ने शिव की स्तुति में भी बहुत-से पद कहे हैं जो मिथिला में नचारी के नाम से विख्यात हैं। बुढ़ापा आने पर शृंगार और यौवन के इस महागायक को कुछ थोड़ा-सा पश्चात्ताप भी हुआ जिसकी अभिव्यक्ति उनके पदों में बड़े ही वेधक ढंग से हुई है :

तातल सैकत वारि बिन्दु-सम
सुत मित रमनि-समाज
तोहे बिसरि मन ताहि समर्पिमु
अब मझु हब कोन काज।
माधव, हम परिनाम निराशा।

अर्थात् पुत्र, मित्र और प्रेमिकाओं से मिलनेवाला सुख तप्त बालू पर गिरनेवाले जलबिन्दु के समान क्षणस्थायी और नश्वर हैं। हे प्रभो! मैंने आपको भूलकर अपना मत इन्हें समर्पित कर दिया था, किन्तु अब मेरा क्या हाल होगा? हे माधव! लगता है, जैसे यह निराशा हमारे सारे जीवन का एक मात्र परिणाम है।

यह पश्चात्ताप भी निष्कपट कवि का ही पश्चात्ताप है। वैराग्य की अवस्था आने पर उपदेश बहुतों ने दिए हैं, किन्तु उनके उपदेश ऐसे लगते हैं, मानो सारे संसार की दशा देखकर कहनेवाले ने कुछ नियम कह दिए हों। किन्तु विद्यापति का यह पश्चात्ताप उन्हें अपने हृदय से निकला है। वह नियम नहीं, कविता की कड़ी है। जिस प्रकार उन्होंने नारी पर अपनी आसक्ति निष्कपट भाषा में कही थी, बुढ़ापे में आकर उसी निष्कपटता से उन्होंने यह भी कह दिया कि पुत्र और मित्र ही नहीं, प्रत्युत प्रेमिकाएँ भी व्यर्थ हैं। अन्त में, ये सब-के-सब तुच्छ हो जाते हैं। यह निष्कपटता विद्यापति की कविताओं की सबसे बड़ी शोभा है।

(वेणुवन)

विद्यापति और ब्रजबुलि

विद्यापति आज प्रायः छह सौ वर्षों से, बिना बाहरी अवलम्ब के जीते चले जा रहे हैं, जिस तरह कुछ अन्य कवि भी जीते आए हैं। किन्तु उनकी जो मधुरता उनके लिए अमृत का काम करती रही है, उसी ने उनकी पदावलियों को एक ऐसे जाल में उलझा रखा है जहाँ से पूर्ण शुद्धता के साथ उन्हें निकाल देना अत्यन्त दुष्कर कार्य है। यह जाल है उन असंख्य अनुकर्त्ताओं का जो उनके बाद और उनके समय में भी, केवल मिथिला में ही नहीं, बल्कि बंगाल, उड़ीसा और आसाम में भी उत्पन्न हुए तथा जिनके पदों की भीड़ में से विद्यापति के पदों को सही-सही ढूँढ़ निकालना बड़ा ही कठिन हो रहा है।

एक तरह से यह जाल ब्रजबुलि नामक उस मोहिनी भाषा का जाल है जो कहते हैं आकस्मिक रूप से जन्म लेकर समस्त पूर्वी भारत में फैल गई और जिसमें रचे हुए पद, बहुधा, विद्यापति विरचित होने का भ्रम उत्पन्न करने लगे। यहाँ विलगाव की प्रक्रिया में विद्वानों का पथ-प्रदर्शन केवल 'भणिताएँ' करती हैं, किन्तु जहाँ 'भणिता' नहीं मिलती, वहाँ अक्सर कठिनाई उत्पन्न हो जाती है तथा 'भणिता' मिलने पर भी कभी-कभी यह निर्णय करना कठिन हो जाता है कि इस पद का वास्तविक रचयिता कौन है। ऐसा भी होता है कि एक-एक कविता में दो-दो, तीन-तीन भणिताएँ मिल जाती हैं और तब सम्पादक को अपने-आप पर भरोसा रखकर कोई निर्णय दे देने के सिवा दूसरा उपाय नहीं सूझता। विद्यापति की पदावलियों के सम्बन्ध में अभी तक सबसे अधिक काम बंगला में स्वर्गीय नगेन्द्रनाथ गुप्त का ही समझा जाता है। किन्तु उनका संग्रह भी ऐसे दोषों से मुक्त नहीं है।[1]

मिथिला में विद्यापति के जो पद मिलते हैं उनमें भी विकृतियाँ है, फिर भी मिथिला में पाई जानेवाली पांडुलिपियों पर अधिक भरोसा किया जाना चाहिए, यदि वे

---

1. नगेन्द्रनाथ गुप्त के संग्रह के पद सं. 81, 86, 210, 538, 596, 624, 665, 669 और 703 में गोविन्ददास का नाम विद्यापति के साथ आया है। एक उदाहरण है :
भनई विद्यापति गोविन्ददास तथि पूरल इस रस ओर।
गुप्त जी ने अर्थ किया है कि इस रस सीमा की पूर्ति गोविन्ददास ने की।
—विद्यापति, द्वितीय संस्करण, सम्पादक अमूल्य चरण और खगेन्द्रनाथ

काफी प्राचीन हों। स्वर्गीय पं. शिवनन्दन ठाकुर ने (जिनकी कृति का हमने अभी त[illegible] वह सम्मान नहीं किया है जिसकी वह अधिकारिणी हैं) तो रामभद्रपुर वाली पांडुलि[illegible] के आधार पर जिन नए 85 पदों का सम्पादन किया था, उन्हीं की भाषा और प्रयो[illegible] को वे विद्यापति पदावली पर काम करनेवाले विद्वानों के लिए मॉडल या आदर्श ब[illegible] गए हैं। किन्तु कठिनाई यह है कि पदावली की अधिकांश सामग्रियाँ बंगाल से आ[illegible] हैं और वहाँ उनमें से अधिकांश ब्रजबुलि साहित्य के ढूहों के बीच से ही खींच-खाचक[illegible] निकाली गई हैं। अतएव, उन पर बंगला[1] का प्रभाव स्पष्ट दिखाई देता है।

ग्रियर्सन,[2] सुकुमार सेन,[3] नगेन्द्र नाथ गुप्त, यहाँ तक कि सुनीति बाबू[4] का भी यही खयाल है कि ब्रजबुलि के जन्म का कारण मिथिला में पठनार्थ जानेवाले बंगाली छात्रों, बंगाल के अक्षम लिपिकारों एवं ततोऽधिक अशिक्षित कीर्तनगायकों का मैथिली भाषा का अज्ञान अथवा अधूरा ज्ञान था। पठानों की बंगाल-विजय के बाद जब मिथिला (और उड़ीसा भी) हिन्दुत्व की एक मात्र पीठ रह गई तब बंगाली छात्र संस्कृत पढ़ने को मिथिला आने लगे। उन्हीं के द्वारा विद्यापति के पद बंगाल पहुँचे, जहाँ बंगाली लिपिकारों ने उन्हें लिपिबद्ध किया और बंगाली कीर्तन-नायक उन्हें गाने लगे। किन्तु ये लोग मैथिली के सक्षम ज्ञाता नहीं होते थे। अतः पदों की भाषा उनके हाथों में विकृत होने लगी तथा उस पर धीरे-धीरे बंगला का रंग चढ़ने लगा। कहते हैं, अन्त में इन्हीं विकृतियों से एक नई भाषा निकल पड़ी, जो वैष्णव पदों की भाषा हो गई और वैष्णव धर्म के प्रसार के साथ जिसका प्रचार उड़ीसा और आसाम में भी हो गया। यह भी कहा जाता है कि विद्यापति के पदों के प्रचार की सीमा उड़ीसा में ही समाप्त नहीं हुई थी, प्रत्युत् उसका प्रसार दक्षिण[5] में भी था। ब्रजबुलि के जन्म की कल्पना करते हुए श्री नगेन्द्रनाथ गुप्त ने लिखा है, "बंगाली ब्रज भावे विभोर हइया, एइ कवितार भाषा की राधाकृष्णेर लीलाभूमि मथुरा वा ब्रजेर भाषा बलिया लइया ब्रजबुलि नाम दियाछे...बांगलीर अस्थिमज्जाय विद्यापति प्रवेश करिलो। विद्यापति गान गाहिते गाहिते, क्रमशः, बांगलीर निकट बहुपद बांगलार रूप धारण करिलो।"[6]

1. "ये नगेन्द्र बाबू...तिनि उ पाठविकृतिरजन्य कम दाई न हेन। बंगदेशे प्राप्त पदावलीर काल्पनिक मैथिल रूप दिते गिया तिनि। ये सकल भूल करियाछेन, ताहरा संख्याउ अल्प नहे।"

—श्री खगेन्द्रनाथ मित्र : विद्यापति की भूमिका

2. Maithili Chrestomathy, पृ. 39।
3. History of Brajabuli Literature.
4. Introduction to the History of Maithili Literature by *Dr. J.K. Mishra.*
5. विद्यापतिर गीतिकविता दाक्षिणात्य देशेर हृदयेउ प्रतिध्वनि तूलिया छिलो।

—खगेन्द्रनाथ मित्र : विद्यापति की भूमिका

6. विद्यापति ठाकुरेर जीवन वृत्तान्त।

इस भाषा का ब्रजबुलि नाम क्यों पड़ा, इसके कई कारण हो सकते हैं। सम्भव है, पदावली के नायक श्री कृष्ण की जन्मभूमि के नाम पर इस भाषा का नाम ब्रजबुलि पड़ा हो; सम्भव है, बंगाल से पश्चिम जिस भाषा में कृष्ण-काव्य की रचना हो रही थी, उसके साम्य पर ही बंगाल में लोगों को यह नाम सूझ गया हो अथवा यह भी सम्भव है कि विद्यापति के अनुकरण पर बननेवाले पदों की भाषा को मैथिल और बंगला, दोनों से ईषत भिन्न पाकर लोगों ने उसका ब्रजबुलि नाम दे डाला हो। किन्तु विचारणीय विषय यह है कि ब्रजबुलि का जन्म, सचमुच ही, बंगाली लिपिकारों और कीर्तनकारों एवं कीर्तनगायकों के प्रमाद से हुआ अथवा वह उस भाषा का प्रतिबिम्ब थी जो एक महाकवि की कल्पना की गर्मी से पिघलकर अत्यन्त तरल और कोमल हो उठी थी। ब्रजबुलि कविता के लिए अत्यन्त उपयोगी सिद्ध हुई है और उसमें जिसने भी लिखा वह कम-से-कम हास्यास्पद तो नहीं ही हुआ। अपनी मधुरता के कारण ही वह बंगाल, उड़ीसा और आसाम, तीनों प्रान्तों में समादृत हुई तथा नवयुग के बाद भी कवियों का ध्यान उसकी ओर गया एवं 19वीं सदी में जन्मेजय मित्र, बंकिम चन्द्र, राजकृष्ण राय और स्वयं रवीन्द्रनाथ उस भाषा में रचना करने का लोभ संवरण न कर सके। ब्रजबुलि ने रवीन्द्रनाथ की तो कविता की आँख ही खोली क्योंकि उनके[1] आरम्भिक गान उसी भाषा में लिखे गए हैं। एक ओर ब्रजबुलि की मधुरता का यह हाल है तो दूसरी ओर वह बड़ी ही सरल भाषा भी रही और ब्रजबुलि के भीतर से ही सारे पूर्वी भारत में वैष्णव धर्म का प्रचार हुआ। क्या इतनी सरल, मधुर और सबके हृदय को झंकृत करनेवाली भाषा प्रमाद से उत्पन्न हो सकती थी?

इस सम्बन्ध में कई प्रश्न उठाए जा सकते हैं। सबसे पहले तो विद्यापति की भाषा से ब्रजबुलि भाषा का पूरा साम्य है और ऐसा लगता है कि अनुकरण करनेवालों को बहुत बिगाड़ना नहीं पड़ा है। नीचे के उदाहरणों से यह बात स्पष्ट हो जाएगी :

पहिलहि राग नयन भंग भेल,
अनु दिन बाढ़ल अवधि न गेल,
ना सो रमन, ना हम रमनी,
दुहुं मन मनोभव पेसल जनी।

—रामानन्द राय, उड़ीसा, 1504-1532

---

1. ठाकुर मानुसिंहेर पदावली। रवीन्द्र नाथ ने My Reminiscences में भी लिखा है, "Rejoicing in the graceful shade of the cloudy mid-day rest-house, I lay prone on the bed in my inner room, I wrote on a slate the imitation Maithili poem."

"Vidyapati's poems and songs were one of the earliest delights that stirred my youthful imagination."

(नगेन्द्रनाथ दास को पत्र में लिखा था)

से कान्ह, से हम, से पंचबान,
पाछिल छाड़ि रग आवे आन,

पाछिला पेमक की कहब साध,
आगिलाह पेम देखिअ अब आध।

—विद्यापति

इन दोनों पदों की भाषा एक-सी है और ऐसी ही समता हम ब्रजबुलि के अधिकांश कवियों एवं विद्यापति तथा गोविन्ददास के बीच पाते हैं।

दूसरी बात यह है कि डॉक्टर सुभद्र झा ने ब्रजबुलि साहित्य की जो चार श्रेणियाँ[1] बनाई हैं, उनमें से एक श्रेणी में उन्होंने उन पदों को रखा है जिनमें बंगला और ब्रजभाषा का रूप मिश्रित मिलता है। यह कैसे हुआ? क्या इसकी प्रेरणा के बीज भी विद्यापति की भाषा में निहित थे, अथवा यह कृष्णभक्त हिन्दी कवियों का प्रभाव है? कहा जाता है कि विद्यापति की अवहट्ट पर शौरसेनी का भी कुछ प्रभाव है। तो क्या यह प्रभाव उनकी मैथिली में भी यदा-कदा उतर पड़ता था? खोजने पर, शायद, थोड़े-बहुत प्रमाण मिल जाएँगे; किन्तु उसके पूर्व तो यह निश्चित करना है कि पदावली की भाषा के किस रूप को हम शुद्ध मानें।

एक तीसरी बात यह भी है कि उड़ीसा में तो ब्रजबुलि का प्रवेश चैतन्य महाप्रभु के साथ हुआ; किन्तु डॉक्टर जयकान्त मिश्र[2] का कहना है कि आसाम में ब्रजबुलि का प्रवेश कामरूप और विदेह के लोगों के समागम के परिणामस्वरूप हुआ था। उनका यह भी कहना है कि आसाम के विख्यात सुधारक शंकरदेव (1449-1568) तीर्थाटन के क्रम में बिहार आए थे और यहीं उन्हें विद्यापति के पदों से परिचय हुआ तथा उन्हें यह भी भासित हुआ कि इन पदों की भाषा में वैष्णव धर्म का प्रचार आसानी से किया जा सकता है। यह स्थापना, कदाचित, ठीक होगी क्योंकि बंगाल से वैष्णव धर्म का वहन करती हुई अगर ब्रजबुलि आसाम गई होती तो उसके साथ बंगाल में प्रचलित सख्य या पति-पत्नी भाववाली भक्ति भी आसाम पहुँचती। किन्तु आसाम के वैष्णवों में दास्य-भाव की ही प्रधानता रही। इसके सिवा, आसाम के ब्रजबुलि के पदों में राधा का भी नाम नहीं है। यहाँ एक दूसरी शंका उठ खड़ी होती है कि तब यह विद्यापति के प्रभाव का द्योतक कैसे कहा जा सकता है, क्योंकि विद्यापति की कविता में तो राधा का उल्लेख है? सम्भव है, राधा-तत्त्व के विवर्जन का कारण दास्य-भाव की प्रधानता रही हो। जो हो, विद्यापति की भाषा आसाम भी पहुँची और वहाँ भी उसने अपने लिए अनेक अनुकर्त्ता उत्पन्न कर लिए। अगर ब्रजबुलि के बंगाल होकर आसाम पहुँचने की

1. डॉ. जयकान्त मिश्र के इतिहास में उल्लेख।
2. History of Maithili Literature।

बात ठीक नहीं है, तब यह सम्भावना और भी बढ़ जाती है कि ब्रजबुलि विद्यापति की ही भाषा का परदेशगत नाम है।

विद्यापति के पदों के इस व्यापक प्रचार का क्या कारण था? वैष्णव धर्म ने इसमें बहुत बड़ी सहायता की, यह बात निर्विवाद है। यह भी मानने योग्य बात है कि पूर्वी भारत की भाषाएँ आज आपस में जितनी भिन्न हैं, आज से पाँच सौ वर्ष पहले वे उतनी भिन्न नहीं थीं। उस समय एक भाषाक्षेत्र के लोग दूसरे भाषाक्षेत्र के लोगों की बात आसानी से समझ लेते थे। चर्या-पदों को लेकर विद्वानों के बीच जो मतभेद है, उसकी प्रखरता भी यह सोचने पर बहुत कुछ न्यून हो जाती है कि इन पदों की रचना एक ऐसे समय में की गई जबकि अपभ्रंशों के अवसान एवं देश-भाषाओं के उदय की सन्धिवेला या गोधूलि बीत रही थी। राहुल जी[1] ने शायद सत्य ही कहा है कि 9वीं-10वीं सदी की ब्रजभाषा का कोई उदाहरण मिल जाए तो, सम्भव है, उस पर भी अनेक भाषाओं की ओर से दावे पेश किए जाने लगेंगे। अतः यह सोचना अधिक युक्ति-युक्त है कि चर्या-पदों की भाषा उतनी ही मैथिली या मगही कही जा सकती है जितनी बंगला, उड़िया या आसामी।

किन्तु इतने से प्रश्न का सम्यक् समाधान नहीं होता। यह ठीक है कि आज से पाँच सौ वर्ष पूर्व इन भाषाओं के बीच भिन्नता अधिक नहीं थी। किन्तु उस समय तक इन भाषाओं का अपना-अपना व्यक्तित्व बन चुका था, जो इस बात से भी प्रमाणित होता है कि जिन दिनों ब्रजबुलि में रचनाएँ की जा रही थीं तब भी प्रत्येक प्रान्तीय भाषा का सबसे अलग साहित्य तैयार हो रहा था।

मुझे तो अधिक सम्भावना इसकी दीखती है कि विद्यापति ने जान-बूझकर एक ऐसी भाषा में अपने पद लिखे जो अधिक-से-अधिक लोगों की भाषा के पास पहुँच सकती थी। भाषा के सम्बन्ध में जनरुचि का उन्हें आरम्भ से ही ध्यान था। कोई 20-22 वर्ष की उम्र में ही उन्होंने लिखा था :

सक्कै बानी बुझ अन भावे,
पाओ रस को मम्म न पावे,
देसिल बैना सब जन मिठ्ठा,
तें तेइसन जम्पौं अवहठ्ठा।

—कीर्तिलता

विद्यापति की मातृभाषा मैथिली थी, किन्तु वे प्रगाढ़ पंडित और बहुभाषाविद् थे। इसके अतिरिक्त, राजकाज से सम्बन्ध रहने के कारण उनका समस्त पूर्वी भारत से सम्बन्ध रहा होगा और वे सब बोलियों का स्वाद जानते होंगे। तुलसीदास के सम्बन्ध में भी यह कहा जाता है कि उन्होंने जान-बूझकर ऐसी भाषा में कविता लिखी जिसे

1. (क) हिन्दी काव्यधारा (ख) पुरातत्व निबन्धावली।

अधिक-से-अधिक लोग समझ सकें। यह बात विद्यापति के विषय में भी कही जा सकती है। किन्तु कवि क्या जान-बूझकर ऐसी भाषा का प्रयोग करता है? लोकप्रियता प्रेषणीयता की मात्रा पर अवलम्बित है। प्रेषणीयता की वृद्धि साधारणीकरण की शक्ति पर निर्भर करती है और साधारणीकरण का कारण है भाषा का भावमय प्रयोग जो प्रयोक्ता की अपनी भाव-शक्ति पर निर्भर करता है। जिनकी भाव-शक्ति प्रबल है, उनकी भाषा आप-से-आप भावमय हो उठती है।

लिपिकों और कीर्तनगायकों का भी कुछ दोष रहा होगा। और शूद्ध पाठ तैयार करने में इन्हीं दोषों का निराकरण हमारा लक्ष्य होना चाहिए। किन्तु उन्हीं के प्रमाद से एक नई सुमधुर भाषा का जन्म मान लेना कुछ ठीक नहीं जँचता। ब्रजबुलि कविता की दृष्टि से अद्भुत भाषा थी एवं देशभाषाओं के बीच उसके समान सुमधुर भाषा दूसरी नहीं हुई। ब्रजबुलि में बंगला, मैथिली और हिन्दीके मिश्रण से पद रचने की हम जो पद्धति देखते हैं, वह प्रमाद से तो नहीं ही जनमी होगी। उसका आरम्भ स्वयं विद्यापति ने किया होगा।

(वेणुवन)

कबीर के स्वप्न

भारत के प्राचीन कवियों में कबीर साहब एक ऐसे कवि हैं जिनकी कविताओं में समाज-सुधार का सन्देश सब से अधिक है। उनके सत्य-लोक-गमन को कोई साढ़े चार सौ साल हो गए, लेकिन, आज भी उनके दोहे और पद पुराने नहीं लगते। ऐसा लगता है, मानों, उनकी रचना आज की स्थिति को सामने रख कर की गई हो; मानों, उनके श्रोता पठानकालीन हिन्दुस्तानी नहीं, बल्कि, वर्तमान काल के भारतवासी रहे हों। इसका कारण यह है कि कबीर साहब ने मानव-समाज के बारे में जो सपना देखा था, वह अभी पूरा नहीं हुआ, न वह स्वप्न हमारी आँखों से ओझल हो पाया है। कबीर साहब भविष्यद्रष्टा कवि थे और भारतीय मानव-समाज की जो कल्पना उन्होंने की थी, वह इतनी मज़बूत निकली कि आज भी वह हमारे साथ है और हम उसी कल्पना को आकार देने के लिए संघर्ष कर रहे हैं।

हिन्दू-समाज की सब से बड़ी त्रुटि उन्हें यह दिखाई पड़ी थी कि इस समाज के लोग विचार के धरातल पर यह तो विश्वास करते हैं कि सारी सृष्टि एक ही ब्रह्म से निकली है, इसलिए, सभी मनुष्य परस्पर समान हैं; किन्तु, आचार के धरातल पर उनका यह विश्वास खंडित हो जाता है, क्योंकि वे कुछ वर्णों को जन्मना श्रेष्ठ और बाकी को अधम मानते हैं, कुछ मनुष्यों को स्पर्श के योग्य और कुछ को अछूत मानते हैं। हिन्दू-समाज के भीतर प्रचलित इस रूढ़ि के खिलाफ़ कबीर साहब ने जीवन-पर्यन्त संघर्ष किया और सारी जिन्दगी हिन्दुओं को वे समझाते रहे कि जन्म से सभी मनुष्य समान हैं, ऊँच-नीच का भेद कर्म उत्पन्न करते हैं। अतएव, जन्म से एक को ब्राह्मण और दूसरे को शूद्र मत समझो, क्योंकि ऐसा विभेद करने का कोई आधार नहीं है।

एक बूँद, एकै मल-मूतर, एक चाम, एक गूदा,
एक ज्योति से सब उतपन्ना, को बाभन, को सूदा?

पंडित, देखहु मन महँ जानी।
कहु धौं छूति कहाँ ते उपजी तबहिं छूति तुम मानी।

छूतिहिं जेवन, छूतिहिं अचवन, छूतिहिं जगत उपाया,
कहहि कबीर ते छूति विवरजित जाकै संग न माया।

और जिस व्यक्ति के कर्म सुधर गए, जो षड्विकार से ऊपर उठ गया, उसकी जाति के बारे में सवाल उठाना तो और भी अनुचित है।

जाति न पूछो साधु की, पूछित लीजियो ज्ञान,
मोल करो तरवारि का, परा रहन दो म्यान।

× × ×

संतन जात न पूछो निर्गुनियाँ
साधु ब्राह्मन, साधु छत्तरी, साधै जाती बनियाँ।
साधन माँ छत्तीस कौम हैं, टेढ़ी तोर पुछनियाँ।

× × ×

हरि सेती हरिजन बड़े, समझु देखु मन माहिं,
कह कबीर जग हरि विषै सो हरि हरिजन माहिं।

कबीर साहब स्वयं जुलाहा-वंश के थे जिस वंश का समाज में निम्न स्थान है, किन्तु अपने कर्म की श्रेष्ठता के कारण जुलाहा होने में वे गर्व का अनुभव करते थे।

कबीर मेरी जाति कौ सब कोई हँसने हारु,
बलिहारी इस जाति की जिह जपियो सिरजनहारु।

× × ×

जाति का मोर पूछत हो बाम्हन, बूझौ मोर गियान।

× × ×

कासी में हम प्रगट भये हैं, रामानन्द चिताये,
निरगुन का संदेसा लाए, हंस उबारन आए।

× × ×

जाति जुलाहा मति को धीर,
हरषि-हरषि गुन रमे कबीर।

संतों की ओर से जाति-प्रथा को चुनौती बहुत पुराने जमाने से मिलती चली आ रही है। ऐसे संतों में सब से बड़ा नाम महात्मा बुद्ध का है। असल में, कबीर, नानक, गांधी आदि महात्मा उसी धारा के संत हैं जो धारा बुद्ध के कमंडलु से बही थी। किन्तु, इतने संघर्षों के बाद भी, जाति-प्रथा कायम है, यद्यपि, ज्यों-ज्यों समय बीतता है, उसके बन्धन ढीले होते जाते हैं। नया हिन्दुस्तान इस प्रथा को सभी रूढ़ियों से मुक्त करने को आज भी संघर्ष कर रहा है और इस संघर्ष में हमें बहुत बड़ी प्रेरणा कबीर साहब से मिलती है।

नए भारत की दूसरी बड़ी समस्या हिन्दू-मुस्लिम-एकता की समस्या है। महात्मा गांधी का सारा जीवन इस भयानक समस्या के सुलझाने का प्रयास था और, अन्त में,

इसी समस्या के सुलझाने की कोशिश में उन्होंने वीरगति भी पाई। कितने आश्चर्य की बात है कि इस समस्या ने कबीर साहब को भी उतना ही बेचैन रखा था जितना बेचैन उसने गांधीजी को रखा। फ़र्क यह है कि गांधीजी के मुख से कभी कोई ऐसी बात न निकली जिससे हिन्दुओं अथवा मुसलमानों के दिल पर कोई धार्मिक चोट पहुँचे, लेकिन, कबीर साहब के सामने राजनीति का भय नहीं था। हिन्दुत्व और इस्लाम के बीच का भेद मिटाने के लिए उन्होंने दोनों ही धर्मों की इतनी कटु आलोचना की कि दोनों ही धर्मों के नेता तिलमिला उठे। नतीजा यह हुआ कि एकता तो आई नहीं, हाँ, कबीर साहब पर कठिनाइयाँ बरस पड़ीं और उनके शत्रु दोनों ही गिरोहों में पैदा हो गए। लेकिन, उनकी निडर भाषा का यह परिणाम अवश्य हुआ कि उनके विचार अंगारों की तरह समाज की छाती में दहकने लगे और, उसी प्रकार, वे पिछले साढ़े चार सौ वर्षों से दहकते चले आ रहे हैं।

धर्म का उद्‌देश्य मनुष्य की आत्मा को परमात्मा की ओर ले जाना है और धर्मों के अनेक होने पर भी परमात्मा केवल एक है। कबीर साहब बार-बार मनुष्यों को उस एक परमात्मा का ध्यान दिलाते हैं और बार-बार कहते हैं कि इस एक को पाने के लिए अनेक पंथ क्यों बनाते हो और पंथ अगर अनेक बना भी लिए तो उन्हें ले कर परस्पर झगड़ते क्यों हो?

जो खोदाय मसजीद बसतु है, और मुलुक केहि केरा?
तीरथ-मूरत रामनिवासी, बाहर केहिका डेरा?

× × ×

पूरब दिसा हरी को बासा, पच्छिम अलह-मुकामा,
दिल में खोज दिलहिं में खोजौ, इहैं करीमा-रामा।

साधो, देखो, जग बौराना।
किन्तु कहत है राम हमारा, मुसलमान रहमाना,
आपस में दोउ लड़े मरतु हैं, भेद न कोऊ जाना।

× × ×

अरे, इन दोउन राह न पाई।
हिन्दू अपनी करै बड़ाई, गागर छुवन न देई,
बेस्या के पैताने सोवै, यह देखो हिन्दुआई।
मुसलमान के पीर औलिया मुर्गी मुर्गा खाई,
खाला केरी बेटी व्याहै, घरहि में करै सगाई।

धर्म के नाम पर विवाद करनेवालों से बढ़ कर मूर्ख कबीर साहब और किसी को नहीं मानते। जो मनुष्य धर्मों की तात्विक एकता को नहीं समझता, जो धर्म से बढ़ कर तस्वीह और माला को मानता है, उसका नाम ही कबीर साहब ने भोंदू लिख दिया है।

राम-रहीम जपत सुधि गई, उनि माला, उनि तसबी लई।
कहै कबीर, चेत रे भोंदू! बोलनिहारा तुरुक न हिन्दू।

जाहिर है कि सामाजिक आचारों के बारे में जिस महात्मा के ऐसे विचार हों, वह धर्म के बाह्यचारों को स्वीकार नहीं कर सकता। इसीलिए, कबीर साहब उन सारे बाहरी अनुष्ठानों के विरुद्ध हैं जो हिन्दू-धर्म या इस्लाम के लक्षण माने जाते हैं। वे जितने विरोधी तीर्थ, व्रत, यज्ञ, कंठी और माला के हैं उतने ही विरोधी वे हज़, रोज़ा और अजान के भी हैं, यद्यपि यह सत्य है कि कंठी-माला वे स्वयं भी पहनते थे। मन्दिरों के खोखलेपन की उन्होंने जैसी धज्जियाँ उड़ाई हैं, वैसी ही करारी चोटें उन्होंने मस्जिदों पर भी की हैं। और यह सब केवल यह दिखलाने के लिए कि धर्म के ये बाहरी लक्षण धर्म के वास्तविक रूप का प्रतिनिधित्व नहीं करते। कबीर साहब का उद्देश्य मनुष्यों के ध्यान को उस मूल-उत्स पर ले जाना था जहाँ से सभी धर्मों का जन्म होता है। कट्टरता की दृष्टि से देखें तो कहना पड़ेगा कि कबीर साहब न तो हिन्दू थे, न मुसलमान। वे उस धर्म के विश्वासी थे जिसे माननेवाला हिन्दू पहले से ज्यादा अच्छा हिन्दू और मुसलमान पहले से ज्यादा अच्छा मुसलमान बन जाता है। वे सूफी अथवा रहस्यवादी सन्त थे और उनका धर्म बहुत कुछ वही था जिसे डाक्टर राधाकृष्णन ने आत्मा का धर्म कहा है। मन्दिरों, मस्जिदों और गिरजाघरों का महत्व धीरे-धीरे घटने लगा है। दुनिया आहिस्ता-आहिस्ता उस धर्म की ओर बढ़ती जा रही है जो बाह्यचारों से मुक्त होगा, जिसकी साधना के लिए मनुष्य देवालयों में न बैठ कर अपने मन के मन्दिर में समाधि लगाएगा और जिसके बाहरी लक्षण, तिलक, तस्वीह और क्रास नहीं, बल्कि, दया, सहनशीलता और उदारता के आचरण होंगे। रवीन्द्रनाथ ने कहा है, "धर्म को पकड़े रहो, धर्मों को छोड़ दो।" इस छोटे-से वाक्य में जो अनन्त प्रेरणा भरी हुई है, वह सारी की सारी कबीर साहब की कविताओं में लहरा रही है।

पाती तोरे मालिनी, पाती-पाती जीउ,
जिसु पाहन को पाती तोरे सो पाहन निरजीउ।

पत्ती-पत्ती में जीव है, फिर भी, मालिन पत्ती तोड़ रही है। वह नहीं जानती कि वह सजीव को तोड़ कर निर्जीव की पूजा करना चाहती है, क्योंकि पत्थरों में प्राण नहीं होते।

जोगी गोरख-गोरख करै, हिन्दू राम नाम उच्चरै,
मुसलमान कहै एक खुदाई, कबीर को स्वामी घट घट रह्यो समाई।

विभिन्न पन्थों की तुलना कबीर साहब ने गुड़ियों के खेल से की है। लड़की जब तक ब्याही नहीं जाती, तभी तक गुड़िये उसके मन को बहला सकते हैं। विवाह होते ही उसका सारा ध्यान गुड़ियों से हट कर पति में लग जाता है। अर्थात् सच्चे धर्म का ज्ञान होते ही मनुष्य धर्म के बाह्याचारों को छोड़ देता है।

करो जतन सखि! साईं मिलन की।
गुड़िया-गुड़वा, सूप-सुपलिया, तजिदे बुधि लड़िकैयाँ खेलन की।

देवता-पित्तर, भुइयाँ-भवानी, यह मारग चौरासी चलन की।
ऊँचा महल, अजब रँग बँगला, साईं की सेज वहाँ लागी फूलन की।
तन, मन, धन, सब अर्पन कर वहाँ, सुरत सँभार, परूँ पैयाँ सजन की।
कहै कबीर निर्भय होय हँसा, कुंजी बता दूँ तोहे ताला खुलन की।

मानवता भी अभी, शायद, अपने बचपन में है। इसीलिए, वह गुड़ियों से इतना मोह रखती है। इसीलिए, वह अनेक पन्थों को पूज रही है। जब उसका बचपन बीत जाएगा, वह भी शायद, सूप-सुपलियों को छोड़ कर आत्मा के धर्म पर आ जाएगी। कबीर साहब ने अपने समय से बहुत आगे का स्वप्न देखा था। वह स्वप्न कभी-न-कभी साकार होगा।

यह 'ऊँचा महल' और 'अजब रंग बँगला' क्या है, शब्दों में कुछ कहा नहीं जा सकता। किन्तु, सभी धर्मों से ऊपर उठ कर कबीर किसी ऐसी ऊँचाई पर पहुँचे थे जहाँ से सभी पन्थों का जन्म होता है, यह दावा उन्होंने कई बार किया है।

हद्द छाँड़ि बेहद गया, किया सुन्नि असनान,
मुनिजन महल न पावई, तहाँ किया बिसराम।
राम भजत हैं नाम को, नाम भजत कछु थीर,
वाहू ते कुछ और है, वाको भजै कबीर।
सुर, नर, मुनि अरु औलिया, ये सब बेलैं तीर,
अलह राम की गम नहीं, तहँ घर किया कबीर।

अर्थात् केवल इस्लाम अथवा केवल हिन्दुत्व की राह से चलनेवाला साधक वहाँ नहीं पहुँच सकता, जहाँ मैंने अपना आसन जमाया है। यहाँ तक पहुँचनेवाले को धर्म के बाहरी अनुष्ठानों का त्याग करना पड़ेगा।

सूफियों का एक लक्षण रहा है कि वे ज्ञान को सन्देह से देखते हैं। यही सन्देह हम उन सभी आधुनिक चिन्तकों में भी देखते हैं जो आत्मा के धर्म में विश्वास करते हैं। श्री रामकृष्ण परमहंस नास्तिक पंडितों के बारे में कहा करते थे कि वे लोग बलशाली गृद्ध के समान हैं। गृद्ध की दृष्टि दूर तक देखती है और वह बहुत ऊँचाई तक उड़ सकता है। लेकिन, आँख उसकी नीचे की मरी पर ही लगी रहती है।

कबिरा मन पंछी भया बहुतक चढ़ अकास,
ऊहाँ ही ते गिरि पड़ा मन माया के पास।

निरे ज्ञान से मनुष्य का उद्धार होनेवाला नहीं है। उद्धार उसका तभी सम्भव है जब उसमें दया-माया और प्रेम की उत्पत्ति हो।

कबीर पढ़ना दूर करिं आर्थि पढ़ा संसार,
प्रीति न उपजी पीउ सूँ तो क्यूँ करै पुकार।
परवत-परवत मैं फिरा, नैन गँवाया रोय,
सो बूटी पाऊँ नहीं जाते जीवन होय।

पोथी पढ़ि-पढ़ि जग मुआ, पंडित हुआ न कोय,
ढाई अच्छर प्रेम का पढ़े सो पंडित होय।
कबिरा पढ़ना दूर करि पोयी दइ बहाइ,
बावन आखर सोधि करि ररै-ममै चित लाइ।

युग के अनुसार हमारी भाषा बदल गई है, लेकिन, भाव एक ही है। कबीर ने ज्ञान से शास्त्र-ज्ञान का अर्थ लिया था। आज का शास्त्र-ज्ञान विज्ञान है और अपने समय में ज्ञान को लेकर कबीर की जो चिन्ता थी, विज्ञान को लेकर वही चिन्ता आज के युग में देखी जा सकती है। पंडित और मूर्ख में से मूर्ख का पक्ष लेते हुए इकबाल ने लिखा है,

तेरी बेइल्मी ने रख ली बेइल्मों की शान,
आलिम-फाजिल बेच रहे हैं अपना दीन-ईमान।

और पंडित तथा मूर्ख में से मूर्ख का पक्ष लेते हुए कबीर ने भी कहा था,

कबिरा कोठी काठ की, दस दिसि लागी आगि,
पंडित-पंडित जरि मुए, मूरख उबरै भागि।

और हम में से भी कौन है जो निर्दय ज्ञानी और दयालु मूर्ख में से ज्ञानी को पसन्द करेगा?

और, संसार में शान्ति कैसे लाई जा सकती है, यह संकेत भी कबीर ने स्पष्ट किया है। हमें केवल इतना करना है कि जो कुछ व्यष्टि के लिए कहा गया है उसे हम समष्टि पर भी लागू कर दें।

तीर-तुपक से जो लड़े, सो तो सूर न होय,
माया तजि भगती करै, सूर कहावै सोय।
जग में वैरी कोय नहीं, जो मन सीतल होय,
या आपा को डारि दै, दया करै सब कोय।

(वट-पीपल)

कबीर साहब से भेंट

इस प्रसंग के आरम्भ में ही कल्पना का गहरा पुट चाहिए। इसलिए कहता हूँ कि कल्पना में एक दिन मेरी मुलाकात महात्मा कबीरदास से हुई और मैंने उनसे पूछा कि महाराज! आप तो भक्त भी थे और समाज-सुधारक भी। किन्तु आज संसार में भक्ति का स्वर मद्धिम पड़ गया है और सर्वत्र समाज-सुधार की भावना प्रबल दिखाई देती है। लोग परलोक को छोड़कर लोक की समाराधना में लीन हैं। यह संसार के लिए अच्छा हुआ या बुरा, कुछ ठीक से समझ में नहीं आता। बड़ी कृपा हो यदि इस विषय में आप अपने विचार हमें जानने दें।

कबीरदास बोले, "भक्ति-साधना और समाज-सुधारक, ये परस्पर विरोधी काम नहीं हैं। दादू की यह साखी तुमने कहीं पढ़ी है?

उद्यम अवगुन को नहीं, जो करि जानइ कोइ,
उद्यम में आनन्द है, साईं सेती होइ।

और रज्जब ने भी यही बात दुहरायी है :

एक जोग में भोग है, एक भोग में जोग,
एक बुड़हिं वैराग्य में, इक तरहिं सो गिरही लोग।

और मैंने भी तो संकेत किया था कि :

नर-नारी सब नरक हैं जब लगि देह सकाम,
कह कबीर ते राम के जे सुमिरें निहकाम।

मुख्य बात यह नहीं है कि तुम समाज-सेवी हो या भक्त। देखने की बात तो यही हो सकती है कि तुम समाज-सेवा या भक्ति किस भाव से करते हो। यदि तुम्हारी सेवा-भावना निष्काम है तो तुम समाज-सेवी होते हुए भी भक्त हो। इसके विपरीत, भक्त होने पर भी यदि वासना तुम्हारा पीछा नहीं छोड़ती तो तुम साधारण संसारी जीव हो।

जब लगि भक्त सकाम है तब लगि निष्फल सेव,
कह कबीर वह क्यों मिले निहकामी निज देव।

मैंने कहा, "महाराज, यह उत्तर तो अत्यन्त संक्षिप्त हो गया। और सकाम-निष्काम वाली बात लाकर तो आपने और भी कठिनाई उत्पन्न कर दी। उदाहरण के

लिए जो लोग आर्थिक विषमता मिटाकर समाज में समता लाना चाहते हैं, उनका कार्य निष्काम कैसे हो सकता है? वे तो स्पष्ट ही किसी उद्देश्य से प्रेरित होकर कार्य करते हैं।''

महात्मा बोले, ''सभी उद्देश्य सकाम नहीं होते। सकामता तो वहीं देखी जा सकती है जहाँ मनुष्य अपने स्वार्थ से प्रेरित होकर काम करता है। जिसका उद्देश्य स्वार्थ नहीं, परमार्थ अथवा परोपकार है, उस पर तुम सकाम होने का दोष नहीं दे सकते। और विषमताएँ क्या मात्र आर्थिक हैं? उनसे कहीं विकराल विषमताएँ तो वे हैं जो निरे जन्म के आधार पर एक मनुष्य को उत्तम और दूसरे को अधम बताती हैं, एक को पूज्य और दूसरे को अस्पृश्य बताती हैं। विषमताओं का असली दुर्ग तो मनुष्य के मन में अवस्थित है। जब तक यह दुर्ग नहीं टूटता, जब तक मनुष्य यह नहीं समझ पाता कि जन्मना सभी मनुष्य समान हैं और सबको श्रेष्ठ एवं सुखी बनाने का समान अधिकार है, तब तक समाज में फैली हुई विषमताओं का अन्त नहीं होगा।''

मैंने निवेदन किया, ''विषमता के मानसिक दुर्ग से आपका क्या तात्पर्य है महाराज?''

कबीर साहब बोले, ''बहुत कुछ वही भाव जिसे तुम आज की भाषा में वर्ग-भावना कहते हो। धनी और निर्धन, ये दो वर्ग तुम्हें दिखाई देते हैं, किन्तु कितने आश्चर्य की बात है कि निर्धन होने पर भी ब्राह्मण और हरिजन परस्पर एकात्मता का अनुभव नहीं कर पाते। ब्राह्मण आज भी यह सोचकर अपने को अन्त्यजों से पृथक् रखता है कि वह जन्मना उनसे श्रेष्ठ है। समाज में समता लाने के पहले उस रूढ़ि को समूल विनष्ट करना है, उस परम्परा को निर्मूल बनाना है जो यह भाव जगाती है कि कर्म नहीं, केवल जन्म के आधार पर कोई व्यक्ति किसी अन्य व्यक्ति से श्रेष्ठ हो सकता है।''

मैंने दबी जबान से पूछा, ''महाराज! क्या मैं यह समझूँ कि आप गांधी और मार्क्स के करीब से बोल रहे हैं?''

महात्मा बोले, ''राजनीति मेरा क्षेत्र नहीं है। किन्तु जहाँ तक संस्कारों की बात है, मैं गांधी और मार्क्स की कई बातों को ठीक समझता हूँ। सामाजिक विषमताओं के मूल में मनुष्य का अहंकार निवास करता है। जाति का अहंकार, वंश का अहंकार, धन और शक्ति का अहंकार, सिद्धि और सफलता का अहंकार। ये सभी अहंकार विभाजक रेखाएँ हैं, जो मनुष्य को मनुष्य से अलग करती है। गांधी ने इसी अहंकार को शमित करने के लिए यह परिपाटी चलाई थी कि सेवा का अधिकार उसी को मिल सकता है जो भंगी का भी काम उत्साह और प्रसन्नता के साथ कर सके। और इसी अहंकार को मारने के लिए मार्क्स ने कहा कि सेवा के पथ पर अग्रसर होने के पूर्व अपने मन को समझा दो कि तुम किसी भी व्यक्ति से किंचित् भी श्रेष्ठ नहीं हो। जो काम मजदूर करता है, वह पंडितों के भी करने योग्य है। और इसी अहंकार- विसर्जन

के लिए वैष्णव कवि ने 'मो सम कौन कुटिल खल कामी' की अनुभूति प्राप्त की थी। जिसमें विनयशीलता नहीं, वह मनुष्य का कोई काम नहीं कर सकता। जिसमें सबका दास बनने की विनम्रता नहीं, वह किसी का भी स्वामी नहीं हो सकता।

कबिरा कुल तो सो भला, जेहि कुल उपजै दास,
जेहि कुल दास न ऊपजै, सो कुल आक पलास।

कबीर साहब की बातें सुनकर क्षण भर में विचार-मग्न हो गया। मुझे लगा कि समाजवाद नया शब्द जरूर है, किन्तु उसकी तैयारी सदियों से होती आई है। कबीर ने जाति-प्रथा और वर्णाश्रम पर प्रहार किया। मार्क्स धनतन्त्र को ललकारने के जोश में धर्म के भी विरुद्ध हो गए। गांधी की व्यथा यह है कि धनतन्त्र तो अवश्य टूटे, किन्तु धर्म फिर से अचल हो जाए। किन्तु इस काम में कठिनाइयाँ कितनी हैं? अतएव, मैंने आतुर होकर प्रश्न किया, "किन्तु महाराज! आप जिस समाज की कल्पना करते हैं, वह तो संन्यासियों के समाज-जैसा लगता है। तो क्या संन्यासी भी समाज चला सकते हैं?"

महात्मा बोले, "चलाना ही होगा। और कोई उपाय नहीं है। मैं जिस समाज की कल्पना करता हूँ उसके गृहस्थ सन्यासी और संन्यासी गृहस्थ होंगे; अर्थात् संन्यास और गार्हस्थ्य के बीच वह दूरी नहीं रहेगी जो परम्परा से चलती आ रही है। मैं स्वयं गृहस्थ था, नानक गृहस्थ थे, बहुत प्राचीन काल में वशिष्ठादि अनेक ऋषि गृहस्थ हुए हैं। संन्यासी उत्तम कोटि का मनुष्य होता है, क्योंकि उसमें संचय की वृत्ति नहीं होती, लोभ और स्वार्थ नहीं होता। यही गुण गृहस्थ में भी होना चाहिए। और संन्यासी भी वही श्रेष्ठ है जो समाज के लिए कुछ काम करे, शक्ति भर फावड़ा, चरखा या करघा चलाए अथवा विपन्न मनुष्य की सेवा करे, जैसे एक गृहस्थ दूसरे गृहस्थ की सेवा करता है। ज्ञान और कर्म को भिन्न करोगे तो समाज में विषमता उत्पन्न होगी ही। मुख में कविता और करघे पर हाथ, यह आदर्श मुझे बहुत पसन्द था और इसी की शिक्षा मैं दूसरों को भी देता हूँ। और तुमने सुना है या नहीं कि नानक ने एक अमीर लड़के के हाथ से पानी पीना अस्वीकार कर दिया था? लोगों ने कहा—गुरु जी, यह लड़का तो अत्यन्त सम्भ्रान्त वंश का है, इसके हाथ का पानी पीने में क्या दोष है?—नानक बोले—इसकी तलहत्थी में मेहनत और मजदूरी के निशान नहीं हैं। जिसके हाथ में मेहनत के ठेले नहीं होते, उसके हाथ का पानी पीने में मैं दोष मानता हूँ।—नानक ठीक थे। श्रेष्ठ समाज वही है जिसके सदस्य ज्ञान और कर्म में से एक को श्रेष्ठ और दूसरे को अधम नहीं मानते। श्रेष्ठ समाज वह है जिसके सदस्य जी खोलकर श्रम करते हैं और तब भी जरूरत से अधिक धन पर अधिकार जमाने की उनकी इच्छा नहीं होती।

उदर समाता अन्न लै, तनहिं समाता चीर,
अधिकहिं संग्रह ना करै, ताकौ नाम फकीर।

साधू सच्चा वही है, पेट समाता लेइ।
आगे पीछे हरि खड़े, जब माँगे तब देइ।
साईं इतना दीजिए, जामें कुटुम समाय,
मैं भी भूखा ना रहूँ, अतिथि न भूखा जाए।"

मैंने कहा, "बाबा, ये बातें तो बहुत दिनों से कही जा रही हैं, किन्तु संचय की ओर से मनुष्य की वृत्ति फिरती तो नहीं दिखाई देती। वह तो तभी फिरती है जब कुछ दबाव डाला जाता है।"

कबीर साहब बोले, "तो कौन कहता है कि दबाव मत डालो? दबाव केवल तलवार का ही नहीं, जनमत का भी होता है। तलवार के भय से साधुता धारण करनेवाला व्यक्ति समाज का आदर्श सदस्य नहीं हो सकता। आदर्श मनुष्य तो वह हो सकता है जिसने स्वेच्छया साधुत्व का वरण लिया हो, स्वेच्छया संचय का त्याग किया हो। किन्तु एक बात याद रखो कि प्रवृत्ति की ज्वाला भड़काए रखने से मनुष्य संचय का त्याग नहीं करेगा। इसके लिए थोड़ी शिक्षा उसे निवृत्ति की भी मिलनी चाहिए। प्रवृत्ति इसलिए कि मनुष्य डटकर काम करे। निवृत्ति इसलिए कि अपनी कमाई पर वह अपना एकाधिकार न जमाए। प्रवृत्ति इसलिए कि कर्मठता जीवन का एकमात्र अवलम्ब है और निवृत्ति इसलिए कि एक दिन मनुष्य को सब कुछ छोड़कर अकेले जाना पड़ता है और उसकी चिता में रुपए-पैसे नहीं, कुछ थोड़ी-सी लकड़ी ही जलती है।

चार जनै मिलि खाट उठाए रोवत ले चले डगर-डगरिया,
कहें कबर सुनो भाई साधो! संग चली वइ सूखी लकरिया।

इसलिए पहली आवश्यकता यह है कि लोग जरूरत से अधिक जमा करने की व्यर्थता को समझें। और त्याग में क्या संचय से कम सुख है? केवल दृष्टि का भेद है।

जोक काटौं तो डहडही, सींचौं तो कुम्हिलाय,
या गुणवन्ती बेल का कुछ गुण कहा न जाए।
सिर राखै सिर जात है, सिर काटे सिर होय,
जैसे बाती दीप की कटि उजियारा होय।
घर जारों घर ऊबरै, घर राखौं, घर जाय,
एक अचम्भा देखिए, मरा काल को खाय।

यहाँ आकर मैंने निवेदन किया, "अच्छा बाबा! ये बातें तो हो गईं। अब धर्म के विषय में कुछ कहिए।"

कबीर साहब बोले, "तो इतनी देर क्या मैं धर्म छोड़कर किसी अन्य विषय की बातें कर रहा था? ऐसा क्यों समझते हो कि धर्म केवल मन्दिर और मस्जिद में बसता है तथा जुलाहे के करघा-घर या मोची के मोचीखाने अथवा राजनीति के दफ्तर में वह नहीं रह सकता? जीवन के दो टुकड़े नहीं हैं कि एक में धर्म का आसन हो और दूसरे

में छल और प्रपंच के लिए छूट रहे। जवन का ऐसा विभाजन नहीं चल सकता। यह तो धर्म और अधर्म के बीच समझौते का उदाहरण होगा। धर्म सम्पूर्ण जीवन की पद्धति है। धर्म जीवन का स्वभाव है। ऐसा नहीं हो सकता कि हम कुछ कार्य तो धर्म की मौजूदगी में करें और बाकी कामों के समय उसे भूल जाएँ। धर्म ज्ञान और विश्वास में नहीं, कर्म और आचरण में बसता है। यदि हम ईश्वर के अस्तित्व में विश्वास करते हैं तो इस विश्वास का सबूत हमारे आचरणों में मिलना ही चाहिए। पूजा और अनुष्ठान की विधियाँ धर्म के बाहरी रूप हैं। मन्दिर, मजिस्द, तीर्थ-व्रत और पंडे तथा पुरोहित की प्रथा—ये धर्म के ढकोसले हैं। सच पूछो तो सभी धर्म एक हैं। केवल पूजा-विधियों के कारण वे अनेक दिखाई देते हैं। इसलिए कहता हूँ कि पूजा-विधियों को छोड़ दो और सभी धर्मों को एक हो जाने दो। सभी धर्म एक हैं। एक से अधिक वे हो ही नहीं सकते। तुम्हारे नये कवि रवीन्द्रनाथ ने तुमसे ठीक ही कहा था—धर्म को पकड़े रहो। धर्मों को छोड़ दो।—और धर्म केवल जुमे या मंगलवार को ही नहीं जगता, वह सातों दिन जगा रहता है। उसकी साधना का स्थान मन्दिर और मस्जिद ही नहीं, बल्कि वे सारी जगहें हैं, जहाँ मनुष्य कोई काम करता है।

साधो, सहज समाधि भली।
गुरुप्रताप जा दिन ते उपजी, दिन-दिन अधिक चली।
जहं-जहं डोलूँ सोइ परिकरमा, जो-जो करूँ सो सेवा,
जब सोवौं तब करों दंडवत, पूजों आन न देवा।
कहौं सो नाम, सुनौं सो सुमिरन, खाऊँ पिऊँ सो पूजा।
गिरह-उजाड़ एक सम लेखौं, भाव न राखौं दूजा।

(वेणुवन)

तुलसीदास : कुछ स्फुट चिन्तन

स्वर्गीय अम्बालाल पुराणी श्री अरविन्द के शिष्य और अच्छे विद्वान् थे। एक दिन उन्होंने श्री अरविन्द से पूछा कि संस्कृत में तो कई महाकाव्य हैं, किन्तु यह क्या बात है कि प्रचलित नवीन भाषाओं में कोई भी महाकाव्य संस्कृत की ऊँचाई का नहीं लिखा गया?

श्री अरविन्द ने कहा, "यह बात ठीक नहीं है। माइकेल मधुसूदन दत्त का 'मेघनाद-वध' उच्चकोटि का महाकाव्य है।"

इस प्रसंग पर मेरा ध्यान तब गया, जब पुराणी जी धरा-धाम से जा चुके थे, नहीं तो मैं उनसे कहता कि तुलसीदास के 'रामचरितमानस' के विद्यमान रहते हुए भारतीय भाषाओं पर यह लांछन लगाना उचित नहीं है।

श्री अरविन्द का विचार बन गया था कि कविता कीर्ति के लिए नहीं लिखी जानी चाहिए, वह आत्म-सुख के लिए (स्वान्तःसुखाय) भी नहीं लिखी जानी चाहिए, वह उच्च कोटि के मनोविनोद के लिए भी नहीं लिखी जानी चाहिए, न वह दिव्य आनन्द के लिए रची जानी चाहिए—कवि केवल परम सत्ता के साथ अपना सम्पर्क बढ़ाने के लिए लिखे।

अवश्य ही श्री अरविन्द का यह उपदेश उन कवियों के लिए है, जो कविता को अपने आध्यात्मिक विकास का साधन समझते हैं। काश, श्री अरविन्द ने तुलसीदास जी का साहित्य पढ़ा होता। कहने को तुलसीदास जी ने कह दिया कि रामायण का गान मैं स्वान्तःसुखाय कर रहा हूँ, किन्तु उनका सम्पूर्ण साहित्य परम सत्ता के साथ मनुष्य के सम्पर्क का साहित्य है। उसकी दूसरी विशेषता यह है कि वह लोक-समाहार और लोक-मंगल का भी साहित्य है।

श्रेष्ठ साहित्य सत्य, शिव और सुन्दर का समन्वय होता है, आधुनिक युग में इस मत का सबलता के साथ प्रतिपादन टॉल्सटाय ने किया है। और इस कसौटी पर जब वह बड़े-बड़े कवियों और उपन्यास-लेखकों को कसने लगे, तो तब हरएक में उन्हें कुछ-न-कुछ दोष दिखाई पड़ा। कोई शिव अधिक और सुन्दर कम निकला। कोई सुन्दर तो बहुत था, किन्तु सुन्दरता को सँवारने में उसने शिवत्व की अवहेलना कर दी। औरों की तो बात ही क्या, टॉल्सटाय की कसौटी पर शेक्सपियर और फ्लावेयर

ी खंडित हो गए। यदि टॉल्सटाय की कसौटी पर कालिदास कसे जाएँ तो उनकी भी ालत वही होगी, जो शेक्सपियर की हुई। रीतिकाल के हिन्दी-कवि तो उस पर खरे तरेंगे ही नहीं, विद्यापति का भी बुरा हाल हो जाएगा।

राम ज़ब सुग्रीव से मित्रता करके सीता ढूँढ़ने को बेचैन थे, उस समय शरद् वर्णन के छल से वाल्मीकि ने राम के मुख से निम्नलिखित श्लोक कहला दिए हैं—

दर्शयन्ति शरन्नद्यः पुलिनानि शनैश्शनैः।
नवसंगमसंव्रीडा जघनानीव योषितः॥
मीनोपसंदर्शितमेखलानां नदीवधूनां गतयोद्य मन्दाः॥
कान्तोपभुक्तालसगामिनीनां प्रभातकालेष्विव कामिनीनाम्॥

इस पृष्ठभूमि पर तुलसीदास कितने संयमी, कितने शक्तिशाली, कितने महान् प्रतीत होते हैं। रामचरितमानस में नायिकाएँ अनेक हैं। श्रृंगार-वर्णन के भी स्थल अनेक हैं, किन्तु कवि ने कहीं भी शील का अतिक्रमण नहीं होने दिया। स्वर्गीय 'हरिऔध' जी तुलसीदास के इस संयम की बड़ी प्रशंसा करते थे, यद्यपि 'रस-कलश' लिखते समय वह स्वयं इसका पालन नहीं कर सके। यह संयम विरलों से ही सधता है। किन्तु, तुलसीदास जी कदम-कदम पर सावधान थे। जब सीता स्वयंवर में पधारती हैं, कवि कहता है—

सोह नवल तनु सुन्दर सारी।

शरीर नवीन हो और साड़ी सुन्दर हो, तो इतने निर्दोष बिम्ब से भी उद्दीपन हो सकता है। मानो उसी का खतरा टालने को तुलसीदास जी दूसरी ही पंक्ति में कह उठते हैं :

जगत जननि अतुलित छवि भारी॥

कालिदास ने शंकर और पार्वती का संयोग-श्रृंगार खुलकर लिखा है। साहित्य में परम्परा मौजूद थी; किन्तु तुलसीदास ने इसे अस्वीकृत कर दिया। बल्कि उन्होंने इस परम्परा पर आंशिक ढंग से हलका-सा प्रहार भी कर दिया—

जगत मातु-पितु संभु भवानी। तेहिं सिंगारु न कहउँ बखानी॥

यह भी है कि वाल्मीकि मुखरता के कवि हैं, तुलसीदास मौन के कवि हैं।

स्याम और किमि कहिय बखानी। गिरा अनयन नयन बिनु बानी॥

वन में विचरते समय राम आगे हैं, लक्ष्मण पीछे हैं और सीता बीच में हैं।

राम और सीता के प्रति लक्ष्मण के हृदय में जो अपार श्रद्धा के भाव हैं, उन्हें प्रकट कैसे किया जाए? तुलसीदास जी कहते हैं—

सीय राम पद अंक बराये। लखन चलहिं मग दाएँ-बाएँ॥

राम और सीता के पद-चिह्नों पर कहीं मेरा पाँव न पड़ जाए, इस पाप से बचने के लिए लक्ष्मण दाएँ-बाएँ चल रहे हैं। इसे भी मैं कम कहकर बहुत अधिक कहने का दृष्टान्त मानता हूँ।

आधुनिक युग में श्रीराम की भक्ति और तुलसीदास का व्रत निबाहनेवाले बलवान् कवि श्री मैथिलीशरणजी गुप्त हुए। उन्होंने राम-कथा पर 'साकेत' नामक काव्य लिखा। हिन्दी में राम-काव्य पर जब-जब चर्चा छिड़ेगी, 'साकेत' का नाम अवश्य लिया जाएगा, क्योंकि साकेत के राम तथा अन्य कई पात्र उस युग की बात बोलते हैं जिस युग में इस काव्य की रचना की गई है। जैसे भवभूति का 'उत्तर रामचरित' वाल्मीकि और कालिदास की राम-कथा से ईषत् भिन्न है, इसी प्रकार मैं 'साकेत' को भी पहले की रामायणों से भिन्न मानता हूँ।

इस युग में तुलसीदासजी के दूसरे बड़े भक्त निरालाजी हुए। उनकी भक्ति भगवान् राम पर थी और तुलसीदास पर भी। उनके 'राम की शक्ति-पूजा' और 'तुलसीदास', ये दोनों ही काव्य खड़ी बोली के गौरव-काव्य हैं। बल्कि यदि यह पूछा जाए कि खड़ी बोली की सबसे समर्थ एकमात्र कविता कौन है, तो मैं बेखटके 'राम की शक्ति-पूजा' का नाम पेश कर दूँगा।

तुलसीदासजी पर श्रद्धा तो पं. सुमित्रानन्दन पन्त की भी है, किन्तु वह कुछ उज्र के साथ है–

ऐसा शब्दों का शिल्पी, तत्त्वों का शोधक,
भारतीयता का पोषक, जन-मन-उद्‌बोधक,
रस-असि-साधक
लोक-काव्य का कुशल विधायक
रामनाम-तूर्योद्‌घोषक, द्रष्टा, स्रष्टा, कवि
अन्य नहीं दीखता बृहत् हिन्दी-वाङ्.मय में।

और उज्र की पंक्तियाँ ये हैं–

...किन्तु साथ ही जन-जीवन को जकड़ गए यदि
रूढ़ि, रीति जड़ परम्परा के
लौह-नियति शृंखला में वे,
तो करते भी क्या?

पन्त जी के अनुसार तुलसीदास जी ने भारतीयता और अध्यात्म की अपरिमित सेवा की, किन्तु उन्होंने जनजीवन को रूढ़ि, रीति और जड़ परम्परा की शृंखला में जकड़ दिया, जिसका कारण यह था कि जिस समय और समाज में वह जनमे थे, उसमें और कुछ हो ही नहीं सकता था।

हो क्यों नहीं सकता था? कबीरदास तो पहले ही हो चुके थे! किन्तु तुलसीदास जी ने कबीर के क्रान्तिकारी विचारों को पसन्द नहीं किया।

किन्तु, तुलसीदास जी की सीमाओं की ओर इंगित करके पन्त जी अन्ततोगत्वा उनकी महिमा को स्वीकार करते हैं; क्योंकि ,उसे स्वीकार न करना कृतघ्नता होगी–

उन-सा तन्मय भक्त और क्या होगा कोई!
रोम-रोम हँस राम-राम रटता था जिनका।
कृतघ्नता होगी ऐसे जन-मंगल-कामी
कवि को हार्दिक श्रद्धा नहीं समर्पित करना।

इतने-से शील का निर्वाह करके पन्त जी स्वीकार करते हैं कि 'रामचरितमानस' में उनका मन नहीं रम सका; हाँ, वाल्मीकि और अध्यात्म रामायण उन्हें अच्छी लगी–

किन्तु मुझे तुलसी के राम न भाये उतने,
भरत-भक्ति का उदाहरण भी नहीं सुहाया।
लख्मण अच्छे लगे, वीर विनयी हनुमत् भी,
तप-पौरुषमय प्राणशक्ति के मूँगी पर्वत।
किन्तु राम, यह सत्य, मुझे तुम रामायण से
नहीं मिले, तुलसी-मानस में रम न सका मन।

पन्त जी की जिस कविता से ये उद्धरण दिए हैं, उसका शीर्षक 'पुरुषोत्तम राम' है। इस कविता में राम के प्रति तो कवि के उद्गार हैं ही, साथ-साथ उसमें कवि का आत्मचरित भी अंकित है और वे यातनाएँ भी, जो कवि को साहित्य में भोगनी पड़ी हैं। इसी कविता में पन्त जी ने दावा किया है–

भाव-देह में ही भोगा मैंने भू-यौवन;
वंचित जीवन रहा रूप मांसल स्पर्शों से।

तुलसीदास के प्रति पन्त जी ने जो विचार प्रकट किए हैं, वे आलोचनात्मक होने पर भी श्रद्धापूर्ण हैं। पन्त जी मध्यकालीन आध्यात्मिकता के विरुद्ध हैं। वे अभिनव अध्यात्म के साधक हैं। किन्तु, मेरा विचार है कि प्राचीन, मध्यकालीन और अर्वाचीन, ये विशेषण धर्म के साथ नहीं लगाए जाने चाहिए। अध्यात्म इन विशेषणों से ऊपर है, क्योंकि वह धर्म से भी ऊपर की चीज है। धर्म तो अब धर्मवाद बन गया है; किन्तु अध्यात्म सभी वादों से ऊपर है, यहाँ तक कि वह दार्शनिकों के अध्यात्मवाद से भी ऊपर रह जाता है। तुलसीदास की सबसे बड़ी महिमा यह है कि निराशा और त्रास से आहत युग में भी उन्होंने श्रद्धा और शक्ति का प्रचार किया, जो अध्यात्म का मूल आधार है। सत्य के अदृश्य रूप पर जो चकित नहीं होता, अथवा जो उसे कपोल-कल्पना मानता है, उसके लिए अध्यात्म बिलकुल फालतू चीज है। और, अदृश्य की सम्भावनाओं पर जो चकित होता है, वही श्रद्धावान् है। श्रद्धा के अभाव में वैज्ञानिक युग का अध्यात्म भी ठहर नहीं पाएगा। श्री अरविन्द आत्मसमर्पण पर जोर देते हैं, किन्तु सम्पूर्ण आत्मसमर्पण क्या श्रद्धा और भक्ति के बिना सम्भव है? मध्यकाल में केवल दोष-ही-दोष नहीं थे। गहरे अन्धकार के साथ वह उज्ज्वल प्रकाश भी समय था। मगर हाँ, जब दुनिया अँधेरी थी, आसमान साफ था। अब जब दुनिया रोशनी से भर गई है, आसमान पर अँधियारी-ही-अँधियारी दीखती है।

पं. सुमित्रानन्दन पन्त तुलसीदास के श्रद्धालु आलोचक हैं; किन्तु कई लोग ऐसे भी हैं जो तुलसीदास को एकदम खारिज कर देना चाहते हैं। पिछली तुलसी जयन्ती के समय पटना में कहीं मेरा भाषण हुआ था, जिसमें मैंने कहा था कि तुलसीदास सत्य, शिव और सुन्दर के समन्वय के सबसे समर्थ कवि हैं। इस पर एक भाई ने क्रुद्ध होकर मुझे पत्र लिखा कि तुलसीदास की यह प्रशंसा अनुचित है, क्योंकि वे शूद्रों और नारियों की निन्दा करते थे तथा ब्राह्मणों के साथ उनका पक्षपात था।

पिछली तुलसी-जयन्ती के अवसर पर ही दिल्ली एक सभा में श्री जगजीवनराम का भाषण हुआ, जिसमें उन्होंने यह स्थापना रखी कि तुलसीदास ब्राह्मणवाद के पोषक नहीं थे। दशरथ जी के चारों बेटों की शिक्षा वशिष्ठ के आश्रम में हुई थी। किन्तु उस शिक्षा को यथेष्ट नहीं मानकर उन्होंने अपने जिन दो बेटों को अधिक तेजस्वी समझा, उन्हें विश्वामित्र जी के साथ भेज दिया।

यह ठीक है कि शूद्रों की निन्दा करते समय तुलसीदास जी ने ब्राह्मणों को भी नहीं बख्शा है। "द्विज-श्रुति-बेचक" तथा "द्विज चिह्न जनेऊ" आदि-आदि वाक्यांशों के द्वारा तुलसीदासजी ने उन ब्राह्मणों की निन्दा की है जो ब्राह्मण होकर भी ब्राह्मण-धर्म का आचरण नहीं करते थे। इसी प्रकार जो शूद्र वर्णाश्रम-धर्म के विरुद्ध चलते थे, तुलसीदास जी ने उनकी भी निन्दा की है—

जे बरनाधम तेलि कुम्हारा। स्वपच किरात कोल कलवारा॥
नारि मुई गृह सम्पति नासी। मूँड़ मुँड़ाइ होंहिं संन्यासी॥
ते बिप्रन सन आपु पुजावहिं। उभय लोक निज हाथ नसावहिं॥

यह इस बात का प्रमाण है कि वर्णाश्रम-धर्म में तुलसीदास का अटल विश्वास था और वे उसकी रक्षा करना चाहते थे। किन्तु, वर्णाश्रम-धर्म से भी उच्चतर धर्म उनकी दृष्टि में भक्ति है, यह जानकर तुलसीदास के आलोचकों के क्रोध का पारा अवश्य कुछ नीचे उतर जाता है। उत्तरकांड में काकभुशुंडि को भगवान् ने जो रहस्य बताया है, वह यहाँ द्रष्टव्य है—

सब मम प्रिय सब मम उपजाए। सब ते अधिक मनुज मोहि भाए॥

भगवान् के मुख से यह सुनना बहुत अच्छा लगता है; किन्तु जब वह कहते हैं—तिन्ह महँ द्विज, द्विज महँ श्रुतिधारी—तब जी चाहता है कि अपने कानों में अँगुलियाँ डाल लूँ। किन्तु, इस क्रम में सबसे बड़ा कौन है, इसका खुलासा होने पर हमारा क्षोभ शान्त हो जाता है और हमें विश्वास हो जाता है कि भक्त चाहे किसी भी जाति का क्यों न हो, तुलसी की दृष्टि में वह ब्राह्मण तो क्या, ब्रह्मा से भी श्रेष्ठ हैं—

पुनि पुनि सत्य कहउँ तोहि पाहीं। मोहि सेवक सम प्रिय कोउ नाहीं॥
भगतिहीन बिरंचि किन होई। सब जीवहुँ सम प्रिय मोहि सोई॥
भगतिवन्त अति नीचउ प्रानी। मोहि प्रानप्रिय असि मम बानी॥

तुलसीदास जी ने जो कुछ लिखा वह तो प्रमाणवत् है ही, उन्होंने जो नहीं लिखा,

विचार उस पर भी किया जाना चाहिए। यह प्रश्न विचारणीय है कि रामायण का उत्तरकांड लिखकर भी उन्होंने सीता-परित्याग और शम्बूक-वध की कथाएँ क्यों छोड़ दीं? कई विद्वान् मानते हैं (जिनमें स्वर्गीय राजगोपालाचारी का नाम अग्रणी है) कि सीता का परित्याग नहीं हुआ था। नारी जाति पर होनेवाले अत्याचारों से उत्पन्न करुणा ही सीता-परित्याग की कथा बनकर रामायण में जुड़ गई है। मूल रामायण का नाम रामायण नहीं, 'पौलस्त्यवध' था और रावण-वध के साथ वह काव्य समाप्त हो जाता था। उसमें उत्तर-कांड था ही नहीं, यह कांड पीछे से जोड़ा गया है।

भगवान राम ने सीता का परित्याग किया था। इसका उल्लेख तुलसीदास जी ने 'गीतावली' के उत्तरकांड में किया है, यद्यपि शम्बूक-वध का उल्लेख उन्होंने 'गीतावली' में नहीं किया। जहाँ तक सीता-वनवास का प्रश्न है, तुलसीदास को कारण यथेष्ट नहीं प्रतीत हुआ कि किसी धोबी ने अपने घर में राम की निन्दा की थी। राजा दशरथ अपनी पूर्ण आयु भोग कर नहीं मरे थे। अतएव, दशरथ की बाकी आयु रामचन्द्र को भोगनी थी। जब राम ने देखा कि पिता वाली आयु के भोग का समय समीप है, उन्हें यह अनुचित प्रतीत हुआ कि यह आयु वह अपनी पत्नी को साथ रखकर भोगें—

भोग पुनि पितु आयु को, सोउ किए बने बनाउ।
परिहरे बिनु जानकी, नहिं कोउ अनघ उपाउ॥

यह कल्पना बहुत-कुछ वैसी ही लगती है जैसी—

तुम पावक महँ करहु निवासा। जब लगि करौं निसाचरनासा॥

सीता-परित्याग का उल्लेख तुलसीदास जी ने 'रामज्ञा-प्रश्न' में भी किया है—

सती सिरोमनि सीय तजि, राखि लोकरुचि राम।
सहें दुसह दुःख सगुन गत, प्रिय वियोग परिनाम॥

मेरा खयाल है, सीता-परित्याग की कथा तुलसीदासजी की आत्मा को ग्राह्य नहीं थी। किन्तु यह कथा परम्परा से चली आ रही थी। तुलसीदास जी ने 'रामचरितमानस' में उसे स्थान नहीं दिया, यह उनकी वीरता थी। उनकी चतुराई यह रही कि इस कथा की क्रूरता को कम करने के लिए उन्होंने दशरथ की अभुक्त आयु का बहाना निकाल लिया। किन्तु यह बहाना बहुत कमजोर है। प्रमाण इसी बात को मानेंगे कि 'रामचरितमानस' में तुलसीदास जी ने सीता-वनवास को स्थान ही नहीं दिया।

पं. अमृतलाल नागर ने 'मानस का हंस' नाम से तुलसीदास पर जो उपन्यास लिखा है, उसमें तुलसीदास जी रत्नावली से कहते हैं, "जो अन्याय मैं तुम्हारे प्रति कर सका, वह मेरे रामचन्द्र जगदम्बा के प्रति नहीं कर सकते थे।" अर्थात् तुलसीदास ने भले ही रत्नावली को त्याग दिया हो, भगवान् रामचन्द्र ने सीता का परित्याग नहीं किया होगा।

कारण चाहे जो भी रहा हो, किन्तु दो क्रूर घटनाओं को छाँट देने से 'रामचरितमानस' वाल्मीकीय रामायण की अपेक्षा कुछ अधिक मानवीय, कुछ अधिक ग्राह्य हो गया है।

ब्राह्मणवादी होने के आक्षेप से तुलसीदास की रक्षा की जा सकती, किन्तु वे नारी-निन्दक थे, इसका खंडन मेरे जानते नहीं किया जा सकता।

जब पार्वती शिवजी से मिलने आती हैं, तब शिवजी उन्हें आदरपूर्वक बिठाते हैं–

जानि प्रिया आदर अति कीन्हा। वाम भाग आसन हर दीन्हा॥

किन्तु पार्वती अपनी निन्दा आप ही कर बैठती हैं–

जदपि जोषिता नहिं अधिकारी। दासी मन क्रम वचन तुम्हारी॥

ऐसी आत्म-निन्दा पार्वती जी एक बार और कर बैठती हैं–

जदपि सहज जड़ नारि अजानी।

फिर, अयोध्याकांड में कैकेयी के प्रसंग में तुलसीदास जी ने कहा है–

सत्य कहहिं कवि नारि सुभाऊ। सब विधि अगम अगाध दुराऊ।
निज प्रतिबिम्ब बरुक गहि जाई। जानि न जाइ नारि गति भाई॥
काह न पावक जारि सक, का न समुद्र समाइ।
का न करै अबला प्रबल, केहि जग काल न खाइ॥

रामचरितमानस में नारी-निन्दा के और भी प्रमाण हैं और वे बड़े कटु हैं। जैसे–

ढोल गँवार शूद्र पसु नारी। ये सब ताड़न के अधिकारी॥

खास बात यह है कि हर जगह नारी-निन्दा के प्रसंग में तुलसीदास इस विश्वास के साथ बोलते हैं, मानो वे अपना ही मत अभिव्यक्त कर रहे हैं। यही नहीं, नारद को उपदेश देते हुए स्वयं भगवान् राम ने कहा है–

काम क्रोध लोभादि मद, प्रबल मोह के धारि॥
तिन्ह महँ अति दारुन दुःखद माया रूपी नारि॥

भगवान् राम की एक उक्ति और है–

राखिय नारि जदपि उर माहीं। जुवती सास्त्र नृपति बस नाहीं।

काशी की एक विदुषी, डॉक्टर ज्ञानवती त्रिवेदी ने एक ग्रन्थ लिखकर यह सिद्ध करना चाहा है कि तुलसीदास-कृत नारी-निन्दा, निन्दा नहीं, समय और प्रसंग के अनुरूप कही गई उक्ति है। अगर यह दृष्टिकोण सही है तो फिर तुलसी की नारी-निन्दा की कटुता बहुत न्यून हो जाती है। किन्तु मेरे जानते बात इतनी ही नहीं है, न हम यही कहकर प्रश्न का समाधान कर सकते हैं कि प्राचीन शास्त्रों में नारी-निन्दा की जो परिपाटी चल गई थी, उसकी प्रतिध्वनि हम 'रामचरितमानस' में सुनते हैं। मेरा अनुमान है कि जीवन में तुलसीदास जी ने जो कुछ भोगा था, कविता में उन्होंने उसी का आख्यान किया है।

नर-नारी-समस्या अत्यन्त गहन है, अत्यन्त गूढ़ और विकराल है। तुलसीदास को हुए तो चार सौ वर्ष हो गए, नीत्शे तो अभी सन् 1900 ई. में मरा है। किन्तु उसने भी लिख दिया, "क्या औरत के पास जा रहे हो? तो फिर अपना कोड़ा साथ ले जाना मत भूलना।"

पुरुष नारी के साथ भी नहीं रह सकता और नारी से अलग भी नहीं रह सकता। इसी प्रकार नारी पुरुष की अधीनता में भी नहीं रह सकती, न वह पुरुष से स्वतन्त्र होकर सन्तोष प्राप्त कर सकती है। प्रकृति ने संघर्ष के सिवा उन्हें एक-दूसरे को प्यार करने के लिए भी बनाया है। मगर प्रकृति ने नारी के साथ एक अन्याय भी अवश्य किया है। फ्रायड ने जो कहा था, 'एनाटॉमी इज़ डेस्टिनी' वह बात सत्य है। और इसी सत्य का विरोध होने के कारण नारी-स्वाधीनता का आन्दोलन सफल हो जाने पर भी नारियों के जीवन को तृप्ति नहीं दे सका है। किन्तु तुलसीदास को काम की इस जटिलता को समझने का सुयोग नहीं मिला था, क्योंकि फ्रायड और किन्से उस समय नहीं हुए थे। और फ्रायड तथा किन्से से प्रभावित नर-नारी क्या परस्पर सर्वत्र सन्तुष्ट हैं? नहीं, बिलकुल नहीं। पुरुष और स्त्री के सम्बन्ध की तह में जाना अगाध समुद्र में प्रवेश करना है।

सुखी दाम्पत्य-जीवन और शीतल सुख देनेवाला टिकाऊ प्रेम शायद ही किसी को नसीब होता हो और 'जीनियस' के भाग्य में तो ब्रह्मा ने वह सुख लिखा ही नहीं है। अवश्य ही प्रेम में कहीं-न-कहीं गहरी चोट तुलसीदास को लगी थी। फिर तो ऐसा हुआ कि नारी की प्रशंसा उन्होंने लिखी ही नहीं और जीवन-भर वे भगवान् से यही फरियाद करते रहे कि काम के आक्रमण से मेरी रक्षा कीजिए!

तुलसीदास की प्रशंसा करते हुए अक्सर वक्ता यह कह जाते हैं कि गोस्वामी जी की सबसे बड़ी महिमा यह है कि उन्होंने इस्लाम से हिन्दू धर्म की रक्षा की। दूसरा मत, जो बोला कम, अनुभव अधिक किया जाता है, यह है कि कबीर ने हिन्दुत्व और इस्लाम, दोनों का अतिक्रमण करके किसी तीसरी जगह पहुँचने की बात सोची थी, किन्तु तुलसीदास जी ने घड़ी की सूई को पीछे कर दिया।

तुलसीदास जी इस्लाम से लोहा लेने को उत्पन्न हुए थे, इस भावना का आभास हमें निरालाजी में भी मिलता है—

भू के आसन पर शिरस्त्राण
शासन करते हैं मुसलमान
है ऊर्मिल जल, निश्चलत्प्राण
पर शतदल!

लेकिन तुलसी-साहित्य से इस बात का पता नहीं चलता कि गोस्वामी जी मुसलमानी शासन से नाराज थे या मुसलमानों से घृणा करते थे। महाराणा प्रताप तुलसीदास जी के समकालीन रहे होंगे, किन्तु उन्होंने एक-दूसरे का नाम सुना था या नहीं, इसमें मुझे सन्देह है।

काफिरों के खिलाफ मुसलमानों में एक प्रकार की धार्मिक राष्ट्रीयता का भाव आरम्भ से ही मौजूद था, किन्तु मुसलमानों के खिलाफ हिन्दुओं के भीतर धार्मिक राष्ट्रीयता की चेतना नहीं थी। और तुलसीदास के समय में तो हिन्दू-मुस्लिम वैमनस्य

की उग्रता थी ही नहीं। कबीर तथा सूफी सन्तों का आन्दोलन बेकार नहीं गया था। अकबर के राज्य-काल में साम्प्रदायिकता केवल शेख-सरहिन्दी-जैसे कट्टर मुल्लाओं के बीच रह गई थी। जनता के बीच साम्प्रदायिकता नहीं थी, न वह ऊपर के हामिकों में थी, क्योंकि बादशाह साम्प्रदायिकता के खिलाफ था। जब तुलसीदास जी ने 'रामचरितमानस' की रचना की और समाज में उस महाग्रन्थ की चर्चा फैलने लगी, तब कहते हैं, खानखाना रहीम ने एक दोहा लिखकर उस काव्य की अभ्यर्थना की थी–

रामचरितमानस बिमल सन्तन जीवन प्रान।
हिन्दुआन को बेद सम तुरुकहिं प्रगट कुरान॥

तुलसीदास जी को इस्लाम से घृणा नहीं थी, न अरबी-फारसी के शब्दों से उन्हें कोई एतराज था–

गई बहोरि गरीब-नेवाजू। सरल सबल साहेब रघुराजू।

इस अर्धाली का जाप अनेक साधक मन्त्र की तरह करते हैं और गरीब-नेवाज साहेब श्रीरामचन्द्र उन्हें अभीष्ट फल भी देते हैं। प्रत्येक भाषा की अपनी प्रकृति होती है, हिन्दी की भी अपनी प्रकृति है और उस प्रकृति को बिगाड़े बिना हम हर प्रकार के शब्द का उपयोग बखूबी कर सकते हैं।

तुलसीदास की नाराजगी मुसलमानों के प्रति नहीं, उन साधुओं और योगियों के प्रति थी जो जनता को यह उपदेश दे रहे थे कि मन्दिर और मस्जिद में जाना व्यर्थ है, व्रत और एकादशी रखना फालतू काम है। मूर्ति-पूजा और धर्म के बाहरी अनुष्ठान बेकार हैं। आदमी को चाहिए कि वह अपने भीतर डूबकर अपने भगवान् का दर्शन करे।

तुलसीदास की आपत्ति यह रही होगी कि ध्यान में जाकर अपने स्वरूप का दर्शन करना सबके लिए सम्भव नहीं है–

कहत कठिन, समुझत कठिन, साधन कठिन बिबेक।
होई घुनाच्छर न्याय जो पुनि प्रत्यूह अनेक॥

'ज्ञान' और 'योग' साधना के परम्परागत सफल मार्ग हैं, किन्तु तुलसीदास उन्हें जनता के लिए सुसाध्य नहीं मानते थे। उनका अटल विश्वास 'भक्ति' में था और भक्तिमार्ग को ही वह सभी जातियों और सभी वर्गों के लिए सुगम समझते थे। उन्हें शंका थी कि यदि जनता ने भक्ति का पन्थ छोड़ दिया और वह ज्ञान और योग की साधना में लग गई, तो जो दुर्लभ है, वह तो उसे मिलेगा ही नहीं, जो सुलभ है, वह भी उससे छूट जाएगा–

शेख ने मस्जिद बना मिस्मार बुतखाना किया;
तब तो एक सूरत भी थी अब साफ़ वीराना किया।

जनता के प्रति इसी कल्याण-भावना से प्रेरित रहने के कारण उन्होंने 'अलख-अलख' पुकारनेवाले एक अलखिया साधु को नीच कहकर डाँट दिया था–

हम लख हमहिं हमार लख, हम हमार के बीच।
तुलसी अलखहिं का लखै, राम नाम जपु नीच॥

और इसी भावना से भरे होने के कारण उन्होंने कबीर और जायसी पर भी चोट की है–

साखी सबदी दोहरा, कहि कहिनी उपखान।
भगति निरूपहिं भगत कलि, निन्दहिं बेद पुरान॥

यहाँ 'साखी,' 'सबदी' और 'दोहरा' का आशय कबीर से है और 'कहिनी' 'उपखान' ये शब्द जायसी की ओर इंगित करते हैं। किन्तु कबीर और जायसी पर तुलसीदास ने इसलिए चोट नहीं की है कि वे मुसलमान थे। ऐसी चोट उन्होंने गुरु गोरखनाथ पर भी की है–

गोरख जगायो जोग, भगति भगायो लोग।

कबीर और तुलसीदास, ये भारत के धर्म और साधना की दो धाराओं के प्रतीक हैं। कबीर वाली धारा का उद्गम-स्थान महात्मा बुद्ध का कमंडलु है। तुलसीदास वाली धारा वही है जो मनु और वशिष्ठ के समय से बहती आ रही है। गांधीजी में आकर दोनों धाराएँ मिल गई थीं, या यह भी कह सकते हैं कि तुलसी वाली धारा तब भी अपना एक रूप अलग रखे हुए थी जिसके प्रतीक मालवीय जी थे।

कबीर चन्दन और कंठी तो धारण करते थे, किन्तु धर्म से निकलकर वह शुद्ध अध्यात्म की भूमि पर चले गए थे, जो ईश्वर के सभी नामों से परे की भूमि है–

सुर नर मुनि औ औलिया, ये सब बेलें तीर।
अलह राम की गति नहीं, तहँ घर किया कबीर॥

और तुलसीदास यद्यपि आनुष्ठानिक धर्म की शिक्षा देते थे, तथापि अनुभूति उन्हें भी प्राप्त थी कि जो परम सत्य है, वह धर्म और दर्शन से परे पड़ता है–

कोउ कह सत्य, झूठ कह कोऊ, जुगल प्रबल कोउ मानै।
तुलसीदास परिहरै तीनि भ्रम सो आपुन पहचानै॥

(शेष-निःशेष)

गुप्तजी : कवि के रूप में

स्वर्गीय बाबू बालमुकुन्द गुप्त का नाम कवि के रूप में कम, आलोचक और निबन्धकार के रूप में अधिक विख्यात है। हिन्दी भाषा और साहित्य के इतिहास में वे एक उच्च कोटि के पत्रकार के रूप में भी समादृत हैं। सुगठित एवं प्रांजल गद्य के वे एक ऐसे आचार्य हो गए हैं, जिनका लोहा आचार्य द्विवेदी जी को भी मानना पड़ा था। किन्तु पद्य भी उन्होंने कम नहीं लिखे और उनके समय में हिन्दी-कविता की जो अवस्था थी, उसे देखते हुए उनके पद्य उपेक्षणीय तो नहीं ही कहे जा सकते।

गुप्तजी की कविता के साथ न्याय करने के लिए यह आवश्यक है कि हम उनके समय को ध्यान में रखें तथा यह बात भी याद रखें कि, प्रायः, पच्चीस वर्ष की उम्र तक हिन्दी भाषा से उनका कोई विशेष सम्पर्क नहीं था। आरम्भ में उन्होंने अपने लिए उर्दू-पत्रकार का जीवन चुना था। हिन्दी के क्षेत्र में तो वे बाद को आए और वह भी मालवीय जी के अनुल्लंघनीय आग्रह के कारण।

तुलसीदास के बाद हिन्दी साहित्य में सबसे बड़ी क्रान्ति भारतेन्दु-युग में हुई। साहित्य के अन्य क्षेत्रों की बात तो जाने दीजिए, एक कविता के ही क्षेत्र में भारतेन्दु जी ने क्या परिवर्तन कर दिखाया, इसे वे ही समझ कहते हैं, जिन्होंने भारतेन्दु के पूर्ववर्ती कवि पजनेस और द्विजदेव की रचनाओं के साथ भारतेन्दु-काव्य का तुलनात्मक अध्ययन किया हो। यह ठीक है कि भारतेन्दु-काव्य की सरसता उनके उत्तराधिकारियों की रचनाओं में नहीं मिलती, किन्तु अपनी रचनाओं के द्वारा भारतेन्दु जी ने साहित्य की भूमि में जो अभिनव बीज गिराए थे उनमें से एक भी विनष्ट नहीं हुआ तथा उनकी मृत्यु के पचास वर्ष बाद तक हिन्दी साहित्य में जो भी हरीतिमा विकसित होती रही है, वह किसी-न-किसी रूप में भारतेन्दु-कालीन क्रान्ति से सम्बद्ध है। तफसील में न जाकर हम भारतेन्दु की दो बातों का उल्लेख यहाँ करना चाहते हैं। पहली बात तो यह है कि भारतेन्दु जी की कितनी ही कविताओं में हम एक ऐसा नवीन स्वर पाते हैं, जो पहले के सभी स्वरों से भिन्न है तथा जो हिन्दी-कविता में आगे चलकर उत्पन्न होनेवाले रोमांटिक आन्दोलन की क्षीण, किन्तु, सुनिश्चित पूर्व सूचना देता है। और, दूसरी बात यह है कि भारतेन्दु जी ने पहले-पहल समकालीन दुरवस्थाओं को साहित्य के कोमल हृदय में स्थान देना आरम्भ किया तथा कविता के माध्यम का उपयोग वे

जन-चेतना को जगाने के लिए करने लगे। इस प्रकार, वे सिर्फ रोमांटिक आन्दोलन के ही पूर्वपुरुष नहीं, बल्कि हिन्दी के प्रगतिवादी आन्दोलन के भी पिता के समान हैं।

भारतेन्दु जी ने रोमांटिक धारा की जो सूचना दी थी, वह उनके बाद बहुत दिनों तक इतिवृत्तात्मकता के सिकता-समूह में विलीन-सी पड़ी रही और बीसवीं सदी के दूसरे दशक से पूर्व उसका स्पष्ट उद्रेक कहीं भी दिखाई नहीं पड़ा। किन्तु प्रगतिवादी धारा का जो उत्स उनकी वाणी में फूटा था, उसने कभी भी विश्राम नहीं लिया तथा उनके उत्तराधिकारियों में से जो भी कवि कविता की ओर उन्मुख हुए, उन्होंने अपने समय की देश-दशा को जरूर प्रमुखता दी।

इस दृष्टि से बाबू बालमुकुन्द गुप्त भारतेन्दु के सच्चे वारिसों में से थे। उनके पद्यों में सौन्दर्य की सृष्टि कम, समय के चित्रण का प्रयास कहीं अधिक है। उनका काव्य-काल कांग्रेस के जन्म के तीन-चार साल बाद प्रारम्भ होता है। अतएव हम देखते हैं कि राजनीति की ओर वे भारतेन्दु की तरह सावधान रहकर संकेत नहीं करते, बल्कि उन्हें जो कुछ कहना होता है, उसे वे बड़ी ही निर्भीकता से कह जाते हैं। स्वदेशी-आन्दोलन के समय उन्होंने जो कविताएँ लिखी थीं, वे तो, प्रायः, उतनी ही निर्भीक हैं, जितनी कांग्रेस-आन्दोलन के समय लिखी गई अन्य कवियों की कविताएँ मानी जा सकती हैं। इंग्लैंड में लिबरल पार्टी की जीत के समय सन 1906 ई. में उनकी 'पालिटिकल होली' नामक जो रचना 'भारतमित्र' में छपी थी, उसमें उन्होंने बड़ी स्पष्टता के साथ उस सिद्धान्त का निरूपण कर दिया था, जिस पर भारतवर्ष, प्रायः, सन् 1942 तक चलता रहा :

ना कोई लिबरल ना कोई टोरी,
जो परनाला सोही मोरी,
दोनों का है पन्थ अघोरी,
होली है, भई, होली है।
करते फुलर विदेशी वर्जन,
सब गोरे करते हैं गर्जन,
जैसे मिंटो वैसे कर्जन,
होली है, भई, होली है।

उन्नीसवीं सदी के अपरार्द्ध का भारतवर्ष एक अपमानित, प्रताड़ित, रुग्ण और दुर्भिक्ष-पीड़ित देश था। अंग्रेजों ने अपने शासन के साथ देश की छाती पर जो अनेक अभिशाप लादे थे, उनमें से दीनता, अकाल और प्लेग की भयंकरता अत्यन्त कराल थी तथा हिन्दी के तत्कालीन कवि शासकों को किसी भी प्रकार क्षमा करने की मुद्रा में नहीं थे। प्लेग को तो भारतवासी सीधे अंग्रेजों की देन समझते थे, जो बात बिलकुल ठीक भी थी। गुप्त जी ने 'प्लेग की भूतनी' नामक जो विचित्र कविता लिखी थी, उसमें एक स्थान पर हम प्लेग को अंग्रेजों पर ही टूटते देखते हैं :

आओ आओ रे अंग्रेज।
ठहरो ठहरो भागे कहाँ? खाऊँगी, पाऊँगी जहाँ,
फोड़ खोपड़ी भेजा खाऊँ करके रेजारेज।

प्लेग को, उसे भारत में लानेवाले अंग्रेजों पर ललकारने में जो एक प्रतिशोधात्मक भाव है, वह सहज ही समझ में आ जाता है। इसी कविता में गुप्तजी ने बूढ़ों पर भी एक कटु व्यंग्य किया है, जैसा व्यंग्य प्रत्येक युग के अल्हड़ नौजवान अपने समय के सत्तारूढ़ वयस्क लोगों पर किया करते हैं। प्लेग कहती है :

कच्चे कच्चे लड़के खाऊँ युवती और जवान,
बूढ़े को नहीं हाथ लगाऊँ, बूढ़ा बेईमान।

जवानी का अर्थ है साहस, त्याग और प्रयोग करने की आकांक्षा। बुढ़ापे की निशानी अगति, रक्षण और अनुदारता है। गुप्तजी का वोट जवानी के पक्ष में था। सर सैयद अहमद खाँ ने मुसलमानों को कांग्रेस से बचे रहने का जो उपदेश दिया था, उससे गुप्तजी तिलमिला उठे थे और अपना क्षोभ उन्होंने 'सर सैयद का बुढ़ापा' नामक लम्बी कविता में प्रकट किया था, जिसकी आरम्भिक पंक्तियाँ ही भयंकर प्रहार करनेवाली थीं :

बहुत जी चुके बूढ़े बाबा, चलिए मौत बुलाती है,
छोड़ सोच मौत से मिलो जो सबका सोच मिटाती है।

उन्नीसवीं सदी के अपरार्द्ध के कवि अपने देश की दरिद्रता और समाज में फैली हुई विषमता से किस प्रकार ऊबे हुए थे, यह बात भी 'सैयद का बुढ़ापा' शीर्षक कविता से स्पष्ट मालूम होती है। आश्चर्य यह है कि आज हम अपने को प्रगतिवादी सिद्ध करने के लिए कविता में जितनी दलीलों को एकत्र करने के आदी हो गए हैं, वे सारी दलीलें गुप्तजी ने बड़ी ही स्वाभाविकता के साथ पहले ही उपस्थित कर दी थीं :

"हे धनियो! क्या दीन-जनों की नहि सुनते हो हाहाकार?
जिसका मरे पड़ोसी भूखा, उसके भोजन को धिक्कार!"

× × ×

"भूखों की सुधि उसके मन में कहिए किस पथ से आवे,
जिसका पेट मिष्ट भोजन से ठीक नाक तक भर जावे?
फिर भी क्या नंगे-भूखों पर दृष्टि नहीं पड़ती होगी?
सड़क कूटनेवालों से तो आँख कभी लड़ती होगी।
कभी ध्यान में उन दुखियों की दीन-दशा की लाते हो?
जिनको पहरों गाड़ी घोड़ों के पीछे दौड़ाते हो।
लूके मारे पंखेवाले की गति वह क्योंकर जाने?
शीतल खस की टट्टी में जो लेटा हो चादर ताने।"

× × ×

"जिनके कारण सब सुख पाए, जिनका बोया सब जन खाएँ,
हाय, हाय, नित उनके बालक भूखों के मारे चिल्लाएँ।
हाय, जो सबको गेहूँ दें वे ज्वार-बाजरा खाते हैं
वह भी जब नहिं मिलता तब वृक्षों की छाल चबाते हैं।"

इन पंक्तियों में शैली का वह निखार तो नहीं है, जो आज देखने में आता है, किन्तु कौन कह सकता है कि इनमें निरूपित सत्य कहीं से भी कमजोर है?

सर सैयद की फिलासफी ने देश का सत्यानाश किया। अगर सर सैयद का जन्म इस देश में नहीं हुआ होता, तो सम्भव था, मुसलमान कुछ अधिक हिम्मत से काम लेते और अपनी किस्मत की डोर कांग्रेस के साथ बाँधकर राष्ट्रीयता को शक्ति पहुँचाते, जिसके लिए कांग्रेस उनसे बार-बार प्रार्थना कर रही थी। सर सैयद का विरोध उर्दू-साहित्य में महाकवि अकबर ने बड़े जोर से किया था। किन्तु हिन्दी- कविता में यह विरोध, शायद, गुप्तजी की ही कविता में ध्वनित हुआ है।

अकबर से गुप्तजी की समता और भी कई बातों को लेकर है। दोनों ही अंग्रेजों के खिलाफ और उनके आलोचक थे। दोनों ही यूरोप से आनेवाली रोशनी को नापसन्द करते थे और दोनों ही सुधारों के नारों से घबराते थे तथा दोनों ही ने अपने मतामत के प्रकाशनार्थ कटूक्तिपूर्ण पद्यों का माध्यम चुना था। किचनर और कर्जन के झगड़े में जब कर्जन की हार हुई, तब अकबर ने चार पंक्तियों का एक बन्द लिखा था, जिसकी 'देख लो, यह जन पै नर गालिब हुआ' नामक पंक्ति बहुत ही प्रसिद्ध है। उन्हीं दिनों गुप्तजी भी कितनी ही पंक्तियों में कर्जन की पूरी खबर ले रहे थे। किचरनर सेनापति था और कर्जन वायसराय। अतएव वायसराय के हारने पर उन्होंने आनन-फानन लिख दिया :

"कलम करे कितनी ही चर-चर
भाले के वह नहीं बराबर।"

एक बार कर्जन ने हिन्दुस्तानियों को झूठा कह दिया था, जिस पर अकबर साहब ने लिखा था :

"हम झूठे हैं तो आप हैं झूठों के बादशाह।"

अकबर साहब की पंक्ति बड़ी ही सटीक बैठी है। किन्तु इसी घटना पर गुप्तजी ने भी कर्जन की काफी खबर ली थी :

"मन में कुछ मुँह में कुछ और, यही सत्य है कर लो गौर।
झूठ को जो सच कर दिखलावे, सोही सच्चा साधु कहावे।
मुँह जिसका हो सके न बन्द, समझो उसे सच्चिदानन्द।"

सुधारों के प्रति जिस अनास्था का परिचय अकबर ने दिया है, उसी से गुप्तजी भी आक्रान्त थे। प्राचीन परम्परा के प्रतिनिधि होने के कारण वे सुधार के प्रत्येक आन्दोलन को शंका की दृष्टि से देखते थे। कहीं-कहीं तो ऐसा मालूम होता है, मानो सुधारों के नारों के बीच उन्हें वास्तविकता ही लुप्त होती दिखाई दे रही हो :

हाथी यह सुधार का लोगो, पूँछ उधर भई, पूँछ इधर।
आओ, आओ, पता लगाओ, सूँड किधर भई, मूँड किधर।
इधर को देखो, उधर को देखो, जिधर को देखो, दुम ही दुम।
बोल रहा हूँ, चाल रहा रहूँ सूँड भी गुम, भई, मूँड भी गुम।

गुप्तजी ने प्रकृति-वर्णन और भक्ति के भी पद्य लिखे हैं। किन्तु साहित्य के इतिहास में उनका वैसा महत्त्व नहीं जैसा उनकी हास्य-मिश्रित कटूक्तियों का हो सकता है। ये कटूक्तियाँ ही उनका वह शस्त्र थीं, जिनके माध्यम से वे तत्कालीन सामाजिक व्यवस्था पर वार करते थे। आगे चलकर रूप तो इनका भी बदल गया; किन्तु यह धारा बहती ही गई और गुप्तजी से बाद वाला साहित्य इस धारा को अब तक भी पुष्ट नहीं करता आया है।

गुप्तजी ने काव्य की प्रेरणा पं. प्रतापनारायण मिश्र जी से ली थी और मिश्रजी के दृष्टिकोण का उन पर गहरा प्रभाव भी पड़ा था। इन महापुरुषों की कविताएँ आज उतनी गम्भीर भले ही न दीख पड़ें, पर उस समय समाज में जागरूकता तथा निर्भयता उत्पन्न करने में उन्होंने बड़ा काम किया था।

(अर्धनारीश्वर)

खड़ी बोली का प्रतिनिधि कवि

भारतेन्दु के बाद से अब तक के हिन्दी-कवियों में श्री मैथिलीशरण गुप्त जी निर्विवाद रूप से सर्वश्रेष्ठ हैं। यद्यपि उनके प्रधान मनोवेगों का युग आज से लगभग दो दशक पहले ही समाप्त हो गया, तो भी कई कारणों से अब भी इस पद के अधिकारी वे ही हैं। शंका और सन्देह के युग में उन्होंने आस्तिकता की भारतीय परम्परा की वाणी को सुदृढ़ बनाया, साहित्य में वैष्णव धर्म को पुनरुज्जीवित किया, इतिहास को काव्य में रूपान्तरित करके उसमें जीवन डाला, पराधीन देश को अपनी शक्ति की याद दिलाई और शुद्ध आर्य-संस्कृति की जागर्ति को अधिक-से-अधिक व्यापक बनाने की चेष्टा की। इस प्रकार उन्होंने हिन्दू-जाति के सभी प्रिय भावों का व्यापक प्रतिनिधित्व किया है। कोई आश्चर्य नहीं कि आज हिन्दू-जनता के हृदय पर उनका ऐसा साम्राज्य है जैसा बहुत दिनों से किसी अन्य कवि को प्राप्त नहीं हुआ था। 1920 से बाद की धारा के सम्राट पन्तजी हैं, किन्तु इस सत्य को उद्घोषित करना निरापद नहीं है; क्योंकि उनकी प्रतिद्वन्द्विता 'निराला' जी से है और जब 'प्रसाद' जी जीवित थे तब विवाद की कटुता से बचने के लिए लोग इन दोनों कवियों के ऊपर उन्हीं का नाम लिख देते थे। पन्त और निराला हिन्दी के 'ज्योतिर्नयन प्रियदर्शी' कवि हैं और वर्तमान हिन्दी-कविता पर दोनों ही का व्यापक प्रभाव है। हिन्दी-कविता के वर्तमान इतिहास को अभी यह सुविधा प्राप्त नहीं कि वह इन दोनों कवियों की सेवाओं को तुला के दो आधारों पर तौलकर उन पर अलग-अलग मत दे सके। फिर जहाँ केवल एक प्रतिनिधि चुनने की बात हो वहाँ केवल कला की विलक्षणता ही विचारणीय नहीं होती, यह भी देखना पड़ता है कि जनता ने अपना प्रेम और विश्वास किसे समर्पित किया है। जाति का प्रतिनिधि कवि केवल समकालीन साहित्य की विशिष्टताओं का ही प्रतीक नहीं होता, वह उसकी पूरी मनोदशा, आकांक्षा, आशा और उल्लास एवं उसके समस्त संस्कार का भी प्रतिनिधित्व करता है। इस दृष्टि से विचार करने पर सन्देह की तनिक भी गुंजाइश नहीं रह जाती कि श्री मैथिलीशरणजी अट्ठारह करोड़ हिन्दी-जनता के सबसे बड़े प्रतिनिधि कवि और हमारे गौरव हैं। इस पूजनीय पद पर गुप्तजी के आसीन होने से सभी समकालीन कवियों एवं हिन्दी-जनता के विशाल समुदाय को हार्दिक प्रसन्नता होती

है। जनता और कवि, सभी चाहते हैं कि गुप्तजी हमारे शिरोमणि बनकर रहें। संसार के साहित्य में आज कितने कवि हैं जिनके प्रति अट्ठारह करोड़ लोगों के ये मनोभाव हों?

खड़ी बोली की कविता का बहुत बड़ा इतिहास गुप्तजी की कृतियों का इतिहास है। उन्होंने खड़ी बोली को उँगली पकड़कर चलना सिखाया, उसकी चिह्वा को शुद्ध किया तथा उसके हृदय में प्रेम एवं मस्तिष्क में अभिनय विचारों का संचार किया। उनका उत्थान द्विवेदी-मंडल के सबसे बड़े प्रकाश स्तम्भ के रूप में हुआ जिसके दूरगामी प्रकाश में खड़ी बोली ने अपनी गन्तव्य दिशा का ध्यान एवं अपने आदर्श का अवलोकन किया।

भारतेन्दु के समय से ही हिन्दी-कविता में सामयिक प्रश्नों से उलझने की प्रवृत्ति का जन्म हो रहा था, लेकिन इस दिशा में भी उसके स्वर को अधिक स्पष्ट एवं सुदृढ़ बनाकर सुनाने का सारा श्रेय गुप्तजी को है, इतना ही नहीं, वरन् निद्रा की जड़ता से राष्ट्र को जगाने के लिए जब साहित्य ने शंख फूँकना आरम्भ किया तब भी पाँचजन्य की 'भारती' श्री मैथिलीशरणजी के ही कंठ से फूटी। आज हिन्दी-साहित्य में प्रगतिवाद का जयघोष गूँज रहा है, किन्तु स्मरण रहे कि हिन्दी-कविता को अपने सामाजिक लक्ष्य का ध्यान बहुतों से पहले गुप्तजी ने ही दिलाया था।

गुप्तजी प्राचीनता के सन्देशवाहक नवीन कवि हैं। वर्तमान कविता के इतिहास में उनका स्थान एक महासेतु की तरह है, जिसका आदि स्तम्भ 'भारत-भारती' है तथा अन्तिम स्तम्भ अभी लगने को बाकी है, यद्यपि उसमें 'झंकार', 'पंचवटी', 'साकेत' और 'यशोधरा' के सुदृढ़ खम्भे यथास्थान लगते ही आए हैं। इतने दिनों के भीतर उन्होंने बैठकर कभी विश्राम नहीं किया। ऐसा लगता है कि गुप्तजी के भीतर रूढ़ियाँ बन ही नहीं सकतीं। उनकी अभ्यन्तर श्रुति-चेतना प्रगतिमयी है। समय की प्रत्येक आवाज उन्हें स्पष्ट सुनाई पड़ती है और वह उसे बड़ी ही प्रसन्नता से छन्दों में बाँधते हैं। आरम्भ में उन्होंने जिस शैली को अपने अनुकूल पाकर अपनाया था वह ढाँचे में अब भी उनके साथ है, किन्तु समय के साथ घिसने की जगह उसमें और नए पंख ही निकल आए हैं। 'पंचवटी' की शैली वही है जो 'शकुन्तला' में प्रयुक्त् हुई थी, किन्तु अब वह पूर्व की अपेक्षा अधिक चैतन्य, अधिक विलक्षण एवं विस्मयपूर्ण है। कौन जानता था कि 'मंगलघट' की शैली का ऐसा विकास होगा जिसमें 'झंकार' के गीतों की रचना की जा सकेगी? ईलियट ने एक जगह लिखा है कि जो मनुष्य पच्चीस वर्ष की उम्र के बाद भी कवि बना रहना चाहता है उसे चाहिए कि रह-रहकर अपनी टेकनिक को बदलता रहे। गुप्तजी ने किसी भी समय अपनी शैली को एकदम बदल तो नहीं दिया, किन्तु अनुभूतियों के विकास-क्रम में, नई-नई भूमियों में पदार्पण करते हुए, उन्होंने अपनी शैली में कई बार ऐसे परिवर्तन किए जो प्रायः आमूल क्रान्ति के समान थे। ऐसी क्रान्ति के उदाहरण 'मंगल-घट'

और 'झंकार' की तुलना से अनायास ही मिल जाएँगे। 'द्वापर' की यह पंक्ति—'झुक वह वाम कपोल चूम ले यह दक्षिण अवतंस हरे' 'जयद्रथ-वध', 'शकुन्तला' अथवा पूर्वरचित द्वापर-सम्बन्धी अन्य किसी भी कविता की पंक्ति से भिन्न तथा अधिक विलक्षण शैली की परिचायक है। 'साकेत' तो ऐसा महाग्रन्थ है जिसमें कवि की शैली की अनेक रेखाएँ एक ही स्थल पर जगमगा रही हैं। महाकवि की एक बहुत बड़ी विशेषता यह भी है कि स्वयं काव्य रचने के साथ-साथ वह अपनी रचना के प्रभाव से अन्य समकालीन कवियों को भी नई भावनाओं की ओर प्रेरित करे। छायावाद-युग के समारम्भ तक कविता के क्षेत्र में गुप्तजी का यह प्रभाव प्रत्यक्ष रूप से काम करता रहा। उसके बाद यद्यपि नई धारा के कवियों ने गुप्तजी से प्रभाव ग्रहण नहीं किया तथा स्वयं गुप्तजी ही उस धारा को आशीर्वाद देने के लिए उसके समीप चले आए, किन्तु कौन कह सकता है कि 'झंकार' की कविताओं से रहस्यवाद का रीढ़ मजबूत हुई? ''स्वर न ताल, केवल झंकार, किसी शून्य में कर विहार'', इस मोटो से ही यह बात ध्वनित होती है कि रचना के समय गुप्तजी की मनोदशा बहुत कुछ रोमांटिक कवि की मनोदशा के समान थी तथा वे इस बात से अवगत थे कि उनके हाथ में जो वीणा आई है उसके तार वर्णन नहीं, प्रत्युत् व्यंजना की कला में पटु हैं। गुप्तजी की गोद में जाकर नई वीणा ने कुछ खोया नहीं, वरन् उसने यही प्रमाणित किया कि वह भाव, शैली तथा छन्द, सभी पर प्रचंड स्वामित्व रखनेवाले महाप्रौढ़ कवि की भावनाओं की भी सुन्दर तथा समर्थ व्यंजना कर सकती है। 'भारत-भारती' से 'झंकार' तक की दूरी बहुत बड़ी है, किन्तु गुप्तजी ने इसे बड़ी ही सफलता से तय किया और जगह-जगह अपने चरण-चिह्न भी छोड़ने आए। गुप्तजी की अधिकांश रचनाओं के भीतर एक भक्तिविह्वल हृदय का पवित्र आवेग है, जो इस युग में एकमात्र उन्हीं की विशेषता है। वह, प्रधानतः, वैष्णव-धर्म की रामाश्रयी शाखा के नवीन प्रतीक हैं तथा उनमें हमें महात्मा तुलसीदास की आत्मा की झलक मिलती है। उनकी भक्ति-भावना का आधार अचल विश्वास एवं सम्पूर्ण समर्पण के भाव हैं। सच्चा रहस्यवाद परम सत्ता की सम्पूर्ण अनुभूति की स्पष्ट व्यंजना है, क्योंकि अनुभूति जब पूर्णता को प्राप्त होती है तब इन्द्रियाँ सहज-समाधि की अवस्था में रम जाती हैं और जीभ को कुछ बोलना अच्छा नहीं लगता। कदाचित् यह सच है कि रहस्यवादी होना कवि नहीं, प्रत्युत मनुष्य का गुण है। हाँ, यह सम्भव हो सकता है कि एक ही मनुष्य कवि और रहस्यवादी दोनों हो। 'झंकार' की कविताओं में रहस्यवाद की दूसरी विशेषताएँ भले ही न हों, परन्तु उनमें सर्वत्र सच्चाई का आभास मिलता है। इसीलिए गुप्तजी की रहस्यवाद-सम्बन्धी रचनाएँ उन कविताओं की अपेक्षा अधिक चिरायु और प्रेरक हैं जो सिर्फ टेकनिक के अनुकरण के बल पर ईश्वरानुभूति की छाया होने का स्वाँग भरती हैं।

मैथिलीशरणजी की तुलसीदास से समता केवल ऊपरी सतह की ही समता नहीं

है, प्रत्युत् उन्होंने भक्ति की भाव-भूमि में भी सगुणोपासना के उसी रूप की विरासत पाई है जो तुलसीदास को अपनी गुरु-परम्परा से मिली थी। इस सम्बन्ध में वे भी सूरदास से उतने ही भिन्न हैं जितने तुलसीदास। समानधर्मा होते हुए भी सूर और तुलसी में यह भेद है कि जहाँ सूरदास ने सगुणोपासना के अतिरेक में आकार गोपियों के द्वारा भगवान् के निर्गुण रूप की खिल्ली उड़वा दी, वहाँ तुलसीदास ने अधिक संयम से काम लिया तथा सगुण की प्रतिष्ठा करते हुए ऐसी कोई बात नहीं कही जिससे निर्गुण का अनादर होता हो; प्रत्युत्—

नाम रूप दोउ ईस उपाधी,
अकथ, अनादि, सुसामुझि साधी।
एक दारुगत देखिय एकू,
पावक युग सम ब्रह्म बिबेकू।
उभय अगम युग सुगम नाम ते,
कहउँ नाम बड़ ब्रह्म राम ते।

आदि अनेक पंक्तियों में निर्गुण का आदर ही किया है। इसी प्रकार उन्होंने

ब्रह्म पयोनिधि मन्दर, ज्ञान सन्त सुर आहि,
कथा सुधा मथि काढ़े, भगति मधुरता जाहि।

अथवा

भगतसिंह ज्ञानहिं नहिं कछु सेवा
उभय हरहिं भव-सम्भव खेदा।

कहकर यह सिद्ध किया है कि ज्ञान और भक्ति परस्पर विरोधी नहीं हैं, प्रत्युत् उनमें से एक का दूसरे के साथ अन्योन्याश्रयी सम्बन्ध है।

"देखिय रूप नाम आधीना,
रूप ज्ञान नहिं नाम बिहीना।"

ज्ञान से भक्ति का जन्म होता है और भक्ति से ज्ञान में दृढ़ता आती है। एक के बिना दूसरे की स्थिति सम्भव नहीं है। ज्ञान आत्मा के जागरण का सूचक है, किन्तु भगवान् की ओर बढ़ने की प्रेरणा उसे भक्ति से ही मिलती है। इतना ही नहीं, प्रत्युत् बड़ा-से-बड़ा ज्ञानी भी केवल ज्ञान के बल पर भगवान् को नहीं पा सकता। भगवान् तो उसे मिलते हैं जिसके सम्बन्ध में स्वयं उन्होंने ही कहा है—"जेहि गति मोरि न दूसरि आसा।" ज्ञान और भक्ति-सम्बन्धी इसी भाव की व्यंजना मैथिलीशरणजी की निम्नलिखित पंक्तियों में मिलती है जो पूर्ण रूप से महात्मा तुलसीदास की भावना के अन्तर्गत तथा उसके अनुकूल है—

मैं यों ही भटकी हे आली!
उन्हें स्वप्न में देख रात को प्रातःकाल चली मैं,
और खोजती हुई उन्हीं को घूमी गली-गली मैं।

साहस करके चली गई मैं, किन्तु कहाँ तक जाती।
पैर थके, सूझा न पन्थ भी, धड़क उठी यह छाती।
आँख मूँदकर चिल्लाई तब, 'कहाँ छिपे हो? बोलो।'
कर-स्पर्शयुत सुना उसी क्षण, तुम आँखें भी खोलो।
ओ मेरी मतवाली!
मैं यों ही भटकी हे आला!

ज्ञान के संकेत पर शाखा-शाखा भटकनेवाला साधक केवल शुद्धि का कष्ट झेलता है। लेकिन, ज्ञान के कृपाण-पन्थ पर चलते-चलते जहाँ वह थककर बैठ जाता है तथा आर्त स्वर से भक्तिपूर्वक भगवान् को पुकारने लगता है, वहीं भगवान् उसे प्राप्त हो जाते हैं।

गुप्तजी की, इसी भाव से मिलती-जुलती, एक और कविता है जिसमें ज्ञान और भक्ति के समन्वय की बड़ी ही अद्‌भुत व्यंजना हुई है। निराकार ब्रह्म का अन्वेषण करता हुआ एक ज्ञानी साधना के मार्ग में अग्रसर होता है। कई प्रकार की जटिलताओं को पार करके वह उस अवस्था में पहुँचता है जहाँ आत्म-ज्ञान की जिज्ञासा प्रबल हो उठती है। पास ही खड़ी हुई भक्ति इस जिज्ञासा का समाधान यह कहकर करना चाहती है कि 'तू दास है', किन्तु जब तक वह अपनी बात कहे-कहे तब तक प्रेय की अनुभूति अत्यन्त तीव्र हो उठती है और उसी आवेश में ज्ञान का भक्ति में एवं भक्ति का ज्ञान में लय हो जाता है तथा साधक को वह अवस्था प्राप्त हो जाती है जो ज्ञान और भक्ति दोनों से परे एवं दोनों का लक्ष्य है।

वह बाल-बोध था मेरा।
निराकार, निर्लेप भाव में भान हुआ जब तेरा।
पहले एक अजन्मा जाना,
फिर बहु रूपों में पहचाना,
ये अवतार चरित तब नाना;
चित हुआ चिर चेरा।
निर्गुण, तू तो निखिल गुणों का निकला बास-बसेरा।

अब भी एक प्रश्न था कोऽहम्,
कहूँ-कहूँ जब तक दासोऽहम्,
तन्मयता कह उठी कि सोऽहम्;
बस हो गया सवेरा।
वह बाल-बोध था मेरा।

गुप्तजी के आदर्श महात्मा तुलसीदास ने भक्ति का ग्रहण केवल भक्ति के लिए ही किया था। सबसे बड़ा लक्ष्य प्रेम है। तुलसीदास प्रेम का अस्तित्व माँगते हैं—वह

अवस्था नहीं जिसमें उसका लय हो जाए। जो प्रेम का मधु चख चुका है, उसे मुक्ति का फल नहीं चाहिए। प्रेमी प्रेमी होते हैं, कुछ मजदूर नहीं कि मुक्ति के रूप में प्रेम की मजदूरी वसूल करें।

अस बिचारि हरि भगत सयाने,
मुक्ति निरादरि भगति लोभाने।

अथवा

देवा, तेरी भक्ति न छाड़ौं, मुक्ति न माँगौं, तब यश सुनौं, सुनावौं।

गुप्तजी की भक्ति-भावना भी इसी प्रकार अपने में ही पूर्ण है। मुक्ति पर भक्ति की श्रेष्ठता व्यंजित करते हुए वे बड़ी ही मस्ती से कहते हैं–

सखे, मेरे बन्धन मत खोल।
आप बन्ध्य हूँ, आप खुलूँ मैं,
तू न बीच में बोल।
सिद्धि का साधन ही है मोल।
सखे, मेरे बन्धन मत खोल।
खोले, मूँदे प्रकृति पलक निज,
फिर दिन हो, फिर रात,
परम पुरुष, तू परख हमारे
घात और प्रतिघात।
उन्हें निज दृष्टि-तुला पर तोल।
सखे, मेरे बन्धन मत खोल।

प्रेम का घाव बड़ी ही दुर्लभ वस्तु है। जिसने इसे पा लिया उसे और कुछ पाने की इच्छा नहीं रह जाती। हृदय में बिंधा हुआ काँटा जब कसक उत्पन्न करता है, तब उस सुख के सामने स्वर्ग और मुक्ति, सभी कुछ नीरस हो जाते हैं। प्रेम का जीवन विरह में है। मिलन की राह देखते हुए आराध्य के ध्यान में समय बिताना, प्रेमी के लिए इससे अधिक प्यारा और कोई कार्य नहीं।

रवि बाबू का एक पद है,

प्रभु, तोमा लागि आखि जागे,
देखा नाइ पाइ, शुधू पथ चाइ,
सेओ मने भालो लागे।

और मैथिलीशरणजी कहते हैं,

तेरी स्मृति के अघातों से
छाती छिलती रहे सदा,
चाहे तू न मिले, पर तेरी
आहट मिलती रहे सदा।

भगवान् से प्रार्थना है कि अपने जिस भक्त के हृदय में उन्होंने विरह के लिए ऐसी मधुर प्रीति दी है, उसे इस प्रीति का स्वाद भोगने के लिए इस हीरक-जयन्ती के बाद कम-से-कम साठ वर्ष हमारे बीच और रहने दें। हमारी प्रार्थना कुछ अस्वाभाविक भी नहीं है, क्योंकि श्री मैथिलीशरणजी के आदर्श महात्मा तुलसीदासजी को प्रभु ने इस प्रीति का स्वाद चखने को 120 वर्षों तक पृथ्वी पर छोड़ दिया था।

(मिट्टी की ओर)

कवि की हीरक-जयन्ती के अवसर पर 7 अगस्त, 1945 ई. को लिखित।

पुनरुत्थान के कवि श्री मैथिलीशरण गुप्त

1. पुनरुत्थान का स्वरूप

पुनरुत्थान से मेरा तात्पर्य उस वैचारिक आन्दोलन से है जो भारत में, भारत और यूरोप के सम्पर्क के साथ आरम्भ हुआ और जो कदाचित् आज भी चल रहा है। यह आन्दोलन भारत में नई मानवता के जन्म का आन्दोलन है एवं उसके प्रवाह के साथ केवल यूरोपीय विचार ही भारत में नहीं आ रहे हैं, बल्कि इस देश के बहुत-से प्राचीन विचार भी नवीनता प्राप्त कर रहे हैं। पौराणिक कथाओं पर इस आन्दोलन ने नयी आभा बिखेरी है एवं इसके आलोक में हमारे इतिहास की अनेक घटनाएँ और अनेक नायक नई ज्योति से जगमगाने लगे हैं।

इस आन्दोलन के आदि-पुरुष राजा राममोहन राय माने जाते हैं। वे संस्कृत, अरबी, फारसी और हिब्रू के बहुत अच्छे विद्वान थे तथा अपने देश के लिए उनके हृदय में असीम प्यार था। किन्तु जब शिक्षा का प्रश्न आया, वे अंग्रेजी सरकार से लड़ पड़े कि भारतवासियों को अंग्रेजी अनिवार्य रूप से पढ़ाई जानी चाहिए जिससे वे विज्ञान की विविध शाखाओं एवं यूरोप में विकसित समाजशास्त्र का सम्यक् ज्ञान प्राप्त कर सकें। राममोहन राय वेद और उपनिषदों के परम भक्त थे और भारतवासियों को भी वे धर्म पर आरूढ़ रखना चाहते थे। अतएव उनकी शिक्षा का निचोड़ यह था कि नवीन भारत के एक हाथ में उपनिषदों का गूढ़ सत्य और दूसरे में विज्ञान की मशाल होनी चाहिए। राममोहन के बाद देश में पुनरुत्थान के जो भी बड़े नेता उत्पन्न हुए उनमें से प्रायः सबका यही दृष्टिकोण रहा। केशवचन्द्र सेन, स्वामी दयानन्द, परमहंस रामकृष्ण, स्वामी विवेकानन्द, महादेव गोविन्द रानाडे, श्रीमती एनी बेसेंट, लोकमान्य बालगंगाधर तिलक, योगी अरविन्द, महर्षि रमण, पं. मदनमोहन मालवीय, रवीन्द्रनाथ ठाकुर, महात्मा गांधी और डॉ. राधाकृष्णन्, इनमें से प्रत्येक ने यह माना कि वेद और उपनिषदों से अलग भागना भारत के लिए अशक्य है। वेद और उपनिषदों के सत्यों को छोड़ने से भारत उस वस्तु से वंचित हो जाएगा जो उसके समग्र इतिहास का निचोड़ है, जो उसके सम्पूर्ण व्यक्तित्व का सार है। किन्तु प्रत्येक ने यह भी कहा कि भारत का प्राचीन ज्ञान चाहे जितना भी महार्घ हो, किन्तु वह यथेष्ट नहीं है। इस प्राचीन ज्ञान का सामंजस्य हमें उस नवीन ज्ञान से बिठाना चाहिए जो यूरोप में जनमा

और वहीं विकसित हुआ है। अर्थात् पुनरुत्थान के इस महाव्यापक आन्दोलन की शिक्षा का सार यह है कि प्राचीन भारत और नवीन यूरोप के समास से जो व्यक्तित्व उत्पन्न होगा, वही आगामी भारत का असली व्यक्तित्व होगा।

पिछले सौ वर्षों में भारत ने जिस स्वप्न को जन्म दिया, वह यही स्वप्न है और पिछले सौ वर्षों में हम जो कुछ कहते आए हैं, उसमें सबसे अधिक आख्यान इसी स्वप्न का हुआ है। पिछले सौ वर्षों में हम जो कुछ करते आए हैं, उसमें सबसे अधिक प्रयास इसी स्वप्न को आकार देने के निमित्त है और पिछले सौ वर्षों में हम जो कुछ सोचते आए हैं, उसमें अधिक-से-अधिक विचार इसी स्वप्न के विचार रहे हैं। यह कोई आकस्मिक बात नहीं है कि भारत अहिंसा के मार्ग से स्वाधीन हुआ और अहिंसा के द्वारा ही वह अपनी ऐसी सारी समस्याओं का समाधान खोज रहा है जिनके हल के लिए संसार भर में युद्ध और हत्या का आश्रय लिया जाता है। और यह भी आकस्मिक बात नहीं है कि स्वाधीन होते ही बाहर शान्ति की सेवा का बीड़ा इसी देश ने उठाया और घर में वह जिस समाजवाद को रूप देने में लगा हुआ है उसका उदाहरण समाजवाद की पोथियों में नहीं मिलता, न किसी अन्य देश ने उसका प्रयोग ही किया है। संसार भर की समस्याएँ चारों ओर से बहकर भारत-महानगर में आ गई हैं और यहाँ वे एक अप्रतिम रासायनिक प्रक्रिया में खौल रही हैं। भारत में आज धर्म और विज्ञान, राष्ट्रीयता और अन्तर्राष्ट्रीयता, प्राचीनता और नवीनता तथा देह और मन के बीच एक प्रच्छन्न संघर्ष छिड़ा हुआ है और हमारी सारी क्रियाएँ इस संघर्ष से प्रभावित हो रही हैं। व्यक्तित्व केवल मनुष्य को ही नहीं होता, युग और इतिहास भी व्यक्तित्व से युक्त होते हैं। भारत के पिछले सौ वर्षों के इतिहास ने प्राचीन भारत और नवीन यूरोप के ज्ञान और साधनों को एकत्र करके हमारे भविष्य की पीठिका तैयार कर दी है। इस पीठिका से हम भाग नहीं सकते। हम अपने सुदूर तथा आसन्न इतिहास की पकड़ में हैं। वह हमें अपनी पकड़ से बाहर जाने नहीं देगा। और कहीं हम अपने पिछले सौ वर्षों की चिन्ता-धारा को ठीक से पहचान लें तथा स्वेच्छया उसके अनुशासन में रहना आरम्भ कर दें तो आश्चर्य नहीं कि भारत फिर कोई ऐसा प्रयोग सिद्ध कर दिखाए जिससे सारी मानवता का कल्याण हो सकता है, जिससे धर्म हास्यास्पद न रहकर फिर से आदरास्पद बन सकता है, जिससे राजनीति का शुद्ध रूप निखर सकता है तथा जिससे विज्ञान से आग्नेयता का लोप हो सकता है। अस्तु।

किन्तु ये सब कुछ दूर की बातें हैं। देखना हमें यह है कि पिछले सौ वर्षों के भीतर पुनरुत्थान के क्रम में देश के हृदय और मस्तिष्क में जो आन्दोलन मचे हैं, उनसे हमारे संस्कारों के भीतर कौन-से परिवर्तन घटित हुए हैं। हमारा यह पुनरुत्थानकारी आन्दोलन बहुत कुछ उसी आन्दोलन के समान है जो यूरोप में 'रेनेसाँ' नाम से आया था और इसके प्रभाव भी बहुत सारे वैसे ही हैं जैसे तत्कालीन यूरोप में दिखाई पड़े थे। इस आन्दोलन का सबसे बड़ा प्रभाव बुद्धि की स्वतन्त्रता और प्रवृत्ति का उत्थान है।

पौराणिक और मध्यकालीन संस्कारों में जकड़ी हुई बुद्धि परवश और परतन्त्र थी। उसमें यह साहस नहीं था कि वह चाहे जिस किसी विषय पर अथवा जिस किसी दिशा में निर्भीक होकर सोच सके। बुद्धि को कई प्रकार के भय थे। यह अंधविश्वासों से दबी हुई थी। इस कारण वह न तो शास्त्रों की आज्ञा के विरुद्ध सोच सकती थी न किसी ऐसे ढंग से जिससे ईश्वर, देवता, ब्राह्मण अथवा धर्म-ग्रन्थों का किंचित् भी अनादर होता हो। किन्तु पुनरुत्थान के क्रम में उसकी शक्ति और निर्भीकता इतनी निखर आई कि अब वह सबके विरुद्ध सोच सकती है। इसी का यह परिणाम है कि पुराणों के कितने ही प्रसंग नवीन हो उठे हैं और इतिहास के नायक एवं देवी-देवता नई व्याख्याओं के कारण नवीन होकर पहले की अपेक्षा हमारे अधिक समीप पहुँच गए हैं। हिन्दू-धर्म का यह एक विचित्र लक्षण है कि वह जितना ही बदलता है, उतना ही अपने मूल-रूप के अधिक समीप पहुँच जाता है। पुनरुत्थान के क्रम में उसकी जो नई व्याख्याएँ प्रस्तुत हुईं उनसे हिन्दुत्व का मूल-रूप कुछ और उद्भासित हो उठा है।

प्रवृत्ति के प्रसंग में जानने की बात यह है कि जब यूरोप भारत पहुँचा, उस समय यहाँ के लोग जीवन की सत्यता में प्रबलता से विश्वास करना छोड़ चुके थे। 'जीवन असत्य है, जीवन क्षणभंगुर है एवं मनुष्य का सबसे बड़ा काम अपने परलोक की चिन्ता करना है', इस निवृत्तिवादी दर्शन का बीज पहले-पहल उपनिषदों में दिखाई पड़ा था। किन्तु जैन और बौद्ध मतों के दर्शन में यह बीज बढ़कर विशाल वृक्ष हो गया और कालक्रम में इस देश की जनता लोक को परलोक के सामने हीन मानने लगी। निवृत्तिवादी दर्शन के इस अंधकार पर प्रकाश के बाण पहले-पहल स्वामी दयानन्द और स्वामी विवेकानन्द ने बरसाए और विवेकानन्द ने ही पहले-पहल लोगों को यह बतलाया कि वेदान्त जीवन से भाग खड़ा होने की शिक्षा नहीं देता, प्रत्युत् वह तो जीवन की कठिनाइयों के साथ अनवरत संग्राम सिखाता है। हिन्दू-धर्म की ऐसी ही व्याख्या केशवचन्द्र सेन, रामकृष्ण, एनी बेसेंट, अरविन्द, रानाडे और गांधी जी ने भी की। किन्तु इस दिशा में हिन्दुत्व को माँजकर चमका देने का सबसे बड़ा कार्य लोकमान्य तिलक ने किया जिनका ग्रन्थ 'गीता-रहस्य' अथवा 'कर्मयोग-शास्त्र' अभिनव हिन्दुत्व का सबसे प्रामाणिक ग्रन्थ है। तिलक के समकालीन अथवा उनके बाद के भारतीय चिन्तकों और कवियों में से विरला ही कोई होगा जिस पर गीता-रहस्य का प्रभाव न पड़ा हो। छोटी-सी पोथी 'गीता' हिन्दुत्व के हाथ में सबसे बड़ी मशाल थी। किन्तु निवृत्ति-मार्गी व्याख्याओं के कारण उसका तेज मन्द पड़ गया था। तिलक जी ने उसे फिर से स्वच्छ बनाकर देश के हाथों में रख दिया। इसीलिए कहा जाता है कि गीता एक बार तो भगवान श्रीकृष्ण के मुख से कही गई थी किन्तु दूसरी बार वह तिलक के ही द्वारा उद्गीत हुई है।

प्रवृत्ति को उत्तेजना मिलने से लोक सत्य हो उठा एवं कर्मठता का सिद्धान्त आदर पाने लगा तथा लोक को छोड़कर परलोक की कल्पना में ग्रस्त रहनेवाले व्यक्तियों की

समाज में हँसी उड़ाई जाने लगी। समाज में यह भावना पनप उठी कि गृहस्थ का स्थान सर्वोपरि है एवं जो लोग संन्यास लेकर संसार से अलग हो गए हैं, उन्हें भी लोक-सेवा का कोई-न-कोई काम करना ही चाहिए। यह ध्यान देने की बात है कि आधुनिक युग के संन्यासी भी (उदाहरणार्थ रामकृष्ण मिशन के साधु) समाज की सेवा को अपना प्रमुख व्रत मानते हैं एवं अरविन्द-आश्रम के साधक वेश-भूषा से गृहस्थ ही दिखाई देते हैं। प्रवृत्ति के उत्थान के कारण जीवन से भागने की भावना और वैराग्य, दोनों ही मन्द पड़ने लगे। शास्त्र-प्रमाण और परम्परा के बन्धन ढीले होने लगे एवं स्वर्ग और नरक की कल्पनाएँ निस्सार मानी जाने लगीं। धीरे-धीरे जीवन बहिर्मुखी होने लगा जिसके कुछ दुष्परिणाम भी निकले हैं किन्तु भारत के मानस में मध्यकालीनता का जो कुहरा व्याप्त था, वह बहुत दूर तक छँट गया है। जंजीरों से छूटी हुई बुद्धि अनेक ऐसे क्षेत्रों में विचरण करने लगी जहाँ पहले उसका प्रवेश भी निषिद्ध था। जीव-विज्ञान और मनोविज्ञान के प्रचार से यौनाचार के पाप तथा कितने ही अन्य पाप भी बहुत दूर तक क्षम्य माने जाने लगे। शिक्षितों के समाज में धर्म के बदले प्रतिभा और बुद्धि की पूजा होने लगी एवं साहित्य और कला में लेखक और कलाकार का व्यक्तित्व अपने आपको प्रतिष्ठित करने लगा।

स्वर्ग और नरक की कल्पना के निस्सार होने से अमरता की इच्छा इसी भूमि पर अनन्त काल तक टिकनेवाली कीर्त्ति की कामना बन गई। साहित्य में साहित्यकार के व्यक्तित्व की खोज की प्रवृत्ति इसी कीर्त्ति-कामना का परिणाम है। मध्यकालीन नैतिकता के पीछे अतिप्राकृतिक (सुपरनेचुरल) विश्वासों का बल था। उस बल के क्षीण होते ही नैतिकता के रूप में परिवर्तन आने लगा। फिर भी समाज का जो भाग ईश्वर, स्वर्ग और नरक में विश्वास करता था, मुख्यतः उस जनता के भय से भारत में अनैतिकता की वह बाढ़ नहीं आई जो 'रेनेसाँ' आन्दोलन के बाद इटली में आई थी। किन्तु कुछ थोड़े लोगों के बीच वह नैतिकता या अनैतिकता अब भारत में भी सिर उठा रही है जो बुद्धि के बिलकुल आत्मतन्त्र हो जाने से इटली में दिखाई पड़ी थी। इटली में 'रेनेसाँ' के बाद अचानक धन में भी वृद्धि आई और धन की वृद्धि से अनैतिकता को प्रोत्साहन मिलने लगा। समाज का जो वर्ग सबसे अधिक सुखी था वहाँ बुद्धिवाद का विकास भी उसी के बीच हुआ था। जब भीतर आनन्द भोगने की उद्दाम इच्छा और बाहर सुख के सभी साधन उपलब्ध हों तब विरला ही व्यक्ति होगा जो संयम के उपदेश से रुष्ट न हो। 'रेनेसाँ' के समय इटली के सम्पन्न लोगों ने भी यही किया। वे उस धर्मशास्त्र के विरोधी हो गए जिसका जन्म भय और निर्धनता के बीच हुआ था क्योंकि अब वे अभावों से मुक्त थे एवं उनकी बुद्धि भय के सभी प्राचीरों को तोड़कर बाहर आ गई थी। परिणाम यह हुआ कि वे भोगवादी दर्शन की ओर उत्साह से दौड़ पड़े जिसकी शिक्षा यह थी कि जीवन आनन्द भोगने को प्राप्त हुआ है तथा विश्व के सभी आनन्द निर्दोष हैं जब तक यह प्रमाणित न हो जाए कि

उनमें दोष या पाप भी होता है। निर्बन्ध बुद्धि से उच्छल समाज पर नारियों की मोहकता का ऐसा जादू चढ़ा कि उसके आगे धर्मशास्त्रों के निषेधों के पाँव उखड़ गए।

प्रवृत्ति और निवृत्ति में से कौन श्रेष्ठ और कौन हीन है, यह सरलता से नहीं जाना जा सकता। ये दोनों धार्मिक विश्वासों के दो छोर हैं और अति तक पहुँचने पर दोनों के दोनों दूषित हो जाते हैं। किन्तु एक हद तक जीवन में दोनों की आवश्यकता होती है। निवृत्ति एक हद तक आवश्यक है क्योंकि वह यह बताती है कि सभी ऐश्वर्य नाशवान् हैं अतएव उनका संचय अधर्म पर चलकर नहीं करना चाहिए। साथ ही निवृत्ति की भावना से ग्रसित समाज निर्धन और दास हो जाता है, इसके उदाहरण भी इतिहास में अनेक बार मिले हैं। किन्तु प्रवृत्ति भी सीमातीत होने पर भोगवाद का पर्याय बन जाती है। जीवन का धर्म कदाचित् भोग ही है किन्तु उसे अधिक-से-अधिक निष्काम होना चाहिए। 'तेन त्क्तेन भुंजीथाः'। भोग तो करना है किन्तु उसके साथ त्याग का पुट भी आवश्यक है। त्रिवर्ग में गिनती केवल अर्थ, धर्म और काम की है। यदि अर्थ और काम का भोग हम धर्म की भावना से करें तो मोक्ष उसका स्वाभाविक परिणाम होगा।

प्रवृत्ति के उत्थान का एक परिणाम यह भी निकला कि मनुष्य भला बनने के बदले शक्तिशाली होने को अधिक बेचैन रहने लगा। उसकी बौद्धिकता में उन्नति हुई, उसके नैतिक साहस में वृद्धि हुई, उसकी चिन्तन-शक्ति पहले से अधिक तीव्र एवं उसकी वृत्तियाँ बहुमुखी हो उठीं। इसी का यह परिणाम है कि अब वह प्रत्येक विचार और प्रत्येक बिम्ब को ग्रहण करने की उत्सुकता से चंचल तथा सौन्दर्य से प्रभावित होने की क्षमता से प्रमत्त है। उसकी कीर्त्ति-कामना इतनी उद्दाम है कि चिन्तन और कला, दोनों के द्वारा वह जितना कल्याण विश्व का करता है, उससे अधिक वह अपने आपको अमरता प्रदान करने की चेष्टा करता है। पहले के युगों में कई कलाकार मिलकर कोई एक वस्तु तैयार करते थे किन्तु नाम उसमें किसी का नहीं जाता था। किन्तु अब प्रत्येक कृति के साथ हर कारीगर अपना नाम लिखकर या खोदकर सही करने लगा है।

और नैतिकता का स्थान धीरे-धीरे सौन्दर्य-बोध लेने लगा। मध्यकालीन नैतिकता के भीतर कहीं-न-कहीं यह संशय काम करता था कि जहाँ आनन्द है वहाँ रोग बसता है और जहाँ सुन्दरता है वहाँ पाप भी होगा। किन्तु आज की नैतिकता सौन्दर्य और आनन्द को निर्दोष, पावन तथा सुसेव्य मानती है। बुद्धि के सर्वथा स्वतन्त्र हो जाने से वह संशय और भय समाप्त हो गया जिसके कारण मनुष्य सौन्दर्य एवं आनन्द की ओर निश्शंक होकर नहीं बढ़ पाता था तथा प्रवृत्ति के उत्थान से प्रभावित होकर वह जीवन से आनन्द निचोड़ने को सर्वश्रेष्ठ कर्म मानने लगा। परिणाम यह हुआ कि संन्यास की तुलना में गार्हस्थ्य उज्ज्वल हो उठा एवं गार्हस्थ्य को आध्यात्मिक स्वीकृति मिलने से नारियों की मर्यादा में अपरिमित वृद्धि हो गई। सच पूछिए तो प्रवृत्ति का

उत्थान, बुद्धि की स्वतन्त्रता और नारियों की मर्यादा-वृद्धि, ये तीनों पुररुत्थानकारी आन्दोलन के सबसे बड़े परिणाम हैं। शूद्रों और नारियों के प्रति समाज में जो सम्मान के भाव बढ़े हैं, उनके कुछ मूल-कारण पश्चिमी जगत के प्रजातांत्रिक विचारों एवं उदार भावनाओं के आयात भी हैं। किन्तु विशेषतः नारियों के प्रति देश में जो औदार्य जाग्रत हुआ, उसकी प्रेरणा बुद्धि की स्वतन्त्रता एवं प्रवृत्ति के उत्थान से ही आई है। प्राचीन नैतिकता ने जब अपना आसन सौन्दर्य-बोध के लिए रिक्त कर दिया तब नारियों का सम्मान किसी के भी रोके नहीं रुक सकता था। इस कथन का सबसे अधिक समर्थन भारतीय पुनरुत्थान के मुख्य कवि रवीन्द्रनाथ ठाकुर की कविताओं में मिलेगा जहाँ कवि ने नारियों की पूजा उनके सौन्दर्य के कारण की है। और हिन्दी के छायावादी काव्य में नारियों को जो सौरभ तथा आलोक की प्रतिमा के रूप में चित्रित किया गया, उसकी प्रेरणा भी इसी सिद्धान्त में थी कि संसार की सभी सुन्दरताओं के बीच सुन्दर नारी सबसे अधिक सुन्दर वस्तु है। पुनरुत्थान की धारा में पड़कर हम कई क्षेत्रों में परिवर्तित हो चुके हैं किन्तु सबसे बड़ा परिवर्तन कदाचित् वही है जो नारियों को देखनेवाली हमारी दृष्टि में आया है।

2. पुनरुत्थान और हिन्दी साहित्य

ऊपर पुनरुत्थान का जो अत्यन्त संक्षिप्त विवरण दिया गया है, उसका प्रभाव भारतेन्दु से लेकर आज तक के प्रत्येक लेखक ओर कवि की कृतियों में खोजा जा सकता है और इसी प्रक्रिया से वह भिन्नता भी समझी जा सकती है जो प्राचीन और नवीन कवियों की दृष्टियों में प्रत्यक्ष है। उदाहरणार्थ, जिस स्थिति की चोट खाकर प्राचीन कवियों ने ये पंक्तियाँ लिखीं कि—

कोउ नृप होय हमहिं का हानी, चेरि छाँरि न होउब रानी।

अथवा

अजगर करै न चाकरी, पंछी करै न काम,
दास मलूका कहि गए सब के दाता राम।

उसी स्थिति की चोट खाकर आज के कवि यह लिखते हैं कि,

ब्रह्मा से कुछ लिखा भाग्य में मनुज नहीं लाया है,
अपना सुख उसने अपने भुजबल से ही पाया है।
प्रकृति नहीं डर कर झुकती है कभी भाग्य के बल से,
सदा हारती वह मनुष्य के उद्यम से, श्रमजल से।

(कुरुक्षेत्र)

अथवा जिस नारी को देखकर कबीर ने यह लिखा था कि,

नारी तो हम हूँ करी, तब न किया विचार,
जब जानी तब परिहरी, नारी महा विकार।

उसी नारी को देखकर आज के कवि यह लिखते हैं कि,

यदि स्वर्ग कहीं है पृथ्वी पर तो वह नारी-उर के भीतर।

तथा

तुम्हारे रोम-रोम से नारि[1]! मुझे है प्रेम अपार।
तुम्हारा उर-गृह ही सुकुमारि! मुझे है स्वर्गागार।

—पन्त

यह भेद प्राचीन और नवीन भारत का भेद है; यह भिन्नता प्राचीन और नवीन मनुष्य की भिन्नता है। प्राचीन तथा मध्यकालीन मनुष्य की मानसिकता पुराणों से बनी थी, शास्त्रों की विधि-निषेधवाली आज्ञाओं से बनी थी, धर्माचार्यों के उपदेशों और सन्तों की अनुभूतियों एवं उनकी देहदंडनपूर्ण कृच्छ तपश्चर्याओं से बनी थीं। उस मानसिकता का कुछ अमिट अंश तो अब भी हमारे साथ है किन्तु हम नए भारतवासियों की नई मानसिकता अनेक अन्य प्रभावों से भी युक्त है। ये प्रभाव जीवविज्ञान के हैं जो हमें यह बताता है कि मनुष्य के स्खलनों को देखने की एक दृष्टि यह भी है कि किसी विशिष्ट अवस्था में पड़ जाने से मनुष्यों के आचार स्खलित हुए बिना नहीं रह सकते। ये प्रभाव विज्ञान मात्र के हैं जो हमें यह सिखाता है कि प्राचीन मानव बहुत-सी ऐसी चीजों को भी ईश्वरीय चमत्कार समझकर अवाक् रह जाता था जो अब आसानी से सबकी समझ में आ रही हैं। ये प्रभाव बुद्धिवाद के हैं जो हमें ऐसी घटनाओं अथवा वस्तुओं में अपनी आस्था जमाने से रोकता है जो तर्क-बुद्धि से परखी नहीं जा सकतीं। और इस नई मानसिकता का प्रभाव केवल हमारे विचारों पर ही नहीं, प्रत्युत् हमारी भावनाओं पर भी पड़ा है, हमारी कल्पनाओं पर भी पड़ा है। यही कारण है कि हमारा नवीन साहित्य हमारे प्राचीन साहित्य से उतना भिन्न हो गया है।

पुनरुत्थान की पृष्ठभूमि पर भारत के प्रत्येक नए कवि और लेखक का अध्ययन किया जा सकता है। किन्तु यहाँ मेरा अभीष्ट राष्ट्रकवि श्री मैथिलीशरण जी गुप्त की रचनाओं पर दृक्पात करना है क्योंकि वे ऐसे कवि हैं जिनमें भारत की प्राचीन परम्परा अभी तक सर्वाधिक जीवित और चैतन्य है तथा दूर से देखने पर वे नवीनता नहीं प्राचीनता के प्रतिनिधि मालूम होते हैं। अतएव नवीनता के जो प्रभाव गुप्त जी की

---

1. यहाँ एक और उद्धरण बहुत सटीक बैठता है। तुलसीदास जी ने 'कामिहि नारि पियारि जिमि लोभिहिं प्रिय जिमि दाम' कहकर कामुकता की निन्दा की है। किन्तु तुलसीदास पर कविता लिखते हुए बच्चन जी कहते हैं, 'याद तुम्हें आया, मैं तो वह कामी जिसको नारि पियारी'।

कृतियों में मिलेंगे, वे अन्यत्र पाए जानेवाले प्रभावों से अधिक विलक्षण और रोचक होंगे।

भारत में पुनरुत्थान या 'रेनेसाँ' का आन्दोलन सबसे पहले बंगाल में उठा क्योंकि अंग्रेजी शिक्षा का प्रचार सबसे पहले बंगाल में ही हुआ था। पीछे ज्यों-ज्यों अंग्रेजी का प्रसार अन्य क्षेत्रों में होता गया, वहाँ भी पुनरुत्थान के लक्षण प्रकट होने लगे। हिन्दी प्रान्तों में अंग्रेजी का व्यापक प्रचार बाद को हुआ। अतएव इन प्रान्तों में पुनरुत्थान का आन्दोलन भी बाद को आया। यह भी ध्यान देने की बात है कि बंगाल में पुनरुत्थान के नेता राममोहन राय, केशवचन्द्र सेन, रामकृष्ण परमहंस और स्वामी विवेकानन्द थे। अतएव बंगाल में उस आन्दोलन के कवि श्री रवीन्द्रनाथ ठाकुर हुए। किन्तु हिन्दी प्रान्तों में पुनरुत्थान का नेतृत्व मुख्यतः स्वामी दयानन्द ने किया था। अतएव यहाँ पुनरुत्थान के कवि श्री मैथिलीशरण जी गुप्त हुए। यह बात सुनने में कुछ विचित्र-सी लगती है क्योंकि गुप्त जी आर्यसमाजी नहीं, सनातनी कवि हैं। यही नहीं, उनकी कविताओं में ऐसे भाव भी प्रकट हुए हैं जो स्वामी दयानन्द के मतों के ठीक विपरीत हैं।

कृष्ण अवैदिक? और राम भी? ठहरो, धीरज धारो,
वेदवादरत! ठंढे जी से सोचो और विचारो।
राम-कृष्ण का रूप कहाँ से देखे दृष्टि तुम्हारी?
इन्द्र-वरुण तक ही परिमित है यह श्रुति-सृष्टि तुम्हारी।

(द्वापर)

किन्तु स्वामी जी का महत्त्व केवल इतना ही नहीं है कि उन्होंने निराकार मत का प्रचार किया। वे यूरोपीय बुद्धिवाद के भी प्रेमी थे और बुद्धिवाद के ही आलोक में वे हिन्दुत्व के समग्र-रूप का परिमार्जन करना चाहते थे। पुराणों की कथाओं पर शंका करके हिन्दी प्रान्तों में उन्होंने ही यह प्रवृत्ति जगाई कि पुराणों को देखने की प्राचीन दृष्टि यथेष्ट नहीं है। पौराणिक कथाओं, देवताओं और पौराणिक मानवों को नए ढंग से समझने के लिए बुद्धिवाद की नई दृष्टि चाहिए। अन्धविश्वासों के बहिष्कार की शिक्षा भी हिन्दीवालों को पहले पहल उन्हीं के उपदेशों से प्राप्त हुईं और उन्हीं को देखकर हिन्दी-प्रान्तों में पहले पहल यह भाव जाग्रत हुआ कि यूरोप से आनेवाले ज्ञान के प्रकाश में हमें अपने संपूर्ण जीवन, संपूर्ण इतिहास और सभी आदतों में संशोधन लाना चाहिए। यह ठीक है कि हिन्दी प्रान्तों में जब पुनरुत्थान की इस प्रक्रिया का आरम्भ हुआ तब देश-विदेश के सभी अभिनव चिन्तकों का प्रभाव यहाँ भी पड़ा। किन्तु पुनरुत्थान की ध्वजा हिन्दी प्रान्तों में सबसे पहले स्वामी दयानन्द अथवा उनके शिष्यों ने उठाई, इस निष्कर्ष से भागना कठिन है और उतना ही कठिन इस बात से भी भागना है कि हिन्दी में इस पुनरुत्थान के प्रतिनिधि कवि श्री मैथिलीशरण जी गुप्त हुए। केवल निराकार-साकार की दृष्टि से देखें तो हमारी दृष्टि पं. नाथूराम जी शर्मा

शंकर पर पड़ती है क्योंकि जिस आन्दोलन के नेता स्वामी दयानन्द हुए, उसके कवि शंकर जी माने जाएँ, यह संभव दिखता है। किन्तु शंकरजी आर्यसमाजी आन्दोलन के कवि भले ही माने जाएँ, सम्पूर्ण पुनरुत्थान की तो उनकी रचनाओं में झाँकी भी नहीं मिलती। पुनरुत्थान ने हमारी सारी संस्कृति, सम्पूर्ण इतिहास और समग्र विश्वास पर जो नया आलोक फेंका, उसकी अधिक-से-अधिक अभिव्यक्ति सबसे प्रथम श्री मैथिलीशरण जी गुप्त की कविताओं में ही हुई। इसलिए हिन्दी में पुनरुत्थान के कवि वे ही माने जाएँगे ठीक उसी प्रकार, जैसे बँगला में पुनरुत्थान के कवि श्री रवीन्द्रनाथ ठाकुर हुए हैं।

हाँ, आधुनिकता की दृष्टि से गुप्त जी की कविताएँ रवीन्द्रनाथ की कविताओं से पिछड़ी हुई इसलिए रह गईं कि गुप्त जी अंग्रेजी नहीं जानने के कारण जीवन और साहित्य की नई प्रवृत्तियों से उतने प्रभावित न हो सके, जितने प्रभावित रवीन्द्रनाथ हुए थे। और गुप्त जी के काव्य में उपदेशात्मकता का प्राचुर्य इसलिए हुआ कि स्वामी दयानन्द के नेतृत्व में चलने से हिन्दी का पुनरुत्थानकारी आन्दोलन उपदेशों से लदा हुआ था। यह भी कि ब्रह्म-समाजियों में भक्ति और रहस्य-भावना का अत्यन्त गहरा पुट था किन्तु स्वामी दयानन्द तर्कों पर सबसे अधिक बल देते थे तथा रहस्यलोक की ओर संकेत न देकर वे भारतवासियों के इहलौकिक जीवन को ही शक्तिशाली बनाने के निमित्त सबसे अधिक बेचैन थे। और यह तो था ही कि रवीन्द्रनाथ ठीक उसी भाषा में कविता लिख रहे थे जिसमें उनके पूर्ववर्ती कवि लिखते आए थे किन्तु गुप्त जी के हाथ में वह भाषा आई जो कविता के लिए अभी बिलकुल कच्ची और नवीन थी।

हिन्दी में पुनरुत्थान के भाव भारतेन्दु तथा उनके समकालीन कवियों के साथ ही प्रकट होने लगे थे और तभी से हिन्दीभाषी जनता के बीच एक नई रुचि भी उदित होने लगी थी। कविता में नए विषयों (देशभक्ति आदि) का प्रवेश अंग्रेजी और संस्कृत कविताओं के अनुवाद तथा श्रीधर पाठक और जगमोहन सिंह के नए प्रयोग ये सबके सब इस अर्धोदित नवीन रुचि को ही संतुष्ट करने के प्रयास थे। सच पूछिए तो ब्रजभाषा को छोड़कर खड़ीबोली को काव्य-भाषा बनाने की उमंग भी इसी नवीन रुचि से निकली थी। अतएव कहा जा सकता है कि जब मैथिलीशरण जी का आविर्भाव हुआ, उसके पूर्व ही पुनरुत्थान ने हिन्दी में नए क्षितिज का निर्माण कर दिया था। किन्तु उस क्षितिज पर खड़े होकर गुण और परिणाम, दोनों ही दृष्टियों से पुनरुत्थान को जितनी अभिव्यक्ति गुप्त जी ने दी, उतनी उनके पूर्व का कोई भी कवि नहीं दे सका था।

और जो सीमा गुप्त जी के पूर्ववर्ती कवियों की थी, गुप्त जी की आरम्भिक रचनाएँ भी उसी सीमा के भीतर सिकुड़ी दिखाई देती हैं। विषय की दृष्टि से 'किसान' आधुनिक काव्य अवश्य था किन्तु 'शकुन्तला', 'तिलोत्तमा', 'रंग में भंग' आदि काव्य

केवल खड़ी बोली में विरचित होने के कारण नए लगते हैं। अन्यथा नवयुग की छाप उनपर बहुत कम मिलती है। यहाँ तक कि 'जयद्रथ-वध' भी महाभारतीय कथा की आवृत्ति मात्र है यद्यपि उसके भीतर रस-निष्पत्ति इतनी अधिक है कि उस काव्य ने सहज ही मैथिलीशरण जी की कृतियों की प्रथम पंक्ति में स्थान बना लिया है। फिर भी, 'जयद्रथ-वध' में यह नवीनता अवश्य है कि उसके भीतर से कवि पारस्परिक कलह से पीड़ित स्वदेश को एकता का संदेश देता है तथा स्थान-स्थान पर उसमें वीर रस का जो उद्रेक हुआ है, उसका लक्ष्य भी देश-भक्ति को उत्तेजित करना है। इसके अतिरिक्त 'जयद्रथ-वध' में और कोई नवीनता दिखाई नहीं देती। 'जयद्रथ-वध' के अर्जुन और श्रीकृष्ण बिलकुल महाभारत के ही अर्जुन और श्रीकृष्ण हैं तथा उसकी कथा अथवा चरित्र-चित्रण के भीतर कोई भी नई अनुभूति नहीं मिलती।

संस्कृति का प्रत्येक आन्दोलन धीरे-धीरे चलता है। पुनरुत्थान का रस भी हिन्दी में बहुत धीरे-धीरे पका। मेरा अनुमान है कि मैथिलीशरण जी में यह रस पहले पहल 'साकेत' में आकर अपने परिपाक पर मिलता है।

3. साकेत में नवयुग का प्रतिबिम्ब

'साकेत' रामकथा का काव्य है और रामकथा भारतीय साहित्य के दो सर्वस्वों में से एक है क्योंकि रामायण और महाभारत, ये ही दो महाकाव्य हैं जो अत्यन्त प्राचीन काल से संपूर्ण भारतीय साहित्य के उपजीव्य रहे हैं। किन्तु रामकथा की अनुभूति प्रत्येक युग और समाज में बदलती आई है। यही कारण है कि रामायण के विभिन्न भाषाओं में इतने प्रकार मिलते हैं। यदि केवल संस्कृत और हिन्दी साहित्य को ही लें तब भी भवभूति के राम वे ही नहीं हैं जो वाल्मीकि के राम थे तथा तुलसी के राम वाल्मीकि और भवभूति, दोनों के रामों से ईषत् भिन्न हैं। उदाहरणार्थ शूद्र तपस्वी शम्बूक का वध करते समय वाल्मीकि के राम के हृदय में कोई पीड़ा नहीं हुई, कोई द्विधा नहीं जगी किन्तु भवभूति के राम जब शम्बूक का वध करने को उद्यत होते हैं तब शम्बूक पर उनका हाथ नहीं उठता और वे मानों अपने आपको धिक्कारते हुए कह उठते हैं,

हे हस्त दक्षिण! मृतस्य शिशोर्द्विजस्य
जीवातवे विसृज शूद्रमुनौ कृपाणम्।
रामस्य बाहुरसि निर्भरगर्भखिन्न-
सीताविवासनपटोः करुणा कुतस्ते?

(ओ मेरे दाहिने हाथ! मरे हुए ब्राह्मण-शिशु को जीवन-दान देने के लिए शूद्र मुनि पर कृपाण चला। तू तो राम का बाहु है जिसने पूर्ण गर्भ से पीड़ित सीता का छल से परित्याग किया। तुझमें करुणा कहाँ से आ गई?)

यह और कुछ नहीं, वाल्मीकि और भवभूति के युगों की मान्यताओं का भेद है जो एक राम को कठोर और दूसरे को कोमल करके दिखाता है। आज हमें यह मानने में कठिनाई होती है कि जो कर्म द्विजों के लिए धर्म है वह शूद्रों के लिए पाप कैसे बन सकता है। किन्तु वाल्मीकि के युग में लोगों की यह सार्वभौम मान्यता थी कि शूद्र को तपस्या करने का अधिकार नहीं है। अतएव, शम्बूक का वध कराते समय आदि कवि के हृदय में द्विधा या करुणा नहीं जगी और चूँकि कवि का हृदय अविचलित रह गया इसलिए उसके पात्र में भी हिचकिचाहट नहीं आई किन्तु वाल्मीकि और भवभूति के युगों के बीच सबसे बड़ी घटना यह घटी कि उस काल में महात्मा गौतम बुद्ध का आविर्भाव हुआ जिन्होंने ब्राह्मण-सत्ता को चुनौती दी, जिन्होंने भारत में बृहत् मानवता का आन्दोलन चलाया और जिन्होंने बार-बार यह घोषणा की कि जन्मना सभी मनुष्य समान होते हैं तथा धर्म का मार्ग सबके लिए खुला हुआ है चाहे वह ब्राह्मण-वंश का हो अथवा श्वपच-वंश का। यह इसी बृहत् मानवतावादी आन्दोलन का प्रभाव था जिसने भवभूति के काल में आकर ब्राह्मणों के भीतर भी यह शंका उत्पन्न कर दी कि हो न हो, शम्बूक के साथ अन्याय किया गया था। इस शंका ने पहले तो भवभूति के हृदय को पकड़ा और तब वह स्वयं राम के मुख से भी निकल पड़ी। और इतना ही नहीं, भवभूति के राम जो वचन कहते हैं उससे उनका सीता-परित्याग-जनित पश्चात्ताप भी व्यंजित होता है।

किन्तु तुलसीदास का उद्देश्य राम को देवता बनाकर लोगों के सामने लाना था। अतएव, उन्होंने शम्बूक-वध और सीता-परित्याग का प्रसंग ही नहीं उठाया। यदि ये दो प्रसंग उन्होंने लिखे होते तो कौन जानता है कि भवभूति के समान वे भी करुणा से विचलित न हो जाते? और तब तुलसी के राम इतनी आसानी से जनता को ग्राह्य होते या नहीं, यह कहना कठिन है। सीता के परित्याग का प्रसंग करुणा का वह समुद्र है जिसमें रामकथा का पर्यवसान होता है। गोसाईं जी ने कुछ सोच-समझकर ही इस समुद्र से अपने को दूर रखा होगा।

भारत के इतिहास में आर्यों के आगमन, बुद्ध के आविर्भाव और मुसलमानों के आगमन का जो महत्त्व है, उन्नीसवीं सदी के सांस्कृतिक जागरण का उन सबकी अपेक्षा कुछ अधिक महत्त्व माना जाना चाहिए। यह इसलिए कि विज्ञान की वृद्धि के कारण सभ्यता जिस क्षिप्रता से परिवर्तित हुई है, उस क्षिप्रता से वह पहले के युगों में कभी भी परिवर्तित न हुई थी। पहले के युगों में सांस्कृतिक परिवर्तन इतनी मन्द गति से होते थे कि उनकी प्रगति प्रायः अदृश्य रहती थी। बलिहारी है भवभूति की जागरूकता और उनकी कवि-चेतना की सजीवता की कि सातवीं शताब्दी में उन्होंने नारी और शूद्र की पीड़ा को उतनी स्पष्टता से सुन लिया।

किन्तु पिछली शताब्दी से अपने देश के विचारों पर विज्ञान, बुद्धिवाद और प्रजातांत्रिक भावनाओं का जो प्रभाव पड़ा है, उससे हमारी संस्कृति में आमूल परिवर्तन

घटित होने लगे हैं और इसके फलस्वरूप अपने इतिहास और पुराण को देखने की हमारी दृष्टि में बहुत बड़ा परिवर्तन आ गया है। वर्तमान सदैव अतीत पर नया प्रकाश फेंकता रहता है और इसी प्रक्रिया के कारण अतीत का जीवित अंश बराबर वर्तमान के साथ रहता है। पुनरुत्थान के क्रम में रामकथा-विषयक हमारी अनुभूति में जो परिवर्तन आया, वह सारा का सारा मैथिलीशरण जी के 'साकेत' में व्यक्त हुआ है।

प्राचीन कथानक पर विरचित होने पर भी 'साकेत' आधुनिक काव्य है। उसके राम और लक्ष्मण त्रेताकालीन होते हुए भी हमारे समय में पूर्ण रूप से खप जाते हैं। और 'साकेत' में ऐसी पंक्तियाँ अनेक हैं जो त्रेता-युग के प्रसंग में लिखी जाने पर भी हमारे अपने समय की समस्याओं पर चोट करती हैं। पंडित रामचन्द्र शुक्ल ने एक स्थान पर लिखा है कि नई बात कहने के लिए प्राचीन घटनाओं अथवा पात्रों के चरित्र में फेर-फार करना बिलकुल अनाड़ीपन है। 'साकेत' पर इस अनाड़ीपन का दोष रंच भर भी नहीं लगाया जा सकता। जहाँ तक कथा-प्रसंग का सम्बन्ध है, 'साकेत' की रामकथा परम्परा के अनुसार चलती है। और पात्रों के चरित्र में नवयुग की झाँकी दिखाने के लिए कवि ने घटनाओं में फेर-फार नहीं किया है। यह ठीक है कि 'साकेत' की कैकेयी के प्रति पाठकों की सहानुभूति उमड़ती है किन्तु पाठकों की सहानुभूति जगाने के लिए कवि ने कैकेयी के विषय में यह नहीं कहा है कि राम को बनवास देने के पीछे कैकेयी का कोई महत् उद्देश्य था। उलटे वन-गमन के प्रसंग में कैकेयी का जो रूप 'साकेत' में चित्रित हुआ है वह उतना ही कठोर है जितना परम्परा से चित्रित होता आया था। हाँ, चित्रकूट में कैकेयी अपने दुष्कृत्य पर जो पश्चात्ताप करती है उससे हम उसके दोष को भूलने को विवश हो जाते हैं। "वह सिंही अब है हहा! गोमुखी गंगा।" साकेत में रामकथा से नवयुग की शिक्षा घटनाओं को मोड़कर नहीं, प्रत्युत् उनकी नवीन व्याख्याएँ करके निकाली गई है। और व्याख्या करते समय कवि को बराबर इस बात का ध्यान रहा है कि वह व्याख्या त्रेताकाल समाज के लिए बिलकुल अकल्पनीय न हो जाए।

उदाहरण के लिए, सबसे प्रथम हम 'साकेत' के राम को लेंगे। 'साकेत' के राम हैं तो वही पात्र जिनके दर्शन हमें वाल्मीकिय अथवा तुलसी-कृत रामायण में होते हैं। किन्तु पुनरुत्थान के भावों से प्रभावित कवि ने उन्हें सर्वथा भिन्न दृष्टि से देखा है। पंडित नन्ददुलारे वाजपेयी ने लिखा है कि तुलसी-कृत रामायण में राम के रूप में ईश्वर की मानवता का चित्रण हुआ है किन्तु 'साकेत' में राम के बहाने मानव की ईश्वरता चित्रित की गई है।[1] मैथिलीशरण जी का हृदय भक्त का हृदय है एवं राम को वे अपने परम इष्टदेव के रूप में भजते हैं। उनका प्रत्येक काव्य राम या सीता के नाम-स्मरण

1. *भव में नव वैभव व्याप्त कराने आया;*
नर को ईश्वरता प्राप्त कराने आया।
(साकेत, अष्टमसर्ग)

के साथ आरम्भ होता है। यदि उनका आविर्भाव पुनरुत्थान के पूर्व हुआ होता तो 'साकेत' में निश्चित रूप से वे राम के ईश्वरत्व का ही आख्यान करते। तुलसीदास ने जैसे राम को अपना परमाराध्य एवं लोक-परलोक का नियंता मानकर रामचरितमानस की रचना की, मैथिलीशरण जी का हृदय उससे भिन्न मार्ग लेनेवाला नहीं था। किन्तु बुद्धिवादी युग ने उनकी कृति को अपने प्रभुत्व में ले लिया और यद्यपि कवि की सुदृढ़ आस्था ने राम के ईश्वरत्व में सन्देह करनेवाले युग को बड़े जोर से ललकारा[1] किन्तु राम का रूप उन्होंने वैसा ही अंकित किया जैसा उनका युग चाहता था। अपने हृदय के मूल में राम को परब्रह्म का अवतार मानते हुए भी बुद्धिवादी युग के इस परम आस्तिक कवि ने 'साकेत' में उन्हें अवतार के रूप में कम, युग-पुरुष के रूप में अधिक चित्रित किया है। और पुनरुत्थान के क्रम में भारत ने जो यह मान्यता पकड़ी कि प्रत्येक व्यक्ति किसी-न-किसी मात्रा में ईश्वर का अवतार है अतएव, अवतार और युग-पुरुष के बीच बहुत कुछ समता होती है यह मान्यता भी राम के व्यक्तित्व के पीछे काम करती है।

मैं आर्यों का आदर्श बताने आया,
जन-सम्मुख धन को तुच्छ जताने आया।
सुख-शान्ति हेतु मैं क्रान्ति मचाने आया,
विश्वासी का विश्वास बचाने आया।
मैं आया उनके हेतु कि जो तापित हैं,
जो विवश, विकल, बलहीन, दीन, शापित हैं।
भव में नव वैभव व्याप्त कराने आया,
नर को ईश्वरता प्राप्त कराने आया।
संदेश यहाँ मैं नहीं स्वर्ग का लाया,
इस भूतल को ही स्वर्ग बनाने आया।
अथवा आकर्षण पुण्यभूमि का ऐसा,
अवतरित हुआ मैं आप उच्च्व फल-जैसा।
जो नाम मात्र ही स्मरण मदीय करेंगे,
वे भी भवसागर बिना प्रयास तरेंगे।
पर, जो मेरा गुण, कर्म, स्वभाव धरेंगे,
वे औरों को भी तार पार उतरेंगे।

यह उद्धरण मैथिलीशरण जी की अवतारवाद-विषयक मान्यताओं की कुंजी के समान

---

1. ग्रन्थारंभ से पूर्व 'साकेत' में यह आदर्श पद आता है–

राम, तुम मानव हो? ईश्वर नहीं हो क्या?
विश्व में रमे हुए नहीं सभी कहीं हो क्या?
तब मैं निरीश्वर हूँ, ईश्वर क्षमा करे;
तुम न रमो तो मन तुम में रमा करे।

है। राम स्वयं परब्रह्म हैं, इस बात में उनका विश्वास उतना ही अचल है जितना गोसाईं तुलसीदास जी का था। किन्तु अवतारों के कर्तव्य क्या होते हैं, इस विषय में गुप्त जी नवयुग की विचारधारा से प्रेरणा लेते हैं। मनु-शतरूपा को दिए गए वरदान की पूर्ति अथवा रावण का वध, रामावतार के लिए अब इतने ही कारण यथेष्ट नहीं माने जा सकते। परित्राणाय साधूनां विनाशाय च दुष्कृताम्, ये कारण भी अब मद्धिम पड़ गए हैं। अवतारों की उपयोगिता अब धर्मसंस्थापन को लेकर ही कुछ समझी जा सकती है। और धर्म भी बिलकुल वही नहीं है जो दो या चार हजार वर्ष पहले कहा गया था। सभी वस्तुओं के समान धर्म भी परिवर्तनशील है और प्रत्येक युग में प्रसंगानुसार उससे नए-नए अर्थ प्रकट होते रहते हैं। प्राचीन और मध्यकालीन युगों में लोक हीन तथा परलोक श्रेष्ठ माना जाता था। स्वयं तुलसीदास जी ने लिखा था 'गो-गोचर जहँ लगिमन जाई, सो सब माया जानहु भाई'। किन्तु नए युग की मान्यता इससे सर्वथा भिन्न है। भारत में प्रवृत्ति-मार्गी दर्शन का जो उत्थान हुआ है, उससे प्रेरित होकर अब हम लोक को सत्य तथा अत्यन्त श्रेष्ठ मानने लगे हैं और जो लोग परलोक की सत्ता में विश्वास करते हैं, उनकी भी मान्यता अब यह है कि परलोक-सुधार का भी एकमात्र साधन इस लोक की ही सेवा तथा सुधार है। इसी नए धर्म का आख्यान करते हुए 'साकेत' के राम कहते हैं,

संदेश यहाँ मैं नहीं स्वर्ग का लाया,
इस भूतल को ही स्वर्ग बनाने आया।[1]

आज का सच्चा धर्म वह नहीं है जो कर्मठ नवयुवकों को गेरुआ पहनाकर उन्हें समाज की कर्मधारा से विच्छन्न करता है परन्तु वह जो संन्यासियों से भी यह कहता

---

1. 'द्रौपदी और सत्यभामा' शीर्षक कविता में अर्जुन द्रौपदी से कहते हैं–

"पर, मैं पृथिवी-पुत्र, अन्त में जगती ही गति मेरी,
जहाँ साधना है इस तनु की, रहे वहीं रति मेरी।"

(जयभारत)

और दिवोदास (पृथिवी-पुत्र) में ये पंक्तियाँ आती हैं–

चला जाए मेरी धरती से सारा सुर-समुदाय।

* * *

कर दी है देवावलम्ब ने नर की निजता भ्रष्ट।

* * *

सिद्ध एक पुरुषार्थ हमारी भुक्ति-मुक्ति का मंत्र।

* * *

ऊपर शून्य तको क्यों? नीचे भरे सिन्धु गम्भीर,
करो सींचने के उपाय ही, अक्षय है निज नीर।

और 'जयभारत' की 'नहुष' शीर्षक कविता में–

ऊँचा रहे स्वर्ग, नीचे भूमि को क्या टोटा है?
मस्तक से हृदय कभी क्या कुछ छोटा है?

है कि अरण्यवास को छोड़कर जन-समाज के भीतर जाकर मनुष्यों की सेवा किए बिना तुम्हें शान्ति नहीं मिलेगी। और भगवान का अवतार अब साधुओं और ब्राह्मणों की रक्षा के लिए नहीं प्रत्युत 'विवश, विकल, बलहीन, दीन' लोगों के उद्धार के निमित्त होना चाहिए। इसी प्रकार अवतारों के नाम-स्मरण की अपेक्षा उनके गुण, कर्म और स्वभाव का अनुकरण कहीं अधिक फलदायी है। यह भी कि मनुष्य यदि अपनी पतित स्थिति में ही पड़ा रह गया तो ईश्वर का नर-शरीर धारण करना व्यर्थ है। मनुष्य-योनि में ईश्वर के अवतार का स्वाभाविक परिणाम यह होना चाहिए कि मानव ईश्वरत्व की ओर बढ़ना आरम्भ कर दे। 'नर को ईश्वरता प्राप्त कराने आया', यह भारतीय पुनरुत्थान की सबसे बड़ी शिक्षा है। विचित्र संयोग की बात है कि यह भाव महर्षि अरविन्द के यहाँ दर्शन (आरोह के सिद्धान्त) के रूप में विकसित हो गया है।

भारत में देश-भक्ति की धारा भी पुनरुत्थान के साथ अथवा ठीक उसकी पीठ पर आई थी। अतएव 'साकेत' के राम, व्याजान्तर से देश-भक्ति को भी प्रेरणा देते हैं।

अथवा आकर्षण पुण्य भूमि का ऐसा
अवतरित हुआ मैं आप उच्च फल-जैसा।

यहाँ स्पष्ट ही पुण्यभूमि से तात्पर्य भारतवर्ष से है और 'आकर्षण' शब्द के पीछे उस श्लोक की प्रेरणा छिपी हुई है जिसमें यह कहा गया है कि भारत इतना पवित्र देश है कि देवता भी यहाँ जन्म पाने को तरसते रहते हैं।[1] इसी प्रकार 'सुख-शान्ति हेतु मैं क्रान्ति मचाने आया' के भीतर से स्वाधीनता-संघर्ष का औचित्य ध्वनित होता है।

किन्तु इससे भी विचित्र यह बात है कि 'साकेत' के राम स्वामी दयानन्द के मतों से प्रभावित दीखते हैं। साकेत से पूर्व रामकथा-विषयक किसी भी साहित्य में यह नहीं कहा गया था कि राम के लंकाभियान का एक उद्देश्य दक्षिण भारत में आर्य-सभ्यता का प्रचार करना था। और पुनरुत्थान के पूर्व यह बात कही भी कैसे जा सकती थी? पुनरुत्थान से पूर्व भारत में इतिहास-विषयक अज्ञान का अन्धकार छाया हुआ था किन्तु उस अन्धकार की एक अच्छाई भी थी। जैसे हम अपने इतिहास के सम्बन्ध में बहुत-सी बातों से अनभिज्ञ थे, वैसे ही हम यह भी नहीं जानते थे कि इस देश में आर्य और आर्येतर (आर्येतर के बदले उस समय दुर्भाग्यवश अनार्य शब्द चल पड़ा था)

---

1. *गायन्ति देवाः किल गीतकानि धन्यास्तु ते भारतभूमिभागे*
स्वर्गापवर्गास्पदहेतुभूते भवन्ति भूयः पुरुषाः सुरत्वात्।

अपरंच,

अहो अमीषां किमकारिपुण्यं प्रसन्न एषां स्विदुतः स्वयं हरिः
यैर्जन्मलब्धं नृषु भारताजिरे मुकुन्दसेवोपयिकं स्पृहाहिनः।

* * *

तरस-तरस कर रह जाते हैं सुरगण तुझ में तन धरने को,
परमेश्वर तक प्रकटित होते तुझ में लीलाएँ करने को।

(गुप्त जी का कोई समकालीन कवि)

नामक दो जातियों के लोग निवास करते हैं तथा इस देश की सभ्यता में जो भी ऊँचे और अच्छे उपकरण हैं वे आर्यों के लाए हुए हैं एवं उसके सारे अधम पक्ष आर्येतर जातियों की देन है। सौभाग्य की बात है कि इधर हाल के अनुसन्धानों से इस मत की प्रबलता मिटने लगी है। किन्तु उन्नीसवीं सदी में वेदों का जो महत्त्व बढ़ा तथा भारत के अतीत में जो चमक आई, उससे सभी लोग यह मानने लगे थे कि आर्य श्रेष्ठ एवं अनार्य हीन हैं (अनार्य का अर्थ ही हीन होता है।) राममोहन राय, दयानन्द, विवेकानन्द, एनी बेसेंट, लोकमान्य तिलक और यूरोप के बहुतेरे विद्वान् वेदों और उपनिषदों पर इस प्रकार मुग्ध हो उठे कि इस बात पर उनकी दृष्टि ही न जा सकी कि जब आर्य भारतवर्ष में आए थे, उसके पूर्व भी यहाँ बहुत ऊँची सभ्यता का निर्माण हो चुका था। और दृष्टि जाती भी तो कैसे? तब तक तो महंजो-दड़ो और हरप्पा की खुदाई भी नहीं हुई थी। परिणाम यह हुआ कि सारे देश में वेदों की उत्तमता और आर्य-संस्कृति की अप्रतिमता की धूम मच गई तथा स्वामी दयानन्द ने तो इस वैचारिक आन्दोलन को और भी शक्तिशाली बना दिया। 'साकेत' के राम इस आन्दोलन से पूर्ण रूप से प्रभावित दीखते हैं।

कहते हैं, अत्यन्त प्राचीन काल में अगस्त्य ऋषि विंध्याचल से दक्षिण गए थे और उनके अभियान का लक्ष्य दक्षिण भारत में आर्य-संस्कृति का प्रचार था। फिर एक बार परशुराम दक्षिण गए और उन्होंने समुद्र को पार कर नई भूमि की रचना की जिसका नाम अब केरल प्रान्त है। भगवान रामचन्द्र को भी दक्षिण भारत होकर लंका जाना पड़ा था। प्राचीन और मध्यकालीन भारतवासियों को इतना ही विदित था कि रामचन्द्र रावण से लड़ने को दक्षिण गए थे। किन्तु पुनरुत्थान का प्रकाश जब अतीत पर पड़ने लगा तब राम की लंका यात्रा की एक और व्याख्या निकल आई कि वे वेद तथा आर्यत्व का भी प्रचार करने को दक्षिण गए थे। 'साकेत' के राम वैदिक धर्म तथा आर्य-सभ्यता के प्रचारक हैं, यह बात पूरे काव्य में कई स्थलों पर सुनाई देती है।

बहु जन वन में हैं बने ऋक्ष-वानर-से,
मैं दूँगा अब आर्यत्व उन्हें निज कर से।
उच्चारित होती चले वेद की वाणी,
गूँजे गिरि-कानन-सिन्धु-पार कल्याणी।
अम्बर में पावन होम-धूम घहरावे,
वसुधा का हरा दुकूल भरा लहरावे।
मुनियों को दक्षिण देश आज दुर्गम है,
बर्बर कौणपगण वहाँ उग्र यम-सम है।
वह भौतिक मद से मत्त यथेच्छाचारी,
मेटूँगा उसकी कुगति-कुमति मैं सारी।

(साकेत, अष्टम सर्ग)

जय-जयकार किया मुनियों ने, दस्युराज यों ध्वस्त हुआ,
आर्य-सभ्यता हुई प्रतिष्ठित, आर्य-धर्म आश्वस्त हुआ।

(साकेत, एकादश सर्ग)

किसका कुल है आर्य बना अपने कार्यों से?
पढ़ा न किसने पाठ अवनितल में आर्यों से?

(साकेत, द्वादश सर्ग)

राष्ट्रीयता भारतवर्ष में पुनरुत्थान की कुक्षि से उत्पन्न हुई। यहाँ पहले राममोहन, केशवचन्द्र, दयानन्द, विवेकानन्द और एनी बेसेंट हुए, तब अरविन्द, वारीन्द्र, तिलक, गोखले और गांधी का आगमन हुआ। यही कारण है कि भारतीय राष्ट्रीयता के सर्वोच्च पुरुष महात्मा गांधी राजनीति से अधिक संस्कृति के नेता दिखाई देते हैं। साकेत के भीतर भारत की राष्ट्रीयता एवं स्वाधीनता-संग्राम, दोनों की पदचाप स्पष्ट सुनाई देती है। ननिहाल से वापस आने पर शत्रुघ्न जब क्रोध से काँपते हुए कहते हैं—

वह प्रलोभन हो किसी के हेतु,
तो उचित है क्रान्ति का ही केतु।
दूर हो ममता, विषमता, मोह
आज मेरा धर्म राजद्रोह।

तब पहले पद से तो भारतीय क्रान्ति का औचित्य एवं उसकी आवश्यकता ध्वनित होती है तथा दूसरे पद में उस नारे की ध्वनि सुनाई पड़ती है जिसका उद्देश्य लोगों के हृदय पर यह विश्वास जमाना था कि पराधीन देश में राजद्रोह पाप नहीं, पुण्य का कर्म होता है।[1]

इसी प्रकार जब राम वन जा रहे हैं तब बहुत-से अयोध्यावासी यह कहकर उनके आगे लेट जाते हैं कि

राजा हम ने राम! तुम्हीं को है चुना,
करो न तुम यों हाय! लोकमत अनसुना।
जाओ, यदि जा सको रौंद हम को यहाँ,
यों कह पथ में लेट गए बहुजन वहाँ।

यह और कुछ नहीं, सविनय-अवज्ञा की प्रतिध्वनि है। स्वयं राम ने भी इसे 'विनत विद्रोह' ही कहा है।

उठो प्रजाजन, उठो, तजो यह मोह तुम,
करते हो किस हेतु विनत विद्रोह तुम?

और द्वादश सर्ग में ऊर्मिला जब अयोध्या की उद्वेलित सेना को सम्बोधन करती हुई यह कहती है कि—

1. सत्याग्रह के दिनों में देशरत्न राजेन्द्रप्रसाद ने यह नारा दिया था कि "इन इंडिया सेडिशन इज़ नाट ए क्राइम, बट धर्म" अर्थात् भारत में राजद्रोह अपराध नहीं, धर्म है।

पावें तुम से आज शत्रु भी ऐसी शिक्षा,
जिसका अथ हो दण्ड और इति दया-तितीक्षा।

तब इस उपदेश को हम शुद्ध अहिंसा का उपदेश भले न मानें किन्तु उसके भीतर अहिंसा का स्पर्श अवश्य है।

4. गुप्त जी की नारी-भावना

किन्तु पुनरुत्थान का इन सबसे कहीं गम्भीर प्रभाव वह है जो मैथिलीशरण जी की, नारियों को देखने की दृष्टि में लक्षित होता है। पुराने समय में नारियाँ सारे संसार में दबाकर रखी गई थीं, प्रत्युत् कहना चाहिए कि भारत में वे कुछ अधिक ही दबी हुई थीं। किन्तु बुद्धिवाद के उत्थान के साथ यह बात अमान्य होने लगी कि नैतिकता के नियम पुरुषों के लिए एक और नारियों के लिए दूसरे रखे जाएँ।[1] भारतवर्ष में नरों और नारियों के लिए नैतिकता के अलग-अलग नियम थे, इस निष्कर्ष पर सन्देह नहीं किया जा सकता। पुरुष वेद पढ़ सकता था किन्तु नारी को वेद पढ़ने का अधिकार नहीं था। बुद्धदेव ने जब यह घोषणा की कि मनुष्य का चरम लक्ष्य मोक्ष है और मोक्ष की साधना संन्यास लेकर ही की जा सकती है तब बहुत-सी नारियों ने भी तथागत से प्रार्थना की कि हमें भी भिक्षुणी होने का अधिकार दिया जाए किन्तु तथागत ने बहुत दिनों तक नारियों को भिक्षुणी होने का अधिकार नहीं दिया। और अन्त में, आनन्द के कहने से जब उन्होंने नारियों को भी भिक्षुणी होने की अनुज्ञा दे दी तब एक दिन स्वयं उन्होंने पश्चात्ताप किया कि "आनन्द, मैंने जो धर्म चलाया था वह पाँच सहस्र वर्षों तक चलनेवाला था, किन्तु अब वह केवल पाँच सौ वर्ष चलेगा क्योंकि मैंने नारियों को भिक्षुणी होने का अधिकार दे दिया है।" और यही बात जैन सम्प्रदाय में भी हुई। यह ठीक है कि जैन सम्प्रदाय में आरम्भ से ही नारियों को भिक्षुणी होने का अधिकार था किन्तु जब दिगम्बर-सम्प्रदाय निकला उसने उन्हें इस अधिकार से वंचित कर दिया जो बिलकुल स्वाभाविक बात थी। तब से जैन भिक्षुणी केवल श्वेताम्बर-सम्प्रदाय में ही होती है।

वैदिक, अवैदिक, बौद्ध और जैन, वैदिक काल के उपरान्त कम-से-कम एक बात में नारियों की उपेक्षा और उन पर अत्याचार सभी धर्मों ने किया। जब जीवन का सर्वोच्च ध्येय मोक्ष ओर मोक्ष का उपाय संन्यास हो गया तब समाज के हट्टे-कट्टे

---

1. *नारी निकले तो असती है, नर यती कहा कर चल निकले।*

(विष्णुप्रिया)

* * *

नर-कृत शास्त्रों के सब बंधन हैं नारी को ही लेकर,
अपने लिए सभी सुविधाएँ पहले ही कर बैठे नर।

(पंचवटी)

नवयुवक भी पत्नियों को छोड़कर संन्यास लेने लगे। उस विवशता-भरी वेदना की तनिक कल्पना कीजिए जो उन पत्नियों के हृदय को दग्ध करती होगी, जिनके पति जीवन के सर्वोच्च ध्येय की खोज में उनका त्याग कर रहे थे। वे अपने पतियों की निन्दा नहीं कर सकती थीं क्योंकि पति तो बहुत बड़े उद्‌देश्य की सिद्धि के लिए संन्यास लेते थे। दूसरी ओर वे पतियों के साथ संन्यासिनी भी नहीं हो सकती थीं क्योंकि वह संन्यास संन्यास नहीं होता जिसमें माया भी संन्यासी के साथ चलती है[1]। कोई आश्चर्य नहीं कि नारियों ने मन-ही-मन अपने को अधम मानना स्वीकार कर लिया। नारियों पर अत्याचार सभी देशों के पुरुषों ने किया था किन्तु उन पर जैसा अत्याचार भारतवर्ष में हुआ, वैसा कदाचित् अन्यत्र नहीं हुआ होगा।

नारियों की अवज्ञा सिखानेवाली इस कुत्सित परम्परा का मूल भारतवर्ष में पुनरुत्थान ने हिलाया। इसी आन्दोलन के क्रम में भारतवासियों के भीतर यह अनुभूति जगी कि नारी निन्दा की पात्री नहीं, प्रत्युत् पूजा की अधिकारिणी है। इसी आन्दोलन के क्रम में वह परम प्राचीन विख्यात श्लोकार्द्ध पुनरुज्जीवित होकर फिर से प्रचलित हो गया जो यह बताता है कि 'यत्र नार्यस्तु पूज्यन्ते रमन्ते तत्र देवता।' निवृत्ति के साथ संन्यास और प्रवृत्ति के साथ गार्हस्थ्य की महिमा बढ़ती है। और जब-जब गार्हस्थ्य के गौरव में वृद्धि होती है, नारियों की पद-मर्यादा आप से आप बढ़ जाती है। पुनरुत्थान ने प्रवृत्ति की जो महिमा जगाई उससे गार्हस्थ्य गौरवपूर्ण हो उठा और उसके स्वाभाविक परिणाम के रूप में नारियाँ आदरणीया हो उठीं।

भारतवासियों के नारी-विषयक दृष्टिकोण में परिवर्तन कैसे-कैसे आया, यह बात पिछले सौ वर्षों की हिन्दी-कविता के अवलोकन से स्पष्ट समझ में आती है। हमारी पहली प्रतिक्रिया रीति-कालीन कवियों की नारी-भावना के विरुद्ध उठी क्योंकि उन्होंने नारी को केवल काम-क्रीड़ा का साधन समझा था। और इसमें कोई संदेह नहीं कि नारी को केवल कामिनी मानने से बढ़कर उसकी और कोई निन्दा नहीं हो सकती।[2] उसके बाद दूसरा परिवर्तन यह आया कि साहित्य में नारियों के वे रूप चित्रित किए जाने लगे

---

1. *हाय, मेरे कारण ही छोड़ गए घर वे,*
गृहिणी ही त्यागते हैं नर गृह कहके।

(विष्णुप्रिया)

2. *देखा न आपने कि जमाना कहाँ है अब,*
रस-रास का जगत में ठिकाना कहाँ है अब।

भूषण न आप बन सके, मतिराम की बने,
कामारि आप बन न सके, काम ही बने।
सब और काम भूल कर रसधाम ही बने,
क्यों राम आप बन न गए, श्याम ही बने?

(त्रिशूल-तरंग में कवियों को सम्बोधित)

जो सती-साध्वी, वीरा, बलिदानी और त्यागमयी नारियों के रूप थे।[1] इसके साथ ही साहित्य में यह विलाप भी सुनाई पड़ने लगा कि भारत के पुरुषों ने ही नारियों को अशिक्षित, अपाहिज और पंगु बना रखा है।[2] नारी नर की समकक्षिणी एवं उसका पूरक अंश है, यह अनुभूति ठीक उसके बाद ही उत्पन्न होने लगी।[3] और उसके बाद तो नारी के प्रति पुरुष की उदारता और न्याय-भावना का द्वार ही उन्मुक्त हो गया, यहाँ तक कि छायावाद के आते-आते हिन्दी में यह भावना जग पड़ी कि नारी नर से श्रेष्ठ है, वह पुरुष में प्रेरणा भरनेवाली शक्ति है, वह विश्व की रमणीयता में वृद्धि करनेवाली किरण है तथा यह उचित है कि हम उसकी आराधना किंचित् इस भाव से भी करें कि वह स्वप्नों की देवी है जिसे पुष्प तो अर्पित किया जा सकता है किन्तु अपनी उँगलियों के स्पर्श से उसे कलंकित बनाना पाप है।[4]

---

1. (क) लाला भगवानदीन की 'वीर क्षत्राणी'
   (ख) शुचिता-सीम, पुण्य-पथ-प्रेमिनि, नेमिनि, नेह-निवाज।
   जयति भुवि भारत-सती-समाज।

(श्रीधर पाठक)

2. *क्या दोष उनका, किन्तु, जो उनमें गुणों की है कमी?*
हा! क्या करें वे, जब कि उनको मूर्ख रखते हैं हमीं।
विद्या हमारी भी न तब तक काम में कुछ आएगी,
अर्धांगियों को भी सुशिक्षा दी न जब तक जाएगी।
सर्वांग के बदले हुई यदि व्याधि पक्षाघात की,
तो भी न क्या दुर्बल तथा व्याकुल रहेगा वातकी? (भारत-भारती)

3. रामनरेश त्रिपाठी-कृत 'पथिक' और 'स्वप्न' नामक खंड-काव्यों में नायिकाओं का चरित्र।
हरिऔध-कृत 'प्रियप्रवास' में राधिका का चरित्र।

4. *तुम्हीं हो स्पृहा, अश्रु और हास,*
सृष्टि के उर की साँस;
तुम्हीं इच्छाओं की अवसान,
तुम्हीं स्वर्गिक आभास।
तुम्हारी सेवा में अनजान, हृदय है मेरा अन्तर्धान।
देवि! माँ! सहचरि! प्राण! (पल्लव)

न छू सकते जिसको हम देवि!
कल्पना वह तुम अगुण, अमेय,
भावना अन्तर की वह गूढ़
रही जो युग-युग अकथ अगेय।

(रसवंती)

मैं देख रहा हूँ जो कुछ भी वह सब क्या छाया उलझन है?
सुन्दरता के इस परदे में क्या अन्य धरा कोई धन है?
मेरी अक्षय निधि! तुम क्या हो पहचान सकूँगा क्या न तुम्हें?

(कामायनी)

'भारत-भारती' में मैथिलीशरण जी की अनुभूति केवल इस बात तक सीमित रही कि भारतीय नारियों की दुरवस्था असहनीय है एवं इस स्थिति का दायित्व यहाँ के पुरुषों पर डाला जाना चाहिए।[14] शकुंतला और तिलोत्तमा में कदाचित् इतनी-सी अनुभूति की भी अभिव्यक्ति के लिए अवसर नहीं था। हाँ, 'केशों की कथा' नामक कविता में द्रौपदी का जो रूप निखरा है वह नारी का चण्डी-रूप अवश्य है।[15] वैसे है तो यह भारवि की ही द्रौपदी, किन्तु नारी-जागरण काल में नवनिर्मित होने के कारण मैथिलीशरण जी की द्रौपदी भारत की नई नारी का भी कुछ प्रतिनिधित्व करती है।

वस्तुतः गुप्त जी की नारी-भावना की पूरी अभिव्यक्ति इन कविताओं में नहीं प्रत्युत् साकेत, यशोधरा, द्वापर और विष्णुप्रिया में हुई है। साकेत, यशोधरा और विष्णुप्रिया में से प्रत्येक काव्य की मूल-प्रेरणा ही किसी-न-किसी नारी के प्रति कवि की एकान्त भक्ति थी। ऊर्मिला, यशोधरा और विष्णुप्रिया—ये तीनों सन्नारियाँ पुरुषों के वैराग्य से पीड़ित नारियाँ हैं और इस रूप में वे भारत की उन असंख्य नारियों का प्रतिनिधित्व करती हैं जिनके पतियों ने उन्हें अपनी मोक्ष-सिद्धि के मार्ग की बाधा मानकर छोड़ दिया अथवा जिनका वैवाहिक जीवन इसलिए कष्टमय हो गया कि उनके पति किसी बड़े लक्ष्य की सिद्धि में जा लगे थे। इन तीनों नारियों में से केवल ऊर्मिला ही ऐसी थी जिसका वियोग निरवधि नहीं रहा। बाकी दोनों नारियाँ तो विरह के बाद आजीवन जीवित वैधव्य झेलती रहीं। ये तीनों नारियाँ भारतवासियों की स्मृति में व्यक्तित्वविहीन होकर जीती चली आ रही थीं। यह बहुत अच्छा हुआ कि राष्ट्रकवि के हाथों उनमें से प्रत्येक को उनका व्यक्तित्व प्राप्त हो गया। और यहाँ भी जिसके जीवन में जितनी करुणा थी, उसके व्यक्तित्व में चमक भी उतनी ही आई है। मैथिलीशरण जी ने इन तीनों में से ऊर्मिला के व्यक्तित्व को सँवारने पर जितना प्रयास किया, उतना प्रयास वे यशोधरा और विष्णुप्रिया के लिए नहीं कर सके। फिर भी यशोधरा और विष्णुप्रिया के व्यक्तित्व में जो चमक है वह ऊर्मिला के व्यक्तित्व में नहीं मिलती। कारण स्पष्ट है कि वनवास की समाप्ति के बाद ऊर्मिला का कष्ट भी एक

---

1. *ऐसी उपेक्षा नारियों की जब स्वयं हम कर रहे,*
   अपना किया अपराध उनके शीश पर हैं धर रहे।
   भागें न फिर हम से भला क्यों दूर सारी सिद्धियाँ?
   पातीं स्त्रियाँ आदर जहाँ रहतीं वहीं सब ऋद्धियाँ।

   (भारत-भारती)

2. *करुणा-सदन! तुम कौरवों से सन्धि जब करने लगो,*
   चिन्ता-व्यथा सब पांडवों की शान्त कर हरने लगो,
   हे तात! तब इन मलिन मेरे कृष्ट केशों की कथा
   मैं और क्या विनती करूँ, भूले तूम्हें न यथा-तथा।

   (जय-भारत)

प्रकार से समाप्त हो गया। किन्तु यशोधरा और विष्णुप्रिया की वेदना दिन-दिन अथाह होती चली गई।

'साकेत' का नवम सर्ग सबसे सुन्दर और वही सबसे दीर्घकाय भी है। किन्तु अचरज की बात है कि एक ही पात्र पर पूरे के पूरे सर्ग के समर्पित हो जाने पर भी ऊर्मिला का चरित्र उतना नहीं चमका जितना इस बड़े काव्य को देखते हुए आशा की जा सकती थी। किन्तु इसमें कवि-प्रतिभा का कोई दोष नहीं माना जाना चाहिए। पात्र-विशेष के चरित्र को चमकाने के लिए घटनाओं में तोड़-मरोड़ करना सत्कवि का काम नहीं है। उलटे इससे तो इतिहास के साथ अन्याय ही होता है। पुनरुत्थान की प्रेरणा से चालित होकर कवि ने ऊर्मिला को अपनी सहानुभूति दी तथा उसके व्यक्तित्व को जगाने एवं सँवारने का प्रयास किया। अपनी ओर से वह इतना ही कर सकता था। ऊर्मिला का बाकी चरित्र तो वही रहेगा जो परम्पराओं से सूचित होता है अथवा उसके बाकी चरित्र की उतनी ही कल्पना की जा सकती है जो परम्परा की पृष्ठभूमि पर संभाव्य लगे। 'अमुक व्यक्ति ठीक-ठीक ऐसा था', सह कहना इतिहास की रचना करना है। किन्तु 'अमुक व्यक्ति सम्भवतः ऐसा रहा होगा' यह उक्ति साहित्य है। ऊर्मिला पर सोचते-सोचते कवि ने यह कल्पना की कि भरी जवानी में पति से वियुक्त हो जाने के कारण ऊर्मिला को विरह ने बहुत सताया होगा। यह कल्पना संभाव्य कोटि में आती है और हम इसे अनायास स्वीकार कर लेते हैं। हम यह भी स्वीकार करते हैं कि 'साकेत' का नवम सर्ग खड़ी बोली की श्रेष्ठ कविता का श्रेष्ठ उदाहरण है। किन्तु इतने से ऊर्मिला का व्यक्तित्व नहीं बनता। उलटे, इससे तो वह विरहिनियों के उस बड़े झुंड में जा मिलती है जिनकी कल्पना रीतिकालीन कवियों ने की थी। अतएव मेरा मत है कि 'साकेत' की ऊर्मिला का व्यक्तित्व उसकी विरहाभिव्यक्ति से नहीं चमकता प्रत्युत् वह उन थोड़े-से पदों में व्यंजित होता है जिनमें यह संकेत है कि यह महानारी अपने विरह-जनित क्लेश को किस प्रकार झेल रही थी तथा उसके विरह की विशेषताएँ क्या थीं। संक्षेप में, उर्मिला का व्यक्तित्त्व 'मेरे चपल यौवन बाल' जैसे पदों में नहीं प्रत्युत् उन पदों में निखार पाता है जिनमें विरह के साथ उसके त्याग का उल्लेख है जिनमें उसके विरह की विशेषता झलक मारती है। जैसे—

मेरे उपवन के हरिण, आज वनचारी,
मैं बाँध न लूँगी तुम्हें, तजो भय भारी।

* * *

साल रही सखि, माँ की
झाँकी वह चित्रकूट की मुझको,
बोली जब से मुझसे
"मिला न वन ही न भवन ही तुझको"।

न कुछ कह सकी अपनी,
न उन्हीं की कुछ पूछ सकी भय से,
अपने को भूल वे,
मेरी ही कह उठे सखेद हृदय से।

* * *

रस पिया सखि, नित्य जहाँ नया,
अब अलभ्य वहाँ विष हो गया,
मरण-जीवन की यह संगिनी
बन सकी वन की न विहंगिनी।

'बन सकी वन की न विहंगिनी' ऊर्मिला की सारी वेदना सिमट कर इस एक बिन्दु में समायी हुई है। इसकी वेदना का वेधक अंश यह है कि जब राम के साथ सीता वन चली गईं तब लक्ष्मण ने ऊर्मिला को अपने साथ क्यों न लिया? किन्तु लक्ष्मण करते भी क्या? वे जिस उद्‌देश्य से प्रेरित होकर वन जा रहे थे, वह राम की एकान्त सेवा का उद्‌देश्य था। यदि ऊर्मिला उनके साथ जाती तो लक्ष्मण का सेवा-भाव कम-से-कम एकान्त तो नहीं ही रहता। ऊर्मिला अपने प्रियतम के इस भाव को भली-भाँति जानती होगी। तभी उसने अपने वन-गमन का प्रस्ताव भी नहीं रखा। किन्तु भीतर ही भीतर उसके मन में जो कई प्रकार के तूफान उठे, उनके घात-प्रतिघातों से वह मूर्च्छित होकर गिर पड़ी। अपनी सारी विवशताओं को उसने 'हाय' इन दो अक्षरों में अभिव्यक्त किया। इस स्थिति से लक्ष्मण को इतनी चोट लगी कि उनके वीर-नयन आँसू बरसाने लगे। किन्तु, लक्ष्मण और सुमित्रा को वह भाषा नहीं मिली, जिसमें ऊर्मिला की पीड़ा व्यक्त की जा सकती थी। अन्त को वह भाषा सीता जी को सूझती है और वे ही ऊर्मिला को सम्बोधन करके कहती हैं–

आज भाग्य जो है मेरा,
वह भी हुआ न है, तेरा।

और इसी भाषा में राम भी ऊर्मिला एवं लक्ष्मण की पीड़ा का उल्लेख करते हैं,

लक्ष्मण तुम तो तपस्पृही,
मैं वन में भी रहा गृही।
वनवासी हे निर्मोही
हुए वस्तुतः तुम दो ही।

किन्तु बात राम के मुख से आती हो अथवा सीता के मुख से, उसका निचोड़ एक ही है 'मिला न वन ही, न भवन ही तुझको।' और इसी भाव को राम उस समय भी दुहराते हैं जब वे लंका को जीत कर अयोध्या वापस होते हैं यद्यपि वह उक्ति वेदना नहीं, बधाई के रूप में है।

तूने तो सहधर्मचारिणी के भी ऊपर
धर्मस्थापन किया भाग्यशालिनि, इस भूपर।

ऊर्मिला ने पति से वियुक्त होकर किस धर्म को बल दिया? उत्तर स्पष्ट है कि लक्ष्मण के सेवाधर्म को। और पति के सेवाधर्म को अक्षुण्ण रखने के उद्देश्य से उसने अपने यौवन के चौदह वर्ष विरह में दग्ध कर दिए, यही उसके व्यक्तित्व की विशेषता है।

यशोधरा पर लिखने की प्रेरणा कवि को साकेत से मिली[1] और इसमें सन्देह नहीं कि यशोधरा का चरित्र ऊर्मिला के चरित्र की अपेक्षा अधिक गम्भीर रूप से चित्रित हुआ है। यह भी कि यशोधरा के बहाने कवि ने नारी-समस्या पर अनेक ऐसे संकेत देने तथा अनेक ऐसी बातें कहने का सुयोग निकाल लिया है जिनके लिए उपयुक्त अवसर उसे 'साकेत' में नहीं मिले थे। केवल नारी-समस्या की पृष्ठभूमि पर देखें तो 'साकेत' के ऊर्मिला-सम्बन्धी अंशों की अपेक्षा यशोधरा अधिक प्रौढ़ कृति है। ऊर्मिला को लेकर कवि ने इस प्रश्न पर सोचना आरम्भ किया कि नारियों की समस्या क्या है, पतियों के वैराग्य के साथ उसका क्या सम्बन्ध है तथा नवयुग की दृष्टि से इस समस्या का समाधान क्या हो सकता है। इस चिन्तन का आरम्भिक रूप ऊर्मिला के व्यक्तित्व में मिलता है। किन्तु उसकी पूर्ण परिणति यशोधरा में हुई है। वास्तव में, ऊर्मिला, यशोधरा और विष्णुप्रिया—ये एक ही चिन्तन के तीन सोपान हैं तथा क्रमशः उनमें एक ही भाव का उत्तरोत्तर विकास होता गया है। हाँ, ऊर्मिला और यशोधरा के व्यक्तित्व प्रतापपूर्ण हैं एवं उनके सामने विष्णुप्रिया बहुत ही विनम्र-सी लगती है। किन्तु विष्णुप्रिया, ऊर्मिला और यशोधरा की तुलना में अधिक निःस्व है क्योंकि ऊर्मिला और यशोधरा तो पत्नी होने के साथ माता भी बन चुकी थीं किन्तु विष्णुप्रिया को मातृत्व का सुख भी नसीब न हुआ।[2] कदाचित् यही निःस्वता, यही अकिंचनता उसे कविता का अधिक अनुकूल विषय बना देती है। राष्ट्रकवि ने इस विनम्र पात्री के

---

1. कवि ने यशोधरा की भूमिका में स्वयं लिखा है, "और उनका श्रेय भी 'साकेत' की ऊर्मिला देवी को ही है जिन्होंने कृपापूर्वक कपिलवस्तु के राजोपवन की ओर मुझे संकेत किया।"
2. *"मैं हूँ अवशा-सी सखि, तू समीप रहना,*
   राहुल की भेंट दी थी गौतम ने गोपा को।
   मैं उन्हें क्या दूँगी भला?"
   अयि ऊर्मिले, धैर्य रख मन में कट जावेगा काल,
   भद्रे, ऊँचा हुआ और भी जग में तेरा भाल।
   यशोधरे, रख तू सँभाल कर राहुल-सा निज लाल,
   उसे माँगने को आवेंगे तेरे बुद्ध विशाल।
   पर, यह विष्णुप्रिया करे क्या लेकर शून्य कपाल?
   कापालिक थोड़े हैं उसके प्राणों के प्रतिपाल।

   (विष्णुप्रिया)

माध्यम से नारियों पर जो सहानुभूति उँडेली है, वह परिमाण में अल्प होने पर भी सघनता में किसी से भी न्यून नहीं है।

इन तीनों नारियों के भीतर से वास्तव में वही करुणा बोलती है जो उन असंख्य पत्नियों की आँखों से बरसती होगी जिनके पति किसी बड़े लक्ष्य की सिद्धि के लिए वैराग्य लेते होंगे। अचरज की बात है कि नवयुग से पूर्व का कोई भी कवि इस करुणा को वाणी न दे सका था। विरह-वर्णन की भारतीय साहित्य में न्यूनता नहीं है। किन्तु करुणा की वह चोट, जो सीधे पतियों की वैराग्य-भावना पर पड़ती हो, अब तक नहीं लिखी गई थी। और वह लिखी जाती भी तो कैसे? नवयुग से पूर्व यह जानता ही कौन था कि वैराग्य केवल पुण्य ही पुण्य नहीं, उसका एक पाप-पक्ष भी है जो पत्नियों को जीवित वैधव्य झेलने को विवश करता है। और नवयुगीन भारत में भी, जहाँ तक मुझे ज्ञात है, इस करुणा को अधिक-से-अधिक विदग्धता और विशालता से केवल राष्ट्रकवि श्री मैथिलीशरण जी गुप्त ने लिखा है।

ऊर्मिला में यह करुणा अवाक् है। जब लक्ष्मण वन जा रहे थे, ऊर्मिला कुछ बोल न सकी। न जाने, उसके मन में किन भावों के तूफान उठे कि वह केवल 'हाय' कहकर बेहोश हो गईं और चित्रकूट में जब एकान्त कुटी के भीतर लक्ष्मण से उसका मिलन हुआ वह केवल इतना ही कह सकी—

मैं बाँध न लूँगी तुम्हें, तजो भय भारी।

किन्तु यशोधरा में यह करुणा मुखर हो उठी है। मोक्ष यदि जीवन का सर्वोच्च ध्येय है तो हम नारियाँ उससे वंचित क्यों रहें, यह शंका उन सभी नारियों में उठती होगी जिनके पति वैराग्य ले लेते थे। संभवतः वे यह भी सोचती होंगी कि क्या पति और पत्नी साथ रहकर मुक्ति की साधना नहीं कर सकते। ऊर्मिला का ध्यान इस शंका की ओर नहीं गया अथवा गया भी हो तो उसे वह अपने भीतर ही दबाकर रह गईं किन्तु यशोधरा गर्विणी नारी है। जो विपत्ति उसके सिर पर आ पड़ी है, उसके सभी पहलुओं पर वह गम्भीरता से विचार करती है,

मैं अबला, पर वे तो विश्रुत वीर बली थे मेरे।
मैं इन्द्रियासक्ति, पर, वे कब थे विषयों के चेरे?

* * *

सिद्धि-मार्ग की बाधा नारी, फिर उसकी क्या गति है?
पर, उनसे पूछूँ क्या जिनको मुझसे आज विरति है?
अर्द्ध विश्व में व्याप्त शुभाशुभ मेरी भी कुछ मति है,
मैं भी नहीं अनाथ, जगत में मेरा भी प्रभु पति है।

और इतना ही नहीं, यशोधरा यह भी कह डालती है कि—

जाओ नाथ, अमृत लाओ तुम, मुझ में मेरा पानी,
चेरी ही मैं बहुत तुम्हारी, मुक्ति तुम्हारी रानी।

प्रिय, तुम तपो, सहूँ मैं भरसक, देखूँ बस हे दानी!
कहाँ तुम्हारी गुणगाथा में मेरी करुण कहानी?
तुम्हें अप्सरा-विघ्न न व्यापे यशोधराकरधारी!

कितनी गहरी चोट है? बुद्ध के अमृत और यशोधरा के आँसू में से किसका मूल्य अधिक माना जाए? और जो वस्तु यशोधरा जैसी पत्नी को ढकेल कर चेरी क्या, उपेक्षित के पद पर डाल देती हो, उसकी अपनी महत्ता क्या अक्षुण्ण रहती है? पुरुषों की कीर्त्ति के पीछे नारियों का बलिदान काम करता है।[1] फिर भी, यशोधरा यही चाहती है कि सिद्धार्थ को कोई अप्सरा न लुभा ले। पत्नी की सबसे बड़ी शंका और हो भी क्या सकती थी?

और 'विष्णुप्रिया' चूँकि 'यशोधरा' के भी बाद की रचना है इसलिए राष्ट्रकवि के एतत्सम्बन्धी विचार उसमें और भी चमक उठे हैं वे और भी वेधक एवं निर्भीक हो उठे हैं। यही कारण है कि विनम्र नारी विष्णुप्रिया के मुख से इस विषय में जो उद्गार निकलते हैं, वे ऐसे लगते हैं मानों वनफूल के मुख से अंगारे छूट रहे हों।

अबला के भय से भाग गए, वे उससे भी निर्बल निकले,
नारी निकले तो असती है, नर यती कहा कर चल निकले।

* * *

यह बलिपूर्व बलि-पशु को खिलाना है,
शाक्त तुम मेरे क्यों न वैष्णव हो औरों के।
पशु नहीं, नर-बलि देते नहीं, लेते हो।[2]

* * *

हाय मेरे कारण ही छोड़ गए घर वे,
गृहिणी ही त्यागते हैं नर गृह कह के।

* * *

राधा ऐसी सम्पत्ति न थी जिसका संग्रह हो त्याग हेतु,
क्या किया हाय, रणछोड़ रथी फहराया तुमने कौन केतु?

* * *

---

1. *इष्ट वही व्यष्टि, जय उस शुभशीला की,*
अपने दृगम्बु से समष्टि को है धोती जो।
माँग भर पाती राम! क्या तुम्हारी लीला की,
मैथिली की करुणा न देती तुम्हें मोती जो?

(विष्णुप्रिया का मंगलाचरण)

2. वैराग्य भी एक प्रकार का पत्निघात है, इसका संकेत एक स्थान पर राहुल भी देता है।
मुझको प्रतीति हुई आज इस बात की,
मैं वर बनूँ तो मुझे हत्या वधूघात की।

(यशोधरा)

स्वीकृत स्वबलि मुझे सिद्ध हो तुम्हारा याग,
सर्वलोक-संग्रह में क्या है एक मेरा त्याग?

अनन्त काल से सन्त यह सिखाते आए हैं कि जो भी व्यक्ति परमार्थ-सिद्धि चाहता है उसे नारी का त्याग कर देना चाहिए। किन्तु किसी भी सन्त ने यह नहीं कहा कि परमार्थ-सिद्धि यदि नारी का काम्य हो तो उसे किसका त्याग करना चाहिए। किन्तु इसका जो स्वाभाविक उत्तर हो सकता है उसे कोई भी पुरुष प्रसन्नता से स्वीकार नहीं कर सकता। अतएव उसने षड्यन्त्रपूर्वक नारियों के मन पर यह प्रभाव जमा दिया है कि परमार्थ-सिद्धि का कार्य मुख्यतः पुरुषों का कार्य है। किन्तु यह मान्यता अब टूट चली है। अब तो हम यह मानते हैं कि जो भी क्षेत्र पुरुष का क्रियाक्षेत्र हो सकता है, वह नारियों का भी कर्मक्षेत्र है। फिर भी, जिस भय के कारण सन्त नारियों से भागने का उपदेश देते थे, वह भय आज भी विद्यमान है। किन्तु उसका समाधान अब संयम का अभ्यास माना जाता है, पलायन नहीं। इसीलिए गांधी और अरविन्द ने यह पद्धति चलाई कि पति-पत्नी दोनों साथ रहकर परमार्थ की साधना कर सकते हैं।

राष्ट्रकवि ने इस समाधान को स्वीकार किया है या नहीं, इसका संकेत नहीं मिलता। किन्तु उनका मत यह दीखता है कि बुद्ध और गौरांग, दोनों को गृह-त्याग के पूर्व अपनी पत्नियों की सहमति प्राप्त कर लेनी चाहिए थी। यशोधरा के मुख से तो यह बात बार-बार सुनाई देती है।

सिद्धि-हेतु स्वामी गए, यह गौरव की बात,
पर चोरी-चोरी गए, यही बड़ा व्याघात।
सखि! वे मुझसे कह कर जाते;
कह, तो क्या मुझको वे अपनी पथ-बाधा ही पाते?

* * *

सास ससुर पूछेंगे
तो उनसे क्या अभी कहूँगी मैं?
हा! गर्विता तुम्हारी
मौन रहूँगी सहूँगी मैं।

* * *

देती उन्हें विदा मैं गा कर,
भार झेलती गौरव पा कर।

* * *

हाय! स्वार्थिनी ऐसी थी मैं, रोक तुम्हें रख लेती?
जहाँ राज्य भी त्याज्य, वहाँ मैं जाने तुम्हें न देती?

यशोधरा के व्यक्तित्व के गांभीर्य का एक कारण उसकी चिन्तनशीलता भी है। कवि ने यशोधरा के दार्शनिक चिन्तन के भीतर से हिन्दुत्व के प्रवृत्तिमार्गी रूप के दर्शन

करवाए हैं। यह स्पष्ट ही पुनरुत्थान का प्रभाव है। और उसे हम बहुत अस्वाभाविक भी नहीं कह सकते। बौद्ध धर्म की शिक्षाएँ तो गौतम ने बुद्धत्व-प्राप्ति के बाद निकालीं। किन्तु जनमे तो वे हिन्दू ही थे और उनकी पत्नी, पिता आदि कुल-परिवार की मान्यता तो हिन्दुत्व की ही मान्यता रही होगी। यही नहीं, प्रत्युत् उनकी शिक्षाओं पर विचार करनेवाले कितने ही दर्शनाचार्यों का मत है कि बुद्ध अपने समय के सबसे बड़े हिन्दू थे और उनके द्वारा प्रवर्तित धर्म हिन्दू धर्म का ही संशोधित रूप था। अतएव यह अधिक अस्वाभाविक नहीं लगता कि बुद्ध की सहधर्मिणी यशोधरा एक ऐसे धर्म का आख्यान करे जो प्रवृत्तिमार्गी होने के कारण निवृत्तिवादी बौद्ध मत के किंचित विपरीत पड़ता है।

यशोधरा के चिन्तन का क्रम यह है कि हाथ में आए हुए जीवन की उपेक्षा करके मुक्ति खोजने का प्रयास व्यर्थ है। धर्म की दृष्टि से अर्थ और काम का उपभोग करने से मोक्ष तो आप से आप प्राप्त हो जाता है। फिर जीवन को त्यागने की आवश्यकता क्या है? माना कि जीवन नश्वर है और दुःखपूर्ण भी, किन्तु जीवन का सर्वथा नाश नहीं होता न जीवन के उपवन में केवल शूल ही शूल हैं। जब तक बीज (आत्मा) का अस्तित्व है, हम सार्थक हैं। निरर्थक तो हम तभी होते हैं जब हम बीज में विश्वास करना छोड़ देते हैं (अनात्मवाद पर चोट)। यदि हम शम, दम, नियम और संयम का पालन कर सकें तो फिर जीवन का उपभोग करने में कोई दोष नहीं है। यह संसार आनन्दमय है और मुझे यदि बार-बार जन्म लेकर संसार में आना पड़े तो इसे मैं बुरा नहीं मानती।

रह गई बात यह कि शैशव और यौवन, दोनों ही क्षणभंगुर हैं तथा मनुष्य वृद्ध होता और फिर मृत्यु को भी प्राप्त होता है। किन्तु इतने से घबराना क्या? तुम यह क्यों नहीं देखते कि मृत्यु व्यक्ति की होती है, समष्टि की धारा तो सदा अप्रतिहत होकर चलती रहती है?

चन्द्र और सूर्य, ये तो निर्वापित नहीं होते। वे अस्त होकर उदित होते रहते हैं। आत्मा भी निर्वाण क्यों खोजे? वह बार-बार पृथ्वी पर अवतरित हो तो इसमें दोष क्या है?

और कैवल्य-प्रेमी लोग जो यह कहते हैं कि इच्छा दुःख है तो क्या कैवल्य की कामना इच्छा से कोई भिन्न वस्तु है? जीवन की हीनता तभी है, जब हम केवल अपने लिए जीते हैं। किन्तु दूसरों के निमित्त जीवन धारण करना तो परम कल्याण का कार्य है। संसार की सेवा करते हुए हम बार-बार क्यों न जनमें और क्यों न मरें?

कैवल्य काम भी काम, स्वधर्म धरें हम,
संसार हेतु शत बार सहर्ष मरें हम।[1]

---

1. पूरी कविता के लिए दे. 'यशोधरा' का पृष्ठ 207

यशोधरा के इस दार्शनिक चिन्तन से दो-एक और अनुमान निकलते हैं। एक तो यह कि चूँकि सिद्धार्थ का गृहत्याग यशोधरा को अच्छा नहीं लगा इसलिए सोचते-सोचते वह यह भी सोच गई कि बुद्ध ने जो धर्म चलाया है वह प्रवृत्तिमार्गी वैदिक धर्म से श्रेष्ठ नहीं है। दूसरे, संभव है, यशोधरा के आस्थावान् हिन्दू कवि ने यशोधरा काव्य के भीतर वैदिक धर्म की ध्वजा फहराने के विचार से यह प्रसंग जानबूझकर रखा हो। किन्तु दोनों ही अवस्थाओं में यह प्रसंग प्रवृत्तिमार्गी हिन्दुत्व के पुनरुत्थान का प्रभाव है।

यशोधरा ने अपने विरह को बड़ी वीरता से झेला। जब उसने सुना कि सिद्धार्थ अपना केश उतार कर संन्यासी हो गए हैं, उसने भी अपने बाल कटवाकर फेंक दिए और वह बिलकुल आभूषणविहीन हो गई। शुद्धोदन जब सिद्धार्थ की खोज करवाने को बेचैन होने लगे उसने उन्हें समझाया कि आपके पुत्र किसी बड़े संकल्प से निकले हैं, अतः उन्हें खोजकर लौटाने का श्रम व्यर्थ होगा। उचित तो यही है कि हम घर रहकर ही उनकी सफलता की कामना करें।

उनकी सफलता मनाओ तात, मन से,
सिद्धि लाभ करके वे लौटें शीघ्र वन से।

किन्तु यशोधरा इतनी ही नहीं है। वह अत्यन्त स्वाभिमानिनी भी है और स्वाभिमान भी ऐसा, जिससे बुद्ध के प्रति उसकी श्रद्धा को कोई आँच नहीं पहुँचती। एक बार शुद्धोदन को पता चला कि तथागत मगध में विराज रहे हैं। पुत्र को इतना समीप जानकर उन्हें इच्छा हुई कि वे एक बार उससे मिल आवें। किन्तु जभी उन्होंने यशोधरा से मगध चलने का प्रस्ताव किया, यशोधरा का स्वाभिमान जाग उठा।

किन्तु तात! उनका निदेश बिना पाए मैं
यह घर छोड़ कहाँ और कैसे जाउँगी?[1]

यह भाषा कुल-ललना की भाषा है। किन्तु उसके भीतर लौह-सी दृढ़ता भी है। बुद्धदेव यशोधरा से कहकर क्यों नहीं गए? और यदि वे चोरों की तरह बिना कुछ आदेश दिए ही भाग गए तो कुल-ललना का तो यही धर्म हो सकता है कि वह उसी घर में बैठकर प्रतीक्षा में अपनी आयु समाप्त कर दे, जिसमें उसका पति उसे छोड़ भागा है। अपने विरह के आरम्भ में ही यशोधरा मन-ही-मन एक व्रत ठान चुकी थी।

भक्त नहीं जाते कहीं, आते हैं भगवान,
यशोधरा के अर्थ है अब भी यह अभिमान।

---

1. कुलललना का यह शील विष्णुप्रिया में भी प्रकट हुआ है। यथा–

चले गए माधव मुँह मोड़ राधा जा न सकी ब्रज छोड़!
कुल छोड़ा, ब्रज क्यों न छोड़ती, पर, था कौन उपाय?
उनका पीछा कर क्या उनकी हँसी कराती हाय!

(विष्णुप्रिया)

उस व्रत का आलोक पूर्णरूप से उस समय प्रस्फुटित हुआ जब तथागत कपिल वस्तु पधार कर अपने पिता के घर गए। क्षण भर में सारा नगर, सारा परिवार उनके चरणों में जा गिरा। किन्तु यशोधरा वहाँ नहीं आईं।

प्रभु उस अजिर में आ गए, तुम कक्ष में अब भी यहाँ?
हे देवि! देह धरे हुए अपवर्ग उतरा है वहाँ।
सखि! किन्तु, इस हतभागिनी को ठौर हाय, वहाँ कहाँ?
गोपा वहीं है छोड़कर उसको गए थे वे जहाँ।

यदि वे चल आए हैं इतना,
तो दो पग उनको है कितना?
क्या भारी वह, मुझको जितना?
पीठ उन्होंने फेरी।
रे मन आज परीक्षा तेरी।

और हम तथागत की भी महत्ता को नहीं भूल सकते कि क्षणभर को वे यह भूल ही गए कि वे संन्यासी हैं, गृहत्यागी और विश्व के नवीन भिक्षु-धर्म के प्रणेता हैं। गोपा का मान रखने को वे स्वयं उसके भवन में जा पहुँचे।

मानिनि! मान तजो, लो, रही तुम्हारी बान।
दानिनि! आया स्वयं द्वार पर तब यह तत्रभवान।

कहते हैं, इस अवसर पर भगवान बुद्ध ने एक विलक्षण बात कही थी "आनन्द, संसार के लिए मैं बुद्ध हूँ। किन्तु गोपा के लिए मैं अभी भी सिद्धार्थ ही हूँ।" और गोपा ने क्या उन्हें किसी अन्य भाव से भजा था? पत्नी की दृष्टि में पति तो पति ही रहेगा, चाहे वह योगी, महात्मा या पैगम्बर ही क्यों न हो जाए।

चाहे तुम सम्बन्ध न मानो,
स्वामी! किन्तु न टूटेंगे ये, तुम कितना ही तानो।
पहले हो तुम यशोधरा के, पीछे होगे किसी परा के,
मिथ्या भय हैं जन्म-जरा के, इन्हें न उसमें सानो।
वधू सदा मैं अपने वर की, पर, क्या पूर्ति वासना भर की?
सावधान! हाँ, निज कुलघर की जननी मुझको जानो।

पुनरुत्थान ने हमारे हृदयों में नारी-जाति के प्रति जिस सहानुभूति और सम्मान की भावना को जाग्रत किया वह युग-कवि के भीतर से अनेक रूपों में व्यक्त हुई किन्तु उन सबका जैसा पूर्ण प्रतिनिधित्व यशोधरा करती है, वैसा और कोई पात्री नहीं करती। यशोधरा के भीतर मातृत्व की उज्ज्वलता, गृहवधू की विनयशीलता और प्रबन्धकुशलता एवं पत्नी की एकाग्र पतिपरायणता का अद्‌भुत संयोग है। किन्तु इन सबसे ऊपर उसका कोमल-उज्ज्वल स्वाभिमान है जो समस्त नारी-जाति का मस्तक

ऊँचा करता है, जो भारतीय ललनाओं में यह प्रेरणा भरता है कि विषम से विषम परिस्थितियों में भी वे अपने व्यक्तित्व की स्वाधीनता को कैसे ऊँचा उठाए रह सकती हैं। गोपा प्रशंसनीय ही नहीं, पूर्णरूप से श्रद्धेय है। उसके श्वसुर ने 'गोपा बिना गौतम भी ग्राह्य नहीं मुझको' कहकर अपनी पुत्रवधू के साथ कोई पक्षपात नहीं किया है।[1]

पिछले सौ वर्षों में जिस वैचारिक आन्दोलन ने नारियों के उत्थान को सम्भव किया, उसके तीन सोपान दिखाई देते हैं। पहले तो नारियों के प्रति सहानुभूति जगी, तब नर-नारी समानता के भाव जगने लगे और तीसरे सोपान पर पहुँचकर नारी विद्रोहपूर्वक अपने अधिकार माँगने लगी। इस दृष्टि से गुप्त जी का भाव-जगत् पहले दो सोपानों का भाव-जगत् है। उन्होंने नारी-जाति के प्रति अपनी निश्छल सहानुभूति प्रकट करके पुरुषों के भीतर यह प्रेरणा जाग्रत की कि हमें स्वेच्छया नारियों को उनके अधिकार समर्पित कर देने चाहिए। यह गांधी-मार्ग है और राष्ट्रकवि साहित्य के भीतर गांधी-भावनाओं के प्रतिनिधि रहे भी हैं। इसीलिए उनके द्वारा चित्रित नारियाँ करुणा की सजीव प्रतिमाएँ हैं जो बोलती तो कुछ नहीं, किन्तु अपने करुणा-विगलित आनन मात्र से पुरुषों की कठोरता को गला देती हैं।

किन्तु माँ हैं वृद्धा, हृतपुत्रा और विधवा,
मैं हूँ परित्यक्ता वधू भिक्षु हुए पति की।
अब निज निःस्वता ही सम्पदा हमारी है,
यह तो तुम्हारे यशःपट के ही योग्य है।

(विष्णुप्रिया)

हा, अबला! आ, अरी अनादर, अविश्वास की मारी,
मर तो सकती है अभागिनी, कर न सके कुछ नारी।

(द्वापर)

कंठ जब रुँधता है, तब कुछ रोती हूँ,
होंगे गत जन्म के ही मैल उन्हें धोती हूँ।

(यशोधरा)

---

1. इसी प्रकार का गौरव विष्णुप्रिया को भी उसकी सास ने दिया है। एक बार ऐसा हुआ कि गौरांग महाप्रभु शान्तिपुर आए हुए थे। नित्यानन्द ने आकर यह सूचना गौरांग की माता को दी और उन्हें शान्तिपुर चलने को कहा। पालकी द्वार पर आ गई सब लोग घर से बाहर चले। साथ में विष्णुप्रिया भी चली। तब नित्यानन्द ने यह बताया कि गौरांग ने विष्णुप्रिया को साथ लाने को नहीं कहा है। यह सुनते ही विष्णुप्रिया 'माँ' इतना कहकर अर्धमूर्च्छित होकर बैठ गई और माँ ने यह कहकर यात्रा स्थगित कर दी कि—

"लौट जा निताई, तब मैं भी नहीं जाऊँगी।
यह नहीं उसकी तो मैं भी कह, कौन हूँ?
अब अधिकार इसे रोकने का क्या उसे?
देखूँ मुख मैं ही तब क्यों उस कृतघ्न का?"

और सबसे अधिक मर्मवेधी तो यह उक्ति है कि—

अबला-जीवन, हाय, तुम्हारी यही कहानी,
अंचल में है दूध और आँखों में पानी।

विवशताओं से घिरी, शास्त्रों के अत्याचारों से पीड़ित एवं पुरुषों की उपेक्षा और निर्दयता से दलित नारी की ओर से मैथिलीशरण जी ने मुख्यतः पुरुषों से सहानुभूति की भीख माँगी है।

छाया घनतम अन्धकार है, बहती विषम बयार है,
सबकी सहज सहानुभूति है, इतना ही आधार है।

(विष्णुप्रिया)

किन्तु सहानुभूति यदि विफल हुई, यदि वह पुरुषों के हृदय के वज्र-कपाट को गलाने में असमर्थ रही तो विद्रोह का आश्रय लेना पड़ सकता है, राष्ट्रकवि ने अभी हाल में यह संकेत भी दिया है।

व्यथित हो रहा मेरे कारण सारा स्त्री-संसार है,
मुझ पर कृपा कोप स्वामी पर करताब बारम्बार है।
कहता है "नारी पर नर का कितना अत्याचार है!
लगता है विद्रोह मात्र ही अब इसका प्रतिकार है।"

(विष्णुप्रिया)

किन्तु विष्णुप्रिया के मुख से विद्रोह के जो संकेत अब दिलाएं गए हैं उनकी झाँकी 'द्वापर' में ही मिल चुकी थी। नारी की सारी पराधीनता इस बात को लेकर है कि पुरुष उसे आँख से ओझल होने देना नहीं चाहता, घर से बाहर जाने देना नहीं चाहता, न वह इस बात के लिए तैयार है कि नारी स्वेच्छानुसार जहाँ चाहे वहाँ घूम सके। विधृता कृष्ण के रास में सम्मिलित होना चाहती थी, किन्तु उसके वैदिक पति ने उसे घर से बाहर जाने से रोक दिया। कथा है कि विधृता इस अपमान को न सह सकी और तत्क्षण उसका देहान्त हो गया एवं उसकी आत्मा रास में जा सम्मिलित हुई। 'द्वापर' में कवि ने इस प्रसंग पर अपने जो अभिमत प्रकट किए हैं, वे बड़े ही नवीन एवं कुछ दूर तक विद्रोही भी हैं। विधृता की निर्जीव देह पति के सम्मुख पड़ी हुई है और उसकी आत्मा उसके पति से फटकार कर कहती है—

कामुक चाटुकारिता ही थी क्या वह गिरा तुम्हारी?
"एक नहीं, दो दो मात्राएँ नर से भारी नारी।"
मैं पुण्यार्थ जा रही थी, तुम पाप देख बैठे हा!
और आप अवसर के वर को शाप लेख बैठे हा!
अधिकारों के दुरुपयोग का कौन कहाँ अधिकारी?
कुछ भी स्वत्व नहीं रखती क्या अर्द्धांगिनी तुम्हारी?
हाय, वधू ने क्या वर-विषयक एक वासना पाई?

नहीं और कोई क्या उसका पिता, पुत्र या भाई?
नर के बाँटे क्या नारी की नग्नमूर्ति ही आई?
माँ, बेटी या बहिन हाय, क्या संग नहीं वह लाई?
अविश्वास, हाँ अविश्वास ही नारी के प्रति नर का,
नर के तो सौ दोष क्षमा हैं, स्वामी है वह घर का।
उपजा किन्तु, अविश्वासी नर हाय, तुझी से नारी।
जाया होकर भी जननी है तू ही पाप-पिटारी।
जाती हूँ, जाती हूँ अब मैं और नहीं रुक सकती,
इस अन्याय समक्ष मरूँ मैं, कभी नहीं झुक सकती।

इन कठोर पंक्तियों में उन सभी नारियों का आक्रोश गरजता है जिन पर शंका की गई होगी अथवा स्वतन्त्रता चाहने पर जिनका अपमान किया गया होगा। यह ठीक है कि समस्या का समुचित समाधान इतने से ही नहीं होता किन्तु इस दिशा में भारतीय परम्परा के सबसे प्रबल केतुधारी कवि ने इतनी दूर तक नवयुग का साथ दिया, यह कम आश्चर्य की बात नहीं है। अपने कवि-जीवन के यौवन काल में गुप्त जी ने पं. रामचरित उपाध्याय की ये पंक्तियाँ पढ़ी होंगी कि–

स्त्री जग में स्वच्छन्द चारिणी कभी न यश पाती है,
तरुवर के आश्रित हो करके लतिका रस पाती है।

(रामचरित्र-चिन्तामणि)

और आज गुप्त जी स्वयं विस्फोट का संकेत दे रहे हैं,

कहता है, "नारी पर नर का कितना अत्याचार है,
लगता है विद्रोहमात्र ही अब उसका प्रतिकार है"।

रामचरित-चिन्तामणि से विष्णुप्रिया तक की यात्रा बहुत लम्बी है, इससे इनकार नहीं किया जा सकता। किन्तु विद्रोह के ये स्फुलिंग प्रायः आकस्मिक रूप से ही छिटके हैं। वस्तुतः राष्ट्रकवि ने सहनशीलता को नारी का परम धर्म माना है। और उनका विश्वास है कि नारी इसी गुण से नर को जीत सकती है।

नारी लेने नहीं, लोक में देने ही आती है,
अश्रु शेष रखकर वह उनसे प्रभु-पद धो जाती है।
पर, देने में विनय न होकर जहाँ गर्व होता है,
तपस्त्याग का पर्व हमारा वहीं खर्व होता है।

(जयभारत में द्रौपदी और सत्यभामा)

और विष्णुप्रिया कहती है–

सहने के ही लिए बनी है, सह तू दुखिया नारी।

(विष्णुप्रिया)

5. काल-देवता के साथ

मैथिलीशरण जी की उपलब्धियाँ बहुत बड़ी हैं। खड़ी बोली का आज का कोमल रूप पंडित सुमित्रानन्दन पन्त की रसायनशाला में तैयार हुआ किन्तु उसके आरम्भिक अनगढ़ रूप से लेकर 'पल्लव' की रचना के पूर्व तक हिन्दी में भाषा-संस्कार के जो भी प्रयत्न हुए, उनमें सबसे अधिक अंशदान गुप्त जी का ही माना जाएगा। इस प्रकार से खड़ी बोली की उँगली पकड़कर उन्होंने उसे चलना सिखाया। और 'पल्लव' की रचना के बाद खड़ी बोली ने जो कोमल-मृदुल रूप पकड़ा, गुप्त जी ने उसे भी स्वीकृति प्रदान की। 'साकेत' के नवम सर्ग और 'द्वापर' तथा 'झंकार' के कुछ गीतों की भाषा को देखते हुए छायावाद-युग की भाषा अनायास याद आ जाती है।

श्रम कर जो क्रम खोज रही हो, उस भ्रमशीला स्मृति-सी,
एक अतर्कित स्वप्न देखकर चकित चौंकती धृति-सी,
हो हो कर भी हुई न पूरी, ऐसी अभिलाषा-सी,
कुछ अटकी आशा-सी, भटकी भावुक की भावा-सी।
अवश अचलता-सी जिससे हो रस चंचलता चूती,
कठिन मान की हठ समाप्ति-सी खोज रही जो दूती।
उस उत्कंठा-सी जो क्षण-क्षण चौंक उठे एणी-सी,
खुलकर भी जो सुलझ न पाई उस उलझी वेणी-सी।

(द्वापर)

यह भाषा पन्त जी की नहीं, मैथिलीशरण जी की है। किन्तु वह पन्त जी के प्रयोग का अभिनन्दन करती है। अथवा हम यह भी कह सकते हैं कि यह छायावाद की सभा में द्विवेदी-युग के प्रत्यागमन का दृश्य है। छायावाद ने कोमलता की आराधना में अपनी शक्ति न्यून कर दी थी। द्विवेदी-युग की भाषा में शक्ति तो थी, किन्तु वह अनगढ़ रूप की शक्ति थी। मैथिलीशरण जी ने दोनों की कमियों को पहचान कर छायावाद के समय अपनी भाषा में जो परिवर्तन किया, उससे उनकी अपनी कविताओं में तो नया निखार आया ही, वह हम जैसे छायावादोत्तर कवियों के लिए भी प्रेरणाप्रद सिद्ध हुआ जो सन 1930 ई. के आसपास भाषा के छायावादी रूप को असमर्थ मानकर एक नई भाषा का अनुसन्धान कर रहे थे। इस दृष्टि से 'द्वापर' और 'झंकार' के कितने ही पदों को मैं खड़ी बोली कविता के अच्छे उदाहरणों में गिनता हूँ।

त्याग न तप केवल यह तूँबी अब रह गई हाथ में मेरे,
आ बैठा हे राम! आज मैं लेकर इसे द्वार पर तेरे।
दे तू मुझको दण्ड विधाता पर, कोदण्ड गुणों से दाता,
एक तार भी दे बन त्राता बजे वेदना साँझ-सवेरे।

(झंकार)

बीत चुकी है बेला सारी, किन्तु, न आई मेरी वारी,
करूँ कुटी की अब तैयारी वहीं बैठ गुण गाऊँ मैं।
तेरे घर के द्वार पर बहुत हैं किसमें होकर आऊँ मैं।

(झंकार)

और राधा की इस उक्ति पर तो बड़े-बड़े महाकाव्य न्योछावर किए जा सकते हैं।

शरण एक तेरे मैं आई, धरे रहें सब धर्म हरे!
बजा तनिक तू अपनी मुरली, नाचें मेरे मर्म हरे!
नहीं चाहती मैं विनिमय में उन वचनों का वर्म हरे!
तुझको, एक तुझी को अर्पित राधा के सब कर्म हरे!
यह वृन्दावन, यह वंशीवट यह यमुना का तीर हरे!
यह तरते ताराम्बरवाला नीला निर्मल नीर हरे!
यह शशि-रंजित, सित-धन-व्यंजित, परिचित त्रिविध समीर हरे!
बस यह तेरा अंक और यह मेरा रंक शरीर हरे!
झुक वह वाम कपोल चूम ले यह दक्षिण अवतंस हरे!
मेरा लोक-लाज इस लय में हो जावे विध्वंस हरे!

(द्वापर)

कविता में भाषा और भाव के बीच होड़ होनी चाहिए और इस होड़ में प्रत्येक के भीतर जितनी शक्ति हो उतनी दूर तक आगे बढ़कर उसे अपना विकास करना चाहिए। किन्तु इतना ही यथेष्ट नहीं है। इस होड़ में भाषा और भाव चाहे जितना भी आगे बढ़ जाए किन्तु कविता सफल तभी होगी जब दोनों एक धरातल पर पहुँचे हों। भाव और भाषा के बीच 'परस्परस्पर्धि-सम-भाव' कविता की सफलता की पहचान है। ऊपर की पंक्तियों में भाषा और भाव के बीच सन्तुलन की यह अवस्था प्रत्यक्ष दिखाई देती है।

राष्ट्रकवि का सबसे विशिष्ट गुण यह है कि वे पुराना होना नहीं जानते। उनकी चेतना का यंत्र सजीव है। वे कोई साठ वर्षों से लिखते रहे हैं किन्तु इस लम्बी अवधि में उन्होंने कभी भी दम नहीं लिया। इस बीच विश्व से बहकर जो भी विचार भारत पहुँचे उनका कुछ-न-कुछ प्रभाव उन पर अवश्य पड़ा है। इस बीच जो भी बड़ी घटनाएँ घटीं, उनका कोई-न-कोई बिम्ब गुप्तजी के काव्य में अवश्य पहुँचा है। उनकी कविताएँ जेनी और मार्क्स पर भी हैं और अणु बम पर भी। जब देशी राजवाड़े समाप्त होने लगे, उन्होंने 'राजा-प्रजा' नामक काव्य लिखा। उनके विशाल काव्य-ग्रन्थ 'जय-भारत' में महाभारत के चरितों और घटनाओं के भीतर से स्थान-स्थान पर नवयुग की किरणें झलक मारती हैं। और युद्ध की जो समस्या आज सारे विश्व को अपनी विकरालता से ग्रसे हुए है उस पर भी उनका चिन्तन 'पृथिवीपुत्र' नामक कविता में चला है, जहाँ उन्होंने युद्धोन्मादी अभिनव मनुष्य की आलोचना उसकी माता (माताभूमि) द्वारा करवाई है।

अन्य भूत-दृष्टि-बाधा व्यापे नहीं तुमको,
तेरे सिर यों ही एक प्रेत चढ़ा बैठा है।
सर्वथा अबोध मारा-मारी करता हुआ
डोलता है, खेलता है गोलियों से अभी भी।
मैं तो देखती हूँ लाख-लाख गुना तुम में
विकसित गृध्र वही साधनों के साथ है।

(पृथिवीपुत्र)

और पृथिवीपुत्र के यह कहने पर कि 'युद्ध से ही युद्ध को समाप्त कर दूँगा मैं' माता भूमि कहती है–

एक के अनन्तर अपेक्षा एक युद्ध की
देखती मैं आ रही हूँ ज्ञात नहीं कब से,
एक सदुद्देश्य कह के ही सभी जूझे हैं,
किन्तु, एक इति में जुड़ा है अथ दूसरा।

(पृथिवीपुत्र)

अर्थात् युद्ध से युद्धों का अन्त नहीं होगा।

इसी प्रकार मार्क्स के जो प्रभाव भारत में गृहीत हुए हैं, उनका उल्लेख भी राष्ट्रकवि ने बड़ी विशदता के साथ किया है। 'जयिनी' शीर्षक कविता में जेनी के यह कहने पर कि 'मार्क्स, उन दीनों पर आती है दया मुझे' मार्क्स कहते हैं–

आती अपने पर मुझे तो घृणा आप ही,
पाते पराधीन वे हमारा महा पाप ही।
और हम भोगते हैं जो उनका भाग है,
बलि उनकी है और हा, हमारा याग है।
पशु वे हमारे हम उनके वधिक हैं,
शून्य हाथ वाले वे ही संख्या में अधिक हैं।

(पृथिवीपुत्र)

इस कविता में अन्यत्र भी मार्क्स के मुख से कितने ही ऐसे भाव और विचार उद्गीर्ण होते हैं, जिनकी सच्चाई के विषय में इस देश में भी किसी को कोई सन्देह नहीं है। वास्तव में ये भाव और विचार मार्क्स के अमिट प्रभाव के रूप में हमारे मन के भीतर घुल चुके हैं। यथा–

मार्क्स : *धनरूपी फल का परिश्रम ही मूल है।*
किन्तु श्रमियों को फल मिलता है कितना,
पूँजीपतियों का नहीं जूठन भी जितना।
जेनी : *किन्तु पूँजी?*
मार्क्स : *पूँजी नहीं, लूट ही उसे कहो,*

दूसरों को ठगकर जोड़ी गई जो अहो!
दासता की नींव यही व्यक्तिगत नीवी है,
खाता दूसरा ही है, कमाता श्रमजीवी है।
बच्चे इस ओर जब भूखे ऊँघ जाते हैं,
कुत्ते उस ओर के मलाई सूँघ जाते हैं।
जोतते हैं, बोते हैं किसान रक्त सींच के,
रिक्त कर तो भी घर आते आह खींच के।

और सर्वहारा के उद्धार के निमित्त महाभियान पर निकलने वाले महर्षि मार्क्स की यह वाणी क्या जाग्रत भारत की वाणी नहीं है?

हो कर मैं पूरा और पक्का इसी धुन का
प्रतिभू अवश्य हुआ चाहता हूँ उन का,
उग्र अनुभूति, किन्तु, वाणी नहीं जिनमें,
प्राण तो हैं, किन्तु, कोई प्राणी नहीं जिनमें,
एक हैं जो, किन्तु, ऐक्य-भाव नहीं जिनमें,
ताप से भरे हैं, किन्तु, ताव नहीं जिनमें,
जाता हूँ उठाने, उन्हें बुद्धि का वरण हो,
जागो श्रमजीवी जन! संघ के शरण हो।

गुप्त जी के सामने कविता के जितने आन्दोलन चले (प्रयोगवादी आन्दोलन को छोड़कर) उनमें से प्रत्येक का विम्ब गुप्त जी के विशाल काव्य-समुद्र में जगमगाता मिलता है। उन्होंने कई पीढ़ियाँ देखी हैं। किन्तु परिवार का पिता होने के नाते सभी पीढ़ियों का अर्जन मानों उनके पास संचित हो गया है। साठ वर्षों तक निरन्तर वे युग की प्रगति के साथ रहे हैं। जो लोग यह सोचते हों कि युग के साथ गुप्त जी और अधिक क्यों नहीं बदले, उन्हें इस बात का भी ध्यान रखना चाहिए कि गुप्त जी की आत्मा उस विशाल देश की आत्मा है जो नगरों में नहीं, हमारे ग्रामों में छाया हुआ है। स्पष्ट ही, यह भारत अभी उतना भी नहीं बदला है, जितना परिवर्तन हम गुप्त जी की कविताओं में देखते हैं। और ग्रामों का यह विशाल देश उसी ढंग से बदल रहा है जिस ढंग से गुप्त जी में परिवर्तन आया है। गुप्त जी के साहित्य का अध्ययन अभी ठीक से नहीं हो पाया है। यह समय उथल-पुथल, हलचल और आक्रोश का है। ऐसे वातावरण में काव्य के सांस्कृतिक प्रभावों का विश्लेषण सम्भव नहीं है। आगे चलकर तटस्थ वृत्ति से आज के साहित्य का जब गम्भीर अध्ययन किया जाएगा, आलोचक स्वयमेव इस निष्कर्ष पर जा पहुँचेंगे कि श्री मैथिलीशरण गुप्त ने बड़ा भारी काम किया है।

यह मैं इसलिए कहता हूँ कि मैथिलीशरण जी का कार्यक्षेत्र मुख्यतः रामायण और महाभारत रहे हैं तथा रामायण और महाभारत, इन्हीं दो महाकाव्यों में इस देश की

आत्मा निवास करती है। दर्शन को नया रूप देने का राजमार्ग यहाँ प्रस्थानत्रयी (उपनिषद, गीता और ब्रह्मसूत्र) की टीका रही है। किन्तु साहित्य के भीतर से देश के हृदय को आलोड़ित करने के साधन यहाँ रामायण और महाभारत अथवा राम और कृष्ण के ही चरित रहे हैं। भास, कालिदास, भवभूति, श्रीहर्ष, तुलसी और सूर इस देश के सभी प्रभावशाली कवियों को देख जाइए, जनता का हृदय-मन्थन करने को उन्होंने या तो रामायण को उठाया अथवा महाभारत को। काव्य नवीन विषयों पर भी लिखे गए हैं और रवीन्द्रनाथ ने तो मुक्तकों के द्वारा ही सारे देश को मस्त कर दिया। किन्तु जाति को नवीन दृष्टि तभी प्राप्त होती है जब उसके जातीय संस्कारों की नवीन व्याख्या प्रस्तुत की जाती है। रामायण और महाभारत हमारे जातीय संस्कारों के अक्षय भंडार हैं। पुनरुत्थान के बाद भारत में जो नवीन क्षितिज प्रकट हुआ, यह आवश्यक था कि कोई कवि उस क्षितिज पर खड़ा होकर भारत के जातीय संस्कारों की नवीन व्याख्या प्रस्तुत करे। छोटे पैमानों पर यह कार्य अनेक भाषाओं में अनेक कवियों ने किया। किन्तु, हिन्दी में जिस बड़े पैमाने पर यह कार्य राष्ट्रकवि श्री मैथिलीशरण जी ने किया, वह सारे भारतीय साहित्य में बेजोड़ है। जय भारत, जयद्रथ-वध और द्वापर तथा साकेत एवं पंचवटी और यशोधरा का और महत्त्व चाहे कोई स्वीकार न भी करे, किन्तु इतना तो सबको मानना पड़ेगा कि इन काव्यों के भीतर से भारत की प्राचीन संस्कृति एक बार फिर से जवान हो गई है।

(पन्त, प्रसाद और मैथिलीशरण)

बलिशाला ही हो मधुशाला

पंडित माखनलालजी चतुर्वेदी शरीर से योद्धा, हृदय से प्रेमी, आत्मा से विह्वल भक्त और विचारों से क्रान्तिकारी हैं। किन्तु, साहित्य में इनके व्यक्तित्व के ये चार गुण अलग-अलग प्रतिबिम्बित नहीं होते; साधना की आग में पिघलकर सभी एकाकार हो जाते हैं। उनकी कविताएँ उनके इन चार रूपों की मिश्रित व्यंजना हैं। भक्त और प्रेमी, साधारणतः, योद्धा और क्रान्तिकारी से कुछ भिन्न होते हैं; किन्तु जब हृदय और आत्मा ने माखनलालजी को कवि बनने पर मजबूर कर दिया, तब शरीर और विचार ने भी कवि के सामने अपने मत्थे टेक दिए और चारों धाराएँ मिलकर एक ही प्रवाह में बहने लगीं।

कभी-कभी यह कहा जाता है कि कविता माखनलालजी के जीवन का कोई प्रमुख अंग नहीं, वरन् उनकी अलस-लीला-भूमि है। इस कथन से यह व्यंजित होना चाहिए कि कविताएँ वे मनोविनोद के लिए रचते हैं, दरअसल जीवन का लक्ष्य उनका कुछ और है। लेकिन, उनकी कविताओं में से जो सत्य ध्वनित होता है वह इस कथन के सर्वथा विपरीत है। उनके व्यक्तित्व के सभी अंग परस्पर मिले हुए और एकाकार हैं तथा उनमें से एक की समस्या सभी की समस्या और एक का निदान सभी का निदान है। उनके भीतर के योद्धा, विचारक, प्रेमी और भक्त, सबके सब एक ही लक्ष्य की ओर चलते हैं और कविता के द्वारा चतुर्वेदीजी ने आत्म-विकास की जो सीढ़ियाँ बनाई हैं, उनमें से प्रत्येक पर इन सभी यात्रियों के पद-चिह्न हैं। उनके जीवन में साधना और सिद्धि, ज्ञान और कर्म तथा शरीर और आत्मा में भिन्नता नहीं है। ऐसा नहीं है कि आत्मा उन्होंने भगवान् को और शरीर स्वदेश को दिया हो। देश-भक्ति उनके लिए परोपकार का प्रतिमान नहीं, आत्मविकास का ही माध्यम है। इसी प्रकार उपासना उनके लिए केवल आत्मा का ही धन नहीं, शरीर की भी सम्पत्ति है। शरीर और मन एवं अस्तित्व के सारे उपकरणों को उन्होंने एक ही आराध्य के चरणों पर न्योछावर कर दिया है। वही आराध्य उनके मन की दुनिया में वृन्दावन का गोपेश एवं चर्मचक्षु के सामने 'हिमकिरीटिनी' का मानचित्र बन जाता है। गीतों में विनय और मनुहार से वह जिसे रिझाना चाहते हैं, कारावास और शूली की तपस्या से भी उसे ही प्रसन्न करना उनका ध्येय है। माखनलालजी की कविताओं में शासन के प्रति आक्रोश के

भाव नहीं हैं। इसका प्रधान कारण यह नहीं है कि अहिंसा उनकी कलम को रोक देती है, प्रत्युत् यह कि दमनजनित कष्टों को उन्होंने प्रियतम के मार्ग की कठिनाइयाँ समझकर बड़े ही प्रेम से अंगीकर कर लिया है। कर्म का जो क्षेत्र युग के हाथों उन्हें उपलब्ध हुआ, उसी में तपस्या करके वे आराध्य की ओर बढ़ना चाहते हैं। दमनजनित कष्टों को वे अपने लिए हेय नहीं समझते। उनकी दृष्टि में शूली में एक अनिर्वचनीय स्वाद तथा मरण-ज्वार में मोहकता और लाड़लापना है। स्वयं मरण भी एक त्यौहार है, क्योंकि इससे बलिदान की पूर्णता व्यंजित होती है और बलि के पूर्ण होने से आराध्य प्रसन्न होता है। माखनलालजी की कविताओं में दमनजनित यातनाएँ विकास की सीढ़ियाँ, आत्मा की दीप्ति और धर्म का उपकरण बनकर उपस्थित हुई हैं। राष्ट्र-सेवा और आराध्योपासना एक ही लक्ष्य की ओर जानेवाली ज्योति की दो पगडंडियाँ हैं; प्रत्युत् यह कहना अधिक युक्तियुक्त होगा कि कवि के शब्द-कोष में ये एक ही साधना-मार्ग के दो विभिन्न नाम हैं। देश के लिए शूली पर चढ़नेवाला उनकी कल्पना का तपस्वी अपने प्राण विसर्जित करते हुए, शायद, यह कहेगा कि "देवता! यह लो मेरी पूर्णाहुति और मुझे स्वीकार करो।" इसी प्रकार उनकी कल्पना का योगी ध्यानस्थ होने पर, शायद, यह कहेगा कि "प्रभो, मेरी वैयक्तिक मुक्ति किस काम की यदि मेरा प्यारा देश मुक्त नहीं हुआ?"

उनकी कल्पना की एक कली (जो कवि के राष्ट्र-सेवा-निरत व्यक्तित्व की ही प्रति मूर्त्ति है) कहती है—

मैं बलि का गान सुनाती हूँ
प्रभु के पथ का बनकर फकीर,
माँ पर हँस-हँस बलि होने में
खिंच, हरी रहे मेरी लकीर।

यह मातृ-भूमि के लिए मस्तक चढ़ानेवाले एक योद्धा का उद्गार है जो देश के लिए बलिदान होने को ही प्रभु की आराधना का सच्चा मार्ग मानता है। जन्मदात्री के ऋण से मुक्त होने के लिए समय की माँग पर अपना अस्तित्व मिटा देने में ही तपस्या की पूर्णता तथा आराध्य की राह की सच्ची फकीरी है।

यह योद्धा माखनलाल का बलिदान है, जिससे भक्त माखनलाल की फकीरी पनपती है। लेकिन, कभी ऐसा भी होता है जब भक्त माखनलाल ही योद्धा माखनलाल पर न्योछावर हो जाते हैं।

उठा दो वे चारों कर-कंज
देश को लो छिगुनी पर तान,
और मैं करने को चल पड़ूँ
तुम्हारी युगल-मूर्ति का ध्यान।

महात्मा तुलसीदासजी को राम का वह रूप प्रिय था जिसमें वह धनुष और बाण धारण किए हुए हों। माखनलालजी श्याम के उस रूप के उपासक हैं जिसमें वह कवि के प्यारे देश को हाथों-हाथ लिए हुए हों। एक ओर तो वह बलि-पन्थी को "ही-तल में हरि को बन्द करके" केहरी को ललकारने का आदेश देते हैं, दूसरी ओर वे स्वयं हरि से बलि-पन्थियों के देश को छिगुनी पर तान लेने का आग्रह करते हैं। उनके भीतर का योद्धा भक्त और भक्त योद्धा है। वे बलिदान का पुष्प आराध्य के चरणों पर बिखेरते हैं और साथ ही, बलिदान में भाग लेने के लिए उसे निमन्त्रण भी देते हैं।

माखनलालजी का हृदय सूफी कवियों के समान प्रेम-विह्वल और कातर है। उनमें सूफियों की ही आकुलता, तड़प और विदग्धता का अतिरेक है। भेद इतना ही है कि जहाँ सूफियों की वेदना का आधार परमात्मा से काल्पनिक विरह की अनुभूति थी, वहाँ माखनलाल जी की वेदना जीवन की वास्तविकता से उत्पन्न हुई है। सूफियों का दर्द खयाली था, सच्चाई उसे मनुष्य की विह्वलता से मिली थी। माखनलालजी का दर्द सच्चा है, विह्वलता उसे सिर्फ सुन्दर बनाती है। सूफियों की वेदना शून्य में जनमी थी और मिट्टी पर आकर सत्य हुई। माखनलालजी की वेदना मिट्टी से जनमी है, आकाश उसे केवल अलौकिकता प्रदान करता है। सूफियों की वेदना निराकार से साकार हुई। माखनलालजी का दर्द साकार से उत्पन्न होकर निराकार में जाकर दिव्य हो गया। सच्चाई कल्पना की अपेक्षा अधिक प्रभविष्णु होती है; यही कारण है कि माखनलालजी की चीख सूफियों की चीख की अपेक्षा अधिक वेधक एवं करुण है। किसी अज्ञात सत्ता से वियोग की कल्पना के कारण जो अश्रु निकलते हैं उनमें उन आँसुओं की अपेक्षा तड़प और अकुलाहट की मात्रा अवश्य ही न्यून होगी जो नंगी पीठ पर बेतों के प्रहारों के कारण बहते हैं। खयाली आग में जलकर चीखनेवाले हृदय की आह उस आह की बराबरी नहीं कर सकती जो दमन की प्रत्यक्ष ज्वाला में पड़कर तड़पनेवाले हृदय से निकलती है। दमनजनित यातनाओं को माखनलालजी ने आराध्य के वरदान के रूप में अंगीकार किया और उन्हें अपनी शुद्धि का मार्ग भी मान लिया। इसी यातना में उनका विरह बजता है, उनकी आध्यात्मिक वेदना बोलती है तथा भक्ति-विह्वल हृदय पुण्य-स्नान करता है।

ये य़ातनाएँ उनकी कविताओं में अत्यन्त लुभावनी और सरस होकर व्यंजित हुई हैं। उनका रस काव्य से अधिक मधुर, रमणी से अधिक मोहक, सुधा से अधिक सरस तथा यज्ञ से भी अधिक पवित्र है। इस रस में योद्धा का तेज, भक्त की विह्वलता, प्रेमी के अश्रु और कवि की साधना, सभी मिले हुए हैं। यह रस सभी रसों का सार है। जिसने इसे चक्खा उसने सभी रस चख लिए। जो इससे वंचित रहा उसे किसी भी रस का स्वाद नसीब नहीं हुआ।

मत बोलो बेरस की बातें, रस उसका जिसकी तरुणाई,
रस उसका जिसने सिर सौंपा, आगी लगा, भभूत रमाई।

जिस रस में कीड़े पड़ते हों, उस रस में विष हँस-हँस डालो,
आओ, गले लगो अय साजन, रेतो तीर, कमान सँभालो।

पराधीन राष्ट्र के प्रत्येक प्रश्न का निदान बलिदान में है। जो देश को स्वाधीन देखना चाहता हो वह देश के लिए अपना जीवन न्योछावर करे; जिसे जन्म-बन्ध से मुक्ति की अभिलाषा हो वह देश के लिए यातनाएँ सहे; जिसे सरसता का स्वाद लेना हो वह तरुणाई अर्थात् बलिदान सीखे। यातनाओं को स्वीकार करना इस युग की सबसे बड़ी तपस्या है। रस उसका जिसने सिर सौंपा; जिसने मस्तक उत्सर्ग करने में आना-कानी की उसे रस की प्राप्ति कहाँ से होगी?

बलिदान के लिए रसमयी उत्तेजना, बलिदानी की मनोभूमि का आध्यात्मिक अन्वेषण, बलिदान की पूर्णता पर विजयोल्लास, बलिदान को कृष्णार्पण की वस्तु समझना और अपरिग्रह तथा त्याग की महिमा की आध्यात्मिक टीका, माखनलालजी की कविता में ये स्वर बार-बार गूँजते हैं। प्रेम हो या अध्यात्म, प्रकृति-दर्शन हो अथवा कल्पना का लीला-विलास, माखनलालजी की प्रत्येक मनोदशा में बलिदान की मधुरता किसी-न-किसी रूप में अवश्य विद्यमान रहती है। केवल विद्यमान ही नहीं रहती, प्रत्युत् वर्ण्य विषय में अलौकिक तेज एवं माधुर्य की सृष्टि कर देती है। देश के लिए यातना-सहन की प्रक्रिया उनकी दृष्टि में धर्म का सबसे उज्ज्वल रूप है। इसे वे कहीं भी नहीं भूल सकते। प्रकृति की सुन्दरताओं के देखते-देखते उन्हें बेड़ियों में बँधे अपने स्वदेश-मन्दिर की याद आती है; बाँसुरी बजाते-बजाते उन्हें रणडंका बजाने की चाह होती है; गान आरम्भ करने के साथ ही उनमें उल्लास जग पड़ता है और वे स्वर से नभो-वितान को कँपा देना चाहते हैं; आराध्य जब उन्हें अपने हृदय का हार बनाना चाहता है तब वे यह कहकर उसकी वर्जना करते हैं कि वे किसी अन्य देवता पर पहले ही चढ़ चुके हैं; प्रेमिका जब उन्हें वरण करने को आती है तब वे मील का पत्थर बन जाते हैं और यह व्यंजित करते हैं कि उनका हृदय कहीं अन्यत्र अर्पित हो चुका है; पूजा के लिए समुद्यत होने पर उनके मुँह से अनायास ही निकल पड़ता है—

जब निस-दिन अलख जगाता हूँ
तब नई प्रार्थना क्या होगी?

और वे पूजा के आडम्बर को छोड़कर उठ जाते हैं। यह सच भी है, क्योंकि जिसका सारा जीवन ही कृष्णार्पण का रूपक हो, वह घड़ी-दो-घड़ी में कोई विशिष्ट प्रकार की पूजा क्यों करे? आँसुओं का उद्गम सोचते हुए वे कहने लगते हैं—

छूटा हुआ बाण हूँ क्या मैं
धार मोथरी-सी जानी,
धन्वा पर चढ़ने से पहले
चढ़ा रही उस पर पानी?

तथा आराध्य की 'खोज' में जब वे अध्यात्म की भूमि में प्रवेश करते हैं तब भी बलिदान और वीरता उन्हें नहीं भूलती—

बलि के कम्पन में जो आती
भटकी हुई मिठास;
यौवन के बाजीगर करता हूँ
उस पर विश्वास।
हिन्दी-महासागर देने को
राजी हुआ न द्वार;
लाता हूँ वे घड़ियाँ होवे
बड़ा काफिला पार।

जिन अवस्थाओं की राजनीतिज्ञ-कृत अनुभूतियों से राजनीति के नीरस सिद्धान्त निकलते हैं, उन्हीं अवस्थाओं की कवि-कृत अनुभूतियों से रसमयी कविता का जन्म होता है, माखनलालजी की रचनाएँ इस कथन का ज्वलन्त प्रमाण हैं। राजनीति साहित्य का द्रोही नहीं, उसके पास ही बहनेवाली एक भिन्न धारा है। जब वह साहित्य की धारा से आकर मिलती है, उसका अपना रूप विलीन हो जाता है। इतना ही नहीं, प्रत्युत् साहित्य की झोली की एक मुट्ठी स्वर्णधूलि राजनीति के सारे वेश को रंग देती है और वह साहित्य की संगति में आकर कुछ-से-कुछ बन जाती है। माखनलालजी को राजनीति से प्रेम है। कहने को तो एक बार उन्होंने यहाँ तक कह डाला था कि,

सखे, बता दे, कैसे गाऊँ अमृत मौत का दाम न हो,
जगे एशिया, हिले विश्व, औ' राजनीति का नाम न हो;

किन्तु, सच पूछिए तो राजनीति के क्षेत्र में उनका प्रवेश साधक के रूप में हुआ—ऐसे साधक के रूप में जिसे आत्मविकास के लिए एक ऐसा क्षेत्र चाहिए था जिसे हृदय श्रद्धापूर्वक सहज ही स्वीकार कर ले; और राजनीति के सिवा कोई दूसरी शक्ति उन्हें यह क्षेत्र नहीं दे सकती थी। कवि के मुख से 'अमृत' विशेषण पाकर भी राजनीति कभी यह दावा नहीं कर सकती कि उसने माखनलालजी से अपना प्रचार करवाया है। राजनीति उनके मस्तक पर नहीं चढ़ी, उनके हृदय में प्रविष्ट होकर कविता की विशाल जलराशि में डूबकर खो गई। समुद्र कवि का है, राजनीति उसमें लवण की भाँति विलीन है, लहराती कविता है, राजनीति का अस्तित्व अब शेष कहाँ कि वह अपनी अलग तरंग फेंके? जिसकी गन्ध से हम प्रमुदित और प्रमत्त हैं वह, स्पष्ट ही, साहित्य का फूल है, राजनीति तो पौधे की जड़ के नीचे मिट्टी में गलकर कब की ही विलीन हो गई। माखनलालजी जीवन के सभी उपकरणों को लेकर कविता की राह से अध्यात्म की ओर जा रहे हैं; उनके सम्बल के वृत्त में गांधी भी हैं और श्रीकृष्ण भी; देशोद्धार की प्रेरणा भी है और आत्मविकास की कामना भी; शृंगार की सरसता भी है और संयम की क्षमता भी। तन और मन, मिट्टी और आत्मा, सभी

उनके साथ हैं। वास्तविकता के प्रत्येक उपकरण का सूक्ष्म तत्त्व एवं सभी तत्त्वों की रसमयी चेतना अपने पर खोलकर साहित्य के लीलाकाश में उन्हें भली-भाँति सँभाले हुए हैं। वर्तमान साहित्य में वास्तविकता के सिन्धु-मन्थन से आदर्श की सृष्टि का उनकी कविताएँ एक ही उदाहरण हैं और हिन्दी को अपना सौभाग्य मानना चाहिए कि उसके अंक में समस्त कवि-मंडली से भिन्न एक ऐसा स्रष्टा भी विद्यमान है।

आज से कोई पच्चीस वर्ष पूर्व जब 'प्रताप' में भारतीय आत्मा को 'तिलक' शीर्षक कविता छपी थी, तब मैं कोई दस-बारह साल का था, किन्तु मुझे भली-भाँति याद है कि वह कविता मुझे अत्यन्त पसन्द आई थी और मैंने उसे कंठस्थ करके बहुत लोगों को सुनाया भी था। आगे चलकर मेरी मनोदशा के निर्माण में उस तथा भारतीय आत्मा की अन्य कविताओं ने बहुत ही प्रभाव डाला। मैं उनकी कविताओं को बड़े ही चाव से पढ़ता तथा अपने सहपाठियों को सुनाता था। किन्तु, जैसे-जैसे समय बीतता गया, मेरे लिए उनकी कविताएँ अधिक आकर्षक और साथ-साथ अधिक कठिन भी होती गईं। ऐसा लगता है कि जैसे-जैसे छायावाद का युग समीप आता गया, वैसे-वैसे माखनलालजी की वाणी अधिक गम्भीर तथा धूमिल होती गई। छायावाद की कुहेलिका का आरम्भ सबसे पहले उन्हीं की रचनाओं में हुआ था और, शायद, उसका सर्वाधिक गहन रूप भी उन्हीं की कुछ रचनाओं में विद्यमान है। बहुत अंशों में वे छायावाद के अग्रदूत थे। द्विवेदी-काल की इतिवृत्तात्मकता को भेदकर सन् 1923 ई. अथवा उसके पूर्व से ही वे हिन्दी के वक्षस्थल पर नई अभिव्यंजना की सुरम्य रेखाएँ खींचने लग गए थे जो इस बात का स्पष्ट संकेत दे रही थीं कि हिन्दी-कविता में अभिव्यंजना की कोई नई एवं बलवती शैली जन्म लेने जा रही है। अधिकाधिक वक्रोक्ति-सृष्टि के प्रयास से जन्म लेनेवाली दुरूहता अगर छायावाद की कोई विशिष्टता थी, तो इसका चरम विकास माखनलालजी में हुआ। इस दृष्टि से वे चाहे छायावादी धारा के सबसे बड़े प्रतिनिधि कलाकार भले ही मान लिए जाएँ, किन्तु दुरूहता को प्रश्रय देने का दायित्व उनके साथ रहेगा।

कई विद्वान कविता को वक्रोक्ति का पर्याय मानते हैं जो बहुत अंशों में सही और दुरुस्त है। वक्रोक्ति ही कविता का वह प्रमुख गुण है जो उसे गद्य से भिन्न करता है। काव्य में कला का विकास, अन्ततः, वक्रोक्ति का ही विकास है। कला अथवा वक्रोक्ति जब अपने चरम विकास पर पहुँचती है तब काव्य का रहस्य गद्योद्याटनपटु उँगलियों से नहीं खुलता। माखनलालजी की कितनी ही कविताओं में वक्रोक्ति अपने चरम विकास पर पहुँची हुई मिलती है, जहाँ अप्रतिम सौन्दर्य पर रीक्षा हुआ रसग्राही हृदय तप करते-करते हार जाता है, किन्तु सौन्दर्य का रहस्य-द्वार नहीं खोल पाता। उनकी कितनी ही रचनाएँ आलोचना को विकल और परास्त कर देती हैं। सामने जगमगाते हुए तारों को तो हम देखते हैं, किन्तु उनके पीछे की कुहेलिका भेद नहीं पाते। भाषा सरल, कहने का ढंग अत्यन्त आकर्षक और चित्रों में तेज का पूरा निखार,

सभी गुण एक से एक बढ़कर हैं, किन्तु अक्सर ही पंक्तियाँ अपनी मस्ती में लहराती हुई हमारी ओर मुखातिब हुए बिना आगे बढ़ जाती हैं। कवि हमारे हाथों में भाव का एक छोर थमाकर स्वयं न जाने किस कुंज में अन्तर्धान हो जाता है। उसकी वाणी मधुर तो लगती है, किन्तु यह समझ में नहीं आता कि वह किस आवेग पर चढ़कर नृत्य कर रही है। ऐसे स्थलों पर उनकी कविताएँ नेपथ्य की आवाज बन जाती हैं और उनका इतना ही महत्त्व मानकर पाठकों को सन्तोष कर लेना पड़ता है। कहीं-कहीं पूर्वापर-सम्बन्ध का पता नहीं पाने के कारण पाठक अपनी ही विद्या-बुद्धि पर सन्देह करने लगता है, किन्तु तब भी सौन्दर्य की इस अबूझ पहेली को छोड़ नहीं सकता। जहाँ मूल भाव अविश्लिष्ट रह जाते हैं, वहाँ वह स्फुट चित्रों पर ही सन्तोष कर लेता है, किन्तु हृदय में एक अतृप्ति बनी रह जाती है कि जाने इन चित्रों के पीछे किस मनोरम विषय की पृष्ठभूमि रही होगी। कहीं तो ऐसा मालूम होता है कि धरती की ही कोई चीज बहुत दूर आकाश में उछाल दी गई हो; और कहीं ऐसा भासित होता है कि कल्पना उस लोक में विहार कर रही है जहाँ के हू-बहू चित्र उठा लेने में तूलिका असमर्थ है।

अस्पष्टता और धुँधलेपन का कुछ कारण यह भी है कि माखनलालजी की कल्पना प्रायः रहस्यवाद की सीमाभूमि पर विचरण करती है। एक तो भक्त होने के कारण रहस्यलोक से उनका सहज सम्बन्ध है ही; दूसरे, शैली से वे प्रथम कोटि के व्यक्तिवादी हैं। अपनी वैयक्तिक अनुभूतियों से आत्मकथा की रचना करनेवाले हिन्दी में और भी कई श्रेष्ठ कवि विद्यमान हैं, किन्तु माखनलालजी की यह भी एक प्रचंड विशेषता है कि वे समूह की भावनाओं को भी वैयक्तिक अनुभूति का रूप देकर ही व्यंजित करते हैं। राष्ट्र की वेदना उनके मुख से निजी वेदना के रूप में प्रकट होती है तथा उसमें वही माधुर्य, विदग्धता एवं अस्पष्टता विद्यमान रहती है जो प्रधानतः आत्मकथाओं के गुण हैं। स्थूल जगत् की भी जो तस्वीर वे उठाते हैं; संसार को उसका दर्शन उनके स्वप्नों के आवरण में ही होकर मिलता है। दमन की यातनाओं के बीच जब वे चीखते हैं तब उनकी चीख को हम सीधे नहीं सुन पाते, वरन् हमें तो आराध्य मन्दिर से टकराकर लौटनेवाली उसकी प्रतिध्वनि ही सुनाई पड़ती है।

माखनलालजी की ऐसी रचनाएँ बहुत थोड़ी हैं जिनकी विहारभूमि आदि से लेकर अन्त तक एक ही भाव-लोक में हो। आसक्ति से आरम्भ करके वे बलिदान में अन्त करते हैं और आक्रोश से चलकर वे करुणा में विश्राम लेते हैं। यह भी सम्भव है कि एक ही स्थल पर प्रेम, बलिदान, करुणा और उत्साह के सिवा कितने ही अन्य अप्रत्याशित भाव भी एकत्र मिल जाएँ, किन्तु सबके सब कविता के एक ही आनन्दसूत्र में ग्रथित रहकर काव्य का चमत्कार उत्पन्न करते हैं, जो प्रायः आलोचकों के लिए अनिर्वचनीय रह जाता है। अपने व्यक्तित्व के विभिन्न रूपों के समन्वय से उनकी कविताएँ दुर्बोध भी हुई हैं तथा सुन्दर और समर्थ भी।

'हिमकिरीटिनी' की भूमिका में माखनलालजी ने कहा है—"दृष्टि का काम बाहर को भी देखना है और भीतर को भी" तथा "अपने परम अस्तित्व तक ऊँचे उठकर रह सकना मुक्ति है।" और सत्य ही, मिट्टी के सारे आवेगों को समेटकर वे सदैव अपने परम अस्तित्व की ओर उड़ना चाहते हैं। अध्यात्म तो धरती से दूर है ही, उनकी देश-भक्ति भी स्थूलता को छोड़कर तथा बाह्य जीवन से उठकर मानस जगत् में चली जाती है और वहाँ पहुँचकर अध्यात्म के ही आकाश का एक अंग बन जाती है—

घड़ियाँ जल-जलकर बनतीं
प्रियतम-पथ की फुल-झड़ियाँ,
चढ़ते हैं एकान्त और
उन्माद स्वयं बन लड़ियाँ,
आज पुतलियों ने फिर खोला
चित्रकार का द्वार;
जीवन के कृष्णार्पण की
नींव फिर उठीं पुकार!

(मिट्टी की ओर)

कवि श्री सियारामशरण गुप्त

अष्टादश हिन्दी-साहित्य-सम्मेलन, मुजफ्फरपुर (1928) में हिन्दी-कविता के पुराने और नए स्कूलों के प्रतिनिधियों के बीच का संघर्ष बहुत ही मुखर हो उठा। उस साल मंगला प्रसाद-पारितोषिक साहित्य विषय पर दिया जानेवाला था, किन्तु वह पुरस्कार 'पल्लव' पर न दिया जाकर श्री वियोगी हरिजी की 'वीर-सतसई' पर दिया गया। इसके सिवा, सम्मेलन के सभापति पं. पद्मसिंह जी शर्मा ने अपने अभिभाषण में छायावाद की बड़ी ही कटु आलोचना भी की थी और व्यंग्यपूर्वक 'पल्लव' को काँटा कह डाला था। नवयुवक साहित्यकार इस बात से बहुत ही क्षुब्ध थे और इस क्षोभ को अभिव्यक्ति सम्मेलन के अवसर पर होनेवाली सभी साहित्यिक समितियों और बैठकों में होती रही। सम्मेलन के दूसरे दिन, मुजफ्फरपुर साहित्यसंघ (यह संस्था अब जीवित नहीं है) के उत्सव में सभापति के पद से बोलते हुए श्री हरिऔधजी ने आवेश के साथ कहा कि "मुझे तो श्री मैथिलीशरणजी की अपेक्षा श्री सियारामशरण की ही कविताएँ अधिक पसन्द आती हैं।" सभी युवकों ने तुमुल करतलध्वनि के साथ इस घोषणा का स्वागत किया, किन्तु मेरे हाथ नहीं बज सके। मैं विचारता रह गया कि क्या सचमुच ही 'मौर्य-विजय' का रचयिता 'जयद्रथ-वध' के रचयिता से श्रेष्ठ है?

श्री सियारामशरणजी को श्री मैथिलीशरणजी से श्रेष्ठ मैं अब भी नहीं मानता। दोनों भाइयों की मनोदशाएँ एक न होते हुए भी प्रायः मिलती-जुलती-सी हैं और समधिक दूरी तक दोनों में ही प्राचीन संस्कारों के प्रति एक प्रकार की अनुरक्ति है; किन्तु उम्र में छोटे होने के कारण अथवा अन्य प्रभावों से श्री सियारामशरणजी नवीनता की ओर अधिक उन्मुख हैं। उनकी विषय को ग्रहण करने की प्रणाली मैथिलीशरणजी की अपेक्षा अधिक नवीन है तथा यद्यपि छायावाद की अभिव्यंजक शक्तियों का विकास उनमें भी पूर्ण रूप से नहीं हो सका, तथापि वे अपने अग्रज की अपेक्षा छायावाद के अधिक समीप और उसके अधिक अपने कवि रहे। छायावाद की दुनिया में मैथिलीशरणजी अपनी सामर्थ्य के बल पर आए थे, किन्तु सियारामशरणजी को उस दुनिया को किरणों ने अपनी ओर खींचा। यों भी कह सकते हैं कि छायावाद के बाजार से अपनी पसन्द की तूलिका और रंग खरीदकर मैथिलीशरण अपने देश को लौट गए, किन्तु सियारामशरणजी ने उस बाजार में आकर डेरा ही डाल दिया; यानी स्थायी निवास के उद्देश्य से वहाँ अपना घर नहीं

बनाया, क्योंकि तब अपने असली घर का मोह उन्हें छोड़ देना पड़ता और 'दूर्वादल', 'पाथेय', 'मृण्मयी' एवं 'आर्द्रा' की रचना बँटी हुई मनोदशाओं से ऊपर उठकर एकमात्र रोमांस की समाधि में करनी पड़ती।

सियारामशरणजी की कविताओं के पीछे हम एक ऐसी मनोदशा को विद्यमान पाते हैं जो प्राचीन और नवीन, दोनों ही दिशाओं की ओर बँटी हुई है। शैली से वे रोमांसप्रिय और विचारों से शास्त्रीय हैं। किन्तु, शैली उनके विचारों को प्रेरित नहीं करती। भाव उनके इतिहास से आते हैं और शैली वे नए युग से लेते हैं। यह भी ठीक है कि उनके सभी भाव उनकी अनुभूतियों में गलकर नवीन बन जाते हैं, किन्तु इस क्रम में उनका एक तिहाई अंश प्राचीन ही रह जाता है। उनके साथ एक और कठिनाई है। प्राचीन भाव और नई शैली जब आपस में मिलने लगती हैं, तब उनमें से प्रत्येक को अपनी मूल शक्ति का कुछ अंश बलिदान करना पड़ता है। इस प्रकार उनके शास्त्रीय भावों की अपनी परम्परागत प्रबलता घट जाती है और नवीन शैली को भी अपनी स्वाभाविक विशिष्टताओं में से कुछ का त्याग करना पड़ता है। 'आर्द्रा' और 'मृण्मयी' की कविताओं में रोमांसवाद की चमत्कारपूर्ण शैली अपने तेज के साथ पूर्ण रूप से विद्यमान है, किन्तु स्पष्ट ही, गम्भीर शास्त्रीय भावों को सफलतापूर्वक वहन करने के लिए उसे अपनी सूक्ष्मता को छोड़ देना पड़ा है और गद्य के उतना समीप आ जाना पड़ा है जितना समीप उसे, साधारणतः नहीं आना चाहिए था। यह कवि की असमर्थता का परिणाम नहीं हैं, प्रत्युत् जब कभी लिरिक-कविता की शैली, प्रबन्ध अथवा कथा-काव्य या किसी प्रकार की नीति-व्यंजना के लिए प्रत्युक्त की जाएगी, तभी उसे सूक्ष्म की अपेक्षा कुछ अधिक स्थूल हो जाना पड़ेगा।

भद्र, यह विधि का विधान है,
देव हो कि दानव हो,
ऋषि, मुनि और महामानव हो,
सीमित सभी का यहाँ ज्ञान है।
विधि के विधान से ही वर्षण-अवर्षण का,
एक-एक क्षण का
निश्चित है योगायोग,
भोग्य है सभी के लिए भोगाभोग।

(मंजुघोष)

यह टुकड़ा उस शैली का अत्यन्त रोचक उदाहरण है जो श्री सियारामशरणजी में शास्त्रीय भाव और नवीन व्यंजना-प्रणाली के योग से विकसित हुई है। पूरे पद में प्रवाह की गम्भीरता और भावों की टुकड़ियों की समाप्ति पर आनेवाले लय के विराम इसे मैथिलीशरणजी की किसी भी कविता से एकदम विभाजित कर देते हैं। यह कविता आज से दस वर्ष पूर्व की रचना है जब छायावाद हिन्दी में अपना पूरा काम कर चुका

था और स्वभावतः ही जब श्री सियारामशरणजी उससे वे सभी प्रभाव ग्रहण कर चुके थे जो उनकी रुचि के अनुकूल पड़ते थे। लेकिन, सब कुछ होते हुए भी इसके भीतर से चमकनेवाला भाव प्राचीन मालूम पड़ता है। यह शास्त्रीय पद्धति के विचार की मनोदशा है जो छायावाद के भीतर से अपनी समस्त ज्ञानगरिमा के साथ चमक रही है। यह उस कवि की वाणी है जो अपने प्राचीन संस्कारों का उज्ज्वल गीत अभिव्यंजना के नवीन सुरों में गा रहा है। मैथिलीशरणजी ने छायावाद से सिर्फ तूलिका और रंग लिए थे; कैनवास और स्वप्न दोनों ही उनके अपने थे। सियारामशरणजी ने स्वप्न छोड़कर और समस्त उपकरण छायावाद से ही लिए हैं। 'मौर्यविजय' के समय उन्होंने जिस कैनवास का उपयोग किया था, वह अब उनके पास नहीं है; छायावाद के भांडार से उन्होंने अपनी पसन्द का एक नया कैनवास उठा लिया है जो अन्य छायावादी कवियों के चित्रपट की तरह कोमल तो नहीं है, किन्तु चित्र शायद उस पर बुरे नहीं उठते हैं।

सियारामशरणजी में कला की आराधना कम, विचारों का सेवन अधिक है। उनका उद्देश्य सौन्दर्य-सृष्टि नहीं, प्रत्युत् कविता के माध्यम से सत्य का प्रतिपादन है। प्रसन्नता उन्हें इसलिए नहीं होती कि वे सुन्दर सुरों में गाते हैं, प्रत्युत् इसलिए कि उनका गान सारसंयुत है! हिन्दी-संसार में उन्हें जो सुयश मिला है वह भी निरे कला-निर्माण के लिए नहीं, प्रत्युत् विचारों की शुद्धता एवं भावों की पवित्रता के कारण ही। रसिक कवि की सौन्दर्यप्रियता एवं प्रेम तथा आसक्ति के भाव उनमें कहीं भी प्रकट नहीं हुए हैं। उनकी कविताओं में से रंगीनियों की एक पूरी दुनिया ही गायब है। बल्कि इस दृष्टि से श्री मैथिलीशरणजी कहीं अधिक सरस हैं जिन्होंने 'पंचवटी', 'द्वापर' और 'साकेत' में स्थान-स्थान पर शृंगार की छोटी-मोटी अनेक धाराएँ बहाई हैं जो पवित्र होने के साथ सुन्दर और सरस भी हैं। किन्तु, इसका अभिप्राय यह नहीं है कि सियारामशरणजी एकरस अथवा संकीर्ण है। एक कवि जीवन भर में एक ही कविता लिखता है, हिन्दी के वर्तमान कवियों में इस सिद्धान्त के वे सबसे बड़े अपवाद हैं। रस का अभाव उनमें भले ही हो, किन्तु विचारों का उनमें एकदम अभाव नहीं है। उनकी कविताओं के भीतर से एक ऐसे चिन्तक का व्यक्तित्व झलकता है जो सदैव नए-नए भावों का शोध कर रहा हो। उनकी प्रत्येक कविता भाव-प्रधान है और उनके भाव भी विविध एवं विशाल हैं। वे अपने समय के अत्यन्त सम कवि भी हैं; उनकी कविताओं का धरातल ऊपर-नीचे नहीं होता। ऐसा नहीं है कि उनकी एक रचना बहुत छिछली और दूसरी अत्यधिक गम्भीर हो। जिस स्तर पर वे काम करते हैं उसके नीचे विचारों के सुदृढ़ खम्भे लगे हुए हैं जो ज्यादा हिलते-डुलते नहीं।

सियारामशरणजी संयमशील कवि भी है। यह सत्य है कि संयम में शक्ति होती है और उससे मनुष्य का रूप गम्भीर हो जाता है। किन्तु, गम्भीर पुरुष से सभी लोग आत्मीयता स्थापित नहीं कर सकते। नेता बहुत-कुछ तिलक और पटेल के समान होना चाहिए, किन्तु कवि और कलाकार के लिए जवाहरलाल का मुक्त स्वभाव ही

उपयुक्त है। यह सच है कि संयम से कवि की शक्ति बढ़ जाती है, किन्तु उस संयम से जी घबड़ाता है जो रस को मुक्त होकर चलने नहीं देता। मैं बार-बार अचरज करता हूँ कि सियारामशरणजी में रसोन्माद का इतना अभाव क्यों है? समधिक भाग में भावों के व्याकुल प्रवाह और संयम के स्रस्त वेग का उदाहरण प्रायः सभी कवियों में मिलता है। फिर सियारामशरणजी में हो यह अनुपस्थित क्यों है?

इसका उत्तर 'दूर्वा-दल', 'आर्द्रा', 'मुण्मयी' और 'पाथेय' की अधिकांश कविताओं में व्याप्त है। कुछ कविताओं को छोड़कर सियारामशरणजी सर्वत्र ही सोद्देश्य हैं जो कलाकार के लिए सदैव अपमान की ही बात नहीं कही जा सकती और सियारामशरणजी की सोद्देश्यता तो बिलकुल ही चिन्तन के आवरण में प्रच्छन्न है, इसलिए उसे हम किसी भी प्रकार प्रचार का पर्याय नहीं मान सकते। वे काव्य की भूमि में विचारक की भाँति गम्भीरता और सहज विनय के साथ उतरते हैं तथा प्रत्येक वस्तु के अस्तित्व का सत्यान्वेषी पुरुषों की भाँति विश्लेषण करते हैं। इस विश्लेषण की प्रक्रिया से यह स्पष्ट हो जाता है कि आनन्द उनका उद्देश्य नहीं है। वे इससे कुछ अधिक ठोस लक्ष्य की तलाश में हैं। जीवन की छोटी-से-छोटी बातों में भी उन्हें किसी महान् सत्य की ध्वनि सुनाई पड़ती है। उनकी घड़ी जब चलते-चलते बन्द हो जाती है तब, अनायास ही, उनमें महान् काल की आकस्मिक स्थिरता की कल्पना जग पड़ती है, मानो यह एक अपूर्व सुयोग आ गया हो। मानो 'अकाल-काल' उन्हें छूने के लिए 'एक क्षण' को रुक गया हो (एक क्षण)। बारात के कोलाहल, हलचल और थकावट के बाद अगर उन्हें बैलगाड़ी में कहीं नींद आ जाती है तो वे सोचने लगते हैं–

भय की नहीं है बात, आज यदि उर में अशान्ति है,
सुन तू अरे मन, तेरी शान्ति-लक्ष्मी शान्ति लायगी,
कोई विघ्न-बाधा रोक उसको न पाएगी।

(शान्ति-लक्ष्मी)

वे प्रधानतः निति-व्यंजक कवि हैं, किन्तु यह नीति उनकी चिन्ता की धारा से सहज रूप से प्रस्फुटित होती है। वृन्द या गिरिधर की तरह उन्हें इसके लिए तैयारी नहीं करनी पड़ती। और जब यह नीति-व्यंजना सुविकसित वक्रोक्ति के माध्यम से होने लगती है तब उसमें काव्यानन्द भी खूब ही उमड़ता है। उनकी चिन्ता की दिशा सहज ही गम्भीर है, अतएव उनके लिए यह कभी भी सम्भव नहीं है कि केवल आनन्द की खोज में वे रंगीनियों के लोक में उड़ने का साहस करें।

संयम, शील और रहस्यान्वेषण की वृत्ति से रहस्यवादियों का संसार बहुत अधिक दूर नहीं है। ऐसी वृत्तिवाला मनुष्य जभी प्रेमविभोर होकर परम सत्ता की ओर उन्मुख होगा, तभी वह उस लोक में जा पहुँचेगा जहाँ की वाणी समर्थ होने पर धुँधली कविता और असमर्थ होने पर दर्शन का सूत्र बन जाती है। सियारामशरणजी उड़कर तो नहीं, हाँ, रास्ता भूलकर कभी-कभी इस लोक में पहुँच जाते हैं, किन्तु प्रेम के उन्माद से

अनभ्यस्त रहने के कारण वे वहाँ का पूरा आनन्द नहीं उठा सकते। वे व्यक्तिवादी होने से डरते हैं और इसीलिए रहस्य-लोक में भी आत्म-विस्मृति से बचने के लिए सदैव सतर्क रहते हैं। उनमें प्रेम तो नहीं, हाँ, श्रद्धा का निवास है, किन्तु विचार के प्रहरी श्रद्धा के साथ अन्याय करते हैं, उसे उठकर घूमने-फिरने नहीं देते। इसलिए उनका रहस्यवाद भक्त की आत्म-विस्मृति न होकर, रहस्य के लोक में ज्ञानी का जागरण हो जाता है। उनकी ''आहा, यह आलोक उदार'' अथवा ''धन्य आज का यह खग्रास' या ''तेरी क्षणप्रभा में ही मैं पुलक, तुझे पहचान गया'' आदि पंक्तियों और कविताओं में यही मनोदशा व्यंजित हुई है। ''प्रियतम, कब आएँगे, कब''...जैसी दो-एक कविताओं में श्रद्धा ने अपना स्वर ऊँचा करना अवश्य चाहा है, किन्तु ऐसी कविताएँ बहुत थोड़ी हैं और मिला-जुलाकर यही निष्कर्ष उचित मालूम पड़ता है कि सियारामशरणजी में भक्ति की अपेक्षा ज्ञान का ही अधिक प्राधान्य है और इसी के बल पर वे काव्य से लेकर अध्यात्म की भूमि तक सचेष्ट होकर विचरण करते हैं।

कला में सतर्कता, शून्य में पंख खोलने से डरने की वृत्ति, निरे आनन्द को त्याज्य समझने की भावना, ठोस एवं शास्त्रीय भावों को छायावाद की आनन्दमयी शैली में बाँधने की उत्कट इच्छा, जीवन की नगण्य घटनाओं एवं उपादानों में से किसी सत्य को व्यंजित करने का लोभ, भावुक की शैली में विचारक की मणि को जड़ देने की उमंग इन सारी प्रवृत्तियों का सुन्दर एवं चरम विकास उनकी 'दैनिकी' नामक सबसे नवीन कृति में हुआ है। 'दैनिकी' एक विचारक कवि की शैली और भाव, दोनों ही के सुरम्य परिपाक का सुन्दर उदाहरण है और इसकी तुलना रवि बाबू की 'कणिका' से की जा सकती है। सियारामशरणजी नवीन और प्राचीन, दोनों के बीच से होकर मध्य-मार्ग पर चल रहे थे। इस यात्रा में उनका हृदय आगे और मस्तिष्क पीछे की ओर था। अब तक उनकी शैली में प्राचीन की नग्नता और नवीन की कुहेलिका आँखमिचौनी खेल रही थीं। 'दैनिकी' में आकर इस द्वन्द्व का अन्त हो गया है। अब वे उस बिन्दु पर दृढ़तापूर्वक खड़े हो गए हैं जहाँ नवीन और प्राचीन, दोनों ही प्रेमपूर्वक मिल सकते हैं। इस दृष्टि से भी सियारामशरणजी की कृतियों में 'दैनिकी' का अप्रतिम स्थान होना चाहिए।

'दैनिकी' में कवि सिर्फ दृढ़ ही नहीं है, उसका मानव-क्षेत्र भी बहुत ही विस्तृत हो गया है; और यह विस्तार कोई आकस्मिक घटना नहीं है। अब तक जो सरणि चली आ रही थी उसका ऐसा ही परिपाक होना चाहिए था। सदा की भाँति वह यहाँ भी प्रतिदिन की घटनाओं के भीतर से जीवन के किसी सत्य की खोज करता है, किन्तु सत्य अब उसकी पकड़ में पहले की अपेक्षा अधिक दृढ़ता तथा आसानी से आता है। पहले वह सत्य के प्रतिबिम्ब से भी सन्तुष्ट हो जाता था; अब ऐसी बात नहीं है; उसे बिम्ब नहीं, शुद्ध सत्य चाहिए और शुद्ध सत्य उसे सर्वत्र ही उपलब्ध होता है, यद्यपि इस सत्य को सत्य मानने का विश्वास उसे अपनी ही दृष्टि से मिलता है। किन्तु, यह कोई नई बात नहीं है। साहित्य में सत्य वही है जो पाठकों की सम्भावना-वृत्ति को

सन्तुष्ट कर सके। साहित्यकार लोगों के मस्तिष्क में सत्य का खूँटा नहीं ठोंकता, उससे इतनी ही स्वीकृति लेना चाहता है कि हाँ, यह सत्य हो सकता है। इस सम्भावना-वृत्ति का दैनिकी में सर्वत्र ही सम्यक् समाधान है; अतएव न्यायपूर्वक यह मान लेना चाहिए कि कवि के सत्यान्वेषण का कार्य सफल हुआ है और जीवन ने इस छोटे-से क्षेत्र में (दैनिकी कुल साठ-पैंसठ पृष्ठों की पुस्तिका है) उसे अपना रूप खुलकर दिखाया है।

सियारामशरणजी 'दैनिकी' से पहले भी मिट्टी का शोध करने के लिए आया करते थे; किन्तु उस समय लक्ष्य तक पहुँचने के पहले ही उन्हें कोई शक्ति अपनी ओर खींच लेती थी। वे कुछ लेकर ही लौटते थे, यह ठीक है; किन्तु यह 'कुछ' वह चीज नहीं थी जो मिट्टी की आत्मा उन्हें पुरस्कार के रूप में दे सकती थी। 'दैनिकी' में आकर उन्हें यह पुरस्कार मिला है और वे आनन्द तथा विस्मय के साथ, पहले-पहल, यह अनुभव कर रहे हैं कि मिट्टी की झनझनाहट ही इस युग का सच्चा काव्य है।

इस युद्ध के समय में सियारामशरणजी ने कविता की दो पुस्तकें तैयार की हैं—एक है 'दैनिकी' और दूसरी है 'उन्मुक्त'। 'उन्मुक्त' में काव्य का प्रवाह अपेक्षाकृत शिथिल है। कवि जो कुछ अखबरों में पढ़ रहा था, उसी के बल पर उसने वर्तमान युद्ध का एक रूपक कविता में लिख दिया। शायद यह पुस्तक युद्ध और गांधीवाद की तुलना के निमित्त लिखी गई है; क्योंकि युद्ध के अन्त में पराजित लोग अहिंसा की दुहाई दे रहे हैं। यह उल्टा न्याय है, क्योंकि अहिंसा तो उन्हें शोभा दे सकती है जो आक्रमणकारी होकर भी जीत गए हैं। स्वत्व और न्याय की बाजी हारनेवाले लोग जब अहिंसा और क्षमा की बातें बोलने लगते हैं, तब ऐसा प्रतीत होने लगता है कि खुफिया पुलिस के डर से वे अपने भीतर के प्रतिशोध को छिपा रहे हों अथवा अपने खोए हुए आत्म-विश्वास को किसी प्रकार जगाने के लिए सांस्कृतिक उद्गारों का अवलम्बन ले रहे हों। 'हिंसा का है एक अहिंसा ही प्रत्युत्तर' में से गांधीवाद का सार व्यंजित होता है। किन्तु, यह किसी प्रकार भी समझ में नहीं आता कि जो लोग पराजय के बाद इस सिद्धान्त का महत्त्व समझने लगे हैं वे इसका प्रयोग करके अपना खोया हुआ द्वीप वापस कैसे पाएँगे।

इसके विपरीत 'दैनिकी' के उद्‌गारों में जीवन का अधिक तेजस्वी और सच्चा स्वर प्रकट हुआ है। उनमें शोषितों के लिए अहिंसा और कष्ट-सहन का उपदेश नहीं है, बल्कि जो कवि सर्वहारा की दशा का आँसू बहाकर शोषकों में करुणा उत्पन्न करना चाहते हैं, उन्हें 'दैनिकी' के कवि ने बहुत ऊँचा उठकर ललकारा है—

करता है क्या? अरे मूढ़ कवि, यह क्या करता?
उत्पीड़ित के अश्रु लिये ये कहाँ विचरता?
दिखा-दिखाकर इन्हें न कर अपमानित उसको,
लौटा आ तू इन्हें उसी पाषाण-पुरुष को।

यह पाषाण-पुरुष स्वयं सर्वहारा है और उसके आँसू आँसू नहीं, प्रत्युत् अंगार हैं।

ज्वाला-गिरि के बीज, क्रूर शोषण से जमकर,
फूट पड़े हैं ठौर-ठौर आग्नेय, विकटतर;
काँप उठी है धरा उन्हीं के विस्फोटन में,
फैल गई प्रलयाग्नि-शिखा यह निखिल भुवन में।

सियारामशरणजी में कल्पना का मोह आतिशय्य तक कभी नहीं गया था। 'दैनिकी' में आकर तो उसका रहा-सहा अंश भी समाप्त हो गया है अथवा यह कहना चाहिए कि उसका कोई भी छूँछा रूप अब शेष नहीं है या यों समझना चाहिए कि ऊपर-नीचे सभी ओर भटकनेवाला तीर्थयात्री अब मिट्टी पर ही अपने आराध्य के मन्दिर को पहचानकर स्थिर हो गया है। मिट्टी के नाद को सुन सकना अवनति नहीं, उन्नति है। अवनति तो वह है जिसके कारण मनुष्य सत्य को तिरस्कृत करके ख्याली दुनिया में डूबने जाता है। 'दैनिकी' की स्वप्नभंग नाम्नी कविता में सियारामशरण जी कहते हैं कि समाधि की अवस्था में एक दिन वे नन्दन-कानन में पहुँच गए और कल्पलता से कहने लगे कि अपना एक फूल मुझे दे दो। उसे मैं चुपके-से अपनी काव्य-वधू के जूड़े में जड़ दूँगा जिससे मेरा आँगन सुरभित हो उठेगा और मेरी काव्य-वधू विस्मय भरी दृष्टि से इधर-उधर देखने लगेगी। इतने में उनका स्वप्न टूट जाता है और देखते हैं कि न तो नन्दन-कानन है और न कल्पलता। है तो एक सूनी कोठरी जिसमें कवि अकेला बैठा हुआ है और सुनाई पड़ता है तो एक पिटती हुई बालिका का स्वर—

पिटी बालिका का कटु क्रन्दन नीचे से आता था,
नहीं रुक रहा था ताड़नरत कर कुपिता माता का।

लेकिन, संसार में आज कितने ही 'ताड़नरत' हाथ हैं जो इस कुपिता माता के हाथ से कहीं अधिक कठोर हैं और पूरे परिवार के साथ भूखों मरनेवाले कितने ही ऐसे लोग हैं जिनका विलाप इस बालिका के क्रन्दन से कहीं हृदयद्रावक और कराल है। तो कवि के नन्दन-कानन का स्वप्न अब भी क्यों नहीं टूटता?

कवि ने इस पुस्तक की छोटी-सी भूमिका में लिखा है—"जनरुचि को आज संग्राम की विकट परिस्थिति ने सस्ती और साधारण वस्तुओं की ओर भी उन्मुख कर दिया है। 'दैनिकी' का रचनाकाल यही है। इसी कारण इसके अपना लिए जाने की आशा रचयिता को है।" तथा "कवि की विशेषता साधारण से असाधारण की उपलब्धि पर लेने में है।" पता नहीं, इसमें सियारामशरणजी की शंका बोलती है अथवा आत्मविश्वास, किन्तु सच तो यह है कि संकट के जिस काल ने लोगों को साधारण वस्तुओं की ओर उन्मुख कर दिया है, उसी ने यह भी सिद्ध कर दिया है कि मनुष्य के प्रसाधन के सारे उपकरण चाहे छीन लिए जाएँ, किन्तु अन्न और वस्त्र तो उसे मिलना ही चाहिए।

(मिट्टी की ओर)

कामायनी, दोषरहित-दूषणसहित

अनेक आलोचकों का मत है कि कामायनी का कथा-तत्त्व अत्यन्त विरल है और इस महाकाव्य की प्रशंसा का मुख्य कारण उसकी सुविशाल प्रगीतात्मकता है। किन्तु कामायनी पर लिखित अनन्त आलोचनाओं को देख जाइए, प्रायः नब्बे प्रतिशत आलोचनाएँ उसके कथानक को लेकर लिखी गई हैं। कामायनी में प्रयुक्त प्रगीतों के कौशल पर तो अधिकांश आलोचकों का अभी ध्यान ही नहीं गया है। और आलोचकों की यह प्रवृत्ति अभी रोकी भी नहीं जा सकती। खड़ी बोली में पहले-पहल एक ऐसा काव्य निकला है जिसके कथा-सूत्रों की खोज में पंडितों को प्राचीन साहित्य के कानन में विचरण करने का अवसर मिलता है, पांडित्य प्रदर्शन करने और ऊँची-ऊँची बातें कहने के प्रसंग हाथ आते हैं। यही नहीं, प्रत्युत् वैदिक साहित्य के अरण्य में गए बिना कामायनी के कथानक को क्रमबद्ध रूप में उपस्थित कर देना भी साहित्य का अच्छा काम समझा जाता है।

स्थूल रूप में कामायनी की कथा मनु, श्रद्धा और इड़ा की कहानी है। किन्तु सूक्ष्म दृष्टि से देखने पर यह कथा मनुष्य के मनोवैज्ञानिक विकास की कहानी बन जाती है। अवश्य ही कवि ने मनु, श्रद्धा और इड़ा की कहानी नहीं लिखी है। उनका उद्‌देश्य मनुष्य की मनोवैज्ञानिक समस्याओं का चित्रण और समाधान था। अतएव उन्होंने वैदिक और पौराणिक साहित्य के वन में बिखरी हुई मन्वन्तर की क्षीण कथा-कड़ियों को जोड़कर वह माध्यम प्रस्तुत कर लिया जिसके द्वारा मनुष्य का मनोवैज्ञानिक इतिवृत्त काव्य के रूप में उपस्थित किया जा सकता था। इस विलक्षण कथा के संधान मात्र को मैं आधी या उससे अधिक कविता मानता हूँ। कामायनी के कथानक के आदरणीय धरातल ने समूचे काव्य के धरातल को ऊँचा उठा दिया है। परिणाम यह है कि केवल कुछ ही लोग हैं जिन्हें कामायनी काव्य के दोष दिखाई पड़े हैं। अपार संख्या तो उन्हीं आलोचकों की है जो कथानक की दिव्यता और शैव दर्शन के वैभ्राज्य के सिवा कामायनी में और कुछ देख ही नहीं पाते।

और कथानक में भी पंडितों की रुचि स्थूल कथा में न होकर उस सूक्ष्म कथा में होती है जो काव्य के वर्णन नहीं, ध्वनि का विषय है। कामायनी की कहानी एक अनगढ़ मनुष्य की सिद्धि-यात्रा की कहानी है। विनाश के गर्त से मनु प्रलय के

उच्छिष्ट के समान निकले हैं। प्रथम सर्ग में वे चिन्तित दिखाई देते हैं। तब उनकी भेंट श्रद्धा से होती है और वे गार्हस्थ्य-कर्म एवं यज्ञ में प्रवृत्त होते हैं। किन्तु यज्ञ का प्रभाव यह होता है कि वे मद्य एवं मांस के प्रेमी बन जाते हैं। कामायनी में बहुत दूर तक मनु का जो रूप दिखाई देता है वह अनगढ़ बर्बर मनुष्य का रूप है। मनु ने श्रद्धा के मेष की केवल इसलिए बलि चढ़ा दी कि श्रद्धा उस पशु को प्यार करती थी। फिर जब श्रद्धा अपने गर्भस्थ पुत्र की बात मनु से कहती है तब वे यह सोचकर भयानक ईर्ष्या से भर जाते हैं कि यदि पुत्र जन्मा तो श्रद्धा का प्रेम विभक्त हो जाएगा। यह भी कि श्रद्धा का गर्भिणी-रूप मनु को जुगुप्सा-व्यंजक लगा और वे उसे अकारण छोड़कर भाग गए। आगे चलकर उन्होंने इड़ा की सहायता से उजड़े हुए सारस्वत नगर को बसाया और वे उसके राजा बन बैठे। फिर एक दिन इड़ा पर बलात्कार करने के प्रयास में उन्हें लड़ना, आहत, अपमानित और मूर्च्छित होना पड़ा। इसके बाद श्रद्धा फिर से उनके पास पहुँची और उसने मनु को शिवलोक पहुँचा दिया।

इस स्थूल कथा से जो सूक्ष्म कथा ध्वनित होती है वह यह है कि मनुष्य स्वभाव से पशु होता है। मानवता और मृदुलता उसमें श्रद्धा एवं बुद्धि के संयोग से आती है। केवल बुद्धि मनुष्य को ऐहिक सम्पन्नता दे सकती है किन्तु उससे मानसिक शान्ति नहीं मिलती। कथा की दूसरी ध्वनि यह है कि मनुष्य जब पशुता से ऊपर उठने लगा तब इस उत्थान में उसकी सहायता धर्म (श्रद्धा) ने की थी। आगे चलकर उसने बुद्धि का (इड़ा का) साहचर्य प्राप्त किया। इस नई देवी ने उसे समृद्धि तो पर्याप्त प्रदान की किन्तु उसके रागों को वह परिष्कृत नहीं कर सकी। परिणामस्वरूप संसार में युद्ध और अशान्ति का बोलबाला हो गया है। इड़ा के पास से मनु को निकालकर श्रद्धा जो उन्हें शिवलोक ले जाती है, इसके बहाने कवि यह कहना चाहते हैं कि बुद्धि यथेष्ट नहीं है। मनुष्य यदि शान्ति चाहता हो तो उसे फिर से उस धर्म का साहाय्य चाहिए जिसे वह पीछे छोड़ चुका है।

इस प्रकार कामायनी का कथा-सूत्र विरल होता हुआ भी लम्बाई में कम नहीं है। उसका एक छोर यदि सभ्यता के आदिकाल में है तो दूसरा भविष्य के गह्वर तक जाता है।

प्रवृत्तिमार्ग का प्रतिपादन

महाकाव्यों की एक विशेषता यह भी है कि शाश्वत-अशाश्वत कुछ भी होने के पूर्व वे अपने युग के महाकाव्य होते हैं। साहित्य काल की भावनात्मक अभिव्यक्ति का माध्यम होता है। विशेषतः कविता के मान का कारण ही कवि का मान है। कविता समाज के लिए इस कारण आवश्यक होती है कि समाज के लिए कवि आवश्यक होता है। किसी समाज की भावना किस दिशा में अथवा किस स्तर तक बढ़ी है इसका

रहस्य युग-कवि के आने पर ही खुलता है। कवि जिन शंकाओं से उलझता है, वे उसके अपने युग की शंकाएँ होती हैं और इन शंकाओं का वह जो समाधान देता है उसके श्रोता भी सबसे पहले उसके अपने समय के ही लोग होते हैं। यदि कामायनी की रचना तुलसीदास अथवा बिहारी के समय की गई होती तो मूल कथानक तो प्रसाद जी के कथानक से मिलता-जुलता ही होता किन्तु उस काव्य की अनुभूतियाँ और संदेश कुछ और होते। किन्तु सौभाग्यवश प्रसाद जी उस समय जनमे जब यूरोप से आनेवाले विचारों के सम्पर्क से भारतीय संस्कृति में नवजीवन की लहर दौड़ चुकी थी तथा राममोहन, दयानन्द, रामकृष्ण, विवेकानन्द, तिलक और गांधी के व्यक्तित्वों के भीतर से वह एक बार फिर से जवान हो चली थी। अभिनव हिन्दुत्व आगामी विश्व-धर्म की भूमिका बन गया है एवं नूतन भारतीय संस्कृति निवृत्ति को छोड़कर प्रबलता से प्रवृत्ति में विश्वास करने लगी है। संन्यास की अपेक्षा वह कर्मठ गार्हस्थ्य को श्रेष्ठ समझती है, नारियों के प्रति वह पूर्ण रूप से न्यायशील एवं उदार है तथा धर्मों के आनुष्ठानिक पक्षों को अत्यन्त गौण मानकर वह हृदय की उस गहरी अनुभूति में विश्वास करती है जिससे सभी धर्मों का जन्म होता है। भारतीय संस्कृति के इस पुनरुत्थान की कितनी ही बारीकियों की हिन्दी में सर्वाधिक सफल अभिव्यक्ति छायावाद-काल में हुई। इसीलिए हम देखते हैं कि छायावादी कवियों का धर्म रहस्यवाद एवं नारियों को देखनेवाली उनकी दृष्टि निष्कलुष तथा समादरपूर्ण है।

पुनरुत्थान के ये लक्षण छायावादकालीन काव्य में खूब अभिव्यक्ति पाते हैं एवं छायावादी धारा की प्रतिनिधि-रचना होने के कारण कामायनी में भी उनकी बहुविध अभिव्यक्ति हुई है। रहस्य सर्ग से पूर्वतक धर्म और दर्शन के धरातल पर कामायनी का संदेश निवृत्ति नहीं, प्रवृत्ति का संदेश है। वह गीता की उस व्याख्या से अद्भूत होता है जो लोकमान्य तिलक ने तैयार की थी, जो मनुष्य को संघर्ष से भागने नहीं, उससे जूझने को प्रेरित करती है, जो अकर्मण्य ज्ञान की अपेक्षा सद्भाव-प्रेरित कर्म को कहीं श्रेष्ठ मानती है, जो श्मशान-वैराग्य और अस्वस्थ त्याग को पुरुष का दूषण बताती है। बुद्धदेव के समय से भारत में यतीधर्म पूजित चला आ रहा था। उसी के प्रभाव में आकर प्राचीन युग के संन्यासियों ने गीता को संन्यास का ग्रन्थ बना दिया था। यह तमिस्रा तब फटी जब लोकमान्य तिलक ने गीता-रहस्य लिखकर यह प्रतिपादित किया कि गीता संसार छोड़कर वैराग्य लेनेवालों का ग्रन्थ नहीं, प्रत्युत् उनका ग्रन्थ है जो जनक के समान संसार के सभी कार्य करते हुए भी संसार से अनासक्त रहने की योग्यता रखते हैं। इस यती-धर्म का खंडन कामायनी में भी हुआ है।

कर रहा वंचित कहीं न त्याग तुम्हें मन में धर सुन्दर वेश।
दुःख से डरकर तुम अज्ञात जटिलताओं का कर अनुमान,
काम से झिझक रहे हो आज भविष्यत् से बनकर अनजान।

काम मंगल से मंडित श्रेय सर्ग, इच्छा का है परिणाम,
तिरस्कृत कर उसको तुम भूल बनाते हो असफल भव-धाम।

(श्रद्धा-सर्ग)

श्रद्धा-सर्ग के मनु वह मनुष्य है जो अकर्मण्य चिन्तन के मारे निराश और दुःखी रहता है, जो यह सोचकर सदैव उत्साहहीन और खिन्न रहता है कि सारा संसार नश्वर, दुःखी और विषण्ण है अतएव यहाँ का कोई भी कर्म करणीय नहीं है।

किन्तु, जीवन कितना निरुपाय, लिया है देख, नहीं सन्देह,
निराशा है जिसका परिणाम, सफलता का वह कल्पित गेह।

(श्रद्धा-सर्ग)

किन्तु कामायनी का सन्देश ऐसे ही चिन्ता-कातर अकर्मण्य लोगों की उत्साहहीनता झाड़कर उन्हें कर्म के मार्ग पर अग्रसर करना है। अतएव श्रद्धा मनु से कहती है—

तप नहीं केवल जीवन-सत्य, करुण यह क्षणिक, दीन अवसाद,
तरल आकांक्षा से है भरा सो रहा आशा का आह्लाद?

* * *

और क्या, यह तुम सुनते नहीं विधाता का मंगल वरदान,
'शक्तिशाली हो, विजयी बनो' विश्व में गूँज रहा जयगान।

(श्रद्धा-सर्ग)

और यही सन्देश मनु को काम से भी दिलवाया गया है।
यह नीड़ मनोहर कृतियों का, यह विश्व कर्म-रंगस्थल है,
है परम्परा लग रही यहाँ, ठहरा जिसमें जितना बल है।

(कर्म-सर्ग)

फिर कर्म-सर्ग में जाकर श्रद्धा और मनु का जो संवाद होता है उसमें भी श्रद्धा मनु के भीतर कर्म की ही प्रेरणा भरती है

औरों को हँसते देखो मनु, हँसो और सुख पाओ,
अपने सुख को विस्तृत कर लो, सबको सुखी बनाओ।

(कर्म-सर्ग)

और इड़ा तो कर्म की प्रतिमा ही बनकर आई है। वह भी मनु से बार-बार कहती है कि अकर्मण्य चिन्तन से जीवन का उद्धार नहीं हो सकता। मनुष्य सुखी तभी हो सकता है जब वह वीरतापूर्वक कर्म करने में प्रवृत्त हो जाए।

हाँ तुम ही हो अपने सहाय।
यह प्रकृति परम रमणीय, अखिल ऐश्वर्य-भरी, शोधक, विहीन,
तुम उसका पटल खोलने में परिकर कस कर बन कर्मलीन
सबका नियमन शासन करते, बस, बढ़ा चलो अपनी क्षमता।

(इड़ा-सर्ग)

कामायनी के भीतर कर्म और प्रवृत्ति की अवज्ञा भी ध्वनित होती है किन्तु उसका प्रसंग आगे आएगा। रहस्य-सर्ग से पूर्व तक तो इस काव्य में कर्म की प्रेरणा इस प्रकार जगमगाती है कि उसी के कारण छायावादी चिन्तन के तुषार में चलनेवाला यह महाकाव्य स्वस्थ किरणों से संवलित दीखता है।

नारी-भावना

समाज में जब-जब निवृत्ति की भावना बढ़ती है, तब-तब गृहस्थ और नारी की मर्यादा क्षीण हो जाती है तथा जब-जब प्रवृत्ति का उत्थान होता है, गृहस्थ और नारी, दोनों का मान ऊँचा हो जाता है। पिछली सदी से भारत में प्रवृत्तिमार्गी चिन्तन का जो विकास हुआ उसका सबसे सुन्दर परिणाम नारियों की पदोन्नति में प्रकट हुआ है। अब हम नारियों को 'अघ की खान' नहीं मानते, न हम यही विश्वास करते हैं कि नारी की सारी महिमा उसके शरीर को लेकर है। छायावाद-युग में तो बात ठीक इसके विपरीत दिखाई पड़ी। छायावादी कवियों ने सौन्दर्य-बोध को धर्म के धरातल पर अधिष्ठित कर दिया और उन्होंने नाना छन्दों में अपूर्व भंगिमा के साथ यह घोषणा की कि नारी भोग्या नहीं, प्रेरणा का पावन उत्स है; उसे दूर से देखकर प्रेरित एवं उत्फुल्ल होने में जो आनन्द है वह और कहीं भी नहीं मिल सकता।

कामायनी में नारी के जिस रूप की कल्पना की गई है वह उसका यही निष्कलुष रूप है। कामायनी के कवि का ध्येय पाठकों को नारी के उस आभ्यंतर सौन्दर्य से परिचित कराना है जो नारी के चर्म और मांस में नहीं प्रत्युत् उसकी आत्मा में बसता है, जो वासना नहीं, अर्चना का विषय है जिससे पुरुष भोग और तृप्ति नहीं, प्रेरणा और स्फुरणा की प्राप्ति करता है जिसे छूने की इच्छा तो जगती है किन्तु उस इच्छा का पर्यवसान स्पर्श नहीं, स्फूर्ति में होता है।

स्पर्श के आकर्षण से पूर्ण प्रकट करती ज्यों जड़ में स्फूर्ति।

यह नारी को देखने की छायावाद-युगीन दृष्टि है। और कामायनी के कवि के मन में नारी की जो निष्कलुष प्रतिमा अवस्थित थी उसकी पवित्रता नारी-रूप-चित्रण की शैली में भी झलक मारती है। इस वर्णन में कवि ने वासना-व्यंजक विशेषणों का सर्वथा त्याग करके केवल ऐसे-ऐसे विशेषण रखे हैं जिनसे स्वतः निष्कलुषता का वातावरण प्रस्तुत हो जाता है और इस वातावरण में श्रद्धा का जो रूप प्रकट होता है वह सचमुच ही स्पर्श से दूर और मन में अनिर्वचनीय स्फुरणा उत्पन्न करनेवाला है।

कौन तुम संसृति-जलनिधि-तीर तरंगों से फेंकी मणि एक,
कर रहे निर्जन का चुपचाप प्रभा की धारा से अभिषेक?

*　　*　　*

एक करुणामय सुन्दर मौन और चंचल मन का आलस्य।

*   *   *

मधु-पवन-क्रीड़ित ज्यों शिशु साल सुशोभित हो सौरभ-संयुक्त।

*   *   *

एक लघु ज्वालामुखी अचेत माधवी रजनी में अश्रान्त।

*   *   *

रचित परमाणु पराग शरीर खड़ा हो ले मधु का आधार।

(श्रद्धा-सर्ग)

इन उद्धरणों में केवल 'आलस्य' और 'मधु', ये दो ही विशेषण ऐसे हैं जिनका कुछ दूर का सम्बन्ध वासना से भी बिठाया जा सकता है। शेष विशेषण तो ऐसे ही हैं जिनसे पवित्रता की अगुरु-गन्ध निःसृत होती है। 'प्रभा की धारा', 'सुन्दर मौन', 'शिशु साल', 'अचेत ज्वालामुखी' और 'परमाणु-परागशरीर' ये ऐसे विशेषण हैं जिनके भीतर सरस्वती अपनी पूरी सामर्थ्य को लेकर विराज रही हैं और इन विशेषणों से सौन्दर्य की जो पवित्रता ध्वनित होती है वह अन्यविध अव्याख्येय है।

नर-नारी-सम्बन्ध किसी एक बात को लेकर पहले की शताब्दियों में विचार के स्तर पर गर्हित समझा जाता था और यतीगण इसी कारण ऐसे सम्बन्धों को घृण्य एवं त्याज्य बताते थे। किन्तु प्राणिविज्ञान एवं मनोविज्ञान के प्रचार से नवयुग में आकर यतियों की आज्ञाएँ निरर्थक प्रतीत होने लगीं। अतएव वर्तमान युग नर-नारी-मिलन को निसर्ग-सम्मत मानने लगा। यही कारण है कि गांधी जैसे सन्त ने भी नरों और नारियों को केवल इस सतर्कता के साथ मिलते रहने की अनुमति दे दी कि वे विकार से ऊपर रहें। यही सतर्कता हम छायावादी कवियों में भी देखते हैं यद्यपि यह शिक्षा छायावादियों ने गांधी जी से नहीं ली प्रत्युत् दोनों पर यह प्रभाव नवयुग की चेतना के कारण आया।

विकार से बचे रहने की बात श्रद्धा को भी याद है। इसीलिए मनु को आत्म-समर्पण करते समय वह यह कहना नहीं भूलती कि—

आज से यह जीवन उत्सर्ग इसी पद-तल में विगत-विकार।

वासना-सर्ग के अन्त में यह संकेत किया गया है कि मनु और श्रद्धा का प्रेम शरीर के धरातल पर आने को उत्सुक है। किन्तु यह सम्भावना श्रद्धा को भयभीत कर देती है। उसे लगता है कि शारीरिक मिलन से उसके प्राणों में और भी आकुलता उत्पन्न होगी।

आह, मैं दुर्बल, कहो, क्या ले सकूँगी दान!
वह, जिसे उपभोग करने में विकल हों प्रान?

और काम के मुख से मनु को जो भर्त्सना सुनने को मिलती है उसके भीतर भी यह संकेत है कि नारी केवल शरीर नहीं है, न पुरुष का काम्य केवल भोग है।

पर तुमने तो पाई सदैव उसकी सुन्दर जड़ देह मात्र।

*   *   *

वासना-तृप्ति ही स्वर्ग बनी, यह उलटी मति का व्यर्थ ज्ञान।

नारी के अतीन्द्रिय रूप-विषयक यही धारणा वहाँ भी व्यक्त हुई है जहाँ कर्म-सर्ग में मनु एकान्त कक्ष में सोई हुई श्रद्धा के पास बैठे हैं। मनु का अपना हृदय तो काम के ताप से जल रहा है किन्तु श्रद्धा का शरीर उन्हें ऐसा दिखाई देता है मानों उसके भीतर से ज्योतिस्स्फुर्लिंग फूट रहे हों।

वे मांसल परमाणु किरण-से विद्युत थे बिखराते,
अलकों की डोरी में जीवन-कण-कण उलझे जाते।

यहाँ सेक्स की जिस शुचिता की बात कही जा रही है वह छायावाद का आग्रह था। कई कारण थे जिनसे प्रेरित होकर छायावाद नारी के निष्कलंक रूप पर मोहित हुआ था। एक तो छायावाद के आविर्भाव के पूर्व रीतिकालीन शृंगारिकता की बहुत ही कड़ी आलोचना हो चुकी थी जिससे आगामी कवि सतर्क हो गए। दूसरे, स्वामी दयानन्द के पवित्रतावादी प्रचार से घबराकर द्विवेदीयुगीन कविगण नारी के कामिनी-रूप से आँख चुराने लगे थे। इसलिए द्विवेदी-युग के कवियों को हम नारी के कामिनी नहीं, वीर और सती रूप की आराधना करते देखते हैं। यही प्रवृत्ति छायावाद-काल में नारियों को निष्कलुष रखने की प्रवृत्ति में विकसित हो गई किन्तु सबसे बड़ा कारण छायावाद के भीतर रोमांटिक भावों का जोर था। सभी देशों में रोमांटिक चिन्तक नारियों को स्पर्श से दूर रखना चाहते थे। भारत में भी रवीन्द्रनाथ ने यही किया था। अतएव छायावादी कवियों ने भी उसी संस्कार को अपना लिया जिसका आरम्भ प्लेटो ने किया था तथा जिस संस्कार से विश्व का सारा रोमांटिक साहित्य व्याप्त था।

नारी के वासनोद्दीपक रूप का वर्णन तुलसीदास ने भी नहीं किया है। किन्तु तुलसीदास और छायावादी कवियों में एक भेद है। तुलसीदास जी सन्त थे और समस्त नारी जाति को कदाचित् वे माता के रूप में देखते थे। किन्तु, छायावादी कवि कलाकार थे एवं नारियों को वे सौन्दर्य की प्रतिमा के रूप में देखना चाहते थे। तुलसीदास के मन पर धर्म का बन्धन था। छायावादी कवि निर्बन्ध थे और धर्म के स्थान पर उन्होंने सौन्दर्य-बोध को प्रतिष्ठित कर दिया था। तुलसीदास का हृदय सेक्स के मामले में शान्त था किन्तु छायावादी कवि सेक्स की भावनाओं से उद्वेलित हो रहे थे। यही कारण है कि 'विगत-विकार' रहने का जो व्रत उन्होंने लिया, उसका सम्यक् निर्वाह उनसे न हो सका। स्वयं प्रसाद जी ने श्रद्धा के रूप-वर्णन में जो संयम बरता है वह केवल छायावाद के आग्रह के कारण। अन्यथा वासनामूलक सौन्दर्य का उद्वेलन कामायनी में भी मिलता है।

फटा हुआ था नील वसन क्या ओ यौवन की मतवाली?
देख अकिंचन जगत लूटता तेरी छवि भोली-भाली।

* * *

जब कामना सिन्धु-तट आई ले सन्ध्या का तारा-दीप,
फाड़ सुनहली साड़ी उसकी तू हँसती क्यों अरी प्रतीप?

(आशा-सर्ग)

छायावाद ने अपने वासना-दमन-व्रत का निर्वाह किया हो या नहीं किन्तु नारी को देखने की उसने जो अद्भुत दृष्टि निकाली उसका पूर्ण परिपाक कामायनी में हुआ है। यह बात दूसरी है कि नर-नारी समस्या का छायावादी समाधान, सचमुच का कोई समाधान नहीं है क्योंकि नर-नारी-सम्बन्ध को 'विगत-विकार' रखने की बात सुन्दर चाहे जितनी भी लगे, अपार मानवों के लिए वह अशक्य है। फिर भी छायावाद ने अपने दृष्टिकोण का जो प्रचार किया उससे यह प्रभाव तो फैला ही कि नारी उतनी ही नहीं है जितनी वह चर्म और मांस में दिखाई देती है। उसके और भी रूप हैं जो समाज में शील, सुषमा एवं सुगन्ध बिखेरते हैं जिनसे कवियों को काव्य, चित्रकारों को चित्रकला तथा शूरमाओं को जीवन में अग्रसर होने की प्रेरणा प्राप्त होती है।

छायावाद ने नारी को केवल सौन्दर्य-बोध की दृष्टि से देखा। इसीलिए वह उसे सौन्दर्य की अकलुष प्रतिमा, चन्द्रमा की मुसकान, जूही की माला और सपनों की शोभा मानकर रह गया। कामायनी में श्रद्धा आरम्भ में मनु का गुरु, फिर पत्नी और अन्त में परा-शक्ति बन जाती है, वह और बात है। इसी प्रकार इड़ा का रुक्ष रूप व्यवसायात्मिका बुद्धि को चित्रित करने को विरचित हुआ है अतएव हम उसे भी नारी के औसत रूप का प्रतिनिधि नहीं मान सकते। नारी के सम्बन्ध में कामायनीकार के अपने विचार वे हैं जो लज्जा के मुख से कहलाए गए हैं।

क्या कहती हो, ठहरो नारी! संकल्प-अश्रु-जल से अपने
तुम दान कर चुकी पहले ही जीवन के सोने-से सपने।
नारी! तुम केवल श्रद्धा हो विश्वास-रजत-नग-पगतल में
पीयूष-स्रोत-सी बहा करो जीवन के सुन्दर समतल में।
आँसू से भींगे अंचल पर मन का सब कुछ रखना होगा।
तुमको अपनी स्मिति-रेखा से यह सन्धि-पत्र लिखना होगा।

(लज्जा-सर्ग)

कविता की ये पंक्तियाँ कामायनी की कदाचित् सर्वश्रेष्ठ पंक्तियाँ हैं और समस्त विश्व-साहित्य में भी नारी को लक्ष्य करके इतनी आकुल पंक्तियाँ कहीं लिखी गई हैं या नहीं, मैं नहीं जानता। किन्तु क्या यह उक्ति नारी-समस्या का कोई समाधान भी देती है? नारी ने चूँकि प्रेम किया है इसलिए अपने व्यक्तित्व पर उसका अपना अधिकार नहीं है। प्रेमी विश्वास का पर्वत है, प्रेमिका को उसके पाँवों पर पड़ा रहना चाहिए।

उस पर चाहे लाख विपत्तियाँ आएँ किन्तु अपना सर्वस्व उसे पति के निमित्त उत्सर्ग करना ही होगा और पति चाहे जो भी विपरीत आचरण करे उसे पत्नी को मुस्कुरा कर टाल देना चाहिए। यही वह समाधान है जिसे छायावाद की रुचि पसन्द करती है। इस देश के छायावादियों के अग्रणी आचार्य स्वयं रवि बाबू ने भी लिखा है—

नारी शुधू शोभा शुधू रजनीर आलो,

* * *

की होइबे कर्म-कीर्त्ति, शिक्षा-दीक्षा तार?

नारी केवल शोभा है, नारी केवल रजनी की ज्योति है, उसे कर्म-कीर्त्ति और शिक्षा-दीक्षा से क्या मतलब?

किन्तु नई नारी जानती है कि उसे कर्म-कीर्त्ति और शिक्षा-दीक्षा से उतना ही मतलब है जितना किसी भी पुरुष को हो सकता है। प्रेरणा तो नर से नारी और नारी से नर, दोनों को मिलती है। किन्तु दोनों के अस्तित्व अलग-अलग हैं और दोनों अपने-अपने वैयक्तिक विकास के लिए उत्पन्न हुए हैं, इसलिए विकास के अवसर केवल नरों को ही नहीं, नारियों को भी मिलने चाहिए। यदि मन मिलने पर प्रेम होता हो तो ठीक है। किन्तु पाँवों पर पीयूषधार बनकर बहना क्या? और हँसकर पुरुषों के अत्याचार सहने में कौन-सी बड़ाई है? ऐसी स्थिति में तो नई नारी प्रेम के नकली सूत्र को ही तोड़ देगी।

किन्तु छायावाद इन कठोर व्याप्तियों तक नहीं जा सकता था। उसका उद्देश्य नारियों को गौरव देना था किन्तु वह गौरव नहीं जो स्वतन्त्रता (विशेषतः आर्थिक स्वतन्त्रता) से आता है प्रत्युत वह गौरव, जो सौन्दर्य से उद्भूत होता है।

लज्जा-सर्ग में श्रद्धा के मुख से एकाध ऐसी बात अवश्य निकलती है जिससे अनुमान होता है कि उसे उन पीड़ाओं का कुछ-न-कुछ ज्ञान है जिनसे विचलित होकर नई नारियाँ अपने पूरे अधिकारों की माँग कर रही हैं किन्तु इन पीड़ाओं को श्रद्धा, जैसे, विवशता में पी जाती है।

मैं जभी तोलने का करती उपचार स्वयं तुल जाती हूँ,
भुज-लता फँसाकर नर-तरु से झूले-सी झोंके खाती हूँ।
इस अर्पण में कुछ और नहीं, केवल उत्सर्ग छलकता है,
मैं दे दूँ और न फिर कुछ लूँ, इतना ही सरल झलकता है।

(लज्जा-सर्ग)

कोई और होता तो स्पष्ट कह देता कि "श्रद्धे! अपने अधिकार ले लेना भी सरल कार्य हो सकता है।" किन्तु निवेदन तो उसने लज्जा से किया था। लज्जा ने उस विवश नारी को और भी दबोच दिया।

आँसू से भींगे अंचल पर मन का सब कुछ रखना होगा,
तुमको अपनी स्मिति-रेखा से यह सन्धि-पत्र लिखना होगा।

छायावाद नारी से यह तो कहता है कि तुम रूपवती होने के कारण दिव्य हो, स्पर्श के मैल से ऊपर रहने योग्य हो, अतः हम तुम्हें कल्पना के मन्दिर में स्थापित करके तुम्हारी अर्चना करेंगे। किन्तु वह नारी-स्वातन्त्र्य के सभी पक्षों की ओर नहीं देखता क्योंकि स्वतन्त्रता पाने को नारी यदि खेतों और कारखानों में काम करने लगी तो उसकी चमड़ी कड़ी हो जाएगी, उसके शरीर में स्वर्ण के स्थान पर ताम्र निकल आएगा और ऐसा प्रतीत होने लगेगा मानों सपने धरती पर उतर कर पसीना बहा रहे हों। और सपनों का प्रस्वेदयुक्त होना छायावाद को पसन्द नहीं था। अतएव उसने नारी को प्रशंसा का उत्कोच देना आरम्भ किया। "नारी! तुम श्रद्धा हो, तुम पीयूष हो, तुम जूही की माला और चमेली का हार हो, तुम पुरुष की ग्रीवा पर झूलती हुई लता हो, तुम प्रेरणादात्री देवी हो, तुम रोओ क्योंकि तुम्हारे आँसुओं से ही पुरुष की कीर्त्तिलता हरी होती है।" और युग-युग की वन्दिनी नारी इस नवीन उत्कोच से प्रसन्न हो रही है। स्पष्ट ही, जो नारियाँ रोमांटिक उत्कोच से प्रसन्न होती हैं, उनमें अपनी स्वतन्त्रता का पूरा मूल्य चुकाने की शक्ति नहीं है। असली स्वतन्त्रता आर्थिक होती है और आर्थिक स्वतन्त्रता तब तक प्राप्त नहीं हो सकती जब तक पसीना न बहाया जाए। मगर पसीना बहाने से मेक-अप तो धुल जाएगा न। इसीलिए नारियाँ पसीना बहाना नहीं चाहतीं क्योंकि पसीना बहाने पर वे स्वप्न के पद से च्युत हो जाएँगी और तब सम्भव है उनके प्रति पुरुषों का लालसायुक्त आकर्षण कुछ मन्द हो जाए।

नारियों के रोमांस की दृष्टि से केवल प्रसाद और रवीन्द्रनाथ ने ही नहीं देखा, इस विषय में स्वयं प्रेमचन्द जी की दृष्टि भी रोमांस-युक्त है। एक स्थान पर उन्होंने लिखा है कि नर जब नारियों के गुण सीखता है तब वह देवता बन जाता है किन्तु नारियाँ जब पुरुषों के गुण सीखती हैं तब वे राक्षसी हो जाती हैं। विचित्र बात! नरों में ऐसे कौन-से गुण हैं जो नारियों को राक्षसी बना देंगे? फिर वही बात कि नारी चाँदनी और पुरुष धूप है। वस्तुस्थिति यह है कि नर और नारी में परस्पर एक दूसरे का गुण आ जाए तो सभ्यता की कमजोरियाँ कम होंगी। उदाहरणार्थ यदि नारियाँ पुरुषों के समान मेहनती और साहसी हो जाएँ तो उनके स्वावलम्बन में वृद्धि होगी और पुरुष भी यदि नारियों से भीरुता सीख ले तो वह कम-से-कम अनावश्यक विनाश से तो बच ही सकता है।

किन्तु श्रद्धा की दृष्टि इतनी दूर तक नहीं जाती। वह अपने रोग को तो जानती है किन्तु उसके सम्यक समाधान तक उसकी पहुँच नहीं है। पहुँच हो भी कैसे? वह तो जीवन को रोमांस की दृष्टि से देख रही है। पुरुष के अधीन होकर रहना कोई गौरव की बात नहीं है। किन्तु इस अधीनता में भी एक सुख है जिसे रोमांसवादी नारी नहीं छोड़ सकती। सर्वस्व समर्पण करके विश्वास के महावट के नीचे पड़े रहने में बड़ी शान्ति है, बड़ा आनन्द है।

यह आज समझ तो पाई हूँ, मैं दुर्बलता में नारी हूँ,
अवयव की सुन्दर कोमलता लेकर मैं सबसे हारी हूँ।
पर मन भी क्यों इतना ढीला अपने ही होता जाता है?
घनश्याम-खण्ड-सी आँखों में क्यों सहसा जल भर आता है?
सर्वस्व समर्पण करने की विश्वास-महातरु-छाया में,
चुपचाप पड़ी रहने की क्यों ममता जगती है माया में?

(लज्जा-सर्ग)

नई नारी मानती है कि उसके अवयव सबल भी बनाए जा सकते हैं, यदि किसी को सबल होने की कामना हो। किन्तु सबल होने के लिए जगना आवश्यक है, चुपचाप नहीं रहकर कुछ बोलना जरूरी है। लेकिन छायावाद सुप्त सौन्दर्य की महिमा पर मुग्ध था। इसीलिए छायावादिनी श्रद्धा जगना नहीं चाहती, प्रेम की कल्पना में जो सूक्ष्म रस है, वह उसे ही पीकर निश्चिन्त रहेगी, सपनों में विचरण करके जीवन समाप्त कर देगी।

छायापथ में तारक-द्युति-सी झिलमिल करने की मधु लीला
अभिनय करती क्यों इस मन में कोमल निरीहता श्रमशीला?
निस्सम्बल होकर तिरती हूँ इस मानस की गहराई में,
चाहती नहीं जागरण कभी सपने की इस सुघराई में।

(लज्जा-सर्ग)

इस रोमांसवादी चिन्तन का प्रभाव यह हुआ है कि पुरुषों और नारियों के क्षेत्र परस्पर भिन्न माने जाने लगे हैं। धूप, पत्थर, साहस, शूरता, निर्दयता और स्वार्थ, इनसे सम्बन्ध पुरुषों का माना जाता है तथा चाँदनी, नदी, फूल, भीरुता, दया और त्याग ये नारियों के मत्थे मढ़ दिए गए हैं। और इस विभाजन का जो परिणाम निकला है उसके कारण मर्दाना मर्दों और औरतानी औरतों की संख्या दिन-दिन विशाल होती जा रही है।

कामायनीकार ने स्त्रियों को यद्यपि छायावादी दृष्टि से देखा है किन्तु श्रद्धा और इड़ा, ये नारियाँ ठीक-ठीक औरतानी औरतों का प्रतिनिधित्व नहीं करतीं। इड़ा तो बिलकुल नहीं, क्योंकि यह वह नारी है जिसने पुरुषों के गुण सीखे हैं। और इड़ा के विरुद्ध और चाहे जो भी कहा जाए किन्तु यह तो मानना ही पड़ेगा कि उसने अपने ऊपर मनु के सम्भावित आक्रमण को विफल बना दिया। पुरुष के गुण सीखनेवाली नारी में यह साहस और चातुर्य होना ही चाहिए। किन्तु श्रद्धा औरतानी औरत के कुछ अधिक समीप है बल्कि कहना चाहिए कि उसके भीतर से यदि पराशक्तिवाला रूप प्रकट न होता तो वह शुद्ध औरतानी औरत होती।

मनु

जहाँ तक कामायनी के पुरुष का सम्बन्ध है, मनु अनगढ़ मानवता के प्रतीक हैं। उनके भीतर अच्छी और बुरी, दोनों प्रकार की सम्भावनाएँ दिखाई देती हैं। कर्म तो उन्होंने बड़े ही गर्हित किए हैं। ईर्ष्यावश श्रद्धा के पशु को मरवा देना, नारी के गर्भिणी-रूप को देखकर वितृष्ण हो जाना, अजात शिशु की कल्पना मात्र से ईर्ष्यादृप्त हो उठना और फिर अन्य नारी को अधिकृत करने की चेष्टा करना, ये लक्षण अनगढ़ मर्दाना मर्द के ही हो सकते हैं। किन्तु उनका जो मानसिक रूप है वह छायावादी कवि के समान भावुक और रहस्यवादी सन्त के समान सुगम्भीर है। बात-बात पर उनके मन में कविता के बुलबुले फूटते हैं और बात-बात पर उन्हें उस प्रच्छन्न शक्ति का ध्यान आता है जो प्रकृति के भीतर अथवा उसके परे विद्यमान है। यही नहीं, वे भावुक छायावादियों के ही समान अत्यन्त वेदनाप्रिय और निराशा से पूर्ण हैं।

तो फिर क्या मैं जिऊँ और भी? जीकर क्या करना होगा?
देव, बता दो अमर वेदना लेकर कब मरना होगा?

(आशा-सर्ग)

एक उल्का-सा जलाता भ्रान्त शून्य में फिरता हूँ असहाय।

(श्रद्धा-सर्ग)

निराशा है जिसका परिणाम, सफलता का वह कल्पित गेह।

(श्रद्धा-सर्ग)

क्या कहूँ, क्या हूँ मैं उद्भ्रान्त? विवर में नील गगन के आज
वायु की भटकी एक तरंग, शून्यता का उजड़ा-सा राज।

(श्रद्धा-सर्ग)

तुम अपने सुख से सुखी रहो, मुझको दुख पाने दो स्वतन्त्र।

(ईर्ष्या-सर्ग)

आश्चर्य है कि अकर्मण्य चिन्ताओं से पूर्ण यह भावुक रहस्यवादी मनुष्य उतने कठोर कर्मों में प्रवृत्त होने का साहस कहाँ से बटोर लाया! क्या इससे यह शिक्षा निकाली जाए कि मनु का रहस्यवाद छायावादियों के रहस्यवाद के समान ही निरा बौद्धिक था तथा वह अन्तर की गहराई से न उठकर मात्र बुद्धि की सतह पर बुल्लों के समान फूटकर बिखर जानेवाला था? अथवा मनु के भीतर विरोधी बातों की अवतारणा करके कवि ने यह सन्देश दिया है कि भावुकता में अतिवृद्धि अकर्मण्यता के कारण होती है और ऐसे ही व्यक्ति भयानक क्रूरता के भी काम कर सकते हैं? मनु के व्यक्तित्व में जो विरोधाभास है उसका एकमात्र समाधान यही हो सकता है कि कवि ने उन्हें अच्छी-बुरी, सभी प्रकार की मानवीय सम्भावनाओं का कोष बनाकर पाठकों के सामने उपस्थित किया है।

एक ओर तो मनु में इतनी अपरिमित भावुकता भरी है कि वे एकान्त पाते ही सर्वात्मवादी भावना की लहरों में बहने लगते हैं; दूसरी ओर, वे अविनीत-उच्छृंखल होकर जीने का अवसर नहीं पाने पर क्षुब्ध हैं।

जो मेरी है सृष्टि उसी से भीत रहूँ मैं?
क्या अधिकार नहीं कि कभी अविनीत रहूँ मैं?

(संघर्ष-सर्ग)

यह कोई आश्चर्य की बात नहीं है। मनु छायावाद के अग्रणी कवि की सृष्टि हैं और सभी देशों के रोमांटिक साहित्य में अविनीत, उच्छृंखल व्यक्तित्व के प्रति एक प्रकार की सहानुभूति देखी गई है। सभी बन्धनों को शिथिल बनाकर निर्बन्ध रूप से जीने की कामना छायावाद के स्वभाव में थी। यही कामना उसकी उद्दाम वैयक्तिकता बन गई और इसी कामना से संवलित होने के कारण प्रत्येक देश के रोमांटिक चिन्तक ओर कवि सामाजिक क्रान्ति के आन्दोलनों के प्रति सहानुभूतिशील रहे हैं। यह वैयक्तिकता मनु के चरित्र का भी अंग है।

क्रन्दन का निज अलग एक आकाश बना लूँ,
उस रोदन में अट्टहास से तुम को पा लूँ।

(संघर्ष-सर्ग)

सर्वात्मवादी भावों का पर्यवसान अथवा परिपाक चरित्र की उदारता में होना चाहिए, सन्त और रहस्यवादी हो जाने में होना चाहिए। किन्तु दर्शन-सर्ग से पूर्व तक मनु का रहस्यवाद मिथ्या रहता है। वे सर्वात्मवादी चिन्तन तो खूब करते हैं किन्तु ऐसा प्रतीत होता है मानों वे इस प्रवृत्ति में किसी की देखादेखी पड़े हों, जैसे छायावादी कवि पहले के रहस्यवादियों की देखादेखी रहस्य-चिन्तन में प्रवृत्त हुए थे।

आशा-सर्ग में मनु ने बड़ी ही आतुरता के साथ यह अभिलाषा व्यक्त की है कि—

आह! कल्पना का सुन्दर यह जगत् मधुर कितना होता!
सुख-स्वप्नों का दल छाया में पुलकित हो जगता-सोता।

किन्तु संघर्ष-सर्ग में आकर उनकी मनोदशा इतनी उत्तप्त हो उठी है कि विश्व के साथ एकाकार होकर जीने की बात उन्हें बिलकुल निस्सार-सी लगती है।

तुम कहती हो, विश्व एक लय है मैं उसमें
लीन हो चलूँ? किन्तु धरा है क्या इस सुख में?

* * *

इड़े, मुझे वह वस्तु चाहिए जो मैं चाहूँ,
तुम पर हो अधिकार, प्रजापति न तो वृथा हूँ।

* * *

मैं शासक, मैं चिर स्वतन्त्र, तुम पर भी मेरा
हो अधिकार असीम, सफल हो जीवन मेरा।

केवल नारी-रूप की कल्पना में ही नहीं, कामायनी में सर्वत्र ही छायावादी भावना, छायावादी कारीगरी और छायावादी मनोदशा का प्राचुर्य है और यह स्वाभाविक भी है क्योंकि कामायनी छायावादी धारा का महाकाव्य है और छायावाद की शक्ति और दुर्बलताएँ, दोनों ही इस काव्य में अपनी चरम-परिणति पर पहुँचे मिलते हैं। किन्तु सोदाहरण व्याख्या प्रस्तुत करने के पूर्व यह उचित है कि छायावाद-विषयक धारणाएँ कुछ सुस्पष्टता से समझ ली जाएँ।

छायावाद हिन्दी-कविता की मात्र शैली-विशेष का नाम नहीं है। उसे केवल शैली मानने में मुझे अव्याप्ति-दोष दिखाई देता है। छायावाद केवल शैली तक ही सीमित नहीं था, न भाव-पक्ष में केवल रहस्य-भावना ही उसकी विशेषता थी। भाषा में लाक्षणिक प्रयोग और प्रतीक के रूप में अप्रस्तुतों का सन्निवेश (जैसे सुख, आनन्द, यौवन आदि के लिए उषा, प्रभात और मधुकाल, प्रिया के लिए कली और प्रिय के लिए मधुप आदि जिनकी काफी गिनती शुक्ल जी ने अपने इतिहास में की है) एवं मानवीकरण, ध्वन्यर्थ-व्यंजना और विशेषण-विपर्यय जैसे नवीन अलंकारों का अधिकाधिक प्रयोग छायावादी काव्य की बहुत बड़ी विशेषता है। किन्तु वैसी ही विशेषता यह भी है कि छायावादी कवियों की प्रवृत्ति, पहले और बाद, के अन्य कवियों की प्रवृत्ति से भिन्न थी। वे सत्य से अधिक कल्पना के प्रेमी थे, वस्तु से अधिक स्वप्न के पुजारी थे और कोलाहल से बचने को वे सदा एकान्त, निष्कम्प सौन्दर्य की खोज में रहते थे। प्रेरणा वे आस-पास के जीवन से नहीं, बल्कि अपनी कल्पना से लेते थे और अनेक अंशों में शुक्ल जी का यह आक्षेप भी ठीक है कि उनकी अनुभूति सच्ची नहीं, कल्पित होती थी। "रहस्य-भावना और अभिव्यंजन-पद्धति पर ही प्रधान लक्ष्य हो जाने और काव्य को केवल कल्पना की सृष्टि कहने का चलन हो जाने से भावानुभूतियों तक कल्पित होने लगी। जिस प्रकार, अनेक प्रकार की रमणीय वस्तुओं की कल्पना की जाती है, उसी प्रकार अनेक प्रकार की विचित्र भावानुभूतियों की कल्पना की जाने लगी।"[1] मेरा विचार है कि निराशा को वरेण्य, आँसू को वरदान और मृत्यु को काम्य समझने की बातें इसी कल्पित-अनुभूति-प्रेम का परिणाम रही होंगी।

यदि नई कविता के साथ छायावादी काव्य की तुलना करें तो छायावाद की यह मनोवृत्ति कुछ और स्पष्टता से समझ में आ जाएगी। प्रतीकों और अप्रस्तुतों का उपयोग सभी कवि करते हैं किन्तु नई कविता का आग्रह है कि प्रतीक और अप्रस्तुत, जहाँ तक सम्भव हो, अपने आस-पास की दुनिया से लिए जाने चाहिए, यहाँ तक कि कल-कारखानों से अप्रस्तुत चुनना नई कविता की सफलता का प्रमाण माना जाता है। जो जीवन से जितना ही समीप है उसे काव्य में आने का उतना ही अधिक अधिकार

1. हिन्दी साहित्य का इतिहास, पं. रामचन्द्र शुक्ल

है, यह आज की मान्यता है। किन्तु छायावादियों की मान्यता थी कि अप्रस्तुत और प्रतीक वे ही अच्छे होते हैं जो जीवन से अधिक से अधिक दूर हैं जैसे चन्द्र, नक्षत्र, उषा, सन्ध्या, पारिजात, नन्दन वन, अलका आदि। अथवा वे यदि जीवन के समीप हैं भी तो वे ऐसे होने चाहिए जिन पर जीवन की धूल नहीं लगी हो जैसे शेफाली, जुही, निर्झर, काननकुसुम आदि। इसी प्रवृत्ति के कारण छायावादी कविताओं में प्रयुक्त अप्रस्तुत चाँदनी, किरण, हिमानी, अप्सरा, तितली, लहर आदि शब्द अथवा उनके पर्याय हो गए। इस मनोवृत्ति का प्रभाव भाषा पर भी पड़ा और कविता में चुन-चुनकर ऐसे शब्द जाए लाने लगे जो कोमल थे, जो अछूते थे, जो टकसाल से तुरन्त निकलकर आनेवाले सिक्कों के समान चमकीले और चटकदार थे तथा जिन पर अभी जनता की उँगलियों का मैल नहीं लगा था। जो परिचित है वह किसी काम का नहीं, जो पहुँच के भीतर है उसकी अपेक्षा और जो दूर है उसके लिए ललक और तड़पन, यह छायावादी मनोवृत्ति का प्रमुख लक्षण है। जहाँ सब रहते हैं वह स्थान दूषित है। हमे वहाँ बसना चाहिए जहाँ आदमियों की भीड़ न हो। जैसे सब रहते हैं हम उससे जरा भिन्न प्रकार से रहेंगे और जैसे सब बोलते हैं उससे हमारी बोली भी किंचित भिन्न होनी चाहिए। ये लक्षण वैयक्तिकता के हैं और वैयक्तिकता छायावादियों में कूट-कूटकर भरी थी। यहाँ तक कि छायावादी काव्य की भाषा भी वैयक्तिकता के अति-संस्कार के कारण ही बोलचाल की भाषा से उतनी भिन्न हो गई।

छायावादियों की वैयक्तिकता, कल्पनाशीलता और भीड़ से हटकर अलग बसने का भाव, ये तीनों गुण एक-दूसरे के पूरक अथवा सहायक थे। जो चित्र सामान्य, पारम्परीण अथवा पूर्व-परिचित होते, उनसे छायावादियों को पूरा सन्तोष नहीं मिलता था। परिचित और प्रचलित से अधिक से अधिक दूर जाने की प्रेरणा उनमें सदैव बनी रहती थी और इस प्रेरणा से उनकी कल्पना को भी अतिरिक्त शक्ति प्राप्त हो जाती थी। छायावाद-काल हिन्दी में कला के उत्थान का काल था और कला का जादू कुछ ऐसा छा गया था कि लोग मन ही मन कला को जीवन से श्रेष्ठ मानने लगे थे। कला सौन्दर्य का पर्याय है किन्तु जीवन में केवल सौन्दर्य की ही सत्ता नहीं है। उसमें बहुत कुछ अनगढ़, स्थूल और कुरूप भी होता है। किन्तु छायावादी कवि सौन्दर्य के आवेश में इतने तल्लीन थे कि जहाँ कुरूपता थी वहाँ भी उन्होंने सौन्दर्य की कल्पना कर ली और प्रत्येक स्थूल वस्तु को उन्होंने सूक्ष्म रूप दे डाला। कल्पना की अतिशयता इतनी बढ़ी कि छायावादियों ने केवल कंकण ही सोने के नहीं गढ़े, उन्हें रखने की मंजूषा भी उन्होंने सुवर्ण की ही रच डाली और मन ही मन वे इस कल्पना से झूमने लगे कि जो उँगलियाँ इन कंकणों का स्पर्श करेंगी, वे भी कोंपलों की होंगी।

किन्तु छायावादियों की वैयक्तिकता कभी भी आक्रामक नहीं हुई, न उनकी कल्पनाशीलता ही उन्हें भटकाकर वीभत्स या अवांछनीय दिशा में मोड़ सकी। जर्मन कवि नीत्से व्यक्तिवादी होने के कारण ही अप्रिय और आक्रामक हो उठा था और

फ्रांसीसी कवि बोदलेयर यदि वीभत्सता की ओर गया तो इसका एक प्रबल कारण उसकी अद्भुत कल्पनाशीलता भी थी। किन्तु छायावादियों में से किसी पर भी यह आक्षेप नहीं लगाया जा सकता। कारण यह है कि छायावादी कवियों की कल्पनाशीलता और वैयक्तिकता के नीचे उनकी परम सौन्दर्य-पिपासा छिपी हुई थी। नई से नई सुषमाओं के दर्शन के लिए ही वे कल्पनाशील हो उठते थे और जो सौन्दर्य उन्हें कहीं भी दिखाई न देता उसकी वे कल्पना कर लेते थे। और उनकी वैयक्तिकता भी प्रचलित रुचि से अलग हटने में ही पकड़ी गईं किन्तु यहाँ भी यह मानना पड़ेगा कि नई रुचि का निर्माण सौन्दर्य की ही तृषा का प्रमाण है। सौन्दर्य-तृषा से ही प्रेरित होकर वे वर्तमान (अर्थात् परिचित) को छोड़कर अतीत की ओर देखने लगे अथवा जब-तब उन्होंने भविष्य की ओर भी झाँका। और सौन्दर्य को चूँकि वे जीवन का सबसे बड़ा मूल्य एवं आत्मा का परम धर्म मानते थे इसलिए नारी के समक्ष आते ही वे उसकी आरती उतरने लगे।[1] यह और बात है कि जीवविज्ञान के अबाध नियमों की चोट खाकर वे कभी-कभी काँपने भी लगे और प्रायः ऐसा भी हुआ कि नीराजन का थाल उनके कम्पित करों से नीचे गिर गया।[2]

छायावाद के भीतर बार-बार आँसू, वेदना, निराशा, उदासी और पीड़ा का जो

---

1. *तुम्हारी सेवा में अनजान*
हृदय मेरा है अन्तर्धान।
देवि! माँ! सहचरि! प्राण!

(पन्त जी)

मेरी ध्रुवतारा तुम
प्रसरित दिगन्त से अन्त में लाई मुझे,
सीमा में दीखी असीमता,
एक स्थिर ज्योति में, अपनी अबाधता,
परिचय निज पथ का स्थिर।

(निराला जी)

न छू सकते जिसको हम देवि!
कल्पना वह तुम अगुण, अमेय,
भावना अन्तर की वह गूढ़
रही जो युग-युग अकथ, अगेय।

(रसवंती)

2. *बीता कुछ काल,*
देह-ज्वाला बढ़ने लगी,
नन्दन-निकुंज की रति को ज्यों मिला मरु।
उतर कर पर्वत से निर्झरी भूमि पर
पंकिल हुई, सलिल-देह कलुषित हुआ।

(निराला जी)

आख्यान मिलता है उसे भी व्यक्ति या समाज की वास्तविक वेदना का प्रतिबिम्ब समझने का कोई आधार नहीं है। यह मनुष्य नहीं, कलाकार की वेदना है जो सचमुच अनुभूत नहीं हुई है वरन् जिसकी काल्पनिक अनुभूति से कवि कोमल कविताएँ रच रहा है। छायावादी कवि कोमलता की खोज में कहीं भी जा सकते थे और कलाकार के आँसू तथा वेदना तो आदि से अन्त तक कोमलता ही कोमलता हैं।

छायावादियों की निराशा और रुदनशीलता का मुझे तो एक ही समाधान सूझता है कि वह अति-भावुकता से उत्पन्न थी। वाल्मीकि ने पहला श्लोक वेदना की चोट खाकर लिखा था। भवभूति ने करुण रस को ही एकमात्र रस कहा है एवं 'शेली' ने पीड़ा के स्वर को सर्वोत्तम गान माना है। इस परम्परा की बौद्धिक अनुभूति करके तथा कुछ अपनी अतृप्तियों से भी विचलित होकर पन्त जी ने वह प्रसिद्ध पद लिख दिया जिससे अन्य कितने ही कवियों को रोने की प्रेरणा प्राप्त हुई

वियोगी होगा पहिला कवि, आह से उपजा होगा गान,
उमड़कर आँखों से चुपचाप बही होगी कविता अनजान।

छायावाद की रुदनशीलता के पीछे अंग्रेजी के सिवा कुछ फारसी-उर्दू कविता का भी प्रभाव रहा होगा, कम-से-कम सूफियों की विरह-विवृति का तो उस पर प्रभाव है ही।[1] उर्दू कवियों के जो रोन-रुलानेवाले शेर हैं उनमें से कुछ तो इसलिए लिखे गए होंगे कि कवियों को अर्थाभाव रहा होगा अथवा प्रेम से निराशा हुई होगी। किन्तु बहुत से ऐसे भी हैं जो दर्द की काल्पनिक बेचैनी दिखाने को लिखे गए हैं। सूफियों ने वेदना का अनुभव ब्रह्म से काल्पनिक वियोग के कारण किया था। पीछे चलकर यह वेदना कला की वस्तु बन गई और कविगण उसका चित्रण इसलिए करने लगे कि इससे उनकी भावुकता को सन्तोष होता था। कला के लिए कला के समान वेदना के लिए वेदना को पूजने के भाव हिन्दी और उर्दू कविताओं में सूफी-परम्परा से बढ़े हैं।

कामायनी में छायावाद के ये सभी लक्षण भरे पड़े हैं। यदि केवल रहस्यवाद को लें तो कामायनी में रहस्यवाद उतना ही है जितना पन्त जी की 'मौन निमन्त्रण' तथा 'स्वप्न' शीर्षक कविताओं में दिखलाई पड़ता है अर्थात् रहस्यवाद का वह अंश जो सर्वात्मवाद से संकेतित होता है। यदि इतने को बाद दे दें तो शास्त्रीय विचार की कसौटी पर कामायनी रहस्यवादी काव्य नहीं है क्योंकि उसमें ब्रह्म से बिछुड़े हुए जीव की कथा नहीं कही गई है, न वह आदि से अन्त तक सर्वात्मवादी अनुभूतियों से पूर्ण है। यह सर्वात्मवादी अनुभूति भी मनु में अधिक, श्रद्धा में बहुत कम है और जो है वह भी अत्यन्त सामान्य कोटि की है। किन्तु तब भी कामायनी प्रतीकात्मक काव्य तो है ही। प्रतीकात्मक होने के कारण ही उसकी भूमि रहस्य-भावना की भूमि के पास होकर गुजरती है। इसलिए पहली दृष्टि में इस काव्य के अनेक प्रसंग रहस्यवादी प्रसंग जैसे लगते हैं यद्यपि विश्लेषण करने पर यही पता चलता है कि जिसे हम भ्रमवश

1. दे. संस्कृति के चार अध्याय।

रहस्यवाद समझते हैं, वह रहस्यवाद न होकर कुछ गहराई में पहुँचकर चिन्तन करने का प्रयास है। अवश्य ही रहस्यवादी काव्य भी चिन्तन की गहराई लिए रहता है किन्तु यहाँ विचारने की बात यह है कि रहस्यवाद हम वहीं मानेंगे जहाँ या तो यह अनुभूति हो कि सम्पूर्ण दृश्य जगत के भीतर किसी अदृश्य शक्ति या सौन्दर्य का बिम्ब झलक रहा है अथवा यह अनुभूति कि वियुक्त जीव अपने केन्द्र की ओर लौट जाने को बेचैन है। किन्तु इसके सिवा गम्भीर चिन्तन के और भी कुछ रूप हैं जो रहस्यवाद का आभास देते हैं जैसे आइंस्टीन का सापेक्ष्यवादी सिद्धान्त अथवा जैसे इलियट की ये पंक्तियाँ–

Time present and Time past
Are both, perhaps, present in Time future
And Time future contained in Time past.

कामायनी में भी बहुत से पद ऐसे हैं जो रहस्यवाद न होकर केवल उसके आभास हैं। यथा–

व्यक्त नील में चल प्रकाश का कम्पन सुख बन बजता था,
एक अतीन्द्रिय स्वप्न लोक का मधुर रहस्य उलझता था।

(आशा-सर्ग)

सौन्दर्यमयी चंचल कृतियाँ बनकर रहस्य हैं नाच रहीं,
मेरी आँखों को रोक वहीं आगे बढ़ने में जाँच रहीं।

(काम-सर्ग)

अथवा रहस्य-सर्ग की वे पंक्तियाँ जहाँ यह कहा गया है कि श्रद्धा के साथ चलते-चलते मनु हिमालय की उस ऊँचाई पर पहुँच गए जहाँ दिशा और काल का ज्ञान लुप्त है, जहाँ वे निराधार से ठहरे जान पड़ते हैं।

दिशा विकम्पित, पल असीम है, यह अनन्त-सा कुछ ऊपर है,
अनुभव करते हो बोलो, क्या पदतल में, सचमुच भूधर है?
निराधार हैं, किन्तु, ठहरना हम दोनों को आज यहीं है
नियति खेल देखूँ न, सुमो अब इसका अन्य उपाय नहीं है।

यह स्तर रहस्य से आगे अध्यात्म का स्तर हो सकता है किन्तु वह रहस्य का स्तर नहीं है। और पहले दो उद्धरणों की प्रेरणा तो रहस्यवादी है ही नहीं। सौन्दर्यमयी चंचल कृतियाँ कदाचित् ज्योतिष्पिंड नक्षत्र हैं। कवि कहना चाहता है कि रहस्य-वेध में बाधा केवल अन्धकार ही नहीं देता, उसके बाधक ये ज्योतिष्पिंड भी हैं जो हमारी आँखों को अपने सौन्दर्य पर अटका रखते हैं। यह काव्य-कौशल है, रहस्य की भावना नहीं।

केवल नैराश्य, रुदनशीलता, वेदनाप्रियता और सर्वात्मवादी भावों के आख्यान के ही कारण नहीं, प्रत्युत् अन्य अनेक कारणों से भी कामायनी काव्य छायावाद का

सम्पूर्ण उदाहरण है। छायावादी कवि निराशा की कविता लिखते हुए भी क्रान्ति के प्रति सहानुभूतिशील थे और जहाँ भी प्रसंग आया उन्होंने निवृत्ति और प्रवृत्ति में से प्रवृत्ति का ही समर्थन किया। यह लक्षण कामायनी पर भी घटित होता है। श्रद्धा और इड़ा, दोनों ही मनु को प्रवृत्ति की शिक्षा देते हैं। इसी प्रकार संघर्ष-सर्ग में कितने ही पद हैं जिनसे सामाजिक परिवर्तनों पर रोमांटिक चिन्तक की प्रतिक्रियाएँ प्रकट होती हैं।

बाधाओं को चीर कर जीवन पर विजय प्राप्त करने का उल्लास इन पंक्तियों से ध्वनित होता है—

जीवन में अभिशाप, शाप में ताप भरा है,
इस विनाश में सृष्टि-कुंज हो रहा हरा है।
मैं चिर बन्धन-हीन मृत्यु-सीमा-उल्लंघन
करता सतत चलूँगा, यह मेरा है दृढ़ प्रण।
महानाश की सृष्टि बीच जो क्षण हो अपना,
चेतनता की तुष्टि वही है, फिर सब सपना।

(संघर्ष-सर्ग)

और वैज्ञानिक औद्योगिकता का रस्किन, रोम्याँ रोलाँ, गांधी और टालस्टाय ने जो विरोध किया था, उसकी गूँज कामायनी की इन पंक्तियों में सुनाई पड़ती है—

प्रकृत शक्ति तुमने यन्त्रों से सबकी छीनी,
शोषण कर जीवनी बना दी जर्जर, झीनी,
तुमने योगक्षेम से अधिक संचयवाला
लोभ सिखाकर इस विचार-संकट में डाला।
हम संवेदनशील हो चले, यही मिला सुख,
कष्ट समझने लगे बनाकर निज कृत्रिम दुःख।

(संघर्ष-सर्ग)

छायावाद की एक दूसरी विशेषता अतीत के प्रति उसका ललकभरा आकर्षण भी था। यह अतीतप्रियता पन्त जी में भी थी (परिवर्तन शीर्षक कविता) और निराला जी में भी (यमुना के प्रति)। प्रसाद जी की कई स्फुट कविताओं (वरुणा की कछार, अशोक की चिन्ता, पेशोला की प्रतिध्वनि, प्रलय की छाया आदि) में यह अतीत-प्रेम खुलकर प्रकट हुआ है और कामायनी भी इसका अपवाद नहीं है। छायावाद की यह प्रवृत्ति कामायनी के आरम्भ में ही प्रकट हुई है जहाँ मनु अस्तंगत देव-संस्कृति पर विलाप कर रहे हैं।

चिर किशोरवय, नित्य विलासी, सुरभित जिससे रहा दिगन्त,
आज तिरोहित हुआ कहाँ वह मधु से पूर्ण अनन्त वसन्त?

कुसुमित कुन्जों में वे पुलकित प्रेमालिंगन हुए विलीन,
मौन हुई हैं मूर्च्छित तानें, और न सुन पड़ती अब बीन।

(चिन्ता-सर्ग)

कामायनी के इस अंश को पन्त जी की 'परिवर्तन' और निराला जी की 'यमुना के प्रति' तथा भगवतीचरण वर्मा की 'नूरजहाँ की कब्र पर' आदि कविताओं से मिलाकर पढ़ने पर यह स्पष्ट हो जाता है कि अतीत-प्रियता छायावाद की कितनी प्रमुख प्रवृत्ति थी।

किन्तु इन सबसे अधिक छायावाद की परम विशेषता कल्पना का आतिशय्य एवं अप्रस्तुतों को ऐसे लोकों, ऐसे धरातलों से चुनकर लाने का प्रयास था जो धरती से दूर हैं, जिन पर स्वप्न और परियों के ही संचरण की कल्पना की जा सकती है। छायावाद कोमल और नवीन रहना चाहता था, अतः कोमलता तथा नवीनता की सामग्रियाँ जुटाने को वह बराबर आकाश में विचरण करता रहा। कामायनी में भी ऐसे अप्रस्तुतों की संख्या अपार है जो अपार्थिव धरातल से उतर कर आए हैं अथवा जो पार्थिव होते हुए भी पृथ्वी के रज और ताप से विमुक्त हैं।

उदाहरण के लिए, देवताओं के प्रभूत सुख-संचय की उपमा कवि ने 'छायापथ में समाहित नव तुषार' दे दी है।[1] सुरांगनाओं के यौवन की उपमा उषा और उनकी मुसकान की उपमा ज्योत्स्ना है।[2] देवताओं की विलासमयी सभ्यता 'मधुपूर्ण वसन्त' के समान थी।[3] उसकी दिशाएँ सौरभ से पूर्ण एवं आकाश आलोक से अधीर था।[4] यहाँ 'आलोक-अधीर' विशेषण अधिक विचारणीय है। 'आकाश आलोकयुक्त था' यह उक्ति सामान्य होती किन्तु छायावाद सामान्य से तुष्ट होना नहीं जानता था। तृप्ति तो उसे तभी मिलती जब आलोक के साथ भी कोई अन्य विशेषण आ जुड़ता। अतः आलोक के बाद अधीर कहा गया। आलोक-अधीर, यह विशेषण छायावाद के अपने स्वभाव का भी हो सकता है क्योंकि कल्पना और प्रतिभा के साथ वह किसी प्रकार की अनिर्वचनीय अतृप्ति से भी चंचल था।

सामान्य और साधारण पर सन्तोष न करने का आग्रह कुछ अन्य पंक्तियों में भी देखा जा सकता है। देवता बिना पलकें गिराए अपनी प्रेमिकाओं को देखते रहते थे, यह भाव इस उक्ति से मजे में अभिव्यक्त किया जा सकता था कि देवताओं की आँखों में दर्शन की प्यास थी। किन्तु ऐसा तो बहुत बार कहा गया था। छायावादी भावुकता

---

1. *छायापथ में नव तुषार का सघन मिलन होता जितना।*
2. *उषा-ज्योत्स्ना-सा यौवन नित मधुप-सदृश निश्चिंत विहार।*
3. *आज तिरोहित हुआ कहाँ वह*
   मधु से पूर्ण अनन्त वसन्त?
4. *सौरभ से दिगन्त पूरित था,*
   अन्तरिक्ष आलोक-अधीर।

इतने से तृप्त नहीं हो सकती थी, उसे कुछ और भंगिमा, कुछ और आकुलता दिखाए बिना सन्तोष नहीं हो सकता था। अतः कहा, देवताओं के नयनों में 'भूखमरी दर्शन की प्यास' थी।[1] भूखमरी दर्शन की प्यास से एक और ध्वनि निकलती है कि देवता केवल देखना ही नहीं, दृश्य का उपभोग भी करना चाहते थे। यह फिर छायावाद की अपनी छटपटाहट की अभिव्यंजना है। छायावाद का बौद्धिक आग्रह तो केवल दर्शन तक सीमित रहने का था किन्तु स्पर्श और उपभोग की तड़प भी उसके भीतर मौजूद थी। इड़ा-सर्ग में मनु ने असीम आकुलता में भरकर पुकार की है—

जीवन निशीथ के अन्धकार!
तू घूम रहा अभिलाषा के नव ज्वलन-धूम-सा दुर्निवार
जिसमें अपूर्ण लालसा, कसक, चिनगारी-सी उठती पुकार।

यह पुकार वास्तव में छायावाद के हृदय की पुकार है। छायावादी कविता का सौन्दर्य अतृप्त अभिलाषाओं के रंगीन धुएँ का सौन्दर्य है। कवि ने सत्य ही कहा है कि उसमें से जो चिनगारियाँ फूटती हैं वे अपूर्ण लालसाओं की चिनगारियाँ हैं, कसक और तड़पन की चिनगारियाँ हैं। और यही तड़पन छायावादी कवि को सुपरिचित, साधारण और सामान्य पर टिकने नहीं देती थी। 'तरल तिमिर से प्रलय पवन का होता आलिंगन प्रतिघात', इसमें कहना तो इतना ही था कि तूफान अन्धकार से टकरा रहा था किन्तु छायावादी संस्कार को तिमिर के लिए तरल विशेषण ढूँढ कर लाना पड़ा। इसी प्रकार—

जलदागम मारुत के कम्पित पल्लव-सदृश हथेली
श्रद्धा की, धीरे से मनु ने अपने कर में ले ली।

(कर्म-सर्ग)

इसमें कथ्य तो इतना ही है कि मनु ने श्रद्धा की हथेली अपने हाथ में ली जो पल्लव के समान सुकुमार थी। किन्तु पल्लव यथेष्ट नहीं प्रतीत हुआ, अतएव उसे सजाने को एक और विशेषण 'जलदागम मारुत से कम्पित' लाना आवश्यक हो गया। ऊपर मैंने कहा है कि 'छायावादियों ने केवल कंकण ही सोने के नहीं गढ़े, उन्हें रखने की मन्जूषा भी उन्होंने सुवर्ण की ही रच डाली।' वह उक्ति ऐसी ही कारीगरी के कारण सार्थक सिद्ध होती है।

छायावादी कारीगरी की बारीकियों को समझने के लिए कुछ और विशेषणों का अध्ययन आवश्यक है। अतएव हम नीचे की पंक्तियों को लेंगे।

ओ जीवन की मरु मरीचिके कायरता के <u>अलस</u> विषाद!

(चिन्ता-सर्ग)

---

1. *द्विधारहित अपलक नयनों की*
   भूख-भरी दर्शन की प्यास।

एक अतींद्रिय स्वप्न-लोक का मधुर रहस्य उलझता था।

(आशा-सर्ग)

आशा की उलझी अलकों से उठी लहर मधु-गन्ध-अधीर।

(आशा-सर्ग)

अरुण की एक किरण अम्लान, अधिक अलसाई हो अभिराम।

(श्रद्धा-सर्ग)

उषा की पहिली लेखा कान्त माधुरी से भींगी भर मोद
मदभरी जैसे उठे सलज्ज भोर की तारक-द्युति की गोद।

(श्रद्धा-सर्ग)

माधव के सरस कुतूहल का आँखों में पानी भरे हुए।

(लज्जा-सर्ग)

वरदान-सदृश हो डाल रही नीली किरणों से बुना हुआ।

(लज्जा-सर्ग)

मैं वह हलकी-सी मसलन हूँ जो बनती कानों की लाली।

(लज्जा-सर्ग)

वह पागल सुख इस जगती का आज विराट बना था।

(कर्म-सर्ग)

उठती अन्तस्तल से सदैव दुर्ललित लालसा जो कि कान्त।

(ईर्ष्या-सर्ग)

जब जड़-बन्धन-सा एक मोह कसता प्राणों का मृदु शरीर।

(ईर्ष्या-सर्ग)

मधु-पिंगल उस तरल अग्नि में शीतलता संसृति रचती।

(निर्वेद-सर्ग)

इन पंक्तियों में विषाद के साथ अलस, रहस्य के साथ मधुर, अलकों के साथ उलझी, लहर के साथ मधु-गन्ध-अधीर, अम्लान किरण के साथ अधिक अलसाई, उषा के साथ मदभरी और सलज्ज, माधव के साथ सरस कुतूहल का पानी, किरणों के साथ नीली, मसलन के साथ हलकी, सुख के साथ पागल, कान्त लालसा के साथ दुर्ललित, प्राणों के साथ मृदु शरीर का कसा जाना तथा अग्नि के साथ तरल एवं मधु-पिंगल, इन विशेषणों का प्रयोग छायावाद के इसी संस्कार के कारण हुआ है। प्रचलित से अधिक कोमल, प्रचलित से अधिक मनोरम और विचित्र तथा जो सामान्य-साधारण है, उससे कुछ अधिक रमणीय और मृदुल विशेषणों के संधान में छायावाद को अद्भुत उत्साह था। इसी उत्साह में भरकर उसने उन स्थानों पर भी अपने मनोनुकूल सौन्दर्य की कल्पना कर ली जहाँ वह सौन्दर्य परम्परा से वर्तमान नहीं था। विषाद का अलसाया हुआ रूप, आशा की उलझी अलकें, अधिक अलसाई हुई किरणें, उषा की

सलज्ज छवि, किरणों की नीलिमा, सुख का पागलपन और लालसा का एक साथ दुर्ललित और कान्त होना, ये बातें परम्परा में नहीं थीं। अतएव छायावाद ने उनका आविष्कार तो नहीं, अनुसन्धान कर लिया। 'दुर्ललित लालसा जो कि कान्त' यह टुकड़ा कुछ और विचारणीय है। वह कौन-सी कामना थी जो मनु के हृदय में इन्द्रधनुष के समान उठकर फिर तिरोहित हो जाती थी? इन्द्रधनुष के सदृश होने के कारण वह कान्त अवश्य रही होगी किन्तु दुर्ललित क्यों? दुर्ललित, कदाचित्, सर्वथा नूतन प्रयोग है जिसका अर्थ होगा ललित, किन्तु, कठिनाई के साथ, अप्रियता के साथ। अवश्य ही यह वर्णन वासना का है, उस वासना का जिसने आगे चलकर मनु को इड़ा पर बलात्कार करने की उत्तेजना दी। और छायावाद सौन्दर्य का प्रेमी तो अवश्य था किन्तु वासना पर रीझकर भी वह उससे घबराता रहता था। इसीलिए वासना कान्त और दुर्ललित, दोनों विशेषणों से युक्त हुई।

कारीगरी

हिन्दी कविता में कारीगरी के सबसे अच्छे काम रीति-युग में किए गए थे। खड़ी बोली में ऐसे काम छायावाद-युग में आरम्भ हुए और कामायनी में छायावादी कारीगरी अपनी पूर्णता पर पहुँची मिलती है। छायावाद की स्वाभाविक रुचि तो नन्हें, कोमल और रमणीय उपमानों पर ही केन्द्रित थी किन्तु प्रसाद जी की अपनी विशेषता यह है कि सौन्दर्य वे नन्हें उपमानों में ही नहीं देखते, कभी-कभी वे उस विराटता की भूमि पर भी संचरण करते हैं जहाँ रहकर वाल्मीकि ने पूर्णचन्द्र की तुलना आकाश में विचरते हुए श्वेत वृषभ से की थी।[1] यह कितनी बड़ी कल्पना है कि श्रद्धा को देखकर प्रसादजी को साल वृक्ष की उत्प्रेक्षा सूझी, यद्यपि 'शिशु' और 'मधु पवन क्रीड़ित' कहकर उन्होंने उसे कोमल और रमणीय बना दिया है। विराट कल्पना का ऐसा ही दूसरा दृष्टान्त वह है जहाँ वे कहते हैं कि श्रद्धा ऐसी दिखाई पड़ती थी जैसे इन्द्रनील पर्वत को फोड़कर ज्वालामुखी धधक रही हो।

याकि नव इन्द्रनील लघु शृंग फोड़कर धधक रही हो कान्त
एक लघु ज्वालामुखी अचेत माधवी रजनी में अश्रान्त।

और जैसे साल वृक्ष को शिशु एवं मधुपवनक्रीड़ित कहकर कवि ने उसे लम्बी, रमणीय, युवती नारी के साथ अधिक तुलनीय बना दिया, वैसे ही इस उत्प्रेक्षा में भी शृंग को नव एवं लघु कहकर तथा ज्वालामुखी को कान्त, नवीन और अचेत बताकर उसने वह्नि-शिखा की कर्कशता हर ली है और उसे युवती नारी की उपमा के योग्य

---

1. *गोष्ठे वृषं मत्तमिव भ्रमन्तम।*

(सुन्दरकांड)

बना दिया है। उपमान में यदि खटकनेवाली कोई ओर चीज हो तो वह अश्रान्त माधवी रजनी के वातावरण में आप से आप गुम हो जाती है।

कामायनी में ऐसे कई पद हैं जिनमें कल्पना अपनी पूरी विराटता में क्रीड़ा करती है और जिनके भीतर समाहित चित्रों का विस्तार आसानी से मापा नहीं जा सकता।

पंचभूत का भैरव मिश्रण, शंपाओं के शकल निपात,
उल्का लेकर अमर शक्तियाँ खोज रहीं ज्यों खोया प्रात।
बार-बार उस भीषण रव से कम्पित धरती देख विशेष,
मानों, नील व्योम उतरा हो आलिंगन के हेतु अशेष।

(चिन्ता-सर्ग)

तप से संयम का संचित बल तृषित और व्याकुल था आज,
अट्टहास कर उठा रिक्त का वह अधीरतम, सूना राज।

(आशा-सर्ग)

किस गहन गुहा से अति अधीर
झंझा-प्रवाह-सा निकला यह जीवन विक्षुब्ध महासमीर?

(इड़ा-सर्ग)

इसी प्रकार, वर्णन की विराटता एवं दृश्यों के निस्सीम प्रसार को भाषा में समेटने की अप्रतिम क्षमता दर्शन-सर्ग के उन पाँच पदों में दिखाई देती है जिनका आरम्भ

सत्ता का स्पन्दन चला डोल
आवरण पटल की ग्रन्थि खोल

से तथा अन्त,

हीरक गिरि पर विद्युद्-विलास
उल्लसित महा हिम-धवल हास

पर होता है।

व्यापक-विराट चित्रों के समान ही कामायनी के अनेक छोटे चित्र भी अत्यन्त सफल और सुहावने लगते हैं। श्रद्धा, काम और लज्जा सर्गों में इनकी छटा देखते ही बनती है। और वे क्या सचमुच लघु चित्र कहे जा सकते हैं?

कौन तुम संसृति-जलनिधि-तीर
तरंगों से फेंकी मणि एक
कर रहे निर्जन का चुपचाप
प्रभा की धारा से अभिषेक?
मधुर विश्रान्त और एकान्त
जगत का सुलझा हुआ रहस्य,
एक करुणामय सुन्दर मौन
और चंचल मन का आलस्य।

अच्छी कविता लिख लेना फिर भी अपेक्षाकृत सरल कार्य है। किन्तु अच्छी कविताएँ क्यों अच्छी हैं यह बतलाना आसान नहीं है। कवि ने श्रद्धा का कैसा अद्‌भुत 'विजन' देखा था कि उसकी लेखनी से ऐसी अनिर्वचनीय पंक्तियाँ निःसृत हो गईं? यह कविकौशल का परिणाम नहीं सौन्दर्य की समाधि की कविता है। रूपवती एक मूर्ति के प्रकट होने से सारा निर्जन प्रदेश ज्योतिर्मय हो उठा, यह श्रद्धा की शरीर-कान्ति का वर्णन नहीं, उसके तेजोमय व्यक्तित्व का आख्यान है। उसकी आत्मा की तेजस्विता बाहर फैल रही है। वह उस सिद्ध चिन्तक के निष्कम्प विचार के समान मधुर और श्रान्तिमुक्त हैं जो विश्व-प्रपंच का भेद समझकर सबविध शीतल और सन्तुष्ट हो चुका है। मौन के साथ जो 'करुणामय' विशेषण आ बैठा है वह अपने बैठने की अदा से कह रहा है कि यह करुणा वह गुण नहीं है जिसे हम दया-माया आदि नामों से जानते हैं, प्रत्युत् यह वह करुणा है जो मैत्री और मुदिता के साथ विराजती है। और 'चंचल मन का आलस्य' यह संकेत देता है कि प्रेम की पहली पहचान एक प्रकार का आलस्य है, कुछ देखकर सभी इन्द्रियों का अचल हो जाना है। रूप से चकित होकर मन अपनी चंचलता को भूल जाता है, यही उसका आलस्य है।

श्रद्धा का रूपवर्णन अत्यन्त ऊँचे धरातल की कविता है और उसे हम केवल कामायनी का ही नहीं, प्रत्युत् समग्र विश्व के काव्य का अत्यन्त उज्ज्वल अंश कह सकते हैं। नील परिधान में श्रद्धा के जहाँ भी जो अंग खुले हैं वे मेघों में खिले हुए बिजली के फूल के समान प्रतीत होते हैं। उन्हें देखकर ऐसा लगता है मानों नीले पर्वत को फोड़कर अचेत ज्वालामुखी धधक रही हो। 'अचेत' विशेषण यह ध्वनि देता है कि श्रद्धा का आनन भोलाभाला है वह अपने ही भीतर के सन्तोष में डूबी हुई है, उसे बाहर का कुछ भी ध्यान नहीं है। यह मूर्ति सारी सुन्दरताओं का आकार होती हुई भी निष्कलुष है, निष्कलंक है, उसे देखकर किसी प्रकार की वासना का बोध नहीं होता, यह बात कवि बार-बार दुहराता है। श्रद्धा नारी-मूर्ति नहीं, परागों से विरचित प्रतिमा है जो मधु का अवलम्ब लेकर खड़ी हुई है।

कुसुम-कानन-अंचल में मन्द पवन-प्रेरित सौरभ साकार,
रचित-परमाणु-पराग-शरीर खड़ा हो ले मधु का आधार।

रूप-चित्रण में कल्पना इससे आगे जा सकती है या नहीं, कहना कठिन है।

स्वरूप अथवा वस्तु-चित्रण के कामायनी में कुछ और भी दृष्टान्त हैं जिनकी कारीगरी देखते ही बनती है। यथा–

मातृत्व-बोझ से झुके हुए बँध रहे पयोधर पीन आज,
कोमल, काले, नव ऊनों की पट्टिका बनाती रुचिर साज।

सोने की सिकता में मानों कालिन्दी बहती भर उसास,
स्वर्गंगा में इन्दीवर की या एक पंक्ति कर रही हास।

(ईर्ष्या-सर्ग)

दोनों उत्प्रेक्षाएँ यह सूचित करती हैं कि श्रद्धा का नाभि के ऊपर का अंग अनावृत है, केवल काले ऊनों की एक पट्टी उसके वक्षोदेश पर शोभायमान है। शरीर की कान्ति सोने के समान है। उस सुवर्ण-सैकत में यमुना बह रही है। उस स्वर्णगंगा में नीले कमलों की पंक्ति प्रफुल्लित हो रही है। यमुना का श्वास लेते हुए बहना तो चित्र में मानों प्राण भर देता है। और वह सत्य भी कितना है!

इसी प्रकार, यह उत्प्रेक्षा यह अत्यन्त सुन्दर उतरी है।

स्वर्ण शालियों की कलमें थीं दूर-दूर तक फैल रही,
शरद-इन्दिरा के मन्दिर की, मानों, कोई गैल रही।

जब मन्दिर लक्ष्मी का है तब उसकी वीथी को सुवर्णभूषित होना ही चाहिए।

और आनन्द-सर्ग में मानसरोवर के वर्णन में भी एक पद आता है जिसमें कारीगरी की बहार है।

मरकत की वेदी पर, ज्यों, रक्खा हीरे का पानी,
छोटा-सा मुकुर प्रकृति का, या सोई राका रानी।

सरोवर हरियाली से घिरा है इसलिए मरकत की वेदी का आधार रखा। जल स्वच्छ है इसलिए उसे हीरे का पानी कहा और चूँकि सरोवर निष्कम्प है इसलिए सोई हुई पूर्णिमा निशीथिनी से उसकी उपमा दी। विशेष रूप से द्रष्टव्य यह है कि हीरे के पानी से कुछ उस सौन्दर्य की भी ध्वनि निकलती है जो 'विभाति लावण्यमिवांगनासु'।

जो उपमान अनेक कवियों के द्वारा प्रयुक्त होते हैं, उनका प्रयोग भी जब किसी असाधारण-प्रतिभा-सम्पन्न कवि के हाथों किया जाता है तब वे सर्वथा नवीन हो उठते हैं। किन्तु महाकवि जब बिलकुल नवीन सूझों का परिचय देते हैं तब रसिकों का हृदय अपूर्व उल्लास से भर जाता है और साहित्य नवीन समृद्धियों को पाकर निहाल हो जाता है। हिमालय को पृथ्वी के ललाट की सिकुड़न[1] कहकर प्रसाद जी ने ऐसी ही बिलकुल नवीन सूझ का परिचय दिया है। और वैसी ही नवीनता का परिचय उस वर्णन से भी मिलता है जहाँ मनु श्रद्धा के एकान्त कक्ष में प्रवेश करते हैं। कक्ष में पूरा अन्धकार है। केवल जलती हुई लकड़ी से निकलनेवाली एक पतली शिखा उस अन्धकार को छल रही है। बात वैसे कुछ भी नहीं है। किन्तु, वर्णन की यह सूझ बेजोड़ है।

सूखी काष्ठ-सन्धि में पतली अनल-शिखा जलती थी,
उस धुँधले गृह में आभा से तामस को छलती थी।

और इस सूझ का एक दूसरा लाभ भी कवि ने एक ऐसी स्थिति को संकेतित करने में उठाया जिसका स्पष्ट वर्णन साहित्य में अयोग्य माना जाता है। कर्म-सर्ग के अन्त में ये पंक्तियाँ आती हैं जो बिना कुछ बोले ही सारी कथा कह देती हैं।

---

1. *धरा की यह सिकुड़न भयभीत*
आह, कैसी है! क्या है पीर?

(श्रद्धा-सर्ग)

दो काठों की सन्धि बीच उस निभृत गुफा में अपने,
अग्नि-शिखा बुझ गई, जागने पर जैसे सुख-सपने।

कामायनी पर विचार करते हुए सुधी-मेधावी विद्वान प्रायः उसके महाकाव्यत्व पर विचार करने लगते हैं। किन्तु मेरी विनम्र मति में काव्य महाकाव्य से श्रेष्ठ होता है। कम से कम खड़ी बोली के महाकाव्यों को देखकर तो मुझे महाकविता की अपेक्षा कविता ही ऊँची जान पड़ती है। कामायनी की श्रेष्ठता का भी मूल कारण उसका महाकाव्यत्व नहीं, केवल कवित्व है जो यत्र-तत्र तो सभी सर्गों में दिखायी पड़ता है, किन्तु, उसका सघन परिचय श्रद्धा, काम और लज्जा सर्गों में विद्यमान है। श्रद्धा और लज्जा के संवाद में जो कवित्व है वह किसी भी प्राचीन परम्परा का पिष्टपेषण अथवा विकास न होकर शुद्ध रूप से साहित्य में नवीन उद्‌भावना है और प्रसाद जी ने उसे जिस सफलता के साथ लिखा है, उसे देखते हुए कभी-कभी मुझे ऐसा लगने लगता है कि यह संवाद केवल छायावादी शैली में ही लिखा जा सकता था, शास्त्रीय अथवा कोई अन्य शैली इस संवाद का इतना सुन्दर चित्रण नहीं कर सकती थी। कारण, छायावाद स्वयं भी सलज्ज सौन्दर्य था और लज्जा के अनुभाव, जो सभी कवियों को प्रिय रहे हैं, छायावादियों को विशेष रूप से प्रिय थे। छायावाद का लक्ष्य उस सौन्दर्य का सन्धान था जिसके विषय में स्वयं प्रसाद जी ने अन्यत्र लिखा है—

तुम अरुण किरण के अन्तराल में लुक-छिपकर चलते क्यों हो?

तथा जिसकी उपलब्धि पर पन्त जी ने यह पंक्ति कही है—

मिला लालिमा में लज्जा की छिपा एक निर्मल संसार।

(पल्लव)

लज्जा की स्वाभाविक प्रेरणा सौन्दर्य को सुरक्षित रखने की ओर है, उसे निष्कलुष एवं पवित्र रखने की ओर है।

उज्ज्वल वरदान चेतना का सौन्दर्य जिसे सब कहते हैं,
जिसमें अनन्त अभिलाषा के सपने सब जगते रहते हैं।
मैं उसी चपल की धात्री हूँ, गौरव-महिमा हूँ सिखलाती,
ठोकर जो लगने वाली है उसको धीरे से समझाती।

नारी को निष्कलंक रखने की जो भावना छायावाद को उतनी प्रिय थी, लज्जा उसी भावना की सहेली है। अतएव वह भी छायावादियों को विशेष रूप से प्रिय रही।

दोष और दुर्बलताएँ

किन्तु कितने दुर्भाग्य की बात है कि जो काव्य इतना महार्घ, इतना उन्नत और प्रशंसनीय है उसमें दोष भी कम नहीं हैं। पता नहीं जो विद्वान इस काव्य का गुणगान करते नहीं थकते उनकी दृष्टि भाषा और अभिव्यक्ति की उन अनेक दुर्बलताओं पर

जाती है या नहीं जो समस्त ग्रन्थ में उसी प्रकार बिखरी पड़ी हैं जैसे बिना झाड़े-बुहारे घर में कूड़े पड़े रहते हैं। दो-एक आलोचकों ने कहा है कि कामायनी में कुछ दोष भी हैं जो उँगलियों पर गिने जा सकते हैं। मेरा ख्याल है कामायनी के दोष उँगलियों पर तो क्या, उँगलियों की पोरों पर भी नहीं गिने जा सकते और उँगलियों पर ही गिनना हो तो प्रत्येक उँगली की प्रत्येक पोर को अनेक बार छूना पड़ेगा। कामायनी किसी नवसिखुए कवि की रचना नहीं है कि उसकी परीक्षा की कसौटी जरूरत से ज्यादा उदार रखी जाए। वह अत्यन्त सिद्ध कवि की रचना है और देश के प्रायः प्रत्येक हिन्दी पढ़ानेवाले विश्वविद्यालय में वह निर्धारित पाठ्य ग्रन्थ है और प्राध्यापक छात्रों को सर्वत्र यह समझा रहे हैं कि कामायनी खड़ी बोली का सर्वश्रेष्ठ ग्रन्थ है। किन्तु वे यह भूल जाते हैं कि कामायनी में खड़ी बोली का जितना असमर्थ रूप प्रगट हुआ है उतना असमर्थ रूप किसी और काव्य में नहीं मिलता। कामायनी में ऐसे अंश कम हैं जिन्हें पढ़ते हुए मन पर अप्रियता के धक्के न लगते हों, अभिव्यक्ति की असमर्थता और शब्दों के कुप्रयोग से पाठक का मन न खीझता हो।

कविता केवल विचार और भाव को लेकर सफल नहीं होती। सफल वह तब होती है जब भाव और विचार अनुकूल भाषा में अनुकूल ढंग से व्यक्त होते हों। कविता का अन्तिम विश्लेषण उसमें प्रयुक्त भाषा का विश्लेषण है; कविता का चरम सौन्दर्य उसमें प्रयुक्त भाषा की सफाई का सौन्दर्य होता है। दुःख के साथ कहना पड़ता है कि ऐसे सौन्दर्य के स्थल कामायनी में बहुत कम हैं। कामायनी का अधिकांश तो ऐसा ही है जहाँ भाषा लचड़, अभिव्यक्तियाँ लद्धड़ और सफाई बिलकुल शून्य है। कोई आश्चर्य नहीं कि पीढ़ी-दर-पीढ़ी छात्रों को पढ़ाते रहने पर भी यह काव्य कविता-प्रेमी जनता के बीच प्रसार नहीं पा सका और मेरा अनुमान है कि यदि यह ग्रन्थ पाठ्यक्रम से बाहर निकाल दिया जाए तो उसका एक ही संस्करण बीस वर्षों के लिए काफी होगा। हाँ श्रद्धा, काम और लज्जा सर्गों में जो कवित्ववाला अंश है वह अलग से निकालने पर जनता का प्रेम प्राप्त कर सकता है।

कामायनी के बारे में देश में एक मत प्रचलित है कि वह दुरूह काव्य है। किन्तु इस दुरूहता का कारण सूक्ष्म चिन्तन नहीं है। चिन्तन की सूक्ष्मता की दृष्टि से कामायनी का रहस्य-सर्ग अत्यन्त श्रेष्ठ है, किन्तु वह दुरूह नहीं है। कवित्व की सूक्ष्मता को लें तो लज्जा-सर्ग सामने आता है। किन्तु वह सर्ग भी दुरूह नहीं है। कारण यह है कि इन सर्गों में जो अनुभूतियाँ प्रकट हुई हैं वे कवि को स्वच्छता से गृहीत हुई थीं और उनके लिखने में भी कवि ने स्वच्छता और सफाई से काम लिया है। कामायनी में निन्दनीय दुरूहता वहीं मिलती है जहाँ या तो कवि की अनुभूति में स्वच्छता का अभाव है अथवा जहाँ वह अपनी अनुभूति को सफाई से लिखने में असमर्थ रहा है।

कविता न तो केवल भाषा है, न केवल भाव और विचार। कविता की रचना करते

समय कवि दो धरातलों पर काम करता होता है। एक धरातल तो वह है जिस पर उसकी अनुभूतियाँ, भाव और विचार उत्पन्न होते हैं और दूसरा वह जिस पर वह कलम पकड़कर रचना में तल्लीन रहता है। और दोनों धरातलों पर कवि को एक साथ जगना पड़ता है। पहले धरातल पर जागरूक रहने की आवश्यकता इसलिए होती है कि कवि अपनी अनुभूतियों और विचारों को ठीक से समझ सके। और दूसरे धरातल पर जगने की आवश्यकता इसलिए होती है कि पहले धरातल पर कवि ने जिन अनुभूतियों को ग्रहण किया है उन्हें वह अनुकूल भाषा में व्यक्त कर सके। ये दो धरातल वस्तुतः एक-दूसरे से अभिन्न होते हैं। अभिन्न न भी हों तो भी वे एक-दूसरे से लगे होते हैं। फिर भी दूसरे धरातल पर काम करते समय कवि के लिए यह आवश्यक है कि लिखते समय वह बार-बार अपने आपसे पूछता जाए कि जो कुछ वह लिख रहा है वह ठीक वही बात है या नहीं, जिसे उसने अनुभूतिवाले धरातल पर ग्रहण किया है। जहाँ अपने आपसे ऐसे प्रश्न नहीं किए जाते, जहाँ रचना के समय अनवरत ऐसी सतर्कता नहीं बरती जाती वहीं 'लिखत सुधाकर लिखिगा राहू' वाली कहावत चरितार्थ होने की आशंका रहती है। इसी आशय को आचार्य कुंतक ने यह कहकर व्यक्त किया है कि सफल कविता में भाव और भाषा के बीच परस्पर स्पर्धा की भावना काम करती है। भाव उतनी दूर तक विकसित होने की चेष्टा करते हैं जितनी दूर तक जाने की उनमें सामर्थ्य है। और भाषा भी उसी प्रकार विकासमान भावों का पद-पद पर साथ देने को अपना चरम विकास करती है। इस स्पर्धा में भाषा और भाव जब सम-संतुलित स्थिति में आकर ठहरे होते हैं तभी कविता सफल मानी जाती है। भाव और भाषा के बीच 'परस्परस्पर्धिसमभाव', यह सच्ची कविता की सबसे बड़ी पहचान है।

कुंतक के मत पर भी यदि गहराई से विचार किया जाए तो यह अनुमान होता है कि सफल काव्य रचना की असली कुंजी भाषा के ही हाथ में होती है। क्योंकि हम, आप या स्वयं रचनाकार यह कैसे समझे की भाव क्या हैं और वे किस स्तर तक विकसित हैं? यह तो तभी ज्ञात होगा जब भाव भाषा का जामा पहन लें। भाषा-विषयक अर्थ-विज्ञान का सामान्य सिद्धान्त है कि वही भाव भाव और वही विचार विचार है जो भाषा में प्रकट किया जा सकता हो। जहाँ भाषा का अभाव है, वहाँ भाव अनगढ़ छोड़कर और कुछ हो ही नहीं सकते।

कामायनी में दोनों ही प्रकार के दोषों के उदाहरण मिलते हैं। इन सभी दोषों में भाषा की असमर्थता तो अत्यन्त ही स्पष्ट है। इसी असमर्थता से कभी-कभी यह अनुमान भी होने लगता है कि कदाचित् कवि की अनुभूतियाँ ही कच्ची और अस्पष्ट थीं, कदाचित् उसने अनुभूतिवाले धरातल पर यह समझने का यथेष्ट प्रयास ही नहीं किया, कि वास्तव में वह कहना क्या चाहता था। इसीलिए उसकी भाषा अस्पष्ट रह गई। अपने आक्षेपों को स्पष्ट करने के लिए मैं पहले कुछ ऐसे दृष्टान्त दूँगा जिन्हें मैं अभिव्यक्ति की असमर्थता के दृष्टान्त मानता हूँ।

चिन्ता-सर्ग में एक पद आता है—

किन्तु उसी ने ला टकराया इस उत्तर गिरि के शिर से,
देव-सृष्टि का ध्वंस अचानक श्वास लगा लेने फिर से।

अभिप्रेत अर्थ, कदाचित् यह है कि मत्स्य के चपेटे से नाव उत्तर गिरि के किनारे जा लगी और देवताओं की सृष्टि अचानक खतरों से बाहर निकल आई। किन्तु 'ध्वंस का श्वास लेना' तो उसके जीवित हो जाने की सूचना देता है। जो भाषा प्रयुक्त हुई है उसका अर्थ होगा कि देव-सृष्टि का ध्वंस जो पहले मिट रहा था फिर से गतिमय हो गया।

मनन करावेगी तू कितना? उस निश्चिंत जाति का जीव
अमर मरेगा क्या? तू कितनी गहरी डाल रही है नींव?

चिन्ता से मनु कदाचित् यह कहना चाहते हैं कि तू कितनी गंभीरता से मेरे भीतर प्रवेश कर रही है। किन्तु इस अर्थ की अभिव्यक्ति के लिए 'कितनी गहरी डाल रही है नींव' कहना भाषा के कच्चेपन की सूचना देता है।

निकल रही थी मर्म-वेदना करुणा-विकल कहानी-सी
वहाँ अकेली प्रकृति सुन रही हँसती-सी, पहचानी सी।

जल-प्लावन उतर चला है और पृथ्वी बाहर निकल रही है। ठीक इसी प्रसंग के बाद यह पद आता है। और इसी पद से बाद मनु की चिन्ता आरम्भ हो जाती है, 'ओ चिन्ता की पहली लेखा!' आदि-आदि। अब यहाँ यह स्पष्ट नहीं होता कि मर्म-वेदना चिन्ता है या और कुछ। मही के निकलने के साथ मर्म-वेदना निकली, इसके क्या मानी होते हैं? क्लिष्ट कल्पना से यह अर्थ निकाला जा सकता है कि पृथ्वी को निकलते देख मनु की चिन्ता जग पड़ी और प्रकृति उनकी ओर लीला-व्यंग्य से देखती हुई हँसने लगी। किन्तु इस वर्णन के लिए ऐसी भाषा नितान्त असमर्थ है और इसे हम उक्ति-लाघव का भी उदाहरण नहीं मान सकते।

अरी आँधियो! ओ बिजली की दिवा-रात्रि, तेरा नर्तन
उसी वासना की उपासना वह तेरा प्रत्यावर्तन।

पहली पंक्ति का अर्थ तो निकलता है। किन्तु दूसरी पंक्ति का अर्थ क्या होगा? क्या यह कि प्रकृति देवताओं की विलासप्रियता से चिढ़कर उन्हें दंड तो देती थी किन्तु देवता अपनी आदतों से मजबूर थे और इसलिए प्रकृति बार-बार कुपित होती थी? यदि इसी अर्थ की सम्भावना ठीक मानी जाए तो क्या उसके लिए ऐसी भाषा काफी है?

अब न कपोलों पर छाया-सी पड़ती मुख की सुरभित भाप,
भुजमूलों में शिथिल वसन की व्यस्त न होती है अब माप।

दूसरी पंक्ति का अर्थ क्या किया जाए? संभव है, देवियों के वसन स्रस्त हो जाते होंगे किन्तु ये भुजमूल किनके हैं जिनमें स्रस्त वस्त्र फँस जाते थे? और माप शब्द

तुक-निर्वाह के सिवा कुछ और काम भी करता है अथवा वह यों ही घुस बैठा है? यदि कहा जाए कि रसिक देवताओं के भुजमूल में देवियों के वस्त्र फँस जाते थे तो स्पष्ट ही कहना होगा, कि कवि जो कुछ कहना चाहता था उसके अनुरूप भाषा का वह संधान न कर सका।

भक्षक या रक्षक जो समझो, केवल अपने मीन हुए।

वह मत्स्य-न्याय से प्रेरित रूपक है। किन्तु मीन की उपमा तभी सार्थक होती यदि देवता आपस में लड़कर मरते। लेकिन वे आपस में लड़े नहीं, विलास के कारण उनका पतन हुआ। अतएव मीन से तुलना अयोग्य है।

गरल-जलद की खड़ी झड़ी में बूँदें निज संसृति रचतीं।

अभिप्रेत अर्थ शायद यह है कि बूँदों से संसार भर गया था। किन्तु भाषा में बल नहीं कि इस अर्थ को अभिव्यक्त करे।

नेत्र निमीलन करती, मानों प्रकृति प्रबुद्ध लगी होने,
जलधि लहरियों की अँगड़ाई बार-बार जाती सोने।

(आशा-सर्ग)

निमीलन का अर्थ नेत्र बन्द करना होता है। प्रकृति आँख मूँदे प्रबुद्ध हो रही है, यह बेतुकी बात है। छायावाद सुप्त, अलसित और सलज्ज सौन्दर्य का प्रेमी था। यहाँ भी सुप्त सौन्दर्य पर आसक्त रहने के कारण ही कवि ने जागने का भाव निमीलन शब्द में ठूँस दिया। और दूसरी पंक्ति में तो 'बार-बार' का व्यर्थ ही प्रयोग किया गया है।

वह विराट था हेम घोलता नया रंग भरने को आज,
कौन? हुआ यह प्रश्न अचानक, और कुतूहल का था राज।

मनु के मन में कुतूहल जगा, यह कहने को 'और कुतूहल का था राज' यह टुकड़ा गढ़ना भाषा का अत्यन्त भोंडा प्रयोग है। और आकाश को रँगनेवाली शक्ति कुछ आहट करती हुई तो नहीं आई कि मनु चौंक कर 'कौन?' पुकार उठें।

देव न थे हम और न ये हैं, सब परिवर्तन के पुतले,
हाँ, कि गर्व-रथ में तुरंग-सा जो चाहे जितना जुत ले।

(आशा-सर्ग)

दूसरी पंक्ति में 'कि' का प्रयोग व्यर्थ हुआ है। किन्तु यही नहीं, 'जिसका जितना जी चाहे, गर्व कर ले' इस बात को कहने के लिए जो रूपक खड़ा किया गया है वह हास्यास्पद है यद्यपि यहाँ अर्थ-दोष नहीं माना जा सकता।

मैं हूँ, यह वरदान-सदृश क्यों लगा गूँजने कानों में?
मैं भी कहने लगा 'मैं रहूँ' शाश्वत नभ के गानों में।

(आशा-सर्ग)

उदय यहाँ आशा और प्रवृत्ति का दिखाया जा रहा है। फिर मनु के भीतर

शाश्वत रूप से नभ के गानों में रहने की इच्छा क्यों उठाई गई? यह फिर छायावादी संस्कार है।

सजग हुई फिर से सुर-संस्कृति, देव-भजन की वर माया,
उन पर लगी डालने अपनी कर्ममयी शीतल छाया।

(आशा-सर्ग)

देव-संस्कृति को यज्ञ की माया कहकर क्या बात कही गई, कुछ समझ में नहीं आता। और कर्मवाद को शीतल कहें तो कर्मन्यास को संतप्त मानना होगा यद्यपि बात ठीक विपरीत है। कोई आश्चर्य नहीं कि सूर्य को निराला जी ने भी शीतलच्छाय मान लिया।

विश्व-रंग में कर्मजाल के सूत्र लगे घन हो घिरने।

(आशा-सर्ग)

कर्मठता में वृद्धि होने लगी, इस सीधी-सी बात को कहने के लिए इतना तूम बाँधना फिर भाषा-विषयक असमर्थता की सूचना देता है।

दिवा रात्रि या मित्र वरुण की बाला का अक्षय शृंगार,
मिलन लगा हँसने जीवन के ऊर्मिल सागर के उस पार।

(आशा-सर्ग)

प्रसंग यह है कि मनु के भीतर वासना जाग्रत हो रही है वे प्रकृति की विविध सुषमाओं को देखते हैं। तो अचानक यह बात कहाँ से आ जाती है कि मिलन उनके जीवन समुद्र के उस पार हँसने लगा? किससे मिलन? किसका मिलन? इन प्रश्नों के उत्तर खोजने की सारी जिम्मेवारी कवि ने पाठकों पर छोड़ दी। और कुछ परिश्रम करने से वे पाठकों के श्रम को कम कर सकते थे।

नई इच्छा खींच लाती अतिथि का संकेत,
चल रहा था सरल शासन युक्त सुरुचि-समेत।

अभिप्रेत अर्थ, कदाचित् यह होगा कि अतिथि के संकेत से मनु में इच्छा जगती थी अर्थात् मनु वही काम करते थे जिसे श्रद्धा चाहती थी। किन्तु इतनी सीधी बात भी कवि सरलता से नहीं कह सका।

कितना दुःख जिसे मैं चाहूँ वह कुछ और बना हो,
मेरा मानस चित्र खींचना सुंदर-सा सपना हो।

(कर्म-सर्ग)

श्रद्धा शायद यह कहना चाहती है कि मैंने मनु के विषय में जो चित्र कल्पित किए थे, वे स्वप्न के समान झूठे निकले। भाव चित्रों की व्यर्थता का है। अतएव उसके साथ सुन्दर विशेषण लाने से कथ्य का बल नहीं बढ़ता, वह और दुर्बल हो जाता है। जो सुन्दर है वह व्यर्थ कैसे होगा? और व्यर्थता बतानी थी तो रीता-सा अथवा वैसा ही कोई अन्य विशेषण स्वप्न के साथ जोड़ना था।

निर्जन में क्या एक अकेले तुम्हें प्रमोद मिलेगा?
नहीं, इसी से अन्य हृदय का कोई सुमन खिलेगा।

सुख-समीर पाकर, चाहे हो वह एकान्त तुम्हारा
बढ़ती है सीमा संसृति की बन मानवता-धारा।

(कर्म-सर्ग)

तीसरी पंक्ति का संगत अर्थ निकालने का चूँकि कोई उपाय नहीं है इसलिए उसे मैं दूसरी पंक्ति के साथ मिला देता हूँ। अब अर्थ होगा कि सुख समीर चाहे केवल तुम्हारा ही हो किन्तु उसे पाकर दूसरों के भी हृदय के फूल विकसित होंगे। लेकिन यह अर्थ कुछ अच्छा नहीं लगता। और तब चौथी पंक्ति का अर्थ क्या होगा? "विश्व का विकास तब होता है जब मानवता के गुण धार बाँधकर बहते हैं" इस अर्थ को व्यक्त करने के लिए क्या वह शैली यथेष्ट है जो चौथी पंक्ति में बरती गई है? आश्चर्य नहीं कि कविता के साधारण रसिक कामायनी काव्य को छूने में भी घबराते हैं।

हिन्दी का व्याकरण अत्यन्त दुस्साध्य है और हम लोग उसके सम्पूर्ण निर्वाह का दावा नहीं कर सकते। श्रेष्ठ कवियों में से श्री मैथिलीशरणजी गुप्त हैं जिन्होंने व्याकरण का अपनी दृष्टि से सर्वाधिक निर्वाह किया है। दूसरा नाम, कदाचित् निराला जी का आएगा। अतः कहा जा सकता है कि व्याकरण और मुहावरों के प्रति असावधान हो जाने का अपराध घट-बढ़कर सबसे हुआ है। किन्तु कामायनी जैसे काव्य में ऐसे दोषों का बाहुल्य बहुत खटकता है। उदाहरण के लिए, 'चल जाना' इस मुहावरे को लीजिए। आदमी चलता है किन्तु जादू चलता भी है और 'चल भी जाता' है। आदमी का चला जाना शुद्ध है यद्यपि यदि यह कहें कि आदमी 'चल जाता' है, तो वह अशुद्ध होगा। किन्तु इस अशुद्धि के कामायनी में कई दृष्टान्त हैं।

1. *चेतनता, चल जा, जड़ता से आज शून्य मेरा भर दे।*

(चिन्ता-सर्ग)

2. *विश्व-कमल की मृदुल मधुकरी रजनी तू किस कोने से*
आती चूम-चूम चल जाती पढ़ी हुई किस टोने से?

(आशा-सर्ग)

3. *वह चलने को जब कहे कहीं, तब हृदय विकल चल जाए वहीं।*

(इड़ा-सर्ग)

4. *माँ, तू चल आई दूर इधर,*
संध्या कब की चल गई उधर।

(दर्शन-सर्ग)

5. *ऐं, तुम फिर भी आज यहाँ कैसे चल आई?*

(संघर्ष-सर्ग)

स्पष्ट ही, पहले उद्धरण में चल जा की जगह चली जा, दूसरे में चल जाती की जगह चली जाती, तीसरे में चल जाए की जगह चला जाए, चौथे में चल गई की जगह चली गई और पाँचवें में चल आई की जगह चली आई होना चाहिए।

इसी प्रकार 'कब का' का, एक स्थान पर बड़ा ही भ्रामक प्रयोग हुआ है। 'नृत्य कब का समाप्त हो गया' यह प्रयोग तो ठीक है किन्तु 'नृत्य कब का हो रहा था' यह अशुद्ध प्रयोग है।

पंचभूत का यह ताण्डवमय नृत्य हो रहा था कब का।

(चिन्ता-सर्ग)

यहाँ अभिप्रेत अर्थ यह मालूम होता है कि नृत्य बहुत दिनों से चल रहा था अथवा ताण्डव बहुत काल तक चलता रहा। किन्तु 'कब का' से वह अर्थ स्पष्ट नहीं होता।

कामायनी में एकवचन की संज्ञा के लिए बहुवचन का सर्वनाम अथवा तू की जगह तुम और तुम की जगह तू के प्रयोग भी अनेक स्थलों पर मिलते हैं। यथा—

अरे अमरता के चमकीले पुतलो! तेरे वे जयनाद।

(चिन्ता-सर्ग)

अरी आँधियो! ओ बिजली की दिवारात्रि, तेरा नर्तन,
उसी वासना की उपासना, वह तेरा प्रत्यावर्तन।

(चिन्ता-सर्ग)

प्रकृत शक्ति तुम ने यन्त्रों से सब की छीनी
शोषण कर जीवनी बना दी झोली झीनी।
और इड़ा पर यह क्या अत्याचार किया है?
इसीलिए, तू हम सब के बल यहाँ जिया है?

(संघर्ष-सर्ग)

कुछ दुष्प्रयोग क्रिया से भी सम्बन्ध रखते हैं। ईर्ष्या-सर्ग में एक पद आता है—

लौटे थे मृगया से थक कर दिखलाई पड़ता गुफा-द्वार।
पर, और न आगे बढ़ने की इच्छा होती, करते विचार।
मृग डाल दिया, फिर धनु को, भी मनु बैठ गए शिथिलित शरीर।

(ईर्ष्या-सर्ग)

यहाँ प्रसंग से सूचित स्थिति के अनुसार दिखलाई पड़ता की जगह दिखलाई पड़ा और इच्छा होती की जगह इच्छा हुई होना चाहिए था।

अपरंच,

यजन करोगे क्या तुम? फिर यह किसको खोज रहे हो?
अरे, पुरोहित की आशा में कितने कष्ट सहे हो?

(कर्म-सर्ग)

कितनी रोटियाँ खाई हैं, कितना दूध पिया है आदि वाक्यों के समान यहाँ भी 'कितने कष्ट सहे हैं' ही होना चाहिए था।

घनीभूत हो उठे पवन फिर श्वासों की गति होती रुद्ध।

(चिन्ता-सर्ग)

यहाँ भी मुझे यही प्रतीत होता है कि होती के स्थान पर हुई अथवा होने लगी की ही आवश्यकता थी।

एक स्थान पर तो बहु-प्रचलित तपस्या शब्द का पुल्लिंग में इतना खुलकर प्रयोग किया गया है कि अचरज के मारे बिलकुल अवाक् रह जाना पड़ता है।

मनन किया करते वे बैठे ज्वलित अग्नि के पास वहाँ,
एक सजीव तपस्या जैसे पतझड़ में कर वास रहा।

(आशा-सर्ग)

और यही भूल कवि ने एक जगह और की है।

नील गरल से भरा हुआ यह चन्द्र-कपाल लिए हो,
इन्हीं निमीलित ताराओं में कितनी शान्ति पिए हो?

(कर्म-सर्ग)

शान्ति स्त्रीलिंग है। कितनी शान्ति पी है प्रयोग तो यही शुद्ध होगा।

संज्ञा का परिचय दिए बिना सर्वनाम का प्रयोग कर बैठना भाषा का दुष्प्रयोग है। इससे अर्थबोध में बाधा उपस्थित होती है और कवि के श्रम में चाहे जो भी कमी हो जाए, किन्तु पाठकों का श्रम इससे बढ़ जाता है। किन्तु छायावाद के आरम्भिक काल में यह दोष प्रायः सबसे हुआ था। संज्ञा की कल्पना मात्र से कविगण इतने मस्त हो जाते थे कि वे उसका कहना ही भूल जाते थे और बेखटके सर्वनामों का प्रयोग वे इस भाव से करने लगते थे मानों पाठक भी संज्ञा से अवगत और उसकी कल्पना से मस्त हों। अब इस दोष को बहुत-से लोग मानने लगे हैं किन्तु सन् 1924-25 ई. के लगभग यह प्रायः गुण समझा जाता था। पन्त जी की 'स्वप्न' शीर्षक कविता में ये पंक्तियाँ आती हैं–

उस स्वप्नों की सवर्ण-सरित का सजनि, कहाँ है जन्म-स्थान,
मुसकानों में उछल-उछल मृदु बहती वह किस ओर अजान?
किन कर्मों की जीवित छाया उस निद्रित-विस्मृति के संग
आँख-मिचौनी खेल रही वह किन भावों की गूढ़ उमंग?

'उस स्वर्ण सरित' और 'उस निद्रित-विस्मृति' की संज्ञाएं कहाँ हैं, इसका विधिवत् पता नहीं चलता किन्तु कविता शान से आगे बढ़ती है। पंक्तियाँ पढ़ते ही पाठक के मन में जिज्ञासा उठती है, "यह किस स्वर्ण-सरित की बात है? किस निद्रित-विस्मृति का आख्यान है?" किन्तु इस जिज्ञासा का व्याकरण-सम्मत समाधान कविता में नहीं है। यह समाधान पाठक को अपनी कल्पनाशक्ति से निकालना पड़ता

है। इसे मैं एक प्रकार का आकांक्षा-दोष मानता हूँ। और कामायनी के जो अंश छायावाद के आरम्भ में रचे गए थे (मेरा अनुमान है कि ऐसे अंश चिन्ता और आशा-सर्ग हैं जिनमें अभिव्यक्ति के दोषों की पूरी भरमार है) उनमें यह आकांक्षा-दोष बहुत अधिक है। यथा—

उतर चला था वह जल-प्लावन और निकलने लगी मही।
उस निश्चित जाति का जीव
अमर मरेगा क्या?
चिन्ता करता हूँ मैं जितनी उस अतीत की, उस सुख की।

(चिन्ता-सर्ग)

दोनों का समुचित प्रतिवर्तन जीवन में शुद्ध विकास हुआ।

(काम-सर्ग)

यह कितनी स्पृहणीय बन गई मधुर जागरण-सी छविमान।

(आशा-सर्ग)

वह विराग-विभूति ईर्ष्या-पवन से हो व्यस्त।

(वासना-सर्ग)

कामायनी में कुछ विद्वान यति-दोष अथवा छन्दोभंग की भी चर्चा करते हैं। किन्तु मेरे जानते इस दृष्टि से कामायनी सदोष काव्य नहीं है। केवल दो शब्द हैं जिनके कारण आलोचकों को यह दोष दिखाई देता है। ज्योत्स्ना में वास्तव में चार ही मात्राएँ हैं। किन्तु कामायनीकार ने कहीं तो उसका प्रयोग चार मात्राओं के लिए किया है और कहीं पाँच मात्राओं के लिए। इसी प्रकार एक शब्द आह्लाद भी है जिसका प्रयोग छह मात्राओं के लिए किया गया है यद्यपि इस शब्द में पाँच ही मात्राएँ हैं।

छन्द की दृष्टि से दुर्बलता कामायनी में प्रयुक्त तुकों या अन्त्यानुप्रासों में दिखाई देती है। तुक के लिए शब्द चुनने में संगीत की माँग यह रहती है कि कम से कम अन्त की दो मात्राएँ परस्पर मेल खा जाएँ तो अच्छा है। इसीलिए करने की तुक मरने अथवा डरने के साथ ठीक मेल खाती है किन्तु यदि करने के साथ होने अथवा देने को मिला दिया जाए तो अन्त्यानुप्रास दूषित हो जाता है। साथ ही कवि को यह भी ध्यान रखना पड़ता है कि तुक के शब्द ऐसे हों जो भाव-वर्णन में भी सहायता देते हों। यदि तुक के शब्द भावाभिव्यक्ति में सहायक न हुए तो वे फालतू-से हो जाते हैं और पाठक के मन पर उनका विपरीत प्रभाव पड़ता है। इसलिए अन्त्यानुप्रास वही श्रेष्ठ समझा जाता है जिसके शब्द संगीतमयता में भी विघ्न नहीं डालते, साथ ही भावाभिव्यक्ति में सहायक होने के कारण उनका पदान्त में आ बैठना स्वाभाविक भी लगता है। दुःख की बात यह है कि कामायनी के बहुत-से अन्त्यानुप्रास इस कसौटी पर खरे नहीं उतरते। कहीं तो उनसे संगीत में बाधा पड़ती है, कहीं अभिव्यक्ति को वे दूषित बनाते हैं और ऐसी स्थिति में सर्वत्र ही उन्हें देखकर पाठकों का मन चिढ़-सा जाता है।

एक नाव थी और न उसमें डाँडे लगते या पतवार,
तरल तरंगों में उठ गिर कर बहती पगली बारम्बार।

संगीत की दृष्टि से यहाँ तुकें निर्दोष हैं। किन्तु भावाभिव्यक्ति की दृष्टि से उनका क्या हाल है? बारम्बार का प्रयोग तभी संगत होगा यदि अर्थ यह लिया जाए कि नाव रुक जाती थी और वह फिर बहती थी। किन्तु झंझा में नाव की ऐसी ही गति होती है क्या? वह तो निरन्तर हिलती-डुलती और बहती रहती है। बारम्बार नहीं होता तो यह पद कहीं निर्दोष था।

सजग हुई फिर से सुर-संस्कृति देव-यजन की वर माया,
उन पर लगी डालने अपनी कर्ममयी शीतल छाया।

संगीत में यहाँ भी बाधा नहीं है। किन्तु कर्म को शीतल विशेषण से संयुक्त करने का सारा फसाद इसी छाया तुक के कारण वरपा हुआ है।

उन नृत्य-शिथिल निश्वासों की कितनी है मोहमयी माया!
जिनसे सभीर छनता-छनता बनता है प्राणों की छाया।

(काम-सर्ग)

संगीत में बाधा फिर भी नहीं है। किन्तु प्राणवायु अथवा उसके किसी सम्यक् पर्याय के बदले प्राणों की छाया का प्रयोग कवि को इसी छाया के लोभ में करना पड़ा है। किन्तु छाया भावाभिव्यक्ति में सहायक न होकर उलटे उसमें बाधा पहुँचाती है।

और यदि संगीत-बाधक तुकों की बानगियाँ देखनी हों तो वे ये हैं—

...अब न यहाँ आने देना,
...मुझ को बस सोने देना,
...किन्तु डरे-से थे मन में,
...जीवन का लेना-देना।

(स्वप्न-सर्ग)

वह अनन्त चेतन नचता है उन्मद गति से
तुम भी नाचो अपनी द्वयता में, विस्मृति में।

(संघर्ष-सर्ग)

मैं बैठी गाती हूँ तकली के प्रतिवर्तन में स्वर विभोर,
चल री तकली, धीरे-धीरे प्रिय गए खेलने को अहेर।

(ईर्ष्या-सर्ग)

कुछ प्रकाश धूमिल-सा उसके दीपों से था निकल रहा
पवन चल रहा था रुक-रुककर खिन्न भरा अवसाद रहा।

(निर्वेद-सर्ग)

कुछ तुकें ऐसी भी हैं जो हास्यास्पद लगती हैं। यथा—

लड़ रहे अविरत युगल थे चेतना के पाश,
एक सकता था न कोई दूसरे को फाँस।

(वासना-सर्ग)

तब वृषभ सोमवाही भी अपनी घंटाध्वनि करता,
बढ़ चला इड़ा के पीछे मानव भी था डग भरता।

(आनन्द-सर्ग)

मनु का मन था विकल हो उठा संवेदन से खाकर चोट
संवेदन! जीवन जगती को जो कटुता से देता घोंट।

(आनन्द-सर्ग)

कामायनी में दोष उतने ही नहीं हैं जितने इन उद्धरणों में आए हैं। असमर्थ टुकड़ियों, उलझे हुए वाक्यखंडों और भरती के टुकड़ों से यह सारा काव्य ओतप्रोत है। वस्तुतः कामायनीकार की कला-चेतना अत्यन्त शक्तिशालिनी किन्तु रचनाशिल्प उससे कमजोर है। यह ठीक है कि श्रद्धा, लज्जा और काम सर्गों को देखते हुए मुझे ऐसा कहने का साहस नहीं होना चाहिए। किन्तु जो उद्धरण ऊपर दिए गए हैं उन्हें देखते हुए और कहा भी क्या जा सकता है? अथवा यह सोचकर हमें इन दोषों को सहन कर लेना है कि प्रसाद जी जब इस ग्रन्थ की रचना कर रहे थे तब वे बीमार थे और ग्रन्थ को सम्यक् रीति से संशोधित करने का श्रम वे नहीं उठा सकते थे। यह भी कि वे दिन भर मुलाकातियों से घिरे रहते थे। अतएव, जितना वे कर सकते थे उसके लिए भी उन्हें अवकाश नहीं मिला। परिणाम यह है कि दोनों धरातलों पर कवि के अनवरत जाग्रत रहने का प्रमाण कामायनी में नहीं मिलता। कामायनी का कवि अद्भुत प्रतिभा से सम्पन्न है। उसमें ऊपर उड़ने की, रंध्र में धँसने और प्रत्यक्ष आवरण को चीरकर वस्तुओं के भीतर प्रवेश करने की अपरिमित शक्ति है। पर जिस ऊँचाई पर वह पाँव रखता है उसकी स्पष्ट और पूर्ण अभिव्यक्ति देने में वह असमर्थ है। उसके विचार ऊँचे, किन्तु भाषा कमजोर है। उसके भाव सूक्ष्म, किन्तु अभिव्यक्तियाँ उलझी हुई हैं। कितने ही सर्गों की शिथिलता मन को कुरेदती है। कितनी ही पंक्तियों की असमर्थता मन में खीझ उपजाती है। किन्तु सब कुछ देख लेने पर इतना जरूर कहना पड़ता है कि यह काव्य विचारों के बहुत ही ऊँचे धरातल पर अवस्थित है और इसका देशव्यापी सुयश बिलकुल अकारण नहीं है। किन्तु फिर भी इतना कहे बिना सत्य की रक्षा नहीं हो सकती कि कामायनी के बाद भी यह नहीं कहा जा सकता कि खड़ीबोली हिन्दी में वह काव्य आ गया जिसे देखकर कविता में भाषा और अभिव्यक्ति का स्तर बाँधा जा सके। कम-से-कम, कामायनी वह आदर्श काव्य नहीं है, यह ध्रुव सत्य है।

कुछ दोष उस समय का भी है जब इस काव्य की रचना आरम्भ हुई होगी। छायावादी आन्दोलन के आरम्भ में अभिव्यक्ति के जितने दोष थे, उनसे सबसे अधिक

बेदाग केवल पन्त जी रहे हैं। अन्यथा माखनलाल चतुर्वेदी, निराला और महादेवी, तीनों की आरम्भिक रचनाओं में उलझी अभिव्यक्तियों के दृष्टान्त काफी संख्या में खोजे जा सकते हैं विशेषतः परिमल, हिमकिरीटिनी और नीहार की कविताएँ इन दोषों से खूब पीड़ित हैं। किन्तु प्रसिद्ध काव्य-ग्रन्थों में से अभिव्यक्ति के दोष जितने कामायनी में मिलते हैं, उतने और कहीं नहीं।

दोषोद्घाटन के सिलसिले में एक शंका यह भी उठती है कि अँधेरे में जैसे बैल, बिल्ली आदि पशुओं की आँखें दूर से ही चमकती दिखाई देती हैं, वैसे आदमी की आँखें चमकती हैं या नहीं। अनुभव से तो यही जान पड़ता है कि मनुष्य की आँखें अँधेरे में दूर से नहीं दिखाई देतीं और दूर से क्या, समीप से भी अंधकार में आकृति और आँखों में कोई भिन्नता नहीं होती। किन्तु दर्शन-सर्ग में, जब श्रद्धा मनु को खोजते-खोजते उस गुफा के पास पहुँची जिसमें मनु जा छिपे थे, तब उसे दूर से ही उनकी दोनों आँखें 'अनगढ़े रतन'-सी चमकती दिखाई पड़ीं।

तब सरस्वती-सा फेंक साँस, श्रद्धा ने देखा आस-पास,
थे चमक रहे दो खुले नयन, ज्यों शिला-लग्न अनगढ़े रतन।

"शिला-लग्न अनगढ़े रतन" से स्पष्ट भासित होता है कि श्रद्धा को मनु का शरीर दिखाई नहीं पड़ा, केवल आँखें ही दूर से दिखाई दीं। कविता की रचना के पीछे स्मृति का बहुत बड़ा हाथ होता है। कल्पना अपनी सारी सामग्रियाँ स्मृति के कोष में से चुनती है। स्पष्ट ही, कवि की स्मृति में पशु-नेत्रों के अंधकार में चमकने का जो दृश्य जमा था, उसे उसने यहाँ मनु की आँखों के साथ जोड़ दिया है।

'द ईव ऑफ सेंट एगनेस' नामक खण्डकाव्य में ऐसी गलती कीट्स से भी हुई थी। इस काव्य की नायिका माडेलिन चाँदनी रात में अपने कक्ष के भीतर जाकर प्रार्थना में बैठती है। इस कक्ष की खिड़कियों में रंग-रंग के शीशे लगे हुए हैं। कीट्स कहते हैं कि जब माडेलिन प्रार्थना में बैठी, सभी रंगों के शीशों के प्रतिबिम्ब उसके अंग-अंग पर पड़ने लगे। उसके हाथों पर तो गुलाबी बिम्ब पड़ा और वक्षस्थल पर नीली प्रतिच्छाया तथा उसके कुंतल-जाल पर उज्ज्वल रंग चमक उठा। एक आलोचक ने यह कहकर इस चित्रण में दोष निकाला है कि रंगीन शीशों से बिम्ब सूर्य के प्रकाश में निकलते हैं, चन्द्रमा की किरणों से नहीं। कीट्स ने एक स्थान पर लिखा है कि कल्पना जिसे भी सौन्दर्य समझती है, वह सत्य भी होगा, भले ही वस्तु-जगत् में उसका अस्तित्व न हो। मेरा ख्याल है कवि की यह उक्ति इसी आलोचक को उत्तर रही होगी।

कुछ दार्शनिक शंकाएँ

एक दूसरी शंका श्रद्धा के पराशक्तिवाले रूप पर से भी उठती है। श्रद्धा क्या सचमुच पराशक्ति है? कामायनी के तीन पात्रों में से केवल श्रद्धा ही ऐसी है जो आरम्भ से

लेकर अन्त तक कोमल, मृदुल, सहनशील तथा धर्म का प्रतिरूप बनी रहती है। मनु और इड़ा में ये गुण नहीं हैं। श्रद्धा पहले तो मनु का गुरु बनकर उन्हें प्रवृत्ति की शिक्षा देती है फिर पत्नी बनकर उनकी गृहस्थी बसाती है और अन्त में पराशक्ति क रूप धरकर वह उन्हें शिवलोक पहुँचा देती है। इससे यह स्पष्ट भासित होता है कि कवि को आरम्भ से ही यह अभीष्ट था कि श्रद्धा की परिणति पराशक्ति के रूप में की जाए। इसीलिए उसका व्यक्तित्व आरम्भ से ही कोमल और पवित्र रखा गया है। और रहस्य-सर्ग में पहुँचकर श्रद्धा जिस अधिकार के साथ त्रिपुर का वर्णन करती हैं, उससे तनिक भी सन्देह नहीं रह जाता कि वह पराशक्ति है, साक्षात् शंकर की सिद्धि है। उसका यह रूप, सच पूछिये तो दर्शन-सर्ग में ही खुल पड़ता है जहाँ वह मनु से कहती है—

तब चलो जहाँ पर शान्ति-प्रात,
मैं नित्य तुम्हारी, सत्य बात।

यही नहीं, प्रत्युत वह मनु को ऐसी दिव्य दृष्टि दे देती है जिससे उन्हें सर्वत्र अद्‌भुत दृश्य दिखाई देने लगते हैं।

सत्ता का स्पन्दन चला डोल
आवरण पटल की ग्रन्थि खोल।
तम-जलनिधि का बन मधु-मंथन
ज्योत्स्ना-सरिता का आलिंगन,
वह रजत गौर, उज्ज्वल जीवन
आलोक-पुरुष! मंगल-चेतन!
केवल प्रकाश का था कलोल,
मधु किरणा की थी लहर लोल।

यह कार्य गानवी का नहीं हो सकता। श्रद्धा सचमुच ही दिव्य शक्ति है।

किन्तु पराशक्ति को रहस्यवादिनी का रूप देना क्या संगत लगता है? रहस्यवाद आध्यात्मिक सत्यों की अधूरी अनुभूति होती है। रहस्यवाद वह धूमिल वाणी है जो अदृश्य वास्तविकता की कल्पना से फूटती है, जो उस मनुष्य के मुख से निकलती है जो अदृश्य सत्यों की काल्पनिक झाँकी से अभिभूत हो उठा है। इसीलिए रहस्यवाद का कितना अंश कल्पना और कितना सत्य या अतिरंजित सत्य है इसे हम नहीं जान सकते। इसीलिए राम, कृष्ण अथवा अन्य अवतारों के मुख से अस्पष्ट, धुंधली बातें कहलाने का काम हमारे पहले के कवियों ने नहीं किया। जो परम सत्ता का चेतन अवतार है वह तो सारे निगूढ़ सत्यों को जानता है। वह धुँधली वाणी क्यों बोलेगा? धुँधली बातें बोलना उसके लिए स्वाभाविक है जो सीमित मनुष्य है और कल्पना को बहुत दूर खींचने अथवा समाधि को सिंधुवत् गंभीर बना लेने पर भी जिसे अदृश्य वास्तविकता का सम्पूर्ण ज्ञान नहीं हो पाता। किन्तु जो कुछ उसे दिखलाई पड़ता है

उसी से चकित, विस्मित और उत्तेजित होकर वह अद्‌भुत बातें बोलने लगता है, जैसे कबीर बोल गए हैं, जैसे दादू और मीरा बोल गई हैं।

यहाँ पांडिचेरी के साहित्य-मर्मज्ञ श्री नलिनीकान्त गुप्त की एक बात याद आती है। उन्होंने एक स्थान पर लिखा है कि विश्व की बहुत-सी कविताएँ रहस्यवाद-सी दिखती हैं किन्तु वे सबकी सब रहस्यात्मक नहीं होतीं। उनमें से कुछ को धार्मिक, कुछ को रहस्यात्मक और कुछ को आध्यात्मिक कहना उचित है। भक्ति, विनय, आत्मसमर्पण और श्रद्धा, ये धर्म के लक्षण हैं। रहस्यवाद में अदृश्य, अगोचर तथा अज्ञेय पर चकित एवं विस्मित होने का भाव रहता है किन्तु इससे भी ऊपर चेतना का एक और स्तर है जहाँ पहुँचकर सत्य का वर्णन इस भाव से किया जाता है मानों जो रहस्य था वह उन्मुक्त हो गया हो, जो अज्ञात था वह ज्ञात हो गया हो। यह स्तर अध्यात्म का स्तर है जिसकी कविता मुख्यतः गीता में स्वयं भगवान ने कही है अथवा वह यत्र-तत्र उपनिषदों में दृष्टिगोचर होती है।

शरीर के भीतर जो आत्मा का धरातल है उसका विवेचन और अनुसंधान इन तीनों प्रकार की कविताओं में पाया जाता है। किन्तु धार्मिक कवि जिज्ञासा की बौद्धिक गहराइयों में न जाकर केवल आत्मसमर्पण करता है, केवल आत्मा या परमात्मा का गुणगान करता है और चाहता है कि उसके शरीर का विलय उसकी आत्मा में हो जाए। रहस्यवादी का ध्येय शरीर नहीं, आत्मा होती है। किन्तु आत्मा का भी चित्रण वह शरीर की ही भाषा में करता है। कबीर, जायसी, मीरा, दादू और रवीन्द्र का लक्ष्य आत्मा का धरातल है किन्तु इस धरातल के अस्पष्ट होने के कारण ही इन कवियों ने ऐन्द्रिय एवं शारीरिक संकेतों का आश्रय लिया है जिससे जो अस्पष्ट है वह सुस्पष्ट बनाया जा सके, जो दूर है वह समीप लाया जा सके तथा जो अरूप है उसका हम मानसिक स्पर्श कर सकें। शरीर की भाषा में से आत्मा की भाषा तैयार करने की चिन्ता प्रायः सभी रहस्यवादियों में रही है फिर भी आत्मा की भाषा सबके लिए सुलभ नहीं हुई। तब भी, रहस्यवाद हम वही मानते हैं जहाँ आत्मा की भाषा का अनुकरण किया जाता है, जहाँ अतीन्द्रिय धरातल की चेतना की वाणी उधार ली जाती है, जहाँ आत्मा की वस्तुस्थिति का वर्णन नहीं, उसकी धुँधली झाँकियों का बखान होता है।

किन्तु इस धरातल से ऊपर एक और धरातल है जहाँ आत्मा अपनी ही भाषा और अपने ही नाम में बोलती है, जहाँ शंका जिज्ञासा और बेचैनी का धुआँ नहीं उठता, जहाँ अतीन्द्रिय लोक की बात सुनिश्चित समाधान की भाषा में सुनाई जाती है। रहस्य-सर्ग में श्रद्धा मनु को त्रिपुर का जो वर्णन सुनाती है उसका स्तर रहस्य नहीं, इसी अध्यात्म का स्तर है। यह स्तर पराशक्ति के सर्वथा उपयुक्त है। सर्वज्ञा पराशक्ति अध्यात्म के स्तर से बोलें, यह पूर्ण रूप से स्वाभाविक है। अस्वाभाविक-सी वे तभी हो जाती हैं जब वे सर्वात्मवादी भावनाओं से ग्रस्त होती हैं। श्रद्धा का विकास यदि पराशक्ति के रूप में करना था तो उसके मुख से रहस्यवादी उद्‌गार नहीं

कहलवाना ही योग्य था। क्योंकि रहस्य की जिज्ञासा सीमित मनुष्य को होती है, पराशक्ति को तो सभी रहस्य ज्ञात रहने चाहिए। और श्रद्धा को यदि सारे अदृश्य रहस्य ज्ञात न थे तो रहस्य-सर्ग में उसने त्रिपुर की व्याख्या उतने अधिकार के साथ की कैसे? फिर भी यही श्रद्धा कर्म-सर्ग में सर्वात्मवादी भावनाओं में बह जाती है।

अचल, अनन्त, नील लहरों पर बैठे आसन मारे
देव! कौन तुम? झरते तन से श्रमकण-से ये तारे।

ठीक रहस्यवाद तो नहीं, किन्तु वैसे ही उलझे-उलझे प्रश्न श्रद्धा गंगा से भी करती है जिससे फिर यह शंका होने लगती है कि वह पराशक्ति का सही प्रतिनिधि है या नहीं।

जीवन में सुख अधिक या कि दुख, मन्दाकिनि! कुछ बोलोगी?
नभ में नखत, अधिक सागर में या बुदबुद हैं, गिन दोगी?
प्रतिविम्बित है तारा तुम में, सिन्धु-मिलन को जाती हो,
या दोनों प्रतिविम्ब एक के, इस रहस्य को खोलोगी?

विचित्र बात है कि जिस शक्ति को त्रिपुर के सारे रहस्य ज्ञात थे, जिसके इंगित मात्र से मनु शिव की अदृश्य लीलाएँ देखने में समर्थ हो गए, उसे स्वयं इसका स्पष्ट ज्ञान नहीं था कि जीवन में सुख की अधिकता है या दुख की, आकाश में तारे अधिक हैं या समुद्र में वीचियाँ। और ऐसे प्रश्न क्या सर्वज्ञा शक्ति के मुख से करवाए जाने के योग्य हैं? ये प्रश्न तो वे बच्चे किया करते हैं जो अभी कच्ची भावुकता के जाल में हैं।

किन्तु रहस्यवाद के क्षेत्र में छायावाद स्वयं कच्ची उम्र का बालक था। छायावादियों ने जहाँ भी रहस्यवादी बनने का प्रयत्न किया, वे भावुक बच्चों की जिज्ञासा के धरातल से अधिक ऊपर नहीं जा सके। अथवा यह कहना अधिक शीलपूर्ण होगा कि उनका रहस्यवाद साधक नहीं, कलाकार का रहस्यवाद था। उन्होंने लकड़ियाँ तो खूब रंगीन और सुगन्धयुक्त जुटाईं किन्तु उनमें से ज्वाला नहीं फूट सकी। आग कोरी कला, कोरी पच्चीकारी से कभी फूटती भी नहीं। वह साधना से जलती है। कामायनी में भी जो रहस्यवाद है, वह साधक नहीं कलाकार की बौद्धिक अनुभूति से उत्पन्न हुआ है।

---

1. श्रद्धा के मन में यह जिज्ञासा कर्म-सर्ग में उत्पन्न होती है और दर्शन-सर्ग में वह मनु को दिव्य दृष्टि देकर उन्हें जो कुछ दिखलाती है उसी में इस जिज्ञासा का भी समाधान है कि किसके शरीर से श्रमबिन्दु निकलकर नक्षत्र बनकर चमक रहे हैं।
लीला का स्पंदित आह्लाद, वह प्रभापूर्ण चितिमय प्रसाद,
आनन्दपूर्ण ताण्डव सुन्दर, झरते थे उज्ज्वल श्रम-सीकर,
बनते तारा, हिमकर, दिनकर, उड़ रहे धूलिकण-से भूधर।
संहार-सृजन-से युगल पाद गतिशील, अनाहत हुआ नाद।

तो क्या स्वयं श्रद्धा को ही यह रहस्य ज्ञात नहीं था?

उसके भीतर कहीं भी यह प्रमाण नहीं मिलता कि कवि सचमुच अदृश्य और अगोचर को समझने के लिए बेचैन है। हाँ, इस बात के प्रमाण सभी छायावादियों में मिलते हैं कि परम्परागत रहस्य भावनाओं की काल्पनिक अनुभूति करके वे अपनी कविताओं पर आध्यात्मिक रंग छिड़कना चाहते थे।

उस असीम नीले अंचल में देख किसी की मृदु मुसक्यान,
मानों, हँसी हिमालय की है फूट चली करती कल गान।

इस पद में जिज्ञासा गौण, कला अत्यन्त प्रमुख है। स्पष्ट है, यह सुन्दर कविता का उदाहरण है जिसके चित्रों की कल्पना से चित्त प्रसन्न होता है। किन्तु इसे पढ़कर रहस्य पर सोचने की प्रेरणा नहीं मिलती। रहस्यवादी काव्य प्रेरक तभी हो सकता है जब उसके भीतर बौद्धिकता का बल हो, जब उससे यह भासित हो कि कवि पाठकों को लिए हुए सचमुच किसी रहस्य के भीतर प्रवेश करना चाहता है। किन्तु कामायनी में यह बौद्धिकता उसी प्रकार अल्प है जैसे वह अन्य छायावादियों में थी। रहस्य के भीतर दूर तक धँसने के पहले ही छायावाद क्लान्ति का अनुभव करने लगता था। कामायनीकार ने रहस्य के भीतर धँसने को मनु की पीठ तो काफी ठोंकी किन्तु मनु ने आगे बढ़ने से इनकार कर दिया।

हे अनन्त रमणीय! कौन तुम यह मैं कैसे कह सकता?
कैसे हो? क्या हो? इसका तो भार विचार न सह सकता।

(आशा-सर्ग)

यही नहीं, रहस्यवादी मनु की सबसे बड़ी उपलब्धि यह है कि—

हे विराट! हे विश्वदेव! तुम कुछ हो, ऐसा होता भान।
मन्द, गंभीर, धीर स्वर-संयुत यही कर रहा सागर गान।

(आशा-सर्ग)

और इसमें मनु का दोष नहीं है। इस सीमा से आगे छायावाद भी नहीं गया था।

दूसरा विचारणीय प्रश्न यह है कि यह तो माना कि मनु का संघर्ष मानव का संघर्ष है, मनुष्य-जाति का संघर्ष है किन्तु इस संघर्ष का कामायनी समाधान क्या देती है। मनु ने काफी संघर्ष झेला किन्तु अन्त में इड़ा के व्यवहार से दुःखी होकर वे संसार से भाग गए। यदि कथा इतने पर ही समाप्त हो जाती तो बात वही होती कि "मुई नारि गृह-संपत्ति नासी, मूँड़ मुँड़ाय भये संन्यासी।" किन्तु मनु औसत मनुष्य की अपेक्षा कुछ अधिक सौभाग्यशाली निकले। चरित्र और कर्म से वे ईश्वरानुग्रह के पात्र रहे हों या नहीं, किन्तु शंकर की उन पर अशेष कृपा थी। यही कृपा श्रद्धा के रूप में उनके साथ हुई थी और श्रद्धा ने ही सहसा उन्हें "मन के सूक्ष्म प्रतिमानरूप त्रिपुर को भी पार कर त्रिपुरारि के उस चैतन्य लोक में" पहुँचा दिया जहाँ पहुँचते ही वे जीवन की सभी समस्याओं का समाधान पा गए, सुख-दुख और भेद-भाव के द्वन्द्वों से छूटकर समरस चैतन्य के अंक में विश्राम करने लगे, जहाँ

स्वप्न, स्वाप, जागरण भस्म हो, इच्छा, क्रिया, ज्ञान मिल लय थे,
दिव्य अनाहत-पर निनाद में श्रद्धायुत मनु, बस, तन्मय थे।

(रहस्य-सर्ग)

किन्तु इस समाधान में कोई नवीनता नहीं है। यह तो अत्यन्त प्राचीन काल से आनेवाली परम्परा को नव-जीवन देने का प्रयास है। संसार में चूँकि विषमताएँ, विभीषिकाएँ और संघर्ष बहुत हैं इसलिए संसार से भाग चलो। जहाँ आग है, जलने की संभावना भी वहीं होती है। अतएव आग से बचने को हिमालय की गुफा में जा बसो। लेकिन बाहर की आग से तो भागकर बचा जा सकता है किन्तु भीतर की आग से बचने का क्या उपाय है? वह तो हिमालय की गुफा में भी मन को दग्ध कर सकती है। और सबको श्रद्धा जैसे सदगुरु मिल जाएँ यह क्या सम्भव है? और यदि सम्भव हो भी, तो भी क्या यह संन्यास, यह पराजय की भावना नवयुग की चिन्ताधारा के अनुकूल मानी जा सकती है?

कामायनी के इस परम्परागत समाधान पर विचार करते हुए पंडित सुमित्रानन्दन पन्त ने लिखा है कि जो आनन्द-चैतन्य कामायनी का प्रतिपाद्य है वह अपनी जगह पर ठीक है और "जीवन-संघर्ष से विरक्त होकर मनुष्य व्यक्तिगत रूप से उस स्थिति पर पहुँच भी सकता है। पर यह तो विश्व-जीवन की समस्याओं का समाधान नहीं है! मनुष्य के सामने प्रश्न यह नहीं है कि वह इड़ा-श्रद्धा का समन्वय करके वहाँ तक कैसे पहुँचे, उसके सामने जो चिरन्तन समस्या है वह यह है कि उस चैतन्य का उपभोग मन, जीवन तथा पदार्थ के स्तर पर कैसे किया जा सकता है।...श्रद्धा की सहायता से समरस-स्थिति प्राप्त कर लेने पर भी मनु लोक जीवन की ओर नहीं लौट आए। आने पर भी शायद वे कुछ नहीं कर सकते। संसार की समस्याओं का यह निदान तो चिर पुरातन, पिष्टपोषित निदान है।"

कामायनी का अन्तिम सन्देश नवयुग की विचारधारा के अनुकूल नहीं है। संसार छोड़कर मुक्ति के लिए वन में जा बसना और कृच्छ्र वैराग्य-साधना के द्वारा वैयक्तिक संतोष प्राप्त करना, यह परिपाटी उपनिषदों के समय चली और बौद्ध तथा जैन मतों ने उसका चरम विकास किया। किन्तु संघों में इस यतीवाद के जो परिणाम दिखाई पड़े उससे शिक्षा लेकर कबीर, नानक आदि सन्तों ने फिर से मध्यम मार्ग को प्रधानता दी एवं उन्होंने विवाह भी किया और अपनी रोटी आप कमाते हुए वे मुक्ति-साधना भी करते रहे। शुद्ध भोगवादी प्रवृत्ति का तो आदर भारत में कभी नहीं हुआ किन्तु वैराग्य-साधना और यतीवाद के व्यापक रूप से प्रचलित हो जाने पर भी, जनक का आदर्श यहाँ की विचार-भूमि पर बराबर मँडलाता रहा है। जनक का आदर्श, यानी वह साधना जिसके बारे में तुलसीदास ने "जोग भोग महँ राखेउ गोई" कहा है। जनक का आदर्श, यानी वह साधना जिसके बारे में उपनिषद् ने "तेन त्यक्तेन भुंजीथाः" कहा था और जिसे और भी अधिक स्पष्ट करते हुए रज्जबजी ने घोषणा की है—

एक जोग में भोग है, एक भोग में जोग,
एक बुड़हिं वैराग्य में, इक तरहिं सो गिरही लोग।

इस प्रसंग में नवयुग की चेतना बुद्ध और महावीर नहीं जनक, कबीर और नानक के अधिक समीप है। यही कारण है कि गीता को नवयुग के अधिक अनुकूल बनाने के लिए लोकमान्य तिलक को उसकी प्रवृत्तिमार्गी टीका लिखनी पड़ी। गीता-रहस्य में तिलक जी ने लिखा है, "प्रवृत्तिर्लक्षणो योगःज्ञानं संन्यासलक्षणम् ।...अश्वघोष ने अपने बुद्धचरित में यह दिखलाने के लिए कि गृहस्थाश्रम में रहकर भी मोक्ष की प्राप्ति कैसे की जा सकती है, जनक का उदाहरण दिया है। जनक के दिखलाए हुए मार्ग का नाम योग है। इसलिए गीता के योग शब्द का भी यही अर्थ लगाना चाहिए। क्योंकि गीता के अनुसार (3/20) जनक का ही मार्ग उसमें प्रतिपादित किया गया है।" जिन प्रेरणाओं से चालित होकर लोकमान्य को गीता की जनकमार्गी व्याख्या लिखनी पड़ी, उन्हीं प्रेरणाओं का यह परिणाम है कि ज्यों-ज्यों नवयुग आगे बढ़ता है, गार्हस्थ्य और संन्यास के बीच की दूरी घटती जाती है। आज का श्रेष्ठ संन्यासी वह है जो एक रास्ते से संसार से निकलकर दूसरे रास्ते से उसमें वापस आ जाता है। अर्थात् वह अपनी वैयक्तिक गृहस्थी तो छोड़ देता है किन्तु संसार को नहीं छोड़ता, वन में जा बसने के बदले संसार में ही रहकर उसकी सेवा करता है। रामकृष्ण और महात्मा गांधी ऐसे ही संन्यासी हुए हैं और विलक्षणता की बात यह है कि दोनों में से किसी ने भी अपनी पत्नी का त्याग नहीं किया[1]। यही नहीं, प्रत्युत् गांधी और अरविन्द के मार्ग पर चलने वाले संन्यासी अपने वस्त्र भी नहीं रँगवाते हैं। यह अच्छा है क्योंकि गैरिक रंग भी गृहस्थ और संन्यासी के बीच खाई उत्पन्न करनेवाला रंग है।

यदि कामायनी का समाधान श्रेष्ठ माना जाए तो इसका परिणाम यह होगा कि संसार राग और हिमालय विराग का स्थान बना रहेगा अर्थात् मनुष्य की यह रूढ़ धारणा ज्यों कि त्यों बनी रह जाएगी कि संसार में रहकर धर्म की साधना नहीं की जा सकती, जिसे धर्म की साधना करनी हो वह विश्व का त्याग करके वैराग्य ले ले। किन्तु नवयुग की प्रवृत्ति इसके विपरीत है। वह नहीं चाहती कि मनुष्य धर्म तो वन में जाकर साधे तथा संसार में वह पाप से समझौता करता रहे। वह नहीं चाहती कि धर्म तो मनुष्य रविवार या शुक्रवार को करे तथा बाकी दिन वह अधर्म से भी काम ले। नवयुग का अध्यात्म संन्यास और गार्हस्थ्य को परस्पर भिन्न रखने का पक्षपाती नहीं है। वह प्रत्येक संन्यासी को गृहस्थ तथा प्रत्येक गृहस्थ को संन्यासी बनाना

---

1. पत्नी का त्याग मनु ने भी नहीं किया। उनका यह कृत्य नवयुग की विचारधारा के अनुकूल है और उससे यह ध्वनि भी निकाली जा सकती है कि पत्नी मनुष्य की आध्यात्मिक प्रगति में बाधक नहीं होती। नर और नारी जैसे मिलकर गृहस्थी चलाते हैं, वैसे ही वे आध्यात्मिक सुखों की प्राप्ति भी साथ रहकर कर सकते हैं। आपत्ति की बात इतनी ही है कि श्रद्धा और मनु के संसार-त्याग से जिस संन्यास का पक्ष समर्थित होता है—वह नवयुग को ग्राह्य नहीं है।

चाहता है। और इसीलिए कामायनी का संन्यासवाला समाधान नवयुग को ग्राह्य नहीं हो सकता।

सभ्यता का जो वास्तविक रोग है, मनुष्य की जो असली दुर्बलता है उसका निदान कामायनीकार ने बहुत ठीक दिया है।

ज्ञान दूर, कुछ क्रिया भिन्न है, इच्छा क्यों पूरी हो मन की?
एक दूसरे से न मिल सकें, यह विडम्बना है जीवन की।

किन्तु इस रोग-निवारण का जो मार्ग कामायनी में बतलाया गया है, वह नवयुग का मार्ग नहीं है।

संन्यास को भी कर्मनिष्ठ होना चाहिए, यह शिक्षा कामायनी में प्रतिपादित प्रवृत्तिवाद से आसानी से निकाली जा सकती है। यही नहीं बल्कि आनन्द-सर्ग में भी यह भाव कवि के भीतर मौजूद था। तभी तो मनु और श्रद्धा की कथा सुनाती हुई इड़ा मानव से कहती है—

वे युगल वहीं अब बैठे संसृति की सेवा करते,
संतोष और सुख देकर सब की दुख-ज्वाला हरते।

विचारने की बात यहाँ यह है कि हिमालय के शिखर पर कितनी आबादी थी जिसकी सेवा मनु और श्रद्धा कर रहे थे। कवि का भाव कदाचित् यह है कि जो तीर्थयात्री वहाँ पहुँचते थे, दम्पतियुगल धर्मोपदेश दिया करते थे। उपदेश देना भी सेवा के अन्दर गिना जा सकता है किन्तु सेवा का वह कर्म नहीं, ज्ञान-पक्ष है। और कामायनीकार में इच्छा एवं ज्ञान के लिए पक्षपात है।

केवल इच्छा और ज्ञान के लिए पक्षपात ही नहीं प्रसाद जी में कर्म के प्रति वितृष्णा भी है। रहस्य-सर्ग में जब श्रद्धा मनु को कर्म-लोक का वर्णन सुनाती है तब मनु सहसा घबरा जाते हैं और कर्म के प्रति अपनी घोर घृणा व्यक्त करते हुए वे कह उठते हैं—

बस अब और न इसे दिखा तू,
यह अति भीषण कर्म-जगत् है।

किन्तु यह घृणा उन्हें इच्छा-लोक को देखकर नहीं होती क्योंकि वह रागारुण है, ऊषा के कन्दुक के समान सुन्दर है, उसका कलेवर छायामय और कमनीय है तथा उसके भीतर भावमयी प्रतिमा का निवास है। ये ठीक वे ही विशेषण हैं जो छायावाद को बहुत ही प्रिय थे। और श्रद्धा इच्छा के जिन दुर्गुणों का आख्यान करती है, वे दुर्गुण भी छायावादी कविता के विशेषण के समान लगते हैं।

ये अशरीरी रूप सुमन-से केवल वर्ण-गन्ध में फूले,
इन अप्सरियों की तानों के मचल रहे हैं सुन्दर झूले।
चिर वसन्त का यह उद्‌गम है, पतझर होता एक ओर है,
अमृत-हलाहल यहाँ मिले हैं, सुख-दुख बँधते एक डोर हैं।

श्रद्धा ने इच्छा के दुर्गुणों के कुछ भीषण रूप भी दिखाए, जैसे—

माया-राज्य, यही परिपाटी, पाश बिछाकर जीव फाँसना।
नियममयी उलझन, लतिका का भाव-विटपि से आकर मिलना,
जीवन-वन की बनी समस्या, आशा नभ-कुसुमों का खिलना।

किन्तु मनु इच्छा के इन दुर्गुणों को कदाचित् दुर्गुण नहीं मानते। सब कुछ देख-सुनकर भी उनके मुख से अनायास निकल पड़ता है, "सुन्दर यह तुमने दिखलाया।" अर्थात् इच्छा में चाहे लाख दोष हों, फिर भी वह रमणीय है। यह उक्ति बहुत ठीक होती यदि मनु कर्म को भी इसी दृष्टि से देखते क्योंकि कर्म की माता का नाम इच्छा ही तो है।

रहस्य-सर्ग के पूर्व तक मनु जिस प्रकार कच्ची भावनाओं का लोंदा बने आए हैं उसे देखते हुए कर्म के प्रति उनकी यह वितृष्णा कुछ बहुत आश्चर्यजनक नहीं लगती। आश्चर्य हमें तब होता है जब हम यह देखते हैं कि कर्म-लोक का परिचय देते हुए श्रद्धा भी ऐसी बातें कह जाती है जिससे कर्म की निन्दा ध्वनित होती है और अकर्मण्यता की भावना को प्रोत्साहन मिलने लगता है।

श्रममय, कोलाहल-पीड़न-मय विकल प्रवर्तन महायंत्र का,
क्षण भर भी विश्राम नहीं है, प्राण दास है क्रियातंत्र का।
यहाँ सतत संघर्ष, विफलता, कोलाहल का यहाँ राज है,
अंधकार में दौड़ लग रही, मतवाला यह सब समाज है।

फिर भी, श्रद्धा-सर्ग में इसी नारी ने मनु को अकर्मण्यता और निवृत्ति का शिकार समझ कर उन्हें फटकार सुनाई थी और कर्म में प्रवृत्त होने को उन्हें उत्साहित किया था।

कर रहा वंचित कहीं न त्याग तुम्हें मन में धर सुन्दर वेश।
दुःख से डर कर तुम अज्ञात जटिलताओं का कर अनुमान
काम से झिझक रहे हो आज भविष्यत् से बनकर अनजान।
काम मंगल से मंडित श्रेय सर्ग इच्छा का है परिणाम,
तिरस्कृत कर उसको तुम भूल बनाते हो असफल भवधाम।
जिसे तुम समझे हो अभिशाप, जगत की ज्वालाओं का मूल,
ईश का वह रहस्य-वरदान, कभी मत इसको जाओ भूल।
तप नहीं केवल जीवन-सत्य, करुण यह क्षणिक दीन अवसाद,
तरल आकांक्षा से है भरा सो रहा आशा का आह्लाद।

"सर्ग इच्छा का है परिणाम" यह कहकर श्रद्धा ने इच्छावृत्ति की जो प्रशंसा की वह ठीक है और इच्छा-लोक को देखकर मनु जो प्रसन्न हुए वह भी कोई दोष की बात नहीं है। दोष केवल यह है कि इच्छा को अति वरेण्य मानते हुए भी मनु कर्म के कठोर विश्व को बर्दाश्त नहीं कर सकते।

ज्ञान का जगत् मनु को कैसा लगा, यह दिखलाने को उनके मुख से कुछ भी कहलाया नहीं गया है। हाँ, जैसे इच्छा-लोक श्रद्धा को अच्छा लगने से मनु को भी अच्छा लगा उसी प्रकार कहा जा सकता है कि ज्ञान-लोक भी मनु को उतना ही प्रिय या अप्रिय लगा होगा जितना प्रिय या अप्रिय वह श्रद्धा की दृष्टि में था। और श्रद्धा की दृष्टि में ज्ञान उतना निन्ध नहीं है जितना कर्म होता है।

प्रियतम! यह तो ज्ञान-क्षेत्र है, सुख-दुख से है उदासीनता।

*   *   *

न्याय, तपस, ऐश्वर्य में पगे ये प्राणी चमकीले लगते।

*   *   *

मनोभाव से कार्य-कर्म के समतोलन में दत्तचित्त से,
ये निस्पृह न्यायासनवाले चूक न सकते तनिक वित्त से।

*   *   *

उत्तमता इनका निजस्व है, अम्बुजवाले सर-से देखो,
जीवन-मधु एकत्र कर रहीं उन ममाखियों-सा बस लेखो।

*   *   *

यहाँ शरद की धवल ज्योत्स्ना अंधकार को भेद निखरती।

*   *   *

देखो, वे सब सौम्य बने हैं, किन्तु, सशंकित हैं दोषों से।

यदि एकांगी ज्ञान की इतनी प्रशंसा की जा सकती है तो एकांगी कर्म को भी प्रशंसित होने का अधिकार है। प्रशंसा की ऐसी बहुत-सी बातें हैं जो एकांगी कर्म के पक्ष में भी कही जा सकती हैं बल्कि अतिवादी गांधीवादी चिन्तकों ने ऐसी बहुत-सी बातें कही भी हैं। किन्तु प्रसाद जी कामायनी में जिस चेतना को लेकर चले वह इच्छा और ज्ञान के लिए तो अनुकूल थी किन्तु कर्म के साथ उसकी सहानुभूति अधिक सिद्ध नहीं होती। कर्म की जो प्रशंसा प्रवृत्ति के प्रसंग में की गई है। उससे अब यह विदित होता है कि प्रवृत्ति के समर्थक नवयुग ने उतना अंश प्रसाद जी से उनके मन के विरुद्ध लिखवा लिया। वास्तव में, कामायनीकार के निगूढ़ अन्तर्तम में कर्म नहीं, इच्छा और ज्ञान के लिए प्रेम था। उनकी असली मनोदशा वह थी जिसकी प्रेरणा से मनुष्य अतिशय भावुकता के कारण अपूर्ण इच्छाओं को लिए हुए तड़प-तड़प कर जीने में सुख मानता है और इस स्थिति से खीझकर एक दिन संन्यास ले लेता है। मनु ने और क्या किया?

यहाँ पंडित रामचन्द्र शुक्ल की एक बात याद आती है। अपने इतिहास में उन्होंने लिखा है कि "श्रद्धा जब कुमार को लेकर प्रजा-विद्रोह के उपरान्त सारस्वत नगर में पहुँचती है तब इड़ा से कहती है कि 'सिर चढ़ी रही पाया न हृदय।' क्या श्रद्धा के सम्बन्ध में नहीं कहा जा सकता था कि 'रस पगी रही पाई न बुद्धि?' जब दोनों अलग-अलग सत्ताएँ करके रखी गई हैं तब एक को दूसरी से शून्य कहना और दूसरी

को पहली से शून्य न कहना गड़बड़ में डालता है। पर श्रद्धा में किसी प्रकार की कमी की भावना कवि की ऐकान्तिक मधुर भावना के अनुकूल नहीं थी।" ठीक यही व्यवहार कर्म के साथ भी हुआ है। कर्म की खुलकर प्रशंसा कवि ने इसलिए नहीं की कि उनका अति कल्पना-प्रेमी हृदय इसके लिए तैयार नहीं था।

कर्म के प्रति इस उपेक्षा का कारण क्या है? श्रद्धा-सर्ग में जो कर्म मूल्यवान था, रहस्य-सर्ग में आकर वह गर्हित कैसे हो गया? क्या कवि यह दिखलाना चाहते हैं कि कर्म निम्न कोटि के प्राणियों के लिए विहित है तथा सामरस्य के समीप आनेवाले के लिए वह निन्द्य और त्याज्य हो जाता है? तो फिर इस सिद्धान्त का मेल गीता से नहीं बैठता। कृष्ण के जीवन में समरसता नहीं थी, यह मानने की बात नहीं है। फिर भी वे कहते हैं, "हे अर्जुन! मेरे लिए तो कर्म की परवशता ही नहीं है (न मे पार्थास्ति कर्तव्यम्)। तीनों लोकों में ऐसी कोई वस्तु नहीं है जो मुझे नहीं मिली हो अथवा जो मुझे आगे प्राप्त होने वाली हो! तो भी मैं कर्म करता ही रहता हूँ।" (गीता 3/22)। "मनुष्य यदि कर्म का आरम्भ न करे तो इतने से ही वह कर्म से अलग नहीं रह सकता और केवल संन्यास अर्थात् कर्मत्याग से भी सिद्धि नहीं होती है।" (गीता 3/5)।

श्रद्धा ने श्रद्धा-सर्ग में जो बातें कही थीं वे गीता के कर्मयोग के अनुकूल थीं। किन्तु रहस्य-सर्ग में कही गई बातों से गीता और श्रद्धा-सर्ग की श्रद्धा, दोनों का विरोध होता है। क्या कवि का अभिप्राय यह बताना है कि इच्छा और ज्ञान, स्वभाव से ही कर्म से श्रेष्ठ हैं? अथवा वे कर्म-कोलाहल से व्याप्त विश्व में समरसता का अभाव दिखाकर यह शिक्षा निकालना चाहते हैं कि इच्छा, ज्ञान और कर्म के बीच समन्वय नहीं रहने से संसार का यह हाल है? तो क्या जब तक प्रत्येक व्यक्ति सामरस्य की उपलब्धि न कर ले तब तक विश्व के कार्य-व्यापार बन्द रहें? और क्या कर्म-कोलाहल से भरे विश्व में प्रत्येक युग में कुछ व्यक्ति ऐसे नहीं होते जो कोलाहल के बीच भी शान्त और युद्धभूमि में भी फलासक्ति से ऊपर बने रहते हैं? फिर कर्म की निन्दा का क्या अर्थ है?

मेरा अनुमान है कि प्रसाद जी कर्म की निन्दा अति-भावुकता में आकर कर गए हैं और इसका दायित्व उनके दार्शनिक सिद्धान्तों पर नहीं, प्रत्युत् कल्पना की उस छायावादी धारा पर है जिसके वे उतने समर्थ कवि थे। अतिकल्पना का प्रेमी होने के कारण छायावाद कुछ-न-कुछ पलायनवादी अवश्य था। वह जीवन की परिचित भूमि से कुछ अलग रहना चाहता था। किन्तु कर्म की भूमि तो अति परिचित और अति कठोर होती है। अतएव छायावाद के इस परम श्रेष्ठ कवि को भावुकतावश कर्म की भूमि कर्कश दिखाई पड़ी, कठोर जान पड़ी। छायावादी के मुख से कर्म की निन्दा कुछ नई बात नहीं है। स्वयं श्री रवीन्द्रनाथ ने कहा था–

God honours me when I work.
He loves me when I sing.

और क्षयशील भावों के कवि आस्कर वाइल्ड ने तो कर्म की निन्दा करने में रंच मात्र भी शील नहीं बरता।

When man acts, he is a puppet.
When he decides, he is a poet.

रहस्य-सर्ग में वर्णित कर्म-निन्दा कर्म को छोड़कर इच्छा और ज्ञान पर रीझने वाली इसी कलामयी मनोदशा का परिणाम है यद्यपि इस मनोदशा का सम्बन्ध भारत की उस दार्शनिक परम्परा से भी बिठाया जा सकता है जिसके अनुसार अविद्या का विनाश विद्या से बताया जाता है, कर्म से नहीं। कर्म अच्छे हों या बुरे, वे बंधन उत्पन्न करते हैं, उनसे जीव और उसके मोक्ष के बीच नवीन व्यवधान खड़े होते हैं। पाप-पुण्य दोउ बेरी, इक सोना, इक लोहा केरी। प्रत्येक कर्म एक प्रकार का विरल संस्कार उत्पन्न करता है। इसी संस्कार की परतें आत्मा पर जमी हुई हैं। इसी से आत्मा अपने को परमात्मा से भिन्न समझती है। ये परतें कब से जमने लगीं, कुछ कहा नहीं जा सकता। किन्तु जब तक ये परतें नहीं टूटतीं, जीव को आत्मज्ञान नहीं होगा। इन परतों को दूर करने का सर्वश्रेष्ठ मार्ग ज्ञान है। आत्मज्ञान हो जाने पर ही जीव अपने प्राचीन संस्कारों से छूटकर आत्म रूप का अनुभव करता है। किन्तु केवल ज्ञान यथेष्ट नहीं है। अब आगे कोई नया संस्कार न बने, आत्मा पर कोई नई परत न जम जाए, इसके लिए यह भी आवश्यक है कि साधक कर्माकर्म से छूटकर नैष्कर्म्य की स्थिति में आ जाए।

योग-अगिनि करि प्रगट तब, कर्म सुभासुभ लाइ,
बुद्धि सिरावइ ज्ञान घृत ममता मल जरि जाइ।

रहस्य-सर्ग में वर्णित कर्म की उपेक्षा में कुछ इस दार्शनिक नैष्कर्म्य की भी ध्वनि सुनी जा सकती है।

(पन्त, प्रसाद और मैथिलीशरण)

विचारक कवि पन्त

पन्त जी के अनेक काव्य ग्रन्थों में से पल्लव और गुंजन, ये दो ग्रन्थ ऐसे हैं जो सबसे अधिक पढ़े गए हैं। आग की पहली लपट कुछ ज्यादा खूबसूरत होती है। ज्यों-ज्यों कवि आगे बढ़ता है उसके अंगारे तो तेज होते जाते हैं किन्तु लपटों की रंगीनी मन्द पड़ती जाती है। सरस्वती की जवानी कविता और बुढ़ापा दर्शन है। और काव्यरसिक जनता की रुचि दर्शन में कम, कविता में अधिक हुआ करती है। इस नियम की चोट पन्त-काव्य को भी सहनी पड़ी है क्योंकि सहृदय पाठकों ने युगान्त अथवा ग्राम्या तक पन्त जी को जिस उत्साह से पढ़ा उस उत्साह से वे उनकी युगान्त के बाद की रचनाओं को नहीं पढ़ रहे हैं। और विचित्रता की बात यह है कि केवल पाठकों ने ही नहीं, पंडितों और आलोचकों ने भी युगान्त के बाद के पन्त-काव्य पर बहुत ही कम ध्यान दिया है। अभी भी पन्त-काव्य के विशेषज्ञ का लक्षण यह है कि वह पल्लव और गुंजन को भली भाँति पढ़ होता है।

हर्ष की बात है कि मित्रों के इस अधूरे प्रेम का पन्त जी पर कोई अनिष्टकारी प्रभाव नहीं पड़ा। इससे उनकी प्रेरणा पर कोई चोट नहीं पहुँची, न वे यह सोचकर कभी दुःखी हुए हैं कि वे जिनके बीच रहकर काव्य-रचना कर रहे हैं उनमें से अधिकांश लोग बहरे नहीं तो अधबहरे जरूर हैं। युगान्त के बाद युगवाणी, ग्राम्या, स्वर्णधूलि, स्वर्णकिरण, उत्तरा, रजतशिखर, शिल्पी, अतिमा और सौवर्ण एक के बाद एक इन नौ संग्रहों का प्रकाश में आना यह बतलाता है कि कवि की कविसुलभ लोकैषणावाली वृत्ति गौण हो गई है एवं अब वह जो कुछ लिख रहा है उसकी सारी प्रेरणा उसकी अन्तरस्थ आस्था से आती है और प्रशंसा तथा वाहवाही भी अब वह बाहर से नहीं, अन्तरस्थ देवता के ही मुख से चाह रहा है। ये लक्षण अत्यन्त श्रेष्ठ चिन्तक के हैं और सचमुच ही पन्त जी के साथ अब न्याय तभी हो सकता है जब आलोचक उन्हें कवि नहीं, चिन्तक-कवि के रूप में देखें। कवित्व चिन्तन से श्रेष्ठ होता है और अपेक्षया निरापद भी। कविता ऐसी भी लिखी जाती है जो सारे विचारों से तटस्थ रहकर पाठकों का मनोरंजन करती है और इसीलिए प्रायः उसके शत्रु नहीं होते। हाँ, उनकी बात और है जो कविता से नहीं, कवि के व्यक्तित्व से चिढ़ा करते हैं। किन्तु जो व्यक्तित्व से नहीं चिढ़ते वे भी विचारों से चिढ़ जाते हैं। सबसे भयानक

लड़ाइयाँ उन्हीं किलों के लिए लड़ी जाती हैं जो हवा में अवस्थित हैं। पन्त जी के हवाई किले को लेकर जो कुछ हुआ वह लड़ाई तो नहीं थी हाँ उसे हम इकतरफा प्रहार कह सकते हैं। प्रहार करनेवाले लोग अब किले पर से लौट गए हैं। शायद उन्हें यह सन्तोष है कि किला टूट गया। किन्तु किला टूटा नहीं, बल्कि वह दिन-दिन मजबूत होता जा रहा है। 'स्वर्ण किरण' के बाद उत्तरा, रजतशिखर, शिल्पी और अतिमा उसी किले के नए परकोटे नहीं तो और क्या हैं?

किन्तु पन्त जी का यह वैचारिक कोट है क्या चीज? पल्लव और गुंजन की झिलमिल छाँह से बाहर निकलने के बाद से लेकर अब तक वे किस साधना में लगे हुए हैं? और वह प्रेरणा कौन सी है जो आलोचकों की चुप्पी के बीच भी उन्हें निरन्तर कार्यशील रख रही है? अवश्य ही बाहर से किसी भी चीज की आशा लगाए बिना अपना सारा आनन्द अपने ही भीतर से पाने की प्रेरणा किसी बड़े उद्देश्य से आती होगी। और मेरी तुच्छ सम्मति में पन्त जी के सामने जो उद्देश्य है वह बहुत ही महान है और जिस लगन के साथ वे उसे मूर्त्त करने में लगे हुए हैं उस लगन के साथ केवल वे ही कवि और विचारक अपने ध्येय की सेवा करते हैं जो सचमुच महान हैं, जो केवल सुयश के लिए नहीं प्रत्युत् जीवन को प्रभावित और परिवर्तित करने के लिए काम करते हैं।

किन्तु इस उद्देश्य की व्याख्या के पूर्व यह विचिकित्सा आवश्यक दीखती है कि पन्त जी कवि से विचारक कब बने और उनके विचार बारी-बारी से बदले हैं अथवा उनका विकास एक ही दिशा में होता आया है।

वर्गीकरण की सुविधा के लिए समस्त काव्य का विभाजन रूप-काव्य और विचार-काव्य नाम से किया जा सकता है। किन्तु तब भी प्रत्येक रूप-काव्य के भीतर विचार और प्रत्येक विचार-काव्य के भीतर रूप का अंश शेष रहता है। फिर भी यह कहा जा सकता है कि वीणा, ग्रन्थि और पल्लव—ये रूपकाव्य के उदाहरण हैं। उनकी सारी महिमा रूपचित्रण की महिमा है और इससे यदि कुछ भिन्न सौन्दर्य है तो वह भावनाओं का सौन्दर्य है और भावनाएँ विचार से कुछ भिन्न होती हैं। पन्त जी का विचारक-रूप पहले-पहल ज्योत्स्ना में दिखाई पड़ा था किन्तु ज्योत्स्ना के बाद जब गुंजन प्रकाशित हुआ, उसमें फिर महत्ता रूप की ही दिखाई पड़ी यद्यपि गुंजन की आरम्भिक कविताओं में कुछ विचार भी हैं। किन्तु ये विचार ऐसे नहीं थे जिनसे कवि के चिन्तक-रूप की प्रमुखता व्यंजित होती हो। उनसे केवल इतना ही पता चलता था कि कवि कल्पना से उतरकर पृथ्वी पर आ रहा है और अब उसकी रुचि कर्मठ जीवन-दर्शन की ओर है। यह सन् 1932 ई. की बात है जिस वर्ष गुंजन का प्रथम संस्करण प्रकाशित हुआ था।

तब सन् 1936 ई. में युगान्त निकला। युगान्त ने इतिहास के एक युग का अन्त भले ही संकेतित न किया हो किन्तु उससे कवि के अपने जीवन का एक युगान्त

अवश्य सूचित हुआ; क्योंकि यही वह काव्य है जिससे कवि की दृष्टि निश्चल रूप से पहले-पहल सपनों से निकलकर सत्य की भूमि पर आ गई। कवि अपने आरम्भ-काल में शैली अथवा कल्पना की जिन रंगीनियों पर आसक्त हो जाता है उनमें से कुछ रंगीनियाँ अन्त तक उसके साथ रहती हैं। पन्त जी की ऐसी आसक्ति परियों के देश पर हुयी थी और तदनुसार परियों के देश का वातावरण घूम-फिरकर अब भी उनकी रचनाओं में आ जाता है। किन्तु अब ये लक्षण अवान्तर हो गए हैं। पन्त-काव्य में महत्त्व अब परियों के देशवाले वातावरण का नहीं, प्रत्युत् उन विचारों का है जो एक के बाद दूसरी पुस्तक में उत्तरोत्तर निखरते जा रहे हैं।

पन्त जी के पल्लव वाले रूप से भिन्न युगान्त में ऐसी कई बातें थीं जिनसे उनके प्रेमी पाठक उस समय चौंक उठे थे। पन्त जी तब तक अमिश्रित सौन्दर्य के कवि माने जाते थे। किन्तु युगान्त में उनकी क्रान्तिकारी और सुधारवादी प्रवृत्ति दिखाई पड़ी।

झरें जाति-कुल-वर्ण-पर्ण घन, अंध-नीड़-से रूढ़ि-ग्रसित छन,
व्यक्ति-राष्ट्र-गत राग-द्वेष-रण, झरें, मरें विस्मृति में तत्क्षण।
गा, कोकिल, बरसा पावक-कण।

पल्लव के कवि को यह पता नहीं था कि हरियाली, फूल, ओस, निर्झर, ताल और पर्वत के सिवा पृथ्वी पर एक जनारण्य भी है जिसमें हाहाकार मचा रहता है। उस समय इस जनारण्य की ओर कभी उसने झाँका भी तो उसे या तो स्वप्न शिशु दिखाई पड़े, छाया दिखाई पड़ी अथवा कानों तक चल चितवन का वन्दनवार तानने वाली बाल-युवतियाँ या फिर क्षणभंगुरता के वे भयानक दृश्य, जिनका मर्मभेदी वर्णन प्रायः सभी छायावादी कवियों ने किया है। गुंजन में आकर उसे जनारण्य की पीड़ाओं का परिचय तो प्राप्त हो जाता है किन्तु उनसे उलझने की इच्छा उसमें नहीं जगती। वह अब भी छायावादी संस्कारों से पूर्ण है अतएव वह पीड़ाओं को नीरव रहकर सहना चाहता है।

तप रे, मधुर-मधुर मन।
विश्व-वेदना में तप प्रतिपल, जग-जीवन की ज्वाला में जल,
बन अकलुष, उज्ज्वल औ कोमल, तप रे, विधुर-विधुर मन!

हाँ, युगान्त में आकर उसे यह अनुभव होता है कि बात इतनी आसान नहीं है। इन पीड़ाओं का कोई-न-कोई गम्भीर समाधान खोजना ही होगा। किन्तु समाधान क्या हो, इसकी कोई सूचना युगान्त में नहीं मिलती। वस्तुतः युगान्त विचारक-कवि की कृति नहीं है। यह उस सौन्दर्य-भोगी कल्पक के अन्तर्द्वन्द्व की कविता है जिसे निरी कल्पना से अब सन्तोष नहीं मिलता, जो जीवन की समस्याओं पर सोचने को तैयार हो रहा है और इसलिए उसकी दृष्टि कल्पना-लोक से उतरकर उस कर्मठ महापुरुष पर पड़ती है जो ज्ञान नहीं, कर्म से जीवन को सँवार रहा था। वस्तु-जगत् की जो बातें

गुंजन तक पन्त जी की कविता में झलक भी नहीं मार सकती थीं वे 'बापू के प्रति' नामक कविता में खुलकर बरस पड़ी हैं।

साम्राज्यवाद था हंस, वन्दिनी मानवता पशुबलाक्रान्त,
शृंखला, दासता, प्रहरी बहु, निर्मम शासन-पद शक्ति-भ्रान्त।
कारागृह में ले दिव्य जन्म मानव-आत्मा को मुक्त, कान्त,
जनशोषण की बढ़ती यमुना तुमने की नत, पद-प्रणत, शान्त।

गुंजन तक पन्त जी निर्द्वन्द्व प्रकृति-पुत्र थे। वे उस शोभा से छके हुए थे जिसकी धारा प्रकृति के अंग-अंग से फूटती है। वे ऊपर बादलों में विचर रहे थे फुनगी के पत्तों, मंजरियों और फूलों से खेल रहे थे। किन्तु नीचे जो त्रास मानव-जीवन को कुरेदते हैं उनकी ओर तब तक उनका ध्यान नहीं गया था। साम्राज्यवाद, वन्दिनी मानवता, दासता की शृंखला, निर्दय शासन, जेल और यातनाएँ तथा शोषण और अनाचार ये समस्याएँ तो पहले से ही जीवन को औंट रही थीं। किन्तु पन्त जी ने उनकी आवाज पहले-पहल युगान्त में सुनी और उसके बाद युगवाणी में इन समस्याओं के निदान और समाधान का कार्य आरम्भ हुआ जो निरन्तर आगे बढ़ता जा रहा है।

युगवाणी पहली बार सन् 1939 ई. में निकली जब पन्त जी श्री अरविन्द के प्रभाव में नहीं आए थे। फिर भी तब से लेकर आज तक उन्होंने जो कुछ लिखा है, उसे समझने में युगवाणी कुंजी का काम देती है। जो लोग पन्त-काव्य को ऐतिहासिक क्रम से नहीं देखे हुए हैं उनके मनों पर यह प्रभाव है कि पन्त जी पहले कल्पना के कवि थे, तब वे मार्क्सवादी हो गए और अन्त में मार्क्सवाद से भी निराश हो जाने पर मन से वे पांडिचेरी में वास करने लगे हैं। किन्तु यह मत मुझे निराधार मालूम होता है। यह सत्य है कि एक समय साम्यवादी आलोचक पन्त जी का बहुत सम्मान करते थे किन्तु इस सम्मान का कारण क्या था यह वे मौसिमी प्रेमी ही बता सकते हैं जो एक समय पन्त जी के मित्र थे और अब उनके विरोध पर उतर आए हैं। मुझ-जैसे सामान्य पाठक को तो यही दिखाई देता है कि पन्त जी के विचारों में आकस्मिक परिवर्तन कभी नहीं आया। कम-से-कम उनके विचारों में क्रान्ति-जैसी कोई घटना नहीं हुई है। वे स्वाभाविक गति से वर्धित और विकसित होते रहे हैं।

अरविन्द-दर्शन से अपना सम्बन्ध दिखलाते हुए पन्त जी ने उत्तरा की भूमिका में लिखा है कि इस दर्शन से उनका परिचय सन् 1942 ई. के बाद अथवा उसके आस-पास ही हुआ। किन्तु उसके पूर्व ही उनके भीतर कुछ वैसी अनुभूतियाँ उदित होने लगी थीं जैसी अनुभूतियाँ अरविन्द-दर्शन से सम्पर्क के बाद आईं और पुष्ट हुईं। "अपनी नवीन अनुभूतियों के लिए जिन्हें मैं अपनी सृजन-चेतना का स्वप्नसंचरण या काल्पनिक आरोहण समझता था, मुझे किसी प्रकार के बौद्धिक तथा आध्यात्मिक अवलंब की आवश्यकता थी। इन्हीं दिनों मेरा परिचय श्री अरविन्द के भागवत जीवन (द लाइफ डिवाइन) से हो गया। उसके प्रथम खंड को पढ़ते समय

मुझे ऐसा लगा जैसे मेरे अस्पष्ट स्वप्नचिन्तन को अत्यन्त सुस्पष्ट, सुगठित एवं पूर्ण दर्शन के रूप में रख दिया गया है।" इस विश्लेषण को मैं ठीक समझता हूँ। क्योंकि युगवाणी में व्यक्त विचारों की उन विचारों से भिन्नता नहीं है जो बाद की कविताओं में प्रकट हुए हैं। प्रत्युत् कहना यह चाहिए कि युगवाणी उस अभियान की पहली सीढ़ी है जो अब स्वर्णकिरण, उत्तरा और अतिमा तक पहुँच चुका है। और इस पहले ही सोपान पर पन्त जी ने यह समझ लिया था कि भूत और आत्मा में से प्रत्येक, अकेला रहने पर, अपर्याप्त है। मनुष्य का कल्याण इसमें है कि वह दोनों के बीच समन्वय स्थापित करे। यह भी कि केवल बहिर्जीवन के संगठन मात्र से मनुष्य के क्लेशों का अन्त नहीं होनेवाला है। राजनीति और अर्थनीति मनुष्य के बहिर्जीवन के सेवक हैं। आवश्यक यह है कि बहिर्जीवन के साथ मनुष्य के अन्तर्जीवन का भी संगठन किया जाए और इस अन्तःसंगठन की बाधाएँ मुख्यतः मानसिक हैं जो मनुष्य में मध्यकालीन मृत आदर्शों के लिए मोह उत्पन्न करती हैं, जो अन्धविश्वासों का समर्थन करती हैं एवं रूढ़ियों और शीर्ण नैतिकता को बल पहुँचाती हैं। युगवाणी की जिस भूमिका के आधार पर मैं ये बातें लिख रहा हूँ वह सन् 1947 ई. वाले संस्करण में आई थीं। अतएव इस भूमिका में पन्त जी की शब्दावली अरविन्द-दर्शन से प्रभावित मिलती है। किन्तु इससे इस बात का खंडन नहीं हो जाता कि यह भूमिका उन कविताओं पर प्रकाश डालती है जो 1939 ई. से पहले ही लिखी जा चुकी थीं।

और युगवाणी में संगृहीत कविताएँ क्या साक्ष्य उपस्थित करती हैं?

भूतवाद उस स्वर्ग के लिए है केवल सोपान,
जहाँ आत्म-दर्शन अनादि से समासीन अम्लान।

(बापू)

अरविन्द-दर्शन की एक सूक्ति को अंगीकृत करके पन्त जी ने भूमिका में कहा है कि "पदार्थ (मैटर) और चेतना (स्पिरिट) को मैंने दो किनारों की तरह माना है जिनके भीतर जीवन का लोकोत्तर सत्य प्रवाहित होता है।" इन्हीं दो किनारों में से एक भूतवाद है जिसके समर्थक मार्क्स हैं, जिनका समर्थन समस्त नास्तिक दर्शन करता है और जिससे प्रेरणा लेकर मनुष्य संचय करता है और जिसकी अति मनुष्य-मनुष्य और देश-देश के बीच घटित होने वाली छीना-झपटी, शोषण और व्यापारिक युद्धों में देखी जा सकती है। किन्तु दूसरा किनारा आत्मा का किनारा है जिसका समर्थन समस्त आस्तिक दर्शन करता है और जिसका सन्देश यह है कि दूसरों को लूटकर धनी होने तथा दूसरों को मारकर जीवित रहने की लालसा निन्दनीय है।

युगवाणी की रचना के समय ही पन्त जी साम्यवादियों के हाथों सम्मानित और पूजित हुए थे। किन्तु युगवाणी में सब कुछ साम्यवादियों के अनुकूल नहीं था। इसी संग्रह की एक कविता में 'संकीर्ण भौतिकवादियों' को लक्ष्य करके कवि ने कुछ ऐसे

प्रश्न उठाए थे जिन्हें पूछने पर पंडितों को क्रोध चाहे जितना भी चढ़ जाए किन्तु उत्तर उनसे देते ही नहीं बनता।

हाड़-मांस का आज बनाओगे तुम मनुज-समाज?
हाथ-पाँव संगठित चलावेंगे जग-जीवन-काज?
दया-द्रवित हो गए देख दारिद्र्य असंख्य तनों का?
अब दुहरा दारिद्र्य उन्हें दोगे निरुपाय मनों का?
आत्मवाद पर हँसते हो भौतिकता का रट नाम?
मानवता की मूर्त्ति गढ़ोगे तुम सँवार कर चाम?

साम्यवादियों की पद्धति को कवि ने केवल बहिर्जीवन-संगठन की पद्धति माना जो आवश्यक तो है किन्तु पर्याप्त नहीं है। मनुष्य में केवल हाड़-मांस ही नहीं है, उसके मन भी होता है और आत्मा भी होती है। और मनुष्य केवल रोटी ही नहीं चाहता, रोटी खाने के बाद वह स्वतन्त्र रूप से चिन्तन का भी आनन्द लेना चाहता है। किन्तु साम्यवादी देशों में जो प्रयोग अब तक हुए हैं उनसे परिणाम यह निकला है कि तानाशाही में आदमी को रोटी तो मिल जाती है किन्तु उससे चिन्तन का अधिकार छीन लिया जाता है। और रोटी इच्छा मात्र से तो मिलती नहीं। साम्यवाद के अन्दर भी देशों को समृद्धि के लिए दीर्घकाल तक प्रयास करना पड़ता है। और उस प्रयोग-काल में मनुष्य रोटी और चिन्तन, दोनों से विहीन हो जाता है। यह सचमुच ही, दुहरा दारिद्र्य है।

दया-द्रवित हो गए देख दारिद्र्य असंख्य तनों का?
अब दुहरा दारिद्र्य उन्हें दोगे निरुपाय मनों का?

भूत और आत्मा, ये तो नदी के किनारों के नाम हैं। वास्तव में नदी जिस जल को लेकर नदी बनी है, वह मानवता का जल है। अतएव भूत और आत्मा, स्थूल और सूक्ष्म तथा व्यष्टि और समष्टि के नारे लगाकर कलह मचाने से मनुष्य का कल्याण नहीं हो सकता। पन्त जी के अनुसार, सत्य या तो इन सब से परे है अथवा वह इनके समन्वय में है।

मानव! कभी भूल से भी क्या सुधर सकी है भूल?
सरिता का जल मृषा? सत्य उसके केवल दो कूल?
आत्मा औ भूतों में स्थापित करता कौन समत्व?
बहिरन्तर, आत्मा-भूतों से है अतीत वह तत्त्व।
भौतिकता-आध्यात्मिकता केवल उसके दो कूल,
व्यक्ति-विश्व से, स्थूल-सूक्ष्म से परे सत्य का मूल।

साम्यवादियों द्वारा युगवाणी के प्रशंसित होने का कारण यह भी था कि युगवाणी में धनपतियों की भर्त्सना और कृषक, श्रमजीवी आदि की प्रशंसा की गई है। यही नहीं, प्रत्युत् उसमें मार्क्स का भी स्तवन है और भूतदर्शन के लिए भी कुछ अच्छे शब्द कहे गए हैं। किन्तु यहाँ यह ध्यान रखना चाहिए कि मार्क्स की प्रशंसा तो कवि ने मुक्त

हृदय से की है किन्तु भूतदर्शन को उसने अपने निजी ढंग पर स्वीकार किया है। भौतिक दर्शन को पन्त जी इस परिष्कार के साथ स्वीकार करते हैं कि स्थूल का अस्तित्व तो है किन्तु उसके भीतर सूक्ष्म का भी निवास है और बहिर्जीवन के परिवर्तनों का प्रभाव भी स्थूल और सूक्ष्म, दोनों पर पड़ता है। यहाँ पन्त जी ने द्वन्द्वात्मक नियमों को स्थूल के साथ सूक्ष्म पर भी लागू माना है और कहा है कि दर्शन (सूक्ष्म) और विज्ञान (स्थूल) के पारस्परिक द्वन्द्व से दोनों का विकास होता है और नए सत्य प्रकाश में आते हैं।

दर्शन-युग का अन्त, अन्त विज्ञानों का संघर्षण,
अब दर्शन-विज्ञान सत्य का करता नव्य निरूपण।

स्पष्ट ही, भूतदर्शन की सभी व्याप्तियों को स्वीकार करने में कवि को यहाँ कठिनाई हुई है। भूतदर्शन की प्रखर वास्तविकता उसे भासित तो होती है किन्तु उस दर्शन के साथ नास्तिकता आदि जो अवगुण लिपटे हुए हैं, उनके कारण वह उसे सर्वतोभावेन स्वीकार नहीं कर सकता। इसीलिए वह सूक्ष्म के दावे को आगे लाता है; इसीलिए विज्ञान के साथ-साथ वह दर्शनों का भी उल्लेख करता है।

इसी प्रकार मार्क्स की प्रशंसा करने का अधिकार उन्हें भी है जो लेनिन और स्टालिन के प्रयोगों को शुद्ध नहीं मानते। मार्क्स ने पूँजीवाद के विरुद्ध जो कठोर चिन्तन किया उससे दो प्रकार की प्रेरणाएँ निकलीं। इनमें से एक प्रेरणा का उत्तराधिकार समाजवादी (सोशल डेमोक्रैट) चिन्तकों को प्राप्त हुआ जो यह मानते थे कि पूँजीवाद को हटाकर उसके स्थान पर कोई ऐसी पद्धति चलानी चाहिए जिससे समाज में मानवीय स्वतन्त्रता की वृद्धि हो। और दूसरी प्रेरणा लेनिन को मिली जो यह मानते थे कि पूँजीवाद को हटाकर उसकी जगह पर ऊँची आर्थिक-सामाजिक व्यवस्था का प्रचलन ही मुख्य कार्य है और इस कार्य को सम्पन्न करने की प्रक्रिया में उन्होंने राजनीति को षड्यंत्रपूर्ण बना दिया तथा मनुष्यों की स्वतन्त्रता को दबा डाला। उँची आर्थिक-सामाजिक व्यवस्था चलाने के लिए मनुष्यों के स्वातंत्र्य-दलन की बात मार्क्स ने नहीं कही थी। यह शिक्षा लेनिन के प्रयोग से निकली और बाद को वह मार्क्सवादी चिन्तन में ठूँस दी गई। मार्क्स को यह बात कभी सूझी भी नहीं थी कि अपने मत का प्रचार करने के लिए यह आवश्यक है कि अपने विरोधियों का मुख बन्द कर दिया जाए। लेनिन ने अपनी पार्टी को छोड़कर अन्य सभी पार्टियों के मुँह पर ताले लगा दिए। और स्टालिन ने सोचने का अधिकार अपनी पार्टी से भी छीनकर उसे पार्टी की केन्द्रीय समिति में सीमित कर दिया और धीरे-धीरे यह अधिकार केन्द्रीय समिति से भी निकलकर स्टालिन के पास चला गया। मार्क्स ने मनुष्यों को वर्गों में विभाजित देखा था। लेनिन को इस बात से भय हुआ कि हर आदमी कुछ-न-कुछ सोचता रहता है। किन्तु स्टालिन यह मानकर चला कि आदमी या तो दुश्मन हो सकता है अथवा गुलाम।[1]

1. दे. मिलोवान जिलास लिखित 'द न्यू क्लास'। मिलोवान जिलास साम्यवादी हैं। ये युगोस्लाविया के उपराष्ट्रपति थे और अब इसी ग्रन्थ के कारण जेल की सजा भुगत रहे हैं।

मार्क्स से स्टालिन तक साम्यवादी प्रयोगों की जो प्रगति हुई उससे समृद्धि तो बढ़ी किन्तु स्वाधीनता का रूप बिगड़ता गया है और इस विकृति का अनुभव अब स्वयं रूस के नेतागण भी कर रहे हैं। साथ ही यह बात भी दिनोदिन अधिक प्रत्यक्ष होती आई है कि लेनिन और स्टालिन की अपेक्षा कदाचित् सोशल डेमोकैट मार्क्स के अधिक करीब थे। मार्क्स ने स्वयं कहा था कि "एक बात सत्य है कि मैं मार्क्सवादी नहीं हूँ।" मार्क्स वैज्ञानिक थे और एक काल में बैठकर सभी कालों के लिए सिद्धान्त रचने में जो खतरा है उसे वे भली-भाँति समझते थे। इसीलिए वे अपने को किसी सर्वव्यापी सिद्धान्त का जनक नहीं मानते थे। उनके लेखों में से सर्वव्यापी सिद्धान्त निकालने का काम लेनिन आदि ने किया जो वैज्ञानिक न होकर केवल राजनीतिज्ञ थे। मार्क्स ने जो विज्ञान रचा था वह उनके राजनीतिज्ञ-अनुयायियों के हाथ में पहुँचकर प्रचार बन गया और यह प्रचार अब स्वांग भर रहा है कि मैं विज्ञान हूँ। पन्त जी द्वारा विरचित प्रशस्ति वैज्ञानिक मार्क्स की प्रशस्ति है तथा उनकी भक्ति साम्यवादी नहीं, समाजवादी कवि की भक्ति समझी जा सकती है।

युगवाणी असल में पन्त जी के आन्तरिक संघर्ष की वाणी है। यह उनकी उस मनोदशा की कविता है जब वे मार्क्स और गांधी के बीच झटके खा रहे थे, जब वे भूत और आत्मा के द्वन्द्व से ग्रसित थे, जब वे राजनीति और संस्कृति (लगभग धर्म के अर्थ में) में से प्रत्येक को आवश्यक और प्रत्येक को अपर्याप्त समझकर किसी द्विधा की स्थिति में ठहरे हुए थे। चिन्तन की प्रक्रिया में अक्सर ऐसा होता है कि प्रश्न ही बदलकर उत्तर बन जाते हैं जैसे कली की परिणति फूल में और फूल की परिणति फल में हो जाती है। पन्त जी के सम्बन्ध में भी यही हुआ है। उनके भीतर शंका यह चल रही थी कि भूत और आत्मा में से वरेण्य कौन है। द्रव्य आधार और आत्मा आधेय होती है। तब द्रव्य की उपेक्षा करने से यह कैसे सम्भव है कि आत्मा उपेक्षा से बचाई जा सके? यही प्रश्न मार्क्स और गांधी के बीच का प्रश्न बन गया। गांधी जी आत्मा को उत्थान देना चाहते थे किन्तु जिसे खाने को अन्न और पहनने को वस्त्र तथा शीत-घाम से बचने को घर नहीं है, उसकी आत्मा क्या उत्थान पा सकती है? फिर वही बात। आधार के बिना आधेय का अस्तित्व ही संकटपूर्ण हो जाता है। निदान, पन्त जी कल्पना करने लगे की गांधी को स्वीकार करते समय किसी-न-किसी दूरी तक मार्क्स को भी स्वीकार करना होगा एवं आत्मा का वरण करते समय भूत या द्रव्य का भी सर्वथा त्याग नहीं चल सकता। यही पन्त जी की वे नवीन अनुभूतियाँ थीं जिनके लिए वे 'कोई बौद्धिक तथा आध्यात्मिक अवलंब' चाहते थे और अन्ततोगत्वा यह अवलंब उन्हें अरविन्द-दर्शन में प्राप्त हुआ। तब से द्विधा की स्थिति समाप्त हो गई है और वे पूरी निश्चिंतता के साथ उस विश्व का काल्पनिक चित्रण कर रहे हैं जो भूत और आत्मा के सम्यक् विकास एवं सम्यक् मिलन से उत्पन्न होगा।

अरविन्द-दर्शन

पन्त-काव्य पर अरविन्द-दर्शन के प्रभावों की जाँच करते समय इस बात को याद रखना चाहिए कि पन्त जी की मुख्य प्रवृत्ति सामाजिकता की ओर है जब कि अरविन्द का सारा जोर अध्यात्म पर दीखता है। फिर भी, अरविन्द के आध्यात्मिक दर्शन में सामाजिकता का उतना ही गहरा पुट है, आध्यात्मिकता का जितना गहरा पुट पन्त जी अपनी कल्पना के समाज में डालना चाहते हैं।

एक समय था जब मनुष्य की वैयक्तिक मुक्ति ही उसके जीवन का सबसे बड़ा ध्येय मानी जाती थी। तब विज्ञान आया और वैयक्तिक मोक्ष की कल्पना लोगों को खोखली दिखाई देने लगी। विज्ञान की इस प्रवृत्ति का चरम विकास मार्क्स में हुआ जिनकी शिक्षाओं का सार यह है कि वैयक्तिक मुक्ति कोई चीज नहीं है। मनुष्य का सबसे बड़ा श्रेय इसमें है कि वह समाज के मोक्ष के लिए काम करे। तब महात्मा गांधी आए। गांधी जी मोक्ष तो व्यक्ति का ही मानते हैं किन्तु उनका भी कहना है कि इस वैयक्तिक मोक्ष का साधन अब संन्यास या वैराग्य नहीं है प्रत्युत् व्यक्ति को भी अपनी मुक्ति के लिए समाज सेवा का व्रत लेना चाहिए अर्थात् समाज के मोक्ष के लिए ही काम करना चाहिए।

अरविन्द भी वैयक्तिक मोक्ष के समर्थक नहीं हैं। प्रत्युत् उनका कहना यह है कि जो सुख, शान्ति और आनन्द संसार से भागकर वैयक्तिक मोक्ष के लिए प्रयास अथवा उसे प्राप्त करने में है उसका उपभोग सभी मनुष्यों को इसी जगत् में पदार्थ के धरातल पर सुलभ होना चाहिए। मुक्ति मरे हुए मनुष्य को नहीं मिलती, वह तो उसे जीवन-काल में ही प्राप्त हो जाती है। जीव ब्रह्म का अंश है और वह ब्रह्मस्वरूप हो सकता है, यह बात भारत में बहुत दिनों से कही जा रही थी। अरविन्द ने इस संभावना को सत्य माना है और घोषणा की है कि मनुष्य मरकर नहीं, जीते-जी ब्रह्मस्वरूप हो सकता है, इसी पृथ्वी पर वह अमरता का वरण कर सकता है तथा इसी जीवन को वह भागवत जीवन में परिणत कर सकता है। यह भी कि मनुष्य चाहे तो अपने पार्थिव शरीर को भी मृत्यु के हाथों विघटित होने से बचा सकता है। मनुष्य की इच्छा-मृत्युवाली कल्पना अरविन्द को सम्भाव्य दिखती है बल्कि उनकी आशा है कि मनुष्य इसी शरीर में अमर हो सकता है।

संसार के अन्य अध्यात्मवादियों के विपरीत, अरविन्द मैटर अथवा भूत की सत्ता खुलकर स्वीकार करते हैं। यही नहीं, प्रत्युत् उनका कहना है कि जैसे मस्तिष्क का विकास प्राणतत्त्व से हुआ है वैसे ही प्राणतत्त्व का उद्भव मैटर या द्रव्य से होता है। द्रव्य में जो अज्ञानता है, अरविन्द उसे शंकर की माया के समान मिथ्या नहीं मानते। उनका कहना है कि अज्ञानता भी एक प्रकार का ज्ञान है। जिसे हम अविद्या कहते हैं वह भी एक प्रकार की विद्या है जिस पर धूल जमी हुई है। यह अज्ञानता अथवा

अविद्या अनादि माया अथवा अनादि पाप नहीं है। सृष्टि के विकास-क्रम में यह अज्ञानता अथवा अविद्या भी एक सोपान है जो मनुष्य की साधना और प्रयास से ज्ञान में रूपान्तरित हो जाती है। अज्ञान की सत्ता अरविन्द नहीं मानते। सृष्टि में जो कुछ भी है, वह ज्ञान ही है। हाँ, कहीं तो वह जाग्रत है और कहीं सुप्त और जहाँ वह सुप्त है वहाँ भी वह जग सकता है।

अरविन्द मानते हैं कि सबसे पहले द्रव्य था। उसमें से प्राणतत्त्व निकला और प्राणतत्त्व के भीतर से पहले उपचेतन और बाद को मस्तिष्क प्रकट हुआ। किन्तु मस्तिष्क भी पूर्ण नहीं है। इस मानस-धरातल से उठकर मनुष्य को अतिमस्तिष्क अथवा अधिमानस के धरातल पर जाना है। संसार में रोग-शोक, छल-प्रपंच, युद्ध-विभीषिका आदि जो अनेक समस्याएँ छिड़ी हुई हैं, अरविन्द का विचार है कि वे मात्र युद्ध अथवा राजनीतिक एवं आर्थिक क्रान्तियों या संगठनों से शमित नहीं होंगी। इनका सम्यक् समाधान यह है कि मनुष्य अपने वर्तमान धरातल से ऊपर उठे, वह अपने मन, स्वभाव और शक्ति का परिमार्जन और विकास करे। मनुष्य की समस्या युद्ध और शोषण नहीं है। युद्ध, शोषण और अनाचार किसी भीतरी रोग के बाह्य लक्षण हैं और वह गम्भीर रोग तभी दूर होगा जब मनुष्य उद्विकास (इवोल्यूशन) के मार्ग पर आगे बढ़े, एक बड़ा कदम उठाकर उस सोपान पर पहुँचे जो अधिमानस का सोपान है।

किन्तु, अधिमानस के स्तर पर मनुष्य पहुँच कैसे सकता है? अरविन्द का कथन है कि इसके लिए दोनों ही बातें आवश्यक होंगी। कुछ तो मनुष्य को तपोनिष्ठ बनकर ऊपर उठने का प्रयास करना होगा और कुछ भगवत्कृपा होगी जिससे मनुष्य का यह उर्ध्व अभियान आसान हो जाएगा। मनुष्य के ऊपर उठने के प्रयास को अरविन्द 'एसेंट' अथवा आरोह कहते हैं और भगवत्कृपा के अवतरण का नाम उन्होंने 'डीसेंट' अथवा अवरोह रखा है।

अरविन्द-दर्शन के सामाजिक पक्ष की विशेषता यह है कि उसमें अद्वैतवाद की कठोरता नहीं है, न वह शांकर मायावाद के समान निराशामूलक सिद्धान्त है। जहाँ तक भोग और वैराग्य का सम्बन्ध है, अरविन्द यतियों के कृच्छ्र मार्ग के उतने ही विरोधी हैं जितने भौतिकवादियों की भोग-वृत्ति के। साथ ही, वे दोनों की उपयोगिताओं को भी स्वीकार करते हैं। भोग-वृत्ति भौतिकवादी विश्वासों का स्वाभाविक परिणाम है। किन्तु भौतिकवाद सर्वथा हेय नहीं है। उसकी दृष्टि हेतुवादी होती है। वह सम्यक् कारणों की खोज किए बिना किसी भी बात को नहीं मानता। शंका, जिज्ञासा और बुद्धिवाद की इसी प्रवृत्ति के चलते जीवन के निचले स्तरों के बारे में मनुष्य का ज्ञान इतना समृद्ध हो सका है। इसी प्रकार, यतियों ने आनन्द से मुख मोड़कर अपने जीवन के प्रति चाहे जैसा भी कठोर व्यवहार किया हो किन्तु वे ही बराबर यह सूचना देते रहे हैं कि मैटर ही एकमात्र सार नहीं है, न सारी

वास्तविकता वहीं तक समाप्त हो जाती है जहाँ तक हमारे चर्मचक्षु देख सकते हैं। दृश्य वास्तविकता के आगे एक और वास्तविकता है जो अदृश्य है, इस अनुमान को जीवित रखने का श्रेय अरविन्द इन्हीं यतियों, संसार-त्यागियों और भौतिकवाद के विरोधी बैरागियों को देते हैं।

अरविन्द के अनुसार, सर्वव्यापी वास्तविकता न तो केवल भूत है, न केवल आत्मा। भूत और आत्मा इस महासत्य के दो छोर हैं, दो किनारे हैं जिनके बीच से होकर सारी वास्तविकता प्रवाहित हो रही है। भूत और आत्मा के बीच उन्होंने आठ सोपान या धरातल माने हैं। सबसे नीचे का धरातल भूत, द्रव्य, मैटर या जड़ तत्त्वों का धरातल है। उसके ऊपर प्राण, उससे भी ऊपर उपचेतन और उससे भी ऊपर क्रमशः मन, अतिमन, आनन्द और चेतना-शक्ति तथा सबके ऊपर आत्मा अथवा दिव्य महाजीवन का स्थान है। यह गणना मैंने आरोह की भाषा में की है। यदि यही गणना अवरोह की भाषा में की जाए तो पहले महाजीवन (ब्रह्म, परमात्मा, आत्मा, जो कहिए) आएगा और वही उतरते-उतरते मैटर में सुप्त मिलेगा। मैटर की अतिजागृति महाजीवन है और महाजीवन की निद्रावस्था द्रव्य अथवा जड़ता की स्थिति। इसलिए, अरविन्द द्रव्य और आत्मा अर्थात् मैटर और स्पिरिट को महासत्य के दो छोर समझते हैं। और इसीलिए, अरविन्द-दर्शन से आंशिक समर्थन उन मतों को भी प्राप्त हो सकता है जो भौतिक विश्व की शुद्धि, परिष्कार अथवा समृद्धि पर जोर देते हैं और उन मतों को भी जो मनुष्य से यह कहते हैं कि शरीर नश्वर है अतएव उसकी आराधना छोड़कर अपनी आत्मा का विकास करो।

किन्तु, ये दोनों प्रकार के मतवाद अरविन्द-दर्शन में समाहित होते हुए भी अलग-अलग या परस्पर एक होकर उस दर्शन का पूरा प्रतिनिधित्व नहीं करते। अरविन्द-दर्शन मैटर और स्पिरिट के बीच होनेवाले समझौते का नाम नहीं है। जिस वास्तविकता का चरम विकास दिव्य जीवन अथवा आत्मा का जीवन है उसी की आरम्भिक स्थिति को अरविन्द मैटर या भूत कहते हैं। इस भूत के भीतर अनन्त शक्तियाँ छिपी हुई हैं, अनन्त संभावनाएँ सोयी हुई हैं। इसीलिए भौतिकवादियों का यह कथन सत्य नहीं है कि मनुष्य केवल शरीर है, अतएव उसका सारा ध्यान केवल उन गुणों के विकास पर केन्द्रित होना चाहिए जो शरीर के गुण हैं अर्थात् जिनसे शक्ति, स्वास्थ्य और आधिभौतिक समृद्धि की वृद्धि होती है। और यदि अध्यात्मवादी लोग यह कहें कि आत्मा के उत्थान में शरीर बाधक है, अतएव, उसे सुखा डालना चाहिए तो वह विचार भी एकांगी होगा। वास्तव में मनुष्य के विकास की गति तो उर्ध्व ही होनी चाहिए किन्तु उसके साथ मैटर के गुणों का भी वर्धन और परिष्कार आवश्यक है। भूत जब मन्थित, विकसित और परिष्कृत होता है तभी, उसके सार-स्वरूप, आत्मा की शक्तियाँ विकास पाती हैं। भोग की शिक्षा देनेवाला भौतिकवाद और त्याग की शिक्षा देनेवाला यतीवाद, ये दोनों, एक हद तक

आवश्यक किन्तु उसके बाद अपर्याप्त हैं। अरविन्द-दर्शन दोनों को अपने भीतर समेटता हुआ दोनों से बहुत दूर आगे जाता है।[1] अरविन्द के अनुसार, द्रव्य आधार और आत्मा आधेय है। अतएव, आत्मा का स्वतन्त्र होकर फैलने का दावा उतना ही उचित है जितना द्रव्य का यह आग्रह कि वह इस प्रसार का साँचा या आधार बनेगा।

भूत और आत्मा के धरातलों के बीच जो चेतना विहार करती है उसकी अरविन्द तीन गतियाँ मानते हैं। यह चेतना निचले स्तर से ऊपर की ओर जाती है। इस गति का नाम आरोह अथवा एसेंट है। चेतना के नीचे से ऊपर की ओर जाने का अर्थ यह है कि मनुष्य निचले धरातलों की वृत्तियों से संघर्ष करके ऊपर उठने की चेष्टा करता है। किन्तु चेतना ऊपर से चलकर नीचे की ओर भी आती है अर्थात् जब मनुष्य नीचे से ऊपर उठने की कोशिश करता है तब उस पर ईश्वरीय कृपा की वृष्टि होने लगती है। जिस शक्ति को पाने के लिए वह प्रयास करता है, वह शक्ति स्वयमेव उससे मिलने को नीचे उतरने लगती है और प्रायः आधी राह में ही उसे प्राप्त हो जाती है।[2] इस गति का नाम अवरोह अथवा डीसेंट है। स्पष्ट ही आरोह कर्म है और अवरोह भक्ति का परिणाम। किन्तु, इन दो गतियों के अतिरिक्त चेतना की एक तीसरी गति भी होती है जो आन्तरिक गति है, जो समदिक् गति है और जिसका ध्येय पग-पग पर होनेवाले मानवीय विकास को संग्रथित (इंटिग्रेटेड) और परिपुष्ट बनाना है। द्रव्य से प्राणतत्त्व निकला और प्राणतत्त्व से उपचेतना तथा मन। किन्तु, मन के धरातल पर आ जाने के बाद मनुष्य ने द्रव्य, प्राण और उपचेतन को छोड़ नहीं दिया। यही संग्रथन का काम है जिसे समदिक् गति सम्पन्न करती है।

अरविन्द की आशा है कि मनुष्य मानवता की कोटि से निकलकर अतिमानवता

---

1. All here must learn to obey a higher law,
Our body's cells must hold the immortal's flame.
Else would the spirit reach alone its source.
Leaving a half-saved world to its dubious fate.

(सावित्री काव्य)

भावार्थ–
भूत और आत्मा, दोनों को किसी उच्चतर नियम की अधीनता में रहना है। हमारे शरीर के अणु-अणु को अमरता की ज्वाला को अपने भीतर धारण करना ही होगा। अन्यथा आत्मा अपने केन्द्र की ओर अकेली उड़ जाएगी और त्राण केवल आधे विश्व को ही प्राप्त होगा।

2. A wide God-knowledge poured down from above.
A new world-knowledge broadened from within.

(सावित्री काव्य)

ऊपर से उस पर विस्तृत-ईश्वरत्व-ज्ञान की वृष्टि हो रही थी। और विश्व-विषयक एक नवीन ज्ञान उसके भीतर प्रसार पा रहा था।

की कोटि में जानेवाला है। अतिमानव क्या होगा, यह कल्पना स्पष्ट नहीं है।[1] कदाचित् वह दैवी गुणों से सम्पन्न मनुष्य होगा। कदाचित् उसका शरीर कंचनवत् कोमल, शक्तिशाली और प्रभापूर्ण तथा उसकी आत्मा अलौकिक शक्तियों से युक्त होगी। और संभव है उसकी ज्ञानेन्द्रियाँ भी पाँच न होकर उससे अधिक हों। मन और अतिमन में अरविन्द ने जो भेद माना है वही भेद आज के मानव और आनेवाले अतिमानव में होगा।[2] मन के बारे में अरविन्द ने लिखा है, "मस्तिष्क उसका नाम है जो कुछ नहीं जानता, जो जानने की कोशिश तो करता है किन्तु वास्तव में कुछ जान नहीं पाता। उसे जो कुछ दिखाई देता है वह धूमिल दर्पण में पड़नेवाली छाया के समान अस्पष्ट और अस्वच्छ है।[3] तब भी, इस शक्ति का एक उपयोग यह है कि वह सांसारिक व्यवहार के प्रसंग में सार्वभौम सत्य की एक प्रकार की सीमित व्याख्या कर सकती है। किन्तु वास्तविक सार्वभौम सत्य का न तो उसे परिचय प्राप्त है, न वह मनुष्य को वहाँ तक पहुँचा ही सकती है।" एक अन्य स्थान पर भी उन्होंने कहा है, "तर्क सहायक था किन्तु तर्क ही बाधक हो रहा है।"

इसलिए अरविन्द का सारा जोर अतिमन अथवा अधिमानस पर है। मनुष्य आज जिन समस्याओं से ग्रसित होकर तड़प रहा है उनका सम्यक् समाधान मानस के धरातल पर नहीं मिल सकता। मनुष्य विकास के मार्ग पर एक बहुत बड़ा कदम उठाकर जब मानस से निकलकर अधिमानस के धरातल पर आसीन होगा, उसके सारे क्लेश आपसे आप दूर हो जाएँगे। तब वे सारे रहस्य उसके सामने सूर्य के प्रकाश के

---

1. यदि सत्यवान को अतिमानव मानें तो उसके वर्णन में अरविन्द ने ये वाक्य कहे हैं, "उसकी आत्मा पृथ्वी पर स्वर्ग का प्रतिनिधित्व करती थी। उसका मस्तिष्क वह अनल था जो स्वर्ग पर टूटता रहता है। उसका संकल्प प्रकाश-कुंज में शिकार करता था। उसकी हर साँस में सागर तरंगित होता था। और उसके प्रत्येक कार्य की छाप ईश्वर के पद-चिह्न के समान होती थी...। वह अपने विचारों की प्रतिध्वनि दूसरों के मन में सुनता था। उसका आन्तरिक व्यक्तित्व प्रसरित होकर दूसरों के व्यक्तित्व से मिल गया था और सारी मानवता के साथ वह एक सूत्रता का अनुभव करता था।...भूत ने जो कपाट निर्मित करके उसे बन्द कर रखा है, वह कपाट उसके भीतर उन्मुक्त हो गया। इस कपाट के खुलने से ऐसी चीजें बाहर आने लगीं जो पार्थिव इन्द्रियों से समझी नहीं जा सकतीं। उसकी आत्मा की शान्त भूमि में एक ऐसा विश्व प्रकट हुआ जिसे बाह्य मन नहीं देख सका था।" आदि-आदि।
2. What now we see is a shadow of what must come.

(सावित्री काव्य)

हम जो कुछ देख रहे हैं वह उसकी छायामात्र है जो आगे आनेवाला है।
3. "मन आत्मा को बन्दी बनाए हुए है। हम अपने कर्मों के दास हैं। हम अपनी दृष्टि को इतना मुक्त नहीं कर सकते कि ज्ञान का सूर्य हमें दीख सके। मनुष्य पशुओं के मानस का उत्तराधिकारी है। वह प्रकृति की विशाल बाँहों में आज भी शिशु बनकर पड़ा हुआ है।"

(सावित्री काव्य)

समान खुल पड़ेंगे जो आज बुद्धि से समझे नहीं जा सकते। वह उस एकता को स्पष्ट देख लेगा जो सभी जीवों के बीच वर्तमान है। और जो भी क्षुद्रताएँ आज उसे विवश करके उससे गर्हित कार्य करवाती हैं वे समस्त क्षुद्रताएँ अधिमानस के नीचे ही छूट जाएँगी। सावित्री काव्य का नायक सत्यवान कदाचित् यही अतिमानव है और उसमें वे सारी शक्तियाँ विद्यमान दिखाई गई हैं जो अब तक दैवी समझी जाती थीं।

"जीवन की सीमाएँ टूट गईं और उसका क्षेत्र अविज्ञेय के क्षेत्र से मिलकर एकाकार हो गया।"

"जो मानस पहले सीमाओं से घिरा था वह अनन्त अबन्ध प्रकाश में परिणत हो गया।"

"मानस की गोधूलि से ऊपर और जीवन की तारों से झिलमिल रजनी के पार आध्यात्मिक दिवस की ऊषा चमक उठी।"

"वह ज्यों-ज्यों अपने बृहत्तर व्यक्तित्व के आकाश में उठता गया, मानवता के वे बन्धन, जो उसे बाँधे हुए थे, दिनोदिन कम होते गए। एक बृहत्तर जीव के दृष्टि-पथ में एक बृहत्तर संसार चमक उठा। तर्क अपने चारों ओर सुरक्षा की रेखाएँ खींचे होता है और ये रेखाएँ मन की उड़ान को रोकती हैं, आत्मा को उछलकर अनन्तता के पारावार में डूबने नहीं देतीं। किन्तु सत्यवान के भीतर की जिज्ञासा इतनी निर्भीक और दुर्दान्त थी कि उसके सामने होते ही ये रेखाएँ आपसे आप मिट गईं जैसे स्लेट पर लिखे हुए अक्षर मिट जाते हैं।"

"उसके भीतर जो दृष्टि (विजन) उत्पन्न हुई वह सोचने के लिए रुकना नहीं जानती थी। सत्यवान एक दृष्टि में सारी प्रकृति को ऐसे ही लपेट लेता था जैसे खोल किसी वस्तु को अपने भीतर समेट ले। उसकी दृष्टि चीजों के बाहरी रूप पर नहीं, सीधे उनके भीतर के प्रच्छन्न सत्य पर जा पड़ती थी और बाहरी रूपों से भ्रमित न होकर वह सीधे आत्मा को देख लेता था।"

अतिमानव की कल्पना जर्मन कवि नीत्से ने भी की थी किन्तु नीत्से की कल्पना का अतिमानव, कदाचित् वह व्यक्ति है जो सबको मार-पीटकर आगे निकल जाता है। चंगेज खाँ, सिकन्दर, नेपोलियन, हिटलर और स्टालिन नीत्से की कल्पना के अतिमानव से बहुत भिन्न नहीं लगते। भारत में अतिमानव की एक कल्पना उर्दू-फारसी के कवि इकबाल ने भी की है किन्तु वे उसे अतिमानव न कहकर पृथ्वी पर ईश्वर का नायब अथवा प्रतिनिधि कहते हैं। "नायब पृथ्वी पर भगवान का प्रतिनिधि है। वह खुदी की पूर्णतम प्रतिमा और मानवता की मंजिल है। हममें जो मानसिक अशान्ति का विरोध है वह नायब में जाकर अपना समाधान पा लेता है। उसमें ऊँची से ऊँची शक्तियाँ ऊँचे से ऊँचे ज्ञान से मिलकर एकाकार रहती हैं। ...विकास के क्रम में हम ज्यों-ज्यों आगे बढ़ते हैं, त्यों-त्यों हम नायब के समीप होते जाते हैं और उसके पास जाने की कोशिश में हम अपने आप को ऊपरी उठाते जाते हैं। मनुष्य के शरीर और मन का

सम्यक् विकास वह शर्त है जिसके बिना नायब का जन्म सम्भव नहीं होगा। मानवता का विकास होते-होते मनुष्यों की एक ऐसी जाति उत्पन्न होगी जिसके सदस्य बहुत कुछ अनूठे व्यक्तित्ववाले होंगे और ऐसे ही माता-पिता से नायब उत्पन्न होगा।"

नीत्से ने सोचा था कि अतिमानवों की जाति नहीं होगी, वह कोई एक व्यक्ति होगा अथवा सम्भव है वैसे कई व्यक्ति उत्पन्न हो जाएँ। इकबाल का नायब इस्लामी समाज में जनमेगा, ऐसा अनुमान उनकी कुछ अन्य कविताओं से होता है जो इसी प्रसंग में लिखी गई हैं। किन्तु अरविन्द की आशा है कि पृथ्वी पर अतिमानवों की पूरी जाति अवतीर्ण होनेवाली है अर्थात् वर्तमान मानवता जब मानस के धरातल से उठकर अधिमानस में पहुँच जाएगी, उसके सारे दोष छूट जाएँगे, उसकी सारी सीमाएँ दूर हो जाएँगी और वह अतिमानव की जाति (स्पेसीज) में बदल जाएगी।[1]

1. पन्त जी ने जिस अतिमानव की कल्पना की है उसका नाम 'सौवर्ण' है। किन्तु वह सत्यवान के समान मृदुल नहीं है। अरविन्द का सत्यवान अध्यात्म की दिशा में निखरे हुए चिन्तन की प्रतिमूर्ति-जैसा लगता है किन्तु पन्त जी का सौवर्ण कल्कि का भी कुछ गुण लिए हुए है एवं उसका बाह्य रूप कुछ-कुछ नीत्से के अतिमानव से भी मिलता-जुलता है। 'सौवर्ण' काव्य में यह अतिमानव जब स्वर्दूती को दिखाई पड़ता है, तब वह सहमकर चीख उठती है—

वह देखो, वह झंझा-रथ पर चढ़कर आता
नवयुग का मानव, प्रदीप्त जीवन-पर्वत-सा,
धरा-पंक को दग्ध, मनोनभ को दीपित कर।
युग-युग के पतझर झर पड़ते उसके भय से।

इसी प्रकार एक देवता भी उसे देखकर सहम उठता है—

क्या यह महा प्रलय कि प्रभंजन महानाश का?
जन-धरणी को वरने आया महाकाल या?
दौड़ रहे उनचास पवन, कँपते मनोभुवन,
निश्चय यह नव कल्पान्तर, यह महा युगान्तर।

हाँ स्वयं 'सौवर्ण' अपना जो परिचय देता है उसमें यह भीषणता नहीं है।

मैं हूँ वह सौवर्ण, लोक-जीवन का प्रतिनिधि,
नव मानव मैं, नव जीवन गरिमा में मंडित,
युग-मानस का पद्म खिला जो धरा-पंक में,
जड़-चेतन जिसमें सजीव सौन्दर्य-सन्तुलित।

....

वहाँ नहीं मैं, अतिवादों से दूर, निरन्तर
जग जीवन ही में निविष्ट, अति से अतितम हूँ।
मैं प्रकाश का हूँ प्रकाश, मैं अन्धकार का
अन्धकार हूँ, मैं जो जन-भू-जीवन-मय हूँ।
नवयुग में, मैं जन-मानवता का प्रतीक हूँ।
नव संस्कृति का सारथि, नव आध्यात्मिकता मैं,
नव विकसित इन्द्रिय, मन-प्राणों से अति चेतन।

राजनीति नहीं, संस्कृति

पल्लव-युग और स्वर्ण-किरण के बीच का समय पन्त जी के कवि जीवन का कदाचित् वह समय था जब वे यह सोच रहे थे कि कल्पना की छाया से निकल तो आया किन्तु इस धूप में करने योग्य दूसरा कौन-सा काम है। और इस आत्ममन्थन के समय अपनी सारी शक्ति लगाकर समाज के भौतिक रूप को आगे बढ़ाने की उमंग उनके भीतर उठी हो तो कोई आश्चर्य नहीं। ठीक इसी समय उनके भीतर मार्क्स के लिए प्रशंसा के भाव जागे किन्तु मार्क्स के साथ जो अमिश्रित भौतिक-वाद का दर्शन लिपटा हुआ है, उससे उन्हें विरक्ति हुई। तब वे गांधी जी की ओर मुड़े और उन्हें दिखाई पड़ा कि गांधी राजनीति नहीं, संस्कृति का नेता है बल्कि राजनीति के भी अखाड़े का उपयोग वह मनुष्य के आन्तरिक गुणों के विकास के लिए कर रहा है। यह बहुत सही दृष्टिकोण था क्योंकि चिन्तकों की दृष्टि में गांधी जी तकली-चरखा और स्वराज्य तक ही सीमित नहीं थे। उनके प्रयोगों को देखकर विश्व के चिन्तक यह प्रत्यक्ष अनुभव कर रहे थे कि गांधी जी मानवीय समस्याओं का तात्कालिक समाधान नहीं चाहते वे तात्कालिकता से ऊपर उठकर कुछ ऐसी बातों की खोज कर रहे हैं जो मानवता को कुछ शाश्वत परिष्कार दे सकें। मार्क्स और लेनिन ने मनुष्यों को सुधारने के लिए शासन की छड़ी उठाई थी; गांधी जी मनुष्य के भीतर प्रवेश करके उसे वहीं से जगाना चाहते थे। मार्क्स और लेनिन ने मनुष्यों की भौतिक आवश्यकताओं को ही उसकी एकमात्र आवश्यकता मानी थी; गांधी जी ने बताया कि मनुष्य की आध्यात्मिक आवश्यकता भी महत्त्वपूर्ण है और दोनों ही आवश्यकताओं का समाधान साथ-साथ होना चाहिए। इसीलिए उन्होंने श्रेष्ठ ध्येय के लिए अश्रेष्ठ साधन के प्रयोग को गर्हित माना,[1] क्योंकि अच्छी आवश्यकता की भी पूर्ति यदि बुरे मार्ग से की गई तो इससे मनुष्य की केवल भौतिक आवश्यकता ही पूर्ण होती है। जहाँ तक उसकी आध्यात्मिक

---

1. गांधी जी के सम्बन्ध में पन्त जी की धारणा का इतिहास किंचित् मनोरंजकता लिए हुए है। युगान्त में बापू के प्रति जो कविता है उसमें निम्नलिखित पंक्तियाँ आती हैं।

   जड़वाद-जर्जरित जग में तुम अवतरित हुए आत्मा महान्,
   यन्त्राभिभूत युग में करने मानव जीवन का परित्राण।

   यह निश्छल भक्ति कवि के द्वारा अर्पित की गई थी। जब पन्त जी का विचारक रूप प्रकट होने लगा, वे गांधी जी के यान्त्रिकता के विरोध से किंचित् खिन्न होने लगे जो निम्नलिखित पंक्तियों से सूचित होता है।

   किए प्रयोग नीति-सत्यों के तुमने जन-जीवन पर,
   भावादर्श न सिद्ध कर सके सामूहिक जीवन-हित।
   अधोमूल अश्वत्थ विश्व, शाखाएँ संस्कृतियाँ वर,
   वस्तु-विभव पर ही जनगण का भाव-विभव अवलम्बित।

   (ग्राम्या) →

वृत्तियों का प्रश्न है, वे तो गर्हित साधनों के प्रयोग से और भी दूषित हो जाती हैं। युगवाणी में संकलित 'समाजवाद-गांधीवाद' नामक कविता में कवि की यही द्विधा प्रकट होती है।

मनुष्यत्व का तत्त्व सिखाता निश्चय हमको गांधीवाद,
सामूहिक जीवन-विकास की साम्य योजना है अविवाद।

अर्थात् समाज-संगठन मार्क्स का अच्छा है और व्यक्ति वे अच्छे हैं जो गांधी को अपना नेता मानकर चलते हैं। किन्तु गांधी की व्यष्टि और मार्क्स की समष्टि का मेल कैसे हो? अनुमान किया जा सकता है कि गांधी का जनतंत्री ढाँचा कदाचित उस समष्टि का रूप ले लें जिसकी कल्पना मार्क्स ने की थी। किन्तु मार्क्स के दलवाले तो व्यष्टि का अस्तित्व ही नहीं चाहते। फिर वे व्यक्ति को व्यक्ति रहने की स्वाधीनता देंगे कहाँ से? अजब नहीं कि कुछ इसी प्रकार की चिन्ताओं से निराश होकर पन्त जी साम्यवाद की अनेक व्याप्तियों से विमुख होने लगे हों। अथवा यह भी संभव है कि उन पर इस बात का प्रभाव पड़ा हो कि राजनीतिक प्रयोग के परिणाम क्षणस्थायी होते हैं। मार्क्स का नाम लेकर चाहे जितनी भी कड़ाई बरती जाए, अन्ततः मनुष्य कड़े बन्धनों को स्वीकार नहीं करेगा। राजनीति और अर्थनीति के प्रयोग मनुष्य की त्वचा पर किए जाते हैं। इससे अधिक श्रेष्ठ और टिकाऊ वह प्रयोग है जो मनुष्य को भीतर से जगाने को किया जाता है। अतएव राजनीति एवं अर्थनीति की उपेक्षा संस्कृति अधिक काम्य है। इस विचार की अनुभूति युगवाणी के बाद ग्राम्या में प्रकट हुई।

राजनीति का प्रश्न नहीं रे आज जगत के सम्मुख,
अर्थ-साम्य भी मिटा न सकता मानव-जीवन के दुख।
आज वृहत् सांस्कृतिक समस्या जग के निकट उपस्थित,
खण्ड मनुजता को युग-युग की होना है नवनिर्मित।

और यही भाव 'सौवर्ण' में इस प्रकार प्रकट हुआ है—

जड़ नहीं यन्त्र; वे भाव-रूप; संस्कृति-द्योतक,
वे विश्व-शिराएँ, निखिल सभ्यता के पोषक।

(ग्राम्या)

किन्तु गांधी-विषयक उनकी इधर की उक्तियाँ अत्यन्त उत्साहपूर्ण और द्विधामुक्त हैं। यथा—

आज जगत के सम्मुख प्रस्तुत जटिल प्रश्न यह,
साध्य और साधन हों कैसे स्वर्ण-समन्वित।

(सौवर्ण)

सत्य-अहिंसा होंगे भावी के पथदर्शक।

(रजत-शिखर)

रजत-शिखर के उत्तरशती शीर्षक रूपक में गांधी जी का जो वर्णन आया है, वह भी उज्ज्वल और द्विधामुक्त है।

यह केवल आर्थिक न राजनीतिक ही संकट,
आज उपस्थित जो मानव-इतिहास में विकट,
वंचित जिससे नहीं कला-साहित्य-क्षेत्र भी।

(सौवर्ण)

विश्व में जो अशान्ति तथा असन्तोष है उसका कारण यह नहीं है कि सभी देशों की आर्थिक एवं राजनीतिक पद्धतियाँ दोषपूर्ण हैं प्रत्युत् यह कि मनुष्य किसी अत्यन्त गंभीर संकट में गिरफ्तार हो गया है और यह संकट मानवता के मौलिक प्रतिमानों का संकट है, मौलिक मूल्यों का संकट है। जब तक मनुष्य भीतर से नहीं सुधरता, राजनीतिक और आर्थिक पद्धतियाँ उसकी अशान्ति को दूर न कर सकेंगी और जब वह अन्दर से सुधर जाएगा, वह प्रत्येक राजनीतिक एवं आर्थिक पद्धति को अपने अनुकूल बना लेगा। यह अनुभूति केवल पन्त जी को ही नहीं हुई है। पश्चिमी पूँजीवादी देशों में जो आध्यात्मिक निराशा अनुभूति हुई है, इलियट की कविता उसी निराशा की कविता है। और साम्यवादी देश भीतर ही भीतर जिस निराशा का अनुभव करते हैं उसका उल्लेख करते हुए 'जिलास' ने लिखा है कि साम्यवादी प्रयोगों से जो निराशा उत्पन्न हुई उसके बारे में ट्राटस्की का यह ख्याल था कि सर्वोच्च नेतृत्व का ढाँचा बदल जाए तो यह निराशा दूर हो सकती है। स्टालिन की मृत्यु के बाद नेतृत्व का ढाँचा तो बदल गया। किन्तु चीजें ज्यों की त्यों रह गई। इससे ज्ञात होता है कि गड़बड़ी ऊपर नहीं, वह कहीं भीतर में है, वह जीवन के मौलिक प्रतिमानों में है।

ग्राम्या के बाद अरविन्द-दर्शन के सम्पर्क ने पन्त जी के चिन्तन को परिष्कृत एवं सुदृढ़ बना दिया। वे मैटर के गुणों पर मुग्ध थे किन्तु आत्मा के अस्तित्व में विश्वास रखने के कारण भूत उन्हें सर्वतोभावेन ग्राह्य नहीं था। अरविन्द-दर्शन ने उन्हें बताया कि भौतिक गुण भी बिलकुल त्याज्य नहीं, एक सीमा तक ग्राह्य है बशर्ते कि इन गुणों के विकास से आत्मा के उत्थान में बाधा न पड़ती हो। निष्काम भोग भारत में सदा से त्याग का पर्याय माना जाता रहा है। अरविन्द ने भौतिक गुणों को ग्राह्य बताकर भारत की इसी परम्परा को नवयुग की भाषा में स्वीकृति प्रदान की है।

दार्शनिक होने के पहले पन्त जी सौन्दर्यवादी थे और सौन्दर्यवादी होने के कारण ही यतियों का यह उपदेश उन्हें स्वीकार्य न था कि संसार में जहाँ भी सुख और आनन्द के स्रोत हैं वहाँ से आदमी को भाग निकलना चाहिए क्योंकि जहाँ-जहाँ सुख और सौन्दर्य हैं, वहाँ-वहाँ पाप है। अरविन्द-दर्शन में उन्हें अपनी इस भावना की भी पुष्टि मिली क्योंकि वह दर्शन यतीवादियों की कृच्छ्र साधना का भी विरोधी है। इसके अतिरिक्त अरविन्द-दर्शन के आरोहण और समदिक् संचरण वाले सिद्धान्त भी उन्हें अपने अनुकूल लगे। वे कर्म, भक्ति और ज्ञान, इन तीनों का समन्वय चाहते थे। इस समन्वय को उन्होंने आरोह, अवरोह और समदिक् गतियों को मिलाकर प्राप्त कर लिया। अरविन्द-दर्शन से यह तो अनुमान होता है कि आरोह कर्म एवं अवरोह भक्ति

का प्रतीत है किन्तु समदिक् संचरण ज्ञान का प्रतीक है या नहीं, यह निश्चित रूप से नहीं कहा जा सकता। कदाचित् वह ज्ञान और अध्यात्म, दोनों संचरणों का प्रतीक है अर्थात् जब वह भूत की प्राप्तियों को संग्रथित करता है तब वह स्थूल ज्ञान का काम करता है और जब वह आत्मा की उपलब्धियों को संग्रथित करता है तब वह आत्मा के संचरण का प्रतीक होता है। किन्तु पन्त जी ने अपनी सुविधा के लिए उसे ज्ञान के प्रतीक के रूप में ग्रहण कर लिया जो बहुत अयोग्य नहीं दीखता है। युगवाणी में मार्क्स की वन्दना उन्होंने ज्ञानी के ही रूप में की थी।

धन्य मार्क्स! चिर तमच्छन्न पृथ्वी के उदय-शिखर पर
तुम त्रिनेत्र के ज्ञान-चक्षु-से प्रकट हुए प्रलयंकर!

और उत्तरा की भूमिका में भी उन्होंने माना है कि बहिर्मुखी समतल-संचरण मार्क्सवाद का क्षेत्र है। "मैं मार्क्सवाद की उपयोगिता एक व्यापक, समतल सिद्धान्त की तरह स्वीकार कर चुका हूँ। किन्तु सांस्कृतिक दृष्टिकोण से उसके रक्त-क्रान्ति और वर्गयुद्ध के पक्ष को मैं मार्क्स के युग की सीमाएँ मानता हूँ। यह भी कि 'ऐतिहासिक भौतिकवाद और भारतीय अध्यात्म-दर्शन में मुझे किसी प्रकार का विरोध नहीं जान पड़ता'।" (आ. क. की भूमिका)। इस समन्वय में विरोध अथवा अस्वाभाविकता उन्हें दिखाई देती है जो "आलोचक अपने सांस्कृतिक विश्वासों में मार्क्सवादी ही नहीं, अपने राजनीतिक विचारों में कम्युनिस्ट भी हैं।" (उत्तरा की भूमिका)।

भूत और आत्मा के बीच पन्त जी ने अपने मन में जो समन्वय स्थापित किया है, उसका व्यावहारिक रूप उनके मार्क्स और गांधी-विषयक विचारों में खुलता है। वे गांधी जी की अहिंसा, आस्तिकता, व्यक्ति-स्वातन्त्र्य की भावना एवं साधन और साध्य की एकता आदि बातों को तो मानते हैं किन्तु गांधीवाद से यन्त्रों का जो विरोध ध्वनित होता है, उससे नर-नारी पर कठोर नैतिकता के निर्वाह का जो कठिन दायित्व आता है एवं उसके साथ यतीवाद की जो अनेक व्याप्तियाँ लिपटी हुई हैं उन्हें स्वीकार करने में पन्त जी को हिचक है। इसी प्रकार, मार्क्स का भी वे केवल सांस्कृतिक पक्ष ही स्वीकार करते हैं। इसीलिए वे चिन्तन की हेतुवादी पद्धति को पसन्द करते हैं, विज्ञान की सहायता से मानवता की सुविधाओं में जो वृद्धि हो रही है उसके वे समर्थक हैं एवं मनुष्य के नैतिक उत्थान के साथ-साथ वे उसकी भौतिक समृद्धि का भी विकास चाहते हैं।

काम-भावना और अध्यात्म

पन्त जी ने अपना जो नवीन जीवन-दर्शन प्रस्तुत किया है उसमें उनका सहज सौन्दर्यवाद अपना पूरा हिस्सा लिए हुए है और इस सौन्दर्यवाद को सहारा पन्त जी के भौतिकता-विषयक विश्वासों से भी प्राप्त होता है। जीवन का भौतिक आनन्द त्याज्य

नहीं, भोग्य है, यह भाव उनके विचार-काव्य में बार-बार आता है। इसीलिए दार्शनिक हो जाने पर भी वे नारियों के सौन्दर्य का गान करते हैं, अध्यात्म की प्रशंसा करते हुए नर-नारी मिलन की महिमा का भी बखान करते हैं। अन्न, वस्त्र और आवास—ये भी भौतिक आनन्द के ही साधन हैं और इन साधनों का उपयोग वैरागी भी करते हैं यद्यपि वैरागियों के यहाँ स्वादुलोलुपता निन्ध समझी जाती है तथा वस्त्र और आवास भी वैरागियों को उतने ही चाहिए जितने से उनकी आवश्यकता भर पूर्ण होती हो। आवश्यकता और भोग के बीच कहीं कोई रेखा है जो प्रत्येक वैरागी की दृष्टि में रहती है। किन्तु वैराग्य-साधना में जो छूट वस्त्र, आवास और अन्न के लिए रही वह छूट सेक्स के विषय में कभी भी न दी गई, यद्यपि इस कड़ाई का अच्छा परिणाम कम उसके बुरे परिणाम अधिक देखे गए हैं। अतएव यह अनुमान गलत नहीं है कि सभी भोगी पापात्मा और सभी त्यागी पुण्यस्वरूप नहीं होते। सत्य कदाचित् यह है कि भोगी भी पवित्र और वैरागी भी पतित हो सकता है। रज्जबजी ने कहा है—

एक जोग में भोग है, एक भोग में जोग,
एक बुड़हिं वैराग्य में, इक तरहिं सो गिरही लोग।

प्राचीन युग में इस आदर्श के सबसे बड़े प्रतीक राजा जनक थे और मध्यकाल में आकर कबीर और नानक जैसे महात्माओं ने जब विवाह गार्हस्थ्य को स्वीकार करते हुए अपना आध्यात्मिक विकास किया तब उन्होंने भी राजा जनक के ही आदर्श का पालन किया था। वह आदर्श नवयुग के सन्तों में फिर से झलक मारने लगा है। गांधी जी सपत्नीक रहे, परमहंस रामकृष्ण सपत्नीक रहे और अरविन्द-आश्रम के साधक भी बाल-बच्चों के साथ रहकर ही अपनी साधना करते हैं।

अरविन्द ने भूत को एक हद तक प्रधानता दी और कृच्छ्र यतीवाद का पक्ष समर्थन नहीं किया, इससे यह अनुमान तो निकलता है कि नारी और गृहस्थ के प्रति उनका हृदय सम्मानशील था किन्तु साधकों के लिए काम त्याज्य है या नहीं, इस विषय में उनका भी प्रायः वही मत है जो परमहंस रामकृष्ण और महात्मा गांधी का था अर्थात् नारी साथ रखने योग्य तो है किन्तु काम त्याज्य है। सावित्री के रूप-वर्णन में अरविन्द ने कहीं से भी कोई ऐसा भाव आने न दिया जिससे काम की कोई उत्कट गंध आती हो।

'उसका शरीर अति दिव्य ऊषा के समान था जो प्रच्छन्न देवत्व के विश्राम-कुंज-सा लगता था, जो उस लोक के स्वर्ण-मंदिर-द्वार-सा प्रतीत होता था, जो लोक यहाँ नहीं, यहाँ से बहुत दूर आगे है।...उसकी दृष्टि, उसकी मुस्कान स्वर्गीय चेतना को जगानेवाली थी।...उसकी प्रांशु वासना नील-निर्मल व्योम के समान संतुलित और शान्त थी।... उसकी परिखाएँ भी ज्योति की कन्दराओं के समान थीं। ...वह उस अगाध सागर के समान थी जिसमें जल के स्थान पर निष्कम्प कौमार्य-वह्नि विराज रही हो।'

किन्तु नारी-रूप के चित्रण में पन्त जी इस संयम का पालन नहीं करते। मनुष्य

के आगामी रूप की कल्पना उन्होंने बार-बार की है और उस कल्पना में अरविन्द की अतिमानसी कल्पना का स्पर्श भी प्रायः सर्वत्र दिखाई देता है, किन्तु उनकी अतिमानसी धरातल की नारी भी वैसी ही उद्दीपनमयी हो गई है जैसी वह आज के धरातल पर पाई जाती है।

सुप्त स्वर्ण-चक्रांगों-से सुकुमार उरोजों पर स्थित
शुभ्र सुधा के मेघों की जाली उठती, गिरती नित।
ज्योति-भँवर-सी सुघर नाभि प्रिय रजत-फुहार उदर में,
स्वर्ण-वाष्प का घन लटका जघनों के माणिक-सर में।
स्वर्णिम निर्झर-सी रति-सुख की जंघाओं पर पेशल,
लिपटी जीवन की ज्वाला निज दीपन करती शीतल।

(स्वर्णकिरण; सौन्दर्य-चेतना)

"ज्योति-भँवर-सी सुघर नाभि" की प्रेरणा अरविन्द की "इवन हर गल्फ्स वेयर द सिक्रेसीज आव् लाइट" से आई हुई जान पड़ती है। किन्तु अरविन्द ने सावित्री-वर्णन में पवित्रता का जो वातावरण रखा है उसके कारण इस रूपक की वासना सावित्री-काव्य में नहीं भड़कती। किन्तु ऊपर के उद्धरण की अंतिम तीन पंक्तियों से उत्कट वासना की गन्ध आती है।

और इतना ही नहीं, अन्यत्र भी पन्त जी के विचार-काव्य में नारी के जिस रूप का वर्णन मिलता है वह अत्यन्त मादक, उत्तेजक और मन को काम की दिशा में प्रेरित करनेवाला है।

सीप-छटा-सा उदर, नाभि मुक्ताफल-सी स्मित,
पुष्प-पुलिन जघनों पर चिर लालसा तरंगित।

* * *

चिर अधखुले उरोजों पर जलते थे उडुगण,
रजस्राव के अभ्रक से ज्योतित भू-रज-कण।
वसुधा के उरोज-शिखरों से खिसका चल मलयांचल,
सरिता की जाँघों से सरका लहरा रेशम-सा जल।

(स्वर्णकिरण; मनःस्वर्ग)

और उसी कविता में मुक्ति के वक्षस्थल पर हाथ धर कर सोए हुए सत्य का यह चित्र देखिए—

अर्ध-विवृत जघनों पर तरुण सत्य के सिर धर
लेटी थी वह दामिनि-सी रुचि-गौर कलेवर;
गगन-भंग-से लहराये मृदु कच अंगों पर,
वक्षोजों के खुले घटों पर लसित सत्य कर।

यहाँ फिर सावित्री-काव्य की एक पंक्ति याद आ जाती है। "पावर लेड इट्स हेड

अपोन द ब्रेस्ट्स आव् ब्लिस।" अर्थात् आनन्द (मयी) के वक्षस्थल पर शक्ति (मान्) अपना सिर धर कर लेट गया।

अतिमानसी धरातल की कल्पना स्वर्णकिरण की अपेक्षा उत्तरा में बहुत अधिक निखरी है और जिस मनुष्य की कल्पना स्वर्णकिरण में की गई है उसके भावों और अनुभूतियों की कल्पना से सारी उत्तरा व्याप्त है। किन्तु उत्तरा में भी नारी के भोग्य रूप पर ललचाने का वही भाव है जो स्वर्णकिरण में था।

लिपटे भू के जघनों से घन, प्राणों की ज्वाला जन-मादन,
नाभि-गर्त में घूम भँवर-सी करे मर्म आकांक्षा नर्तन।

(भू-प्रांगण)

कब तप्त लालसा के मुख पर चापोगे तुम शीतल चुंबन?
शोभा के रहस उरोजों पर कब प्रीति धरेगी उपकृत कर?

(गीत-विभव)

वह देवों के उपभोग हेतु मिथ खोल रही निज वक्षस्थल,
उसके प्राणों का हरित तिमिर जीवन में निखर रहा उज्ज्वल।

(भू-स्वर्ग)

शृंगार के रंग में डूबे हुए इन चित्रों पर शुद्ध साहित्य की दृष्टि से कोई बड़ी आपत्ति नहीं की जा सकती। जहाँ तक शील का प्रश्न है, उसका भी इतना भर उल्लंघन प्रायः कवि करते ही आए हैं। शंका मेरी यह है कि आध्यात्मिक प्रसंगों में नारी-रूप और काम-भावना का ऐसा वर्णन किया जाना ठीक है या नहीं। कविता रचते समय कवि-कल्पना अपनी रुचि और प्रवृत्ति के अनुसार ही काम करती है। अतएव इन शृंगारिक चित्रणों का भी मुख्य कारण तर्क नहीं भाव ही होगा। फिर भी मुझे दो तर्कों का अनुमान होता है जो ऐसे वर्णन का समर्थन कर सकते हैं। पहला यह कि भूत जब सत्य है तब भौतिक आनन्द की व्याख्या या आख्यान दोष नहीं हो सकता। प्रत्युत ऐसे आख्यानों से ही मनुष्य का वह संस्कार क्षीण होता है जिसकी शिक्षा यह है कि आत्मा की उन्नति में शरीर बाधा उपस्थित करता है अतएव उसे दबाकर रखो। और दूसरा यह कि नारी को देखकर नर में और नर को देखकर नारी में जो ललक और आकर्षण उत्पन्न होता है उसे दबाना नहीं चाहिए क्योंकि यौन आवेग दबाए जाने पर मन में कुंठाओं को जन्म देते हैं।

किन्तु एक दूसरी दृष्टि से विचार करने पर ये दोनों ही तर्क खंडित हो जाते हैं। उदाहरण के लिए, यह तो माना कि भूत सत्य है अतएव दैहिक आनन्द से मुँह नहीं फेरना चाहिए। किन्तु इस आनन्द का रूप क्या होगा? काम-भावना की शारीरिक अभिव्यक्ति अथवा उसका सूक्ष्मीकरण (सब्लिमेशन)? शरीर के धरातल पर काम-भावना की अभिव्यक्ति अत्यन्त साधारण मानवता का लक्षण है। उच्च मानवता का आरम्भ तब होता है जब व्यक्ति अपनी काम-शक्ति को खींचकर उसे शरीर से भिन्न किसी

ऐसे धरातल पर ले जाए जहाँ वह अपने आवेगों की अभिव्यक्ति कला, ज्ञान, विज्ञान और योग आदि क्रियाओं द्वारा कर सके। ऐसा करने से व्यक्तित्व में कुंठाएँ नहीं उत्पन्न होतीं, यह शिक्षा मनोविज्ञान से भी मिलती है और उन लोगों के जीवन से भी जिन्होंने अपनी शक्तियों का उपयोग रचनात्मक ध्येयों के लिए किया है। यहाँ यह मानने में हमें कोई आपत्ति नहीं है कि स्वर्णकिरण, उत्तरा आदि काव्यों में पन्त जी अपने व्यक्तित्व का सूक्ष्मीकरण करते रहे हैं।[1] किन्तु अध्यात्म के प्रसंग में इसका उल्लेख कुछ अधिक संयत रूप में होना चाहिए। विशेषतः मानस से अधिमानस की यात्रा अत्यन्त कठिन प्रक्रिया है और मनुष्य के पास एक ही इंजिन है जिसका नाम काम-शक्ति है। अब चाहे वह इसे ट्रैक्टर में लगाकर खेत जोते या वायुयान में बाँधकर ऊपर उड़ जाए। और कहीं अतिमानवी स्थिति में पहुँच जाने पर भी नर और नारी शारीरिक सुखों के लिए उसी प्रकार तड़पते रहे जैसे वे आज तड़पते हैं, तो फिर उस स्थिति की कोई अनुकूल कल्पना करने में हम असमर्थ हैं।

इन श्रृंगार-खंडों की आलोचना मैंने इसलिए की है कि उनका वर्णन अतिमानव के प्रसंग में किया गया है अथवा यह दिखाने को किया गया है कि मनुष्य जब आगे बढ़ेगा तब उसके ये लक्षण होंगे। मेरा मत है, ये लक्षण तो उसमें बहुत दिनों से मौजूद रहे हैं। वास्तविकता यह है कि इन लक्षणों के परिमार्जित हुए बिना मनुष्य की आत्मिक प्रगति नहीं होती। किन्तु यह वर्णन यदि वर्तमान मानवता के प्रसंग में पढ़ा जाए, तो फिर आपत्ति की कोई वैसी बात नहीं रह जाती।

नैतिकता

अतिमानव के प्रसंग में पन्त जी द्वारा वर्णित उद्दीपक श्रृंगार चाहे जितना भी अनुचित दिखे किन्तु अपने भूत-अध्यात्म-मिश्रित दर्शन से उन्होंने नई नैतिकता के जो सिद्धान्त निकाले हैं उन्हें मैं समाज के लिए उपयोगी मानता हूँ और मेरा अनुमान है कि उनके प्रचलन से दंपतियों के जीवन में सुख और शान्ति की वृद्धि होगी। आधुनिक कवि की भूमिका में उन्होंने लिखा है, "सामंत-युग के स्त्री-पुरुष-सम्बन्धी सदाचार का दृष्टिकोण अब अत्यंत संकुचित लगता है। उसका नैतिक मानदंड स्त्री की शरीर-यष्टि रहा है।

---

1. *स्वप्न समान बह गया यौवन पलकों में मँडरा क्षण।*
   इन्द्रधनुष का बादल सुन्दर लीन हो गया नभ में उड़कर,
   गरजा-बरसा नहीं धरा पर विद्युत्, धूम, मरुत, घन।

   (स्वर्णधूलि)

   पीकर तिक्त मधुर मधु ज्वाला रिक्त किया जीवन का प्याला,
   मैं संयत, चैतन्य रहा नित, हुआ न मोह-प्रमत्त एक क्षण।

   (अतिमा)

उस सदाचार के एक अंचल-छोर को हमारी मध्ययुग की सती और हमारी बाल-विधवा अपनी छाती से चिपकाए हुए है और दूसरे छोर को उस युग की देन 'वेश्या'। यह भी कि "भारत की मध्य युग की नैतिकता का लक्ष्य ही अतृप्त वासना और मूक वेदना को जन्म देना रहा है।" लक्ष्य रहा हो या नहीं, किन्तु यह ठीक है कि वेश्या प्रथा का जन्म प्राचीन नैतिकता के ही कारण हुआ यद्यपि इस कटु सत्य को वे लोग स्वीकार नहीं करते जो प्राचीन नैतिकता के पक्षपाती हैं। पति-पत्नी के पारस्परिक सम्बन्ध में जो महत्त्व प्रेम को दिया जाना चाहिए था, वह महत्त्व प्राचीन नैतिकता ने उनके आचरणों की शुद्धता को दे दिया। और आचरणों की शुद्धता का पालन करवाने के लिए उस नैतिकता ने नारियों से वे सभी अवसर छीन लिए जिनका उपयोग स्खलन के निमित्त किया जा सकता था। किन्तु पुरुष ऐसे सभी अवसरों से वंचित नहीं किया जा सका। परिणाम यह हुआ कि पुरुषों ने अपने मनोरंजन के लिए वेश्या-प्रथा का प्रचलन करवा दिया और नारियाँ बीसों प्रकार के छल-प्रपंचों, कुंठाओं और वंचनाओं का शिकार होती रहीं। ऊपर-ऊपर तुलसी के पत्तों का आवरण और भीतर-भीतर छल और वंचनाओं के खेल, यह स्थिति प्राचीन नैतिकता के कारण उत्पन्न हुई है।

इस नैतिकता के स्थान पर पन्त जी जिस नई नैतिकता का प्रचलन चाहते हैं उसका प्रथम सूत्र यह है कि नर-नारी का दैहिक मिलन घृणा की वस्तु नहीं है, वह स्वाभाविक प्रवृत्ति है और उससे जो निश्छल प्रेम की धार फूटती है वह प्रेमियों के लिए सुधावृष्टि के समान है। फिर ऐसी नैसर्गिक क्रिया से झेंपना क्या?

धिक् रे मनुष्य! तुम स्वच्छ, स्वस्थ, निश्छल चुम्बन
अंकित कर सकते नहीं प्रिया के अधरों पर?
मन में लज्जित, जन से शंकित, चुपके, गोपन
तुम प्रेम प्रकट करते हो नारी से कायर?
क्या क्षुधा, तृषा औ स्वप्न-जागरण-सा सुन्दर
है नहीं काम भी नैसर्गिक जीवन-द्योतक?
मत कहो मांस की दुर्बलता हे जीव प्रवर!
है पुण्य-तीर्थ नर-नारी-जन का हृदय मिलन।
आनन्दित होओ, गर्वित, यह जीवन का वर,
गौरव दो द्वन्द्व-प्रणय को, पृथ्वी हो पावन!

(ग्राम्या)

और यही भाव युगवाणी में इस प्रकार उतरा था–

क्षुधा-तृषा ही के समान युग्मेच्छा प्रकृति-प्रवर्तित,
कामेच्छा प्रेमेच्छा बन कर हो जाती मनुजोचित।

(युगवाणी : नारी)

ऊपर मैंने कहा है कि अरविन्द आध्यात्मिक और पन्त मुख्यतः सामाजिक हैं।

पन्त जी ने नर-नारी-सम्बन्धों की व्याख्या जिस रोचकता और गहराई से की है उससे यह बात और स्पष्ट हो जाती है। अरविन्द ने 'दिव्य जीवन' और 'सावित्री' की रचना इस उद्देश्य से की है कि मनुष्य का भूत-भ्रमित मन अध्यात्म की ओर मुड़ सके। किन्तु पन्त जी ने अरविन्द से जो प्रेरणा पाई उसका उपयोग उन्होंने अधिक सुन्दर समाज की कल्पना करने में किया है। असल में, मनुष्य के शरीर पर पन्त जी भूतवाद का शासन मानते हैं उसके मन पर प्राणिवाद का तथा हृदय पर अध्यात्म का। भौतिक शरीर में प्राणिशास्त्रीय (बायलॉजिकल) मन और आध्यात्मिक हृदय, पन्त जी की कल्पना के मनुष्य के ये तीन लक्षण प्रधान हैं।

वही सत्य कर सकता मानव-जीवन का परिचालन
भूतवाद हो जिसका रजतन, प्राणिवाद जिसका मन,
औ अध्यात्मवाद हो जिसका हृदय गंभीर चिरंतन
जिसमें मूल सृजन-विकास के, विश्व-प्रगति के गोपन।

(स्वर्णधूलि : लोकसत्य)

उसी संग्रह की 'क्रोटन की टहनी' नामक कविता में पन्त जी ने मानव की तुलना उद्भिज से की है और वे इस निष्कर्ष पर पहुँचे हैं कि जैसे पौधों के सम्यक् विकास के लिए आकाश और वायु के अतिरिक्त मिट्टी की भी आवश्यकता होती है वैसे ही, मनुष्य के लिए भी आधिभौतिक सुख आवश्यक हैं।

यह सच है, वह किरण-वरुणियों का पाता प्रिय चुम्बन,
पर प्रकाश के साथ चाहिए प्राणी को रज का तम।
पौधे ही क्या, मानव भी यह भूजीवी निःसंशय,
मर्म-कामना के बिरवे मिट्टी में फलते निश्चय।

(स्वर्णधूलि)

इसलिए पन्त जी नर-नारी-मिलन को आत्मा की प्रगति में बाधक नहीं मानते। बाधा वह तभी होता है जब जोड़ों के बीच निश्छल प्रेम नहीं हो। शारीरिक मिलन में जो दोष या मैल है, वह सात्त्विक प्रेम-प्रवाह से धुल जाता है। यही नहीं, प्रीति में ऐसी शक्ति है कि वह स्खलिता को भी पवित्रता प्रदान कर सकती है। स्वर्णधूलि की 'पतिता' शीर्षक कविता की नायिका लुटेरों द्वारा दूषित कर दी गई थी किन्तु उसका पति केशव जब यह समाचार सुनता है तो उसे आक्रोश, ग्लानि या परिताप नहीं होता। वह कहता है, देह तो सदैव कलुषित ही होती है उसे क्या देखना? देखना यह चाहिए कि मन में मैल है या नहीं।

मन से होते मनुज कलंकित, रज की देह सदा से कलुषित,
प्रेम पतित-पावन है, तुम को रहने दूँगा मैं न कलंकित।

शरीर और मन के इस भेद में दूर-दूर की व्याप्तियाँ दिखाई देती हैं जिनमें दो तो बहुत ही प्रखर हैं। एक यह कि समाज-पद्धति की विवशता से जो नारी रूप का

व्यापार करके जीवन-निर्वाह कर रही है, पन्त जी की नैतिकता में उस अभागिनी का स्थान कहाँ बनेगा? और दूसरा यह कि पति-पत्नी यदि एक-दूसरे के प्रति प्रेमासक्त न हों तो यह नैतिकता उन्हें किस दृष्टि से देखेगी? स्वर्णधूलि की 'परकीया' शीर्षक रचना में पन्त जी ने इन दोनों समस्याओं का समाधान दिया है। पहली समस्या का समाधान यह है कि यदि वेश्या का मन उसके व्यवसाय में नहीं है तो उसे पतिता समझने का कोई आधार नहीं है।

यद्यपि जबाला-सदृश आपको अर्पित कर अपना यौवन-धन
देना पड़ा मूल्य जीवन को तोड़ बाह्य सामाजिक बन्धन।
फिर भी लगता मुझे, आपने किया पुण्य-जीवन है यापन,
बतलाती यह मन की आभा, कहता यह गरिमा का आनन।
पंकिल जीवन में पंकज-सी शोभित आप देह से ऊपर,
वही सत्य जो आप हृदय से, शेष शून्य जग का आडम्बर।

और दूसरे प्रश्न का भी उत्तर इसी न्याय से निकलता है। पति-पत्नी यदि परस्पर प्रेमासक्त हैं तो उनके कामाचार में कोई दोष नहीं है। अन्यथा विवाह केवल कामाचार का समर्थन मात्र है। उसे हम दो आत्माओं का मिलन नहीं कह सकते।

पति-पत्नी का सदाचार भी नहीं मात्र परिणय से पावन,
कामनिरत यदि दम्पति-जीवन, भोग मात्र का परिणय साधन।

इस नई नैतिकता का सारा जोर प्रेम पर है। जब तक प्रेम है तब तक विवाह है। प्रेम के खंडित होते ही विवाह को खंडित हो जाना चाहिए। इसी प्रकार जो सम्बन्ध विघाह पर आधारित नहीं है, वहाँ भी यदि नर-नारी में सात्त्विक प्रेम हो तो उनका मिलन दूषित नहीं, पवित्र माना जाना चाहिए। स्वकीया और परकीया का जो परम्परागत भेद है उसका रूप इस नैतिकता के सामने विलुप्त हो जानेवाला है।

अतः स्वकीया या परकीया जन-समाज की है परिभाषा,
काममुक्त औ प्रतियुक्त होगी मनुष्यता, मुझको आशा।

नारी-जागरण और छायावाद

छायावाद-युग में नारी को देखनेवाली कवि-दृष्टि अत्यन्त पवित्र थी। वह नारी के रूप पर केवल विस्मित होना जानती थी। वह नारी के सौन्दर्य को महासौन्दर्य से एकाकार मानती थी। अतएव छायावादी कवि नारीरूप को दर्शन तथा चिन्तन के धरातल से नीचे लाने के विरुद्ध थे।[1]

---

1. किन्तु रजत-शिखर में पन्त जी ने स्वयं स्वीकार किया है कि नारियों के सम्बन्ध में छायावादियों की यह दृष्टि छलना मात्र थी।

मैं जानें कब, अनुभव-शून्य, मधुर तृष्णा के
हँसमुख कर्दम में फँस गया, नियति-परिचालित।

वास्तव में छायावाद नारी-समस्या पर इस दृष्टि से विचार नहीं करता था कि नारी पुरुष के साथ समकक्षता कैसे प्राप्त कर सकती है। वह नारी को समस्त भव्य प्रेरणाओं का उद्‌गम मानता था। वह उसे जीवन पर फैली हुई चाँदनी और स्वप्नों की प्रतिमा कहता था और उसकी चेष्टा थी कि नारी कोमल, मृदुल, मोहिनी और आकर्षक बनी रहे जिससे पुरुष उसे देखकर अपनी क्लान्ति भूलने में समर्थ हो। स्पष्ट ही, यह आग्रह पुरुष की वासना की तृप्ति का आग्रह था। छायावाद के उपचेतन में नारी का मोहिनी-रूप निवास करता था, केवल ऊपर वाले मन से छायावाद नारी को दिव्या के पद पर आसीन रखना चाहता था। स्पष्ट ही, यह दृष्टि उसकी दृष्टि नहीं हो सकती जो नारियों को सचमुच पुरुषों का समकक्ष बनाना चाहता हो। नारी के अनेक बन्धनों में से एक बहुत बड़ा बन्धन काम भी है और उस बन्धन का रूप यह है कि नर नारी की कोमलता पर मुग्ध है तथा इस कोमलता और मृदुलता की रक्षा के लिए वह नहीं चाहता कि नारियाँ सचमुच पुरुषों की समकक्षिणी हो जाएँ क्योंकि समकक्षता पाने के लिए उन्हें आर्थिक स्वाधीनता के लिए प्रयास करना होगा और आर्थिक स्वाधीनता तभी मिल सकती है जब वे खेतों और कल-कारखानों में काम करें। और परिश्रम करने से तो पसीना चलता है और उससे प्रसाधन घुल जाते हैं।

किन्तु युगवाणी के बाद से पन्त जी इस छायावादी संस्कार से निकलने लगे हैं। 'रजतशिखर' का युवक जब युवती को छायावादी शैली में अपने प्रेम की याद दिलाता है तब युवती उससे कहती है–

जो भी समझो, वह केवल कैशोर प्रणय था!
अभी नहीं छूटी क्या मुग्ध तुम्हारे मन से
मेहँदी की लाली-सी वह कैशोर भावना
जिसने निज यौवन-उन्मुख प्रच्छन्न राग से
था अजान रँग दिया कपोलों की बीड़ा को?
आज प्रेमविषयक इन मध्ययुगी शुक-जल्पित
उद्‌गारों की कीर्ति तुम्हारे मुख से सुनकर
मेरा मन अवसन्न, हृदय उद्विग्न हो उठा।

(रजतशिखर)

और तब युवक को भी यह ज्ञान होता है कि काम की शुद्धि के बिना जीवन की वास्तविक सुन्दरता नहीं निखर सकती।

नारी की पावन शोभा को देख न पाया,
केवल निज इच्छाओं के मोहक वेष्टन से
रहा खेलता छाया को उर से चिपकाकर।

(रजत-शिखर)

काम शुद्ध कांचन की प्राणोज्वलता से ही
जीवन-शोभा की प्रतिमा हो सकती निर्मित।

(रजतशिखर)

किन्तु यह कामशुद्धि होगी कैसे? उसका एक उपाय काम को प्रेम पर आधारित करना है जिसकी अभिव्यक्ति पन्त जी के विचार-काव्य में अनेक स्थलों पर पाई जाती है।

प्रीति-पाश में बँध सुन्दरता काम-भीति से हो अकलंकित।

*　　　　*　　　　*

स्वस्थ हृदय तारुण्य प्रणय को करें युग्म निज अर्पित।

*　　　　*　　　　*

बहता स्निग्ध स्पर्श प्राण में अमर चेतना-सा नव,
उर को होता चिर-प्रतीति की मधुर मुक्ति का अनुभव।

(स्वर्णकिरण)

किन्तु केवल प्रेम क्या यथेष्ट है? दिमागी काम (सेक्स इन हेड) का रोग प्रेमी को भी होता है। प्रेम की सार्थकता इतनी ही मानी जा सकती है कि उससे कामाचार निर्दोष हो जाता है। प्रेम भावना है और भावनाएँ अन्ततः ज्ञान का ही अंग होती हैं। किन्तु स्वस्थ जीवन के लिए ज्ञान और कर्म, प्रेम और कर्तव्य दोनों का समन्वय चाहिए। नर-नारी परस्पर प्रेम के बन्धन में बँधे रहें यह ठीक है, किन्तु स्वस्थ काम की स्थिति उन्हें तब भी प्राप्त नहीं हो सकती। मनुष्य का मानसिक स्वास्थ्य काम को याद रखने में नहीं, उसे भूल जाने में है, अपने जीवन में उसे गौण कर देने में है। और इसका सरल उपाय यह है कि नर और नारी श्रम का कोई काम करें, समाज को अपनी सेवाएँ अर्पित करने में लग जाएँ। तभी काम का स्वस्थ रूप प्रकट हो सकता है। इसीलिए मेरा विचार है कि नर-नारी समस्या का जो समाधान रोमांटिक कवियों और चिन्तकों ने दिया है वह किसी काम का नहीं है। इस समस्या का श्रेष्ठ समाधान वह है जिसकी ओर इंगित गांधी और मार्क्स अथवा गांधी या मार्क्स ने किया है। यह समाधान ग्राम्या की 'मजदूरनी के प्रति' कविता में झलक मारता है। काम-जनित सभी मानसिक हलचलों की महौषध कर्म है, अध्यवसाय है, मन को किसी न किसी ठोस काम में लगाए रखना है। जिस समस्या पर यहाँ विचार हो रहा है उसकी दृष्टि से आदर्श नारी वह नहीं है जो प्रेम में डूबी और भाँति-भाँति की कल्पनाओं से सिहरती रहती है, प्रत्युत् वह जो कोई ठोस काम कर रही है।

तुम प्रिय हो मुझे, न छूती तुमको काम-लाज।
कुलवधू-सुलभ संरक्षणता से हो वंचित,
निज बन्धन खो तुम ने स्वतन्त्रता की अर्जित।

स्त्री नहीं, आज मानवी बन गई तुम निश्चित
जिसके प्रिय अंगों को छू अनिलातप पुलकित।

(ग्राम्या)

पन्त जी का नवीन दर्शन भूत और आत्मा के संघर्ष से उत्पन्न हुआ है। जीवन के भौतिक रूप को ग्रहण करने की प्रक्रिया में वे नारी को ग्रहण करते हैं और आत्मा के विकास की प्रक्रिया में वे नर-नारी सम्बन्ध को किसी उच्च धरातल पर अवस्थित करना चाहते हैं। यह उच्च धरातल उन्हें निश्छल प्रेम में दिखाई देता है जो एक सीमा तक ठीक है। किन्तु कर्मठता के अभाव में क्या प्रेम स्वस्थ रह सकता है? फिर भी कर्मठता का समर्थन केवल मजदूरनी कविता में है। बाकी सभी कविताओं में पन्त जी केवल प्रेम की दुहाई देते रहे हैं। यह कदाचित् छायावादी संस्कार का अवशेष है।

व्यष्टि और समष्टि

बहुत कुछ इसी प्रक्रिया से उन्होंने व्यष्टि और समष्टि के बीच भी समन्वय स्थापित किया है। पन्त जी के अनुसार, ऊर्ध्व और समदिक्, ये जीवन की दो गतियाँ हैं और जीवन के चौकोर विकास के लिए दोनों ही गतियाँ अनिवार्य हैं। ऊर्ध्व-गति मनुष्य के निजी व्यक्तित्व की गति है और समदिग् गति उसके सामाजिक रूप की। मनुष्य अपना भी उत्थान करता है और वह पूरे समाज को भी आगे ले जाता है। यह बहुत कुछ पृथ्वी की उभय गतियों के समान है। पृथ्वी अपनी कील पर भी घूमती है और सूर्य के भी चारों ओर। यह नहीं हो सकता कि पृथ्वी सूर्य के चारों ओर तो घूमती जाए किन्तु अपनी कील पर घूमना वह छोड़ दे। कारण स्पष्ट है। यदि पृथ्वी अपनी कील पर नहीं घूम सकती तो फिर उसकी सारी गति मारी जाएगी और वह सूर्य के भी चारों ओर चक्कर नहीं दे सकेगी। इसी प्रकार समाज की प्रगति में भी सहायक वही मनुष्य होगा जो अपने निजी व्यक्तित्व को सहायता, प्रगति अथवा उत्कर्ष दे सकता है। समाज सुखी है, इसके मानी तो यही है कि समाज में रहनेवाले व्यक्ति सुखी हैं। व्यक्ति की प्रगति से भिन्न समाज की प्रगति की कल्पना करना बिलकुल अनर्गल बात है। इसलिए पन्त जी के दर्शन में व्यष्टि और समष्टि के बीच कोई विरोध नहीं है। ये दोनों सत्य हैं और दोनों को एक दूसरे से बल प्राप्त होता है।

ऊर्ध्व संचरण में रे व्यक्ति निखिल समाज का नायक,
समदिग् गति में सामाजिकता जनगण-भाग्य-विधायक।

(स्वर्णकिरण)

जो लोग व्यक्तिवाद का आश्रय लेकर समाज का शोषण और अपना वैभव-विकास करते हैं, उनकी और बात है। पन्त जी का दर्शन उनकी सहायता नहीं कर सकता।

मुख्य प्रश्न यहाँ यह है कि व्यक्ति की रुझान आत्मा की ओर तथा समष्टि की शरीर की ओर होती है। इन दो स्थितियों का समन्वय इसमें है कि जो आत्मा के सेवक हैं उन्हें भी शरीर-सेवा की ओर उन्मुख होना चाहिए तथा जो शरीर को सँवारने में लीन हैं उन्हें भी यह ध्यान रखना है कि मनुष्य केवल शरीर नहीं है, उसके आत्मा भी होती है।

ऊर्ध्व चेतना को चलना भू पर धर जीवन के पग,
समदिक् मन को पंख खोल चिद् नभ में उठना व्यापक।
प्राणिशास्त्र को मानवीय बनना पीकर आत्माऽमृत,
मनःशास्त्र को ऊर्ध्व तथा नव भौतिक दिशि में विस्तृत।

(स्वर्णकिरण)

व्यष्टि और समष्टि का द्वन्द्व असल में भूत और आत्मा का ही द्वन्द्व है। जब तक भौतिक विज्ञान न बढ़ा था, व्यक्ति प्रत्येक देश में आज की अपेक्षा अधिक स्वतन्त्र था। किन्तु विज्ञान की बढ़ती के साथ शासन के लिए यह अधिक से अधिक आसान होता आया है कि वह चाहे तो राजधानी में बैठकर देश-भर के लोगों को वैयक्तिक अधिकारों से बहुत दूर तक वंचित कर दे। विज्ञान के विकास से अधिकारों को एक स्थान पर केन्द्रित करने की प्रवृत्ति बढ़ती है और विज्ञान के कारण भी आज मनुष्य अपनी मर्यादा से हीन हो रहा है। रजतशिखर में कवि और वैज्ञानिक के संवाद में कवि कहता है–

किन्तु पूछता हूँ मैं तुमसे, आज मनुज क्या
स्वामी है या दास प्रकृति का? वह विद्युत पर
शासन करता है या विद्युत वाष्प-यन्त्र ही
अधिकृत उसे किए हैं? हाय मनुज का अन्तर
चूर्ण हो रहा आज दर्प से, बहिर्जगत की
अंध-वीथियों में शत खोकर, लक्ष्य-भ्रष्ट हो
हृदयहीन कर दिया उसे जड़ भौतिकता ने।

किन्तु इस स्थिति से निकलने का उपाय क्या है? क्या विज्ञान का त्याग? वह असम्भव है। दोष विज्ञान का नहीं, मनुष्य का है जो मलिन भावों से युक्त होने के कारण विज्ञान का सही ढंग से उपयोग नहीं कर सकता। अतः बाह्य संगठनों से मनुष्य का सम्यक् परिष्कार नहीं हो सकता। उसे अन्तःसंगठन की आवश्यकता है। विज्ञान के साथ मनुष्य के मानवीय गुणों का भी विकास होना चाहिए यही पन्त जी के उस दर्शन की सार्थकता प्रतीत होती है जिसके अनुसार मनुष्य की समदिक् और ऊर्ध्व, दोनों ही गतियाँ अनिवार्य हैं। रजत-शिखर का वैज्ञानिक भी अन्ततः कवि के सामने स्वीकार करता है कि–

...आज मुझे भी
महत् प्रेरणा मिली, मनुज अन्तर्जीवी है।

स्पष्ट देखता हूँ मैं, अन्तर का विधान ही
मानव है अन्तःसंयोजित, ऊर्ध्व-समन्वित।
आज मनुज मर गया; पराजित हो भीतर से
दौड़ रहा है वह बाहर व्यक्तित्वहीन हो।
व्यक्तिहीन सामाजिकता निर्जीव ढेर है।
महत् व्यक्ति चाहिए आज सामूहिक युग में।

(रजतशिखर)

चींटी से लेकर महा ग्रहों तक और पल से लेकर महाकाल तक सारा जीवन एक है। अतएव धर्म और विज्ञान, आत्मा और शरीर तथा व्यष्टि और समष्टि के बीच जो व्यवधान दिखाई देते हैं, वे ऊपरी व्यवधान हैं। वास्तव में ये व्यवधान परस्पर संघर्ष नहीं करते प्रत्युत् वे एक-दूसरे को बल पहुँचाते हैं।

महाश्चर्य है! वही सत्य है! ऊपर है जो
शिखर, वही नीचे प्रसार है! एक संचरण
मात्र! ऊर्ध्व हो अथवा समदिक्, दोनों ही पर
अन्योन्याश्रित हैं निश्चय! दोनों के ऊपर
एक अनिर्वचनीय रहस्य, हृदय-रोमांचक।

(रजतशिखर)

इसी प्रकार विद्या और अविद्या के भेद भी ऊपरी भेद हैं। वस्तुतः अरविन्द-दर्शन के अनुसार अविद्या का अस्तित्व नहीं है। अविद्या भी ज्ञान ही है किन्तु प्रच्छन्न। अतएव विद्या-अविद्या का विवाद भी उतना ही व्यर्थ है जितना व्यष्टि और समष्टि को लेकर चलनेवाला विवाद।

अंध तमस में गिरते वे जो मात्र अविद्या में रत,
उससे भूरि तमस में वे जो विद्या में रत सन्तत।
विद्याऽविद्या उभय एक में, भेद जिन्हें यह अवगत,
विद्यामृत पी मृत्यु-अविद्या से वे तिरते अविरत।
ब्रह्म-ज्ञान रे विद्या! भूतों का एकत्व, समन्वय,
भौतिक ज्ञान अविद्या, बहुमुख एक ज्ञान का परिचय।
आज जगत में उभय रूप तम में गिरनेवाले जन।
ज्योति-केतु-ऋषि-दृष्टि करे उन दोनों का संचालन।

(स्वर्णकिरण)

स्वर्ग और पृथ्वी का विवाह

ऊर्ध्व और समदिक् संचरणों के इसी समन्वय से पन्त जी के भीतर स्वर्ग और पृथ्वी

को परिणय-सूत्र में बाँधने की वह कल्पना उद्‌भूत हुई होगी जिसकी अभिव्यक्ति उन्होंने बार-बार की है—

बाँधो हे, इस इन्द्रधनुष को धरती की वेणी पर,
जीवन के तम की कबरी हो स्वर्ग-विभा से भास्वर।

(स्वर्णकिरण; इन्द्रधनुष)

स्वर्ग और वसुधा का करने स्वर्णिम परिणय
इन्द्रचाप का सेतु रच रहे तुम ज्योतिर्मय!

(स्वर्णकिरण; अरविन्द दर्शन)

...स्वर्ग की वेणी से मैं
इन्द्रधनुष को छीन धरा के तिमिर-पाश में
उसे गूँथ जाऊँगा।

(रजतशिखर)

धरा-स्वर्ग को स्वप्न-सेतु में बाँध सुनहले[1]
मैं सोपान बना जाऊँगा सुर-नर-मोहन।

(रजतशिखर)

अमर कल्पना-पंख खोल रत्नच्छायास्मित
सेतु बाँध जो गए धरा को मिला स्वर्ग से।

(शिल्पी)

जब से संसार में विज्ञान का बोलबाला शुरू हुआ, दिनोदिन आधिभौतिक प्रभावों में वृद्धि होती गई है। किन्तु इससे यह नहीं समझना चाहिए कि इस युग में अध्यात्म की प्रगति नहीं हो रही है। सच तो यह है कि साम्यवादी देशों को छोड़कर, पूर्व और पश्चिम, दोनों ही गोलार्धों में आध्यात्मिक चिन्तन प्रगति कर रहा है और उसके फलस्वरूप वैराग्य, संन्यास, मुक्ति और धर्म-सम्बन्धी हमारी भावनाओं में अनुकूल परिवर्तन भी घटित हो रहे हैं। यदि थोड़े में इस परिवर्तन की व्याख्या की जाए तो यह कहना चाहिए कि वर्तमान युग धर्म के औपचारिक अनुष्ठानों में विश्वास करना नहीं चाहता। आज के आस्तिक-जगत का अन्तर्मन धर्मों को छोड़कर धर्म को पकड़ना चाहता है। इसका दूसरा पक्ष यह है कि संन्यास और गार्हस्थ्य के बीच की दूरी दिनोदिन क्षीण हो रही है। संन्यासी का जो महत्त्व पहले के युगों में था वह घट रहा है और गृहस्थ संन्यासियों से पहले जितना हीन समझा जाता था उतना हीन अब वह

---

1. यह चित्र अरविन्द की भी एक कविता में बड़ी विशदता के साथ आया है।
I had hoped to build a Rainbow Bridge
Marrying the soil to the sky,
And sow in this dancing planet midge
The moods of Infinity

(A God's Labour)

नहीं समझा जाता। धर्म पर से संन्यासियों, वैरागियों, पंडितों और पुरोहितों का एकाधिकार उठता जा रहा है और बड़ी ही क्षिप्रता के साथ यह विचार प्रगति कर रहा है कि धर्म रविवार, मंगल या शुक्रवार की चीज नहीं है वह प्रत्येक दिन बरता जाना चाहिए। इसी प्रकार मन्दिरों और मस्जिदों की महिमा क्षीण होती जा रही है क्योंकि नवयुग का अन्तर्मन यह साक्ष्य देता है कि धर्म केवल मन्दिर और मस्जिद की ही वस्तु नहीं है वह खेतों की आड़ पर, व्यापारी की दूकान और राजनीतिज्ञों के महासम्मेलनों में भी बरता जा सकता है। मध्ययुगीन सन्तों ने तीर्थ-व्रत, पूजाविधि और धर्म के बाहरी आडम्बरों के विरुद्ध जो कुछ कहा था वह विचार अब अधिक विश्वसनीय हो रहा है। और महात्मा गांधी ने तो संसार को यह विश्वास पूर्ण रूप से दिला दिया है कि कोई चाहे तो राजनीति समेत जीवन के सभी क्षेत्र और अवसर धर्म-साधना के अत्यन्त अनुकूल अवसर और क्षेत्र हो सकते हैं। धर्म की संगति से केवल सभा ही प्रार्थना-सभा नहीं हो जाती, प्रत्युत कर्कश-कुटिल राजनीति भी मक्खन-सी मुलायम और तुलसी-दल के समान पवित्र बन सकती है।

आगामी मनुष्य

पन्त जी ने धरती और स्वर्ग के परिणय की जो कल्पना की है वह नवयुग की आध्यात्मिक भावनाओं के अत्यन्त अनुकूल है। यदि हम कवि की कल्पना का विश्वास करें तो मनुष्यता के निराश होने का कोई कारण नहीं है। यह शीतयुद्ध की तनातनी, यह देशों का परस्पर का अविश्वास, यह शस्त्रीकरण की होड़ और प्रभावक्षेत्रों के प्रसार के लिए रचे जानेवाले ये विविध षड्यन्त्र, शोषण, छीनाझपटी और धूर्तताओं में संलग्न ये सारे वर्ग, व्यक्ति और समाज तथा उद्‌जन बमों के ये भयानक विस्फोट, इनसे कवि तनिक भी भीत नहीं है। ये बाह्य क्रान्तियों के विस्फोट हैं, ये मानवता के समदिक् प्रसार की वेदनाएँ हैं। इनकी ओट में अथवा इनसे परे मानवता की ऊर्ध्व गति भी अपना काम कर रही है। मनुष्य प्राचीन रूढ़ियों को पहचान गया है। वह उनसे मुक्ति पाने के प्रयास में है। उसके भीतर एक नया स्वप्न आकार ग्रहण कर रहा है। यह स्वप्न जब पूर्ण रूप से साकार होगा, मनुष्य सारी क्षुद्रताओं से ऊपर उठ जाएगा। उसके भौतिक शरीर के भीतर आध्यात्मिक मन का साम्राज्य होगा। उसकी नैतिकता नई, उसका धर्म नया एवं उसके मानवीय सम्बन्ध भी नवीन हो जाएँगे।

यह रे भू का निर्माण-काल, हँसता नव जीवन अरुणोदय,
ले रही जन्म नव मानवता, अब खर्ब मनुजता होगी क्षय।
धू-धूकर जलता जीर्ण जगत् लिपटा ज्वाला में जन-अन्तर
तम के पर्वत पर टूट रही विद्युत्-प्रपात-सी ज्योति प्रखर।

संघर्षण पर कटु संघर्षण, यह दैविक-भौतिक भू-कम्पन,
उद्वेलित जन-मन का समुद्र, युग रक्त-जिह्व करता नर्तन।

(उत्तरा)

और यही आशा अतिमा में कुछ और स्वच्छ होकर बोलती है—

सोच रहा मैं नहीं, स्पष्टतः देख रहा मैं,
महत् युगान्तर आज उपस्थित मनुज-द्वार पर।
बदल रहे मानव के भौतिक, कायिक, प्राणिक,
सूक्ष्म मानसिक स्तर, आध्यात्मिक भुवन अगोचर।
जैवी स्थिति से उच्च भागवत स्थिति तक संप्रति
घूम रहा युग-परिवर्तन का चक्र अकुंठित।
इस अणु-उद्जन के विनाश के दारुण युग में
सृजन-निरत हैं सूक्ष्म-सूक्ष्मतम अमर शक्तियाँ।
कवि-कपोल-कल्पना नहीं, अनुभूत सत्य यह,
घोर भ्रान्तियों के युग का निर्भ्रान्त सत्य यह,
आरोहण कर रही मनुज-चेतना निरन्तर
शिखरों से नव शिखरों पर अब उठती-गिरती
संघर्षण करती, कराहती चिर अपराजित।
निश्चेतन, उपचेतन, अन्तश्चेतन के जग
परिवर्तित हो रहे नए मूल्यों में विकसित।

(अतिमा)

पन्त जी की इस आशा का स्रोत कहाँ से फूटता है? क्या वे यह देखकर आशावान् हुए हैं कि उनका देश स्वतन्त्र होते ही शान्ति और सद्भाव के प्रचार में लग गया है? अथवा यह देखकर कि धनी देश निर्धन देशों का स्तर ऊँचा करने के निमित्त मुक्त हृदय से ऋण और दान दे रहे हैं? अथवा यह देखकर कि स्टालिन की मृत्यु के बाद से रूस कुछ उदार होने की चेष्टा में है? अथवा इन सारी आशाओं का केन्द्र पांडिचेरी के प्रति उनका अटूट विश्वास है? इन प्रश्नों का समाधान देना कठिन काम है और संकटपूर्ण भी। विश्वसनीय केवल इतना ही दीखता है कि यदि युग उसी मार्ग से गया जिसका सन्धान पन्त जी ने किया है, तो निश्चित रूप से आगे की पीढ़ियाँ उन्हें अवतारी, सन्देशवाहक कवि के रूप में याद करेंगी। और यदि युग किसी अन्य मार्ग से गया तो भी इतना तो है ही कि पन्त जी ने मनुष्य की आध्यात्मिक प्रवृत्तियों के उत्थान की कविता लिखी है। "रीझिहैं जु रसिक तो जानौं कबिताई, ना तो राधा अरु स्याम सुमिरन को बहानो है।" फिर भी इतना तो कहना ही पड़ता है कि अणुभीत सभ्यता के भीतर विश्व में आज एक ऐसा भी कवि है जो अत्यन्त आशामय और अभीत है तथा जिसे समस्त विनाश के भीतर भविष्य का दिव्य जीवन लहराता हुआ दिखाई दे रहा है।

जहाँ तक नैतिक एवं सामाजिक व्याप्तियों का प्रश्न है पन्त जी का नवीन जीवन-दर्शन पूर्ण रूप से समझ में आने योग्य एवं व्याख्येय है। किन्तु उत्तरा तथा अतिमा का धरातल सामाजिक नहीं है। स्वर्णकिरण तक पन्त जी व्यष्टि-समष्टि, धर्म-विज्ञान तथा आत्मा और भूत के पारस्परिक समन्वय की चेष्टा में थे। उत्तरा और अतिमा की विशिष्ट कविताओं का स्वर वह स्वर है जो इस समन्वय के धरातल पर से आगे उठता है। अतएव जब वे किसी अनिर्वचनीय आशा के शिखर से आगामी विश्व का आख्यान अथवा मानवता की सम्भावित प्रगति का गान करने लगते हैं तब पाठकों का हृदय उनका साथ नहीं देता। कठिनाई यह है कि पाठकों के सामने तो अभी जीवन की विभीषिकाएँ उल्लंग होकर नाच रही हैं। फिर वह उस जगत् के चित्र में विश्वास कैसे करे जो इन विभीषिकाओं के शमन के बाद प्रकट होनेवाले हैं? यही कारण है कि जब पन्त जी यह पुकार करते हैं कि—

गरज रहा उर व्यथा-भार से, गीत बन रहा रोदन,
आज तुम्हारी करुणा के हित कातर धरती का मन।

(उत्तरा)

तब तो पाठक उनके साथ अपनी सहमति प्रकट करता है किन्तु जब वे जो अभी होनेवाला है, उसे हुआ मानकर यह कहने लगते हैं कि—

कैसी दी स्वर्ग-विभा उँड़ेल तुमने भू-मानस में मोहन?
मैं देख रहा मिट्टी का तम ज्वाला बन धधक रहा प्रतिक्षण।
ज्यों उषा-प्रज्वलित सागर में डूबता अस्तमित शशिमंडल,
चेतना-क्षितिज पर आभा-स्मित भूगोल उठ रहा स्वर्णोज्ज्वल।

(उत्तरा)

अथवा

जलते तारों-सी टूट रहीं अब अमर प्रेरणाएँ भास्वर,
स्वप्नों की गुंजित कलिकाएँ खिल पड़तीं मानस में निःस्वर।

(उत्तरा)

तब पाठक चकित रह जाता है कि पन्त जी यह कौन-सी झाँकी दिखला रहे हैं। किन्तु साहित्य में एक यह शैली भी प्रचलित रही है। पाश्चात्य देशों में इसका नाम शायद फ्युचरिज्म है। हिन्दी में यह भविष्यवाद की शैली कही जा सकती है। इस शैली का उपयोग वहाँ किया जाता है जहाँ भविष्य का वर्णन वर्तमान के समान करना अभीष्ट हो। उत्तरा और अतिमा की कई कविताओं में इसका प्रयोग किया गया है। यह शैली उस शैली का ठीक प्रतिलोम है जिसमें भविष्यपुराण लिखा गया है।

उत्तरा और अतिमा में ऐसी कविताएँ भी हैं जिन्हें हम आध्यात्मिक कोटि से अलग रख सकते हैं। किन्तु सब मिलाकर इन दोनों पुस्तकों का धरातल अध्यात्म का धरातल है, यद्यपि, यह स्मरण रखने की बात है कि पन्त जी के अध्यात्म में भौतिक

स्पर्श भी समाहित रहता है। इन कविताओं की भाषा रन्दे और रुखान के यथेष्ट प्रयोग से अत्यन्त निखरी हुई है तथा उनके अन्दर जो भाव हैं, वे बराबर हमें परिचित विश्व से निकालकर अपरिचित की ओर ले जाना चाहते हैं।

चीर बुद्धि के फेन, विचारों के बुदबुद
जानें कब कूद पड़ा आकुल मन
नील झील के जल में।
आः! यहाँ हो रहा अरुणोदय
अन्तर के निःस्वर शिखरों पर,
मन खोल ज्योति-चेतना-पंख
खो गया, रह गया केवल मैं।

(अतिमा)

अथवा

कौन स्रोत ये?
ये किन स्वच्छ अतलताओं की मौन नीलिमाओं में बहते?
किस सुख के स्पर्शों से स्वर्णिम हिलकोरों में कँपते रहते?
श्रद्धा औ विश्वास रुपहले राजमरालों के-से जोड़े
तिरते सात्त्विक उर-सरसी में शुभ्र सुनहली ग्रीवा मोड़े।

(अतिमा)

या

रजत-प्रसारों में उड़ नूतन
प्राण मुक्त करते आरोहण,
शुभ्र नील में बज उठता कल-कूजन।

(अतिमा)

ये पंक्तियाँ चिन्तन के जिस उच्च धरातल से उतरती हैं, उस पर खड़ीबोली हिन्दी-कविता के पाँव बहुत बार नहीं पड़े हैं। ये कविताएँ रहस्यवाद-सी लगती हैं किन्तु यह जायसी अथवा कबीर का रहस्यवाद नहीं हैं । इन्हें हम शुद्ध धार्मिक कवि की भी अनुभूति नहीं कह सकते। इनकी विशेषता किसी अपरिचित चिन्तन को व्यक्त करने की बेचैनी से आक्रान्त भाषा में है। "नील झील का जल" किस अतीन्द्रिय स्थिति का व्यंजक है? "निःस्वर शिखर" मन के किस उच्च शृंग की ओर संकेत करता है? "स्वच्छ अतलताओं की मौन नीलिमा" से समाधि की किस गहराई का बोध होता है? मन से हम भी उस स्थिति का धूमिल आभास पा रहे हैं जिसका संकेत इन शब्दों में है। किन्तु उसे प्रत्यक्ष करने योग्य भाषा का अभाव हम भी वैसे ही अनुभव करते हैं, जैसे वह कवि को अनुभूत हुआ है। इन कविताओं का स्वाद बहुत कुछ अरविन्द के सावित्री-काव्य के समान उज्ज्वल, कठोर और कुछ-कुछ अकथनीय है। भाषा की

शक्ति वहीं प्रशंसनीय नहीं होती जहाँ सब कुद सुस्पष्टता के साथ वर्णित हो जाता है। भाषा जब अरूप चिन्तन को लिबास पहनाने में पसीने-पसीने होने लगती है, उसका सौन्दर्य, वास्तव में, वहीं देखते बनता है। उत्तरा और अतिमा को देखकर यह अनुमान होता है कि समर्थ कलाकार के हाथ में हिन्दी भाषा वही चमत्कार दिखला सकती है जो विश्व की बड़ी से बड़ी भाषाओं ने दिखलाया है।

मानस से अतिमानस की यात्रा अत्यन्त दुरूह है। अतिमानसी धरातल की झाँकी किन्हीं-किन्हीं कविताओं में पहले भी उतरी थी किन्तु मानस से निकलकर अतिमानस में जाने की राह किसी ने पहले नहीं बनाई। उस मार्ग के सर्वप्रथम प्रयोक्ता अरविन्द हुए हैं और हिन्दी में यह कार्य केवल पन्त जी कर रहे हैं। किन्तु यह भूमि अभी सर्वथा अपरिचित भूमि है। इस मार्ग में जो अनुभूतियाँ मिलती हैं उनका सही वर्णन करनेवाली भाषा धीरे-धीरे विकसित होगी। पन्त जी फूलों के देश से निकलकर स्फटिक-भूमि में तो पहुँच गए हैं किन्तु इस भूमि की कथा कहते-कहते वे यह भी अनुभव करने लगते हैं कि बात सफाई से नहीं कही जा सकी। विचारों की जो ज्वाला उनके भीतर धधक रही है, वह वास्तव में किस वह्नि की ज्वाला है, इसका ठीक विवरण भाषा में अभी नहीं आ सकता।

एक आग है, हाँ, निःसंशय एक आग है।
राग-विराग-रहित, फिर भी यह एक राग है।
भौतिक आग नहीं यह, कायिक आग नहीं यह,
प्राणिक आग नहीं, न मानसिक आग सही यह।
आत्मिक आग? नहीं पर, फिर भी, एक आग यह!

(अतिमा; सृजन-वह्नि)

जो आग पन्त जी के हृदय में उद्वेलित हो रही है, वह न तो भौतिक है, न आध्यात्मिक। वह ठीक-ठीक बौद्धिक भी नहीं है। तो यह आग है क्या चीज? वह सुविकसित जीवन-कमल का पराग है। किन्तु इस पराग से हमारा परिचय नहीं, अतएव जिस सृजनवह्नि से कवि हमें परिचित कराना चाहता है, वह वह्नि अपरिचित की अपरिचित रह जाती है। कवि जिस ईमानदारी के साथ बोल रहा है, उसके भीतर हम अभिव्यक्ति के लिए जो अधीर खुजलाहट देखते हैं, उससे यह तो प्रतीत होता है कि वह वर्तमान जीवन को अयथेष्ट मानकर किसी अधिक पूर्ण एवं भव्यतर जीवन की कल्पना से सिहर उठा है, किन्तु यह कल्पना है क्या, इसका समाधान नहीं मिलता। कारण शायद एक नहीं, दो हैं। कुछ तो यह कि मानस की भाषा अधिमानस के धरातल तक अभी विकसित नहीं हुई है। और कुछ यह कि अधिमानस की कल्पना ही अभी स्पष्ट नहीं है। इस दूसरे कारण का अनुमान पन्त जी की निम्न पंक्तियों से होता है जिनमें वे यह संकेत देते हैं कि अधिक सुस्पष्टता से बोलनेवाले लोग पीछे आएँगे।

मैं रे केवल उन्मन मधुकर भरता शोभा-स्वप्निल गुंजन,
कल आएँगे उर-तरुण भृंग स्वर्णिम मधुकण करने वितरण।

(उत्तरा)

किन्तु इससे इस बात का खंडन नहीं होता कि जैसे उन्होंने छायावाद का नयन किया, जैसे उन्होंने छायावादोत्तर काल में प्रगतिवादी धारा को पथनिर्देश दिया, वैसे ही अब वे अध्यात्म की भूमि में भी अग्रणी कवि का काम कर रहे हैं। और इस अनुभूति से उनका पुलकित होना स्वाभाविक भी है।

मैं प्रकाश का रहा दूत नित, नव प्रकाश-सन्देश-वाह स्मित,
नव विकास-पथ में मुड़ मैं अब क्यों न भोर बन फिर मुसकाऊँ?

(अतिमा)

और इन प्रयोगों से उनके आत्मविश्वास में भी अपरिमित वृद्धि हुई है जिसकी अभिव्यक्ति इधर वे बार-बार कर रहे हैं।

यदि मरणोन्मुख वर्तमान से ऊब गया हो कटु मन,
उठते हों न निराश लौह-पग, रुद्धश्वास हो जीवन।
तो मेरे गीतों में देखो नव भविष्य की झाँकी,
निःस्तर शिखरों पर उड़ता गाता सोने का पाँखी।
दिव्य गरुत रे यह उड़ता सत्-रज-प्रसार कर अतिक्रम,
पैने पंजों में दबोच नत काल-सर्प-सा भू-तम।

(अतिमा)

अतिमा में ही एक कविता है जिसका नाम 'विज्ञापन' है। इस कविता में कवि अपने आपसे प्रश्न करता है कि मैं जो कुछ लिख रहा हूँ वह क्या कोरा सच है? मेरी कल्पना सुवर्ण की थी किन्तु सुवर्ण क्या गलकर पानी बन सकता है? ये आक्षेप फालतू हैं। यह ठीक है कि गीत गल गए किन्तु झंकार तो अभी कायम है। हुआ यह है कि फूल गन्ध में विलीन हो गया और गन्ध मेरे अस्तित्व में व्याप्त हो गई है। कल्पना में जो सात रंग अलग-अलग चमक रहे थे, वे अब एक किरण में समाहित हो गए हैं। अर्थात् मैं जो समन्वय चाहता था वह मुझे प्राप्त हो गया है।

बस, अब रचना शेष सृजन-उन्मेष काव्य बन जाता,
सातों रंग घुल गए, किरण का शुभ्र हास मन भाता।

पाठक पन्त जी से अब भी इन्द्रधनुष चाहते हैं किन्तु कवि अब इन्द्रधनुष की अपेक्षा सूर्य के प्रकाश का अधिक प्रेमी बन गया है। उसकी नवीन रचनाएँ इन्द्रधनुष नहीं, सविता की साक्षात् किरणें हैं।

इन्द्रधनुष? क्या इन्द्रधनुष स्थायी रहता अम्बर में?
वह छाया-केतन फहराता मेघों के खंडहर में।

तब क्या मोहक वाग्विलास यह या विकास कविता का?
शशि का विम्बित हास न समझो, यह प्रकाश सविता का।

(अतिमा)

इन्द्रधनुष और सविता का प्रकाश तथा फूल और स्फटिक, इनमें से सामान्य पाठक की रुचि प्रायः इन्द्रधनुष और फूल की ओर होती हैं। किन्तु इन्द्रधनुष और फूल, कविता की सारी पूँजी इतनी ही नहीं है।[1] कविता उपनिषदों में भी है और गीता में भी तथा अरविन्द की कृति सावित्री भी दर्शन नहीं, काव्य ही है। श्री नलिनीकान्त गुप्त ने एक स्थान पर लिखा है कि "यूनानवाले कलाकार मनुष्य की मानवता का गीत गाते हैं और भारतवासी उसके देवत्व का। यह यूनानी प्रवृत्तियों का प्रभाव है जिससे हमारी रुचि में परिवर्तन आ गया है और हम यह भूल गए हैं कि पार्थिव जीवन और उसकी मिठास में जो कविता है, वैसी ही कविता अध्यात्म के कठोर धरातल पर भी लिखी जा सकती है। मनोरंजन और उद्वेलन कविता के ये ही दो कार्य नहीं हैं। कविता प्रेरणा भी भरती है, मनुष्य में नवजीवन भी डालती है और वह उसे उठाकर ऊपर भी ले जाती है।" उत्तरा की भूमिका में पन्त जी ने भी इससे मिलती-जुलती बात कही है। "स्वर्णकिरण में मैंने अन्तर्जीवन-अन्तश्चेतना आदि को इतना अधिक महत्त्व इसलिए भी दिया है कि इस युग में भौतिक दर्शन के प्रभाव से हम उन्हें बिलकुल भूल ही गए हैं।"

आधिभौतिकता यदि एकमात्र सत्य नहीं है तो उस धरातल का भी अनुसन्धान आवश्यक है जिसे आत्मा का धरातल कहते हैं। मनुष्य अपनी जिस संस्कृति पर नाज करता है वह अधिकांश में उन सन्तों, चिन्तकों और कवियों की कृति है जो आत्मा के धरातल पर काम करते थे। आज से कोई दो सौ वर्ष पूर्व तक यही धरातल मनुष्य की दृष्टि में सबसे आदरणीय धरातल था। आधिभौतिकता का धरातल विज्ञान के उत्थान के साथ उभरा है, किन्तु इस नए धरातल की प्रसिद्धि से पहले का अध्यात्मवादी धरातल खंडित नहीं हो जाता। आवश्यकता इस बात की है कि इन दोनों धरातलों के बीच की खाई पाट दी जाए। अब तक पश्चिम की विशेषता आदर्श समाज की रचना और पूर्व की विशेषता आदर्श व्यक्तियों का निर्माण था। किन्तु अब सर्वत्र यह अनुभव किया जा रहा है कि आदर्श व्यक्तियों से परिपूर्ण समाज ही आदर्श समाज हो सकता है। पन्त जी आदर्श व्यक्तियों के इसी आदर्श समाज को सम्भव बनाना चाहते हैं। वे

---

1. एक कविता में पन्त जी ने अपने नवीन चिन्तन को काँटे का व्रण कहा है और इस कँटीले चिन्तन की सार्थकता यह कहकर बताई है कि केवल मकरन्द का चुम्बन ही भ्रमर का धर्म नहीं है, उसके गुंजन में गहराई भी होनी चाहिए।

माना, इन डालों में काँटे, गहरे चिन्तन के जिनके व्रण,
मर्म गूँज के बिना मधुप क्या होता सुखी चूम मधु के कण?

(अतिमा)

और पूर्व की विशेषता आदर्श व्यक्तियों का निर्माण था। किन्तु अब सर्वत्र यह अनुभव किया जा रहा है कि आदर्श व्यक्तियों से परिपूर्ण समाज ही आदर्श समाज हो सकता है। पन्त जी आदर्श व्यक्तियों के इसी आदर्श समाज को सम्भव बनाना चाहते हैं। वे धर्म और विज्ञान, स्वर्ग और पृथ्वी तथा भूत और अध्यात्म के बीच समन्वय खोज रहे हैं और इस प्रयास में वे जीवन से भागे नहीं हैं, प्रत्युत में सिद्धि का फल लाने को वे शिखर से शिखर पर घूम रहे हैं।

मैं स्वर्गिक शिखरों का वैभव हूँ लुटा रहा जन-धरणी पर
जिसमें जग-जीवन के प्ररोह नव मानवता में उठें निखर।
देवों को पहना रहा पुनः मैं स्वप्न, मांस के मर्त्य वसन,
मानव-आनन से उठा रहा अमरत्व ढँके जो अवगुंठन।

(उत्तरा)

नई दिल्ली *(पन्त , प्रसाद और मैथिलीशरण)*
मार्च, 1958 ई.

पुनश्च

युगवाणी के समय पन्त जी जिस समस्या से आक्रान्त थे, उसका समाधान उन्हें अरविन्द में मिला और अब इस समाधान में वे पूरे मन से विश्वास करते हैं। उत्तरा और अतिमा की कविताएँ इसी विश्वास की कविताएँ हैं। किन्तु अरविन्द क्या ठीक हैं? भौतिकता की विजय के बाद मनुष्य की मनोभूमि में ऐसे कितने स्थान हैं जहाँ इस विजेता की सेना के पाँव अभी नहीं पड़े हैं? अणु और उद्जन बमों के विस्फोट, नास्तिक दर्शन का दर्पयुक्त गर्जन और हिंसक राजनीति के भयानक दाँव-पेंच, ये क्या मात्र बाहरी उपसर्ग हैं? इनसे परे मनुष्य का मन क्या सचमुच ही भीतर-भीतर

अध्यात्म की ओर बढ़ रहा है? और क्या विज्ञान इस आध्यात्मिक चिन्तन को सहारा देगा या वह मुँह पर रूमाल देकर ऐसे चिन्तकों पर हँसेगा जैसे विज्ञान का नाम लेकर लोग पहले के चिन्तकों पर हँस चुके हैं?

विज्ञान और दर्शन में से मैं किसी का भी विशेषज्ञ नहीं, अतएव इन विकराल प्रश्नों के उत्तर खोजने का काम मेरे लिए दुस्साहस का काम है। किन्तु स्वयं विज्ञान अब जिस राह पर आ रहा है उससे आशा बँधती है कि अरविन्द शायद गलत नहीं हैं। कम से कम, वे उस राह से बहुत दूर नहीं हैं जो कदाचित् मानवता की अगली राह बनने जा रही है।

आगस्ट कामटे (जन्म 1798 ई.) ने कहा था कि प्रत्येक विज्ञान विश्वास की तीन अवस्थाओं से गुजरता है। पहली अवस्था वह होती है जब मनुष्य यह मानता है कि सृष्टि का संचालन देवी-देवता किया करते हैं, जैसे भारतवासी यह मानते थे कि वायु के देवता पवन, वृष्टि के देवता इन्द्र और समुद्र के देवता वरुण हैं। तब वह अवस्था आती है जब ये देवता हट जाते हैं और उनकी जगह पर हम गुरुत्वाकर्षण और शक्ति के सिद्धान्तों में विश्वास करने लगते हैं। यह अवस्था विज्ञान के उद्‌भव के बाद आई और आइंस्टीन के उद्‌भव के पहले तक अक्षुण्ण रही। "सृष्टि भी यन्त्र है", "परमात्मा भी गणितज्ञ है", "मशीन के पुरजों के समान हम सृष्टि के समस्त पुरजों को समझ सकते हैं" आदि घोषणाएँ इसी अवस्था की देन थीं। किन्तु इन दोनों अवस्थाओं के बाद एक तीसरी अवस्था आती है जब मनुष्य का द्वितीय-अवस्था-जनित अहंकार खर्व होने लगता है और वह विनम्रता के साथ यह मानने लगता है कि सृष्टि क्यों बनी, कैसे बनी, इसमें विचित्र घटनाएँ क्यों घटती हैं, इन प्रश्नों का अन्तिम समाधान हम नहीं जान सकते। हमारे बस की इतनी ही बात है कि सृष्टि में जो कुछ घटित होता हो हम उसका अध्ययन करें, उसे जानने और समझने की चेष्टा करें। और इस प्रक्रिया में जो जानकारी हमें प्राप्त हो उसे हम अन्तिम ज्ञान मानकर निश्चिन्त न हो जाएँ।

आज का पदार्थ-विज्ञान इस तीसरी अवस्था में आ गया है। एक समय धर्म के ठेकेदार अपनी दूकान लगाते थे। जब विज्ञान आया, लोगों ने धर्म की दूकानदारी खत्म कर दी और वे विज्ञान की दूकान लगाने लगे। अपने समय में धर्मवाले कहते थे कि अमुक सिद्धान्तों में विश्वास करो क्योंकि वे धर्म-ग्रन्थों में लिखे हुए हैं। तब विज्ञान के पक्षपाती कहने लगे, अमुक बातों को मत मानो क्योंकि वे विज्ञान से सिद्ध नहीं की जा सकतीं। किन्तु आज का उच्चतर विज्ञान इतना दुराग्रही नहीं है। विज्ञान जब ज्ञान की दिशा में जोर से बढ़ रहा था, तब उसमें अहंकार था। अब वह प्रायः ज्ञान की अन्तिम चौहद्दी पर पहुँच गया है और यहाँ से वह जब भी आगे झाँकता है, निश्चितता के बदले उसे अनिश्चितता का बोध होने लगता है। वर्तमान शताब्दी की भौतिकी अनिश्चितता की स्थिति में

काम कर रही है। आरम्भ में भौतिक विज्ञानी पंडित मानते थे कि सृष्टि की प्रत्येक घटना के पीछे कारण और कार्य का न्याय चल रहा है। आज वे मानते हैं कि यह न्याय सर्वत्र चलता है या नहीं, कुछ ठीक कहा नहीं जा सकता क्योंकि प्रकृति की सारी क्रियाओं का अध्ययन हम उन क्रियाओं में विक्षेप डाले बिना नहीं कर सकते। और विक्षेप डालना चूँकि कठिन है इसलिए अध्ययन अपूर्ण रहेगा। और अध्ययन पूर्ण नहीं, इसलिए सृष्टि रहस्य बनी रहेगी, चमत्कार बनी रहेगी जिसकी कोई कैफियत नहीं दी जा सकती।

तो फिर रहस्यवादी सन्त और क्या कहते थे?

सृष्टि केवल कारण-कार्य-न्याय से नहीं समझी जा सकती, यह रहस्यवादियों का मत था और रहस्यवादी लोग इस निर्णय पर गणित और प्रयोग से नहीं, सम्बुद्धि और सहज ज्ञान (इनटुइशन) से पहुँचे थे। आश्चर्य है कि अब बुद्धि (विज्ञान) भी उसी धरातल से टकराने लगी है जो धरातल संबुद्धि का था और जिसे बुद्धि ने सन्तों और कवियों की बहक कहकर तिरस्कृत कर दिया था।

"स्पेस, टाइम एंड डिटी" के लेखक अलेक्जेंडर ने कल्पना की है कि देश, काल और देवत्व, वास्तव में ये तीन ही अनादि तत्त्व हैं। उनमें भी सारी सृष्टि देश और काल इन्हीं दो तत्त्वों से निकली है। प्राण भूत से निकला है और धीरे-धीरे वह चेतना के सोपान पर ऊपर उठता जा रहा है। इसी ऊर्ध्व-गति से वह देवत्व तक पहुँचेगा।

यह अरविन्द का आरोह सिद्धान्त नहीं तो और क्या है?

आइंस्टीन ने देश और काल-विषयक धारणाओं में जो क्रान्तिकारी परिवर्तन किया उससे विज्ञान में विनम्रता की वृद्धि हुई है। सृष्टि को चलानेवाले सारे नियम पूर्णरूप से नहीं जाने जा सकते, यह स्वीकार करके विज्ञान ने रहस्यवादियों के सहज ज्ञान की परम्परा को अपनी चाप से बाहर निकाल दिया है और यह सम्भव दीखने लगा है कि तर्कसम्मत बुद्धि एवं सहज-ज्ञान-संवलित संबुद्धि के बीच परिणय का सम्बन्ध स्थापित किया जा सकता है, यद्यपि यह परिणय कब होगा, कैसे होगा आदि जिज्ञासाएँ अभी मात्र जिज्ञासाएँ ही दीखती हैं।

सत्य अनेकान्त होता है। "जो सत्य है वह तो मेरे पास है; बाकी लोग असत्य के पीछे दौड़ रहे हैं," ऐसा वे ही लोग कहते हैं जो सत्य नहीं, सत्यवादिता से मिलनेवाले सुयश की ओर दौड़ रहे हैं। सत्य के चाहे जितने भी लक्षण होते हों किन्तु सत्य की राह पर आए हुए व्यक्ति की केवल एक पहचान होती है और वह यह कि ऐसा व्यक्ति किसी भी बात के लिए दुराग्रह नहीं करता। सन्त वह नहीं है जो अपने मन की खिड़कियाँ बन्द किए हुए है, प्रत्युत् वह जो अपने चारों ओर किसी विरल शंका को मँडलाने देता है, जो यह मानता है कि सम्भव है सत्य मेरे शिखर पर हो अथवा यह भी सम्भव है कि वह पासवाले शिखर पर मँडला रहा हो। उन्नीसवीं सदी का विज्ञान दुराग्रही था क्योंकि वह दृढ़ता से विश्वास करता

था कि सृष्टि के सारे रहस्य उसे ज्ञात हैं। बीसवीं सदी का विज्ञान विनम्र है क्योंकि उसने पहले से अधिक जाना है और इसीलिए अब वह मानता है कि उसे कुछ भी ज्ञात नहीं है।

नई दिल्ली,
अप्रैल, 1958 ई.

महादेवी जी की वेदना

महादेवी जी की वेदना हिन्दी में आलोचना की वस्तु बनी हुई है। सबसे पहले, शायद पं. रामचन्द्र जी शुक्ल ने यह शंका उठाई थी कि महादेवी जी अनुभूति के बल पर नहीं, अनुमान के आधार पर लिखती हैं और तब से प्रायः प्रत्येक समर्थ आलोचक को शुक्ल जी की शंका की पुष्टि का प्रमाण मिलता गया है। अधिकांश आलोचकों की राय यह है कि महादेवी जी की कविताओं में हम जो पीड़ा और अतृप्ति पाते हैं वह इस कारण कि जगत के अशोभन और स्थूल सत्य के साथ उनके आदर्शवादी स्वभाव का पूरा सामंजस्य नहीं बैठ सका और इस संघर्ष से उनकी तबीयत को जो ठेस पहुँची, उसी ने उन्हें निराशावादी और वेदनाप्रिय बना दिया है। कुछ ऐसे लोग भी हैं जो उनकी वेदना का काममूलक निदान देते हैं। सम्भव है, ये दोनों बातें (जो, अन्ततः असल में, एक ही बात है) कुछ दूर तक ठीक हों। किन्तु इतना ही कहकर हम महादेवी जी के काव्य से छुट्टी नहीं ले सकते। असल में, महादेवी जी की कविताएँ इससे कहीं बड़ी गहराई से उठकर ऊपर आई हैं और उनकी शाखा-प्रशाखाएँ भी अनेक हैं। अगर कवि के जीवन से उसकी कविताओं के सम्बन्ध में कोई निष्कर्ष निकालने की प्रथा गलत नहीं है तो महादेवी जी को निराशावादी और उनके काव्य को मृत्युवादी का काव्य मानना भी सत्य के प्रतिकूल जान पड़ता है। क्योंकि जिस प्रकार महादेवी जी का सारा जीवन कर्मठता और आशावाद से ओत-प्रोत रहा है, उसी प्रकार उनकी वेदना के भीतर भी स्वाभिमान की चिंगारी और शूरता की आग चमकती है। उनकी कविताओं के भीतर रहस्यवाद का भी जो रूप निखरा है वह कबीर और मीरा के रहस्यवाद (यद्यपि शुक्ल जी की कसौटी पर मीरा रहस्यवादी नहीं उतरती हैं) से ईषत् भिन्न है और उसके भीतर हम नवीन युग का आलोक पाते हैं।

महादेवी जी की वेदना के जिस पक्ष के सामने आलोचना थकने लगती है, वह यह है कि उन्होंने वेदना को ही अपना ध्येय मान लिया है तथा विरह की आग से निकलकर शीतलता की छाया में विश्राम करने की इच्छा उन्हें नहीं होती। वेदना के प्रति इन विलक्षण रुझान को आलोचक अस्वाभाविक मानते हैं। और वे सीधे इस निष्कर्ष पर जा पहुँचते हैं कि हो न हो, यह दर्द खयाली दर्द है। "महादेवी प्यास को ही चाहती मालूम होती हैं, इसलिए अनुमान होता है कि प्यास को उन्होंने जाना ही

नहीं है। घायल घाव नहीं चाहता। जो अभी घाव चाहता है, मालूम होता है, उसकी गति अभी घायल की है नहीं।'' जैनेन्द्र जी की इस उक्ति में उन सभी आलोचकों के मतों का निचोड़ आ गया है जो महादेवी जी की वेदना पर विश्वास नहीं करते अथवा जिन्हें इस बात का निदान नहीं मिला है कि आदमी दर्द के घेरे और विरह की आँच से निकलकर बाहर आना क्यों नहीं चाहता।

''मुझे पीड़ा में तपने दो, मेरे विरह का अन्त मत करो तथा मेरे आँसू मत पोंछो'', ऐसे भाव भारतीय साहित्य में नहीं लिखे जाते थे। कालिदास, भारवि, भवभूति, माघ और दंडी तथा श्रीहर्ष में ऐसे भाव नहीं मिलते, न गीतगोविन्द में ही ऐसा कोई गीत है जिससे यह ध्वनि निकलती हो कि गोपियाँ विरह को चिरायु बनाए रखना चाहती हैं। ऐसी भावना का जन्मा पहले-पहल ईरान में, सूफी कवियों में हुआ। वहीं से यह पद्धति भारत पहुँची और हिन्दी में भी उसकी अभिव्यक्ति पहले-पहल कबीर की कविता में मिलती है :

हँसि हँसि कन्त न पाइयाँ, जिन पाया तिन रोइ।
हाँसी खेले पिउ मिले, कौन दुहागिन होइ?
मैं अबला पिउ-पिउ करूँ, निर्गुन मेरा पीव,
सून्य सनेही राम बिन देखूँ और न जीव।

ऐसे दोहे कबीर ने दो ही नहीं, और भी कहे हैं। उनमें इस बात का स्पष्ट संकेत तो नहीं मिलता कि कबीर अपने विरह का अन्त नहीं चाहते हैं, किन्तु विरह में एक स्वाद है, दर्द में एक मजा है, यह अनुभूति उनके दोहों में बार-बार झलक मारती है :

सब रग ताँत, रबाब तन बिरह बजावै नित्त,
और न कोई सुनि सकै, कै साईं, कै चित्त।
कबिरा बादल प्रेम का हम पर बरिखा आय,
अन्तरि भींजी आत्मा, हरी भई बनराय।

संस्कृत और हिन्दी काव्य में विरह का जो वर्णन हुआ है उसे देखकर यह भासित होता है कि विरह का अन्त हो जाए तो विरही को शान्ति मिलेगी। इसके विपरीत, कबीर के विरह-वर्णन से कहीं-कहीं यह ध्वनि भी निकलती है कि विरह की पीड़ा आनन्द की वस्तु है; वह ऐसी ही बनी रहे तो ठीक है। कबीर में यह प्रभाव सूफियों से आया और मीरा में भी यह चीज कबीर और अन्य सूफी कवियों से पहुँची होगी। सूफियों की तरह मीरा भी विरह में घुलने, तिल-तिल जलने और प्रियतम के सामने विनष्ट हो जाने में परम सुख मानती हैं।

काटि करेजो मैं धरूँ रे, कागा तू ले जाइ।
ज्याँ देसाँ मेरा पिउ बसे रे, वे देखे तू खाइ।
या तन को दिवला करौं रे, मनसा करौं बाती,
तेल भरावों प्रेम का बारौं दिन राती।

कबीर में ही हम एक और नवीनता का आरम्भ देखते हैं। भारत निवृत्तिप्रधान देश था। यहाँ के लोग यह मानते थे कि संसार माया और हमारा जीवन स्वप्न है। साथ ही, उनका यह भी विश्वास था कि जब से आत्मा परमात्मा से वियुक्त हुई तभी से जीव दुख में है। इस दुख से निवृत्ति का उपाय निर्वाण है, जीवन-प्रदीप को बुझा देना है, यह सिद्धान्त भी इस देश में बौद्ध-दर्शन के कारण खूब प्रचलित हुआ था। किन्तु भारत के किसी भी कवि ने कभी यह नहीं कहा था कि जीवन चूँकि ब्रह्म और जीव के बीच व्यवधान बनकर खड़ा है, अतएव हमें मर जाना चाहिए। उलटे, यहाँ के भक्त, यदि बहुत विह्वल हो उठे तब भी उन्होंने मृत्यु नहीं माँगी, वरन यह याचना की कि "हमें मुक्ति नही चाहिए। हमें तो अनन्त जीवन दो कि हम दिन-रात तुम्हारा गुण गा सकें।"

देवा, तेरो भक्ति न छाड़ौं, मुक्ति न माँगौं,
तब जस सुनौं, सुनावौं।

तथा

कहा करौं बैकुंठहिं जाय?
जहं नहिं नन्द, जहाँ न जसोदा, नहिं जहं गोपी, ग्वाल, न गाय।
जहं नहिं जल जमुना को निरमल और नहीं कदमन के छाय।
'परमानन्द' प्रभु चतुर ग्वालिनी, ब्रज-रज तजि मेरी जाय बलाय।

किन्तु कबीर ने पहले-पहले यह घोषणा की कि जीवन चूँकि प्रियतम से हमें दूर रखे हुए हैं, इसलिए मर जाना ही काम्य है।

जिन मरने थैं जग डरै, सो मेरो आनन्द,
कब मरिहूँ कब देखिहूँ पूरन परमानन्द।
मैं तोहि पूछौं हे सखी, जीवत क्यों न मराइ?
मूवा पीछे सत करे, जीवन क्यों न कराइ?

मृत्यु काम्य है, यह अभारतीय भाव था। कबीर में यह भाव ईरानी सूफियों की संगति से आया। इसका एक प्रमाण यह है कि कबीर से पहले यह भाव किसी भी संस्कृत अथवा हिन्दी कवि में नहीं मिलता। दूसरा यह कि उर्दू कवियों में यह भाव बराबर अभिव्यक्ति पाता रहा है :

मार्ग इक मान्दगी का वक्फा है,
यानी आगे चलेंगे दम लेकर।

—मीर

कैदे-हयात, बन्दे-ग़म, अस्ल में, दोनों एक हैं।
मौत से पहले आदमी ग़म से नजात पाए क्यों?

—ग़ालिब

कहा पतंग ने यह दारे-शमअ पर चढ़कर,
अजब मज़ा है जो मर ले किसी के सर चढ़कर।

—ज़ौक़

हिज्र की ज़िन्दगी से मौत भली,
कि जिससे सब कहें, विसाल हुआ।

—हातिम

भारतीय दर्शन की शिक्षा यह है कि जब तक कर्म-संस्कार शेष हैं तब तक मुक्ति नहीं मिल सकती। इसलिए इस दर्शन का जोर मुक्ति पर कम, कर्म पर अधिक है, क्योंकि कर्म-संस्कार के निःशेष होने पर मनुष्य इसी जीवन में मुक्त हो जाता है। फिर वह मृत्यु की कामना क्यों करे? किन्तु सूफियों का दर्शन यह था कि जीव ब्रह्म से बिछुड़ा हुआ है एवं ब्रह्म-मिलन का सुख वह मरने के बाद ही पा सकता है। इस विश्वास से एक दूसरा सिद्धान्त यह निकल पड़ा कि तब शीघ्र-से-शीघ्र मरकर ब्रह्म को प्राप्त करना चाहिए। काव्य में सूफियों के इस विश्वास के दो परिणाम दिखाई दिए। पहला यह कि चूँकि जीव विरह की स्थिति में है, इसलिए दिर-रात रोना-तड़पना उसके लिए स्वाभाविक है। दूसरा यह कि विरही के लिए मृत्यु त्याज्य नहीं, काम्य है।

मृत्यु को काम्य एवं मोहक बनाने की भावना इस देश में सूफियों के प्रभाव से फैली। हिन्दी में पहले वह कबीर में प्रकट हुई और तब मीरा में। कबीर और मीरा, दोनों ही रहस्यवादी थे। घनानन्द के दो-एक पद रहस्यवादी संकेतों से युक्त हैं, किन्तु बोधा में ऐसे संकेत नहीं मिलते। फिर भी, ये दोनों कवि रोने और तड़पने में सूफियों से कम नहीं हैं। सूफियों की तड़प और बेचैनी उर्दू कविताओं में अधिक चली। हिन्दी में वह कबीर, मीरा, घनानन्द और बोधा में झलक मारती रही। हाँ, छायावाद-काल में आकर यह बेचैनी हिन्दी में भी अपने उभार पर आ गई।

सूफियों की जिस परम्परा से हिन्दी कवि प्रभावित हुए, उसका कुछ असर हम रवीन्द्रनाथ में भी देखते हैं। 'मरिते चाइना आमि सुन्दर भुवने', यह कहकर रवीन्द्रनाथ ने जीवन के प्रति आस्था प्रकट की है। किन्तु उन पर जवानी की भावुकता सवार थी तब उन्हें भी मृत्यु मोहक दिखाई पड़ी थी। रवीन्द्रनाथ की राधा कहती है :

मरण रे, तुहुँ मम श्याम समान।
मेघ वरण तुझ, मेघ जटाजुट,
रक्तकमल कर, रक्त-अधर-पुट,
तापविमोचन करुण कोर तव
मृत्यु अमृत करे दान।

रवि बाबू की 'खेया' में भी एक कविता है जिससे मृत्यु के प्रति उनका उत्कट अनुराग प्रकट होता है, यद्यपि मृत्यु के रूप में भगवान ही आते हैं, इस आरोप के

कारण, यह मृत्यु-प्रेम सार्थक हो गया है। फिर भी, इसका सम्बन्ध सूफियों के मृत्यु-प्रेम से आसानी से बिठाया जा सकता है :

आँधारे मुख ढाकिले स्वामी,
तोमारे तबू चिनिबो आमी।
मरण रूपे आसिले प्रभु,
चरण धरि मरिबो हे!

रवीन्द्रनाथ पर यह प्रभाव सूफी कविताओं से पड़ा होगा। ब्रह्मसमाज में सूफी कविताओं का काफी चलन था। राजा राममोहन राय और देवेन्द्रनाथ ठाकुर (रवीन्द्रनाथ के पिता) पर रूमी, हाफिज आदि फारसी कवियों का पूरा प्रभाव था। ये लोग पूजा-स्नान के समय मन्त्रों के साफा फारसी गजलें भी गाया करते थे।

जब हिन्दी में छायावादी आन्दोलन पहुँचा तब यह मृत्यु-प्रेम आधुनिक हिन्दी कविता में भी व्यक्त होने लगा, किन्तु इस भाव की स्पष्ट अभिव्यक्ति हिन्दी में केवल महादेवी जी ने की है। मृत्य काम्य है, मृत्यु विकास है, यह भाव उनकी पंक्तियों में बार-बार आता है :

इस असीम तम में मिलकर मुझको पलभर सो जाने दो,
बुझ जाने दो देव! आज मेरा दीपक बुझ जाने दो।

—नीहार

विसर्जन ही है कर्णाधार, वही पहुँचा देगा उस पार।

—आधुनिक कवि

अमरता है जीवन का ह्रास, मृत्यु जीवन का चरम विकास,
सृष्टि का है यह अमिट विधान, एक मिटने में सौ वरदान।

--आधुनिक कवि

रहने दो हे देव! अरे, यह मेरा मिटने का अधिकार।

—आधुनिक कवि

जहाँ तक महादेवी जी के मृत्यु-प्रेम का सम्बन्ध है, मुझे इसमें कोई सन्देह नहीं कि उसका बीज सूफी काव्य में था। इसी प्रकार, मेरा यह भी विचार है कि महादेवी जी में वेदना का जो आधिक्य दिखाई देता है वह भी उसी धारा का चरम विकास है जो कबीर, मीरा, रसखान, घनानन्द और बोधा होकर छायावाद-युग तक पहुँची थी, यद्यपि छायावाद-काल तक आते-आते शेली, कीट्स, रवीन्द्रनाथ और उर्दू के अनेक कवियों की वेदना-मूलक अनुभूतियाँ भी उस धारा में मिल गईं।

छायावाद-काल में जो क्रन्दनवाद की लहर उठी उसका एक कारण तो यह था कि साहित्य में जब भी रोमांटिक आन्दोलन आता है तब उसके साथ भावुकता की घटा जरूर आती है और भावुकता की चरम परिणति अश्रु और विलाप में होती है। रोमांटिक कवि शेली ने 'करुण-से-करुण भावों को मधुर-से-मधुर गीत कहा था' और

भवभूति का कहना है कि रस, वास्तव में, एक ही है और वह करुण रस है। निमित्त-भेद से उसी रस से अन्य सभी रस उत्पन्न होते हैं। छायावाद-काल में, प्रायः सभी आलोचक इन दो कवियों का उद्धरण देते थे। स्पष्ट ही, उनका उद्देश्य साहित्य में आँसू की परम्परा को सिद्ध करना था। किन्तु विचारणीय विषय तो यह है कि यह भावधारा हिन्दी में कहाँ पर पोषित हो रही थी और क्यों वह छायावाद-काल में ही आकर प्रकट हुई।

साहित्य को सतही दृष्टि से देखनेवाले लोग यह कह देते हैं कि यह प्रथम विश्वयुद्ध से जन्मी हुई निराशा का परिणाम था अथवा यह कि असहयोग-आन्दोलन के विफल हो जाने से देश में जो निराशा उत्पन्न हुई उसकी अभिव्यक्ति छायावाद के रुदन-पक्ष में हुई। ये दोनों इसलिए खंडित हो जाते हैं कि विश्वयुद्ध से जन्मी हुई निराशा का ज्ञान भारत को तत्क्षण नहीं, प्रत्युत बहुत बाद को हुआ और वह भी मुख्यतः इलियट की कविताओं के द्वारा। जहाँ तक असहयोग-आन्दोलन का सम्बन्ध है, उसकी विफलता से देश में पस्ती नहीं आई थी। और अगर आई भी थी तो उसकी अभिव्यक्ति नवीन जी की उस कविता में हुई जिसकी पहली पंक्ति थी, "विजय पताका झुकी हुई है, लक्ष्य-भ्रष्ट यह तीर हुआ।" इस काल की बाकी राष्ट्रीय कविताओं में उमंग ही उमंग है, उनमें पस्ती या शिथिलता के भाव नहीं हैं।

असल में, छायावाद-कालीन वेदना-प्रियता एक तो रोमांटिक मुद्रा का परिणाम थी; दूसरे, उसके मूल में, बहुत दूर पर, सूफियों की वेदना-प्रियता काम कर रही थी जिसका परिमार्जन, हिन्दी के ढंग पर, पहले कबीर और मीरा ने तथा बाद को घनानन्द और बोधा ने किया था। बोधा और घनानन्द छायावाद के समीपवर्ती पूर्वपुरुष हुए हैं। सूफियों की वेदना-विवृति का प्रभाव हिन्दी पर भी पड़ा और उर्दू पर भी। हिन्दी में यह प्रभाव कबीर, मीरा, घनानन्द और बोधा में पोषित हुआ और उर्दू की सम्पूर्ण सरणी में ही। घनानन्द के समकालीन मीर वगैरह रहे होंगे। कितने संयोग की बात है कि जब मीर यह लिख रहे थे कि :

वसीयत मीर ने मुझको यही की,
कि सब कुछ होना तो, आशिक न होना।

तब घनानन्द के मुख से यह पंक्ति निकल रही थी :

देह दहै, न रहै सुधि गेह की
भूलिहूँ नेह को नाम न लीजै।

और उन्हीं दिनों बोधा यह कहकर तड़प रहे थे कि :

यह प्रेम को पन्थ कराल महा,
तरवारि की धार पै धावनो है।

हम कौन सों पीर कहें अपनी,
दिलदार तो कोऊ दिखा तो नहीं।

तथा

सहते ही बनै, कहते न बनै,
मन ही मन पीर पिरैबो करै।

इसी प्रकार, जब घनानन्द यह कह रहे थे कि मेरे कवित्त कविकौशल के परिणाम नहीं, वरन मेरे हृदय की पुकार हैं :

लोग हैं लागि कबित्त बनावत,
मोहि तो मेरे कबित्त बनावत।

तब मीर साहब भी, मानो इसी अनुभूति की चोट खाकर लिख रहे थे :

मुझको शायर न कहो 'मीर' कि साहब मैंने
दर्दोगम कितने किए जमा तो दीवान किया।

सूफी अनुभूति से बोधा, घनानन्द और मीर की ये अनुभूतियाँ बहुत दूर पड़ती हैं, किन्तु कविता में यह नई अदा सूफियों की वेदना-प्रियता से निकली है, यह माने बिना नहीं चल सकता।

छायावादी कवियों की वेदना-प्रियता और कुछ उर्दू कवियों की रुदनशीलता में यत्किंचित साम्य है और इसका कारण यह है कि दोनों भाषाओं में यह प्रेरणा सूफी परम्परा से आई है। शब्द अलग हैं, भाव अलग हैं, अनुभूतियाँ भी अलग-अलग हैं, किन्तु जमीन दोनों की एक-सी दिखाई देती है। यथा :

चिर ध्येय यही जलने का, ठंडी विभूति बन जाना,
है पीड़ा की सीमा यह, दुख का चिर सुख हो जाना।

—महादेव

इशरते-कतरा है दरिया में फना ही जाना,
दर्द का हद से गुज़रना है दवा हो जाना।

—ग़ालिब

जो घनीभूत पीड़ा था मस्तक में स्मृति बन छाई,
दुर्दिन में आँसू बनकर वह आज बरसने आई।

—प्रसाद

पीड़ा मेरे मानस में भींगे पट-सी लिपटी है।
डूबी-सी ये निःश्वासें ओठों में आ सिमटी हैं।

—महादेवी

उमड़ी आती हैं आज यूँ आँखें,
जैसे दरिया कहीं उबलते हैं।

—मीर

बेकसी मुद्दत तलक बरसा की अपनी गोर पर,
जो हमारी ख़ाक पर से हो के गुजरा, रो गया।

—मीर

मुत्तसिल रोते ही रहिए तो बुझे आतिशे-दिल
एक-दो आँसू तो और आग लगा देते हैं।

—मीर

उर्दू कवियों के जो रोने-रुलानेवाले शेर हैं, उनमें से कुछ तो इसलिए लिखे गए होंगे कि कवियों को अर्थाभाव रहा होगा अथवा प्रेम से उन्हें निराशा हुई होगी। किन्तु बहुत-से ऐसे भी हैं जो दर्द की बेचैनी दिखाने को लिखे गए हैं। सूफियों ने वेदना का अनुभव ब्रह्म से कल्पित विरह के कारण किया था। पीछे चलकर वेदना कला की वस्तु बन गई और कविगण उसका चित्रण इसलिए करने लगे कि इससे उनकी भावुकता को सन्तोष होता था। कला के लिए कला के समान, वेदना को भी वेदना के लिए पूजने की प्रथा हिन्दी और उर्दू कविताओं में सूफी परम्परा से बढ़ी है।

ऊपर जो कुछ कहा गया है उससे यह निष्कर्ष निकाला जा सकता है कि कबीर और मीरा के संकेत अथवा उर्दू कवियों की वेदनाप्रियता के आधार पर ही महादेवी जी ने वेदना को अपना लिया। सच तो यह है कि महादेवी जी में हम वेदना का जो रूप देखते हैं वह छायावादकालीन पीड़ावाद का परिपाक है। छायावाद अपने पूर्व के इतिवृत्तात्मक काव्य के विरुद्ध विद्रोह करता आया था तथा वह उपदेश और उपयोग से बहुत दूर जाकर एक ऐसा संसार बसा रहा था जिसकी जमीन और आसमान, दोनों ही कल्पना से बने थे, जिसके सरोवर में हंस का वही रूप दिखाई देता था जो तैरनेवाले असली हंस के नीचे-नीचे चला करता है और जिसमें फूलों के भी वे ही रूप प्रधान थे जो दर्पण में दिखलाई पड़ते हैं। बाँसुरी की वह तान जो कहीं दूर से सुनाई देती हो, गन्ध की वह झकोर जो तलहटियों के पार से आती हो तथा प्रेम की वह पुकार जो सनातन विरह के हृदय से फूट रही हो, ऐस ही अनुभूतियाँ छायावाद की पूँजी थीं। इन्हीं अनुभूतियों के भंडार में से महादेवी जी ने अपने योग्य उपकरणों का चुनाव किया। अथवा चुनाव क्यों कहें? कवि विषयों का चुनाव नहीं करता। वे उसके संस्कार में से आप-से-आप निकल आते हैं। महादेवी जी ने जो हृदय पाया, वह विरही का हृदय था। उनकी रुझान रुदनशीलता पर थी और जब वे साहित्य में पहुँची तब तक क्रन्दन का स्वर छायावाद का सबसे प्रधान स्वर बन चुका था।

जो कुछ भी जीवन से दूर है, जो कुछ भी मनुष्य को सूक्ष्मता में लीन करनेवाला है, जो कुछ भी कोमल है, जो कुछ भी पतला और महीन है, उसी को लेकर महादेवी जी ने काव्य-क्षेत्र में प्रवेश किया और इन सारे वायवीय उपकरणों को लेकर उन्होंने उस आराध्य की उपासना आरम्भ की जो स्वयं वायवीय और अदृश्य है। कोई आश्चर्य नहीं कि उनकी भावना का आकार आसानी से हमारी पकड़ में नहीं आ पाता है; कोई

आश्चर्य नहीं कि उनक वेदना को मुट्ठी में बन्द करके उसकी गर्मी को पहचाननेवाले लोग निराश हो जाते हैं। मीरा के समय जन्म लेने पर महादेवी की भावना भी मीरा की तरह ही साकार हो सकती थी और तब, शायद, महादेवी की कराह में भी वही बेधकता होती जो मीरा की कराहों में है। किन्तु मीरा से महादेवी तक की दूरी बहुत बड़ी है। मनुष्य का ज्यों-ज्यों बौद्धिक विकास होता गया है, त्यों-त्यों उसकी भावनाएँ सूक्ष्म होती गई हैं। और ये सूक्ष्म भावनाएँ अपनी अभिव्यक्ति के लिए कला में भी सूक्ष्मता और नवीनता उत्पन्न करती हैं। आज का कलाकार पहले से अधिक सावधान है। वह भावना की तीव्रता से अधिक कला की पूर्णता को महत्त्व देता है। इसीलिए वह पहले से आज अधिक सावधान रहता है कि कहीं उसकी भाषा के किनारे टूट न जाएँ। आज वह समय नहीं जब 'भाषा के किनारों का टूटना' कोई गौरव की बात समझी जाए। भाषा के किनारों का टूटना मीरा और कबीर में भी दोष ही है।

विषय का चुनाव कवि शिक्षा-दीक्षा और संस्कार के कारण करता है, अतएव महादेवी जी ने अदृश्य और अज्ञात को अपना प्रियतम क्यों चुना, इसका निदान उनके संस्कार में ही ढूँढ़ना चाहिए। 'क्रोचे' की कोई बात अगर मुझे अकाट्य दीखती है तो वह यह है कि कला में विषयों का चुनाव नहीं होता। जिस तरह, प्रत्येक कविता लिखने के समय कवि किसी अनिर्वचनीय प्रेरणा के अधीन होता है, उसी प्रकार, उसके समस्त जीवन-व्यापी भाव अथवा सन्देश पूर्व से ही निश्चित रहते हैं और उन्हें छोड़कर वह अन्यत्र नहीं जा सकता। अतएव जो लोग यह समझते हैं कि महादेवी जी ने केवल खयाली पुलाव पकाने के लिए नकली तौर पर अदृश्य और अज्ञात को अपने काव्य का आलम्बन बनाया, वे साहित्य के इस सिद्धान्त के विरुद्ध बोलते हैं कि सत्कवि विषयों की खोज नहीं करते, विषय ही उनकी तलाश में रहते हैं। प्रत्येक युग अपनी भावना की अभिव्यक्ति के लिए विशिष्ट प्रकार के कवि की प्रतीक्षा किया करता है। छायावाद ने एक तो सर्ववादी दृष्टिकोण का व्यापक प्रचार करके उस कवि के अवतार को अवश्यम्भावी बना दिया था जो अव्यक्त और व्यक्त के बीच की शून्यता में उच्छ्वासों का सेतु बनाए। दूसरे, उसने रुदनशीलता के प्रति जो अनोखी रुझान दिखलाई, वह भी व्यर्थ जानेवाली न थी। उसके चलते एक ऐसे कवि की आवश्यकता आन पड़ी थी जो अश्रु की सम्भावनाओं का चरम विकास करे, जो रुदनशीलता को अध्यात्म के धरातल पर प्रतिष्ठित करे। मगर इन दोनों आवश्यकताओं की पूर्ति महादेवी जी ने ही क्यों की, इसका सही उत्तर यही नहीं है कि रोने का उन्हें शौक हुआ, बल्कि यह कि इस काम के लिए उन्हें जिन्दगी ने ही तैयार किया था। संस्कारों ने उन्हें जिस दिशा की ओर प्रेरित किया, वह दिशा अध्यात्म की थी तथा घटनाओं और परिस्थितियों ने उन्हें जो अनुभव दिए, वे करुणा के महत्त्व के परिचायक थे।

छायावाद ने महादेवी के आगमन के पूर्व साहित्य में जिस वेदना को प्रतिष्ठित किया था वही महादेवी जी की वेदना की पृष्ठभूमि बन गई और मेरा निष्कर्ष है कि

इसी कारण महादेवी जी में हम जो वेदना देखते हैं वह सन्त की कम, कलाकार की अधिक है। यह कोई आश्चर्य की बात नहीं है। क्योंकि आज की दुनिया में, प्रायः, सभी रहस्यवादी सन्त कम, कलाकार अधिक हैं। सन्तों की परम्परा रूपान्तरित हो गई है। हठयोग और यतीवृत्ति की महत्ता के समाप्त हो जाने के कारण, अध्यात्म का सबसे अच्छा आश्रय आज कला ही रह गई है। यह कोई आकस्मिक बात नहीं है कि श्री अरविन्द ने अपनी अनुभूतियों का निचोड़ 'सावित्री' काव्य में रखा और मनुष्य के समस्त आध्यात्मिक अभियान का रोर आज केवल साहित्य में शेष है।

लेकिन सन्त और कलाकार में से किसकी वेदना असली और किसकी अनुमानजनित होती है, इस प्रश्न का समाधान सरलतापूर्वक नहीं किया जा सकता। यह विश्लेषण घुमा-फिराकर हमें इस उलझन में डाल देगा कि रहस्यवादी-काव्य मात्र सच्चा होता है या नहीं। एक ओर तो हम रूमी और कबीर के सामने श्रद्धा से मस्तक झुकाते हैं; दूसरे ओर, हमारी श्रद्धा के बहुत-से ऐसे उम्मीदवार भी खड़े हैं जिन्होंने रहस्य काव्य के सारे उपकरण एकत्र कर लिए हैं और उनके चारों ओर एक नई अदा से भाँवरी भर रहे हैं। इस युग की अधिकांश दलीलें रहस्यवाद के खिलाफ पड़ी हैं। फ्रायड ने रहस्यवादियों को बौद्धिक विक्षिप्त (इनटेलेक्चुअल क्रिटिन) कहा है। एक अन्य चिन्तक की राय में रहस्यवाद यौन-भावनाओं की कुंठा का परिणाम और एक प्रकार का पवित्र उन्माद है। किन्तु हक्सले के समान कुछ लोग यह भी स्वीकार करते हैं कि रहस्यवाद के द्वारा मनुष्य उन तत्वों का आभास पाता है, जो सामान्यतः, उसे दिखाई नहीं देते, अतएव, जिस दुनिया में रहस्यवादी नहीं होते, उसे अन्धी और पगली समझना चाहिए। और कौलाहल के होते हुए भी रहस्यवादियों की परम्परा कायम है, तथा इस बौद्धिक युग के महाकवि भी, किसी-न-किसी अंश तक, रहस्य की ओर संकेत कर रहे हैं। रहस्यवाद, शायद, लिरिक कविता का सबसे विकसित रूप है और जब तक व्यक्ति अपने भीतर फैलने की उमंग रखता है तब तक वह गोचर और दृश्य की सीमा के परे झाँकने की कोशिश करता ही जाएगा।

लेकिन, मुख्य प्रश्न यह है कि हम असली और नकली रहस्यवाद का भेद कैसे समझ सकते हैं। अभिनेता भी बहुतों को दुष्यन्त दिखाई पड़ने लगता है, यह ठीक है, मगर दोनों दो व्यक्ति हैं यह भी सब लोग जानते हैं। इस झँझट से निकलने का एक ही रास्ता है कि हम रहस्य कविता की जाँच भी उसी कसौटी पर करें जिस पर अन्य प्रकार की कविताएँ कसी जाती हैं। वह कसौटी यह है कि कवि में अभिव्यक्ति की खुजलाहट है या नहीं तथा जिस मनःस्थिति का वह वर्णन कर रहा है, वह ठीक-ठीक शब्दों में उतरती है या नहीं। कला भी अनुकरण के कर्म में खूब पटु होती है, लेकिन मात्र अनुकरण तो लकड़ियों को एकत्र करने के समान निर्जीव कार्य है। आग तो तभी जलती है जब कलाकार के हृदय में हलचल और व्यग्रता हो।

अभिव्यक्ति की सचाई की जाँच करने के लिए जितने भी प्रश्न पूछे जा सकते

हैं, मेरा खयाल है, महादेवी जी की कविताओं में से उनके अनुकूल उत्तर निकलते हैं। उनकी कविताओं में जो स्वाभाविक प्रवाह है वह इस बात का प्रमाण है कि ये कविताएँ प्रेरणा से आती हैं, वे मात्र कवि-कौशल का प्रमाण नहीं हैं। उनकी पंक्तियाँ जिस सहजता से हमारे कंठ में बस जाती हैं, उससे मालूम होता है कि महादेवी जी जिस मनोदशा में घुल रही हैं वह मनोदशा कभी-कभी हमारी भी होती है। जैसा ऊपर कहा गया है, रहस्य-कविता लिरिक का चरम विकास होती है और उसके भीतर बसनेवाली वैयक्तिकता, प्रायः, सबकी वैयक्तिकता से एकाकर रहती है। महादेवी जी छायावादियों के बीच सबसे अधिक वैयक्तिक रही हैं, किन्तु उनकी वैयक्तिक अनुभूतियों का साधारणीकरण कुछ इतनी दूर तक हुआ है कि उनकी अनेक पंक्तियाँ रसिकों की जिह्वा पर चढ़ जाती हैं।

'रसवन्ती' की एक कविता में निम्नलिखित पंक्ति आई है :

जलकर चीख उठा, वह कवि था, साधक जो नीरव तपने में।

साधक और कलाकार में यही भेद है। कवि और योगी की मनोदशा एक होती है, किन्तु योगी जिस सत्य को पाकर वहीं बैठ जाता है, कवि उसका संवाद अपने समय और उसके माध्यम से सम्पूर्ण काल को सुनाता है। आग को जिसने पचा डाला, वह साधक है; जिसने उसके ताप की कथा आरम्भ की वह कवि हो गया। महादेवी जी साधिका नहीं, कवयित्री और कलाकार हैं। अतएव दर्द को पीकर चुप रहना वे कबूल नहीं कर सकतीं। अभिव्यक्ति की बेचैनी, सम्प्रेषणीयता की उमंग और कला में मिलनेवाला आनन्द उन्हें बार-बार बोलने को लाचार करता है। और मीरा तथा कबीर को भी मैं इससे बहुत भिन्न कोटि का नहीं मानता, यद्यपि यह प्रत्यक्ष है कि इन कवियों का आनन्द केवले कला से मिलनेवाला आनन्द नहीं था, बल्कि वे उस आनन्द को भी पाना चाहते थे, जो साधकों और सन्तों का आनन्द है।

(वेणुवन)

कविवर मधुर

बलिया के श्री रामसिंहासन सहाय जी 'मधुर' हिन्दी के एकमात्र कवि हैं जिन्होंने श्री भारतीय आत्मा की सरणी पर चलकर अपना विकास किया है। वे, प्रायः, 1920 से लिखते आ रहे हैं, किन्तु अब तक भी उनकी रचनाओं की संख्या, शायद दो सौ से अधिक नहीं है। उन्होंने बहुत ही कम लिखा है, किन्तु जो कुछ भी लिखा है, प्रेरणा की मुद्रा और अनुभूति की बेचैनी में लिखा है। इतना कम लिखने का एक कारण यह भी है कि जिस शैली में वे लिखते हैं, वह शैली विचारों से अधिक अनुभूति की तीव्रता और उक्ति की विचित्र वक्रता लिए रहती है और उसमें जितना चाहें उतना लिख डालना सम्भव नहीं दीखता। विचारों को छन्दों में उँडेल देना अपेक्षाकृत कुछ सुगम कार्य है, किन्तु अनुभूतियों को विलक्षण शैली में लिखना, स्वभावतः ही, कुछ कठिन हुआ करता है। यह भी ध्यान देने की बात है कि स्वयं माखनलाल जी की रचनाओं की संख्या भी कुछ बहुत अधिक नहीं है। उनकी कविताएँ भी हम शब्दों की सजावट और भाषा तथा विचारों के चमत्कार के लिए नहीं, बल्कि अनुभूति की बेधनेवाली सच्चाई एवं उक्ति की वक्रता के लिए ही पढ़ते हैं। और ये दुर्लभ गुण मधुरजी की कविताओं का भी मेरुदंड हैं, यद्यपि मधुरजी के प्रयास कहीं-कहीं ढीले मालूम होते हैं, मानो लिखनेवाला कुछ जल्दी में रहा हो; मानो जो शैली उसका लक्ष्य है, उसकी बारीकियों और पूरी कसावट तक पहुँचने की धीरता का उसमें अभाव हो।

याद आता है कि सन् 1928 ई. में मैंने 'मधुर लहरी' नामक उनकी एक छोटी-सी पुस्तिका देखी थी जिसमें छोटी-छोटी कोई पन्द्रह-बीस कविताएँ संगृहीत थीं और जिसकी भूमिका स्वयं पंडित माखनलाल जी चतुर्वेदी ने लिखी थी। उन दिनों, मैं अपने लिए अभिव्यक्ति का कोई नया मार्ग ढूँढ़ रहा था (जिसकी तलाश, शायद, अभी भी खत्म नहीं हुई है) और मुझे जो भी चीज कुछ नयापन लिए मिलती थी, उसे मैं बड़े ही चाव से पढ़ा करता था। इस छोटी-सी विचित्र पुस्तक ने मेरी मनोदशा के निर्माण में बड़ा ही प्रभाव डाला और जिसे मैं नई राह कहता था, उसका पता लगाने या रचना करने में उससे मुझे अच्छी प्रेरणा मिली। 'मधुर लहरी' की वह प्रति मैंने अपने एक मित्र से लेकर देखी थी, अतएव, 1928 के बाद उसके फिर कभी दर्शन नहीं हुए। किन्तु दो-तीन दिनों के संसर्ग में ही उस पुस्तक ने मेरे हृदय में जो आर्द्रता उत्पन्न कर

दी थी, वह कभी सूखी नहीं और उसकी गीली तसवीर मेरे मनोदेश में कहीं-न-कहीं बराबर तैरती रही। 'मधुर लहरी' मुझे एक नवीन क्षितिज से उतरती-सी दिखाई पड़ी, अतः मैं उस दिशा की ओर गहरे मोह से देखने लगा जिसका इंगित उसकी कविताओं ने किया था। उसकी कुछ पंक्तियाँ थीं जिन्हें कभी तो शुद्ध रूप में और कभी स्मृति की लुप्त रेखाओं को जैसे-तैसे जोड़कर मैं जब-तब गुनगुनाता रहा। कई पंक्तियाँ थीं जिनके साथ मादकता की अनिर्वचनीय घटाएँ स्मृति के कूल से उठकर मन के आकाश पर छा जाती थीं और मैं भीतर ही भीतर किसी अलभ्य लोक की समीपता का बोध कर ने लगता था :

यौवन की दुर्गम घाटी में
टीलों से गीत सुनाती हूँ,
उस पार भटकता है भविष्य,
मैं कब से उस बुलाती हूँ।
अन्तस् में दीप जलाती थी,
वह आग लगी अभिलाषा में,
मैं हाय, जलन में जीती हूँ
हरियाले दिन की आशा में।
मैं जाती हूँ उन खेतों में,
तुम मेघ घेर लाना प्यारे!
मेरी प्यासी हरियाली में
रसबूँदें बरसाना प्यारे!

अथवा

मैं किस राजमहल की थी अलबेली रे छलिया!
तज कर परिजन, पुरजन और सहेली रे छलिया!
तेरे पीछे-पीछे चली अकेली रे छलिया!
पहनी तुझ पर आकर कफनी-सेली रे छलिया!

या

कब से ढरकाते जाते हो माया की यह प्याली,
भर न सके तुम, जन्म-जन्म से यह अंजलि है खाली!
देख चुकी मैं विश्व तुम्हारा, रे निर्धन यदुवंशी।
बेचो अपना मोरमुकुट अब, बेचो अपनी वंशी!

मधुरजी की ये पंक्तियाँ मेरे भीतर एक अपरिचित प्रकाश की सनसनाहट-सी पैदा कर देती थीं और जब-जब मैं गुनगुनाता कि 'मैं जाती हूँ उन खेतों में, तुम मेघ घेर लाना प्यारे' अथवा 'पहनी तुझ पर आकर कफनी-सेली रे छलिया' या 'बेचो अपना मोरमुकुट अब बेचो अपनी वंशी', तब-तब मैं एक अनिर्वचनीय आनन्द से भर जाता था।

मगर आज वह बात नहीं है। कोई जादू था जो मन से निकल चुका है, कोई आर्द्रता थी, जो शायद सूख चली है। 'छलिया' के लिए 'कफनी और सेली' पहनने की कल्पना में अब वह उन्माद नहीं रहा जो पहले था और खेतों में खड़ा होकर भीगने के लिए मेघों को निमन्त्रण देने की अब जैसे फुर्सत ही नहीं रही हो। और 'फूलों की हँसी' बेचने के लिए भी घर से बाहर जाने की हिम्मत नहीं रही; क्योंकि मेरा पड़ोसी सौदागर और एकाउंटेंट, दोनों है। इसके सिवा, वह चुन-चुनकर उन्हीं मालों की तिजारत करता है जिनमें ज्यादा-से-ज्यादा मुनाफाखोरी और चोरबाजारी की गुंजाइश हो। सारी चीजें पीछे छूट गई हैं। वे जब याद आती हैं, तब ऐसा मालूम होता है, मानो दूर पर कहीं कोई वंशी बजा रहा हो!

मगर परिवर्तन कहाँ है? मन के भीतर या मन से बाहर? वड्र्सवर्थ ने कहा था कि फूलों के बीच आँखें बन्द करके चलने में जो सुख है, वह, आँखें खोलकर चलने में नहीं। शायद, उसी ने कहा था कि मन जब झपकी लेने लगे तब फूलों के खिलने या नहीं खिलने से क्या? इकबाल की भी इसी से मिलती-जुलती एक पंक्ति है, "क्या लुत्फ अंजुमन में जब दिल ही बुझ गया हो?"

कल्पना के भीतर विचारों की रीढ़ पैदा हो जाने पर मन फिर इस अवस्था में नहीं रहता कि सौन्दर्य की उन रंगीन लहरियों से बेसुध होकर खेल सके जो सिर्फ दीखती ही हैं; छूने से पकड़ में नहीं आतीं, बल्कि स्पर्श के लगते ही बिला जाती हैं। विचारों के ढाँचे में कहीं कोई तत्व है जो फेन और बुद्‌बुद का विरोधी है; जो इन्द्रधनुष को 'धरती की वेणी' पर बाँधना चाहता है; जो चाँदनी को समेटकर एक छोटी-सी शीशी में बन्द कर देना चाहता है और जिसे यह चिन्ता सताती है कि अन्धकार और प्रकाश इस प्रकार निरवयव होकर क्यों फैले? वे श्वेत और श्याम, दो पर्वतों के समान, पुंजीभूत होकर क्यों नहीं खड़े हो गए? अस्तु।

ऐसा याद आता है कि सन् 1928 के बाद 'मधुर' जी की कविताएँ मुझे फिर कहीं से देखने को नहीं मिलीं। मैंने समझा, शायद उन्होंने लिखना छोड़ दिया है। और तब त्रिपुरी कांग्रेस के समय गांधीजी ने राजकोट जाकर अनशन शुरू किया और 'मधुर' जी की 'राजाओं से' नामक एक छोटी-सी कविता 'कर्मवीर' में छपी, जो इस प्रकार थी :

ऊपर अम्बर रोता है, नीचे धरती अकुलानी,
यह मुकुट बेच दो राजा! यह महल बेच दो रानी!
विस्तृत साम्राज्य तुम्हारा, मरभूखों की बस्ती है,
परवानों की हस्ती क्या, मर मिटने की मस्ती है।
इन कोटि-कोटि प्राणों में, है एक आग तूफानी।
यह आग बुझाओ राजा! यह आग बुझाओ रानी!
इस बेकलियों के रथ पर, चढ़कर आई है आँधी,
दरबार वीरबाला में, रो पड़ा हमारा गांधी।

वह रामराज्य तुम भूले, सो गए डाल गलबहियाँ,
नाहक यौवन बीता है, झुलनी की छहियाँ-छहियाँ।
इन कोटि-कोटि आँखों से जब उमड़ पड़ेगा पानी,
मछरी बनकर तैरेगी, यह सेजरिया सैलानी।
जो श्रमकण से सिंचित हैं, उन मैदानों में आओ।
जो खिरमन से खाली हैं, उन खलिहानों में आओ।
स्वागत है आज तुम्हारा, उजड़ी इन झोपड़ियों में,
कल क्या करने आओगे, उन विप्लव की घड़ियों में?
यह धरती धँस जाएगी, है दो दिन की मेहमानी,
इतिहासों के पन्नों पर, उड़ते हैं राजा-रानी।

बाज पंक्तियों का लंगड़ाना और बाज-बाज का राह में ही बैठ जाना मेरे मन को भी खटका; किन्तु कविता की अन्तिम पंक्ति से मैं एकबारगी चौंक पड़ा; मानो मेरी कल्पना को किसी ने चिराग दिखा दिया हो; मानो मेरी अपनी प्राणमणि किसी दूसरे की जिह्वा पर चमक उठी हो! 'मधुर-लहरी' की स्मृति एक बार फिर सजल होकर मेरे मनोव्योग पर छा गई और मैं फिर अचरज करने लगा कि यह कौन है जो इतनी लापरवाही से और इतनी अच्छी चीज लिखता है।

तब से लेकर आज तक मैं बराबर इस कोशिश में रहा कि मधुरजी से किसी भी प्रकार मेरा सम्पर्क स्थापित हो जाए, किन्तु कई कारणों से (जिनमें एक यह भी है कि मधुर जी चिट्ठियों का जवाब कम देते हैं) अभी हाल तक मैं असफल रहा। हाँ, अब उनकी कविताओं का एक संग्रह (हस्तलिखित रूप में ही) मेरे कब्जे में आ गया है और उन्हें पढ़ लेने के बाद मेरी बीस वर्षों की तृषा कुछ शान्त हो चली है।

ऊपर जो मैंने 'लापरवाह' विशेषण का प्रयोग किया है; वह लापरवाही से नहीं। पूरा संग्रह देख लेने के बाद मैं और भी मानने लगा हूँ कि मधुरजी काव्य-रचना के विषय में कुछ लापरवाह-से हैं। स्पष्ट ही, वे रचनाओं को उतना समय नहीं देते जिसकी वे अधिकारिणी हैं। अथवा यह भी सम्भव है कि वे जिस शैली में लिखते हैं, यह लापरवाही उसकी विवशता का ही एक रूप हो। मेरे ऐसा लिखने का एक कारण यह भी है कि माखनलाल जी के अनुकरणकर्ताओं में से मधुरजी के अतिरिक्त कोई भी कवि विशिष्टता प्राप्त नहीं कर सका जिससे यह व्यंजना आसानी से ली जा सकती है कि उनकी शैली का अनुकरण कोई सुगम कार्य नहीं है।

कभी-कभी मैं यह भी सोचता हूँ कि यह असावधानता भी मधुरजी की कविताओं का एक भूषण है; क्योंकि इसकी पृष्ठभूमि पर उनकी विशिष्ट पंक्तियाँ इतनी तेजी से चमकती हैं जितनी तेजी से वे पूर्ण कौशल से विरचित पृष्ठभूमि पर नहीं चमक सकती थीं। जिसे साहित्य में क्लाइमेक्स कहते हैं, वह कला का एक ऐसा शिखर है जिसके प्रदर्शन और चमत्कार के लिए उसके आसपास के कंगूरों को

अपेक्षाकृत कुछ छोटा होना चाहिए। इस दृष्टि से मधुरजी पंक्तियों के कवि हैं। उनकी वाटिका में जो फूल खिलते हैं, उन फूलों के नीचे वृन्तों और पत्रों का आकलन बहुत आकर्षक नहीं होता है। धूलों में हरे रंग की धार, कुहासे में भटकती हुई अद्भुत किरणें और मन्द तारिकाओं के कुंज में जहाँ-तहाँ जगमगाते हुए अनेक शुक्र, (इस प्रभाववादी ढंग के लिए माफी चाहता हूँ) इन दृष्टान्तों से हम उनके संग्रह का, प्रायः सही मूल्यांकन कर सकते हैं। मगर क्या मजाल कि आपकी आँखें धारा को छोड़कर धूल पर या शुक्र को छोड़कर अन्य तारिकाओं पर जा अटकें! आलोचना- सम्बन्धी आपके गुण जब तक सँभलें-सँभलें, तब तक आपका हृदय ही आपके हाथ से निकल भागता है, फिर दोनों का विचार कौन करे? और दोषों के विवेचन से आप किसे सन्तुष्ट करेंगे? हृदय को ही तो? लेकिन वह तो पहले ही आपके हाथ से निकल जाता है।

मधुरजी के काव्यद्रव्य जीवन के अत्यन्त साधारण स्तर से आते हैं जो आज कई वर्षों से संसारभर के साहित्य में अप्रतिम प्रमुखता प्राप्त कर रहे हैं। किन्तु उनका वर्णन अन्य बहुत लोगों के वर्णनों से भिन्न एवं नवीन होता है तथा उससे यह बात स्पष्ट हो जाती है कि मधुरजी का प्रयास बौद्धिक नहीं, वरन् हार्दिक है।

'डोम' पर उनकी एक कविता है :

मुकुटों में मणियाँ रोई हैं, रनिवासों में रनियाँ,
किन्तु एकरस रही सदा से धन्य-धन्य डोमनियाँ!
तेरा निन्दक भी आवेगा मुँह पर ओढ़ कफनियाँ,
उस दिन मौन रहेंगी उसकी पोथी-माला-मनियाँ।

और 'डोमिन' पर उनकी उक्ति है :

आग लगाती तू दीपक में, दीपक बल जाता है,
शलभ सनेही उसी प्रेम से आकर जल जाता है।

मधुरजी की प्रेरणा के अधिक भाग समय के अन्तराल से आते रहे हैं और इस प्रेरणा को उन्होंने बड़े ही ओज के साथ लिखा है। गांधीजी ने हरिजनोद्धार के लिए जो महान प्रयास किया, उसका प्रतिबिम्ब मधुरजी की कविताओं में बड़ी ही स्पष्टता के साथ पड़ा है।

ले लेंगे वे प्राण, हाय, वह देने पर राजी है,
बक्सर से पत्थर-प्रहार, पूने से बमबाजी है।
डोमराज, भयभीत न होना, निष्ठुरता हारेगी,
प्रभु की करुणा हृदय चीरकर यह बाजी मारेगी।
अन्तर भींग रहा है, कैसे दीपक राग जगाऊँ?
बापू! अपनी चिनगारी दे, मैं भी आग लगाऊँ।

'छुआछूत पर छू मन्तर' नामक अपनी एक छोटी-सी कविता में वे कहते हैं :

हैं तीस कोटि उसके हरिजन,
मत बोलो, कर देगा अनशन,
मच जाएगा घर-घर क्रन्दन,
हम मर जाएँगे हाय-हाय,
वह हो जाएगा अजर-अमर।

लेकिन कौन जानता था कि अन्तिम पंक्ति के भीतर भविष्यत् ही बोल रहा है?

मधुरजी की कविताओं में जो सरलता मिलती है, वह बहुत कुछ वैसी ही है, जैसी कि ग्राम-गीतों में हुआ करती है। कहीं-कहीं तो वस्तुस्थिति के ही स्पष्ट वर्णन मात्र से वे चमत्कार उत्पन्न कर देते हैं।

'हलवाहा' कविता की एक कड़ी है :

इन खेतों में हल चलता है, घर में चक्की चलती है,
हलवाहिन अरमान पीसती और कलेजा मलती है।
गाती है जतसार, पीठ पर व्याकुल बच्चे रोते हैं,
पता नहीं, करुणानिधान भगवान कहाँ पर सोते हैं?

'दिल्ली कितनी दूर?' नाम्नी एक छोटी कविता के तो तीनों ही पद अपनी जगह पर इतिहास की महत्ता लिए खड़े हैं। पहले पद की अन्तिम दो पंक्तियों में नेताजी सुभाषचन्द्र बोस का एक म्रियमाण सिपाही, मानो आज भी अर्ध-चैतन्य अवस्था में पड़ा सिसकियाँ ले रहा है :

वह अन्तिम बलिदान हमारा, इम्फल का मैदान हिला था,
उत्तर का हिमवान हिला था, सारा हिन्दुस्तान हिला था।
रजकण में कितने सोये हैं सैनिक चकनाचूर!
सपने में सिसकी लेते हैं, दिल्ली कितनी दूर!

दूसरे पद की महत्ता कुछ और भी विचित्र है। एक महान जाति के स्वातन्त्र्य-संग्राम के सेनापति के रूप में बापू का चित्र अनेकों बार अंकित किया गया, किन्तु कभी भी किसी कवि को यह साहस नहीं हुआ कि वह बापू से हथियार की माँग करे। अपनी स्थिति तो यह है कि मैंने 'लज्जित मेरे अंगार' कहकर अपनी 'वायलेंस की वीणा' को बापू की आँखों से छिपाकर अलग ही रख दिया! किन्तु, मधुरजी ने एक ऐसी स्थिति उत्पन्न कर दी है, जिसमें बापू से शस्त्र माँगना एक स्वाभाविक बात मालूम होता है और उसके लिए क्षमा-योजना की भी आवश्यकता प्रतीत नहीं होती।

सूम सनन चल री पुरवाई, सेनापति का नाम न पूछो,
कोहनूर की क्या कीमत है, आजादी का दाम न पूछो।
आज कंठ से कंठ मिलाओ, अमर शहीदों की जय बोलो,
लाट, किला, मीनारों वाली दिल्ली का दरवाजा खोलो।

भीम माँगता गदा, द्रौपदी माँग रही है चीर,
बापू, आज लुटा दो झोली, दो अर्जुन को तीर।

कौन कह सकता है कि जिस झोली में निर्भीकता के अंगार और बलिदान की लपटें संजोई हुई थीं, उसमें अर्जुन के तीर ही नहीं मिलते?

तीसरे पद में जो कुछ विलक्षण है, उसकी व्याख्या के लिए किसी भी हिन्दुस्तानी को अन्यत्र नहीं जाकर अपने हृदय के ही भीतर झाँकना चाहिए। अफसोस कि इसकी अन्तिम पंक्ति भी सत्य है :

नील गगन कितना ऊँचा है, पुष्पक से फिर हम साधेंगे,
सागर में जलयान हमारे सप्तसिन्धु को फिर बाँधेंगे।
आज देश स्वाधीन हो गया, हम किसान-मजदूर—
दिल्ली में ही पूछ रहे हैं 'दिल्ली कितनी दूर?'

मधुरजी ने केवल राष्ट्रीय कविताएँ ही नहीं, स्नेह, करुणा, शादी-विवाह और वात्सल्य से प्रेरित होकर भी अनेक छोटी-मोटी रचनाएँ की हैं और प्रत्येक रचना में उस विलक्षणता का स्पर्श मिलता है जिसे उन्होंने अपनी शैली के वरदानस्वरूप बड़ी ही साधना के बाद प्राप्त किया है। उनके क्रान्ति-गीत ही नहीं, बल्कि लोरी और बारहमासे भी छायावाद-कालीन प्रभाओं से युक्त हैं। ये वे प्रयोग हैं जिनसे प्रेरणा लेकर हमारे कितने ही नवोदित कलाकार साहित्य में नवीन रेखाओं का निर्माण करने में असमर्थ हो सकते हैं। किन्तु अचरज की बात है कि आज जब सभी प्रकार के लोगों को आसानी से प्रकाशन मिल जाता है, तब मधुरजी के समान विलक्षण कवि को ही हिन्दीवाले नहीं जानते।

(अर्धनारीश्वर)

मराठी के कवि केशवसुत और समकालीन हिन्दी कविता

मराठी के कवि केशवसुत का जन्म सन् 1866 ई. में तथा देहान्त सन् 1905 ई. में हुआ। कहते हैं, उनकी पहली कविता सन् 1885 ई. में छपी थी, जिस साल भारतेन्दु हरिश्चन्द्र का देहान्त हुआ। इस प्रकार हिन्दी में केशवसुत के समकालीन कवि राजा लक्ष्मण सिंह चौहान (मृत्यु सन् 1896 ई.), जगन्नाथ दास रत्नाकर (जन्म सन् 1866 ई.), देवीप्रसाद पूर्ण (जन्म सन् 1873 ई.), नाथूराम शंकर (जन्म सन् 1859 ई.), बालमुकुन्द गुप्त (जन्म 1865 ई.), अयोध्यासिंह उपाध्याय 'हरिऔध' (जन्म सन्! 1865 ई.), महावीर प्रसाद द्विवेदी (जन्म सन् 1863 ई.) तथा प्रतापनारायण मिश्र, बदरीनारायण चौधरी, प्रेमघन, ठाकुर जगमोहन सिंह, पं. अंबिकादत्त व्यास, श्रीधर पाठक (जन्म 1880) तथा स्वयं भारतेन्दु जी माने जाएँगे।

उन्नीसवीं सदी के पूर्वार्द्ध तक हिन्दी कविता की भाषा ब्रजभाषा रही थी। कविता के अच्छे-से-अच्छे मुहावरे, अभिव्यक्ति की खूबियों की कुंजी और कवि-कल्पना को आकार देनेवाली मँजी हुई पद्धतियाँ उसी भाषा में थीं, लेकिन जब कविता की भाषा बदलकर खड़ी बोली हो गई, ब्रजभाषा में संचित युगों के अनुभव और मुहावरों की पूँजी कवियों के लिए त्याज्य हो गई, उन्हें सब कुछ नए ढंग से शुरू करना पड़ा।

खड़ी बोली में लिखना कोई आसान काम नहीं था। खड़ी बोली का प्रयोग हिन्दी के मध्यकालीन कवियों ने भी किया था। नामदेव, कबीर, दादू, सीतल, ग्वाल और कहीं-कहीं भूषण में हम खड़ी बोली का काफी पुट देखते हैं, लेकिन हिन्दी कवियों के मन में कहीं यह चोर समाया हुआ था कि खड़ी बोली मुसलमानों की भाषा है। अतएव, जब वे खड़ी बोली लिखने लगते थे, तब उनकी प्रवृत्ति अरबी-फारसी शब्दों से कुछ अधिक प्रयोग की हो जाती थी। भारतेन्दु जी ने अपनी सारी कविताएँ ब्रजभाषा में लिखी थीं। उसके बाद दूसरे नम्बर पर उनका प्रेम उर्दू की गजलों पर था। भारतेन्दु का एक उपनाम 'रसा' भी था। उन्होंने 'रसा' नाम से अनेक गजलें लिखी थीं। खड़ी बोली में हिन्दी कविता रचने की कुछ थोड़ी कोशिश उन्होंने जरूर की, मगर अपनी ही लिखी हुई खड़ी बोली की कविताएँ उन्हें पसन्द नहीं आईं। कविता की स्वाभाविक भाषा वे ब्रजभाषा को मानते थे, फिर भी हिन्दी में खड़ी बोली काव्य का आरम्भ उन्हीं से माना जाता है।

केशवसुत के समय हिन्दी में जो कवि काम कर रहे थे, उनके सामने यह बहुत बड़ी बाधा थी। हिन्दी कविता के योग्य खड़ी बोली भाषा पहले से तैयार नहीं थी। और उर्दूवालों ने अपने उपयोग के लिए खड़ी बोली का जो रूप तैयार कर लिया था, वह हिन्दीवालों की रुचि से मेल नहीं खाता था। उर्दू में तब तक बहुत बड़े-बड़े शायर हो चुके थे, जो उर्दू-भाषी समाज के लाड़ले थे, बादशाहों और नवाबों के प्यारे तथा हिन्दू श्रोताओं को भी प्रिय थे, किन्तु उनका सारा-का-सारा साहित्य गजल का साहित्य था और ये गजलें भारतीय संस्कृति की धारा से हटते-हटते बहुत दूर चली गई थी। अगर उर्दू के कवियों ने खड़ी बोली के भीतर से भारत की सामासिक संस्कृति को अभिव्यक्ति दी होती, अगर उर्दू कविता को घसीटकर ईरान की ओर ले जाने के बदले कवियों ने उसे भारतीयता से संलग्न रखा होता, तो संभव है, जब हिन्दी कवि खड़ी बोली की ओर बढ़ रहे थे, उस समय उन्हें उर्दू के प्रयोग से लाभ उठाने में झिझक नहीं होती, किन्तु उर्दू तब तक अभारतीयता से ओत-प्रोत हो चुकी थी। अतएव उसके प्रयोगों से लाभ उठाने का लोभ किसी भी हिन्दी कवि को नहीं हुआ। गद्य में उर्दू के मुहावरों को अपनाने का लोभ शिवप्रसाद सितारे-हिन्द को अवश्य हुआ था, किन्तु जनता ने सितारे-हिन्द का साथ न देकर साथ हरिश्चन्द्र का दिया। शिवप्रसाद जी को सरकार की ओर से सितारे-हिन्द का खिताब मिला था। जनता सरकार की इस चालाकी को समझ गई और उसने हरिश्चन्द्र को अपनी ओर से भारतेन्दु की उपाधि दे डाली।

केशवसुत के समकालीन हिन्दी कवियों की भाषा असमर्थ है। उनका सारा श्रम खड़ी बोली की आत्मा को भारत की आत्मा के साथ जोड़ने पर लगा हुआ है। वे भाषा को सँवारना चाहते हैं, मगर भाषा ठीक से सँवर नहीं पाती है। कवियों के दिमाग में ब्रजभाषा के मुहावरे भरे हुए हैं, शब्दों को तोड़ने-मरोड़ने की वे पद्धतियाँ भरी हुई हैं, जिनका ब्रजभाषा में चलन था। इसलिए खड़ी बोली का शुद्ध रूप उनकी भाषा में नहीं उतर पाता है। मगर यह स्पष्ट है कि भारत की जो संस्कृति ब्रजभाषा में पली थी, इन कवियों की कविताओं में वह खड़ी बोली की नई पोशाक धारण कर लेती है।

लोग हिन्दी में भी पूछते हैं कि भारतेन्दु की ठीक पीठ पर आनेवाली पीढ़ी ने अच्छी कविताएँ क्यों नहीं लिखीं। घनानन्द (मृत्यु 1739 ई.), बोधा (मृत्यु लगभग 1800 ई.) तथा पद्माकर (मृत्यु 1833 ई.) हिन्दी कविता की बहुत अच्छी विरासत छोड़कर मरे थे। बोधा और घनानन्द में कुछ रोमांटिक प्रवृत्ति का भी झीना आभास दिखाई पड़ा था। भारतेन्दु के बाद यह विरासत पनपी क्यों नहीं? इसका एक ही उत्तर है कि भाषा का माध्यम बदलने के कारण कविता की आत्मा ठिठुर गई, किन्तु एकाध पीढ़ी तक कविता ने जो क्षति सही, वह इस लाभ के सामने बिलकुल नगण्य है कि हिन्दी कवियों ने अपने सांस्कृतिक उत्तराधिकार को, ज्यों-का-त्यों, खड़ी बोली में उतार दिया। ध्यान देने की बात यह है कि यह कार्य उन्होंने साम्प्रदायिक जोश में आकर

नहीं किया, हिन्दुत्व की रक्षा का आन्दोलन उठाकर नहीं किया। भारतीय संस्कृति नवीन कलेवर धारण करना चाहती थी, अतएव खड़ी बोली अत्यन्त स्वाभाविक ढंग से हिन्दी कविता की भाषा बन गई।

खड़ी बोली की लँगड़ाहट और तुतलाहट, दोनों का परिष्कार उस पीढ़ी ने किया, जो पं. महावीर प्रसाद जी द्विवेदी के पीछे-पीछे मैदान में आई। ये कवि थे पं. रामचरित उपाध्याय (जन्म 1872 ई.) श्री गयाप्रसाद जी शुक्ल 'सनेही' (जन्म 1883 ई.), श्री मैथिलीशरण जी गुप्त (जन्म 1886 ई.), पं. माखनलाल चतुर्वेदी (जन्म 1888 ई.) और पं. रामनरेश त्रिपाठी (जन्म 1889 ई.), किन्तु ये लोग उस समय बालक या किशोर रहे होंगे, जब केशवसुत मराठी में जमकर लिख रहे थे।

नवीनता की दृष्टि से तुलना करने पर केशवसुत आगे और उनके समकालीन हिन्दी कवि बहुत पीछे दिखाई देते हैं। हाँ, यदि कवित्व की दृष्टि से देखें तो बाबू जगन्नाथ रत्नाकर ऐसे कवि हैं, जिनकी गिनती पद्माकर, बिहारीलाल, देव या मतिराम, किसी भी बड़े कवि के साथ मजे में की जा सकती है। वे एक तरह से ब्रजभाषा के अन्तिम कवि हैं, किन्तु ब्रजभाषा ने अपना अन्तिम कवि भी ऐसा उत्पन्न किया, जो उसके बड़े-से-बड़े कवियों के जोड़ का था। साहित्य का कोई भी नियम सर्वत्र एक समान काम नहीं करता। जिन प्रवृत्तियों का समय खत्म हो चुका है, समर्थ कवियों में प्रकट होकर वे प्रवृत्तियाँ भी अद्भुत चमत्कार दिखा सकती हैं। रत्नाकर जी ने उद्धव-शतक की रचना प्रायः छायावाद युग में आकर की थी, जब ब्रजभाषा का उस युग के साथ कोई भी तालमेल नहीं रह गया था।[1] किन्तु समय से बेमेल होने पर भी उद्धव-शतक अत्यन्त उच्च कोटि का काव्य निकला। शायद नए कवियों का यह कहना ठीक है कि कवि के लिए काल का बन्धन नहीं होता है। शायद शुद्ध कविता अपने समय से निरपेक्ष होकर भी विलक्षण हो सकती है। शायद कला का कारीगरी कविता अपने समय से निरपेक्ष होकर भी विलक्षण हो सकती है। शायद कला का कारीगरी कविता अपने समय से निरपेक्ष होकर भी विलक्षण हो सकती है। शायद कला का कारीगरी वाला गुण उसके अन्य सभी गुणों की अपेक्षा सचमुच ही अधिक शक्तिशाली होता है।

लेकिन अपने युग में केवल कारीगरी को लेकर चमकनेवाले कवि केवल रत्नाकर जी ही हुए। वे अपने समय के एकमात्र शुद्ध कवि थे, बाकी उनके सभी समकालीन कवि सोद्देश्य थे। वैसे हिन्दी का रीतिकाल मुख्यतः शुद्ध कविता का ही काल रहा था, जब कविगण केवल सौन्दर्य का चित्रण करना अधिक पसन्द करते थे, किन्तु उस काल में सोद्देश्य कविताएँ भी लिखी जाती थीं, जो अक्सर नीति की कविताएँ होती थीं, किन्तु खड़ी बोली में नवयुग का आरम्भ सोद्देश्यता की प्रधानता के साथ हुआ।

1. श्री रुद्र काशिकेय ने एक लेख में यह दिखलाया है कि रत्नाकर जी उद्धव-शतक के छन्दों की रचना 1893 ई. से करते आ रहे थे।

यूरोप के साथ सम्पर्क से देश में जो सांस्कृतिक जागरण उत्पन्न हुआ, उससे प्रेरित कवि पराधीनता की पीड़ा महसूस करने लगे, अकाल और दुर्भिक्ष की बातें करने लगे, नारियों की दुरवस्था की अनुभूति से पीड़ित होने लगे तथा समाज-सुधार की बीसियों बातें उनकी दृष्टि में प्रमुख हो उठीं।

यह परिवर्तन दृष्टिबोध का परिवर्तन था। नवयुग से पूर्व कवि मुख्यतः शृंगार और भक्ति के कवि रहे थे। कविता या तो वे अपने आराध्य का गुणगान करने को रचते थे अथवा नारी-सौन्दर्य का चित्रण करने को या प्रेम की लीलाओं के आख्यान के लिए। जहाँ तक वीर रस की कविताओं का सम्बन्ध था, ये कविताएँ अक्सर आश्रयदाता राजाओं की प्रशंसा में लिखी जाती थीं अथवा वे अतिरंजित और अवास्तविक होती थीं। नवयुग के प्रवेश के साथ कवियों का ध्यान समाज की ओर चला गया और उनकी कविताएँ कुछ अनगढ़ होती हुई भी अधिक वास्तविक हो उठी।

भावों के क्षेत्र में परिवर्तन के साथ इस समय कुछ परिवर्तन हम शैली के भी क्षेत्र में देखते हैं। पुरानी हिन्दी कविता में प्रबन्ध और मुक्तक ही लिखे जाते थे, किन्तु अब एक नई विधा का प्रचार बढ़ने लगा। वह विधा किसी खास विषय पर स्वतंत्र पद्य-निबन्ध की विधा थी। प्रेमघन जी ने दादा भाई नौरोजी के ब्रिटिश पार्लियामेंट के सदस्य होने पर कविता लिखी थी, महारानी विक्टोरिया की हीरक-जयंती पर कविता लिखी थी। प्रतापनारायण जी की कविता बुढ़ापे पर मिलती हैं इसी प्रकार बालमुकुन्द गुप्त की 'भैंस का स्वर्ग' कविता उन दिनों काफी चाव से पढ़ी गई थी।

जिन कवियों का ध्यान कवित्व की ओर अधिक, उपदेश की ओर कम था, उनमें से पं. श्रीधर पाठक और रायदेवी प्रसाद जी के पूर्ण के नाम विशेष रूप से उल्लेखनीय हैं। साहित्य में जब नया स्वप्न मँडराने लगता है, तब उसे भाषा में उतारने के लिए केवल मौलिक रचनाएँ ही नहीं की जातीं, कुछ ऐसे अनुवाद भी किए जाते हैं, जो उस स्वप्न तक जाने में साहित्य की सहायता करें। यह प्रवृत्ति इस समय दो रूपों में प्रत्यक्ष हुई। राजा लक्ष्मणसिंह चौहान तथा लाला सीताराम ने अनेक संस्कृत ग्रंथों में अनुवाद किए। लक्ष्मणसिंह का शकुंतला का अनुवाद लगभग कालजयी अनुवाद है, जिससे अच्छा अनुवाद आज तक प्रकाश में नहीं आया है। आगे चलकर इसी कोटि का श्रेष्ठ अनुवाद सत्यनारायण कविरत्न ने भवभूति का भी किया। स्वयं पं. श्रीधर पाठक जी की भी सबसे बड़ी सेवा अनुवादों के ही क्षेत्र में हुई। उन्होंने गोल्डस्मिथ की दो प्रबन्ध-कविताओं के बड़े ही श्रेष्ठ अनुवाद खड़ी बोली में प्रकाशित किए, जो आज तक सुपाठ्य समझे जाते हैं।

उन्नीसवीं शताब्दी के अन्तिम चरण की हिन्दी कविताएँ नवीन तो हैं, किन्तु उनमें कवित्य की मात्रा किंचित् हीन है और कवित्व का जिस कवि में अद्वितीय उभार है, उसमें नवीनता है ही नहीं। यदि नवीनता की अनुभूति रत्नाकर जी को हुई होती, तो संभव है रोमांटिक धारा का प्रारम्भ हिन्दी में उसी समय हो गया होता और हिन्दी

में नवीनता के वे दिग्गज कवि हुए होते, क्योंकि अपने समय के वे सबसे प्रतिभाशाली कवि थे, किन्तु जो स्थिति है, उसे देखते हुए यही कहना पड़ता है कि केशवसुत के साथ मराठी कविता में जिस नवीनता का उभार आया, उस कोटि की नवीनता तत्कालीन हिन्दी कविता में नहीं थी।

केशवसुत को मैं रोमांटिक कवि मानता हूँ। रोमांटिक कविता सभी प्रदेशों में विद्रोह के प्रति सहानुभूतिशील रही है। केशवसुत भी विद्रोहप्रिय कवि थे। रोमांटिक कविता रूढ़ियों की विरोधिनी होती है। केशवसुत भी रूढ़ियों के विरुद्ध थे। रोमांटिक कवि सौन्दर्य और प्रेम के पुजारी होते हैं। केशवसुत भी सौन्दर्यसृष्टा और प्रेम के कवि थे। रोमांटिक कविता कवि के व्यक्तित्व को अनूठा समझती है। केशवसुत भी कवि के व्यक्तित्व को विलक्षण समझते थे और सबसे बढ़कर रोमांटिक कविता भाव-विह्वलता की कविता होती है और केशवसुत सच्चे अर्थों में भाव-विह्वल कवि थे। यही वह गुण है, जिसके अभाव की पीड़ा हिन्दी कविता सन् 1885 ई. से लेकर 1915 ई. तक बर्दाश्त करती रही, जिसके कारण इन तीस वर्षों की कविता को हम इतिवृत्तात्मक कहते हैं। केशवसुत जिस भाव-विह्वलता के कवि थे, उस भाव-विह्वलता का हिन्दी में प्रवेश सन् 1915 ई. के बाद संभव हुआ।

किन्तु यह क्यों हुआ कि जिस समय बंगला में रवीन्द्रनाथ और मराठी में केशवसुत का जन्म हुआ, उस समय हिन्दी में निराला और पन्त नहीं जनमे, बल्कि जन्म पं. नाथूराम शर्मा शंकर तथा श्री मैथिलीशरण जी गुप्त का हुआ? ऐसा क्यों हुआ कि जब बंगला और मराठी में भाव-विह्वल कविताएँ लिखी जाने लगीं, तब भी हिन्दी के कवि भावाकुलता से दूर रहे, सौन्दर्य के मुक्त चित्रण में उन्हें संकोच होता रहा तथा उनकी प्रेम की वाणी रससिक्त नहीं हो सकी? ऐसा क्यों हुआ कि जब केशवसुत यह लिख रहे थे कि 'मैं ब्राह्मण नहीं हूँ, हिन्दू नहीं हूँ, मेरा कोई पंथ नहीं है। वे लोग पतित हैं, जो देश की एकात्मकता को खंडित कर रहे हैं :

ब्राह्मण नाही, हिन्दु हि नाही, न मी एक पंथा चा,
ते पति की जे आंखंडती प्रदेश साकल्य चा।

और जब रवीन्द्रनाथ यह लिख रहे थे कि 'यहाँ आर्य हैं, अनार्य हैं, द्रविड़ और मंगोल वंश के लोग हैं; शक और हूण, पठान और मोगल, सभी लोग यहाँ एक ही शरीर में समाये हुए हैं :

हेथाय आर्य हेथा अनार्य, हेथाय द्राविड़, चीन,
शक-हूण-दल, पठान मोगल एकदेहे होलो लीन;

तब हिन्दी में पं. प्रतापनारायण मिश्र 'हिन्दी, हिन्दू, हिन्दुस्तान' का नारा लगा रहे थे। यह नारा पहले-पहल बंगाल में उठा था और उसके जनक स्वयं बंकिमचन्द्र थे। कुछ यह कारण भी था कि ईसाईयत और यूरोपीय बुद्धिवाद ने भारत में जब हिन्दुत्व और इस्लाम पर आक्रमण किया, तब हिन्दुत्व और इस्लाम एक होकर यूरोप के

खिलाफ नहीं उठे। हिन्दू अपनी रक्षा के लिए वेद की ओर दौड़े और मुसलमान कुरान की ओर। अतएव, हिन्दू हिन्दुत्व की रक्षा चाहने लगे और मुसलमान इस्लाम की। इस मुस्लिम-राष्ट्रीयता की गूँज हम हाली के मुसद्दम में भी पाते हैं।

वो दीने-हेजाजी का बेबाक बेड़ा
निशाँ जिसका अक्साये-आलम में पहुँचा,
किये पै सिपर जिसने सातों समुन्दर,
वो डूबा दहाने में गंगा के आ कर।

और हिन्दू-राष्ट्रीयता की गूँज भारत-भारती में भी है, जहाँ कवि ने मुस्लिम शासन के अंत पर हर्ष प्रकट किया है :

अन्यायियों का राज्य भी क्या अचल रह सकता कभी?
आखिर हुए अंगरेज शासक, राज्य है जिनका अभी।

मगर हिन्दू-राष्ट्रीयता और मुस्लिम-राष्ट्रीयता से ऊपर उठकर एकमात्र भारतीय राष्ट्रीयता को विकसित करने का भाव भी उन्नीसवीं सदी से ही पनपता चला आ रहा था। इस राष्ट्रीयता के समर्थक परमहंस रामकृष्ण, बंगाल के ब्रह्म समाज और बम्बई के प्रार्थना-समाजी रहे थे। केशवसुत की प्रशंसा इसलिए भी की जानी चाहिए कि उन्होंने बृहत् मानवता की इस कल्पना को पहचान लिया और उसे अपनी हार्दिक भक्ति अर्पित की। एक-राष्ट्र की कल्पना का प्रवेश हिन्दी-साहित्य में भी हुआ, किन्तु वह तब हुआ, जब प्रथम विश्वयुद्ध के आस-पास नवयुग की चेतना हिन्दी प्रान्तों में भी फैलने लगी।

इसके कारण मुख्यतः सांस्कृतिक थे। यूरोप से आनेवाले झकोरे जिस वेग से भारत के समुद्री तटों पर बहे, उस वेग के साथ वे उन क्षेत्रों में नहीं पहुँचे, जो देश के भीतरी भाग थे। भारत और यूरोप का सम्पर्क उन्नीसवीं सदी में दो दौरों से गुजरा था। पहले दौर में भारतवासी यूरोप से घबराए हुए थे और इसी घबराहट में उन्होंने यूरोप की नजर में ऊँचा उठने को ब्रह्म समाज और प्रार्थना समाज की स्थाना की थी, किन्तु शीघ्र ही भारत का आत्मविश्वास जाग्रत हो उठा और ऐसे नेता उत्पन्न हो गए, जिन्होंने यह कहना आरम्भ किया कि भारत यूरोप से हीन नहीं, श्रेष्ठ है। यूरोपवाले अपने जिन गुणों पर नाज़ करते हैं, वे सारे के सारे गुण भारत में पहले से ही मौजूद हैं। संस्कृति के पहले दौर के नेता राममोहन राय, केशवचन्द्र सेन, महादेव गोविन्द राणा डे और आगरकर थे। उसके दूसरे दौर के नेता स्वामी दयानन्द, लोकमान्य तिलक और स्वामी विवेकानन्द हुए। महाराष्ट्र और बंगाल की जनता ने संस्कृति के दोनों ही दौरों से प्रभाव ग्रहण किया, किन्तु हिन्दीभाषी क्षेत्रों में सांस्कृतिक जागरण का प्रभाव केवल आर्य समाज के द्वारा पहुँचा।

स्वामी दयानन्द सांस्कृतिक जागरण के बड़े ही निर्देशक नेता था। एक तरह से वे जाग्रत हिन्दुत्व की वीर भुजा थे और जहाँ केशवचन्द्र और राणा डे और सभ्यता के

साथ थोड़ा समझौता करके चलने को तैयार थे, वहाँ स्वामी दयानन्द तनिक भी झुकने को तैयार नहीं थे। उन्होंने आर्य समाज की स्थापना बम्बई में ही की थी और इस संभावना पर भी कुछ विचार किया था कि आर्य समाज का प्रार्थना समाज के साथ मिलकर चलना संभव है या नहीं, किन्तु प्रार्थना समाज ईसाईयत और यूरोपीय बुद्धिवाद का सामना ब्रह्म समाज की ही नीति से करना चाहता था। अतएव स्वामी जी उसके विरुद्ध हो गए।

स्वामी जी वीरता और ब्रह्मचर्य के बहुत बड़े हामी थे। चरित्रबल के निर्माण पर उनका बहुत ज़ोर था। उन्होंने ऐसे सभी साहित्य को वर्जित बताया, जिसमें पौराणिक बातें होती हैं अथवा जो साहित्य शृंगार-भाव का प्रचार करता है। वे तपे-तपाए, संयमी और चरित्रवान युवक तैयार करना चाहते थे और उन भावों तथा विचारों को बिलकुल ही प्रश्रय देने को तैयार नहीं थे, जिनसे रसिकता को प्रेरणा मिलती है अथवा भक्ति और पौराणिकता को प्रोत्साहन प्राप्त होता है। यह अंशतः उन्हीं के पवित्रतावादी उपदेशों का प्रभाव था कि द्विवेदी-युग में हिन्दी के कवि नारी के कामिनी-रूप की ओर कटाक्ष से भी देखने का साहस नहीं कर सके। स्वामी जी वीर पुरुष और वीर रमणी के समर्थक थे। अतएव इस काल के साहित्य में या तो हम वीर क्षत्राणियों का यशोगान सुनते हैं अथवा सती, साध्वी रमणियों का आख्यान। इस समय के काव्य में जो नीरसता दिखाई देती है, वह अंशतः इस कारण कि कविगण सिद्ध भाषा को छोड़कर एक नई भाषा का प्रयोग कर रहे थे और विशेषतः इस कारण कि आर्य समाज के प्रचारों के कारण हिन्दी-क्षेत्र में सर्वत्र पवित्रतावादी संस्कार छा गया था। साहित्य का प्रयोजन आनन्द नहीं, उपदेश हो गया। अतएव इस समय जो साहित्य तैयार हुआ, वह सुन्दर बहुत कम, स्वस्थ अधिक था। सन् 1885 से लेकर सन् 1915 ई. तक की हिन्दी कविता रसिक नहीं, कतर्व्यनिष्ठ सद्गृहस्थ की कविता है।

(साहित्यमुखी)

डोगरी की कविताएँ

जब से स्वराज्य हुआ है, भारत की भाषाओं में जान आ गई है, जिसमें जहाँ तक बढ़ने का दम है, वह वहाँ तक बढ़ने की कोशिश कर रही है। देश के कुछ बड़े-बूढ़े लोग, जिन्होंने भारत की मिट्टी को नहीं समझा था, जो बड़े-बड़े शहरों में जनमे और वहीं बढ़कर अब वृद्ध हो गए हैं, जिन्होंने अंग्रेजी में दक्षता प्राप्त करके पहले अंग्रेज को चकित किया और स्वराज्य के बाद से जो नए राजनीतिज्ञों को भी चकरा देने में कामयाब हो गए हैं, वे लोग कहते हैं कि भाषाओं का जागरण भारत के लिए सबसे बड़ा खतरा है। लेकिन मुझ-जैसे सिर-फिरे लोग यह समझते हैं कि भारत की भाषाएँ यदि नहीं जगीं, तो पार्सल से जो स्वराज्य 15 अगस्त, 1947 को आया था, वह मुर्दा-का-मुर्दा पड़ा रहेगा। जनता को उसकी भाषा नहीं मिली, तो वह बढ़ेगी कैसे? ऐसे सभी बड़े लोगों से मेरा एक ही सवाल है कि अगर जनता को उसकी भाषा मिलनेवाली नहीं थी, तो फिर स्वराज्य की ही ऐसी जल्दी क्या थी? शासन का लिबास तो बदल गया, मगर जनता के हृदय के भीतर उमंग का चिराग जलाने का रास्ता कब खुलेगा?

अंग्रेजी में कविताएँ लिखकर बहुत-से हिन्दुस्तानियों ने हिन्दुस्तानवालों को चक्कर में डाल दिया। मानो वे कह रहे हों, देखा? जिस भाषा में तुम ठीक से बात नहीं कर सकते, उसमें हम कविताएँ लिखते हैं। मगर इन कविताओं को पढ़ा किसने? जो असली हिन्दुस्तानी हैं, वे अपनी भाषाओं में पढ़ते हैं और उन्हीं कविताओं पर झूमते भी हैं। रह गए अंग्रेज, सो वे तो अंग्रेजी में कविता लिखनेवाले हिन्दुस्तानियों को कवि ही नहीं मानते। आरू दत्त को भी नहीं, तोरू दत्त को भी नहीं, भारत-कोकिला को भी नहीं, हरीन्द्र चट्टोपाध्याय को भी नहीं। है इनमें से कोई कवि जिसकी कविता अंग्रेजी कविताओं के किसी भी प्रतिनिधि-संग्रह में स्थान पा सकी हो? और मेरे सामने 'कामनवेल्थ एन्थालॉजी' का नाम मत कीजिए। यह विशेषण ही बताता है कि संग्रह साहित्य नहीं, राजनीति की दृष्टि से किया गया है।

कविता की असली भाषा कवि की मातृभाषा ही हो सकती है। सीखी हुई भाषा में ज्ञान का साहित्य लिखा जा सकता है, रस का साहित्य नहीं लिखा जा सकता। और रस-साहित्य में भी कविता और गीत के बीच भेद है। कविता में कुछ ज्ञान भी होता है, पांडित्य भी होता है, कवि की कारीगरी भी होती है। मगर गीत केवल रस की बूँद

हैं, कवि के भीतरी व्यक्तित्व के प्रस्वेद हैं, उसके दर्द की खुशबू हैं। उनके लिए ज्ञान और पांडित्य नहीं, बाधक ही होते हैं।

इश्क को दिल में जग दे अकबर,
इल्म से शायरी नहीं आती।

कभी सोचा है कि संस्कृत में गीत क्यों नहीं लिखे गए? संस्कृत का चलन कई हजार साल तक रहा, फिर भी जयदेव को छोडक्र और कोई कवि संस्कृत में नहीं हुआ, जिसे हम गीतकार कह सकें। कारण स्पष्ट है। संस्कृत कभी भी मातृभाषा नहीं थी। मातृभाषा बराबर कोई-न-कोई प्राकृत रही थी। संस्कृत पर अधिकार सहज में प्राप्त नहीं होता था, वह प्राप्त किया जाता था।

गाथासप्तशती प्राकृत में जनमी, क्योंकि उसके भीतर पांडित्य नहीं, जनता के हृदय भी भावनाएँ हैं। और गोवर्धन जब संस्कृत में आर्या सप्तशती लिखने लगे, तब उन्हें अनुभव हुआ, मानो वे नीचे बहनेवाले जल को नल के द्वारा ऊपर चढ़ा रहे हों।

और जो हाल संस्कृत का हुआ, वही हाल हिन्दी का रहा है। हिन्दी में कविताएँ अत्यंत उच्चकोटि की लिखी जाती हैं, मगर असली गीत हिन्दी या उर्दू में नहीं लिखा जा सकता। यहाँ तक कि सिनेमा ने भी यह साबित कर दिया है कि उपभाषाओं अथवा जनपदीय भाषाओं का सहारा लिए बिना सच्चे गीत लिखे ही नहीं जा सकते और चूँकि सिनेमावाले लोग उर्दू-परस्त हैं, इसलिए जनपदीय भाषाओं से रस लेना वे नहीं जानते। जैसे संस्कृत प्राकृत से आगे बढ़ जाने के कारण गीतों की भाषा नहीं रही, वैसे ही गीतों की भाषा हिन्दी-क्षेत्रों में भी हिन्दी नहीं, डोगरी, पंजाबी, राजस्थानी, ब्रजभाषा, अवधी, बुन्देलखंडी, भोजपुरी, मैथिली और अंगिका रह गई हैं।

और डोगरी के गीत कितने विलक्षण होते हैं, यह देखकर आजकल मैं दंग हूँ। डोगरी की सहज कवयित्री श्रीमती पद्मा सचदेव का मैं बड़ा ही उपकार मानता हूँ कि उन्होंने मेरे घर आकर मुझे उस अद्भुत आध्यात्मिक सम्पत्ति का ज्ञान कराया, जो डोगरी भाषा में बिखरी पड़ी है।

कविता में आजकल ज्ञान का युग चल रहा है यानी कविता मर गई है, उसकी लाश पर बड़े-बड़े पंडित-कलाकार कारीगरी और नक्काशी करके नोबुल पुरस्कार पाते हैं और हम जब उनकी शोहरत से खिंचकर उनकी कविताएँ पढ़ने लगते हैं, तब हमारा मोहभंग हो जाता है।

पद्मा जी ने डोगरी के लोकगीतों के सिवा कुछ अपनी कविताएँ भी मुझे सुनाईं और उन्हें सुनकर मुझे लगा, मैं अपनी कलम फेंक दूँ, वही अच्छा है, क्योंकि जो बात पद्मा कहती हैं, वही असली कविता है और हममें से हर कवि उस कविता से दूर, बहुत दूर हो गया है।

यहाँ, सरसों फूली हुई है,
मालूम नहीं, किसके भुलावे में आ गई।

दूर तक खिलखिला रही है,
मानो, ब्रह्मा की अंजलि से बिखर गई हो।
मालूम नहीं, किसके वियोग में
यह गोरी पीली हो गई है।
इसके बीज बिखरे हैं
चम्बे, जम्मू और अखनूर में।
जी करता है, सारी की सारी बाँध लूँ।
केसर और कटीली झाड़ियाँ समेट लूँ।

गाथा को आर्या बनाने में जो मुसीबत गोवर्धन को झेलनी पड़ी थी, डोगरी को हिन्दी में ढालनेवालों की मुसीबत उससे ज़रा भी कम नहीं है। फिर भी जी करता है कि पद्मा के गीतों या कविताओं के कुछ और अनुवाद पाठकों के सामने बानगी के तौर पर ज़रूर परोस दूँ :

क्या ये राजाओं के महल आपके हैं?
मेरा घर मुझ से छूट चुका है,
मैं राह भूल गई हूँ।
बरसों पहले मेरी आँखों की ज्योति
मुझसे छिन चुकी है।
यह ज्योति छीन जिन्होंने
मुझे अंधी बनाकर फेंक दिया है,
मेरे बाग का पौधा जिन्होंने उखाड़ लिया है,
(उस पौधे पर अभी कोंपलें भी नहीं आई थीं)
मेरा साजन तब तक ज़्यादा दूर भी नहीं गया होगा,
तभी जिन्होंने मेरी काँपती टहनियाँ काट लीं,
क्या वे दरातियाँ आपकी हैं?

× × ×

मेरा चाँद बेर के दरख़्त के पीछे चढ़ा है;
यह दरख़्त कटवा दो, जिससे मेरा चाँद मुँह खोल कर बोले।

× × ×

टेसू वृक्ष के ये लाल फूल,
लगता है, विधाता ने अपने हाथ से छुए हैं।

× × ×

पहाड़ के पीछे से चाँद हँसते-हँसते
ऐसे धीरे-धीरे आता है,
जैसे नई दुलहन मुँह दिखाने को

धीरे-धीरे घूँघट उठा रही हो।
यह बासन्ती चाँद!
इसका अंग-अंग पीला है।
किसी के वियोग में सूख कर काँटा हो गया है।
या हो सकता है कि तपेदिक ने इसका
यह हाल किया है।

कवयित्री पद्मा को तपेदिक हुआ था और वे तीन वर्षों तक जिन्दगी और मौत के बीच झूले झूलती रही थीं। अपनी एक कविता में अपनी बीमारी का हाल भी उन्होंने लिखा है, मानो किसी को वे चिट्ठी लिख रही हों :

मैं बहुत दिनों से बीमार थी,
चारपाई से लगी हुई थी।
घुप्प अँधेरे में सोते-सोते
सुधबुध खो बैठी थी।

असली कविता शायद कोरी घटनाएँ मात्र हैं। मगर धन्य है वह आदमी जो घटनाओं का रस, इतिहास का सत जुगा सकता है। सच्ची कविता शायद नारियों के लिए अधिक स्वाभाविक है, क्योंकि वे चुपचाप अन्याय सहकर इतिहास के सत का रक्षण करती हैं :

इस राह में इतनी सुनसान है
कि कोई पत्ता भी नहीं हिलता।
कहार जब तेज़ी से कदम उठाते हैं,
तो मेरा मन काँप उठता है।
हाय, इस अँधेरे में मैं
वह वस्तु ढूँढ़ रही हूँ,
जो फेरों के समय मेरे हाथ में थी;
वे शब्द ढूँढ़ रही हूँ, जो
आहुतियों के संग बोले गए थे।

पद्मा का जीवन दुख से भीगा हुआ जीवन है। मृत्यु की सीमा पर वह तीन साल सोई रही थी। जो दुखी होता है, उसे गुजरे हुए सुखों की याद कुछ ज़्यादा सताती है।

सखि! वे दिन कैसे थे?
वह वक्त कैसा था?
कड़वी बात जब किसी को न तो कही थी,
न किसी से सुनी थी।
वे दिन कितने मीठे थे,
जब सब कुछ सुन्दर दिखाई देता था।

जख्म कभी होता न था,
जो होता, तो तुरन्त भर जाता था।
अब कैसे जख्म लगे हैं?
इनकी मरहम नहीं मिलती,
इनका रिसना बन्द नहीं होता,
इनका दर्द खाए जाता है।

यह बीमारी केवल पद्मा जी की नहीं है। हर आदमी, जिसका बचपन बीत गया, जो बच्चे की तरह सीधी बात बोलने में शर्म महसूस करता है, इसका यही हाल है। मेरा खयाल है, पूरी सभ्यता का ही बचपन समाप्त हो गया है और वह इसी वयस्कता की बीमारी से बीमार है।

डोगरी धन्य है। न जानें, इस भाषा के भीतर कैसे-कैसे रत्न छिपे हुए हैं। डोगरी के लोकगीतों के अनुवाद हिन्दी में अवश्य आने चाहिए और हिन्दी को उन सभी कवियों और लेखकों से परिचित कराना चाहिए, जो पहाड़ की इस खूबसूरत भाषा में लिख रहे हैं।

(साहित्यमुखी)

रजत और आलोक की कविता

I have gathered my dreams in a silver air,
Between the gold and the blue;
And wrapped them softly and left them there
My jewelled dreams of you.

—श्री अरविन्द

जब तक गांधीजी जीवित थे, विदेशों में लोग उनके कल्प-व्यापी महत्त्व को नहीं समझ पाते थे। दूर से उन्हें सुनाई पड़ता था कि भारतवर्ष में एक आदमी पैदा हुआ है, जो अंग्रेजों के साम्राज्यवाद को खुले-मैदान ललकार रहा है और इतना सुन लेने के बाद वे और कुछ सुनने की जरूरत महसूस नहीं करते थे। बल्कि राज्यों और साम्राज्यों को ललकारनेवाले संसार में जो और नेता हो गए हैं, उनके लक्षणों को गांधीजी के चरित्र में मिलाकर वे समझ लेते थे कि अवश्य ही यह कोई गेरीबाल्डी, रोबसपियर या लेनिन होगा। किन्तु आज दुनिया समझ रही है कि गांधीजी रोबसपियर, गेरीबाल्डी और लेनिन होते हुए भी उनमें से प्रत्येक से महान थे और उनके प्रभाव की सीमा किसी एक ही देश या काल की परिधि तक नहीं रुकनेवाली है।

श्री अरविन्द के सम्बन्ध में भी कुछ ऐसा ही हुआ है। वर्तमान पीढ़ी उन्हें एक ऐसे साधक के रूप में जानती है, जो साल-का-साल अपने साधना-कक्ष में बन्द रहता है, जिसे संसार से कोई सम्बन्ध नहीं, जो अपने देशवासियों और मानव-बन्धुओं को उपेक्षित छोड़कर केवल अपनी वैयक्तिक मुक्ति के लिए प्रत्यनशील है। हमने यह भी सुन रखा है कि कभी वे कैम्ब्रिज के अत्यन्त मेधावी छात्र थे, उन्होंने 'वन्दे मातरम्' नामक अपने जोशीले पत्र के माध्यम से एक समय देश में वीरता, निर्भयता और उग्र राष्ट्रीयता का व्यापक प्रचार भी किया था और अन्त में, वे अलीपुर-बम के मुकदमे में फँसा लिए गए तथा देशबन्धु चित्तरंजनदास ने उनकी ओर से ऐसी वकालत की कि अदालत को रिहा कर देना पड़ा। श्री अरविन्द के सम्बन्ध में ये ही कुछ बातें हैं जो हवा में मँडराती फिरती हैं और जिन्हें सुनकर हम उनके सम्बन्ध में अच्छी या बुरी धारणा बना लेते हैं।

किन्तु अब उनके रहस्यपूर्ण व्यक्तित्व और क्रिया-कलाप पर से आवरण का

कुहासा धीरे-धीरे दूर हो रहा है तथा हम उनके असली रूप को कुछ अधिक स्पष्टता के साथ समझने लगे हैं।

पुस्तकों और महात्माओं के मुख से हमने योग की बड़ी महिमा सुन रखी है तथा हममें से अनेक ने अध्यात्म के उन्मेष में आकर उसकी थोड़ी-बहुत साधना भी की होगी। किन्तु यह विषय अपनी दुरूहता तथा असुलभता के कारण उपेक्षित कर दिया गया और मानवता के जो भी नेता इस नवीन युग में उत्पन्न हुए, उन्होंने इसे कोई भी महत्त्व नहीं दिया। निदान, श्री अरविन्द का, योगेश्वर के रूप में, सुयश सुनकर हमने उन्हें मस्तक तो जरूर नवाया, किन्तु अपनी गम्भीर भक्ति हम उन्हें अर्पित नहीं कर सके, क्योंकि हमारे हृदयों में कहीं-न-कहीं यह भाव छिपा रहा है कि योग व्यर्थ है। यदि वह सार्थक है भी तो उन दो-चार विशिष्ट लोगों के लिए जो जीवन के कोलाहल से बहुत दूर, किसी कन्दरा या कुंज में छिपकर, अपनी वैयक्तिक मुक्ति के लिए प्रयास करना चाहते हैं। किन्तु जिस युग में वैयक्तिक मुक्ति की जगह सामाजिक मोक्ष ने ले ली हो, उस युग में वैयक्तिक मुक्ति दिलानेवाले साधन का ही क्या महत्त्व रह जाता है? इसके सिवा, मनुष्य ने जिस विज्ञान की सृष्टि की है, उस विज्ञान ने उसे यह सिखलाया है कि "सत्य वह है जिसे हम काठ की उँगलियों से छू सकते हैं। सत्य वह है, जिसे हम सहज स्थिति में देख सकते हैं; विकृति के माध्यम से जो चमत्कार देखने में आता है, वह सत्य नहीं हो सकता।" विज्ञान ने उदाहरण दिया, "तुम जब आँख के कोने को दबाते हो तब सूर्य हो, चन्द्रमा दो और संसार की प्रत्येक वस्तु दो दीखने लगती है। किन्तु असल में वह एक ही है। उसका दूसरा रूप तो सिर्फ प्रतिबिम्ब है जिसे तुम सहजता से नहीं, प्रत्युत विकार की अवस्था में देख सकते हो।" मनुष्य ने इस गूढ़ विश्लेषण पर विज्ञान की दी हुई बुद्धि से विचार किया और कहा कि "विज्ञान ठीक कहता है। विश्वसनीय अवस्था तो सहजावस्था ही है। अपने को विकृत करके हम सत्य के समीप कैसे जा सकते हैं?"

लगभग चालीस वर्षों की साधना के बाद श्री अरविन्द का जो रूप कुहासे से ऊपर आ रहा है, वह इन सभी 'प्रीजुडिसेज' या रूढ़ धारणाओं को चुनौती देनेवाला है। कुहेलिका के घेरे में से वे एक प्रकाशमान सूर्य के समान उठते हुए ऊपर आ रहे हैं, एक अनिर्वचनीय प्रसन्नता की दीप्ति लिए हुए, एक अकथनीय करुणा की लाली से सराबोर। उनका व्यक्तित्व पहले के सभी कवियों, ऋषियों और नेताओं के व्यक्तित्व से भिन्न है; क्योंकि उनकी विशेषता केवल योग ही नहीं है जिसे लोग गुप्त रखने के आदी हैं; प्रत्युत वे एक दार्शनिक काव्य अथवा काव्यात्मक बौद्धिकता के भी आगार मालूम होते हैं, जिसकी व्याख्या आगामी युगों को अपने तेज से भर दे तो इसमें कोई आश्चर्य नहीं करना चाहिए। अपनी रिक्त गुफाओं को भरने के लिए, अपनी शून्य कन्दराओं को आबाद करने के लिए मनुष्य को जिन किरणों की आवश्यकता है, वे सभी किरणें श्री अरविन्द के मुख से निःसृत वाणी तथा उनके अलौकिक

व्यक्तित्व में लिपटी हुई आ रही हैं। और विस्मय की बात तो यह है कि उनका आविर्भाव एक ऐसे युग में हो रहा है जो युग शंका, अविश्वास, श्रद्धाहीनता और नास्तिकता के कोलाहल से एकदम आक्रान्त है।

कहते हैं, विश्व की उपेक्षित आत्मा को सम्यक् आवास देने का दायित्व भारत का है। भारत इस व्रत के साथ आविर्भूत हुआ है कि वह मनुष्य के भीतर मरनेवाले मनुष्य को पुनरुज्जीवित करेगा; वह उन कोमल किरणों को फिर से अधिष्ठित करने के लिए संघर्ष करेगा जो अन्धकार से पराजित होकर निर्जन स्थानों में अनाथ और विधवा के समान निस्सहाय-सी घूम रही हैं। गांधीजी ने भारत को स्वाधीन किया। क्या अन्धकार और प्रकाश की नूतन अमर-भूमि में आलोक के नेता श्री अरविन्द होंगे?

मगर, योग को तो जनता ग्रहण नहीं करेगी और कोरे अध्यात्म की ओर भी समूह की अनुरक्ति को प्रेरित करना कठिन है। हाँ, जड़ता और आध्यात्मिक चेतना के बीच काव्य एक ऐसा माध्यम है, जिससे मनुष्य का हृदय पकड़ में लाया जा सकता है। योग-साधना से मनुष्य में और जो भी शक्तियाँ उत्पन्न होती हों या नहीं, किन्तु एकाग्रता तो आती ही है और एकाग्रता तथा एकान्त चिन्तन से मनुष्य के भीतर नई-नई अनुभूतियों के द्वार खुलते हैं, उसके मन में नए-नए रूप-रंगों के फूलों का प्रस्फुटन होता है। मनुष्य के अभाव को भरनेवाली जो भी अनुभूतियाँ श्री अरविन्द की चालीस वर्ष की साधना से उत्पन्न हुई हैं, उन्हें मनुष्य उनकी कविता के द्वारा अपने लिए शक्य मात्रा में अवश्य ग्रहण कर सकता है। कविता और योग की साधना में एक प्रकार का साम्य है। कवि और योगी एकाग्रता तथा समाधि के माध्यम से सत्य के पास पहुँचते हैं। यह बहुत अच्छा हुआ कि योगेश्वर अरविन्द ने अपनी समाधिजन्य किरणों को काव्य बनाकर उन लोगों के लिए यत्किंचित् उपलब्ध कर दिया है, जो योग और कविता, दोनों के विश्वासी हैं।

जब से श्री अरविन्द के 'सावित्री' नामक महाकाव्य का प्रकाशन हुआ और देश में यह चर्चा चलने लगी कि उन्हें नोबल-पुरस्कार मिलना चाहिए, तब से उनके सम्बन्ध में जिज्ञासा करनेवालों की संख्या बढ़ गई है। किन्तु सच तो यह है कि अरविन्द आज कोई नए-नए कवि नहीं हुए हैं; प्रत्युत काव्य, समाधि और चिन्तन आरम्भ से ही उनके प्रधान साधन रहे हैं। राजनीति में उनका पदार्पण ऐश्वर्य-भोग के लिए नहीं, प्रत्युत अन्याय का प्रतिरोध करने के लिए हुआ था। आँखों के सामने घटित होनेवाले अनीति के कार्यों को सहने से केवल गृहस्थ ही अपने धर्म से पतित नहीं होता, बल्कि कायरतापूर्ण तटस्थता की नीति को अपनाने से संन्यासी, कवि, ऋषि, चिन्तक, ज्ञानी और सन्त, सब-के-सब अपनी मर्यादा से गिर जाते हैं। ऐसा लगता है कि अरविन्द का राजनीतिक अभियान भी उनकी ऊँची साधना का ही एक अंग था और जब वे अपने देशवासियों के हृदय में निर्भयता की वह्नि प्रज्वलित कर रहे थे, तब भी उनके भीतर योग और काव्य-साधना की ज्वाला एकाकार होकर अलक्षित रूप से जल रही थी।

और उस समय भी देश में ऐसे लोग थे, जो श्री अरविन्द की इस विशिष्टता को समझते थे, जो उन्हें केवल आन्दोलनकारी ही नहीं, बल्कि एक ऐसा पुरुष समझते थे, जिसकी वाणी देश और काल की सीमाओं को भेदकर अनन्त काल तक गूँजती रहती है। उदाहरणार्थ, अलीपुर बम-केस में अरविन्द की ओर से बहस करते हुए स्वर्गीय चित्तरंजन दास ने कहा था कि "इस विवाद के बन्द हो जाने के बाद, इस उपद्रव और हलचल के शान्त हो जाने के बाद, इस आन्दोलन के खत्म हो जाने पर और श्री अरविन्द के अन्तर्हित हो जाने के बहुत दिनों बाद भी वे देशभक्ति के ज्वलन्त कवि, राष्ट्रीयता के सन्देशवाहक और मानवता के प्रेमी के रूप में पूजित होंगे। मृत्यु के बहुत बाद, अरविन्द की आवाज सिर्फ भारतवर्ष में ही नहीं, बल्कि समुद्रों के आर-पार सारे संसार में गूँजेगी। इसलिए मैं कहता हूँ कि जिसे आप अपनी अदालत में खड़ा किए हुए हैं, वह सिर्फ आपके सामने ही नहीं, प्रत्युत इतिहास की बहुत बड़ी अदालत के सामने खड़ा है।"

जिन दिनों यह मुकदमा चल रहा था, उन दिनों अरविन्द का कवि अध्यात्म के किस स्तर तक पहुँच चुका था, यह बात उन कविताओं से प्रत्यक्ष होती है, जिनकी रचना उन्होंने अलीपुर जेल में की थी। समूह और व्यक्ति, दोनों ही के उद्धार का मार्ग वे उसकी आत्मा में देखते थे। राष्ट्र का उद्धार बाह्य सहायताओं से नहीं, प्रत्युत आभ्यन्तर साहस के विकास से होता है। गिरफ्तार तो वे बम के सिलसिले में ही हुए थे, किन्तु उनकी दृष्टि में देशोद्धार का साधन बम नहीं, बल्कि वेदना, बलिदान और अधिकाधिक तपस्या थी। इस प्रकार, वे व्यक्ति के उद्धार के लिए भी सहिष्णुता, तपस्या और बलिदान को आवश्यक समझने लगे थे। भगवान अपने भक्तों को जिस मार्ग पर चलाना चाहते हैं, वह मार्ग फूलों से सुसज्जित राजपथ नहीं है। उस पर बदन को फाड़ देनेवाले काँटे और नुकीले पत्थर बिछे हैं; उस पर हृदय को दहला देनेवाली घटनाओं का अम्बार लगा है। कबीर ने कहा था :

कबिरा खड़ा बजार में; लिए लुकाठी हाथ,
जो घर जारै आपना, चलै हमारे साथ।

श्री अरविन्द के मुख से यह अनुभूति निम्नलिखित रूप में निःसृत हुई :

With wind and the weather beating around me
Up the hill and the moorland I go;
Who will come with me? who will climb with me?
Wade through the brook and tramp though the snow.
Not in the petty circle of cities
Cramped by your doors and walls I dwell.
Over me God is blue in the welkin,
Against me the wind and the storm rebel.

"वायु के झकोरों और मौसम के थपेड़ों को सहता हुआ मैं पहाड़ों और चट्टानों

पर चढ़कर आगे जा रहा हूँ। जो भी मेरे साथ आना चाहे, जो भी मेरे साथ ऊपर उठना चाहे, वह नालों को चीरकर आए, वह बर्फों को कुचलकर आगे बढ़े।

दीवारों और दरवाजों से सीमित नगरों के क्षुद्र वृत्त में मैं नहीं बसता। मैं तो वहाँ हूँ, जहाँ ऊपर के सुनील व्योम में भगवान हैं और नीचे मेरी छाती से विद्रोही तूफान टकरा रहे हैं।''

इसी से मिलती-जुलती अनुभूति की चोट खाकर इकबाल ने कहा था :

ओकाबीं रूह जब बेदार होती है जवानों में,
नज़र आती है उसको अपनी मंज़िल आसमानों में।
नहीं तेरा नशेमन कस्रे-सुलतानी की गुम्बद पर,
तू शाहीं है, बसेरा कर पहाड़ों की चटानों में।

कबीर के दोहे में संन्यास का साहस है। इकबाल की रुबाई संसार में फैलकर बसने के लिए बाज बनकर जीने का सन्देश देती है। किन्तु श्री अरविन्द की इस कविता में वैराग्य और वीरता की समन्वित दीप्ति झलक रही है। आज हम अरविन्द-आश्रम से जिस महामानव की, अस्पष्ट कल्पना का संवाद सुन रहे हैं, उसकी एक धुँधली झाँकी श्री अरविन्द को, शायद, अलीपुर जेल में ही मिली थी। महामानव की कल्पना, मनुष्य के, कदाचित, उस व्यक्तित्व की कल्पना है, जिसमें अध्यात्म और आधिभौतिकता, दोनों ही अपने-अपने उचित भाग लेकर सन्तुलन में रहेंगे। उसमें मनुष्य का वह रूप है, जो तूफानों पर शासन करेगा, पहाड़ों की चोटियों पर अपनी पद-रेणु का तिलक लगाएगा, खतरों को अपना मित्र समझकर हमेशा निर्भीक रहेगा और उन किरणों के उद्‌गम को अपने हृदय में बसाए रहेगा जिनकी विभा ज्ञात और अज्ञात विश्व में एक-सी फैली हुई है :

I am the lord of tempest and mountain,
I am the spirit of freedom and pride,
Stark must he be and a kinsman to danger,
Who shares my kingdom and walks at my side.

उन्हीं दिनों कवि ने 'सपनों की माता' नामक एक दूसरी कविता भी लिखी थी, जिसमें उनकी तत्कालीन विकास की रेखाएँ और भी दीप्तिमयी मालूम होती हैं। बाहर से जो पुरुष हिंसात्मक आन्दोलन का नेता बना हुआ था, भीतर ही भीतर वह किस अज्ञात देश की सीमा पर पहुँच गया था, यह बात इस कविता से प्रत्यक्ष हो जाती है। यह कल्पना है या दृश्य, स्वर है या चित्र जो हमें आनन्द की लहर में डुबोए जा रहा है? समाधि ने श्री अरविन्द को जो झाँकियाँ दिखलाई थीं, उनकी शक्तिशालिनी कवि-प्रतिभा ने उन झाँकियों को शब्दों के सुनहरे और रुपहरे तारों तथा रहस्यमयी वाणी के रेशमी धागों में बड़ी ही कुशलता से बाँधकर रख दिया है :

Open the gate where thy children wait
In thy world of beauty undarkened.

High throned on a cloud, victorious and proud
I have espied Maghavan ride
When the armies of wind are behind him.

× × ×

Thine is the shade from which visions are made :
Sped by thy hands from celestial lands,
Came the souls that rejoice for ever.
In to thy dream-worlds we pass or look in thy image glass.
Then beyond thee we climb out of space and
Time to the peak of the divine endeavour.

ऐसी स्वपूर्ण कविता पर शंका करना व्यर्थ है। यह तो इस बात का ज्वलन्त प्रमाण है कि कवि अनन्तता के किनारे खड़ा होकर उसके भेदों की झाँकी ले रहा है तथा उसमें शक्ति भी आ गई है कि इस अदृश्य जगत के अप्रेषणीय चमत्कारों को गीतों की नादवती धारा में उँडेल दे।

गीता की ज्ञानेश्वरी-टीका अथवा तिलक के गीता-रहस्य के पूर्व की अन्य कितनी ही टीकाओं में संन्यास का जो अर्थ निरूपित किया गया है, उस अर्थ में संन्यास श्री अरविन्द के योग का अंग नहीं है। योग की उपादेयता मानस जगत पर से विचारों के बोझ को दूर करने में है और उसकी सिद्धि इस बात में कि मन के आकाश में बादलों की तरह मँडरानेवाले क्षणिक विचारों की छाया भी नहीं पड़े। किन्तु मन की इस निर्मलता से जो शक्ति उत्पन्न होती है, उसे किसी लोकोपकारी कार्य में लगाना ही चाहिए। श्री अरविन्द की आरम्भिक कविताओं में (जिनसे किसी भी महाकवि की गौरव-वृद्धि हो सकती है) मानवात्मा का यह प्रयास अपनी असंख्य ज्योतियों के साथ देदीप्यमान है। 'ए गाड्स लेबर' नाम्नी उनकी एक प्राचीन रचना से नीचे जो उद्धरण दिए जा रहे हैं, उनसे श्री अरविन्द के महान पुरुषार्थ का पता चलता है :

I had hoped to build a rainbow-bridge
Marrying the soil to the sky,
And sow in this dancing planet midge
The moods of Infinity.
But too bright were the heavens, too far away,
Too frail their Ethereal stuff;
Too splendid and sudden, our light could not stay,
The roots were not deep enough.

"मेरी आशा थी कि किसी दिन मैं इन्द्रधनुष का सेतु बनाकर मिट्टी को आकाश से ब्याह दूँगा तथा इस क्षुद्र ग्रह पर अनन्तता की मुद्राएँ बोऊँगा। किन्तु स्वर्ग बड़ा ही जाज्वल्यमान और बहुत दूर था तथा वियमंडल के उपकरण भी बहुत ही कोमल थे। आकाश की आभा इतनी प्रबल और आकस्मिक थी कि मेरी आँखें वहाँ ठहर नहीं

सकीं। और मूल की गहराई भी इतनी बड़ी नहीं थी कि उसमें अनन्तता के बीज समा सकें।''

He who would bring the heavens here.
Must descend himself into clay;
And the burden of eanthly nature bear
And tread the dolorous way.

''जो स्वर्ग को पृथ्वी पर उतारना चाहता है, उसे पहले स्वयं को मिट्टी पर उतार लेना चाहिए। पृथ्वी का जो स्वभाव है, उसके भार का वहन पहले उसे स्वयं करना चाहिए; पृथ्वी के पथ में जो वेदनाएँ हैं, उन्हें भोगते हुए पहले उसे स्वयं अग्रसर होना चाहिए।''

I hage been digging deep and long
Mid a horror of filth and mire,
A bed for the golden river's song.
A home for the deathless fire.

''मलिनता और भयानकता से भरी भूमि पर मैं एक गहरी खाई खोद रहा हूँ, जिसमें सुनहरी नदी का संगीत निवास कर सके तथा अमरता की वह्नि प्रज्वलित रह सके।''

ऊपर के पदों में कर्मन्यासवाले संन्यास का स्पष्ट परिहार है। श्री अरविन्द अपनी समस्त साधनाओं के बाद इस योग्य बनना चाहते हैं कि वे मिट्टी और आकाश के बीच एक इन्द्रधनुष का निर्माण कर सकें, धरती की मलिन कुक्षि में सुनहरी नदी का संगीत बो सकें और मर्त्सलोक में अमरता की आभा बिखेर सकें। किन्तु इन महान उद्देश्यों की प्राप्ति केवल कल्पना से सम्भव नहीं है। उसके लिए तो अनवरत अध्यवसाय की आवश्यकता है। अदृष्ट की ओर से श्री अरविन्द को अध्यवसाय का जो संकेत मिला है, उसकी ओर इंगित करते हुए वे कहते हैं :

A voice cried, "Go where none have gone.
Dig deeper, deeper yet,
Till thou reach the grim foundation stone
And Knock at the keyless gate."

''एक आवाज आई, तुम्हें वहाँ पहुँचना है जहाँ अब तक कोई भी नहीं पहुँच सका है। नीचे की ओर खोदते हुए दूर, बहुत दूर तक चले जाओ और नींव के पत्थर पर पहुँचकर दम लो, जहाँ पहुँचकर तुम्हें उस दरवाजे पर दस्तक देनी है, जिसकी कुंजी किसी के पास नहीं है।''

इसी कविता में योगी-कवि ने उन मार्गों का वर्णन किया है, जिनसे होकर वे सत्य की उपलब्धि के लिए प्रयास करते रहे हैं। कहते हैं, ''मैंने मन के ऊपरी धरातल पर बसने वाले देवताओं को छोड़कर तथा जीवन की अतृप्त कामनाओं के अम्बुधि से

अलग हटकर शरीर के अन्ध-मार्ग में डुबकी लगाई और नीचे के रहस्यपूर्ण देश में जा पहुँचा। मेरे ऊपर नाग फुंकार रहा था और दैत्य की आवाजें मँडरा रही थीं, किन्तु मैं नीचे उतरता ही चला गया और उस शून्य में प्रविष्ट हुआ, जहाँ से विचारों का जन्म होता है। जिस खाई के पेंदी नहीं है, उसमें भी जाकर मैं विचरण कर चुका हूँ। अलोक का अभियान बहुत दूर तक गूँज चुका है। सुनहरे सोपान के नीचे से प्रकाश के शिशु अन्धकार के अवसान का संवाद सुनाने ही वाले हैं। थोड़ी ही दूर के बाद, नए जीवन का द्वार रजत-प्रकाश से विभासित होगा। ज्योति के उस जगमगाते हुए विश्व में पहुँचकर मैं वहाँ की रुपहरी वायु में अपने स्वप्नों को विसर्जित कर दूँगा और तब तुम्हारे अस्तित्व का जीवित सत्य, रूप धरकर, पृथ्वी पर विचरण करेगा।''

I shall Ieave my dreams in their argent air,
For in a raiment of gold and blue,
There shall move on the Earth embodied and fair
The living truth of you.

किन्तु, ये रचनाएँ श्री अरविन्द की साधना के दिनों की हैं। उनकी सिद्धि का महाकाव्य तो, सचमुच 'सावित्री' ही है, जिसके कितने ही खंड प्रकाश में आ चुके हैं; यद्यपि इसकी आशा कम दीखती है कि इस समय उस काव्य का सम्यक् अध्ययन आरम्भ हो सकेगा। श्री अरविन्द एक काल, एक देश अथवा एक समाज के महापुरुष नहीं, प्रत्युत; वे मानवता के विकास के नेता हैं। श्री अरविन्दाश्रम के साधकों का विश्वास है कि जिस प्रकार के मनुष्य पृथ्वी पर विद्यमान हैं, उनसे मानवता की सभी समस्याओं का निराकरण नहीं हो सकेगा। मानव जाति की सभी समस्याओं का मूल कारण यह है कि मनुष्य अभी छोटा है, पशुता से अभी वह पूर्ण रूप से मुक्त नहीं हुआ है। कविवर जोश ने हँसी-हँसी में आदमी को लक्ष्य करके कहा है कि ''अभी तो इसकी फकत पूँछ झड़ी है।'' श्री अरविन्द जिस महामानव को पृथ्वी पवर लाना चाहते हैं, उसके लक्षण पहले भी कितने ही महापुरुषों में व्यक्त हो चुके हैं और आज उसकी आहट श्री अरविन्द की कविता में स्पष्ट रूप से मिल रही है। मुझ-जैसे सामान्य मनुष्य की कल्पना में वह ठीक से नहीं समा सकता। किन्तु सोचता हूँ कि वह ऐसा मनुष्य होगा जिसमें आज के मनुष्यों की क्षुद्रता नहीं होगी, जो भीतर और बाहर सर्वत्र ज्योतिष्मान तथा पवित्र और शक्तिशाली होगा एवं जिसके लिए एकमात्र वे ही सत्य ग्राह्य नहीं होंगे जिनकी स्थापना विज्ञान कर रहा है। सम्भव है, वह अदृश्य को भी ग्राह्य बनाने के लिए विज्ञान-जैसी ही किसी अन्य विधि का आविष्कार करे! सम्भव है, वह मिट्टी और आकाश के बीच इन्द्रधनुष के सेतु पर विचरे और धरती के वक्ष में सचमुच ही किसी सुनहरी नदी का संगीत भर दे! वह कब आएगा, इसका संकेत नहीं है। किन्तु, जब सपने आ गए हैं, तब उनका सत्य रूप कभी-न-कभी आएगा ही। अभी तो हम समाधि में ही उसकी झाँकी ले सकते हैं।

He knew things by their soul and not their shape,
As those who had lived long made one in love,
Need word nor sign for heart's reply to heart,
He met and communed without bar of speech
Cith beings unveiled by a material frame.
All objects were like bodies of the God.
A spirit symbol environing a soul,
For world and soul were one reality.

[सावित्री : द्वितीय भाग : 14वाँ सर्ग]

"वह चीजों को उनकी आत्मा से पहचानता था, स्वरूप से नहीं; ठीक वैसे ही, जैसे दो प्रेमी बहुत दिनों तक प्रेम में निवास करते-करते एकाकार हो जाते हैं, तब वे दिल से दिल को जवाब देने के लिए शब्दों और संकेतों की आवश्यकता नहीं समझते। आधिभौतिकता के ढाँचे से अनावृत्त जीवों के साथ जब उसकी भेंट होती, वह उनसे भाषा की दीवार के बिना ही बातें करता था। संसार में जितने भी पदार्थ हैं, वे उसे ईश्वर के स्वरूप मालूम होते थे। स्पिरिट (रूह) उसकी दृष्टि में एक प्रतीक थी जो प्रत्येक आत्मा को अपने आवेष्टन में लिए हुए थी, क्योंकि उसकी दृष्टि में विश्व और आत्मा में कोई भेद नहीं था।"

महामानव के जो लक्षण ऊपर दिए गए हैं, वे शब्दों में पूरी तरह नहीं समा सकते। भाषा प्रत्येक स्वप्न को साकार कर दे, यह असम्भव है। ऊपर के सन्दर्भ से यह स्पष्ट झलकता है कि कवि अरविन्द के ध्यान में महामानव का जो स्वरूप आया है, उसका चित्रण उन्होंने भी केवल संकेतों से किया है। महामानव की आत्मा शरीर का बन्धन नहीं मानती, वह मूकता में ही अन्य आत्माओं तक अपने भावों का प्रसार करती है, रक्त और मांस का बन्धन नहीं; स्पिरिट और मैटर में भेद नहीं; जन-जन के भीतर जो एक आत्मिक एकता है, बाहर की विभिन्नताएँ उसके सामने परास्त हो जाएँगी। तो क्या महामानवता में पहुँचकर मनुष्य की स्थूलता लुप्त हो जाएगी? मगर यह कैसे होगा? वर्तमान स्पेसीज (Species) के संस्कार से अथवा एक नई स्पेसीज के आविर्भाव से? अरविन्द की कविता ने एक महान जिज्ञासा को जन्म दिया है। किन्तु समाधान के लिए हमें कब तक प्रतीक्षा करनी पड़ेगी?

(अर्धनारीश्वर)

कला के अर्धनारीश्वर

नई समीक्षा का आग्रह है कि साहित्य की परीक्षा ऐतिहासिक प्रक्रिया के आधार पर मत करो, क्योंकि साहित्य की जो अपनी विशेषता है वह साहित्येतर ज्ञान के द्वारा परखी नहीं जा सकती।[1] बात कुछ दूर तक सही मालूम होती है, फिर भी वह बिलकुल सही नहीं है; क्योंकि साहित्य न तो ऐसी कला है जो समय, परिस्थिति और समाज के प्रभावों से मुक्त हो और न कवि ही ऐसा प्राणी होता है जिस पर शिक्षा-दीक्षा और संस्कार का असर नहीं पड़ता हो। ईलियट ने जो यह कहा है कि अतीत का एक अंश वर्तमान बन जाता है तथा भविष्य और वर्तमान, दोनों ही, कुछ दूर तक अतीत में छिपे रहते हैं,[2] वह उक्ति बहुत दूर तक साहित्य पर भी लागू की जा सकती है। आज के धुँधले विचार कल प्रकाशमान होंगे और कल जो चिनगारियाँ मन्द एवं प्रच्छन्न थीं, वे ही आज किरणें बनकर चमक रही हैं। कारीगरी और संगतराशी की तरह साहित्यकला के भी अपने कानून हैं, जिनका आश्रय लिये बिना साहित्य के कलापक्ष की व्याख्या नहीं की जा सकती, किन्तु जिस द्रव्य पर यह कारीगरी की जाती है वह बराबर समय, समाज और संस्कार के भीतर से आता है। यही नहीं, बल्कि प्रत्येक नया द्रव्य अपनी अभिव्यक्ति में भी कुछ-न-कुछ नवीनता लिये आता है और प्रत्येक प्रभावशाली नवीन कवि हमें यह सोचने को मजबूर करता है कि कविता की वह परिभाषा काफी है या नहीं जिसे हमने पहले कवियों को देखकर बनाया था।[3] आलोचना की बदलती हुई रूपरेखा के पीछे, असल में, उन कवियों का व्यक्तित्व काम करता है जो अपने पूर्वज और समकालीन कवियों से भिन्न होते हैं। कविता में शैली और द्रव्य के बीच विभाजक रेखा नहीं खींची जा सकती।[4] लेकिन, विचार की सुगमता के लिए यह कहा जा सकता है कि काव्य का प्रभाव केवल द्रव्य या भाव पर ही नहीं पड़ता, उसका प्रभाव उस द्रव्य की अभिव्यक्ति करनेवाली भाषा में भी लक्षित होता है। दरअसल,

---

1. Theory of Literature by R. Vellek and A. warren (chapter ix)
2. Time present and Time past,
   Are both perhaps present in time future,
   And time future contained in time past. (Burnt Norton)
3. Modern Poetry and Tradition by Cleanth Brooks
4. Theory of Literature.

काव्य का इतिहास, बहुत दूर तक, भाषा और शैली में होनेवाले परिवर्तनों का इतिहास है। समय की विशेष प्रकार की ऐंठन, समाज के हृदय में गूँजनेवाले विशिष्ट भाव और वैयक्तिक एवं सामूहिक चेतना की विशिष्ट लहरें अपनी अभिव्यक्ति के लिए विशिष्ट प्रकार के माध्यम की खोज करती हैं। अतएव, जब कोई नया एवं समर्थ कवि काव्य के क्षेत्र में प्रवेश करता है तब उसके साथ केवल कुछ नए भाव ही साहित्य में नहीं आते, वरन् अभिव्यंजना की भी एक नई अदा उसके साथ आती है। अतएव, काल के पृष्ठाधार पर साहित्य की परख, उसमें आनेवाले नए भावों की ही परख नहीं, कुछ दूर तक उन शैलियों के उद्गम की भी खोज है जो इन भावों की सुष्ठु अभिव्यक्ति के लिए रूप ग्रहण करती हैं।

ऐतिहासिक पृष्ठाधार

रवीन्द्र और इकबाल के सम्बन्ध में यह पृष्ठाधार 19वीं सदी में होनेवाले सांस्कृतिक जागरण या रिनासां पर जाकर टिकता है, जिस रिनासां का तेज इन दोनों कवियों में प्रत्यक्ष हुआ है। इस रिनासां की दो प्रमुख विशेषताएँ दूर से ही दिखाई पड़ती हैं। एक तो यह कि भारत के मन पर यूरोप की उद्दामता, उसकी जीवन को सत्य समझने की दृष्टि तथा परलोक की चिन्ता में इस लोक की उपेक्षा नहीं करके इसे ही स्वर्ग बनाने के भाव का विशेष रूप से प्रभाव पड़ा।[1] दूसरी यह कि इस रिनासां के समय भारतीय संस्कृति के कुछ प्राचीन सत्यों ने दुबारे जन्म लिया[2] और भारतवासी हिन्दू और मुसलमान, दोनों ही अपनी प्राचीन संस्कृतियों के सार को यूरोप से मिलनेवाले गतिपूर्ण ज्ञान के साथ एकाकार करके आगे बढ़े। यह सांस्कृतिक जागरण इतिहास में हिन्दू-रिनासां के नाम से विख्यात है, क्योंकि इसके मुख्य नेताओं में से राममोहन रया, दयानन्द, केशवचन्द्र, रामकृष्ण और विवेकानन्द, सब-के-सब, हिन्दू थे। किन्तु सत्य यह है कि यह रिनासां केवल हिन्दू-समाज तक ही सीमित नहीं था। इसका प्रभाव मुसलमानों पर भी पड़ रहा था।

तत्कालीन मुस्लिम समाज के भीतर से, गरचे, बहुत बड़ी-बड़ी हस्तियाँ नहीं निकलीं, फिर भी रिनासां का जो प्रभाव मुस्लिम समाज पर पड़ रहा था, उसका प्रतिनिधित्व सर सैयद अहमद खाँ और हाली ने काफी योग्यता से किया और उनके व्यक्तित्व से मुसलमानों के बीच रिनासां के प्रसार में यथेष्ट सहायता मिली। इसके सिवा, वहाबी-आन्दोलन तथा अफगान के द्वारा संचालित आन्दोलन भी बहुत अंशों में सांस्कृतिक थे और उन्हें भी रिनासां से सम्बद्ध मानना चाहिए।

सच पूछिए तो जहाँ तक यूरोप से आनेवाली विद्याओं का सवाल था, हिन्दू और मुसलमान उनसे समान रूप से प्रभावित हो रहे थे। फिर भी इस रिनासां का रूप

1. Modern India & the West: Edited by L.S.S.O' Malley. लार्ड मेस्टन की भूमिका।
2. वही, सर राधाकृष्ण का लेख।

एक-दूसरे क्षेत्र में विभक्त हो रहा था, क्योंकि अपने प्राचीन सत्यों की खोज में अतीत की ओर देखते-देखते हिन्दू वेद की ओर भागे जा रहे थे तथा मुसलमान कुरान की ओर; और धीरे-धीरे दोनों जातियों का जोर उन बातों पर पड़ता जा रहा था जो उन्हें एक-दूसरे से अलग करनेवाली थीं, उन पर नहीं जिनसे उनके बीच की चौड़ाई कुछ कम हो सकती थी। नतीजा यह हुआ कि जब सुधरा हुआ हिन्दुत्व खुलकर प्रकट हुआ तब उसके एक हाथ में वेद और उपनिषत तथा दूसरे में विज्ञान की मशाल थी; एवं जब इस्लाम अपनी नींद से जगा तब उसके भी एक हाथ में विज्ञान की मशाल और दूसरे में कुरान-पाक के साथ अरबी संस्कृति का सपना था जिस संस्कृति की पवित्र मिट्टी पर इस्लाम ने जन्म लिया था।

हिन्दू-रिनासां के चोटी के नेताओं में से रामकृष्ण शुद्ध सन्त थे और सभी धर्मों के प्रति समभाव रखने के कारण उनके भीतर हिन्दुत्व एक विश्वधर्म के पृष्ठाधार का रूप ले रहा था।[1]

विवेकानन्द, यद्यपि, संन्यासी थे, फिर भी, उनमें राष्ट्रीयता का स्पष्ट तेज था। लेकिन वे भी हिन्दुत्व को विश्वधर्म के पृष्ठाधार के रूप में ही उपस्थित करना चाहते थे।

राजा राममोहन राय समाज-सुधारकों में अग्रण्य थे। किन्तु, ब्रह्मसमाज की संस्थापना के कारण इतिहास उन्हें भी एक धार्मिक नेता के रूप में अधिक याद करता है।

ये तीनों के तीनों बंगाल में उत्पन्न हुए थे जहाँ की संस्कृति में वैष्णव- पदावलियों की मधुरता भली-भाँति पच चुकी थी। अतएव यह स्वाभाविक था कि जिस भूमि को इन महापुरुषों ने सींचा था उससे उत्पन्न होनेवाला प्रतिनिधि-कवि विश्वधर्म का द्रष्टा, विश्वमानवता का प्रेमी और काव्य में माधुर्य-गुण का उपासक हो तथा उसकी राष्ट्रीयता और अन्तर्राष्ट्रीयता में कोई भेद नहीं रहे। हिन्दू-रिनासां के इन प्रमुख नेताओं में से केवल दयानन्द ही ऐसे हुए, जिनमें कर्मठता का भी कुछ जोर था। बाकी सब-के-सब विशुद्ध आदर्शवादी और माधुर्य के उपासक थे। इस अनुमान का समर्थन इस बात से भी मिलता है कि बीसवीं सदी में जब कर्म का व्यापक क्षेत्र तैयार हुआ, तब उसमें दयानन्द के अनुयायी तो अच्छी संख्या में आए, किन्तु आदर्शवादियों का दल, प्रायः, किनारे पर से ही आशीर्वाद देता रह गया।

ब्रह्मसमाज का जन्म ही ज्ञान और संस्कृति के ऊँचे स्तर पर मनुष्यमात्र की एकता को प्रोत्साहित करने के लिए हुआ था तथा, आदि से अन्त तक, वह एक बौद्धिक आन्दोलन का समान था जिसके अनुयायियों की धाक उनकी संख्या के कारण नहीं, बल्कि, धन-मान, पद-प्रतिष्ठा और बौद्धिक योग्यता को लेकर थी।[2]

---

1. Modern India and the West: सर राधकृष्ण का लेख।
2. "Their followers were strong, not in numbers, but in rank, influence and intellectual attainments."

Modern India and the West: L.S.O.' Malley का लेख।

ब्रह्मसमाज की प्रेरणा सामान्य जनता की अनुभूति से नहीं आई थी और न समाज के भौतिक संघर्षों से उसका कोई सरोकार था। उसे एक बौद्धिक प्रयोग ही समझना चाहिए जिसके अधीन उसके नेता अनेक धर्मों से रस-संचय करके मनुष्यमात्र के लिए एक नूतन मधुचक्र तैयार कर रहे थे। राममोहन राय पर ईसा की नैतिक शिक्षाओं के अलावा, इस्लाम के तौहीद का भी पूरा असर था। रवीन्द्रनाथ के पिता महर्षि देवेन्द्रनाथ ठाकुर ने अपने तीन वर्षों की समाधि में सूफीवाद और यूरोप के विवेकमय दर्शन को मथकर एकाकार कर दिया था। स्वयं केशवचन्द्र सेन ने भी यह घोषणा की थी कि उनका आधा हृदय एशिया के साथ और आधा यूरोप के साथ है।[1] अतएव कोई आश्चर्य नहीं कि इन घटनाओं की कविता लिखने के लिए बंगाल में रवीन्द्रनाथ का जन्म हुआ जिनका द्रव्य जीवन नहीं, बल्कि जीवन के व्योम में फैली हुई दर्शन की सुरभि हुई, जिनका आराध्य राष्ट्रीय नहीं, अन्तर्राष्ट्रीय मनुष्य हुआ तथा जिनका स्तर ब्रह्मसमाज का वही स्तर रहा जो अपनी ऊँचाई के कारण धरती की धूल और जिन्दगी की कराह की पहुँच से परे था।

सर सैयद और मौलाना हाली के सामने इस्लाम को विश्वधर्म से एकाकार करने की समस्या नहीं थी। ईसाइयत के आगमन से हिन्दुत्व जितना घबराया था, इस्लाम को उतनी घबराहट नहीं हुई थी। वह ईसाइयों का जाना-पहचाना हुआ धर्म था। इसके सिवा, इस्लाम अभी-अभी राज्य-सिंहासन से नीचे आया था, उसे इस बात का जरा भी तजुर्बा नहीं था कि गुलामी की वेदना कैसी होती है। इसके विपरीत, हिन्दुत्व के कई सौ वर्ष गुलामी में बीत चुके थे और अब वह और कोई साधन नहीं पाकर अपनी आत्मा की तेजस्विता से ही उन लोगों को जीतने की कोशिश में था जो उसके शरीर पर नई मुश्कें कस रहे थे।

इस्लाम के नेताओं को अगर कोई चिन्ता थी तो यह कि बदली हुई परिस्थिति में मुसलमान क्या करें। अभी कल तक वे भारत के शासक थे। मगर अब जो परिस्थिति उनके सामने आ गई थी उससे बाहर निकलने का रास्ता था हिन्दुस्तान की अन्य जातियों से मेल और उनके कन्धे से कन्धा मिलाकर खोई हुई सल्तनत को वापस लाने की कोशिश करना। मगर यह रास्ता जमहूरियत का रास्ता था जिसमें अधिकारों का उपभोग संख्या के अनुपात से ही किया जाता है और दुर्भाग्यवश, मुसलमानों को यह विश्वास नहीं हो सकता था कि प्रजासत्ता के अन्दर मुसलमानों की अवस्था एक महज 'माइनारिटी' से कुछ भी अच्छी होगी। यह मेरा अनुमान है। सम्भव है, और भी बहुत-से कारण रहे हों। लेकिन सच बात तो यह है कि जब हिन्दू और मुसलमान अपने पीछे की ओर देखते-देखते वेद और कुरान पर आसक्त हो रहे थे, तब हिन्दुओं की दृष्टि तो इतिहास के गह्वर से टकराकर वर्तमान की भूमि पर लौट आई। चूँकि उसके आगे अब कोई मार्ग नहीं था, किन्तु, मुसलमानों की भावना एक तरह के

1. Modern India and the West.

रहस्यवाद के फेरे में पड़कर असन्तुष्ट रहने लगी ओर जब तब एक प्रकार के अस्पष्ट वृहत्तर इस्लाम का सपना उसे मोहित करने लगा।[1] रिनासां के काल की मुस्लिम जनता का कोई अच्छा हाल नहीं था। हिन्दू और मुसलमान साथ रहते आए थे, उन्होंने गदर के समय साथ मिलकर अपने समान शत्रु का सामना भी किया था और कई सौ वर्षों तक साथ रहने के कारण उनकी कुछ समान परम्पराएँ और विरासतें भी बन गई थीं। ये सारी बातें इस चीज की दलील थीं कि हिन्दू और मुसलमान एक हैं तथा राष्ट्रीयता उनका समान धर्म है। किन्तु फिर भी कोई बात थी जो उन्हें चौकन्ना रखती थी, दिल के भीतर कोई दर्द था जिसका उन्हें स्वयं भी पता नहीं था, उपचेतन के भीतर कोई गूँजती हुई आवाज थी जिसे वे सुन नहीं पाते थे। अतएव रिनासां से जन्मे हुए मुस्लिम समाज को एक ऐसे कवि की आवश्यकता हुई जो उसके उपचेतन की आवाज को सुनकर उसका सही मानी उसे बतला सके; जो उसकी मंजिल की परिभाषा करके उसे उस ओर बढ़ने की प्रेरणा दे सके; जो कोई ऐसा दर्शन तैयार कर सके जिससे भौगोलिक राष्ट्रीयता के बदले धार्मिक या सांस्कृतिक राष्ट्रीयता का सिद्धान्त निरूपित और पुष्ट होता हो।

19वीं सदी के मुस्लिम-समाज ने जैसी कठिन उलझनों को लेकर अपने कवि की इन्तजारी की, वैसी उलझनों को लेकर किसी भी देश के किसी भी समाज ने किसी भी कवि की राह नहीं देखी होगी। यह काम दार्शनिकों के बूते से बाहर था, क्योंकि दर्शन के शब्दों में न तो पंख ही होते हैं कि वे तुरन्त लोगों के दिलों में पैठ जाएँ और न उनसे खुशबू ही निकलती है जिससे खिंचकर लोग आप-से-आप उसके पास चले आएँ। यह काम राजनीतिज्ञों को भी शक्ति के बाहर था; क्योंकि कोई भी राजनीतिज्ञ ऐसा नहीं हो सकता था जो एक शब्द में एक अध्याय और एक मिसरे में पूरी किताब कह डाले। अखबार के कालमों में भी कोई ऐसी स्पीच नहीं छपती जिसे लोग कुरआन की तरह बगल में बाँधकर साथ लेते फिरें। इकबाल ने बड़ा ही कठिन काम पूरा किया है और जो लोग यह कहते हैं कि वे कवि नहीं होकर केवल राजनीतिज्ञ थे, वे शायद इस रूढ़ि से ग्रसित हैं कि हर हालत में साहित्य राजनीति की गन्धमात्र से दूषित हो जाता है।

शायद यह भी इतिहास के क्रम में ही एक निश्चित बात थी कि इकबाल उन सभी कवियों से भिन्न हों, जिन्हें देखने और सुनने के मुसलमान आदी रहे थे। मुसलमानों को एक ऐसे कवि की आवश्यकता थी जो उन्हें अपने साथ हँसी-मजाक करने की आजादी नहीं दे; जिसे वे अपना गायक ही नहीं, बल्कि इमाम भी समझें और जो उनके ध्यान को सस्ती चीजों से हटाकर उस ओर ले जाए जहाँ इस्लाम की आरम्भिक गरिमाएँ (गरीबी का फख्र, मकसद के लिए मर मिटने की उमंग और चेतना का सूफियाना विस्तार) दमक रही थीं। इस कवि के लिए यह भी आवश्यक था कि

1. A secular state for India by Lanka Sundaram.

वह संगतराश नहीं होकर जिन्दा पत्थरों का पारखी हो और कारीगरी के फेरे में वह इतना तो पड़े ही नहीं कि जब तक वह छेनी से पत्थरों की नोक ठीक करने में लगा हो, तब तक उसके दिल की आग ही मद्धिम पड़ जाए। इकबाल के सामने जितना कठोर और महान लक्ष्य था उसे देखते हुए अचरज की बात यह नहीं दीखती कि उन्होंने साहित्य के नियमों और रीतियों की अवहेलना की; बल्कि अचरज की बात तो यह समझी जानी चाहिए कि साहित्य की परम्पराओं को तोड़कर भी वे कवि कैसे बने रहे, उनकी कविताएँ गद्यात्मक होकर क्यों नहीं रह गईं, उनमें रस का अभाव और चमत्कार की कमी क्यों नहीं आई तथा उनकी पंक्तियाँ मनुष्य के हृदय को झकझोरने में इतनी समर्थ कैसे हो गईं। क्या यह क्षणस्थायी प्रभाव है और इकबाल को सौ-पचास वर्षों के बाद लोग भूल जाएँगे? क्या इकबाल का तेज समकालीनता का तेज है और सनातनता के सामने वह नहीं टिक सकेगा? क्या उनकी कविताओं का बांकपन साहित्य की वक्रोक्ति का पर्याय नहीं? क्या उनके शेरों से फूटनेवाली रोशनी वही रोशनी नहीं है जिससे कवियों के अक्षर और शब्द सैकड़ों बरस तक जगमगाते रहते हैं? कदाचित् ऐसी चिन्ता ही फिजूल है, क्योंकि इस प्रकार का निर्णय आनेवाली सन्ततियाँ ही कर सकती हैं। यह भी सम्भव है कि इकबाल आज जिन गुणों के लिए प्रशंसित और पूजित हो रहे हैं, अगले जमाने में उनके बदले वे किन्हीं अन्य कारणों से प्रशंसित हों।

रवीन्द्रनाथ

रवीन्द्रनाथ का जन्म एक कलाप्रिय वंश में हुआ था जिसमें सौन्दर्य के सिवा, विश्वबन्धुत्व और औपनिषदिक ज्ञान की भी चर्चा प्रधान थी। उत्तराधिकार में उन्हें बंगला के वैष्णव कवियों की कोमलकान्त पदावलियाँ भी मिली थीं। अतएव आरम्भ से ही वे सौन्दर्य की उपासना की ओर बढ़ने लगे और जब उनके मुख से धार्मिक अनुभूतियाँ व्यक्त होने लगीं तब वैष्णव कवियों का प्रभाव भी स्पष्ट रूप से लक्षित होने लगा।

रवि बाबू के लिए यह बड़ा ही अनुकूल रहा कि जो परम्पराएँ उन्हें विरासत के रूप में मिली थीं, उनका कोई निश्चित अथवा स्थूल उद्‌देश्य नहीं था और काव्य की भूमि से बाहर रहने पर भी वे बहुत कुछ कविता के ही समान तरल और सूक्ष्म थीं। मनुष्य-मनुष्य के बीच एकता, निरंजन और निराकार की उपासना, सभ्यता और संस्कृति को सुन्दर-से-सुन्दर और कोमल-से-कोमल बनाने का प्रयास, ये ऐसे कार्य नहीं हैं जिनका कोई स्थूल उद्‌देश्य ढूँढ़ा जा सके। यह बिलकुल स्वाभाविक था कि रवि बाबू का कला-सम्बन्धी दृष्टिकोण भी इस परम्परा के स्वभाव से मिलता-जुलता हो। कला की परिभाषा करते हुए उन्होंने कहा है कि आत्मरक्षा अथवा जाति-रक्षा के लिए

जितने ज्ञान और प्रयास की आवश्यकता है उतना ज्ञान और प्रयास मनुष्य तथा पशु में समान रूप से पाया जाता है। किन्तु इस आवश्यकता की परिधि से बाहर भी एक भूमि है जिसमें पशु नहीं जा सकता, केवल मनुष्य ही जाता है और अपने ज्ञान तथा प्रयास के द्वारा इस भूमि में वह जो आनन्द उठाता है वह उसके 'बायोलॉजिकल' अस्तित्व या विकास के लिए तनिक भी आवश्यक नहीं है। इस आनन्द का लक्ष्य केवल आनन्द है। दृष्टान्त देकर विषय को स्पष्ट करते हुए उन्होंने यह भी कहा है कि यह बहुत कुछ वैसी ही बात है जैसे कोई व्यक्ति इतना धनी हो जाए कि अपनी जरूरतें पूरी करने के बाद भी उसके पास बहुत-सा धन बच रहे। इस धन को वह अपने किसी उपयोग में तो नहीं ला सकता; फिर भी धन की स्थिति-मात्र से अपने को धनी समझने में जो एक सुख है, वह धन के उपयोग से प्राप्त होनेवाले सुखों से भिन्न होता हुआ भी सुख ही कहा जाएगा। जो अनावश्यक है, जिसका कोई उद्‌देश्य नहीं, वही भूमि कला की जन्मभूमि है और उसी भूमि में कला विकास पाकर फूलती-फलती है। रवीन्द्रनाथ कला को इसी रूप में मानते थे और यद्यपि 'कला के लिए कला' वाले सिद्धान्त की निन्दा उनके समय में खूब हो रही थी, मगर वे बड़ी ही निर्भीकता के साथ इस सिद्धान्त का समर्थन करते रहे। केवल समर्थन ही नहीं, अपनी तमाम कृतियों के भीतर उन्होंने अपना जो रूप रखा है, वह निरुद्‌देश्य गीत गानेवाले 'पलातक बालक' का ही रूप है :

संसारे सबाइ यबे सारा क्षण शत कर्मे रत,
तूई शुधू छिन्नबाधा पलातक बालकेर मतो,
मध्याह्ने माठेर माँझे एकाकी विषण्ण तरुछाये,
दूर गन्धवह मन्दगति तप्तवाये
सारा दिन बाजाइलि बाँशि।

[चित्रा : एबार फिराओ मोरे]

रवीन्द्रनाथ को विरासत में जो दुनिया मिली थी अथवा जिस विश्व की उन्होंने अपने लिए रचना की थी वह आनन्द और सौन्दर्य का विश्व था। यह वह दुनिया है जिसे धूल और धुएँ से कोई वास्ता नहीं, यह वह संसार है जहाँ लोहे और पत्थर भी पिघलकर चाँदनी बन जाते हैं। मगर धरती का चीत्कार भी असर रखता है और कलाकार चाहे जहाँ भी जाकर छिप जाए; वह इस चीत्कार को सुने बिना नहीं रह सकता। रवीन्द्रनाथ की चेतना अत्यन्त विकसित थी, अतएव यह चीत्कार उन्हें स्वदेशी-आन्दोलन से भी बहुत पूर्व, उन्नीसवीं सदी में ही सुनाई पड़ा था जबकि अपने आपको सम्बोधित करते हुए उन्होंने लिखा था :

उ रे, तूई उठ आजि,
आगुन लेगेछे कोथा? कार शंख उठियाछे बाजि
जागाते जगत जने? कोथा होते ध्वनिछे क्रन्दने

शून्यतल? कोन अन्धकारा माझे जर्जर बन्धने
अनाथिनी माँगिछे सहाय?

× × ×

कवि, तबे उठे एसो यदि थाके प्राण,
तबे ताई लहो साथे, तबे ताई करो आजि दान।
बड़ो दुःख, बड़ो व्यथा, सम्मुखेते कष्टेर संसार
बड़ोइ दरिद्र, शून्य, बड़ो क्षुद्र, बद्ध अन्धकार।

× × ×

स्वर्गेर अमृत लागि पबे धन्य हवे मोर गान,
शत-शत असन्तोष महागीते लभिवे निर्वाण।

[चित्रा : एबार फिराओ मोरे]

'एबार फिराओ मोरे' नामक जिस कविता से ये उद्धरण लिये गए हैं, उससे स्पष्ट झलकता है कि रवि बाबू को देश की पीड़ाओं की बड़ी ही तीव्र अनुभूति हुई थी और उनमें यह उमंग भी पैदा हुई थी कि बड़े-बड़े आदर्शों के हवाई महल को छोड़कर नीचे के अपार लोगों के आँसू में आँसू मिलाना भी कोई हेय कर्म नहीं है। "कहो कि अपना दुख मिथ्या है, अपना छोटा सुख भी मिथ्या है। जो व्यक्ति स्वार्थ में निमग्न होकर बड़े जगत से दूर रहता है, उसने अभी जीना नहीं सीखा।" कविता पढ़ते-पढ़ते यह आशा बँध जाती है कि जब आरम्भ इतना बेधक और क्रान्तिकारी है तब अन्त में भी कोई ठोस चीज अवश्य मिलेगी जिसकी रोशनी में इन पीड़ाओं का निदान खोजा जा सके। किन्तु ऐसे पाठकों की आशा पूरी नहीं होती। ज्यों-ज्यों कवि कविता की समाप्ति के पास आता है, त्यों-त्यों वह साकारता से उठकर निराकारता के बीच छिपने लगता है तथा अन्त में वह केवल यह कहकर छुट्टी ले लेता है कि जीवन की सारी तृषाएँ एक महागान में तृप्ति पाएँगी। 'शत-शत असन्तोष महागीते लभिवे निर्वाण'। यह रवीन्द्रनाथ की अपनी विशेषता है। वे पथ-प्रदर्शन की जिम्मेवारी लेने से घबराते हैं। मनुष्य की पीड़ाओं की ऐसी मार्मिक अनुभूति कर लेने के बाद भी वे कर्म की प्रत्यक्ष प्रेरणा नहीं दे सकते, केवल मानवता के लिए बलिदान करनेवालों की ऊँची प्रशस्ति गाकर लौट जाते हैं। उनकी दृष्टि में कला का साम्राज्य यहीं तक है। इसके बाद की भूमि प्रचारकों की भूमि है, उपदेशकों का क्षेत्र है। कला तो अनावश्यकता की बेटी ठहरी। वह मनुष्य की आवश्यकतावाली परिधि के उसी पार रहती है। जिस लक्ष्मण-रेखा के भीतर जीवन की आवश्यकताएँ घिरी हुई हैं, उसे लाँघकर भीतर आने में कला को भय लगता है कि कहीं उसका रूप विकृत नहीं हो जाए। कवि के लिए विश्व-वेदना की अनुभूति भी स्वाभाविक है। किन्तु इस अनुभूति से भी उसे एक प्रकार का आनन्द ही लेना है, जो कला और अभिव्यक्ति का आनन्द है।

"साहित्य की आत्मा आनन्द है–और वह भी ऐसा आनन्द जिसमें किसी भी उद्‌देश्य की गन्ध नहीं होती।"[1]

और जो बात रवीन्द्रनाथ कला के बारे में कहते हैं वही व्यक्तित्व के बारे में भी, क्योंकि उनके मतानुसार कला और व्यक्तित्व एक ही वस्तु के दो नाम हैं और दोनों ही उसी भूमि से विकास पाते हैं जो भूमि अनावश्यक या Superfluous है। जब तक मनुष्य आवश्यकता की परिधि से बाहर नहीं निकलता, तब तक न तो उसकी कला का निखार होता है और न उनका व्यक्तित्व ही बन पाता है।

"वैयक्तिक मनुष्य का अस्तित्व ही उस लोक में होता है जहाँ पहुँचकर हम शरीर और मन, दोनों की, सभी प्रकार की आवश्यकताओं से मुक्त हो जाते हैं, जो लोग उपयोग और मसलहत की दुनिया से कहीं ऊँचा और महान है।"[2]

इस प्रसंग को भी उन्होंने दृष्टान्तपूर्वक समझाते हुए लिखा है कि स्त्री का व्यक्तित्व माता, बहिन या सखी-रूप में नहीं, बल्कि, उसकी प्रसन्न मुद्रा में, उसकी सजधज की रंगीनी में तथा उसकी गति की भंगिमा और अदा में है।

"नारी का जो असली रूप है, वह उसकी सजधज की चित्रमयता तथा वाणी एवं गति की संगीतमयता में प्रकट होता है। नारी क्या है, इस जिज्ञासा का समाधान उसके उपयोगी होने में नहीं, बल्कि, उसकी आनन्दमयी मुद्राओं में मिलेगा।"[3]

और योद्धा का व्यक्तित्व भी उसके युद्धकौशल में नहीं होता! युद्ध तो एक आवश्यक कृत्य है, अतएव उसके भीतर से योद्धा के व्यक्तित्व की अभिव्यंजना सम्भव नहीं हो सकती। व्यक्तित्व की अभिव्यंजना के लिए उसे बाजे चाहिए, सजावट और पोशाक चाहिए।

"योद्धा में जो योद्धा होने की एक तीव्र चेतना है उसकी अभिव्यक्ति के बिना उसका व्यक्तित्व व्यंजित नहीं हो पाता, यद्यपि इस चेतना की अभिव्यक्ति केवल अनावश्यक ही नहीं, कभी-कभी आत्मघातक भी हो सकती है।"[4]

जहाँ तक मुझे मालूम है, रवि बाबू के इस विचार में कभी कोई परिवर्तन नहीं हुआ। आज के युग में कला के सम्बन्ध में ऐसा विचार रखना संसारभर के आलोचकों

---

1. Enjoyment is the soul of literature–the enjoyment which is disinterested. [Personality: By Rabindra Nath Tagore]
2. Personal Man is found in the region where we are free from all necessity, above all needs, both of body and mind, above the expedient and the useful. [Personality]
3. She has to be picturesque and musical to make manifest what she truly is. She is not to be judged merely by her usefulness. But, by her delightfulness. [Personality: what is art]
4. He must give expression to the heightened consciousness of the warrior in him which is not only unnecessary but in some cases suicidal. [Personality: what is art]

को अपने सिर के बाल नोचने का निमन्त्रण देना है। और तब भी जिस हिम्मत और सफाई के साथ रवि बाबू अपने वाक्यों का प्रमाण छोड़ गए हैं, वही इस बात का सबूत बन जाती है कि कला को वे शुद्ध आनन्द का साधन और पर्याय मानते थे।

"कार्य से मुझे भगवान के हाथों सम्मान और गीत से उनका प्रेम प्राप्त होता है।"[1]

इससे व्यंजित होता है कि रवि बाबू कर्म की महत्ता को अस्वीकार नहीं करते। किन्तु दूसरी पंक्ति यह भी बतला देती है कि गान उन्हें अन्य किसी भी कर्म की अपेक्षा अधिक प्रिय है।

और गान से रवीन्द्रनाथ का तात्पर्य केवल उन्हीं कविताओं से है जिनमें कर्म की प्रेरणा नहीं होती, जो मनुष्य को आनन्द छोड़कर और कुछ नहीं देती हैं। अनुवाद की तो कोई बात ही नहीं, रवीन्द्र गद्य की अपेक्षा अपनी कविताओं में महान हैं और कविताओं से भी बढ़कर उनकी महत्ता उनके गीतों में निखरी है। गीत, शायद, कविता का निचोड़ होता है। कथानक नहीं, कोई ऊँचा विचार नहीं, उपदेश और ज्ञानोद्गार नहीं, स्थिति और चरित्र-चित्रण भी नहीं; फिर भी गीत न जाने कैसे निकल आते हैं, क्यों वे कलेजे को इस कदर बेधते हैं और कैसे उनकी उम्र इतनी लम्बी होती है। बिहारी के दोहे जैसे गर्दन घुमाने, नासिका मोड़ने अथवा नृत्य की भंगिमा से घूम जाने की अदा की तस्वीर लिये आज तीन सौ वर्षों से ताजे चले आ रहे हैं, उसी प्रकार गीत भी, अधिक-से-अधिक, कवि की किसी मनादेशा को लेकर प्रकट होते हैं, वैसी ही मनोदशा पाठकों में उत्पन्न करके प्यारे बन जाते हैं और उसी मनोदशा को ताज रखने के कारण जीवित रहते हैं। गीतों के भीतर ज्ञान की कोई बात नहीं रहती और न उनके अर्थों का कोई निश्चित आकार ही ठीक से पकड़ में लाया जा सकता है। गीत कवि के मन की एक तरह की बेचेनी की तस्वीर है। स्मृति का दर्शन, सौन्दर्य की चोट, किसी अस्पष्ट उमंग की एक लहर अथवा मन का कोई धुँधला आवेग, ऐसी कोई भी बात कवि के भीतर एक प्रकार की मनोदशा को उत्पन्न करती है जिसकी अभिव्यक्ति शब्दों की ताकत के बल पर नहीं की जा सकती, क्योंकि किसी भी भाषा में ऐसे शब्द नहीं होते जो मनुष्य की इतनी सूक्ष्म मनःस्थिति को ठीक-ठीक चित्रित कर सकें। फिर भी कवि जो शब्दों के माध्यम से ही उसे व्यक्त कर पाता है वह इसलिए कि शब्दों के साथ केवल अर्थ ही नहीं होते, उनमें गीतमयता और नाद भी होता है। असल में, गीतों में नाद और अर्थ एकाकार हो जाते हैं, जैसा कि अकसर संगीत में हुआ करता है। अथवा यह कहना अधिक उपयुक्त होगा कि शब्द, जो अन्य कविताओं में वर्णन का साधन रहते हैं, गीतों में आकर खुद ही साध्य बन जाते हैं। मानना होगा कि काव्य

---

1. God honours me when I work.
He loves me when I sing.

[Tagore's Birthday number]

की भूमि में सफल गीतों की रचना बहुत ही बारीक काम है, क्योंकि यहाँ कवि का चिन्तन और ज्ञान उसका सहायक नहीं होता, बल्कि उसे केवल उन्हीं शक्तियों से काम लेना पड़ता है जो उसे अन्य प्रकार के कलाकारों से भिन्न करती हैं। रवीन्द्र की कवि-प्रतिभा अथवा उनके बहुत बड़े कलाकार होने में जिन्हें सन्देह हो वे एक बार उनके गीतों के कुंज में प्रवेश करें जहाँ कविगुरु की शक्ति अपने पूरे चमत्कार के साथ विराजमान है।

अपनी शिक्षा-दीक्षा, नति और मति से रवीन्द्रनाथ जिस दुनिया के लिए तैयार हुए, वह इल्म नहीं, हुनर की दुनिया थी; वह कर्म नहीं, चिन्तन का जगत था; वह ज्ञान नहीं, गान का संसार था। रवीन्द्र-साहित्य के भीतर प्रवेश करने पर कर्म और कोलाहल का विश्व पीछे छूट जाता है। वहाँ आँसू नहीं, स्वेद नहीं, चीख और चिल्लाहट नहीं और न मध्याह्न के सूर्य का जलता हुआ ताप है। रवीन्द्र शीतलता के कवि हैं। वे मनुष्य या प्रकृति में दाह के अस्तित्व को तटस्थ भाव से नहीं देख सकते। अपनी एक कविता में रवि बाबू ने ग्रीष्मकाल की दोपहरी के जलते हुए सूर्य का चित्र खींचना चाहा है, किन्तु दो-तीन पदों के बाद ही आकाश में पद्मासन पर बैठे हुए शीर्ण संन्यासी के त्राटक की मुद्रा में तने हुए रक्तनेत्र तथा नीचे प्यास से फटी हुई पृथ्वी को देखकर, वे मानो अपनी कल्पना से आप ही घबरा उठे हैं और तुरन्त ही प्रार्थना आरम्भ कर दी है :

हे वैरागी, करो शान्तिपाठ;
तोमार गेरुआ वस्त्रांचल
दाउ पाति नभस्तले विशाल वैराग्ये आवरिया
जरा-मृत्यु-क्षुधा-तृषा, लक्ष कोटि नरनारि-हिया चिन्ताय विकल।

रवीन्द्रनाथ मधुरता के ऐसे उपासक हैं कि भगवान का भी माधुर्यहीन ऐश्वर्य उन्हें अधिक काल तक अपने में नहीं रमा सकता।

धूप को चाँदनी में बदलने की ख्वाहिश, मध्याह्न के जलते हुए आकाश को सान्ध्य सूर्य के गैरिक वसन से ढँक देने की चाह तथा कोलाहल से भरे विश्व को शान्ति की शुभ्र चादर से आवृत कर देने की कामना रवीन्द्रनाथ की अपनी विशेषता है। प्रकृति की क्रियाओं के भीतर व्याप्त जिस सनातन नियम का उन्हें पता चला है, वह नियम शान्ति का नियम है, वह नियम सामंजस्य और सौन्दर्य का नियम है, वह नियम मनुष्य-मनुष्य के बीच एकता और सहानुभूति की सत्ता का नियम हे। जहाँ भी मनुष्य-मनुष्य का संगम है, जहाँ भी मनुष्य के व्यक्तित्व को गौरव, विस्तार और अनन्तता प्रदान करनेवाले उपकरण हैं, वे सभी स्थल रवीन्द्रनाथ के प्राणों के पहचाने हुए हैं। इसके विपरीत, जातिरक्षा, देशरक्षा, समाजरक्षा और आत्मरक्षा के लिए किए जानेवाले सारे प्रयत्न आवश्यकता के वृत में पड़ते हैं। अतएव वे छोटे और उपेक्षणीय हैं। इस आवश्यकता की परिधि के बाहर जो अनावश्यक आनन्द की भूमि है, रवीन्द्र

उसी भूमि में रहते हैं। यह वह भूमि है जहाँ कला का कोई उद्देश्य नहीं, जहाँ आदमी का विकास संघर्ष के तनाव में कसे रहने से नहीं, बल्कि अपने हाथ से छूटे जाने के कारण होता है। धूल, धूम, कोलाहल और कर्कशता से पूर्ण इस गोचर विश्व के बीच अनन्तकाल से एक और विश्व चला आ रहा है जिसे रूप नहीं है, जो उन लोगों की रचना है जो वास्तविकता को अपने व्यक्तित्व के माधुर्य से दबा सकते हैं, जिनकी कल्पना में काँटा भी फूल और पत्थर भी पानी हो जाता है। वास्तविकता की उपेक्षा करके आनन्द की वायु में झूलनेवाली वह अनोखी दुनिया जिसमें बैठकर कवि सुख से यह कह सके कि :

आज कोनो काज नय, सब फेले दिये
छन्दोबन्ध, ग्रन्थगीत, एसो तूमि प्रिये,
आजन्म साधना-धन, सुन्दरी आमार
कविता, कल्पना-लता।

[मानस-सुन्दरी : सोनार तरी]

यह कला के एक रूप की बात हुई जिसकी प्रक्रिया सौन्दर्य का विधान और जिसका लक्ष्य निरुद्देश्य आनन्द है। यह वह कला है जो हमें संसार के कोलाहल से ऊपर ले जाकर जीवन के उस रूप का दर्शन कराती है जिसमें शान्ति, सुषमा और सामंजस्य ही सामंजस्य है। मगर जिन्दगी में केवल शान्ति, सुषमा और सामंजस्य ही नहीं हैं, वहाँ संघर्ष की ज्वाला, अशान्ति का कोलाहल और वैषम्य के घात-प्रतिघात भी हैं और कला उनकी भी अभिव्यक्ति कर सकती है।

इकबाल

रवीन्द्रनाथ में भारतीय समाज की संघर्ष-भावना, हलचल और अशान्ति तथा वैषम्य के घात-प्रतिघातों की सीधी और बेधक अभिव्यक्ति क्यों नहीं हुई, इस बात की व्याख्या इस प्रसंग में की जा चुकी है जिस प्रसंग में यह बतलाया गया है कि उनके उद्भव और विकास की पृष्ठभूमि क्या थी। रवीन्द्रनाथ ने कर्म को प्रेरित करने के उद्देश्य से कुछ भी नहीं लिखा, क्योंकि जिन परिस्थितियों ने उन्हें उत्पन्न किया था वे कर्म की अपेक्षा ज्ञान और आनन्द के अधिक समीप थीं। किन्तु इकबाल का जन्म एक सर्वथा भिन्न परिस्थिति के कारण हुआ था, अतएव उनके भीतर कला भी एक सर्वथा भिन्न रूप में प्रकट हुई। वे समाज का मनोरंजन करने नहीं, बल्कि उसके रूप को बदलने आए थे, इसलिए यह आवश्यक था कि उनकी कला में रंगीनी कम, बेधकता अधिक हो; मन को मोहनेवाली खूबसूरती थोड़ी, दिल को झकझोरनेवाली ताकत अपार हो तथा उसमें मम्मट की 'सद्यःपरिनिर्वृत्ति' के अंश अल्प एवं 'कान्तासम्मित उपदेश' की मात्रा ज्यादा हो। कला के इन दो रूपों में कौन श्रेष्ठ और कौन हीन है, इस पर फतवा देने की कोशिश मुझे बेकार मालूम होती है, क्योंकि कविता के कलाकार को

अपने-आप पर उतना बस नहीं होता जितना संगीतज्ञ के समान कुछ अन्य कलाकारों को होता है। प्रेरणा की लहर पर चलनेवाला कवि पंडितों के हाथों ज्यादा नम्बर पाने के उद्देश्य से अपने-आपको किसी धारा-विशेष के साथ बाँधकर नहीं रख सकता। क्रोसे की अगर कोई बात मुझे सबसे अकाट्य दीखती है तो वह यह है कि कला में विषयों का चुनाव नहीं होता। जिस प्रकार प्रत्येक कविता लिखने के समय कवि किसी अनिर्वचनीय प्रेरणा के अधीन होता है, उसी प्रकार उसके समस्त जीवनव्यापी भाव अथवा सन्देश पूर्व से ही निश्चित रहते हैं और उन्हें छोड़कर वह अन्यत्र नहीं जा सकता। कविता लिखना हमेशा सधे हुए गले से मनचाही आवाज निकालने के समान अपने बस की बात नहीं होती। उसमें कुछ संयोग और जुएवाली भी कैफियत है जिसे कवि लाख कोशिश करने पर भी नियन्त्रण में नहीं ला सकता। चाहे ऐतिहासिक प्रक्रिया के प्रभाव के कारण हो अथवा शिक्षा-दीक्षा और संस्कार के कारण, किन्तु प्रत्येक योग्य कवि का कोई एक निश्चित क्षितिज बन जाता है जिससे उसके भाव उतरा करते हैं। उसके भीतर एक शासिका-शक्ति पैदा हो जाती है जिसकी वह अवहेलना नहीं कर सकता। किसी कवि पर यह लांछन लगाना कि उसने अपने विषय का ठीक चुनाव नहीं किया, बहुत कुछ वैसी ही बात है जैसे किसी आदमी से यह कहना कि वह अपनी इच्छा के अनुसार जन्म क्यों नहीं ले सका। और शास्त्राचार्यों के इस प्रकार के निर्णय से कुछ आता-जाता भी नहीं है। टेकनीशियन की प्रशंसा कोई अनुचित प्रशंसा नहीं होती, मगर टेकनिक की कसौटी को ठोंक-पीटकर सदा के लिए एकरूप कर छोड़ना साहित्य में नवीनता के द्वार को अवरुद्ध करना है। कोई नया कलाकार या कवि केवल यह कह देने से कवि और कलाकार की श्रेणी से बाहर नहीं किया जा सकता कि वह उस कसौटी पर खरा नहीं उतरता है जिस पर पहले की कृतियाँ कसी जा चुकी हैं। सम्भव है, पहले की कृतियाँ उन परिस्थितियों के जवाब में नहीं जन्मी हों जो पहाड़ों के उन्मूलन और आसमान को समेटकर मुट्ठी में बन्द करना अपना लक्ष्य समझती हैं। सम्भव है, उन्हें उस भावना से पाला ही नहीं पड़ा हो जो वास्तविकता की छाती से निकलनेवाले चीत्कार को अपना गीत बनाना चाहती है। जिनके आगमन से दुनिया डाँवाडोल होने लगती है, पेड़ के पुराने पत्ते झरने और मृत्यु की ठंडी राख सुगबुगाने लगती है, उनकी कृतियों को केवल टेकनिक की कसौटी पर कसकर यह फतवा देना कि वे ऊँचे या छोटे कवि हैं, बड़ी ही हिम्मत का काम है।

"कोई कृति साहित्य है या नहीं, इसका फैसला तो साहित्यिक मानदंडों से ही होता है, किन्तु साहित्य की उच्चतम कृतियों की पहचान केवल साहित्यिक मानदंडों से ही नहीं की जा सकती।"[1]

---

1. The greatness of literature cannot be determined solely by literary standard, though, we must remember that whether it is literature or not can be determined by literary standard only. [Eliot]

समय जब अपने लिए नई तलवार बनाना चाहता है तब वह नए-नए भावों को रूप देने के निए नए कवि और कलाकार पैदा करता है जो प्राचीन भावधाराओं को मोड़कर अथवा नई भावधाराओं की ईजाद करके समय की प्रगति में सहायक होते हैं। इस दृष्टि से समय की ताकत बहुत बड़ी चीज है और वह साहित्य की शैली को भी प्रभावित करती है। जब शैली की भूमि में नवीनता की आभा पड़ती हो अथवा जब कोई महान कवि या कलाकार हमसे यह माँग करता हो कि तुम काव्य- सम्बन्धी अपनी धारणा में थोड़ी तरमीम लाओ, तब उचित यही है कि हम सोच- समझकर यह संशोधन स्वीकार कर लें अन्यथा जनता और काव्यशास्त्र के बीच कोई मेल नहीं रह जाएगा। शास्त्राचार्य एक चीज कहें और जनता अपनी भक्ति ठीक उलटी चीज को अर्पित करे, इससे तो अधिक शोभाजनक और सत्यसमन्वित कार्य यह होगा कि शस्त्रविद् सच्चाई के हृदय से निकलनेवाली नई आवाज की कद्र करें और उसे वह स्थान देने में हिचकिचाहट नहीं दिखलाएँ जिसकी वह अधिकारिणी है।

जिस प्रकार, रवि बाबू के कलाविषयक विचार उनके शान्तिप्रेम और विश्ववाद-विषयक विश्वासों से प्रभावित हैं, उसी प्रकार इकबाल के कला-सम्बन्धी सिद्धान्त उनकी संघर्षप्रियता से जन्मे हैं। इकबाल यह नहीं मानते कि शान्ति और निश्चेष्टता मनुष्य के स्वाभाविक धर्म हैं। वे यह भी नहीं मानते कि कला अथवा कलाकार का व्यक्तित्व उस भूमि में उत्पन्न होता है जो Superfluous या अनावश्यक है। इस सम्बन्ध में उनकी उक्तियों से जो सार ध्वनित होता है, वह कदाचित्, इस प्रकार रखा जा सकता है कि मनुष्य का व्यक्तित्व शान्ति नहीं, संघर्ष से विकसित होता है और कला इसी संघर्ष की अभिव्यक्ति है। इस प्रकार, इकबाल के मतानुसार, कला जीवन से निकलकर फिर जीवन को ही प्रभावित करती है। अतएव, कला की उन्नति और विकास की पहली शर्त यह है कि कलाकार का जीवन उन्नत और शक्तिशाली हो। जो जाति जितनी बड़ी है, उसकी कला भी उतनी ही ऊँची और महान होती है। कला एक प्रकार की निर्झरिणी है जो हमारे हृदयों से फूटकर फिर हमें ही अभिषिक्त करती है। इसलिए अगर हमारी भीतरी हालत ठीक नहीं है तो जो रोग इस निर्झरिणी के साथ बाहर निकलता है वही फिर लौटकर हममें वापस आ जाता है। ऐसी अवस्था में कला जीवन का अभिशाप हो जाती है और वह जातियों को और भी कमजोर बना देती है।

जिस प्रकार, अपने स्तर पर रवीन्द्रनाथ ने कला और व्यक्तित्व के बीच अन्योन्य सम्बन्ध का होना स्वीकार किया है, उसी प्रकार एक भिन्न दिशा में इकबाल भी कला और व्यक्तित्व को एक-दूसरे से सम्बद्ध मानते हैं। 'असरारे-खुदी' नामक अपने फारसी काव्य की दार्शनिक पृष्ठभूमि की व्याख्या करते हुए उन्होंने लिखा है कि "सभी जीवन का रूप वैयक्तिक होता है, विश्व-जीवन जैसी किसी चीज का वजूद नहीं है। स्वयं परमात्मा भी एक व्यक्ति है, यद्यपि उसका व्यक्तित्व अन्य सभी व्यक्तित्वों से अनोखा और भिन्न है। यह सारी सृष्टि व्यक्तियों के एक वृहत समूह के समान है और

हम सब उस महान और अनूठे व्यक्तित्व का अनुकरण कर रहे हैं।" परमात्मा के महान व्यक्तित्व में अपने व्यक्तित्व के लय कर देने को सभी धर्मों ने मनुष्य का चरम लक्ष्य माना है, किन्तु इकबाल इस दर्शन को स्वीकार नहीं करते। वे कहते हैं, मनुष्य को अपने भीतर ईश्वरीय गुणों का विकास करना चाहिए जिससे कि वह खुद भी ईश्वर के समान हो जाए। 'ब्रह्मविद् ब्रह्मैव भवति' यह वेदान्त की भी घोषणा है। किन्तु, इकबाल इस अवस्था से भी आगे बढ़कर मनुष्य से यह कहना चाहते हैं कि तू अपने-आपका इतना विकास कर कि तू इस दुनिया में नहीं, बल्कि यह दुनिया ही तुझमें खो जाए और स्वयं भगवान की इच्छा तेरी इच्छा में विलीन हो जाए।

खुदी को कर बुलन्द इतना कि हर तकदीर से पहले,
खुदा बन्दे से खुद पूछे बता तेरी रजा क्या है?

[बाँगे-दरा]

जँचते नहीं कंजश्को-हमाम इसकी नजर में,
जिबरीलो-सराफील की सैयाद है मोमिन।

[बाले-जिबरील]

काफिर की ये पहचान कि आफाक में गुम है,
मोमिन की ये पहचान कि गुम इसमें हैं आफाक!

[बाले-जिबरील]

मनुष्य का यह विकास केवल शान्ति-सेवन और निवृत्ति की आराधना से नहीं हो सकता। इसके लिए तो उसे निरन्तर संघर्ष करना चाहिए। जीवन के विकास का मार्ग निवृत्ति नहीं, प्रवृत्ति है। वास्तविकता से पीठ फेर लेना अपने पौरुष का आप ही अपमान करना है। व्यक्तित्व तो उसे कहते हैं जो इस वास्तविकता को अपने भीतर खींचकर पचा ले।

"मनुष्य का नैतिक और धार्मिक आदर्श निवृत्ति नहीं, प्रवृत्ति है और अपने इस आदर्श की प्राप्ति के लिए उसे अधिक-से-अधिक वैयक्तिक, औरों से अधिक-से-अधिक भिन्न और निराला होना पड़ता है।"[1]

जीवन बहुत सारी बाधाओं से घिरा हुआ है। जिन्दगी बहुत-सी शर्तों के अधीन है। सृष्टि में सबसे अधिक स्वतन्त्र व्यक्ति परमात्मा है। अतएव परमात्मा तक पहुँचने के लिए हमें भी अपनी बाधाओं से मुक्त होना चाहिए। परमात्मा की कामना, असल में, अपनी मुक्ति की ही कामना है। इसलिए मानव जीवन को स्वाधीनता अथवा मुक्ति के लिए किया जानेवाला अनवरत प्रयास समझना चाहिए।

और चूँकि जीवन का धर्म चेष्टा और प्रयास है, इसलिए इकबाल व्यक्तित्व को

---

1. The Moral and religious ideal of man is not self-negation, but self-affirmation and he attains to this ideal by becoming more and more individual, more and more unique. [Secrets of the Self by R.A. Nicholson: भूमिका-भाग]

संघर्ष अथवा तनाव की स्थिति कहते हैं और यह मानते हैं कि व्यक्तित्व की सत्ता तभी तक कायम रहती है जब तक यह तनाव ढीला नहीं होता।

"जिसे हम व्यक्तित्व कहते हैं, वह एक संघर्ष की अवस्था है और जब तक यह अवस्था बनी रहती है तभी तक मनुष्य में व्यक्तित्व का भी तेज रहता है।"[1]

जभी यह संघर्ष शिथिल होने लगता है, आदमी का व्यक्तित्व भी मन्द पड़ने लगता है। अपने भीतर संघर्ष की यह अवस्था पैदा करना मनुष्य की सबसे बड़ी सफलता है और जो चीजें इस तनाव को कायम रखती हैं, वे ही हमें अमरता की ओर ले जाती हैं तथा जो चीजें उसमें शैथिल्य उत्पन्न करती हैं, वे हमें मृत्यु की ओर ले जाती हैं। व्यक्तित्व का यही तनाव, निरन्तर संघर्ष में लीन रहने की यही मनःस्थिति इकबाल के सारे दर्शन का आधार है और इसी कसौटी पर वे कला, धर्म, नैतिकता और राजनीति, सभी का मूल्य आँकते हैं।[2]

इकबाल कहते हैं कि मनुष्य के सभी प्रयासों का लक्ष्य अपने जीवन को गौरवपूर्ण, सबल और समृद्ध बनाना है। आदमी की जितनी भी कलाएँ हैं, उन्हें इस एक लक्ष्य की अधीनता स्वीकार करनी ही चाहिए, क्योंकि सभी कलाओं की केवल एक कसौटी है कि उनमें जीवनदायिनी क्षमताओं का कितना प्राचुर्य है। इकबाल के मतानुसार सबसे बड़ी कला वह है जो हमारे भीतर सोई हुई इच्छा-शक्ति को जगाकर उसे कार्य की ओर प्रेरित करती है तथा हमारी शिराओं में चेतना भरकर हमें वीरतापूर्वक जीवन की कठिनाइयों का सामना करने को तैयार करती है। इसके विपरीत, जो भी कला हममें आलस्य भरती अथवा कल्पित सौन्दर्य के भुलावे में डालकर हमें जीवन से दूर ले जाती है, वह हीनता, विनाश और मृत्यु की कला है।

"जो भी चीजें हममें आलस्य और निद्रा का संचार करती हैं; जो भी चीजें हमारी आँखों से उस वास्तविकता को ओझल करती हैं, जिसे अधिकार में लाए बिना जीवन टिक नहीं सकता, वे सब-की-सब मृत्यु और विनाश लानेवाली हैं।"[3]

'कला के लिए कला' वाले सिद्धान्त का तिरस्कार करने में इकबाल को उतनी भी झिझक नहीं है जितनी झिझक कलावादियों को उसे स्वीकार करने में होती है। जो कला जीवन को प्रेरणा नहीं देती, उसे वे कथमपि स्वीकार करने के पक्ष में नहीं हैं।

---

1. Personality is a state of tension and can continue only if that state is maintained. [Secrets of the Self by Nicholson]
2. That which fortifies personality is good, that which weakens it is bad. [Secrets of the Self]
3. All that brings drowsiness and makes us shut our eyes to reality around, on the mastery of which abone life depends, is a message of decay and death. [Secrets of the Self: भूमिका-भाग]

"कला में अफीम-सेवन के लिए गुंजाइश नहीं होनी चाहिए। 'कला के लिए कला' का सिद्धान्त पतनशीलता का प्रपंचपूर्ण आविष्कार है और उसका ध्येय भुलावे में डालकर हमें अशक्त बनाना है जिससे कि हमारे हाथों का अधिकार दूसरों के हाथ में चला जाए।"[1]

निरुद्देश्यता, वायवीयता और कर्महीनता के साथ कला का जो परम्परागत सम्बन्ध रहा है और कला के जिस अपार्थिव रूप पर पंडितों और आलोचकों का अत्यधिक जोर रहा है, शायद उसी को देखते हुए इकबाल ने जगह-जगह पर यह इंगित किया है कि मैं कवि नहीं हूँ, मेरी वाणी को केवल कविता के रूप में ग्रहण मत करो। जिस प्रकार रवीन्द्र में धरती की पीड़ाएँ भी निराकार सुषमा का रूप धारण कर लेती हैं, उसी तरह इकबाल में आकर सारी खूबसूरती का मकसद आदमी के भीतर कोई बड़ा भाव जगाना हो जाता है। रवीन्द्रनाथ की 'आज कोनो काज नय सब फेले दिये' वाली मुद्रा कहीं-कहीं इकबाल में भी मिलती है।

दुनियाँ की महफिलों से उकता गया हूँ या रब,
क्या लुफ्त अंजुमन में जब दिल ही बुझ गया हो?

[बाँगे-दरा]

इस कविता में इकबाल एक शुद्ध कलाकार की तरह अपने हाथ से छूटे हुए-से प्रतीत होते हैं और वे घूम-घूमकर उन सुषमाओं का रस लेते हैं जो रवीन्द्र की अनावश्यक भूमि की सुषमाएँ हैं, जिनका उद्देश्य केवल आनन्द का दान है, जो आदमी को भुलाकर जिन्दगी से दूर ले जाने की ताकत रखती हैं और जिन पर सदियों से शुद्ध कलावादियों का समुदाय जी-जान से लट्टू रहा है।

पानी को छू रही हो झुक-झुक के गुल की टहनी
जैसे हसीन कोई आईना देखता हो।
मेहंदी लगाये सूरज जब शाम की दुल्हन को,
सुखी लिये सुनहरी हर फूल का कबा हो।
पच्छिम को जा रहा हो कुछ इस अदा से सूरज,
जैसे कोई किसी के दामन को खींचता हो।
जुल्मत झलक रही हो इस तरह चाँदनी में,
ज्यो आँख में सेहर की सुरमा लगा हुआ हो।

[बाँगे-दरा]

मगर ये सुषमाएँ इकबाल के मकसद पर परदा नहीं डाल सकतीं। जो चीज उनके दिल को जितना ही हिलकोरती है, वह उनके उद्देश्य को भी उतना ही तेज बनाती

---

1. There should be no opium-eating in art. The dogma of art for the sake of art is a clever invention of decadence to cheat us out of power.

[Secrets of the Self: भूमिका-भाग]

है। ये सुन्दरताएँ, शायद, मोहनी हैं जिन्हें दिखलाकर वे लोगों को अपने दिल की बात सुनने को तैयार करते हैं। ये छवियाँ, शायद मम्मट की कल्पना की 'कान्ताएँ' हैं जिनके मुख से वे अपना दर्द लोगों के दिलों तक पहुँचाना चाहते हैं। 'एबार फिराओ मोरे' में रवीन्द्रनाथ ने स्थूल को लेकर क्रान्तिकारी की तरह आरम्भ किया, किन्तु, अन्त तक जाते-जाते वे निराकार की भूमि में चले गए। इसके प्रतिकूल, वर्तमान कविता को इकबाल कवि की तरह से आरम्भ करके उसे देशभक्त की तरह समाप्त करते हैं। यह उन दिनों की रचना है जब इकबाल खांटी देशभक्त थे और जब अपने वतन की किस्मत पर रोने से बढ़कर उनके लिए और कोई प्यारा काम नहीं था। खूबसूरती की इस महफिल में घूमते-घूमते न जाने क्या सोचकर वे रो पड़ते हैं और जिस नज्म में आनन्द और खुशी की ऐसी घटा उठी थी, वह नाले या रुदन में समाप्त हो जाती है।

दिल खोलकर बहाऊँ अपने वतन पै आँसू,
सरसब्ज जिसके नम से बूटा उमीद का हो।
इस खामुशी में जायें इतने बलन्द नाले,
तारों के काफले को मेरी सदा दरा हो।
हर दर्दमन्द दिल को रोना मेरा रुला दे,
बेहोश जो पड़े हैं, शायद उन्हें जगा दे।

[बाँगे-दरा]

इकबाल ने जो खुलकर सोद्देश्य कला के पक्ष का समर्थन किया उससे इकबाल की मुखालफत करनेवाले आलोचकों के हाथ में एक तलवार तो अनायास ही आ गई; मगर सब कुछ होते हुए भी हम उनकी सच्चाई से इनकार नहीं कर सकते। अपनी रचनाओं से वे सहज ही यह प्रभाव उत्पन्न करते हैं कि उनमें कोई प्रज्वलित सत्य छिपा हुआ है जो बाहर आना चाहता है, उनके सामने कोई लक्ष्य है जिसे वे शीघ्र से शीघ्र प्राप्त करना चाहते हैं। महाकवि अथवा महान कलाकार कहलाने में जो सुख है, वह उनका ध्येय नहीं है।

जीना वो क्या जो हो नफसे-गैर पर मदार,
शुहरत की जिन्दगी का भरोसा भी छोड़ दे।

[बाँगे-दरा]

काव्यकला का माध्यम उन्होंने इसलिए नहीं चुना कि आनन्दविधायक कलाकारों की पंक्ति में उन्हें इज्जत की जगह हासिल करनी थी, बल्कि इसलिए कि उन्हें मुस्लिम समाज का हृदय झकझोरकर उसे जाग्रत् करना था और आदमी के दिल पर कब्जा करने की 'शार्टकट राह' कविता ही है। सिद्धान्त के स्तर पर कला को साधन तो सभी मानते हैं, मगर आचार्यों की एक कमजोरी है कि वे कला को साध्य समझ लेने को भी कोई बड़ा दोष नहीं मानते। इकबाल ने कला को जीवन से कभी भी ऊपर नहीं

माना। असल में, व्याख्या उन्हें जीवन की करनी थी, कला उसमें सहायता देने को आई। उनका आनन्द केवल अभिव्यक्ति का आनन्द नहीं है, वे उस अभिव्यक्ति को लोगों तक पहुँचाना भी चाहते हैं और कला का महत्त्व वे यह मानते हैं कि वह इस काम को बखूबी अंजाम दे सकती हैं। और उनका यह विश्वास बहुत सही निकला है; क्योंकि रुदन और गर्जन, दोनों का उनकी कला ने पूरी सफलता से वहन किया है। इकबाल के गरजते हुए भावों का साथ उनकी कला ने जिस सहजता से दिया है, इसका उदाहरण 'शिकवये खुदा' का वह अंश है जहाँ इकबाल इस्लाम की गत गरिमाओं की याद करते हैं और उनका रुदन कला से मिलकर कितना रंगीन हो सकता था, इसका उदाहरण 'तस्वीरे-दर्द' की ये पंक्तियाँ हैं, जिनमें उनके दिल की कचोट इन्द्रधनुष की सतरंगी साड़ी पहनकर सामने आई हैं।

उठाये कुछ वरक लाले ने, कुछ नरगिस ने, कुछ गुल ने,
चमन में हर तरफ बिखरी हुई है दास्ताँ मेरी।
उड़ा ली कुमारियों ने, तूतियों ने, अन्दलीबों ने,
चमनवालों ने मिलकर लूट ली तर्जे-फुगाँ मेरी।
टपक अय शमआ, आँसू बन के परवानों की आँखों से,
सरापा-दर्द हूँ, हसरत-भरी है दास्ताँ मेरी।
हुवेदा आज अपने जख्मे-पिनहाँ करके छोड़ूँगा,
लहू रो-रो के महफिल को गुलिस्ताँ करके छोड़ूँगा।
जलाना है मुझे हर शम-ए-दिल को सोजे-पिनहाँ से,
तेरी तारीक रातों को चिरागाँ करके छोड़ूँगा।
पिरोना एक ही तसबीह में इन बिखरे दानों को,
जो मुश्किल है तो इस मुश्किल को आसाँ करके छोड़ूँगा।

[बाँगे-दरा]

भाषा और भाव, जब दोनों एक-दूसरे से मिलने के लिए बेकरार होते हैं, तभी साहित्य में ऐसी अनमोल पंक्तियाँ लिखी जाती हैं। कलावादी की राय में यह कला का चमत्कार समझा जाएगा और विषयवादी कहेंगे कि इसमें भाव की तीव्रता का चमत्कार है। परन्तु सच्चाई यह है कि जब तक भाव और भाषा का भली-भाँति मेल नहीं हो जाए, तब तक काव्य में वह चमत्कार नहीं आता जिसे खोकर रसिक मग्न और आलोचक मूक हो जाते हैं।

जिस प्रकार, रवीन्द्र का कला-सिद्धान्त उनके जीवन-दर्शन में गुँथा हुआ है, उसी प्रकार इकबाल ने भी कला सम्बन्धी विचार उनके दर्शन से ही आए हैं। मगर दोनों महाकवियों के दृष्टिकोण में बड़ा ही भेद है। रवीन्द्र शान्ति के प्रेमी, सुन्दरता के पुजारी और भगवान के विनम्र भक्त हैं। उनकी अन्तिम कामना है, शान्ति के समुद्र में बहते हुए परमात्मा की शराण में पहुँच जाना।

सम्मुखे शान्ति-पारावार,
भासाओ तरणी हे कर्णधार!

मगर इकबाल की कल्पना संघर्ष से तनी हुई उद्दाम पुरुष की कल्पना है, और आदि से अन्त तक अंगारों की तरह जीकर वे भगवान के पास भी इसी रूप में पहुँचना चाहते हैं, जिससे भगवान से उन्हें अपनी खता ही माफी करानी नहीं पड़े, उलटे भगवान ही उनसे पूछे कि बता, तुम्हारी क्या इच्छा है। और इकबाल की सौन्दर्य-भावना भी उनकी संघर्ष और शक्तिशाली भावना से अलग नहीं है। वे किसी भी ऐसे सौन्दर्य को स्वीकार नहीं करते जिसके भीतर सुन्दरता के साथ शक्ति का भी मेल नहीं हो, जिसके चारों ओर जिन्दगी की चिनगारियाँ नहीं छिटक रही हों।

न हो जलाल तो हुस्नो-जमाल बेतासीर,
निरा नफस है मगर नग्मा न हो आतिशनाक।

[बाले-जिबरील]

और तो और, इकबाल कहते हैं कि अगर मुझे नरक में जाना पड़ा तो वहाँ भी मैं उस आग को भी कभी बर्दाश्त नहीं करूँगा, जिसके शोले बेबाक और तेज नहीं हों।

मुझे सजा के लिए भी नहीं कबूल वह आग,
कि जिसका शोला न हो तुन्दो-सरकशो-बेबाक।

[बाले-जिबरील]

रवीन्द्र कण-कण में परमात्मा की विभूति का दर्शन करनेवाले रसस्निग्ध कवि हैं तथा वे आकाश के सन्देश को पृथ्वी की पहुँच में लाते हैं।

एई ये तोमार प्रेम ओ गो हृदयहरण,
एई ये पाताय आलो नाचे सोनार वरण।

× × ×

चित्त आमार हारालो आज मेघेर माझखाने,
कोथाय छूटे चलेछे से कोथाय के जाने?

[गीतांजलि]

प्रकृति में परमात्मा की विभूतियों के दर्शन इकबाल ने भी किए हैं और उनके चित्रण से इकबाल की सूफियाना मुद्रा काफी खुशनुमा और रंगीन भी हुई है। मगर उनके कला-सम्बन्धी सिद्धान्तों को समझने में वे कविताएँ सहायक नहीं होतीं जिनमें अनन्तता की झिलमिलाहट अथवा कल्पना की रंगीनी आशकार हुई है। इस प्रसंग में तो उनकी वे रचनाएँ ही उपयोगी और महत्त्वपूर्ण हैं जिनमें उनके व्यक्तित्व का तनाव झलकता है, जिनमें वे मिट्टी की आग को आकाश की ओर भेजते हैं और पुरुष को यह सन्देश देते हैं कि जहाँ भी कोई जोखिम और विरोध है, वहीं तुम्हारी क्रिया का भी क्षेत्र है।

मेरी नवाये-शौक से शोर हरीमे-जात में,
ग़ौग़ाये-हाये-अल्लमा बुतकदा-वो-सिफात में,
हूरो-फरिश्ते हैं असीर मेरे तखैयुलात में।
मेरी निगाह से खलल तेरी तजल्लियात में।

[बाले-जिबरील]

× × ×

खतर-पसन्द तबीयत को साजगार नहीं,
वो गुलिस्ताँ कि जहाँ घात में न हो सैयाद।

[बाले-जिबरील]

ऊपर के एक प्रसंग में कहा जा चुका है कि 19वीं सदी का मुस्लिम-समाज अपनी तमाम उलझनों के निदान के लिए एक कवि की राह देख रहा था और वह कवि इकबाल के व्यक्तित्व में आया। अतएव इकबाल को एक तरह से जिन्दगी की जरूरतों ने पैदा किया था। उनका दर्शन केवल पुस्तकीय दर्शन नहीं था। किताबों के साथ-साथ उन्होंने जिन्दगी का भी दूध पिया था और अपने जीवन-दर्शन का विधान करते हुए वे बराबर इस बात से अवगत रहे कि उन्हें, प्रधानतः, दुरवस्था में पड़े हुए मुस्लिम समाज का उद्धार करना है। अतएव इस राह में जो-जो बाधाएँ आईं, उन्हें उन्होंने बड़ी ही बेरहमी से कुचल डाला। प्लेटो का निवृत्ति-मार्ग, हिन्दुत्व का मायावाद, बौद्धमत का शून्यवाद और मुस्लिम कवियों का रहस्यवाद, ये सभी चीजें इकबाल को बाधक मालूम हुईं और उन्होंने इन सबके प्रभाव से इस्लाम को मुक्त करने का ध्येय अपने सामने रख लिया। 'असरारे खुदी' में प्लेटो के सिद्धान्तों का जो खंडन उन्होंने किया है वह अनुवाद में भी बड़ा ही तेजस्वी और बेधक दीखता है।[1] इसी प्रकार का प्रहार उन्होंने हाफिज पर भी किया, क्योंकि उनका विश्वास था कि हाफिज जैसे कवियों की गजलों के कारण भी इस्लाम के पौरुष का ह्रास हुआ है। जीवन की नश्वरता का चित्र खींचकर मनुष्य को अकर्मण्य अथवा विरक्त करनेवाला दर्शन इकबाल की दृष्टि में मृत्यु का दर्शन है। अपने इस पक्ष का समर्थन करते हुए उन्होंने लिखा है कि :

"प्लेटो का मैंने जो विरोध किया है वह, असल में, दर्शन के उन सभी सिद्धान्तों का विरोध है जो जीवन की जगह मृत्यु को अपना आदर्श मानते हैं। जीवन की सबसे बड़ी बाधा द्रव्य अथवा प्रकृति है। मगर ये दर्शन इस मूल बाधा से ही आँखें फेर लेते हैं और मनुष्य को उसे जीतकर आत्मसात् करने के बदले उससे पीठ फेरकर भाग खड़े होने की सलाह देते हैं।"[2]

1. देखिए Secrets of the Self. Chapters VI & VII
2. My Criticism of Plato is directed against those philosophical systems which hold up death rather than life as their ideal-systems which ignore the greatest obstruction to life, namely matter, and teach us to run away from it instead of absorbing it.[Secrets of the Self: भूमिका-भाग]

इसी प्रकार, हाफिज जैसे मादक कवियों का अनुकरण करनेवाले कलाकारों के लिए भी उनके पास सिर्फ उपेक्षा, व्यंग्य और भर्त्सना के ही शब्द हैं :

इश्को-मस्ती का जनाज़ा है तखैयुल इनका,
इनके अन्देशये-तारीक में कौमों के मजार।
चश्मे-आदम से छिपाते हैं मोकामाते-बलन्द,
करते हैं रूह को खाबीदा बदन को बेदार।
हिन्द के शायरो? सूरतगरो? अफसाना नबीस?
आह! बेचारों के आसाब पै औरत है सवार।

[बाले-जिबरील]

संघर्ष और तनाव का कवि होने के कारण हम इकबाल को किसी असन्तोष की वृत्ति से बेचैन पाते हैं। कोई चीज है जिसकी जुस्तजू उन्हें सोने नहीं देती, कोई दृश्य है जिसे वे सबको दिखलाना चाहते हैं, उनके भीतर कोई आग है जिसे वे सबके दिलों में पहुँचाने को बेकरार हैं।

जवानों को सोजे-जिगर बख्श दे,
मेरा इश्क, मेरी नजर बख्श दे।
मेरी नाव गिरदाव से पार कर,
ये साबित है, तू इसको सैय्यार कर।
मेरे दीदये-तर की बेखाबियाँ,
मेरे दिल की पोशीदा बेताबियाँ,
मेरा दिल, मेरी रज्मगाहे-हयात,
गुमानों के लश्कर, यकीं का सबात;
यही कुछ है साकी, मताये-फकीर,
इससे फकीरी में हूँ मैं अमीर।
मेरे काफले में लुटा दे इसे
लुटा दे किनारे लगा दे इसे

[साकीनामा : बाले-जिबरील]

ऐसी पंक्तियाँ कारीगरी से नहीं गढ़ी जातीं, वे तभी लिखी जाती हैं जब कलाकार के दिल में प्रेरणा की लहर और बेचैनी की आग होती है। सच पूछिए तो यह निरी कारीगरी से बहुत ऊपर की चीज है। यह वह अवस्था है जब जिन्दगी की धारा को बदलनेवाले कवि के भीतर नबी या पैगम्बर की मुद्रा प्रकट होती है और वह तीर की तरह समाज के हृदय को चीर डालना चाहता है।

संघर्ष और निरन्तर संघर्ष, सफर और जिन्दगी भर का सफर, यह इकबाल की कविता से बार-बार ध्वनित होनेवाला एक सन्देश है। वे मनुष्य को कहीं भी बैठने की

इजाजत दे नहीं देते। आदमी का काम चलना है, तब तक चलना जब तक आगे की राह शेष हो।

तू रह नवर्दे-शौक है, मंजिल न कर कबूल,
लैला भी हमनशीं हो तो महमिल न कर कबूल।

[टीपू की वसीयत : बाले-जिबरील]

तथा

सितारों से आगे जहाँ और भी हैं,
अभी इश्क के इम्तिहाँ और भी हैं।
तू शाहीं है, परवाज है काम तेरा,
तेरे सामने आसमाँ है और भी हैं।

[बाले-जिबरील]

रवीन्द्र और इकबाल, दोनों दो शिखरों के वासी हैं। किसी ने खूब कहा है कि रवीन्द्र शान्तिनिकेतन में रहते थे, किन्तु इकबाल ने अपने रहने का घर ज्वालामुखी के मुख पर बनाया था। यह उक्ति और किसी की नहीं, सआदत अली खाँ नामक एक मुस्लिम आलोचक की है[1] जिन्हें, शायद, यह भय था कि जिस दिन यह ज्वालामुखी फटेगा; इकबाल हवा में उड़ जाएँगे। ज्वालामुखी को फटे कई साल हो गए, मगर यह विस्फोट इकबाल को हवा में नहीं उड़ा सका, वे तो अपने ही 'स्प्लिंटर्स' पर चढ़कर लोगों के दिलों में जा पहुँचे हैं और वहाँ उस रूप में पूजित हो रहे हैं जिस रूप में कवियों की पूजा तब होती थी जबकि दुनिया आज की तरह जवान नहीं थी। रवीन्द्र और इकबाल को लेकर शैली और द्रव्य का झगड़ा उठाना भी बेकार है, क्योंकि द्रव्य की समृद्धि रवीन्द्र में भी कम नहीं है और इकबाल की उक्तियाँ जो हम सबों को अभिभूत करती हैं, वह इस कारण नहीं कि हम उनके दार्शनिक दृष्टिकोण को स्वीकार करते हैं, बल्कि इसलिए कि उनमें साहित्य का चमत्कार है। शायद रवीन्द्र और इकबाल से मिलनेवाले दो प्रकार के आनन्द दो रसों की भिन्नता का द्योतन करते हैं और, यद्यपि, विश्लेषण के समय इकबाल की कविताओं में रस-निष्पत्ति की सभी सामग्रियों को ढूँढ़ निकालना जरा कठिन काम होगा, लेकिन मैं मानता हूँ कि रवीन्द्र की रचनाओं में श्रृंगार का वातावरण है तथा उसका प्रधान फल चित्त की द्रुति और विकास है। इसके विपरीत, इकबाल की रचनाओं का वातावरण वीर रस का वातावरण है तथा हमारे चित्त पर उसका प्रभाव ओज और दीप्त के रूप में पड़ता है। मगर सच्ची बात यह है कि साहित्य में श्रृंगार का स्थान वीर रस से हमेशा ही ऊँचा रहा है। यह भी कि रवीन्द्र विश्वभर के कवि हैं और उनकी कविताओं से भारतवर्ष से बाहर के लोगों को भी उतना ही आनन्द मिल सकता है जितना भारतवासियों को। मगर इकबाल, प्रधानतः, अपने धर्म के कवि हैं और उनकी कविताओं का एक सन्देश तो

1. Iqbal: the Poet and his message By Dr. S. Sinha, Page 239.

सिर्फ उन्हीं के लिए है जो उनके धर्मबन्धु हैं। एक अन्य रूप में देखने पर रवीन्द्र और इकबाल के बीच वही भेद झलकता है जो तांडव और लास्य में है। तांडव की उत्पत्ति शिव से हुई थी जब वे सती की मृत्यु से क्षुब्ध थे। लास्य का जन्म पार्वती से हुआ, जब वे प्रेम के कारण प्रसन्न थीं। तांडव की उत्पत्ति पहले हुई, लेकिन, वह नीरस और शुष्क निकला, तभी पार्वती ने कृपा करके लास्य का आविष्कार किया। कहते हैं, पुरुष भी पहले बना था, किन्तु मानवता का पूरा चमत्कार उसमें नहीं निखर सका, तभी ब्रह्मा को लाचार होकर नारी-मूर्ति की रचना करनी पड़ी। तब से सभ्यता का रथ नारी और नर, दोनों के सन्तुलित योग से चलता रहा है। सत्य दोनों में से किसी एक के तिरस्कार में नहीं, प्रत्युत दोनों के समुचित सहयोग में है। जहाँ लास्य हो वहाँ तांडव भी रहेगा, जहाँ तांडव है वहाँ लास्य को भी स्थान मिलना चाहिए। क्योंकि :

विश्वे या किछु महान, सृष्टि-चिर-कल्याण-कर,
अर्धेक तार करियाछे नारी, अर्धेक तार नर।

—नजरुल

(अर्धनारीश्वर)

शेक्सपियर

शेक्सपियर का युग साहित्य के विशेष नक्षत्रों का युग था। जिस साल शेक्सपियर का जन्म हुआ, उसी साल माइकेल एंजेलो का देहान्त हुआ था। इधर भारत की ओर देखें, तो शेक्सपियर गोस्वामी तुलसीदास जी के समकालीन थे। शेक्सपियर की मृत्यु सन् 1616 में हुई, जब वे 52 साल के थे। अजब संयोग की बात कि उसी साल 'डान कियोटी' के लेखक सर्वांतीस का भी देहान्त हुआ। तुलसीदास जी सौ-सवा साल जीकर सन् 1623 ई. में स्वर्ग सिधारे। और इन सभी कलाकारों के विषय में यह बात मजे में कही जा सकती है कि वे किसी एक युग के कलाकार नहीं थे। जब वे जीवित थे, तब अपने समकालीनों के साथ उनका कोई साम्य नहीं था। जब वे मरे, तब उनका उत्तराधिकार किसी को भी प्राप्त नहीं हुआ।

शेक्सपियर की जीवनी के बारे में हमें ज़्यादा जानकारी नहीं है, जैसे हम तुलसीदास जी के भी विषय में कोई बात निश्चय के साथ नहीं जानते। तब भी जो बातें अनुमान के साथ जानी जा सकी हैं, वे ये हैं कि शेक्सपियर का जन्म स्टेटफोर्ड-आन-एवोन में हुआ था। कुछ दिनों तक उन्होंने गाँव के ही ग्रामर स्कूल में शिक्षा पाई थी और आरम्भ या बाद में उन्होंने किसी स्कूल में पढ़ाया भी था। एक बार उन्होंने किसी नवाब का एक हिरन चुरा लिया था, जिससे यह अनुमान लगाया जाता है कि उनकी संगति अच्छे लोगों के साथ नहीं थी। विवाह उन्होंने एक ऐसी महिला से किया, जिसकी उम्र शेक्सपियर की उम्र से आठ साल अधिक थी। कहा यह भी जाता है कि उन्हें दुनियादारी का भी अच्छा तजुर्बा था और अपनी कमाई से उन्होंने एक अच्छी कोठी और कुछ जायदाद भी खरीदी थी।

जिन दिनों शेक्सपियर का जन्म हुआ, उन दिनों इंग्लैंड में काव्यात्मक नाटकों की धूम मची हुई थी। उनसे पहले अंग्रेजी में मार्लो-जैसे नाटककार हो चुके थे, जिन्होंने फाउस्ट की कथा पर एक नाटक की रचना की थी। लंदन में उस समय 20 नाट्यशालाएँ थीं और नाटक की कम्पनियाँ गाँवों में भी काम करती थीं। ऐसी ही किसी कम्पनी में शेक्सपियर ने पहले अन्य लेखकों के नाटकों के संशोधन का काम शुरू किया; फिर वे धीरे-धीरे खुद मौलिक नाटक लिखने लगे। वे नाटक केवल लिखते ही नहीं, कुछ अभिनय भी करते थे, गरचे अभिनय वे साधारण पात्रों का ही करते थे।

लिखने का काम उन्होंने केवल 20 वर्ष किया। उसके बाद अवकाश ग्रहण करके वे अपने घर में रहने लगे और वहीं उनका देहान्त हुआ।

यूरोप में आधुनिक युग का आरम्भ उस समय से माना जाता है, जब अमरीका का पता चला। इसलिए शेक्सपियर का आविर्भाव आधुनिक युग की आरम्भिक घटनाओं में से एक महत्त्वपूर्ण घटना है। शेक्सपियर के जन्म के पूर्व ही बारूद की ईजाद हो चुकी थी, बेधशालाएँ कायम होने लगी थीं, अक्षरों के टाइप ढलने लगे थे और आदमी ने ग्लोब बना लिया था। कोलम्बस, वास्को डि गामा और ड्रेक के अनुसंधानों से मनुष्य के मस्तिष्क में एक प्रकार का बौद्धिक कोलाहल आरम्भ हो गया था और आदमी की कल्पना पुराने क्षितिजों को पार करके एक नए आकाश में विहार करने लगी थी।

कवि लेखन का कार्य अपनी आत्मा को देखकर नहीं करता, अपने काल को देखकर करता है; वह अपनी ही प्रसन्नता के लिए नहीं लिखता, अपने युग के सन्तोष के लिए लिखता है। कवि के साथ उसके युग की हवा में उड़ते रहते हैं, उसके समकालीन समाज के हृदय में गूँजते रहते हैं, मगर सभी लोग इन भावों के गुंजन को नहीं सुन सकते। जो उन्हें सुन सकता है, समझ सकता है और ठीक से पहचानकर उन्हें समुचित भाषा का लिबास पहना सकता है, वही अपने काल का गायक, अपने युग का कवि कहलाता है। शेक्सपियर के नाटकों में से सबसे अधिक धूम 'मैकबेथ' की रही है। यह मत ठीक है कि 'मैकबेथ' के समान तूफानी नाटक इस भूमंडल पर कोई और नहीं है, किन्तु वैयक्तिक चरित्र के रूप में शेक्सपियर का सबसे विलक्षण निर्माण 'मैकबेथ' नहीं, 'हैमलेट' है। 'हैमलेट' की कल्पना प्राचीन काल के लेखक नहीं कर सकते थे। प्राचीनों का खयाल था कि आदमी या तो धार्मिक होता है या अधार्मिक, वह अच्छा होता है या बुरा, किन्तु रेनेसांस के प्रकाश में जब आदमी के भीतरी रूपों का अध्ययन आरम्भ हुआ, तब पता यह चला कि आदमी न तो अच्छा होता है, न बुरा। अच्छा और बुरा उसे परिस्थितियाँ बनाती हैं और रेनेसांस के प्रकाश में ही मनुष्य ने यह भी समझा कि वह बुद्धिमान कम, भावनाशील अधिक है। वह जिन प्रवृत्तियों से चालित होता है, उनका न तो उसे सम्यक् ज्ञान है, न उन प्रवृत्तियों पर वह अपना नियंत्रण रख सकता है। इसीलिए वह शक्तिशाली होता हुआ भी बेबस और बुद्धिमत्ता के रहते हुए भी बुद्धिहीन है।

जिस दृष्टि से आदमी को देखते-देखते शेक्सपियर ने 'हैमलेट' की सृष्टि की, लगभग उसी दृष्टि से आदमी को समझकर मार्लो ने 'फाउस्ट' लिखा था, सर्वांतीस ने 'डान कियोटी' की कल्पना की थी और टर्सो डी मोलिना ने 'डान जुआन' लिखा था और उसी दृष्टि से सृष्टि को समझकर मोनतेन ने फ्रांस में अपना संदेहवादी दर्शन गढ़ा था। यह कोई आकस्मिक बात नहीं है कि ये सभी लेखक घट-बढ़कर आपस में समकालीन थे। 'डान कियोटी' के लेखक ठीक उसी साल मरे, जिस साल शेक्सपियर

का देहान्त हुआ तथा मार्लो की मृत्यु 1593 ई. और मोनतेन की मृत्यु 1592 ई. में हुई। टर्सो डी मोलिना भी इसी के आसपास स्वर्गीय हुए होंगे।

मार्लो के फाउस्ट की मानसिक उड़ान अगर कुछ कम हुई होती तो आदमी वह अच्छा हुआ होता। अगर उसकी कल्पना-शक्ति कुछ शिथिल हुई होती, अगर साहस और जोश उसमें कम रहा होता, तो पुण्य के भाव उसमें अधिक सुदृढ़ हुए होते, किन्तु सद्गुणों के एकांगी विकास के कारण 'फाउस्ट' दुखांत नाटक का नायक बन गया। और टर्सो का 'डान जुआन' फाउस्ट के ही प्रेम-पक्ष का अतिरंजित आख्यान है। जहाँ तक डान कियोटी के व्यक्तित्व का सवाल है, डान कियोटी उस सनातन कवि का प्रतीक है, जो प्रत्येक मनुष्य के भीतर छिपा रहता है। डान कियोटी की रचना लेखक ने अपने समय के नाइटों पर व्यंग्य कसने को की होगी, किन्तु यह कृति एक विचित्र प्रकार की ट्रैजी-कामेटी बन गई। डान कियोटी ने जो कुछ भी किया, अच्छे भावों से प्रेरित होकर किया, किन्तु, वास्तविकता हमेशा उसे धोखा देती रही। नतीजा यह हुआ कि डान कियोटी ने वास्तविकता को आदर नहीं, उपेक्षा की वस्तु समझ लिया और यही चीज उसकी बर्बादी का कारण हुई। दुनिया के बारे में जो विचार मार्लो, टर्सो और सर्वांतीस के हैं, लगभग वैसे ही विचार फ्रांसीसी दार्शनिक मोनतेन के भी हैं। उनका विश्वास न तो कल्पना में है, न वास्तविकता में। वे संसार की हर चीज को देखते हैं, हर चीज को समझते हैं और सब पर हँसते हुए आगे निकल जाते हैं। मोनतेन उस गमगीन दार्शनिक के प्रतीक हैं, जिसकी सारी पूँजी उसकी निरपेक्ष हँसी होती है, जिसके बल पर वह सारी वेदनाओं को झेलकर आगे निकल जाता है।

यही वह पृष्ठभूमि है, जिस पर शेक्सपियर के 'हैमलेट' को कुछ दूर तक समझा जा सकता है। जो आदमी अपने पुण्य के कारण बर्बाद होता है, दुखांत नाटक का असली पात्र वही है। हैमलेट जवान है, सुशील है, तेजस्वी और पुण्यवान है। मगर उसके भीतर कोई चीज है, जो उसे निर्णय नहीं लेने देती, जो उसे यह बताती है कि कर्म स्थूल वस्तु है, मनुष्य को केवल चिन्तन करना चाहिए। हैमलेट सर्वोत्तम मनुष्य भी है और सबसे बुरा आदमी भी। उसका निर्माण पारे से हुआ है, अतएव उसकी कोई भी अदा स्थिर नहीं रहती।

फिर भी, हैमलेट अनोखा हमें जितना भी लगे वह बिलकुल अपरिचित व्यक्ति नहीं है। प्राचीन काल में हैमलेट की कल्पना नहीं की जा सकती थी, क्योंकि उस समय आदमी की जानकारी कम, मगर उसके मिजाज में स्थिरता अधिक थी। हैमलेट का असली समय वह है, जिसमें हम जी रहे हैं। ज्यों-ज्यों आदमी के ज्ञान में वृद्धि होती है, त्यों-त्यों चिन्तक-वर्ग का हाल बुरा होता जाता है। यह युग उन मनीषियों का है, जो या तो फाउस्ट के सगोत्री होने के कारण मिट रहे हैं अथवा मिजाज से हैमलेट होने के कारण विनाश को प्राप्त हो रहे हैं; या तो उच्चाभिलाषाओं के कारण टूट रहे हैं या इस कारण बर्बाद हो रहे हैं कि जो बातें उन्हें पसन्द नहीं हैं, उनसे वे समझौता नहीं

कर सकते। वे संसार को केवल भावना से जीतना चाहते हैं, केवल विचारों से बदलना चाहते हैं, लेकिन दुनिया केवल कर्मवादियों को पूजती है। केवल चिन्तन में बसने वाला आदमी धरती को अपने अधिकार में नहीं ला सकता। उलटे वह धोखा खाता है।

क्रिया को छोड़ चिन्तन में फँसेगा,
उलट कर काल तुझको ही ग्रसेगा।

फिर भी, हैमलेट की रचना करके शेक्सपियर ने अपना जो सन्देश दिया है, वह अद्‌भुत है। लोग जिसे कोरा भावनाशील समझते हैं, उसकी निन्दा करने को उसे हैमलेट कह देते हैं। मगर वे यह बात भूल जाते हैं कि हैमलेट अगर नहीं लिखा गया होता, तो शेक्सपियर की गैलरी प्रभावहीन रह गई होती। हैमलेट उस व्यक्ति का प्रतीक है, जो संसार पर आधिपत्य जमाकर उसे दबाना या बर्बाद करना नहीं चाहता। उसके भीतर वैराग्य है, उसके भीतर करुणा है, उसके भीतर सहने की प्रवृत्ति है और ये सारे गुण संसार के लिए आवश्यक हैं।

लेकिन जब हम मैकबेथ को देखते हैं, तब एक दूसरी ही दुनिया हमारे सामने आती है, जिसमें ज्ञान और भावना के लिए कोई स्थान नहीं है, जो केवल फरेब की दुनिया है, जालसाजी, धोखा और विश्वासघात का संसार है। मैकबेथ की भूमि ज्ञान नहीं, ठोस कर्म की है और कर्म का जो रूप इसमें निखरा है, उसे देखते हुए हर आदमी हैमलेट के साथ हामी भरने को तैयार होगा कि कर्म आदर नहीं, अनादर की वस्तु है। शेक्सपियर ने हैमलेट लिखकर ज्ञान की अनुपयोगिता का वर्णन किया है और मैकबेथ लिखकर उसने यह घोषणा की है कि जब कर्म अपनी अति पर पहुँचता है, तब वह सीधे नरक का मार्ग बन जाता है। तो मनुष्य क्या करे? उत्तर शायद मोनतेन के पास है—सबको देखो, सबको समझो और सब पर हँसते हुए आगे निकल जाओ।

शेक्सपियर का शायद यह विश्वास था कि पूर्ण मनुष्य की कल्पना निस्सार है। पूर्ण मनुष्य कभी भी पैदा नहीं होता। उनके सभी चरित्र उस अपूर्णता और कमज़ोरी की झलक दिखा जाते हैं, जो अक्सर मनुष्यों में देखी जाती है। इस मामले में वे वाल्मीकि और तुलसीदास के बिलकुल विपरीत हैं, क्योंकि वाल्मीकि और तुलसीदास ने ऐसे मनुष्य की भी कल्पना की है, जो ईश्वर का समकक्ष है।

एक ही शेक्सपियर ने आदमी के कितने रूपों का सफल प्रतिनिधित्व किया है, यह देखकर आश्चर्य होता है। युद्ध का वर्णन वे सेनापति की तरह करते हैं। अदालतों का दृश्य वे वकील की तरह लिखते हैं और राजा-रानियों का हाल इस सफाई से लिखते हैं, मानो वे खुद कोई दरबारी सामंत रहे हों। हैमलेट के स्वभाव का चित्रण उन्होंने उच्च कोटि के मनोविज्ञानवेत्ता की तरह किया है और राजा लियर की प्रक्षिप्तता उन्होंने इस बारीकी और स्वाभाविकता से चित्रित की है, मानो वे खुद पागल रहे हों। बड़ों का वर्णन बड़प्पन के साथ और छोटों का चित्रण उनके सहज लाघव के

साथ करके उन्होंने यह बता दिया है कि मनुष्य की प्रत्येक भावदशा का उन्हें पूर्ण ज्ञान था। यह कहना तनिक भी अशियोक्तिपूर्ण नहीं है कि विधाता के बाद सबसे अधिक मूर्तियाँ शेक्सपियर ने ही गढ़ी हैं। शेक्सपियर की इस सफलता से चमत्कृत होकर आलोचक उन रहस्यों का पता लगाना चाहते हैं, जिनके प्रयोग से शेक्सपियर ने यह कामयाबी हासिल की होगी। मगर असली रहस्य कभी उनके हाथ नहीं आएगा। जीनियस जिस सीढ़ी से सफलता के शिखर तक पहुँचते हैं, उसे खींचकर वे अपने ही साथ वापस ले जाते हैं।

नई आलोचना की एक जिज्ञासा यह भी होती है कि अपनी पुस्तकों में खुद लेखक कहाँ छिपा हुआ है। मगर शेक्सपियर कहीं एक जगह पकड़ाई नहीं देते। अपनी रचनाओं के भीतर वे ठीक उसी प्रकार से छिपे हुए हैं, जैसे परमेश्वर अपनी सृष्टि में छिपा रहता है। शेक्सपियर ने 37 नाटक और 154 सानेट लिखे और इतना लिखने पर भी वे बिलकुल तटस्थ लेखक हैं। ऐसे लेखक होशियारी से नहीं बनते, कोशिश और चालाकी से नहीं तैयार होते, वे कुदरती तौर पर बने-बनाए पैदा होते हैं। उनके विषय में हम जितना ही जानते हैं, उतना ही यह विश्वास ज़ोर पकड़ता है कि जानने की बहुत-सी बातें अभी और बाकी हैं। लगता है, शेक्सपियर एक खूँटी हैं, जिस पर प्रकृति ने अपने समग्र भेदों को टाँग दिया है।

शेक्सपियर की प्रशंसा जिन शब्दों मे की गई है, उन शब्दों का प्रयोग किसी और लेखक या कवि के लिए नहीं किया गया है। कोलरिज ने उन्हें अनंत मस्तिष्कोंवाला मनुष्य कहा है। पोप ने उन्हें अनुपम कीर्ति का उत्तराधिकारी बताया था। पोप ने यह भी कहा था कि शेक्सपियर और प्रकृति दो नहीं, एक ही हैं और गेटे पर जब शेक्सपियर का जादू सवार हुआ, तो वे बोल उठे थे : 'प्रकृति! प्रकृति! बस, मेरी तो यही पुकार है। शेक्सपियर के मनुष्य जितने प्राकृतिक हैं, उतना प्राकृतिक और कुछ भी नहीं है।' शेक्सपियर के नाटक दुर्लभ ज्योतियों की मंजूषा हैं, जिनके भीतर मानवता का इतिहास, काल के अदृश्य धागे पर, हमारी आँखों के आगे नृत्य करता है। लेकिन शेक्सपियर की सबसे बड़ी प्रशंसा मैथ्यू आर्नाल्ड ने कही है : 'Others abide our question. Thou art free. अर्थात संसार के और लेखक हमारे प्रश्नों के दायरे में हैं, मगर तुम उस दायरे से आजाद हो। तुम उस ऊँचाई पर हो, जो ज्ञान के शिखर से भी आगे है।

मनुष्य का मन उसके अन्तर्मन की अपेक्षा कमज़ोर है। मनुष्य की बुद्धि दुर्बल, उसकी भावनाएँ और आवेग बलवान हैं। हम जो कुछ भी अच्छा या बुरा, असंभव या अकरणीय कर्म कर बैठते हैं, उसकी प्रेरणा हमारे चेतन नहीं, अवचेतन से आती है। अवचेतन की वे प्रवृत्तियाँ जो अंधी और गूँगी हैं, हमारे कब्जे में नहीं हैं; हम अपनी इच्छा के अनुसार उन्हें चला नहीं सकते; वे ही हमें चलाती हैं और हमसे ऐसे कर्म करवा डालती हैं, जिन्हें हमारी बुद्धि नहीं समझ सकती। शेक्सपियर इसी अन्तर्मन या

अवचेतन के कवि थे। उनका उद्देश्य आदर्श-निरूपण नहीं, मनुष्य की इन्हीं अपरिचित वृत्तियों का चित्रण था। उनके नाटक नाटक नहीं खेल हैं और खेल होने के कारण ही वे हमें इतने रोचक लगते हैं। उनके नाटक हमारी ज़िंदगी का खाका स्वप्न के रंगों में खींचते हैं, हमारा ही चेहरा वे मुखौटा लगाकर दिखलाते हैं। कर्म में उनका विश्वास नहीं था और चिन्तन को भी वे निस्सार समझते थे, इसीलिए मेरा खयाल है, शेक्सपियर अपने और किसी भी पात्र की अपेक्षा हैमलेट के अधिक समीप हैं। हैमलेट का दोष क्या था? उसने ज़िंदगी के अपने सपने इतनी सफाई से देखे थे कि जीवन में रहना उसके लिए असंभव हो गया। यही हाल शेक्सपियर का भी हुआ होगा। उनकी कब्र का यह शोक-अभिलेख बहुत ही उचित है कि हम उस तरह की सामग्री हैं, जिससे स्वप्न बनाए जाते हैं : 'We are such stuff as dreams are made of.'

जब शेक्सपियर का अध्ययन गहराई से किया जाने लगा, तब यह देखकर एक समय लोग चकित रह गए थे कि विश्व का यह सर्वश्रेष्ठ कलाकार मौलिक नहीं है। उसने दूसरों से केवल कथावस्तु ही नहीं ली है, बल्कि पंक्तियाँ भी उठाई हैं, पंक्तियों के भाव भी लिए हैं। मेरा खयाल है, अगर यह बात सच भी हो, तो इससे शेक्सपियर की महत्ता में कमी नहीं आती। मौलिकता एक ऐसी चीज है, जिसके अभाव से महाकवियों की शक्ति और छोटे कवियों की दुबर्लता में वृद्धि होती है। अगर मौलिकता की कसौटी ही महत्ता की कसौटी हो, तो तुलसीदास जी कहीं के नहीं रहेंगे, क्योंकि रामायण की बहुत-सी सर्वोत्तम पंक्तियाँ वे हैं, जो संस्कृत में लिखी जा चुकी थीं। साहित्य का एक स्वरूप यह भी है कि उसकी रचना व्यष्टि नहीं, समष्टि करती है। साहित्य में भी चिराग चिरागों से जलते हैं। नदी जब समतल पर आती है, उसके पहले बहुत-से सोते और नाले उसमें मिल गए होते हैं। उधार लिए बिना साहित्य में कोई बड़ा काम न तो पहले हुआ है, न आगे होगा। जो लोग मौलिकता के नाम पर कवि पर पड़े प्रभावों की खोज करते हैं उन्हें तन्दुरुस्त आदमी की तन्दुरुस्ती का रहस्य उन सब्ज़ियों, भेड़ों, बकरों और मुर्गों में खोजना चाहिए जिन्हें वह खाकर पचा चुका है।

दुनिया बहुत पुरानी हो चुकी है। इसमें अच्छे चिन्तक भी इतनी अधिक संख्या में हो चुके हैं कि सर्वथा नई कही जानेवाली बातों का अभाव हो गया है। एक ही तरह के भाव अनेक लोग लिखते हैं, किन्तु यश उनमें से किसी एक को मिलता है। मैदान में गेंद तो एक ही रहती है, बड़ाई उसकी है जो खास अदा और तेज़ी से उसमें किक मार सके।

साहित्य का सारा इतिहास प्रभावों के आदान-प्रदान का इतिहास है। तुलसीदास ने प्रसन्नराघव से उधार लिया, अश्वघोष ने कालिदास से, अलेक्जेंडर ने फिलिप से, आगस्टीन ने सेंट पाल से, शिलर ने शेक्सपियर से और शेक्सपियर ने प्लूटार्क से; और कहा जा सकता है कि शापेनहार ने कांट से उधार लिया है तथा सर इकबाल पर नीत्से

का कर्ज है और जब यह उधारबाजी नहीं चलती, तब साहित्य का बाजार मंद पड़ जाता है। जब भी साहित्य में गतिरोध उत्पन्न होता है, तब समझना चाहिए कि लेखकों का अध्ययन बन्द हो गया है अथवा ऐसे माल तक उनकी दृष्टि नहीं जा रही है, जो उड़ाने के योग्य हो और उधारबाजी का यही रिवाज लेखकों को मशहूर भी करता है। सुकरात का यह सौभाग्य था कि उसे अफलातून के समान साहसी चोर मिला, जिसे माल हड़पने में तनिक भी हिचकिचाहट नहीं थी और इसी अफलातून ने सुकरात को दुनिया-भर में मशहूर कर दिया।

चावल, दाल और नमक तथा लकड़ी बहुत लोग जुटा सकते हैं, मगर खिचड़ी पकाने की सही कला कोई-कोई ही जानता है। खासकर साहित्य में आग नाम की चीज किसी-किसी के ही पास होती है। जिसके पास जागरूक आत्मा है, वही उक्तियों को उनके सही प्रसंग में देख सकता है तथा उनका ऐसा विलक्षण प्रयोग कर सकता है कि वे उसी की हो जाएँ। शेक्सपियर ने अपने युग में उपलब्ध ज्ञान की सभी राशियों का उपयोग किया, इसलिए साहित्य के मन्दिर में कीर्ति की जितनी भी घंटियाँ टँगी हैं, शेक्सपियर का नाम सभी घंटियों पर बज रहा है।

(साहित्यमुखी)

पोलैंड के राष्ट्रकवि अदम मित्सकेविच

अदम मित्सकेविच, जिनके स्वर्गारोहण के शताब्दी-समारोह में भाग लेकर मैं अभी-अभी स्वदेश लौटा हूँ, पोलेंड के राष्ट्रीय कवि थे। उनका जन्म सन् 1798 ई. में और स्वर्गवास सन् 1855 ई. में हुआ। कविताएँ लिखना उन्होंने 1820 ई. में आरम्भ किया और कोई चौदह वर्ष बाद उन्होंने कविता से संन्यास ले लिया। यह इसलिए नहीं कि उस समय तक उनकी प्रतिभा का स्रोत सूख गया था, प्रत्युत्, इसलिए कि चौदह वर्ष तक कल्पना के कुंज में घूमते-घूमंते वे ऊब-से गए एवं उनके भीतर यह भावना जाग पड़ी कि जिन सपनों से अब तक खेलता रहा हूँ, अब उन्हें आकार दिया जाना चाहिए। प्रायः, देखा गया है कि बुढ़ापे के पास आते-आते कवि दार्शनिक या संन्यासी हो जाता है। मित्सकेविच के साथ यह परिवर्तन कुछ भिन्न रूप में आया। वे परिपक्व होते-होते कल्पना को छोड़ कर सत्य पर आ गए, काव्य-रचना का त्याग करके राष्ट्र-रचना में लीन हो गए। यह भी कर्मठ संन्यास का ही उदाहरण कहा जा सकता है। और जब उन्होंने कविता छोड़ी, वे दर्शन की ओर भी झुके एवं रहस्यवाद में उनकी अनुरक्ति बहुत बढ़ गई।

किसी भी देश का सच्चा राष्ट्रीय कवि कौन हो सकता है? गेटे ने कहा है कि राष्ट्रकवि उसे कहना चाहिए जिसने अपनी जाति के इतिहास की सभी प्रमुख घटनाओं के पारस्परिक सम्बन्धों का संधान पा लिया है, जिसे यह ज्ञात हो चुका है कि उसके जातीय इतिहास में कौन-कौन बड़ी घटनाएँ घटी हैं तथा उनके परिणाम क्या निकले हैं। राष्ट्रीय कवि की एक पहचान यह भी है कि उसे अपने देश-वासियों के भीतर निहित महत्ता का ज्ञान होता है, अपनी जाति की गहरी अनुभूतियों से परिचय होता है तथा उसे इस बात का पता होता है कि उसकी जाति की कर्मठता का प्रेरणा-स्रोत क्या है। राष्ट्रकवि का एक लक्षण यह भी है कि उसकी जाति जिस उमंग से चालित होकर सम्पूर्ण इतिहास में काम करती आयी है, उसे वह कलात्मक ढंग से अभिव्यक्त करे। राष्ट्रकवि केवल वह कवि हो सकता है जिसकी रचना में जाति अपनी आत्मा की प्रतिच्छाया देखती हो, जिसमें उस जाति के बाहु-बल का आख्यान हो, उसके विचारों की ज्योति और भावनाओं का गुंजन विद्यमान हो। और, कोरे कवि जातीय कवि होने का दावा कर भी नहीं सकते। जातीय कवि तो वे ही लोग होते हैं, जिनमें कल्पना के

साथ कर्मठता को भी प्रेरित करने की शक्ति है, जो केवल अतीत की आराधना नहीं करके अपने व्यक्तित्व के जोर से भविष्य को भी प्रभावित करते हैं। राष्ट्रकवि वह वैनतेय है जो बहुत ऊँचाई पर उड़ता है, जिसकी एक पाँख को अतीत को समेटे रहती है, किन्तु, जो अपनी दूसरी पाँख से भविष्य की ओर संकेत करता है।

इन अर्थों में अदम मित्सकेविच पोलैंड के सच्चे राष्ट्रीय कवि थे। पोलैंड का इतिहास बहुत-कुछ अपने देश की राजपूत-जाति का इतिहास रहा है। राजपूतों ने वीरता कम नहीं दिखलाई, बलिदान कम नहीं किए, किन्तु, विधि-विधान से उनकी प्रत्येक वीरता विपत्ति में बदलती गई, उनकी हर एक कुर्बानी नई मुसीबतों का कारण बनती गई। इसी प्रकार, पोलिश जाति ने भी बार-बार जिस वीरता का परिचय दिया, जो बलिदान चढ़ाए, उन सबका परिणाम विपत्तियों का विस्तार होता गया। संसार में पोलैंड एक ऐसा देश है, जिसकी स्वतन्त्रता बार-बार खोई गई और बार-बार उसने उसे वापस लाने के प्रयास में पहले से भी बड़ी वीरता और बलिदान का परिचय दिया; जिसका अंग बार-बार राजनीति की मेज पर कई टुकड़ों में विभक्त किया गया और उसने बार-बार सभी खंडों को एक करके नया जन्म लेने की कोशिश की।

अदम मित्सकेविच पोलैंड की इस ऐतिहासिक विपत्ति और इस ऐतिहासिक उमंग से भरे हुए थे। कवि तो वे रोमांटिक थे, किन्तु, उनकी वेदना में, वास्तव में, उनके राष्ट्र की ही वेदना अभिव्यक्ति पाती रही और उनके उत्साह में भी उनकी जाति का ही उत्साह बोलता रहा। उनका जन्म पोलैंड की स्वाधीनता की समाधि पर हुआ था। वे एक ऐसे समय में पैदा हुए जब पोलैंड की एकता और स्वतन्त्रता का एक रूप भस्मीभूत हो चुका था और इसकी सम्भावना नहीं रह गई थी कि किसी अन्य रूप में पोलैंड की एकता और आजादी फिर से जीवित हो सके। पोलैंड विपत्तियों के अगम जाल में था। उसके ऊपर स्वेच्छाचारी राजाओं के पाँव जमे हुए थे और जनता दमन के भार के नीचे तड़फड़ा रही थी। यही राष्ट्रीय पीड़ा मित्सकेविच की कविता की प्रेरणा बन गई और इसी से त्राण पाने को उन्होंने अपनी कविताओं के भीतर से उत्साह और विद्रोह का मंत्र फूँका। वेदना और वीरता, मित्सकेविच की कविता की ये मूल प्रेरणाएँ हैं। असल में, जैसे पोलैंड वेदना और वीरता का देश रहा है, उसी प्रकार, मित्सकेविच भी वेदना और वीरता के कवि थे। ''मैं समस्त पोलिश जाति की वेदना का अनुभव करता हूँ, ठीक वैसे ही, जैसे गर्भिणी नारी अपने अनुत्पन्न शिशु की पीड़ा का अनुभव करती है।'' यह मित्सकेविच की प्रेरणा का एक पक्ष है। किन्तु, उसका दूसरा पक्ष भी है जो तत्कालीन दमन से पीड़ित पोलिश जनता में उमंग भरती है और उसके युवकों में विद्रोह के लिए उत्साह जगाती है।

''आह! यहाँ तो हृदयहीन, निरात्म और निर्जीव कंकालों का ढेर है। ओ नौजवानो! तुम अपने पंख मुझे दे दो कि मैं इस अभिशप्त और नंगे श्मशान से ऊपर उड़कर प्रकाश और सपनों के देश में पहुँच जाऊँ। चमत्कार परिश्रम से जन्म लेता है।

साहस और श्रम, ये सपनों में सच्चे फूल खिला देते हैं और आशा की स्वर्ण-सुन्दरी साहसी एवं उद्योगी पुरुषों के हाथों अपना शृंगार सजाती है।"

जिन दिनों अदम मित्सकेविच लिख रहे थे, उन दिनों, यूरोप भारी उथल-पुथल से गुज़र रहा था। यह यूरोप में नेपोलियनी भूचालों का काल था और सारा महादेश वैचारिक, भावात्मक और राजनीतिक प्रवेगों से हिल रहा था। पोलिश भाषा में पहली साहित्यिक क्रान्ति यूरोप के रोमांटिक कवियों और विचारकों के प्रभाव से आई। संसार को हिलानेवाली घटनाओं ने पोलैंड की भी परम्परा को हिला दिया और जर्मनी, फ्रांस तथा इंग्लैंड के समान वहाँ भी साहित्य की क्लासिक परम्परा समाप्त हो गई एवं गेटे, शीलर, स्काट और बायरन पोलैंड में इस प्रकार लोकप्रिय हो उठे, मानों, वे पोलिश भाषा के ही कवि रहे हों। पोलिश भाषा में इस रोमांटिक आन्दोलन का आरम्भ मित्सकेविच ने किया और उन्हीं की रचनाओं में इसका संतुलित परिपाक भी मिलता है, मानों, कोई मुग्धा एक ही रता में बुद्धिमती प्रौढ़ा नारी बन गई हो।

विचित्रता की बात यह रही कि जिन लोगों ने पोलिस साहित्य की इतनी सेवा की उनमें से कोई भी अपने देश में नहीं था। पोलैंड पराधीन देश था, अतएव, उसके सभी चिन्तक और कवि निर्वासन में रहकर उस स्वप्न की साधना कर रहे थे जो प्रत्येक पोल के हृदय में बसा हुआ था। पोलैंड की स्वतन्त्रता और एकता के स्वप्न, पोलैंड में ही नहीं, बल्कि, अधिकतर अन्य देशों में पाले गए। अदम, मित्सकेविच और उनके समकालीन कवि क्रासिंस्की एवं स्लोवास्की पोलैंड से बाहर रहते थे अथवा कोई पोलैंड जाता भी था तो लुक-छिपकर और बहुत अल्प काल के लिए। यह काल पोलिश साहित्य का स्वर्णकाल था, किन्तु, अचरज की बात है कि इस काल की कोई भी श्रेष्ठ कृति पोलिश जमीन पर नहीं रची गई। भाव तो पोलैंड के हैं, घटनाएँ भी पोलिश इतिहास से ली गई हैं और लिखने के पीछे जो प्रेरणा है वह भी शुद्ध पोलिश देशभक्त के हृदय से निकली है, किन्तु, लिखनेवाला कवि देश से दूर निर्वासनों में है। शायद, यह भी एक कारण है पोलैंड के इन निर्वासित कवियों की पंक्तियों में जो वेधकता है वह अन्यत्र नहीं मिलती।

अदम मित्सकेविच भी सन् 1824 ई. में अपने देश से जो निकले सो फिर कभी लौटकर वहाँ नहीं जा सके। देश से बाहर रहकर ही उन्होंने अपने देशवासियों में विद्रोह की भावना जगाई और देशभक्ति का प्रचार किया। देश से बाहर रहकर ही वे पोलैंड के लिए क्रान्ति की सेना तैयार करते रहे। उन्हें अपनी जाति की स्वातन्त्र्य-प्रियता में अदम्य विश्वास था और निर्वासन में वे बराबर पोलैंड में क्रान्ति के विस्फोट की प्रतीक्षा करते रहे। अन्त में, सन् 1830 ई. में वारसा में क्रान्ति प्रकट हुई और उसमें भाग लेने को मित्सकेविच तेज़ी से वारसा की ओर चल भी पड़े। किन्तु, पोन (जो पोलैंड का ही एक प्राचीन नगर है) पहुँचते ही उन्हें यह दुःसंवाद मिला कि वारसा की क्रान्ति पराजित हो गई है। इस दुःसंवाद से उनका कलेजा बैठ गया और पोलैंड से वे तुरन्त निकल गए।

इन्हीं दिनों इटली में उनका प्रेम एक पोलिश युवती से हो गया, किन्तु, कन्या के पिता की कठोरता के कारण यह प्रेम भी असफल रहा। इन दो असफलताओं के भार से मित्सकेविच बेतरह दबे रहे और तब सन् 1832 ई. में उन्होंने पेरिस जाकर 'पनूतदोश' की रचना आरम्भ की। यह महाकाव्य सन् 1834 ई. में प्रकाशित हुआ और इसके प्रकाशित होते ही यूरोप में मित्सकेविच की ख्याति आकाश चूमने लगी। तब से 'पनूतदोश' स्लाव-भाषा के सर्वश्रेष्ठ जातीय काव्य के रूप समादृत चला आ रहा है। 'पनूतदोश' इस बात का उदाहरण है कि ऊँची कविता तभी जन्म लेती है, जब कवि की वैयक्तिक अनुभूति विषय और भाव के साथ मिलकर एकाकार हो उठे। वरासा-क्रान्ति की विफलता और प्रेम में मिली हुई निराशा मित्सकेविच की अपनी पीड़ाएँ थीं। इन पीड़ाओं को इतिहास की गाथा के साथ गूँथ कर उन्होंने अपना दर्द पोलिश जाति के दिल में उतार दिया। इसीलिए, यह काव्य अमर हो गया। कहते हैं, जैसे गेटे ने 'फ़ास्ट' इसलिए लिखा कि वे अपनी भावाकुलता से मुक्ति खोज रहे थे, उसी प्रकार, मित्सकेविच ने भी 'पनूतदोश' की रचना आत्म-मुक्ति के उद्‌देश्य से की थी।

'पनूतदोश' का अंग्रेजी अनुवाद केलिफोर्निया के प्रोफेसर न्वायस ने किया है। यों, यूरोपीय भाषाओं में उसके अनुवाद बहुत पहले से मौजूद हैं। 'पनूतदोश' में पोलिश राष्ट्र की आकुलता की स्पष्ट छाप है। किन्तु, मित्सकेविच केवल एक राष्ट्र के कवि नहीं थे। राष्ट्रीय रेखाओं के आर-पार, मनुष्य-मनुष्य में मोलिक एकता का जो तार है, मित्सकेविच उससे भली-भाँति परिचित थे। उन्होंने लिखा है, "जो व्यक्ति किसी एक राष्ट्र के हित की बात करता है वह स्वतन्त्रता का शत्रु है। समस्त यूरोप को छोड़कर किसी एक देश की उन्नति की बात सोचना, असल में, उस देश की भी उन्नति के ख़िलाफ सोचना है। ...सब का सुख प्रत्येक व्यक्ति का जीवनोद्‌देश्य होना चाहिए।

मित्सकेविच का देहान्त सन् 1855 ई. के 26 नवम्बर को कुस्तुनतुनियाँ नगर में हुआ। उनका शव मन्तमोरेन्सी में दफ़नाया गया, किन्तु, सन् 1890 ई. में कृतज्ञ पोलिश जाति ने उसे ढोकर पोलैंड की प्राचीन राजनगरी क्रैकोव में दुबारा दफ़न किया। अब मित्सकेविच और स्लोवास्की, ये दोनों पोलिश कवि वहाँ सो रहे हैं जहाँ उनके चारों ओर पोलैंड के राजाओं और रानियों की समाधियाँ हैं।

(वट-पीपल)

इलियट का हिन्दी अनुवाद

कविता का अस्पष्ट हो जाना, उसके अर्थ का कहीं-कहीं धूमिल रह जाना, ये बातें काव्य के इतिहास के लिए नई नहीं पुरानी हैं बल्कि हिन्दी में तो धुँधले सौन्दर्य की प्रशंसा में 'अध उघरे सुख देत'—यह कहावत भी चलती है।

किन्तु रेम्बू, मेलार्मे और, बाद को, रिल्के ने जो कविताएँ लिखीं, उनमें धूमिलता का पुट इतना गहरा उतरा कि पारंपरिक काव्य के प्रेमी उससे हताश हो उठे। उनकी और उनकी परम्परा के कितने ही अन्य कवियों की रचनाओं के बारे में विश्व-भर में दो प्रकार के मत हैं। एक मत तो उनका है, जो साहित्य के गम्भीर अध्येता और समकालीन आलोचना का नेतृत्व करनेवाले लोग हैं। इनमें से अधिकांश पंडितों का मत है कि कविता की सार्थकता तो अब इसी प्रकार की कविताओं से कायम रह सकती हैं, किन्तु इनसे भिन्न जो कविता के सामान्य पाठक हैं, वे नई कविता की अस्पष्टता से नाराज हैं। पंडितों से भर मुँह बोलने की शक्ति तो उनमें नहीं है, किन्तु वे यदि इन कविताओं को पढ़ना न चाहें, तो पंडित बेचारे क्या करेंगे? जहाँ तक मुझे मालूम है, काव्य-पाठकों के एक बड़े समुदाय ने समकालीन कविता पढ़ना छोड़ रखा है।

काव्य और जनता के बीच जिस युग में इतनी बड़ी खाई बन गई हो, उस युग में भी जिस कवि का नाम पुस्तकालय से निकलकर सड़क पर पहुँच जाए, उसे महाकवि मानने से इनकार नहीं किया जा सकता। श्रीयुत इलियट अपने युग के महाकवि हैं और उनका प्रभाव संसार की अनेक भाषाओं के कवियों पर पड़ा है। हिन्दी में भी ऐसे अनेक तेजस्वी युवक काम कर रहे हैं, जिनकी मनोदशा इलियट की मनोदशा से मिलती-जुलती है और जो इलियट तथा उनके समान अन्य कवियों को सामने रखकर कविता के क्षेत्र में नई राहें निकाल रहे हैं।

मुझे बड़ी प्रसन्नता है कि महाकवि इलियट की कविताओं का एक संग्रह हिन्दी में प्रकाशित किया जा रहा है। इस प्रकाशन की यह विशेषता भी ध्यान में लाने योग्य है कि इन कविताओं का अनुवाद तो श्री विष्णु खरे ने किया है, किन्तु उसका प्रकाशन उड़ीसा से हो रहा है। पिछली बार जब मैं कटक गया था, एक मित्र मुझे मनमोहन हाउस ले गए, जो संस्था उड़िया भाषा में प्रकाशन का काम करती है। इस संस्था के

मालिक श्री प्रफुल्लचन्द्र दास ने बताया कि उन्होंने नोबल पुरस्कार विजेताओं के ग्रंथों के अनुवाद उड़िया में प्रकाशित किए हैं। और यह देखकर तो मैं दंग रह गया कि ग्रंथ केवल उपन्यास ही नहीं थे, उनमें पश्चिमी जगत् के समकालीन महाकवियों की कविताओं के भी अनुवाद थे। मैंने प्रफुल्ल बाबू को यह कहकर बधाई दी कि जो काम भारत की अनेक भाषाओं में अभी आरम्भ भी नहीं हुआ, उसे आप उड़िया भाषा में इतनी दूर तक बढ़ा ले गए, इससे स्पष्ट होता है कि आपकी भाषा का निकटवर्ती भविष्य बहुत ही उज्ज्वल है।

अब तो मनमोहन हाउस ने यह भी दिखा दिया कि केवल उड़िया ही नहीं, राष्ट्रभाषा हिन्दी का भी निकटवर्ती भविष्य उज्ज्वल है। हिन्दी के जिन अभावों पर हिन्दी के प्रकाशकों का ध्यान नहीं है, उन्हें शायद वे प्रकाशक दूर रहेंगे, जो अहिन्दी क्षेत्रों में काम करते हैं।

अनुवाद को, कुछ दूर तक, मैंने मूल से मिलाकर देखा है। कविता के अनुवाद का काम तो यों ही महाभयानक काम है। जो मूल का आनन्द ले सकता है, वह कविता के अनुवाद को देखकर बराबर नाक-भौं सिकोड़ लेता है; और जो केवल अनुवाद पढ़ता है, वह भी मुँह बिचकाकर बोल उठता है : 'अच्छा, ये ही हैं जिनका उतना नाम सुना था!' फिर भी, मेरा खयाल है, यह अनुवाद अच्छा उतरा है। इससे सबसे अधिक सन्तोष उन्हें मिलेगा, जो अनुवाद को मूल से मिलाकर पढ़ेंगे। पुस्तक के अन्त में जो नोट दिए गए हैं, वे अत्यन्त उपयोगी हैं।

(साहित्यमुखी)

भूमिका-समीक्षा : काव्य-संग्रह एवं अन्य

माधव मिश्र-कवितावली

(भूमिका)

पं. माधवप्रसाद हिन्दी के अविज्ञात अथवा अल्पज्ञात साहित्यकार नहीं हैं। पं. रामचन्द्र शुक्ल ने अपने इतिहास में उन्हें कोई साढ़े तीन पृष्ठ स्थान दिया है और यह भी लिखा है कि "द्वितीय उत्थान-काल के आरम्भ में इस प्रभावशाली लेखक के उदय की उज्ज्वल आभा हिन्दी साहित्यगगन में कुछ समय के लिए दिखाई पड़ी, पर खेद है कि वह अकाल ही विलीन हो गई।" मिश्रजी केवल 36 वर्ष तक जिये। उनका जन्म सन् 1871 ई. में हुआ था और उनका स्वर्गवास सन् 1907 ई. में हुआ।

पं. रामचन्द्र शुक्ल ने मिश्रजी पर जो कुछ लिखा है, श्रद्धा से लिखा है। मालूम होता है, पं. माधवप्रसाद मिश्र लहरी-तबीयत के आदमी थे और अच्छा लेख वे तब लिखते थे, जब वे जोश में आते थे। शुक्लजी ने मिश्रजी के विषय में पं. चन्द्रधर शर्मा गुलेरी का यह कथन उद्धृत किया है कि "मिश्रजी बिना किसी अभिनिवेश के लिख नहीं सकते। यदि हमें उनसे लेख पाने हैं, तो सदा उनसे एक-न-एक टंटा छेड़े ही रखा करें।"

किन्तु, यह सच है कि आधुनिक हिन्दी कविता के द्वितीय उत्थान के प्रसंग में शुक्लजी ने मिश्रजी का नामोल्लेख नहीं किया। कारण शायद यह था कि मिश्रजी ने डटकर साहित्य-सृजन केवल सात वर्ष (1900 से 1907) तक किया था, किन्तु पं. महावीरप्रसाद द्विवेदी की सेवा काफी लम्बी थी। श्रद्धेय पं. झाबरमल्लजी शर्मा ने प्रश्न उठाया है कि द्विवेदीजी और मिश्रजी में कौन सीनियर और कौन जूनियर था, यह विषय विवादग्रस्त समझा जाना चाहिए। वैसे मिश्रजी द्विवेदीजी से उम्र में सात साल छोटे थे, किन्तु साहित्य में प्रवेश पहले मिश्रजी ने किया था।

द्वितीय उत्थान के कवियों में पं. माधवप्रसाद मिश्र का न गिना जाना थोड़ा अस्वाभाविक लगता है। कविताएँ उन्होंने काफी लिखी थीं, जो वर्तमान संग्रह से स्पष्ट है और उनकी कविताएँ घट-बढ़कर वैसी ही उतरी हैं, जैसी उनके समकालीन कवियों की थीं। विशेषता की बात यह है कि जहाँ-तहाँ ब्रजमिश्रित होने पर भी मिश्रजी का मूल रुझान खड़ी बोली की ओर है। हिन्दी कविता ब्रजभाषा से निकलकर खड़ी बोली में कैसे पहुँची, यह जानने के लिए पं. श्रीधर पाठक की कविताएँ जितनी उपादेय हैं,

पं. माधवप्रसाद मिश्र की कविताएँ भी उतनी ही उपयोगी हैं। यदि विषय की विविधता की दृष्टि से देखें, तो मिश्रजी की कविताएँ विशेष रूप से द्रष्टव्य हो जाती हैं, क्योंकि उनकी कविताओं के भीतर समय के हृदय की धड़कन सुनी जा सकती है। मेरा तो यह खयाल है कि खड़ी बोली की कविता के क्रमिक विकास के प्रसंग में बाबू बालमुकुन्द गुप्त की कविताएँ भी अनुपेक्षणीय हैं।

'सुदर्शन' और 'वैश्योपकारक' इन दो पत्रों के मिश्रजी सम्पादक रहे थे। इसके सिवा उनकी कविताएँ 'भारत-मित्र' और 'राघवेन्द्र' में भी छपी थीं। इन पत्रों की फाइल न देख पाने के कारण मैं भी पं. माधवप्रसाद मिश्र के कवि-रूप से प्रायः अनभिज्ञ ही था, यह अनभिज्ञता पं. झाबरमल्ल शर्मा से बातचीत करने तथा वर्तमान संग्रह को देखने से दूर तो हो गई और यह अब मैं मानता हूँ कि खड़ी बोली हिन्दी के आदि-प्रयोक्ताओं में पं. माधवप्रसाद मिश्र का नाम अत्यन्त उल्लेखनीय है।

जिन दिनों बंगाल में स्वदेशी-आन्दोलन उठा था, उन दिनों मिश्रजी शायद कलकत्ता रहते थे। वे केवल पं. और कलाकार ही नहीं थे, बल्कि सामाजिक और राजनैतिक रूप से जागरूक मनीषी थे और देश में जागृति की जो नई लहर उठ रही थी, उसका उन पर पूरा प्रभाव था। राजनीति में मिश्रजी तिलक-सम्प्रदाय के थे और तिलकजी उनका अत्यन्त सम्मान और विश्वास करते थे। तिलकजी का कहना था कि कांग्रेस और भारत धर्म महामंडल के सिवा मैं और किसी भी संस्था का नहीं हूँ। पं. माधवप्रसाद मिश्र भी इन्हीं दो संस्थाओं में आस्था रखते थे।

चीनी आक्रमण के समय कवियों ने यह जताते हुए अनेक कविताएँ लिखीं कि कोमल भावों की उपासना आज गद्दारी समझी जानी चाहिए। यह प्रवृत्ति पं. माधवप्रसाद मिश्र में भी थी। पं. श्रीधर पाठक के 'ऊजड़ ग्राम' और 'एकान्तवासी योगी' की मिश्रजी ने भूरि-भूरि प्रशंसा लिखी थी, बल्कि 'एकान्तवासी योगी' के प्रसंग में उन्होंने यहाँ तक लिख डाला था कि "इस काव्य के पद-लालित्य के कारण जी चाहता है कि पाठकजी को दंडी के शून्य सिंहासन पर बैठा दें।"

किन्तु जब पाठकजी की 'गुनवन्त हेमन्त' नामक कविता प्रकाशित हुई तो मिश्रजी के भीतर का कर्मठ पुरुष और देशभक्त जग उठा और उन्होंने लिखा कि पाठकजी इसमें 'अन्तरंग रहस्यमय' 'दम्पती-प्रणय' और 'सुरति-सुख' तक का वर्णन कर गए हैं, किन्तु सड़कों और बाजारों में दुर्भिक्ष-दलित, वस्त्रहीन दीन-दुःखियों को बिलकुल भूल गए। 'गुनवन्त हेमन्त' में इन बेचारों की क्या दशा हुई, यह कुछ न जाना। क्या यह पाठकजी जैसे क्षमताशाली मार्मिक कवि के लिए उचित था?

कविता के सम्बन्ध में मिश्रजी जैसा विचार रखते थे, वे खुद वैसी ही कविता भी लिखते थे। जब पंचम जार्ज एडवर्ड युवराज की हैसियत से भारत पधारे, तब उनके स्वागत में मिश्रजी ने एक बहुत ही लम्बी कविता लिखी थी। उस कविता में दुर्भिक्ष, महामारी और भारत की दरिद्रता का मार्मिक वर्णन है। इस कविता के अधिक अंश

पत्रों में प्रकाशित हुए थे। जो अंश प्रकाशित होने से रह गया था, उसकी बानगी नीचे के पद में देखी जा सकती है–

ठकुरसुहाती सभी सुनाते राजा, बाबू, साहूकार;
इन्हें खिताबों की लिप्सा ने बना दिया पूरा बेकार।
जहाँ दशा नृपगण की ऐसी वहाँ प्रजा के मन की बात;
राजकुँवर तक पहुँचा देवें, ऐसी है किसकी औकात?

सन् 1905-1906 में कलकत्ते में जो कांग्रेस हुई थी, उसमें मिश्रजी का रचा हुआ एक गीत गाया गया था, जिसकी टेक थी–

आओ, आओ! भारत कुमार! तज मान, मोह, मद, अहंकार।

मिश्रजी में राष्ट्रीयता कूट-कूटकर भरी थी। 1905-6 में बंगाल में 'वन्दे मातरम्' गायन का बहुत प्रचार था। वन्दे मातरम् को लेकर हिन्दी में भी असंख्य गीत सन् 1910 ई. के बाद लिखे गए। किन्तु हिन्दी का प्रथम वन्दे मातरम् गान मिश्रजी ने ही लिखा था–

कहने में जिससे सुख मिले, होता सदा धरम,
सत्पुरुष जिसको कह गए सबसे बड़ा करम,
इस देश के पूजन के लिए मन्त्र जो परम,
सब मिलके कहिये प्रेम से बस वन्दे मातरम्!

कलकत्ते में सन् 1904 ई. में शिवाजी-उत्सव मनाया गया था। उस अवसर पर भी मिश्रजी ने शिवाजी महाराज पर एक लम्बी कविता लिखी थी, जो इस संग्रह में संगृहीत है। इसी प्रकार जब स्वामी रामतीर्थ संन्यासी हुए, तब मिश्रजी ने उन पर 'युवा संन्यासी' नामक एक अद्भुत कविता लिखी, जिसने देशवासियों को रुला दिया था–

'प्राणनाथ, बालक, सुत, दुहिता'
यों कहती प्यारी छोड़ी।
'हाय, वत्स वृद्धा के धन'–यों
कहती महतारी छोड़ी।
चिर सहचरी 'रियाजी' छोड़ी,
रम्य तटी रावी छोड़ी।
शिखा-सूत्र के साथ, हाय,
वह बोली पंजाबी छोड़ी।

पं. माधवप्रसाद की दृष्टि केवल राष्ट्र तक सीमित नहीं थी। वे उन महा-मनीषियों में थे जिनकी दृष्टि अन्तर्राष्ट्रीय होती है और जो देश-विदेश, सर्वत्र से प्रेरणा ग्रहण करते हैं। सन् 1906 ई. में जब जापान ने रूस को पराजित कर दिया, तब इस घटना से सारे एशिया में स्वाभिमान जाग पड़ा था और एशिया के देश-देश में राष्ट्रीयता की

उत्तेजना प्राप्त हुई थी। पं. माधवप्रसाद मिश्र इस घटना से इतने आन्दोलित हुए कि जापान-विजय पर उन्होंने दो कविताएँ रच डालीं। जापान-विजय से एशिया की कौन-सी महिमा सिद्ध हुई थी, यह नीचे के पद में देखा जा सकता है—

रूसी पराभव असम्भव मानते थे, ऐसा बली न तुझको वह जानते थे।
तूने पराक्रम दिखा कहला लिया है, वीर-प्रसूत अब भी यह एशिया है।

देश के आसपास जो घटनाएँ घटती थीं, उनसे मिश्रजी प्रभावित होते थे। जब अंग्रेज लोग अपना कमीशन तिब्बत भेजने लगे, तब मिश्रजी ने एक कविता तिब्बत पर भी लिखी थी और तिब्बत को भारत से यह उपदेश दिलवाया था—

देखो, सुनो, मत करो अब और गर्जन,
लो मान जो कुछ कहे वह लाट कर्जन।
जो द्वेष-भाव उपजा, उसको मिटा दो,
शंका समस्त मन की अब भी हटा दो!

पं. माधवप्रसाद मिश्र के जमाने में क्रान्ति की बात कोई नहीं बोलता था। फिर भी राजभक्ति को गुड़ में लपेटकर लोग असन्तोष का मार्मिक वर्णन करते थे। पहले मन में असन्तोष, फिर वचन में निर्भयता और अन्त में गांधी-युग में आकर निर्भीक कर्म—भारत के स्वतन्त्रता-संग्राम की यही प्रक्रिया रही है। मिश्रजी का समय असन्तोष की अनुभूति का समय था। इस अनुभूति के बीज भारतेन्दु जी ने बोए थे। मिश्रजी की कविताओं में वे बीज पौधे बन गए। तिलक-स्कूल का होने के कारण मिश्रजी हिंसा की उपादेयता को समझते होंगे। वैसे अहिंसा की बात भी उस समय नहीं चलती थी। अंग्रेजों से मिश्रजी प्रतिशोध लेना चाहते थे। इस प्रतिशोध-भावना की दबी आग उनकी पंक्तियों में दिखाई पड़ती है—

चिऊँटी पगतर दबी काटती, काटत भुनगा,
पै हम कुछ नहि करिहिं दबहु जीवत-जन गुन गा!

मिश्रजी के समकालीन हिन्दी कवियों में प्रतिशोध का इतना भी संकेत शायद नहीं मिलेगा। यदि मैं यह कहूँ कि पं. माधवपसाद मिश्र अपने समय के राष्ट्रीय कवि थे तो इसमें अत्युक्ति की कोई बात नहीं होगी।

मिश्रजी के समय में भारतवासी साम्यवाद के बारे में कुछ नहीं जानते थे, हाँ, फ्रांसीसी राज्य-क्रान्ति के तीन सिद्धान्त—स्वतन्त्रता, समानता और भ्रातृत्व—भारत में भी आदर पा रहे थे। देश में दरिद्रता है, दुर्भिक्ष है, महामारी है, दासता है, इन सारे भावों की अनुभूति सबसे पहले भारतेन्दु को हुई थी और उनके साथियों और उत्तराधिकारियों ने इन भावों को बार-बार लिखा, किन्तु जो बात पं. माधवप्रसाद मिश्र ने लिखी, वह उस समय किसी को भी नहीं सूझी थी।

उस समय शोषण और दारिद्र्य ही सबसे बड़े बोझ थे। लेकिन मिश्रजी स्वाधीनता की महिमा को भली-भाँति जानते थे। स्वाधीनता अपने-आप में सबसे बड़ा मूल्य है।

जिन देशों में शासकों ने रोटी और शराब देकर जनता की स्वतन्त्रता छीन ली है, मानो उन्हें ही सम्बोधित करके मिश्रजी कह रहे हैं–

"स्वाधीनता यदि रहे, उपवास क्या है?"

युवराज के स्वागत में मिश्रजी ने जो कविता लिखी है, उसमें उनका हृदय शोक और क्षोभ से पूर्ण है। सम्भवतः उनके भीतर यह भावना छिपी हुई है कि हाय, मैं तो कविता हिन्दी में लिख रहा हूँ, युवराज इसे कहाँ पढ़ पाएँगे? उसी कविता में उन्होंने यह भी शिकायत की है कि जनता के दुःख-दर्द की कहानी तो भारतीय भाषाओं के अखबारों में छपती है। केवल अंग्रेजी अखबार पढ़ने वाले लोग हमारी पीड़ा को खाक समझेंगे?–

सच्ची दशा यहाँ की सब अब दिखलाते देशी अखबार;
पर वे प्यारे, पहुँच नहीं सकते हैं तुम तक भली प्रकार।

कितने आश्चर्य की बात है कि स्वाधीनता के आगमन के उपरान्त भी शासन जितना अंग्रेजी अखबारों का आदर करता है, उतना देशी अखबारों का नहीं।

मिश्रजी की काव्य-रुचि बड़ी ऊँची थी। वे चाहते थे कि हिन्दी का साहित्य विश्व-साहित्य की टक्कर का हो। किन्तु ऐसा साहित्य न तो वे स्वयं रच सके, न उनके मत से भारतेन्दु हरिश्चन्द्र और पं. प्रतापनारायण मिश्र का साहित्य इस कोटि को पहुँचता है। अपनी 'हिन्दी भाषा' शीर्षक कविता में वे विलाप करते हैं–

तेरे सुपुत्र हरिश्चन्द्र प्रताप जैसे
पाये सुपद्य लिखने वह भी न वैसे;
जिससे कि दोष यह भी रहने न पाता।
काव्योपयुक्त लगती अब तू सुमाता!

अवश्य ही यह रोना भारतेन्दु और प्रतापनारायण मिश्र के खड़ी बोली के पद्यों के लिए है। भारतेन्दुजी ने कुछ थोड़े पद खड़ी बोली में लिखे थे, किन्तु उनकी राय यह बनी कि खड़ी बोली काव्य के उपयुक्त नहीं है। पं. माधवप्रसाद मिश्र के समय तक खड़ी बोली और ब्रजभाषा का संघर्ष चल रहा था तथा अनेक सुधी विद्वान् खड़ी बोली को काव्य-भाषा नहीं मानते थे। सम्भव है, मिश्रजी पर इस स्थिति का भी निराशाजनक प्रभाव पड़ा हो। किन्तु अब मिश्रजी की आत्मा को यह जानकर सन्तोष अवश्य होता होगा कि खड़ी बोली काव्य के उपयुक्त भाषा बन गई है और उसमें ऐसी कविताएँ लिखी जा चुकी हैं, जो विश्व-कविता से मजे में टक्कर ले सकती हैं।

पं. माधवप्रसादजी मिश्र के व्यक्तित्व की जो कल्पना मैं करता हूँ, वह अत्यन्त रोचक और भावपूर्ण है। वे संस्कृत भाषा के निष्णात विद्वान् थे और शास्त्रों से जो कुछ उन्होंने सीखा था, उसे आचरण में उतारा था। अपने समय के वे थोड़े से युवकों में रहे होंगे। केवल सात वर्षों की सेवा से वे साहित्य और समाज में पूजनीय स्थान के अधिकारी बन गए, सिर्फ़ इतनी-सी बात से हम यह अनुमान लगा सकते हैं कि उनका वर्चस्व कितना प्रखर और उनका चरित्र कितना ऊँचा रहा होगा।

जिस साल 'सरस्वती' का प्रकाशन आरम्भ हुआ, उसी साल मिश्रजी ने 'सुदर्शन' नामक मासिक पत्र का भी प्रकाशन आरम्भ किया था; किन्तु 'सुदर्शन' पहले निकला था, 'सरस्वती' बाद को निकली थी। इसीलिए 'सरस्वती' की समीक्षा 'सुदर्शन' में छपी थी।

यह अनुमान भी लगाया जाता है कि पं. महावीरप्रसादजी द्विवेदी पं. माधवप्रसाद मिश्र से अप्रसन्न थे। कारण यह था कि मिश्रजी ने यद्यपि द्विवेदीजी के ग्रन्थ 'बेकन विचार-रत्नावली' की प्रशंसा लिखी थी, किन्तु जब द्विवेदीजी की 'नैषध चरित्र-चर्चा' प्रकाश में आई, मिश्रजी ने उस ग्रन्थ की ईषत् आलोचना कर डाली थी।

मिश्रजी के मिजाज़ में तेज़ी थी। मालवीय जी के प्रति मिश्रजी के हृदय में अगाध श्रद्धा थी। किन्तु जब मालवीयजी ने यह वक्तव्य दिया कि छात्रों को राजनीति में भाग नहीं लेना चाहिए, तब मिश्रजी ने मालवीय जी के विरुद्ध खुली चिट्ठी छपवा दी। इसी प्रकार एक बार भारत धर्म-महामंडल के अधिवेशन में काश्मीर के महाराजा सभापतित्व कर रहे थे और उनका समर्थन किसी ऐसे विद्वान् को प्राप्त था जिसका मिश्रजी विरोध कर रहे थे। बस, फिर क्या था, मिश्रजी जोश में आ गए और यह कह बैठे कि "महाराज, आपकी भी बातें मुझे स्वीकार नहीं हैं, क्योंकि आप नरेश हैं, धर्मेश नहीं।"

अन्त में मैं अपने परम श्रद्धेय मित्र पं. झाबरमल्लजी शर्मा को धन्यवाद देता हूँ, जिनकी कृपा से मुझे इस ग्रन्थ की भूमिका लिखने का पुण्य प्राप्त हुआ और थोड़ी अज्ञानता भी दूर हुई।

(शेष-निःशेष)

गोविन्ददास-ग्रन्थावली

(भूमिका)

जब हम लोग साहित्य का रस लेने की उमंग में पहुँचे, तब तक हिन्दी में छायावाद की स्थापना हो चुकी थी और युवक-सम्प्रदाय, द्विवेदी-काल की रचनाओं से मुँह मोड़ कर, नई कविता को अपनाने लगा था। ठीक उन्हीं दिनों (कदाचित् 1924-25 के आसपास) सम्मेलन ने, 'नवीन पद्य-संग्रह' के नाम से आधुनिक कविताओं का एक संकलन प्रकाशित किया, जिसे अच्छी लोकप्रियता प्राप्त हुई थी। उसी संग्रह में मैंने पहले-पहल सेठ गोविन्ददास जी की 'जन्म-भूमि का प्रेम' नामक वह कविता पढ़ी जो इस संग्रह में भी मौजूद है। सेठजी की वह कविता उन दिनों काफी पसन्द की गई थी। कारण, एक तो उसमें देशभक्ति के भाव थे जिनके लिए जनता में बहुत उत्साह था; दूसरे, उस कविता की भाषा भी काफी अच्छी और अभिव्यक्तियाँ बहुत साफ थीं।

उसके बाद भी सेठ जी की कविताएँ जहाँ-तहाँ देखता रहा। किन्तु धीरे-धीरे सेठजी का कवि-रूप दबने लगा और वे अधिकाधिक 'नाटककार' के रूप में विख्यात होने लगे। आज की स्थिति यह है कि हिन्दी-साहित्य के इतिहास में असंदिग्ध रूप से उनका नाम 'नाटककारों' की सूची में अंकित कर लिया गया है और लक्षण ये हैं कि आगे भी गोविन्ददासजी इसी रूप में याद किए जाएँगे।

नाटकों के अलावा सेठजी ने कहानियाँ भी लिखी हैं और उपन्यास भी। इधर हाल में उन्होंने अपनी आत्मकथा लिखकर भी हिन्दी को अवदान दिया है और इस समग्र साहित्य में सेठजी का कवित्व झलक मारता है। एक समय सारे साहित्य को 'काव्य' कहने की परिपाटी थी। पर अब काव्य कई धाराओं में बहने लगा है, किन्तु कवित्व की थोड़ी-बहुत मात्रा प्रत्येक धारा में रहती है। फर्क यह है कि कवित्व की मात्रा कविता में सबसे अधिक, नाटक में उससे कम और उपन्यास में सबसे कम होती है।

प्रस्तुत संग्रह, 'गोविन्ददास-ग्रन्थावली' का आठवाँ भाग है और यह उनकी सभी कविताओं का संकलन है। स्पष्ट ही इन कविताओं का समय समाप्त हो गया और उनका ऐतिहासिक महत्त्व-भर शेष है, किन्तु प्रत्येक कविता एक समय आकर इतिहास की सामग्री बन जाती है और बीते हुए युगों के सारे साहित्य का सबसे बड़ा महत्त्व ऐतिहासिक ही होता है।

ऐतिहासिक दृष्टि से देखने पर इस संग्रह की सभी कविताएँ द्विवेदी-युग का प्रतिनिधित्व करती हैं। खड़ी-बोली की कविता जब परम्परा से किंचित् हटकर अपने व्यक्तित्व का निर्माण कर रही थी, तब उसने संस्कृत-वृत्तों का भी आश्रय लिया था। पं. रामचरित उपाध्याय, पं. लोचनप्रसद पांडेय, पं. रूपनारायण पांडेय, महाकवि हरिऔध और श्री मैथिलीशरण गुप्त ने एक समय संस्कृत-वृत्त काफी लिखे थे। हरिऔधजी के 'प्रिय-प्रवास' में खड़ी-बोली-कविता की यह प्रवृत्ति अपने चरम विकास पर दिखाई देती है।

श्री गोविन्ददास भी उन दिनों संस्कृत-वृत्तों के बड़े प्रेमी थे और उन वृत्तों में उन्होंने जो कुछ भी लिखा, वह काफी सुन्दर उतरा है। सच पूछिए तो मुझे तो सेठजी की वे ही कविताएँ सबसे अच्छी लगती हैं जो संस्कृत-वृत्तों में लिखी गई हैं—

शार्दूलचर्म तनु उत्तर भाग में है,
पूर्वार्धि में धवल भस्म विराजती है;
स्नाता यथा भुवनभास्कर कान्ति में हो
प्राची प्रकाशित प्रभास्वर्णाभ ऊषा।

अथवा

अम्बोधि के सलिल में प्रतिबिम्बिता हो
द्वारावती अनुपमेय विराजती यों;
पादाब्जयुग्म हरि के अवलोकने को
पाताल से निकल ऊपर आ रही हो।

(प्रेमविजय)

ये पंक्तियाँ काफी स्वच्छ और परिमार्जित हैं तथा उनके भीतर कल्पना भी उत्तम कोटि की उतरी है। दूसरे उद्धरण का 'अम्बोधि' शब्द कदाचित् चिन्त्य है, किन्तु शेष बातों में ये पद द्विवेदी-युगीन काव्य के अच्छे-से-अच्छे रूपों के उदाहरण हैं।

इसी प्रकार 'शबरी', 'संवाद-सप्तक' आदि कविताओं में प्रयुक्त भिन्नतुकान्त छन्द भी काफी अच्छा है।

'संवाद-सप्तक' नाटक काव्य की बड़ी विशेषता यह है कि वह चिन्तन-प्रधान है। नारी-नर, धर्म-विज्ञान, न्याय और प्रेम—ये ऐसे द्वन्द्वात्मक विषय हैं जो बहुत-से चिन्तकों झकझोरते हैं। सेठ गोविन्ददासजी ने भी इन विषयों पर जो चिन्तन किया है वह बहुत ही मनोरम और स्वच्छ है। स्पष्ट ही, उनके चिन्तन के परिणाम विप्लवी नहीं हैं। वे समन्वय के प्रेमी हैं और प्रत्येक द्वन्द्व का समाधान उन्होंने किसी-न-किसी प्रकार के समन्वय में ही प्राप्त कर लिया है।

धर्म और विज्ञान के बीच जो खाई बनी है उसे पाटने का उपदेश, ब्रह्मा यह कहकर देते हैं—

धर्म! तेरा कार्य अन्ततः शुद्धि है मनुष्य की
सद्यः परोपकारी उसको बनाना है।
हे विज्ञान! तू भी अब मिलकर धर्म से
कर इस भाँति कर्म, जगती में जिससे
नाश हो न, तेरे उपयोग में विकास हो।

इसी प्रकार, न्याय और प्रेम के बीच जो संघर्ष है उसका समाधान बताते हुए विष्णु, न्याय से कहते हैं—

अस्तु, बढ़, मैत्री कर मिलकर तू प्रेम से।
राजा व रईस जो भी ऐसा करे जिससे
हानि हो, उन्हें तू दंड दे, परन्तु प्रेम से,
और सदुद्देश्य हो सुधार सच्चा उसका।

और नर-नारी के बीच जो द्वन्द्व है उसका समाधान भी समन्वय में ही है—

दोनों एक-दूसरे के पूरक हैं सृष्टि में,
दोनों के मिलन में ही पूर्णता है दोनों की।
होकर अलग दोनों आधे रह जाते हैं।

सेठ श्री गोविन्ददासजी बड़े ही कर्मठ और लगनशील पुरुष हैं। हम लोगों के तो वे परम श्रद्धेय हैं। उनके व्यक्तित्व का ऊपरी रूप आरम्भ से ही राजनैतिक रहा है; किन्तु उनका भीतरी व्यक्तित्व, जो उनका असली रूप है, शुद्ध साहित्यमय है। यह अत्यन्त प्रसन्नता का विषय है कि अपनी ग्रन्थावली का प्रकाशन, उन्होंने अपनी ही आँखों से देख लिया। यह काव्य-संग्रह सेठजी की आत्मा के रस का शेष है। मन से, द्विवेदी-काल में पहुँचकर मैंने इन कविताओं से काफी आनन्द पाया है। आशा है, पाठक भी इस संग्रह का सत्कार करेंगे। विशेषतः, गोविन्ददासजी के काव्येतर- साहित्य को समझने के लिए एक बार इस संग्रह को देख जाना अत्यन्त उपयोगी होगा।

(शेष-निःशेष)

शिप्रा

(समीक्षा)

अपने संस्कृत-विद्या के ज्ञान को कविता की सुकुमार भूमि में चरितार्थ करने के निमित्त प्रयत्नवान् युवक, 'रोमांटिक' कवियों की भावुकता को आदर्श मानकर चलनेवाला विद्वान् कवि, गीतों के हलकेपन में विश्राम ढूँढ़नेवाला शास्त्राचार्य, कान लगाकर भी समय की प्राण-शिराओं के स्पन्द को न समझ सकनेवाला विद्याव्यसनी जीव, मस्तिष्कगत विद्या-भंडार को देखकर दीप्त, किन्तु, काव्य के क्षेत्र में अपनी अभिव्यक्तियों से ईषत्-अप्रसन्न कवि, अपने चारों ओर की दुनिया को अतृप्ति एवं असन्तोष की दृष्टि से देखता हुआ अधीर मानव, समस्त ज्ञान-गरिमा के बीच केवल आँसुओं में शीतलता की खोज करता हुआ दुःखी जीव—जानकीवल्लभजी के ये कुछ स्फुट स्वरूप हैं, जो 'शिप्रा' की कविताओं के भीतर से झाँक-झाँककर लौट जाते हैं। इसमें उनके सोलह गीत और कविताएँ संगृहीत हैं। प्रत्येक रचना के पहले उस घटना अथवा मनोदशा का गद्यचित्र है जिसके कारण उस कविता का निर्माण हुआ है। ये गद्यात्मक टिप्पणियाँ कविता को सहारा देने के लिए नहीं, बल्कि इसलिए लिखी गई हैं कि कविताओं के पीछे अस्पष्ट रहनेवाली मनःस्थिति कुछ साफ होकर पाठकों पर प्रकट हो जाए। इन टिप्पणियों की भाषा में सर्वत्र ही कवि के गद्य का आनन्द आता है और कहीं-कहीं वे कविताओं की तरह ही सरस और आनन्दपूर्ण हैं। जानकीवल्लभजी कोमल भावनाओं के कवि हैं। उनके नाम के साथ बड़ी-बड़ी पदवियाँ देखकर ऐसा भय होता है कि यह मनुष्य वेदान्त बघारता होगा, लेकिन कविताओं में वह केवल मनुष्य होकर आते हैं। यहाँ तक कि भाषा के विषय में भी वह संस्कृतज्ञ पं. की अपेक्षा साधारण मनुष्य ही अधिक हैं। हम अच्छी या बुरी होने की बात नहीं कहते, किन्तु 'तुलसीदास', 'विजनवती' और 'राम की शक्तिपूजा' में हिन्दी-कविता ने यह देख लिया कि औसत पाठकों के हृदय तक जाने की यह राह नहीं है। अब वह तत्समता के मोह को छोड़कर उस आदर्श की ओर जा रही है जिसकी ट्रेनिंग उसे 'निराला' नहीं, महादेवी और माखनलाल के हाथों मिलती रही है। 'शिप्रा' की भाषा, दो-एक रचनाओं को छोड़कर, सरल तथा सुगमता से भावों का वहन करनेवाली है और इसमें हिन्दी को अपनी विशिष्टताएँ प्रकट करने का भी

अवसर मिला है। छन्द की दृष्टि में इसमें कई नूतन प्रयोग हैं। 'चाँदनी' कविता में उर्दू-बहरों को पचाने का प्रयास है तथा 'कुन्द और उपगुप्त' नामक रचना 'स्वतन्त्र' छन्द में रची गई है। इस स्वतन्त्र छन्द में 'मनहरण' का खंडित रूप है जो प्रवाह की दृष्टि से पूरा आनन्द देता है। कहीं-कहीं मनहरण का पूरा चरण स्वयमेव आ उपस्थित हुआ है। किसी-किसी पंक्ति में यतिभंग दोष भी है जिसे कवि ने शायद स्वतन्त्र-छन्द के नाम पर छोड़ दिया है। जैसे—"प्राणों में इन्दिरा-विलास की कुलालसां" यह मनहरण का एक चरण है जिसमें 'मैं' और 'इन्दिरा' के बीच एक वर्ण टूटता है। स्वतन्त्र-छन्द को कविता के लिए स्वाभाविक हो ही चुका है, किन्तु जहाँ किसी प्रसिद्ध छन्द की पूरी कड़ी आ उपस्थित हो, वहाँ यतियों का नियमपूर्ण निर्वाह होना ही अच्छा समझा जाना चाहिए। 'निराला'-नाम्नी कविता, निरालाजी के 'तुलसीदास' वाले छन्द में लिखी गई है तथा भाषा, भाव और प्रवाह की दृष्टि से यह बड़ी ही सफल रचना है। 'यतिभंग'-नाम्नी कविता, कवि के अनुसार, 'कनक-मंजरी' छन्द में रची गई है जो सर्वथा नवीन प्रयोग है तथा जिसमें कवि को अच्छी सफलता भी मिली है। किन्तु कवि की प्रधान गति गीतों की ओर है और 'शिप्रा' के कितने ही गीत भाव, भाषा, लय और प्रवाह की दृष्टि से सफल कहे जाएँगे। 'बाँसुरी' के सिवा, हमें 'बिखरे मोती' के गीत भी बहुत पसन्द आए। 'बिखरे मोती' के अन्तर्गत 'आ रहा है ज्वार, दूँगा तुरत नाव बहा' वाली रचना भी बहुत ही सुन्दर हुई है। पुस्तक की सर्वश्रेष्ठ रचना सम्भवतः 'शिप्रा' है जो पुस्तक के अन्त में छपी है। इस कविता में कवि की वह मनोदशा व्यंजित हुई है जो कदाचित् उसके मन में आज के कर्मसंकुल वैज्ञानिक युग की तुलना, कालिदास के साहित्य-संगीत-सम्पन्न समय से करने के कारण उत्पन्न हुई थी। इस पुस्तक की टिप्पणियों में कवि ने कहीं-कहीं इस बात पर दुःख प्रकट किया है कि आज के कवि प्रगतिवाद के नाम पर समकालीन नीरसता से क्यों खेलते हैं, किन्तु, कालिदास के बार में सोचते-सोचते स्वयं उसके मुख से भी ऐसी पंक्तियाँ निकल गई हैं जिन्हें शायद वह दूसरी मनोदशा में स्वयं पसन्द नहीं करता—

युवती माँ की सूखी छाती चूस शान्त शिशु होता,
देती फाड़ कलेजा धरती, आसमान है रोता।
'ठुकरा दो, जो मत्त बनाती तुम्हें स्वर्ग की हाला,
पियो शैव कवि! लिए खड़ी मैं हालाहाल का प्याला'।

यह कठोर सत्य है और साहित्य में समय इसी प्रकार से बोलता है। इन चीजों से अगर हम स्वयं भाग न जाएँ, तो ये हमारा पीछा कभी नहीं छोड़ सकतीं। शुद्ध कला का देश बहुत पीछे छूट चुका है अथवा वह आगे आनेवाला है। अभी जो कुछ है वह युवतियों की सूखी छाती और सरस्वती के हाथ में हलाहल का प्याला। मन बहलाने के लिए शिप्रा के किनारे टहलना अस्वाभाविक नहीं, किन्तु चूँकि शिप्रा सुन्दर थी,

इसलिए एकमात्र उसी का ध्यान करना, गंगा और यमुना की सूखी रेती का तिरस्कार करना है। "आज शिप्रा का कहीं पता नहीं, इसलिए हम कालिदास की शिप्रा में जाकर रहेंगे"—इससे कहीं अच्छा है यह सोचना कि अपने लिए हम नवीन शिप्रा का निर्माण किस प्रकार से कर सकते हैं? शरीर वैज्ञानिक युग में और मन शिप्रा के किनारे—कालिदास के समान शुद्ध कला की उपासना में आज यही बाधा है।

(शेष-निःशेष)

गांधी-पंचशती

(समीक्षा)

'गांधी शताब्दी-वर्ष' में गांधीजी पर अनन्त भाषण भी हुए और गांधीजी के विषय में साहित्य भी बड़े भारी पैमाने पर प्रकाशित हुआ है। भाषणों का मूल स्वर यह था कि देश ने गांधीजी को छोड़ दिया; वे विदेशों को निर्यात किए जा रहे हैं। लेकिन प्रकाशित साहित्य कुछ ज्यादा ठोस रहा है। मेरा खयाल है, पं. भवानीप्रसाद मिश्र की 'गांधी-पंचशती' गांधी-शताब्दी वर्ष के हिन्दी प्रकाशनों के बीच मूल्यवान् और सार्थक प्रकाशन है।

स्फुट कविताओं से कवि के बारे में जो राय बनती है, संकलनों से अक्सर वह राय पुष्ट हो जाती है। 'गांधी-पंचशती' से मेरी यह धारणा पुष्ट हो गई कि भवानीप्रसादजी 'शुद्ध गांधीवादी' कवि हैं। एक समय गद्य में गांधी-विचारधारा का प्रतिनिधित्व जैनेन्द्रजी करते थे और काव्य में उसके प्रतिनिधि स्वर्गीय सियारामशरण गुप्त थे। गद्य में आज भी गांधीवाद के प्रतिनिधि जैनेन्द्र जी ही हैं, किन्तु काव्य में अब सियारामशरण का उत्तराधिकार भवानीप्रसादजी वहन कर रहे हैं।

'गांधी-पंचशती' में पाँच सौ कविताएँ हैं जो 1930 से लेकर आज तक रची गई हैं। सभी कविताएँ केवल गांधीजी पर ही नहीं हैं। अनेक ऐसी भी हैं, जिनका गांधीजी से कोई सम्बन्ध नहीं है। किन्तु वे 'गांधी-पंचशती' में शायद इसलिए पिरो दी गई हैं कि वे एक गांधीवादी कवि की रचनाएँ हैं। गांधी अथवा गांधीवादी विचारधारा के अधिक-से-अधिक पक्षों पर कविताएँ लिखने का मंसूबा कवि का नहीं था। रहा होता तो कितनी ही कविताएँ निर्जीव हो गई होतीं। कविताएँ ताजी और जीवन्त इसलिए उतरी हैं कि कवि ने अवकाश के क्षणों में मनमौजी भाव से उनकी रचना की है। ऐसी कविताएँ काफी हैं जिनका सम्पर्क गांधीजी अथवा उनकी विचारधारा से सीधे जोड़ा जा सकता है। लेकिन ऐसी कविताएँ भी कम नहीं हैं जो गांधी-विचारधारा की लपेट में नहीं आतीं; जिनके बारे में केवल यही कहा जा सकता है कि उनके भीतर जीवन की विभिन्न स्थितियों पर एक गांधीवादी कवि की प्रतिक्रियाएँ व्यक्त हुई हैं।

गांधी-शताब्दी वर्ष में ज्यादा चर्चा इस बात को लेकर की गई है कि आज के प्रसंग में गांधीजी कहाँ तक सार्थक माने जा सकते हैं। विस्मय की बात यह है कि गांधीजी की जो साधना सबसे कठिन थी, उसकी सार्थकता आज के प्रसंग में स्वीकार

की जा रही है। इसमें विस्मय की कोई बात नहीं है। गांधीजी का सबसे बड़ा अवदान 'सत्याग्रह' था, हिंसा का मुकाबला अहिंसा से करना था। यदि यह गुण निरर्थक हो जाए, तो गांधीवाद की अपनी सारी सार्थकता ही संदिगध हो जाएगी।

गांधीवाद से जो यह शिक्षा निकाली जा रही है कि एक देश जब दूसरे देश पर चढ़ाई करे तो आक्रान्त देश को शत्रु का मुकाबला शस्त्र से नहीं, अहिंसा से करना चाहिए, उसे 'पंचशती' का कवि सही मानता है और अपने अटल विश्वास के बल पर बड़े ही सरल कंठ से गाता है :

अगर तुम्हें लड़ना है तो लड़ो,
हम नहीं लड़ेंगे।
तुम हमारी सीमा में बढ़ो,
हम नहीं बढ़ेंगे।
मगर अपनी सीमा में हम रहेंगे अचल,
सहेंगे हम, तुम बरसाओ गोलियाँ!
हर एक इंच नई जमीन पर तुम्हें लाशें मिलेंगी,
लाशें, जिन्होंने जिन्दा रहते गोली नहीं चलाई।

कवि का विश्वास है कि भारत ने स्वतन्त्र होते ही अगर अपना लश्कर तोड़ दिया होता, तो उसकी विजय ज्यादा निश्चित हो जाती। उसकी यह भी कल्पना है कि अगर विदेशी आक्रमण के समय दो-चार लाख भारतवासी अहिंसक प्रतिरोध करते हुए मर जाएँ तो युद्ध का सिलसिला हमेशा के लिए खत्म हो जाएगा—

गांधी के देश के बेटो,
यह मौका है, हिंसा को नंगा करो!
मेरी समझ में तुम मारो मत, मरो!
यह मौका है,
अपने त्याग से, बलिदान से, वीरता से
कोरे मारने वालों को हिला दो!
हमेशा के लिए हिंसा को खाक में मिला दो!

लेकिन जो कल्पना कवि को इतनी प्यारी है, वह उसे भारी भी मालूम होती है :

हमको झक मारकर
शस्त्र का जवाब शस्त्रों से देना पड़ेगा।

क्यों? क्योंकि आजादी मिलते ही हमने सेना को भंग नहीं कर दिया, क्योंकि "सेना के बिना अभय हम सोच ही नहीं सके।" इसलिए, "अब उसका इस वक्त सवाल नहीं उठता। अब तो हमसे जितना बनेगा, उतना लड़ेंगे।"

ये निष्पाप विचार हैं, शायद किसी समय सच भी हो जाएँ। लेकिन जिन लाशों ने जीवित रहते समय गोली नहीं चलाई, उनके बारे में इतिहास एक और दृष्टान्त

उपस्थित करता है। अलेक्जेंड्रिया जब पराजित हो गया, तो विजेता ने एक लाख नरमुंडों का स्तम्भ खड़ा करके अपनी विजय मनाई थी। ये एक लाख मुंड उन मनुष्यों के थे जिन्होंने आत्मरक्षा में भी गोली नहीं चलाई थी, अथवा जिनमें तलवार या गोली चलाने की योग्यता नहीं थी।

कवि सोचता है, आज गांधी होते तो क्या करते? क्या वे बुराई के बदले भलाईवाला अपना सोचा-समझा सिद्धान्त बदल देते?

उत्तर में पूछा जा सकता है कि कश्मीर पर चढ़ाई के समय गांधीजी ने क्या किया था? और अब्दुल गफ्फार खाँ को दिलासा देते समय उन्होंने क्या कहा था—"मैं अहिंसक हूँ, किन्तु भारत सरकार के पास फौज है।"

एक प्रसंग और याद आता है। कन्फ्यूशियस से किसी ने पूछा था—

"बुराई के बदले भलाई करने के बारे में आपका क्या विचार है?"

कन्फ्यूशियस बोले, "तो भलाई के बदले में क्या करोगे? भलाई के बदले में भलाई और बुराई के बदले में न्याय, यही सिद्धान्त ठीक है।"

गांधीवाद और साम्यवाद के बीच जो विरोध है, उस पर भी कवि की प्रतिक्रिया देखने लायक है। स्वराज्य से आठ-दस साल पहले एक विचार-तरंग उठी थी कि गांधीवाद और साम्यवाद के बीच कोई बड़ा भेद नहीं है। श्री किशोरीलाल मश्रूवाला ने कहा था कि साम्यवाद अगर हिंसा को छोड़ दे, तो वह गांधीवाद से अभिन्न हो जाएगा। 15 अगस्त, 1947 को लिखी गई 'पत्र साम्यवादी मित्र को' नामक कविता में इसी विचार-तरंग की अनुगूँज सुनाई पड़ती है—

आओ, जरूरत है हमें आज एके की
कम्युनिस्ट, सोशलिस्ट, हिन्दू-सिख, मुसलमान
सब की जरूरत है माता को अपनी।
हिंसा या अहिंसा की भी खींचतान गलत है
सेठ एक झंझट है, लेकिन सड़ी झंझट है,
झटके में टूटेगी।
गांधी बने कम्युनिस्ट,
कम्युनिस्ट गांधी बने!

लेकिन कवि की यह आशा पूरी नहीं हुई, गांधीजी स्वर्गीय हो गए और गांधीवाद तथा साम्यवाद के बीच की दरारें बढ़ती गईं। 15 अगस्त, 1949 को कवि ने साम्यवादी मित्र को फिर सम्बोधित किया—

इसलिए साध्य का अच्छा होना ठीक किन्तु,
साधन का होना शुद्ध ऐन आवश्यक है।
तुम इसे मूर्खता कहते हो कुछ इस ढब से,
मुझको पूरे सिद्धान्त तुम्हारे पर शक है।

कवि पूँजीवाद का तरफदार नहीं है। वह उसे खत्म करना चाहता है, मगर इस प्रकार कि व्यक्ति के बदले राज्य पूँजीवादी न हो जाए—

यदि कहो कि पूँजीवाद खत्म करना है यह
तो एक ध्येय की तरह मुझे वह प्रिय होगा,
पर पूँजी छोड़े व्यक्ति, राज्य रख ले उसको
तो सोचो, फिर यह तत्त्व कहाँ सक्रिय होगा?

इस प्रसंग में तीसरी कविता वह है जिसकी रचना कवि ने स्टालिन के जन्मदिन पर सन् 1954 ई. में की थी। वह सोचता है, यदि रूस में कोई गांधी पैदा हो जाए, तो वह स्टालिन के जुल्मों को रोक सकता है या नहीं :

तुम्हारे देश में तो एक दुनिया
तुम्हारे कारण घुटी-घुटी जी रही है।
क्या जाने, वहाँ कोई गांधी भी पैदा हो,
तो इस हालत को खो सकता है या नहीं!

गांधी और स्टालिन में जो भेद है, उसे कवि स्पष्टता से देखता है और मन-ही-मन अचरज करता है कि भारत में स्टालिन के भक्त कैसे पैदा हो गए—

मेरे देश में भी आज तुम्हारी कीर्ति
कई तरह से गाई जा रही है।
और मैं हैरान हूँ कि जहाँ गांधी पैदा हुआ
वहाँ एक भी आदमी स्टालिन पर कैसे शैदा हुआ?

'गांधी-पंचशती' की पहली कविता में कवि ने संकेत किया है कि गांधी भारत और मानवता का भविष्य था जो गुजरा हुआ-सा लगता है। उसने इसी गुजरे हुए भविष्य, गांधी के बारे में लिखा है। यह भविष्य असल में गुजरा नहीं है, वह शिला के नीचे दब गया है। कवि का प्रयास है इस शिला को हटाने का—

और उत्स तो पड़ा है
लगभग खुला गांधी के विचारों का
उस पर पड़ी एक चट्टान को
थोड़ी-सी शक्ति लगा कर
खिसका भर देना है।

इस शिला का खिसकाना आसान नहीं है, यह बात कवि जानता है। वह निराशा के भीतर से जबरदस्ती आशा की बंसी बजा रहा है—"यह जो एक आवाज है अँधेरी रात के कोलाहल में।" भगवान् करे कि कवि की यह आवाज अँधेरे को फाड़ सके।

(शेष-निःशेष)

शून्य पुरुष और वस्तुएँ

(भूमिका)

श्री वीरेन्द्रकुमार जैन का नाम हिन्दी कवियों के बीच सुपरिचित नाम है, लेकिन मैं उसे केवल सुपरिचित ही मानता हूँ। वीरेन्द्रजी का नाम बहुत लोग जानते हैं। किन्तु उनकी कविताओं का विवेचन अभी आरम्भ भी नहीं हुआ है। 'शून्य पुरुष और वस्तुएँ' नाम से उन्होंने जो संग्रह तैयार किया है, उसकी कई कविताएँ मैंने स्वयं कवि के मुख से सुनी हैं और बार-बार मैं उन पर मुग्ध रह गया हूँ। विशेषतः 'शलाका-पुरुष का आत्मघात' नामक कविता ने मुझे शान्तिभंग का वह आनन्द दिया जो आनन्द मैं मेलार्मे और रेम्बू से पाता रहा हूँ, अथवा, अपनी भाषा में जो आनन्द मुझे 'मुक्तिबोध' की कविताओं से मिलता रहा है।

यह शलाका-पुरुष कौन है जो आत्मघात कर रहा है—

...और हमारे युग में
अनजान में यह घटित हो रहा है,
कि एक स्त्री के प्यार को
सम्पूर्ण रूप से पाने और जीने के लिए
एक शलाका-पुरुष की सम्भावना
कहीं प्रतिपल आत्मघात कर रही है।

नारी को अतिक्रान्त किए बिना नर-नारी को नहीं पा सकता, न नारी नर को पा सकती है। मेरे 'उर्वशी' काव्य के प्रकाशन के समय किसी ने एक सूक्ति कह दी कि "यह कामाध्यात्म का काव्य है।" किन्तु वह सूक्ति मेरे काव्य से भी अधिक वीरेन्द्रजी के इस संग्रह पर फिट बैठती है। वीरेन्द्रजी का शलाका-पुरुष नारी को बाहुओं में भरकर तृप्त नहीं होता। वह नारी को समेटकर उसके पार जाना चाहता है—

ससागरा पृथ्वी और छियानबे हजार रानियों के
विजेता, स्वामी और भोक्ता की
अन्तिम पराजय को
स्वीकारने से उसने कर दिया है इनकार :
क्योंकि

कहीं भी अन्तिम हस्ताक्षर करने से
उसने कर दिया है इनकार
उस पराजय के शृंग को
वह कर गया है पार;
...एक अति-क्रान्ति पुरुष ने
'अभी और यहाँ' भगवान् होकर चलना
तक कर दिया है अस्वीकार।
ताकि आने वाले कल,
पृथ्वी पर नर-नारी के प्रेम को
अन्ततः सीमित और निस्सार न कहा जाए :
ताकि उस पर अन्तिम विफलता का
कलंक न आए!

नर-नारी के बीच जो सम्बन्ध है उसका रूप क्या होना चाहिए, यह भी नए अध्यात्म की समस्याओं में से एक है। श्री अरविन्द ने कई बार कहा था कि नर-नारी समागम के साथ मेरा योग नहीं चल सकता। फिर उन्होंने यह भी कहा कि नर और नारी के बीच जो उचित सम्बन्ध है उसे तुम तब समझोगे जब मानवीय स्तर से ऊपर उठ जाओगे। लेकिन मनुष्य मानवीय स्तर से केवल इचछा करने से ऊपर नहीं उठ सकता। इसके लिए उसे साधना करनी पड़ती है। श्री वीरेन्द्र जी इस साधना में लगे रहने पर भी नारी के प्रति आकृष्ट हैं और इस आकर्षण के बिम्ब उनकी कविताओं में बार-बार प्रकट होते हैं, बार-बार झलक मारते हैं। नारी-आकर्षण और परम्परागत अध्यात्म के बीच जो द्वन्द्व है वह उन्हें बार-बार सताता है। काम और अध्यात्म के बीच वे झटके खा रहे हैं और इन्हीं झटकों ने, विचार के धरातल पर, उन्हें 'आउट-साइडर' बना दिया है। आउट-साइडर, यानी वह आदमी, जो प्रचलित समाज से सन्तुष्ट नहीं है, प्रचलित अध्यात्म से भी सन्तुष्ट नहीं है; जो एक ऐसे आदर्श की खोज में है जिस पर हाथ रखना मुहाल है।

वीरेन्द्र क्या अपने इस सघर्ष में सफल होंगे! वे सफल होंगे या नहीं, यह मुझ-जैसा सांसारिक जीव कैसे बता सकता है? मगर उनके इस संघर्ष से जो रोशनी उमड़ती है, वह खूबसूरत है, मन को आनन्द देनेवाली है और हमारे भीतर वह इस प्रश्न को प्रकाशित करती है कि मनुष्य क्या करे? क्या वह नारी से लिपटकर रह जाए अथवा नारी के आलिंगन को सोपान बनाकर वह आगे बढ़े, ऊपर उठे अथवा वह फिर पुराने रास्ते पर लौट जाए और मोक्ष-प्राप्ति के लिए नारी का त्याग कर दे? क्योंकि, "गृहिणी ही त्यागते हैं नरक-गृह कह के।"

वीरेन्द्र जी ने जब मुझसे कहा था कि आप इस पुस्तक की भूमिका लिखिए, तब मैं बड़ी उमंग में था और मैंने सोचा था कि भूमिका ऐसी लिखूँगा कि पाठक इस

पुस्तक को प्रेम से पढ़ने को प्रेरित हो उठें। किन्तु भूमिका का तकाजा तार से आया है जिसके मानी हुए कि मैं पन्द्रह दिन भी इस पुस्तक पर न लगा सका। दूसरी कठिनाई मुझे यह दिखाई पड़ती कि इस पुस्तक की भूमिका लिखने योग्य भाषा मेरे पास नहीं है। युवक साहित्यकार अक्सर भाषा के संकट की बात करते हैं। आज मैं उस बात को सही मान रहा हूँ। खैरियत की बात यह है कि भाषा का संकट केवल मेरे ही सामने नहीं है, वह कवि के सामने भी रहा है।

भाषा मन की गढ़ी हुई चीज है, लेकिन कवि जब मन की सीमा को अतिक्रान्त करना चाहता है तब भाषा उसे अधूरी और असमर्थ मालूम होती है—

गगन गरिज बरसै अमी, बादल गहिर गँभीर।
दस दिसि दमकै दामिनी, भीजै दास कबीर॥

इस स्थिति पर पहुँचने पर भाषा के संकट का सामना करना ही पड़ता है और वह सामना इस दोहे में कबीर को भी करना पड़ा है।

मेलार्मे और रेम्बू से पूर्व की कविताएँ मानसिक शक्ति की कविताएँ थीं, यद्यपि इन्ट्यूशन की कौंध तब भी कविताओं में झलक मारती थी और जब वह झलक मारती थी, कविता अपूर्व हो उठती थी। कविता में मन के धरातल से भागने की प्रवृत्ति मेलार्मे और रेम्बू के साथ आरम्भ हुई और उसी प्रवृत्ति से नई कविता का जन्म हुआ। 'मन नहीं स्वतः लेखन' यह पहला सोपान था। 'मन नहीं, स्वप्न' यह दूसरा सोपान था जिसका नाम 'सुररियलिज्म' पड़ गया। 'मन नहीं, इन्ट्यूशन', यह तीसरा सोपान है जिस पर लिखी गई कविताओं को मैं आध्यात्मिक मानता हूँ। वीरेन्द्र जी की इन कविताओं में स्वतः लेखन का प्रमाण तो नहीं है, किन्तु बाकी दो सोपानों के प्रमाण प्रभूत मात्रा में मिलते हैं। उनके अवचेतन में नारियाँ हैं, साधु-सन्त हैं, अध्यात्म की ज्योति है, दैहिक असफलता की वेदना है, संसार से प्राप्त उपेक्षा और अन्धकार है। अतिक्रान्ति के सपने हैं तथा मनुष्य के अगले आध्यात्मिक उत्थान की उमंग है। ये सभी भावनाएँ उनकी कविताओं में ज्वार की तरह उमड़कर प्रकट हुई हैं। इतनी विभिन्न प्रकार की भावनाओं के एकीकृत रूप की कलात्मक अभिव्यक्ति मैंने कविता में अन्यत्र नहीं देखी है। इसलिए 'शून्य पुरुष और वस्तुएँ' को मैं हिन्दी का परम श्रेष्ठ काव्य-ग्रन्थ मानता हूँ। नास्तिक कवियों की वेदनाएँ हिन्दी में और हिन्दी से बाहर मैंने काफी देखी थीं। वीरेन्द्र जी की कविताओं में जो वेदना प्रकट हुई है, वह आस्तिक कवि के हृदय की वेदना है। साहित्य में ये दोनों ही प्रकार की वेदनाएँ वन्दनीय हैं, क्योंकि मनुष्य के हृदय का मन्थन दोनों ही वेदनाओं से होता है।

(शेष-निःशेष)

चार काव्य-संग्रह

इधर हाल में हिन्दी में कई अच्छे काव्य-संग्रह प्रकाशित हुए हैं, जिनमें से आज मैं केवल चार की चर्चा करूँगा। इनमें से पहली पुस्तक 'धूप के धान' श्री गिरिजाकुमार माथुर की रचना है तथा दूसरी पुस्तक 'प्रणय-पत्रिका' डॉक्टर हरिवंशराय बच्चन की। बाकी दो पुस्तकें 'विश्वास बढ़ता ही गया' और 'पर, आँखें नहीं भरीं' डॉक्टर शिवमंगल सिंह सुमन की लिखी हुई हैं।

सुमन जी की गिनती प्रगतिवादी संप्रदाय के प्रतिनिधि कवियों में की जाती है और श्री गिरजाकुमार उस धारा के कवि समझे जाते हैं जिसका प्रचलित नाम प्रयोगवाद पड़ गया है। हमारे ये दो कवि कई दृष्टियों से महत्त्वपूर्ण हैं और इस महत्त्व का सबसे बड़ा कारण यह है कि ये दोनों कवि वादी कम, कवि अधिक हैं।

प्रगतिवादी कविता जिन लक्षणों के कारण निन्दित हुई, वे लक्षण सुमन की कविता में कम रहे हैं और इन दो संग्रहों में भी वे अल्प-मात्रा में ही मिलते हैं। नाम तो उनका 'एशिया की आग' जैसी रचनाओं को लेकर चमका, किन्तु वर्तमान दोनों संग्रहों को मिलाकर यह अनल-तत्व कम, प्रेम और विरह का जल-तत्व ही अधिक है। 'विश्वास बढ़ता ही गया' में ऐसी रचनाएँ कुछ अधिक अवश्य हैं, जिनसे कवि के प्रगतिवादी रूप पर प्रकाश पड़ता है, किन्तु, 'पर आँखें नहीं भरीं' की तुलना में 'विश्वास बढ़ता ही गया' का पलड़ा कुछ ऊपर उठा हुआ है, यद्यपि 'युगांतरकारी कवि निराला के प्रति' नामक कविता, जिसे मैं सुमन जी की सर्वश्रेष्ठ कृति मानता हूँ, इसी संग्रह में सम्मिलित है।

अनेक मनोदशाओं से होकर गुजरने के कारण एक ही कवि अनेक प्रकार की कविताएँ रच सकता है, किन्तु इस विविधता से उसका वह रूप नहीं छिप सकता, जो उसका असली रूप है और जो उसकी प्रत्येक भाव-दशा के भीतर से झलक मारता है। इस दृष्टि से विचार करने पर मुझे ऐसा लगता है कि सुमन जी सन्देशवाही कवि किसी झकोर में पड़कर बन जाते हैं, अन्यथा उनका वास्तविक रूप सौन्दर्यवादी कवि का ही रूप है और इसीलिए वे काव्यरसियों के प्यारे भी हैं। उनके भीतर छायावाद का वह रोमांटिक तत्व जीवित है, जिसने एक समय बच्चन जी की कविताओं में रस भरा था तथा जो प्रत्येक उदीयमान कवि की रचनाओं पर मोहकता का रंग छिड़क देता है।

उनकी यह रसिकता, उनका यह स्निग्ध-भाव इस बात का प्रमाण है कि कुछ अन्य कवियों की भाँति उनकी सरसता दोपहर होते-होते न सूखेगी।' 'तुमको सूरज' ने कभी छुआ तो होगा', 'क्या किसी साँस की रगड़ ज्वाल में बदली'—इन पंक्तियों में जो लाक्षणिकता है, वह भी इस बात का संकेत देती है कि सुमन जी की प्रतिभा परिचित क्षितिजों के पास धूनी रमाकर बैठ जाने को तैयार नहीं है। वह अभी नए क्षितिजों का निर्माण कर सकती है। 'पर आँखें नहीं भरीं' की गणना हिन्दी के अच्दे काव्य-संग्रहों में की जा सकती है।

बच्चन जी की अच्छी-अच्छी इतनी कविताएँ हम पढ़ चुके हैं कि उनकी प्रणय-पत्रिका कुछ सूनी-सूनी सी लगती है। टेकों में तो रस अब भी विद्यमान है, किन्तु अन्तराएँ अधिकतर रची-रचाई दीखती हैं। बच्चन जी की भाषा में लाक्षणिकता की मात्रा पहले भी न्यून थी। उनकी कविताओं में जो रस था, वह अनुभूतियों से आता था। प्रणय-पत्रिका में अनुभूति की वेधकता पाठकों को प्रभावित नहीं करती। अधिकांश में, प्रणय-पत्रिका के गीत, बच्चन जी के पहले के गीतों की छाया मात्र है। ऐसा दीखता है, मानो कवि नए उन्मेष के अभाव में अपने पूर्व रूप का अनुकरण कर रहा हो, किन्तु जब रससिद्ध कवि अपना अनुकरण आप करता है, तब भी कुछ रस तो वह दे ही जाता है। वह रस प्रणय-पत्रिका में भी है, किन्तु जिस भावधारा में निशा-निमंत्रण और आकुल अन्तर के गीत अपना चमत्कार दिखा चुके हैं, उसमें प्रणय-पत्रिका कागज की नाव के समान लगती है। कविता की सारी शक्ति उसकी भाषा में होती है और प्रणय-पत्रिका की भाषा स्वच्छ और परिमार्जित होने पर भी प्रकाशहीन है। इस पुस्तक को पढ़कर ऐसा भासित होता है कि बच्चन जी के सामने प्रेम और विरह की जो भूमि थी, कवि उसके चप्पे-चप्पे को छान चुका है और उसमें कवि को अब कोई नवीनता नहीं मिलती है। इससे यह संकेत भी मिलता है कि कविता में नए प्रयोगों की आवश्यकता क्यों महसूस की जा रही है।

कवित्वमयी भाषा से मेरा क्या तात्पर्य है, इसे स्पष्ट करने के लिए मैं कहना चाहता हूँ कि श्री गिरिजाकुमार के 'धूप के धान' की भाषा कवित्वपूर्ण है। कोमल शब्दों की योजना-मात्र से कविता की भाषा नहीं बनती। रवि बाबू ने ठीक ही ऐसी भाषा को कवित्वमयी न कहकर, ललितलवंगी कहा है। एक समय ललितलवंगी भाषा से भी कविता आदरणीय हो जाती थी, किन्तु वह समय चला गया और कि सहृदयों की रुचि अब अधिक परिमार्जित और गहरी हो गई है। अब वह अनुप्रासों की सजीवता और छंदों की संगीतमयता से तृप्त नहीं होती, प्रत्युत कवित्व का प्रमाण वह प्रत्येक शब्द में खोजती है। कविता की भाषा रूखी होने पर भी कलरवपूर्ण और रंगीन हो सकती है। छंद पूरा करने के लिए जब ऐसे शब्द चुने जाते हैं, जो संकेत नहीं देते, चिनगारियाँ नहीं फेंकते, तब ऐसे शब्दों को भरती के ही शब्द कहना चाहिए। कवि की जो सबसे बड़ी शक्ति है, वह न तो छंद-रचना में परखी जा सकती है, न ऊँचे-ऊँचे

विचारों को बाँधने में। उसकी जाँच विशेषणों के प्रयोगों में होती है या फिर ऐसे शब्दों के प्रयोग में, जिनके बैठने की अदा से ही कविता चमक उठती है। अंग्रेजी कवियों में यह गुण सबसे अधिक कीट्स में है। हिन्दी कवियों में से इस गुण का सबसे अधिक प्रमाण पंत जी ने दिया है। 'दूर उन खेतों के उस पार जहाँ तक गई नील झंकार' तथा 'सर सर सर सर रेशमी वायु' में सारी कविता नील झंकार और रेशमी वायु में सिमटकर बैठी हुई है। शब्दों से जब ज्योति छिटकती हो, संकेत ध्वनित होता हो अर्थात शब्द जब इस प्रकार बैठते हों, मानो उनके पंख निकल आए हों और वे उड़ने को तैयार हों, तभी यह कहा जा सकता है कि कविता की भाषा सचमुच कवित्वपूर्ण है, किन्तु वह गुण जितना ही अनुपम है, उतना ही दुर्लभ और दुष्प्राप्य भी। जब तक भीतर के तार चढ़े हुए न हों और प्रतिभा के उन्मेष से रोम-रोम न थिरक रहा हो, तब तक ऐसी भाषा सत्कवि भी नहीं लिख सकता। और जो कवि ऐसी भाषा लिख सकता है, उसे सत्कवि न मानना, कविता के सबसे ऊँचे गुण से अपना अपरिचय घोषित करना है।

'धूप के धान' में कवित्वमयी भाषा के विलक्षण प्रयोगों के इतने अधिक उदाहरण वर्तमान हैं कि मैं तो उन्हें देखकर चकित रह गया। इस संग्रह की कविताओं में कुछ दोष भी हैं, किन्तु वह अलग बात है, किन्तु जहाँ तब काव्य की भाषा का सम्बन्ध है, मैं नूतन काव्य-साहित्य में किसी भी ऐसी पुस्तक का नाम नहीं ले सकता, जिसमें लक्षण और सयक् विशेषणों का इतना अधिक प्रयोग हुआ हो और ऐसी सफलता के साथ। 'यह कपूरी लौ उठी', 'सभ्यता का रंग केतन', 'अब ब्रह्म घड़ी का ठंडा-सा आलोक जगा', 'हलकी हो गई हवा की तिमिर दबी साँसें', 'कच्ची मिट्टी का ठंडापन', 'इस धूसर साँवर धरती की सोंधी उसाँस', 'या कालांतर में पथराए भाव हमारे', 'उजली बाँहों-सी दीवारें', 'सोंधे तन गंध भरे आँचल' और ब्लाउज महीन चटकीले', 'जिनमें थे पड़ गए पहनने से चिह्न रंगीन गठे अंशों के सभी कोमल कठोर उतार-चढ़ाव', 'दूर पर छै की गजर डूब रही', 'यह दो हजार वर्षों की छाँह हवाओं में', 'हैं कसे धनुष के वक्र-ओठ', 'सर्दियों की धूप उजले ऊन की मृदु शाल पहने'। उद्धरण कहाँ तक दिए जाएँ, सारी पुस्तक ही ऐसे उदाहरणों से भरी पड़ी है। मुझे तो इस संग्रह की अधिकांश पंक्तियाँ अपने भीतर प्रकाश से जगमगाती दीखती हैं और कवि की उस तन्यता पर श्रद्धा होती है, जिसमें रहकर उसने इतनी ज्योतिर्मयी भाषा का निर्माण किया है। 'धूप के धान' की कविताओं को देखकर इस बात का आभास मिलता है कि प्रयोगवादी कवि कविता में किस सौन्दर्य को उतारने के प्रयास में है। यदि इस संग्रह की कविताएँ प्रयोगकालीन हैं, तो इस शैली का सिद्ध रूप कैसा होगा, यह सोचकर मन आशा से भर जाता है।

आलोचक अभी भी प्रयोगवादी कवियों पर अलग-अलग विचार न करके उन्हें गुच्छ-रूप में ही देखते हैं, किन्तु मेरा खयाल है, गिरिजा कुमार गुच्छ से ऊपर आ गए

हैं और उनकी रचनाओं का विधिवत अध्ययन करने से नई कविता के कितने ही सुन्दर रूप प्रत्यक्ष हो जाएँगे।

'धूप के धान' की दूसरी विशेषता यह है कि वह नए प्रयोग की रचना होने पर भी परम्परा से बहुत दूर नहीं है। इसकी प्रायः सभी कविताएँ छंद में हैं, यद्यपि छंद कहीं तो नपे-तुले और तुकों के साथ हैं और कहीं वे मुक्त प्रवाह का अनुसरण करते हैं।

शायद हापकिन्स ने कहा था कि कविता का सारा सौन्दर्य ऐसा होता है, जिसे हम चर्म-चक्षुओं से देख सकते हैं। गिरिजाकुमार की कविताएँ इस सूक्ति का समीचीन उदाहरण हैं। कल्पना में उन्होंने स्वयं जो कुछ देखा है, चित्र बनाकर उसके दर्शन उन्होंने अपने पाठकों को भी करा दिए हैं। वे सचमुच ही, लैंडस्केप के कवि हैं अर्थात उनकी कविता में अंकित छवि दृश्य रूपों की छवि है, जो आँखों से देखी जा सकती हैं। इसके सिवा, कविता में उनकी स्पर्श और घ्राण इन्द्रियाँ भी अत्यन्त जागरूक रहती हैं। स्पर्श, घ्राण और दृष्टि, गिरिजाकुमार की कविताएँ इन तीन इन्द्रियों की कविताएँ हैं, किन्तु यही बात उनकी श्रुतिचेतना के बारे में नहीं कही जा सकती।

विचित्र बात है कि गिरिजाकुमार की सबसे बड़ी शक्ति यदि भाषा के काव्यात्मक प्रयोग में है, तो भाषा के क्षेत्र में ही उनकी सबसे बड़ी दुर्बलता भी छिपी हुई है। कलाकारिता और सुदृढ़ प्रेरणा के कारण वे ऐसी पंक्तियों पर पंक्तियाँ लिखते चले जाते हैं, जिनमें आनेवाले शब्द अपनी लाक्षणिकता से सहृदयों का मन मोहित कर लेते हैं, किन्तु कदाचित् असावधानता के कारण वे ऐसे शब्द भी ले जाते हैं, जो बेमेल हैं। यह उदारता गज़ल किस्म की उदारता है। उदाहरण के लिए, 'गतिवान मंज़िलें पर हुईं' में या तो मंज़िल को नहीं लाना चाहिए था या फिर गतिवान के बदले किसी ऐसे शब्द को लाना था, जो मंज़िल से मेल खाता। 'शक्तिवान मेहनत की बाँहों', 'दीगर मुल्क' और 'कातिक का रसवान महीना' में भी कुछ ऐसे ही बेमेल प्रयोग की झलक दीखती है।

(साहित्यमुखी)

मंथन

(भूमिका)

मुनि बुद्धमल्लजी से मिलने का सौभाग्य मुझे एक बार प्राप्त हुआ है। उस दिन उनके मुख से दो-एक रचनाएँ सुनने का भी सुयोग मुझे अनायास मिल गया और उनकी कविताएँ सुनकर मैं प्रभावित भी हुआ। विशेषतः भाषा की असमर्थता पर कही गई उनकी उक्तियाँ मुझे गम्भीर लगीं—

भाषा क्या है? भावों का लँगड़ाता-सा अनुवाद।
भौतिक हैं ये शब्द कि जिनसे बनती है यह भाषा,
भावों के फिर प्रातिनिध्य की क्या कर सकते आशा?
चेतन की जड़ के हाथों में नकेल, अवसाद!
भाषा क्या है? भावों का लँगड़ाता-सा अनुवाद।

× × ×

भावों का भाषा से होता जब नूतन अभिसार,
नव भावों का बसता है तब एक नया संसार।
किन्तु खड़ा हो दूर तत्त्व कहता—यह सब उन्माद,
भाषा क्या है? भावों का लँगड़ाता-सा अनुवाद।

इस कविता को सुनकर मैंने यह अनुमान लगाया कि बुद्धमल्लजी सस्ती भावुकता के प्रवाह में बहकर काव्य-क्षेत्र में नहीं आ रहे हैं, वरन् उनके भीतर विचारों का तेज है जो कविता की पंक्तियों में बाहर आ रहा है। वैसे तो भावुक हुए बिना कोई व्यक्ति कवि नहीं हो सकता, किन्तु कविता ज्यों-ज्यों आगे बढ़ती है, भावुकता विचारों के धरातल के अधिक पास आती-जाती है। इस प्रकार बुद्धमल्लजी बहुत-कुछ उसी क्षितिज से उतरकर आ रहे हैं जो काव्याकाश का नवीनतम क्षितिज है। बुद्धमल्लजी चिन्तक कवि हैं तथा उनकी अधिकांश रचनाओं के भीतर विचारों की रीढ़ स्पष्ट दिखाई देती है। उनकी कविताएँ केवल वाचन और श्रवण करने की ही वस्तु नहीं हैं, वे चिन्तन और मनन की भी सामग्री प्रस्तुत करती हैं।

बौद्ध मत के असमय पतन और जैन धर्म के अपेक्षाकृत सीमित प्रसार के अनेक कारण बताए जाते हैं; इनमें से एक अतिरिक्त कारण मैं यह भी मानता हूँ कि इन

धर्मों ने मनुष्य के मन में आलोड़न मचानेवाले कवि उत्पन्न नहीं किए। बुद्धदेव ने अदृश्य वास्तविकता को अव्याकृत बताकर तत्सम्बन्धी प्रश्नों को भी अव्याकृत कोटि में डाल दिया था। स्पष्ट ही ऐसे नियन्त्रण में कवि-कल्पना ऊँची उड़ान नहीं ले सकती, ठीक उसी प्रकार, जैसे साम्यवादी नियन्त्रण से ग्रस्त देशों की कविताएँ, कल्पना से हीन होती जा रही हैं। इसी प्रकार जैन धर्म में कृच्छ्र-साधना पर जो अत्यधिक जोर दिया गया, उससे कविता केवल दर्शन की व्याख्या अथवा स्तुति और प्रार्थना बनकर रह गई।

जहाँ तक अव्याकृत-विषयक बाधा का प्रश्न है, बुद्धमल्लजी ने उसका अतिक्रमण करके यह स्पष्ट संकेत दिया है कि अदृश्य और अज्ञेय की ओर भी कल्पना की गति बनी रहनी चाहिए—

जीवन तो है गम्य, किन्तु ये छोर अगम्य अपार,
कूल कहाँ है दृश्य? यहाँ तो दृश्य बनी है धार।
किन्तु धार के आर-पार भी कुछ तो होगा ज्ञेय,
छोड़ दिया है जिसको भ्रमवश कहकर के अज्ञेय।

आशा है, बुद्धमल्लजी आगे कुछ वैसी कविताएँ भी लिखेंगे जिनसे गार्हस्थ और वैराग्य के बीच समन्वय की भावना को बल मिलेगा।

(शेष-निःशेष)

गीतों के क्षण

(भूमिका)

यह खुशी की बात है कि कविवर श्री सन्तोष आनन्द के गीतों का पहला संग्रह 'गीतों के क्षण' के नाम से निकल रहा है।

श्री आनन्द जी राजधानी के सुपरिचित कवि हैं। कवि-सम्मेलनों के कारण वे देश-भर में दूर-दूर तक विख्यात हैं। ऐसे कई सम्मेलनों में उपस्थित रहने का सुयोग मुझे भी मिला है, जिनमें जनता श्री सन्तोष आनन्द की कविताओं से झूम-झूम उठी है। भाषा उनकी सरल, भाव अनूठे और छन्द सुगेय होते हैं तथा उनका पढ़ने का ढंग इतनी तन्मयता तथा बेखुदी से भरा होता है कि जनता को वे अपने साथ बहा ले जाते हैं। आजकल कवि-सम्मेलनों में सफलतापूर्वक काव्य-पाठ करनेवाले कवियों में आनन्द जी का स्थान बहुत ही प्रमुख है।

आनन्द जी के मुख से सुनी हुई कविताओं को इस बार मैंने छापे में पढ़ा और छापे में पढ़ने पर भी इन कविताओं ने मुझे आनन्द दिया है—

हो रहा मन विकल,
गीत के द्वार चल!
दर्द की आग में,
और जल, और जल!

× × ×

गगन में चाँद
हृदय में पीर
भावना होने लगी अधीर।

ये पंक्तियाँ वही लिख सकता है, जिसका हृदय सहज कवि का हृदय हो। आनन्द जी के भीतर सामाजिक प्रेरणा भी जोर से काम करती है। देश पर होनेवाले बाहरी हमलों के समय उन्होंने दर्द की बेचैनी में जो कुछ लिखा अथवा देश में छाई हुई विषमता से असन्तुष्ट होकर उन्होंने असन्तोष के जो गीत गाए हैं, उन सबका साहित्यिक के सिवा सामाजिक महत्त्व भी है।

काव्य-रसिक पाठकों को यह संग्रह आनन्द देगा, इसमें कोई सन्देह नहीं।

(शेष-निःशेष)

कालजयी

(भूमिका)

कविता को कविता की ओर से देखना है या कवि की ओर से? रिवाज दोनों ही ओर से देखने का है।

मेरी मान्यता रही है कि जैन धर्म और बौद्ध धर्म जितने बड़े धर्म हैं, उतने बड़े-बड़े कवि उन्होंने उत्पन्न नहीं किए। कविता के मूल भाव नौ हैं। किन्तु, उनमें कई भाव, जैसे रति, मुनियों के लिए विवर्जित हैं। अतएव मुनियों की कविताएँ विवर्जित भावों से बचकर चलती हैं। शायद इसीलिए उनमें रस कम, आलोक ज्यादा होता है।

मुनिश्री विनयकुमार जी विद्वान् चिन्तक हैं। वे नई कविता के पक्षधर नहीं, उसके आलोचक रहे हैं। किन्तु अजब कौतुक की बात है कि उनके 'कालजयी' काव्य की शैली नई कविता की शैली है। वह पद्य में न होकर गद्य में है।

नई कविता केवल गद्य में होने के कारण नई कविता नहीं होती। नई कविता पद्य में भी होती है। किन्तु उसकी एक पहचान यह है कि वह विचार के बदले भाव की कविता होती है। भाव और विचार के बीच विलगाव हमेशा आसान नहीं होता, मगर तब भी दोनों अलग-अलग पहचाने जा सकते हैं। उदाहरण मैं 'कालजयी' से ही दूँगा—

जीवन की धड़कन,
बन्द खिड़कियों और दरवाजों के भीतर
कैद, एक घुटन।

यह बेचैनी की अनुभूति है, इसीलिए यह भाव है और नई कविता की पंक्ति में बैठने योग्य है। किन्तु—

मन्दिर, मस्जिद, गुरुद्वारों व चर्च की
स्थापना से बहुत पहले,
आगमों, त्रिपिटकों और शास्त्रों के
प्रणयन से बहुत पहले
आदमी की जिन्दगी के आधार थे—
श्रद्धा, समर्पण और सद्भाव!

वह कविता विचार की कविता है—

बार-बार मात खाकर भी
फिर-फिर लिपटी ही रहे
यह है परम्परा!

वह भी विचार की ही कविता है; क्योंकि इसमें परम्परा की परिभाषा दी गई है।

सामान्य कवि जिस सौन्दर्य को देखकर आनन्द की प्रेरणा लेते हैं, वैरागी कवि को उस सौन्दर्य की नश्वरता ही सत्य मालूम होती है। वह उसे जीवन की बाधा ही समझता है। 'कालजयी' में दोनों के उदाहरण हैं—

दुःख नारी के जूड़े में लगी
वेणी की तरह है।
सुख व्यक्ति के शरीर पर
खरीद कर लगाए गए
इत्र की फुलेल।
समय आने पर फूल
मुरझा जाते हैं
और गन्ध विलीन हो जाती है
तथा
उलझनें सुकुमारी के
चिकुर-जाल सी
प्रतिरोध-सी
जिन्दगी के सिमटाव में
एक गतिरोध-सी।

'कालजयी' की कविताएँ मुझे बहुत अच्छी लगीं; क्योंकि मैं खुद विचारों की कविताएँ लिखता रहा हूँ।

जैन मुनियों की पुरानी परम्परा रही है कि वे धर्म के साथ साहित्य की भी सेवा करते हैं। मुझे प्रसन्नता है कि अणुव्रत-आन्दोलन के प्रचारक मुनिश्री विनयकुमार जी साहित्य के प्रति अपना प्रेम अर्पित कर रहे हैं।

(शेष-निःशेष)

शिंजिनी

(द्वितीय संस्करण की भूमिका)

श्री रामगोपाल शर्मा 'रुद्र' हिन्दी के जाने-पहचाने ही नहीं, अब माने हुए कवि हैं और हिन्दी प्रान्तों की जनता उनके मुख से उनकी कविताएँ सुनने को लालायित रहती है। मैंने उनके श्रीमुख से पहले-पहल सन् 1938 में काव्य-पाठ सुना था। याद आता है कि वह गीत था, और उसकी टेक की बन्द थी, "जगमग अम्बर, जगमग अम्बर।" यह गीत कवि का आरम्भिक प्रयास था, किन्तु उसके भीतर कवि की सम्भावनाएँ कुछ इस प्रकार जगमगा रही थीं कि मैं अत्यन्त प्रभावित हुआ। तब से 'रुद्र' जी मेरे प्यारे कवि रहे हैं और उनकी कविताओं को मैं बड़े चाव से पढ़ता रहा हूँ।

'शिंजिनी,' जिस पुस्तक की यह भूमिका है, पहले-पहल सन् 1946 में निकली थी और तबसे इस पर काव्य-रसिक जनता का प्रेम खूब बरस चुका है। इस छोटी-सी विलक्षण पुस्तक को मैं भी रस-मुद्रा में कई बार पढ़ चुका हूँ और जब-जब हृदय आनन्द से प्लावित हुआ, मैंने कवि का मन ही मन अभिनन्दन किया है, उसे आशीर्वाद दिया है, और यह माना है कि हिन्दी-कविता ठीक रास्ते से जा रही है तथा जो यह कहते हैं कि हिन्दी में कुछ नहीं है वे और चाहे जो भी कह रहे हों, सत्य की अभिव्यक्ति उनके मुख से नहीं हो रही है।

कविता की जाँच मैं दो-तीन कसौटियों पर करता हूँ। कवि क्या कहता है, इस प्रश्न का स्थान मेरी दृष्टि में गौण है, और उसे सबकी दृष्टि में गौण ही होना चाहिए। जानने की मुख्य बात यह है कि कवि को जो कुछ कहना है उसे वह ठीक से कह पा रहा है या नहीं। कविताएँ तो हर महीने, मनों क्या, टनों छपा करती हैं और अकसर, उनमें भाव भी अच्छे-अच्छे होते हैं, किन्तु अभिव्यक्ति की सफाई का निर्वाह बहुत कम कविताओं में होता है। कभी तो लय और संगीत पर मोह होने के कारण और कभी शब्दों के मिथ्या सौन्दर्य पर अनुचित आसक्ति होने से कवि मूल भाव से बहक जाता है।

प्रत्येक कवि को कविता लिखते समय दो धरातलों पर जगना पड़ता है। एक धरातल तो वह होता है जिस पर भाव होते हैं, जिस पर प्रेरणा की गुंजार होती है। और दूसरा धरातल वह है जिस पर शब्द होते हैं, छन्द होता है, शैली और कला के

बीसियों उपकरण होते हैं। कवि की सफलता इस बात में है कि वह ऊपरवाले धरातल पर समाधिस्थ होकर भावों को ग्रहण करे, प्रेरणाओं की गुंजन को ठीक से सुने, और जब नीचेवाले धरातल पर वह रचना करने लगे तब कदम-कदम पर अपने आपसे वह पूछता जाए कि जो कुछ वह लिख रहा है, वह ठीक वही है या नहीं जिसे उसने प्रेरणावाले धरातल पर सुना है। यदि इस प्रश्न का उत्तर संतोषजनक है तो कोई कारण नहीं कि कविता पाठकों को वह आनन्द देने में असमर्थ होगी जिस आनन्द की अनुभूति कवि को हुई है। प्रेरणा को ठीक से ग्रहण करने और उसे ठीक-ठीक लिखने के अभ्यास और प्रयास को मैं कविता की साधना कहता हूँ। कवि भावों की अधिक-से-अधिक गहराई में ज्यों-ज्यों उतरता जाता है, त्यों-त्यों इस साधना की आवश्यकता और भी बढ़ती जाती है। इसलिए, कवि-मार्ग बराबर साधना का मार्ग है, सिद्धि नाम की चीज यहाँ होती ही नहीं है। भावों की अनुभूतियाँ बदलती रहती हैं और बदले हुए भावों के साथ जीवन का सामंजस्य बिठाने के प्रयास में कला बराबर नवीनता प्राप्त करती रहती है। और कला को नवीन रखने का काम साधक करते हैं, सिद्ध नहीं।

अपनी इस संक्षिप्त कसौटी पर मैं 'रुद्र' की कविताओं को सफल मानता हूँ। वे जो कहना चाहते हैं उसे कह डालते हैं, उन्हें उलझनें नहीं सतातीं और बहक भी उनमें बहुत थोड़ी है। 'रुद्र' जी की एक और विशेषता है जिसे यदि हमारे उगते सितारे ध्यान में रखें तो उनकी प्रतिभा सार्थक हो जाए। वह विशेषता यह है कि 'रुद्र' जी ने आलोचकों को प्रसन्न करने के लिए कोई चीज नहीं लिखी। जो भाव-दिशा उनकी आत्मा के लिए अनुकूल थी, वे आरम्भ से उसी की ओर चलते रहे हैं और, चूँकि राह उन्होंने नहीं बदली, इसलिए अपनी दिशा में वे एक अच्छी दूरी तय कर चुके हैं। इसीलिए 'रुद्र' को भूलना अब इतिहास के लिए कठिन होगा।

भाव-पक्ष में आनन्द और उमंग, 'रुद्र' की ये दो प्रबल विशेषताएँ हैं। इन्हीं के अनुरूप, शैली-पक्ष में, गेय छन्दों पर उनकी ममता और अधिकार है। यही कारण है कि देश के युवक उनकी कविताओं को इतना प्यार करते हैं।

"जीवन से भर दो प्राणों को
    यौवन से भर दो...
    शक्ति हे! शिंजन से भर दो।
जग की हो जो भी कठिनाई,
खड़े कूट, कंटक या खाई,
मेरे निर्झर के मग में सब शैल उठा धर दो।"

ये पंक्तियाँ जिस उमंग से निकली हैं, उसी उमंग के साथ पाठकों के हृदय में प्रवेश करती हैं।

कवि और लेखक अपने जीवन-भर में बहुत लिखते हैं, किन्तु समय सबको अपने साथ नहीं लेता। सम्भव है, सारे नाटक में से एक गीत और पूरे महाकाव्य में से

समर्पण की दो पंक्तियाँ बच रहें तथा बाकी सबका सब राष्ट्रीय महापुस्तकालय में बन्द पड़ा रह जाए। 'रुद्र' की कैसी रचनाएँ बचनेवाली हैं? पूरी निश्चिंतता के साथ कुछ भी कहना कठिन है। किन्तु मेरा अनुमान है कि जहाँ कविताएँ डाल में से कोंपल की तरह स्वयं निकल आई हैं, आँख से आँसू के समान स्वयं झर पड़ी हैं अथवा आनन्द की किरणों के समान स्वतः फूट पड़ी हैं, उनके भीतर सुधा की शक्ति अवश्य होगी।

"गाऊँ कुछ गीत सुनाऊँ रे, मंजर हूँ, मधु बरसाऊँ।"

अथवा

"श्रद्धा तो बहुत मिली जग से, थोड़ा-सा प्यार नहीं मिलता!"

या

"तलहटी की रेत में,
बाजरे के खेत में,
भोरे-भोरे छोहरियाँ भैरवी जगा रहीं।"

ये पंक्तियाँ मुझे सुधा-स्नात-सी लगती हैं। इनसे मुझे आनन्द मिला है, अतएव, सोचता हूँ, अन्य पाठकों को भी मिलेगा।

'शिंजिनी' का यह दूसरा संस्करण है। पहले संस्करण के साथ भी एक अच्छी भूमिका जुड़ी हुई थी। किन्तु कवि ने आज्ञा दी कि दूसरे संस्करण के लिए नई भूमिका मैं लिखूँ। यह आज्ञा अनुचित थी। किन्तु कवि के आग्रह को कवि कैसे टाले? निदान, 'शिंजिनी' पर जो मेरा अव्यक्त प्रेम था, उसे आज व्यक्त बनाना पड़ा।

'शिंजिनी' का कवि युग-युग जिये!

(असंकलित)

अभिनन्दन करता हूँ

काव्य की भूमि में जो, असंख्य युवक आज हैं, उन सब का कुछ-न-कुछ महत्त्व है, क्योंकि इन्हीं में से हर तीसरे-चौथे वर्ष कोई-न-कोई कवि मस्तक उठाकर आलोचकों को अपनी ओर देखने को विवश करता है। इधर हाल में ऐसे जिन नवयुवकों ने हमारा ध्यान आकृष्ट किया है उनमें श्री जगदीश नारायण चौबे से हमें आशा हो चली है। इनकी भाषा साफ और अभिव्यक्ति किसी हद तक अच्छी हो रही है। जगदीश जी के दो संग्रहों ('एकाकी' और 'गीतकार') को देखने के बाद मुझे ऐसा लगा कि वे छायावादी ढंग के गीतों और प्रयोगवादी ढंग की चिन्तनपूर्ण कविताओं के बीच अपना मार्ग खोज रहे हैं। पिछली प्रवृत्ति की झाँकी मुझे 'तार के खम्भे' में मिली और पहली प्रवृत्ति के उदाहरण दोनों संग्रहों में भरे पड़े हैं।

आगे की कविता अधिकाधिक चिन्तन की ओर जाएगी। इस आशा को सामने रखकर यदि जगदीश जी अपनी दिशा निर्धारित करें तो सफलता उन्हें अवश्य मिलेगी। किन्तु मैं उन्हें उपदेश क्यों दूँ? जगदीश जी स्वयं भावुक और कारयित्री प्रतिभा से पूर्ण हैं। उन्हें अपना मार्ग खोजने में कठिनाई नहीं होनी चाहिए।

इस युवक कवि की प्रतिभा का स्पष्ट प्रमाण मुझे उसकी कविताओं में दिखाई पड़ा है। मैं उसका अभिनन्दन करता हूँ।

उदयाचल
पटना

—रामधारी सिंह दिनकर

(असंकलित)

चन्द्रगुप्त का स्वप्न

(भूमिका)

'चन्द्रगुप्त का स्वप्न' महाकवि श्री विश्वनाथ सत्यनारायण की रचना है। विश्वनाथ जी आन्ध्रप्रदेश में 'कवि-सम्राट्' के विरुद्ध से प्रसिद्ध हैं। मैं उन्हें भारत का कवि-सम्राट् मानता हूँ। 'रामायण कल्पवृक्षम्' नामक उनके तेलुगू महाकाव्य पर 'ज्ञानपीठ-पुरस्कार' मिलने के कारण अब उनका नाम प्रायः प्रत्येक साहित्यिक जान गया है। मेरा यह सौभाग्य है कि मैं उनके सम्पर्क में बहुत दिनों से रहा हूँ और मात्र उनकी बातचीत और भाषण सुनकर यह मानता रहा हूँ कि यह कवि अपने समय में बेजोड़ है।

'रामायण कल्पवृक्षम्' के छिटपुट पदों का ही अनुवाद हिन्दी में उपलब्ध है। किन्तु इस महाकाव्य के जो भी पद मैंने देखे हैं, उनसे प्रतिभा की चिनगारी छिटकती है; किन्तु विश्वनाथजी का 'सहस्र-फण' नामक उपन्यास मैंने लाल पेन्सिल लेकर पढ़ा है। 'सहस्र-पण' में भारत के उस सामन्तयुगीन समाज का चित्रण है जो स्वराज्य-प्राप्ति के बाद समाप्त हो गया। महाकवि ने इसकी रचना भी सन् 1733 ई. के आसपास की थी। उपन्यास और कुछ नहीं होकर काव्य की ही विधा है। इसका जितना बड़ा प्रमाण 'सहस्र-फण' उपन्यास है, उतना बड़ा प्रमाण मैंने और कहीं नहीं देखा था। इस उपन्यास के पात्र चलते-फिरते जीवित मनुष्य हैं और इस उपन्यास को पढ़ते समय यह प्रत्यक्ष भासित होता है कि हम किताब नहीं पढ़ रहे हैं, एक जीवित, चेतन समाज में घूम रहे हैं।

'सहस्र-फण' की एक विशेषता यह भी है कि इसका लेखक प्राचीन समाज की ओर से तलवार उठाए हुए है और वह आधुनिकता पर उसी निःसंकोचता से प्रहार करता है जिस निःसंकोचता के साथ आधुनिकतावादी विद्वान् प्राचीनता को पीटते हैं। किन्तु प्राचीनता का अडिग विश्वासी होने के कारण लेखक के वर्णन में वह सजीवता और शक्ति है जो केवल ईमानदारी से आ सकती है।

विश्वनाथजी का वर्तमान उपन्यास चन्द्रगुप्त मौर्य के ऊपर लिखा गया है, यद्यपि चरित्र-चित्रण इसमें चन्द्रगुप्त से अधिक चाणक्य का है। विश्वनाथ जी की मान्यता है कि चन्द्रगुप्त का राज्य ईसा से सोलह सौ साल पूर्व था। वे पाश्चात्य इतिहासकारों को प्रमाण मानते हैं। पुराणों को न जानने के कारण इतिहासकारों ने पुराणों के प्रति जो

अन्याय किया है, उससे विश्वनाथजी जीवन-भर तिलमिलाते रहे हैं। उन्होंने सोलह उपन्यास लिखे हैं, जिनकी सीरीज को वे 'पुराण-वैर की सीरीज' कहते हैं।

'सहस्र-फण' का हिन्दी में अनुवाद श्री पी. नरसिंहराव जी ने किया है। यह अनुवाद विलक्षण हुआ है और उनके जरिए तेलुगू के कितने ही मुहावरे और शब्द हिन्दी में आ गए हैं। प्रत्येक साहित्य-प्रेमी को 'सहस्र-फण' उपन्यास खोलकर पढ़ना चाहिए।

मुझे खुशी है कि विश्वनाथजी का एक और उपन्यास हिन्दी में आ गया। मेरी आशा है कि लोग इस उपन्यास को चाव से पढ़ेंगे।

(शेष-निःशेष)

श्री अरविन्द

(भूमिका)

बहुत ही प्राचीन काल से वैयक्तिक मोक्ष सभी आध्यात्मिक साधनाओं का लक्ष्य माना जाता रहा है। किन्तु प्राचीन काल में ऐसे साधक भी उत्पन्न हुए, जिन्हें यह लक्ष्य अपेक्षाकृत छोटा जान पड़ा। बोद्ध धर्म के महायान-सम्प्रदाय के अन्तर्गत सातवीं शताब्दी में शान्तरक्षित उत्पन्न हुए, जिन्होंने इस शंका को भाषा प्रदान की और कहा कि वैयक्तिक मोक्ष मनुष्य का सबसे बड़ा लक्ष्य नहीं है। सबसे बड़ा लक्ष्य तो यही हो सकता है कि जब तक एक भी जीव बद्ध है, तब तक अपना वैयक्तिक मोक्ष स्वीकार नहीं करेंगे–

स्वमाकाशनिष्ठस्य सत्यधातोरनेकधा।
भवेयं उपजीव्योऽहं यावत् सर्वे न निवृत्ताः॥

"अनंताकाश में स्थित जितने सत्यधातु (जीव) हैं, जब तक वे मुक्ति नहीं पा लेते, तब तक मैं उनकी इसी प्रकार सेवा करता जाऊँगा।"

यह भावना शताब्दियों से हृदय में अस्फुट गुंजार करती हुई उमड़ती-घुमड़ती रही। लेकिन जब श्री अरविन्द का अवतार हुआ, यह भावना साधना के एक नए लक्ष्य के रूप में परिवर्तित हो गई। उन्होंने कहा, "मैं अपनी वैयक्तिक मुक्ति के लिए योग का आश्रय नहीं ले रहा हूँ। मेरे योग का ध्येय पृथ्वी-तल पर दिव्य जीवन की अवतारणा है।"

श्री अरविन्द का योग-मार्ग सामान्य अर्थ में संन्यास का मार्ग नहीं है। श्री अरविन्द के संन्यासी बहुशः गृहस्थ हैं और गार्हस्थ के बाने में रहकर ही, दिन-रात कर्म-निरत रहते हुए वे साधना करते हैं, अथवा यों कहिए कि श्री अरविन्द-आश्रम में संन्यास और गार्हस्थ के बीच भेद नहीं है। वहाँ का प्रत्येक संन्यासी गृहस्थ की तरह काम करता है और प्रत्येक गृहस्थ का सारा कार्य भगवान् को निवेदित है।

शंकर ने भूत (मैटर) को माया कहा था और उसे असत्य बताया था। श्री अरविन्द की मान्यता है कि मैटर भी सत्य है, अज्ञान भी ज्ञान है। विकास के क्रम में पहले भूत उत्पन्न हुआ, उसमें से जीवन निकला और जीवन के भीतर से मन अथवा मानस उत्पन्न हुआ है। किन्तु, विकास की गति यहीं पर नहीं रुकेगी। मानस के धरातल से उठकर मनुष्य को अतिमानस में प्रवेश करना है। मनुष्य की जो भी वैयक्तिक और

सामाजिक समस्याएँ उसे परेशान कर रही हैं, उनका स्थायी समाधान तभी मिलेगा, जब आदमी अतिमानस की अवस्था में पहुँच जाए। और यह भी यथेष्ट नहीं है कि दो-चार या सौ-पचास व्यक्ति चेतना के उस धरातल पर पहुँचकर विश्व को उबार लें। नहीं, पूरी मनुष्य-प्रकृति को रूपान्तरित होना है, 'मन' से निकलकर उसे 'अति-मन' के धरातल पर पहुँचना है। इसीलिए श्री अरविन्द की कल्पना है कि मनुष्य की आगामी प्रजाति, अतिमनुष्यों की प्रजाति होगी।

मानव को रूपान्तरित करके उसे अतिमानव बनाने की प्रक्रिया ही श्री अरविन्द के योग की प्रक्रिया है और यही महान् रूपान्तरण उनका ध्येय या लक्ष्य है। श्री अरविन्द का योग, चेतना की शक्ति का केन्द्रीकरण है। वह मन के अतिक्रमण की प्रक्रिया है। उसमें ज्ञान, भक्ति और कर्म तीनों समाहित हैं।

श्री अरविन्द और उनके साधना-पथ की कुछ और भी विलक्षणताएँ हैं। पिता ने चाहा था कि श्री अरविन्द भारतीय चिन्तन, भारतीय भाषाओं और भारतीयों की संगति से दूर रखे जाएँ और 21 वर्ष की उम्र तक श्री अरविन्द सत्य ही भारतीय संस्कार से अछूते थे। किन्तु पिता ने जिसे भारतीय संस्कार से अछूता रखना चाहा था, वही व्यक्ति भारतीयता का सबसे बड़ा उद्‌गाता और साधक बन गया! अवश्य ही इसके पीछे कोई ईश्वरीय संकेत था।

श्री अरविन्द के आविर्भाव के पूर्व श्री रामकृष्ण परमहंस ने सभी धर्मों की एकता सिद्ध कर दी थी और स्वामी विवेकानन्द ने संसार को यह आश्वासन दे दिया था कि भारत का आध्यात्मिक स्रोत अभी सूखा नहीं है। संसार उससे नई धारा की आशा कर सकता है। उससे भी पूर्व राजा राममोहन राय ने राष्ट्रीयता और अन्तर्राष्ट्रीयता के मिलन का मार्ग प्रशस्त कर दिया था। ये सारी बातें श्री अरविन्द की साधना की पृष्ठभूमि पर थोड़ा-बहुत प्रकाश डालती हैं।

जब श्री अरविन्द का आविर्भाव हुआ, पश्चिम के लोग प्रकृति को बल से दबाकर नाना भाँति के सुखों का उपभोग कर रहे थे, लेकिन पूर्वी विश्व के लोग सुखों से वंचित अथवा सुखों को शंका की दृष्टि से देखते हुए, अँधेरे में जीवन का अर्थ खोज रहे थे। पश्चिम में भी सभी तत्त्व थे, लेकिन सबसे प्रधान तत्त्व शरीर था और पूर्व के सभी तत्त्वों में से प्रधान तत्त्व आत्मा थी। श्री अरविन्द के योग में इन दोनों तत्त्वों का मिश्रण होनेवाला था। इसीलिए भगवान् ने पहले तो श्री अरविन्द को पाश्चात्य ढंग की उच्चतम शिक्षा दिलवाई और तब उन्हें भारतीय परम्परा का योगी बना दिया और इसीलिए श्री माँ का शरीर यूरोप में आविर्भूत हुआ, यद्यपि उनकी आत्मा का चिर-परिचित आवास भारतवर्ष है।

श्री अरविन्द के आध्यात्मिक प्रयोग की कहानी अत्यन्त गहन और गूढ़ है। उसकी व्याख्या करने को जो प्रभूत साहित्य लिखा गया है, वह भी सबके लिए सहज नहीं है। अतएव यह बहुत ही उचित और आवश्यक दिखता है कि श्री अरविन्द और

श्री माँ के जीवन और साधना-पक्ष पर अधिक-से-अधिक साहित्य भारतीय भाषाओं में तैयार किया जाए।

श्री अरविन्द की एक जीवनी हिन्दी में पहले ही प्रकाशित हो चुकी है। यह दूसरी जीवनी है जिसे श्री अरविन्द के साधना-पथ के पथिक श्री छोटेनारायण शर्मा ने तैयार किया है। शर्माजी विद्वान् होने के सिवा स्वयं उच्च कोटि के साधक भी हैं और श्री अरविन्द की साधना और साहित्य से उनके मन और प्राण पूर्ण-रूप से व्याप्त हैं। श्री अरविन्द की आश्रम-प्रवेश से पहले की जीवनी लिखना अपेक्षया सरल कार्य है। किन्तु, आश्रम-प्रवेश से बाद का हाल, विशेषतः सन् 1926 ई. से बाद का विवरण, लिखना आसान नहीं है, कयोंकि सन् 1926 में ही महायोगी सबसे हटकर एकान्त में चले गए थे।

श्री अरविन्द के इस घोर तपोमय, अन्तर्मुख जीवन का जो वर्णन इस पुस्तक में दिया गया है, वह अद्भुत होता हुआ भी प्रामाणिक और प्रेरणापूर्ण है। श्री अरविन्द के उद्धरणों और अपने चिन्तन द्वारा लेखक ने श्री अरविन्द के आन्तरिक जीवन पर जो प्रकाश डाला है, उससे साधकों को भी आनन्द मिलेगा। श्री अरविन्द एक समय भारत के प्रख्यात राजनेता थे और माननेवाले चाहें तो वे उन्हें धर्माचार्य भी मान सकते हैं। किन्तु, मूलतः यह जीवनी एक योगी की जीवनी है, मनुष्य जाति को उच्चतम विकास की ओर ले जानेवाले एक अवतार की जीवनी है।

वर्तमान पुस्तक की विशेषता यह है कि इसमें श्री अरविन्द की जीवनी और साधना, दोनों का वर्णन बड़े ही प्रामाणिक ढंग से दिया गया है। जो भी पाठक इस छोटे-से अद्भुत ग्रन्थ को पढ़ेंगे, उन्हें इसमें अरविन्द की केवल जीवनी ही नहीं मिलेगी, बल्कि उनकी साधना के विषय की बहुत-सी बातें मालूम हो जाएँगी।

मैं शर्माजी को इतनी सुन्दर कृति तैयार करने के लिए बधाई देता हूँ। अवश्य ही इस ग्रन्थ की रचना के समय श्री माँ की कृपा उन्हें प्राप्त थी।

(शेष-निःशेष)

बीती बातें

(दो शब्द)

अगर जवानी का दोस्त आपके साथ हो तो बुढ़ापे की यात्रा का आनन्द और नहीं तो दूना अवश्य हो जाता है। मैं इस दृष्टि से सौभाग्यशाली मनुष्य हूँ कि मेरे कुछ जवानी के दोस्त आज भी मेरे साथ हैं। श्री कपिलदेव नारायणसिंह 'सुहृद्' का स्थान इन मित्रों में अन्यतम है।

इसलिए श्री 'सुहृद्' जी की 'बीती बातें' में बहुत-सी बातें ऐसी हैं जो मेरी भी बीती बातें कही जा सकती हैं। जो उनके अन्य मित्रों की भी बीती बातें कही जा सकती हैं।

किन्तु इस पुस्तक में केवल इतना ही नहीं है। 'सुहृद्जी' मित्र के रूप में महान् हैं, यह ठीक है, किन्तु वे केवल मित्र ही नहीं हैं। वे समाज-सेवी भी हैं, राजनीतिक नेता और कार्यकर्ता भी हैं और इन रूपों में उनकी जान-पहचान देश के अनेक महापुरुषों से रही है। यही नहीं, पिछले तीस-चालीस वर्षों के भीतर भारत में जो बड़ी-बड़ी घटनाएँ घटी हैं, उनमें से अनेक घटनाओं में उन्होंने भाग लिया है—अथवा उन घटनाओं को समीप से देखने का उन्हें मौका मिला है। स्वभावतः ही इस पुस्तक में नाना व्यक्तियों और नाना घटनाओं का जिक्र है तथा सुहृद्जी ने उनका वर्णन जिस रोचकता से किया है, वह प्रशंसा की चीज है।

विशेषतः मैं इस पुस्तक में प्रयुक्त भाषा की सरलता और स्वाभाविकता की बड़ाई करता हूँ। इस पुस्तक को पढ़ते समय मुझे अनेक घटनाएँ याद आई हैं! अनेक चेहरे मनश्चक्षु के सामने घूम गए हैं और अनेक ऋतुओं की गन्ध प्राणों में समा गई है। यह पुस्तक मुझे उपन्यास के समान रोचक प्रतीत होती है।

कैसा था वह समय, जब अपनी नई कविताएँ 'सुहृद्' को सुनाए बिना मुझे चैन नहीं आता था! कैसा था वह समय जब हम दोनों इक्के पर चढ़कर देहातों में घूमते थे और सारी राह कवियों और कविताओं की चर्चा करते रहते थे! किन्तु अब फूलों पर न तो ओस के कण दिखाई देते हैं, न अगल-बगल में हरी घासों की कतारें हैं। ऊषा चली गई। दोपहरी का दिनमान अब पश्चिम की ओर ढल रहा है। अब हम चढ़ाई के नहीं, उतार के मुसाफिर हैं और रास्ते के शुरू में हमने जो फूल देखे थे,

पक्षियों की जो चहचहाट सुनी थी, हरे तृणों का जो स्पर्श किया था, वे सब-के-सब हमें याद आते हैं और हृदय में एक कचोट छोड़कर, फिर अदृश्य हो जाते हैं

'बीती बातें' से मेरे भीतर बहुत-सी ऐसी स्मृतियाँ लहलहा उठी हैं जिन पर धूल की परत जम गई थी। इस मानस-सुख के लिए मैं 'बीती बातें' के लेखक और अपने परम मित्र को अगणित धन्यवाद देता हूँ।

(शेष-निःशेष)

जीवन के तत्त्व और काव्य के सिद्धान्त

(एक दृष्टि)

हिन्दी के वर्तमान आलोचकों की श्रेणी में 'सुधांशुजी' का स्थान बहुत ही ऊँचा है तथा निर्विवाद रूप से वे स्वर्गीय रामचन्द्र शुक्ल की परम्परा के सबसे प्रबल वाहक हैं। उनकी पहली पुस्तक 'काव्य में अभिव्यंजनावाद' विद्वानों के बीच काफी आदर पा चुकी है, तथा उनके अन्य लेखों और अभिभाषणों से हिन्दी की आलोचना-पद्धति को यथेष्ट शक्ति प्राप्त हुई है।

वर्तमान पुस्तक, काव्य के सम्बन्ध में उनके वैज्ञानिक चिन्तन का परिणाम है। सहसा यह कहना कठिन है कि इस ग्रन्थरत्न का आधार, शुद्ध साहित्य-समीक्षा की भावना है अथवा दार्शनिक और मनोवैज्ञानिक विचार की? हम बहुत दिनों से सुनते आए हैं कि 'काव्य' जीवन का प्रतिबिम्ब होता है; किन्तु इस उक्ति की अर्थपूर्णता कैसे चरितार्थ हो सकती है, यह बात हमें थोड़े ही लोगों ने बताने का कष्ट किया है। सुधांशुजी का स्थान इन थोड़े से लोगों के बीच भी विशिष्ट समझा जाना चाहिए; क्योंकि उन्होंने एक गम्भीर विचारक की हैसियत से इस प्रश्न की तह में जाने की अद्भुत चेष्टा की है। उन्होंने अपने विशाल अध्ययन एवं प्रौढ़ चिन्तन के बल पर ऐसी बहुत सी गुत्थियाँ सुलझाई हैं, जो प्रायः हिन्दी में अब तक अविश्लिष्ट थीं।

आरम्भ के तीन अध्याय, शुद्ध दर्शन और मनोविज्ञान के अध्याय हैं, जिनमें लेखक ने पूरी तन्मयता के साथ, मानव-मन की कुछ मनोवैज्ञानिक प्रक्रियाओं का रहस्य खोला है और मनोवैज्ञानिक स्तर पर ही यह दिखाने की चेष्टा की है कि काव्य के साथ उनका क्या सम्बन्ध है।

चौथा अध्याय रस-निष्पत्ति के सम्बन्ध में है तथा इसमें लेखक ने यह सिद्ध किया है कि अवकाश के समय कवि जिस ओज का संचय करता है, उसी से काव्य की कृतियाँ जन्म पाती हैं तथा अवकाश के समय पाठक जिस ओज को इकट्ठा करता है, उसी से उसे काव्य-रस के उपभोग की क्षमता प्राप्त होती है। "निश्चेष्ट तथा कार्यविमुख रहनेवाले अमीर-उमराव कुछ अधिक विलासी इसीलिए होते हैं कि उन्हें साधारण जनता से अपने ओज-संचय की ज्यादा सुविधा रहती है।" किन्तु काव्य को

लेखक मनोरंजन का साधन नहीं मानते, वरन् ''उसका अन्तिम उद्देश्य जगत् के साथ मानव-हृदय का सामंजस्य स्थापित करना'' मानते हैं।

पाँचवाँ अध्याय काव्य के अर्थ-बोध के सम्बन्ध में है। प्रसाद की महत्ता यह कहकर स्वीकार की गई है कि ''किसी रचना का प्रिय लगना ही जीवन के साथ उसके हार्दिक सम्बन्ध का द्योतक है।'' किन्तु; इस प्रिय लगनेवाली रचनाओं में लेखक ने उन कविताओं को भी सम्मिलित कर लिया है जो अच्छी लगने पर भी स्पष्ट नहीं होतीं। लेखक के मतानुसार, ''काव्य में वैसे अर्थज्ञान-हीन सुखानुभव को शास्त्रीय दृष्टि से अप्रबुद्ध उपभोग कहते हैं।'' प्रसाद कविता का सबसे बड़ा गुण है। यह केवल अर्थ की स्पष्टता ही नहीं, प्रत्युत काव्य के उन सभी आवेगों का मिश्रित परिणाम होता है, जिससे कविता कवि के हृदय से निकलकर, पाठकों के हृदय में अपना घर बनाती है। अधिकाधिक लोगों के हृदय को छू सकना केवल स्पष्टता का ही काम नहीं होता; वरन् उसे हम संक्रमणशीलता अथवा Communicativeness कह सकते हैं। किन्तु इस शक्ति की प्राप्ति सदैव सुलभ नहीं होती। ऐसे बहुत से कवि हुए, जो दुर्लभ सामग्रियों के विशाल भंडार के स्वामी होते हुए भी जनता के बीच आदरयुक्त प्रसार पाने से वंचित रह गए। कविता के अर्थ-बोध की राह में जो कठिनाइयाँ हैं (कुछ कवि की, और कुछ पाठक की भी), लेखक ने उनका मनोवैज्ञानिक विश्लेषण बड़ी ही योग्यता के साथ किया है तथा अन्त में यह निर्णय दिया है कि ''संस्कृत-साहित्य में ऐसे बहुत कवि हो गए हैं, जो 'सहृदय-हृदयवेद्यम्' (सहृदय-हृदय ही समझ सकता है) कहकर अपने पक्ष का समर्थन करते हैं। ठीक इसके विपरीत कहनेवाले भी हैं, जो 'वक्तुरेव हि दोषः स्वाद् यत्र श्रोता न बुध्यते' कहकर श्रोता के कुछ न समझने पर वक्ता को ही दोषी समझते हैं। दोनों पक्षों में चाहे जितनी यथार्थता रहे, किन्तु इतना तो निश्चित है कि यदि कला, अपनी स्थिति में स्पष्ट नहीं रहे, तो वह अपना अर्थ-बोध नहीं दे सकती।''

छठा अध्याय 'काव्य की प्रेरणा-शक्ति' का अध्याय है। इस अध्याय में उन आवेगों का मनोवैज्ञानिक वर्णन है, जिनकी प्रेरणाएँ कविता को जन्म देती हैं। लेखक ने कविता रची जाने का मूल-कारण स्रष्टा के भीतर आत्म-विस्तार की भावना का होना माना है। कुछ अधिक गहराई में जाने पर, उन्होंने इस भावना का उत्स 'काम' को माना है तथा काम-वासना और आनन्द-भावना मनुष्य के चिन्तन एवं कर्म पर किस प्रकार से प्रभाव डालती हैं, इसका वर्णन बहुत सजीव ढंग से किया है। यह कोरा फ्रॉयड का प्रयास है तथा इस सम्बन्ध का साहित्य अंग्रेजी में ढेर-का-ढेर लिखा जा चुका है। किन्तु इस सिद्धान्त की भारतीय व्याख्या शायद अब तक बाकी थी। लेखक ने वर्तमान पुस्तक में उसे पूर्ण कर दिया है। मनु से लेकर डॉक्टर भगवानदास और सर राधाकृष्णन् ने इस सम्बन्ध में क्या सोचा है, इसका बहुत-कुछ प्रमाण प्रसंगानुकूल आनेवाले उद्धरणों से स्पष्ट हो जाता है। फ्रॉयड के सिद्धान्त की स्थापना में भारतीय मतों का उद्धरण लेखक की अपनी देन है और इसका सुयश उन्हें मिलना ही चाहिए।

सातवाँ अध्याय 'लय और छन्द' के सम्बन्ध में है। लेखक लय और छन्द को दो भिन्न गुण मानकर चलते नजर आते हैं, जो समुचित और योग्य है। उन्होंने इस बात की खोज की है कि लय आदि-अवस्था में किस प्रकार प्रकट हुई तथा साहित्य में वह कैसे आई? लय की महिमा बताते हुए उन्होंने पञ्चतन्मात्राओं के बीच आकाश को सर्वश्रेष्ठ बताया है जिसका गुण ध्वनि है, तथा यह निष्कर्ष निकाला है कि "लय-पूर्वक सुमधुर ध्वनि से सभी तत्त्वों पर अधिकार किया जा सकता है।" काव्य की भाषा के लिए लय का रहना बहुत आवश्यक है। लेखक का मत है कि "छन्द से लय की स्वाभाविकता को हम हटा नहीं सकते; क्योंकि छन्द में प्राण-प्रतिष्ठा करनेवाला यही तत्त्व है" तथा "छन्द के मूल तत्त्व (लय) के बहिष्कार से स्वयं प्रकृति (मानव-प्रकृति) ही विद्रोह कर उठेगी। छन्द की शृंखला को वे काव्य के लिए अनिवार्य मानते हैं; क्योंकि "मनुष्य की कोई भी रचना शृंखला से खाली नहीं होती।" लेखक की प्रवृत्ति 'सद्यः प्रीतिकरो रागः' के सिद्धान्त की ओर है, जिससे कोई रसज्ञ व्यक्ति इनकार नहीं कर सकता। किन्तु एकाध बातें ऐसी हैं, जिनकी ओर संकेत कर देना आवश्यक प्रतीत होती है। वर्तमान अध्याय में (तथा तीसरे अध्याय में भी) लेखक ने अपना मत व्यक्त किया है कि "यह कहना बहुत ही भ्रमपूर्ण है कि पुराने छन्दों में नवीन जीवन का उल्लास व्यक्त नहीं किया जा सकता" (पृ. 46) तथा "छन्दों की संख्या बढ़ाई जा सकती है; किन्तु इस धारणा से नहीं कि पुराने छन्द, आधुनिक जीवन के उल्लास-विषाद को व्यक्त करने में अनुपयुक्त हो गए हैं" (पृ. 133)। उनका विचार है कि "यदि काव्य-रचना के लिए नए छन्द-विधान की अनिवार्यता प्रमाणित करने की चेष्टा की जाए, तो उससे पहले इसी प्रश्न का उत्तर मिलना चाहिए कि क्या पुराने छन्द-विधान में आबद्ध कालिदास, भवभूति, सूर, तुलसी, देव और बिहारी को हम भूल सकते हैं? क्या हम अभिज्ञानशाकुन्तल, उत्तररामचरित, रामायण, सूर-सागर, प्रियप्रवास, साकेत, यशोधरा और कामायनी में वर्णित जीवन-वृत्त की उपेक्षा कर सकते हैं?" लेखक ने जिस आग्रह और बल के साथ यह प्रश्न किया है, उसका उत्तर 'नहीं' के सिवा और कुछ नहीं हो सकता। किन्तु केवल 'नहीं' कह देने से ही वे कठिनाइयाँ दूर नहीं हो जातीं, जो नए भावों के वहन करने की राह में पुराने छन्दों की राह के सामने पड़ी हुई हैं। दरअसल, प्रश्न अभिज्ञानशाकुन्तल, रामायण और सूरसागर में प्रयुक्त छन्दों के आदर और अनादर का नहीं है; प्रश्न यह है कि नए कवि की मनोदशा, पुराने कवियों के समान है या नहीं? आदमी का वस्त्रादि से, अथवा भाषा का वर्णमाला से, जो सम्बन्ध है, काव्य का छन्द के साथ, केवल उतना ही सरोकार नहीं हो सकता। हिन्दुस्तान का आदमी यूरोप का लिबास भी पहन सकता है तथा हिन्दी को रोमन-लिपि में भी लिख सकता है; लेकिन शाकुन्तल के श्लोक अंग्रेजी या फ्रेंच में अनूदित होकर कालिदास के श्लोक नहीं रह सकते। कहते हैं, रवि बाबू इस बात से बहुत घबराते थे कि कोई अन्य भाषाभाषी उनकी कविताओं का अपनी भाषा में पद्यबद्ध अनुवाद करे।

सच पूछिए तो सौन्दर्य-क्षय के बिना, अन्य भाषा में अनूदित नहीं हो सकना भी ऊँची कविता का एक विशेष गुण है। और जैसी बाधा एक भाषा की कविता को दूसरी भाषा में अनूदित करने में है, बहुत-कुछ वैसी ही बाधा एक युग के भाव को दूसरे युग के छन्द में बाँधने में होती है। जैसे एक कवि का व्यक्तित्व दूसरे कवि के व्यक्तित्व से भिन्न होता है, उसी प्रकार एक युग की मनोदशा, दूसरे युग की मनोदशा से अलग होती है। और इसी प्रकार जैसे कितने ही छन्दों का समान रूप से व्यवहार करनेवाले एक ही युग के कई कवि, कुछ खास छन्दों पर विशेष प्रीति रखते हैं, ठीक उसी प्रकार, कई भिन्न युग भी, कितने ही खास छन्दों का समान रूप से उपयोग करते हुए अपनी मनोदशा के विशेष अनुकूल कुछ खास छन्दों को प्रमुखता देते हैं। युगगत भिन्नता, कवियों की मनोदशागत भिन्नता से कहीं अधिक प्रखर होती है—इतनी प्रखर, कि बीसवीं सदी की मीराँ, मध्यकालीन मीराँ के समीप नहीं होकर अपने ही युग की 'सुभद्रा' के अधिक समीप होती है और अचरज तो यह है कि खुद 'सुभद्रा' भी भूषण और चन्दबरदाई के समीप नहीं होकर कुछ-कुछ समकालीन मीराँ के ही पास है। युगविशेष की मनोदशा अपने अनुकूल छन्दों की खोज करती है। यही कारण है कि कालक्रम में कई प्रसिद्ध छन्द पीछे छूट जाते हैं, कइयों में काट-छाँट हो जाती है और कई तो अनेक छन्दों के मिश्रण से नवीन बन जाते हैं। छन्द, केवल वस्त्र या वर्णमाला नही होते। वे तो भावों की त्वचा हैं। कविताएँ लिखी जा चुकने के बाद अपने अनुरूप छन्दों की खोज नहीं करतीं, प्रत्युत छन्दों के साथ तो उनका जन्म ही होता है। सच्ची कविता की एक पंक्ति, जब छन्द-विशेष का चरण बनकर प्रकट होती है, तब यह नहीं समझना चाहिए कि उसका तेज किसी दूसरे छन्द के चरण में भी अक्षुण्ण रह सकता था। जहाँ इस सम्भावना की गुंजाइश हो, वहाँ यह समझना अधिक सत्य होगा कि कविता को अपनी सच्ची राह अभी नहीं मिली है। यह समझना निरी भ्रान्ति है कि "प्राचीन और नवीन का भेद, काव्य की सौन्दर्यवृद्धि की आवश्यकता से अधिक, कवि की अपनी क्षमता को व्यक्त करने से ही सम्बन्ध रखता है।" लेखक ने स्वयं लिखा है कि "प्रत्येक जाति, अन्यान्य धारणाओं के साथ, लय की एक धारणा रखती है और यह धारणा जातिगत, देशगत संस्कार से उत्पन्न होती है।" इस वाक्य में अगर 'देशगत' के बाद 'कालगत' और 'उत्पन्न' के बाद 'परिवर्तित' भी जोड़ दिया जाता, तो पाठकों को होनेवाले एक बड़े भ्रम की जड़ ही कट जाती।

आठवें और नवें अध्याय में लेखक ने क्रमशः 'ग्राम-गीत के मर्म' और 'कलागीत की प्रवृत्तियों' पर विचार किया है। कलागीत को उन्होंने ग्रामगीत का विकास कहा है और इस बात पर स्वाभाविक दुःख प्रकट किया है कि कलागीतों में ग्राम-गीतों की सहृदयता और सफाई नहीं आ सकी। यह सभ्यता के विकास का शाप है और हम जीवन के प्राथमिक स्तर की सरलता ऊँचा जाने पर नहीं पा सकते। कलागीत वाले अध्याय में, हिन्दी के कलागीतों की उत्पत्ति और विकास, नायिका-भेद, राष्ट्रीयता की

उद्भावना, छायावाद, हृदयवाद और रहस्यवाद, प्रगतिवाद और सामयिक साहित्य आदि विषयों पर अच्छा विचार किया गया है। लेखक ने नायिकाओं की श्रेणी में 'देशसेविका नायिका' की गणना को 'राष्ट्रीय लज्जा का विषय' कहा है, जो बहुत ही उपयुक्त है। नवीन हिन्दी-कविता का ऐसा शायद ही, कोई निष्पक्ष आलोचक हो, जिसे छायावाद और रहस्यवाद के कुहासे में, निष्फल पर्यटन करके खाली ही लौट नहीं आना पड़े। ऐसे लोग भी हैं, जो इस पर्यटन के बाद यह दिखाना चाहते हैं कि उनका परिश्रम व्यर्थ नहीं हुआ। किन्तु यह स्वाँग ही है। दरअसल उनकी वाणी, स्पष्ट नहीं हो पाती और न वे अपने पक्ष को सिद्ध ही कर सकते हैं। सुधांशुजी ने इन वादों के लिए कोई ममता-मोह नहीं दिखाया है। "छायावाद ने कल्पना का पुट देकर काव्य-शैली की व्यंजकता बहुत बढाई," इस एक वाक्य के द्वारा उन्होंने छायावाद-आन्दोलन का उतना ही अभिनन्दन किया है, जितना उसके प्रबल-से-प्रबल समर्थक पूरा लेख लिखकर कर सकते थे तथा "छायावाद और रहस्यवाद का अन्तर अब तक भी स्पष्ट नहीं हो सका है," यह कहकर तो उन्होंने, उन सभी लोगों की बुद्धि और ईमान पर प्रश्न का चिह्न लगा दिया है, जिन्होंने प्रत्येक छायावादी रचना को 'देवदूत-कवि का रहस्यवाद' सिद्ध करने में अपनी पूरी नहीं, तो आधी आयु तो जरूर खर्च कर दी।

पुस्तक का दसवाँ अध्याय हिन्दी कविता के नौ कवियों (मैथिलीशरण गुप्त, माखनलाल चतुर्वेदी, जयशंकर प्रसाद, निराला, द्विज, सुमित्रानन्दन पन्त, दिनकर, महादेवी और बच्चन) की रचनाओं के अन्तर्दर्शन के रूप में लिखा गया है। यह अन्तर्दर्शन कवियों को कुछ महँगा पड़ा है; किन्तु सन्तोष की बात है कि लेखक इस प्रसंग में स्वयं तटस्थ-से रहे हैं, मानो वे इन साहित्यकारों के तद्गत-रूप का वर्णन कर रहे हों।

सुधांशुजी की यह पुस्तक, काव्यगत मनोविज्ञान के विश्लेषण का प्रयास है और इसका सारा वातावरण गहन एवं गम्भीर मालूम होता है। पुस्तक के प्रत्येक सन्दर्भ से लेखक की महती विद्वत्ता एवं ज्ञानशीलता टपकती है। काव्य को रचते अथवा पढ़ते हुए मनुष्य के हृदय और मस्तिक की जो अवस्था होती है, उसकी वैज्ञानिक टिप्पणियों से सारी पुस्तक ओत-प्रोत है।

(शेष-निःशेष)

साहित्य-दर्शन

प्रस्तुत पुस्तक में बाईस आलोचनात्मक निबन्धों का संग्रह है जिनमें काव्य, साहित्य और आलोचना के सैद्धान्तिक विवेचन के सिवा हिन्दी एवं विश्व-साहित्य का कितनी ही सर्वमान्य कृतियों तथा अंगों पर विचार किया गया है। आलोचना की प्रणाली, विद्वत्ता के साथ-साथ सहृदयता से भी ओत-प्रोत है तथा यह पूरी पुस्तक आलोचना की उस पद्धति का ज्वलन्त उदाहरण है जिसका निर्वाह केवल कवि-आलोचक ही कर सकता है। आरम्भ के आठ निबन्धों में, साहित्य के स्वरूप तथा उसकी कला एवं उद्‌देश्य के सम्बन्ध में विचार किया गया है। नवें निबन्ध में हिन्दी-कविता की आलोचना का संक्षिप्त इतिहास वर्णित है। उसके बाद कोई बारह-तेरह निबन्धों में, साहित्य की कृतियों पर, उस दृष्टिकोण से विचार किया गया है जिसकी स्थापना, आदि के आठ निबन्धों में की गई है। इस प्रकार, इसके सभी निबन्ध प्रायः परस्पर-सम्बद्ध हैं तथा लेखक के साहित्य-सम्बन्धी दृष्टिकोण को समझने के लिए उनमें से प्रत्येक का अपना अलग महत्त्व है। हिन्दी के आलोचना-साहित्य में सबसे अधिक सरसता स्वर्गीय पं. पद्‌मसिंह शर्मा के निबन्धों में मिलती थी जिसका प्रधान कारण, शर्माजी की भाषा-सम्बन्धी विलक्षणताएँ थीं। उस समय तक अंग्रेजी की आलोचना-पद्धति का प्रभाव हिन्दी पर बहुत कम पड़ा था, अतएव साहित्य के मुख्य उद्‌देश्य की व्याख्या, आलोचक कम कर पाते थे। तब आलोचना के क्षेत्र में आचार्य रामचन्द्र शुक्त का प्रवेश हुआ जिनकी शैली में भारतवर्ष की शास्त्रीय पद्धति के साथ-साथ अंग्रेजी की शैली भी मिली हुई थी। शुक्लजी के आलोचनात्मक निबन्धों में हम शास्त्रीयता के ठोस धरातल पर ज्ञान का चमत्कार देखते हैं। हृदय का योग, उनके निबन्धों में भी पर्याप्त नहीं है। उनके आदर्श पर चलकर जिन विद्वानों ने अपना स्वतन्त्र विकास किया उनमें श्री लक्ष्मीनारायणसिंह 'सुधांशु' एवं पं. नन्ददुलारेजी वाजपेयी प्रधान हैं।

सुधांशुजी आलोचना-सम्बन्धी विधा एवं नियमों के भंडार हैं, किन्तु वह भी जब किसी काव्य की परीक्षा करने लगते हैं तब आलोच्य कवि की भावनाओं के साथ तादात्म्य का बोध नहीं करते, जानबूझकर तटस्थ रह जाते हैं, मानो वह इस आशंका से ग्रस्त हों कि आलोच्य कवि से तटस्थ न रह सकना, उसके समक्ष अपनी पराजय

स्वीकार कर लेना है। वाजपेयीजी का भी बहुत-कुछ यही हाल है, यद्यपि दो-एक ऐसे सौभाग्यशाली कवि अवश्य हैं, जिनके सम्बन्ध में वे तटस्थ नहीं रह सकते। इस विषय में पं. शान्तिप्रिय द्विवेदी एक ऐसे आलोचक हैं जिन्होंने आलोच्य कवि से, कभी अपने को तटस्थ नहीं रखा, किन्तु आलोचना-सम्बन्धी उनकी क्षमताएँ अत्यन्त सीमित हैं तथा आलोच्य कवि की प्रशंसा वह चाहे जितनी कर लें, विद्वान् पाठकों पर अपना प्रभाव नहीं डाल सकते। सब मिलाकर, पं. हजारीप्रसाद द्विवेदी एक ऐसे लेखक हैं जिनके निबन्धों में, प्रायः सर्वत्र ही, मस्तिष्क के साथ-साथ हृदय का योग भी पूरी मात्रा में मिलता है तथा जिनके निबन्धों को पढ़कर पाठक उस आनन्द को प्राप्त कर सकता है जो उसे केवल अपनी विद्या-बुद्धि के सहारे नहीं मिल सकता। मगर हिन्दी-कविता जिस तरह से फैलती जा रही है, उसे देखते हुए यह आवश्यकता उचित प्रतीत होती है कि पं. हजारीप्रसादजी के समान अधिक-से-अधिक आलोचक हिन्दी में उत्पन्न हों तथा हमारे अधिक-से-अधिक कवियों को वैसे आलोचक मिल सकें जो अभी केवल कुछ को ही प्राप्त हो सके हैं। जानकीवल्लभजी उपर्युक्त सभी आलोचकों से भिन्न हैं, किन्तु जहाँ तक हृदय और मस्तिष्क के सन्तुलित योग का प्रश्न है, वे किसी से भी कम अथवा कृपण नहीं हैं, प्रत्युत यह कहना चाहिए कि उनके निबन्धों में आलोच्य कवि की कला अथवा कौशल का जैसा रहस्य खुलता है, वैसा चमत्कारपूर्ण रहस्योद्घाटन हिन्दी की आलोचनाओं में कम ही हो पाता है।

कविता की आलोचना भी, कविता की तरह विज्ञान न होकर शुद्ध साहित्य है तथा किसी भी गुरु के लिए यह सम्भव नहीं है कि वह अपने शिष्यों में काव्यालोचन की शक्तियाँ मनमाने ढंग से भर दे। जो सीखी अथवा सिखाई जाती है वह कविता की आलोचना नहीं, उस पर सम्मति देने की परिपाटी है और साहित्य से अब उसका आदर उठता जा रहा है। कविता रचने और उसका आनन्द उठाने की शक्तियाँ परस्पर-भिन्न गुण हैं, मगर किसी समय उनका जन्म एक ही बिन्दु से हुआ होगा। कवि का सच्चा आलोचक वही व्यक्ति हो सकता है जिसमें काव्यानन्द के उपभोग की पूरी क्षमता हो, जो कवि की उस मनोदशा में प्रवेश पा सके जिसमें रहकर उसने आलोच्य कविता की रचना की है। सच्ची आलोचना केवल नीर-क्षीर की विवेचना नहीं, प्रत्युत उन समग्र कौशलों का विश्लेषण है जिनके द्वारा काव्य में चमत्कार उत्पन्न किया जाता है। साहित्य में आलोचना की आवश्यकता इसलिए नहीं होती कि लोग आलोच्य कवि पर किसी विद्वान् की सम्मति जानना चाहते हैं, बल्कि इसलिए कि वे किसी रचना-विशेष में से वह आनन्द प्राप्त करना चाहते हैं जिसे वे स्वयं नहीं पा सकते। जहाँ आलोचना के जरिए पाठकों के आनन्द में वृद्धि नहीं होती, वहाँ आलोचक का प्रयत्न व्यर्थ हो जाता है। जानकीवल्लभ जी की शैली कवि की शैली है तथा वे प्रधानतः उसी कवि पर कलम उठाते हैं जिसकी रचना ने उन्हें आनन्द दिया है एवं अपने निबन्धों के जरिए वह इसी आनन्द को पाठकों के निमित्त सुलभ बनाने

की कोशिश करते हैं। इस क्रिया में वह एक कवि की तुलना दूसरे कवि से भी करते हैं, किन्तु यह इसलिए नहीं कि उन्हें एक को ऊँचा उठाना, अथवा दूसरे को नीचे गिराना अभीष्ट है, प्रत्युत इसलिए कि एक ही भाव की दो प्रकार की अभिव्यक्तियों के देखने से भी पाठक के आनन्द की वृद्धि होती है। उन्होंने कहीं-कहीं एक कवि को छोटा तथा दूसरे को बड़ा भी कहा है, किन्तु इसका उद्देश्य प्रधानतः किसी कौशल-विशेष के सफल अथवा असफल प्रयोग का प्रदर्शन रहा है। आलोच्य कवि के साथ उन्होंने पूरा तादात्म्य स्थापित किया है तथा उसकी कितनी ही गुह्य शक्तियों का रहस्य खोलकर काव्यगत चमत्कार के असली कारणों का पता लगाया है। विशेषतः 'निराला की काव्य-कला' नामक निबन्ध में उन्होंने अनुपम चमत्कार दिखाया है तथा निरालाजी के कितने ही पदों का विश्लेषण करके पाठकों के सामने यह प्रत्यक्ष किया है कि निरालाजी कितने बड़े शब्दशिल्पी और कलाकार हैं! इस निबन्ध को पढ़कर तो सहसा मुख से यही निकलता है कि धन्य है वह कवि जिसे जानकीवल्लभ के समान आलोचक मिला है!

इस पुस्तक के सभी निबन्धों की भाषा सुबोध एवं अभिव्यक्तियाँ प्रबल हैं। एक-एक वाक्य अपनी जगह पर कसा हुआ एवं समर्थ है। उनके भीतर से एक ओर जहाँ विद्वत्ता का आलोक निस्सृत होता है, वहाँ वाक्यों की गठन से हिन्दी के पल-पल विकासशील गद्य की भी शक्तियाँ प्रत्यक्ष होती हैं। क्या भाषा और क्या भाव, सब दृष्टियों से इसका पृष्ठ-पृष्ठ अद्भुत चमत्कार से युक्त है। कोई भी निबन्ध ऐसा नहीं है जिसे लेखक ने पूरी प्रसन्नता के अभाव में लिखा हो। आलोचना का ग्रन्थ होने पर भी इसमें कहीं भी अस्पष्टता, दुरूहता या भारग्रस्तता का बोध नहीं होता। इसकी पंक्ति-पंक्ति अद्भुत कारीगरी से युक्त तथा कवि-आलोचक के हृदय-रस से लबालब है। हमें यह स्वीकार करने में कोई संकोच नहीं कि हिन्दी में आलोचना के विषय पर इसके समान सारवान् और सरस ग्रन्थ अधिक नहीं हैं। यद्यपि काव्य के सम्बन्ध में चर्चाएँ सभी तरह के लोग किया करते हैं, किन्तु काव्य की उच्चतम कोटि की आलोचनाएँ केवल उन्हीं लोगों ने लिखी हैं जो स्वयं कवि थे। कॉलरिज और स्विनबर्न, आर्नल्ड और इलियट के सिवा भारतवर्ष में भी, रवि बाबू ने साहित्य के सम्बन्ध में जो आलोचनाएँ लिखीं, उनके जोड़ की आलोचना इतर लेखकों से न लिखी जा सकीं। अब जानकीवल्लभजी ने भी, इस सरणि में अपना नाम अंकित कर दिया है। चिन्ता सिर्फ यह होती है कि कवि आलोचना-विषयक अपना ज्ञान दूसरों पर खर्च करे, अथवा, स्वयं अपनी कृति के परिमार्जन में? मगर जिस तरह की आलोचना उन्होंने लिखी है उसे भी काव्य के सामने गौण न मानकर स्वतन्त्र साहित्य ही मानना चाहिए। यह पुस्तक केवल साहित्य के विद्यार्थियों के द्वारा ही नहीं, बल्कि उन सभी उदीयमान कवियों के द्वारा भी पढ़ी जानी चाहिए जो कविता के भीतर से अपनी राह बना रहे हैं। यह सच है कि इसके पारायण और मनन से उनकी काव्यात्मक योग्यता नहीं

बढ़ेगी—किसी भी आलोचना से यह योग्यता नहीं बढ़ सकती, किन्तु इसके अध्ययन का परिणाम उनके लिए अत्यन्त कल्याणकर सिद्ध होगा तथा कारीगरी के क्षेत्र में वे बहुत-सी ऐसी बातें जान जाएँगे जो उन्हें दुर्घटनाओं से बचा सकेंगी। दोष कहकर नहीं, वरन् केवल ध्यान आकृष्ट करने के लिए हम लेखक से एक बात कहेंगे कि कविता सिर्फ वही नहीं है जिसे कालिदास, जयदेव, जगन्नाथ, विद्यापति, कीट्स या रवीन्द्र ने लिखा है, प्रत्युत वह भी है जिसे व्यास, वाल्मीकि, होमर, इक़बाल और खलील जिब्रान ने लिखा है। कारीगरी बहुत बड़ी नेमत है, मगर कविता वहीं तक सीमित नहीं रहती। चित्रकारी के बाद भी एक दुनिया है जहाँ सपने बोलते और भाव हाहाकार करते हैं, जहाँ घिसे हुए चिकने पत्थरों की इन्तजारी में महलों का निर्माण रुका नहीं रहता, बल्कि चट्टानों के जिन्दा टुकड़ों को लेकर अट्टालिकाएँ तैयार कर दी जाती हैं। यह भेद, शायद, कवि और कलाकार का है। कलाकार संगतराश है और पच्चीकारी के कामों में उसका जी लगता है। कारीगर का स्वभाव है कि वह पत्थर जोड़ने के पहले हर टुकड़े को शान पर खराद ले तथा उसके आकार को ऐसा बना दे जिससे प्रतिमा के कल्पित रूप की अभिव्यक्ति में व्यवधान की मात्रा कम-से-कम हो जाए।

दुनिया को रंग-बिरंगे चित्रों से सजानेवाला कारीगर खूब होता है और उसकी जितनी प्रशंसा की जाए, थोड़ी है। मगर, साहित्य में ही एक-दूसरे प्रकार के लोग हैं जो संगतराशी से अधिक जिन्दगी को प्यार करते हैं, जो असली गुलाब के अभाव में कागजी गुलाब से मन बहलाने की अपेक्षा बबूल के वनों में घूमना कहीं ज्यादा पसन्द करते हैं। अनुभूति की आग जब हृदय से फूटकर निकलना चाहती है, तब वह इसके लिए नहीं ठहरती कि फूट पड़ने की खूबसूरत राह कौन-सी है। कहीं-कहीं गंगा के किनारे स्फटिक-खचित सुडौल घाट जरूर बन सकते हैं और उनसे धारा की शोभा भी बढ़ती है, किन्तु शिखर से कूदकर बेतरतीब ढंग से बहनेवाली गंगा भी खूबसूरत और मनभावनी होती है। पच्चीकारी की योग्यता और जीवन का वेग, दोनों जहाँ मिलकर एकाकार हो जाते हैं, वहाँ संसार को अलौकिक काव्य की भेंट मिलती है; मगर अलग-अलग रहकर भी दोनों अपने-आप में पूर्ण हैं और यह आलोचक की अनुदारता है अगर वह पच्चीकारी की दाद देता है, और जिन्दगी के आवेग को रूखा कहकर उसे यों ही टाल देता है।

(शेष-निःशेष)

साहित्य-कला-समीक्षा

(भूमिका)

इस पुस्तक के लेखक श्री मन्मथनाथ गुप्त मेरे या किसी और लेखक के द्वारा हिन्दी-पाठकों से परिचित कराए जाएँ, यह तनिक भी आवश्यक नहीं है। अनेक भाषाओं के ज्ञाता, कइयों के गम्भीर विद्वान्, उद्भट आलोचक और निबन्धकार तथा जीवन्त उपन्यास-लेखक और कथाकार के रूप में वे समस्त हिन्दी-संसार में प्रख्यात हो चुके हैं एवं हम उनकी गणना हिन्दी की खास हस्तियों में करने लगे हैं। देखते-देखते उन्होंने हिन्दी में लगभग एक-शेल्फ किताबें लिख डालीं और नित्य नई रचनाएँ करते ही जा रहे हैं। विद्वत्ता, अध्यवसाय और लिखने के शौक का ऐसा अद्भुत संयोग, हिन्दी ही क्या, किसी भी समृद्ध भाषा के लिए सौभाग्य और गौरव का चिह्न है।

मन्मथ बाबू की यह वर्तमान पुस्तक 'साहित्य-कला-समीक्षा' उनके यश के अनुरूप है। इस ग्रन्थ में संगृहीत लेखों को पाठकों ने जहाँ-तहाँ पत्रों में पढ़ा होगा और इन निबन्धों में जो ताजगी और नयापन तथा पाठकों को प्रभावित करने की शक्ति है उससे वे प्रभावित भी हुए होंगे। उनके प्रगतिवाद-विषयक लेख तो अभी हाल में ही, साहित्य-केन्द्रों में, चर्चा के मनोरंजक विषय हो उठे थे।

मन्मथ बाबू, इतिहास के भी पं. और द्वन्द्वात्मक भौतिकवाद के गहरे प्रेमी हैं और प्रगतिवाद के सम्बन्ध में उनका स्पष्ट रूप से वही मत है, जो द्वन्द्वात्मक भौतिकवादियों का है अतएव प्रगतिवाद के विरोधी को वे प्रश्रय देना नहीं चाहते। असल में प्रगतिवाद का विरोध उन्हें सत्य और विज्ञान का विरोध भासित होता है। यह बहुत-दूर तक ठीक भी है किन्तु उनकी सारी विवेचना के बाद भी, इस शंका के लिए स्थान रह जाता है कि क्या प्रगतिवाद का एक ही मार्ग है, जिस पर द्वन्द्वात्मक भौतिकवादी लोग चलते हैं? अथवा, वह मार्ग भी प्रगति का मार्ग है जिसमें विद्वान्, मनुष्य का स्वामी नहीं, सेवक माना जाता है और जिस मार्ग पर चलनेवाले लोग इस भाव को ऊपर लाना नहीं चाहते हैं कि मनुष्य का सच्चा और टिकाऊ कल्याण, उसे खूँटे से बाँधने में नहीं, बल्कि भीतर से जाग्रत करने में है?

अन्धविश्वास, रूढ़ि, शोषण, दलन और गतानुगतिकता का विरोध करने में इन

दो प्रकार के प्रगतिवादियों में कोई मतभेद नहीं दीखता। मतभेद सिर्फ इस बिन्दु पर है कि आदमी खूँटे से बाँधकर शुद्ध किया जाए या भीतर से जाग्रत करके? सारी पृथ्वी चमड़े से मढ़ दी जाए या हर आदमी के पाँवों में जूते पहना दिए जाएँ? पृथ्वी चमड़े से मढ़ दी जाए तो काँटे रहेंगे ही नहीं, यह कल्पना बड़ी अच्छी लगती है। किन्तु निष्कंटकता मनुष्य को ढीला भी बना सकती है। आदमी की खूबसूरती यह भी है कि वह नंगे-पाँव दौड़ता नहीं फिरता है, बल्कि जूते पहनकर चलते हुए भी फूँक-फूँककर कदम उठाता है।

और आदमी को खूँटे से बाँधना भी कब तक? क्या राज्यहीन समाज में भी आदमी लाठी से हाँककर पहुँचाया जाएगा? तो फिर समाज राज्यहीन नहीं हुआ, क्योंकि हाँकनेवाली लाठी ही तो राज्य है। जहाँ तक कल्पना जाती है, दिखाई यही पड़ता है कि राज्यहीन समाज में प्रवेश करने के पूर्व आदमी को भली-भाँति शुद्ध ही लेना पड़ेगा। तो फिर वही शुद्धि अभी से आरम्भ क्यों न की जाए कि हर कदम पर जनता की प्रगति और शासन की अधोगति होती चले? काश, इस दृष्टिकोण को लोग समझ लेते तो हिन्दी में प्रगतिवाद की भूमि फिर उतनी ही चौड़ी हो जाती जितनी कि वह सन् पैंतीस से लेकर लगभग सन् पैंतालीस तक थी। यों हूल बोलनेवाले विद्वानों और कलाकारों को यह अधिकार तो है ही, (जिसका उपयोग करने में उन्होंने तनिक भी कंजूसी नहीं की है) कि प्रगतिवाद को जुलूस से घेरकर वे अपने घर ले जाएँ।

यह विचार की एक छोटी चिनगारी थी जो 'साहित्य-कला-समीक्षा' पर सोचते-सोचते छिटक पड़ी। यह पुस्तक मुर्दा आलोचनाओं का संग्रह नहीं है, बल्कि इससे सोचने की प्रेरणा मिलती है और अक्सर विचारों की टकराहट से मन जागकर बैठ जाता है।

मेरा खयाल है, साहित्य-कला के प्रेमी और छात्र इस पुस्तक को पढ़कर विचारोत्तेजना का भी रस ले सकेंगे, ज्ञान तो उन्हें मिलेगा ही!

(शेष-निःशेष)

देव के काव्य में अभिव्यक्ति-विधान

(आमुख)

प्रस्तुत ग्रन्थ श्रीमती राज बुद्धिराजा का शोध-प्रबन्ध है, जिस पर उन्हें आगरा-विश्वविद्यालय से 'पी-एच.डी.' की उपाधि प्राप्त हुई है। महाकवि देव की कविता को हिन्दी-साहित्य के इतिहास में महत्त्वपूर्ण स्थान प्राप्त है। आधुनिक काल के आलोचना शास्त्र के आरम्भ से ही अनेक विशिष्ट आलोचकों का ध्यान देव की कविता की ओर उन्मुख होता रहा है। पं. कृष्णबिहारी मिश्र और डॉ. नगेन्द्र जैसे लब्धप्रतिष्ठ आलोचक देव की कविता की समीक्षा कर चुके हैं। उसके बाद भी उस विषय को छूकर लेखिका ने अपने साहस का परिचय दिया है। उपर्युक्त दोनों ही आलोचक देव की अभिव्यक्ति-भंगिमा के विवेचन के द्वारा उनके महत्त्व को स्थापित कर चुके हैं। पर उनका विवेचन देव के साहित्यिक व्यक्तित्व और कृतित्व के अपेक्षाकृत विस्तृत पृष्ठाधार के एक अंग के रूप में ही हुआ है। स्वतन्त्र रूप से देव की अभिव्यक्ति-कला पर यह प्रथम प्रयास है।

प्रस्तुत प्रबन्ध में दस अध्याय हैं, जिनके अन्तर्गत काव्यगत अभिव्यंजना के साधक विभिन्न उपकरणों का सैद्धान्तिक विवेचन करने के बाद देव की कविता पर उनका व्यावहारिक प्रयोग किया गया है। शोध-प्रबन्ध के विषय का क्षेत्र यद्यपि बहुत व्यापक नहीं है, परन्तु लेखिका ने बड़े कौशल से उसके सीमित क्षेत्र को भी विस्तार और गाम्भीर्य, दोनों ही प्रदान किए हैं। देव की कविता के काव्यात्मक तथा शास्त्रीय, दोनों पक्षों का विवेचन-विश्लेषण सफलता के साथ किया गया है। शास्त्रीय विवेचन, भारतीय तथा पाश्चात्य दोनों ही काव्यशास्त्रों के मानदंडों के आधार पर किया गया है। शब्दार्थ-योजना, नादतत्त्व, अर्थ-सौरस्य, वक्रोक्ति, ध्वनि, अलंकार, प्रतीक, बिम्ब, छन्द और लय अभिव्यंजना के तत्त्वों के रूप में स्वीकार किए गए हैं। इनमें से कुछ उपकरण दोनों ही क्षेत्रों में समान हैं, कुछ नाम-भेद से अलग हैं, कुछ एक-दूसरे के विरोधी हैं; परन्तु लेखिका ने इनका दृष्टि-भेदों की परवाह न कर, उन्हें प्रायः समीकृत कर, देव की कविता के मानदंडों के रूप में स्वीकार कर लिया है। प्रबन्ध में आधारभूत सामग्री में यद्यपि तथ्यात्मक शोध का अवकाश नहीं था, पर अध्ययन के प्रतिमानों का निर्णय कुशलता के साथ किया है। देव की कला के स्वरूप और उद्देश्य का विवेचन

करते हुए समसामयिक कवियों की कला के साथ उसका तुलनात्मक अध्ययन भी प्रस्तुत किया गया है।

प्रस्तुत प्रबन्ध में लेखिका ने देव कवि के कलात्मक कृतित्व का मूल्यांकन विद्वत्तापूर्ण्र ढंग से किया है। देव की कला के सन्दर्भ में उनकी रचनागत विशेषताओं का भी विश्लेषण किया गया है। शोधकर्ता की तटस्थ दृष्टि इसमें विद्यमान है। प्रबन्ध की भाषा विषय के अनुरूप और शैली सौष्ठवपूर्ण है।

मैं श्रीमती राज बुद्धिराजा के इस ग्रन्थ का स्वागत करता हूँ और आशा करता हूँ कि हिन्दी-जगत् में इसका यथोचित आदर होगा।

(शेष-निःशेष)

गांधी-युग-पुराण

(भूमिका)

गांधी-युग-पुराण के इस खंड में स्कन्ध 5 और 6, दोनों सम्मिलित हैं। यह भाग इस अमूल्य ग्रन्थ-माला का दर्शन-भाग है और वह इतनी स्वच्छता और गाम्भीर्य के साथ लिखा गया है कि इसे हम आसानी से अब तक के प्रकाशित सभी भागों का हृदय और मस्तिष्क कह सकते हैं। सम्पूर्ण संसार के दार्शनिक चिन्तन की कहानी इस ग्रन्थ में जिस विशदता के साथ कही गई है, उस विशदता के साथ वह इसके पूर्व हिन्दी में नहीं कही गई थी। गांधी-युग-पुराण की योजना की सफलता की दिशा में इस भाग का योगदान अपरिमित माना जाएगा, इसमें मुझे सन्देह नहीं है।

गांधीजी दार्शनिक नहीं थे, दर्शनों के प्रयोक्ता थे। उनका विश्वास ज्ञान में कम, कर्म में अधिक था। वे एक छटाँक कर्म को सौ मन ज्ञान से अधिक मानते थे। इसीलिए ऐसी कोई बात उन्होंने नहीं कही जो पहले नहीं कही गई थी। किन्तु जो बातें युगों से केवल कही जा रही थीं, उन्हें गांधीजी ने करके दिखा दिया।

महावीर, बुद्ध, ईसा और गांधी के बीच हम इस प्रकार की समानता देखते हैं। ईसा ने कहा था—"दुश्मन यदि तुम्हारे एक गाल पर चपत लगाए तो तुम दूसरा गाल भी उसके सामने कर दो।" गांधीजी ने इस संक्षिप्त उपदेश को कर्म का जामा पहनाकर सारे भारत को निर्भीक बना दिया। अहिंसा का उपदेश जैन धर्म के साथ अत्यन्त प्राचीन काल से चला आ रहा था और कुछ लोग वैयक्तिक धरातल पर उसका पालन भी करते आ रहे थे। किन्तु गांधीजी के पूर्व किसी भी सन्त, सुधारक या अवतार ने उसे समूह के धरातल पर लागू नहीं किया था। इसीलिए नए संसार को यह भासित होता है कि अहिंसा की प्राप्ति हमें गांधीजी से हुई है।

जैन धर्म की कृच्छ्र साधना पर भी गांधीजी का अटूट विश्वास था। जैन और बौद्ध मतों के बीच एक अन्तर यह है कि जैन धर्म कृच्छ्र साधना की महिमा गाता है, जबकि बौद्ध मत मध्यम-मार्ग जार जोर देता है। गांधीजी के अनुयायी तो मध्यम-मार्ग का आश्रय लेने को स्वतन्त्र थे, किन्तु गांधीजी का अपना झुकाव कृच्छ्र साधना की ओर था।

इसी प्रकार अहिंसा के मामले में भी गांधीजी जैन धर्म के अधिक समीप थे। जैन

धर्म में अहिंसा केवल कायिक या वाचिक ही नहीं है, वह मानसिक भी है। जैन धर्म का उपदेश यह है कि अहिंसा का आचरण केवल वाणी और कर्म से ही नहीं, प्रत्युत मन से भी करना चाहिए। अर्थात्, जब हम विरोधी मतवाद पर विचार कर रहे हों, तब हमारे मन में क्रोध, आक्रोश, ईर्ष्या या कपट का भाव नहीं आना चाहिए। अगर ये दूषित भाव हमारे मन में आ गए तो हम मानसिक हिंसा के अपराधी हो गए।

जैन धर्म मानता है कि सत्य को पहचानने का कोई निश्चित आधार नहीं है। अतएव हमें चाहिए कि हम अपने सिद्धान्त के आसपास संशय को मँडराते रहने दें। सच्चा अहिंसक मनुष्य वह है जो बराबर यह सोचता रहता है कि सम्भव है मेरा मानना गलत हो और विरोधी की मान्यता ही ठीक हो। हम सभी लोग विरोधियों को शंका की दृष्टि से देखते हैं। अहिंसक व्यक्ति की विशेषता यह है कि वह अपने ऊपर भी शंका करता है। इस मतवाद को जैन धर्माचार्य 'अनेकान्तवाद' कहते हैं।

गांधीजी सच्चे अर्थों में अनेकान्तवादी थे, इसीलिए परस्पर-विरोध रखनेवाले लोग उनके घेरे में एक होकर रहते थे। जो अनेकान्तवादी होता है, वह समझौतावादी भी होता है। गांधीजी सबसे बड़े समझौतावादी थे। सन् 1942 ई. में जब गांधीजी 'भारत छोड़ो आन्दोलन' की तैयारी कर रहे थे, अमेरिका के विख्यात पत्रकार लुई फिशर ने उनसे कहा—"अमेरिका इस युद्ध में अपने जन-धन की कुर्बानी दे रहा है। आप आन्दोलन छेड़कर युद्ध उद्योग में बाधा डालना चाहते हैं। फिर आपके आन्दोलन को अमेरिका का समर्थन कैसे प्राप्त हो सकता है?"

गांधीजी ने कहा, "फिशर, मैं मुख्यतः समझौतावादी मनुष्य हूँ, क्योंकि मुझे कभी भी ऐसा नहीं लगता कि मैं ठीक हूँ। तुम अपने राष्ट्रपति से कहो कि वे मुझे आन्दोलन छेड़ने से रोक दें।"

अहिंसा की तरह सत्य, अस्तेय और अपरिग्रह की शिक्षा भी गांधीजी ने जैन धर्म से निकाली थी। अथवा यह भी कहा जा सकता है कि ये सभी शिक्षाएँ उन्होंने सन्तों से ग्रहण की थीं, क्योंकि सभी सन्त अहिंसा, सत्य, अस्तेय और अपरिग्रह के पक्षपाती रहे हैं।

बौद्ध और जैन धर्मों का विवरण इस ग्रन्थ में जिस खूबी के साथ लिखा गया है, उसकी पूरी प्रशंसा करने पर भी कुछ और प्रशंसा करने की इच्छा शेष रह जाती है।

गांधीजी यन्त्रों के विरोधी थे, लेकिन उनका उद्भव यन्त्र-युग में ही हुआ। दर्शन की धारा इस यन्त्र-युग में भी प्रवाहित रही है और उस धारा के अनेक सन्तों और विचारकों के मतों का वर्णन इस ग्रन्थ में किया गया है। विचित्रता की बात यह है कि वर्णन यहाँ केवल उन्हीं विचारकों का नहीं आया है जो गांधी-मत के अनुकूल अथवा उसके समीप हैं, बल्कि मार्क्स आदि भौतिकवादियों के मतों का वर्णन भी विस्तार से किया गया है। यह शायद इसलिए जरूरी था कि पाठक यह समझ सकें कि भौतिकवादियों के अखाड़े में गांधी-मत कहाँ तक सही ठहरता है।

जिसने यह जानना चाहा कि दुनिया क्यों बनी, वह दार्शनिक हो गया; जिसने यह जानना चाहा कि दुनिया कैसे बनी, वह वैज्ञानिक हो गया। गांधीजी व्यावहारिक मनुष्य थे, किन्तु सहानुभूति उनकी दार्शनिकों के साथ थी। वे अध्यात्मवादी थे और ईश्वर में उनका अटल विश्वास था। उन्हें मनुष्य के सुखों की उतनी चिन्ता नहीं थी जितनी उसके सन्तोष की। किन्तु यन्त्रों पर आधारित वैज्ञानिक सभ्यता का अभिशाप यह है कि वह आदमी को सुख तो देती है, किन्तु उसकी शान्ति और सन्तोष छीन लेती है। वैज्ञानिक सभ्यता मनुष्य की आवश्यकताओं को बढ़ाकर अपना काम करती है। गांधीजी आदमी की जरूरतों को कम-से-कम रखना चाहते थे। वैज्ञानिक सभ्यता दवाओं और यन्त्रों के प्रयोग से गर्भ-निरोध करना सिखाती है; गांधीजी गर्भ-निरोध का श्रेष्ठ मार्ग संयम को बताते थे। वैज्ञानिक सभ्यता हिंसा के प्रयोग से मानव-समाज को वश में रखना चाहती है; गांधीजी हिंसा का सामना अहिंसा से करना चाहते थे। इसीलिए थोरो और टॉल्स्टाय गांधीजी के समगोत्री के समान दिखाई देते हैं और इसीलिए गांधीजी ने जर्मनी के प्रसिद्ध विचारक ओसवाल्ड स्पैंग्लर की प्रशंसा की थी, क्योंकि स्पैंग्लर ने वैज्ञानिक सभ्यता के दोष दिखाए थे और यह बात जोर देकर कही थी कि जिस सभ्यता पर यूरोप को इतना नाज़ है, वह सभ्यता टिकनेवाली नहीं है।

आधिभौतिक चिन्तन को विज्ञान से बड़ी भारी शक्ति मिली है, लेकिन आधिभौतिक दर्शन सही है या आध्यात्मिक दर्शन ठीक है, इस विषय में विज्ञान तटस्थ है। गांधीजी आध्यात्मिक दर्शन के विश्वासी हैं और वे सबसे पहले मनुष्य की आत्मा का कल्याण चाहते हैं। विज्ञान मनुष्य को शारीरिक सुविधाएँ प्रदान करता है, यह अच्छी बात है। किन्तु, आवश्यक यह भी है कि वह मनुष्य की आत्मा का हनन नहीं करे। इस दृष्टि से शायद गांधी-मत भी विज्ञान का विरोधी नहीं है—

कौन कहता है कि बापू शत्रु थे विज्ञान के?
वे मनुज से मात्र इतनी बात कहते थे—
रेल, मोटर या कि पुष्पक-यान चाहे जो रचो, पर,
सोच लो, आखिर तुम्हें जाना कहाँ है?

(शेष-निःशेष)

सम्पूर्ण हिन्दी गांधी-साहित्य

(दो शब्द)

गांधीजी के विषय में हिन्दी की पहली पुस्तक प्रताप कार्यालय, कानपुर, से सन् 1917 ई. में निकली थी। तब से लेकर आज तक गांधीजी पर जितनी किताबें प्रकाशित हुई हैं, उनकी गणना बड़ा ही श्रमसाध्य कार्य है। अतएव मैं वर्तमान ग्रन्थ के प्रणेता श्री शिवनारायण खन्ना को बधाई देता हूँ कि समग्र गांधी-साहित्य की ग्रन्थपुटी तैयार करके उन्होंने एक ऐसा बड़ा काम कर डाला है जो सदियों तक लेखकों, पाठकों और शोधकर्ताओं के काम का रहेगा।

गांधी-साहित्य की खोज लेखक ने अनेक दृष्टियों से की है। कुछ साहित्य ऐसा है जो स्वयं गांधीजी का लिखा हुआ है। अनेक पुस्तकें अन्य लेखकों द्वारा पूरी-की-पूरी गांधीजी पर लिखी गई हैं और असंख्य पुस्तकें ऐसी हैं जिनमें गांधीजी के विचारों और कार्यों का आंशिक उल्लेख है। बहुत-सी पुस्तकें ऐसी हैं जिनमें गांधी-विचारधारा का विश्लेषण किया गया है और बहुत-सा सृजनात्मक साहित्य ऐसा भी है जो गांधीजी के व्यक्तित्व या विचारधारा से प्रेरित है। लेखक ने इस प्रकार के नौ विभाग चुने हैं और प्रत्येक विभाग की पुस्तकों का उल्लेख उसने बड़े परिश्रम और खोज से किया है।

मुझे तो समग्र गांधी-साहित्य का पता नहीं है। जो पुस्तकें याद आईं, उन्हें मैंने इस ग्रन्थ में यथास्थान देखना चाहा और यह देखकर मुझे खुशी हुई कि ग्रन्थपुटी में उनका उल्लेख है। मुझे यह देखकर भी आनन्द हुआ कि ग्रन्थपुटी में एक स्वतन्त्र अध्याय बाल-साहित्य का भी है और एक अलग अध्याय में उन पत्र-पत्रिकाओं का भी उल्लेख है जो गांधी-विचारधारा का प्रचार करने को निकाली गई थीं। ग्रन्थ में केवल लेखकों का ही उल्लेख नहीं है, एक स्वतन्त्र अध्याय में उन प्रकाशकों का भी सम्यक् उल्लेख है जिन्होंने गांधी-साहित्य का प्रकाशन किया है।

यह ग्रन्थपुटी प्रत्येक दृष्टि से सुनियोजित, सुव्यवस्थित और प्रकाशपूर्ण है। इसके प्रकाशन से हिन्दी का एक अभाव दूर होगा और गांधी-साहित्य के प्रेमियों को किताबें जुटाने में मार्गदर्शन मिलेगा।

(शेष-निःशेष)

महाकवि सूर्यमल्ल मिश्रण-स्मृति ग्रन्थ

(प्राक्कथन)

महाकवि सूर्यमल्ल राजस्थानी भाषा अथच हिन्दी के बहुत बड़े कवि थे। वे जितने विराट् कवि थे, उतने ही प्रकांड विद्वान् भी थे। उनका जन्म सन् 1815 ई. में तथा अवसान सन् 1868 ई. में हुआ था। अपने जीवन-काल में वे अत्यन्त पूजित और सम्मानित व्यक्ति थे। उनका सम्मान राजा और प्रजा, दोनों के बीच था। राजस्थान और मालवा के प्रायः सभी राजे उनके सामने शिष्यवत् व्यवहार करते थे। सबकी लालसा रहती थी कि सूर्यमल्ल उनके दरबार की शोभा बढ़ाएँ और प्रायः प्रत्येक चाहता था कि महाकवि के हाथ से उसे कोई सर्टिफिकेट मिल जाए।

सूर्यमल्ल जिस युग में जनमे, वह हिन्दी कविता के रीति-काल का अन्तिम चरण था। सूर्यमल्ल 1815 ई. में जनमे और पद्माकर का सन् 1833 ई. में देहावसान हुआ। अतएव 18 वर्षों के लिए सूर्यमल्ल पद्माकर के समकालीन थे। ग्वाल कवि भी सूर्यमल्ल के समकालीन रहे होंगे। उर्दू में सूर्यमल्ल के समकालीन मिर्ज़ा ग़ालिब रहे होंगे। बंगला के रवीन्द्रनाथ सूर्यमल्ल के देहान्त से सात वर्ष पहले पैदा हो चुके थे। शायद माइकेल मधुसूदन दत्त सूर्यमल्ल के असली समकालीन थे। भारतेन्दु हरिश्चन्द्र का जन्म 1850 ई. में हुआ था, अतएव भारतेन्दु जब 18 साल के हुए, तब महाकवि सूर्यमल्ल का अवसान हुआ।

भारतेन्दु, माइकेल मधुसूदन दत्त और रवीन्द्रनाथ ने आधुनिकता का प्रभाव ग्रहण किया। किन्तु सूर्यमल्ल में हम आधुनिकता का कोई पुट नहीं देखते हैं। उनकी भाषा पुरानी है तथा भाव और शैली, दोनों ही पुरानी परम्परा की देन हैं। किन्तु पुरानी भाषा और प्राचीन शैली में उन्होंने जो काम किया, उसे देखकर आश्चर्य होता है। उन्होंने 'वंश-भास्कर' नामक महाकाव्य लिखा, जो अधूरा होने पर भी 2500 पृष्ठों का है। इस काव्य के कारण कभी-कभी वे राजस्थानी के व्यास माने जाते हैं, जो प्रशस्ति उचित और योग्य है। उनकी कृति 'वीर-सतसई' भी अधूरी है। उसमें केवल 288 दोहे हैं। लेकिन यह कृति सूर्यमल्ल की कीर्ति के अनुकूल है। इसका प्रत्येक दोहा अद्‌भुत कारीगरी का नमूना है। उक्ति-लाघव की दृष्टि से ये दोहे साहित्य की अतुलनीय सामग्री हैं। इन दोहों का एक-एक शब्द अपनी जगह पर कसकर ठुका हुआ

है और उनमें कम-से-कम शब्दों के भीतर अधिक-से-अधिक अर्थ की व्यंजना की गई है।

महाकवि सूर्यमल्ल जी षट्-भाषाभिज्ञ थे। षट्भाषाभिज्ञता का दावा पहले महाकवि चन्दबरदायी ने किया था—"षट्भाषा पुराणं च कुरानं कथितं मया।" सूर्यमल्ल जी के बारे में यह भी सुना जाता है कि मात्र दस वर्ष की अवस्था में उन्होंने 'राम-रंजाट' नामक पद्य-ग्रन्थ की रचना की थी। उनके बारे में यह भी सुना जाता है कि अल्प-वय में ही उन्होंने संस्कृत-भाषा पर अच्छा अधिकार पा लिया था।

परम्परा से उनके बारे में जो किंवदन्तियाँ चली आ रही हैं, उनसे पता चलता है कि सूर्यमल्ल लहरी तबीयत के आदमी थे और कवि-धर्म को वे बहुत ही बड़े आदर्श के रूप में मानते थे। उनकी पत्नी का जब देहान्त हुआ, सूर्यमल्ल जी श्मशान में ही वीणा बजाकर गान करने लगे और काफी देर तक गाते रहे। जब राजा ने उनसे 'वंश-भास्कर' लिखने की प्रार्थना की, सूर्यमल्ल जी ने कहा, "मैं केवल सत्य का चित्रण करूँगा।" सूर्यमल्ल जी ने राजा के पुरखों के गुण और दोष, दोनों लिखे। ये सारी बातें राजा सहता गया, लेकिन जब राजा की अपनी करतूतों का हाल लिखा जाने लगा, राजा की सहन-शक्ति निःशेष हो गई। वह सत्य को अपने प्रसंग में बर्दाश्त नहीं कर सका। निदान, कवि ने भी वहीं अपनी कलम रोक दी और 'वंश-भास्कर' अधूरा रह गया। इसी प्रकार सूर्यमल्ल जी ने 'वीर-सतसई' की रचना किसी राजा को अमर बनाने के लिए आरम्भ की थी। किन्तु दुर्भाग्यवश कवि को यह लगा कि राजा वीर नहीं, कायर है। अतएव उन्होंने 'वीर-सतसई' की रचना से भी हाथ खींच लिया और वह काव्य भी अधूरा रह गया।

सूर्यमल्ल जी के समय तक आकर सती-प्रथा पर रोक लगा दी गई थी, लेकिन इस प्रथा की महिमा को सूर्यमल्ल जी आजीवन नहीं भूले। 'वीर-सतसई' में अनेक दोहे हैं जो सती-प्रथा की महिमा का समर्थन करते हैं। और बलिदान वे केवल नारियों से ही नहीं चाहते थे, नरों से भी उन्हें यही उम्मीद थी। अपने आश्रयदाता राजा के बारे में उनकी यह प्रार्थना थी कि हे शंकर, किसी दिन हमारे महाराज का मस्तक घोड़ों की टापों की ठोकरें खाता फिरे। और जब रानी ने उनसे पूछा—"ऐसी अमंगल कामना क्यों करते हो?" तब कवि ने उत्तर दिया—"मैं महाराज को केवल दीर्घायु नहीं, अमर बनाना चाहता हूँ।"

आज के प्रसंग में सूर्यमल्ल जी की महिमा यह है कि वे बड़े भारी राष्ट्रीय कवि थे। सन् 57 के गदर के समय राजाओं और राजपुरुषों को उन्होंने जो ढेर-के-ढेर पत्र लिखे, उनसे स्पष्ट विदित होता है कि सूर्यमल्ल की छाती में देश के लिए दर्द था, आजादी के लिए तड़प थी और वे चाहते थे कि सभी राजे मिलकर अंग्रेजों को देश से खदेड़ दें। राष्ट्रीयता की दृष्टि से वे उन्नीसवीं सदी के बेजोड़ कवि थे और उन सभी कवियों से आगे थे, जो उनके समय में कविताएँ लिख रहे थे।

राजस्थान ने कई वीरतापूर्ण स्वस्थ परम्पराओं को जन्म दिया था। पहली परम्परा यह थी कि युद्ध में घाव पीठ पर नहीं, छाती पर खाने चाहिए। दूसरी परम्परा यह थी कि अपनी धरती दूसरों के कब्जे में नहीं जाने देनी चाहिए।–"इला न देणी आपणी।" तीसरी परम्परा सती-प्रथा और 'जौहर' की थी। चौथी परम्परा यह थी कि वीर को लोभ लम्बी आयु का नहीं, सुयश का होता है। अगर राजस्थान ने यह परम्परा भी चलाई होती कि शत्रुओं के मुकाबले में हमें सबकुछ भूलकर एका बरतना चाहिए, तो भारत का इतिहास आज कुछ और ही होता। गदर के समय सूर्यमल्ल जी ने जो महत्त्वपूर्ण पत्र लिखे, उनसे यह स्पष्ट हो जाता है कि एकता की महिमा वे समझ गए थे और हर उपाय से वे राजाओं को एक करना चाहते थे। लेकिन अचरज की बात है कि एकता की तड़प 'वीर-सतसई' के किसी भी दोहे में नहीं मिलती।

राजपूतों में वैर का बदला लेने की भी प्रथा थी–

रण खेती रजपूत री, वीर न भूले बाल!
बारह बरसाँ बाप रो, लहै बैर लंकाल॥

वैयक्तिक वैर का बदला लेने की इसी प्रवृत्ति ने विदेशी हमलावरों के मुकाबले राजपूतों को परस्पर एक नहीं होने दिया। तब भी सूर्यमल्लजी ने इस प्रवृत्ति की प्रशंसा लिखी है और वीरता के लिए उसे अनिवार्य माना है। किन्तु आज के प्रसंग में इस प्रतिशोध की मर्यादा क्या होनी चाहिए? भारतवर्ष जिस स्थिति में पड़ा हुआ है, उसमें वैयक्तिक प्रतिशोध के लिए कोई स्थान नहीं है। प्रतिशोध की बात हमें राष्ट्रीय धरातल पर सोचनी चाहिए। प्रतिशोध की कुछ थोड़ी महिमा मैंने भी अपने 'कुरुक्षेत्र' काव्य में गाई है और गांधी-युग में एक ऐसी बात का मैंने समर्थन किया है, जो गांधी-धर्म की कसौटी पर समर्थन-योग्य नहीं थी–

प्रतिशोध से हैं होतीं शौर्य की शिखाएँ दीप्त,
प्रतिशोध-हीनता नरों में महापाप है।
छोड़ प्रतिवैर पीते मूक अपमान वे ही,
जिनमें न शेष शूरता का वह्नि-ताप है।
चोट खा सहिष्णु वो रहेगा किस भाँति तीर
जिसके निषंग में, करों में दृढ़ चाप है।
जेता के विभूषण सहिष्णुता-क्षमा हैं, किन्तु,
हारी हुई जाति की सहिष्णुताऽभिशाप है॥

शुद्ध आध्यात्मिक दृष्टि से प्रतिशोध को गुण नहीं, अवगुण ही माना जाएगा। किन्तु कठिनाई यह है कि वास्तविक जीवन के क्षेत्र में गुण और अवगुण का इतना बारीक विभाजन चल नहीं सकता। जीवन संग्राम है और संग्राम कठोरता का त्याग करके नहीं लड़ा जा सकता। जो व्यक्ति यह सोचता है कि युद्ध-क्षेत्र में तलवार पर गंगा-जल और तुलसी चढ़ाकर उसे पवित्र रखना चाहिए, वह जीतने नहीं, हारनेवाला

है। सच्ची आध्यात्मिक दृष्टि तो यही है कि मनुष्य को युद्ध नहीं करना चाहिए, लेकिन उसके होते हुए भी युद्ध होते ही हैं। प्रश्न यह है कि अगर युद्ध जबरदस्ती हम पर थोप दिया जाए तो हम क्या करें? अवश्य ही युद्ध जब आ जाता है, तब लड़ना छोड़कर और कोई काम नहीं किया जा सकता।

युद्ध की जवाबदेही किस पर है? क्या केवल उस पर, जो शरीर से बली और मन से राक्षस है? मेरे जानते युद्ध की जिम्मेदारी उन लोगों पर भी है, जो शरीर से कोमल और मन से देवता हैं। इतिहास में बराबर देखा गया है कि जो लोग शरीर से कमजोर और मन से देवता होते हैं, वे लड़ाइयाँ जीतते नहीं, हारा करते हैं। खुद भारतवर्ष का इतिहास इस बात का प्रमाण है। भारत जब तक शरीर से बली था, तब तक उसके लौकिक और पारलौकिक, दोनों तेज चमकते थे। लेकिन जबसे उसका शरीर कमजोर हो गया, वह लड़ाइयाँ हारता रहा है। आत्मा का नाम लेकर जो लोग हमें शरीर का धर्म छोड़ने को कहते हैं, उनकी सलाह उचित नहीं है। देह के अखाड़े में आत्मा की तलवार काम नहीं करती। हिंसक जन्तु साधु-महात्माओं को भी खा जाते हैं। केवल शास्त्र यथेष्ट नहीं है, हमें शस्त्र भी चाहिए—

जहाँ शस्त्र-बल नहीं,
शास्त्र पछताते या रोते हैं।
ऋषियों को भी सिद्धि तभी तप से मिलती है,
जब पहरे पर स्वयं
धनुर्धर राम खड़े होते हैं।

भारतवर्ष में बुद्ध, अशोक और गांधीजी हुए, किन्तु इसी देश में चन्द्रगुप्त, शिवाजी, महाराणा प्रताप, गुरु गोविन्दसिंह और भगतसिंह भी हुए हैं। जब चीन ने भारतवर्ष पर आक्रमण किया, तब यह बात स्पष्ट हो गई थी कि गांधीजी की रक्षा केवल गांधी-मार्ग से नहीं की जा सकती। गांधीजी की रक्षा के लिए शिवाजी और भगतसिंह का आना आवश्यक है।

आदर्श मनुष्य कौन है? यह प्रश्न अनादि काल से उठता चला आ रहा है। आदर्श मनुष्य वह है जिसका शरीर राक्षस का और मन देवता का है। युद्ध की जिम्मेदारी कुमार्गगामी राक्षसों पर जितनी है, उतनी ही निर्वीर्य साधुओं पर भी है। सभ्यता बहुत आगे बढ़ चुकी है, लेकिन वह अहिंसा के धरातल पर अभी भी प्रतिष्ठित नहीं हुई है। हम फिर अपने ही देश के इतिहास से शिक्षा लेना चाहते हैं। वह शिक्षा यह है कि जो आदमी हर दुश्मन से लड़ने को तैयार रहता है, उसकी ओर शत्रु जरा इज्जत से देखते हैं। लेकिन जो व्यक्ति किसी से भी लड़ना नहीं चाहता, हर लड़नेवाला उसी से आकर टकराता है। शान्ति की समस्या इतनी आसान नहीं है कि हम प्रस्ताव पास करके दुनिया में शान्ति स्थापित कर दें—शान्ति की स्थापना के लिए बाँहों में बल भी चाहिए।

सूर्यमल्लजी की कविताएँ एक ऐसी भाषा में हैं जो अब समझ में मुश्किल से आती हैं। जो विद्वान् इस साहित्य का अर्थ समझ सकते हैं, उनका कर्तव्य है कि वे सूर्यमल्ल-साहित्य की व्याख्याएँ प्रस्तुत करें और सूर्यमल्ल के विचारों से जनता को परिचित कराएँ। वर्तमान ग्रन्थ इस दिशा में एक ठोस अंशदान है। मैं श्री ब्रजसुन्दर जी शर्मा को धन्यवाद देता हूँ कि सूर्यमल्ल-समारोह आयोजित करके और वर्तमान ग्रन्थ को प्रकाश में लाकर उन्होंने भारत के एक महान् कवि के प्रति राष्ट्र की सच्ची श्रद्धांजलि व्यक्त की है।

(शेष-निःशेष)

डॉ. कन्हैयालाल सहल : व्यक्तित्व एवं कृतित्व

(भूमिका)

डॉ. कन्हैयालाल सहल देश के दुर्लभ रत्नों में से हैं और हिन्दी में तो उनका व्यक्तित्व लगभग बेजोड़ है। जिन लोगों ने उनसे शिक्षा पाई है, वे उन्हें अत्यन्त उच्च कोटि का शिक्षक मानते हैं। जिन लोगों ने उनके मार्गदर्शन में शोध-कार्य किया है, वे उन्हें विद्यारण्य का सुयोग्य मार्गदर्शक मानते हैं। जिन लोगों ने उनकी कविताएँ पढ़ी हैं, वे उन्हें आनन्ददायी कवि मानते हैं और जिन्होंने सहलजी की आलोचनाएँ पढ़ी हैं, वे उन्हें सफल आलोचक मानते हैं। मैं मित्रवर सहलजी के इन सभी रूपों से परिचित हूँ, किन्तु उन पर मेरी सबसे अधिक श्रद्धा इसलिए है कि उन्होंने राजस्थानी भाषा के शब्दों, कहावतों, लोकगीतों और लोक-कथाओं पर जमकर काम किया है। उनके डॉक्टरेट का विषय भी राजस्थानी कहावतें थीं। किन्तु उस ग्रन्थ के अतिरिक्त सहलजी ने 'राजस्थान के सांस्कृतिक उपाख्यान,' 'राजस्थान के ऐतिहासिक प्रवाद,' 'राजस्थानी वीर गाथाएँ,' 'राजस्थानी लोककथाएँ', 'नटो तो कहो मत', 'लोक-कथाओं के मूल अभिप्राय' आदि कोई 15 पुस्तकें और लिखी हैं। इसके सिवा कोई 19 वर्ष से वे पिलानी से 'मरु-भारती' नामक एक त्रैमासिक पत्रिका निकाल रहे हैं जिसका प्रत्येक अंक राजस्थानी लोक-कथाओं, ऐतिहासिक शोधों और शब्द-चर्चाओं से भरा रहता है। राजस्थान की लोक-संस्कृति का जैसा उद्धार अकेले सहलजी ने किया है, देश के किसी अन्य जनपद की संस्कृति का वैसा उद्धार अभी तक हो पाया है या नहीं, यह बात विश्वासपूर्वक नहीं कही जा सकती। डॉ. कन्हैयालाल सहल का कार्य राजा भगीरथ के गंगोद्धार के समान अनुपम और महार्घ है और राजस्थान के इतिहास में वे अपने इसी कार्य के लिए याद किए जाएँगे।

मैं जब सहलजी के व्यक्तित्व का ध्यान करता हूँ, मेरे मन में एक ऐसी प्रतिमा खड़ी हो जाती है जो एक साथ कोमल भी है और कठोर भी, जिसमें भावुकता भी है और व्यावहारिकता भी, जो कारयित्री और भावयित्री, दोनों प्रतिभाओं से पूर्ण है तथा जो आकाश की सुरभि लेती हुई भी, ठोस रूप से पृथ्वी पर खड़ी है, "टाइप ऑफ द वाइज हू सोर बट नेवर रोम। टु द किंड्रेड प्वाइंट्स ऑफ हेवन एंड होम।" सहलजी

को देखते ही मन पर यह प्रभाव पड़ता है कि यह आदमी और कुछ होने के पहले ईमानदार होगा, कर्तव्यनिष्ठ और कार्य-तत्पर होगा।

जीनियस को लोग अक्सर बोहेमियन समझ लेते हैं, आलसी और गैर-जिम्मेवार समझ लेते हैं। मगर ऐसी बात नहीं। एक प्रतिशत प्रतिभा और 99 प्रतिशत पसीना, इन्हीं के जोड़ को जीनियस कहते हैं। जिसमें धीरज नहीं है, अध्यवसाय नहीं है, लगन और सहनशीलता नहीं है, वह प्रतिभा पाकर भी कोई बड़ा काम नहीं कर सकता है। मैं जब कन्हैयालालजी के विशाल कार्य को देखता हूँ, तो मुझे उस कठोर अनुशासन का अनुमान होता है जिसमें सहलजी जीते आए होंगे; उस प्रभूत प्रस्वेद का खयाल आता है जिसे सहलजी ने बहाया होगा; उस तपस्या का ध्यान आता है जो उनकी चिरसंगिनी रही होगी। डॉ. कन्हैयालाल सहल के अभिनन्दन के लिए जो ग्रन्थ-आयोजन है, उसे मैं उचित और योग्य मानता हूँ तथा इस अवसर पर सहलजी को अपना हार्दिक अभिनन्दन भेंट करता हूँ।

सहलजी हम लोगों की प्राचीन परम्परा के विद्वान् हैं, किन्तु अपने ढंग पर उन्होंने नवीनता का भी वरण किया है। इलियट और रिचर्ड्स के वे प्रेमी हैं। उनकी एक काव्य-पुस्तक का नाम ही 'प्रयोग' है। किन्तु उनकी दृष्टि में नवीनता का अर्थ प्राचीनता का सर्वथा त्याग नहीं है। राजा राममोहन राय से लेकर महात्मा गांधी तक भारत के सभी महापुरुषों ने एक ही बात पर जोर दिया है कि हमें अपनी परम्परा के सर्वोत्तम गुणों का समन्वय पाश्चात्य जगत् के सर्वोत्तम गुणों के साथ करना है; प्राचीनता और नवीनता दोनों के दोषों से बचकर उनके गुणों को ग्रहण करना है। इस शिक्षा का सार यह है कि नए भारत के एक हाथ में धर्म का कमल और दूसरे में विज्ञान की मशाल होनी चाहिए।

डॉ. कन्हैयालाल सहल की आत्मा में मैंने धर्म की ज्योति देखी है, अध्यात्म की बेचैनी देखी है और यह पाया है कि वे विज्ञान और अध्यात्म के बीच समन्वय बिठाना चाहते हैं। इस दृष्टि से वे उस नवीन भारत के प्रतिनिधि हैं, जिसका स्वप्न विवेकानन्द और माहत्मा गांधी ने देखा था। मैं आशा करता हूँ कि सहलजी के व्यक्तित्व की यह आध्यात्मिक सुरभि उनके किसी शिष्य में भी व्याप्त हुई होगी।

व्यक्ति के निर्माण में उसके परिवेश का बड़ा हाथ होता है। सहलजी के व्यक्तित्व के निर्माण में भी पिलानी के परिवेश का बड़ा हाथ है। पिलानी में भाँति-भाँति के विद्वान् रहते हैं, वहाँ समृद्ध पुस्तकालय उपलब्ध है और वहाँ का वातावरण भी विद्या का वातावरण है। कोई आश्चर्य नहीं कि वहाँ डॉ. कन्हैयालाल सहल तैयार हो गए।

कोरे ज्ञान को हम बहुत झुककर प्रणाम नहीं करते। बहुतकर प्रणाम उसे हम तब करते हैं, जब वह कर्म में ढल जाता है। वह मनुष्य धन्य है जो अपने ज्ञान को कर्म का जामा पहना सकता है। इसी प्रकार वह व्यक्ति सन्तों का भी सन्त है जो अपनी

वैयक्तिक मुक्ति से सन्तोष नहीं करता, जो सबके मुक्त हो जाने के बाद स्वयं मुक्त होना चाहता है। सहलजी ने इस भाव को बड़े सुन्दर ढंग से व्यक्त किया है–

मैं न यहाँ से तब तक जाऊँगा–
जब तक इन दुखिया जीवों को
मुक्ति नरक से नहीं मिलेगी!

मेरी भगवान् से प्रार्थना है कि वे सहलजी को पूर्णायु करें।

(शेष-निःशेष)

पं. रामदयाल जोशी स्मृति-ग्रन्थ

(भूमिका)

यह ग्रन्थ मेरे परम प्रिय और सम्मान्य मित्र, आयुर्वेद की लोकप्रियता बढ़ानेवाले, कर्मठ अध्यवसायी महापुरुष, आदर्श गृहस्थ, आदर्श मित्र, आदर्श समाजसेवी, परम धीर और यशस्वी मनुष्य दिवंगत पं. रामदयाल जी जोशी की स्मृति में निकाला जा रहा है। जोशी जी सन् 1897 ई. में जनमे थे और सन् 1964 ई. में स्वर्गीय हुए। आज का भारत जिन प्रतापी पुरुषों की छाया में बढ़ा है, वे सब-के-सब उन्नीसवीं सदी में ही जनमे थे। जोशी जी के व्यक्तित्व में भी उन्नीसवीं सदी की स्थिरता, प्रतिभा और कर्मठता की पूरी छाप थी। उन्नीसवीं सदी में जनमे हुए पंडितों, नेताओं, सन्तों और साहित्यकारों की विशेषता यह थी कि वे प्राचीन भारतवर्ष के उन मूल्यों को हर कीमत पर जीवित रखना चाहते थे जिनका वर्तमान और भविष्य के लिए भी उपयोग है। साथ ही वे पाश्चात्य जगत् की खूबियों—विज्ञान और टेक्नोलॉजी—को भी अपना लेना चाहते थे। एक हाथ में धर्म का कमल और दूसरे में विज्ञान की मशाल—भारत का यही स्वप्न उन महापुरुषों ने देखा था। भारत का यही रूप रामदयाल जी को भी प्रिय था।

आयु जोशी जी ने केवल सड़सठ वर्ष की पाई। जब मैं छात्र था, सड़सठ वर्ष का व्यक्ति अतिवृद्ध समझा जाता था। किन्तु सड़सठ की उम्र में आकर भी जोशी जी अभी बूढ़े नहीं हुए थे। वे पैदल घूमते थे और थककर नहीं, ताजगी के साथ घूमते थे। यही नहीं, तैरने का उन्हें शौक था और वे अन्त तक इस शौक का मजा लेते रहे। हम लोग समझते थे कि जोशी जी के बूढ़े होने में काफी विलम्ब है। लेकिन एक तरह से वे जवानी में ही चले गए।

दीर्घ जीवन की कामना सभी लोग करते हैं। सच तो यह है कि अपनी आयु और दूसरे की सम्पत्ति सब को बड़ी मालूम होती है। लेकिन, इसी ग्रन्थ में श्री प्रभुदत्त जी ब्रह्मचारी ने अपने लेख में अत्यन्त दीर्घजीवी मुनि मार्कण्डेय जी के एक वचन को उद्धृत किया है : "अधिक दिन जीने में दो ही बड़े कष्ट हैं। एक तो यह कि अपने आत्मीय स्वजन बन्धुओं का अपने सामने वियोग होता है। दूसरा कष्ट यह है कि संसार में खल-निन्दक, दूसरों की उन्नति देखकर जलनेवाले ईर्ष्यालु, द्वेषी पुरुषों के

बीच रहना पड़ता है, उनकी विष के समान कड़वी बातें सुननी पड़ती हैं। ये दो बातें न हों, तो फिर कितने भी दिन जीना पड़े सुख-ही-सुख है।"

स्वजन-वियोग का दुःख तो थोड़ा-बहुत जोशी जी को भी भोगना पड़ा, लेकिन अत्यन्त समीप रहकर भी हमें यह जानने का अवसर नहीं मिला कि जोशी जी के द्वेषी और खल-निन्दक कौन हैं। द्वेषी और निन्दक तो सभी सफल व्यक्तियों के होते हैं और जोशी जी के प्रति द्वेष रखनेवाले भी जरूर रहे होंगे। किन्तु जोशी जी उन्हें तृणवत् नगण्य समझते थे और अपने मुख से उनके नाम भी नहीं लेते थे। वे ऐसे उदाराशय और उच्च प्रकृति के व्यक्ति थे कि ऐसे आदमियों का भी वे उपकार ही करते होंगे।

पं. रामदयाल जी जोशी थे तो राजस्थान के, किन्तु हम उन्हें सभी अर्थों में बिहारी ही मानते थे। बिहार का उन पर और उनका बिहार पर अधिकार था।

इस ग्रन्थ के तैयार होने में अप्रत्याशित विलम्ब हुआ, इसका हमें दुःख है। किन्तु जिस रूप में यह अन्ततोगत्वा प्रकाशित हो रहा है, उससे हमें हर्ष भी है। इस ग्रन्थ में जिन विद्वान् वैद्यों ने, संस्कृत तथा अन्य भाषाओं के पंडितों ने, लेखकों और कवियों ने तथा जोशी परिवार के प्रिय सदस्यों ने अपनी रचनाएँ दी हैं, उनके प्रति मैं अपना आभार प्रकट करता हूँ।

यह ग्रन्थ जोशी जी की पवित्र स्मृति में जलाया गया श्रद्धा का एक लघु दीप है, उनके कीर्ति-स्तम्भ पर चढ़ाया गया छोटा-सा पुष्प-हार है।

आज मैं भारतीय संस्कृति के सेवकों की ओर से, आयुर्वेद के सभी प्रेमियों की ओर से, जोशी जी के सभी प्रेमियों और प्रशंसकों की ओर से तथा जोशी परिवार के सभी सदस्यों की ओर से इस विनम्र ग्रन्थ को बड़ी ही श्रद्धा और प्रेम के साथ जोशी जी की स्मृति के प्रति अर्पित करता हूँ।

(शेष-निःशेष)

असंकलित आठ पुस्तकें

1
पोद्दार-अभिनन्दन-ग्रन्थ
(सम्पादक—डॉक्टर वासुदेवशरण अग्रवाल)

साहित्य-वाचस्पति सेठ कन्हैयालाल पोद्दार के अभिनन्दन में प्रकाशित यह ग्रन्थ वास्तव में ब्रज-संस्कृति का महोदधि ग्रन्थ है। सेठजी की श्रद्धांजलि तो केवल बहत्तर पृष्ठों में समाप्त हो गई है। शेष सारा-का-सारा ग्रन्थ विचारपूर्ण एवं अत्यन्त उपादेय सामग्रियों से भरा हुआ है। 1. श्रद्धांजलि, 2. साहित्य, 3. श्रीकृष्ण और उनकी लीलाएँ, 4. इतिहास, पुरातत्त्व और उसकी कला तथा 5. ब्रज-जनपदीय—इन पाँच खंडों में यह ग्रन्थ विभक्त है किन्तु, सर्वाधिक स्थान साहित्य-खंड ने लिया है जिसके अन्दर एक से बढ़कर एक विद्वतापूर्ण चौसठ लेख हैं। ब्रजभाषा का व्याकरण और कोष, ब्रज-साहित्य को प्रभावित करनेवाली सांस्कृतिक धाराएँ, ब्रजभाषा के कवि और काव्य, इन सभी विषयों पर साहित्य-खंड में अनेक लेख हैं जिनसे ब्रज साहित्य के प्रेमियों को नूतन प्रकाश मिलेगा। ब्रज-जनपदीय खंड के लेख तो बिलकुल नए और अछूते विषयों पर प्रकाश डालते हैं। ब्रज के लोकगीत, ब्रज की लोक-कथाएँ, ब्रज की लोकोक्तियाँ और ब्रज के मेले-उत्तव आदि विषयों का विवरण इस खंड में आ गया है। पुस्तक में कई बहुरंगे ऐतिहासिक चित्र भी लगे हैं। अनूठी कविताओं और मार्मिक उक्तियों के उद्धरण तो ग्रन्थ में इतने हैं कि इस रस-सिन्धु के तट पर एक बार आकर फिर सहसा लौट जाना असम्भव हो जाता है। यह केवल शोधी लेखों का संग्रह मात्र नहीं है जिनकी पाद-टिप्पणियाँ देखते-देखते मन ऊब जाता है। प्रत्युत, यह ग्रन्थ तो उसी सरसता से सिक्त है जिसका आभास हमें ब्रजनाम से ही होने लगता है। डॉक्टर वासुदेव शरण अग्रवाल जी अब हिन्दी के अत्यन्त चोटी के चिन्तक हो उठे हैं और उनके अध्यवसाय से हिन्दी मालामाल होती जा रही है। उन्होंने इस ग्रन्थ को सजाने की भरपूर चेष्टा की है जिसका प्रमाण यह है कि इस महाग्रन्थ में उन्होंने अपने लिखे हुए कोई बारह लेख दिए हैं। जितनी अच्छी सामग्री इस ग्रन्थ में सँजोई गई है, उसे देखते हुए इसका तीस रुपए मूल्य कोई मूल्य नहीं है। जहाँ भी हिन्दी की ऊँची कक्षाओं की पढ़ाई चलती हो, वहाँ इस महाग्रन्थ की एक प्रति अवश्य रहनी चाहिए। ऐसे ग्रन्थ उन सभी

आलोचकों को समीचीन उत्तर हैं जो यह कहते नहीं थकते कि हिन्दी में कुछ है ही नहीं। जिस भाषा में डॉक्टर वासुदेवशरण अग्रवाल का जन्म हो चुका हो उसकी निन्दा अन्धों और द्वेषियों को छोड़कर और कौन कर सकता है?

2

कवि-भारती

(सम्पादक—सुमित्रानन्दन पन्त, बालकृष्ण राव और नगेन्द्र)

बहुत दिनों से हिन्दी की एक आवश्यकता की चर्चा अनेक लोगों से सुनता आ रहा हूँ कि अंग्रेजी में जैसे पालग्रेव की गोल्डन ट्रेजरी है, हिन्दी कविताओं का भी कोई वैसा ही संग्रह तैयार किया जाना चाहिए जिसमें कविताएँ तो प्रत्येक युग की आ जायें, किन्तु आकार जिसका बहुत विशाल नहीं हो। प्रस्तुत संग्रह कुछ-कुछ वैसा ही प्रयास है, यद्यपि, यह केवल खड़ी बोली की कविताओं का संग्रह है। स्वर्गीय श्रीधर पाठक से लेकर किन्हीं शान्ति एम.ए. तक इसमें कोई सतहत्तर कवि हैं। किन्तु कविताओं की संख्या बहुत अधिक हो जाने तथा पुस्तक में ऐंटिक कागज लगाने के कारण यह ग्रन्थ रामायण-महाभारत की तरह विशाल हो गया और इसे रेहल पर धरकर ही ठीक से पढ़ा जा सकता है। सारांश यह कि आधुनिक हिन्दी कविताओं की भी यह गोल्डन ट्रेजरी नहीं हुई। समस्त हिन्दी काव्य की गोल्डन ट्रेजरी निकालने का काम तो अभी शेष है और उसके लिए योग्य प्रकाशक एवं सम्पादक की इन्तजारी की जा रही है।

कवियों का वर्गीकरण रूप, रंग और रेखा—इन तीन श्रेणियों में किया गया है। किन्तु, रूप, रंग और रेखा की जो व्याख्या सम्पादकों ने 'निवेदन' में की है वह यथेष्ट नहीं लगती। उदाहरण के लिए, रेखावर्ग के अन्दर जो कवि रखे गए हें उनमें स्वभाव-साम्य तो है, किन्तु रेखा शब्द से इन कवियों का क्या सरोकार है, समझ में नहीं आया। कोई-कोई कविता भी संग्रह में ऐसी आ गई है जिसमें कवित्व की मात्रा अत्यन्त अल्प है।

पुस्तक की एक विचित्रता यह भी है कि उसमें सर्वश्री श्री नर्मदा प्रसाद खरे, सर्वदानन्द वर्मा, विश्वम्भर मानव, वीरेन्द्र कुमार जैन, सुमित्रा कुमारी सिन्हा, शान्ति एम.ए. आदि की कविताएँ तो हैं किन्तु श्री रामदयाल पांडेय, श्री रामगोपाल शर्मा रुद्र, श्री रामावतार अरुण और श्री हरेन्द्र देव नारायण की कविताएँ नहीं हैं। सम्पादकों ने हिन्दी के पश्चिमी क्षेत्र के कवियों के सम्बन्ध में जिस उदारता का परिचय दिया है उस उदारता का परिचय अगर वे पूर्वी-क्षेत्र के कवियों के विषय में भी देते तो उन्हें कम-से-कम बीस और कवियों को पुस्तक में स्थान देना पड़ता। सम्पादकों की जो

कसौटी दिखाई पड़ती है उसके हिसाब से तो श्री ठाकुर प्रसाद सिंह, श्री रमण, श्री राजेन्द्र प्रसाद सिंह, श्री नारायण, श्री किशोर, श्री सुन्दर, श्री सेवक आदि अनेक सुकवियों को इस संग्रह में स्थान मिलना चाहिए था। विशेषतः श्री रामदयाल पांडेय और श्री रुद्र की कविताओं का इस संग्रह में नहीं होना और ऐसे अनेक कवियों की कविताओं का होना जो केवल अपने नगरों या उनके आस-पास ही प्रसिद्ध हैं, मुझे यह कहने को लाचार करता है कि सम्पादकों के पास या तो कोई कसौटी ही नहीं थी अथवा उन्हें पता ही नहीं है कि सुविस्तृत हिन्दी क्षेत्र में कहाँ पर कौन कवि क्या लिख रहा है। सम्पादकों का सबसे भयंकर अन्याय यह है कि उन्होंने छायावाद के अग्रणी कवि पंडित जनार्दन प्रसाद झा द्विज की एक भी कविता इस संग्रह में नहीं रखी। श्री द्विज जी का छायावादी काव्य के सम्बन्ध में जो ऐतिहासिक महत्त्व है, सम्भव है, डॉक्टर नगेन्द्र और श्री बालकृष्ण राव उससे अपरिचित हों, किन्तु यह कैसे समझा जाए कि पन्तजी भी उस महत्त्व को नहीं जानते हैं? फिर भी यह अन्याय हो गया और यह संग्रह प्रतिनिधि-संग्रह नहीं होकर वैसा ही हो गया जैसे संग्रह वे लोग निकालते हैं जिनके पास या तो मानदंड का अभाव होता है या जो साहित्य के इतिहास से अपरिचित होते हैं।

संग्रह दो ही अच्छे हो सकते हैं। एक तो वह जिसमें एक भी कवि ऐसा न लिया गया हो जिसके सम्बन्ध में बहुत अधिक मतभेद की गुंजाइश हो। दूसरा वह जिसमें कसौटी अगर उदार रखी गई हो तो उसके लाभ से कोई कवि वंचित नहीं किया जाए। इस संग्रह में इन दोनों लक्षणों का अभाव है।

साढ़े सात सौ पृष्ठ लगा देने पर भी सम्पादकों को इतना स्थान नहीं मिला जिसमें वे खड़ी बोली कविता के विकास पर एक विहंगम दृष्टि डाल सकते—यह भी पुस्तक का एक भयंकर अभाव है। यह भी समझ में नहीं आया कि यदि बलदेव प्रसाद मिश्र और श्री भगवती प्रसाद वाजपेयी जी की कविताएँ लिए बिना खड़ी बोली-काव्य का प्रतिनिधित्व अधूरा रह जाता है, तो फिर श्री रामनाथ लाल सुमन, श्री बेचन शर्मा उग्र, श्री गुलाब रत्न वाजपेयी, श्री प्रफुल्लचन्द्र ओझा मुक्त, श्री रामसिंहासन सहाय मधुर और श्री भवानी प्रसाद तिवारी से कुछ भी लिए बिना यह प्रतिनिधित्व पूरा कैसे मान लिया गया?

किन्तु, तब भी पुस्तक को मैं संग्रहणीय मानता हूँ। मेरी सबसे बड़ी कलक यह है कि यह पुस्तक हाथो-हाथ चलने लायक नहीं; पुस्तकालय में रखने योग्य अथवा रेहल पर धरकर पढ़ने योग्य हो गई।

3

बेनीपुरी-ग्रन्थावली (पहला खंड)

(लेखक—श्री रामवृक्ष बेनीपुरी)

साहित्य-संसार को यह सूचना मिल चुकी है कि बेनीपुरी जी की समस्त रचनाएँ दस जिल्दों में प्रकाशित होनेवाली हैं। उस सीरिज का यह पहला खंड है। इस जिल्द में माटी की मूरतें (शब्द चित्र), पतितों के देश में (उपन्यास), लाल तारा (शब्द चित्र), चिता के फूल (कहानियाँ), कैदी की पत्नी (उपन्यास) और गेहूँ और गुलाब (शब्द चित्र) सम्मिलित हैं। ये रचनाएँ स्फुट रूप में पहले ही साहित्यिक समाज के सम्मुख आ चुकी हैं और इनका मूल्य भी भली-भाँति आँका जा चुका है किन्तु वर्तमान जिल्द में उन्हें एक साथ पढ़ने से एक नया ही आनन्द प्राप्त होता है और बेनीपुरी जी की लेखनी के चुलबुलेपन और जादूगरी का प्रभाव भी मन पर केन्द्रित होकर पड़ता है। पुस्तक की छपाई-सफाई और आकार-प्रकार तथा सजावट इतनी अच्छी है कि इसे हम हिन्दी का रेकार्ड प्रकाशन कह सकते हैं। हिन्दी की प्रतिष्ठा अब केवल शब्दों और अर्थों तक ही सीमित नहीं है। लोग यह भी देखना चाह रहे हैं कि भारत की राष्ट्रभाषा के प्रकाशनों की बाहरी शोभा कैसी होती है। सो, बेनीपुरी-ग्रन्थावली का यह पहला खंड कुछ इतनी सुन्दरता से प्रकाशित हुआ है कि जो भी इसे देखेगा वह राष्ट्रभाषा के प्रकाशनों के सुरुचि पक्ष से प्रभावित हुए बिना नहीं रहेगा। यह ग्रन्थ साहित्यानन्द का ही साधन नहीं, पुस्तकालयों की भी शोभा और शृंगार है। अगर बेनीपुरी-ग्रन्थावली की दसों जिल्दें निकल गईं तो हिन्दी-प्रकाशन की दिशा में यह एक निश्चित कदम का प्रमाण होगा। हमें पूरा विश्वास है कि हिन्दी-संसार इन ग्रन्थों को अपनाकर प्रकाशक को समुचित प्रोत्साहन प्रदान करेगा।

4

विद्यापति

(सम्पादक—श्री खगेन्द्रनाथ मित्र और श्री विमान बिहारी मजुमदार)

विद्यापति की पदावली का प्रचार मिथिला से लेकर बंगाल उत्कल और असम तक हुआ, किन्तु दैव-दुर्विपाक से उनकी सभी कविताओं का कोई एक संग्रह बीसवीं शताब्दी से पहले प्रकाशित नहीं किया जा सका। और बीसवीं शताब्दी में भी जो संग्रह निकले उनके सम्बन्ध में विद्वानों के बीच मतैक्य स्थापित नहीं हो सका। किस पद को हम निश्चित रूप से विद्यापति का पद मानें और किस पद को नहीं, इस प्रश्न का सम्यक् समाधान अब तक भी नहीं हो सका है।

विद्यापति-पदावली का सम्पादन करने के लिए निम्नलिखित आकार ग्रन्थ अब तक उपलब्ध किए जा सके हैं—1. नेपाल पोथी : मूल पोथी नेपाल-राज्य के पुस्तकालय में सुरक्षित है। उसके फोटो कुछ तो पटना कॉलेज-पुस्तकालय में और कुछ पटना-विश्वविद्यालय के पुस्तकालय में उपलब्ध हैं। इस पोथी में वस्तुतः 283 पद हैं जिनमें से 15 पद विद्यापति के नहीं, कई अन्य कवियों के हैं। 2. लोचन कवि-कृत राग-तरंगिणी : यह ग्रन्थ दरभंगा राज प्रेस से प्रकाशित हो चुका है। इसमें विद्यापति के 51 पद संगृहीत हैं। 3. रामभद्रपुर की पोथी : यही पोथी पंडित शिवनन्दन ठाकुर को मिली थी। इस पोथी में कुल 93 पद पाए जाते हैं जिनमें से केवल 86 पद पंडित शिवनन्दन ठाकुर के 'महाकवि विद्यापति' नामक ग्रन्थ में संकलित हैं। 4. तरौनी की तालपत्र-पोथी : यह पोथी विद्यापति की हस्तलिखित भागवत-पोथी के साथ तरौनी ग्राम में लोकनाथ झा के घर रखी हुई थी। यही पोथी नगेन्द्र बाबू को मिली थी जिसका उपयोग उन्होंने विद्यापति-पदावली के साहित्य-परिषद वाले संस्करण में किया था। नगेन्द्र बाबू ने पीछे यह पोथी कलकत्ता-विश्वविद्यालय को दे दी, किन्तु वह वहाँ से लुप्त हो गई। अब यह पोथी अलभ्य है और दुःख की बात यह कि इसे किसी ने सम्पूर्ण रूप से प्रकाशित भी नहीं किया। नगेन्द्र बाबू ने लिखा है कि इसमें प्रायः 350 पद थे एवं उसमें विद्यापति के सिवा और किसी का पद नहीं था। श्री विमान विहारी मजुमदार का कहना है कि 'नगेन्द्र बाबू के साहित्य-परिषद वाले संस्करण में जिन पदों के नीचे 'ताल-पत्र की पोथी' आकर-रूप में लिखी हुई है उनको गिनने से हम पाते हैं

कि उन्होंने (नगेन्द्र बाबू ने) तरौनी-पोथी से (केवल) 239 पद लिए हैं। सुतराँ कहना पड़ता है कि अन्य कवियों की रचना समझकर उन्होंने सौ से भी अधिक पदों का परित्याग किया था'। 5. बँगला के प्राचीन पद-संग्रहों में विद्यापति के पद : इस शीर्षक के अन्दर हम 1. क्षणदा गीत-चिन्तामणि, 2. पदामृत-समुद्र, 3. पद-कल्पतरु, 4. संकीर्तनामृत और 5. कीर्तनानन्द—जैसी पोथियों को रखते हैं।

इनके सिवा, 'गत शताब्दी के शेष पाद में ग्रियर्सन और चन्दा झा ने और वर्तमान शताब्दी में नगेन्द्रनाथ गुप्त—बेनीपुरी और 'मिथिला गीत-संग्रह' के प्रकाशकों ने लोगों के मुख से सुनकर और उनमें विद्यापति की भणिता देखकर जिन पदों को विद्यापति की रचना मान लिया है, वे पद भी पदावली के आकार के समान ही मूल्यवान हैं।

किन्तु, इन आकर-ग्रन्थों के प्रस्तुत हो जाने पर भी बात बनी नहीं। इनके आधार पर पदावली के जो भी संग्रह तैयार किए गए उन सबके सम्बन्ध में विद्वानों का मत यही रहा कि विद्यापति के कुछ असली पद इन संग्रहों में आने से छूट गए अथवा यह कि इनमें कुछ ऐसे पद भी आ गए हैं जिन्हें विद्यापति की रचना मानने में आपत्ति की जा सकती है। और तो और, स्वयं नगेन्द्रनाथ गुप्त महाशय पर, जिन्हें मजुमदार साहब ने विद्यापति-पदावली-रूपी भागीरथी का भगीरथ माना है, विद्वानों का यह आरोप है कि 'पद-विन्यास, पाठ-निर्णय और अर्थ-निर्णय में नगेन्द्र बाबू के संस्करण में भी सौ से अधिक मारात्मक भूलें रह गई हैं।' ऐसा घनघोर और जटिल है वह काम जिसे पूरा करने के लिए प्रस्तुत ग्रन्थ लिखा गया है।

मतभेद तो इस संस्करण की पदावली पर भी होगा, किन्तु इसके सम्पादक द्वय ने इस बात की भरपूर चेष्टा की है कि इस संग्रह में विद्यापति के कवेल अकृत्रिम पद ही लिए जाएँ और जो संदिग्ध पद कवि के नाम पर अब तक चलते रहे हैं उनसे भी पाठकों का परिचय करा दिया जाए। इस प्रकार, वर्तमान संग्रह के सम्पादकों ने ग्रियर्सन के चुने हुए 82 पदों में से 77 पदों को अकृत्रिम और 5 पदों को नातिप्रामाणिक रूप में ग्रहण किया है। नेपाल-पोथी के 283 पदों में से उन्होंने चार को छोड़कर बाकी सब-के-सब पद अपने संग्रह में ले लिए हैं। जो चार पद छोड़े गए वे इस कारण कि उनमें से दो तो नितान्त असम्पूर्ण हैं और दो दुर्बोध्य प्रहेलिका हैं। 'विद्यापति के लिखे हुए 46 नए पद जिन्हें नगेन्द्रनाथ गुप्त अथवा किसी अन्य संकलनकर्ता ने पहले संकलित नहीं किया था, इस संस्करण में दे दिए हैं। राग-तरंगिणी के सभी पद सम्पादकों ने रख लिए हैं, क्योंकि जिन तीन पदों में विद्यापति की भणिता नहीं है उनके नीचे भी लोचन ने 'इति विद्यापतेः' प्रमाण सूचित कर दिया है। रामभद्रपुर की पोथी के बारे में लेखक का विचार है कि उसके 26 पदों के बारे में कोई प्रमाण नहीं है कि वे विद्यापति की रचना हैं। उनका कहना है कि 'स्वर्गीय शिवनन्दन ठाकुर ने मान लिया था कि रामभद्रपुर-पोथी में जितने पद हैं वे विद्यापति की रचना हैं। किन्तु, यह बात यदि ठीक होती तो अमियकर की भणिता से युक्त दो पद (398

और 413 संख्यक) इसमें नहीं रहते।' इसी प्रकार, तरौनी के तालपत्र का विश्लेषण करके सम्पादक लिखते हैं कि 'नगेन्द्र बाबू द्वारा लिखे गए 239 पदों में 103 में कवि के पृष्ठ-पोषकों के नाम का उल्लेख है; 101 की भणिता में विद्यापति का नाम है, किन्तु किसी राजा का नाम नहीं; 31 पदों में किसी प्रकार की भणिता नहीं है, अतएव, इनके बारे में यह निःसंशय रूप में नहीं कहा जा सकता है कि ये विद्यापति की रचना हैं।'

बंगला के प्राचीन पद-संग्रहों की परीक्षा भी सम्पादकों ने अच्छी मार्मिकता से की है और ऐसे पदों को भी बहिष्कृति कर दिया है जिनमें विद्यापति की भणिता मौजूद है। भाषा में शुद्ध बंगलापन देखकर वे इस निर्णय पर आए हैं कि 'इन सब पदों में विद्यापति का नाम स्पष्टतः रहने पर भी ये सब पद मिथिला के विद्यापति के नहीं हो सकते।' इस प्रकार, सम्पादक ने 'विद्यापति के आकर समूह का विश्लेषण तथा विचार करके 799 पदों को अकृत्रिम माना है।'

पुस्तक के आरम्भ में लम्बी भूमिका दी गई है जो पठनीय है। मूल कलेवर में पदों का संग्रह है और प्रत्येक पद का अर्थ अनुवाद की तरह दिया गया है। साथ ही, यह बात भी दर्शा दी गई है कि कौन पद किस आकर ग्रन्थ में कहाँ पाया जाता है। सारी पुस्तक देख जाने पर यह बात स्पष्ट हो जाती है कि विद्यापति के सम्बन्ध में जितनी सामग्रियाँ अब तक उपलब्ध हो सकी हैं, सम्पादकों ने उनका सम्यक् उपयोग किया है। इस संग्रह के सम्पादन में विद्वता और अध्यवसाय का जो मणि-कांचन-संयोग हुआ है उसका प्रभाव पाठक पर अनुकूल होकर पड़ता है। पुस्तक में एक ही दोष है कि इसकी हिन्दी लचर और घोर रूप से अशुद्ध है। कारण यह है कि मूल पुस्तक तो बंगला में लिखी गई थी। अनुवादक महोदय ने उसका रूपान्तर करते हुए हिन्दी की टाँग तोड़ डाली है। असल में, यह गुरुतर भार अनुवादक को स्वीकार ही नहीं करना था। फिर भी ज्ञान-संचय की दृष्टि से पुस्तक इतनी उच्चकोटि की है कि विद्यापति के प्रत्येक प्रेमी के लिए वह अनिवार्य-सी लगती है। विद्यापति पर ऐसी दूसरी पुस्तक उपलब्ध नहीं है।

5
गोविन्द-रामायण

(रचयिता—गुरु गोविन्द सिंह जी महाराज
टीकाकार—सन्त इन्द्र सिंह चक्रवर्ती)

सिखों के दसवें गुरु श्री गोविन्द सिंह जी महाराज साहित्य के बहुत बड़े सहायक और स्वयं भी बहुत अच्छे कवि थे। उनके दरबार में भिन्न-भिन्न भाषाओं के कोई 52 कवि रहते थे। 'सूरज प्रकाश' में लिखा है—

बावन कवी हुजूर गुरु, रहत सदा ही पास;
आवें जाहि अनेक ही, कहि जस, लै धनरास।

गुरु गोविन्द के चंडी चरित्र का नाम तो हिन्दी-साहित्य में विख्यात है, किन्तु उनकी अन्य रचनाएँ हिन्दी में प्रसिद्ध नहीं हैं। हाँ, लाला सीताराम ने हिन्दी कविता के जो कई संग्रह अंग्रेजी भूमिका के साथ प्रकाशित किए थे उनमें गुरु महाराज की स्फुट कविताएँ साहित्य-संसार के समक्ष अवश्य आईं थीं। अब सन्त श्री इन्द्रसिंह जी चक्रवर्ती ने गुरु की लिखी रामायण टीका-सहित प्रकाशित करके हिन्दी-भाषा का उपकार किया है। चक्रवर्ती जी ने जो भूमिका लिखी है उससे विदित होता है कि गुरु के और भी हिन्दी-ग्रन्थ हैं; यथा—विचित्र-नाटक, जफरनामा, सौ साखी, जाप आदि। सिखों में गुरु गोविन्द की सभी रचनाओं को 'दशम ग्रन्थ' नाम से पुकारने की चाल है। अच्छा हो कि गुरु के और भी ग्रन्थ प्रकाशित कर दिए जाएँ।

गोविन्द-रामायण खंड-काव्य है और उसमें चरित्र-चित्रण की प्रधानता है। छन्द कोई सैंतीस प्रकार के प्रयुक्त हुए हैं, जिनसे काव्यास्वादन में वैविध्य आ गया है। कोई-कोई छन्द पृथ्वीराज रासो के छन्दों की याद दिलाता है। किन्तु, कवित्त और सवैये बहुत अच्छे बने हैं। कल्पना और सूझ का चमत्कार भी पुस्तक में यथेष्ट है।

काम को दंड लिए कर के कई
बानर ज्यों कपि नाच नचावै।

ऐसी पंक्तियाँ पुस्तक में कम नहीं हैं। मेरा विचार है कि रामकाव्य के अध्ययन के क्रम में गोविन्द-रामायण भी सम्मिलित कर ली जाए तो देश की सांस्कृतिक एकता

का उपकार हो। आज जो हिन्दुत्व और सिख-धर्म में कहीं-कहीं भेद किया जाता है, उस प्रवृत्ति को शान्त करने का सबसे अच्छा उपाए ऐसे ही ग्रन्थों का प्रकाशन और प्रचार है। मैं चक्रवर्ती जी को बधाई देता हूँ कि उन्होंने यह दुर्लभ ग्रन्थ प्रकाशित करके देश के हाथ में धर दिया है।

6

हिन्दी काव्यालंकार सूत्र

(मूल-लेखक—आचार्य वामन
हिन्दी व्याख्याकार—आचार्य विश्वेश्वर
सम्पादक—डॉक्टर नगेन्द्र)

यह ग्रन्थ आचार्य वामन-कृत काव्यालंकार सूत्र वृत्ति की हिन्दी टीका है। टीका से तात्पर्य केवल अनुवाद का नहीं, प्रत्युत विस्तृत व्याख्या का है। काव्यशास्त्र पर संस्कृत के आचार्यों ने जिस भाषा में विचार किया है उसे 'मक्षिकास्थाने मक्षिका' के न्याय से हिन्दी में रूपान्तरित कर देना यथेष्ट नहीं होता। संस्कृत व्याख्या में जो बात समझ में आ जाती है, उसी को हिन्दी अनुवाद में समझना कठिन हो जाता है। इस कठिनाई से अवगत रहते हुए आचार्य विश्वेश्वर ने आचार्य वामन के आशय को पूर्ण रूप से हिन्दी में सुलभ कर देने का पूरा प्रयास किया है। काव्यालंकार सूत्रवृत्ति के सुगठित और सिमटे हुए शास्त्रीय गद्य में जो शास्त्रार्थ निहित है उसे हिन्दी व्याख्या में कुछ फैलाकर रखा गया है जिससे हिन्दी पाठकों को वह सहज ही ग्राह्य हो जाए। शैली पक्ष में व्याख्याकार आचार्य विश्वेश्वर की यह बड़ी विशेषता है जिससे उनके द्वारा दिया हुआ ज्ञान बिना कठिनाई के प्रसार पा सकेगा। काव्य-प्रकाश के श्री हरिमंगल मिश्र-कृत अनुवाद में दुरूहता का जो दोष है वह इस पुस्तक में बिलकुल नहीं है। मैं समझता हूँ, यदि विश्वेश्वर जी काव्य-प्रकाश की भी ऐसी ही व्याख्या हिन्दी में प्रस्तुत कर दें तो हिन्दी के माध्यम से काव्यशास्त्र को समझने की इच्छा रखनेवाले छात्रों और विद्वानों का अपरिमित कल्याण हो। पुस्तक की एक अन्य विशेषता यह भी है कि इसके साथ पुस्तक के सम्पादक—डॉक्टर नगेन्द्र की लिखी हुई कोई पौने दो सौ पृष्ठों की विद्वत्तापूर्ण भूमिका जुड़ी हुई है, जिसे साहित्य की उच्च कक्षाओं के प्रत्येक विद्यार्थी को पढ़ना चाहिए।

7

हिन्दी ध्वन्यालोक

(मूल-लेखक—आचार्य आनन्द वर्धन
हिन्दी व्याख्याकार—आचार्य विश्वेश्वर
सम्पादक—डॉक्टर नगेन्द्र)

आचार्य आनन्द वर्धन-कृत ध्वन्यालोक की यह हिन्दी व्याख्या हिन्दी-काव्यालंकार सूत्र के समान ही सुन्दर और उपादेय है। यह ग्रन्थ भी हिन्दी पाठकों को दृष्टिगत कर लिखा गया है। भामन, वामन और आनन्द वर्धन काव्यशास्त्र के विकास के ये तीन सोपान हैं। काव्य की आत्मा क्या है, इस प्रश्न का समाधान खोजते-खोजते संस्कृत के काव्यशास्त्र का विकास हुआ। इस खोज के पहले सोपान आचार्य भामह हैं जिन्होंने काव्य को मुख्यतः अलंकार माना। उनके बाद आचार्य वामन को यह दिखाई पड़ा कि काव्य की आत्मा केवल अलंकारों में नहीं बस सकती। वामन भामह की अपेक्षा अधिक गहराई में उतरे और उन्होंने रीति को काव्य की आत्मा कहा। रीति अलंकार और ध्वनि के बीच की सीढ़ी है। वह अलंकार से अधिक सूक्ष्म किन्तु ध्वनि की अपेक्षा स्थूल है। नवीं शताब्दी में आचार्य आनन्द वर्धन हुए जिन्होंने यह कहा कि काव्य की आत्मा ध्वनि है अर्थात् काव्य वह नहीं है जो कहा जाता है प्रत्युत, वह जो संकेतित किया जाता है। नवीं शताब्दी में भारत ने काव्य के सम्बन्ध में जो सिद्धान्त निरूपित किया, आज तक भी संसार उससे आगे नहीं बढ़ा है। प्रसन्नता की बात है कि ध्वन्यालोक की एक ऐसी टीका हिन्दी में प्रस्तुत कर दी गई है जिससे साहित्य के विद्यार्थी आनन्द वर्धनाचार्य के विचारों से सहज ही परिचित हो जाएँगे। इस पुस्तक के साथ भी ध्वनि-सिद्धान्त पर डॉ. नगेन्द्र लिखित कोई पचास पृष्ठों की विद्वत्तापूर्ण भूमिका जुड़ी हुई है।

8

काव्य-मीमांसा

(मूल-लेखक–राजशेखर
अनुवादक–पंडित केदारनाथ शर्मा सारस्वत)

बिहार राष्ट्रभाषा परिषद् के प्रकाशनों में से कम ही ऐसे हैं जिनसे हिन्दी-साहित्य की दीर्घानुभूत आवश्यकताओं की पूर्ति नहीं होती है। यह संस्था विचारपूर्वक अच्छे-से-अच्छा ग्रन्थ प्रकाशित करने लगी है। और आशा की जाती है कि हिन्दी-साहित्य को समृद्ध करने में इसका योगदान और भी मूल्यवान होगा। प्रस्तुत पुस्तक राजशेखर की काव्य-मीमांसा का हिन्दी अनुवाद है और यह अनुवाद भी हिन्दी-पाठकों की सीमाओं को देखते हुए किया गया है। काव्य-प्रकाश, साहित्य-दर्पण अथवा ध्वन्यालोक या रस-गंगाधर की तरह काव्य-मीमांसा का उद्देश्य अलंकार अथवा रस का निरूपण नहीं है, प्रत्युत, इसका उद्देश्य शास्त्र संग्रह, शास्त्र निर्देश आदि आधारभूत तथा गम्भीर विषयों का प्रतिपादन करना है। किन्तु इस सुन्दर, सरस और श्रेष्ठ ग्रन्थ के अध्ययन से साहित्य के किसी भी छात्र का मानसिक क्षितिज विस्तार पाए बिना नहीं रह सकता। मूल इतना सरस और अनुवाद इतना उत्तम है कि एक बार ग्रन्थ खोलने पर मन वहीं विरम जाता है। जहाँ भी साहित्य की ऊँची कक्षाओं की पढ़ाई होती है वहाँ ऐसे ग्रन्थ की एक प्रति अवश्य पहुँचनी चाहिए।

●●●